magnum
Office 2000

Malte Borges, Eike Elser, Jörg Schumacher

M&T magnum

Office 2000

Kompakt
Komplett
Kompetent

Markt&Technik
Buch- und Software-Verlag GmbH

Die Deutsche Bibliothek – CIP-Einheitsaufnahme

Office2000 : kompakt, komplett, kompetent / Malte Borges .– Eike Elser .- Jörg Schumacher
München : Markt und Technik, Buch- und Software-Verl.,
(M&T magnum)
ISBN 3-8272-5483-3

Buch.– 1999
  brosch.

CD-ROM.– 1999

Die Informationen in diesem Produkt werden ohne Rücksicht auf einen eventuellen
Patentschutz veröffentlicht.
Warennamen werden ohne Gewährleistung der freien Verwendbarkeit benutzt.
Bei der Zusammenstellung von Texten und Abbildungen wurde mit größter Sorgfalt
vorgegangen. Trotzdem können Fehler nicht vollständig ausgeschlossen werden.
Verlag, Herausgeber und Autoren können für fehlerhafte Angaben und deren Folgen
weder eine juristische Verantwortung noch irgendeine Haftung übernehmen.
Für Verbesserungsvorschläge und Hinweise auf Fehler sind Verlag und Herausgeber dankbar.
Alle Rechte vorbehalten, auch die der fotomechanischen Wiedergabe und der Speicherung in
elektronischen Medien.
Fast alle Hardware- und Software-Bezeichnungen, die in diesem Buch erwähnt werden, sind
gleichzeitig auch eingetragene Warenzeichen oder sollten als solche betrachtet werden.

Umwelthinweis:
Dieses Buch wurde auf chlorfrei gebleichtem Papier gedruckt.
Die Einschrumpffolie – zum Schutz vor Verschmutzung– ist aus
umweltverträglichem und recyclingfähigem PE-Material.

10   9   8   7   6   5   4   3   2   1

03   02   01   00   99

ISBN 3-8272-5483-3

© 1999 by Markt&Technik Buch- und Software-Verlag GmbH,
A PEARSON EDUCATION COMPANY
Martin-Kollar-Straße 10 – 12, 81829 München/Germany
Alle Rechte vorbehalten
Einbandgestaltung: Grafikdesign Heinz H. Rauner, München
Lektorat: Rainer Fuchs, rfuchs@pearson.de
Herstellung: Martin Horngacher, mhorngacher@pearson.de
Layout und Satz: Borges & Partner GmbH, Lehrte, http://www.borges-partner.de
Druck und Verarbeitung: Kösel GmbH, Kempten
Printed in Germany

QuickView

Teil 1 Einführung

Aller Anfang ist schwer – dieses Kapitel erleichtert Ihnen den Einstieg. Es stellt die Komponenten von Microsoft Office vor und gibt einen Überblick über den Einsatzzweck. Ein Wegweiser durch die Benutzeroberfläche und grundsätzliche Bedienfunktionen vermitteln Grundwissen zum Umgang mit den Anwendungen.

Teil 2 Word

Das Textverarbeitungsprogramm ist wahrscheinlich die wichtigste Applikation im Office-Paket. Steigen Sie Schritt für Schritt in die Programmbedienung ein, und erleben Sie, wie Sie anspruchsvolle Aufgaben mit Word 2000 meistern.

Teil 3 Excel

Kalkulieren ist der unprofessionelle Umgang mit Zahlenmaterial mit dem Ziel, mögliche Ergebnisse zu überblicken. Das leistet Excel: Ansprechende Tabellen, Hilfe bei komplexen Aufgaben und zahlreiche mathematische Funktionen kennzeichnen das Tabellenkalkulationsprogramm.

Teil 4 Outlook

Dieser Personal Information Manager ist die Zentrale für Kontakte, Termine, Aufgaben und die elektronische Post. Erfahren Sie, wie Sie mit diesem Programm den Büroalltag organisieren und überschaubar gestalten.

Teil 5 Access

Daten strukturiert aufnehmen und für den schnellen Zugriff bereitstellen – mit diesen wenigen Worten ist die Aufgabe von Access umrissen. Dahinter steckt aber ein umfangreiches Verwaltungsprogramm für relationale Datenbanken. Damit realisieren Sie effektive Datenbankstrukturen und umfangreiche Projekte.

Teil 6 PowerPoint

Professionelle Präsentationen für den Bildschirm und im Internet vermitteln dem Betrachter mehr Informationen als ein reiner Textvortrag. Dieser Bereich ist die Domäne der Präsentationssoftware PowerPoint. Mit überschaubaren Werkzeugen und multimedialen Effekten erstellen Sie wirkungsvolle Projekte.

Teil 7 PhotoDraw

Bilder sind mitunter die Krönung eines Office-Dokuments. PhotoDraw ist ein leistungsfähiges Hilfsmittel, das nicht nur Bilder verbessert, sondern sie auch gleich noch mit Texten und geometrischen Grafikelementen kombiniert.

Teil 8 Publisher

Mit dem Publisher beweist Microsoft, daß auch leistungsfähige DTP-Programme einfach zu bedienen ist. Informieren Sie sich über die Funktionen des Programms auf dem Weg vom Programmstart bis zum Druck der fertigen Publikation.

Teil 9 Hyperlinks und Internet

Highlight der vorliegenden Office-Applikationen ist die integrierte Internetfunktionalität. Betrachten Sie die Zusammenarbeit der Programme mit dem Internet Explorer 5, und erleben Sie, wie nah das Internet an »normale« Dokumente herangerückt ist – nehmen Sie die eigene Homepage in Angriff.

Teil 10 Visual Basic für Applikationen

Wenn Ihnen der Funktionsumfang der Anwendungen noch nicht reicht – mit Visual Basic für Applikationen fügen Sie den Programmen eigene Routinen hinzu und automatisieren einfache Arbeitsabläufe.

Teil 11 Teamwork mit Office

Für die Arbeit im Team stellen sich besondere Anforderungen. Office wird auch diesen Anforderungen gerecht: Umfangreiche Teamfunktionen erleichtern den gemeinsamen Umgang mit Dokumenten.

Teil 12 Zusatzmodule

Die Zusatzmodule werden zu Unrecht nicht als »Programme« bezeichnet. Wenn sie von Programmen angesprochen werden, stellen sie ihre Funktionalität in den Dienst der »Großen« und erweitern deren Funktionen um spezielle Fähigkeiten.

Teil 13 Anhang

Hier finden Sie Hinweise zur Installation, zur CD sowie nützliche Übersichten: Glossar und Stichwortverzeichnis.

Inhaltsverzeichnis

Vorwort 25

Die Buchstruktur 26

Teil 1   Grundlagen   33

1. Gemeinsam ausgepackt 34
Microsoft Home Essentials 2000 35
Office 2000 Small Business Edition 35
Office 2000 Standard Edition 36
Office 2000 Professional Edition 36
Office 2000 Professional Edition & IntelliMouse 36
Office 2000 Developer Edition 37

2. Grundlegende Funktionen und Aufgaben 38
2.1 Kernapplikationen 38
Word 2000 38
Excel 2000 39
Outlook 2000 40
Access 2000 41
PowerPoint 2000 42
Publisher 2000 43
PhotoDraw 2000 44
2.2 Web-Komponenten 44
FrontPage 2000 45
Internet Explorer 45
Outlook Express 46
Microsoft Script 47
2.3 Zusatzmodule 47
Gemeinsame Programme 47
VBA/VBE 49

3. Ein Wegweiser – die Benutzeroberfläche 51
3.1 Die Bildschirmelemente im Überblick 51
3.2 Die Titelleiste 52
3.3 Die Menüleiste 53
3.4 Die Symbolleisten 55
3.5 Der Arbeitsbereich 57

	3.6	Die Statuszeile	58
	3.7	Die Kontextmenüs	58
	3.8	Steuerelemente in Dialogboxen	59
4.		Mit Dateien und Daten arbeiten	62
	4.1	Die Datei-Dialogbox zum Öffnen und Speichern	62
		Dokumente speichern	63
		Dokumente favorisieren	63
		Varianten beim Speichern von Dateien	64
		Regeln für Dateinamen	65
		Hilfsmittel in den Datei-Dialogboxen	65
		Die erweiterte Suche	68
		Extras	70
		Dokumente öffnen	70
		Ein Dokument mit der Dialogbox öffnen	72
	4.2	Die Zwischenablage	73
		Die Symbolleiste Zwischenablage	75
	4.3	Die OLE-Funktionen	77
		OLE-Objekte verknüpfen	77
		OLE-Objekte einbetten	78
5.		Arbeiten mit der Maus	83
	5.1	Wie funktioniert die Maus?	83
	5.2	Die Mausfunktionen	84
	5.3	Die IntelliMouse	84
	5.4	Drag&Drop	86
6.		Das Fehlermanagement	87
	6.1	Sicherheitsabfragen	87
	6.2	Die Funktionen Bearbeiten und Rückgängig	88
	6.3	Automatische Sicherungen	89
	6.4	Weitere Sicherungsmechanismen	91
7.		Das Nachschlagewerk auf der Festplatte	92
	7.1	Allgemein	92
	7.2	Der Office-Assistent	93
		Optionen einstellen	96
		Figurenwahl	97
		Fragen an den Assistenten	98
	7.3	Schnelle Hilfe	99
	7.4	Die Online-Hilfe	100
8.		Die Office-Umgebung	104
	8.1	Office im schnellen Zugriff	104
		Neues Office-Dokument	105
		Office-Dokument öffnen	107

8.2	Die Shortcut-Leiste	108
	Shortcutleiste starten	108
	Die Shortcut-Leiste anpassen	110
8.3	Das Outlook-Journal	112
8.4	Die Sammelmappe	114

9. Der schnelle Einstieg 116

9.1	Einen Brief mit Word 2000 erstellen	116
	Ein Briefgerüst mit dem Briefassistenten	117
	Texteingabe und -korrektur	124
	Text formatieren	129
	Markieren mit der Maus	130
	Grafiken integrieren	133
	Brief speichern	135
	Brief ausdrucken	136
9.2	Die erste Excel-Tabelle	138
	Text und Zahlen in Zellen eingeben	139
	Zellen formatieren	141
	Spaltenbreite anpassen	144
	Formeln und Verweise	145
9.3	Arbeitsorganisation mit Outlook	150
	Einen Termin anlegen	151
	Eine Aufgabe erstellen	154
	Outlook Heute	155
	Kontakte eingeben	156

Teil 2 Word 2000   157

10. Erste Schritte mit Word 2000 158

10.1	Einsatzgebiete und Funktionen	158
10.2	Die Besonderheiten des Word-Bildschirms	159
	Der Arbeitsbereich	160
	Die Statusleiste	163
10.3	Ein neues Dokument anlegen	166
10.4	Die Dokumentseite einrichten	166
	Seitenränder	167
	Papierformat und -zufuhr	168
	Seitenlayout	169
10.5	Word-Dokumente speichern	171
	Dokumente speichern	172
	Extras beim Speichern	173
	Neue Dateiformate	177
10.6	Word-Dokumente drucken	178

11.	Texte eingeben und ändern	180
11.1	Texte eingeben	180
	Tippfehler korrigieren?	181
11.2	Die Schreibmarke bewegen	182
	Tastenkombinationen	182
11.3	Klicken und Eingeben	183
11.4	Text markieren mit Tastatur und Maus	184
	Mausaktionen	184
	Shortcut-Aktionen	185
11.5	Texte verschieben und kopieren	186
	Drag&Drop	186
	Kopieren	187
	Text ausschneiden	188
	Mit der Zwischenablage sammeln	188
	Absätze umstellen	189
12.	**Auf den Blickwinkel kommt es an**	**190**
12.1	Die Normal-Ansicht	191
	Nicht druckbare Zeichen anzeigen	192
	Darstellungsgröße	193
12.2	Das Seitenlayout	195
12.3	Das Weblayout	196
12.4	Die Gliederungs-Ansicht	197
	Das Zentraldokument	198
12.5	Die Ansicht Ganzer Bildschirm	199
12.6	Die Seitenansicht	200
12.7	Die Optionen für die Ansichten	201
13.	**Form und Größe – Textformatierung**	**203**
13.1	Die Zeichenformate	203
	Tastenkombinationen für Zeichenformatierungen	209
13.2	Die Absatzformate	209
	Tastenkombinationen zur Textausrichtung	210
	Besondere Absatzeigenschaften	211
13.3	Mit Tabulatoren arbeiten	212
	Texte mit Tabulatoren ausrichten	212
	Die Tabulatoren	213
13.4	Einzüge festlegen	217
13.5	Numerierung und Aufzählung einsetzen	218
13.6	Rahmen und Hintergründe definieren	222
13.7	Mit Formatvorlagen arbeiten	225
	Welche Formatvorlage ist derzeit zugewiesen?	226
	Direkte Formatierung oder Formatvorlagen	227
	Vorhandene Formatvorlagen zuweisen	228

		Wie ändern Sie Formatvorlagen?	230
		Wie weisen Sie Formatvorlagen zu?	234
		Wie legen Sie Formatvorlagen neu an?	235
		Formatvorlagen aus dem Text erstellen	235
		Schriftart und Schriftgröße dauerhaft festlegen	236
	13.8	Mit Dokumentvorlagen arbeiten	237
		Wie werden Dokumentvorlagen erstellt?	238
		Dokumentvorlagen bearbeiten	239
		Dokumentvorlagen wechseln	240
	13.9	Professionelle Textgestaltung	241
		Einen Seitenumbruch erzwingen	241
		Abschnitte	242
	13.10	Gestalten für das Internet	243
14.	Automatisch zum Ziel		247
	14.1	Begleitende Hilfe – Der Brief-Assistent	247
	14.2	AutoText statt Tipparbeit	252
		AutoText erstellen	253
		AutoText einfügen	254
		Eine Liste der AutoTexte ausdrucken	255
15.	Mehr als Texte		256
	15.1	Mit Tabellen arbeiten	256
		Tabellen einfügen	256
		Tabellen zeichnen	259
		Bewegen in Tabellen	264
		Tabelle umrahmen	266
		Weitere Funktionen für Tabellen	267
		Excel-Tabellen in Word	269
	15.2	Textrahmen erstellen	270
		Textfelder erzeugen und einstellen	270
		Der Unterschied zwischen Textfeldern und Positionsrahmen	273
	15.3	Grafiken einbinden	274
		Eine bestehende Grafik-Datei einbinden	275
		Eigenschaften der Grafik ändern	276
		WordArt	277
	15.4	Objekte einbinden	278
		Objekte aus Dateien erstellen	280
16.	Erweiterte Funktionen		282
	16.1	Mit Feldern arbeiten	282
		Verschiedene Arten von Feldern	282
		Felder für den täglichen Gebrauch	283
		Felder einfügen	284

	Felder aktualisieren	287
	Feld-Ansichten	287
16.2	Der Seriendruck	288
	Schritt für Schritt zum Serienbrief	288
	Das Hauptdokument erstellen	289
	Import der Daten	291
	Datenquelle öffnen	293
	Platzhalter in das Hauptdokument einfügen	293
	Die Vorschau auf das Ergebnis	294
	Der letzte Schritt: Ausgabe der Daten	295
	Wie verwalten Sie Adreßdaten?	295
	Abfrageoptionen und Bedingungsfelder	296
	Serienfaxe und Serienmails	298
16.3	Etiketten und Umschläge	299
	Umschlag oder Aufkleber zum Brief	299
	Etiketten mit dem Seriendruck-Manager	302
16.4	Formulare anlegen	304
	Die Formularfelder plazieren	305
	Textmarken	306
	Die Symbolleiste Formular	307
	Die verschiedenen Formularfeldtypen	308
	Beispiele: Textformularfelder einfügen	309
	Dropdown-Formularfelder einfügen	314
	Kontrollkästchen-Formularfelder	314
	Der Dokumentschutz	315
	Das Formular mit Daten füllen	316
17.	**Texte überarbeiten**	**318**
17.1	Suchen und Ersetzen	318
	Suchen	319
	Ersetzen	321
	Gehe zu	322
17.2	Word 2000 international	322
17.3	Die Rechtschreibprüfung	323
17.4	Der Einsatz der AutoKorrektur	327
	Funktionen der AutoKorrektur	329
	Schreibfehler in AutoKorrektur-Einträge umwandeln	330
17.5	Der Thesaurus	330
17.6	Grammatikprüfung	331
18	**Umfangreiche Dokumente**	**334**
18.1	Gliederungen	334
	Textgliederungen	334
	Die Symbolleiste Gliederung im Einsatz	335

		Dokumentgliederungen: Ein Zentraldokument erstellen	338
	18.2	Kopf- und Fußzeilen	341
	18.3	Fuß- und Endnoten	344
	18.4	Querverweise	347
		Erstellen eines Querverweises	348
		Die Bezugsinformation eines Querverweises ändern	349
	18.5	Stichwort- und Inhaltsverzeichnisse erstellen	349
		Indexeinträge erstellen	351
		Stichwortverzeichnis einfügen	353
		Die Arbeit mit Inhaltsverzeichnissen	353
19.	Zusatzfunktionen		355
	19.1	Kommentare und Hervorhebungen	355
		Kommentare	355
		Hervorhebungen	356
	19.2	Versionen	357
	19.3	Textfelder verknüpfen	358
20	Word optimal einstellen		360

Teil 3 Excel 363

21.	Excel – Der elektronische Abakus		364
	21.1	Einsatzgebiete und Funktionen	364
		Excel starten	364
	21.2	Die Besonderheiten des Excel-Bildschirms	365
		Der Arbeitsbereich	365
		Die Bearbeitungsleiste	367
		Seitenregister	367
		Die Bildlaufleisten	368
		Die Statusleiste	369
	21.3	Neue Arbeitsmappen anlegen	371
		Arbeitsmappen speichern	372
		Arbeitsmappen schließen	374
		Arbeitsmappen laden	375
	21.4	Seiten einrichten	376
		Seiteneinstellungen einer Tabelle	377
		Reihenfolge der Druckseiten festlegen	380
	21.5	Bewegen in der Tabelle	381
	21.6	Mit Tabellenblättern arbeiten	383
		Tabellenblätter einfügen und löschen	383
		Tabellenblätter umbenennen	385
		Tabellenblätter verschieben	385

22.	Texte und Zahlen	388
22.1	Die Zellinhalte	388
	Zahlenformate	388
22.2	Texte eingeben und korrigieren	393
	Texte eingeben	393
	Texte nachträglich bearbeiten	396
22.3	Zahlen eingeben	399
	Automatische Zahlenformatierung	399
22.4	AutoAusfüllen	402
	Die Zeitreihe	404
	Zeitreihen-Beispiele	405
	Lineare und geometrische Reihen	405
	Beispiele für lineare Reihen	405
	Beispiele für geometrische Reihen	405
22.5	Zellen markieren	406
22.6	Verschieben, Kopieren und Löschen	408
	Zellbereiche verschieben	408
	Zellbereich kopieren	410
	Einfügen statt überschreiben	412
	Löschen	412
22.7	Inhalte einfügen	413
	Daten aus Excel	413
	Daten aus anderen Anwendungen	415
23.	Formeln und Zellbezüge	416
23.1	Absolute und relative Zellbezüge	416
	Relative Bezüge	417
	Absolute Bezüge	418
	Bezugsart umschalten	420
	Bezüge durch Zeigen festlegen	420
	Bezüge zu anderen Tabellenblättern	422
	Bezüge zu anderen Arbeitsmappen	424
23.2	Bereiche benennen	425
	Bereichsnamen vergeben	426
	Bereichsnamen verwenden	427
23.3	Formeln eingeben	428
23.4	Datentypen	430
23.5	Das Handwerkszeug – Operatoren und Konstanten	431
	Operatoren	431
	Arithmetische Operatoren	431
	Vergleichsoperatoren	432
	Textoperatoren	432
	Weitere Operatoren	432
	Konstanten	433

	23.6	Der Funktionsassistent	434
	23.7	Wichtige Funktionen und Formeln	439
		Häufig eingesetzte Funktionen	439
24.	**Ansprechende Tabellen**		**440**
	24.1	Zeilen und Spalten anpassen	440
		Zeilen und Spalten einfügen	441
		Zellen löschen	442
		Spaltenbreite	444
		Zeilenhöhe	447
	24.2	Die Ausrichtung der Zellinhalte	448
	24.3	Schriftart und Schriftgröße	450
	24.4	Zahlenformate	452
		Benutzerdefinierte Zahlenformate	453
		Die Formatbeschreiber in Zahlenformaten	454
		Die Formatbeschreiber in Datum- und Zeitformaten	455
	24.5	Mit Rahmen gestalten	455
	24.6	Hintergrund verändern	457
		Einen Tabellen-Hintergrund festlegen	458
		Einen Zellen-Hintergrund festlegen	459
		Die Farbe der Gitternetzlinien festlegen	460
		Arbeiten mit Grafiken und Objekten	461
		Grafiken	461
	24.7	AutoFormat – automatische Tabellengestaltung	462
		Formatierungs-Optionen	463
25.	**Excel als Datenbank**		**466**
	25.1	Datenbankstruktur aufbauen	466
	25.2	Komfortable Eingabe mit Datenmasken	467
		Mit der Datenmaske arbeiten	468
		Datensätze suchen und darstellen	472
	25.3	Daten filtern und sortieren	476
		Sortierung	477
		Filtern	480
		Benutzerdefinierte Filterkriterien	482
	25.4	Gruppierung und Gliederung	484
		Gruppierung	484
		AutoGliederung	486
		Teilergebnisse	487
	25.5	Pivot-Tabellenberichte	489
		Pivot-Chart	491
26.	**Zahlenwerte grafisch dargestellt**		**493**
	26.1	Diagramme erstellen	493
		Der Diagramm-Assistent	493

	Anpassen und Positionieren des Diagramms	498
26.2	Diagrammelemente bearbeiten	499
	Diagrammelemente einzeln bearbeiten	500
	Die wichtigsten Diagrammelemente	501
	Arbeiten mit der Symbolleiste Diagramm	502
	Textanpassung	502
	Datenreihen anpassen	505
27.	**Erweiterte Tabellenfunktionen**	**507**
27.1	Mit Vorlagen arbeiten	507
	Formatvorlagen	507
	Mustervorlagen	509
	Vorlagen-Assistent	511
27.2	Hilfsroutinen	517
	Rechtschreibprüfung und AutoKorrektur	517
	Auswahlliste	518
	Bedingte Formatierung	519
	Gültigkeitsregeln	521
27.3	Zielwertsuche	526
27.4	Der Detektiv	527
27.5	Der Add-Ins-Manager	528
27.6	Solver und Szenario-Manager	529
	Der Szenario-Manager	532
28.	**Die Druckausgabe**	**534**
28.1	Druckseite einrichten	534
	Seiteneinstellungen	534
	Seitenumbruchvorschau	535
28.2	Druckbereich	537
28.3	Die Seitenansicht	538
	Ränder festlegen	539
28.4	Erweiterte Druckoptionen	540
	Druckoptionen	541
29.	**Excel optimal einstellen**	**542**
29.1	Die Grundeinstellungen	542
	Registerkarte Ansicht	542
	Registerkarte Berechnung	543
	Registerkarte Bearbeiten	545
	Registerkarte Allgemein	547
	Registerkarte Umsteigen	548
	Registerkarte AutoAusfüllen	549
	Registerkarte Diagramm	550
	Registerkarte Farbe	551

Teil 4 Outlook   553

30. Outlook, der Info-Manager 554
  30.1 Die Funktionsübersicht 554
      Was leistet Outlook 2000? 554
      Grundlegende Programmstruktur 555
      Die Ordner in der Gruppe Outlook-Verknüpfungen 556
      Outlook Heute 557
      Posteingang 557
      Kalender 558
      Kontakte 559
      Aufgaben 559
      Notizen 560
      Gelöschte Objekte 561
      Ordner in der Gruppe Eigene Verknüpfungen 562
      Entwürfe 562
      Postausgang 562
      Gesendete Objekte 563
      Journal 563
      Outlook Update 564
      Die Gruppe Weitere Verknüpfungen 564
      Outlook automatisch starten 565
      So beenden Sie Outlook 565
  30.2 Der Outlook-Bildschirm 565
      Die Menüleiste 566
      Die Symbolleiste 566
      Outlook-Leiste 567
      Die Titelleiste des Arbeitsbereichs 567
      Der Arbeitsbereich 567
  30.3 Die Outlook-Leiste 568
  30.4 Das Outlook-Journal 569
      Kontakte automatisch protokollieren 570
      Aktivitäten manuell aufzeichnen 571
      Journal nach Kontakten auswerten 572
      Zeiterfassung mit dem Journal 572
  30.5 Outlook Heute 573
      Die Optionen von Outlook Heute 574

31. Termine und Kontakte verwalten 576
  31.1 Der Kalender 576
      Die Elemente des Kalenders 577
      Ansichten des Kalenders 578
  31.2 Mit Terminen arbeiten 580
      Termine im Kalender eintragen 581

		Termine aus dem Kalender heraussuchen 583
	31.3	Kontakte pflegen 584
		Neue Kontakte anlegen 586
		Bestehende Kontakte erweitern 589
		Kontakt-Management 591
		Adreß- und Erreichbarkeitsdatenbank 591
	31.4	Aufgaben und Notizen verwalten 591
		Aufgaben 592
		Eine Aufgabe anlegen und bearbeiten 593
		Ein Beispiel: Der Aktenumzug 595
		Alternative Aufgabenverwaltung am Einzelplatz 597
		Aufgaben-Management 599
		Notizen 600
		Eine Notiz ändern und löschen 601
		Die Farbe und Größe von Notizen ändern 602
		Verschiedene vordefinierte Ansichten 603
		Voreinstellungen für Notizen 603
32.	Das persönliche Postamt 604
	32.1	Ihr Briefkasten 604
		Eine Nachricht lesen 605
		Eine Nachricht erstellen 606
		Eine Nachricht beantworten 608
		Eine Nachricht löschen 608
		Aus einer Nachricht eine Aufgabe oder einen Termin erstellen 608
		Notizen aus empfangener Post heraus erstellen 609
		Optionen für Nachrichten 610
		Der Postausgang – die letzte Kontrolle 612
	32.2	Die Faxverwaltung 613
		Die Aktivierung der Faxdienste 613
		Arbeiten mit dem Faxsystem 615
	32.3	Das Internet 615
		Die Kontakte und das Internet 616
		Die Termine und das Internet 617
		Der Internet Explorer 5 und Outlook 2000 617
		News mit Outlook Express 618
		Die Oberfläche von Outlook Express 620
		Einrichten eines News-Servers 621
		Newsgroups abonnieren 624
		Abonnierte Newsgroups vom Server holen 625
		Newsgroups lesen 627
		Absender mit Email antworten 628
		Absender in Newsgroup antworten 629

		Nachricht verfassen	630
		Anpassen der Voreinstellungen von Outlook Express	630
33.	Arbeiten mit Outlook		633
	33.1	Arbeiten mit Outlook und Microsoft Office	633
		Daten für einen Serienbrief	633
		Einen Serienbrief in Word erstellen	635
		Einen Serienbrief mit neuen Daten öffnen	639
	33.2	Import und Export	639
		Kontaktdaten exportieren	639
		Adressbücher aus anderen Programmen importieren	641
34	Teamarbeit		
	34.1	Teamarbeit mit Outlook	643
		Termine koordinieren	643
		Aufgaben verwalten	645
		Gemeinsame Kontaktordner	646
		Benutzerberechtigungen	646
	34.1	Teamarbeit über das Internet	647
		VCalendar – Besprechungen über das Internet planen	647
		vCalendar versenden	648
		vCalendar importieren	648
		iCalendar-Web-Seite festlegen	649
		vCard über das Internet versenden und empfangen	651
		vCard versenden	652
		vCard importieren	652
		Eigene vCard-Signatur	653

Teil 5 Access   655

35.	Was sind eigentlich Datenbanken?		656
	35.1	Die Definition einer Datenbank	656
	35.2	Arbeiten mit relationalen Strukturen	657
		Informationsspeicherung	657
		Inkonsistenzen	658
	35.3	Unterschiedliche Datentypen	661
		Felddatentypen	662
		Tabellenaufbau planen	664
	35.4	Die Datenbankobjekte	664
36.	Daten komfortabel verwalten		666
	36.1	Die Besonderheiten des Access-Bildschirms	666
		Die Statusleiste	667
	36.2	Eine Datenbank öffnen, speichern und beenden	668
		Die Datenbank öffnen	668

	Die Datenbank speichern	671
	Die Datenbank schließen	672
36.3	Wie bewegen Sie sich in der Tabelle?	673
	Datensicherung	678

37. Datenbankstrukturen erstellen 679

37.1	Strukturen vorbereiten	679
	Informationsbeschaffung	679
	Planung	680
37.2	Eine neue Datenbank anlegen	680
37.3	Tabellen anlegen	682
	Arbeiten mit der Entwurfsansicht	684
	Primärschlüssel festlegen	687
	Tabelle speichern	688
	Tabellenentwurf anpassen	689
	Eingabeformate festlegen	690
37.4	Eingabeformulare erleichtern die Arbeit	694
	Dateneingabe mit dem Formular	696
37.5	Abfragen erstellen	698
	Abfrage mit dem Auswahlabfrage-Assistenten	698
	Abfragen in der Entwurfsansicht erstellen	701
37.6	Berichte erstellen	706
	Der Assistent für die Berichterstellung	706
	Arbeiten mit dem Berichts-Assistenten	707

38. Daten professionell verwalten 710

38.1	Gültigkeitsregeln	710
	Gültigkeitsregel festlegen	711
38.2	Der Einsatz von Filtern	714
	Verschiedene Filter	715
	Auswahlbasierte Filter	715
	Formularbasierte Filter	718
	Filtern nach	720
	Filtern von Datensätzen unter Verwendung des Fensters	720
	»Spezialfilter/-sortierung«	720
38.3	Tabellen indizieren	721
	Welche Felder sollte man indizieren?	721
	Einen einfachen Index erstellen	722
	Einen zusammengesetzten Index erstellen	723
	Einen Index bearbeiten	724
38.4	Tabellen und Datenbanken verknüpfen	724
38.5	Beziehungen bearbeiten	725
	Eine Beziehung zwischen Tabellen herstellen	726
	Eine Beziehung löschen	729

38.6	Daten übergeben	730
38.7	Datenbanken komprimieren und reparieren	731

39. Datenbanken weitergeben 733

39.1	MDE-Dateien	733
	Eine Datenbank als MDE-Datei speichern	734
	MDE-Dateien verwenden	735
39.2	Eine Anwendung erstellen	736
	Eine Anwendung	736

Teil 6 PowerPoint 741

40. Professionell präsentieren 742

40.1	Der PowerPoint-Bildschirm	742
40.2	Der AutoInhalt-Assistent	744
40.3	AutoRecover – die automatische Sicherung	748
40.4	Präsentationen speichern, beenden und öffnen	749
	Präsentationen speichern	749
	Eine Präsentation als Entwurfsvorlage speichern	750
	Präsentationen exportieren	751
	Als Webseite speichern	751
	PowerPoint beenden	752
	Eine bestehende Präsentation öffnen	753

41. Mit Folien arbeiten 755

41.1	Neue Folien anlegen	755
41.2	Mit verschiedenen Ansichten arbeiten	760
	Normalansicht	760
	Foliensortieransicht	762
	Notizenseiten	763
	Bildschirmpräsentation	764
41.3	Folien hinzufügen	764
41.4	Notizen und Handzettel drucken	765

42. Folien gestalten 766

42.1	Texte einfügen und bearbeiten	766
	Texte markieren	767
	Schrift anpassen	767
	Textfeldgröße anpassen	768
	Textfelder verschieben	768
	Hintergrundfarbe anpassen	769
	Objekte drehen	773
42.2	Objekte einfügen	774
	Farben bei Objekten anpassen	775
	Objekte ausrichten	776

		Objektgröße anpassen	777
		Den Umriß von Objekten ändern	777
	42.3	Die Positionierhilfen	778
	42.4	Die Masterfolien	781
	42.5	Aufzählungen formatieren	783

43. Die Bildschirmpräsentation 786

	43.1	Allgemeines	786
	43.2	Der Folienübergänge	787
		Übergangseffekt einrichten	788
		Automatischen Folienwechsel einstellen	789
		Sound zuweisen	790
	43.3	Mit Animationen arbeiten	791
		Welche Objekte werden animiert?	792
		Objekt-Reihenfolge festlegen	793
		Eingangsanimation und Klang festlegen	793
		Spezielle Animationen für Textobjekte	794
		Objektanimationen der Master	795
	43.4	Einblendezeiten	797
		Die Einblendezeiten automatisch festlegen	798
	43.5	Zielgruppenorientierte Präsentation	798
	43.6	Präsentationen starten und steuern	799
	43.7	Pack&Go: eine Präsentation weitergeben	800
	43.8	Präsentationen für das Internet	801

Teil 7   PhotoDraw   803

44. Faszinierende Bitmap- und Vektor graphiken 804

	44.1	Willkommen bei PhotoDraw 2000	804
	44.2.	Der PhotoDraw-Bildschirm	806

45. Bilder bearbeiten und optimieren 808

	45.1	Arbeiten mit Text	808
	45.2	Zuschneidefunktionen	812
	45.3	Arbeiten mit Vorlagen	816
	45.4	Die Zeichnen-Funktion	819
	45.5	Objekte füllen	822
	45.6	Umrisse modifizieren	824
	45.7	Mit Farbe arbeiten	827
	45.8	Retuschieren von Bildteilen	830
	45.9	Effekte einsetzen	832
	45.10	Anordnen und Gruppieren	835
	45.11	Dateien importieren	836

Teil 8 Publisher   839

46. Tolle Druckstücke schnell gestalten 840
    46.1 Der Publisher-Bildschirm 840
    46.2 Die Werkzeuge 843
            Positionierhilfen 847
    46.3 Eine neue Publikation anlegen 849
    46.4 Textrahmen 853
            Text markieren und formatieren 855
            Verkettete Textrahmen 859
            Textabstand zum Rahmen definieren 861
    46.5 Mit Seiten arbeiten 862
            Seiten einrichten 863
            Seiten wechseln 865
            Hintergrundseiten 865

47. Das Dokument mit Grafiken aufwerten 867
    47.1 Mit Grafikrahmen arbeiten 867
            Die Publisher-Formate 869
    47.2 Grafiken modifizieren 870
            Grafikdarstellung und Textfluß 872
    47.3 Weitere grafische Elemente 874
            Benutzerdefinierte Formen und Linien 874
            WordArt 875
            Rahmen drehen 876
            Lage im Vorder- und Hintergrund 878
            Objekte gruppieren 879
            Elemente in die Design Gallery übernehmen 880

48. Arbeiten mit Farben 881
    48.1 Die unterschiedlichen Farbsysteme 881
            CMYK 881
            RGB 881
            Graustufen 881
            Spotfarben 882
            Vollfarbmodus 883
            Dokumente für die Farbausgabe vorbereiten 883
    48.2 Farben in der Praxis 884

49. Publikationen drucken 888
    49.1 Der direkte Druck 888
    49.2 Druckdateien erstellen 891

Teil 9 Hyperlinks und Internet 893

- 50. Einfacher Zugang zum Internet 894
  - 50.1 Internetgrundlagen und -begriffe 894
    - Internet – die Hintergründe 895
    - Zugang zum Internet 896
  - 50.2 Das World Wide Web 896
    - Hyperlinks 897
    - HTML-Grundlagen 903
    - Frames 904
    - HTML speichern und öffnen 905
    - Post im Internet: E-Mail 906
    - FTP 907
    - Internet und Intranet 909
  - 50.3 Der Internet Explorer 910
    - Die Programmoberfläche 913
    - Suchen und Finden 916
    - Suchmaschinen im WWW 916
  - 50.4 Grundeinstellungen für den Internet Explorer 917
    - Allgemein 917
    - Sicherheit, Inhalt und Erweitert 922
    - Verbindungen 922
    - Zusatzprogramme 925
  - 50.5 Sicherheit für Ihre Daten 926
    - Sicherheit 926
    - Internet-Inhalte 929

- 51. FrontPage 2000 932
  - 51.1 So funktioniert FrontPage 2000 932
    - Der Weg zur Web-Site 932
  - 51.2 Die Programmoberfläche von Frontpage 933
    - Die Seitenansicht 934
    - Die Ordneransicht 936
    - Die Berichtsansicht 936
    - Die Navigationsansicht 938
    - Die Hyperlinkansicht 941
    - Die Aufgabenansicht 943
  - 51.3 Web erstellen und bearbeiten 945
    - Seiten hinzufügen 946
    - Seiten bearbeiten 948

- 52. Word 2000 und das Internet 950
  - 52.1 Web-Seiten mit Word 2000 erstellen 950
  - 52.2 Webseiten bearbeiten 957

Hypertexteinträge verändern 957
Hyperlinks hinzufügen 959
Frames bearbeiten 964
Multimediaelemente auf Web-Seiten 967
Bilder im Internet 968

53. Mit Excel 2000 ins Internet 971
53.1 Daten im Internet publizieren 971
53.2 Daten aus dem Internet holen 973

54. Access: Die Datenbank im WWW 975
54.1 Allgemeine Internet-Funktionen 975
54.2 Daten ins Internet bringen 976
Statische HTML-Dokumente 976
Datenzugriffsseiten 978
Datenzugriffsseiten mit dem Assistenten erstellen 979

55. Präsentieren Sie sich mit PowerPoint im Internet 982
55.1 Präsentationen als HTML-Dokument speichern 982

Teil 10 Visual Basic für Applikationen 985

56. Die Grundlagen 986
56.1 Einstieg in die Programmierung mit VBA 986
56.2 Makros aufzeichnen 988

57. Die Entwicklungsumgebung VBE 994
57.1 Der Bildschirmaufbau 994
Das Code-Fenster 995
Das Eigenschaftsfenster 997
Der Projekt-Explorer 998
57.2 Unterschiedliche Ansichten 998
Überwachungsfenster 999
UserForm-Fenster 999
Das Direkt-Fenster 1000
57.3 ActiveX-Controls 1000
57.4 Makros modifizieren 1001
57.5 Das Hilfe-System 1002

Teil 11 Teamwork mit Office 1005

58. Word: Dokumente gemeinsam bearbeiten 1006
58.1 Der Überarbeiten-Modus 1006
Änderungen zusammenführen 1010
Änderungsmarkierungen einrichten 1011

	58.2	Die Versionskontrolle	1013
		Mit Versionen arbeiten	1014
		Versionen vergleichen	1017
	58.3	Dokumente schützen	1018
		Kennwörter verwenden	1018
		Dokument schützen	1021
	58.4	Dokumente vergleichen	1024
	58.5	Dokumente zusammenführen	1027
		Gemeinsamer Dokumentzugriff	1027
59.	**Excel: Arbeitsmappen gemeinsam bearbeiten**		**1029**
	59.1	Arbeitsmappen freigeben	1029
		Freigabe-Optionen	1031
		Mit freigegebenen Arbeitsmappen arbeiten	1034
		Freigeben und schützen	1038
	59.2	Der Überarbeiten-Modus	1042
		Änderungen konsolidieren	1043
	59.3	Arbeitsmappen zusammenführen	1044
60.	**Access: Datenbestände gemeinsam nutzen**		**1046**
	60.1	Die Zugriffssteuerung	1046
		Benutzer- und Gruppenkonten anlegen	1047
		Benutzer- und Gruppenberechtigungen	1050
		Datenbanken verschlüsseln	1051
	60.2	Replikationen erstellen	1051
61.	**Die Sammelmappe**		**1053**
		Was ist eine Sammelmappe?	1053
		Sammelmappen anlegen	1053
	61.1	Daten zur Sammelmappe hinzufügen	1054
		Dokumente in der Sammelmappe neu anlegen	1054
		Bestehende Dokumente zur Sammelmappe hinzufügen	1056
		Arbeiten außerhalb der Sammelmappe	1057
	61.2	Mit der Sammelmappe arbeiten	1058
		Dokumente aus der Sammelmappe löschen	1058
		Eine Sammelmappe in Einzelelemente zerlegen	1059
		Abschnitte umbenennen	1059

Teil 12 Zusatzmodule   1061

- 62. WordArt 1062
  - 62.1 So funktioniert das WordArt-Modul 1062
  - 62.2 WordArt nachträglich formatieren 1064
- 63. Diagramme mit MS Graph 1067
  - 63.1 Daten übernehmen 1067
  - 63.2 Diagrammtyp zuweisen 1069
  - 63.3 Diagramm formatieren 1071
- 64. Die Clip Gallery 1072
  - 64.1 Grundlagen 1072
- 65. AutoFormen 1076
  - 65.1 AutoFormen einfügen 1076
  - 65.2 AutoFormen bearbeiten 1077
  - 65.3 AutoFormen verschieben und verändern 1078
  - AutoFormen formatieren 1079
- 66. Der Photo Editor 1080
  - 66.1 So präsentiert sich der Photo Editor 1080
  - 66.2 Datei- und Druckfunktionen 1081
  - Drucken und Scannen 1083
  - 66.3 Bildeigenschaften ändern 1084
  - Bildausschnitte und Bildgröße 1085
  - Bilder drehen 1088
  - 66.4 Retusche- und Effektfunktionen 1089
  - Helligkeit, Farbe und Bildkontrast ausgleichen 1089
  - Scharfzeichnen und Weichzeichnen 1091
  - Effektfilter 1091
  - 66.5 Direkte Bildveränderung 1092
  - Bildausschnitt markieren 1092
  - Weitere Werkzeuge 1093
- 67. Der Formel-Editor 1094
  - Den Formel-Editor aufrufen und beenden 1094
  - Eine Formel basteln 1096
  - Eingabe von Text und Zahlen im Formel-Editor 1096
  - Besondere Techniken im Formel-Editor 1098
- 68. Organisationsdiagramme 1099
  - OrgChart als OLE-Server starten 1099
  - Organisationsdiagramm erstellen 1100
  - Die Datenübergabe 1101

Teil 13 Anhang 1103

- 69 Fachbegriffe leicht gemacht – das Glossar 1104
- 70 So kommt Office auf die Platte 1144
  - 70.1 Microsoft Office installieren 1144
    - Standardinstallation 1146
    - Benutzerdefinierte Installation 1147
  - 70.2 Die Installation warten 1150
    - Fehler erkennen und reparieren 1150
    - Komponenten ergänzen 1150
  - 70.3 MultiLanguage Pack 1152
- 71 Gemeinsam ausgepackt 1154
  - Office 2000 Standard 1154
  - Office Small Business 1155
  - Office 2000 Professional 1155
  - Office 2000 Premium 1156
- 72 Das ist auf der CD 1158

Vorwort

Mit »Office 2000« weckt Microsoft die Hoffnungen auf eine komplett neue und noch bessere Software. Der Zusatz »2000« greift den anstehenden Jahrtausendwechsel auf und vermittelt den Eindruck eines Quantensprungs – besonders, wenn man die Bezeichnungen der Vorversionen in Betracht zieht.

Solchen Ansprüchen wird das neue Office-Paket sicher nicht gerecht. Es handelt sich um eine sorgfältig weiterentwickelte Software auf Basis der bewährten Vorgänger. Deshalb ist der Einstieg für alle Anwender in die Komponenten von Office 2000 leicht. Als Beginner werden Sie die einheitliche Benutzeroberfläche, die integrierten Assistenten und umfangreiche Hilfe-Funktionen schätzen lernen. Haben Sie bereits Erfahrungen mit einer Vorgängerversion, brauchen Sie nicht alles neu zu lernen, was Sie sich in mühevoller Kleinarbeit angeeignet haben. Im Gegenteil: Microsoft nimmt die bewährten Konzepte auf und entwickelt sie konsequent weiter. Wenn Sie bereits mit Word 97 arbeiten, kommen Sie sofort mit Word 2000 zurecht.

Die Stärken von Office 2000 liegen unter der Oberfläche. Die Programmbedienung stellt sich automatisch auf Vorlieben und übliche Arbeitsweisen ein, Funktionen und Steuerelemente sind aufeinander abgestimmt, und bereits bekannte Fähigkeiten wurden erweitert. Ein Beispiel: Die integrierte Rechtschreibprüfung kapituliert deutlich seltener vor zusammengesetzten Begriffen als die bisher bekannten Routinen.

Ein Entwicklungsziel ist nicht zu übersehen: Die Office-Programme sind internetfähig. Word, Excel, Access und die anderen Programmodule – alle verfügen über eine ganze Reihe von Funktionen zur Kommunikation mit dem und über das Internet. Outlook 97 – der erste Versuch, einen »Persönlichen Informations-Manager« zu integrieren, hat mit Outlook 2000 einen würdigen Nachfolger gefunden. Das Programm verwaltet alle Kommunikationsvorgänge und leistet einen wesentlichen Beitrag zur Teamkoordination – eine entsprechende Netzwerkumgebung vorausgesetzt.

Im Zweifelsfall sollten Sie die Hilfe zu Rate ziehen. Eine komplett neu aufgebaute Struktur orientiert sich an Arbeitsabläufen. Die bisher übliche Indexsuche ist schon in Office 97 zugunsten einer themenbezogenen Unterstützung in den Hintergrund getreten. Office 2000 setzt diese Entwicklung fort und setzt konsequent auf kontextbezogene Ratschläge.

Dieses Buch als umfassende Beschreibung des Programmpaketes hat die Aufgabe, die Programmfunktionen nicht nur einzeln zu schildern, sondern sie miteinander in Beziehung zu setzen. Deshalb haben wir eine Struktur gewählt, die dem Office-Paket entspricht: Zu Beginn eine Darstellung der gemeinsamen Programmbestandteile, die mit einem Schnelleinstieg abgeschlossen ist. Dann werden die einzelnen Programme erläutert. Die Kernapplikationen stehen dabei im Vordergrund, aber auch die nützlichen Zusatzprogramme kommen nicht zu kurz. Schließlich erläutert Magnum Office 2000 die speziellen Aspekte Internet und Teamarbeit. Damit Sie bei der Programmvielfalt nicht den Überblick verlieren, haben wir alles in handliche Kapitel verpackt. Die vielen mitgelieferten Beispiele auf der CD sorgen dafür, daß Sie die angesprochenen Funktionen selbst nachvollziehen können – Ausprobieren statt auswendig lernen.

Und damit Sie auch wirklich auf Ihre Kosten kommen, haben wir einige nützliche Beigaben auf die CD gebrannt. Nähere Hinweise dazu finden Sie im Anhang des Buches.

Viel Spaß beim Lesen, Lernen und Ausprobieren wünscht stellvertretend für das Types & Bytes Autorenteam

Malte Borges

Die Buchstruktur

Magnum Office 2000 ist in dreizehn Teile gegliedert. Jedes dieser Teile behandelt einen Programmaspekt – die Grundlagen, ein einzelnes Programm oder eine Funktionsgruppe. Innerhalb der Teile sind Kapitel angeordnet, die sich mit einem übergeordneten Aspekt beschäftigen. So ist der Teil 2, Word 2000, in insgesamt zehn Kapitel unterteilt, mit denen Sie sich Schritt-für-Schritt in den Programmumfang einarbeiten können. Am Anfang jedes Kapitels erhalten Sie einen Überblick über den besprochenen Themenkreis. Dieser Überblick steht auch im Inhaltsverzeichnis, so daß Sie schnell zu den Informationen durchdringen, die Sie gerade interessieren.

Schließlich finden Sie noch ein umfangreiches Glossar und einen Index. Diese Schlagwortverzeichnisse bieten eine zweite Ebene der Suchfunktionen, sie führen blitzschnell zum gesuchten Hinweis.

Aber auch im Text brauchen Sie auf Hilfestellung nicht zu verzichten. Die wichtigsten Schaltflächen sind mit einer kurzen Erläuterung abgebildet. *Kursive Textpassagen* weisen auf Schaltflächen, Dialogboxoptionen oder Menüeinträge hin. Menüeinträge sind durch einen Schrägstrich abgetrennt: *Extras/Sprache/Thesaurus* bedeutet, daß Sie im Menü *Extras* zunächst den Eintrag *Sprache* und im Untermenü den Befehl *Thesaurus* wählen sollen.

Schließlich helfen drei Symbole bei der Orientierung:

Dieses Symbol kennzeichnet Hinweise und Tricks. Dabei handelt es sich um »ungewöhnliche« Anwendungen für eine Funktion, um schnellere Wege zum Ziel oder um spezielle Arbeitstechniken.

Wenn Sie dieses Symbol sehen, sollten Sie nicht übereilt handeln: Es weist auf Fallen und Stolperstellen hin, die z.B. zu Datenverlusten führen könnten.

So werden Erläuterungen von Fachbegriffen im Text gekennzeichnet.

Dieses Symbol kennzeichnet eine Beispieldatei auf der CD. Diese Dateien sind grundsätzlich mit dem Kürzel »BO«, der Kapitelnummer und einer fortlaufenden Beispielnummer benannt: BO12_1.DOC steht für den ersten Beispieltext im Kapitel 12.

Grundlagen
Office 2000

Aller Anfang ist schwer – dieses Kapitel erleichtert Ihnen den Einstieg. Es stellt die Komponenten von Microsoft Office vor und gibt einen Überblick über den Einsatzzweck. Ein Wegweiser durch die Benutzeroberfläche und grundsätzliche Bedienfunktionen vermitteln Grundwissen zum Umgang mit den Anwendungen.

1. Gemeinsam ausgepackt

Je nachdem, für welche Office-Variante Sie sich entschieden haben, ist der Inhalt des Programmpakets unterschiedlich. Mit dem Erscheinen von Office 2000 wird der Käufer vor eine schwierige Entscheidung gestellt. Gleich sechs verschiedene Versionen mit unterschiedlichem Leistungsumfang standen bei Drucklegung zur Auswahl und werden hier vorgestellt.

Das erste Kapitel hat in einem Fachbuch schon fast traditionsgemäß die Aufgabe, Grundlagen zum Verständnis des Themas zu legen und einen einheitlichen Wissensstand beim Leser zu erzeugen. Dieser Tradition schließen wir uns an.

Der einheitliche Wissensstand umfaßt eine Übersicht über die unterschiedlichen Programmversionen, stellt die Einzelmodule kurz vor und beschäftigt sich dann mit den grundlegenden Steuerelementen. Schließlich beschreibt dieser Abschnitt noch eine Reihe von Grundfunktionen, die bei allen Applikationen ähnlich sind: Die Datei-Dialogbox, Rücknahmefunktionen und die verbindenden Office-Funktionen.

Ein Schnelleinstieg erleichtert die Orientierung in den Programmen und führt Sie Schritt für Schritt in die Grundfunktionen der wichtigsten Office-Programme ein.

Bild 1.1: Die Puzzleteile der Programmverpackung stehen für das Zusammenwirken der Einzelprogramme im Rahmen des Office-Pakets

Das Programmpaket Office kommt in unterschiedlichen Versionen zu Ihnen. Die einzelnen Versionen unterscheiden sich in der Zusammenstellung der Einzelanwendungen, die im Paket enthalten sind. Microsoft orientiert sich bei der Zusammenstellung der Versionen an unterschiedlichen Anforderungsprofilen. Schon die Bezeichnung der einzelnen Pakete gibt Auskunft über deren Einsatzgebiet.

Allen Angeboten sind zwei Programme gemeinsam: Sowohl Word 2000 als auch der Internet Explorer sind auf jeder Programm-CD zu finden.

Microsoft Home Essentials 2000

Die Home Essentials sind die Low-Budget-Variante der großen Office-Pakete. Statt der großen Komponenten Excel und Access findet sich das kombinierte Modul Works 4.0 im Paket. Money 2000 hilft bei der Verwaltung der Finanzen, Encarta antwortet bei geographischen Fragen, und das Spielprogramm Fußball dient der Entspannung.

⋯❖ **Das Paket:**
Word 2000; MS Works 4.0; Money 2000; Encarta Weltatlas; Fußball; Internet Explorer

Office 2000 Small Business Edition

Die Small Business Edition beschränkt sich auf die wichtigsten Büroprogramme: Word 2000 übernimmt die Textverarbeitung, Excel 2000 berechnet alle möglichen Formeln und Tabellen, der Internet Explorer ist das Tor zum Internet, und Outlook 2000 verwaltet Termine und Kontakte.

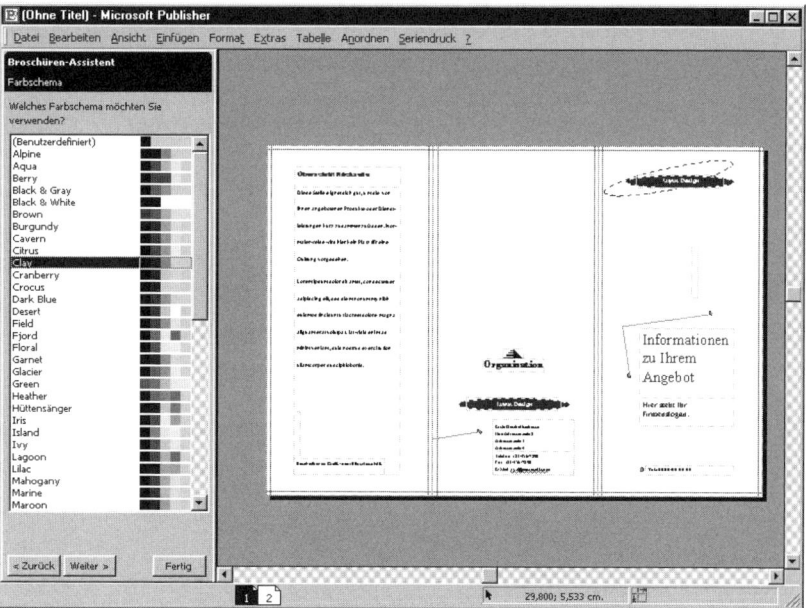

Bild 1.2: Der Microsoft Publisher 2000 ist nur in der Small Business Edition enthalten

Interessant ist auch der Publisher 2000, den Sie in den anderen Paketen vergeblich suchen werden: Dieses Programm kann z.B. Anzeigen, Handzettel und Plakate für Werbemaßnahmen oder auch Einladungskarten erstellen.

⋯❖ **Das Paket:**
Word 2000; Excel 2000; Outlook 2000; Publisher 2000; Internet Explorer

Office 2000 Standard Edition

Gegenüber der Small Business Edition werden Sie hier den Publisher 2000 vermissen, dafür ist das Präsentationsmodul PowerPoint 2000 hinzugekommen. Weiterhin hat Microsoft eine Reihe nützlicher Hilfsmittel integriert.

⋯❖ **Das Paket:**
Word 2000; Excel 2000; PowerPoint 2000; Outlook 2000; Internet Explorer; Camcorder; Photo Editor

Office 2000 Professional Edition

Die Professional Edition enthält zusätzlich zu den Komponenten der Standard Edition die Datenbank Access 2000 und das Nachschlagewerk LexiROM Mini. LexiROM Mini bietet einen ersten Eindruck von der größeren Version, LexiROM.

⋯❖ **Das Paket:**
Word 2000; Excel 2000; PowerPoint 2000; Outlook 2000; Access 2000; Internet Explorer; Camcorder; Photo Editor; LexiROM Mini

Office 2000 Premium

Das wohl umfangreichste Paket, das Sie erwerben können, bietet Microsoft unter der Bezeichnung »Premium« an. Sie finden hier die gleichen Komponenten wie im Professional-Paket, ergänzt um die Small-Business-Tools, FrontPage 2000 und PhotoDraw 2000.

Bild 1.3: Das Rädchen der IntelliMouse sichert ein schnelles und effizientes Arbeiten. Eine ideale Ergänzung für alle Office-Applikationen.

Office 2000 Developer Edition

Dieses Programmpaket befriedigt auch hohe Ansprüche. Es bietet die gleichen Programme wie die Professional Edition, enthält aber zusätzlich Entwicklungswerkzeuge, gedruckte Dokumentationen, Distributionsrechte und Beispiel-Code.

Es spielt keine Rolle, für welches Paket Sie sich entschieden haben, im vorliegenden Buch werden die wichtigsten Komponenten und Funktionen aller Versionen von Office 2000 beschrieben.

Für Programmentwickler hält Microsoft ein besonderes Angebot bereit: Das sogenannte OCP-Programm (Office Compatible Program) zielt auf Programmier, die Erweiterungen oder Lösungen auf Basis der Office-Applikationen erstellen. Es umfaßt eine Office 2000 Developer Edition, alle Programmiersprachen, die Hintergrundinformationen der TechNet-CDs, eine spezielle Newsgroup und auch Hilfen bei der Programmentwicklung und Vermarktung an.

Eine Office-Lösung muß von allen Mitarbeitern gleichermaßen nutzbar sein. Die Handhabung des Produkts sollte von daher möglichst einfach sein, gleichzeitig sind die Ansprüche an den Funktionsumfang mittlerweile hoch.

Durch Automatisierung von Routinearbeiten kann in Office 2000 die Effizienz gesteigert werden. So sorgen z.B. neben benutzerfreundlichen Symbolleisten und Kontextmenüs auch Assistenten und eine umfangreiche, kontextsensitive Hilfefunktion für einen schnellen Arbeitsfortschritt. Bei der Entwicklung von Office 2000 wurde darauf geachtet, die Integration der einzelnen Komponenten weiter zu verbessern. Auch die Komponenten zur Teamarbeit und eine weitgehende Internet-Fähigkeiten sind Forderungen der Zeit, die von Microsoft mühelos erfüllt werden.

2. Grundlegende Funktionen und Aufgaben

Auch wenn von einem Office-Produkt die Rede ist: Die Office-Pakete bestehen aus Einzelprogrammen, die über Schnittstellen und verbindende Komponenten zusammenarbeiten. Jedes Einzelprogramm hat ein ganz bestimmtes Einsatzgebiet – hier erhalten Sie einen ersten Überblick.

1.1 Kernapplikationen

Als Kernapplikationen werden die Programme betrachtet, die eigenständige Aufgaben im Büroalltag übernehmen. In den Folgeabschnitten 2.2. und 2.3. werden Web-Komponenten und Zusatzmodule gesondert betrachtet.

Word 2000

Word ist der Klassiker im Paket und unbestritten das am weitesten verbreitete Büroprogramm. Seine Kernaufgabe ist die Textverarbeitung im weitesten Sinn. Natürlich kann Word als Ersatz für die Schreibmaschine dienen, das wird dem Leistungsumfang jedoch nicht gerecht.

Ein Textprogramm zeichnet sich dadurch aus, daß Texte bearbeitet und dann gespeichert werden. Was auf den ersten Blick simpel erscheint, hat in der Praxis eine große Auswirkung: Die Texte lassen sich wieder öffnen, verändern, kopieren und natürlich auch drucken: Ein einmal geschriebener Text steht immer wieder zur Verfügung.

Aus einem Textprogramm wird erst durch zusätzliche Funktionen eine Textverarbeitung. Die Rechtschreibprüfung lauert im Hintergrund und wird sofort aktiv, wenn ein unbekanntes Wort im Text auftaucht. Dokumentvorlagen enthalten alle oft benötigten Elemente bis hin zum komplett aufgebauten Briefbogen. Textbausteine nehmen Ihnen das Eintippen häufig benötigter Passagen ab, und spezielle Teamfunktionen bewahren auch bei verschiedenen Bearbeitern den Überblick über die einzelnen Versionen und Veränderungen. Wichtige Erweiterungen gegenüber der Vorgängerversion betreffen die Internet-Funktionen. Das Textprogramm Word 2000 ist jetzt als durchaus ernst zu nehmender Internet-Editor einzusetzen, inklusive der Seitenunterteilung mit Frames.

Unabhängige Bereiche innerhalb einer Internet-Seite. Jeder Frame kann unabhängig von den anderen neue Inhalte darstellen – auf diese Weise sind meist Kopfzeilen oder auch Menüstrukturen realisiert.

Word glänzt mit umfangreichen Möglichkeiten zur Gestaltung des Textes. Schriftart, Schriftgröße, unterschiedliche Farben, Rahmen, Absatzausrichtungen – eine komplette Liste würde deutlich den Rahmen dieses Abschnitts sprengen. Festzuhalten bleibt, daß Word sich nicht nur um die Texteingabe kümmert, sondern auch das Äußere in eine ansprechende Form bringt. Schließlich lassen sich sogar Bilder oder Grafiken in Texte integrieren. Viele Funktionen erreichen einen Perfektionsgrad, der früher nur in speziellen Satzprogrammen zu finden war.

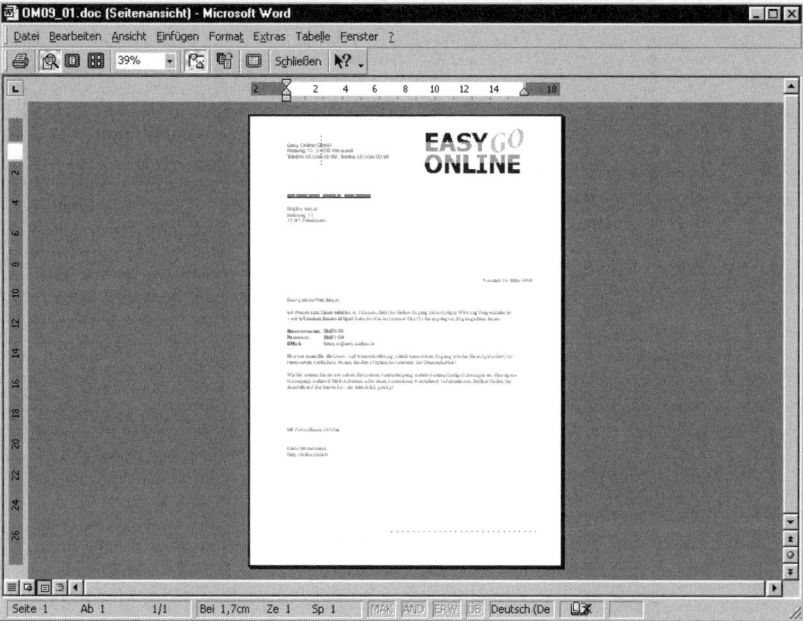

Bild 2.1: Kaum zu glauben, daß hier ein Textprogramm am Werk war: Word kann Texte und Bilder ansprechend miteinander kombinieren

Excel 2000

Fahrtkostenabrechnungen, Projektkalkulation, Stundenerfassung. Diese drei Schlagworte kennzeichnen den Einsatzzweck der Software Microsoft Excel 2000. Grundsätzlich kommt Excel zum Einsatz, wenn Zahlen und Daten miteinander in Beziehung gebracht werden müssen. Die Berechnung von Werten erfolgt mit Hilfe von Formeln.

Durch die Tabellenstruktur – Excel wird deshalb auch als »Tabellenkalkulation« bezeichnet – lassen sich beliebige Werte übersichtlich anordnen. Selbstverständlich bietet das Programm auch wieder umfangreiche Formatierungsoptionen an. Mit dem Diagramm-Modul sorgt Excel für die grafische Darstellung auch komplexer Datenreihen.

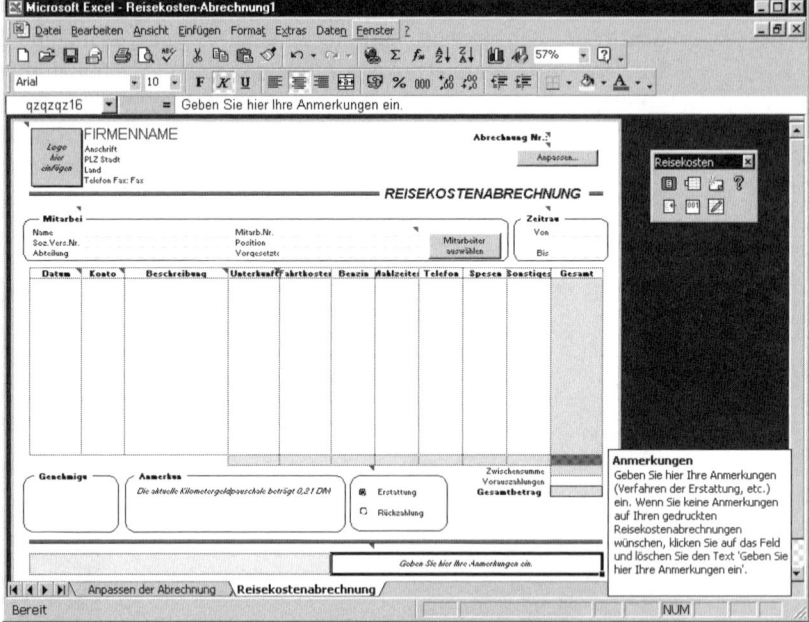

Bild 2.2: Auch Excel kann, neben den rein funktionellen Fähigkeiten, mit interessanten Gestaltungsmöglichkeiten aufwarten

Outlook 2000

Das Programm Outlook ist in die Kategorie »Personal Information Manager« (PIM) einzuordnen. Es koordiniert Ihre Termine und Besprechungen, bietet eine Aufgabenverwaltung und koordiniert Ihre geschäftlichen oder privaten Kontakte.

Im Zusammenspiel mit den Office-Programmen offenbart sich eine weitere Funktion: Outlook kann Dokumente personen- oder auftragsgebunden verwalten und führt Journale über Änderungsdatum und Bearbeitungsdauer. Darüber hinaus sind die verschiedenen Kommunikationsdienste direkt integriert – im Zusammenspiel mit dem Microsoft Exchange Server übernimmt Outlook auch Funktionen zur Team- und Ressourcenplanung.

Outlook ist bedeutend mehr als das elektronische Pendant zum herkömmlichen Zeitplaner oder Organizer. Durch die umfassende Integration von Informationsdiensten auf der einen und den Programmen von Office auf der anderen Seite lassen sich sehr viele Lösungen verwirklichen.

Grundlegende Funktionen und Aufgaben

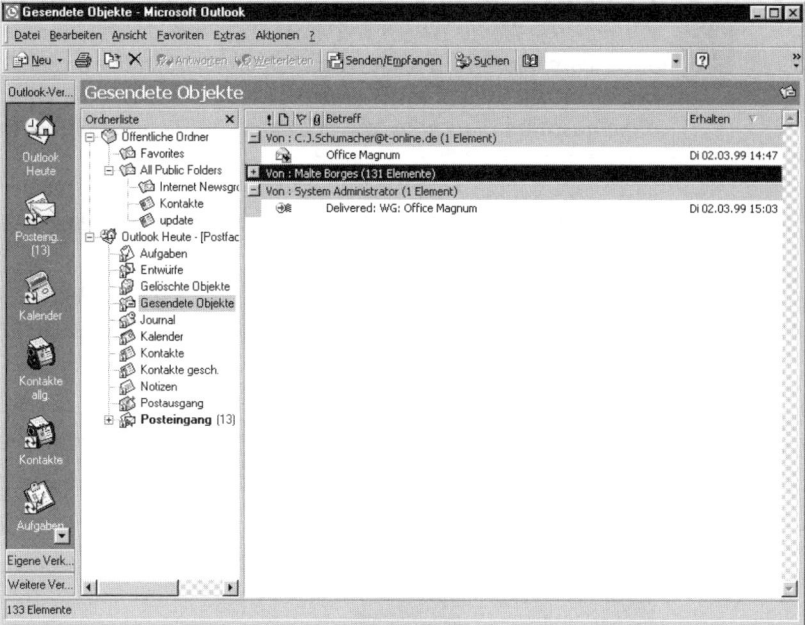

Bild 2.3: Outlook soll alle persönlichen Daten miteinander in Beziehung zu bringen. Gleichzeitig unterstützt es die Teamarbeit

Access 2000

Microsoft Access 2000 ist ein Datenbankmodul, das nur in der Professional und der Developer Edition zu finden ist. Auch Excel ist in der Lage, Daten aufzunehmen und sie zu strukturieren. Wofür braucht man dann Access?

Die Antwort ist einfach: Der Leistungsumfang von Access geht weit über die Excel-Routinen hinaus – sowohl was die zu verwaltenden Datenmengen als auch die Strukturen angeht. Access baut relationale Datenbanken auf. Eine relationale Datenbank besteht nicht nur aus einer, sondern aus mehreren Tabellen, die miteinander verknüpft werden. Typisches Beispiel ist eine Rechnungsdatenbank: In einer Tabelle werden alle Kundenadressen und eine eindeutige Kundennummer aufgenommen, die andere Tabelle enthält alle Rechnungsdaten. Jede neue Rechnung speichert dann nicht mehr die komplette Kundenadresse, sondern nur noch die Kundennummer. Die Kundendaten werden bei Bedarf aus der Adreßdatenbank geholt, über Formulare gepflegt und über Berichte und Abfragen selektiert.

Die Developer-Edition ist besonders im Bereich von Access gegenüber der Professional- Edition erweitert: Erweiterte Programmierhilfen und ein Runtime-Modul erlauben es Programmierern, die entwickelten Datenbankanwendungen weiterzugeben.

> *Ein Runtime-Modul ist ein Teil einer Software, der es erlaubt, Anwendungen auch dann auszuführen, wenn die Ursprungssoftware nicht installiert ist. Sie brauchen also Access nicht selbst zu besitzen, wenn Sie eine Access-Anwendung ausführen möchten, die mit dem Runtime-Modul ausgeliefert wird.*

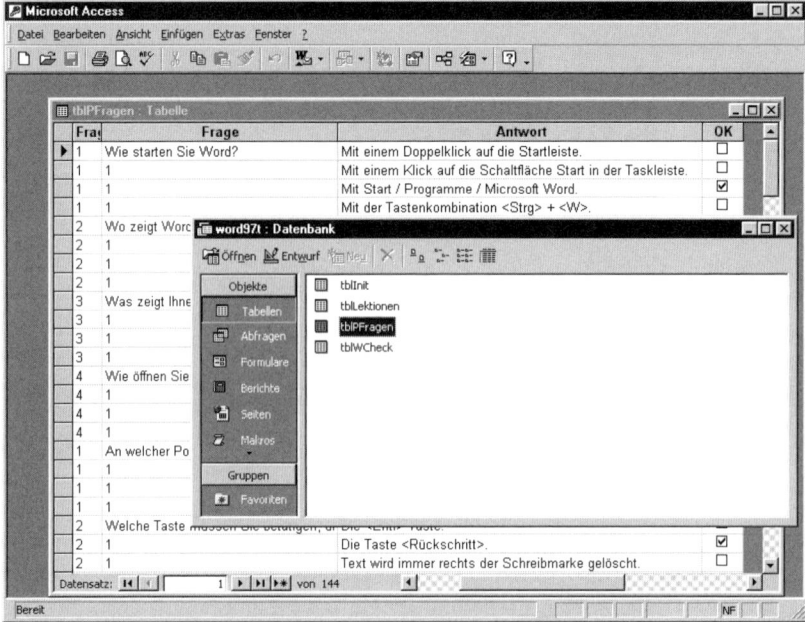

Bild 2.4: *Access verwaltet Daten in Tabellen und liefert alle Funktionen zu ihrer Auswertung*

PowerPoint 2000

Auch wenn das Diagramm-Modul in Excel eine ansprechende Darstellung von Daten garantiert: eine komplette Präsentation kann man mit der Tabellenkalkulation nicht erstellen. Dies ist die Domäne von PowerPoint, der Präsentationssoftware im Office-Paket.

PowerPoint gliedert unterschiedliche, grafisch aufgebaute Einzelseiten in sogenannte Folien. Diese Folien wiederum lassen sich beliebig ordnen und schließlich als Präsentation abspielen.

Neben der eigentlichen Präsentation verwaltet PowerPoint auch noch Sprechernotizen und Teilnehmerunterlagen. Durch ein spezielles Modul lassen sich Präsentationen auch im Internet publizieren.

Grundlegende Funktionen und Aufgaben

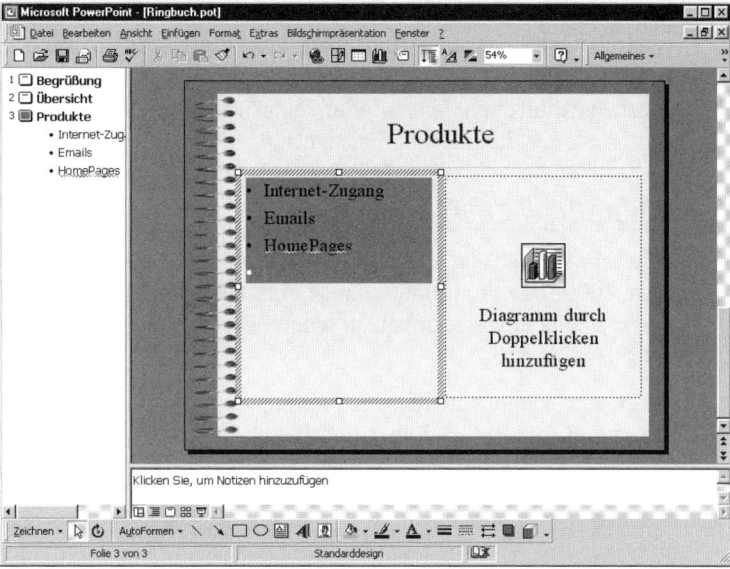

Bild 2.5: PowerPoint stellt einzelne Folien zu ansprechenden Präsentationen zusammen

Publisher 2000

Das Programm Microsoft Publisher 2000 hat die Aufgabe, beliebige Druckstücke ansprechend zu gestalten. Dabei gehen die Publisher-Funktionen über die von Word hinaus.

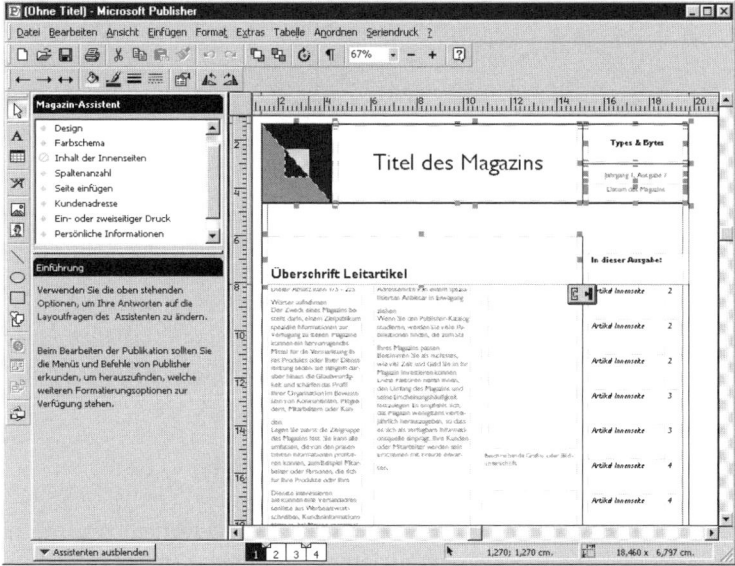

Bild 2.6: Das rahmenorientierte Arbeiten im Publisher unterscheidet sich vom Arbeiten mit Word

Der Publisher arbeitet, wie andere Satzprogramme auch, mit Rahmen. Jedes Element, das auf einer Seite erscheint, wird in solch einem Rahmen plaziert. Die Rahmen lassen sich miteinander verbinden, Änderungen an darin enthaltenen Texten oder Bildern werden in der gesamten Kette der verbundenen Rahmen berücksichtigt.

PhotoDraw 2000

PhotoDraw 2000 ist die jüngste und zugleich älteste Komponente von Office 2000. Das Programm kommt erstmals in diesem Office-Paket zum Einsatz, ist als Einzelapplikation jedoch schon einige Monate vor Office selbst auf dem Markt.

Microsoft vereint in diesem Programm erstmals Funktionen zur Bearbeitung von Bitmap- und Vektorgrafiken – beides unter einer einfach zu steuernden Oberfläche.

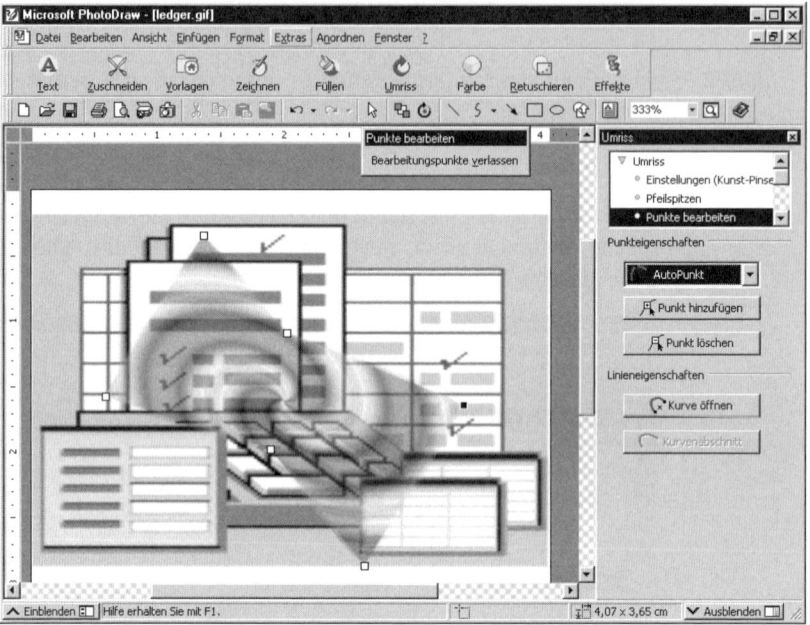

Bild 2.7: Ein ehemaliges Rechteck, transparent mit einer speziellen Farbverlaufsfüllung: PhotoDraw 2000 bietet Funktionen für Bitmap- und Vektorgrafiken

2.2 Web-Komponenten

Nachdem Microsoft fast den allgemeinen Aufbruch ins Internet verschlafen hatte, legen die Programmierer aus Redmont mächtig los. Auch Office 2000 hat einen deutlichen Schub in diese Richtung erfahren. Das Internet-Format HTML existiert jetzt gleichberechtigt neben den Dateiformaten der Einzelprogramme, Word hat sich zu einem respektablen Web-Editor gemausert. Einige Office-Applikationen gehen noch weiter: Sie haben ohne Internetzugang nur eine geringe Bedeutung.

FrontPage 2000

FrontPage 2000 ist ein Programm, das sich bei der Erstellung eigener Internet-Präsenzen unentbehrlich gemacht hat. Neben der Gestaltung eigener Seiten kümmert es sich auch um Verknüpfungen untereinander und bietet zusätzliche Optionen, um auch komplexe Internetsysteme mit vergleichbar geringem Aufwand zu realisieren.

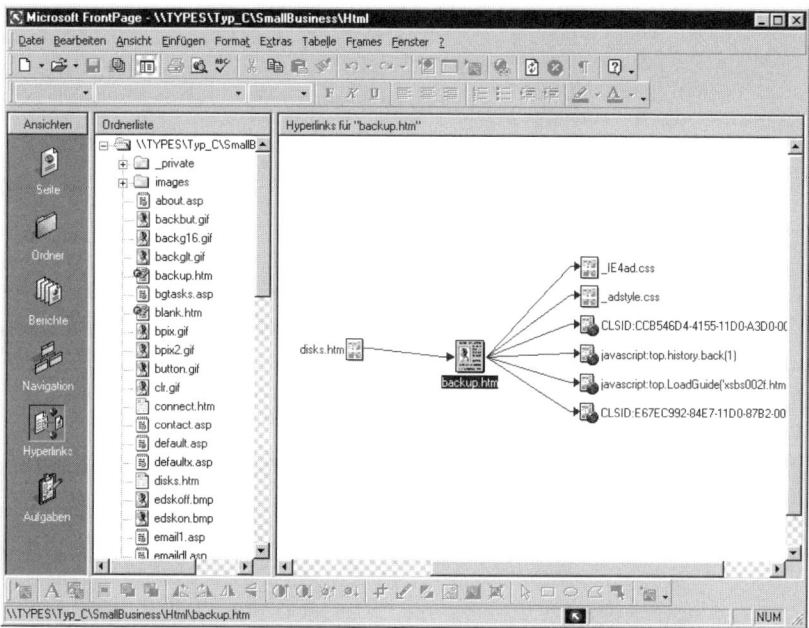

Bild 2.8: Gestaltung und Verwaltung von Internetseite ist die Domäne von FrontPage 2000

Internet Explorer

Der Internet Explorer hat die Aufgabe, einen möglichst komfortablen und einfachen Zugang zum Internet zu schaffen. Aber auch bei »normalen« Dateioperationen wird er im Hintergrund aktiv. Der Internet-Explorer zeigt nicht nur Internet-Seiten, kümmert sich auch um Datensicherheit, verwaltet häufig besuchte Seiten und startet bei Bedarf Email- und News-Komponenten.

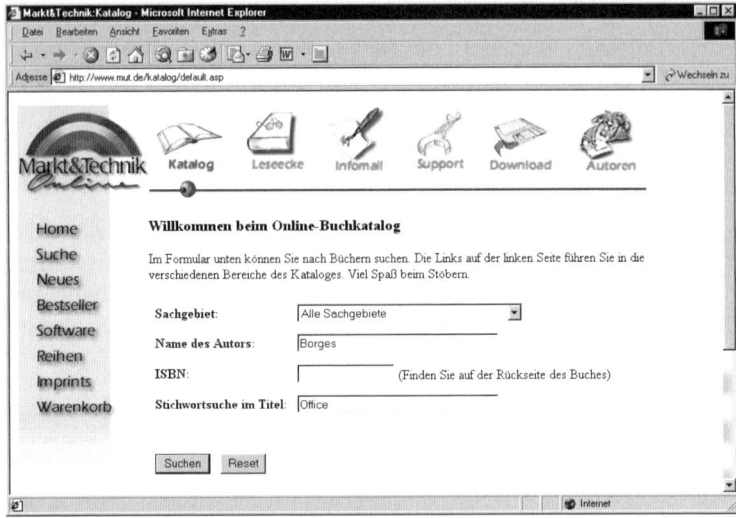

Bild 2.9: Das Surfbrett für das World Wide Web: der Internet Explorer

Outlook Express

Outlook Express ist der kleine Bruder von Outlook 2000. Diese Komponente wird kostenlos abgegeben und hat – bei installiertem Outlook 2000 – eigentlich nur eine Aufgabe: sie regelt den Zugriff auf Newsgroups, elektronischen Diskussionsforen im Internet. Nach Hinzufügen eines Newsservers lädt Outlook Express die dort vorgehaltenen Newsgroups und stellt die Beiträge in unterschiedlichen Ansichten zur Verfügung.

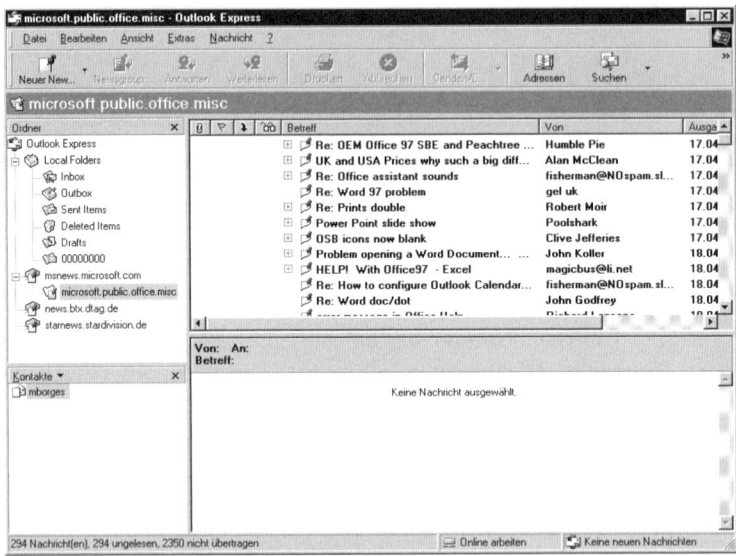

Bild 2.10: Diskussionsgruppen im Internet. Newsgroups zu bestimmten Themen sind beliebte Hilfe-, Tip- und Neuheitenbörsen

Microsoft Script

Da HTML als zweites, unabhängiges Dateiformat neben den herkömmlichen Dateitypen eingeführt wurde, hat Microsoft auch gleich ein leistungsfähiges Bearbeitungsprogramm mit in das Office-Paket integriert. Mit diesem Editor lassen sich Änderungen direkt im Programmcode einer Internetseite vornehmen – eine Aufgabe, die auf diese Weise wohl Profis vorbehalten bleibt.

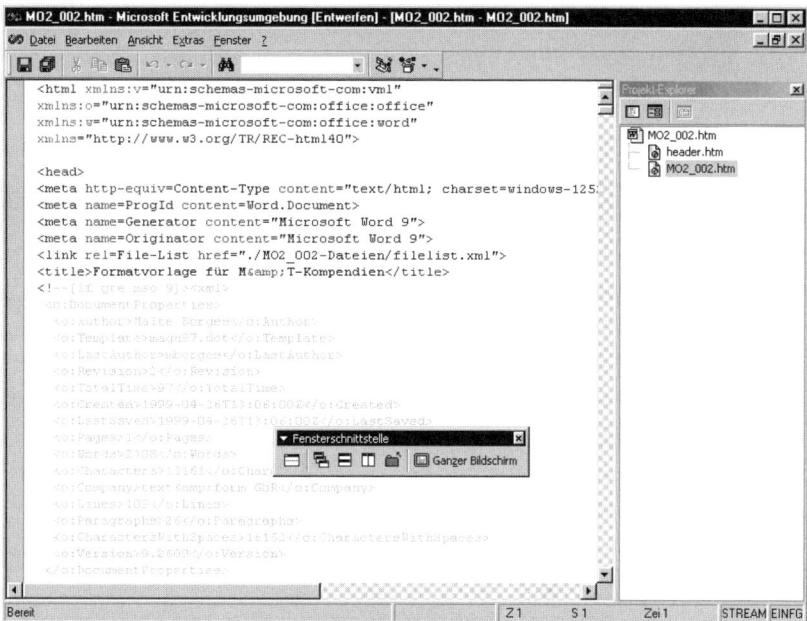

Bild 2.11: Dieser HTML-Code entstammt dem aktuellen Kapitel während der Texterfassung in Word 2000. Ein spezieller Editor mit allen möglichen Hilfs- und Anzeigefunktionen wird auch gehobenen Anforderungen von HTML-Profis gerecht

2.3 Zusatzmodule

Gemeinsame Programme

Neben diesen Hauptanwendungen finden sich noch kleinere Zusatzprogramme, die für bestimmte Teilbereiche zuständig sind. Diese Module lassen sich aus allen Applikationen aufrufen. Dazu gehören z.B.:

- Das Modul WordArt kann Texte mit Effekten versehen und in einem Kontursatz anordnen.
- Microsoft Graph 2000 ist ein Programm, das aus Datenreihen Diagramme erstellt.

⇢ Der Microsoft Photo Editor kann Bitmap-Bilder bearbeiten und bringt ein Modul mit, das Bilder direkt in Dokumente einscannen kann.

⇢ Ein Modul für Organisationsdiagramme bringt Ordnung in Abläufe oder Strukturen.

⇢ Microsoft Draw ist in der Lage, Vektografikenen – z.B. ClipArts – zu verändern oder auch neu zu erstellen.

 Auf der Office-CD befindet sich der Ordner CDZUGABE. Dort sind eine Reihe weiterer Hilfsprogramme, Assistenten und auch Bilder oder Klänge gespeichert. Eine Durchsicht lohnt sich in jedem Fall.

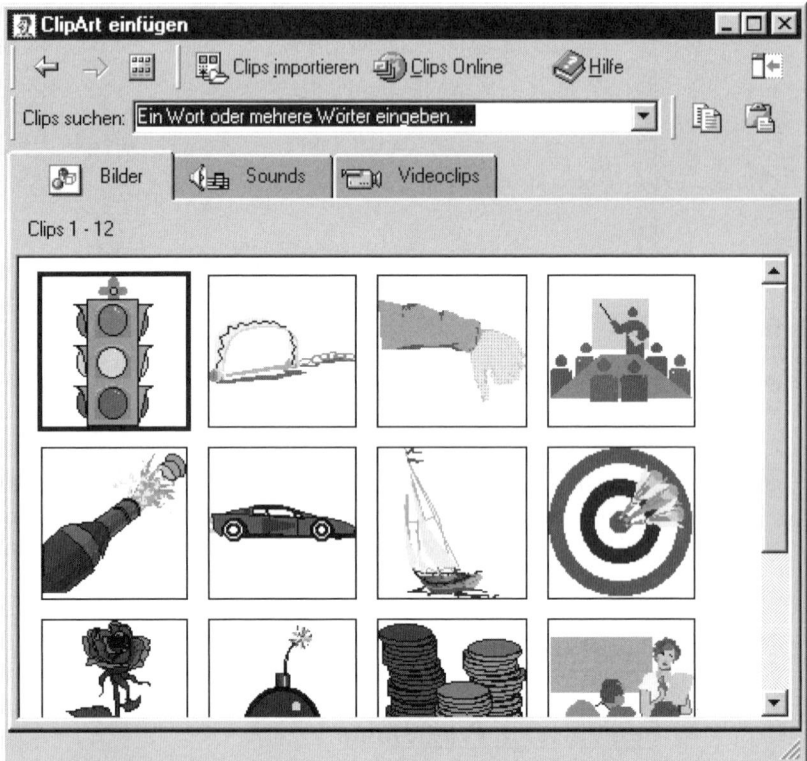

Bild 2.12: Durch die Zusatzmodule lassen sich die umfangreichen Programmfunktionen der Einzelmodule noch einmal deutlich erweitern. Die ClipArt-Gallery steht in verschiedenen Officeteilen als Lieferant von Illustrationen zur Verfügung

Eine besondere Bedeutung kommt dem reibungslosen Zusammenspiel der Einzelmodule zu. Die meisten Datentypen lassen sich von einem in das andere Programm übertragen. So kann Word z.B. Listen aus Access-Datenbanken oder Tabellen aus Excel verwenden, Hyperlinks sorgen für den direkten Aufruf der Ursprungsapplikation usw. Darüber hinaus müssen die Einzelanwendungen auch für den Anwender wie aus einem Guß erscheinen, um den Aufwand bei der Einarbeitung in Grenzen zu halten. Bei Office 2000 werden diese Anforderungen auf mehreren Wegen sichergestellt:

Hyperlink: Die Verknüpfung einer Grafik oder eines Textteils mit einer anderen Stelle im gleichen oder in einem anderen Dokument. Ein Mausklick genügt, um das verknüpfte Element auf den Schirm zu holen.

- Vereinheitlichter Aufbau der Benutzeroberfläche für alle einzelnen Komponenten, z.B. bei Symbolleisten, Dialogboxen und in Befehlsstrukturen. Gleiche Funktionen werden über die gleichen Befehle aufgerufen. Dadurch sorgen Kenntnisse aus einem Anwendungsprogramm zum leichten Erlernen der anderen Komponenten.

- Alle eingegebenen Daten stehen allen Office-Komponenten zur Verfügung. Dadurch wird doppelte Datenerfassung und die damit verbundene Gefahr von Fehlern bzw. auch der doppelte Arbeitsaufwand vermieden. Wenn die Kundendaten bereits in einer Datenbank gespeichert sind, können Excel oder Word darauf zugreifen. Über elektronische Post (Email) werden Dokumente unmittelbar an andere Teilnehmer verschickt.

- HTML dient neben den eigentlichen Dateitypen als vollwertiges Zweitformat. Erzeugen Sie eine Tabelle in Excel, speichern Sie sie im HTML-Format und öffnen und bearbeiten Sie sie in Word weiter.

- Die Zusammenarbeit zwischen den Einzelanwendungen wird weiterhin durch OLE-Funktionen unterstützt (Object Linking And Embedding, zu deutsch: Verknüpfen und Einbetten von Objekten). Mit den OLE-Funktionen läßt sich z.B. eine Grafik aus Excel in ein Word-Dokument einfügen. Steuerelemente des Ursprungsprogramms stehen in der Zielanwendung zur Verfügung und erlauben das Bearbeiten des eingebetteten Objekts.

VBA/VBE

Wenn Ihnen der Leistungsumfang der Office-Programme noch nicht reicht, können Sie selbst Hand anlegen. Die meisten Office-Module können durch eigene Funktionen erweitert werden. Dazu stellt Office z.B. Makros bereit, mit denen sich schnell und einfach häufig wiederkehrende Bedienhandlungen automatisieren lassen. Außerdem bieten die Office-Anwendungen den Zugriff auf Active-X-Komponenten und nicht zuletzt eine weitgehend einheitliche, objektorientierte Programmiersprache: Visual Basic für Applikationen kann auf alle festen Programmfunktionen zurückgreifen und verrichtet seine Arbeit direkt in den Programmen.

Für diese Erweiterungssprache ist eine spezielle Programmierumgebung (VBE) integriert, die das Testen und Zusammenstellen einzelner Programmteile unterstützt.

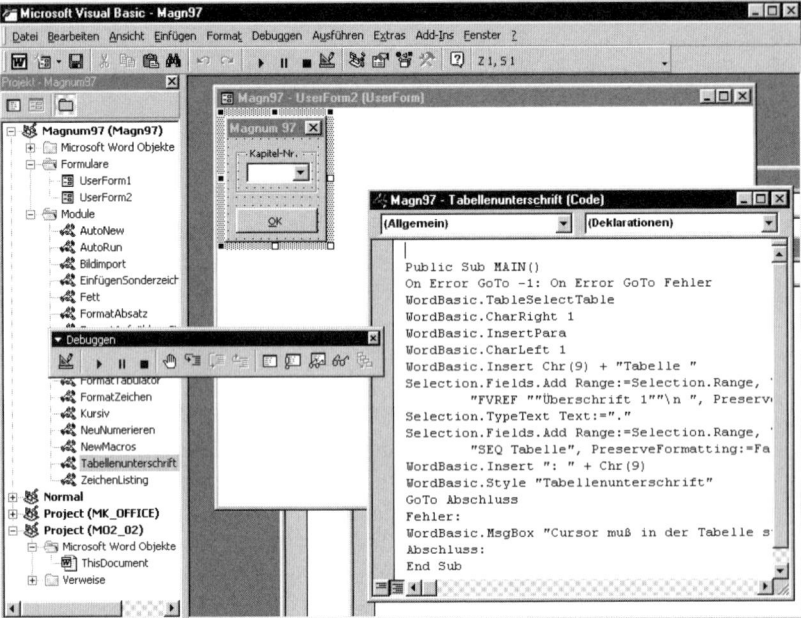

Bild 2.13: Der Visual Basic Editor strukturiert die Programmodule, dient der Bearbeitung des Quellcodes und kann die Eigenschaften beliebiger Objekte verwalten

3. Ein Wegweiser – die Benutzeroberfläche

Wie immer bei einem neuen Programm ist der erste Eindruck entscheidend: Ist das Programm intuitiv zu erfassen, oder sind umfangreiche Handbuchstudien schon für die ersten Schritte erforderlich? Auch wenn das Handbuch zunächst entbehrlich erscheint – die grundlegenden Bereiche der Office-Bildschirme sollten Sie schon kennen und zuordnen können.

3.1 Die Bildschirmelemente im Überblick

Die Programmoberfläche ist die Schnittstelle zwischen Computer und Anwendung. Sie bietet Steuerelemente, unterschiedliche Darstellungsformen und erlaubt die Eingabe der benötigten Daten. Diese Arbeitsumgebung ist erfreulicherweise bei allen Windows-Programmen und besonders bei den Office-Applikationen relativ identisch. Sie soll uns nun ausführlich beschäftigen.

 Umsteiger von vorherigen Office-Versionen werden nur wenig Schwierigkeiten mit der Bedienung haben. Die wesentlichen Veränderungen fanden an Funktionen im Hintergrund statt.

Die abgebildete Oberfläche entspricht der Darstellung nach der Installation von Word 2000. Sie läßt sich individuell anpassen und für verschiedene Anforderungen extra anpassen.

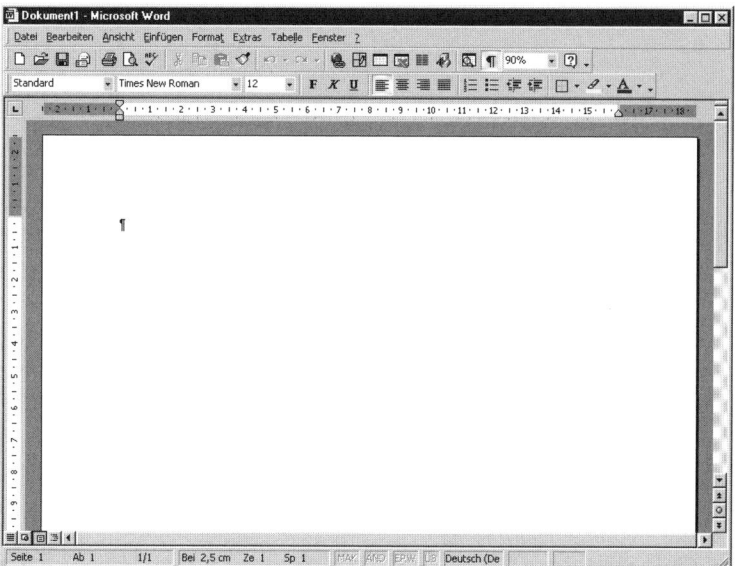

Bild 3.1: Der Bildschirm von Word 2000 – ein Beispiel für die Benutzeroberfläche der Office-Applikationen

In einigen Modulen werden Sie mit neuen Steuerelementen konfrontiert: am linken oder rechten Bildschirmrand zeigen sich Bereiche, die als Assistenten oder direkt sichtbaren Bibliotheken bei der Arbeit helfen.

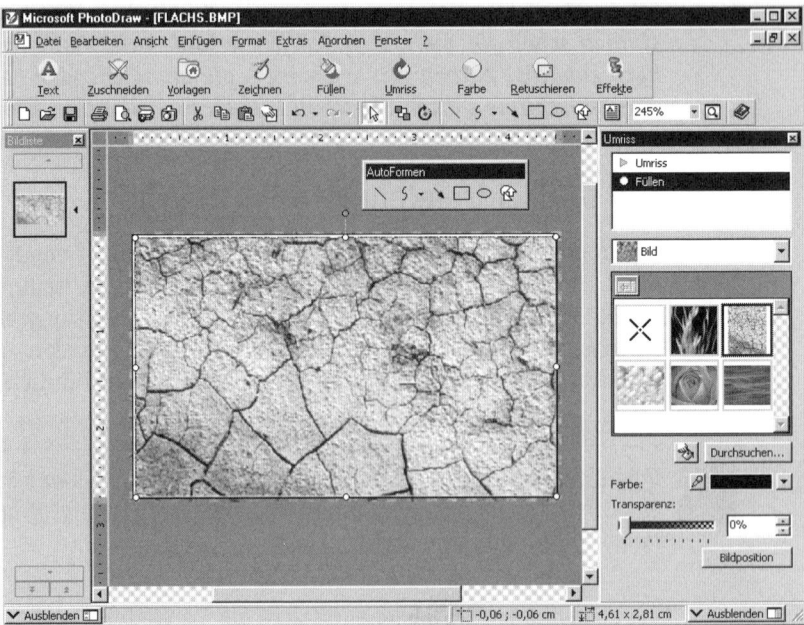

Bild 3.2: Gleich zwei Fenster an den Fensterrändern von PhotoDraw 2000: Links sehen Sie eine Bildbibliothek, rechts eine Randleiste zur Steuerung einer Bitmap-Füllung.

3.2 Die Titelleiste

Die obere Begrenzung aller Fenster, mit denen sich Windows-Anwendungen auf dem Bildschirm präsentieren, ist die Titelleiste. Sie enthält den Namen der Anwendung: *Microsoft Word* in Bild 3.1, *Microsoft PhotoDraw* im Bild 3.2. Dieser Eintrag wird durch die Bezeichnung der gerade aktiven Dokumentendatei ergänzt.

Ganz links in der Titelleiste öffnet sich nach einem Klick auf das Programmsymbol das Systemmenü.

 Ein Doppelklick auf das Systemmenü schließt das entsprechende Programm. Dann erscheint eine Sicherheitsabfrage, falls ungespeicherte Änderungen am Dokument vorliegen.

Auf der rechten Seite der Titelleiste befinden sich drei weitere Symbole: Das linke der Symbole steht für Minimieren, das zweite Symbol schaltet das Anwendungsfenster zwischen Vollbild- und Fensterdarstellung um. Das »X« in der Titelzeile schließt das Anwendungsfenster – und damit auch die Anwendung.

Bild 3.3: Die Titelleiste des Anwendungsfensters enthält alle gewohnten Windows-Fensterelemente

3.3 Die Menüleiste

Ein Klick auf einen Menüeintrag in der Menüleiste öffnet ein Menü. Ausgehend von den Hauptmenüs haben Sie Zugriff auf eine große Zahl von weiteren Funktionen – die Befehle in den Menüs. Die Hauptmenüeinträge ordnen diese Funktionen. Einige Besonderheiten sind dabei wissenswert:

- Graue Menüeinträge stehen derzeit nicht zur Verfügung.

- Ein schwarzer Pfeil am rechten Rand des Menüs weist darauf hin, daß hier ein weiteres Untermenü verborgen ist. Es genügt, den Mauszeiger ohne Klicken auf diesen Eintrag zu bewegen, um dieses Untermenü zu öffnen.

- Vor einigen Befehlen sehen Sie Symbole, die Sie auch in den Symbolleisten wiederfinden können. Ein Klick auf dieses Zeichen in einer Symbolleiste löst die gleiche Funktion aus wie der Aufruf des Menübefehls.

- Hinter einigen Menüeinträgen sind drei Punkte angeordnet. Diese Punkte weisen darauf hin, daß nicht unmittelbar etwas geschieht, sondern zunächst eine Dialogbox erscheint.

- Waagerechte Striche in aufgeklappten Menüs trennen Befehlsblöcke voneinander ab. Menüoptionen eines Befehlsblockes sind also thematisch verwandt.

- Neu in Office 2000: Die Programme zeigen zunächst nur die wichtigsten Einträge. Ein Klick auf den nach unten zeigenden Doppelpfeil am unteren Rand öffnet die bislang verborgenen Einträge. Sie heben sich durch eine hellere Hintergrundtönung von den Standardeinträgen ab.

Die weiteren Ausführungen des Buchs nennen Menüeinträge ohne besonderen Hinweis auf die komplexeren Zusatzbefehle. Wenn Sie einen angegebenen Befehl nicht auf Anhieb finden, klicken Sie auf den Doppelpfeil nach unten, um diese Funktionen anzeigen zu lassen.

⋯⇾ Schließlich sind hier häufig auch noch Tastenkombinationen zu finden. »Strg+X« bedeutet, daß die [Strg]-Taste gehalten und dann die [X]-Taste gedrückt werden soll. Die Tastenkombinationen lösen die gleiche Funktion wie die zugehörigen Befehle aus – [Strg]+[X] entspricht also dem Befehl *Bearbeiten/Ausschneiden*.

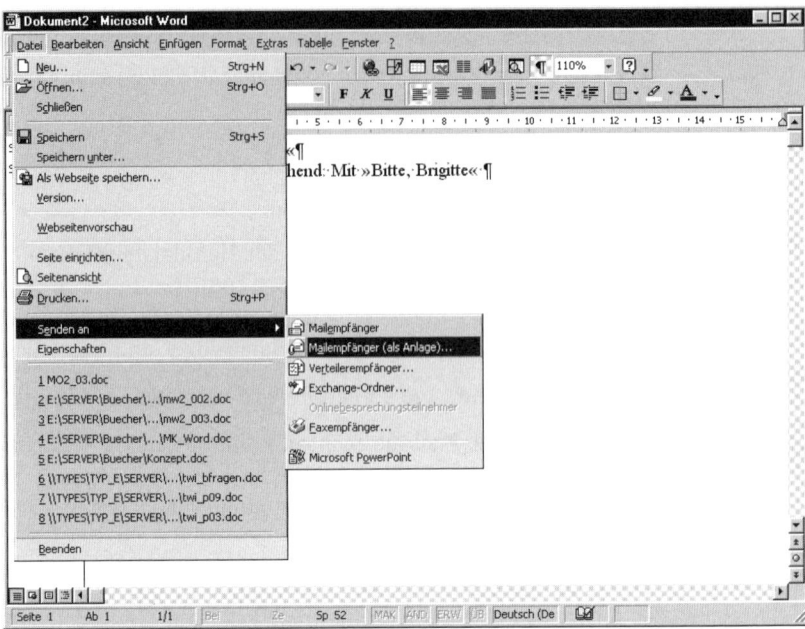

Bild 3.4: Die Word-Menüleiste mit aufgeklapptem und erweitertem Menü Datei. *Hier ist das Untermenü* Senden an *geöffnet*

 Erst durch Tastenkombinationen wird das Arbeiten mit den Office-Programmen richtig effizient. Übersichten der wichtigsten Kombinationen finden Sie im Anhang.

Einen Menübefehl können Sie entweder durch einen Klick mit der Maus oder durch eine Tastenkombination auslösen. Einer der Buchstaben der Menüs ist unterstrichen – der sogenannte Kennbuchstabe. Wenn Sie die [Alt]-Taste halten und diesen Buchstaben drücken, wird der Menübefehl ausgelöst. Ein Beispiel: [Alt]+[D] öffnet das Menü *Datei*, da Sie jetzt schon im Menü stehen, genügt das [S], um den Befehl *Speichern* zu aktivieren.

 Auch in Dialogboxen finden Sie Einträge mit unterstrichenen Buchstaben. Auch hier funktioniert die Kombination [Alt]+[Kennbuchstabe].

3.4 Die Symbolleisten

Mit den in Windows überall verwendeten Symbolleisten bieten auch die Office-Programme schnellen Zugriff auf die wichtigsten Befehle. Viele der Symbole – auch als Icons bezeichnet – werden Sie mit der gleichen Bedeutung auch in anderen Anwendungsprogrammen und vor den entsprechenden Menüeinträgen wiederfinden.

Die Symbolleisten erscheinen üblicherweise flach und wölben sich empor, sofern der Mauszeiger darauf ruht. Einige der Schaltflächen können eingedrückt sein, z.B. die Schaltfläche »F«, wenn der aktuelle Eintrag fett ausgezeichnet ist.

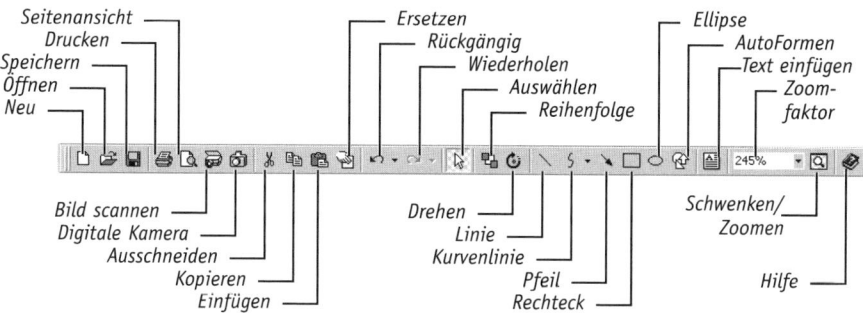

Bild 3.5: Die Standard-Symbolleiste enthält die wichtigsten Befehle im Umgang mit den Programmen

Nach der Installation werden z.B. in Word zwei Symbolleisten angezeigt. Die obere Leiste hat den Namen *Standard*, die untere heißt *Format*. Weitere Symbolleisten lassen sich mit einem rechten Mausklick in der Menüleiste oder auf eine sichtbare Symbolleiste aktivieren. Auch der Befehl *Ansicht/Symbolleistenn* dient dem Ein- oder Ausschalten dieser Steuerelemente.

 Alle Symbolleisten und auch die Menüzeile sind auf der linken Seite mit mehreren Strichen versehen. Wenn Sie die Leiste mit gehaltener linker Maustaste in den Arbeitsbereich ziehen, erscheinen diese als frei verschiebbare Fenster, sogenannte »Paletten«. Auf diese Weise können Sie auch alle Fensterränder als neue feste Position für die Leisten wählen.

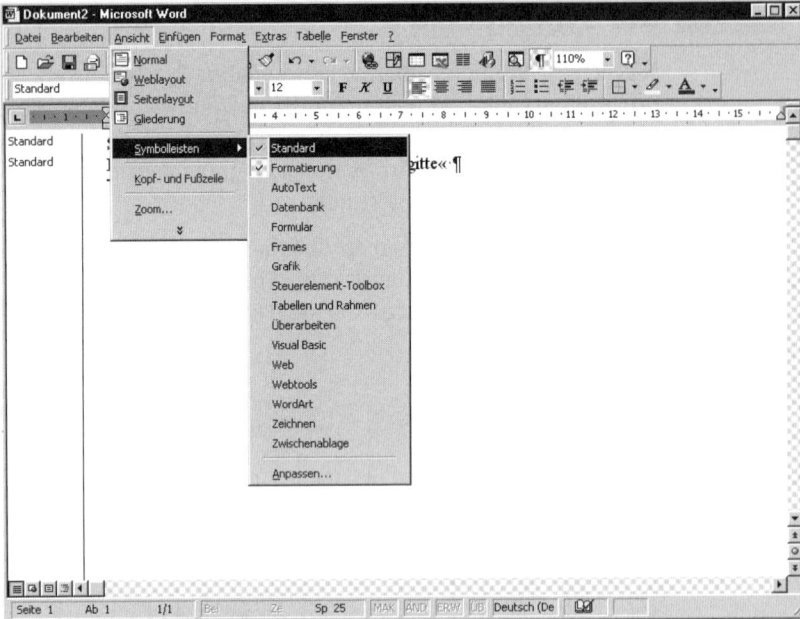

Bild 3.6: Über das Menü Ansicht/Symbolleisten können Sie je nach Bedarf auf weitere Symbolleisten zugreifen

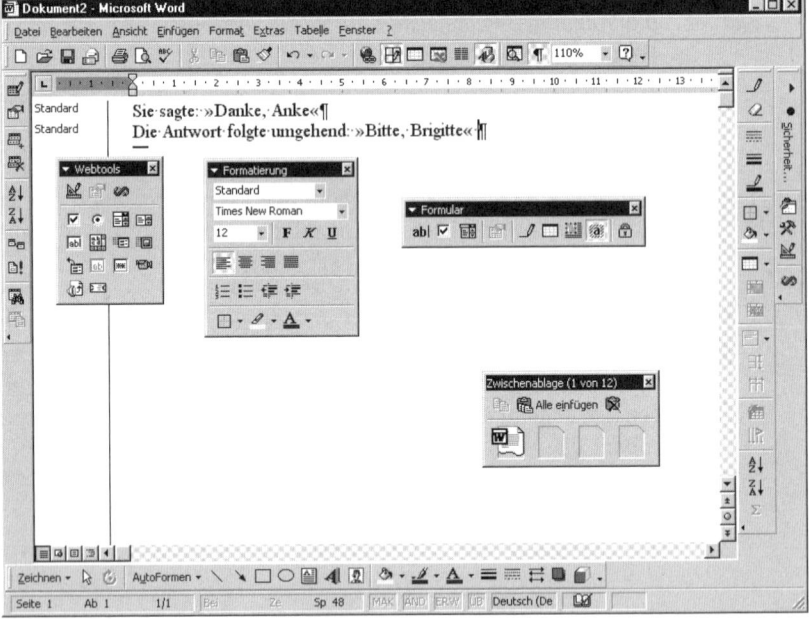

Bild 3.7: Symbolleisten können nach Wunsch auf der Arbeitsfläche oder in den Fensterrändern plaziert werden

Haben Sie auf diese Weise eine Symbolleiste verschoben – ein Doppelklick auf deren Titelleiste verbannt sie wieder auf ihren angestammten Platz, ein Klick auf das Symbol *Schließen* läßt sie verschwinden.

Die Office-Programme zeigen passende Symbolleisten je nach Programmsituation automatisch an. Die Symbolleisten lassen sich jetzt ganz schnell anpassen, wenn Sie die Pfeilschaltfläche am rechten Rand anklicken.

3.5 Der Arbeitsbereich

Neben den Steuerelementen müssen auch Daten ein- und ausgegeben werden – die Aufgabe des Arbeitsbereichs. In allen Programmen nimmt der Arbeitsbereich den größten Teil des Anwendungsfensters ein.

In Word nimmt ein weißes Fenster Texte auf, Excel erscheint mit einem leeren Gitter der Kalkulationstabelle, und Access plaziert einen Datenbankcontainer auf dem grauen Hintergrund.

Nicht immer lassen sich alle Daten im Arbeitsbereich wiedergeben. Dann ist hier lediglich ein Ausschnitt zu sehen. Mit den Bildlaufleisten läßt sich dieser Bereich verschieben. Der Bildlauf erfolgt mit der vertikalen Bildlaufleiste (rechts im Fenster) nach oben und unten, die horizontale Bildlaufleiste am unteren Fensterrand sorgt für den Bildlauf nach links und rechts. Eine Minischaltfläche mit einem Dreieck zeigt jeweils in eine Richtung, dazwischen befindet sich ein Schieber. Klicken Sie auf die Pfeilschaltfläche nach unten, wird der Ausschnitt nach unten verschoben, das Bild bewegt sich dabei nach oben. Mit dem Schieber, der sich mit gehaltener linker Maustaste verstellen läßt, geht die Bewegung schneller. Dabei gibt die Position des Schiebereglers die relative Position des dargestellten Ausschnitts in einem Text, einer Tabelle oder einer Liste wieder: Steht der Schieber in der Mitte der Bildlaufleiste, wird ein Ausschnitt in der Mitte des Textes dargestellt.

In allen vertikalen Bildlaufleisten erscheint beim Verschieben ein Hinweis auf die Position. Word zeigt z.B. Zeile und Spalte, Excel die erste dargestellte Zeile und Access die aktuelle Datensatznummer an.

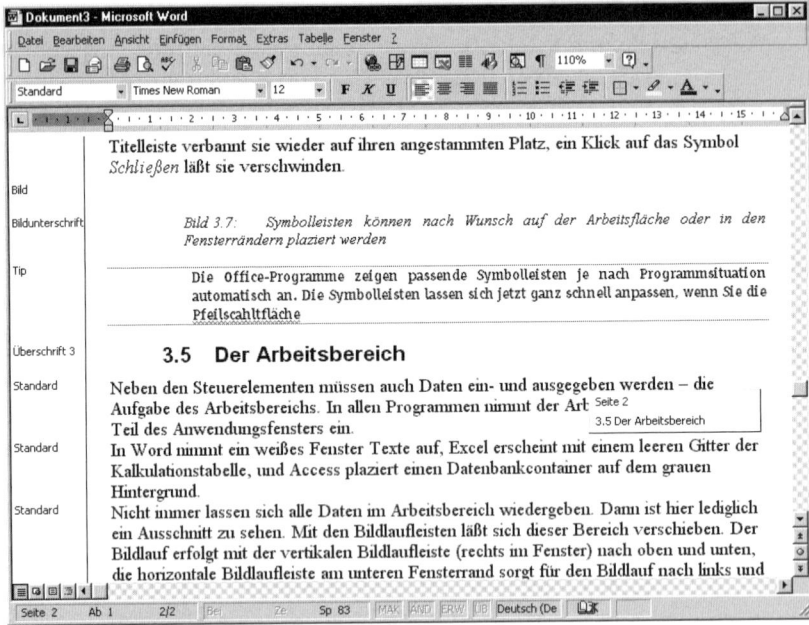

Bild 3.8: Schnell orientiert – der Regler im vertikalen Bildlauf liefert auch Angaben zur Position in langen Texten in einer Quickinfo

3.6 Die Statuszeile

Auch wenn die Bildlaufleiste einen ersten Eindruck über die Position im Text vermittelt: Die Statuszeile am unteren Bildschirmrand hat eine herausragende Funktion: Sie informiert ständig über bestimmte Programmzustände. Auch einige Programmausgaben finden Sie dort wieder, z.B. Meldungen über aktuelle Arbeitsabläufe. Die Statuszeile wird mit *Extras/Optionen* auf der Registerkarte *Optionen* ein- und ausgeschaltet.

Bild 3.9: Die Statuszeile, hier in Word, wartet kontinuierlich mit Informationen zu bestimmten Textumfängen und -positionen auf und zeigt in Feldern – MAK, ÄND, ERW, ÜB und den Rechtschreib- und Drucksymbolen die derzeit gültigen Bearbeitungsmodi an

3.7 Die Kontextmenüs

Eine interessante, weil arbeitssparende Technik beim Arbeiten mit den Office-Programmen besteht im Aufruf sogenannter Kontextmenüs. Die Programme zeigen in Kontextmenüs die Befehle, die für das aktuelle Objekt sinnvoll erscheinen – z.B. die Formatbefehle bei markiertem Text. Das Kontextmenü wird mit einem Klick mit der rechten Maustaste oder durch die Menütaste bei neueren Tastaturen (Windows-95-Layout) geöffnet.

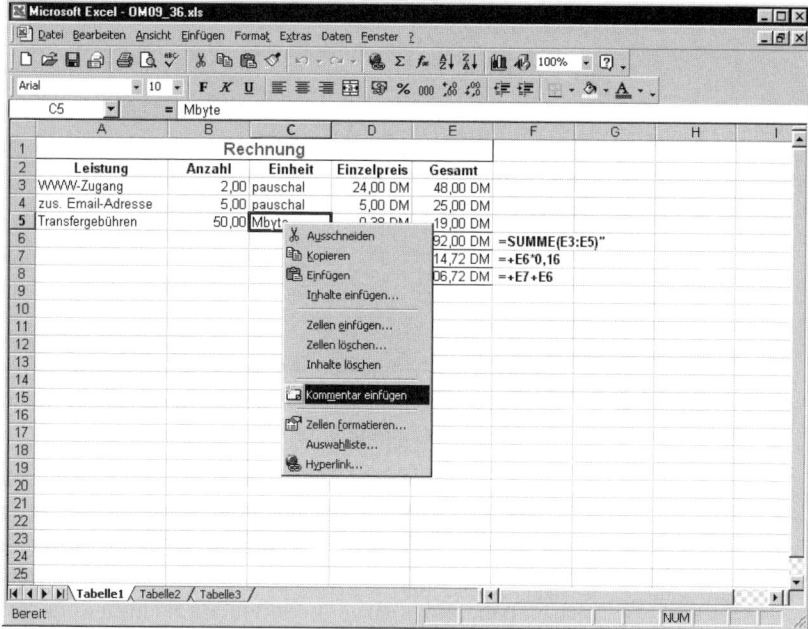

Bild 3.10: Ein rechter Mausklick auf diese Zelle in einer Excel-Tabelle ruft das Kontextmenü auf

3.8 Steuerelemente in Dialogboxen

Ein wesentlicher Teil der Kommunikation zwischen Programm und Anwender findet über Dialogboxen statt. Dies sind separate Fenster, die eine Reihe von Einstellungen zu unterschiedlichsten Funktionen zulassen. Sie verfügen über einen gemeinsamen Satz von Steuerelementen.

Dialogboxen sind in der Regel in Bereiche eingeteilt, manchmal haben diese Bereiche eine eigene Bezeichnung. Jede Einstellmöglichkeit hat wiederum eine eigene Bezeichnung, bei der meist ein Buchstabe unterstrichen ist. Dieser Kennbuchstabe ermöglicht das schnelle Aktivieren des entsprechenden Eingabebereichs durch gleichzeitiges Drücken von (Alt)+ (Kennbuchstabe).

Schaltflächen starten die Aktion, die auf Ihnen angegeben ist, z.B. eine Bestätigung mit *Ok* oder einen Abbruch mit einem Mausklick auf *Abbrechen*.

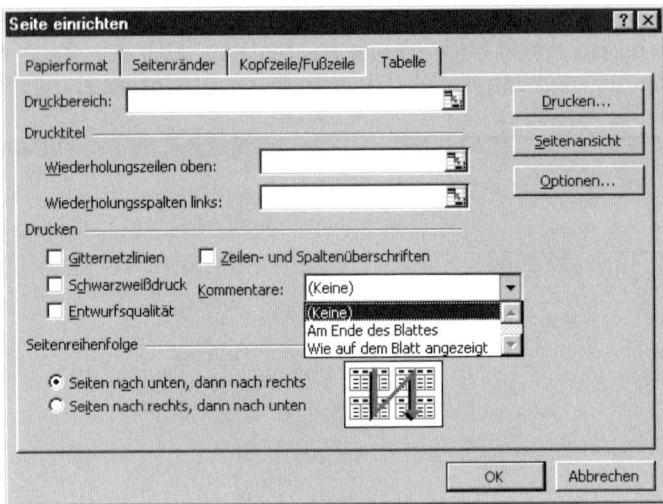

Bild 3.11: Diese Excel-Dialogbox (Datei/Seite einrichten) zeigt einige der üblichen Steuerelemente. Das Listenfeld Kommentare ist geöffnet

Eingabefelder nehmen Eingaben von der Tastatur entgegen. Ein Beispiel: Beim Speichern einer neuen Datei wird der Dateiname in ein Textfeld eingetragen.

Eingabefelder mit Pfeilen verhalten sich weitgehend wie Eingabefelder. Mit den Pfeilen am rechten Rand wird der numerische Wert des Feldes erhöht oder verringert.

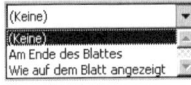
Listenfelder bieten alle zulässigen Möglichkeiten in einer Liste an. Die Auswahl erfolgt mit den Cursortasten oder mit der Maus. Listenfelder verfügen an den Seiten über Bildlaufleisten, wenn die Anzahl der Gesamtelemente die Zeilenzahl der Anzeige überschreitet.

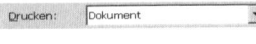
Einzeilige Listenfelder zeigen zunächst nur einen Eintrag einer Liste an. Ein Klick auf den nach unten gerichteten Pfeil öffnet die eigentliche Liste. Per Tastatur wird die Liste dargestellt, indem mit ⎆ auf das Listenfeld gesprungen und die ↓-Taste betätigt wird.

Optionsschaltflächen sind in Gruppen angeordnet. Es ist immer genau eine Optionsschaltfläche aktiviert, da sich die einzelnen Optionen gegenseitig ausschließen.

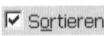
Kontrollkästen – durch Quadrate dargestellt – bieten verschiedene Möglichkeiten an, die unabhängig voneinander aktiviert oder deaktiviert werden können. Office 2000 markiert aktive Kontrollkästen mit einem Häkchen.

Vorschauabbildungen stellen in bestimmten Bereichen der Dialogbox das zu erwartende Ergebnis dar.

Die einzelnen Optionen einer Dialogbox werden mit ⇥ nacheinander angesprungen, die Tastenkombination ⇧+⇥ führt zur vorherigen Option. Das gleichzeitige Betätigen von Alt+Kennbuchstabe setzt die Schreibmarke direkt auf die Einstellung oder wechselt die Option.

Einige Dialogboxen – auch die in Bild 3.11 – verfügen über Registerkarten. Diese Registerkarten erhöhen die Übersichtlichkeit. Die Dialogbox *Seite einrichten* bietet alle Einstellungen zum Druckformat der Seite, unterteilt diese aber in Kategorien. In dem Bild ist das Register *Tabelle* geöffnet. Ein Klick auf eine Registerzunge zeigt den Inhalt des entsprechenden Registers an.

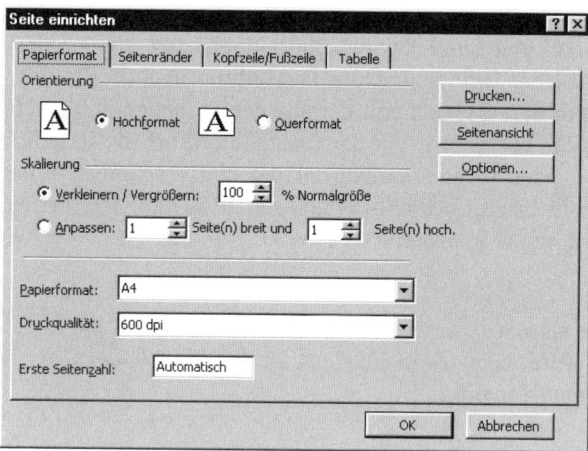

Bild 3.12: Nach einem Klick auf das Register Papierformat *erscheint dessen Inhalt*

4. Mit Dateien und Daten arbeiten

Dieses Kapitel beschäftigt sich mit dem Öffnen und Speichern von Daten und Dokumenten. Es erläutert die Standardfunktionen, aber auch die weitergehenden Routinen der Office-Applikationen. Zusätzlich finden Sie Hinweise zum Arbeiten mit der Zwischenablage und den OLE-Routinen.

4.1 Die Datei-Dialogbox zum Öffnen und Speichern

Die Datei-Dialogbox ist das Herzstück der Lade- und Speicherfunktionen. Sie ist für die Kernapplikationen völlig identisch und öffnet sich z.B. nach dem Aufruf von *Datei/Öffnen*. Die Dialogbox ist viergeteilt: Im oberen Bereich wird der Ordner und die Darstellung beeinflußt. Den meisten Platz nimmt ein Dateibereich ein, der alle den Vorgaben entsprechenden Dateien wiedergibt. Der untere Teil der Dialogbox filtert die Dateiliste – alle Dokumente, die den Vorgaben nicht entsprechen, erscheinen einfach nicht mehr. Links befinden sich große Symbolschaltflächen, mit denen Sie direkt in Standardordner wechseln.

Wenn in diesem Zusammenhang von »Dokumenten« die Rede ist, sind damit sowohl Word-Texte, Excel-Tabellen, Access-Datenbanken als auch Publisher-Satzdateien gemeint.

Bild 4.1: Die Datei-Dialogbox: Sie ist für alle Applikationen des Office-Pakets identisch

Dokumente speichern

Dokumente – das ist der allgemeine Sprachgebrauch für Dateien, die Office 2000 erstellt – erzeugen Sie neu oder Sie bearbeiten existierendes Material. Diesen Neuzugang an Informationen müssen Sie dauerhaft auf einem Datenträger verwahren. Das Verfahren dazu ist das Speichern, ein Übertragen der im Arbeitsspeicher befindlichen Daten auf einen Datenträger. Der Arbeitsspeicher ist ein strombetriebenes Zwischenlager – ohne Strom keine Lagerung. Vor dem Verlassen der Office-Anwendung oder dem Ausschalten des Rechners müssen Sie die Daten in Sicherheit bringen, an eine Stelle, die auch ohne Strom die Informationen aufbewahrt. Die Ordnung stellt sich bei der Dateiablage durch den richtigen Umgang mit den Ablagehilfsmitteln her. Das sind Namen für die Dokumente und Plätze, sogenannte Ordner, an denen sie abgelegt werden.

Mit Windows 95 hat sich die Bezeichnung Ordner *im Sprachgebrauch durchgesetzt und den früher üblichen Begriff »Verzeichnis« ersetzt. Dokumente, die thematisch zusammengehören, kommen zusammen in einen Ordner. Office 2000 hat vorgesorgt und bei der Installation auf Ihrem Datenträger den Ordner* EIGENE DATEIEN *für die Dokumente angelegt.*

Dokumente favorisieren

Mit bestimmten Dokumenten müssen Sie immer wieder arbeiten. Wenn Sie jedoch systematisch mit Ordnern und weiteren Untergliederungen gearbeitet haben, sind diese Dateien vermutlich über Ihren Datenträger verteilt und deshalb nur mit einigem Aufwand zu finden und zu laden. Was nun tun? Sollen diese Dokumente unabhängig von der sonstigen Struktur in einen eigenen Ordner geschoben werden? Müssen sie nicht, denn Windows bietet Ihnen eine elegante Lösung für dieses Problem – die Arbeit mit sogenannten Favoriten. Das Favorisieren ersetzt die umständliche Suche nach Ordnern und Dateien beim Öffnen Ihrer am häufigsten benötigten Dokumente durch Erstellen einer Verknüpfung. Windows merkt sich für Sie beim Erstellen einer Verknüpfung den genauen Platz Ihres Dokuments, egal ob es sich dabei um einen Verweis auf einen Ordner des Datenträgers, einen anderen Datenträger oder sogar um einen Platz in einem Netzwerk handelt. In einem Unterordner FAVORITEN werden die Verknüpfungen abgelegt. Es gibt dabei nur einen Trick – Sie müssen die Datei einmal an dem dafür vorgesehenen Platz gespeichert haben.

Mit einem Klick auf die Schaltfläche *Extras/Zu Favoriten hinzufügen* geschieht das sofort: Ein SYMBOL im Ordner FAVORITEN sorgt ab sofort für den Direktzugriff.

Wenn Sie vor dem Speichern einer Datei in den Ordner FAVORITEN wechseln und die Datei speichern, erzeugt Windows kein S<small>YMBOL</small>, sondern legt die Datei exclusiv im Ordner ab.

Wenn Sie das Dokument später benötigen sollten, klicken Sie in der Dialogbox *Öffnen* einfach auf das Symbol *Favoriten*. Nach diesem Vorgang haben Sie einfachen Zugriff auf Ihre Favoriten: Das Anzeigefenster zeigt den Inhalt des Ordners *Favoriten* an. Mit einem Doppelklick wählen Sie den richtigen Ordner oder das gewünschte Dokument aus.

 Das Erstellen einer Verknüpfung erstellt kein neues Dokument. Wenn Sie also ein Dokument über eine Verknüpfung aktiviert haben, wird auf das Original zugegriffen – alle Änderungen erfolgen also dort und nur einmal.

Varianten beim Speichern von Dateien

Es gibt, je nach Programmsituation und Wunsch des Anwenders, verschiedene Varianten zum Speichern des Arbeitsstandes auf dem Datenträger. Das berücksichtigen die Office-Anwendungen im Menü *Datei*. Sie finden dort die Menüoptionen *Speichern* und *Speichern unter*.

Sie verwenden den Menübefehl *Speichern*, wenn Sie das Dokument schon einmal gespeichert haben. Die Datei ist dann bereits auf Ihrem Datenträger vorhanden. Die Anwendung speichert die aktuellen Änderungen in der gleichen Datei: das Programm überschreibt den letzten gesicherten Arbeitsstand, der bisherige Dateiname und der Speicherort bleiben erhalten.

 Alternativ starten Sie das Speichern über die Schaltfläche der Standard-Symbolleiste. Ein Klick entspricht dem Menübefehl *Speichern*.

Speichern unter wenden Sie an, wenn das Dokument:

- noch nicht gesichert wurde oder
- in ein anderes Format konvertiert werden soll, oder
- einen neuen Namen erhalten soll, um den bisherigen Arbeitsstand und das vorhergehende Dokument zu erhalten, oder
- an einem neuen Speicherort abgelegt werden soll.

 Access verhält sich anders als die anderen Office-Applikationen. Dort muß gleich beim Anlegen einer neuen Datenbank ein Dateiname angegeben werden. Datenveränderungen werden automatisch gespeichert, lediglich neue Strukturen (z.B. Tabellen oder Formulare) bedürfen einer direkten Speicherung.

Regeln für Dateinamen

Bis auf wenige Ausnahmen sind die Zeiten vorbei, in denen Sie auf acht Zeichen und drei erweiternde Zeichen bei der Vergabe von Namen für die Dokumente beschränkt waren.

Wenn Sie andere Speichermedien einsetzen, kann es vorkommen, daß Sie weiterhin auf Dateinamen mit acht Zeichen angewiesen sind. Überprüfen Sie dies unbedingt, bevor Sie Ihre Dokumente endgültig sichern.

Windows und damit auch Office 2000 erlauben Dateinamen mit maximal 256 Zeichen Länge – einschließlich der Ortsangabe wie z.B. C:\EIGENE DATEIEN\BRIEFE. Allerdings werden Sie nach einem ersten Rausch über die neuen Möglichkeiten bald die Nachteile von Überlängen erkennen und sich wieder auf kürzere Namen beschränken.

*Einige Zeichen in Dateinamen sind nicht erlaubt, weil sie von Windows für andere Zwecke benötigt werden. Vermeiden Sie also folgende Zeichen in Dateinamen: / \ : * ? „ < > |. Office 2000 erkennt diese Zeichen automatisch und macht Sie bei Verwendung darauf aufmerksam.*

Hilfsmittel in den Datei-Dialogboxen

Alle Datei-Dialogboxen sind mit den gleichen Werkzeugen ausgestattet. Das sind vor allen Möglichkeiten zum Gestalten der Ansicht und zur Dateiverwaltung.

Bild 4.2: Im oberen Teil der Datei-Dialogbox finden Sie nützliche Hilfsmittel für die Dateiverwaltung

⋯⋗ Mit dem Listenfeld *Speichern in* legen Sie den Speicherort Ihres Dokuments fest. Der Inhalt des dort ausgewählten Ordners wird in der Dateiliste darunter angezeigt. Durch Aufklappen der Liste ist der Speicherordner durch Zeigen mit der Maus wählbar: Mit einem Doppelklick auf einen Ordnereintrag wechseln Sie eine Ebene nach unten in den angeklickten Ordner.

Für den Wechsel eine Ebene hinauf steht Ihnen das Ordnersymbol neben dem Listenfeld zur Verfügung.

Nach dem Wechsel des Ordners hinauf aktiviert Word das Symbol rechts neben dem Listenfeld. Damit wechseln Sie bei Bedarf zurück zum Ursprungsordner.

 Für den schnellen Sprung ins Internet nutzen Sie die Schaltfläche *Im Web suchen*.

 Sobald das Symbol *Löschen* aktiviert ist, können Sie die im Anzeigebereich markierte Datei mit einem Klick entfernen. Word fragt sicherheitshalber nach, ob Sie die Datei wirklich entfernen möchten.

 Achten Sie in jedem Fall auf die Sicherheitsabfrage: Wenn eine Office-Anwendung auf das endgültige Löschen hinweist, wird der Papierkorb umgangen. In diesem Fall ist die Datei nicht wiederherzustellen.

 Mit der Schaltfläche *Ansichten* beeinflussen Sie die Anzeige im Vorschaubereich. Ein Klick auf das Symbol selbst schaltet die Anzeige zyklisch um, der Listenpfeil rechts neben dem Symbol führt zu den Menüeinträgen für die Direktwahl:

- *Liste*
  Stellt die Einträge in Listenform dar.

- *Details*
  Zeigt neben dem Dateinamen weitere Informationen wie die Dateigröße, den Dateityp und das Änderungsdatum in der Dateiliste an. Nutzen Sie die grauen Schaltflächen am oberen Rand der Dateiliste, um die Anzeige zu sortieren.

- *Eigenschaften*
  Zeigt in einer Listendarstellung zusätzlich die Dateieigenschaften zu einem markierten Eintrag mit an.

- *Vorschau*
  Zeigt in einer Listendarstellung zusätzlich eine Vorschau zu einem markierten Eintrag an, sofern ein Vorschaubild verfügbar ist.

 In den Datei-Dialogboxen können Sie mit der Symbolschaltfläche Neuer Ordner *einen neuen Ordner erstellen, ohne Word zu verlassen.*

Im linken Teil der Dialogbox sind große Schaltflächen angeordnet, mit denen Sie komfortabel in die dort angegebenen Verzeichnisse wechseln.

Sie können den eingestellten Webordner in der Datei-Dialogbox nur wählen, wenn dieser Systemordner korrekt eingerichtet ist. Nutzen Sie dazu im Windows Explorer den Assistenten Webordner hinzufügen, *den Sie nach einem Doppelklick auf den Ordner starten.*

Wenn Sie einen Eintrag mit der rechten Maustaste anklicken, öffnet sich wie gewohnt das Kontextmenü. Es bietet – neben den eigentlichen Programmfunktionen – auch noch Optionen, die man sonst eher im Windows-Explorer vermutet: Löschen, Kopieren oder Umbenennen ist auch hier kein Problem.

Damit ist es z.B. möglich, einen Ordner direkt in der Dialogbox aufzuräumen. Schalten Sie in den Vorschau-Modus der Dialogbox, und klicken Sie fragliche Dateien einfach an. In vielen Fällen informiert Sie schon die Vorschau über den Inhalt und damit darüber, ob Sie eine Datei noch brauchen oder einfach löschen können.

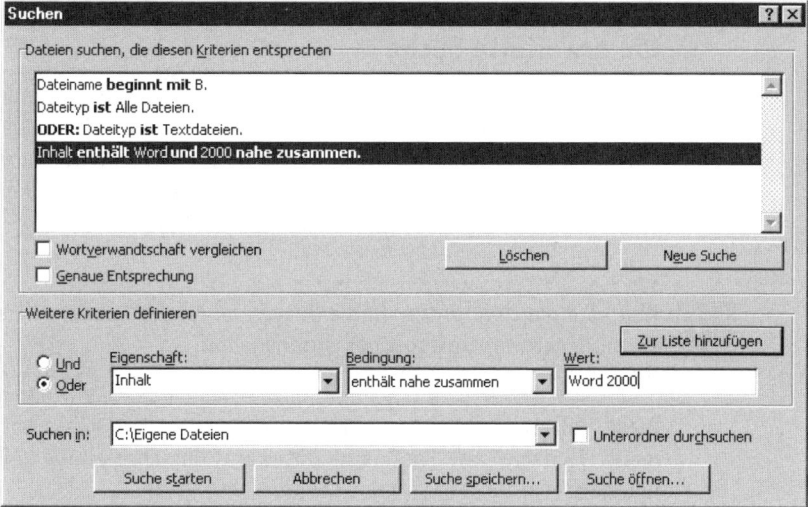

Bild 4.3: Mit Hilfe der Dateieigenschaften und dem Kontextmenü (rechte Maustaste) können Sie schnell alle Dokumente überprüfen und aufräumen

 Auch die üblichen Tasten und Tastenkombinationen funktionieren: Entf *löscht eine Datei (nach Rückfrage),* F2 *kann zum Umbenennen eingesetzt werden.*

Im unteren Bereich der Dialogbox legen Sie fest, welche Dateien Sie überhaupt sehen möchten. Dieser Bereich aktiviert Filter, mit denen die Dateiliste besonders bei Ordner mit vielen Dateien überschaubarer wird.

Die Felder *Dateiname* und *Dateityp* finden Sie beim Öffnen, Speichern und Importieren. Beim Öffnen und Importieren von Dateien ist die Verwendung von sogenannten »Wildcards« oder »Jokerzeichen« erlaubt, Platzhaltern, die immer dann eingesetzt werden, wenn die exakte Schreibweise nicht bekannt ist. Der Stern steht für beliebige folgende Zeichen, das Fragezeichen ersetzt genau einen Buchstaben. Ein Beispiel: In einer Öffnen-Dialogbox geben Sie beim Dateinamen die Zeichenfolge »MA*.TXT« ein. Jetzt zeigt die Dateiliste alle Dokumente, die mit diesen beiden Buchstaben beginnen, also etwa MAURER.TXT oder MAIER.TXT. Die Zeichenfolge »M??ER.TXT« zeigt MAURER.TXT nicht mehr, wohl aber MEYER.TXT oder MAIER.TXT. Beim Speichern sind solche Jokerzeichen nicht erlaubt, der hier eingegebene Dateiname muß eindeutig sein.

Der Dateityp ist das zweite wichtige Kriterium. Normalerweise ist hier der Standard-Dateityp der aufgerufenen Applikation voreingestellt, bei Excel also etwa *Microsoft-Excel-Dateien (*.XL*)*. Durch Veränderungen am Dateityp beim Öffnen importieren Sie Fremddaten, durch Verändern der Vorgabe beim Speichern erzeugen Sie Fremdformate.

Die erweiterte Suche

Die bisherigen Möglichkeiten setzten voraus, daß Sie zumindest annähernd wußten, wie eine bestimmte Datei ungefähr hieß. Was aber, wenn Sie aus einem länger zurückliegendem Zeitraum mehrere Dokumente herausfiltern wollen? Eine Möglichkeit dafür ist die erweiterte Suche. Der Befehl *Extras* enthält dafür in der Öffnen-Dialogbox den Befehl *Suchen*.

Wenn Sie die Unterordner in die Suche einbeziehen wollen, aktivieren Sie das Kontrollkästchen Unterordner durchsuchen.

Diese Volltextsuche ist – gezielt eingesetzt – ein wirkungsvolles Instrument. Je nach Zahl der Dokumente kann das aber einige Zeit in Anspruch nehmen.

Wählen Sie die Schaltfläche Suche starten, *um einmal eingegebene Suchkriterien zu spezifizieren. Die Schaltfläche* Neue Suche *löscht die zuvor definierten Suchkriterien*

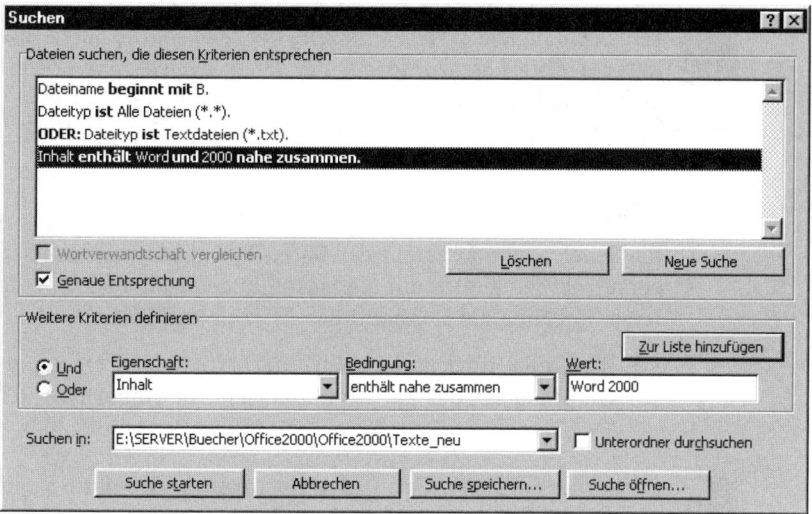

Bild 4.4:   Die Dialogbox Suchen enthält im oberen Teil die gültigen Suchkriterien

Voreingestellt im Anzeigefenster *Dateien suchen, die diesen Kriterien entsprechen* ist zumeist der Dateityp der Office-Anwendung und das, was Sie bereits in der vorausgegangenen Dialogbox *Öffnen* eingetragen hatten. Die Schaltfläche *Neue Suche* entfernt alle Kriterien für eine neue Suche, die Schaltfläche *Löschen* entfernt das markierte Kriterium. Mit dem Kontrollkästchen *Genaue Entsprechung* wird diese bei allen Suchkriterien beachtet – außer beim Namen des Dokuments.

Ansonsten ist die Dialogbox schnell erklärt. Im Eingabefeld *Suchen in* bestimmen Sie den Suchpfad. Dort steht bereits der aktuelle Ordner, dessen Unterordner Sie mit dem entsprechenden Kontrollkästchen einbeziehen. Wollen Sie aus der Liste einen Suchpfad auswählen, finden Sie dort aber nur Datenträger zur Auswahl – vermutlich in der Annahme, daß Sie den genauen Ordner sowieso nicht wissen. Office 2000 sucht dann großzügig über den gesamten Datenträger.

Sie können auch per Hand mehrere Ordner eintragen, die Sie mit einem Semikolon voneinander trennen. Der Eintrag C:\Eigene Dateien; D:\Eigene Dateien *wird Word 2000 veranlassen, auf beiden Datenträgern nach Ihren Dateien in den jeweils angegebenen Ordnern zu suchen.*

Mit der Schaltfläche *Zur Liste hinzufügen* bestimmen Sie weitere Kriterien zur Suche. Der Ablauf wiederholt sich: Sie wählen aus dem Listenfeld *Eigenschaft* eine der aufgeführten Möglichkeiten aus – z.B. *Text oder Eigenschaft* für eine Volltextsuche. Das Listenfeld *Bedingung* liefert Ihnen dann die sinnvollen Kriterien für diese Eigenschaft, z.B. *enthält Wörter*. In das Eingabefeld *Wert* geben Sie das Suchkriterium ein.

Vergessen Sie nicht, vor Betätigung der Schaltfläche Suche starten *die Kriterien zur Liste hinzuzufügen – das letzte eingegebene Kriterium wird sonst nicht berücksichtigt.*

Extras

Die Schaltfläche *Extras* in der Datei-Dialogbox zum Speichern der Dateien vermittelt den Zugriff auf die Einstellungen zum Speichern der Dokumente. Dabei sprechen die Menüeinträge *Löschen* und *Umbenennen* für sich selbst.

- Mit einem Klick auf *Zu Favoriten hinzufügen* erzeugen Sie eine Verknüpfung auf das aktuelle Dokument im Ordner FAVORITEN.

Der Ordner FAVORITEN ist ein Systemordner von Windows, auf den Sie in allen Anwendungen über das Menü bzw. die Dialogboxen zugreifen. Er eignet sich vorzüglich, um eine zentrale Dokumentenverwaltung zu realisieren.

- Die Dialogbox *Weboptionen*, die Sie mit *Extras/Weboptionen* aktivieren, stellen Sie die Vorgaben für die Konvertierung in das HTML-Format ein. In vier Registern sehen Sie die eingestellten Standards und greifen bei Bedarf durch Veränderung der Vorgaben ein.

- Mit dem Menüeintrag *Eigenschaften* greifen sie direkt auf die Dateieigenschaften zu. Nachträgliche Korrekturen an diesen Zusatzinformationen sind nach einem Klick auf diese Schaltfläche möglich.

- Hinter dem Befehl *Extras/Allgemeine Optionen* verbirgt sich die Dialogbox *Speichern*. In dieser Dialogbox legen Sie das Verhalten der genutzten Office-Anwendung beim Speichern fest.

Die Befehle im Menü Extras *der Öffnen-Dialogboxen erklären sich von selbst: löschen oder drucken Sie die Datei bzw. benennen Sie die Datei um.*

Dokumente öffnen

Beim Öffnen eines Dokuments werden Daten von einem permanenten Speichermedium – Diskette oder Festplatte – in den flüchtigen Arbeitsspeicher des Computers geladen. Nur Daten, die sich im Arbeitsspeicher befinden, lassen sich am Computer verarbeiten.

Der Aufruf dieser Funktion ist bei allen Applikationen identisch: Rufen Sie einfach den Befehl *Datei/Öffnen* auf, auch ein Klick auf das Symbol *Öffnen* aktiviert die Datei-Dialogbox. Hier brauchen Sie dann nur noch die Datei zu lokalisieren und die Schaltfläche *Öffnen* anzuklicken. Auch ein Doppelklick auf einen Dokumentnamen lädt diese Datei.

 Wenn das zugehörige Programm noch nicht gestartet ist, führt der Windows Explorer schneller zum Ziel: Ein Doppelklick auf eine Datei in einem Explorer-Fenster startet das zugeordnete Anwendungsprogramm automatisch mit der angeklickten Datei.

Was ist aber, wenn Sie eine Diskette mit einem DOS-Text – z.B. einer älteren Word-Version mit der Dateierweiterung TXT – erhalten und bearbeiten möchten? Dann findet ein Vorgang statt, der als »Importieren« bezeichnet wird. Beim Importieren muß zunächst der Dateityp im gleichnamigen Listenfeld ausgewählt werden, nur so erscheint die Datei überhaupt in der Dateiliste.

 Zum Importieren sind Umwandlungsprogramme – sogenannte »Filter« – erforderlich. Diese werden bei der Programminstallation übertragen und eingerichtet. Selbstverständlich lassen sich fehlende Filter bei Bedarf nachrüsten. Wie das geht, erfahren Sie im Anhang.

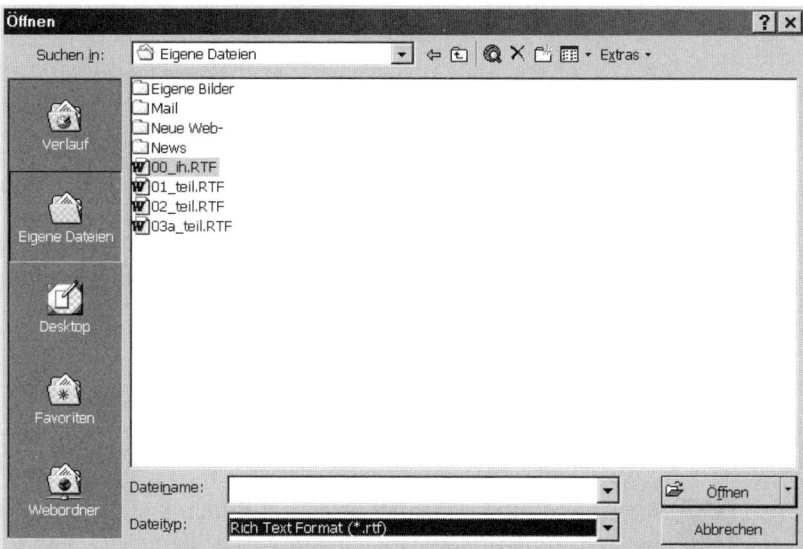

Bild 4.5: Durch die Veränderung im Listenfeld *Dateityp* bietet die Dialogbox *Öffnen nur noch Dateien im Rich Text Format an – identifizierbar an der Dateierweiterung RTF*

Ein Dokument mit der Dialogbox öffnen

Nach dem Öffnen der Dialogbox sollten Sie im Normalfall die Datei in der Liste entdecken, markieren und mit der Schaltfläche *Öffnen* laden können.

Um mehrere Dokumente gleichzeitig zu markieren – etwa um sie zu drucken, verwenden Sie die Maus in Kombination mit der Strg *-Taste. Klicken Sie die erste Datei an, halten Sie dann die* Strg *-Taste fest, und klicken Sie danach die weiteren Dateien an.*

Daneben bietet Ihnen Office 2000 einige Tricks zum Öffnen der Datei, mit der Sie sich die weitere Arbeit erleichtern. Klicken Sie mit der rechten Maustaste auf einen Eintrag in der Dateiliste, öffnet sich ein umfangreiches Kontextmenü, in dessen oberem Befehlsblock einige interessante Varianten zum Öffnen einer Datei aufgeführt sind.

- *Öffnen*
  Dieser Befehl öffnet die Datei ohne weitere Umstände und ist vermutlich nur der Vollständigkeit halber in diesem Menü noch einmal aufgeführt.

- *Schreibgeschützt öffnen*
  Verhindert, daß Sie die mit diesem Befehl geöffnete Datei versehentlich ändern. Die Office-Anwendung öffnet die Datei und versieht den Dateinamen in der Titelleiste mit dem Zusatz *Schreibgeschützt*. Ändern Sie die Datei, und versuchen Sie danach, die Änderungen zu speichern, werden Sie noch einmal über den Schreibschutz informiert. Sie speichern die Änderungen über die Dialogbox *Speichern unter* als neues Dokument.

- *Als Kopie öffnen*
  Verhindert genauso, daß Sie die mit diesem Befehl geöffnete Datei versehentlich ändern. Die Office-Anwendung öffnet die Datei aber sofort mit einem neuen Namen: *Kopie von XXXX.doc*. Wenn Sie jetzt Änderungen speichern, wird dieser Name verwandt. Sie können ihn natürlich über die Dialogbox *Speichern unter* ändern.

- *Drucken*
  Öffnet die Datei, ohne sie in der Office-Anwendung anzuzeigen, und leitet den Druckvorgang ein.

Die Befehle Öffnen, Schreibgeschützt öffnen *und* Als Kopie öffnen *bzw. Im Browser öffnen finden Sie auch in einem Untermenü, das sich nach einem Klick auf den Listenpfeil neben der Schaltfläche* Öffnen *in unteren Teil der Dialogbox zeigt.*

4.2 Die Zwischenablage

Die Windows-Zwischenablage stellt eine leistungsfähige Schnittstelle dar, die Daten aufnehmen und an anderer Stelle im gleichen Programm oder sogar in anderen Programmen einfügen kann. Das grundsätzliche Arbeitsprinzip besteht darin, daß ein beliebiges Windows-Programm ausgewählte Daten in die Zwischenablage überträgt. Von hier aus Sie fügen diese Daten beliebig oft in die Ursprungs- oder Zielapplikation ein.

Eine erneute Übertragung von Daten in die Zwischenablage löscht den bisherigen Inhalt. Dabei betätigt sich die Zwischenablage auch als Übersetzer. Sie hält Daten zunächst im internen Datenformat der erzeugenden Anwendung. Sollen diese Daten jetzt in ein anderes Programm eingefügt werden, findet automatisch eine Konvertierung in eine genormte Datenstruktur statt. So lassen sich Daten innerhalb von Applikationen mit allen Attributen übertragen, beim Export in Fremdapplikationen bilden Bitmap-, MetaDatei- (WMF) oder Textformat den kleinsten gemeinsamen Nenner.

Der Inhalt der Zwischenablage kann mit dem Windows-Hilfsprogramm »Zwischenablage« eingesehen und gespeichert werden.

Alle Zwischenablage-Operationen werden im Menü *Bearbeiten* verwaltet.

- Der Befehl *Bearbeiten/Ausschneiden* oder die Tastenkombination [Strg]+[X] übertragen die markierten Objekte – z.B. Texte, Datensätze oder Bilder – in die Zwischenablage und entfernen sie aus dem Ursprungsdokument.

- *Bearbeiten/Kopieren* unterscheidet sich vom Ausschneiden nur dadurch, daß die markierten Objekte weiterhin im Ursprungsdokument verbleiben. Sie sind nach diesem Vorgang jedoch noch einmal in der Zwischenablage vorhanden. Das Tastenkürzel ist [Strg]+[C].

- Mit *Bearbeiten/Einfügen* wird der Inhalt der Zwischenablage in die aktuelle Grafik eingefügt. Sie kann mit der Tastenkombination [Strg]+[V] aufgerufen werden.

Die Tastenkombinationen [⇧]+[Entf], [Strg]+[Einfg] und [⇧]+[Einfg] der früheren Windows-Versionen funktionieren nach wie vor. Microsoft propagiert seit der Windows-Version 95 jedoch die Kürzel [Strg]+[X], [Strg]+[C] und [Strg]+[V].

Einige Programme, zu denen auch die Office-Applikationen gehören, bieten zusätzlich den Befehl *Bearbeiten/Inhalte einfügen* an. Dieser Befehl öffnet eine Dialogbox, die Einfluß auf den Datentyp nimmt. Ein Beispiel:

- ⇢ Markieren Sie eine Überschrift in Word.
- ⇢ Rufen Sie *Bearbeiten/Kopieren* auf, um den markierten Text in die Zwischenablage zu übertragen.
- ⇢ Klicken Sie in eine freie Textzeile.
- ⇢ Rufen Sie *Bearbeiten/Inhalte einfügen* auf. Klicken Sie den Listeneintrag *Grafik* an.
- ⇢ Klicken Sie auf *OK*.

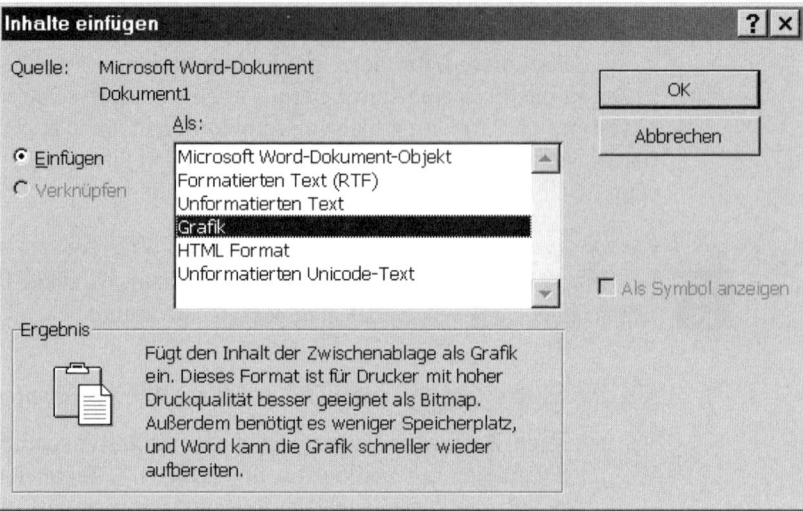

Bild 4.6: *Die Dialogbox* Inhalte einfügen *bietet Ihnen die verfügbaren Datentypen an*

Jetzt erscheint der Text an der Position der Schreibmarke – aber versuchen Sie doch einmal, ihn zu verändern. Wenn er angeklickt wird, zeigt Word acht Objektmarkierungen an. Das Ziehen an diesen Markierungen bewirkt eine Veränderung der Textgröße und -positionierung. Der Text wird als Grafik behandelt.

Auch Excel bietet mit *Inhalte einfügen* interessante Optionen. Hier läßt sich einstellen, welche Elemente des Zwischenablage-Inhalts übertragen werden und was mit den Zellen im Zielbereich der Kopieroperation geschieht.

Bild 4.7: Oben der Ursprungstext, darunter die eingefügte Textgrafik, unten eine manuell veränderte Version

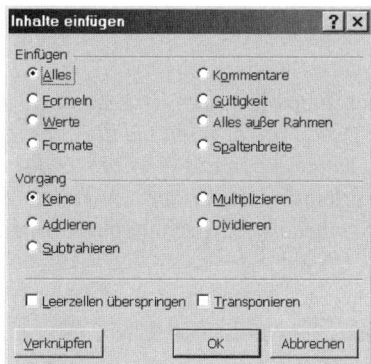

Bild 4.8: Welche Zellinhalte werden übernommen, was passiert mit den Zellen im Zielbereich? Einstellungen dazu werden in der Dialogbox Inhalte einfügen *vorgenommen*

Die Symbolleiste *Zwischenablage*

Die bisherigen Aussagen zur Zwischenablage waren nur die halbe Wahrheit. Vielleicht sind Sie beim Probieren schon selbst darauf gestoßen. Die Anwendungen von Office 2000 enthalten die Symbolleiste *Zwischenablage*, mit der Sie die Funktionalität beim Kopieren und Ausschneiden erheblich verbessern. Sobald diese Symbolleiste eingeblendet ist, haben Sie nicht mehr nur einen Zwischenablageplatz, sondern zwölf.

Teil 1 · Grundlagen

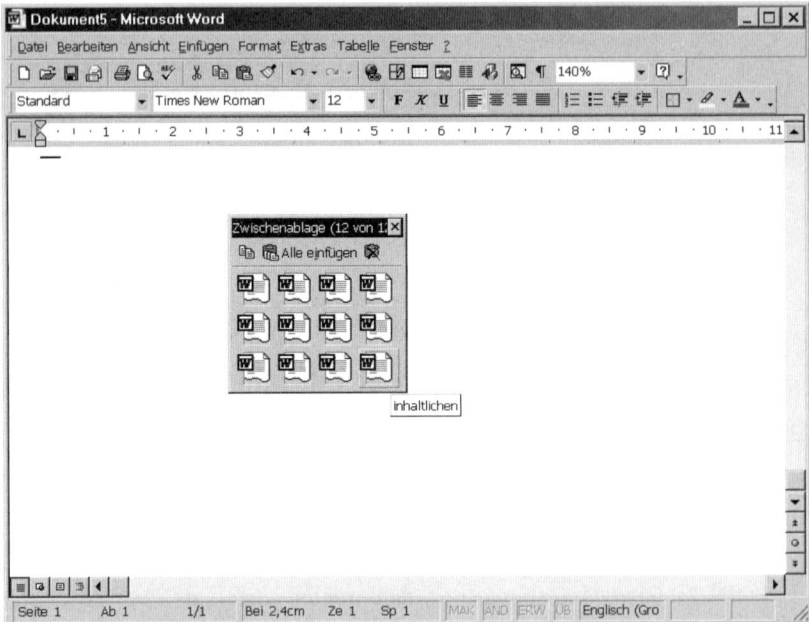

Bild 4.9: Die vollgefüllte Symbolleiste Zwischenablage – die QuickInfo der Symbole gibt einen Anhalt zum gespeicherten Text

 Solange die Symbolleiste Zwischenablage aktiviert ist, füllt jedes Kopieren bzw. Ausschneiden einen der zwölf Plätze. Wenn Sie die gefüllte Symbolleiste Zwischenablage ausblenden, bleibt der Inhalt erhalten. Jedes anschließende Kopieren bzw. Ausschneiden erfolgt nun über den 13. Platz – die »normale« Zwischenablage, bis Sie die Symbolleiste Zwischenablage erneut aktivieren.

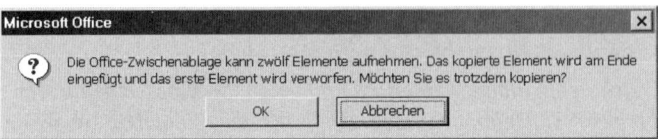

Bild 4.10: Microsoft Office gibt selbst Auskunft zum weiteren Verfahren, was bei gefüllter Symbolleiste Zwischenablage mit dem zu kopierenden Text passiert

Die Verwendung der Symbolleiste *Zwischenablage* ist leicht:

⇢ Setzen Sie den Mauszeiger über ein »gefülltes« Zwischenablage-Symbol. Office zeigt in einer QuickInfo den Anfang des dort abgelegten Inhalts.

- → Klicken Sie auf ein Symbol der Symbolleiste *Zwischenablage*, um den dort abgelegten Inhalt im Dokument an der Position der Schreibmarke einzufügen.

- → Nutzen Sie die Schaltfläche *Alle Einfügen* in der Symbolleiste *Zwischenablage*, um alle in der Ablage gesammelten Inhalte nacheinander an der Schreibmarke im Dokument einzufügen.

- → Mit Hilfe der Schaltfläche *Zwischenablage löschen* leeren Sie alle Ablagen.

4.3 Die OLE-Funktionen

Die Zusammenarbeit zwischen Einzelanwendungen wird zusätzlich durch OLE-Funktionen unterstützt (Object Linking And Embedding, zu deutsch: Verknüpfen und Einbetten von Objekten). Mit den OLE-Funktionen läßt sich z.B. eine Grafik aus Excel in ein Word-Dokument einfügen. Steuerelemente des Ursprungsprogramms stehen in der Zielanwendung zur Verfügung und erlauben das Bearbeiten des eingebetteten Objekts.

OLE-Verbindungen (Object Linking and Embedding) stellen eine dynamische Verbindung zwischen Windows-Programmen dar. Dabei stellt ein Programm einem anderen neben den eigentlichen Daten auch Funktionen, z.B. zum Ausdruck, zur Verfügung. In diesem Zusammenhang tauchen auch die Begriffe »OLE-Server« und »OLE-Client« auf.

Der Begriff OLE-Server bezeichnet das Programm aus dem die Daten einer OLE-Übertragung stammen. Mit OLE-Client wird das Programm bezeichnet, in das die Daten eingefügt wurden.

OLE-Objekte verknüpfen

Die Office-Programme sind in der Lage, sowohl verknüpfte als auch eingebettete Objekte zu verwalten. Merkmale von »verknüpften Objekten« sind:

- → Sie liegen als separate Datei auf der Festplatte oder Diskette vor.

- → Eine Kopie dieser Datei wird in das Office-Dokument übernommen.

- → Das Programm stellt fest, ob das Erstellungsdatum der Kopie ein anderes ist als das der verknüpften Grafik. In diesem Fall kann die verknüpfte Kopie durch die geänderte Version des Objektes (z.B. auf der Festplatte) automatisch oder manuell ersetzt werden.

Ein Beispiel dafür: Sie erstellen Formularvorlagen mit einer Grafik für ein Briefpapier, das ausschließlich auf einem Schwarzweiß-Drucker ausgegeben wird. Diese Grafik wird dann natürlich als Graustufenbild eingebunden.

Jetzt kaufen Sie einen Farbdrucker und möchten natürlich auch das Briefpapier farbig aufbauen. Wenn das grafische Element in den Vorlagen verknüpft ist, reicht es aus, die Grafikdatei auf der Festplatte farbig anzulegen. Die Anpassung der Dokumente findet beim nächsten Laden statt.

OLE-Objekte einbetten

Das Einbetten von Objekten geht noch einen Schritt weiter als das Verknüpfen. Alle Programme, die das Einbetten von Objekten unterstützen, können beliebige Objekte untereinander austauschen, wenn genügend Arbeitsspeicher zum Ausführen aller benötigter Programme vorhanden ist.

Beim Einbetten von Objekten wird keine zusätzliche Datei auf einem Datenträger erzeugt. Vielmehr wird das Quellprogramm aufgerufen, das gewünschte Objekt erzeugt und anschließend zur Speicherung an das Zielprogramm übergeben. Bei jedem Bearbeitungswunsch wird nun ein Fenster mit dem Quellprogramm geöffnet, dort läßt sich dieses Objekt verändern. Auch bei anderen Operationen, wie zum Beispiel Drucken, wird auf Funktionen des Quellprogramms zurückgegriffen.

Um ein eingebettetes Objekt in einem Office-Programm zu bearbeiten, genügt es, dieses doppelt anzuklicken. Wenn Sie z.B. ein eingefügtes ClipArt doppelt anklicken, ändert sich der Bildschirmaufbau: Das erzeugende Programm – das Microsoft-Draw-Modul – wird aktiv, nimmt Änderungen vor und übergibt das Objekt anschließend zurück an das aufrufende Programm.

Wenn Sie beabsichtigen, Dokumente weiterzugeben, müssen Sie auf das Einbetten von Objekten verzichten, wenn nicht sichergestellt ist, daß die Gegenstelle über die erzeugende und die Serverapplikation verfügt. Auch alle verknüpften Zusatzgrafiken müssen bei der Weitergabe berücksichtigt werden.

Die Einbetten-Funktion wird auch aktiv, wenn bestimmte Zusatzmodule zum Einsatz kommen. Wenn Sie WordArt aufrufen oder ein Präsentationsdiagramm in eine Excel-Tabelle einfügen: Die Zusatzmodule sind spezialisierte OLE-Server, die nur innerhalb eines anderen Programms lauffähig sind. Sie erzeugen selbst keine separaten Dateien, sondern speichern die Arbeitsergebnisse einfach innerhalb der Dokumente des aufrufenden Programms mit ab.

Einbetten oder Verknüpfen – das Vorgehen

OLE-Objekte lassen sich entweder mit Zwischenablageoperationen übertragen – *Bearbeiten/Inhalte einfügen* – oder direkt aus dem Programm aufrufen. Microsoft stellt verschiedene Funktionen zur Verfügung.

Mit dem Menüpunkt *Einfügen/Objekt* wird eine OLE-Verbindung aufgebaut, wenn das OLE-Objekt noch nicht erstellt ist oder bereits als separate Datei vorliegt. Das hier beschriebene Vorgehen gilt z.B. für ein Bitmap-Bild mit Hilfe des Microsoft Photo Editor und wird auch an diesem Beispiel demonstriert.

⇢ Rufen Sie zunächst den Befehl *Einfügen/Objekt* auf.

⇢ Wählen Sie den Objekttyp *Microsoft Photo Editor 3.0 Photo*.

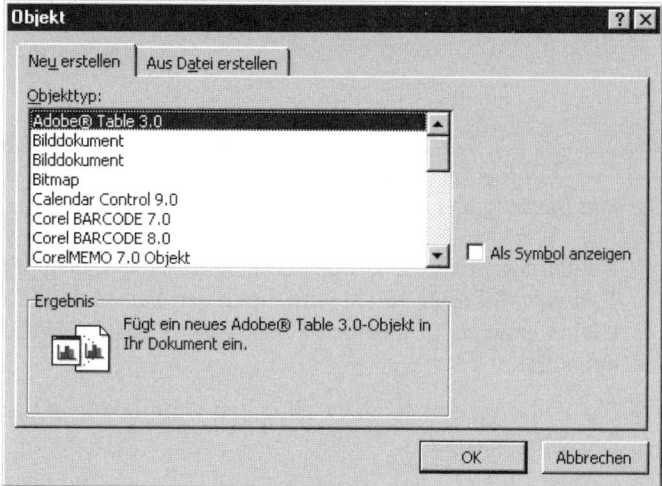

Bild 4.11: Mit der Dialogbox Objekt *sprechen Sie alle installierten OLE-Server gezielt an*

Das Register Aus Datei erstellen *ist in der Lage, bestehende Dateien entweder einzubetten oder zu verknüpfen. Für das Verknüpfen muß nur das gleichnamige Kontrollfeld aktiviert sein.*

⇢ Klicken Sie auf OK, um den Photo Editor zu starten.

⇢ Jetzt können Sie ein Bild zeichnen oder laden: Das Arbeiten mit dem Photo Editor wird im Kapitel 66 erläutert.

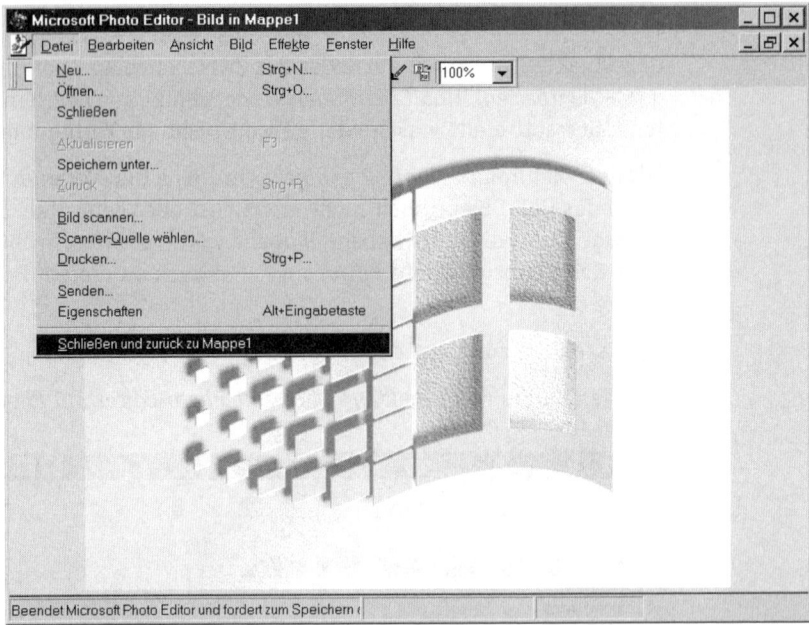

Bild 4.12: Das Bild ist fertig und kann übertragen werden

···✈ Wählen Sie im Photo Editor den Befehl *Datei/Schließen und zurück zu DokumentX*. Dieser Befehl wird durch den Namen des aufrufenden OLE-Clients ergänzt, in unserem Beispiel ist es der des aktuellen Word-Dokuments.

···✈ Das Bild erscheint jetzt im aktuellen Word-Dokument an der Position der Schreibmarke.

 Um zu überprüfen, ob es sich dabei wirklich um ein eingebettetes Objekt handelt, genügt das Kontextmenü. Ein rechter Mausklick auf das Bild ruft es auf den Schirm. Der Eintrag Photo Editor Photo-Objekt *bietet ein Untermenü mit den Optionen* Bearbeiten *und* Umwandeln.

Das Einfügen von Inhalten mit dem Menüpunkt *Bearbeiten/Inhalte einfügen* bezieht sich auf einen Datenaustausch mit anderen Programmen über die Zwischenablage. Im Unterschied zum Befehl *Einfügen* kann hier das Format des Grafikbestandteils gewählt werden. Weiterhin stellt dieser Menüpunkt eine Möglichkeit zum Verknüpfen von Dateien zur Verfügung, sofern es sich beim erzeugenden Programm um eine OLE-fähige Applikation handelt. Der Befehl kann nur gewählt werden, wenn der Zwischenablageinhalt aus einem OLE-fähigen Ursprungsprogramm stammt. Nach Aufruf der Funktion erscheint eine Dialogbox mit der Bezeichnung *Inhalte einfügen*.

Im Listenfeld mit der Überschrift »Als« sind die verfügbaren Datenformate des aktuellen Zwischenablageinhaltes aufgeführt. *Einfügen* bewirkt das Einfügen der Daten oder, wenn der oberste Eintrag mit Bezeichnung des erzeugenden Programms gewählt wird, das Einbetten des Objekts. *Verknüpfung* verknüpft das Objekt mit dem Dateinamen der Ursprungsdatei, sofern der OLE-Server diese Option unterstützt.

Falls Sie die im OLE-Server verfügbaren Daten verknüpfen möchten, sollten Sie diese vor dem Kopieren in die Zwischenablage sichern, so daß Sie von Anfang an eine aktuelle Version übernehmen.

Verknüpfung aktualisieren

Der Vorteil eines verknüpften Objektes liegt darin, daß der OLE-Client selbständig dafür sorgen kann, daß es ständig auf dem aktuellen Stand ist. Grundsätzlich wird die Verknüpfung beim Öffnen eines Dokumentes automatisch aktualisiert, sofern dies nicht anders eingestellt wurde. So schalten Sie die automatische Verknüpfung um.

⇢ Rufen Sie *Bearbeiten/Verknüpfungen* auf. Dieser Befehl läßt sich nur dann anwählen, wenn die Datei ein verknüpftes Objekt enthält.

⇢ Klicken Sie auf das zu aktualisierende Objekt.

Um mehrere verknüpfte Objekte zu markieren, halten Sie Strg *gedrückt und klicken Sie nacheinander auf die Objekte.*

⇢ Das Optionsfeld *Automatisch* aktualisiert die Verknüpfung ohne Ihr Zutun. *Manuell* bewirkt, daß ein verknüpftes Objekt nur dann angepaßt wird, wenn Sie auf *Jetzt aktualisieren* klicken.

Verknüpfungen lassen sich beim Einfügen von Grafiken aus Dateien, beim Importieren mit der Zwischenablage oder auch mit Einfügen/Objekt *herstellen. Alle Routinen bieten entsprechende Kontrollfelder an.*

Schließlich tragen auch die Programmoptionen – sie öffnen sich mit *Extras/Optionen* – zum Verhalten der Objekte bei. Die Einstellung von Word verbirgt sich im Register *Drucken*, bei Excel müssen Sie auf der Karte *Bearbeiten* nachsehen.

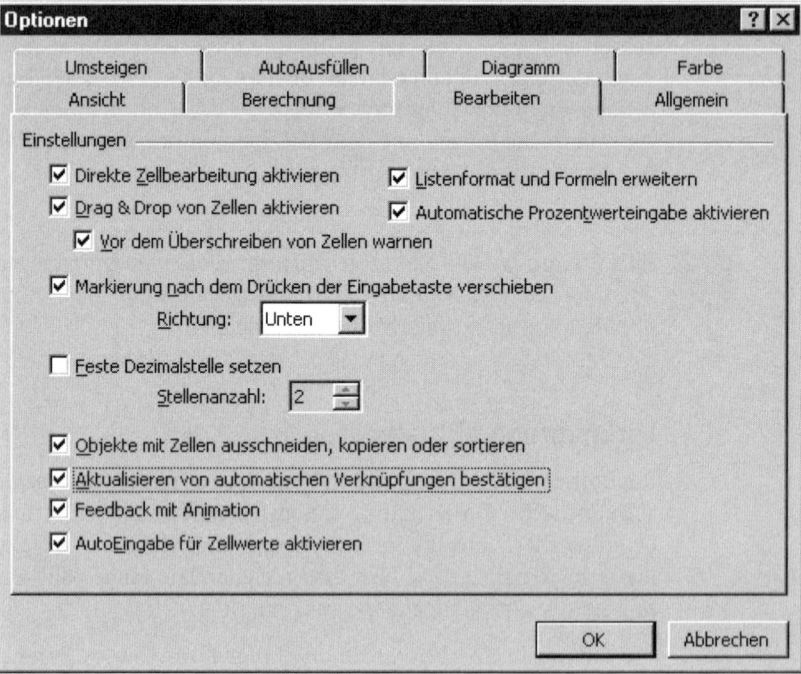

Bild 4.13: Die Registerkarte Bearbeiten *in der Dialogbox* Optionen *aus Excel legt fest, ob Sie über automatische Aktualisierungen informiert werden oder nicht*

5. Arbeiten mit der Maus

Auch wenn Sie sonst kein Haustier halten: Um die Maus kommen Sie bei der Arbeit mit Windows nicht herum. Hier stellen wir kurz die wesentlichen Funktionen dieses Eingabegeräts vor.

5.1 Wie funktioniert die Maus?

Die Bewegungen der Maus auf dem Schreibtisch werden in Bewegungen auf dem Monitor umgesetzt. Durch eine Kugel werden die Bewegungen aufgenommen und auf den Mauszeiger am Bildschirm übertragen. Der Mauszeiger verändert sich manchmal, wenn er auf sogenannte sensitive Bildschirmbereiche – z.B. die Ränder eines Fensters – zeigt.

Das Verhalten der Maus kann in der Dialogbox *Eigenschaften von Maus* der Systemsteuerung verändert werden.

Je nach installiertem Maustreiber lassen sich unterschiedlichste Verhaltensweisen einstellen und anpassen.

Bild 5.1: Die Grundeinstellungen, wie Mausgeschwindigkeit und Doppelklickabstand, können Sie bei jedem Maustreiber einstellen

5.2 Die Mausfunktionen

Durch Betätigen der Maustasten werden weitere Aktionen eingeleitet. Für jede Mausaktion existiert ein bestimmter Begriff, der auch in diesem Buch einheitlich verwendet wird.

- *Zeigen*
  Deuten Sie mit dem Mauszeiger auf ein Bildschirmelement, ohne eine Taste zu drücken.

- *Klicken*
  Beim Klicken wird der Zeiger auf das gewünschte Element bewegt und die linke Maustaste kurz gedrückt. Sofern nichts anderes angegeben ist, bezieht sich der Begriff »Klicken« auf die linke Maustaste. Auf Aktionen der anderen Taste weist z.B. die Bezeichnung »rechter Mausklick« hin. Die rechte Maustaste ruft kontextsensitive Menüs (Objekt- bzw. Kontextmenüs) auf und reagiert damit auf die jeweilige Arbeitsumgebung.

- *Doppelklick*
  Ein zweimaliges Drücken der linken Maustaste schnell hintereinander wird als Doppelklick bezeichnet. Die Zeitspanne zwischen den Klicks läßt sich in der Systemsteuerung einstellen.

- *Ziehen*
  Bewegen Sie den Mauszeiger auf das gewünschte Element, halten Sie die linke Maustaste gedrückt, und bewegen Sie die Maus.

Einige Mäuse verfügen über eine zusätzliche mittlere Maustaste. Diese Taste läßt sich in der Regel frei belegen, sie kann z.B. anstelle eines Doppelklicks eingesetzt werden.

5.3 Die IntelliMouse

Selten ist etwas Gutes so perfekt, daß man es nicht noch verbessern könnte. Microsoft hat diesen Schritt gewagt und eine Maus produziert, die von der Form der zwei oder drei Tasten abweicht: Die IntelliMouse verfügt zwischen den beiden normalen Maustasten über ein Rad, das auch eine Tastenfunktion aufweist. Andere Anbieter, z.B. Logitech, haben nachgezogen und bieten ähnliche Systeme mit Rad oder Wippe an – manche Modelle weisen gleich zwei Rädchen auf. Wie unterstützen diese Mäuse das Arbeiten mit den Office-Applikationen?

Hier erläutern wir nur die Grundfunktionen. Durch die mitgelieferte Maus-Software läßt sich die Belegung der Radtaste verändern.

Arbeiten mit der Maus

Bild 5.2: Die IntelliPoint-Software kann die Belegung der Radtaste verändern

Ein Klick mit der Radtaste aktiviert – z.B. in Word 2000 – den Bildlaufmodus. Der dargestellte Abschnitt bewegt sich in die Richtung, in die Sie die Maus ziehen, und rollt so lange, bis entweder die Radtaste erneut gedrückt oder der Zeiger in die Bildschirmmitte gestellt wird. In Excel läßt sich der Bildschirmausschnitt auch horizontal verändern. Das Drehen am Rad verschiebt den Ausschnitt direkt nach oben oder unten.

Weitere Funktionen werden zusammen mit dem Halten von Sondertasten – ⇧ oder Strg – ausgelöst. Wenn die Strg-Taste beim Drehen des Rades gehalten wird, verändert sich die Darstellungsgröße.

Im Internet Explorer und im Hilfesystem können Sie sich durch Drehen am Rad vorwärts oder rückwärts durch die zuvor angewählten Seiten bewegen. Auch im Windows-Explorer ist die IntelliMouse aktiv: Sie kann – bei Halten der ⇧-Taste – Ordner öffnen und schließen.

 Aus der Praxis: Wenn Sie einmal mit einer solchen Maus gearbeitet haben, kommen Sie ohne mittleres Mausrad nur noch schlecht zurecht.

5.4 Drag&Drop

Drag&Drop – in direkter Übersetzung »Ziehen und Fallenlassen« – ist eine Maustechnik, die dem Datenaustausch dient. So läßt sich ein beliebiges Word-Dokument aus einem Explorer-Fenster in ein geöffnetes Word-Fenster ziehen. Im Word-Fenster erscheint dann eine Schreibmarke im Text. Wenn Sie die Maustaste loslassen, wird der Text dort eingefügt.

Die Drag&Drop-Funktionen stehen nicht nur für gleichartige Dokumenttypen zur Verfügung: Auch Excel-Tabellen lassen sich auf diesem Weg in ein Word-Dokument übernehmen.

6. Das Fehlermanagement

Jeder macht Fehler – schön, wenn das Anwendungsprogramm fähig ist, die Auswirkung solcher Fehler zu begrenzen. Dieses Kapitel informiert über die Funktionen, die eine bereits geleistete Arbeit vor Fehlbedienungen oder Programmabstürzen sichern.

6.1 Sicherheitsabfragen

Die erste und offensichtlichste Sicherheitsfunktion ist die sogenannte Sicherheitsabfrage. Jedesmal, wenn Datenverlust droht, erscheint ein Fenster, das auf die möglichen Konsequenzen der gerade ausgelösten Aktion hinweist und zuvor noch einmal eine Bestätigung verlangt. Ein Beispiel: Sie versuchen, einen Text unter der Dateibezeichnung eines bereits existierenden Dokumentes zu sichern. Dann fragt Word zunächst nach, ob Sie die bestehende Datei überschreiben und damit endgültig verlieren möchten.

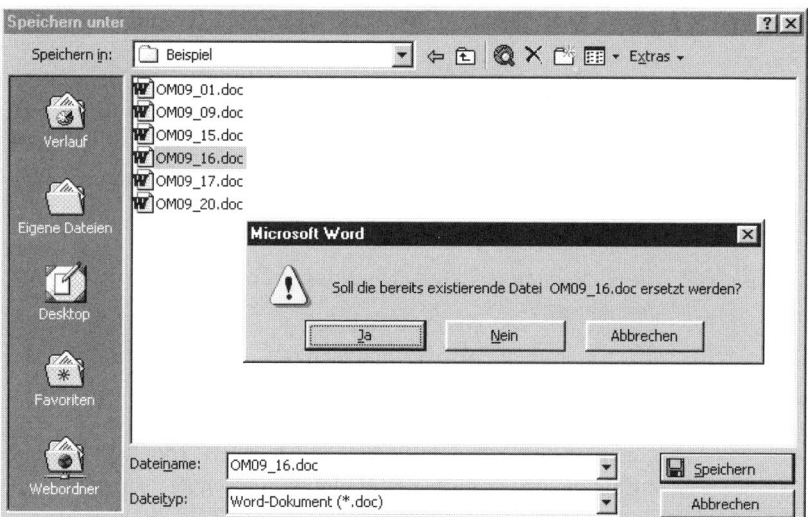

Bild 6.1: Ein gutgemeinter Warnhinweis, ehe Daten verloren sind: eine Sicherheitsabfrage

Sicherheitsabfragen erscheinen – als Faustregel – immer dann, wenn sich eine Funktion mit der im nächsten Abschnitt beschriebenen Rückgängig-Funktion nicht mehr ungeschehen machen läßt.

6.2 Die Funktionen *Bearbeiten* und *Rückgängig*

Bei der Arbeit mit komplexen Programmen wie dem Office-Paket kommen auch Fehlbedienungen vor. Angenommen, Sie haben einen längeren Text markiert, um die Schriftart zu ändern. Dann drücken Sie versehentlich eine Buchstabentaste, und anstelle des markierten Textes erscheint der Buchstabe. Bewahren Sie kühlen Kopf und nehmen Sie die Ersetzung einfach zurück.

Den zuletzt ausgeführten Befehl können Sie über *Bearbeiten/Rückgängig* oder die Tastenkombination (Strg)+(Z) wieder zurücksetzen – dann erscheint der gelöschte Text wieder.

Auch das Symbol *Rückgängig* dient zum Widerrufen von Befehlen. Ein Klick auf dieses Symbol macht die letzte Aktion ungeschehen. Wenn Sie den Listenpfeil neben dem Pfeil anklicken, können Sie sehen, daß sich Word eine ganze Reihe der zuletzt ausgeführten Befehle gemerkt hat. Jeder einzelne der hier aufgelisteten Arbeitsschritte läßt sich damit zurücksetzen. Beim Rückgängigmachen einer bestimmten Aktion aus dieser Liste werden automatisch auch alle vorhergehenden Aktionen zurückgenommen.

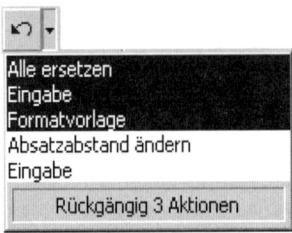

Bild 6.2: Die Rückgängig-Liste zeigt, welche Bearbeitungsschritte zurückgenommen werden können

Die meisten der Office-Programme – z.B. Word und Excel – erlauben die Rücknahme mehrerer Bearbeitungsschritte direkt aus dem Hauptspeicher. Access verfügt neben den einfachen Rücknahmen über weitergehende Mechanismen, denn bei Datenbankroutinen kommen schnell Datenmengen zusammen, die jeden Hauptspeicher sprengen würden.

Grundsätzlich lassen sich alle Eingaben, Text-, Zellen-, Zeilen- und Spaltenformatierungen sowie Lösch- und Einfügeoperationen zurücknehmen. Bei Dateioperationen – Speichern oder Überschreiben von Vorversionen – versagen diese Routinen jedoch.

Die Funktion *Bearbeiten/Wiederherstellen* oder das Anklicken des Symbols *Wiederherstellen* kommen zum Einsatz, wenn Sie versehentlich ausgeführte Rückgängig-Funktionen wieder zurücknehmen möchten. Mit dem Menübefehl läßt sich die letzte Aktion noch einmal durchführen. Auch diese Funktion bietet alle Schritte in einer Liste an.

6.3 Automatische Sicherungen

Dieser Aspekt der Sicherheitsfunktionen betrifft automatische Sicherungen. Word und PowerPoint legen z.B. spezielle Dateien an, die bei einem Programmabsturz zu einem definierten Dokumentzustand führen. Beim normalen Beenden werden diese Dateien kommentarlos gelöscht. Nach einem ungeplanten Programmende – Programm- oder Computerabsturz – erscheint in der Titelleiste der bisherige Dokumentname mit dem Zusatz »Wiederhergestellt«. Die Dauer zwischen zwei dieser Sicherungen wird wieder in der Dialogbox *Optionen* vorgegeben.

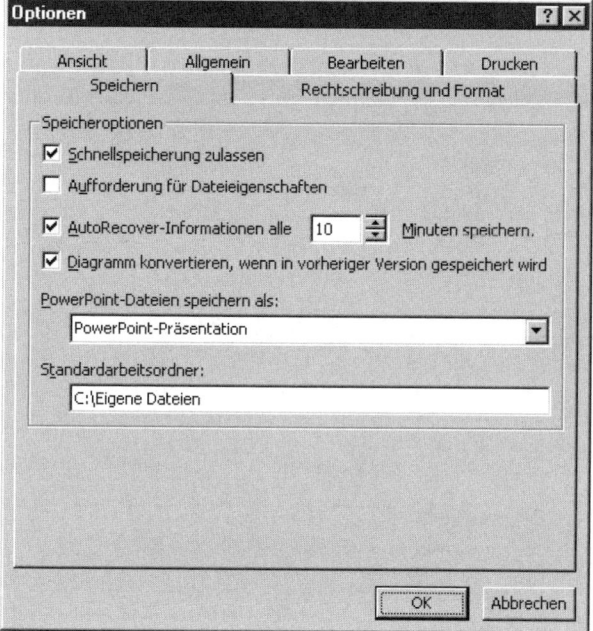

Bild 6.3: Word und PowerPoint können Dateien erzeugen, um die Datenverluste bei Programmabstürzen zu verringern. Hier abgebildet: die PowerPoint-Dialogbox Optionen

Zusätzlich zu diesen Wiederherstellungsdateien kann Word auch noch Sicherheitskopien erzeugen. Dabei bleibt der Stand des Dokuments vor der letzten Speicherung erhalten. Ist dieses Kontrollfeld in der Optionen-Dialogbox aktiviert, überschreibt Word die bisherige Datei beim Speichern nicht mehr, sondern benennt sie um: Sie erhält den Präfix »Sicherungskopie von« und die Dateierweiterung WBK. Diese Art der Dateiablage benötigt mehr Festplattenplatz als die einfachere Methode, erhöht aber die Sicherheit.

Optionen-Dialogbox
In allen Programmodulen gelangen Sie über den Befehl Extras/Optionen zu einer Dialogbox, mit der sich alle wichtigen Programmvoreinstellungen anpassen lassen.

Damit die Sicherungskopie auch tatsächlich in der Dateiliste erscheint, müssen Sie den Dateityp beim Laden auf Alle Dateien stellen. Wenn Sie die Sicherungskopien nicht mehr benötigen, sollten Sie sie löschen. Damit gewinnen Sie wertvollen Platz auf Ihrer Festplatte.

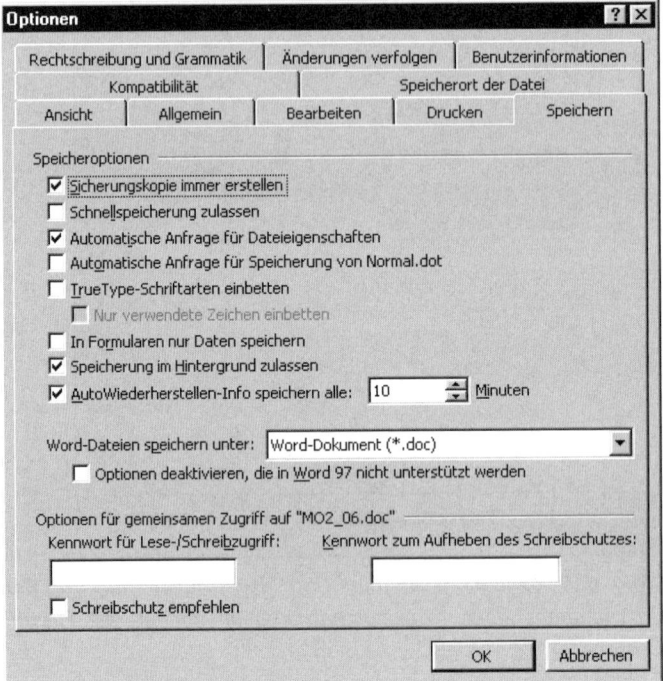

Bild 6.4: Diese Registerkarte der Dialogbox Optionen *– Aufruf mit* Extras/Optionen *– steuert alle Speicherungseinstellungen von Word 2000*

6.4 Weitere Sicherungsmechanismen

Mit einem neuen Befehl reagiert Microsoft auf mögliche Fehler in Systemdateien: Unter *?/Erkennen und Reparieren* finden Sie einen neuen Befehl, der sich um ein intaktes Office-System kümmert. Nach Aufruf erscheint zunächst eine Dialogbox. *Meine Verknüpfungen während der Überprüfung wiederherstellen* setzt die neue Datei auf den Ursprungszustand zurück. Falls diese Reparatur mißlingt, hilft nur noch eine Neuinstallation.

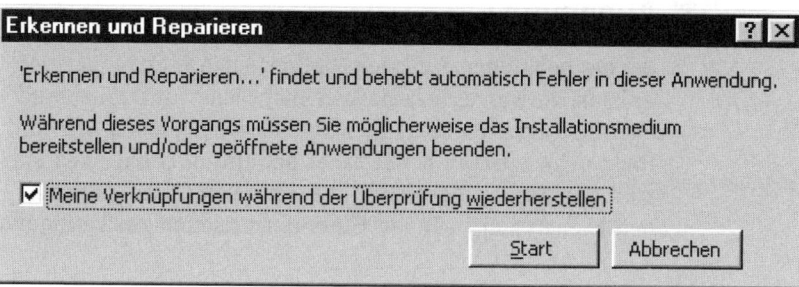

Bild 6.5: Erkennen und Reparieren *überprüft die Komponenten mit dem Setup-Programm und stellt beschädigte Dateien wieder her*

7 Das Nachschlagewerk auf der Festplatte

Die vollkommen neu gestaltete Hilfefunktion zählt mit Sicherheit zu den Highlights von Office 2000. In vielen Fällen bietet die Hilfefunktion alle benötigten Informationen, um zum gewünschten Ergebnis zu gelangen. Dieses Kapitel zeigt, wie Sie die Hilfen von Office optimal einsetzen.

7.1 Allgemein

Bei der gebotenen Funktionsvielfalt der Anwendungen von Office 2000 ist es kaum verwunderlich, daß Sie nicht jede Funktionen und jeden Befehl in allen Einzelheiten kennen. Während die täglichen Arbeiten leicht von der Hand gehen, treten bei seltener benutzten Funktionen Fragen auf. Genau an dieser Stelle setzt die Online-Hilfe von Office 2000 auf – in verschiedenen Ebenen stehen Ihnen Hilfeinformationen zur Verfügung.

Je besser Sie sich mit der Bedienung der Hilfe auskennen, desto effizienter nutzen Sie die angebotenen Informationen und gelangen ohne langes Suchen zum gewünschten Ergebnis.

Grundsätzlich folgt die Bedienung der Hilfe in allen Office-Anwendungen einem einheitlichen Schema, so daß sich der Einarbeitungsaufwand auf eine Minimum reduziert. Die wenigen Ausnahmen bei denen die Bedienung der Hilfe unterschiedlich ausfällt, beschränken sich auf Zusatzmodule und Hilfsprogramme. Den Schwerpunkt der folgenden Betrachtungen bilden die Kern-Applikationen.

Die Anwenderunterstützung der aktuellen Office-Version mit einfachen Hilfebildschirmen anderer Programme zu vergleichen, wäre unfair: Die Office-Hilfe folgt ausgeklügelten Konzepten und erlaubt es, auf unterschiedlichen Wegen zu den gewünschten Informationen zu gelangen. Microsoft spricht in diesem Zusammenhang von der IntelliSense-Technologie. Die Programme warten nicht mehr, bis der Anwender ratlos ist, sondern werden in bestimmten Situationen selbst aktiv. Bereits beim ersten Start eines Office-Programms macht der Office-Assistent in Form eines kleinen Fensters auf sich aufmerksam.

Der Office-Assistent meldet sich mitunter auch ungefragt zu Wort. Er verfügt über eine Reihe von Tips, die entweder etwas mit den aktuellen Funktionen zu tun haben oder einfach Arbeitstechniken verbessern sollen.

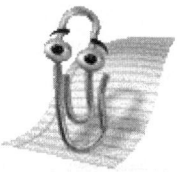

Bild 7.1: Karl Klammer, der voreingestellte Helfer, meldet sich automatisch beim Programmstart

7.2 Der *Office-Assistent*

Die auffälligste Erscheinung von Office 2000 ist der *Office-Assistent*. Gleich beim ersten Start werden Sie begrüßt – eine animierte bietet ihre Hilfe an. Standardmäßig erscheint der Assistent bei jedem Aufruf einer Anwendung automatisch auf der Arbeitsfläche. Mit einem Klick auf den Assistenten öffnen Sie eine Sprechblase über die Sie auf die Hilfefunktionen zugreifen.

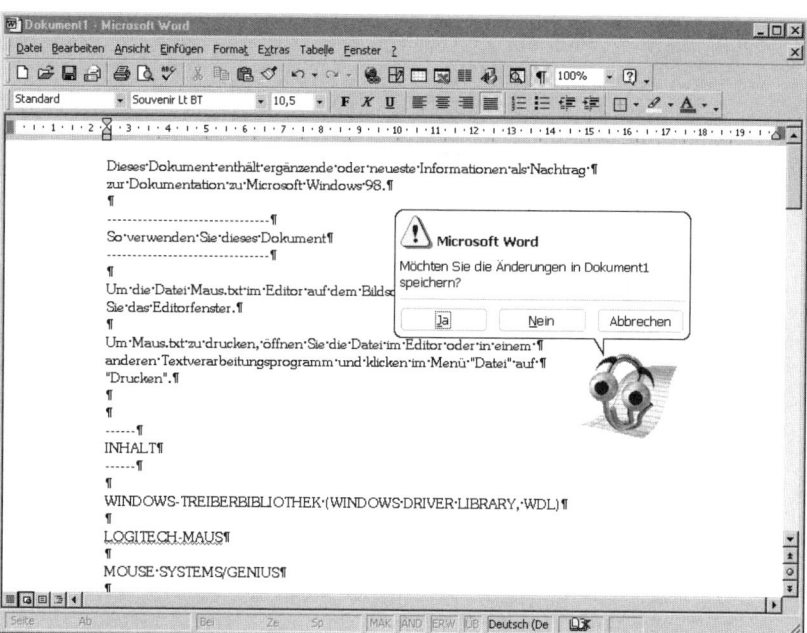

Bild 7.2: Der eingeblendete Assistent übernimmt die Funktion von Dialogboxen mit Sicherheitsabfragen und Warnhinweisen. Im Beispiel sehen Sie die Warnung vor dem Schließen einer ungesicherten Datei

Falls der Office-Assistent nicht eingeblendet ist, drücken Sie die Taste F1 *oder klicken Sie auf die Schaltfläche mit dem Fragezeichen in der Symbolleiste.*

Der Office-Assistent arbeitet mit der IntelliSense-Technologie: Ihre Bedienhandlungen werden verfolgt und ausgewertet. Sobald Sie auf den Assistenten klicken, sehen Sie bereits einige Themenvorschläge zu denen Ihnen der Assistent Hilfe anbietet.

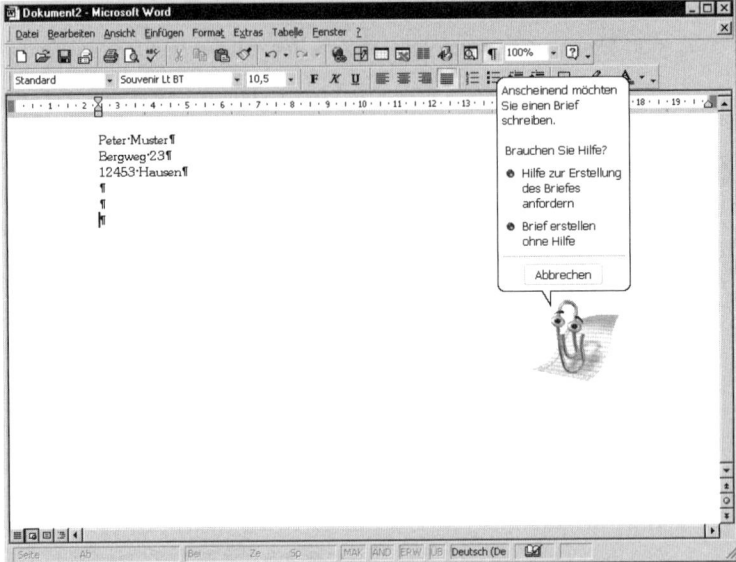

Bild 7.3: Hier ist guter Rat billig. Der Office-Assistent bietet selbständig seine Hilfe an

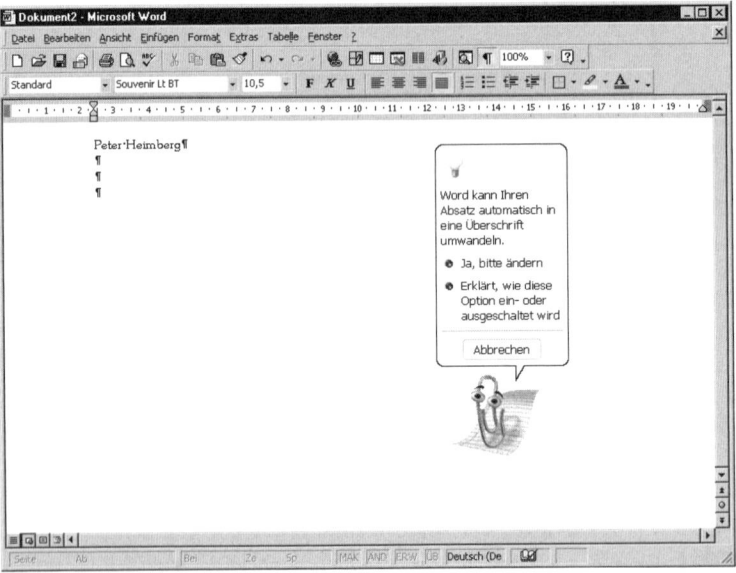

Bild 7.4: Bei Bedarf meldet sich der Assistent zu Wort und gibt Tips und Hinweise

Mit einem Lämpchen weist der Office-Assistent darauf hin, daß er einen Tip parat hat. Ein Klick auf dieses Lämpchen ruft den Tip auf den Schirm.

Ein Klick auf einen dieser Einträge, und der Assistent zeigt das entsprechende Thema an. Wenn Sie in der angebotenen Liste nicht fündig werden, geben Sie einfach eine Frage in das Eingabefeld ein und klicken dann auf *Suchen*. Der Assistent gerät in Bewegung, ist ein wenig beschäftigt und listet schließlich die gefundenen Themen auf. Sollten Sie mit den angebotenen Vorschlägen nicht zufrieden sein, formulieren Sie Ihre Frage um und verwenden dabei andere Stichwörter. Nutzen Sie die Pfeile *Siehe auch* und *Siehe vorherige*, um in der Liste zu blättern.

Auch wenn Sie Ihre Fragen im Assistenten ausformulieren können: Mit der Eingabe von Stichwörtern kommen Sie schneller zum Ziel.

Wenn Sie den Office-Assistenten nicht mehr benötigen, blenden Sie ihn aus. Den Befehl *Office-Assistenten ausblenden* bzw. *Ausblenden* finden Sie im Hilfemenü und im Kontextmenü des Assistenten. Der Office-Assistent wird dann beim nächsten Aufruf wieder aktiviert und bleibt danach auf der Arbeitsfläche.

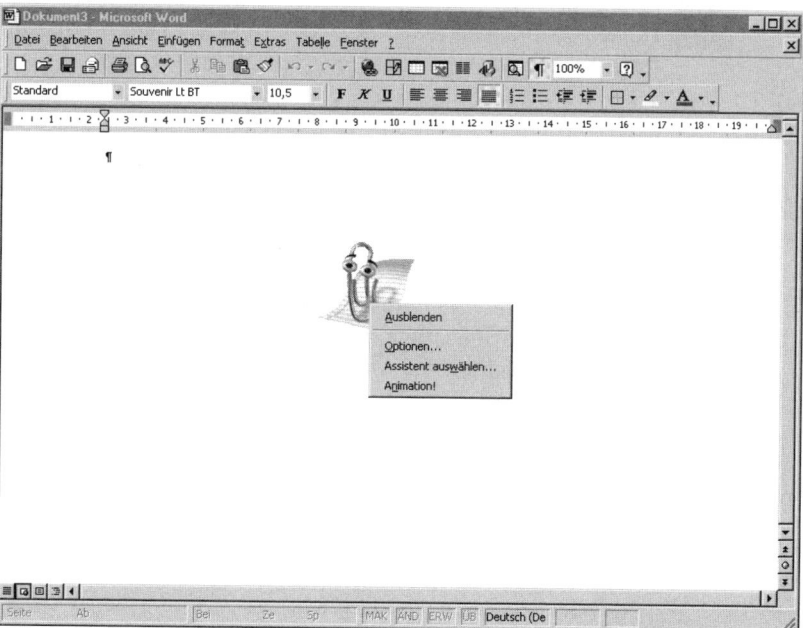

Bild 7.5: Das Kontextmenü des Office-Assistenten bietet verschiedene Befehle, mit denen Sie die Arbeit des Assistenten einstellen

Wenn Sie den Office-Assistenten wiederholt ausblenden reagiert er »sauer«. Er stellt Ihnen dann die Frage, ob Sie ganz auf seine Hilfe verzichten möchten. Wählen Sie dann die Option Nur ausblenden, *um nicht auf diese Hilfefunktion zu verzichten.*

Das Kontextmenü erlaubt einige Feineinstellungen zu diesem »Helferlein«. Sie öffnen es mit einem rechten Mausklick auf den aktiven Helfer.

- Mit A*usblenden* verbannen Sie den Assistenten in die Symbolleiste.
- Selbst Leerlauf am Computer läßt sich mit dem Assistenten kurzzeitig überbrücken. Wiederholtes Klicken auf den Eintrag *Animation!* regt den Assistenten dazu an, sein gesamtes Bewegungspotential zu demonstrieren.
- Der Eintrag *Assistent auswählen* öffnet eine Dialogbox, in der Sie einen Ersatz für den Assistenten aussuchen
- Ein Klick auf *Optionen* öffnet eine Dialogbox, in der Sie das Ablaufverhalten des Assistenten einstellen.

 Sie müssen beim Anklicken des Assistenten genau zielen: nur die zum Assistenten gehörenden Teile sind aktiviert, dort wo der Hintergrund zu sehen ist, lösen Sie andere Reaktionen mit dem Mausklick aus.

Optionen einstellen

Mit den Kontrollkästchen im Register *Optionen* der Dialogbox *Office-Assistent* legen Sie das Ablaufverhalten des Assistenten fest.

- Deaktivieren Sie das Kontrollkästchen *Auf F1-Taste reagieren*, wenn Sie beim Betätigen der Taste [F1] direkten Zugriff auf die Online-Hilfe haben möchten.
- Um zu den verschiedenen Assistenten der Office-Programme Hilfe zu erhalten aktivieren Sie das Kontrollkästchen *Hilfe zu Assistenten*.
- Sobald das Kontrollkästchen *Warnmeldungen anzeigen* aktiviert ist, sehen Sie die Sicherheitsabfragen und Warnmeldungen der Anwendung im Office-Assistenten, sofern dieser eingeblendet ist.
- *Verschieben wenn im Weg* legt fest, daß das der Assistent automatisch an eine andere Stelle der Arbeitsfläche wandert, sobald er im Weg erscheint.
- *Hilfethemen erraten* aktiviert automatische Themenvorschläge.

- *Sounds aktivieren* regelt, ob Sie ein Audiofeedback vom Assistenten erhalten.
- Das Kontrollkästchen *Sowohl Produkt, als auch Programmierhilfe (...)* legt fest, daß der Assistent beim Arbeiten in der Programmierumgebung auch Hilfethemen der allgemeinen Produkthilfe mit einbezieht.

Im Bereich *Tipps anzeigen*, bestimmen Sie ob und welche Tips der Assistent zum besten geben soll.

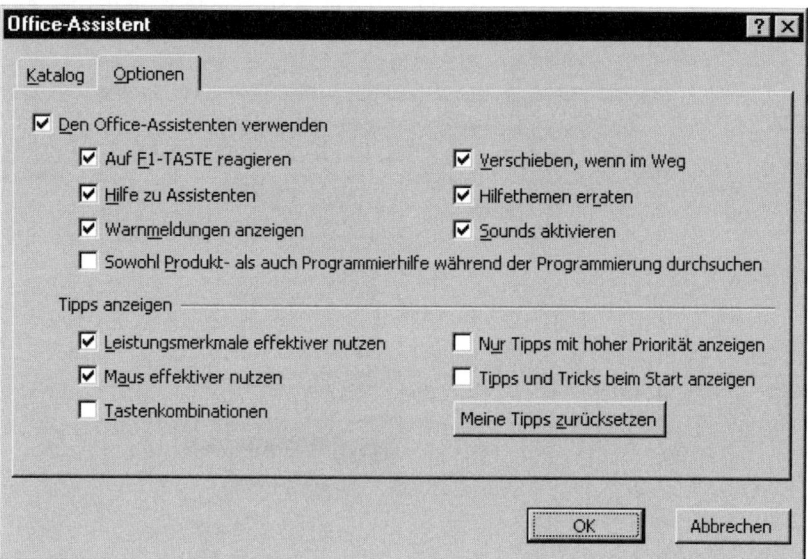

Bild 7.6: Im Register Optionen *nehmen Sie die Feineinstellung des Office-Assistenten vor*

 Mit Hilfe des Kontrollkästchens den Office-Assistenten verwenden *deaktivieren Sie den Office-Assistenten vollständig.*

Figurenwahl

Um dem Assistenten ein anderes Aussehen zu verleihen, klicken Sie auf das Register *Katalog* oder im Kontextmenü des Assistenten auf *Assistent auswählen*. Neun verschiedene animierte Helfer warten auf ihren Einsatz. Mit den Schaltflächen *Weiter* und *Zurück* blättern Sie durch den Katalog. Bestätigen Sie mit *OK*, wenn Sie einen passenden Ersatz für die zappelige Büroklammer gefunden haben.

Bei der ersten Auswahl eines anderen Assistenten ist es erforderlich, die Programm-CD einzulegen. Nach einem kurzen Kopiervorgang ist der neue Assistent bereit.

Fragen an den Assistenten

Um eine Frage an den Assistenten zu stellen, klicken Sie in das Fenster des Office-Assistenten. Sie sehen eine Sprechblase, in der Sie eine Frage formulieren.

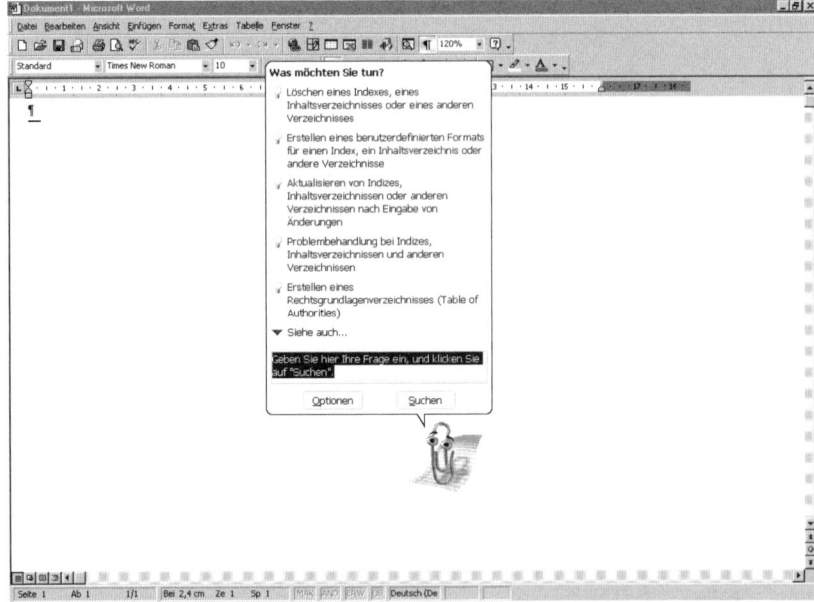

Bild 7.7: Der Office-Assistent warte auf Ihre Frage

Geben Sie Ihre Frage ein – dabei reicht es vollkommen aus, das passende Stichwort anzugeben. Nachdem Sie den fraglichen Begriff eingegeben haben, klicken Sie auf *Suchen*. Der Assistent durchsucht die Hilfedateien nach entsprechenden Themen und gibt Fundstellen als Vorschlag aus.

 Wiederholen Sie den Vorgang, wenn der Office-Assistent Ihre Frage nicht verstanden hat oder zu viele Themen anbietet.

7.3 Schnelle Hilfe

Bei der ersten Auseinandersetzung mit den Anwendungen des Office-Pakets sind Sie vermutlich bereits auf die QuickInfo gestoßen: sobald der Mauszeiger einen Moment lang über einer Symbolschaltfläche stehen bleibt, sehen Sie eine kurze Erklärung zum betreffenden Symbol. Die *Direkthilfe* von Office 2000 zeigt Ihnen zu allen sichtbaren Befehls- bzw. Symbolschaltflächen, Listenfeldern und Bildschirmelementen einen themenbezogenen Hilfetext an. Nach einem Klick auf den Menübefehl *?/Direkthilfe* wird an den Mauszeiger ein stilisiertes Fragezeichen gehängt.

Die Direkthilfe aktivieren Sie ebenso über die Tastenkombination ⇧+F1. *Durch Drücken der* ESC*-Taste wird die Direkthilfe deaktiviert.*

Mit diesem Zeiger klicken Sie dann auf das fragliche Steuerelement. Office öffnet dann ein Fenster mit allgemeinen Informationen zum angeklickten Element. Nachdem Sie das Hilfefenster geschlossen haben, erscheint der Mauszeiger wieder in seiner normalen Form.

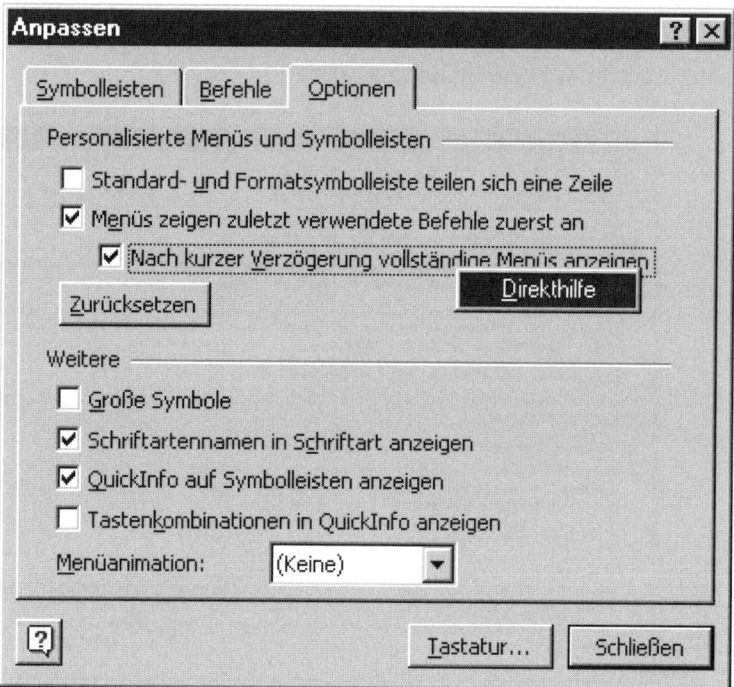

Bild 7.8: Nach einem rechten Mausklick auf ein Steuerelement in einer Dialogbox und der Auswahl des Eintrags *Direkthilfe* erhalten Sie Kurzinformationen zur Funktion des angeklickten Elements

In Dialogboxen steht Ihnen außerdem noch die rechte Maustaste zur Verfügung. Klicken Sie mit der rechten Maustaste auf ein Steuerelement der Dialogbox. Im angezeigten Kontextmenü klicken Sie auf den einzigen Eintrag *Direkthilfe,* um ein Hilfefenster mit der Erläuterung zu diesem Steuerelement anzuzeigen.

Durch einen Klick mit der rechten Maustaste in das danach angezeigte Textfenster der Direkthilfe öffnen Sie ein Kontextmenü mit zwei Einträgen:

- *Kopieren*
  überträgt den Inhalt des Textfensters in die Zwischenablage von Windows. Alternativ setzen Sie die Tastenkombination (Strg)+(C) dafür ein. Danach fügen Sie den Hilfetext z.B. über *Bearbeiten/Einfügen* in ein Word-Dokument ein.

- *Thema drucken*
  Ein Klick auf diesen Eintrag gibt den angezeigten Hilfetext direkt auf dem angeschlossenen Standarddrucker aus.

7.4 Die Online-Hilfe

Nachdem Sie ein Thema des Office-Assisteten angeklickt haben oder durch Auswahl des entsprechenden Eintrags im Menü *Hilfe* erscheint Sie ein neues Fenster auf dem Bildschirm.

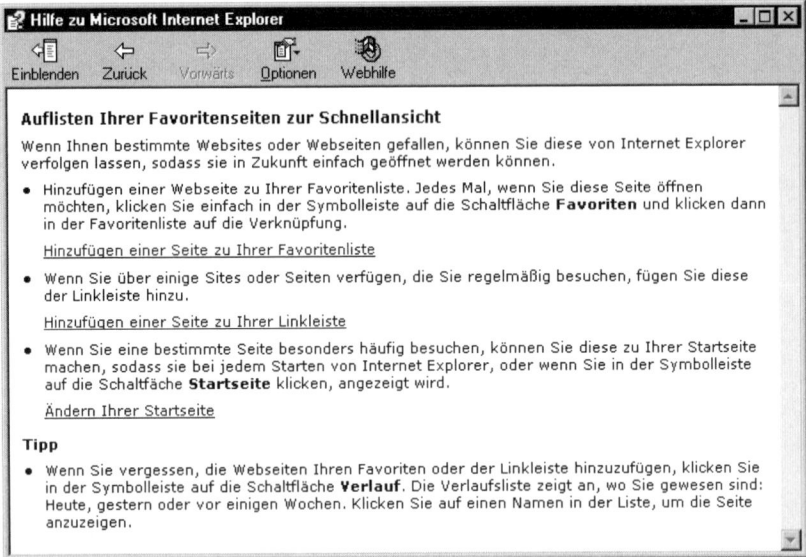

Bild 7.9: Über die Online-Hilfe – hier sehen Sie die Hilfe des Internet Explorers – haben Sie Zugriff auf die Hilfedateien der Office-Applikationen

Blenden Sie bei Bedarf zunächst den Office-Assistenten aus, wenn dieser den Weg zur Direkthilfe versperrt.

In der Titelleiste sehen Sie die Bezeichnung der aufrufenden Anwendung. Ein Hilfetext erscheint, in dem Sie mit den Bildlaufleisten blättern und über aktivierte Hyperlinks zu anderen Themen wechseln.

Im oberen Bereich des Hilfefensters gibt es fünf Schaltflächen. Mit der Schaltfläche *Einblenden* aktivieren Sie die komplette Hilfe, die in drei Register gegliedert ist:

- Im ersten Register *Inhalt* sehen Sie eine Liste der verfügbaren Hilfethemen. Jedes Buchsymbol repräsentiert ein Hilfethema, das weitere Unterthemen und Hilfeseiten enthält. Markieren Sie das gewünschte Thema, und klicken Sie auf das Pluszeichen vor dem Buch. Sie können auch auf einen Eintrag doppelklicken. In der Liste sehen Sie die enthaltenen Hilfeseiten und eventuell weitere Buchsymbole. Wählen Sie den gewünschten Eintrag aus, um im rechts angeordneten Hilfefenster Anweisungen zum Thema zu erhalten.

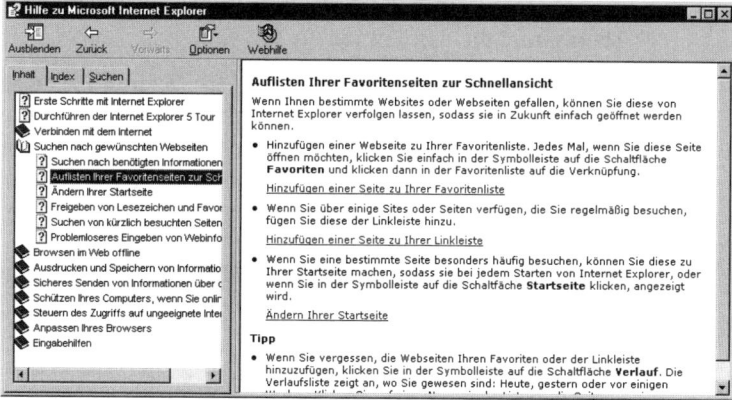

Bild 7.10: Das Register Inhalt *bietet Ihnen den schnellen Zugriff auf die Hilfedateien der Office-Anwendungen. Die Inhalte zum markierten Thema zeigt die Hilfe im rechten Bereich des Fensters an*

- Das Register *Index* erlaubt eine Stichwortsuche in allen verfügbaren Hilfedateien. Diese Hilfe ist wie der alphabetische Index eines Buches aufgebaut. Geben Sie den gesuchten Begriff in das Eingabefeld ein. Die darunter befindliche Liste der Schlüsselwörter wird mit jedem eingegebenen Zeichen aktualisiert und zeigt die entsprechenden Suchbegriffe an. Klicken Sie auf *Suchen*, sobald das korrekte Schlüsselwort im Eingabefeld steht. Mit Hilfe der Maus oder den Richtungstasten wählen Sie den gewünschten Eintrag aus der Liste, um das entsprechende Hilfefenster anzuzeigen.

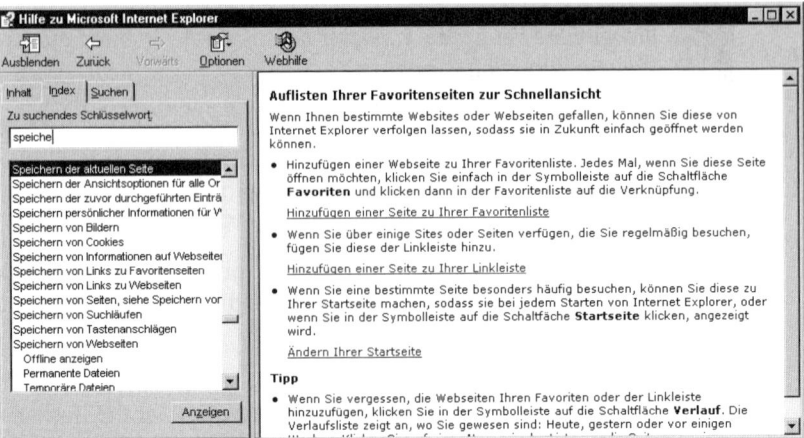

Bild 7.11: Über das Register Index *greifen Sie auf die Stichworteinträge in den Hilfedateien zu*

⇢ Über die Steuerelemente des dritten Registers *Antwort-Assistent Suchen* führen Sie eine Volltextsuche innerhalb aller Hilfedateien der Anwendung durch. Nach einem Klick auf *Suchen* zeigt Ihnen die Hilfe alle Einträge an, in denen das Suchwort vorkommt. Wählen Sie ein Hilfethema aus, um den Eintrag zu öffnen.

Ganz gleich auf welchem Weg Sie die Hilfeseite zur Anzeige bringen in allen Fällen sehen Sie die gewünschten Informationen im rechten Bereich des Hilfefensters. Je nachdem welche Seite Sie geöffnet haben sind dort einige Textpassagen farbig hervorgehoben. Über diese Hyperlinks verzweigen Sie zu weiterführenden Informationen bzw. Begriffserklärungen.

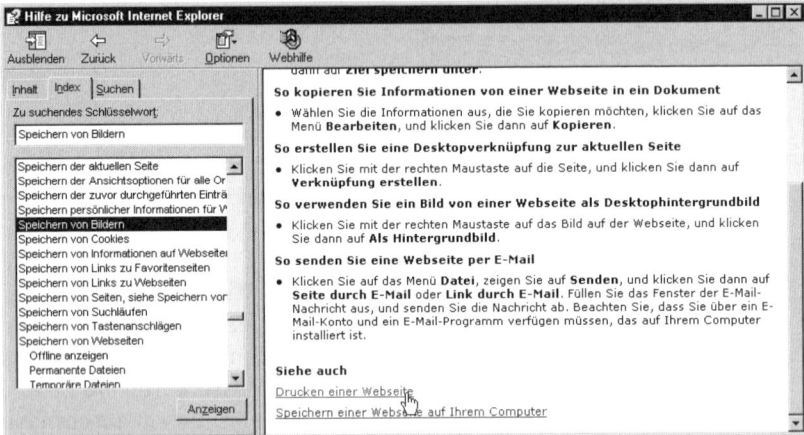

Bild 7.12: Nach Auswahl eines Themas präsentiert die Online-Hilfe ausführliche Informationen

Nutzen Sie die im Hilfetext hervorgehobenen Textpassagen, eingeordnete Symbolschaltflächen und die Symbole Vor *bzw.* Zurück, *um die Hilfe nach den gewünschten Informationen zu durchforsten.*

Auch im Hilfefenster besteht die Möglichkeit, nach einer Auswahl mit der Maus im rechten Anzeigebereich das gesamte Hilfethema oder Teile davon in eine Datei zu kopieren.

Nach einem Klick auf die Schaltfläche Drucken *können Sie ein komplettes Hilfethema auf ein Blatt Papier übertragen. So läßt sich schnell ein eigenes Handbuch erstellen.*

8. Die Office-Umgebung

Das Office-Paket ist mehr als die Summe der Einzelteile – besonders im Hinblick auf die verbindenden Applikationen. Diese gemeinsam genutzten Komponenten und Hilfsprogramme erweitern die Funktionalität und wirken sich auf die Zusammenarbeit der Einzelanwendungen aus.

8.1 Office im schnellen Zugriff

Bei der Installation werden automatisch Verknüpfungen zu den installierten Office-Anwendungen erzeugt und im Windows-Startmenü unter *Start/Programme* abgelegt. Ein Klick auf diese Verknüpfungen startet die entsprechende Anwendungen mit einem neuen leeren Dokument.

Darüber hinaus fügt der Installations-Assistent zwei weitere Verknüpfungen im Startmenü ein, mit denen Sie im Handumdrehen ein neues Office-Dokument erstellen oder auf bereits gespeicherte Dokumente zugreifen.

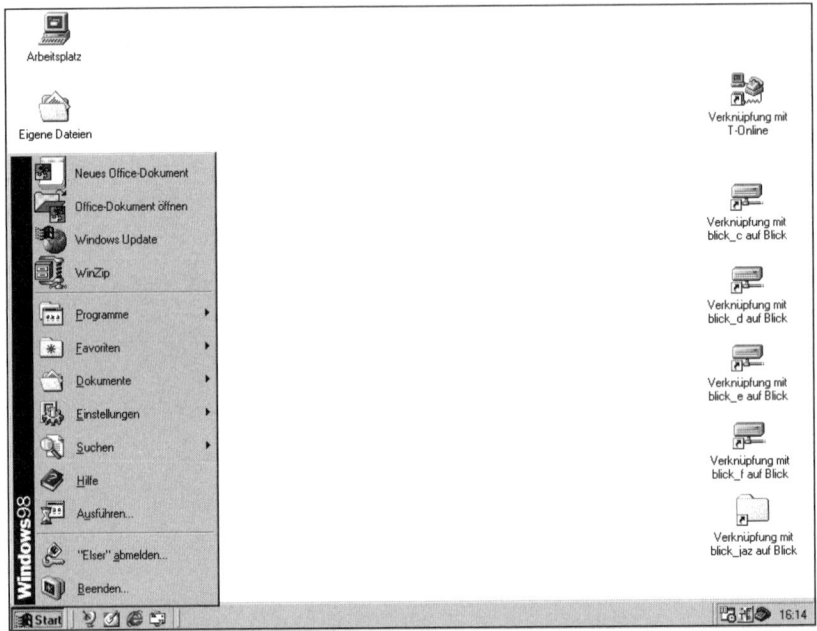

Bild 8.1: Die Verknüpfungen Neues Office-Dokument *und* Office-Dokument öffnen *führen Sie auf direktem Weg zu den entsprechenden Dokumenten*

Neues Office-Dokument

Mit einem Klick auf *Start/Neues Office-Dokument* öffnen Sie die gleichnamige Dialogbox, die Ihnen den Zugriff auf alle verfügbaren Vorlagen bietet.

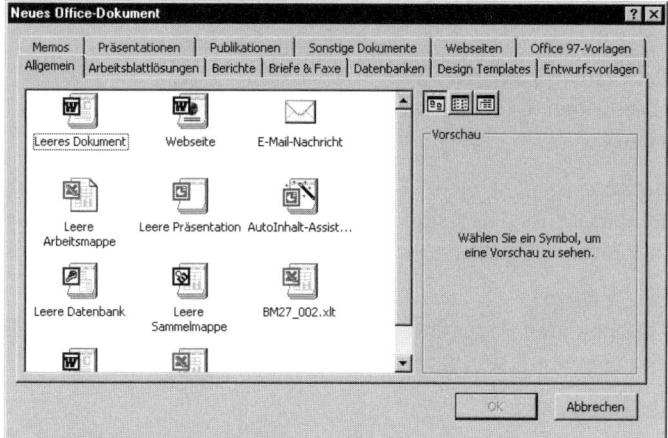

Bild 8.2: Word, Excel, PowerPoint? Die Dialogbox Neues Office-Dokument *bietet Ihnen den schnellen Zugriff auf alle verfügbaren Vorlagen*

Die angebotenen Vorlagen finden Sie thematisch geordnet in verschiedenen Registern der Dialogbox. Öffnen Sie das gewünschte Register, um auf die entsprechenden Vorlagen zuzugreifen.

Allgemein
In diesem Register sind die Standard-Dokumentvorlagen von Word, Excel, PowerPoint und Access zusammengefaßt, mit denen Sie ein neues leeres Office-Dokument anlegen. Die zugehörige Anwendung erkennen Sie an einem kleinen Sinnbild.

Dieses Symbol kennzeichnet eine Word-Vorlage.

Excel-Vorlagen sind mit diesem Sinnbild gekennzeichnet.

Einträge, die Vorlagen von PowerPoint repräsentieren tragen dieses Sinnbild.

Alle Access-Vorlagen sind mit einem stilisierten Schlüssel gekennzeichnet.

Die Heftklemme repräsentiert die Sammelmappe.

Dokumentvorlage
Eine Dokumentvorlage enthält alle wichtigen Texte, Grafiken und auch Textfestlegungen. Sie kann als Grundlage für neue Word-Texte dienen und so die Arbeit erheblich beschleunigen.

Arbeitsblattlösungen
Hier finden Sie eine Auswahl von Beispiel-Vorlagen für Excel-Tabellendokumente.

Berichte
In diesem Register sind Dokumentvorlagen zum Erstellen von Berichten mit Word enthalten.

Briefe & Faxe
Vorlagen und Assistenten mit deren Hilfe Sie im Handumdrehen ansprechend gestaltete Briefe und Faxe im Word erstellen.

Datenbanken
In diesem Register finden Sie eine Reihe von Assistenten, die Sie bei der Anlage einer Datenbank mit Access unterstützten.

Entwurfsvorlagen
Layoutvorlagen für PowerPoint-Präsentationsdokumente.

Memos
Beinhaltet Dokumentvorlagen und Assistenten zum Erstellen von Memos.

Präsentationen
In diesem Register sind vorgefertigte Präsentationsvorlagen mit mehreren Folien und einem einheitlichen Layout enthalten.

Publikationen
Umfaßt Vorlagen für längere Word-Dokumente mit den entsprechenden Formatvorlagen.

Sonstige Dokumente
Dieses Register enthält verschiedene Assistenten für allgemeine Word-Dokumente.

Webseiten
Bietet Ihnen den Zugriff auf den Webpage-Assistenten, mit dessen Hilfe Sie eigene Web-Dokumente erstellen.

Für alle Symbole der Dialogbox *Neues Office-Dokument* gilt, daß Sie mit einem Klick auf die Schaltfläche *OK*, die markierte Vorlage mit dem zugehörigen Anwendungsprogramm öffnen.

Mit einem Doppelklick auf ein Symbol in der Dialogbox Neues Office-Dokument öffnen *Sie direkt die angeklickte Vorlage mit dem zugehörigen Anwendungsprogramm.*

 Sie können sich auch eigene Registerkarten mit Vorlagen definieren. Das ist immer dann sinnvoll, wenn Sie für häufig wiederkehrende Anwendungen besondere Vorlagen benötigen. Die in der Dialogbox Neues Office-Dokument *angezeigten Register entsprechen jeweils einem Unterverzeichnis im Office-Ordner ... \VORLAGEN.*

Office-Dokument öffnen

In der Standardeinstellung speichern alle Office-Anwendungen die erstellten Dokumente im Ordner *C:\EIGENE DATEIEN*. Dieser Standardordner stellt damit Ihre persönliche Dateiablage dar.

 Dieser Standardordner ist in der Windows-Registrierung unter HKEY_CURRENT_USER\Software\Microsoft\Windows\CurrentVersion\Explorer\User Shell Folders *voreingestellt.*

Mit einem Klick auf *Start/Office-Dokument öffnen* gelangen Sie ohne Umwege zur Dialogbox *Office-Dokument öffnen*.

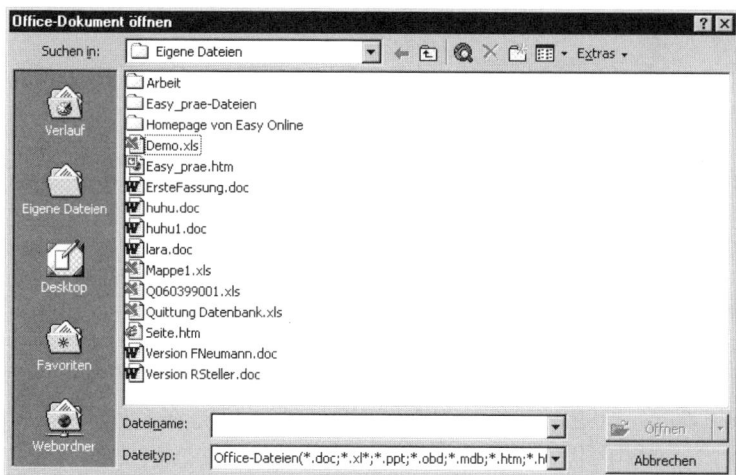

Bild 8.3: *Über die Dialogbox* Office-Dokument öffnen *nehmen Sie die Arbeit mit einem beliebigen Office-Dokument auf*

Mit Ausnahme des Titels gleicht diese Dialogbox der in Kapitel 4; *Arbeiten mit Dateien und Daten* eingehend beschriebenen Standard-Datei-Dialogbox. Im Listenfeld *Dateityp* ist bereits der Typ *Office-Dateien (...)* aktiviert – damit ist der schnelle Zugriff auf alle Office-Dokumente sichergestellt.

8.2 Die Shortcut-Leiste

Die Microsoft Office-Shortcut-Leiste stellt gewissermaßen Ihre Schaltzentrale für die tägliche Arbeit mit Office 2000 dar: Eine zentrale Sammlung von Symbolen bietet Ihnen den schnellen Zugriff auf häufig benutzte Funktionen und Anwendungsprogramme. Die Shortcut-Leiste ist als eigenständige Symbolleiste ausgelegt und kann beliebig auf dem Desktop positioniert werden.

Shortcutleiste starten

Falls Sie die Shortcut-Leiste nach dem Start von Windows nicht auf Ihrem Bildschirm ausmachen können, müssen Sie dieses nützliche Steuerelement zunächst starten. Klicken Sie dazu auf *Start/Programme/Office Tools*.

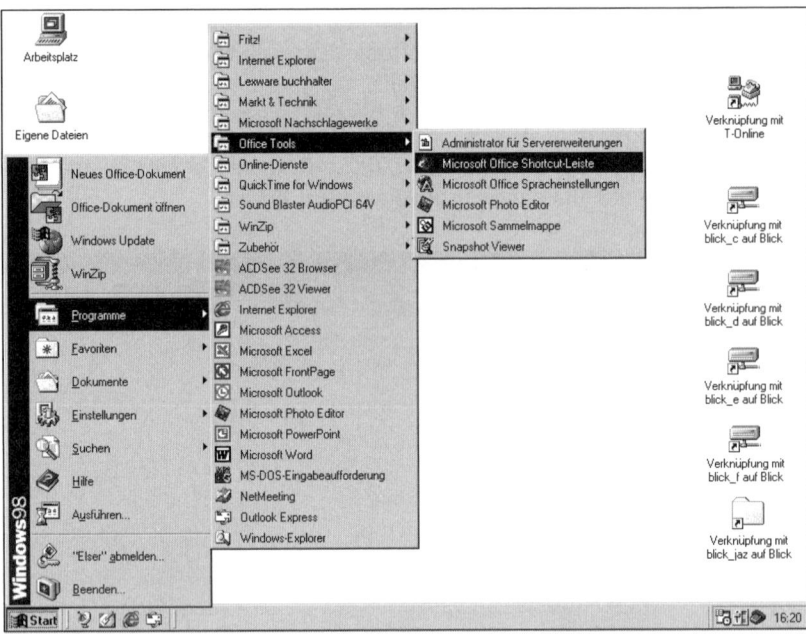

Bild 8.4: Die Shortcut-Leiste verbirgt sich im Startmenü von Windows unter PROGRAMME/OFFICE TOOLS

Nach einem Klick auf den Eintrag *Microsoft Office Shortcut-Leiste* sehen Sie zunächst eine Abfrage, ob dieses Steuerelement automatisch gestartet werden soll.

Die Office-Umgebung

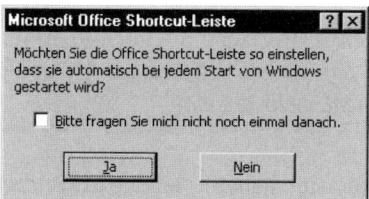

Bild 8.5: *In dieser Dialogbox legen Sie fest, ob die Shortcut-Leiste bei jedem Start des Systems automatisch auf dem Desktop eingeblendet werden soll*

Klicken Sie auf *Ja*, um die Shortcut-Leiste auf dem Desktop einzurichten: Office erzeugt dazu einen ein Eintrag im AutoStart-Verzeichnis von Windows, der dafür sorgt, daß die Shortcut-Leiste beim Programmstart automatisch auf dem Bildschirm erscheint.

 Um den automatischen Start der Shortcut-Leiste wieder zu unterbinden, öffnen Sie den Ordner WINDOWS/STARTMENÜ/PROGRAMME/AUTOSTART und löschen Sie die Verknüpfung Microsoft Office.

Wählen Sie *Nein*, um die Shortcut-Leiste nicht automatisch, sondern bei Bedarf manuell zu starten.

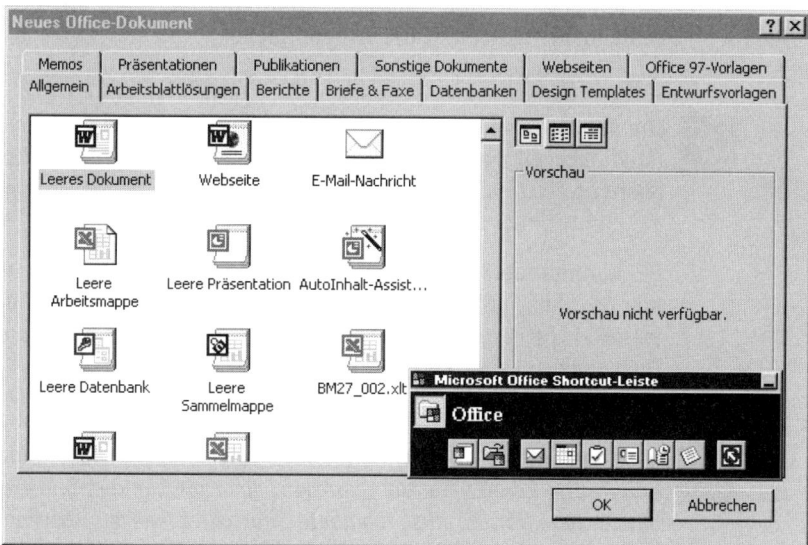

Bild 8.6: *Die Dialogbox* Neues Office-Dokument: *Wählen Sie einfach die passende Vorlage – nach einem Klick auf* OK *startet das zugehörige Office-Programm*

Wenn Sie das Kontrollkästchen Bitte fragen Sie mich nicht noch einmal danach *aktivieren, sorgen Sie dafür, daß Office diese Abfrage beim nächsten Aufruf der Shortcut-Leiste nicht mehr anzeigt.*

Nachdem Sie die Abfrage bestätigt haben, blendet Office die Shortcut-Leiste auf dem Desktop ein. *Neues Office-Dokument* öffnet die gleichnamige Dialogbox. Abhängig von der gewählten Dokumentvorlage (Text, Tabelle etc.) wird das entsprechende Anwendungsprogramm mit einem leeren Dokument gestartet.

Nach einem Klick auf *Office Dokument öffnen* blendet die gleichnamige Dialogbox ein. Abhängig vom gewählten Dokument (Text, Tabelle etc.) wird das entsprechende Anwendungsprogramm gestartet und das Dokument zur Bearbeitung geladen. Die Schaltflächen *Neue Nachricht*, Neuer *Termin*, *Neue Aufgabe*, *Neuer Kontakt*, *Neuer Journaleintrag* sowie *Neue Notiz*, starten Outlook und öffnen den entsprechenden Ordner, um die angegebenen Aktion auszuführen.

Die Shortcut-Leiste anpassen

Die Shortcut-Leiste kann beliebig auf der Arbeitsfläche positioniert werden. Ziehen Sie die Shortcut-Leiste mit der Maus an den linken, rechten, oberen oder unteren Bildschirmrand, oder plazieren Sie die Leiste als verschiebbare Palette auf der Arbeitsfläche.

Um die Shortcut-Leiste am Bildschirmrand abzulegen, muß sie ganz an den Rand gezogen werden. Wenn Sie die Maustaste zu früh loslassen, bleibt die Shortcut-Leiste als Palette erhalten.

Sie können die Shortcut-Leiste nach Ihren Vorstellungen einrichten. Klikken Sie dazu mit der rechten Maustaste auf die Leiste, um das Kontextmenü zu öffnen. Wählen Sie den Befehl *Anpassen* aus. Es erscheint eine Dialogbox mit vier Registern.

Mit dem Befehl des Kontextmenüs Automatisch ausblenden bei Nichtbenutzung *können Sie die Shortcut-Leiste ausblenden und trotzdem verfügbar halten. Um die ausgeblendete Shortcut-Leiste zu verwenden, zeigen Sie auf den Rand des Bildschirms, an dem die Leiste verankert ist.*

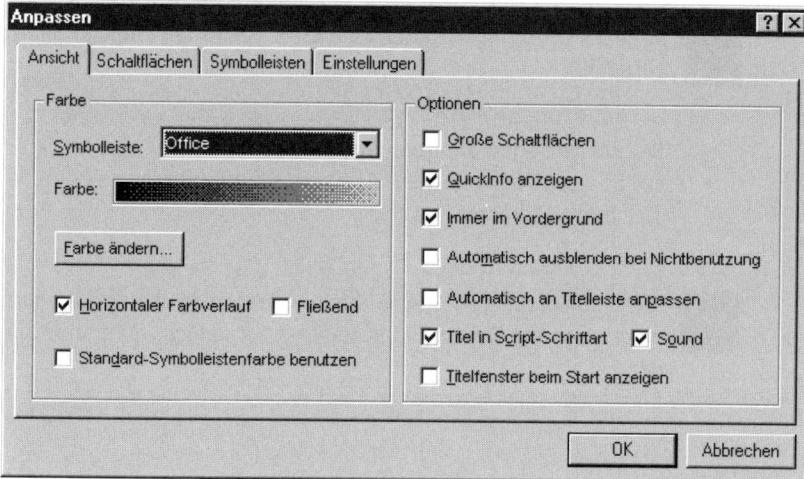

Bild 8.7: Die Dialogbox Anpassen *erlaubt eine individuelle Einstellung der Shortcut-Leiste*

Das Register *Ansicht* erlaubt die Festlegung einer anderen Farbe und verschiedener Anzeigeoptionen.

Im Register *Schaltflächen* verändern Sie den Umfang und die Auswahl der eingeblendeten Symbole. Im Bereich *Diese Dateien als Schaltflächen darstellen* sehen Sie eine Liste der voreingestellten Verknüpfungen.

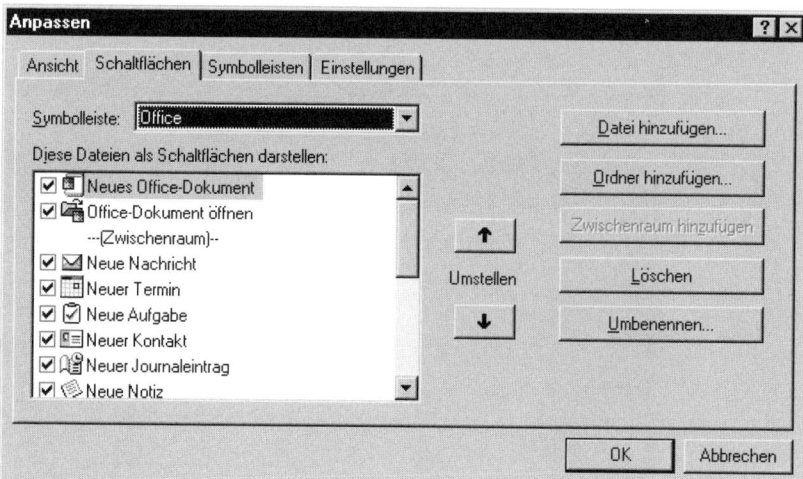

Bild 8.8: Mit den Steuerelementen im Register Schaltflächen *beeinflussen Sie die Anzeige der Symbole in der Shortcut-Leiste*

Mit den Kontrollkästchen vor einem Eintrag schalten Sie die Anzeige des betreffenden Symbols ein bzw. aus. Nutzen Sie die Schaltflächen *Ordner hinzufügen* und *Datei hinzufügen*, um weitere Verknüpfungen anzulegen.

Neue Verknüpfungen lassen sich auch per Drag&Drop zur Shortcut-Leiste hinzufügen.

Bei Bedarf fügen Sie über das Register *Symbolleisten* weitere Symbolleisten zur Shortcut-Leiste hinzu. Aktivierte Symbolleisten sind in der Auswahlliste durch ein Häkchen markiert.

Alle eingeblendeten Symbolleisten werden in der Office-Shortcut-Leiste mit einem eigenen Sinnbild angezeigt. Es ist jedoch immer nur eine Symbolleiste aktiv.

8.3 Das Outlook-Journal

Mit den einzelnen Anwendungen von Office 2000 erledigen Sie die anfallenden Arbeiten. Bei der Bearbeitung von Projekten kommen häufig mehrere Dokumente zum Einsatz, Sie führen Gespräche oder verschicken Emails. Bei dieser Vielfalt fällt es schwer, immer die nötige Übersicht und Kontrolle zu behalten. Diese Aufgabe kann Outlook – Ihr persönlicher Informationsmanager – für Sie übernehmen. Nutzen Sie die Journalfunktion von Outlook 2000, um Überblick über die Bearbeitungszeit einzelner Dokumente und Kontaktinformationen zu behalten.

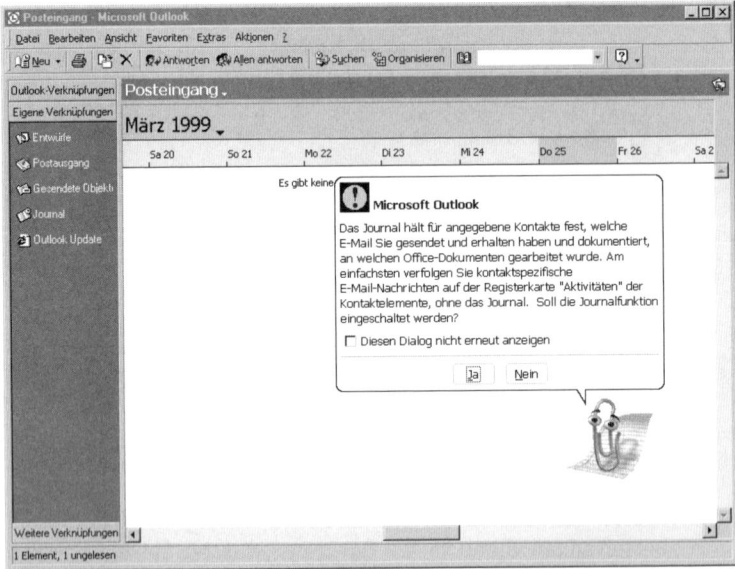
Bild 8.9: Beim ersten Start von Outlook legen Sie fest, ob die Journalfunktion genutzt werden soll

Klicken Sie auf *Ja*, um die Journalfunktion zu aktivieren und Outlook zu veranlassen, Ihre Aktivitäten im Hintergrund zu verfolgen und zu protokollieren. Outlook öffnet die Dialogbox *Journaloptionen* in der Sie festlegen, welche Aktionen zu Protokoll genommen werden sollen.

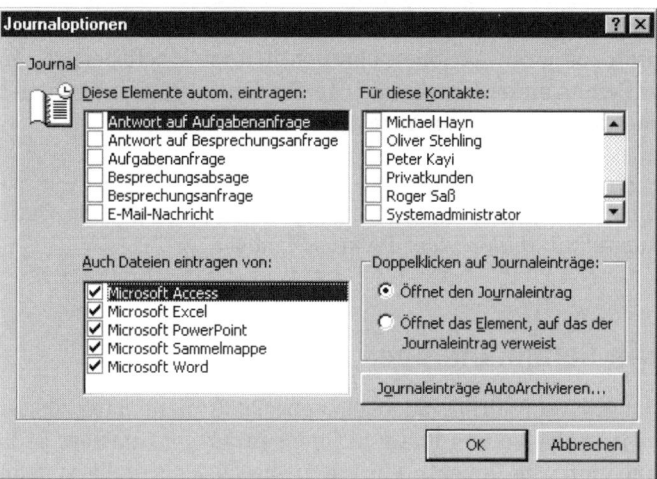

Bild 8.10: In der Dialogbox Journaloptionen *bestimmen Sie die zu protokollierenden Aktionen*

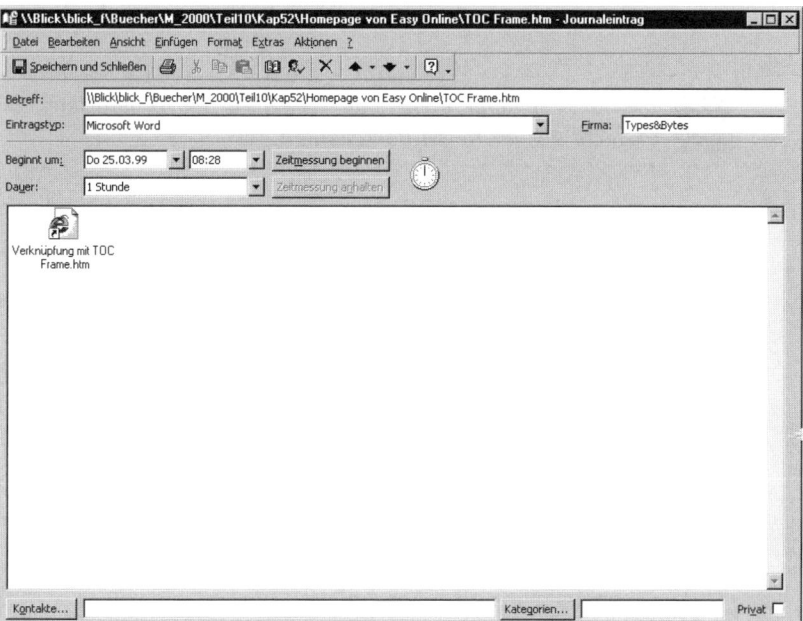

Bild 8.11: Der geöffnete Journaleintrag gibt z.B. Aufschluß über das bearbeitete Dokument und die Bearbeitungszeit

Um das Journal nachträglich zu konfigurieren, wählen Sie Extras/Optionen *und klicken Im Register* Einstellungen *auf die Schaltfläche* Journaloptionen.

Um die Protokolldaten einzusehen, öffnen Sie den Ordner *Eigene Verknüpfungen* und klicken auf den Eintrag *Journal*. Outlook präsentiert Ihnen die protokollierten Aktionen übersichtlich im Arbeitsbereich. Mit einem Klick auf einen dieser Einträge öffnen Sie den Journaleintrag und bringen weitere Informationen zur Anzeige.

 Eine weiterführende Beschreibung der Funktionen von Outlook finden Sie Kapitel 30; Outlook, der Desktop-Manager.

8.4 Die Sammelmappe

Die Microsoft Office Sammelmappe 2000 dient dazu, Dokumente, Kalkulationstabellen und Präsentationen zusammenzufassen. Dadurch sind auch umfangreiche Projekte einfach zu bewältigen – alle zugehörigen Dateien sind nur einen Mausklick entfernt. Liegen beispielsweise mehrere in Word erstellte Berichte, eine mit Excel vorbereitete Finanzplanung und eine PowerPoint-Präsentation vor, ist es praktisch, diese Dokumente in einer Sammelmappe unter der Projektbezeichnung zusammenzufassen.

 Die Sammelmappe dient zum Verwalten und Organisieren umfangreicherer Projekte aus mehreren Dokumenten an.

Neben dieser strukturierenden Funktion hat die Sammelmappe aber auch ganz handfeste Vorteile:

- Alle Dokumente der Sammelmappe lassen sich in der Seitenansicht wiedergeben.
- Alle Dateien einer Sammelmappe können mit derselben Kopf- und Fußzeile gedruckt werden. Auch andere Einstellungen – z.B. die Seitenvorgaben – lassen sich hier zentral ändern.
- Die Sammelmappe ist Internet-fähig. Dokumente können im World Wide Web oder Intranet abgelegt werden.
- Hyperlinks dienen zum Navigieren zwischen unterschiedlichen Sammelmappen oder Abschnitten.
- In einem Standardverzeichnis liegen die Sammelmappen. Die zugeordneten Dokumente dürfen in beliebigen anderen Verzeichnissen gespeichert sein.

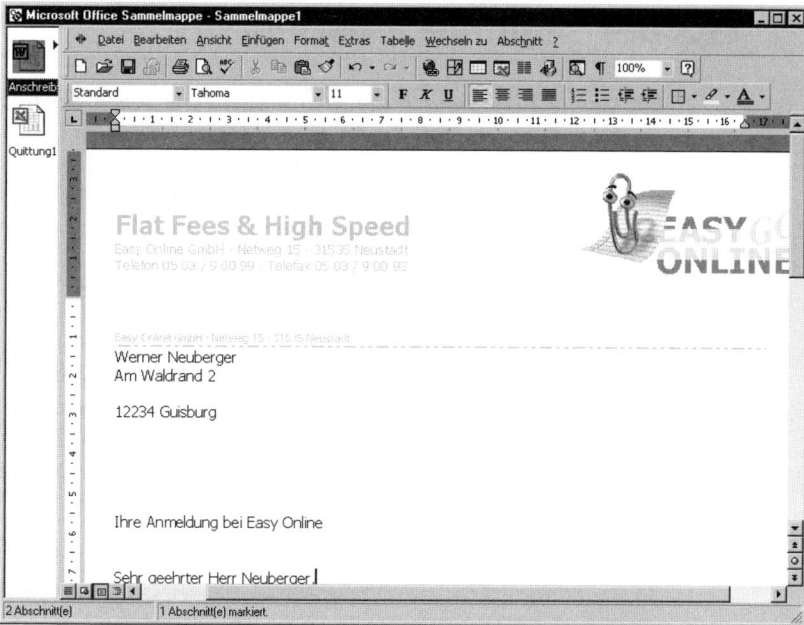

Bild 8.12: Die Sammelmappe ordnet und strukturiert Daten und Vorgänge zu bestimmten Projekten

Das Datei-Menü beschäftigt sich mit der allgemeinen Verwaltung der Sammelmappe-Dateien. Sie werden als Dateien mit der Endung »OBD« gespeichert. Das Menü *Abschnitt* steuert die zugeordneten Dokumente:

- *Hinzufügen*
  legt ein neues Dokument an. In der Dialogbox *Abschnitt einfügen* brauchen Sie nur eine Dokumentvorlage doppelt anklicken. Nach einem kurzen Ladevorgang erscheint ein Symbol in der bisher leeren Abschnittsleiste am linken Fensterrand. Auch das bislang graue Fenster ändert sein Aussehen. Es erscheint jetzt mit der Arbeitsoberfläche des Programms, dessen Vorlage gewählt wurde.

- *Aus Datei hinzufügen*
  Dieser Befehl integriert ein bereits existierendes Dokument in die Sammelmappe. Das Dokument bleibt als Datei erhalten. Änderungen an der Ursprungsdatei wirken sich auch auf den Sammelmappe-Abschnitt aus und umgekehrt.

Eine weiterführende Beschreibung der Sammelmappe finden Sie in Kapitel 61.

Teil 1 · Grundlagen

9. Der schnelle Einstieg

Ein kleiner Exkurs durch die wichtigsten Funktionen der Hauptprogramme wird Ihnen zeigen, daß die Arbeit mit einem modernen Office-Paket schnell zu erlernen ist. Erzeugen Sie einen Brief, lassen Excel die Kalkulation übernehmen, fügen Sie beides zusammen, und nutzen Sie Outlook für Ihren persönlichen Kommunikationseinsatz.

9.1 Einen Brief mit Word 2000 erstellen

Da eine der ersten Funktionen eines Personalcomputers – von speziellen Anwendungsprogrammen einmal abgesehen – die Verarbeitung von Texten war, werden Sie sich auch als erstes mit dem Programm Word befassen. In diesem Kapitel legen Sie einen Brief mit dem Assistenten an, lernen die Grundfunktionen der Textverarbeitung kennen und sind danach in der Lage, eigene Texte einzugeben und zu bearbeiten.

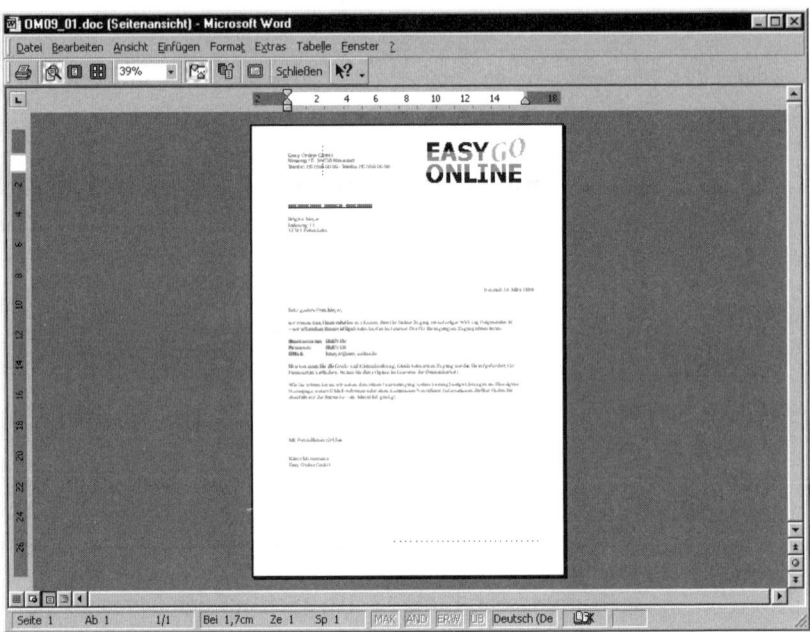

Bild 9.1: Aller Anfang ist schwer. Nachdem Sie dieses Kapitel gelesen und umgesetzt haben, sollte der erstellte Brief mit der Abbildung übereinstimmen

 Den Beispielbrief finden Sie unter der Bezeichnung BO09_20.DOC auf der beiliegenden CD-ROM.

Bevor Sie mit der Texteingabe beginnen, müssen Sie Word starten. Klicken Sie hierfür auf die Start-Schaltfläche in der Task-Leiste. Durch Anklicken öffnet sich das Start-Menü. Bewegen Sie den Mauszeiger nun auf den Eintrag *Programme*. Im geöffneten Untermenü klicken Sie auf die Schaltfläche *Microsoft Word*. Nach einer kurzen Ladezeit steht Word mit einem leeren Dokument für die weitere Arbeit bereit.

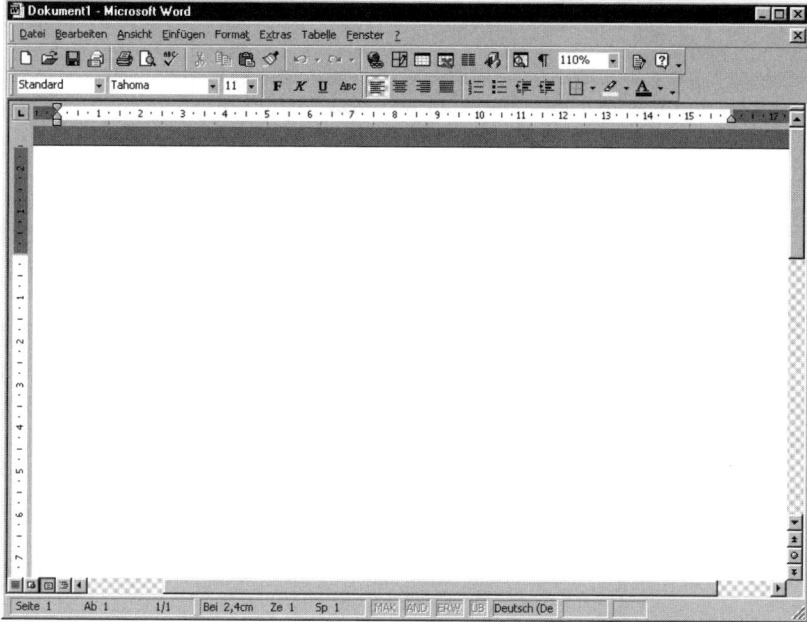

Bild 9.2: Nach dem Start stellt Word ein leeres Dokument für die Texteingabe bereit

Ein Briefgerüst mit dem Briefassistenten

Warum alles selber machen, wenn eine Hilfe nur wenige Mausklicks entfernt ist? Der Briefassistent ist eine solche Hilfefunktion: Er fragt die wichtigsten Briefdaten in einer speziellen Dialogbox ab, setzt Absender- und Empfängeradresse an die richtige Position und fügt auch noch wichtige Zusatzdaten wie Absendeort und -datum ein. Wählen Sie zunächst *Datei/ Neu*. Word öffnet die Dialogbox *Neu* und zeigt eine Reihe von Symbolen – die Dokumentvorlagen. Klicken Sie dann auf den Reiter *Briefe & Faxe*. Dort finden Sie weitere Symbole. Der Zauberstab ist ein Zeichen für einen Assistenten. Klicken Sie das Symbol *Brief-Assistent* doppelt an.

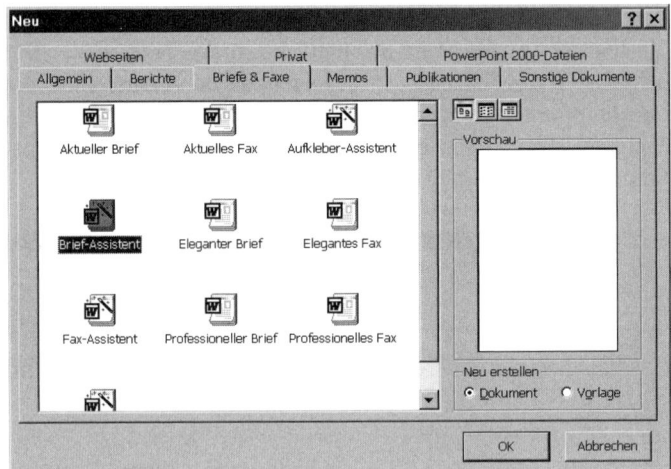

Bild 9.3: Am Zauberstab zu erkennen: Assistenten leiten Sie Schritt für Schritt durch die bezeichnete Aufgabe

Zunächst fragt Sie der Assistent, ob Sie einen einzelnen oder einen Serienbrief erzeugen möchten. Beschränken Sie sich auf den einfacheren Einzelbrief und klicken Sie auf *OK*.

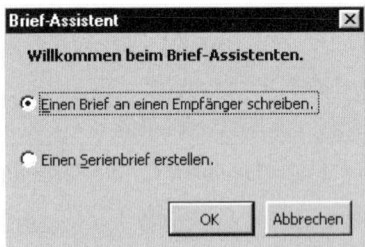

Bild 9.4: Der Assistent, kann einfache Briefe oder Seriendrucke erzeugen

Jetzt erscheint eine Dialogbox, die weitere Vorgaben entgegennimmt. *Wählen Sie ein Seitendesign*, fordert Sie die Beschriftung eines Listenfelds auf. Folgen Sie dieser Aufforderung und aktivieren Sie den Listeneintrag *Aktueller Brief*. Der Briefstil *Blocktext* – die Vorgabe – ist für den gewünschten Brief in Ordnung.

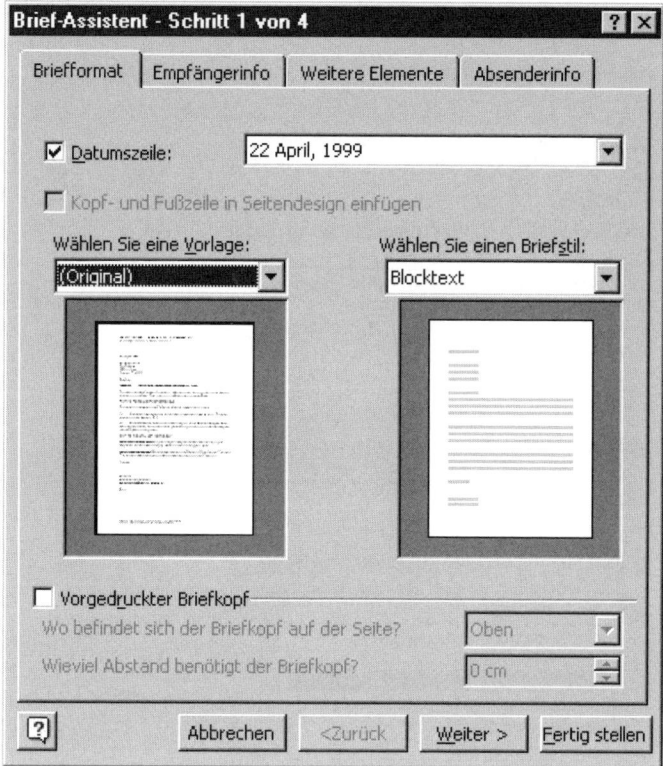

Bild 9.5: Im Listenfeld Seitendesign *bietet der Assistent alle als »Brief« abgelegten Dokumentvorlagen an*

Klicken Sie erneut auf *Weiter*. Der Assistent fragt jetzt nach den Daten des Empfängers – diese werden Sie im fertigen Brief an der richtigen Stelle für einen Fensterbriefumschlag wiederfinden. Geben Sie die Empfängeradresse ein. Eine neue Zeile beginnt nach Eingabe von ⏎.

Wählen Sie anschließend eine Anrede aus dem Listenfeld – in diesem Fall den Eintrag *Sehr geehrte Frau*. Auch diese Dialogbox bestätigen Sie mit einem Klick auf *Weiter*.

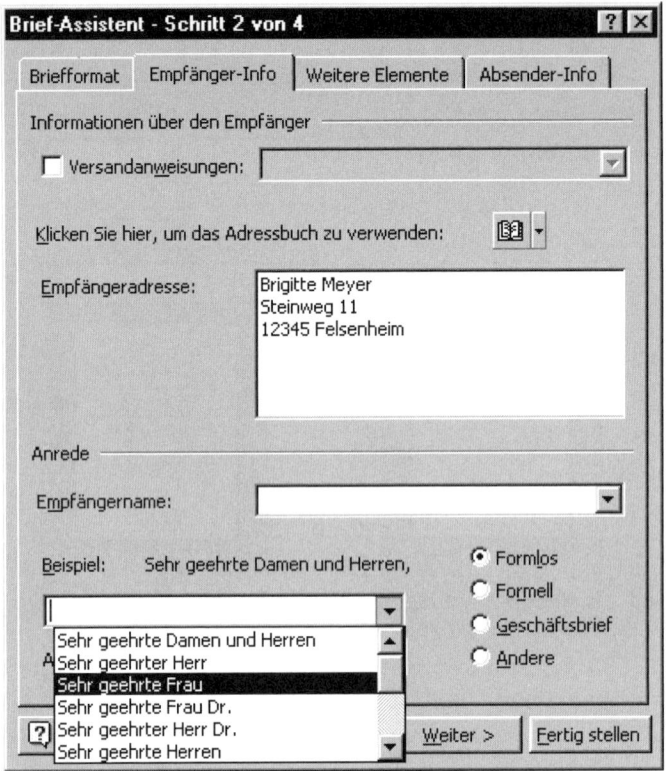

Bild 9.6: Im Register Empfänger-Info *teilen Sie dem Assistenten die Daten des Empfängers mit*

Jetzt folgen Zusatzinformationen, die in keinem Brief fehlen dürfen. In Bereich *Bezugszeichenzeile* finden Sie einige Kontrollkästchen. Klicken Sie zunächst auf das Kästchen vor *Ort* und geben Sie den Absenderort – also Ihren Wohnort – ein. Beim Datum nimmt Ihnen der Assistent die Arbeit ab: Nach einem Klick erscheint im Eingabefeld das aktuelle Tagedatum automatisch.

Wenn Sie auf das Listenfeld klicken, können Sie auch noch die Zusammenstellung des Datumseintrags beeinflussen.

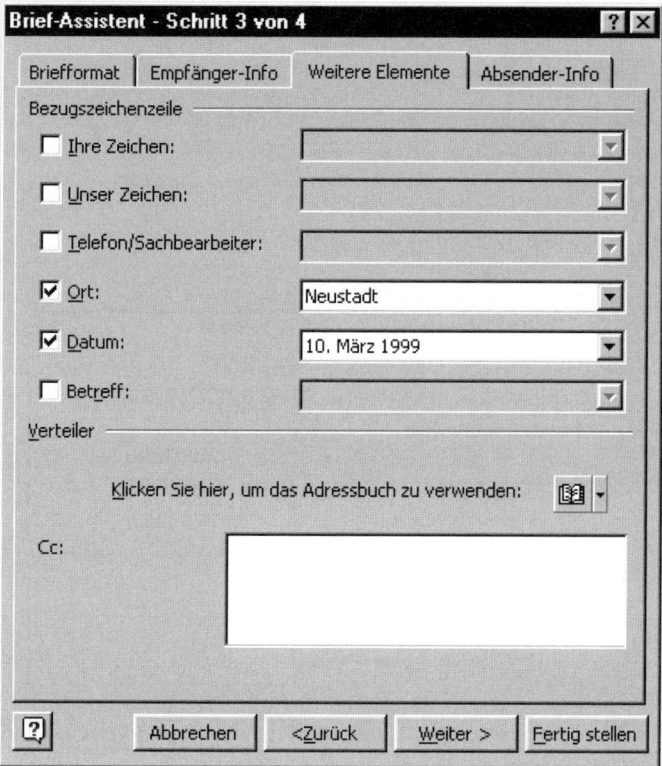

Bild 9.7: Im dritten Schritt legen Sie Zusatzinformationen und zusätzliche Verteiler an

Schließlich sind Ihre eigene Adresse und eine Abschlusszeile an der Reihe. Im Feld *Absenderanschrift* finden eben diese Daten ihren Platz. Nach einem Klick auf *Absender im Kuvertfenster* aktiviert der Assistent auch dieses Feld: Es erscheint als Absenderzeile in einem Fensterbriefumschlag.

Der Briefschluß wird durch eine Mischung aus Listenfeld- und Direkteinträgen fertiggestellt. Wählen Sie zunächst eine Grußformel aus der Liste. Die drei darunterliegenden Eingabefelder sind mit unterschiedlichen Abständen versehen: Im Bereich *Vorschau* stellt Word das Ergebnis dar.

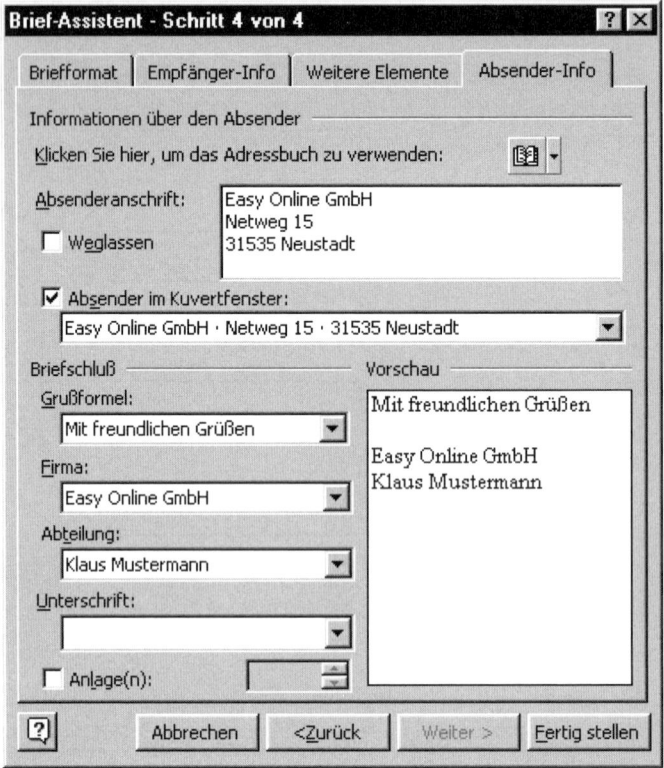

Bild 9.8: Absenderdaten und Briefschluß vervollständigen die Datensammlung des Assistenten

 Die einzelnen Angaben der Absenderzeile in Bild 9.10 sind durch kleine Leitpunkte abgetrennt. Diese Punkte erzeugen Sie über eine Tastenkombination: Halten Sie Alt *gedrückt und tippen Sie dann* 0 1 8 3 *auf dem Ziffernblock Ihrer Tastatur.*

Die Schaltfläche *Weiter* steht nicht mehr zur Verfügung – ein Hinweise darauf, daß Ihre Arbeit getan ist. Klicken Sie statt dessen auf *Fertig stellen*. Damit schließt sich der Assistent und plaziert alle eingegebenen Daten.

 Sie können die Schaltfläche Fertig stellen *auch bei jedem Zwischenschritt anklicken. Dann integriert der Assistent nur die Daten, die schon eingegeben sind.*

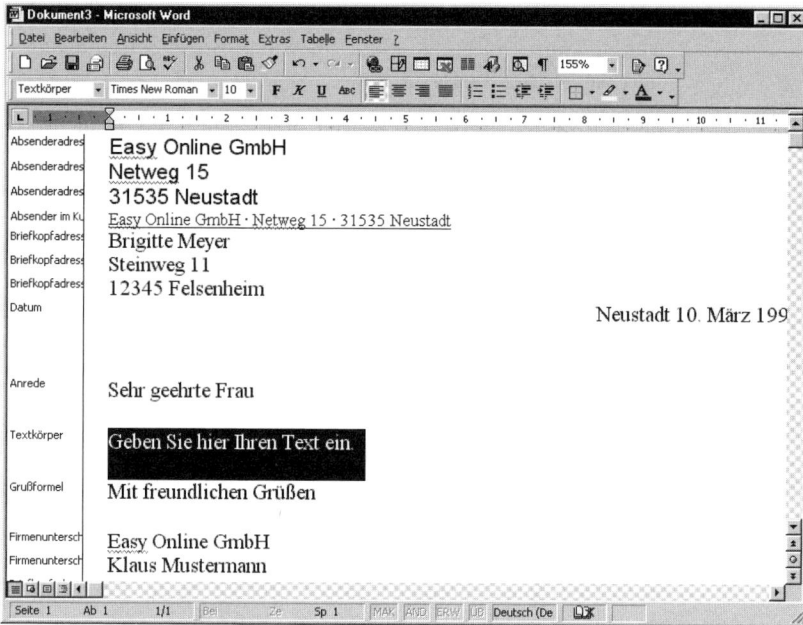

Bild 9.9: In der Normalansicht sieht der neue Brief zunächst wenig ansprechend aus

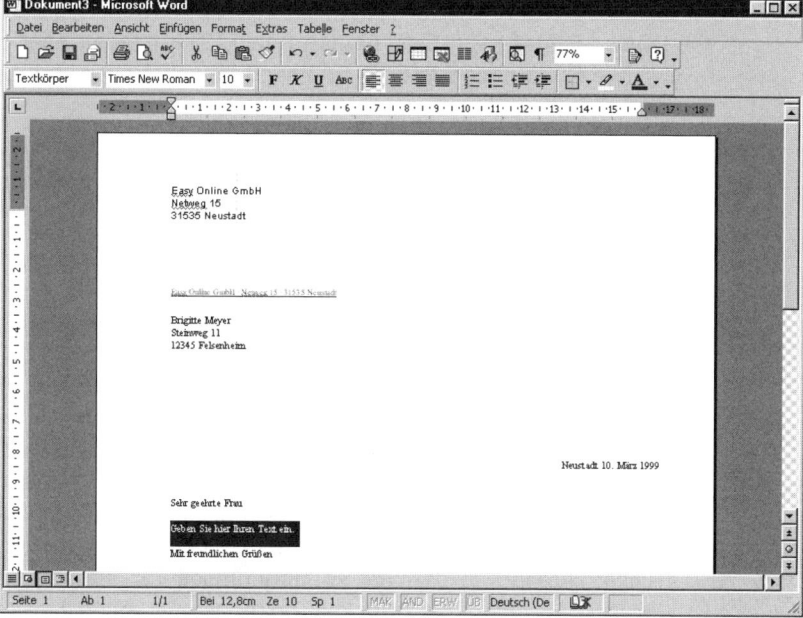

Bild 9.10: Ohne jede Änderung am Dokument zeigt eine andere Ansicht ein deutlich besseres Ergebnis

Einen Brief, der so wie in dieser Darstellung aussieht, würden Sie kaum wegschicken wollen. Klicken Sie auf *Ansicht/Seitenlayout* – das Ergebnis fällt wesentlich besser aus.

Ein schwarzer Block mit weißer Schrift fällt ins Auge: Hier hat der Assistent einen Text markiert. Schließlich ist er in der Lage, formale Strukturen in das Dokument zu integrieren, für den inhaltlichen Teil sind Sie immer noch selbst zuständig.

Diesen Arbeitsstand finden Sie unter der Bezeichnung B009_09.DOC auf der CD-ROM.

Texteingabe und -korrektur

Ein bedeutender Unterschied zwischen der Arbeit mit der Schreibmaschine und Word ist der Fließtext. Bei der Schreibmaschine müssen Sie immer den Wagenrücklauf für die Zeilenschaltung betätigen, wenn sich der geschriebene Text dem Zeilenende nähert und Sie in der nächsten Zeile fortfahren wollen. Word erkennt selbständig, ob ein Wort noch in die Zeile paßt oder nicht. Sobald für das Wort nicht genügend Platz vorhanden ist, wird es automatisch in die nächste Zeile übernommen. Dieses Verhalten wird auch als »automatischer Zeilenumbruch« bezeichnet.

Word arbeitet nach dem Absatzprinzip. Sie erstellen über die ⏎-Taste immer einen neuen Absatz. In diesem Sinne ist auch eine Leerzeile – z.B. zwischen zwei Absätzen – ein Absatz.

Klicken Sie jetzt auf das Symbol *Nicht druckbare Zeichen*. Damit blenden Sie u.a. auch die Absatzmarken ein. Die nichtdruckbaren Zeichen erscheinen – wie der Name schon sagt – im Ausdruck nicht.

Format
Als Format wird die Gestaltung von Zeilen und Absätzen bezeichnet.

Word kennt aber auch einen Zeilenumbruch, der mit ⇧+⏎ erzeugt wird. Als Zeichen wird am Zeilenende nun nicht die Absatzmarke, sondern ein abgeknickter Pfeil nach links dargestellt. Dieser Zeilenumbruch beendet lediglich die aktuelle Zeile, und der nachfolgende Text wird in der nächsten Zeile weitergeschrieben. Hierbei handelt es sich immer noch um denselben Absatz, so daß die Formatierungen für die abgetrennten Zeilen identisch sind. Diese Form der Texterfassung sollen Sie jetzt umsetzen. Geben Sie einfach mit der Tastatur ein:

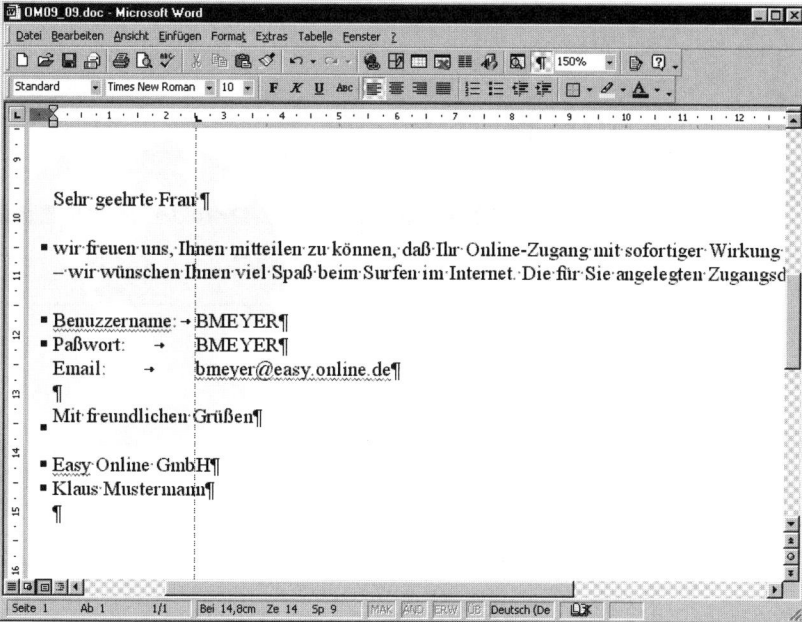

Bild 9.11: Hier werden nicht druckbare Zeichen dargestellt. Die Absatzmarken (das umgedrehte P) zeigen an, daß Absätze aus Einzelzeilen, mehreren Zeilen oder auch einfach aus einer Leerzeile bestehen können

```
wir freuen uns, Ihnen mitteilen zu können, daß Ihr On-
line-Zugang mit sofortiger Wirkung freigeschaltet ist -
wir wünschen Ihnen viel Spaß beim Surfen im Internet.
Die für Sie angelegten Zugangsdaten lauten:
```

Wenn Word aus dem »daß« selbständig ein »dass« macht, braucht Sie das nicht zu beunruhigen. Die Rechtschreibprüfung ist auf die Neue Deutsche Rechtschreibung eingestellt, dann brauchen Sie sich um solche Ersetzungen nicht zu kümmern.

Beim ersten Tastendruck ist der negative Textblock verschwunden. Das passiert immer, wenn Sie einen Text markiert haben und einen Buchstaben über die Tastatur eingeben. Word geht dann davon aus, daß die Markierung durch den neuen Text ersetzt werden soll.

In Ihrem Dokumentfenster sehen Sie bei der Eingabe die blinkende Schreibmarke. Word fügt die Zeichen immer an dieser Position ein und verschiebt die Schreibmarke anschließend.

Der erste Absatz ist abgeschlossen, es folgt nun die Erfassung der weiteren Textblöcke.

```
Benuzzername: [⇥] BMEYER [↵]
Paßwort:      [⇥] BMEYER [↵]
Email:        [⇥] bmeyer@easy.online.de [↵]
```

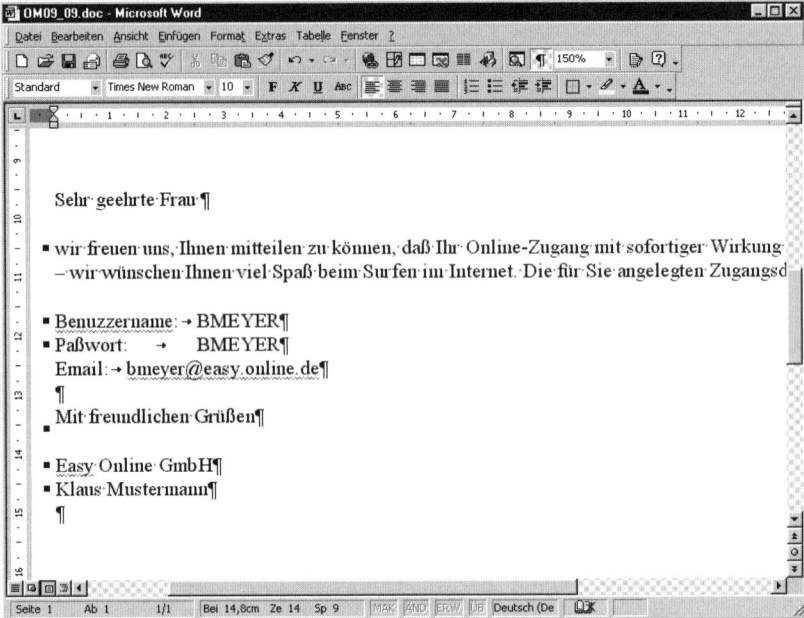

Bild 9.12: Nach Drücken von [↵] erzeugt Word einen neuen Absatz. Mit den Tabulator-Eingaben springt der nachfolgende Text an vordefinierte Positionen

 Das at-Zeichen (@) erhalten Sie, wenn Sie [Alt Gr] + [Q] drücken.

Die Tabulatorsprünge zwischen den einzelnen Worten haben eine besondere Bedeutung: Sie setzen die Schreibmarke an eine genau definierte Position. Während die ersten beiden Zeilen schon exakt untereinander stehen, tanzt die Zeile »Email« noch aus der Reihe.

Um auch diese Zeile anzupassen, müssen Sie den Tabulatorstop verschieben. So gehen Sie dabei vor:

⟶ Klicken Sie mit der Maus in die Zeile »Email ...«. Die Schreibmarke muß im anzupassenden Absatz stehen.

⟶ Klicken Sie in das Lineal (direkt unter den Symbolleisten). Dann zeigt Word dort einen schwarzen Winkel als Symbol für einen Tabulatorstop.

⋯⋗ Verschieben Sie den Tabstop mit der Maus in der Linealzeile. Word zeigt dabei eine senkrechte gestrichelte Linie im Text.

⋯⋗ Lassen Sie die Maus los, wenn die gestrichelte Linie exakt am rechten Rand der beiden Zugangsworte »BMEYER« steht.

Fertig: spätestens jetzt hüpft die Email-Adresse an die gewünschte Position.

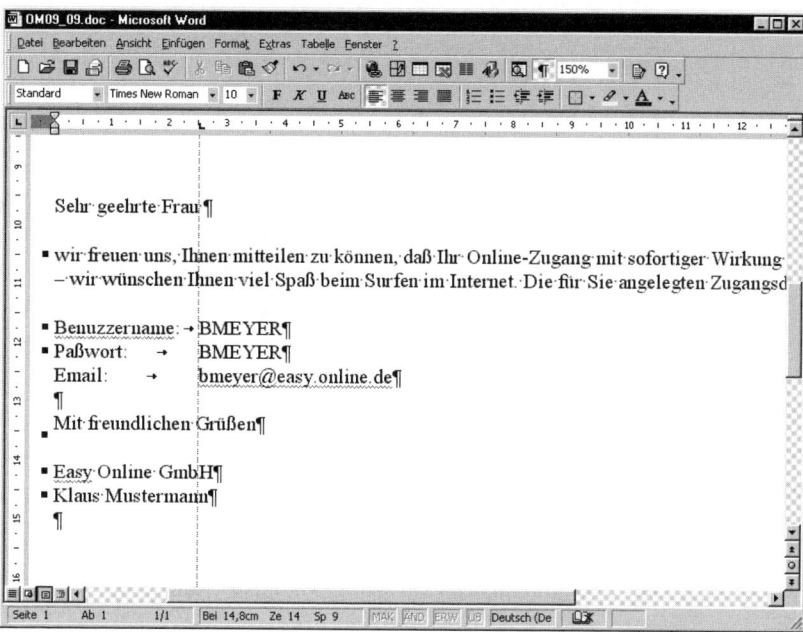

Bild 9.13: Mit Tabulatoren lassen sich Textblöcke exakt untereinander setzen

Schnell ist es passiert: Man hat sich verschrieben oder aus Versehen die falsche Taste auf der Tastatur gedrückt. Für das Löschen von Zeichen bietet Word zwei Tasten an: die Taste (Entf) im Sondertastenblock rechts auf Ihrer Tastatur und die (←)-Taste. Beide Tasten haben eine unterschiedliche Wirkung. An einem Beispiel ist dies leicht zu demonstrieren: Das Wort »Benutzername« ist zweifellos falsch geschrieben.

 Word kennzeichnet Schreibfehler oder unbekannte Wörter, z.B. Eigennamen, während der Eingabe durch eine rote Wellenlinie. Die rote Wellenlinie wird nicht gedruckt. Wie Sie diese Rechtschreibprüfung effektiv nutzen und auf Ihre eigenen Bedürfnisse einstellen, erfahren Sie in Kapitel 17.

Klicken Sie jetzt mit dem Mauszeiger zwischen die Buchstaben »z« und »e«. Drücken Sie einmal die (←)-Taste – das »z« links der Schreibmarke wird gelöscht.

Nun wird das fehlende »t« eingegeben. Zuerst wird dazu die Taste ⟨←⟩ rechts im Sondertastenblock gedrückt: Die Schreibmarke springt nun vor das »z«. Drücken Sie jetzt die ⟨t⟩-Taste. Word fügt den fehlenden Buchstaben ein, alle anderen Zeichen rutschen um eine Position nach rechts.

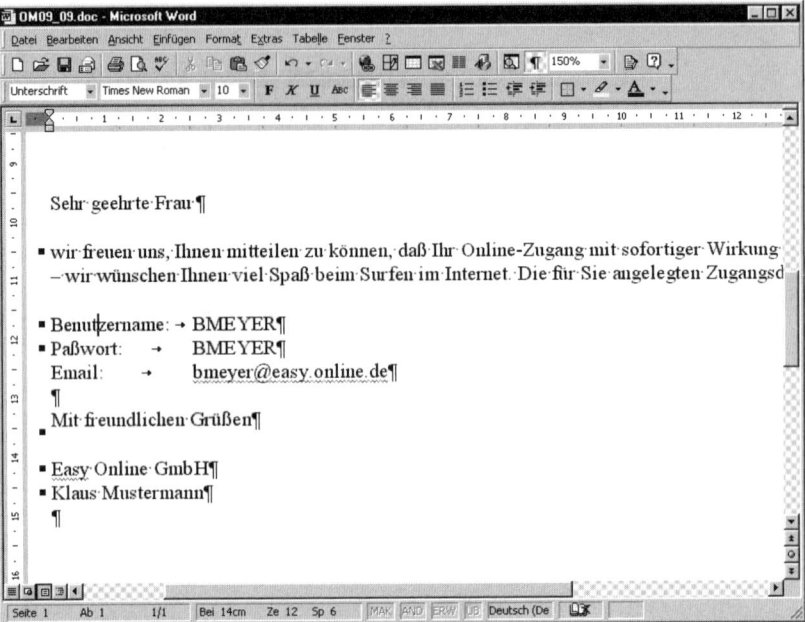

Bild 9.14: *Rechtschreibfehler lassen sich blitzschnell korrigieren*

 Haben Sie beim Korrigieren auf das Wort »BMEYER« geachtet? Es hat sich nicht von der Stelle bewegt – schließlich sorgt der Tabulator für eine genau definierte, feste Position.

Auch hinter der Anrede fehlt noch etwas: Der Name des Empfängers. Klicken Sie hinter »Frau« und geben Sie »Meyer« ein.

Nachdem Sie gelernt haben, wie Sie Tippfehler korrigieren, geben Sie den übrigen Text ein:

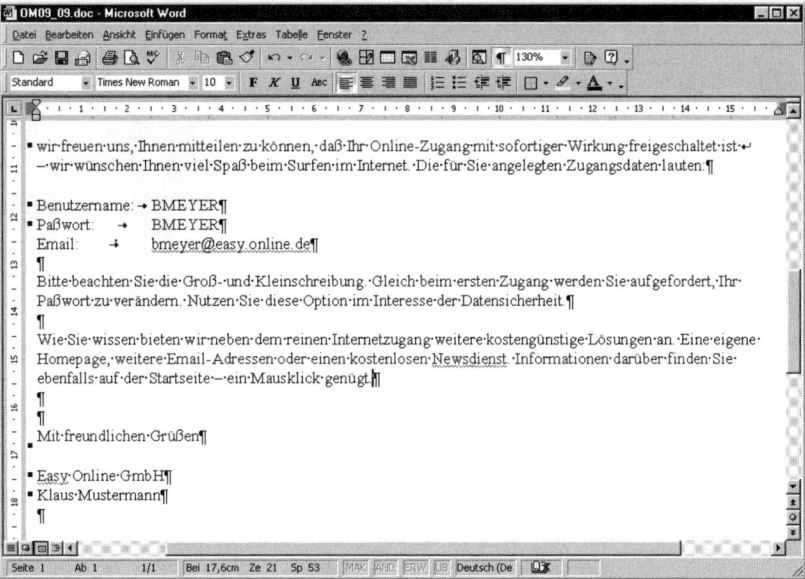

Bild 9.15: Die reine Texteingabe ist beendet. Der Brief ist geschrieben und muß nun gestaltet werden

Was Sie momentan am Bildschirm sehen, kann bestenfalls als Rohfassung bezeichnet werden.

 Diese Rohfassung des Beispiels befindet sich unter dem Namen B009_15.DOC auf der CD-ROM zum Buch.

Text formatieren

Auch die äußere Form eines Textes verrät einiges über seinen Absender und dessen Anliegen. In den nächsten Schritten wollen wir eine dem Inhalt angemessene Gestaltung zuweisen.

Bevor Sie den geschriebenen Text gestalten, kopieren, löschen oder verschieben können, müssen Sie ihn zunächst markieren. Der Umfang der Markierung kann Zeichen, Absätze, Seiten oder auch das gesamte Dokument umfassen. Markierten Text stellt Word negativ dar, siehe Bild 9.16.

Markierungen lassen sich mit der Maus oder der Tastatur vornehmen. Die wichtigsten Aktionen mit der Maus finden Sie in der nachfolgenden Übersicht:

Markieren mit der Maus

⇢ *Schreibmarke positionieren*
Setzen Sie den Mauszeiger an die entsprechende Textposition, und klikken Sie einmal.

⇢ *Ein oder mehrere Zeichen markieren*
Am ersten zu markierenden Zeichen die linke Maustaste drücken und über die zu markierenden Zeichen ziehen.

⇢ *Wort markieren*
Doppelklick auf das Wort

⇢ *Mehrere Wörter markieren*
In das erste Wort klicken, danach bei gedrückter linker Maustaste die Markierung bis zum gewünschten Wort erweitern.

⇢ *Zeile markieren*
Den Mauszeiger links neben den Text bewegen – der Mauszeiger verwandelt sich in einen Pfeil nach rechts oben – und einmal die linke Maustaste klicken.

Einzelne Wörter brauchen zum Formatieren nicht markiert sein. Es genügt, wenn Sie die Schreibmarke in das Wort setzen. Word übernimmt dann eine Formatierung für das gesamte Wort.

Der gesamte Text soll eine andere Schriftart erhalten. Dafür muß der Text markiert werden. Dies erreichen Sie am schnellsten mit der Tastenkombination (Strg)+(A). Diese Tastaturkombination entspricht dem Befehl *Bearbeiten/Alles markieren*.

Die derzeit gültige Schriftart und Schriftgröße für den markierten Text wird in der Format-Symbolleiste angezeigt. Hier finden Sie auch die Listenfelder für Schriftart und Schriftgrad (Schriftgröße).

Wir wählen jetzt die Schrift *Arial* und die Schriftgröße *10*. Die Schriftart *Arial* legen Sie fest, indem Sie auf den abwärts gerichteten Pfeil rechts neben dem Listenfeld *Schriftart* in der Format-Symbolleiste klicken. In der geöffneten Liste blättern Sie so lange, bis der Schriftname *Arial* erscheint: Mit einem Klick wird die gewünschte Schrift ausgewählt.

Die Schriftgröße setzen Sie – analog zur Schriftart – im Listenfeld *Schriftgrad* auf *10 pt*. Zwischengrößen (z.B. 13 pt) lassen sich in diesem Feld auch direkt eingeben.

Der schnelle Einstieg

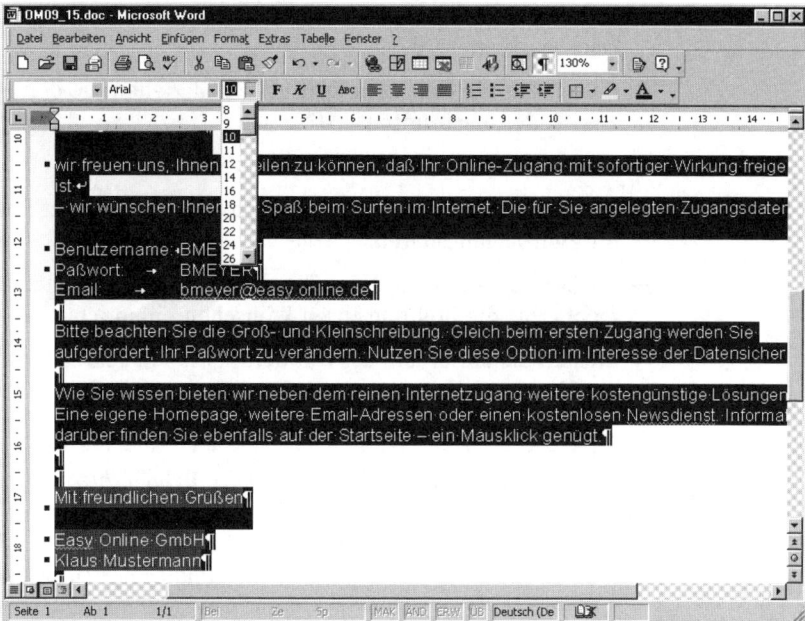

Bild 9.16: Der Brief hat die Schriftart Arial und eine Größe von 10 pt angenommen

 Die Datei B009_16.DOC enthält den aktuellen Bearbeitungsstand mit angepaßter Schriftart und -größe.

Die Bezeichner der Zugangsdaten sollen besonders hervorgehoben werden. Als »Auszeichnung« von Text versteht man die unterschiedlichen Gestaltungsmöglichkeiten der Zeichen. Word bietet eine Vielfalt von Möglichkeiten. Die Formatierung von Text erfolgt in der Regel, um ganz bestimmte Textpassagen hervorzuheben oder Funktionen deutlich zu machen – in unserem Fall die Betreffzeile.

Diese Zeichenformate lassen sich mit der Dialogbox *Zeichen* – sie öffnet sich über *Format/Zeichen* – oder durch die entsprechenden Symbole der Symbolleiste zuweisen.

F Um nun die Bezeichner hervorzuheben, klicken Sie in das Wort »Benutzername«. Der Text soll fett gedruckt werden, dies erreichen Sie durch einen Klick auf das Symbol *Fett*.

Wiederholen Sie diesen Vorgang mit den Worten »Paßwort« und »Email«. Wie Sie sehen, stimmen die Tabulatorpositionen nicht mehr. Wenden Sie Ihre Kenntnis der Markierungsmöglichkeiten praktisch an:

- Klicken Sie links neben dem Wort »Benutzername«, so daß die gesamte Zeile markiert wird.
- Halten Sie die Maustaste gedrückt und ziehen Sie den Mauszeiger um zwei Zeilen nach unten.
- Klicken Sie mit der Maus in das Lineal.
- Schieben Sie den Tabulator zunächst an den linken Rand der beiden unteren Zugangsdaten.
- Klicken Sie erneut auf das Tabulatorsymbol und schieben Sie es nach rechts, bis die Stellung Ihren Wünschen entspricht.
- Klicken Sie außerhalb der Markierung in den Text. Damit entfernen Sie die Markierung wieder.

Sollten Sie einmal einen falschen Befehl durchgeführt oder sich vertan haben, ist dies kein Problem. Word kann Bearbeitungsschritte rückgängig machen. Dies geschieht entweder mit der Tastenkombination [Strg]+[Z] *oder durch einen Klick auf das Symbol* Rückgängig *in der Funktionsleiste.*

 Schließlich soll der Name »Klaus Mustermann« am Textende kursiv erscheinen. Ziehen Sie die Maus mit gedrückter linker Taste über den Namen, um diesen zu markieren. Anschließend klicken Sie auf das Symbol *Kursiv* in der Format-Symbolleiste.

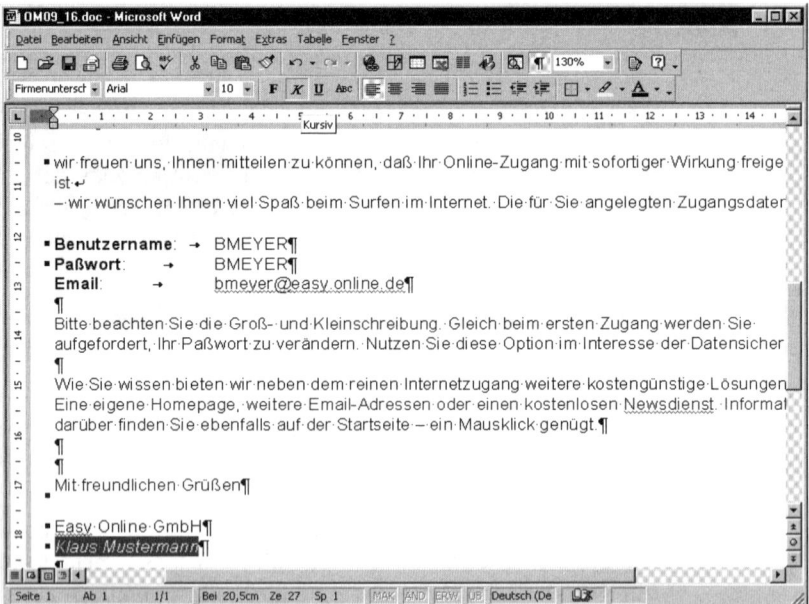

Bild 9.17: Die Textformatierung ist abgeschlossen. Beachten Sie das kleine Schild vor der Schaltfläche kursiv: Solche Quickinfos erscheinen, wenn der Mauszeiger einen Moment über einem Steuerelement ruht

Einige Textteile werden sofort grau hinterlegt, wenn die Schreibmarke darauf steht. Dann handelt es sich um sogenannte »Felder«, die der Briefassistent angelegt hat. Felder lassen sich hervorragend für komplexere Dokumente einsetzen – dazu erfahren Sie im Teil 2, Word 2000, mehr.

 Auf der beiligenden CD finden Sie den Beispielbrief unter der Bezeichnung B009_17.DOC.

Grafiken integrieren

Easy Online hat ein eigenes Logo, das natürlich im Brief hinterlegt werden soll. Diese Grafik soll in der Kopfzeile plaziert werden. Kopf- und Fußzeilenobjekte erscheinen auf allen Seiten des Dokuments.

Zunächst lernen Sie eine andere Ansicht kennen: Rufen Sie den Befehl *Ansicht/Kopf- und Fußzeile* auf. Word verschiebt den Bildschirmausschnitt, so daß der obere Seitenrand sichtbar wird. Gleichzeitig erscheint der bisherige Brieftext grau. Schließlich öffnet sich auch noch die Symbolleiste *Kopf- und Fußzeile*.

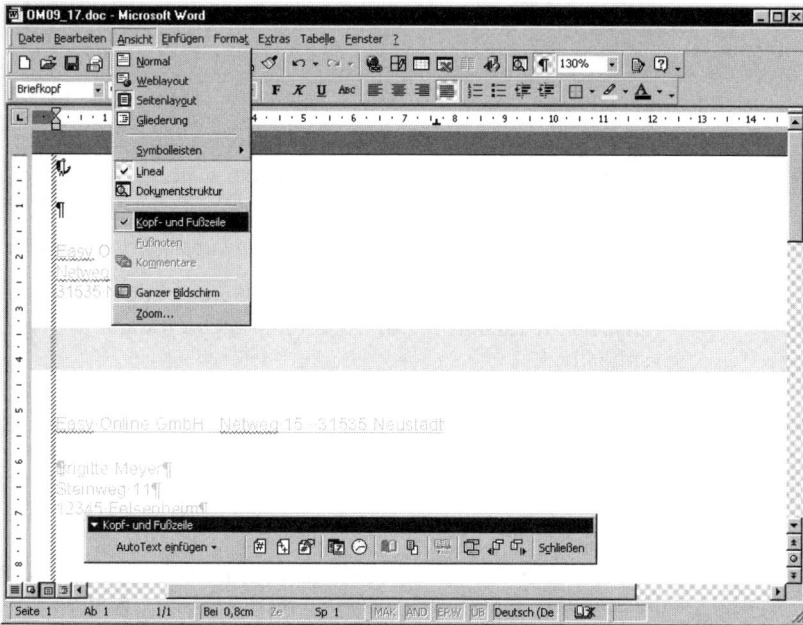

Bild 9.18: Im Ansichtsmodus Kopf- und Fußzeile *stellt Word den oberen Seitenrand dar und blendet den Dokumenttext aus*

Kopf- und Fußzeile
... enthalten wiederkehrende Grafikelemente oder Texte über oder unter dem eigentlichen Dokumenttext (siehe Kap. 18.2).

Fügen Sie das Bild mit der Bezeichnung LOGO.WMF aus dem Beispielverzeichnis der Buch-CD in das Dokument ein. Hierfür nutzen Sie den Befehl Einfügen/Grafik/Aus Datei *und wählen dann den Buchstaben für das CD-ROM-Laufwerk (oft »D:«) und den Ordner BEISPIEL. Klicken Sie die Grafikdatei doppelt an. Word fügt nun die Grafik an der aktuellen Cursorposition in den Text ein.*

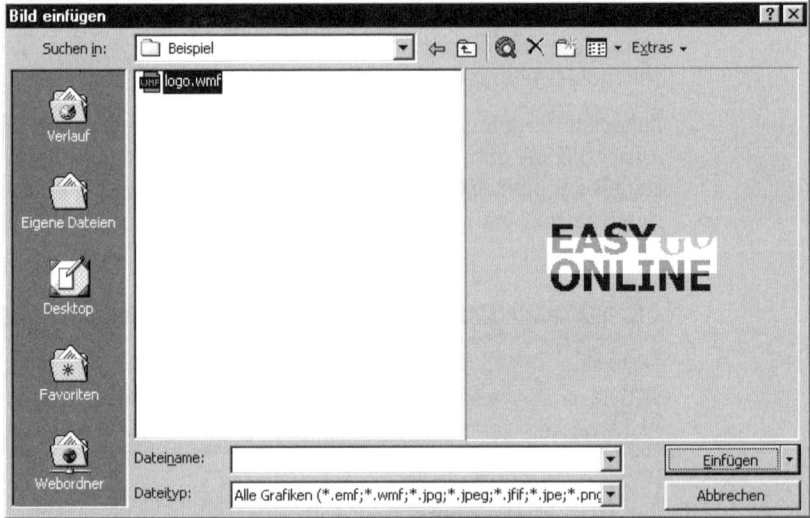

Bild 9.19: *Importieren Sie die Firmengrafik mit einem Doppelklick auf das Symbol LOGO.WMF*

Klicken Sie jetzt auf das Symbol *Rechtsbündig* in der Symbolleiste *Formatierung*. Damit rutscht die Grafik an den rechten Rand der bedruckbaren Seitenfläche.

Im Dokument B009_20.DOC ist der aktuelle Bearbeitungsstand gespeichert.

Klicken Sie jetzt auf *Schließen* in der Symbolleiste *Kopf- und Fußzeile*. Die Darstellung ändert sich erneut: Jetzt tritt der Brieftext wieder deutlich hervor und das Logo (in der Kopfzeile) wird grau.

Der schnelle Einstieg

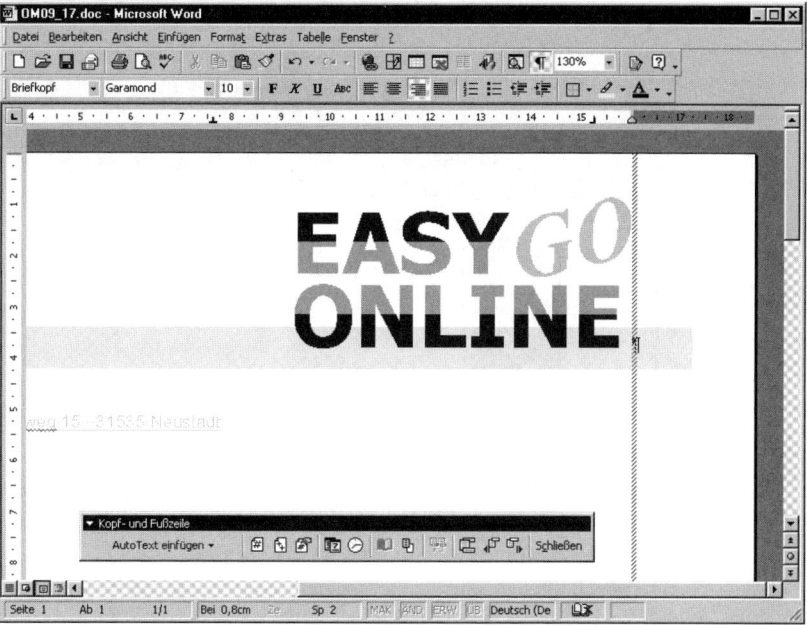

Bild 9.20: Das Logo läßt sich wie ein Textelement in der Zeile ausrichten

Brief speichern

Schon viele Anwender mußten die leidvolle Erfahrung machen, daß nach einigen Stunden Arbeit plötzlich das gesamte Dokument nicht mehr da war. Der Text und die Zeit sind futsch – alles beginnt von vorn. Sie sollten sich solche Erfahrungen ersparen und deshalb die Texte zwischendurch speichern.

Die Speicherung der Dokumente erfolgt über das Menü *Datei*. Für unser Beispiel nutzen Sie den Befehl *Datei/Speichern unter*. Diesen Befehl verwenden Sie immer dann, wenn Ihre Datei noch keinen eigenen Namen hat.

Wenn Sie beim ersten Speichern einer Datei den Befehl Speichern *benutzen, öffnet Word automatisch die Dialogbox* Speichern unter.

135

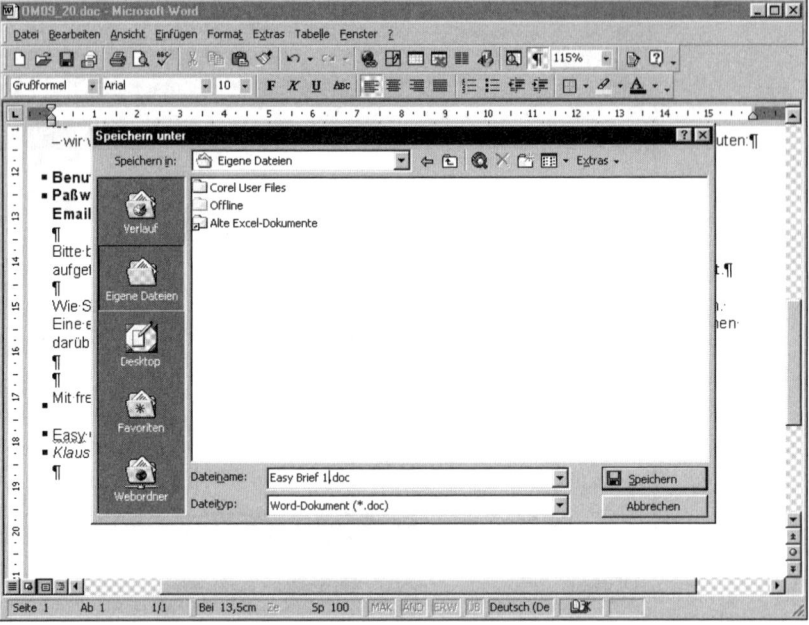

Bild 9.21: Die Dialogbox Speichern unter *erlaubt Ihnen die Wahl eines Ordners und die Eingabe eines Dateinamens*

Aus dem Listenfeld *Speichern in* wählen Sie den Ordner, in dem das Dokument gespeichert werden soll. Unsere Datei soll im Ordner *Eigene Dateien* abgelegt werden. Im Textfeld *Dateiname* geben Sie dem Dokument einen Namen. Tragen Sie hier den Namen »Easy Brief 1« ein. Als Dateityp ist standardmäßig *Word-Dokument* vorgegeben. Den Speichervorgang schließen Sie durch Anklicken der Schaltfläche *Speichern* ab.

 Der neue Dateinamen erscheint sofort in der Titelzeile des Textfensters.

Brief ausdrucken

Nach erfolgreicher Texteingabe und -formatierung soll das Dokument auch ausgegeben werden – in der Regel ist ein Drucker das Ausgabegerät.

 Die erste Möglichkeit besteht in der Verwendung des Symbols *Drucken*. In diesem Fall wird sofort ein Exemplar des kompletten Dokuments auf dem installierten Standard-Drucker ausgedruckt.

Die zweite Variante bietet weitere Einstellmöglichkeiten. Mit *Datei/Drucken* oder der Tastenkombination [Strg]+[P] öffnet sich die Dialogbox *Drucken*.

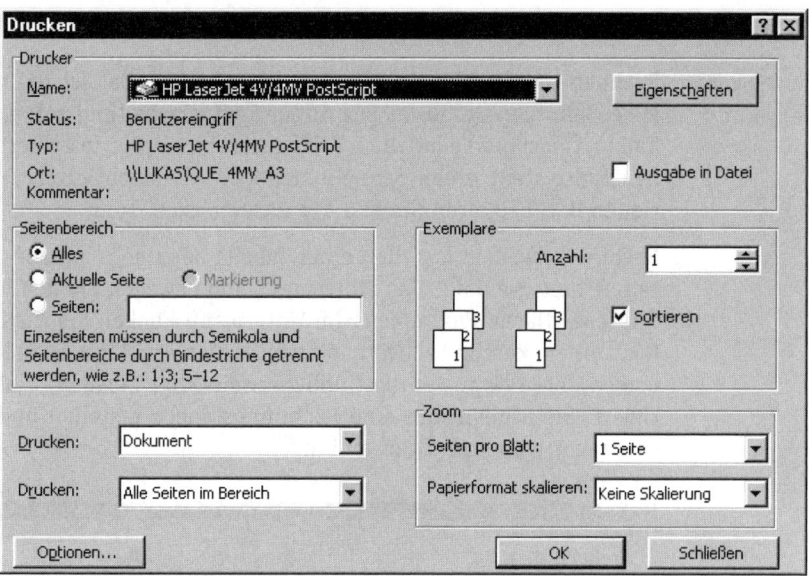

Bild 9.22: Die Dialogbox Drucken *stellt unterschiedliche Einstellmöglichkeiten für den Ausdruck zur Verfügung*

Diese Dialogbox bietet unterschiedlichen Optionen. Hier können Sie

- einen der installierten Drucker auswählen und nach dem Anklicken der Schaltfläche *Eigenschaften* konfigurieren,
- die Anzahl der zu druckenden Exemplare festlegen,
- den Ausdruck auf bestimmte Seiten des Dokuments oder den Umfang auf die aktuelle Markierung beschränken oder
- mehrere Exemplare Ihres Dokumentes auf einmal ausgeben.

Die Schaltfläche *Optionen* öffnet die Dialogbox *Drucken*. Hier stellen Sie weniger den aktuellen Druckvorgang ein, sondern passen die Ausgabeoptionen an. An späterer Stelle erfahren Sie mehr zu diesen Einstellmöglichkeiten.

 *Sparen Sie Zeit und Papier. Kontrollieren Sie die Gestaltung Ihrer Dokumente vor dem Ausdruck zuerst in der Seitenansicht (*Datei/Seitenansicht*).*

9.2 Die erste Excel-Tabelle

Rechnen müssen Sie bei vielen Gelegenheiten. Das ist der Grund, warum viele Benutzer auf ihren PCs außer Textverarbeitungssoftware auch noch Kalkulationsprogramme wie z.B. Microsoft Excel 2000 installiert haben. Dieser Abschnitt stellt einen Schnelleinstieg in die wichtigsten Programmfunktionen dar. Begleiten Sie uns auf unserer Excel-Tour.

Bevor wir mit dem Erstellen einer Tabelle beginnen, müssen Sie Excel starten. Öffnen Sie dafür das Startmenü, und bewegen Sie den Mauszeiger auf die Schaltfläche *Programme*. Im Untermenü klicken Sie *Microsoft Excel* an. Nach einem kurzen Ladevorgang meldet sich Excel mit einer leeren Arbeitsmappe. Diese Mappe enthält üblicherweise drei Tabellen, »Tabelle1« ist aktiviert. Sie werden nun eine Rechnungstabelle erstellen und sie später in den zuvor erstellten Brief einbinden.

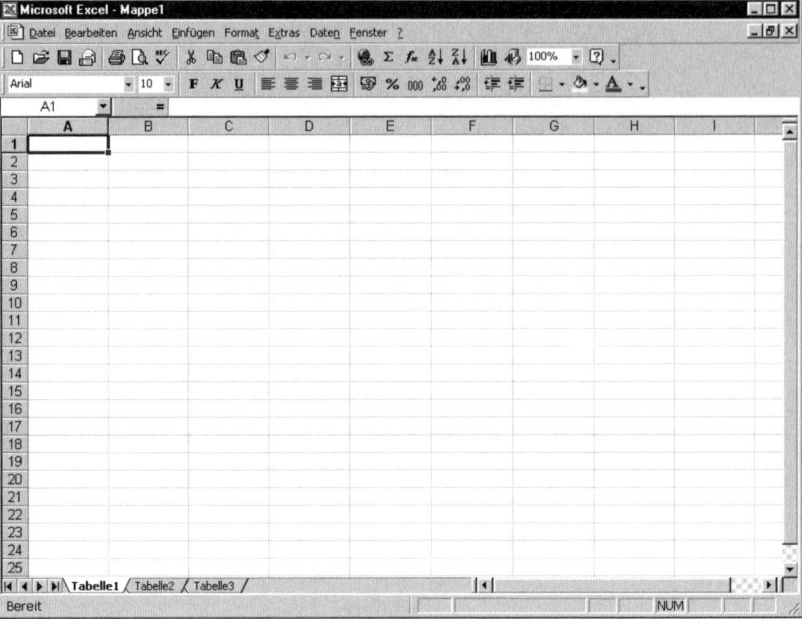

Bild 9.23: Nach dem Start stellt Excel eine Arbeitsmappe mit drei Tabellen zur Verfügung

Text und Zahlen in Zellen eingeben

Bevor wir mit der ersten Dateneingabe in der Tabelle beginnen, müssen Sie wissen, wie sich die Zellreferenz zusammensetzt.

Die Zelle in der linken oberen Ecke befindet sich in der Spalte A und der Zeile 1. Die Zellreferenz wird gebildet, indem beide Informationen hintereinander geschrieben werden: zuerst die Spaltenbezeichnung und dann die Zeilennummer. Unsere Zelle besitzt daher die Zellreferenz A1. Die Zelle daneben befindet sich in der gleichen Zeile, aber in Spalte B. Sie besitzt daher die Referenz B1.

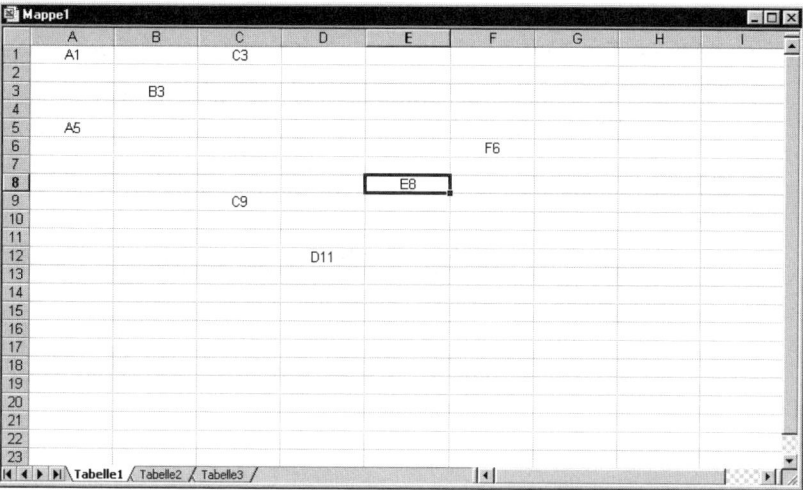

Bild 9.24: Jede Spalten-/Zeilenkombination kennzeichnet eindeutig eine Zelle

Welches die zur Zeit aktuelle Zelle ist, sehen Sie an der dicken schwarzen Umrandung um die entsprechende Zelle. Dieser Zellzeiger läßt sich mit der Tastatur – den Richtungstasten – oder der Maus positionieren. Geben Sie in die Zelle A1 das Wort »REchnung« ein, und bestätigen Sie die Eingabe mit ⏎. Auch hier ist die Rechtschreibprüfung aktiv: Excel korrigiert das groß geschriebene »E«, in der Zelle A1 erscheint der korrekte Eintrag »Rechnung« und setzt den Zellzeiger auf die Zelle A2.

 Drücken Sie statt ⏎ die Taste ⇥, springt der Zellzeiger eine Zelle nach rechts.

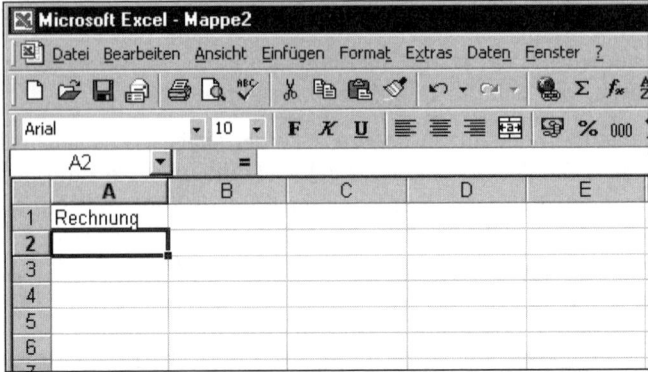

Bild 9.25: Der Text befindet sich in der Zelle A1, und der Zellzeiger steht auf Zelle A2

Der Text in Zelle A1 wird am linken Zellrand ausgerichtet. In *A2* geben Sie »Leistung« ein und bestätigen mit ⏎. Geben Sie in die Zellen *B2* bis *E2* nacheinander die dargestellten Einträge ein. Dann folgen einige Einzelpositionen. Auch diese sollten Sie aufnehmen.

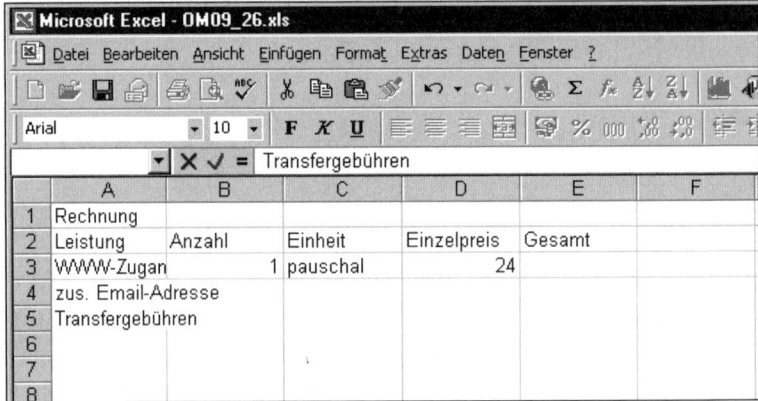

Bild 9.26: Die erste Tabelle mit den benötigten Rohdaten

 Das Grundgerüst für die Beispieltabelle ist unter B009_26.XLS auf der CD abgelegt.

Excel richtet Texteingaben links und Zahlen rechts in den Zellen aus. Diese Ausrichtung kann jedoch jederzeit verändert werden. Bevor wir uns mit den Berechnungen innerhalb der Tabelle befassen, unterziehen wir sie im nächsten Abschnitt einer Schönheitskur.

Zellen formatieren

Nichts ist trister als eine Tabelle, die nur Zahlenwerte untereinander aufweist – die Tabelle muß optisch aufgewertet werden. Ohne etwas vorher zu markieren, kann auch nichts verändert werden.

Klicken Sie mit der Maus die Zelle *A1* an. Um diese Zelle befindet sich ein dicker schwarzer Rand. Diesen Rand bezeichnet man als Zellzeiger, aber auch als Markierungsrahmen. Dementsprechend ist die Zelle *A1* markiert und kann verändert werden. Diese Markierung kann nicht aufgehoben, sondern nur an eine andere Position gesetzt werden. In einer Tabelle ist immer mindestens eine Zelle markiert.

Excel kann aber nicht nur eine Zelle markieren, sondern auch mehrere zusammenhängende Zellen. Klicken Sie in *A2*, und ziehen Sie mit gedrückter Maustaste bis zur Zelle E2.

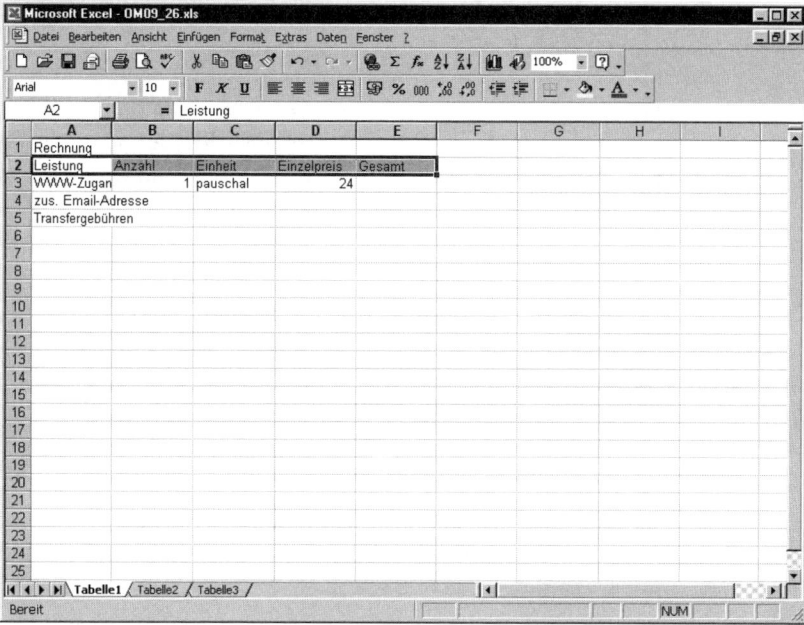

Bild 9.27: Ziehen Sie die Maus mit gedrückter linker Maustaste über einen Tabellenbereich, um ihn zu markieren

Excel erstellt mit dieser Methode einen rechteckig markierten Bereich. Alle Zellen der Markierung bis auf die Startzelle – in unserem Fall *A2* – werden hinterlegt.

Zusammenhängende Bereiche können Sie auch mit der Tastatur markieren. Halten Sie hierfür ⇧ gedrückt, und bewegen Sie dann den Zellzeiger mit den Pfeiltasten.

Durch einen Klick auf eine beliebige Zelle der Tabelle wird die Markierung wieder aufgehoben. Weitere Markierungsvarianten finden Sie in Kapitel 22.5, Zellen markieren.

Die Überschrift sollen Sie über der Tabelle zentrieren und hervorheben. Markieren Sie dafür die Zellen *A1* bis *E1*. Öffnen Sie dann die Dialogbox *Zellen formatieren* mit dem Befehl *Format/Zellen*.

Befassen wir uns als erstes mit der Registerkarte *Schrift*. Durch einen Klick auf die gleichnamige Registerzunge wird diese in den Vordergrund gestellt.

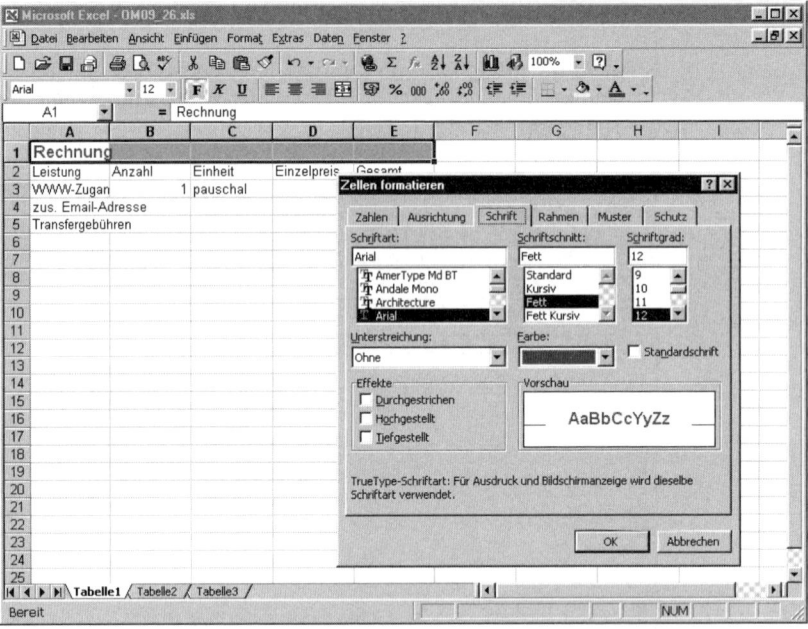

Bild 9.28: Die Zeichenattribute verändern Sie auf der Registerkarte Schrift

Im Listenfeld *Schriftschnitt* markieren Sie *Fett,* als *Schriftgrad* legen Sie *12 pt* fest. Um das Angebot besonders hervorzuheben, ist eine rote Schriftfarbe gewählt.

Wechseln Sie dann in die Registerkarte *Rahmen* und klicken auf die Schaltfläche *Außen*. Das Kontrollfeld *Zellen verbinden* der Registerkarte *Ausrichtung* faßt die markierten Zellen zu einer zusammen, mit dem Eintrag *Zentriert* aus dem Listenfeld *Horizontal* erscheint die »Rechnung« zentriert in einem Rahmen über der Tabelle. Zum Schluß bestätigen Sie die Formatierung durch einen Klick auf die Schaltfläche *OK*.

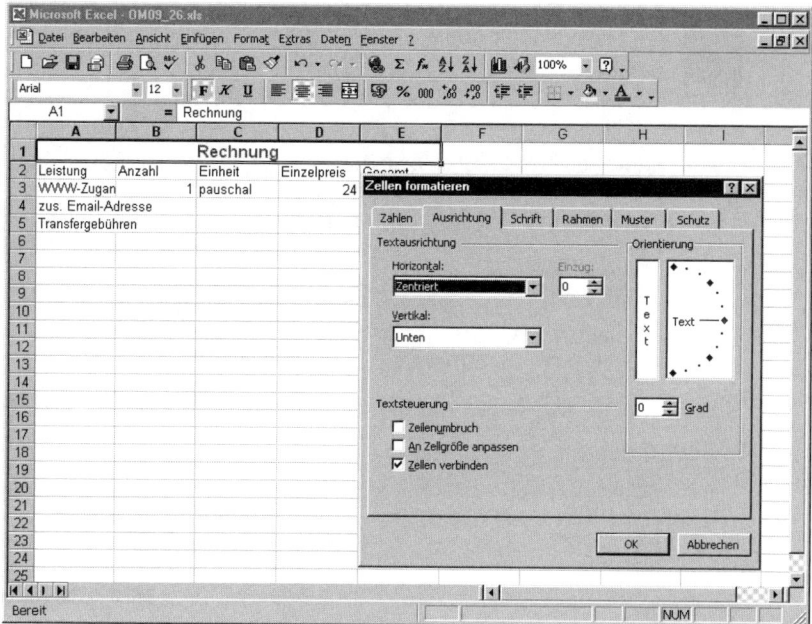

Bild 9.29: Die Überschrift ist zwischen den Spalten A bis E zentriert und farbig hervorgehoben

 Den aktuellen Bearbeitungsstand finden Sie in der Arbeitsmappe B009_29.XLS auf der CD.

 Den Zellinhalt der Zellen A2 bis E2 markieren Sie und richten sie durch einen Klick auf das Symbol *Zentriert* mittig aus.

Jetzt sollen die Zellen der Spalten »Einzelpreis« und »Gesamt« im Währungsformat dargestellt werden:

- Markieren Sie die Zellen *D3* bis *E13*, damit sich bis zu zehn Einzelpositionen anlegen lassen.
- Rufen Sie *Format/Zellen* auf.
- Öffnen Sie die Registerkarte *Zahlen* der Dialogbox *Zellen formatieren*.
- Wählen Sie im Bereich *Kategorie* den Eintrag *Währung*, und bestätigen Sie mit *OK*.
- Formatieren Sie die Spalte »Anzahl« (von C3 bis C13) mit dem Zahlenformat *Zahl* und zwei Dezimalstellen.
- Markieren Sie die Einträge in der Zeile 2 und klicken Sie auf das Symbol *Fett*.

Die Beispieldatei B009_12.XLS auf der CD enthält alle hier aufgeführten Zellformate.

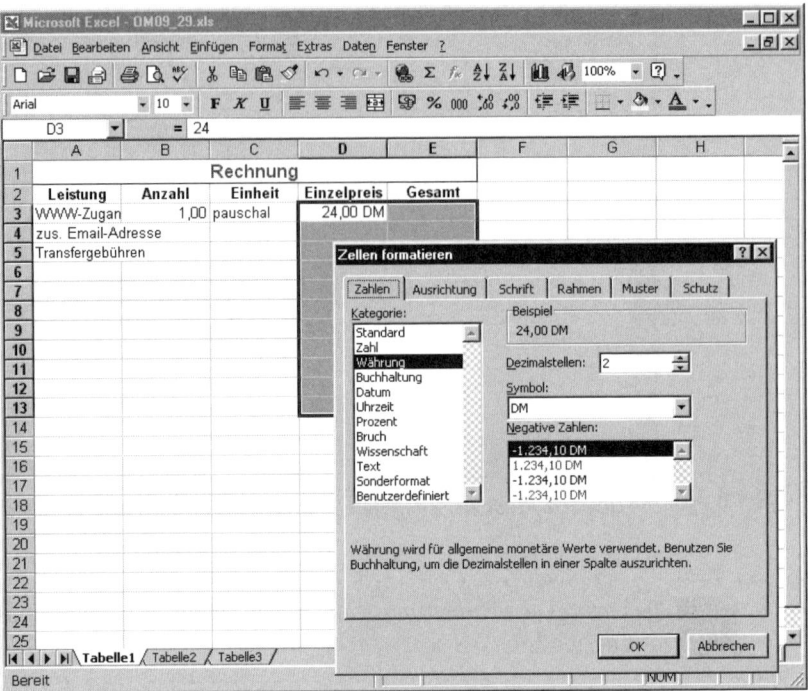

Bild 9.30: Das Zahlenformat des markierten Bereichs läßt sich unter Format/Zellen *anpassen*

Spaltenbreite anpassen

Ihnen ist wahrscheinlich aufgefallen, daß der Eintrag »WWW-Zugang« in der dritten Zeile abgeschnitten ist, die Einträge darunter nicht. Excel geht pragmatisch mit Texten um, die über den Rand einer Zeile hinausragen: Ist die danebenliegende Zelle leer, ignoriert der Text die Zellgrenzen. Ist die Zelle daneben jedoch selbst mit Text oder Daten gefüllt, schneidet Excel die Anzeige einfach an der Zellgrenze ab. Probieren Sie es aus: Geben Sie unter in Zeile 4 unter »Anzahl« den Wert »5« ein, dann teilt der Eintrag Email-Adresse das Schicksal der darüberliegenden Rechnungsposition.

Die Spaltenbreite läßt sich ganz einfach anpassen: Führen Sie den Mauszeiger auf den Schnittpunkt der Spaltenbeschriftungen *A* und *B*. Wenn der Mauszeiger seine Form in einen nach rechts und links zeigenden Doppelpfeil ändert, halten Sie die linke Maustaste gedrückt und ziehen Sie die Maus nach rechts. Excel zeigt die Spaltenbreite durch eine gestrichelte Linie an. In einer Quickinfo erscheint die aktuelle Spaltenbreite.

Der schnelle Einstieg

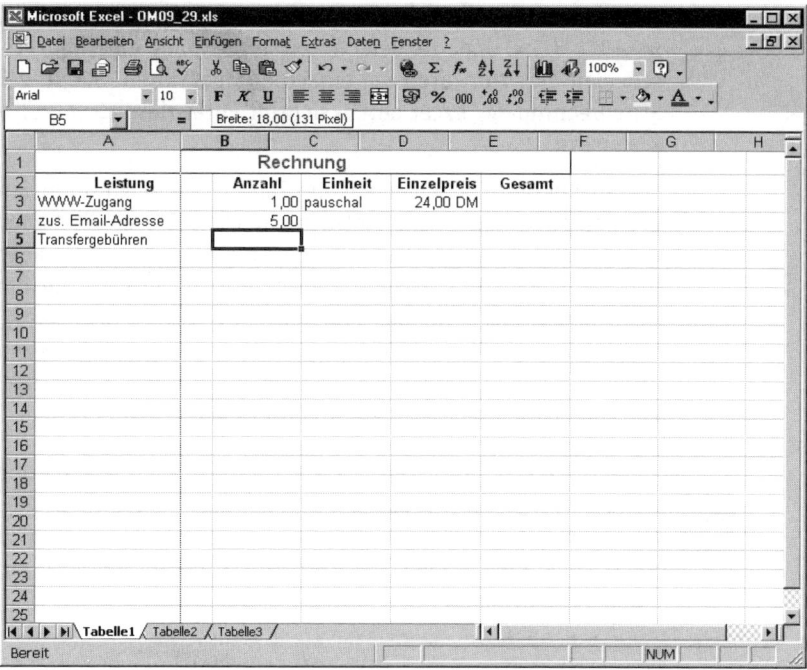

Bild 9.31: Die Spaltenbreite läßt sich durch Ziehen mit der Maus verändern

 Der Befehl Format/Spalte/Optimale Breite bestimmen *legt die Spaltenbreite so fest, daß der breiteste Texteintrag noch vollständig zu sehen ist.*

Formeln und Verweise

Eine Tabellenkalkulation würde ihren Namen nicht verdienen, wenn Sie keine Formeln und Funktionen zum automatischen Berechnen einsetzen könnten. In diesem Abschnitt soll der Einzelpreis mit der Anzahl multipliziert werden..

Jede Formel wird mit einem Gleichheitszeichen »=« eingeleitet. Was dann folgt, ist höchst unterschiedlich. Dies können *Konstanten, Operatoren, Zellbezüge, Namen* oder *Funktionen* sein.

Folgende Operatoren bietet Excel an:

- ^ Potenzierung
- + Addition
- − Subtraktion
- * Multiplikation
- / Division
- % Prozent

145

Sie können (fast) beliebig lange und komplexe Formeln eingeben, wie z.B. »=4+3*1,8/2«. Über die Berechnungsreihenfolge innerhalb einer Formel entscheiden die Prioritäten der einzelnen Operatoren. So gilt z.B. »Punkt- vor Strichrechnung«, Excel berücksichtigt Potenzierungen und natürlich auch Klammern.

Setzen Sie den Zellzeiger auf die Zelle E3. Hier könnten Sie den Gesamtpreis manuell in die Zelle eintragen, müßten diesen Wert aber bei Änderungen der Anzahl anpassen. Also übertragen Sie Excel die Rechenarbeit: Geben Sie »=B3*D3« mit der Tastatur ein. Bestätigen Sie die Eingabe mit ⏎. Schon erscheint das Ergebnis – in diesem Fall »24.00 DM«. Das ist noch nicht sonderlich aufregend. Interessant wird es, wenn Sie die Zahl unter »Anzahl« verändern: Geben Sie eine »2« ein. Sofort nach Bestätigung mit ⏎ paßt Excel jetzt auch den Gesamtpreis an.

Wenn Sie den Zellzeiger auf eine Formel setzen, ändert sich die Anzeige nicht. In der Bearbeitungszeile (unterhalb der Symbolleisten am oberen Fensterrand) zeigt Excel die Rechenvorschrift. Drücken Sie F2, um Änderungen daran vorzunehmen.

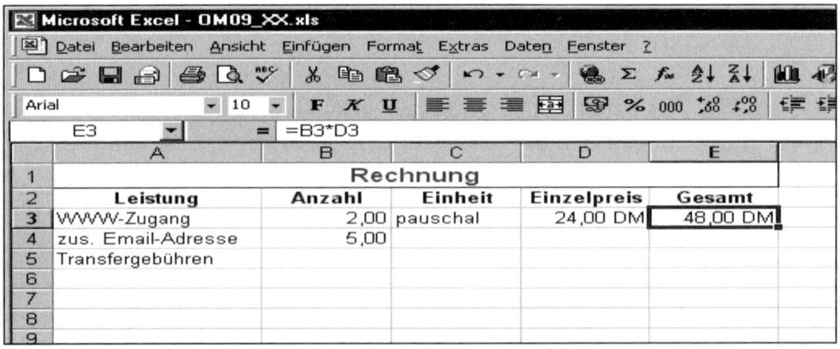

Bild 9.32: *Excel paßt Formeln sofort an, wenn sich einer der beteiligten Werte ändert*

Erweitern Sie jetzt die Grunddaten der Tabelle: Geben Sie beim Einzelpreis der Emailadressen fünf Mark, bei den Transfergebühren 50 MByte á 38 Pfennig ein. Diese zusätzlichen Daten benötigen Sie für Demo-Zwecke. Setzen Sie dann den Zellzeiger in die Zelle *E4*.

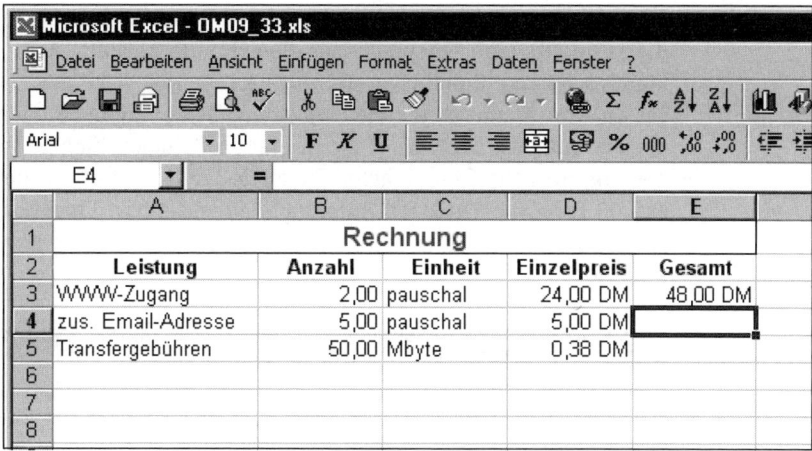

Bild 9.33: Zusätzliche Daten ergänzen die Tabelle

 Diese Tabelle hat die Dateibezeichnung B009_33.XLS.

Eine andere Variante, mit der Sie Zelladressen in eine Formel übernehmen können, bedient sich der Maus. Die Zelle *E4* soll die gleiche Formel wie die darüberliegende Zelle erhalten. Geben Sie das Gleichheitszeichen ein, und klicken Sie mit der Maus die Zelle *B4* an. Excel übernimmt die Zelladresse in die Formel und markiert die Zelle mit einem Laufrahmen. Als nächstes geben Sie das Zeichen »*« ein. Klicken Sie dann auf *D4* und drücken Sie ⏎. Auch hier erscheint sofort nach der Bestätigung der neue Wert in der Zelle.

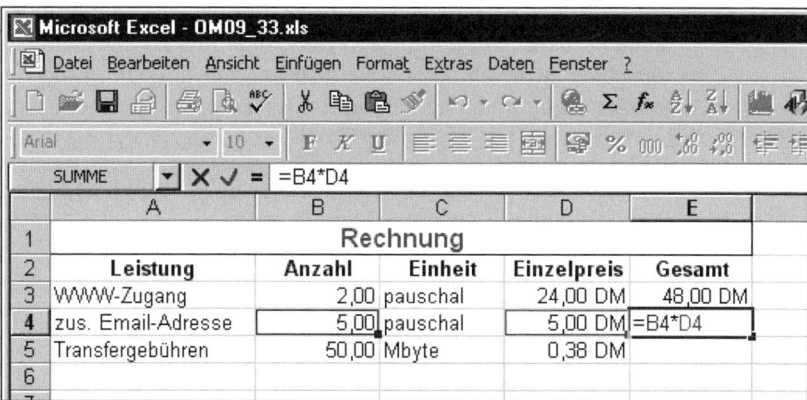

Bild 9.34: Direkte Formelerstellung: Nach Eingabe eines Operators reicht ein Klick in eine Zelle, um die Zelladresse zu übernehmen

Jetzt fehlt noch die Formel in der dritten Zeile. Klicken Sie die Zelle *E4* an, die ja bereits eine entsprechende Berechnung enthält. Achten Sie auf das kleine schwarze Quadrat an der unteren rechten Ecke des Zellzeigers. Dieses Quadrat nimmt Ihnen die Formeleingabe ab: Ziehen Sie mit der Maus an diesem Quadrat. Excel zeigt einen grauen Rahmen. Ziehen Sie diesen Rahmen bis zur Zelle *E5* und lassen Sie die Maus los: Sofort erscheint der Betrag »19,00 DM«, die Funktion *AutoAusfüllen* war aktiv. Ein Klick auf die Zelle *E5* gibt Aufschluß über deren Inhalt. Sie finden dort die angepaßte Multiplikation.

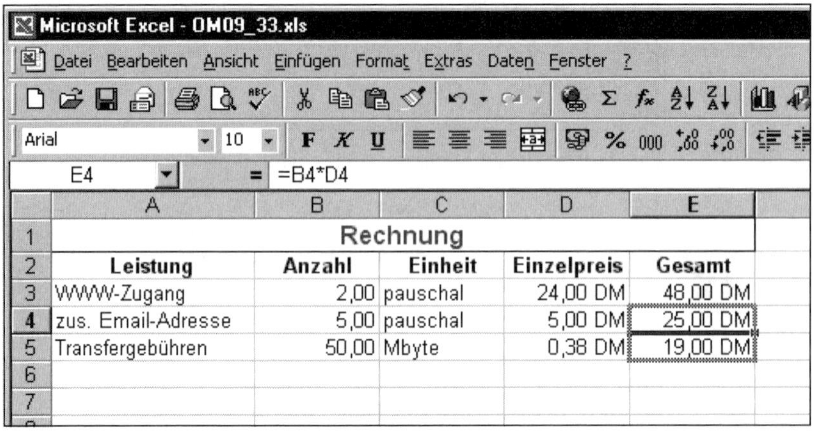

Bild 9.35: Statt direkter Formeleingabe führt die Funktion AutoAusfüllen schneller zum Ziel

Die exakt erscheinenden Formeldaten sind im Grunde nichts anderes als Verweise: Nimm die Zelle, die drei Felder links steht und multipliziere sie mit der Zelle im benachbarten linken Feld – so ist die Formel zu verstehen. Den Unterschied zwischen dieser relativen und der auch noch möglichen absoluten Adressierung finden Sie in Kapitel 23, Formeln und Zellbezüge.

Abschließend fügen Sie noch einige Zeilen unter der Tabelle ein. Dabei lernen Sie die Summenfunktion kennen.

···⟩ Klicken Sie in die Zelle *E6*.

 ···⟩ Klicken Sie auf das Symbol *AutoSumme*.

···⟩ Bestätigen Sie mit ⏎.

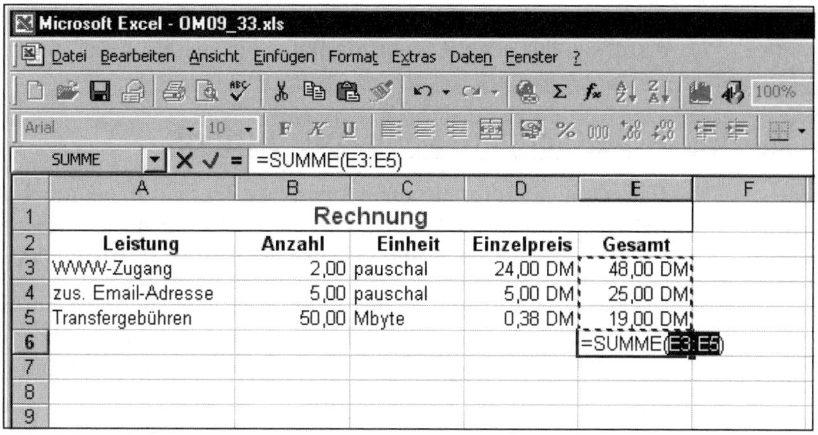

Bild 9.36: Nach einem Klick auf das Symbol AutoSumme *sucht Excel selbständig nach sinnvollen Zahlenreihen*

Direkt nach dem Klick auf das Summensymbol schlägt Excel einen zu summierenden Bereich vor. Dieser umfaßt genau die zuvor berechneten Einzelpositionen – deshalb genügt das Drücken der Eingabetaste, um die Vorgaben zu übernehmen.

In der folgenden Darstellung sind einige Beschriftungen und zwei Formeln hinzugekommen: Die Berechnung der Mehrwertsteuer erfolgt durch Multiplikation mit 0,16, den Gesamtbetrag ermittelt eine einfache Addition.

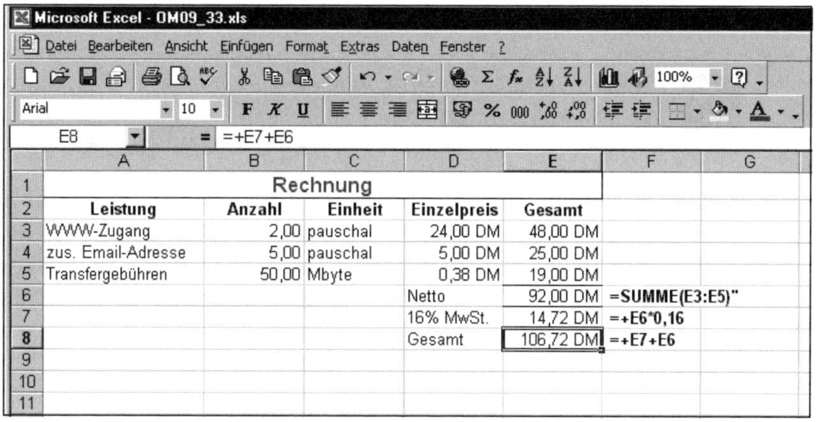

Bild 9.37: Rechts neben den hinzugefügten Formeln sehen Sie die Rechenschritte

Den abschließenden Arbeitsstand finden Sie unter der Bezeichnung B009_36.XLS im Beispielverzeichnis.

Speichern Sie die Tabelle im Ordner EIGENE DATEIEN unter dem Namen »Die erste Tabelle«. Damit steht die Datei für spätere Arbeiten zur Verfügung.

9.3 Arbeitsorganisation mit Outlook

Umfangreiche Informationen müssen festgehalten, geordnet und nach Möglichkeit auch schnell wiederzufinden sein. In diesem Abschnitt erhalten Sie eine kurze Einführung in den Umgang mit Outlook 2000.

Outlook gibt sich auf den ersten Blick als elektronischer Bürohelfer mit den üblichen Fähigkeiten: Ein Kalender, eine Adreßdatenbank, eine Aufgabenliste; dazu ein integriertes Notizbuch – und das war es dann auch schon?

Neben der Tatsache, daß Outlook auch hervorragend zur Verwaltung elektronischer Briefe – sogenannter Emails – geeignet ist, entfaltet das Programm erst in einem entsprechend ausgestatteten Netzwerk seine ganzen Funktionen. Jetzt greifen Sie gemeinsam mit anderen auf übergeordnete Adreßdateien zu, verteilen Aufgabenanfragen oder richten für den Fall Ihrer Abwesenheit eine Stellvertretung ein.

Dieser Schnelleinstieg wird sich auf die wichtigsten Komponenten und auf ein Einzelplatzsystem beschränken – mehr zu Outlook erfahren Sie in Teil 4 ab Kapitel 30.

Beim ersten Start werden eine Reihe von Einstellungen vorgenommen – z.B. die Art des Datenzugriffs. Danach steht Outlook mit leeren Ordnern für Sie bereit.

Bei einer Installation mit vorhandenem Outlook 98 übernimmt Outlook 2000 alle bisherigen Daten und Einstellungen.

Das Outlookfenster ist stark kontextabhängig gestaltet. Eine Vielzahl von zuschaltbaren Fenstern, Ansichtsmodi und kontextabhängigen Symbolleisten helfen dabei, das System nach ganz individuellen Wünschen einzurichten. Aber auch die Standardeinstellungen erlauben ein effektives Arbeiten.

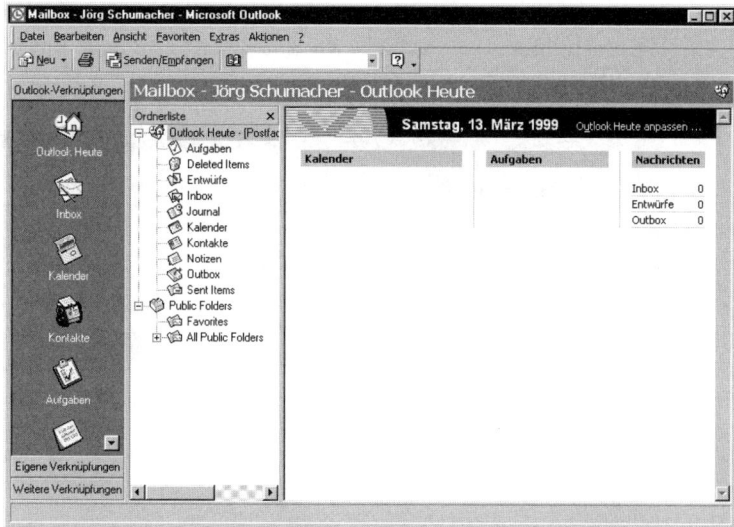

Bild 9.38: Outlook sammelt alle möglichen Informationen und kann sie zueinander in Beziehung setzen

Einen Termin anlegen

Das wichtigste Steuerelement ist die Outlook-Leiste, die mit *Ansicht/Outlook-Leiste* ein- bzw. ausgeschaltet werden kann. Sie enthält Symbole für die wichtigsten Grundfunktionen. Klicken Sie auf das Symbol *Kalender*.

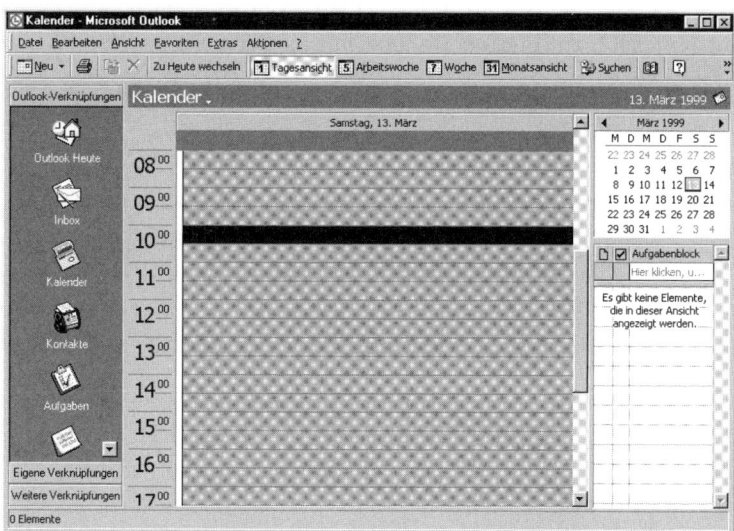

Bild 9.39: Der Kalender in der Tagesansicht. Auf der rechten Seite sehen Sie eine Monatsübersicht und den Aufgabenblock

Klicken Sie anschließend auf *Ansicht*, erweitern Sie das Menü und klicken Sie anschließend auf *aktuelle Ansicht*. Damit offenbart Outlook die Vielfalt der Darstellungsmöglichkeiten.

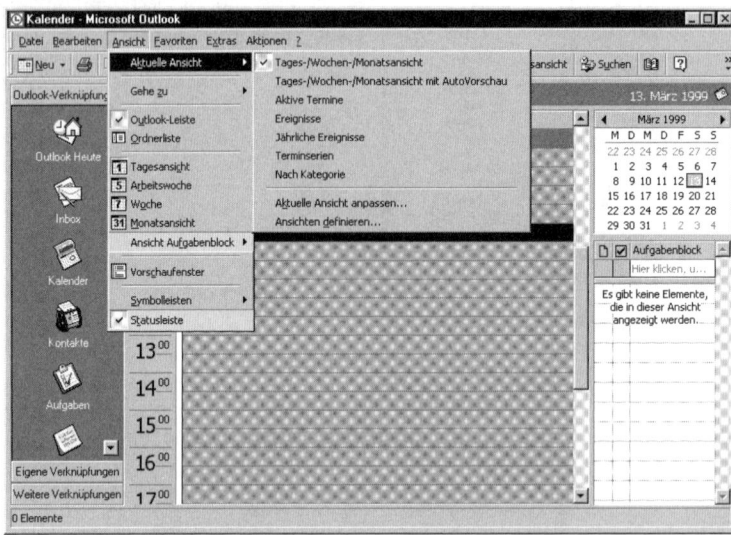

Bild 9.40: Mit Hilfe der Ansichtsoptionen stellen Sie jeden einzelnen Funktionsbereich von Outlook individuell ein

Klicken Sie mit der Maus in den Kalender, um die Menüs wieder zu schließen. Sie sollen jetzt einen neuen Termin eingeben: Klicken Sie auf 9.00 Uhr und ziehen Sie die Maus bis auf 11.00 Uhr. Outlook hinterlegt diesen Bereich blau. Klicken Sie jetzt auf die Schaltfläche *Neu*.

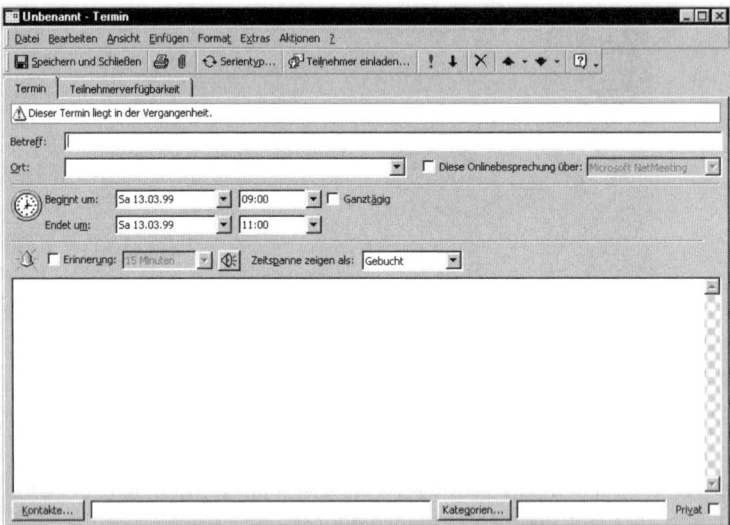

Bild 9.41: Die Termin-Dialogbox bietet vielfältige Einstelloptionen

Jetzt öffnet sich eine Dialogbox mit der Bezeichnung *Unbenannt Termin*. Die hinterlegte Zeitspanne ist bereits eingetragen. Durch eine Vielzahl von Einstellungen können Sie Ihre Termine gut strukturieren, sie anderen Kontakten zuordnen oder auch als *Online-Besprechung* durchführen. Geben Sie einen beliebigen *Betreff* ein: Dieser Text erscheint später im Kalender.

Ortsangaben erscheinen in Klammern hinter dem Betreff

Klicken Sie auf *Speichern und Schließen*, um den Termin zu übernehmen. Jetzt erscheint der Termin, je nach Art der Festlegung in unterschiedlichen Farben. Um den Betreff oder die Zeitspanne zu verändern, brauchen Sie die Dialogbox nicht noch einmal zu öffnen: Ziehen Sie mit der Maus am Start- oder Endtermin. Um den Text anzupassen, genügt ein einfacher Mausklick in den Text, damit Sie mit der Tastatur Änderungen vornehmen können.

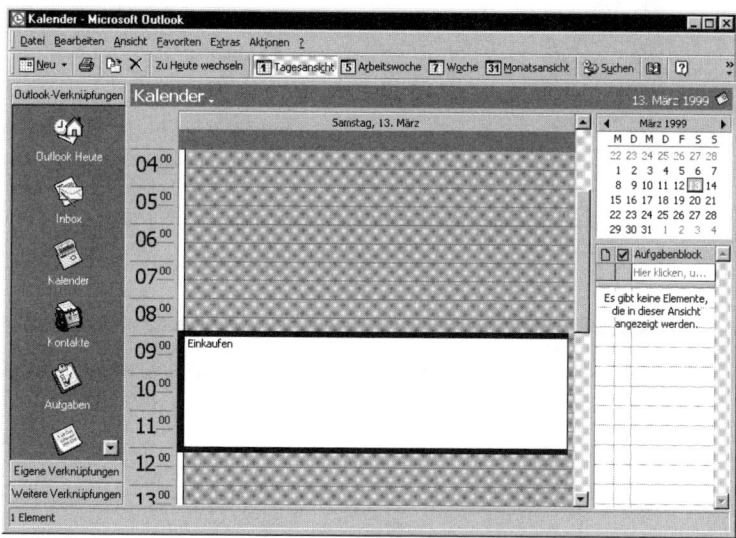

Bild 9.42: Veränderungen an bestehenden Terminen nehmen Sie direkt im Kalender mit der Maus vor

Ein Doppelklick auf den linken Farbbalken öffnet die Termin-Dialogbox

Teil 1 · Grundlagen

Eine Aufgabe erstellen

Klicken Sie jetzt auf das Symbol *Aufgabe* in der Outlook-Leiste. Schon wieder reagiert Outlook mit einer neuen Ansicht. Die Aufgabenliste ist tatsächlich eine Liste. Die wichtigsten Aufgabendaten sind hier für einen besseren Überblick zusammengefaßt.

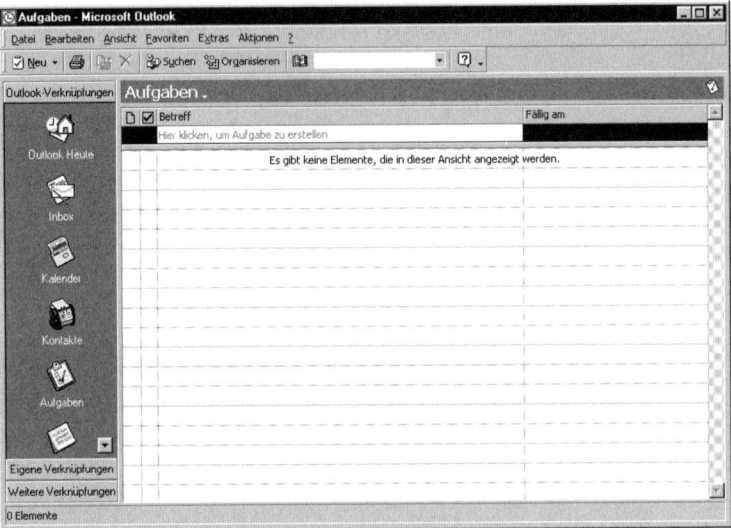

Bild 9.43: Bislang leer: Die Aufgabenliste stellt alle definierten Aufgaben übersichtlich zusammen

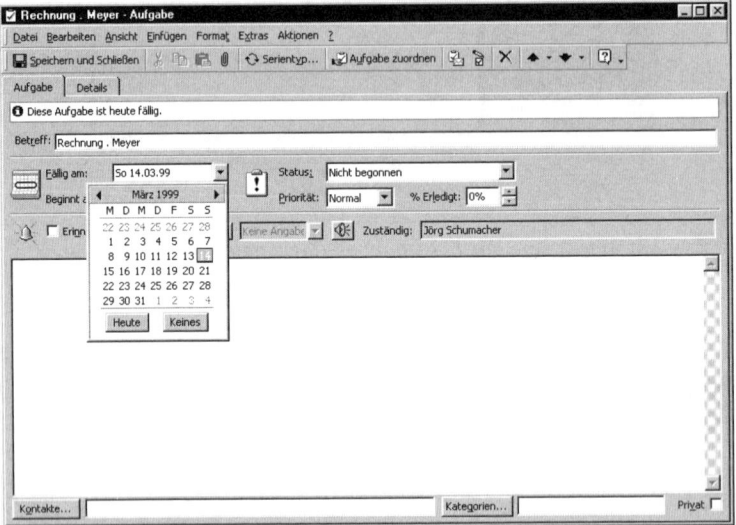

Bild 9.44: Auch bei den Aufgaben zeigt Outlook eine umfangreiche Dialogbox

Klicken Sie doppelt in eine leere Aufgabenzeile, um die Dialogbox *Aufgabe* aufzurufen. Diese Dialogbox ähnelt der Termineingabe, unterscheidet sich jedoch in einigen Punkten: Sie finden hier z.B. Statusfelder oder auch das Listenfeld *Priorität*.

Klicken Sie auf den Pfeil neben dem Eingabefeld *Fällig am*. Outlook zeigt ein Kalendermodul. Klicken Sie auf ein Datum – dieser Eintrag erscheint dann im Eingabefeld. Klicken Sie auf das Kontrollkästchen rechts neben der Aufgabenbezeichnung: Outlook streicht den Eintrag durch und markiert die Aufgabe damit als »erledigt«.

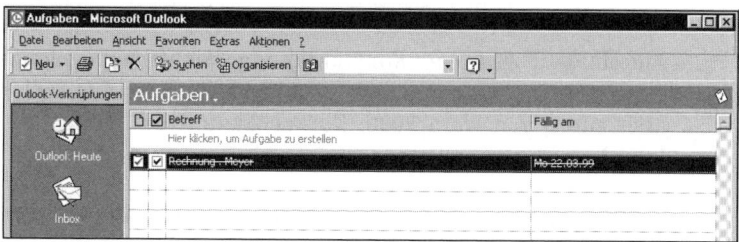

Bild 9.45: *Ein Klick auf das Kontrollkästchen, und die Aufgabe ist erledigt*

Outlook Heute

Klicken Sie erneut auf das Kontrollkästchen. Damit wird die Aufgabe wieder reaktiviert. Wechseln Sie anschließend mit einem Klick in der Outlookleiste in das Modul *Outlook Heute*. Damit hat Microsoft eine zusätzliche Schaltstelle geschaffen: Dieser Bereich zeigt die Kalendereinträge und offenen Aufgaben für den Tag und informiert über die unterschiedlichen Postfächer für ein- und ausgehende Nachrichten.

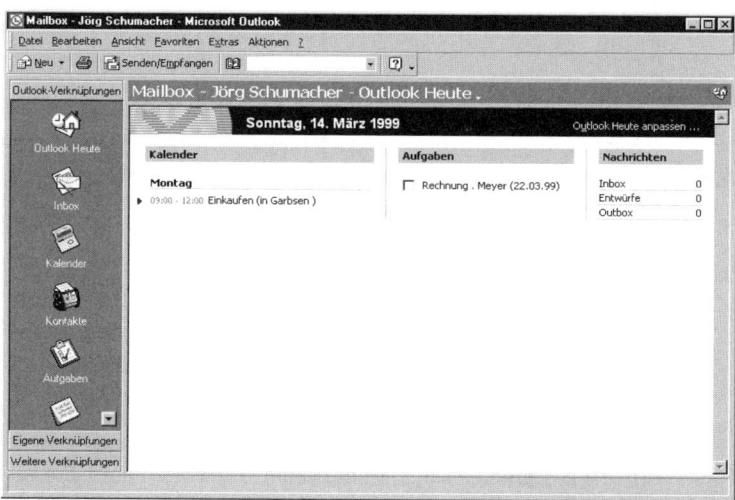

Bild 9.46: *Outlook Heute schafft eine komfortable Übersicht über anstehende Termine, Aufgaben und die Postfächer*

Klicken Sie auf *Speichern und Schließen*. Wie erwartet verschwindet die Dialogbox, das Outlook-Fenster tritt wieder in den Vordergrund und weist jetzt diesen Aufgabeneintrag in der Liste auf.

Kontakte eingeben

Zum Abschluß Ihrer Arbeit sollen Sie noch einen Kontakt eingeben. In diesen Modus wechseln Sie mit einem Klick auf das gleichnamige Symbol. Die Kontaktverwaltung funktioniert ähnlich wie die Ablage von Adreßdaten auf Karteikarten – mit der Ausnahme, daß Outlook diese Karten blitzschnell nach unterschiedlichsten Kriterien sortiert oder sie auch als Liste darstellt.

Auf einmalig angelegte Kontakte greifen Sie immer wieder zurück: Bei der Terminvereinbarung, beim Anlegen von Aufgaben, aber auch mit dem Briefassistenten von Word 2000. Klicken Sie auf das Symbol *Neu*, um in den Eingabemodus zu gelangen.

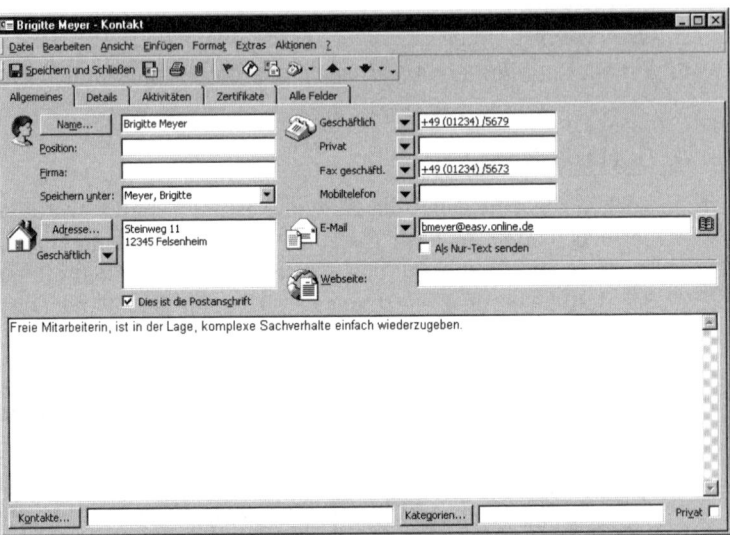

Bild 9.47: Ein neuer Kontakt, eine neue Dialogbox. Die Kontaktbearbeitung erfolgt durch diese Eingabehilfe, auf insgesamt fünf Registern

Nach der Eingabe der Daten sichert ein Klick auf *Speichern und Schließen* Ihre Daten dauerhaft. Der Kontakteintrag erscheint im Kontaktmodul unter der Bezeichnung, die im Feld *Speichern unter* steht. Alle Kontakte werden durch Outlook automatisch sortiert. Die Reiter auf der rechten Seite helfen bei umfangreichen Kontaktdateien bei der Suche.

Mit diesem Exkurs beenden Sie ihren Schnelleinstieg in die wichtigsten Office-Programme. Mehr zum Thema Outlook finden Sie ab Kapitel 30 in Teil 4, aber auch der Teil 11, Teamwork mit Office, liefert eine ganze Reihe wissenswerter Details.

Word 2000
Office 2000

Das Textverarbeitungsprogramm ist wahrscheinlich die Applikation im Office-Paket, die Sie im Alltag am häufigsten benötigen. Dieses Kapitel führt Sie Schritt für Schritt in das Programm ein und zeigt, wie Sie einfache und anspruchsvolle Aufgaben mit Word 2000 meistern.

10. Erste Schritte mit Word 2000

Microsoft Word ist ein weitverbreitetes Textverarbeitungsprogramm mit hoher Funktionalität. Neben üblichen Standardfunktionen zum Erstellen und Bearbeiten von Texten stehen Ihnen viele komfortable Funktionen als Arbeitshilfen zur Verfügung. Kompatibilität zu anderen Programmen, Internationalität und Internettauglichkeit sind einige Stichwörter. Darüber hinaus wird eine Vielzahl von Vorlagen für Musterdokumente bereitgestellt

10.1 Einsatzgebiete und Funktionen

Die Texterfassung und -bearbeitung war eine der ersten Funktionen, die Personalcomputer im Arbeitsleben übernahmen. Abgesehen von speziellen Anwendungen waren es Programme dieses Typs, die den Siegeszug des Computers erst ermöglichten. Zuerst wurde in vielen Anwendungsbereichen die Schreibmaschine ersetzt. Die Vorteile eines professionellen Textprogramms gegenüber diesem mittlerweile altertümlich anmutenden Gerät liegen auf der Hand:

- Texte sind jederzeit reproduzierbar. Einmal in computerlesbarer Form vorhanden, lassen sie sich überarbeiten oder anderen Bearbeitern zur Weiterverwendung übergeben.

- Hilfsfunktionen – Assistenten, Rechtschreib- und Grammatikprüfung oder Textbausteine – erleichtern das Erstellen professioneller Schriftstücke und entlasten Sie bei vielen Standardaufgaben. Der inhaltliche Aspekt der Texterstellung rückt in den Vordergrund.

- Mit neuen Formatierungsmöglichkeiten – z.B. Verwendung verschiedener Schriftarten, Einfügung grafischer Linien, aber auch die Einbindung von Abbildungen – stoßen »Textprogramme« in Dimensionen vor, die noch vor wenigen Jahren professionellen und teuren Satzsystemen vorbehalten waren.

- Fit fürs Internet: Mit diesen wenigen Worten ist die Fähigkeit von Word korrekt beschrieben, mit dem HTML-Format umzugehen. Das Dateiformat fürs Internet ist kein Fremdformat für Word 2000, sondern Bestandteil des Programms. Damit sind auch Sie fit für das Internet. Erstellen oder bearbeiten Sie Dokumente für das Internet mit Word 2000.

Fazit: Nicht nur im Büroalltag, auch im Privatbereich ist Word das richtige Programm, wenn es um die Erstellung und Bearbeitung von Texten aller Art geht.

Erste Schritte mit Word 2000

10.2 Die Besonderheiten des Word-Bildschirms

Alle Anwendungsfenster der Office-Programme sind gleichartig aufgebaut. Die allgemeinen Elemente des Bildschirms wurden bereits in Kapitel 3 »Ein Wegweiser – die Benutzeroberfläche« erläutert. Wo liegen also die Besonderheiten von Word 2000?

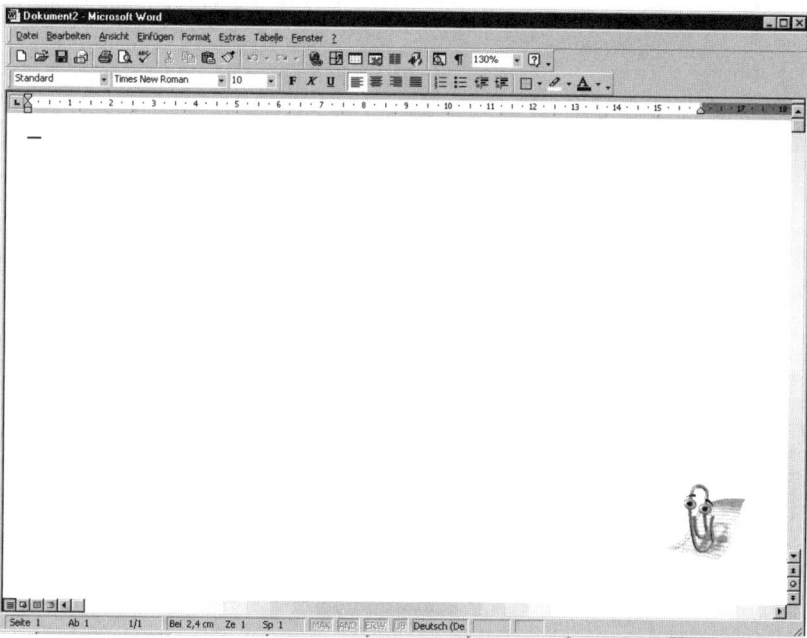

Bild 10.1: *Die Oberfläche von Word 2000*

Die abgebildete Oberfläche entspricht der Darstellung nach der Installation des Programms. Sie läßt sich natürlich individuell anpassen. In der Titelleiste erscheint das Word-Symbol, der Dokumentname und der Eintrag *Microsoft Word*. Diese Information verweisen auf die aktuelle Applikation.

Beim Start von Word erscheinen die beiden Symbolleisten Standard und Format auf der Programmoberfläche.

Bild 10.2: *Die Standard-Sybmbolleiste enthält wie alle anderen Symbolleisten in Word wichtige Werkzeuge zu einem Arbeitsbereich*

Unterhalb der Symbolleiste ist das Lineal angeordnet. Sollten Sie es auf Ihrem Schirm vermissen, dann öffnen Sie das Menü *Ansicht* und klicken auf den Befehl *Lineal*. In der Ansicht *Seitenlayout* steht Ihnen ein horizontales und ein vertikales Lineal zur Verfügung. In der Normalansicht und beim

Weblayout zeigt Word nur das waagerechte Lineal. Die Beschreibung der erwähnten Ansichten erfolgen an anderer Stelle. Neben einer Orientierung zur Plazierung des Textes auf der Seite dienen die Lineale z.B. zur Einstellung von Tabulatoren oder Absatzeinzügen.

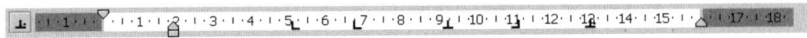

Bild 10.3: Mit dem Lineal kontrollieren Sie z.B. die Einstellungen von Tabulatoren und Absatzeinzügen

Der Arbeitsbereich

Der Arbeitsbereich nimmt den größten Teil des Fensters ein. Er nimmt Ihre Texte auf, die sie in diesem Bereich ebenso korrigieren und gestalten. Wenn Sie eine neue Datei geöffnet haben, erscheint der Arbeitsbereich fast leer. Sie erkennen einen senkrechten, blinkenden Strich, die Schreibmarke und die leere Seite im Hintergrund.

Die Schreibmarke markiert die Stelle im Fenster, an der der Text erscheint, wenn Sie ihn über die Tastatur eingeben. Das ist zunächst die Stelle am Beginn des Dokuments. Geben Sie über die Tastatur einige Zeichen ein. Sie sehen, wie sich die Schreibmarke, nach rechts bewegt und der Text erscheint.

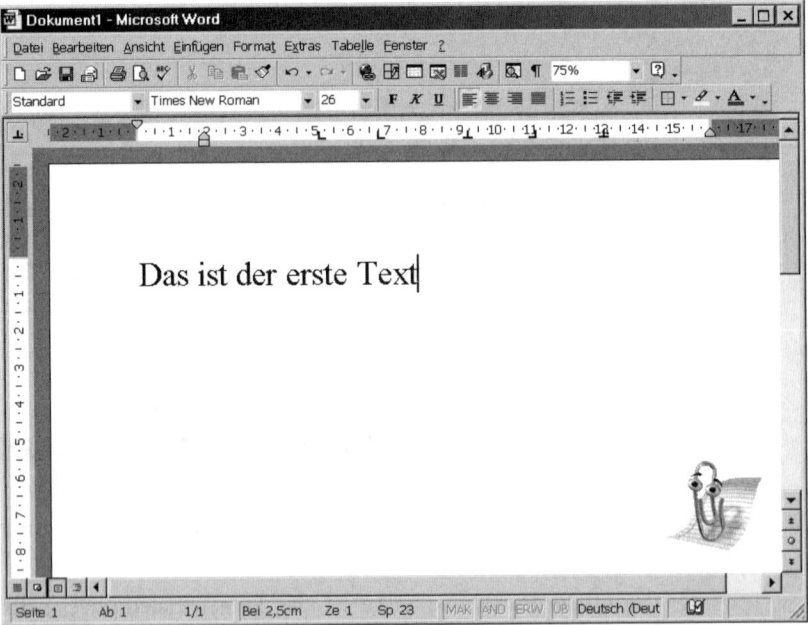

Bild 10.4: Im Arbeitsbereich geben Sie den Text an der Position der Schreibmarke ein

Sie sind aber nicht daran gebunden, den Text in der ersten Zeile des Dokuments zu beginnen. Mit Klicken und Eingeben setzen Sie die Schreibmarke an eine beliebige Stelle des Word-Dokuments.

Schalten Sie vor dem Einsatz von Klicken und Eingeben in die Ansichten Seitenlayout *oder* Weblayout *um. In den anderen Ansichten ist dieses Feature nicht verfügbar.*

Sobald Sie z.B. im Seitenlayout den Mauszeiger über einen leeren Seitenbereich unterhalb der bisherigen Schreibmarke halten, erscheint der Mauszeiger als senkrechter Strich mit angehängtem stilisiertem Absatzsymbol. Wenn Sie eine Stelle für Ihren Text gefunden haben, klicken Sie doppelt an die gewünschte Stelle: Word plaziert die Schreibmarke sofort an dieser Stelle und überbrückt den Zwischenraum mit nicht druckbaren Zeichen.

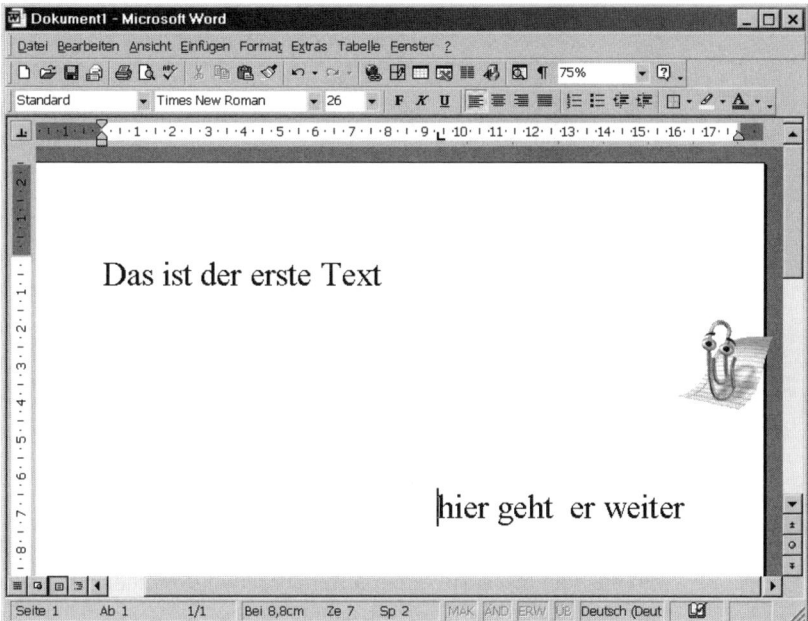

Bild 10.5: Nach einem Doppelklick an eine freie Stelle im Arbeitsbereich versetzt Word mit Klicken und Eingeben die Schreibmarke an eine Stelle mitten im Dokument

Mit den senkrechten und waagerechten Bildlaufleisten blättern Sie in einem Text, der von Word nicht innerhalb einer Bildschirmseite darstellbar ist. Wenn Sie die schwarzen Pfeile anklicken, bewegt sich das Textfenster zeilenweise, wenn Sie in die graue Fläche der Rollbalken klicken, bewegt sich der Text mehrere Zeilen über den Bildschirm.

Fehlt die Bildlaufleiste? Sie wird über Extras/Optionen *auf der Registerkarte* Ansicht *ein- oder ausgeblendet.*

In der Bildlaufleiste sehen Sie einen grauen Regler. Dieser gibt die relative Position im Text an. Wenn Sie ihn an eine andere Position ziehen, bewegen Sie sich schnell durch den Text. Bei mehrseitigen Dokumenten wird Ihnen dann auch die jeweilige Seitennummer und die erste Überschrift angezeigt – der Cursor bleibt jedoch an seiner bisherigen Position.

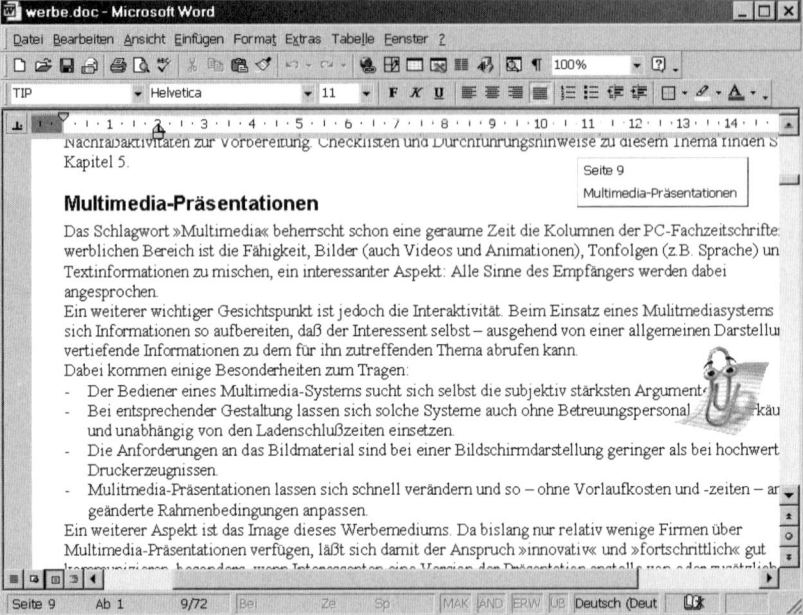

Bild 10.6: Die Steuerelemente der Bildlaufleiste helfen beim Navigieren durch den Text: in einer QuickInfo zeigt Word Seitenzahl und Überschrift

Noch einfacher regeln Sie den Bildlauf mit einer Radmaus: Mit einem Klick auf das Rad lösen Sie einen automatischen Dokumentdurchlauf aus, den Sie mit der [Esc]-Taste wieder beenden.

Links unten in der waagrechten Bildlaufleiste befinden sich vier weitere Symbole. Sie dienen zum Umschalten der Ansichten des Textfensters zwischen den Ansichten Normal, Weblayout, Seitenlayout und Gliederung.

Ebenfalls in die Bildlaufleisten integriert ist die Navigationshilfe. Sie wird durch eine Kugel zwischen den blauen Doppelpfeilen repräsentiert. Ein Klick auf diese Kugel öffnet ein kleines Fenster. Es sammelt eine Reihe von Symbolen, die für bestimmte Objekte innerhalb der Word-Dokumente stehen.

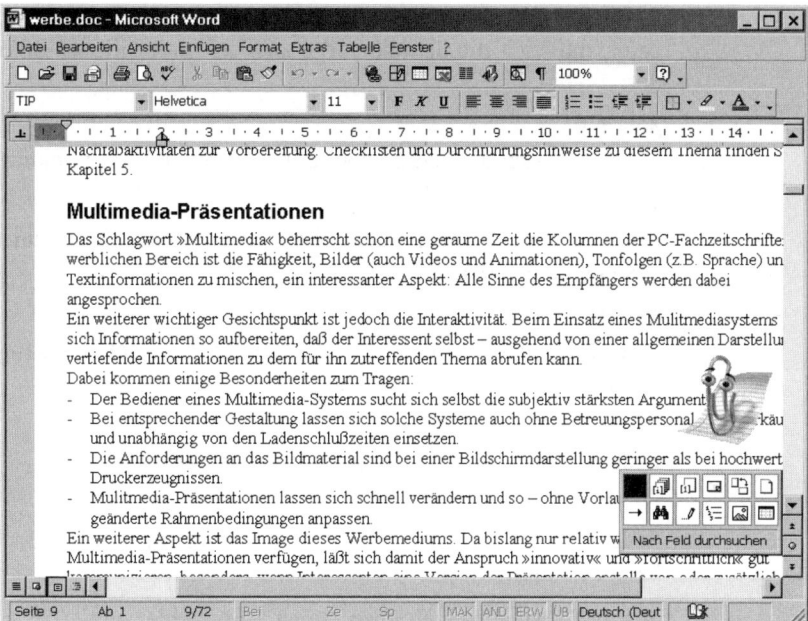

Bild 10.7: Die Navigationshilfe setzt die Schreibmarke auf das nächste Objekt. Die Typen entsprechen dem Befehl Bearbeiten/Gehe zu

Ein Klick auf eines dieser Symbole markiert den nächsten passenden Eintrag – Word bietet z.B. die Suche nach Kommentaren, Fußzeilen, Überschriften und Tabellen an. Über die Bedeutung der Symbole informiert die graue Zeile – die je nach Lage des Fensters oberhalb oder unterhalb der Symbole zu sehen ist – wenn sich der Mauszeiger über einem solchen befindet. Nach dem ersten Suchvorgang verschwindet das Fenster wieder. Die Einstellung ist aber in den blauen Pfeilen über bzw. unter der Kugel hinterlegt. Mit einem Klick auf eine dieser Schaltflächen wiederholen Sie die Suche mit dem eingestellten Objekt in die gewünschte Richtung innerhalb des Dokuments.

Die Statusleiste

Diese unterste Leiste im Fenster versorgt Sie mit unterschiedlichsten Informationen über den Status des geöffneten Dokuments und über einige Einstellungen. Die Leiste dient nicht nur Informationszwecken: mit einem Doppelklick auf einen Bereich oder über das Kontextmenü der Bereiche verändern Sie einige Einstellungen. Die angezeigten Informationen sind vielfältig. In der folgenden Übersicht erscheinen wechselnde numerische Werte durch die Platzhalter *XX* und *YY*.

S XX

Zeigt, daß sich die Schreibmarke z.Zt. auf Seite XX des Dokuments befindet.

Ab XX

Zeigt, daß sich die Schreibmarke in Abschnitt XX des Dokuments befindet.

XX/YY

Zeigt an, daß die Schreibmarke auf Seite *XX* des insgesamt aus *YY* Seiten bestehenden Dokuments plaziert ist.

Bei XX

Diese Maßangabe zeigt den vertikalen Abstand der Oberkante der gewählten Schrift zum oberen Blattrand.

Ze XX

Bedeutet, daß die Schreibmarke in der *XXten* Zeile steht.

Sp XX

Bedeutet, daß sich die Schreibmarke hinter dem *XXten* Buchstaben einer Zeile befindet.

Rechts daneben ordnet Word einige Statusfelder an:

MAK

Zeigt an, daß gerade ein Makro aufgezeichnet wird. Mit einem Doppelklick starten Sie eine Makroaufzeichnung. Wenn eine Aufzeichnung läuft, beendet ein weiterer Doppelklick den Vorgang.

ÄND

Informiert darüber, daß der Änderungs- bzw. Überarbeiten-Modus aktiviert wurde. Dann werden Änderungen am Dokument nicht einfach ausgeführt, sondern bleiben als besonders gekennzeichnete Passagen erhalten. Nach einem Klick der rechten Maustaste auf diesen Bereich stellen Sie im Kontextmenü Eigenschaften für diesen Modus ein. Ein Doppelklick schaltet den Modus ein bzw. aus.

ERW

Dieses Statusfeld zeigt an, wenn der Modus *Markierung erweitern* aktiviert ist. Ein Doppelklick schaltet den Modus ein bzw. aus.

ÜB

Ein Doppelklick wechselt vom normalen Einfügemodus in den Überschreib-Modus. Dann fügt Word keine Zeichen mehr in einen Text ein, sondern überschreibt bereits bestehende Buchstaben. Ein weiterer Doppelklick stellt den »Normalzustand« wieder her.

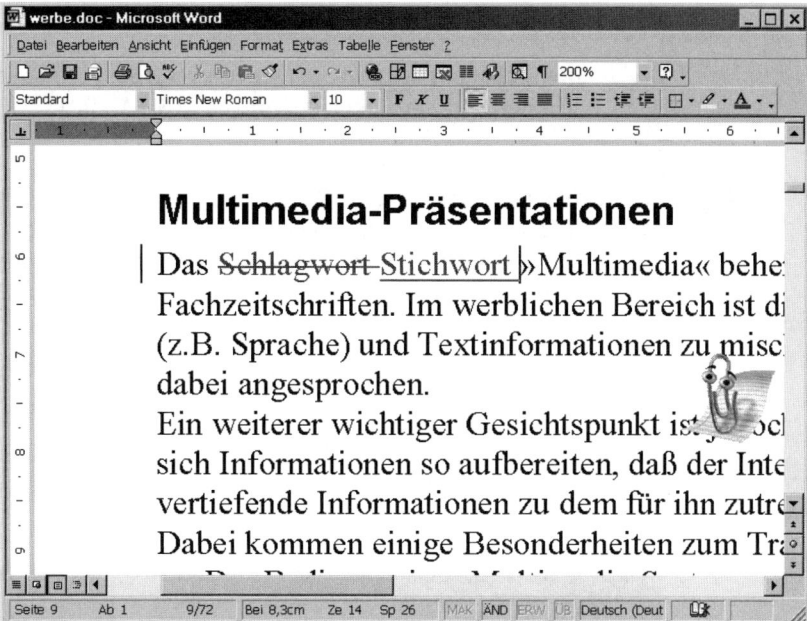

Bild 10.8: Im Überarbeiten-Modus verändert Word je nach Bearbeiter die Textfarben für überarbeitete Texte: gelöschte Texte erscheinen zusätzlich durchgestrichen und neu hinzugefügte Passagen unterstrichen

Schließlich folgen noch drei Aktionsbereiche.

Ein Bereich zeigt die von Word für die Rechtschreibprüfung verwendete Sprache. Mit einem Doppelklick auf diesen Bereich starten Sie die Dialogbox *Sprache*, in der Sie die Sprache der Texte selbst bestimmen.

Ein weiterer Bereich ist für die Rechtschreibprüfung reserviert. Mit einem Doppelklick auf das Buchsymbol starten Sie die Rechtschreibprüfung. Nach einem Klick mit der rechten Maustaste auf diesen Bereich verändern sie mit den Befehlen des Kontextmenüs die Vorgaben für die Prüfung von Rechtschreibung und Grammatik.

Der dritte Bereich gibt z.B. den Fortschritt beim Drucken im Hintergrund wieder. Bei manchen Aktionen – z.B. beim Speichern – ersetzt Word die normalen Anzeigen durch andere Informationen. Beim Speichern sind dies z.B. der Hinweis auf den Dateinamen und eine Fortschrittsanzeige.

Bild 10.9: Die Statusleiste von Word ist Informationselement und Werkzeug zugleich

10.3 Ein neues Dokument anlegen

 Durch einen Klick auf das Symbol *Neu* erzeugen Sie ein neues Dokument in Word. Es basiert auf der Dokumentvorlage NORMAL.DOT.

Die Dokumentvorlage ist eine Datei, in der verschiedene Voreinstellungen, wie Schriftarten, Seiteneinstellungen oder zusätzlich Standardtexte gespeichert sind. Dokumentvorlagen von Word tragen die Dateierweiterung *.DOT und können, bei gezieltem Einsatz, die Arbeit erheblich beschleunigen.

Mit der Tastenkombination (Strg)+(N) erstellen Sie ebenfalls ein neues Dokument, das auf die Standardvorlage NORMAL.DOT zugreift.

Daneben steht Ihnen der Menübefehl *Datei/Neu* zur Verfügung. Word öffnet dann eine Dialogbox, in der Ihnen vorhandene Dokumentvorlagen zur Auswahl angeboten werden.

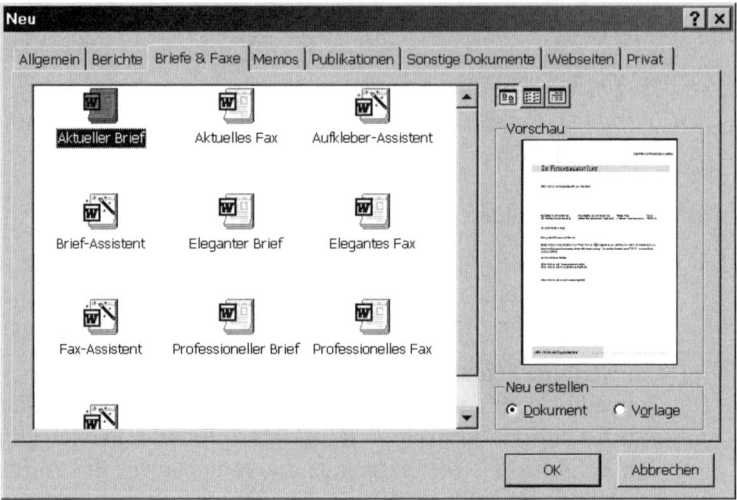

Bild 10.10: *In der Dialogbox* Neu *stellt Word vorhandene Dokumentvorlagen und eine Vielzahl von Assistenten für die Arbeit bereit*

10.4 Die Dokumentseite einrichten

Bevor Sie mit der eigentlichen Texteingabe beginnen, sollten Sie die Seitenränder Ihres zu erstellenden Dokuments festlegen. Die Ansicht *Seitenlayout* hilft bei der Arbeit, wenn der Text in der richtigen Seitenposition angezeigt wird. Die Layoutdarstellungen stehen in direktem Zusammenhang mit dem installierten Standarddrucker – die Seite erscheint genauso wie im Ausdruck.

Falls Sie noch keinen oder nicht den gewünschten Drucker installiert haben, holen Sie dies vor der Arbeit am Text nach (Windowsmenü: Start/Einstellungen/Drucker). Nur mit einem unter Windows eingerichteten Druckertreiber bietet Word alle Möglichkeiten für den Druck korrekt an.

Seitenränder

Die Festlegung der Seitenränder erfolgt über den Befehl *Datei/Seite einrichten*.

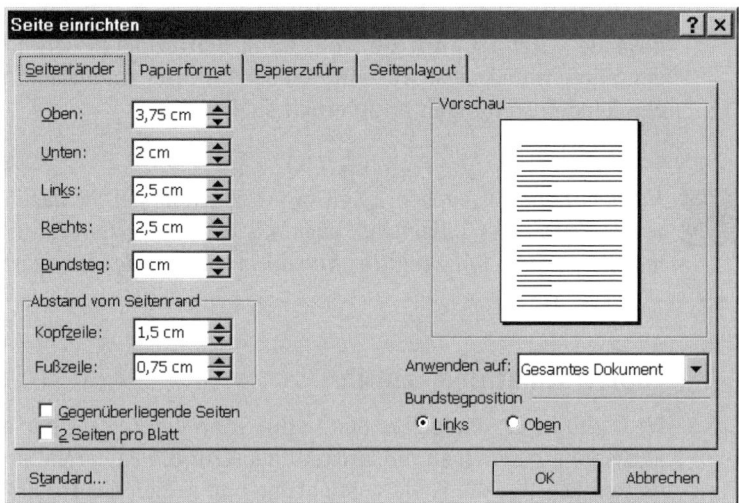

Bild 10.11: Die Dialogbox Seite einrichten *mit der Registerkarte* Seitenränder

Auf der Registerkarte *Seitenränder* stellen Sie die Ränder links und rechts auf *2,5 cm*, den obere Rand auf 3,75 *cm* und den unteren auf *2 cm*. Die Änderungen nehmen Sie durch Klicken auf die Pfeile rechts neben den Randangaben oder direkte Eingabe eines Wertes über die Tastatur vor.

 Jeder Drucker benötigt einen mehr oder weniger breiten Papierrand zum Papiertransport. Dieser kann nicht bedruckt werden. Die eingestellten Seitenränder müssen etwas größer als diese Druckerränder ausfallen. Andernfalls werden dort plazierte Textteile abgeschnitten. Die entsprechenden Einstellungen entnehmen Sie Ihrem Druckerhandbuch.

Wenn Sie wollen, daß alle späteren Dokumente die soeben festgelegten Ränder aufweisen sollen, definieren Sie diese Randeinteilung als Standardvorgabe für alle neuen Dokumente. Klicken Sie dazu auf die Schaltfläche *Standard*.

Im Seitenlayout können Sie die Seitenränder mit Hilfe der Lineale verändern: Wenn Sie mit der Maus am schmalen Übergang von Grau nach Weiß ziehen, bewegen Sie die Seitenränder für das ganze Dokument. Dabei verwandelt sich der Mauszeiger in einen Doppelpfeil. Diese Technik funktioniert im horizontalen und im vertikalen Lineal. Wenn Sie dabei die Alt *-Taste festhalten, zeigt das Lineal beim Verschieben den resultierenden Seitenrand an.*

Bei Broschüren oder Büchern kann es sinnvoll sein, die Randeinstellungen für linke und rechte Seiten zu spiegeln. Dies geschieht automatisch, wenn Sie die Option *Gegenüberliegende Seiten* aktivieren. Die Option *Gegenüberliegende Seiten* ist auch sinnvoll, wenn Blätter doppelseitig bedruckt werden müssen und somit für ein homogenes Erscheinungsbild unterschiedliche Randeinstellungen erforderlich sind.

 Mit dem Kontrollkästchen 2 Seiten pro Blatt *sorgen Sie dafür, das Word die zweite Seite eines Dokuments ebenfalls auf dem ersten Blatt druckt. Damit realisieren Sie z.B. Faltblätter für Glückwunsch- oder Tischkarten.*

Papierformat und -zufuhr

Wenn Sie in der Dialogbox Seite einrichten die Registerkarte *Papierformat* aktivieren, erscheinen die Einstellungen für die Papiermaße. Sie wählen in diesem Register die Papierausrichtung und setzen das Format entweder auf Hoch- oder Querformat.

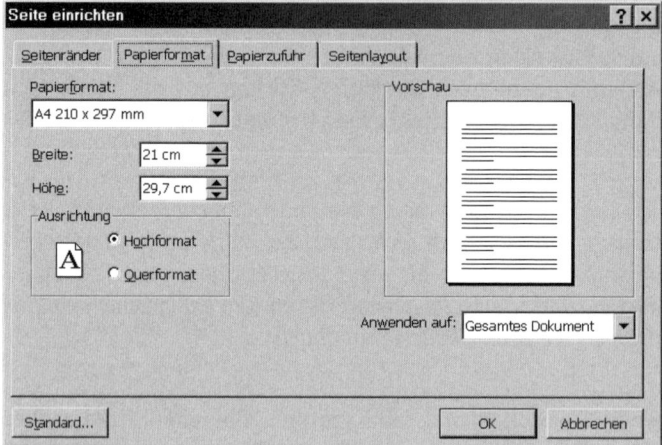

Bild 10.12: Die Registerkarte Papierformat *dient zum Festlegen der Papierausrichtung und -größe*

Im Listenfeld *Papierformat* legen Sie die Abmessungen Ihrer Druckseite fest. Standardmäßig eingerichtet ist das Format *DIN A4*. Wenn Sie den Listenpfeil anklicken, sehen Sie weitere vordefinierte Seitenformate.

 Benutzen Sie bei den Einstellungen nur solche Papierformate, die Ihr Drucker verarbeiten kann.

Über die Registerkarte *Papierzufuhr* regeln Sie, aus welchen Schächten Ihr Drucker das Papier für jeweils die erste Seite und die weiteren Seiten Ihres Dokuments entnehmen soll. Dieses Register hängt besonders eng mit dem für das Dokument eingestellten Drucker zusammen. Wenn Sie einen normalen Drucker mit automatischem Einzelblatteinzug benutzen, sind kaum Einstellungen in diesem Register möglich. Anders verhält es sich, wenn Ihr Drucker über verschiedene Papierkassetten verfügt. Dann ist es günstig, z.B. die Seiten mit dem Firmenpapier und normales Papier in verschiedenen Schächten zu deponieren. Word verwendet nach entsprechender Einstellung beim Druck dann selbständig das richtige Papier.

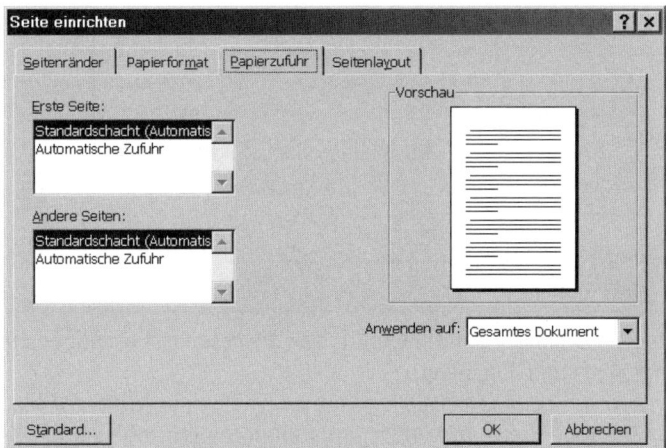

Bild 10.13: Im Register Papierzufuhr *bestimmen Sie den Druckerschacht*

Seitenlayout

Über die Registerkarte *Seitenlayout* legen Sie Einstellungen für Abschnittsbeginn, Kopf- und Fußzeilen, die vertikale Textausrichtung und die eventuelle Zeilennummer fest.

Abschnitt
Ein Abschnitt ist ein Teil des Dokuments, mit eigenen Einstellungen für Ränder, Kopf- und Fußzeilen, Seitennummern. Für die Aufteilung des Dokuments in Abschnitte sind Abschnittswechsel einzufügen.

Je nachdem, was Sie bei der Option *Abschnittsbeginn* wählen, beginnt der aktuelle Abschnitt mit Beginn der nächsten Seite oder Spalte, der nächsten geraden oder der nächsten ungeraden Seite. Mit der Einstellung *Dokument ab hier* im Listenfeld *Anwenden auf* fügt Word den gewünschten und eingestellten Abschnitt in das Dokument an der Schreibmarke ein. Mit der zugehörigen Einstellung im Listenfeld *Abschnittsbeginn* und *Gesamtes Dokument* bei *Anwenden auf* legen Sie z.B. in einem Dokument ohne weitere Abschnitte fest, daß der Text erst auf einer geraden Seite beginnt.

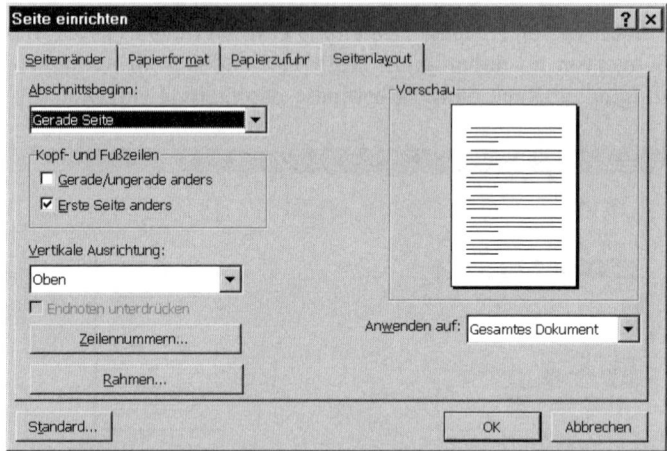

Bild 10.14: Die Registerkarte Seitenlayout *regelt die besonders wichtigen Einstellungen für die Kopf- und Fußzeilen*

Im Bereich *Kopf- und Fußzeilen* stellen Sie ein, ob sich die Kopf- und Fußzeilen bei geraden und ungeraden Seitennummern unterscheiden. Dies ist immer dann wichtig, wenn Sie gegenüberliegende Seiten drucken. Unterschiedliche Einstellungen zu Kopf- und Fußzeilen finden Sie oft bei Büchern: In der Kopfzeile auf der linken Seite steht die Kapitelüberschrift, auf der rechten das Unterkapitel.

Das Kontrollfeld *Erste Seite anders* gibt Ihnen die Möglichkeit, auf der ersten Seite Ihres Dokuments eine andere oder auch keine Kopf- bzw. Fußzeile festzulegen. Diese Option finden Sie oft bei Broschüren: Die erste Seite ist als Deckblatt ausgeführt und enthält keine Kopf- oder Fußzeile, im Innenteil sind diese Elemente dann doch zu finden.

Wenn Sie das Dokument in Abschnitte unterteilt haben, legen Sie im Register Seitenlayout die Einstellungen für die Kopf- und Fußzeilen der Abschnitte fest: jeder Abschnitt kann eine eigene Folge von Kopf- und Fußzeilen erhalten.

Das Listenfeld *Vertikale Ausrichtung* legt fest, wie Word den Text zwischen dem oberen und unteren Rand ausrichtet:

Oben
Richtet die oberste Zeile am oberen Seitenrand aus.

Zentriert
Zentriert die Absätze zwischen oberem und unterem Seitenrand.

Blocksatz
Vergrößert den Zeilenabstand zwischen Absätzen so, daß die oberste Zeile am oberen Seitenrand, die unterste Zeile am unteren Seitenrand ausgerichtet ist.

Über die Schaltfläche *Zeilennummern* öffnen Sie eine weitere Dialogbox. In dieser Dialogbox bestimmen Sie bei Bedarf Optionen für eine Zeilennumerierung der Abschnitte bzw. des Dokuments.

Die Schaltfläche *Rahmen* auf dem Register Seitenlayout wechselt zur Dialogbox *Rahmen und Schattierungen*. In dieser Dialogbox legen Sie einen Seitenrahmenfest, der sich um die eingestellten Seitenränder legt.

In allen vier Registerkarten ist das Listenfeld *Anwenden auf* integriert. Sie haben mehrere Varianten, den Bereich für die Seiteneinstellungen festzulegen. Standardmäßig gelten die Vorgaben für das gesamte Dokument. Aktivieren Sie den Eintrag *Dokument ab hier*, fügt Word einen Abschnittswechsel in das Dokument und übernimmt die Einstellungen nur für den auf den Wechsel folgenden Abschnitt. Eine dritte Variante steht zur Verfügung, wenn zuvor ein Textbereich markiert wurde. Dann gelten die Angaben ausschließlich für den markierten Bereich. Falls Sie andere Einstellungen als für den Rest des Dokuments wünschen, trennt Word den veränderten Bereich durch Abschnittswechsel ab. Steht die Schreibmarke in einem bereits definierten Abschnitt, gelten die Einstellungen für den damit ausgewählten Abschnitt.

10.5 Word-Dokumente speichern

Solange Sie die Veränderungen an einem neuen Dokument nicht speichern, sind die Texte nur im Hauptspeicher vorhanden. Diese Konstellation ist ungünstig. Viele Anwender mußten die leidvolle Erfahrung machen, daß nach einigen Stunden Arbeit plötzlich das gesamte Dokument verloren geht, weil plötzlich der Strom ausfällt. Der Text und die Zeit sind verloren, die Arbeit beginnt von vorn. Sie sollten sich solche Erfahrungen ersparen und deshalb zwischendurch häufiger speichern.

Dokumente speichern

Das Speichern der Textdokumente erfolgt über das Menü *Datei*. Hier hält Word drei Befehle zur Verfügung: *Speichern*, *Speichern unter* und *Als Webseite speichern*.

 Den Befehl *Speichern*, das Speichern-Symbol oder die Tastenkombination [Strg]+[S] verwenden Sie, um das Textdokument unter dem bisherigen Dateinamen zu speichern.

Den Befehl *Datei/Speichern unter* verwenden Sie immer dann, wenn Ihre Datei noch keinen eigenen Namen hat oder um die Datei auf einem anderen Laufwerk, in einem anderen Ordner oder unter einem anderen Namen zu speichern.

 Wenn Sie beim ersten Speichern einer Datei den Befehl Speichern benutzen, öffnet Word automatisch das Dialogfenster Speichern unter und schlägt einen Dateinamen vor, der aus dem Text der ersten Zeile des Dokuments generiert ist.

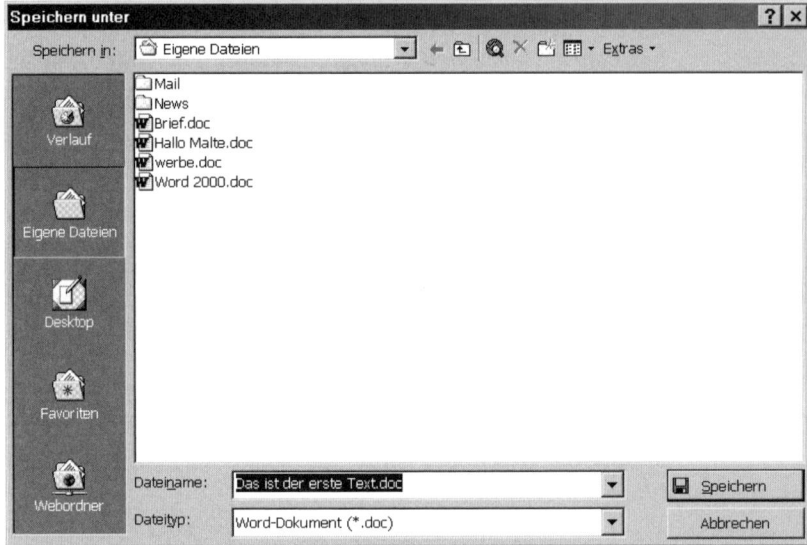

Bild 10.15: Die Dialogbox Speichern unter *erlaubt die Wahl eines Ordners und Eingabe eines Dateinamens.*

 Sollte der gewünschte Ordner noch nicht vorhanden sein, erstellen Sie ihn durch einen Klick auf das Symbol *Neuen Ordner erstellen*. Word öffnet eine Dialogbox, in der Sie den neuen Ordnernamen eingeben. Nach Vergabe des Namens klicken Sie auf die Schaltflächen *Speichern*: der aktuelle Arbeitsstand ist auf dem Datenträger gesichert.

Word erstellt den neuen Ordner innerhalb des aktuellen Ordners. Der Name des Ordners für die Dokumente und die neuen Ordner erscheint im Listenfeld Speichern in.

Der Befehl *Datei/Als Webseite speichern* wird benutzt, wenn Sie Word-Dokumente für die Ansicht in einem Web-Browser vorbereiten. Word überträgt die Datei dann in das HTML-Format (Hypertext Markup Language). In der Dialogbox *Speichern unter* ist dann die Auswahl *Webseite (*.htm; *.html)* aktiviert. Dabei ist das Dateiformat kein Fremdformat für Word 2000, sondern wird wie ein »normales« Word-Format behandelt. Alle besonderen Merkmale von Word gehen auf das neue Format über. Diese Eigenschaft sorgt dafür, daß nach dem erneuten Öffnen des Dokuments im Dateiformat von Word die Weiterarbeit ohne Verluste erfolgt. Selbst solche speziellen Features wie Versionen und Kennwörter bleiben erhalten – allerdings mit Auswirkungen auf die Größe der erzeugten HTML-Datei.

Der umgekehrte Weg ist ebenfalls konfliktfrei möglich. Sollte das HTML-Dokument Codes enthalten, die nicht erkannt werden, bleiben diese Codes erhalten.

 Der Befehl Extras/Optionen *bietet Ihnen im Register* Speicherort der Datei *Zugriff auf die Organisation der Ablage. Dort ändern Sie z.B. den Standardordner für die Speicherung der Dokumente.*

Extras beim Speichern

Die Schaltfläche *Extras* in der Dialogbox zum Speichern der Dateien ermöglicht den Zugriff auf die Einstellungen zum Speichern der Dokumente.

Mit einem Klick auf *Zu Favoriten hinzufügen* erzeugen Sie eine Verknüpfung auf das aktuelle Dokument im Ordner FAVORITEN.

 Der Ordner FAVORITEN ist ein Systemordner von Windows, auf den Sie in allen Anwendungen über das Menü bzw. die Dialogboxen zugreifen. Er eignet sich vorzüglich, um eine zentrale Dokumentenverwaltung zu realisieren.

Die Dialogbox *Weboptionen*, die Sie mit *Extras/ Weboptionen* aktivieren, stellen Sie die Vorgaben für die Konvertierung in das HTML-Format ein. In vier Registern sehen Sie die eingestellten Standards und greifen bei Bedarf durch Veränderung der Vorgaben ein.

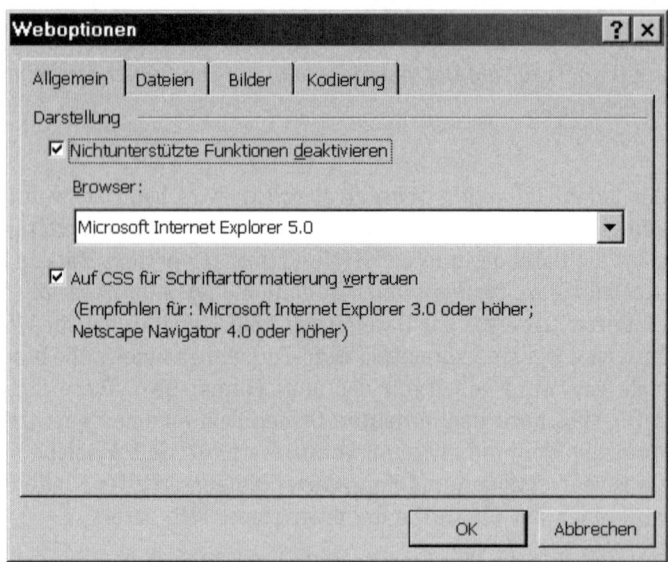

Bild 10.16: Für die Abwärtskompatibilität zu älteren Browsern und weitere Einstellungen der erzeugten HTML-Dokumente nutzen Sie die Dialogbox Webobtionen

Hinter dem Befehl *Extras/Allgemeine Optionen* verbirgt sich die Dialogbox *Speichern*. In dieser Dialogbox legen Sie das Verhalten von Word beim Speichern fest. Die Mehrzahl der Einstellungen hat Auswirkungen auf die Datensicherheit.

Die einzelnen Speicheroptionen haben folgende Bedeutung:

- *Sicherungskopie immer erstellen*
  Mit diesem Kontrollkästchen legen Sie fest, daß die vorhergehende Version des Dokuments (also der Stand bei der letzten Sicherung) erhalten bleibt. Word legt dann eine Kopie unter dem gleichen Dateinamen, aber mit der Endung *.WBK an. Falls die originale Datei Schaden nimmt, können Sie auf die Sicherungskopie zurückgreifen. Im Interesse der Datensicherheit sollten Sie diese Einstellung wählen.

- *Schnellspeicherung zulassen*
  Bei aktiviertem Kontrollkästchen hängt Word nur Änderungen und Ergänzungen an die bestehende Datei an. Den Geschwindigkeitsvorteil »erkaufen« Sie mit deutlich größeren Dateien. Spätestens beim Speichern der endgültigen Dokuments sollten Sie eine Aktivierung dieses Kontrollkästchen zurücknehmen, um die Dateigröße zu minimieren.

 Schnellspeicherung und *Sicherungskopie* schließen einander aus. Sie können deshalb immer nur eines der Kontrollkästchen aktivieren.

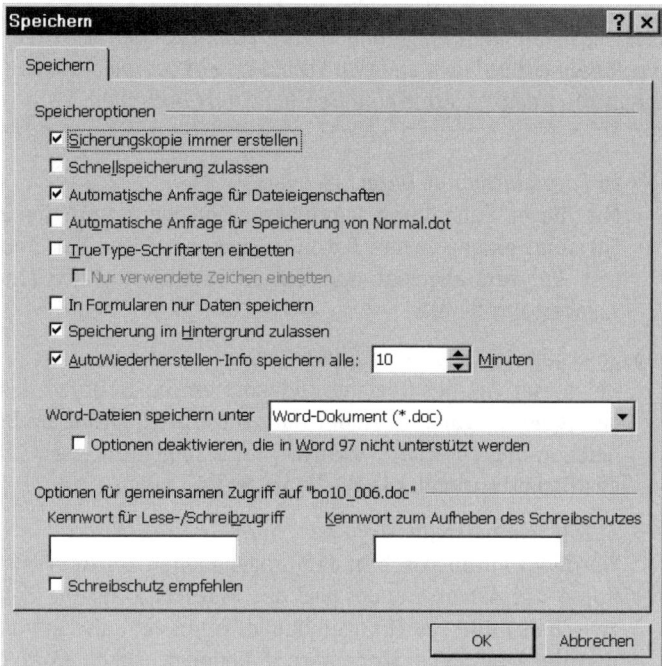

Bild 10.17: *In der Dialogbox* Speichern *legen Sie die Speicheroptionen für das Dokument fest*

- *Automatische Anfrage für Dateieigenschaften*
  Wenn dieses Kontrollkästchen aktiviert ist, fragt Word beim ersten Speichern in einer separaten Dialogbox nach zusätzlichen Informationen. Mit diesem Feature hinterlegen Sie wie auf einem Beipackzettel z.B. Titel, Thema Autor und Bemerkungen zum aktuellen Dokument. Windows nutzt einige dieser Einträge für die QuickInfo, die im Explorer erscheint.

- *Automatische Anfrage für Speicherung von Normal.dot*
  Wenn Sie dieses Kontrollkästchen aktivieren, speichert Word Veränderungen an der Standardvorlage NORMAL.DOT erst nach vorheriger Bestätigung. Word speichert alle Änderungen ohne Rückfrage, falls dieses Kontrollkästchen nicht aktiviert ist.

- *TrueType-Schriftarten einbetten*
  Mit dieser Option integriert Word die verwendeten TrueType-Schriften in das Dokument. Dadurch kann diese Datei auch auf Rechnern gelesen und gedruckt werden, die nicht über diese Schriften verfügen. Bei zusätzlich aktiviertem Kontrollkästchen *Nur verwendete Zeichen einbetten* werden nur die in dem Dokument verwendeten Zeichen integriert.

Verwenden Sie die Einstellungen zum Einbetten der Schriften nur, wenn Sie das Dokument auf dem anderen Rechner nicht bearbeiten müssen. Die Schriftintegration deaktiviert einige Bearbeitungsfunktionen.

- *In Formularen nur Daten speichern*
  Mit dieser Einstellung veranlassen Sie Word, nur die in ein Online-Formular eingegebenen Daten zu speichern. Die Daten werden im Format *Nur Text* abgelegt und stehen somit sofort für eine maschinelle Auswertung bereit.

- *Speicherung im Hintergrund zulassen*
  Bei dieser Art der Speicherung können Sie während des Speichervorgangs weiterarbeiten. Andernfalls unterbricht Word die Dokumentbearbeitung und speichert exklusiv. Beim Speichern erscheint ein blinkendes Diskettensymbol in der Statuszeile.

- *AutoWiederherstellen-Info speichern*
  Word legt automatisch in dem angegebenen Zeitintervall eine spezielle Kopie des Arbeitsstandes auf der Festplatte ab. Die Zeitspanne kann zwischen 1 und 120 Minuten liegen. Wenn ein außergewöhnliches Ereignis die Arbeit von Word abrupt beendet, sucht Word beim Neustart nach den *AutoWiederherstellen-Infos* und rekonstruiert daraus den Arbeitsstand – eine effektive Maßnahme gegen Datenverlust.

- *Word-Dateien speichern unter*
  Mit den Einstellungen im Listenfeld legen Sie das Standardformat fest, unter dem Word die Dokumente speichert. Damit können Sie Word z.B. anweisen, Dokumente automatisch in einem Fremdformat zu speichern. Mit dem Kontrollkästchen *Optionen deaktivieren, die in Word 97 nicht unterstützt werden*, sichern Sie die Kompatibilität zur Vorgängerversion.

- *Kennwort für Lese-/Schreibzugriff*
  In diesem Eingabefeld weisen Sie dem Dokument ein Kennwort zu, das Unbefugte am Öffnen des Dokuments hindert. Es kann aus maximal 15 Zeichen bestehen, Groß- und Kleinschreibung ist zu beachten! Wenn der Nutzer das Kennwort korrekt eingibt, erfolgt das Öffnen des Dokuments mit Schreibschutz: Änderungen sind nicht im gleichen Dokument speicherbar.

- *Kennwort zum Aufheben des Schreibschutzes*
  Vergeben Sie hier ein Kennwort, mit dem der zuvor aktivierte Schreibschutz aufgehoben wird.

- *Schreibschutz empfehlen*
  Wenn dieses Kontrollkästchen aktiviert ist, erscheint beim Öffnen des Dokuments eine Dialogbox, die den Schreibschutz empfiehlt und bei Bestätigung einrichtet.

Alle vorgenommenen Einstellungen übernehmen Sie mit der Schaltfläche OK.

Neue Dateiformate

Wenn Sie Word 2000 einsetzen, um Dokumente mit anderen Textverarbeitungen auszutauschen, ist die Kenntnis der Dateiformate nötig. Das Dateiformat von Word 2000 enthält nur wenige Formatierungen, die nicht von der Vorgängerversion unterstützt werden. Dokumente aus Word 2000 können Sie in Microsoft Word 97 öffnen und bearbeiten. Vorsichtshalber ist dabei das bereits genannte Kontrollkästchen *Optionen deaktivieren, die in Word 2000 nicht unterstützt werden* bei den Speicheroptionen vor dem Speichern zu aktivieren.

Außerdem bietet Word 2000 eine Vielzahl von Konvertern, mit denen Sie das aktuelle Dokument in einem anderem Format speichern. Wählen Sie dazu den gewünschten Typ bei den verfügbaren Dateitypen in der Dialogbox *Speichern unter* – Word legt das Dokument im gewählten Format auf der Festplatte ab. Damit konvertieren Sie Dokumente bei Bedarf für die Bearbeitung mit anderen Programmen.

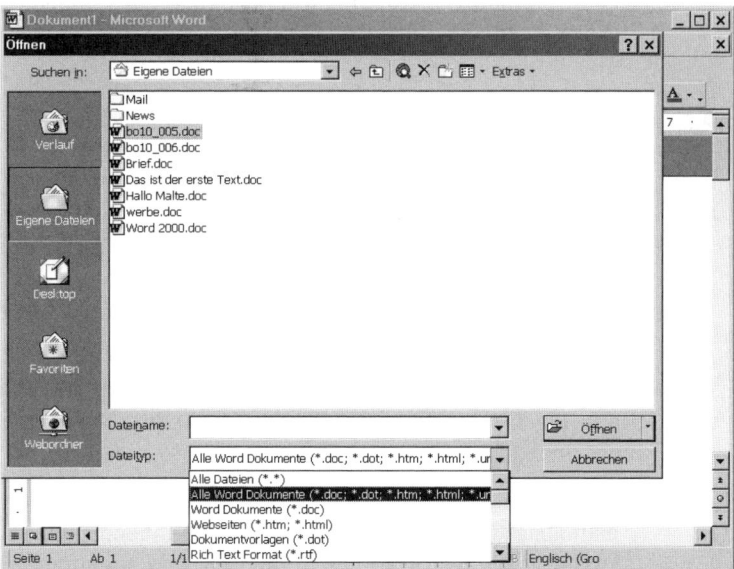

Bild 10.18: In der Dialogbox Öffnen *bestimmen Sie zuerst den Dateifilter, um Dokumente in Fremdformaten zu erkennen – Word erledigt nach einem Klick auf* Öffnen *die Konvertierung*

Das Öffnen von Fremddateien erfolgt automatisch: Word 2000 erkennt das Dateiformat der Texte und wählt den Konverter selbst. Nicht unterstützte Formate aus Microsoft-fremden Dateitypen gehen dabei verloren. Falls das Fremddokument nicht korrekt geöffnet wird, können sie unter *Dateityp* selbst das erzeugende Programm einstellen.

Wenn Word 2000 beim automatischen Konvertieren fehlerhaft arbeiten, sollten Sie mit dem Befehl Extras/Optionen *im Register* Allgemein *das Kontrollkästchen* Konvertierung beim Öffnen bestätigen *aktivieren, um bei Bedarf selbst den Konverter zu bestimmen.*

10.6 Word-Dokumente drucken

Nach erfolgreicher Texteingabe und -formatierung soll das Dokument auf Papier gebracht werden – in der Regel ist ein Drucker das Ausgabegerät.

Die erste Möglichkeit zum Ausdruck des Dokuments besteht in der Verwendung des Symbols *Drucken*. In diesem Fall wird ein Exemplar des kompletten Dokuments sofort über den installierten Standard-Drucker ausgedruckt.

Die zweite Variante bietet Ihnen umfassende Einstellmöglichkeiten: Nach Auswahl des Befehls *Datei/Drucken* öffnet Word die Dialogbox *Drucken*.

Die Drucken-Dialogbox können Sie auch mit der Tastenkombination Strg+P *öffnen.*

In der Dialogbox *Drucken* werden Ihnen vielfältige Optionen zur Verfügung gestellt. Die Mehrzahl der getroffenen Einstellungen sollten Sie vor einem erneuten Druckvorgang prüfen, nicht alle Veränderungen werden beibehalten.

- Mit dem Listenfeld *Name* wählen Sie einen der installierten Drucker aus. Die Konfiguration des Druckers verändern Sie nach dem Anklicken der Schaltfläche *Eigenschaften*.

- Im Bereich *Exemplare* bestimmen Sie die Anzahl zu druckenden Exemplare. Das Kontrollkästchen *Sortieren* hilft Ihnen, mehrseitige Dokumentkopien nach dem Ausdruck in die richtige Reihenfolge zu bringen.

- Im *Seitenbereich* beschränken Sie den Ausdruck auf bestimmte Seiten des Dokuments oder den Umfang der aktuellen Markierung.

- Im unteren Teil der Dialogbox finden Sie zwei gleichnamige Eingabefelder, mit denen Sie die gedruckten Informationen steuern. Das untere Eingabefeld gestattet den getrennten Ausdruck gerader und ungerader Seiten des Dokuments – vorteilhaft für den Druck auf Vor- und Rückseite eines Blattes. Das obere Eingabefeld *Drucken* stellt eine Liste verfügbarer Elemente aus dem Dokument für den Ausdruck bereit. Öffnen Sie das Listenfeld, wenn Sie z.B. AutoText-Einträge oder Tastenbelegungen drucken möchten.

⇨ Der Bereich *Zoom* nimmt auf den Ausdruck selbst Einfluß. Mit dem Listenfeld *Seiten pro Blatt* bestimmen Sie, wie viele Seiten des Dokuments Word auf einem Blatt drucken soll. Das Eingabefeld *Papierformat skalieren* gestattet Verkleinerungen des gewählten Formats für den Ausdruck: so erzeugen Sie z.B. einen Probedruck eines DIN A3 Dokuments auf einem Blatt der Größe DIN A4.

Die Schaltfläche *Optionen* öffnet eine weitere Dialogbox, in der Sie zusätzliche Einstellungen vornehmen. Sie erreichen diese Dialogbox auch mit dem Befehl *Extras/Optionen* im Register *Drucken*.

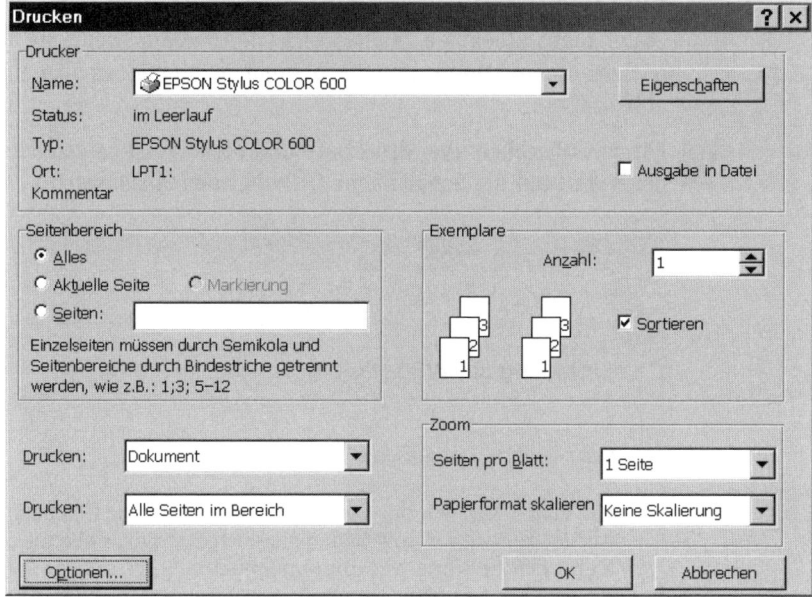

Bild 10.19: Diese Dialogbox Drucken *regelt die Grundeinstellungen für den Dokumentdruck: legen Sie z.B. fest, welche Seiten mit wieviel Exemplaren aus dem Drucker kommen sollen*

Sparen Sie Zeit und Papier. Kontrollieren Sie die Gestaltung Ihrer Dokumente vor dem Ausdruck zuerst in der Seitenansicht. Dazu genügt ein Klick auf das Symbol mit Seite und Lupe in der Standard-Leiste.

11. Texte eingeben und ändern

Dieses Kapitel erläutert die Texteingabe und die Korrektur des neuen Textes. Angrenzende grundlegende Handlungen ergänzen die Thematik: Arbeitsschritte zum Markieren, Verschieben, Kopieren, Ändern und Umstellen.

11.1 Texte eingeben

Eine wesentliche Eigenschaft der Texteingabe in Word ist der Fließtext. Word erkennt automatisch, ob ein im laufenden Text geschriebenes Wort noch in die Zeile paßt oder nicht. Sobald das Wort keinen Platz mehr in der Zeile findet, wird es automatisch in die nächste Zeile übernommen. Es besteht daher keine Notwendigkeit, am Zeilenende mit Hilfe der ⏎-Taste in die neue Zeile zu wechseln. Word arbeitet mit Absätzen: Mit der ⏎-Taste fügen Sie eine sogenannte Absatzmarke ein und erzeugen damit einen neuen Absatz.

Dieses nicht druckbare Zeichen erzeugen Sie nur, wenn Sie Textabschnitte nach mehreren Sätzen sinnvoll voneinander abgrenzen oder eine Sinneinheit abschließen.

¶ Für den Überblick über druckbare und nicht druckbare Zeichen klicken Sie bei Bedarf auf die Schaltfläche ¶ *Einblenden/Ausblenden*.

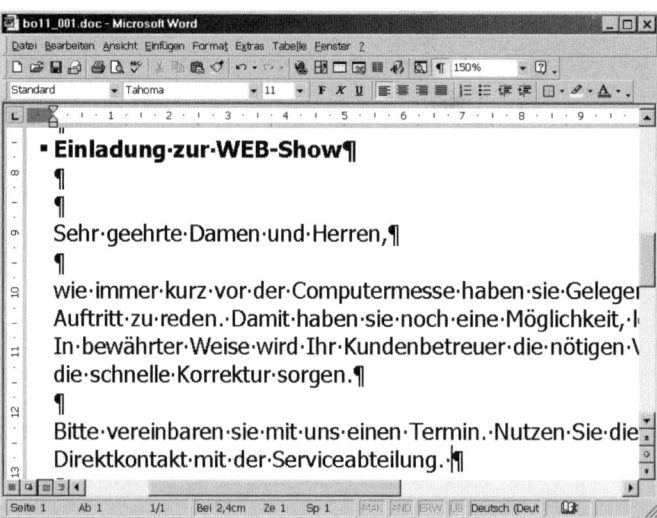

Bild 11.1: Im Bild ist die Anzeige der nicht-druckbaren Zeichen eingeschaltet. Die Absatzmarken (¶) zeigen an, daß Absätze aus Einzelzeilen, mehreren Zeilen oder nur aus dem Absatz-Zeichen bestehen können

Diesen Bearbeitungsstand finden Sie unter der Dateibezeichnung B011_1.DOC auf der CD-ROM.

Absatzmarken haben die Aufgabe, die dem Absatz zugewiesenen Formatierungen aufzunehmen. Sobald Sie eine Absatzmarke löschen, gehen die darin enthaltenen Formatierungen verloren.

Word kennt aber auch einen Zeilenumbruch. Er wird mit ⇧ + ⏎ erzeugt. Am Zeilenende steht in diesem Fall nicht die Absatzmarke, sondern ein nach links abgeknickter Pfeil. Ein Zeilenumbruch beendet lediglich die aktuelle Zeile, der nachfolgende Text wird in der nächsten Zeile fortgeführt. Dabei handelt es sich immer noch um denselben Absatz, so daß sich die Formatierungen für die abgetrennten Zeilen nicht ändern. Damit sorgen Sie z.B. bei numerierten Absätzen mit speziell gestalteter erster Zeile für korrekte Ausrichtungen.

Damit ist eine wichtige Grundregeln für die Texteingabe umrissen: Verwenden Sie die ⏎-Taste einzig und allein dann, wenn ein neuer Absatz entstehen soll.

Tippfehler korrigieren?

Die Frage nach der sofortigen Korrektur von Tippfehlern ist nicht leicht zu beantworten. Word 2000 hilft Ihnen bei der Fehlersuche mit komfortablen Werkzeugen. Eine AutoKorrektur während der Eingabe korrigiert heimlich Buchstabendreher und andere offensichtliche Fehler. Die Prüfung von Rechtschreibung und Grammatik ist ein weiteres Werkzeug für die Korrektur nach der Texteingabe. Dennoch ist die Korrektur von Tippfehlern sinnvoll. Entfernen Sie also sofort überflüssige Zeichen oder fügen Sie Zeichen ein

Für das Löschen von Zeichen stehen Ihnen zwei Tasten zur Verfügung: die Taste `Entf` im Sondertastenblock rechts auf Ihrer Tastatur und die ⏎-Taste. Zum Einfügen neuer Zeichen setzen Sie die Schreibmarke an die Stelle mit den fehlenden Buchstaben und geben die neuen Zeichen mit der Tastatur ein.

Wollen Sie ein Zeichen löschen, das links von der Schreibmarke steht, dann benutzen Sie ⏎. Soll ein Zeichen das rechts von der Schreibmarke steht gelöscht werden, verwenden Sie `Entf`.

11.2 Die Schreibmarke bewegen

Wie Sie bereits wissen, setzt ein Klick mit der Maus die Schreibmarke an die angeklickte Position. Die Schreibmarke steuern Sie aber auch mit der Tastatur an die gewünschte Position– die entsprechenden Tastenkombinationen entnehmen Sie der folgenden Tabelle:

Tastenkombinationen

Aktion	Tastenkombination
Ein Zeichen nach rechts bzw. links	[←] bzw. [→]
Eine Zeile nach oben bzw. unten	[↑] bzw. [↓]
Ein Wort nach rechts	[Strg]+[→]
Ein Wort nach links	[Strg]+[←]
Einen Absatz nach oben	[Strg]+[↑]
Einen Absatz nach unten	[Strg]+[↓]
Zum Zeilenanfang	[Pos1]
Zum Zeilenende	[Ende]
Zum Dokumentanfang	[Strg]+[Pos1]
Zum Dolumentende	[Strg]+[Ende]
Einen Fensterausschnitt nach oben blättern	[Bild↑]
Einen Fensterausschnitt nach unten blättern	[Bild↓]
An den oberen Rand des Fensters springen	[Strg]+[Bild↑]
An den unteren Rand des Fensters springen	[Strg]+[Bild↓]

Mit den Tastenkombinationen gehen Sie direkter und schneller vor, als wenn Sie mit der Maus arbeiten. Da Sie die Korrekturen über die Tastatur vornehmen, müssen Sie in diesem Fall nicht ständig die Werkzeuge wechseln.

11.3 Klicken und Eingeben

Immer häufiger ist es nötig, Textobjekte an bestimmten Stellen zu plazieren. Mit den Fähigkeiten von Word ist es kein Problem, dem Programm die gewünschte Stelle mitzuteilen. Mit der üblicherweise bei der Installation aktivierten Funktion Klicken und Eingeben reicht ein Doppelklick, um die Schreibmarke an eine freie Stelle im Dokument zu plazieren.

 Die Funktion Klicken und Eingeben wird über ein Kontrollkästchen Register Bearbeiten der Dialogbox gesteuert, die Sie mit Extras/Optionen aktivieren.

Einige Vorkehrungen für den Einsatz dieses Werkzeugs sind zu beachten: Versichern Sie sich zunächst, daß Sie Weblayout oder Seitenlayout aktiviert haben. Halten Sie dann den Mauszeiger über eine freie Stelle im Dokument. Mit einem Klick aktivieren Sie bei Bedarf den speziellen Mauszeiger für Klicken und Eingeben. Überall dort, wo sich der Mauszeiger nicht zeigt, ist Klicken und Eingeben unmöglich. In allen anderen Fällen setzen Sie mit einem Doppelklick die Schreibmarke an die gewünschte Stelle. Danach steht es Ihnen frei Text, Grafiken, Tabellen oder andere Objekte an der Schreibmarke in das Dokument einzufügen.

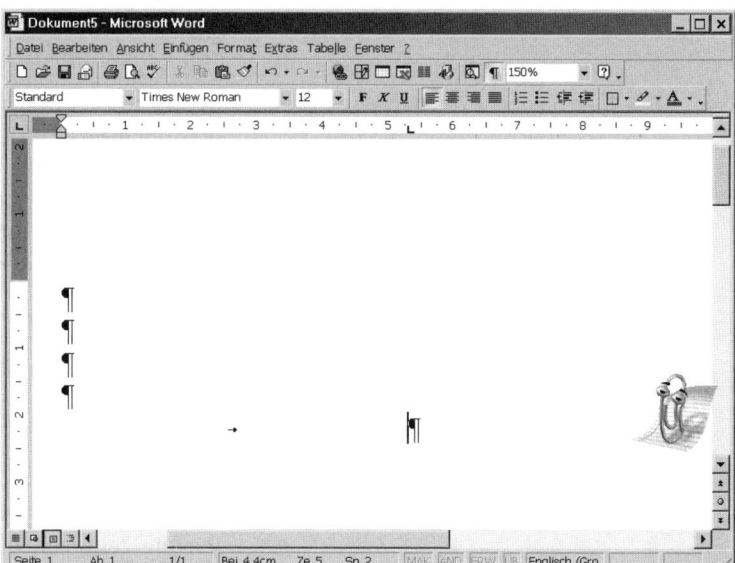

Bild 11.2: Die Anzeige der nicht druckbaren Zeichen offenbart das »Geheimnis« von Klicken und Eingeben: Der Abstand bis zur erzeugten Schreibmarke entsteht durch leere Absätze und Tabulatorzeichen

Wenn Sie an der erwählten Stelle nichts einfügen möchten, Klicken Sie vor der Eingabe eines Zeichens an einer anderen blanken Dokumentstelle: Word versetzt die Schreibmarke.

11.4 Text markieren mit Tastatur und Maus

Bevor Sie geschriebenen Text gestalten, kopieren, löschen oder verschieben, müssen Sie ihn markieren. Der Umfang der Markierung kann aus einem oder mehreren Zeichen bestehen, aus einem oder mehreren Wörtern, Zeilen, ganzen Sätzen, ganzen Absätzen bis hin zu einem gesamten Dokument.

Sie können Texte sowohl mit der Maus oder mit der Tastatur markieren. Die wichtigsten Aktionen mit der Maus finden Sie in der nachfolgenden Übersicht:

Mausaktionen

Aktion	Mausaktion
Schreibmarke positionieren	Bewegen Sie den Mauszeiger an die gewünschte Textposition, und klicken Sie einmal.
Ein oder mehrere Zeichen markieren	Setzen Sie den Mauszeiger vor das erste zu markierende Zeichen, und halten Sie die linke Maustaste gedrückt. Ziehen Sie den Mauszeiger bis zum Ende der Markierung, und lassen Sie dort die Maustaste los.
Wort markieren	Doppelklick auf das Wort.
Mehrere Wörter markieren	In das erste Wort klicken, danach die Taste ⇧ gedrückt halten und in das letzte zu markierende Wort klicken.
Zeile markieren	Mit dem Mauszeiger soweit links vor die Zeile gehen, bis der Pfeil nach rechts oben zeigt. Einmal klicken markiert eine Zeile. Um mehrere Zeilen zu markieren, linke Maustaste festhalten und nach unten oder oben ziehen.

Aktion	Mausaktion
Absatz markieren	Den Mauszeiger links vor den Absatz bewegen, bis er nach rechts oben zeigt, dann doppelklicken.
Satz markieren	Halten Sie [Strg] gedrückt, und klicken Sie in den gewünschten Satz. Der Satz wird dann einschließlich des Punktes markiert.
Gesamten Text markieren	Mit dem Mauszeiger nach links soweit vor den Text fahren, bis der Mauszeiger nach rechts oben zeigt. Halten Sie [Strg] gedrückt, und klicken Sie einmal.
Tabellen-Spalte markieren	[Alt] gedrückt halten und auf die Spalte klicken.

Neben den oben beschriebenen Mausaktionen nutzen Sie verschiedene Tastenkombinationen, um Textpassagen zu markieren. Mit diesen Tastenkombinationen, sogenannten Shortcuts, erreichen Sie das Ziel oft schneller, da der zeitaufwendige Wechsel zwischen Tastatur und Maus entfällt.

Shortcut-Aktionen

Aktion	Mausaktion
Text markieren	Halten Sie die [⇧]-Taste gedrückt, und bewegen Sie die Schreibmarke mit den Pfeiltasten nach rechts oder links. Über die Funktionstaste [F8] (Erweiterungsmodus) kann die Markierung fixiert und mit Hilfe der Pfeiltasten vergrößert werden. Mit [Esc] verlassen Sie den Erweiterungsmodus wieder.
Wortweise markieren	Schreibmarke an den Wortanfang setzen, dann [Strg]+[⇧] gedrückt halten und die Cursortasten nach rechts oder links bewegen.
Absatzweise markieren	Setzen Sie die Schreibmarke an den Absatzanfang ([Strg]+[↑]/[↓]), und bewegen Sie die Schreibmarke mit gedrückter Tastenkombination [Strg]+[⇧] nach unten oder oben.
Ganzen Text markieren	[Strg]+[A]
Satz markieren	Positionieren Sie die Schreibmarke in dem Satz, der markiert werden soll, und drücken Sie dreimal die Taste [F8].

Grundsätzlich gelten beim Markieren über die Tastatur analoge Tastenkombinationen wie beim Bewegen der Schreibmarke. Halten Sie beim Bewegen die ⬛-Taste gedrückt, um den überstrichenen Text gleichzeitig zu markieren.

11.5 Texte verschieben und kopieren

Das Löschen von Text ist bereits am Anfang des Themas behandelt worden. Textverarbeitung am PC hat aber weitere Annehmlichkeiten. Oft soll Text umgestellt werden, dann wieder wollen Sie eine Formulierung an anderer Stelle im Dokument erneut verwenden. Sie sparen eine Menge Schreibarbeit, wenn Sie den Text nicht neu erfassen, sondern bestehende Textteile ausschneiden oder kopieren und an anderer Stelle im Dokument wieder einfügen.

Drag&Drop

Ein Merkmal moderner Anwendungsprogramme unter Windows ist die Drag&Drop-Funktionalität. Drag&Drop heißt soviel wie »Ziehen und Ablegen« – diese Bezeichnung charakterisiert die durchzuführenden Arbeiten treffend. In Word verschieben Sie dabei den markierten Text mit der Maus an die neue Position. Dazu ein Beispiel. Geben Sie den folgenden Satz ein: *Ja, ich möchte kostenlos die neuen Internet-Shops testen!* Beim Lesen des Textes gefällt Ihnen die Reihenfolge der Wörter nicht. Das Wort *kostenlos* soll hinter *Internet-Shops* verschoben werden.

Um die Schritte nachzuvollziehen, laden Sie die Datei B011_2.DOC.

Um den Text zu verschieben, markieren Sie das Wort kostenlos – am schnellsten geht das mit einem Doppelklick auf das Wort. Danach setzen Sie den Mauszeiger an eine beliebige Stelle der Markierung und drücken die linke Maustaste.

Falls der Doppelklick zum Markieren und der anschließende Klick in die Markierung zu kurz hintereinander folgen, markiert Word den gesamten Absatz (Dreifach-Klick).

Unterhalb des Mauszeigers erscheint ein punktiertes Rechteck, am linken Rand der Markierung ein punktierter senkrechter Strich. Ziehen Sie die Maus so weit nach rechts, bis sich der senkrechte Strich hinter dem Wort *Internet-Shops* befindet, und lassen Sie die Maustaste los. Das Wort *kostenlos* erscheint an der neuen Position.

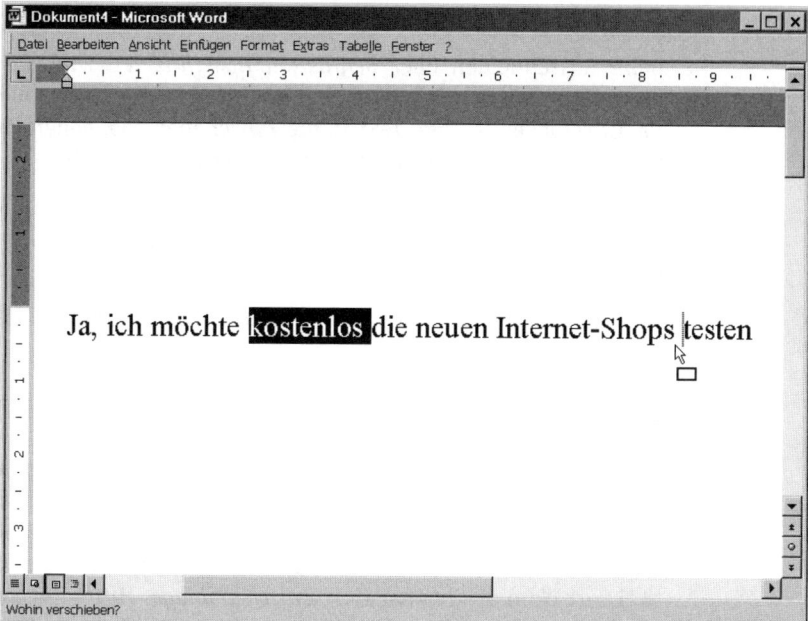

Bild 11.3: *Verschieben Sie markierten Text mit der Maus – Word 2000 unterstützt Drag&Drop*

 Um den Text zu kopieren, halten Sie beim Drag&Drop zusätzlich die Taste (Strg) gedrückt. Im Rechteck unter der Maus erscheint zusätzlich ein Pluszeichen. Die Kopie des markierten Bereichs wird an der neuen Position eingefügt.

Beim Umstellen oder Kopieren von Textpassagen achtet Word automatisch auf die richtige Anzahl und Position von Leerzeichen. Voraussetzung ist eine entsprechende Einstellung, die Sie bei Bedarf über *Extras/Optionen* im Register *Bearbeiten* mit dem Kontrollkästchen *Ausschneiden und einfügen mit Leerzeichenausgleich* verändern.

Kopieren

Anders als beim Verschieben wird beim Kopieren eine bestimmte Textstelle an anderer Stelle erneut eingefügt. Mit *Bearbeiten/Kopieren* übertragen Sie den markierten Text in die Zwischenablage. Setzen Sie dann die Schreibmarke an die gewünschte Einfügestelle, und rufen Sie den Befehl *Bearbeiten/Einfügen* auf. Der Text wird an der gewählten Position eingefügt.

 Am schnellsten kopieren Sie Text mit der Tastenkombination (Strg)+(C) und fügen ihn anschließend mit (Strg)+(V) wieder ein.

Text ausschneiden

Beim Ausschneiden über *Bearbeiten/Ausschneiden* wird der aktuell markierte Text aus dem Dokument entfernt und in die Zwischenablage gestellt. Damit schicken Sie den Text in die Zwischenablage, gehen zur neuen Position und fügen ihn mit *Bearbeiten/Einfügen* wieder ein.

Achten Sie darauf, was genau ausgeschnitten wurde. Wenn Sie einen ganzen Absatz umstellen, muß die Absatzmarke in der Markierung enthalten sein.

Auch die Funktion *Ausschneiden* erreichen Sie mit einer Tastenkombination [Strg]+[X].

Mit der Zwischenablage sammeln

In vielen Windows-Programmen wird der Inhalt der Zwischenablage ausgetauscht, sobald Sie erneut Text-Objekte kopieren oder ausschneiden. Word 2000 kann mehr als die Zwischenablage nur einmal zu verwenden. Sobald Sie Texte ohne zwischenzeitliches Einfügen kopieren oder ausschneiden, aktiviert Word die Symbolleiste *Zwischenablage*. Mit dieser Symbolleiste legen Sie eine Sammlung von bis zu zwölf verschiedenen Textobjekten an, die Sie einzeln oder als Sammlung in den Text einfügen. Dazu wählen Sie erst die Position für den Text und dann eines der Symbole aus der Symbolleiste. Falls Sie sich nicht mehr erinnern, welcher Text hinter einer Schaltfläche verborgen ist, hilft Word weiter. Wenn Sie mit dem Mauszeiger über einem Symbol verharren erscheint eine QuickInfo mit einem Hinweis auf den Inhalt. Ein Klick auf eine Symbolschaltfläche fügt den Inhalt an der Schreibmarke ein.

Wenn Sie Textobjekte in der richtigen Reihenfolge in die »Fächer« der Zwischenablage übernehmen, reicht ein anschließender Klick auf die Schaltfläche *Alle einfügen*, um die Inhalte an neuer Position nacheinander in den Text einzufügen.

Mit einem Klick auf die Schaltfläche Zwischenablage löschen *entfernen Sie alle Inhalte der Zwischenablage.*

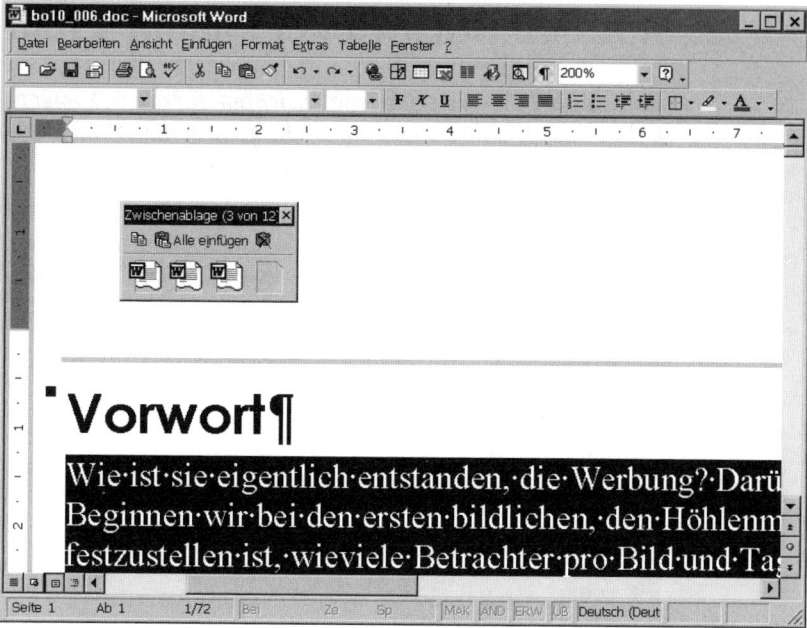

Bild 11.4: *Die Symbolleiste* Zwischenablage *stellt Textobjekte in maximal zwölf Bereichen für das Einfügen bereit*

Absätze umstellen

Häufig fällt beim Bearbeiten auf, daß Absätze im Dokument umzustellen sind. Dazu können Sie selbstverständlich auf die zuvor beschriebenen Funktionen zurückgreifen. Word bietet Ihnen aber eine Methode, die bei benachbarten Absätzen wesentlich schneller und komfortabler zum gewünschten Ergebnis führt: Setzen Sie die Schreibmarke in den Absatz, den Sie umstellen möchten.

Drücken Sie jetzt die Tasten ⇧+Alt, und halten Sie diese Tasten gedrückt. Mit der ↑-Taste markiert Sie den gesamten Absatz und schieben ihn über den vorausgegangenen Absatz. Um den Absatz weiter nach unten zu verschieben, benutzen Sie die ↓-Taste.

 Gerade beim Überarbeiten sollten Sie daran denken: Den zuletzt ausgeführten Befehl können Sie über Bearbeiten/Rückgängig *oder die gleichnamige Symbolschaltfläche wieder zurücksetzen.*

12. Auf den Blickwinkel kommt es an

Word stellt Ihnen verschiedene Ansichten auf die Dokumente bereit. Damit haben Sie für jeden Zweck das richtige Arbeitsumfeld mit den geeigneten Werkzeugen. Dieses Kapitel erläutert die Unterschiede dieser Ansichten und die Einsatzgebiete.

Die grundsätzliche Struktur des Arbeitsbildschirms beeinflussen Sie über zwei Menüs: *Ansicht* und *Extras/Optionen*. Das geöffnete Menü *Ansicht* stellt Ihnen die folgenden Befehle bereit:

⇒ Normal

⇒ Weblayout

⇒ Seitenlayout

⇒ Gliederung

⇒ Ganzer Bildschirm

⇒ Zoom

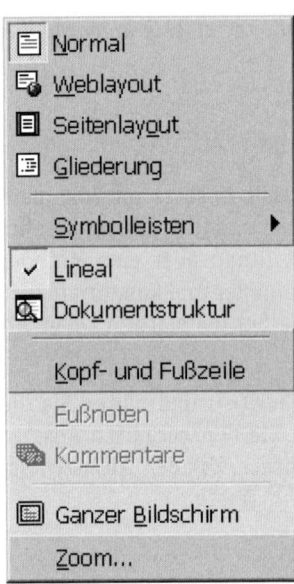

Bild 12.1: Das Menü Ansicht *mit den Befehlen für die unterschiedlichen Ansichts-Modi*

Die Vertiefung des Symbols links neben dem Befehl *Normal* zeigt an, daß diese Ansicht aktiv ist. Sobald Sie einen anderen Befehl innerhalb des ersten Befehlsblocks wählen, wechselt die Hervorhebung automatisch zu diesem Befehl.

Symbole zur Umschaltung der Ansichten finden Sie auch in der horizontalen Bildlaufleiste: Ein Klick, und Sie erhalten die gewünschte Ansicht. Lassen Sie den Mauszeiger auf einem dieser Symbole ruhen – Sie erhalten die QuickInfo, für welche Ansicht das Symbol steht.

12.1 Die Normal-Ansicht

Schnörkellos und ganz auf die Texteingabe spezialisiert erscheint die Normalansicht. Sie sollten Ihre Texte in der Normalansicht erstellen, vor allem dann, wenn Sie größere Textmengen eingegeben. Die Normalansicht unterstützt dieses Vorhaben durch schnellen Bildschirmaufbau.

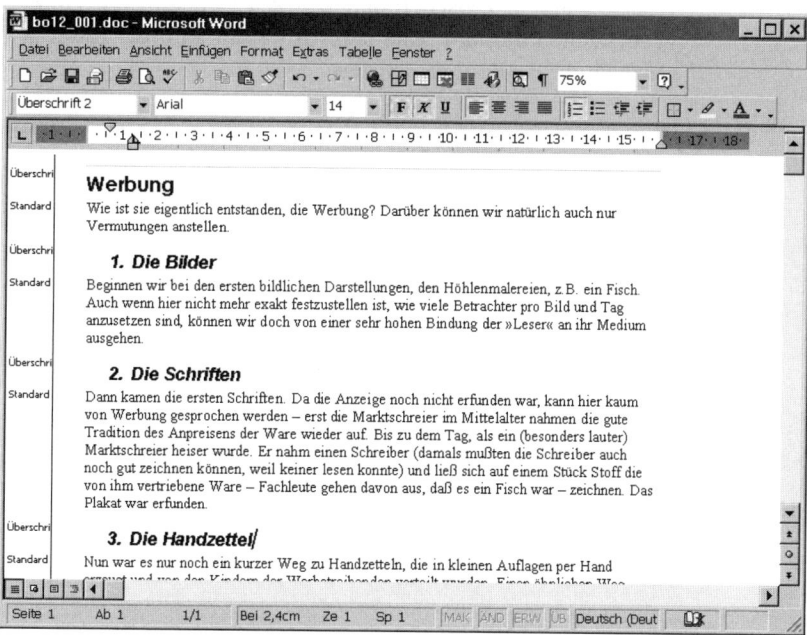

Bild 12.2: Ein Dokument in der Ansicht Normal

 Laden Sie das Dokument BO12_1.DOC von der Buch-CD, um die folgenden Ausführungen nachzuvollziehen.

In der Normalansicht sind die folgenden Eigenschaften vereint:

- Der Text wird fließend geschrieben: Wenn die Seite zu Ende ist, wird vom Programm automatisch eine gestrichelte Linie für den Seitenwechsel eingefügt.

- ⇢ Mehrspaltiger Text wird nur in einer Spalte wiedergegeben; es ist nicht ersichtlich wo eine Spalte endet.
- ⇢ Kopf- und Fußzeilen sind nicht zu sehen.
- ⇢ Elemente in Positionsrahmen und Textfeldern erscheinen im normalen Textlauf.

Nicht druckbare Zeichen anzeigen

Gerade für Anfänger kann es sinnvoll sein, die nicht druckbaren Zeichen innerhalb des Dokuments zu sehen. Diese Formatierungszeichen aktivieren Sie durch einen Klick auf das Symbol. Es zeigt Ihnen auch die Zeichen am Bildschirm an, die sonst nicht sichtbar sind. Dabei handelt es sich um: Leerzeichen, Tabulatoren, bedingte Trennstriche, Zeilenschaltungen und Absatzmarken. Zwischen den Wörtern erscheint ein Punkt – er stellt das Leerzeichen dar, am Ende jedes Absatzes wird die Absatzmarke durch ein umgedrehtes »P« repräsentiert.

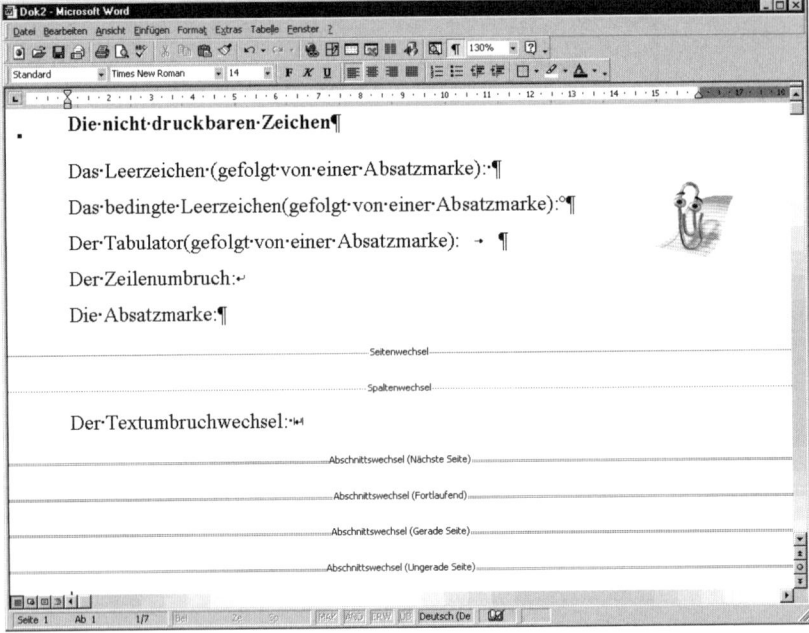

Bild 12.3: Bei aktivierten Formatierungszeichen stellt Word alle sonst nicht sichtbaren Zeichen – z.B. Leerzeichen, Tabulatoren oder Zeilenschaltungen – mit besonderen Zeichen dar

Wenn Sie mit Formatvorlagen für Absätze arbeiten, aktivieren Sie mit dem Befehl Extras/Optionen *im Register* Ansicht *die Formatvorlagenanzeige. Danach erscheint am linken Bildschirmrand der Normal- und der Gliederungsansicht ein Hinweis auf die dem Absatz zugeordnete Formatvorlage.*

Darstellungsgröße

Sie stoßen beim Arbeiten mit Word immer wieder auf das Problem, daß Sie entweder nur einen Teil Ihres Textes auf dem Schirm sehen oder der Text so klein ist, daß Sie zum Entziffern eine Lupe benötigen. Abhilfe schafft in diesem Fall nicht das Verändern der Schriftgröße, sondern die Veränderung der Darstellungsgröße.

Zum Anpassen der Darstellungsgröße nutzen Sie das Listenfeld *Zoom* in der Standard-Symbolleiste oder den gleichnamige Befehl im Menü *Ansicht* zur Verfügung.

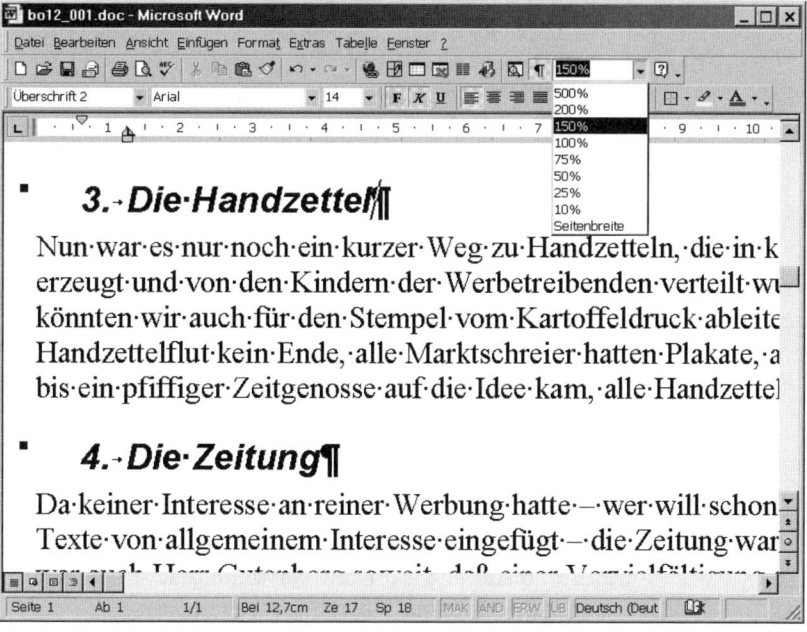

Bild 12.4: Hier das geöffnete Zoom-Listenfeld und ein Text in der Ansichtsgröße 150%

 Die von Word realisierten Ansichtsgrößen hängen von der Größe des Monitors und von der Auflösung der Grafikkarte ab. Die letzte Zoom-Stufe wird beim Speichern eines Dokumentes mit abgelegt und beim nächsten Laden wieder hergestellt.

Sie sind nicht auf die vorgegebenen Zoom-Stufen festgelegt, sondern können eigene Ansichtsgrößen eingeben: Klicken Sie mit der Maus in das Eingabefeld der Zoom-Liste, und geben Sie den gewünschte Wert (z.B. 85%) über Tastatur ein – die Eingabe des Prozent-Zeichens ist nicht erforderlich.

Der Befehl *Ansicht/Zoom* öffnet die gleichnamige Dialogbox. In dieser Dialogbox stehen ähnliche Einstellungen zur Verfügung, wie im beschriebenen Listenfeld

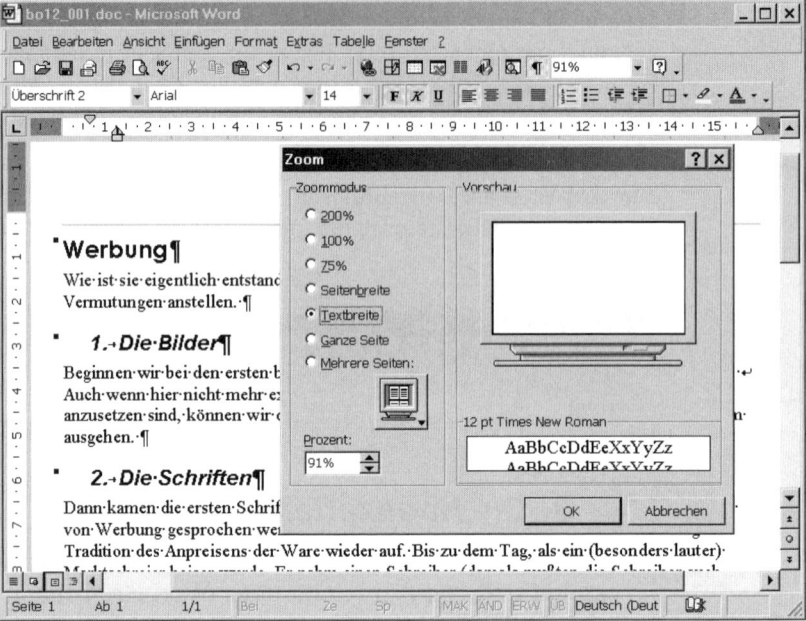

Bild 12.5: Die Dialogbox Zoom *läßt fast keine Wünsche für die Darstellung des Textes offen*

Neben den definierten Zoom-Faktoren und der manuellen Zoom-Einstellung zoomen Sie bei Bedarf das Dokument auf *Seitenbreite*, *Textbreite* auf die *Ganze Seite*. Auch das Darstellen mehrerer Seiten auf dem Bildschirm ist machbar.

- *Seitenbreite*
  Diese Einstellung paßt die Darstellung so an, daß der Überblick vom rechten zum linken Blattrand gegeben ist.

- *Textbreite*
  Mit dieser Auswahl sehen Sie den gesamten Text, der leere Bereich zwischen dem Blattrand und den Seitenrändern ist ausgeblendet.

- *Ganze Seite*
  Word verkleinert die Darstellung so, daß die gesamte Seite sichtbar ist. Im Gegensatz zur Seitenansicht ist aber die Eingabe von Zeichen möglich.

Die Dialogbox und das Listenfeld Zoom *stellen sich dynamisch auf die jeweils aktuelle Ansicht ein: nicht in jeder Ansicht sind alle beschriebenen Einstellungen realisierbar.*

12.2 Das Seitenlayout

Mit dem Befehl *Ansicht/Seitenlayout* wechseln Sie in die Layout-Ansicht. In diesem Modus zeigt Word das Dokument so an, wie es gedruckt wird: die Anzeige berücksichtigt z.B. Seitenwechsel und -ränder, Spalten und Kopf- bzw. Fußzeilen. Der Zeilenumbruch entspricht dem Druckergebnis weitgehend. Rahmenobjekte mit Texten oder Bildern erscheinen ebenfalls an der endgültigen Position. In dieser Ansicht nehmen Sie alle Gestaltungen vor, um die Wirkung auf den Ausdruck unmittelbar zu prüfen. Bei Bedarf verschieben Sie die Rahmenobjekte mit der Maus an eine neue Position oder verändern die Größe.

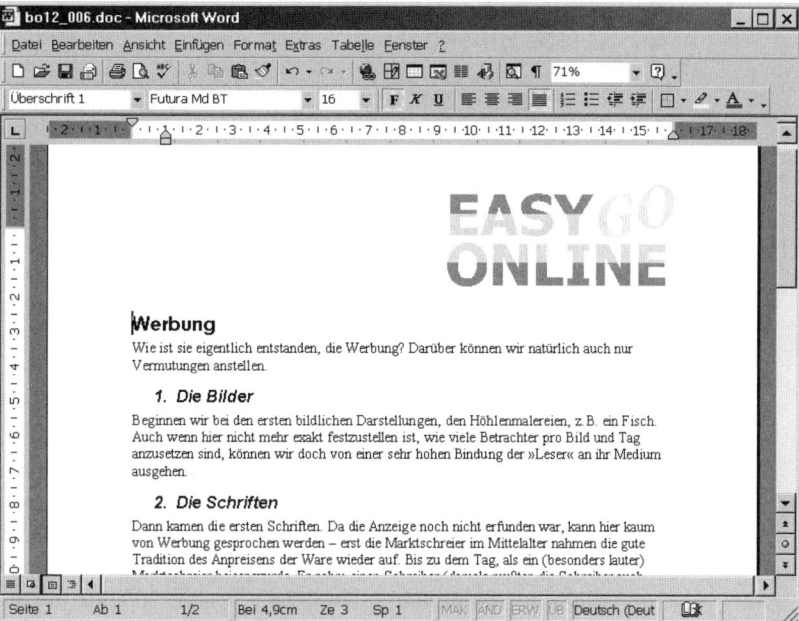

Bild 12.6: Die Ansicht Seitenlayout *entspricht dem Druckergebnis*

 Kontrollieren Sie z.B. das Dokument OM12_6.DOC in der Seiten-Layout-Ansicht.

12.3 Das Weblayout

Beim Weblayout handelt es sich um eine Ansicht, die das Lesen und Bearbeiten von Online-Dokumenten optimiert. In dieser Ansicht zeigt Word das Dokument wie in einem Webbrowser. Zusätzlich sind die Werkzeuge von Word zur Bearbeitung aktiv. Diesen Ansicht-Modus verlassen Sie über das Menü *Ansicht* und die anschließende Auswahl einer anderen Darstellungsform.

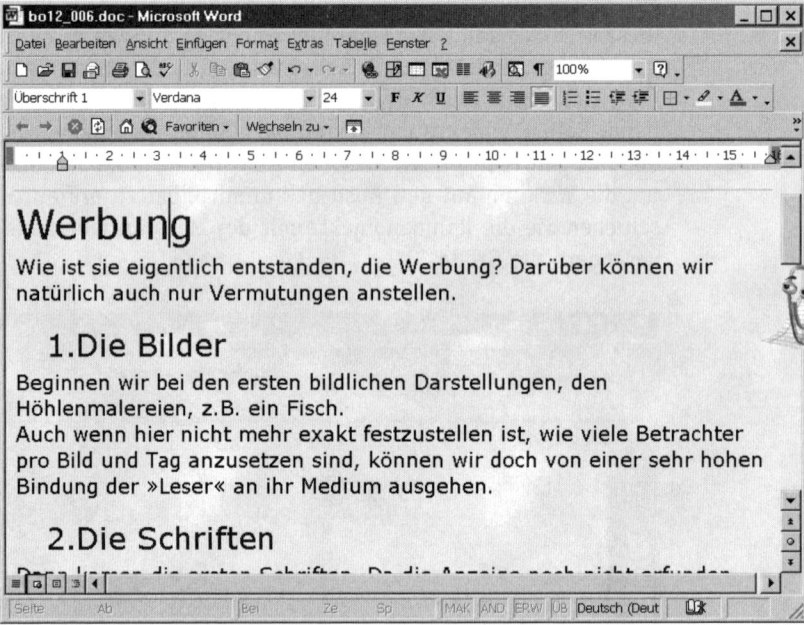

Bild 12.7: Ein Dokument in der Weblayout-Ansicht

 Unterstützt wird der Überblick über Online-Dokumente durch die Dokumentstruktur in einem separaten Fenster. Nach einem Klick auf die Schaltfläche öffnet Word eine aktivierte Gliederung, wobei vorhandene Überschriften bzw. Hyperlinks herangezogen werden. Mit ihrer Hilfe bewegen Sie sich durch das Dokument. Sie brauchen nur im grau hinterlegten Bereich auf eine Überschrift zu klicken und die Schreibmarke springt an diese Stelle innerhalb des Dokuments. Mit einem erneuten Klick auf die Schaltfläche deaktivieren Sie die Anzeige der Dokumentstruktur.

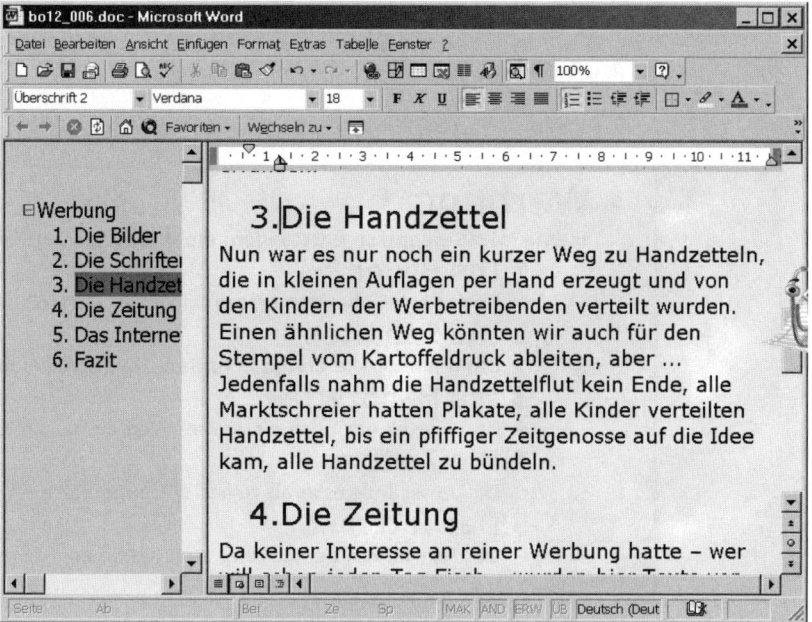

Bild 12.8: Die Dokumentstruktur ist nicht nur beim Weblayout ein nützliches Werkzeug für den Überblick

12.4 Die Gliederungs-Ansicht

Bei langen Schriftstücken wie bei Prüfungs- oder Hausarbeiten ist ein gut strukturierter Aufbau nötig. Oft genug sind bei solchen Dokumenten nachträgliche Verschiebungen erforderlich. Dabei hilft die Gliederungsansicht. In diesem Modus blenden Sie beliebige Überschriftsebenen und die dazugehörigen Textblöcke ein- oder aus. Damit haben Sie ein wertvolles Hilfsmittel z.B. in der Konzeptionsphase eines Dokuments ebenso wie beim nachträglichen Strukturieren von Texten.

In dieser Ansicht stellt Ihnen Word eine Symbolleiste zur Verfügung, die speziell für die Gliederung von Texten und Dokumenten bestimmt ist. Die Arbeit mit der Gliederungsansicht wird an einer späteren Stelle in diesem Buch erklärt.

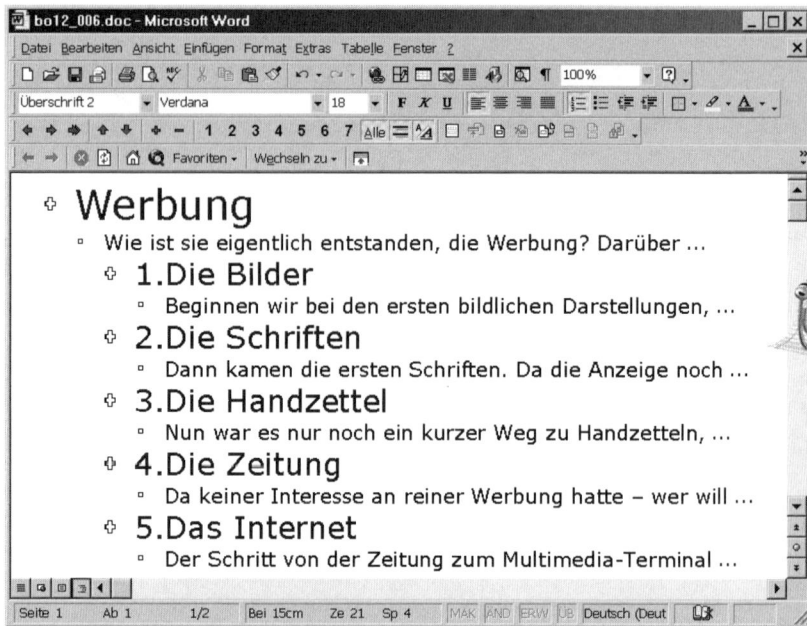

Bild 12.9: In der Gliederungsansicht erfolgt die Textdarstellung übersichtlich strukturiert

Das Zentraldokument

Bei großen Dokumenten ist es mitunter vorteilhaft, das Dokument in mehrere kleine Dokumente zu zerlegen und diese in einer neuen Datei zusammenzuführen. Dieses Verfahren unterstützt ebenfalls die Gliederungsansicht mit Symbolen für das Zentraldokument und die Filialdokumente.

Doch was sind Zentral- und Filialdokumente? Ein Zentraldokument ist der »Ordner« für verschiedene Filialdokumente. Das vor Ihnen liegende Buch könnten Sie als Zentraldokument, die enthaltenen Kapitel als Filialdokumente betrachten.

Sie fragen sich sicherlich: Warum überhaupt das Dokument in kleinere Dokumente unterteilen? Der Umgang mit umfangreichen Dokumenten ist nicht gerade praktisch. Bei der Bearbeitung müßte immer das gesamte Dokument geladen und im Speicher vorgehalten werden. Kleinere Dokumente erhöhen die Übersicht und die Arbeitsgeschwindigkeit. Aber ein Zentraldokument ist nicht nur die Summe der Filialdokumente. Es enthält lediglich Verweise auf diese Dokumente und alle übergreifenden Elemente wie z.B. Titelblatt, Inhaltsverzeichnis und Stichwortverzeichnis. Deshalb bleibt das Zentraldokument relativ klein.

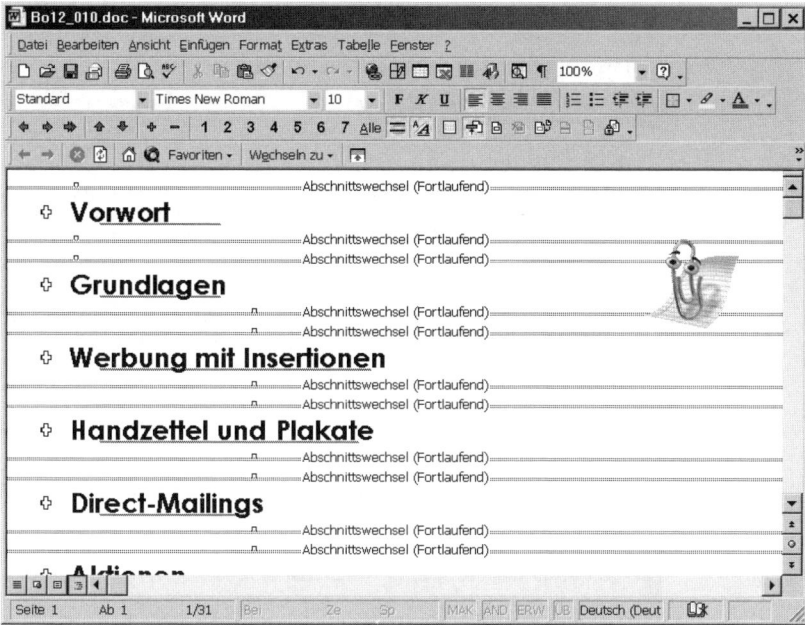

Bild 12.10 In der Ansicht Gliederung *verwalten Sie bei Bedarf auch mehrere Filialdokumente in einem Zentraldokument*

Wenn Sie ein langes Dokument in separate Dateien aufteilen möchten, z.B. ein Buch mit mehreren Kapiteln, verwenden Sie die Symbole im rechten Bereich der Symbolleiste *Gliederung*. Sobald Sie ein Zentraldokument mit Filialdokumente nutzen, können mehrere Personen die Filialdokumente getrennt bearbeiten. Im Zentraldokument erfolgt dann das Zusammenführen der jeweils aktuellen Arbeitsstände. Sie können Filialdokumente umbenennen, sperren, verbinden, teilen oder entfernen.

 Ein Beispiel für ein Zentraldokument mit mehreren Filialdokumenten in separaten Dateien finden Sie auf der CD im Ordner B012_010.

12.5 Die Ansicht Ganzer Bildschirm

In der Standardansicht erscheinen im Programmfenster von Word alle Steuerelemente wie Menü- und Symbolleisten. Über *Ansicht/Ganzer Bildschirm* steht Ihnen dagegen die gesamte Fläche des Bildschirms für die Bearbeitung und Eingabe von Text zur Verfügung. Word blendet alle Steuerelemente mit Ausnahme der Palette *Ganzer Bildschirm* aus. Außerdem wechselt Word automatisch in den Vollbild-Modus. Als neues Steuerelement erscheint die Symbolleiste *Web*.

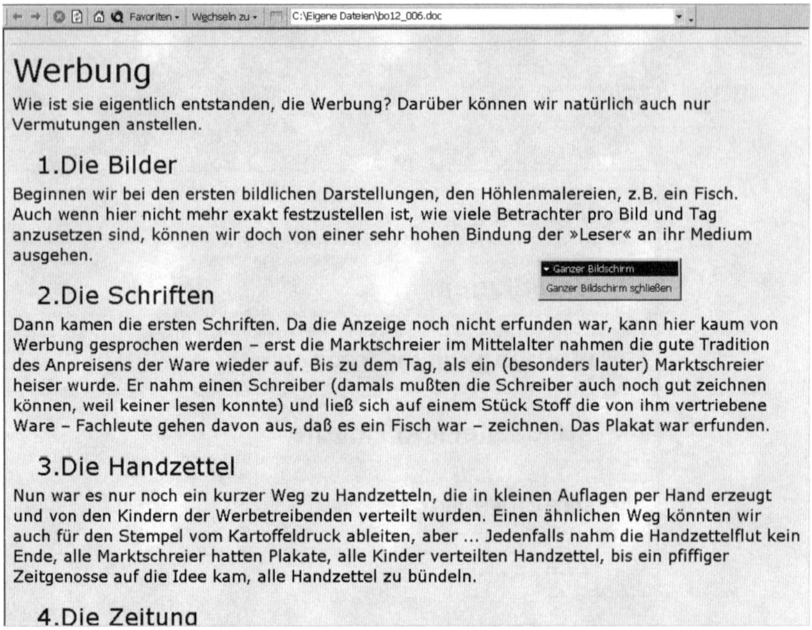

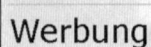

Bild 12.11: Die Ansicht Ganzer Bildschirm *stellt das Dokument auf dem gesamten Monitor dar*

Um kurzfristig auf die Befehle und Funktionen von Word zuzugreifen, bewegen Sie den Mauszeiger an den oberen Bildschirmrand. Word blendet die Menüleiste ein. Nachdem Sie einen Menübefehl aufgerufen haben, blendet Word die Menüleiste automatisch wieder aus.

 Die Tasten F10 *und* Alt *blenden die Menüleiste ein. Mit den für die Befehle gültigen Tastenkombinationen* Alt+Kennbuchstabe *sprechen Sie die Menüs direkt an. Die Kennbuchstaben erkennen Sie an der Unterstreichung im Menüeintrag.*

Mit einem Klick auf die Schaltfläche *Ganzer Bildschirm schließen* oder durch Drücken der Esc-Taste blendet Word die herkömmlichen Programmelemente wieder ein und kehrt zum letzten Ansichtsmodus zurück.

12.6 Die Seitenansicht

Die beste Druckvorschau erhalten Sie durch Wahl von *Datei/Seitenansicht* oder einen Klick auf das entsprechende Symbol. Die Seitenansicht zeigt ein Dokument so, wie es aus Ihrem Drucker kommen würde. Mit Hilfe besonderer Schaltflächen in der Symbolleiste Seitenansicht verändern Sie Darstellungsart bzw. -größe.

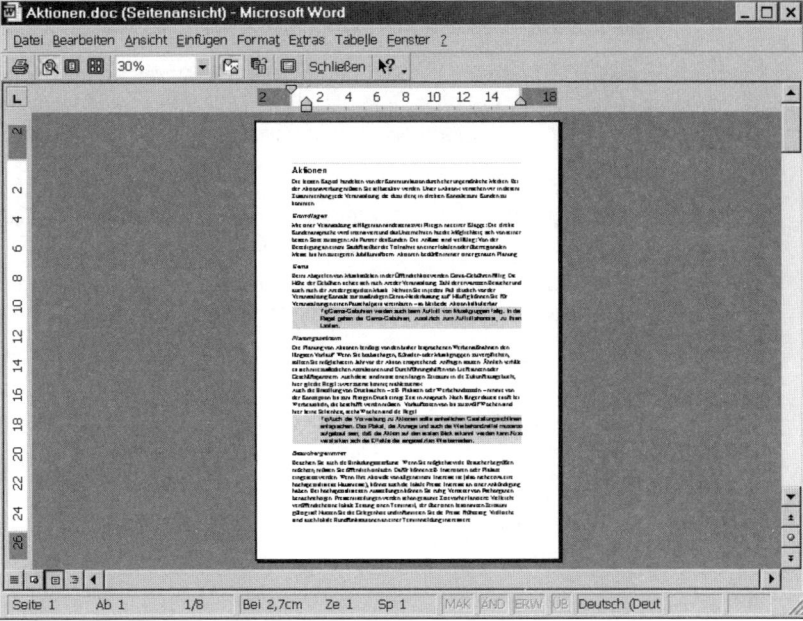

Bild 12.12: Die Seitenansicht ist als Druckvorschau zu nutzen. Word zeigt das Dokument unter Verwendung des zugewiesenen Druckers in einem Übersichtsbild

12.7 Die Optionen für die Ansichten

Um die Grundeinstellungen für die Ansichten zu steuern, klicken Sie auf *Extras/Optionen*. In der angezeigten Dialogbox öffnen Sie das Register *Ansicht*. Die Dialogbox gliedert sich in mehrere Bereiche:

Im Bereich *Anzeigen* bestimmen Sie, welche Textelemente Sie ständig sehen möchten. Aktivieren Sie z.B. das Kontrollkästchen *QuickInfo,* wenn Sie mit Kommentaren arbeiten. Bei der Arbeit mit Feldern sollten Sie die Feldschattierung aktivieren.

Felder
sind besondere Stellen im Word-Dokument, deren Anzeige mit Hilfe von Feldfunktionen ermittelt wird. Ein Beispiel: Das Feld »Seite« stellt im Text die aktuelle Seitenanzahl dar.

Im Bereich *Formatierungszeichen* aktivieren Sie die Kontrollkästchen der darzustellenden Zeichen.

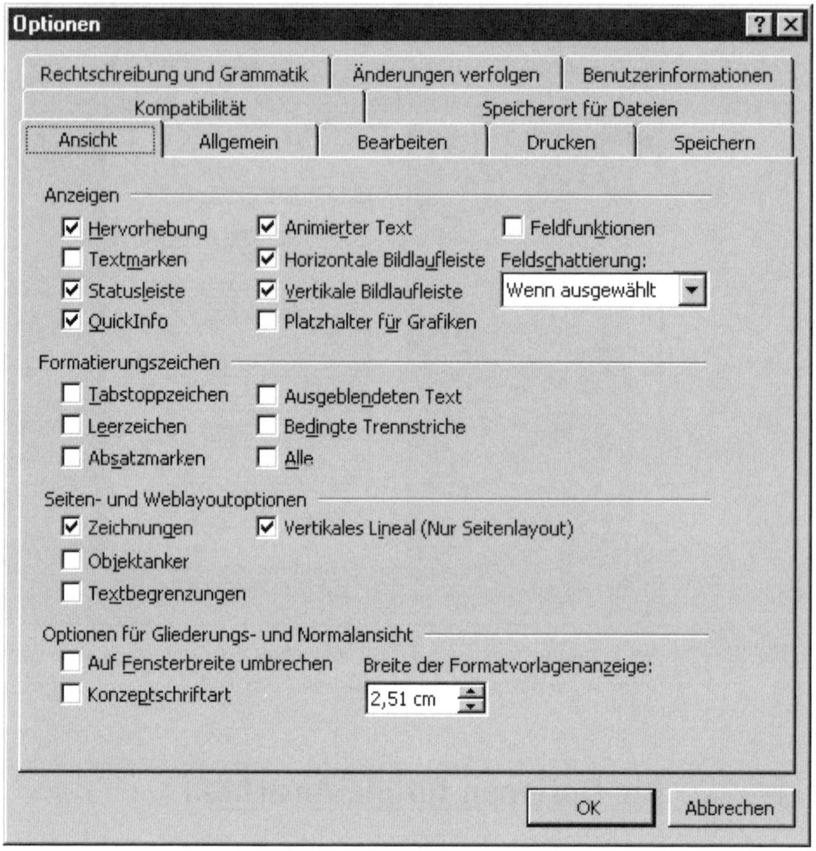

Bild 12.13: *Welche der nicht druckbaren Formatierungszeichen Word ständig darstellen soll, bestimmen Sie in der Registerkarte* Ansicht *der Dialogbox* Optionen

Spezielle Einstellungen für die Layoutansichten bestimmen Sie im Bereich *Seiten- und Weblayout-Optionen*. Zusätzlich zu den üblichen Elementen aktivieren Sie in diesem Bereich die Ansicht der Objektanker und der Textbegrenzungen.

Im Bereich *Optionen für die Gliederungs- und Normalansicht* schalten Sie z.B. die Formatvorlagenanzeige ein und aktivieren mit den Kontrollkästchen *Auf Fensterbreite umbrechen* und *Konzeptschriftart* zwei spezielle Einstellungen für die Beschleunigung der Texteingabe.

13. Form und Größe – Textformatierung

Das Auge liest mit – Thema dieses Kapitels sind die unterschiedlichen Verfahren, um Texte optisch aufzubereiten. Word glänzt durch eine Vielzahl von Funktionen für die ansprechende Textgestaltung.

13.1 Die Zeichenformate

Ob Sie einem einzelnen Zeichen oder einem kompletten Wort ein anderes Aussehen verleihen wollen – die verschiedenen Zeichenformate sind das Mittel zum Zweck. Primär werden Zeichenformate dazu eingesetzt, einzelne Textpassagen hervorheben.

Word faßt alle Zeichenformate in einer Dialogbox zusammen, die Sie über *Format/Zeichen* öffnen. In drei Registern haben Sie den zentralen Zugriff auf alle Funktionen zur Textgestaltung.

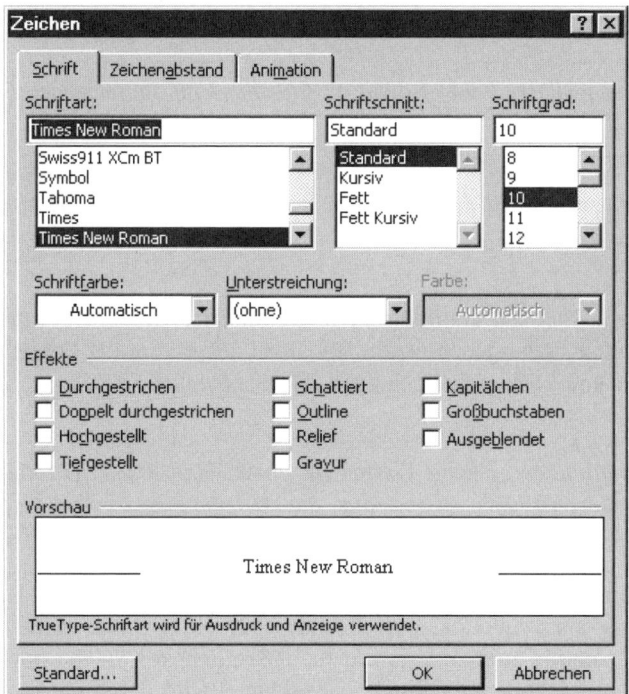

Bild 13.1: Die Dialogbox Zeichen *bietet im Register* Schrift *alle verfügbaren Formatierungen zur Auswahl*

 Für die wichtigsten Zeichenformate finden Sie Symbolschaltflächen in der Symbolleiste Formatierung.

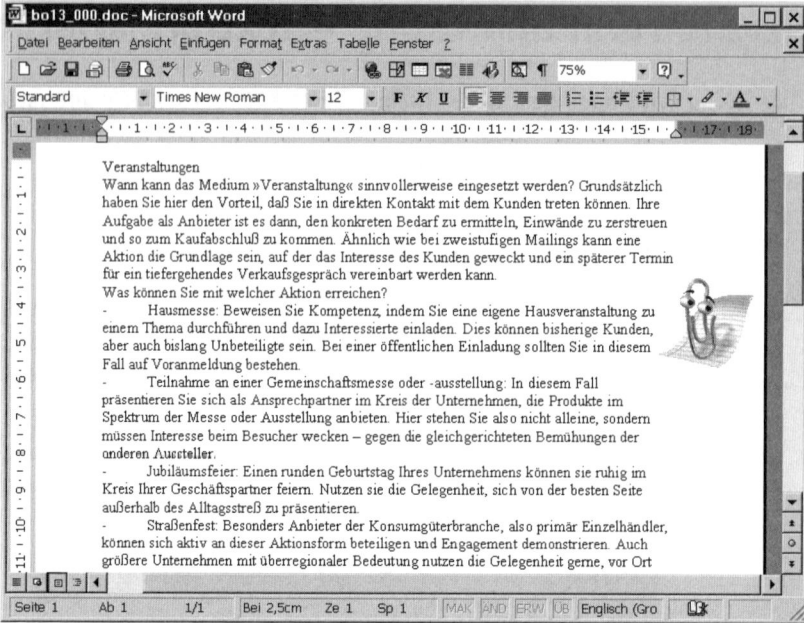

Bild 13.2: Der abgebildete Rohtext dient als Grundlage für die folgenden Formatierungen

Sie müssen nicht den gesamten Text eintippen: Laden Sie einfach die Datei BO13_000.DOC.

In dem Text soll die Überschrift »Veranstaltungen« fett ausgezeichnet und dadurch hervorgehoben werden. Dazu setzen Sie die Schreibmarke in das Wort und klicken anschließend auf das Symbol *Fett*.

Sie markieren einzelne Wörter mit einem Doppelklick. Für die Formatierung von Wörtern reicht es aber aus, die Schreibmarke im Wort zu plazieren.

Schließlich soll die Zeile »Was können Sie mit welcher Aktion erreichen« kursiv erscheinen. Ziehen Sie mit gedrückter linker Maustaste über den Text, um ihn zu markieren. Anschließend klicken Sie auf das Symbol *Kursiv* in der Symbolleiste *Format* – das Symbol wird durch ein schräg stehendes »K« dargestellt.

Form und Größe – Textformatierung

Bild 13.3: Nach einem Klick auf die Symbolschaltfläche Fett *ist die Überschrift »Veranstaltungen« hervorgehoben*

Um eine unerwünschte Auszeichnung wieder zurückzunehmen, markieren Sie diesen Text erneut und klicken das eingedrückte Symbol in der Symbolleiste Format *noch einmal an.*

Einige Tastenkürzel beschleunigen das Formatieren erheblich:

⇢ Mit ⌈Strg⌉+⌈ ⇧ ⌉+⌈F⌉ wird der markierte Text fett formatiert, entsprechend wirken ⌈Strg⌉+⌈ ⇧ ⌉+⌈K⌉ für Kursiv und ⌈Strg⌉+⌈ ⇧ ⌉+⌈U⌉ für Untersteichungen.

⇢ Um alle Textauszeichnungen aus der Markierung zu entfernen, drücken Sie ⌈Strg⌉+⌈Leertaste⌉.

Ob Sie die Zeichenformatierung über die Dialogbox Zeichen, *die Symbolleiste* Format *oder über Tastenkombinationen vornehmen, ist einzig und allein eine Frage des persönlichen Arbeitsstils – entscheiden Sie von Fall zu Fall, welche Steuerelemente Sie nutzen.*

Bild 13.4: In den Listenfeldern Schriftart und Schriftgrad zeigt Word die Schriftart und die Schriftgröße des markierten Textes

Sobald die Markierung unterschiedliche Schriftarten und -größen enthält, bleiben die entsprechenden Listenfelder leer.

Im folgenden soll die Schriftart und Schriftgröße für das gesamte Dokument verändert werden: Wählen Sie z.B. die Schriftart *Arial* und die Schriftgröße *12*. Zu diesem Zweck müssen Sie das gesamte Dokument markieren. Dadurch zeigen Sie Word an, welchen Textbereich Sie meinen. Am schnellsten geht dies mit der Tastenkombination [Strg]+[A] oder dem Befehl *Bearbeiten/Alles markieren*. Der gesamte Text ist schwarz unterlegt.

Die Schriftart *Arial* stellen Sie ein, indem Sie das Listenfeld *Schriftart* in der Symbolleiste *Format* anklicken und dann solange blättern, bis der Schriftname *Arial* erscheint: Mit einem Klick oder durch [←] wählen Sie die Schriftart aus.

Die Schriftgröße setzen Sie – analog zur Schriftart – im Listenfeld *Schriftgröße* auf *12 pt*. Zwischengrößen, z.B. *13 pt*, geben Sie in diesem Eingabefeld über die Tastatur ein.

Schneller formatieren mit Tastenkombinationen: In das Listenfeld Schriftart *gelangen Sie mit* [Strg]+[⇧]+[A]. *Geben Sie den Anfangsbuchstaben der gewünschten Schrift ein, und drücken Sie die Taste* [↓]. *Word öffnet das Listenfeld: die Auswahl steht auf dem ersten Schrifteintrag, der mit dem eingegebenen Buchstaben beginnt. Durch* [←] *übernehmen Sie die Schriftart.*

Um die Schriftgröße mit der Tastatur zu verändern, nutzen Sie [Strg]+[⇧]+[P]. Noch einfacher und schneller bei markiertem Text: Mit [Strg]+[9] vergrößern Sie die Schrift punktweise, mit [Strg]+[8] verkleinern Sie die Schriftgröße ebenso.

Alle Zeichenformate stehen Ihnen über die Dialogbox *Zeichen* unter *Format/Schriftart* zur Verfügung. Die Tastenkombination [Strg]+[D] öffnet die Dialogbox *Zeichen*. Im Register *Schrift* finden Sie die unterschiedlichen Einstellungen *Schriftart*, *Schriftschnitt* und *Schriftgrad*.

Wenn bei den Formatierungen einige Optionen ständig deaktiviert sind, dann liegt das an der Kompatibilitätseinstellung für Word 2000, die unter Extras/Optionen *im Register* Speichern *aktiviert ist.*

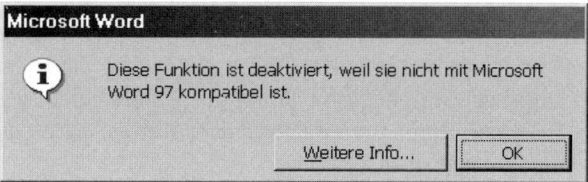

Bild 13.5 Mit dieser Dialogbox macht Word darauf aufmerksam, daß Sie von Word 97 nicht unterstützte Funktionen nutzen möchten

Das Listenfeld Schriftfarbe erlaubt Ihnen, eine andere Textfarbe festzulegen.

Über das Listenfeld *Unterstreichung* haben Sie die Wahl zwischen mehreren verschiedenen Unterstreichungen. Wenn Sie im Format von Word 2000 arbeiten, kann die Unterstreichungsfarbe von der Textfarbe abweichen: nutzen Sie dazu das Listenfeld *Farbe*.

Der Bereich *Effekte* bietet Ihnen noch weitergehende Möglichkeiten zur Textgestaltung. Mit den Kontrollkästchen wählen Sie die Texteffekte. Eine Vorschau erleichtert Ihnen dabei die Wahl.

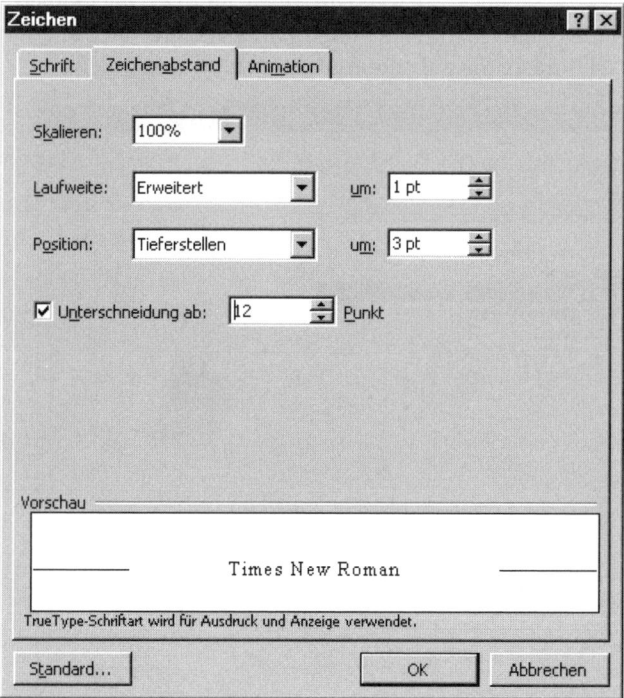

Bild 13.6: Im Register Zeichenabstand *definieren Sie den Zeichenabstand und die Textposition*

Word übernimmt die Einstellungen für den gesamten markierten Bereich. Sobald die Schreibmarke in einem Wort steht, gelten die neuen Formate für das Wort unter der Schreibmarke. Blinkt die Schreibmarke zwischen Wörtern oder am Ende bzw. Anfang eines Satzes oder Wortes, gelten die Änderungen für neu eingegebenen Text.

Öffnen Sie das Register *Zeichenabstand*. Über das Listenfeld *Skalieren* verändern Sie die Buchstabenbreite.

Die *Laufweite* ist der Abstand zwischen den einzelnen Buchstaben. Im Listenfeld *Position* bestimmen Sie die vertikale Zeichenposition innerhalb der Zeile.

Durch Aktivieren des Kontrollfelds *Unterschneidung* paßt Word die Abstände bei bestimmten Buchstabenpaaren, wie z.B. »AV« oder »Te« automatisch an. Sie geben die Schriftgröße an, ab der die Buchstabenabstände verändert werden.

Mit einem Klick auf die Schaltfläche *Standard* legen Sie alle Einstellungen in dieser Dialogbox als Standardschrift und -auszeichnung fest. Dazu paßt Word die Dokumentvorlage NORMAL.DOT entsprechend an – eine Sicherheitsabfrage fordert Sie auf, die Änderungen zu bestätigen.

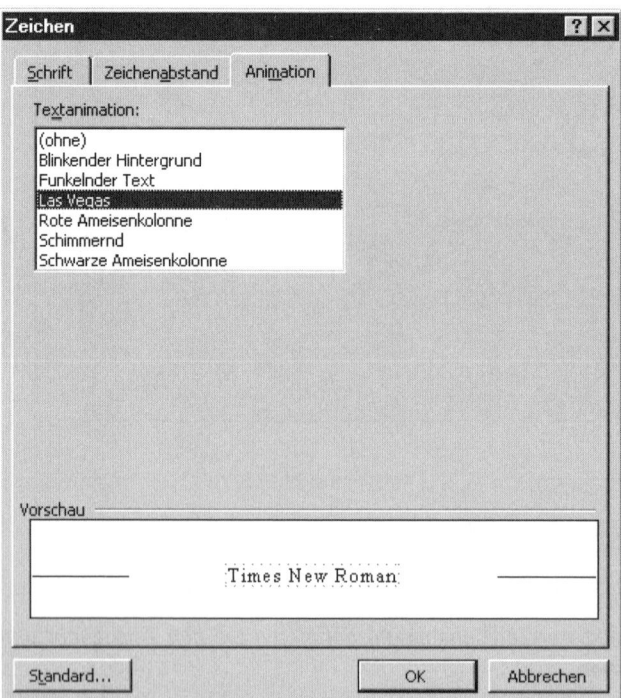

Bild 13.7: Über das Register Animation *heben Sie Texte in der Bildschirmdarstellung hervor*

Spezielle Funktion für die Gestaltung von Online-Dokumenten verbirgt das Register *Animation* der Zeichen-Dialogbox. Mit den Werkzeugen dieses Registers weisen Sie Spezialeffekte zu, die ausschließlich in der Bildschirmdarstellung zu sehen sind – der Text wird ohne Animationen gedruckt.

Tastenkombinationen für Zeichenformatierungen

Groß-/Kleinschreibung ändern	⇧ + F3
Wortweise unterstreichen	Strg + ⇧ + W
Großbuchstaben	Strg + ⇧ + G
Tiefgestellt	Strg + #
Hochgestellt	Strg + +

13.2 Die Absatzformate

Absatzformatierungen beziehen sich nicht auf einzelne Zeichen, sondern immer auf mindestens einen Absatz. Das wesentliche Merkmal ist dabei die Textausrichtung: Normalerweise ist der Text am linken Seitenrand ausgerichtet – alle Zeilen beginnen am äußersten linken Seitenrand. Im Menü *Format/Absatz* wählen Sie zwischen vier verschiedenen Ausrichtungen.

Ähnlich wie bei der Zeichenformatierung nutzen Sie wahlweise die Symbole der Format-Leiste, die Tastenkombinationen oder die Dialogbox *Absatz*, die Sie mit dem Befehl *Format/Absatz* aktivieren.

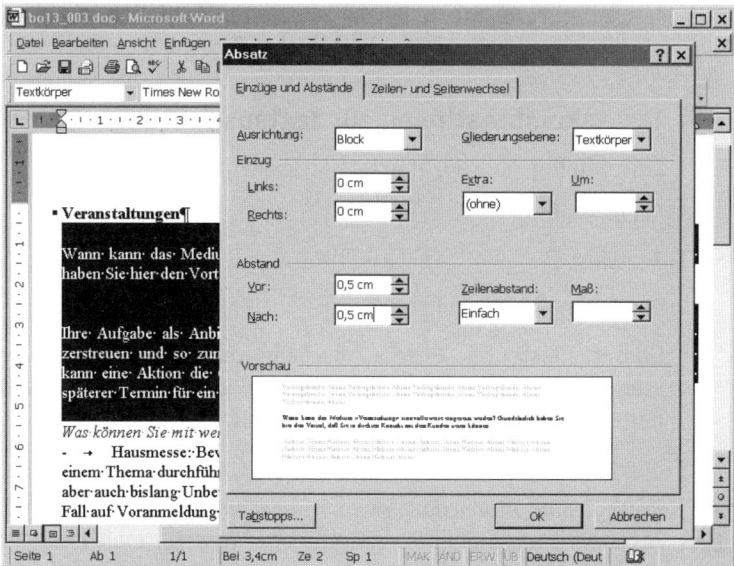

Bild 13.8: Die Absatzformatierung bestimmen Sie in der Dialogbox Absatz

Beim genauen Betrachten des Textes aus dem Beispiel stellen Sie fest, daß im ersten und zweiten Absatz ein unregelmäßiger rechter Rand entstanden ist – ein »Flattersatz«.

Markieren Sie die beiden Absätze, und rufen Sie den Befehl *Format/Absatz* auf. Word öffnet die Dialogbox *Absatz* mit der Registerkarte *Einzüge und Abstände*.

Laden Sie die Beispieldatei B013_003.DOC, um mit den Abständen zu experimentieren.

Im Listenfeld *Ausrichtung* legen Sie fest, ob der Text in den markierten Absätzen links- oder rechtsbündig, zentriert oder im Blocksatz erscheinen soll. Standardeinstellung ist linksbündig, das heißt der Text wird vom linken Seitenrand an geschrieben und Word fügt automatisch einen Zeilenumbruch ein, sobald das neue Wort nicht mehr in die aktuelle Zeile paßt. Dabei wird der rechte Seitenrand unregelmäßig – er »flattert«.

- Bei der rechtsbündigen Textausrichtung wird der Text vom rechten Seitenrand an geschrieben. Word fügt automatische Zeilenumbrüche ein – dabei »flattert« der linke Rand des Textes.
- Im Blocksatz wird der Text gleichmäßig zwischen linkem und rechtem Seitenrand positioniert. Dazu werden die Abstände zwischen den Wörtern verringert bzw. vergrößert.
- Zentrierter Text wird von der Zeilenmitte aus gleichmäßig nach beiden Seiten geschrieben. Bei der zentrierten Textausrichtung erscheinen linker und rechter Seitenrand unregelmäßig.

Tastenkombinationen zur Textausrichtung

Linksbündig	[Strg]+[L]
Rechtsbündig	[Strg]+[R]
Zentriert	[Strg]+[E]
Blocksatz	[Strg]+[B]

Über das Listenfeld *Gliederungsebene* weisen Sie den markierten Absätzen eine hierarchische Ebene zu – diese Ebenen nutzen Sie z.B. in der Gliederungsansicht oder der Dokumentstruktur.

Einzüge sind Abweichungen vom üblichen Seitenrand innerhalb eines Absatzes. Damit realisieren Sie z.B. korrekte Numerierungen oder Aufzählungen.

Im Bereich *Einzug* regeln Sie das Verhalten des Absatzes in Bezug auf die eingestellten Seitenränder – genauere Erläuterungen finden Sie im zugehörigen Abschnitt.

Den freien Platz vor oder nach einem Absatz, definieren Sie in den Listenfeldern *Vor* und *Nach*. Hier geben Sie bei beiden Angaben jeweils »0,5 cm« ein. Anfangs- und Endabstand der Absätze addieren sich. Im Beispiel ergibt das also einen Zentimeter Leerraum zwischen den beiden Absätzen.

Im Listenfeld *Zeilenabstand* wird der Freiraum zwischen den einzelnen Textzeilen bestimmt. Sie können dabei auf einen definierten Abstand in dem Listenfeld zugreifen, aber auch ein eigenes Maß festlegen.

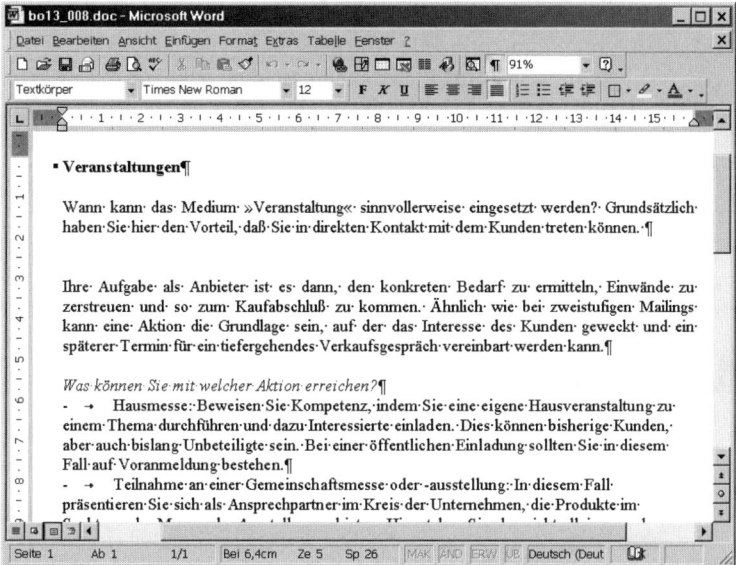

Bild 13.9: *Der erste und zweite Absatz stehen genau einen Zentimeter voneinander getrennt*

Besondere Absatzeigenschaften

Das zweite Register der Dialogbox beschäftigt sich mit den Einstellungen zum *Zeilen- und Seitenwechsel*. Die einzelnen Optionen haben folgende Bedeutung:

- *Absatzkontrolle*
  Diese Option bewirkt, daß der Absatz nicht durch einen Seiten- oder Spaltenwechsel zerstückelt wird. Dadurch vermeiden Sie sogenannte Hurenkinder und Schusterjungen. Bei einem Hurenkind handelt es sich um die letzte Zeile eines Absatzes, die alleine am oberen Rand der nächsten Seite steht. Als Schusterjungen bezeichnet man die erste Zeile eines Absatzes, die am unteren Seitenrand der vorherigen Seite steht.

- *Absätze nicht trennen*
  Hierbei erfolgt zwischen diesem und dem nächsten Absatz kein Seitenwechsel. So brauchen Sie nicht zu befürchten, daß eine Seite mit einer einsamen Überschrift endet.

- *Zeilen nicht trennen*
  Bei dieser Option wird der Absatz auf keinen Fall durch einen Seitenumbruch getrennt. Paßt er nicht mehr auf die Seite, kommt er vollständig auf die nächste.

- *Seitenwechsel oberhalb*
  Mit dieser Einstellung legen Sie fest, daß vor den markierten Absätzen immer ein Seitenumbruch erfolgt.

- *Zeilennummern unterdrücken*
  Mit diesem Kontrollkästchen bestimmen Sie, ob dieser Absatz eine Zeilennumerierung erhält oder nicht. Mit dem Kontrollkästchen unterdrücken Sie für die gewählten Absätze die Numerierung, falls Sie diese mit Datei/Seite einrichten aktiviert haben.

- *Keine Silbentrennung*
  Dieser Absatz wird bei der automatischen Silbentrennung übergangen, kann aber nach wie vor manuell getrennt werden.

13.3 Mit Tabulatoren arbeiten

Tabulatoren dienen zur Ausrichtung von Text. Aufzählungen, einfache Tabellen oder auch Preisangaben lassen sich mit Tabulatoren exakt ausrichten.

Beim Positionieren von Textelementen mit Leerzeichen können Sie nie sicher sein, daß die gewünschten Textzeilen tatsächlich exakt untereinander stehen. Üblicherweise wird heute mit proportionalen Schriften gearbeitet, bei denen die Buchstabenbreite unterschiedlich ausfällt. Einen anderen Stolperstein bildet der Blocksatz: Die exakte Ausrichtung zwischen linkem und rechtem Rand findet über die Veränderung der Wortabstände statt – die Leerzeichen einzelner Zeilen differieren in der Breite.

Texte mit Tabulatoren ausrichten

Tabulatorzeichen sind horizontale Abstandhalter die zur exakten Ausrichtung von Text dienen. Auch wenn Word noch andere Möglichkeiten bietet, die Erstellung von Tabellen unter Verwendung von Tabstops ist nicht ohne Bedeutung.

Die Arbeit mit Tabstops besteht aus mehreren Arbeitsschritten. Zunächst wird ein Tabulatorzeichen an der zu überbrückenden Stelle mit Hilfe der ⇥-Taste eingegeben, dann die Art des Tabulators ausgewählt und zum Schluß die »Länge« des Tabulatorzeichens festgelegt. Damit ein neu eingegebenes Tabulatorzeichen überhaupt stoppt, sind in Word die Standard-Tabstopweiten voreingestellt. Im horizontalen Lineal sind die Standard-Tabstops durch kleine senkrechte Markierungsstriche unterhalb der Linealteilung zu erkennen.

In Word stehen Ihnen fünf verschiedene Tabulatorausrichtungen zur Verfügung. Sind Tabulatoren definiert, springt Word nach Eingabe von ⇥ an die nächste erreichbare Tabulatorposition. Andernfalls werden Standardabstände eingefügt. Die Standard-Tabulatorpositionen sind alle 1,25 Zentimeter voneinander entfernt.

 In der Dialogbox Tabstopps *ändern Sie bei Bedarf die voreingestellten Standard-Tabstops – wählen Sie im gleichnamigen Eingabefeld einen anderen Abstand.*

Für diesen Abschnitt ist es wichtig, daß Sie das waagerechte Lineal eingeblendet haben. Holen Sie dies über das Menü *Ansicht* nach, indem Sie den Eintrag *Lineal* aktivieren. Die Symbolschaltfläche zum Umschalten des Tabulatortyps finden Sie am äußeren linken Rand des Lineals.

Bild 13.10: Hier sind die Tabulatortypen zu sehen: vier Arten von Tabulatoren sorgen dafür, daß Texte exakt untereinander stehen

In der Standardeinstellung zeigt Word das Symbol eines linksbündigen Tabulators. Falls Sie einen anderen Tabulator einstellen wollen, erreichen Sie dies, indem Sie auf das Tabulator-Symbol klicken. Bei jedem Klick ändert sich der Typ des Tabulators:

Die Tabulatoren

Linksbündiger Tabulator: Der nachfolgende Text wird an diesem linksbündig ausgerichtet und nach rechts weiter geschrieben.

Zentrierter Tabulator: Der nachfolgende Text wird an diesem Tabulator zentriert.

Rechtsbündiger Tabulator: Der nachfolgende Text wird an diesem rechtsbündig ausgerichtet und nach links fortgeschrieben.

Dezimaltabulator: Der Text wird so ausgerichtet, daß das erste Dezimalzeichen – im deutschen Sprachraum ein Komma – im Text genau unter dem Tabulator steht. Damit lassen sich z.B. Rechnungsbeträge exakt positionieren.

Leiste: Dieser Tabulatortyp sorgt nicht für die Textausrichtung: er setzt eine dünne vertikale Linie in die markierten Absätze.

Weitere Klicks auf die Symbolschaltfläche im Lineal offenbaren zusätzliche Schaltflächen für die Linealsteuerung: mit den Symbolen Erstzeileneinzug *und* Hängender Einzug *stellen Sie Absatzeinzüge ein.*

Eine Tabstop-Position setzen Sie durch einen Klick in das waagerechte Lineal. Wenn Sie einen Tabulator setzen, gilt er für den gesamten Absatz, der gerade markiert ist oder in dem sich die Schreibmarke gerade befindet. Wenn mehrere Absätze markiert sind, ändern Sie die Tabstop-Positionen für alle markierten Absätze.

 Um die Tabulatoreinstellung für das gesamte Dokument zu ändern, markieren Sie mit Strg+A *das ganze Dokument und stellen dann die gewünschten Tabstops ein.*

Bild 13.11: Tabulatoren erscheinen durch ein Symbol im Lineal. Hier ist ein linksbündiger Tabulator an der Position 8 cm gesetzt

 Sobald Sie einen Tabulator im Lineal anklicken und die Maustaste gedrückt halten, zeigt Ihnen Word im Textfenster eine senkrechte Linie als Orientierungshilfe.

Damit der Tabulator auch zum Einsatz kommt, drücken Sie einmal ⭾. Das auf den Tabulatorsprung folgende Zeichen wird nach rechts auf die nächste Tabulatorposition geschoben, die Zeile wird von dort aus fortgesetzt.

Standard-Tabstops stehen Ihnen in Word immer zur Verfügung. Klicken Sie in Ihrem Text in die erste Zeile, und betrachten Sie Ihr Lineal am oberen Rand etwas genauer. Unterhalb der Zentimeterangaben befinden sich kleine, graue Striche im Rand. Diese Striche markieren die Standard-Tabstops. Sie sind im Programm standardmäßig auf den Abstand von 1,25 cm gesetzt.

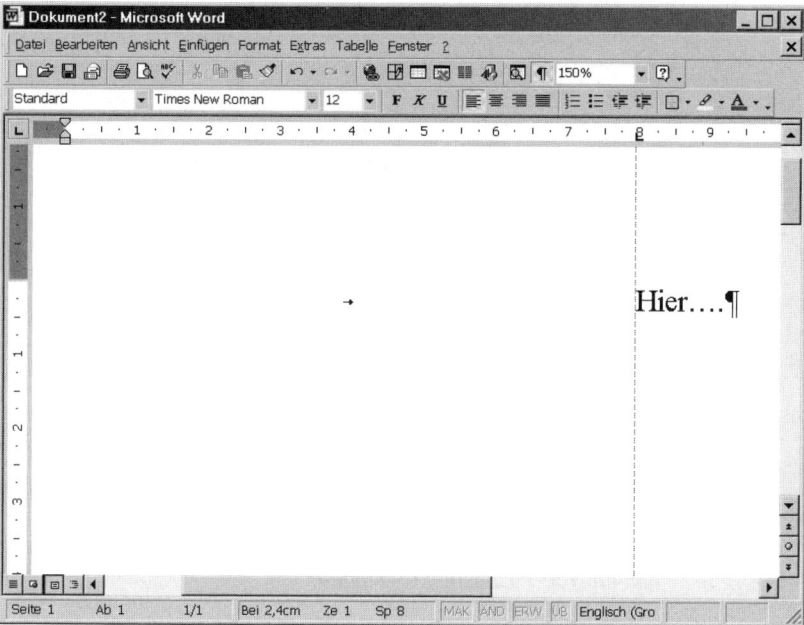

Bild 13.12: Tabulatorzeichen und Betätigen der ⭲-Taste sorgen dafür, daß der Text dieses Absatzes genau acht Zentimeter von linken Seitenrand entfernt beginnt

Bild 13.13: Die Standard-Tabstops werden im Lineal durch kleine graue Striche dargestellt

Drücken Sie einmal die Taste ⭲. Sie werden erkennen, daß der Text um 1,25 cm auf die Höhe des ersten Standard-Tabstops eingerückt wird. Wenn Sie noch einmal drücken, springt der Text wieder um 1,25 cm weiter nach rechts. Entfernen Sie die Tabulatorzeichen wieder, indem Sie zweimal ⟵ drücken. Die Schreibmarke steht wieder an der ursprünglichen Stelle.

 Zum Löschen eines Tabulators ziehen Sie das Symbol mit der Maus nach unten oder oben aus dem im Lineal.

Bild 13.14: *In der Dialogbox* Tabstopps *werden die Optionen für die detaillierte Einrichtung der Tabstop-Positionen angeboten*

Alle möglichen Tabulatoreinstellungen sind in einer eigenen Dialogbox zusammengefaßt. Über den Befehl *Format/Tabulator* öffnen Sie die Dialogbox *Tabstopps*.

Um einen Tabulator neu einzurichten, geben Sie im Feld *Tabstoppposition* die Position des Tabulators in Zentimetern ein.

Der Bereich *Ausrichtung* legt den Typ des Tabulators fest: *Links*, *Zentriert*, *Rechts*, *Dezimal* oder *Vertikale Linie*.

Im Bereich *Füllzeichen* bietet Word verschiedene Optionen an, um den vom Tabulatorzeichen verursachten Leeraum zu füllen. Diese Funktion finden Sie z.B. bei Inhaltsangaben, wenn Kapiteltitel und Seitenzahl durch eine Leitlinie verbunden sind, um die Lesbarkeit zu erhöhen.

Um den neuen Tabstop zu aktivieren, klicken Sie auf die Schaltfläche *Festlegen*. Auf diese Art und Weise haben Sie die Möglichkeit, nacheinander mehrere Tabulatoren für die markierten Absätze zu definieren.

Mit Hilfe der Schaltfläche *Löschen* bzw. *Alle löschen* können Sie gesetzte Tabstops wieder aufheben. Um in der Dialogbox eine Position zu ändern, löschen Sie erst die alte Position und fügen danach die neue hinzu.

Die Position des Standardtabs verändern Sie im Feld *Standardtabstopps*. Anstelle der vorgegebenen 1,25 cm können Sie andere Werte vorgeben.

Um die Änderungen zu aktivieren, müssen Sie die Dialogbox mit *OK* verlassen.

13.4 Einzüge festlegen

Üblicherweise läuft ein Text immer zwischen dem linken und rechten Seitenrand, so daß er die zur Verfügung stehende Seitenbreite vollständig ausnutzt. Um dies zu ändern, definieren Sie Einzüge, mit denen der Text über den Seitenrand ein- bzw. ausgerückt wird.

Das Lineal leistet Ihnen dabei gute Dienste. Die grauen Dreiecke am linken und rechten Rand des waagerechten Lineals dienen zum Ein- oder Ausrükken von Text. Die drei Dreiecke haben unterschiedliche Funktionen:

- Das nach oben zeigende Dreieck auf der linken Seite rückt den Absatz, mit Ausnahme der ersten Zeile, um die eingestellte Distanz ein.

- Das nach unten zeigende Dreieck ist in der Lage, die erste Zeile unabhängig zu formatieren. Durch Verschieben wird sie ein- oder ausgerückt. Einrückungen finden Sie z.B. bei Absatzanfängen in Zeitungen und Zeitschriften, Ausrückungen – sogenannte »hängende« Einzüge – werden bei Aufzählungen eingesetzt.

- Das Kästchen unter dem linken Aufwärtspfeil erhält die relativen Positionen von Erstzeilen- und Absatzeinzug. Durch Verschieben erreichen Sie eine Veränderung für den gesamten Absatz.

- Der rechte Aufwärtspfeil legt eine Einrückung vom rechten Seitenrand fest.

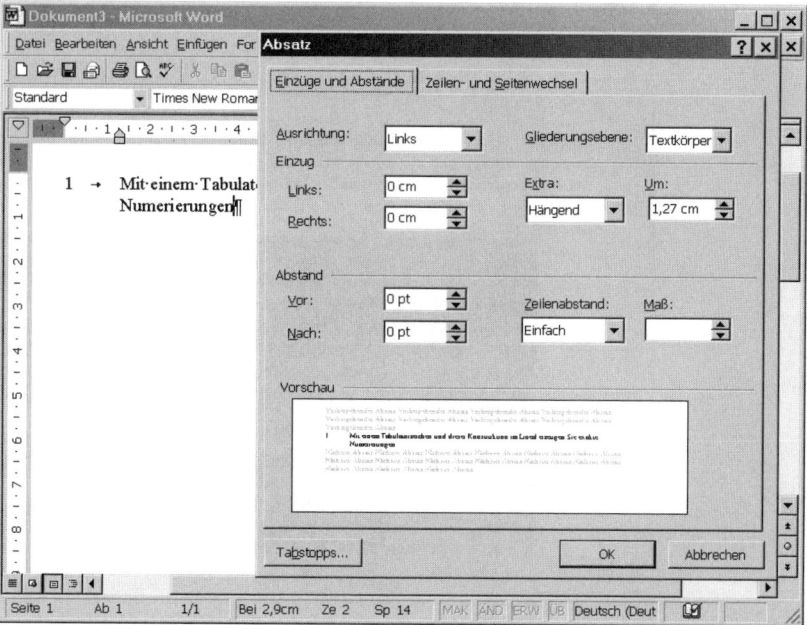

Bild 13.15: Über die Dialogbox Absatz *richten Sie alle Einzüge numerisch exakt ein*

Wählen Sie das Symbol *Hängender Einzug* und klicken Sie dann an die gewünschte Position im Lineal, um einen hängenden Einzug zu erzeugen.

Wählen Sie das Symbol *Erstzeileneinzug* und klicken Sie dann an die gewünschte Position im Lineal, um einen besonderen Einzug für die erste Zeile zu erzeugen.

Auch für Einzüge bietet Word natürlich eine Dialogbox. Sie wird mit *Format/Absatz* geöffnet. In dieser Dialogbox legen Sie die Einstellungen für die Einzüge numerisch exakt fest.

13.5 Numerierung und Aufzählung einsetzen

Sie haben bereits die Aufzählungen mit Tabulatoren eingerückt, um sie vom übrigen Text abzuheben. Word bietet noch eine wesentlich elegantere Möglichkeit, um mit Aufzählungszeichen oder sogenannten Blickfangpunkten den Text zu strukturieren. Dazu markieren Sie die Absätze mit den Aufzählungszeichen.

Nutzen Sie die Datei B013_000.doc für die Übung mit den Aufzählungen.

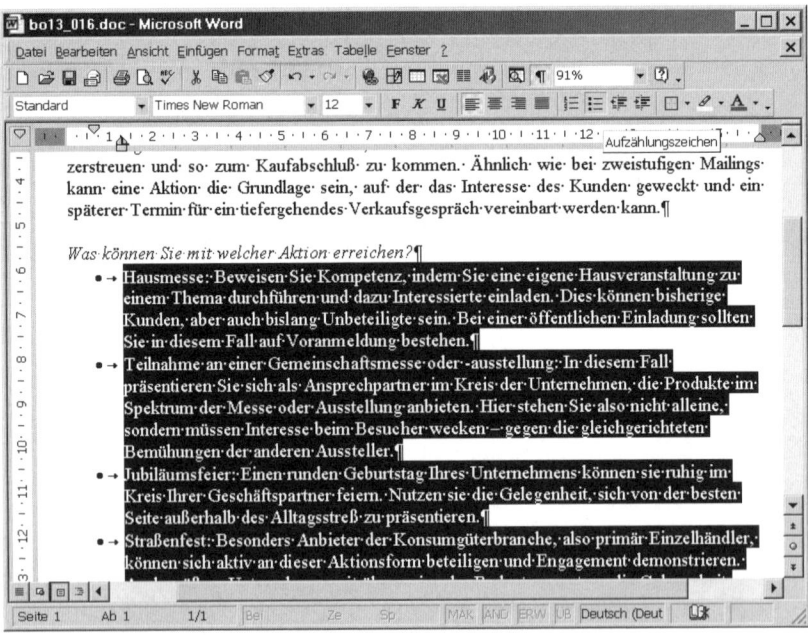

Bild 13.16: Die vorhandenen Tabstops werden von der Aufzählungsfunktion erkannt und automatisch entfernt

Um Aufzählungszeichen einzufügen, klicken Sie in der Symbolleiste *Format* auf das Symbol *Aufzählungszeichen*. Danach werden die Aufzählungen durch Blickfangpunkte abgesetzt.

 Verwenden Sie die Einrückungssymbole des Lineals, um die Abstände der Aufzählungszeichen vom Text zu verändern

Wenn die Blickfangpunkte zu nah am oder zu weit vom Text stehen oder Ihnen die automatischen Blickfangpunkte nicht gefallen, sind Änderungen nötig. Dafür öffnen Sie das Menü *Format* und aktivieren Sie den Befehl *Nummerierung und Aufzählungszeichen*.

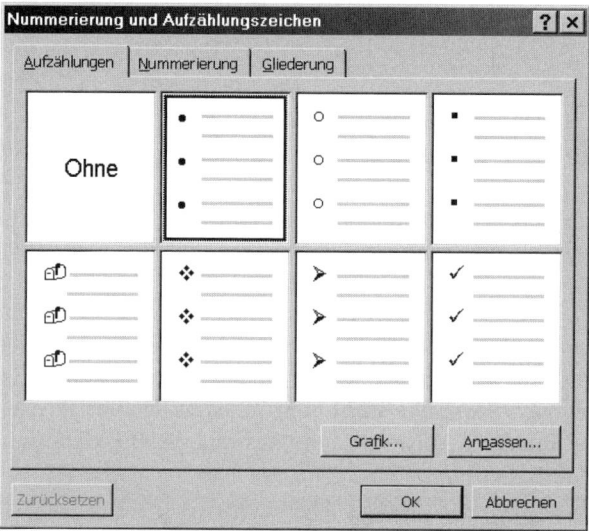

Bild 13.17: Die Dialogbox Nummerierung und Aufzählungszeichen *stellt einige vordefinierte Stile zur Verfügung*

In der Dialogbox *Nummerierung und Aufzählungszeichen,* Register *Aufzählungen* erscheinen sieben Standard-Vorgaben. Um Aufzählungszeichen zu benutzen, die hier nicht aufgeführt sind, oder die Einrückung zu verändern, markieren Sie einen Aufzählungstypen und klicken dann auf die Schaltfläche *Anpassen*.

Wenn Ihnen der Abstand zwischen Sonderzeichen und Text nicht gefällt, verändern Sie diesen in dem Eingabefeld *Einzug bei:* unter *Textposition*.

In dem Eingabefeld *Einzug bei:* unter *Zeichenposition* verändern Sie den linken Einzug des Sonderzeichens.

Um das Aufzählungszeichen zu verändern, markieren Sie das erste Symbol und klicken auf die Schaltfläche *Zeichen*.

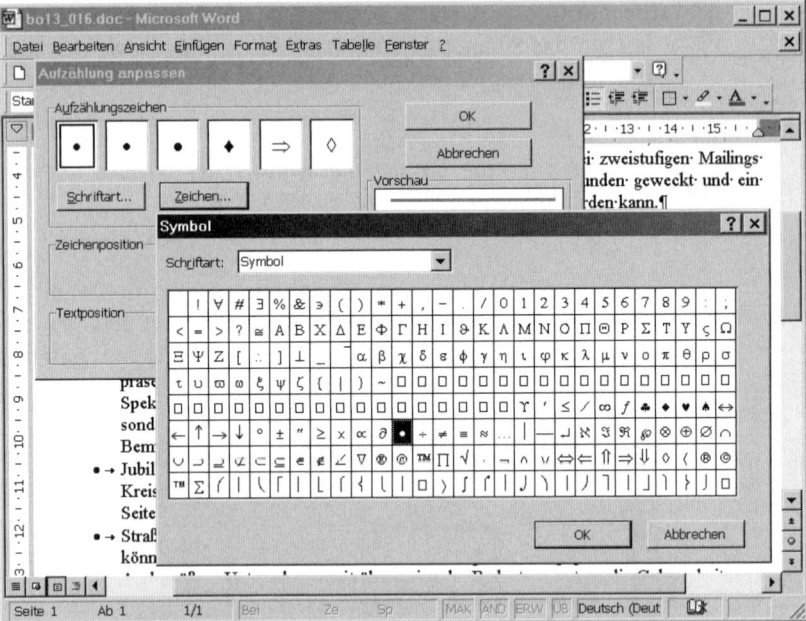

Bild 13.18: Das Dialogfenster Aufzählung anpassen *mit der Schaltfläche* Zeichen *zum Einfügen von Sonderzeichen als Aufzählungen*

Das Dialogfenster *Symbol* stellt alle verfügbaren Zeichen der aktuellen Schrift in einem Raster dar. Ein Klick auf ein Zeichen vergrößert dieses. Neben der voreingestellten Schriftart *Symbol* finden Sie noch andere Zeichensätze im Listenfeld *Schriftart*. Die wohl bekanntesten Symbolschriften – Wingdings und Zapf Dingbats – erweitern die Auswahl der Blickfangpunkte erheblich.

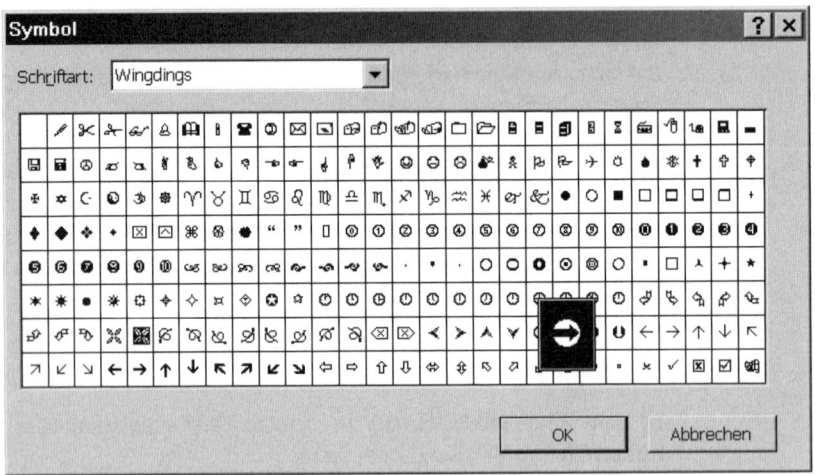

Bild 13.19: Das Zeichenangebot der Schriftart Wingdings *läßt nur wenige Wünsche offen*

Wählen Sie für das Beispiel die Schriftart *Wingdings*. Suchen Sie sich einfach ein Zeichen aus, und klicken Sie anschließend auf die Schaltfläche *OK*. Word überträgt dieses Symbol jetzt an die Position des hinterlegten Symbols. Nach einem weiteren Klick auf *OK* steht das neu gewählte Zeichen vor den Aufzählungen im Text.

Falls Ihnen die in der Dialogbox *Symbol* enthaltenen Symbole noch nicht reichen, können Sie ebenso auf Grafiken zugreifen. Diese Form ist selbstverständlich für Webdokumente bestens geeignet.

Klicken Sie dazu auf die Schaltfläche *Grafik* im Register Aufzählungen der Dialogbox *Nummerierung und Aufzählungszeichen*. Word aktiviert die ClipGallery mit den verfügbaren Bildaufzählungszeichen.

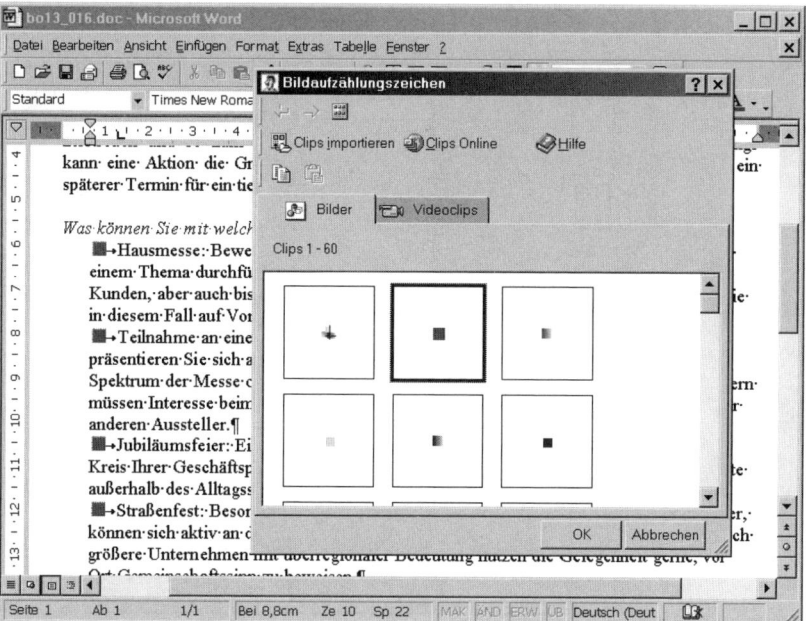

Bild 13.20: Mit der ClipGallery fügen Sie auf bequeme Weise grafische Bildaufzählungspunkte in den Text ein

Einzelne Absätzen können zahlreiche Formatierungen aufweisen. Wenn Sie wissen wollen, was ein Absatz so alles mit sich herumschleppt, gibt Ihnen die FormatInfo Aufschluß. Aktivieren Sie den Befehl ?/Direkthilfe, oder benutzen Sie die Tastenkombination ⇧ + F1 . *Klicken Sie in den Absatz, über den Sie Informationen einholen wollen. In dem sich öffnenden Fenster sehen Sie alle zugewiesenen Formatierungen. Mit* Esc *wird die Funktion beendet.*

13.6 Rahmen und Hintergründe definieren

Mit Linien, Rahmen oder Hintergrundmustern heben Sie einen Absatz oder eine Markierung hervor. Diese Funktion ist gleichermaßen auf Grafiken und Tabellen anwendbar. Die diesen Objekten zugeordneten Befehle führen in jedem Fall in die Dialogbox *Rahmen und Schattierung*.

Setzen Sie die Schreibmarke in den ersten Absatz der Beispieldatei, und rufen Sie den Befehl *Format/Rahmen und Schattierung* auf. Word öffnet die gleichnamige Dialogbox und erkennt, daß der Absatz keine Rahmenlinien hat.

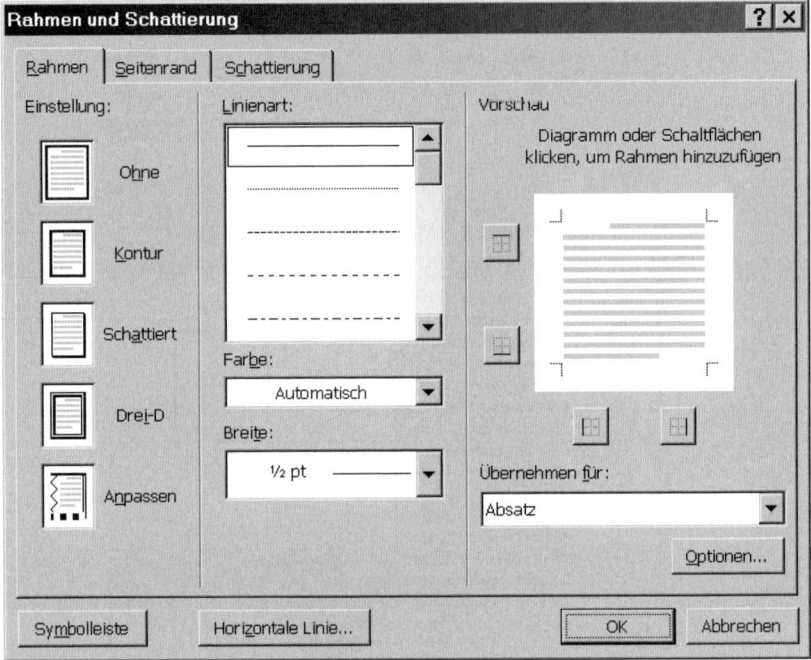

Bild 13.21: Die Dialogbox Rahmen und Schattierung *bietet Ihnen umfangreiche Einstellungen für das Umgeben von Text und Grafiken mit Linien*

Um diesen Zustand zu ändern, klicken Sie auf die Schaltfläche *Kontur*. In dem Listenfeld *Linienart* wählen Sie die gewünschte Art – belassen Sie für das Beispiel die Voreinstellung.

Statt einer Kontur sind auch Linien an einer der vier Seiten oder eine Kombination möglich.

 Die Einstellung Schattiert *können Sie nur bei einem geschlossenen Rahmen anklicken.*

Wie aber gelangen Sie an einzelne Linien? Hierfür klicken Sie im Bereich *Vorschau* auf die entsprechende Symbolschaltfläche, um eine Linie hinzuzufügen bzw. zu entfernen. Die Farbe und Breite der Linie bestimmen Sie in den gleichnamigen Listenfeldern.

Über die Schaltfläche *Optionen* gelangen Sie zur Dialogbox *Rahmen- und Schattierungsoptionen*. In dieser Dialogbox bestimmen Sie den Abstand des Textes zum Rahmen.

Die Registerkarte Seitenrand *stellt die gleichen Optionen wie das Register* Rahmen *zur Verfügung – das Objekt der Formatierung ist aber immer die Umrandung der aktuellen Seite.*

Mit der Registerkarte *Schattierung* wählen Sie Hintergrundmuster und -farben. Auch diese gelten wieder für den gesamten Absatz oder die Markierung. Diese Art der Formatierung kann z.B. sinnvoll in Tabellen angewandt werden, um dort die Zuordnung der Zeilen zu erleichtern. Für das Beispiel stellen Sie eine Schattierung von *20% grau* ein und verlassen die Dialogbox mit *OK*.

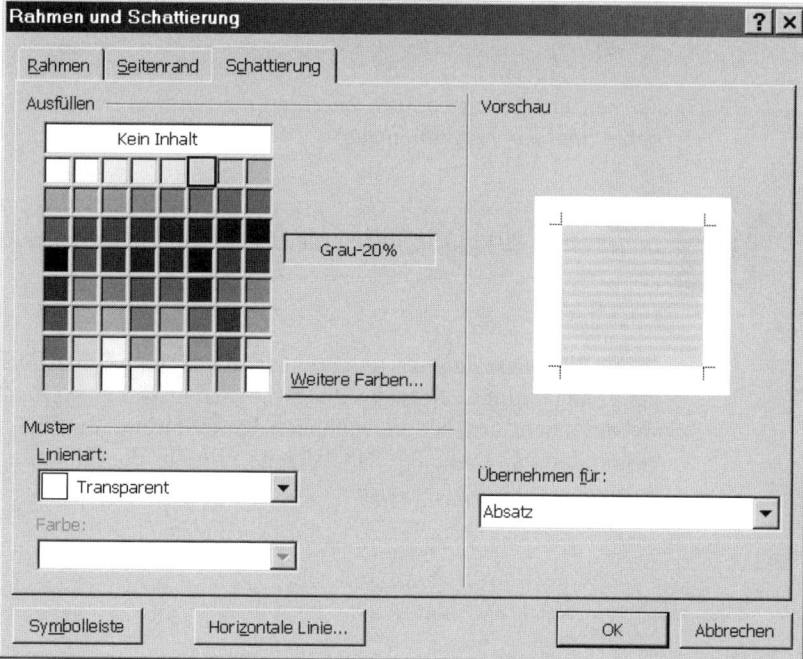

Bild 13.22: Über das Register Schattierung *heben Sie Absätze und markierte Textpassagen farbig hervor*

Wenn Sie einen Hintergrund einfarbig (100%) mit Schwarz hinterlegen, wandelt Word die Schriftfarbe automatisch in Weiß um.

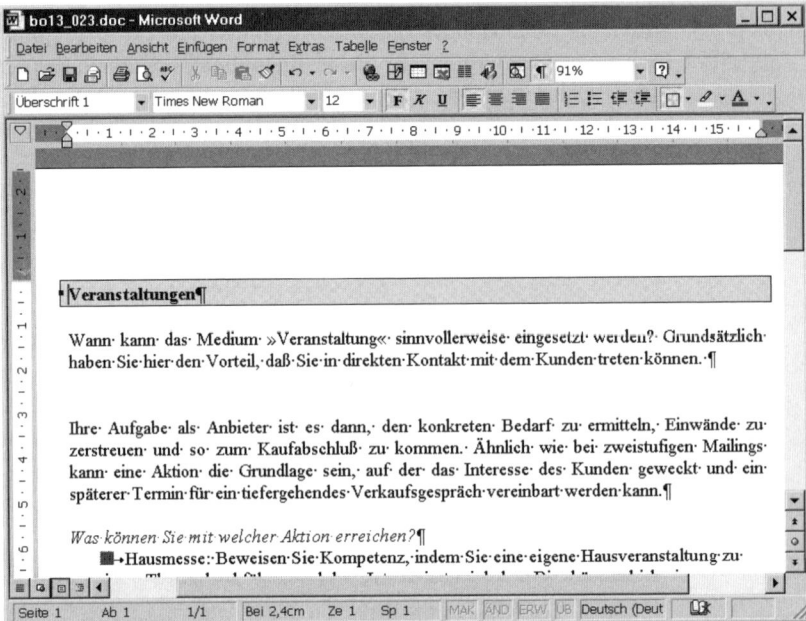

Bild 13.23: Rahmen und Schattierungen beachten die Absatzeinstellungen zwischen dem linken und dem rechten Einzug

 In der Datei B013_020.DOC ist die Überschrift wie im Beispiel formatiert.

In der Dialogbox *Rahmen und Schattierung* ist eine Schaltfläche *Horizontale Linie* angeordnet. Nutzen Sie diese Schaltfläche, wenn Sie in einem Webdokument anstelle der üblichen Linien farbige Grafiken in Linienform verwenden möchten. Die Schaltfläche führt in die ClipGallery, mit der Sie bequem eine Grafik zuweisen.

Form und Größe – Textformatierung

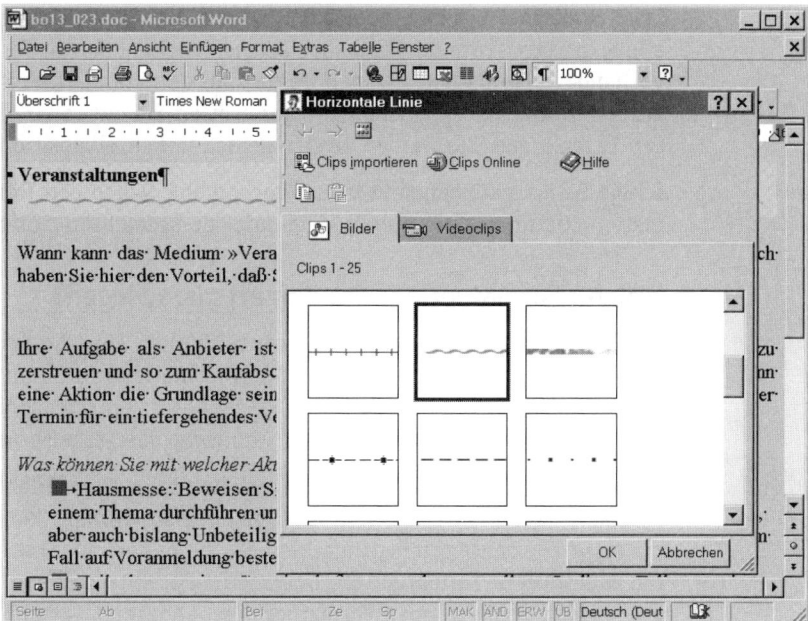

Bild 13.24: Nützliche Features für das Weblayout – verschiedene horizontale Linien verschönern das Design

 Wenn Sie die Funktion Horizontale Linie *nutzen möchten, setzen Sie die Schreibmarke in den zu unterstreichenden Absatz und nutzen dann die Tastenkombination* [Strg]+[Ende]*, um die Schreibmarke am Ende des Absatzes zu plazieren.*

13.7 Mit Formatvorlagen arbeiten

Was Sie sonst in vielen Einzelschritten an unterschiedlichen Positionen im Dokument einstellen müssen – Schriftart, Schriftgröße, Einzug usw. – fassen Formatvorlagen zu einer Sammlung unter einem Vorlagennamen zusammen. Diese Formatsammlung weisen Sie einem Absatz oder mehreren Zeichen mit einem Klick zu. Word unterscheidet dabei zwischen Formatvorlagen für Absätze und Zeichen.

Ein Absatzformat enthält die Schriftattribute für die Zeichen des Absatzes, weiterhin sind darin die zugewiesenen Absatzeinstellungen gespeichert: Ausrichtung, Tabulatoren, Abstände, Einzüge und die Einstellungen zum Textfluß. Nummerierungen und Aufzählungszeichen oder Rahmenattribute sind ebenso Bestandteil des Absatzformates.

Zeichenformate wenden Sie auf beliebige markierte Zeichen an. Dabei sind alle Schriftattribute der Dialogbox *Zeichen* verwendbar. In der Vorlage nicht vorhandene Formatdefinitionen werden aus den Standard-Einstellungen des Textes übernommen. Zeichenvorlagen weisen Sie entweder einem markierten Text zu oder sie werden ab der aktuellen Schreibposition gültig.

Einige Formatvorlagen sind immer vorhanden. Neben den Überschrifts-Formaten existiert immer eine Vorlage mit der Bezeichnung *Standard*.

Welche Formatvorlage ist derzeit zugewiesen?

Wie Sie in der Ansicht *Normal* erkennen können, sind die Texte der einzelnen Gliederungsebenen unterschiedlich formatiert. Diese unterschiedliche Formatierung rührt daher, daß Word jedem Absatz entsprechend seiner Ebene eine Formatierung zugewiesen hat, und zwar über eine Formatvorlage.

Wenn Sie die Überschrift markieren, erscheint der Namen der zugewiesenen Formatvorlage *Überschrift 1* in der Symbolleiste *Format*. Wenn Sie danach die erste Themenüberschrift markieren – sie gehört zur Ebene zwei – heißt die zugewiesene Formatvorlage *Überschrift 24*. Entsprechend werden Ihnen die übrigen zugewiesenen Formatvorlagen angezeigt, sobald Sie einen Absatz markieren bzw. anklicken.

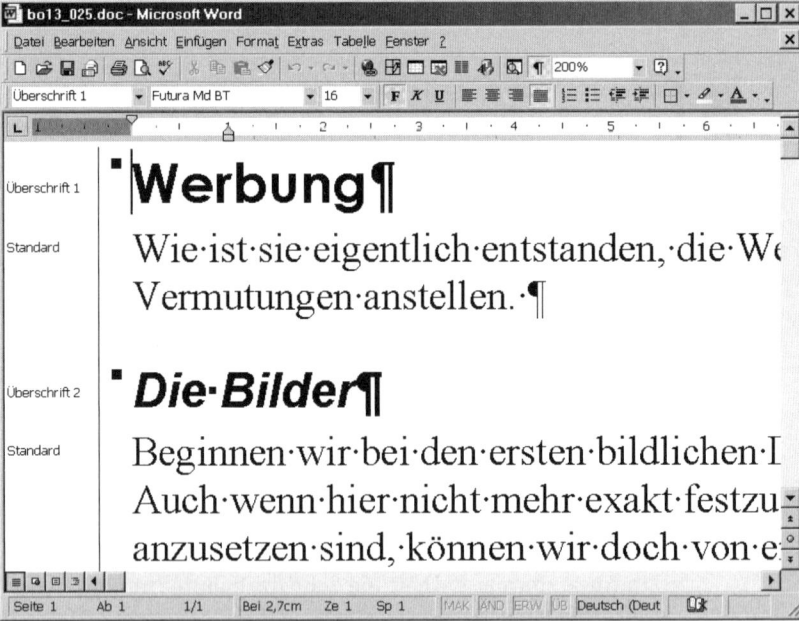

Bild 13.25: Die unterschiedlichen Formatvorlagen zeigt Word in der Formatvorlagenanzeige und in der Symbolleiste Formatierung

Welche Formatvorlage einem Absatz zugewiesen ist, sehen Sie bei Bedarf mit folgenden Mitteln:

- über die Symbolleiste *Format*,
- über die sowie
- mit der Funktion *FormatInfo* (⇧+F1) und einem Klick auf einen Text.

Wenn Sie das Symbol *Hilfe* aktivieren, befindet sich ein Fragezeichen an Ihrem Mauszeiger. Sobald Sie mit diesem Mauszeiger ein Zeichen anklicken, wird Ihnen die Absatz- und Zeichenformatierung in einer stilisierten Sprechblase angezeigt.

Sie verlassen diesen Modus wieder durch Drücken der Taste Esc.

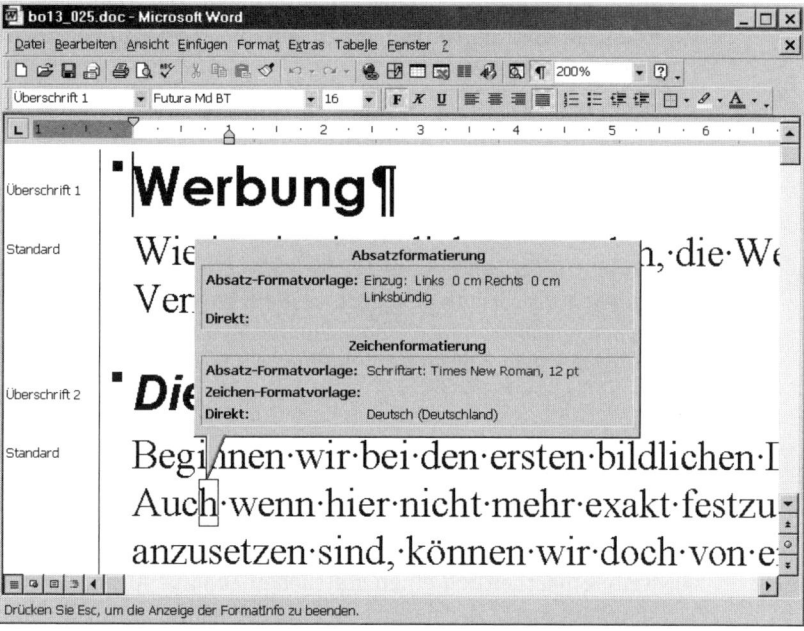

Bild 13.26: In der FormatInfo zeigt Word alle verfügbaren Informationen über Absatz- und Zeichenformat an

Direkte Formatierung oder Formatvorlagen

Spätestens an dieser Stelle sei ein Hinweis gestattet. Sie müssen sich vermutlich irgendwann im Laufe Ihrer Arbeit mit Word entscheiden, ob Sie mit Formatvorlagen oder mit direkter Formatierung arbeiten. Bei der direkten Formatierung werden Textabschnitte direkt mit den Dialogboxen im Format-Menü oder mit den für die Formatierung zuständigen Symbolschaltflächen bzw. Tastenkombinationen bearbeitet und die Formatierungen nicht zum Bestandteil von Formatvorlagen gemacht. Die im Beispiel erwähnte kontextsensitive Anzeige der Formatierungen würde in diesem Fall in den Bereichen *Direkt* Einträge enthalten. Diese direkten Formatierungen sind den Formatvorlagen übergeordnet. Im Klartext heißt das, das diese manuell vorgenommenen Formatierungen die Formatvorlagen daran hindern, den Text bei Bedarf neu zu formatieren. Sie müssen wieder entfernt werden, bevor die Arbeit mit Formatvorlagen zum Zuge kommt. In Word ist für diesen Fall vorgesorgt. Es gibt Tastenkombinationen, die direkte Formatierungen entfernen.

Mit (Strg)+(Leertaste) bzw. mit (Strg)+(⇧)+(Z) entfernen Sie alle manuellen Zeichenformatierungen. Das in einer Markierung davon erfaßte Zeichen wird damit auf die Auszeichnung des Absatzes zurückgesetzt.

Mit (Strg)+(Q) heben Sie alle manuellen Absatzformatierungen auf – Einzüge, Ausrichtungen, Tabstopp-Positionen. Die in einer Markierung davon erfaßten Absätze werden damit auf die Einstellungen in den Formatvorlagen zurückgesetzt.

Mit (Strg)+(⇧)+(N) setzen Sie alle markierten Absätze wieder auf die Formatvorlage *Standard* zurück.

Wenn Sie konsequent mit Formatvorlagen arbeiten wollen, sind zwei Arbeitsweisen für Sie von besonderer Bedeutung – die Zuweisung von Tastenkombinationen an Formatvorlagen und die Festlegung der für den Folgeabsatz zu verwendenden Formatvorlage. Damit können Sie die Zuweisung von Formatvorlagen schon bei der Texteingabe organisieren.

Vorhandene Formatvorlagen zuweisen

Sie können auf einfache Art Formatvorlagen auswählen und zuweisen. Die im Lieferumfang von Word enthaltenen ca. 100 Formatvorlagen bieten ohne weitere Bearbeitung einen stattlichen Fundus. Absatz-Formatvorlagen weisen Sie je nach Markierung einem oder mehreren Absätzen zu.

Im folgenden wird auf Absatz-Formatvorlagen eingegangen. Die Arbeit mit Zeichen-Formatvorlagen erfolgt analog.

Mit dem Listenfeld *Formatvorlage* der Format-Symbolleiste können Sie schnell die vorhanden Formatvorlagen nutzen. Sie müssen die Liste nur durch einen Klick auf den Listenpfeil aufklappen. Um dabei alle von Word eingebrachten Formatvorlagen zu sehen, halten Sie die (⇧)-Taste beim Klick gedrückt. Die formatierten Einträge der Vorschauliste geben einen ungefähren Eindruck der anzuwendenden Formatierung.

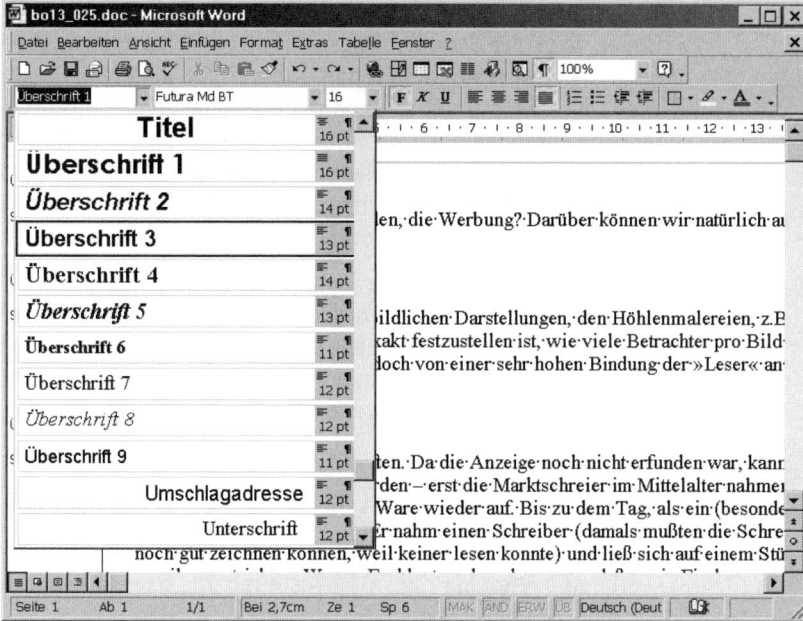

Bild 13.27: Die aufgeklappte Liste zeigt nur einen kleinen Teil der verfügbaren Formatvorlagen – mit der Bildlaufleiste am rechten Rand können Sie bei Bedarf blättern

Bild 13.28: Die Dialogbox Formatvorlage *regelt den Zugriff auf die Formatvorlagen*

Mit dem Befehl *Format/Formatvorlage* können Sie detailliertere Informationen über die Formatvorlagen erhalten. Wenn Sie in der Dialogbox das Listenfeld *Auflisten* aufklappen, können Sie ebenfalls *Alle Formatvorlagen* auswählen. Sehr praktisch können die beiden anderen Auswahlmöglichkeiten sein, besonders dann, wenn Sie nur wirklich genutzte Formatvorlagen sehen möchten. Nach Auswahl einer Formatvorlage können Sie im rechten Teil der Dialogbox die Vorschau sehen. Mit einem Klick auf *Zuweisen* erhält der Absatz die markierte Formatvorlage.

Über ein der Formatvorlage zugewiesenes Tastenkürzel können Sie bereits während der Texteingabe Formatvorlagen zuweisen. Dazu können Sie den Formatvorlagen entweder über den Befehl *Extras/Anpassen/Tastatur* Kategorie *Formatvorlagen* oder in der Dialogbox *Formatvorlagen* über die Schaltflächen *Bearbeiten* und *Tastenkombination* Tastenkombinationen zuweisen.

Für einige Formatvorlagen gibt es bereits Tastenkombinationen:

- ⇢ [Strg]+[⇧]+[N] weist die Formatvorlage *Standard* zu.
- ⇢ Mit [Alt]+[1] können Sie die Überschrift der ersten Ebene zuweisen. Kombinieren Sie die [Alt]-Taste mit [2] bzw. [3], gilt das für die beiden folgenden Ebenen.
- ⇢ Mit der Tastenkombination [Strg]+[⇧]+[L] weisen Sie die Formatvorlage *Aufzählungszeichen* zu.
- ⇢ Wenn Sie mehr als die genannten Überschriftsebenen verwenden, können Sie die Ebenen mit den Tastenkombinationen [Alt]+[⇧]+[→] herauf- und mit [Alt]+[⇧]+[←] herabstufen.

Bei der Zuweisung von Formatvorlagen an einen einzelnen Absatz muß sich die Schreibmarke lediglich innerhalb des Absatzes befinden. Markieren Sie innerhalb eines Absatzes nur einzelne Textpassagen, werden nur die für den Absatz geltenden Zeichenformatierungen an die Markierung übertragen. Das gilt nicht mehr, wenn Sie Teile mehrerer Absätze markieren.

Mit der Symbolschaltfläche *Format übertragen* der Standard-Symbolleiste weisen Sie ebenfalls Formatvorlagen an andere Absätze zu. Sie müssen dabei darauf achten, daß Sie jeweils den kompletten Absatz – einschließlich Absatzmarke – markieren, sonst überträgt Word nur die Zeichenformatierungen.

Wie ändern Sie Formatvorlagen?

Angenommen, Sie sind mit den Formatvorlagen nicht zufrieden. Sie möchten andere Abstände einstellen, den Text grau hinterlegen und auch die Schriftzuweisungen wollen Ihnen nicht so recht gefallen. In diesem Moment spielt das Arbeiten mit den Formatvorlagen seine ganzen Vorteile aus: Anstelle die einzelnen Überschriften manuell zu ändern, greifen Sie nur an einer Stelle ein. Öffnen Sie mit *Format/Formatvorlage* die Dialogbox *Formatvorlage*.

- Unter *Formatvorlagen* sind alle aktiven Formatvorlagen aufgelistet. Das Absatzzeichen kennzeichnet ein Absatzformat, das kleine »a« die Zeichenformate.

- Die Absatz- und Zeichen-Vorschau stellen die Formatierungen der aktuell hinterlegten Formatvorlage dar. Im Bereich *Beschreibung* sehen Sie alle Einstellungen zum Format.

- Die Schaltflächen dienen z.B. dem Neuanlegen, Verändern oder Löschen von Formatvorlagen.

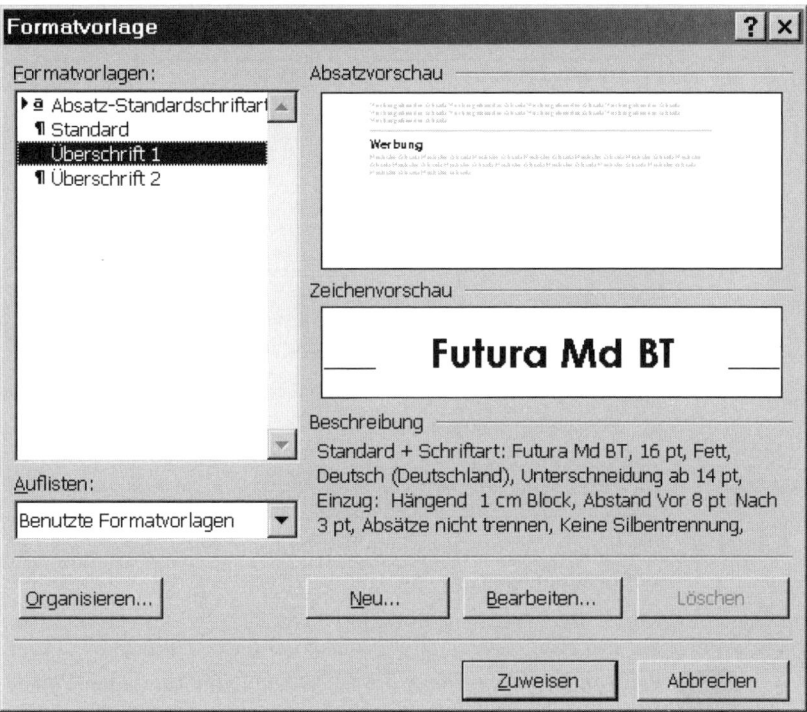

Bild 13.29: In der Dialogbox Formatvorlage *passen Sie die Formatierungen an die eigenen Bedürfnisse an*

 Wenn Sie versuchen, eine der Standardvorlagen zu löschen, werden Sie scheitern. Weder Überschriften noch Standard-Absatzformat können Sie aus der Liste entfernen.

Zur weiteren Bearbeitung wählen Sie z.B. das Format *Überschrift 2* und klicken auf *Bearbeiten*. Die erscheinende Dialogbox trägt den Titel *Formatvorlage bearbeiten*. Wichtig ist zunächst der Eintrag im Eingabefeld *Name*. Auch das Listenfeld *Basiert auf* hat eine Bedeutung: Die *Überschrift 3* basiert auf der Formatvorlage *Standard*. Das heißt, daß deren Attribute zunächst übernommen und nur abweichende Werte verändert werden. Der Vorteil: Wenn Sie die Schriftart in der Formatvorlage *Standard* verändern, werden die darauf basierenden Formatvorlagen automatisch angepaßt, sofern Sie dort nicht explizit eine Schriftänderung vorgenommen haben.

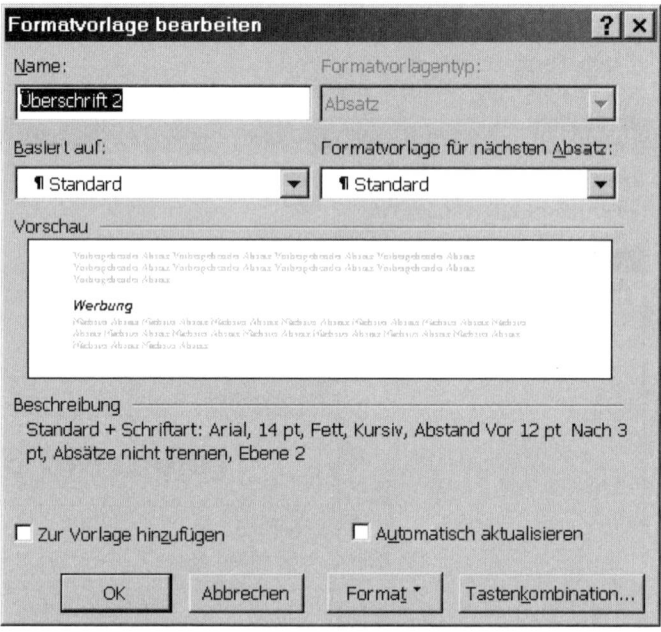

Bild 13.30: Die Dialogbox Formatvorlage bearbeiten *erlaubt Änderungen an den bestehenden Einstellungen*

Bei Standardformaten ist das Listenfeld Formatvorlagen-Typ *deaktiviert. Beim Neuanlegen ist dieses Listenfeld aktiviert, so daß Sie dann die Wahl zwischen Absatz- oder Zeichenformat haben.*

Formatvorlage für den nächsten Absatz trägt der Tatsache Rechnung, daß nach Überschriften normale Texte folgen. Bei der derzeit bearbeiteten Formatvorlage ist deshalb die Formatvorlage *Standard* eingetragen. Bei der Texteingabe schaltet Word dann automatisch nach einem ⏎ am Ende einer Überschriftszeile auf die hier angegebene Vorlage um.

Wenn Sie die Option *Zur Vorlage hinzufügen* mit einem Haken versehen, übernimmt Word die Formatänderung in alle Dokumente, denen die gleiche Dokumentvorlage zugeordnet ist. Informationen zu Dokumentvorlagen finden Sie in Kapitel 13.8, » Mit Dokumentvorlagen arbeiten «.

Nehmen Sie Veränderungen vor: Ein Klick auf die Schaltfläche *Format* öffnet das zugehörige Befehlsmenü. Dessen Einträge kennen Sie bereits aus dem Format-Menü, auch die Dialogboxen sind identisch. Allerdings wirken sich Veränderungen der Werte auf alle mit der Formatvorlage verbundenen Textpassagen aus. Um die Schriftart zu ändern, müssen Sie also den Eintrag *Zeichen* wählen usw.

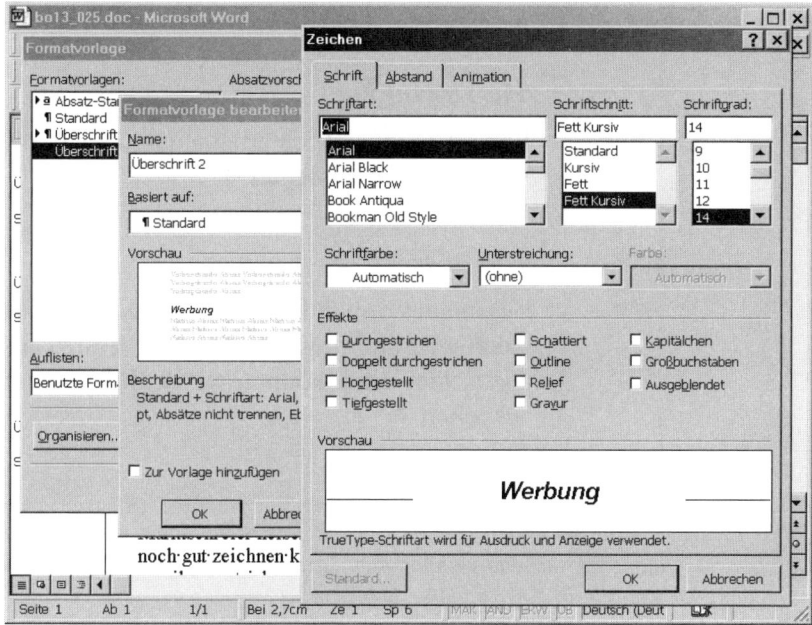

Bild 13.31: Die schon bekannte Dialogbox Zeichen *erscheint auch, wenn Sie den entsprechenden Eintrag aus dem Format-Untermenü der Dialogbox* Formatvorlage bearbeiten *wählen*

Mit Hilfe der Schaltfläche *Tastenkombination* verbinden Sie Formatvorlagen mit eigenen Tastenkombinationen. Damit sind die Formatvorlagen bei der Texteingabe blitzschnell zugewiesen. Die Standardformate sind schon mit Tastencodes versehen. Wenn Sie im Feld *Neue Tastenkombination drücken* beliebige Tastenkombinationen eingeben, verknüpfen Sie mit *Zuordnen* die neue Tastenkombination mit der Formatvorlage. Word weist auf eventuelle Konflikte hin – vermeiden Sie, Standard-Tastenkombinationen zu ersetzen.

Manuelle Formatierungen bleiben erhalten, wenn Sie Einstellungen der Formatvorlage verändern. Haben Sie einem Wort z.B. die Schriftart Times New Roman *und den Schriftschnitt* Kursiv *zugewiesen, sind diese Worte auch nach dem Ändern der Formatvorlage so formatiert. Formatvorlagen stellen globale Definitionen dar, die Sie mit manuellen Formaten überschreiben.*

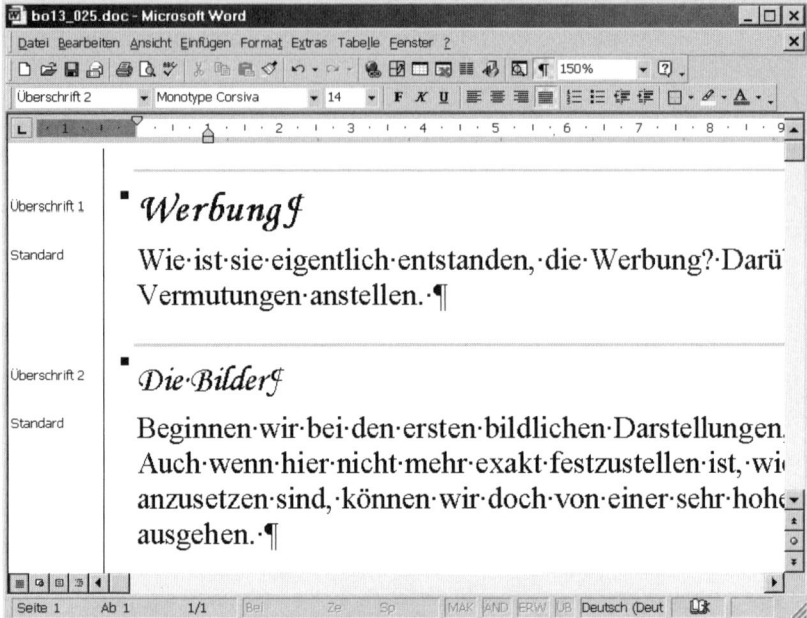

Bild 13.32: Gerade bei langen Texten sinnvoll: Nach Verändern der Formatvorlage werden alle entsprechend verbundenen Textteile angepaßt – die Überschriften erscheinen alle in einer anderen Schriftart

Wie weisen Sie Formatvorlagen zu?

Formatvorlagen können folgendermaßen zugewiesen werden:

- mit dem Listenfeld der Symbolleiste *Formatierung*,
- mit dem Befehl *Format/Formatvorlage* und einem Klick auf *Zuweisen*,
- mit dem Symbol *Format übertragen* oder
- über ein dem Format zugewiesenes Tastenkürzel.

Wie legen Sie Formatvorlagen neu an?

Wenn Sie eine neue Formatvorlage anlegen wollen, führt der Weg wiederum über den Befehl *Format/Formatvorlage*. Allerdings aktivieren Sie dann im Dialogfenster *Formatvorlage* die Schaltfläche *Neu*. Daraufhin wird die Dialogbox *Neue Formatvorlage* geöffnet, die sich bis auf den Namen nicht von der *Bearbeiten*-Dialogbox unterscheidet.

Lediglich das Eingabefeld *Name* ist leer und sollte eine eindeutige, zum Inhalt der Formatvorlage passende Bezeichnung erhalten. Führen Sie dann alle Formateinstellungen durch und verlassen die Dialogbox wieder. Diese neue Formatvorlage wird Ihnen dann in der Format-Symbolleiste zur Verfügung gestellt.

Entscheiden Sie beim Anlegen einer neuen Formatvorlage, ob die Vorlage nur für das aktuelle Dokument gilt oder ob sie in die dem Dokument zugrundeliegender Vorlage integriert wird. Nutzen Sie bei Bedarf das Kontrollkästchen Zur Vorlage hinzufügen.

Formatvorlagen aus dem Text erstellen

Die bequemste Art, eine neue Formatvorlage festzulegen, besteht darin, im Dokument einen Absatz zu formatieren und dieses Format dann als Formatvorlage festzuhalten.

Klicken Sie in den gewünschten Absatz und nehmen Sie alle Formatierungen vor, die in die neue Formatvorlage gehören. Markieren Sie den Formatnamen in der Symbolleiste durch Ziehen mit der Maus. Überschreiben Sie diesen mit der neuen Bezeichnung und Bestätigen Sie mit der ⏎-Taste. Word übernimmt den Namen und weist dieser neuen Formatvorlage die Eigenschaften des markierten Absatzes zu.

Mit der Tastenkombination Strg+⇧+S *setzen Sie die Schreibmarke ebenfalls in das Listenfeld* Formatvorlage.

Schriftart und Schriftgröße dauerhaft festlegen

Wenn Sie dauerhaft z.B. *Arial 10 pt* als Schriftgröße in Ihren neuen Dokumenten festlegen wollen, müssen Sie wie folgt vorgehen:

- Öffnen Sie das Menü *Format,* und aktivieren Sie den Befehl *Schriftart.* Word öffnet die Dialogbox für die Zeichenfestlegung.
- In der Registerkarte *Schrift* im linken oberen Auswahlfeld blättern Sie zur Schrift *Arial,* im rechten oberen Auswahlfeld markieren Sie den Schriftgrad *10.* Danach klicken Sie auf die Schaltfläche *Standard.*
- Wenn Sie die jetzt erscheinende Abfrage mit *Ja* bestätigen, gelten die Einstellungen ab sofort für alle neuen Texte in der Standardvorlage.

Bild 13.33: Die Dialogbox Zeichen *hilft Ihnen, ein neues Standard-Zeichenformat zu definieren*

Wenn Sie weitere Änderungen an Ihrem Standard-Format vornehmen wollen, empfiehlt es sich, die Vorlagendatei selbst zu öffnen. Sie finden die Standard-Vorlage unter der Bezeichnung NORMAL.DOT im Ordner VORLAGEN.

13.8 Mit Dokumentvorlagen arbeiten

Jedes Dokument, das Sie erstellen, basiert auf einer bereits bestehenden Dokumentvorlage. Eine solche Dokumentvorlage enthält z.B. Zeichen- und Absatzformate, AutoKorrektur-Texte und spezifische Makros. In ihr können aber auch Texte, die ein neues Dokument bereits enthalten soll, gespeichert sein. Ein solcher Text ist z.B. ein Briefkopf mit Adresse, eine Grafik mit dem Firmenlogo, ein vorgefertigtes Anschriftenfeld, ein Formulartext oder ein Vertrag mit vorgeschriebenen Textpassagen.

Formatvorlagen, wie z.B. Absatz- oder Zeichenformatierungen, werden auf Knopfdruck markierten Absätzen oder markierten Zeichen oder Wörtern zugewiesen. Die Dokumentvorlagen bieten sich dazu an, für bestimmte Arbeiten eigene, spezifische Formatvorlagen bereitzuhalten.

Word 2000 arbeitet nach diesem Verfahren. Die vorbereiteten Dokumentvorlagen aus dem Lieferumfang enthalten auf den jeweiligen Zweck ausgerichtete Formatvorlagen. So finden Sie z.B. in den Vorlagen für Webseiten spezielle Formatvorlagen für Hyperlinks und Aufzählungen.

Eine Dokumentvorlage unterscheidet sich gegenüber einer normalen Textdatei in Word durch die Dateierweiterung. Die Dokumentvorlage hat die Erweiterung *.DOT, das Dokument hat die Erweiterung *.DOC. Auch der Speicherort ist verschieden. Während Sie Dokumente in beliebigen Ordnern speichern können, sollten alle Dokumentvorlagen im Ordner VORLAGEN bzw. TEMPLATES im Verzeichnis C:\WINDOWS\ANWENDUNGSDATEN\MICROSOFT oder einem der darunter liegenden Ordner gespeichert werden, so daß Sie beim Aufruf des Befehls *Datei/Neu* sofort zur Verfügung stehen.

Es lohnt sich, für unterschiedliche, wiederkehrende Dokumente getrennte Dokumentvorlagen anzulegen. Dies könnte z.B. jeweils eine Vorlage für normale Briefe (z.B. BRIEF.DOT), für Faxe (FAX.DOT) und für längere Dokumente mit Berichtscharakter (KONZEPT.DOT) sein. Jede dieser Vorlagen wird dann mit typischen Strukturen – Briefkopf, modifizierte Anschriftenzeile für Faxe oder spezielle Kopf- und Fußzeilen mit Konzepttitel und Seitenzahl – versehen und beschleunigt den Arbeitsprozeß.

Immer dann, wenn Sie ein neues Dokument erzeugen und dabei das Symbol *Neu* aus der Symbolleiste *Standard* benutzen, erstellen Sie ein Dokument, das automatisch mit der Dokumentvorlage NORMAL.DOT verbunden ist. Bei der Neuanlage über *Datei/Neu* gestattet Word Ihnen die Auswahl aus den im Vorlagenordner abgelegten Vorlagedateien.

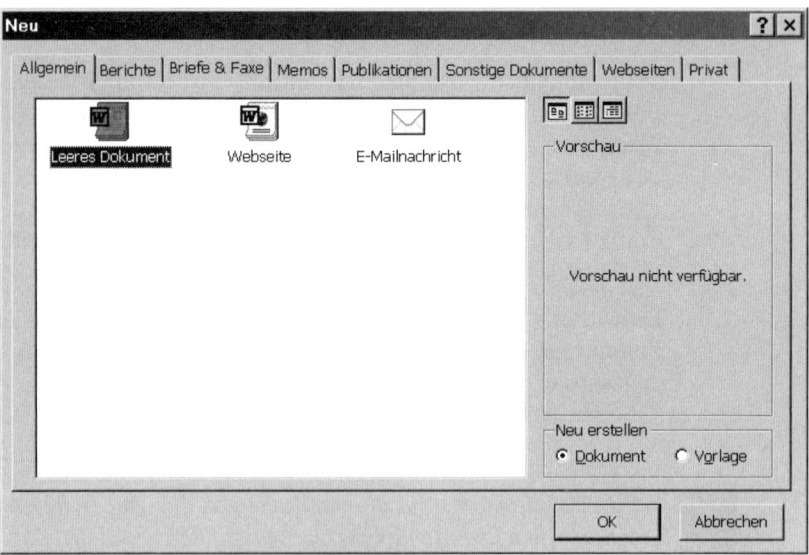

Bild 13.34: Beim Neuanlegen eines Textes wählen Sie die passende Dokumentvorlage

Wie werden Dokumentvorlagen erstellt?

Word stellt Ihnen zwei Varianten zum Anlegen von Dokumentvorlagen zur Verfügung. Sie können eine komplett neue Vorlage definieren oder ein bereits bestehendes Dokument in eine Vorlage umwandeln.

Bei der ersten Variante aktivieren Sie *Datei/Neu*, wählen in der Rubrik *Neu erstellen* die Option *Vorlage* und danach eine vorhandene Dokumentvorlage als Grundlage aus.

Die Dokumentvorlage sieht aus wie ein normales Dokument, und wie in einem normalen Dokument definieren Sie alles, was die Vorlage enthalten soll. Diese speichern Sie dann unter einem beliebigen Namen ab.

Bei der zweiten Variante öffnen Sie ein bereits bestehendes Dokument. Dieses speichern Sie wie folgt: Sie wählen den Befehl *Datei/Speichern unter* und dann als Dateityp *Dokumentvorlage*. Word gibt automatisch den Vorlagenordner vor, den Sie aber jederzeit ändern können.

 Wenn Sie im Ordner VORLAGEN bzw. TEMPLATES einen neuen Unter-Ordner anlegen, erscheint dieser als Register in der Dialogbox Neu.

Form und Größe – Textformatierung

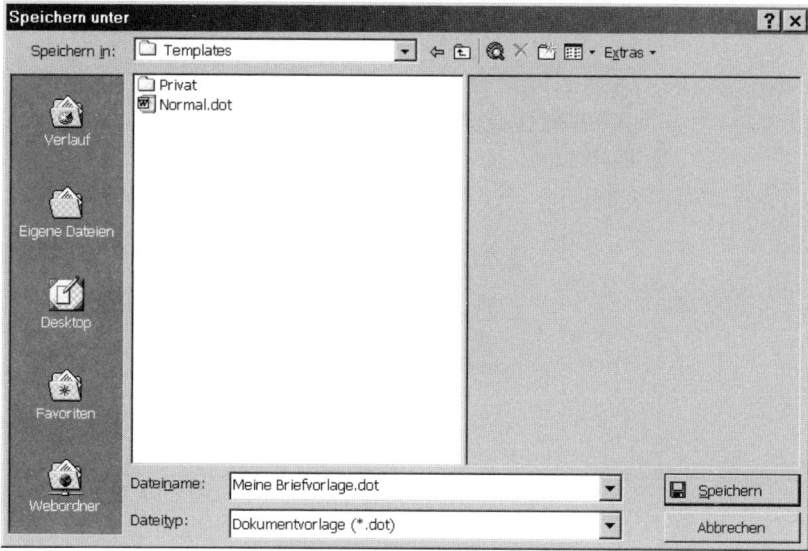

Bild 13.35: Nach dem Speichern eines Dokuments im Typ Dokumentvorlage (*.dot) *steht es als Dokumentvorlage zur Verfügung*

Dokumentvorlagen bearbeiten

So einfach wie das Erstellen einer Dokumentvorlage ist die nachträgliche Änderung. Hierfür öffnen Sie die Vorlage wie jede andere Datei. Sie müssen nur im Auswahlfenster den Dateifilter in *.DOT ändern.

Wenn Sie dies z.B. mit der Datei NORMAL.DOT (C:\WINDOWS\ANWENDUNGS-DATEN\MICROSOFT) tun, sehen Sie einen leeren Bildschirm.

In der geöffneten Dokumentvorlage definieren Sie alle neuen Einstellungen und speichern diese wieder.

 Nur wenn bei Extras/Optionen *im Register* Speichern *das Kontrollkästchen* Automatische Anfrage für Speicherung von Normal.dot *aktiviert ist, erscheint beim Speichern der veränderten Standard-Dokumentvorlage eine Nachfrage. Andernfalls speichert Word ohne Warnung.*

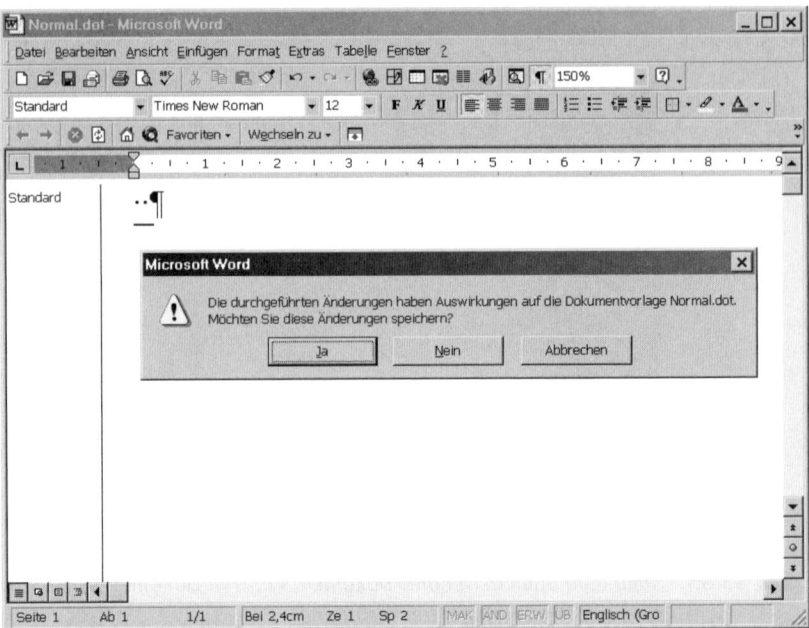

Bild 13.36: Die NORMAL.DOT ist zum Bearbeiten geöffnet: nichts als ein leerer Bildschirm. Veränderungen haben jedoch Auswirkungen auf alle zukünftigen leeren Dokumente

Dokumentvorlagen wechseln

Wenn Sie einem bereits erstellten Dokument nachträglich ein anderes Aussehen geben wollen, können Sie eine andere Dokumentvorlage zuweisen. Damit haben Sie dann die in der neuen Dokumentvorlage abgelegten Funktionalität zur Verfügung, eventueller Text wird dabei nicht eingefügt.

Bild 13.37: Um eine andere Dokumentvorlage zuzuweisen, benutzen Sie die Dialogbox Dokumentvorlagen und Add-Ins

Öffnen Sie mit dem Befehl *Extras/Vorlagen und Add-Ins* die Dialogbox *Dokumentvorlagen und Add-Ins*. Nun wählen Sie mit *Anhängen* die gewünschte Vorlage und bestätigen die Dialogbox mit *OK*.

Aktivieren Sie das Kontrollkästchen Formatvorlagen automatisch aktualisieren, *wenn gleichnamige Formatvorlagen im Dokument die Eigenschaften aus der Vorlage übernehmen sollen.*

13.9 Professionelle Textgestaltung

An dieser Stelle folgen einige Tips für die professionelle Textformatierung. Mit den beschriebenen Werkzeugen lösen Sie spezielle Probleme, die beim Arbeiten mit Word auftreten können.

Einen Seitenumbruch erzwingen

Word erkennt automatisch das Seitenende und schreibt den weiteren Text auf die nächste Seite. Falls Sie jedoch an einer bestimmten Stelle mit der neuen Seite beginnen wollen, ist das ist für Word kein Problem. Zu diesem Zweck ist das Programm in der Lage, einen Seitenwechsel zu erzwingen.

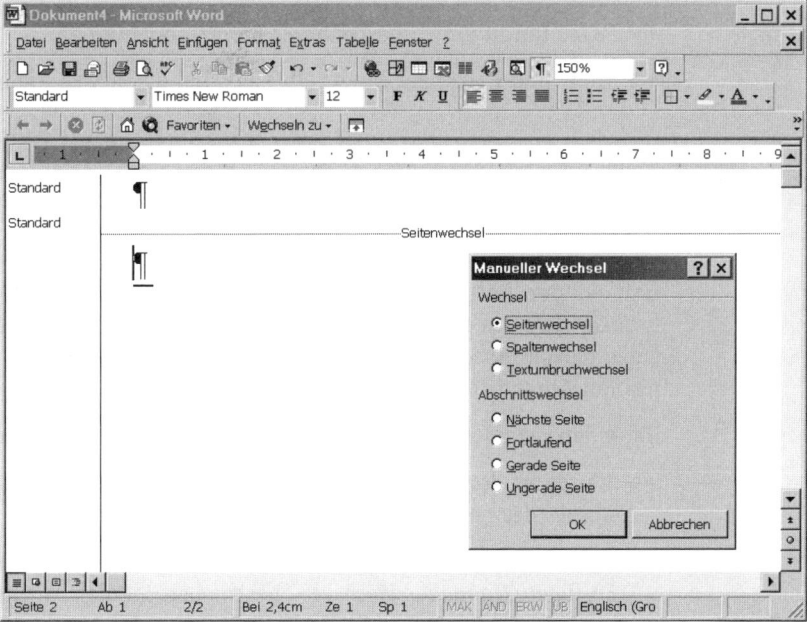

Bild 13.38: *In der Normal-Ansicht erkennen Sie einen manuellen Seitenwechsel an einer beschrifteten Trennlinie*

Am schnellsten geht dies mit der Tastenkombination [Strg]+[←]. Word stellt Ihnen außerdem einen Menübefehl für diese Aufgabe bereit. Es handelt sich dabei um den Befehl *Einfügen/Manueller Wechsel,* der die gleichnamige Dialogbox öffnet. Hier finden Sie die Option *Seitenwechsel,* die den gewünschten Seitenumbruch einfügt – in der Ansicht *Seiten-Layout* wird dies durch eine neue Seite, in der Ansicht *Normal* durch einen beschrifteten Trennstrich dargestellt.

Sie entfernen einen manuellen Seitenwechsel, indem Sie die Schreibmarke links vor die gepunktete Linie setzen und [Entf] *drücken.*

Abschnitte

Durch Abschnittswechsel teilen Sie ein Dokument in mehrere Teile auf. Ein Abschnitt ist ein Teil innerhalb des Dokuments, der sich durch seine Formatierung vom übrigen Dokument unterscheidet. Abschnitte definieren Sie, um:

- das Seitenformat innerhalb eines Dokuments zu ändern,
- den Text in Spalten darzustellen,
- Zeilennummern für einen bestimmten Bereich festzulegen,
- einen Text vertikal auf der Dokumentseite auszurichten,
- Fußnoten in einem bestimmten Bereich einzufügen,
- Kopf- und Fußzeilen innerhalb eines Dokuments zu ändern.

Wenn Sie keine Abschnitte definieren, besteht das gesamte Dokument aus einem einzigen Abschnitt.

Anhand der Auflistung erkennen Sie, daß es sich bei der Abschnittsformatierung um eine komplexe Sache handelt. An dieser Stelle geht es vor allem darum, Abschnitte zu definieren und Grundwissen für das Verständnis von Abschnitten zu vermitteln.

Um einen neuen Abschnitt zu beginnen, gehen Sie folgendermaßen vor:

- Sie setzen den Cursor an den Beginn eines Absatzes, der dann der erste Absatz des neuen Abschnitts wird.
- In der Dialogbox *Manueller Wechsel* – sie öffnet sich mit dem Befehl *Einfügen/Manueller Wechsel* – bestimmen Sie den Wechsel selbst und legen fest, an welcher Stelle im Dokument der Abschnitt beginnt.

Abschnitte erkennen Sie in der Statuszeile durch ein vorangestellten »Ab« und eine fortlaufende Ziffer. In der Normal-Ansicht wird der Abschnittswechsel durch eine Doppellinie repräsentiert, das Löschen dieser Doppellinie entfernt auch den Abschnittswechsel.

Den einzelnen Abschnitten können Sie z.B. unterschiedlichen Seitenformate oder Kopf- und Fußzeilen zuordnen.

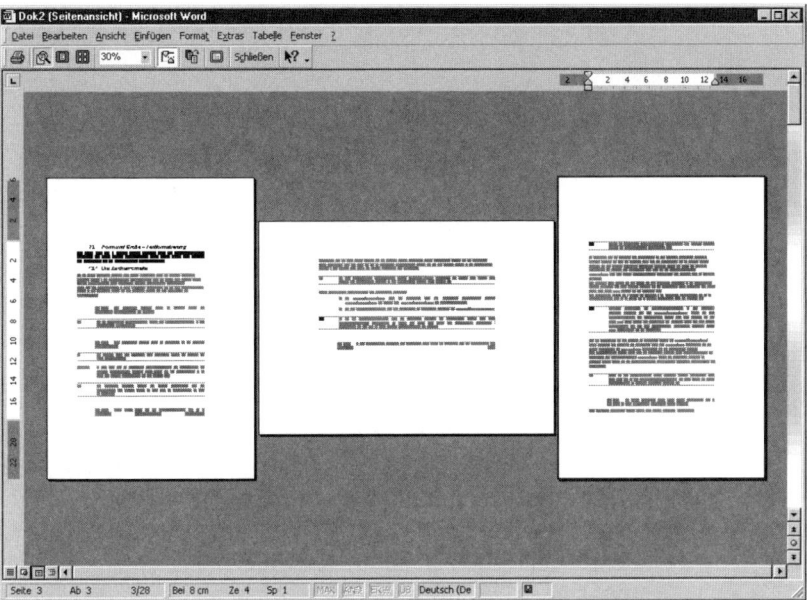

Bild 13.39: *Die Seitenansicht zeigt, wie in unterschiedlichen Abschnitten abweichende Seitenausrichtungen definiert sind*

13.10 Gestalten für das Internet

Mit Word 2000 sind Sie auf der sicheren Seite, wenn es um das Gestalten von Dokumenten für das Internet geht. Mit speziellen Dokumentvorlagen für Internetseiten und vorbereiteten Designs erstellen Sie bei Bedarf ohne großen Aufwand internettaugliche Dokumente. Bereits beim Neuanlegen eines Dokuments entscheiden Sie, welche Vorlage Sie als Grundlage verwenden. Ein eigens vorbereitetes Register *Webseiten* enthält alle mitgelieferten Dokumentvorlagen für Webseiten.

Um eine Dokumentvorlage für Webseiten zu nutzen, beginnen Sie mit dem Befehl *Datei/Neu* und wechseln dann in das Register *Webseiten*.

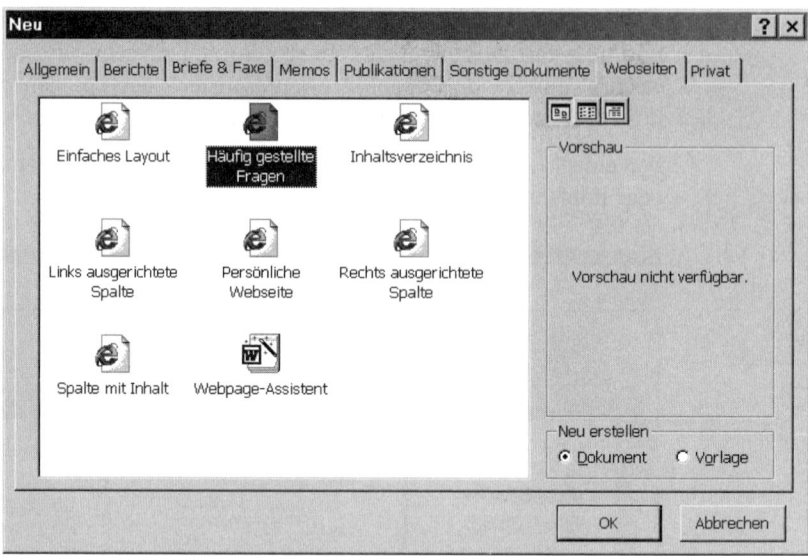

Bild 13.40: Im Register Webseiten *finden Sie nützliche Muster für die Gestaltung von Online-Dokumenten*

Wählen Sie eine Dokumentvorlage aus, z.B. *Häufig gestellte Fragen*. Das ist eine Vorlage für ein interaktives Dokument, das mit Hyperlinks vorbereitet ist. Mit diesen Hyperlinks wechseln Sie im Dokument zwischen den Fragen und den zugehörigen Antworten. Sie müssen das Dokument nur mit Leben füllen, indem Sie es an das gewünschte Thema anpassen. Das Beispiel funktioniert über die Formatvorlagen, Änderungen an den Texten haben keine Auswirkungen auf die Funktionalität.

 Wählen Sie den Befehl Datei/Webseitenvorschau, *um das Dokument im Standardbrowser zu betrachten und die Funktion zu prüfen.*

Wenn Sie den Text vollendet haben, entsteht sicher der Wunsch, das etwas nackte Aussehen zu verändern. Auch darauf ist Word 2000 vorbereitet. Der Befehl *Format/Design* führt Sie schnell zu vorbereiteten Formaten für Webseiten. In der Dialogbox *Webdesigns* wählen Sie bequem eines der vorbereiteten Designs aus. Klicken Sie dazu eines der im Listenfeld *Design auswählen* aufgeführten Designs an – Word zeigt im Vorschaubereich ein Muster zur Beurteilung der Wirkung. Mit einem Klick auf *OK* aktivieren Sie das gewählte Design für die Webseite.

Interessant ist die Schaltfläche *Standard*. Mit einem Klick auf die Schaltfläche aktivieren Sie das gewählte Layout als Standard für zukünftige Webseiten auf der Grundlage der Webvorlagen.

Form und Größe – Textformatierung

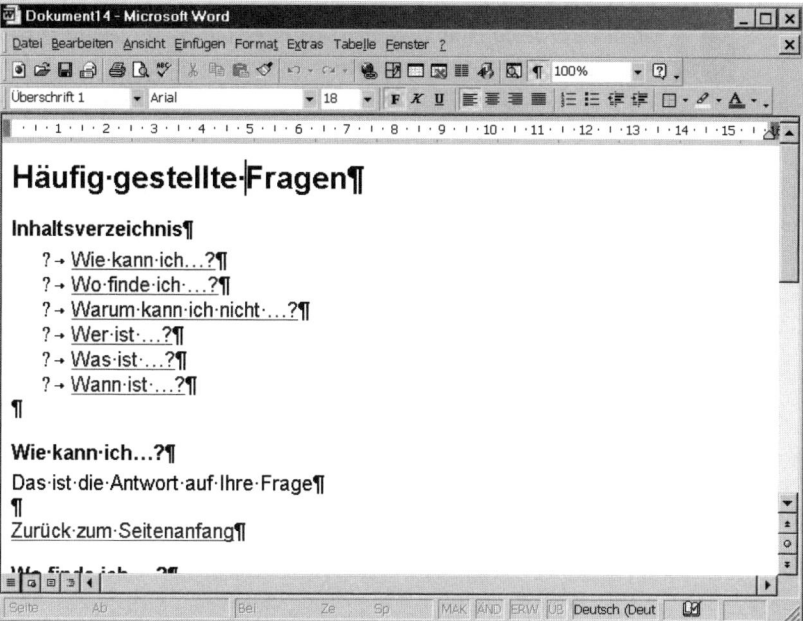

Bild 13.41: Die mitgelieferten Vorlagen für Webseiten bieten volle Funktionalität und sind deshalb ein guter Ausgangspunkt für eigene Lösungen

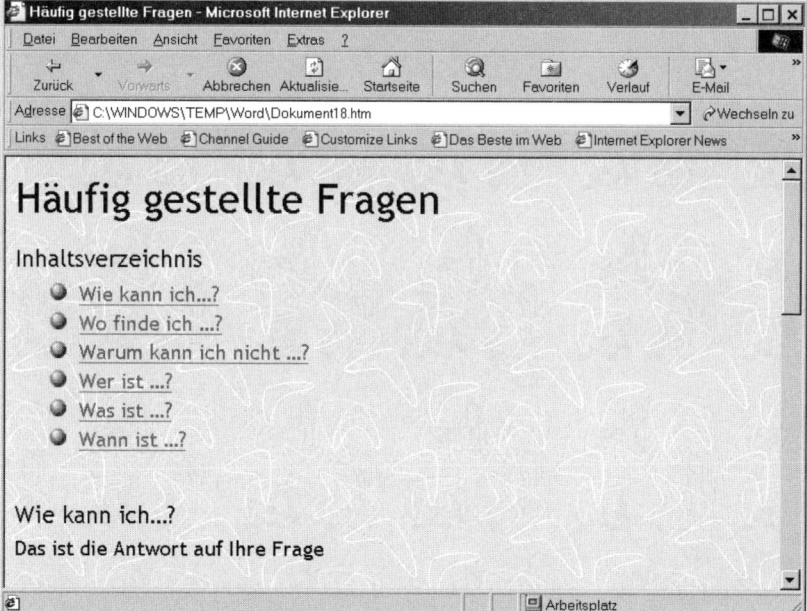

Bild 13.42: Das Dokument mit zugewiesenem Design im Browser – mit wenigen Mausklicks von der Word-Datei zur Internet-Seite

Nicht alle Designs sind sofort installiert. Halten Sie die Installations-CD bereit, damit Word die Installation ergänzen kann.

 Die Schaltfläche Formatvorlagenkatalog *in der Dialogbox* Webdesign *ermöglicht den Zugriff auf die vorhandenen Dokumentvorlagen. Damit können Sie »normalen« Dokumenten ebenso eine andere Dokumentvorlage zuweisen, nachdem Sie die Wirkung beurteilt haben.*

14. Automatisch zum Ziel

Word stellt Ihnen verschiedene Funktionen zum schnellen und bequemen Erstellen von anspruchsvollen Texten zur Verfügung. Die Palette reicht von den Briefassistenten bis hin zu Textbausteinen – den AutoText-Einträgen.

14.1 Begleitende Hilfe – Der Brief-Assistent

Word liefert für bestimmte Zwecke fertige Vorlagen mit. Anhand des Namens erahnen Sie schon, welche Aufgabe mit dieser Vorlage bewältigt wird. Außer den Vorlagen bietet Word noch verschiedene Assistenten an. Diese Assistenten sind so aufgebaut, daß Sie Ihnen manche Arbeit abnehmen. Der Umgang mit verschiedenen Assistenten ist sehr ähnlich – ein Beispiel demonstriert den Ablauf.

 Auf der CD finden Sie die Datei BRIEF.DOC. Wenn Sie diese Datei als Dokumentvorlage speichern, können Sie das Beispiel nachvollziehen.

Um den Assistenten aufzurufen, wählen Sie *Datei/Neu* und öffnen das Register *Briefe&Faxe*.

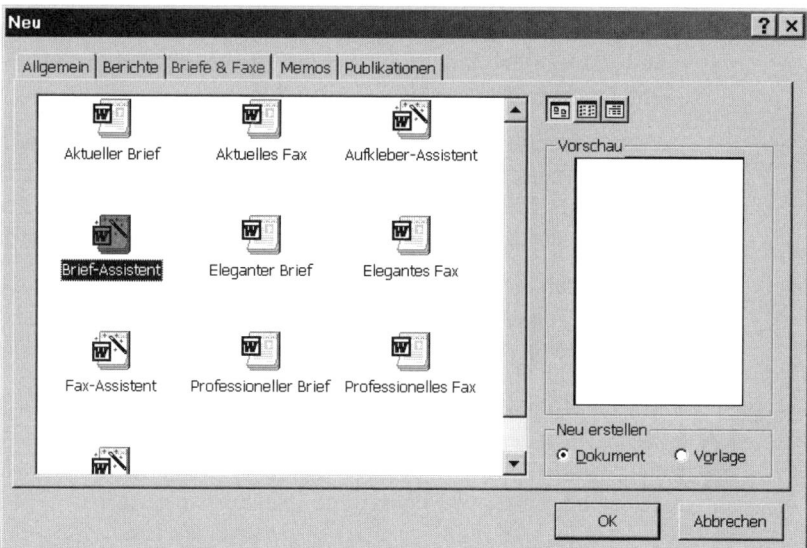

Bild 14.1: An der Beschriftung Assistent *und dem Zauberstab erkennen Sie, daß Ihnen Word beim Erstellen dieses Dokuments Hilfestellung gibt*

Wählen Sie die Dokumentvorlage *Brief-Assistent,* und bestätigen Sie mit *OK.* Word erstellt noch kein neues Dokument, sondern führt Sie Schritt für Schritt mit Hilfe von Registern innerhalb einer Dialogbox zum endgültigen Produkt.

Zum Zeitpunkt der Drucklegung existierten verschiedene Versionen des Briefassistenten. Ihre Darstellung kann sich daher geringfügig von der dargestellten unterscheiden: Einige der Infos sind in andere Register der Dialogbox gewandert – die Funktionalität unterscheidet sich nicht.

In dieser Dialogbox finden Sie außer den Registern Schaltflächen vor, die folgenden Zweck haben:

- Mit den Schaltflächen *Weiter* oder *Zurück* blättern Sie durch die Register des Assistenten. Damit erzielen Sie die gleiche Wirkung wie mit einem Klick auf die Registerzungen. Mit diesen Schaltflächen kontrollieren Sie die Eingaben.
- Mit einem Klick auf *Abbrechen* unterbrechen Sie die Arbeit des Assistenten – Word erzeugt keinen Brief.
- Nutzen Sie die Schaltfläche *Fertigstellen,* um den Brief mit den gewählten Einstellungen zu erzeugen.

Vorher begrüßt Sie der Office-Assistent mit der Frage, ob Sie eine Einzelperson anschreiben möchten oder einen Serienbrief benötigen. Im Beispiel soll nur ein Empfänger ein Schreiben erhalten, dafür klicken Sie auf die entsprechende Auswahl.

Word führt Sie zum professionellen Brief. Im ersten Register bestimmen Sie ein Seitendesign (Dokumentvorlage) und legen den Briefstil fest. Nutzen Sie bereits vorbedrucktes Briefpapier, bestimmen Sie im unteren Teil noch die Lage des Briefkopfes und dessen Abstand zum Textbeginn.

Sie müssen sich außerdem entscheiden, ob die Kopf- und Fußzeilen auch auf den Folgeseiten gedruckt werden und ob die Betreffzeichenzeile von Word erzeugt wird.

Wenn Sie in der verwendeten Briefvorlage – wie im Beispiel – Textelemente in Kopf- und Fußzeilen abgelegt haben, muß das Kontrollkästchen Kopf- und Fußzeilen auch auf Folgeseiten? *unbedingt aktiviert sein.*

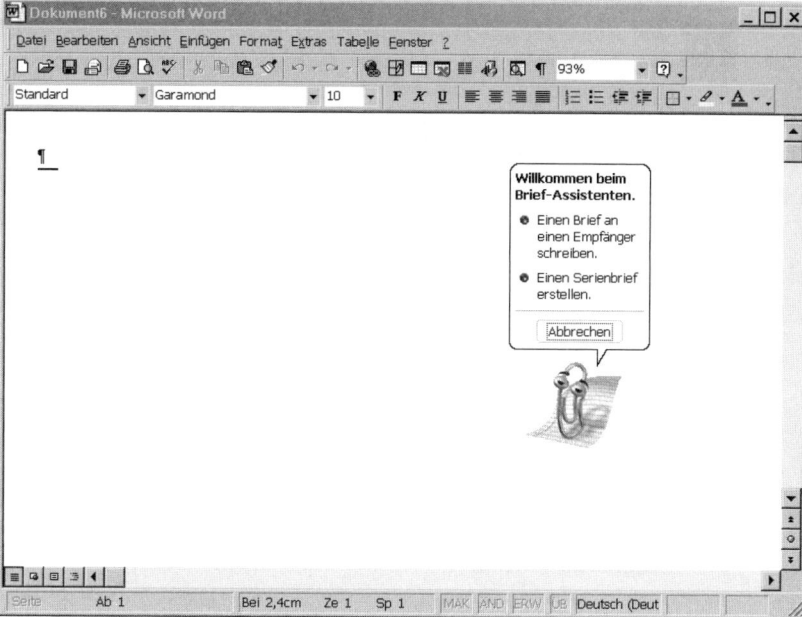

Bild 14.2: Dem Brief-Assistenten müssen Sie zuerst mitteilen, ob ein oder mehrere Empfänger dieses Schreiben erhalten sollen

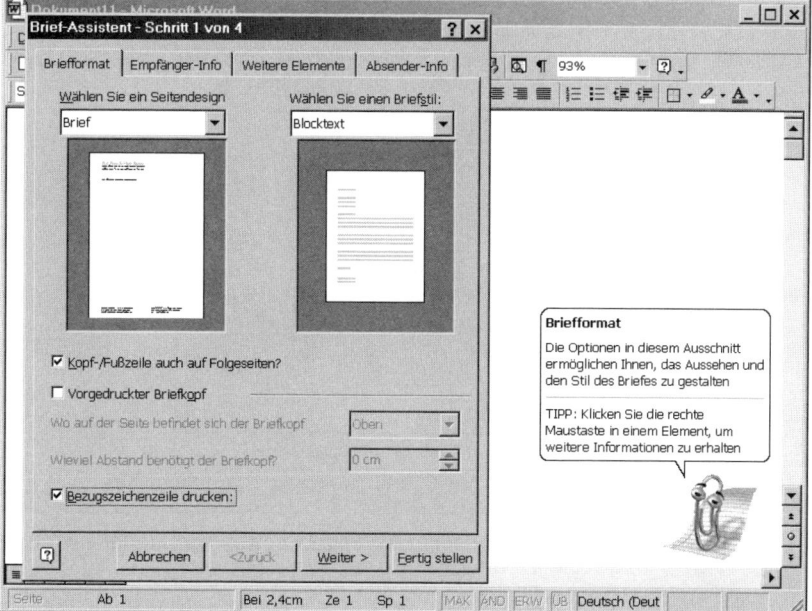

Bild 14.3: Mit dem ersten Schritt des Assistenten legen Sie im Register Briefformat das Seitendesign und den Briefstil fest

Die Mehrzahl der Einstellungen ist davon abhängig, auf welches Papier der Ausdruck erfolgt. Das Beispiel geht von der Briefvorlage mit dem Dateinamen BRIEF.DOT aus.

Im Register *Empfänger-Info* geben Sie die Informationen zum Empfänger ein. Haben Sie die Empfänger-Adresse bereits in das Adreßbuch eingegeben, wählen Sie dort die gewünschte aus. Wenn nicht, geben Sie die Empfängeradresse in den dafür vorgesehenen Eingabebereich ein. Nach Eingabe der Adresse steht der von Word erkannte Empfängername im Listenfeld *Anrede* – nehmen Sie bei Bedarf Korrekturen vor.

Selbst bestimmte Versandanweisungen hält Word bereit. Die gewünschte wählen Sie aus der Liste. Das Programm fügt diese in der Adresse vor dem Empfänger ein. Als letzte Anweisung legen Sie noch die gewünschte Briefanrede fest.

 Der Briefassistent verbirgt einige Funktionen, mit denen Sie Eingaben sparen. Wechseln Sie die Eingabefelder mit der ⇥-Taste, um die volle Funktionalität zu nutzen.

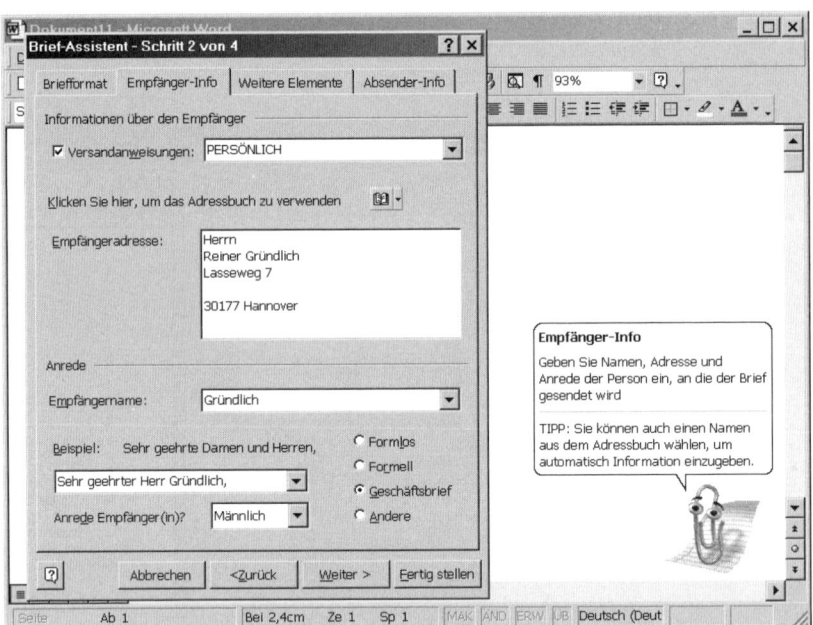

Bild 14.4: Die Informationen zum Empfängers bestimmen Sie im zweiten Register

Im vorletzten Register bestimmen Sie weitere Briefelemente. Hier legen Sie Ihre/Unsere Zeichen, das Datum und den Betreff fest. Haben Sie festgestellt, daß im zweiten Schritt eine Veränderung durchgeführt werden muß, gelangen Sie mit der Schaltfläche *Zurück* einen Schritt zurück.

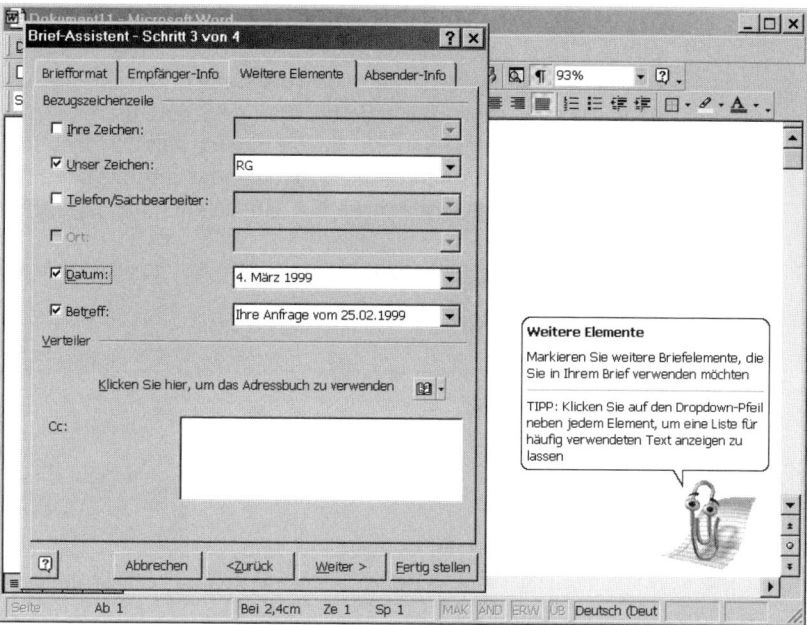

Bild 14.5: Weitere Briefelemente wie z.B. »Unser Zeichen« beinhaltet der dritte Schritt

Der letzte Schritt beinhaltet die Absender-Informationen. Mit den verschiedenen Listenfeldern im unteren Bereich erstellen Sie die Grußformel.

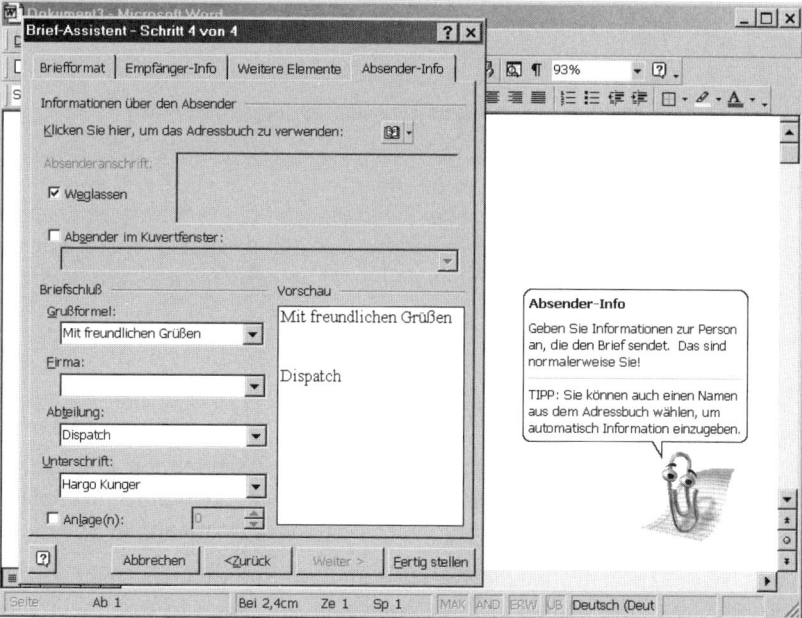

Bild 14.6: Selbst die Grußformel fügt der Assistent in den Brief ein

Sobald Sie die Schaltfläche *Fertigstellen* bestätigt haben, beginnt Word mit seiner Arbeit und erstellt einen Brief mit den zuvor festgelegten Optionen. Das neue Dokument ist dann so vorbereitet, daß Sie nur noch Ihren eigenen Brieftext eintragen müssen. Der Assistent bietet weiterführende Aktionen an: Entscheiden Sie, ob Sie sofort einen (fensterlosen) Umschlag bedrucken oder ein Adreßetikett erstellen möchten. Andernfalls deaktivieren Sie den vorlauten Assistenten mit einem Klick auf *Abbrechen*.

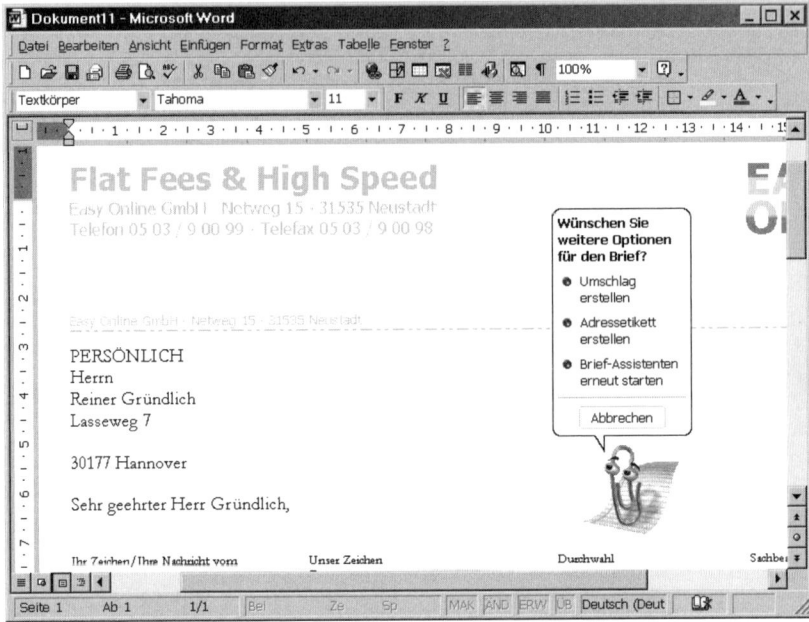

Bild 14.7: Der Brief ist für die weitere Bearbeitung vorbereitet

 Word nimmt einige der die im Assistenten verwendeten Angaben als AutoText-Einträge in die Briefvorlage auf. Damit stehen sie bei erneutem Aufruf des Assistenten als Voreinstellungen in den Listenfeldern bereit.

14.2 AutoText statt Tipparbeit

Dieser Buchabschnitt soll Ihnen das Arbeiten mit Dokumenten erleichtern. Sie sparen viel Arbeit, wenn Sie wiederkehrende Textelemente auf Knopfdruck wieder in ein neues Dokument einfügen.

In verschiedenen Textverarbeitungsprogrammen sind diese Textelemente unter dem Begriff *Textbausteine* zu finden. In Word heißen diese Bausteine seit der Version 6.0 *AutoText*.

Mit AutoTexten entheben Sie sich der Last, immer wiederkehrende Textstellen neu einzugeben. Paradebeispiele sind die Anrede, der Briefkopf oder die Grußfloskel. Aber auch im täglichen Praxiseinsatz werden Sie Beispiele finden: Komplizierte Produktbezeichnungen oder der eigene Firmenname samt Logo sind hervorragende Kandidaten für AutoText-Einträge.

Die AutoText-Funktion kann noch mehr, als nur Textpassagen speichern. Sie ist ebenso in der Lage, Formatierungen, Druckformate, Tabellenauszeichnungen und vieles andere aufzunehmen und über ein Kürzel in den Text einzufügen.

AutoText erstellen

Am Beispiel einer Grußfloskel werden Sie einen AutoText anlegen und anwenden. Zu diesem Zweck geben Sie den folgenden Text in ein leeres Dokument ein:

```
Mit freundlichen Grüßen ⏎
Easy Online Gmbh ⏎
Im Auftrag
```

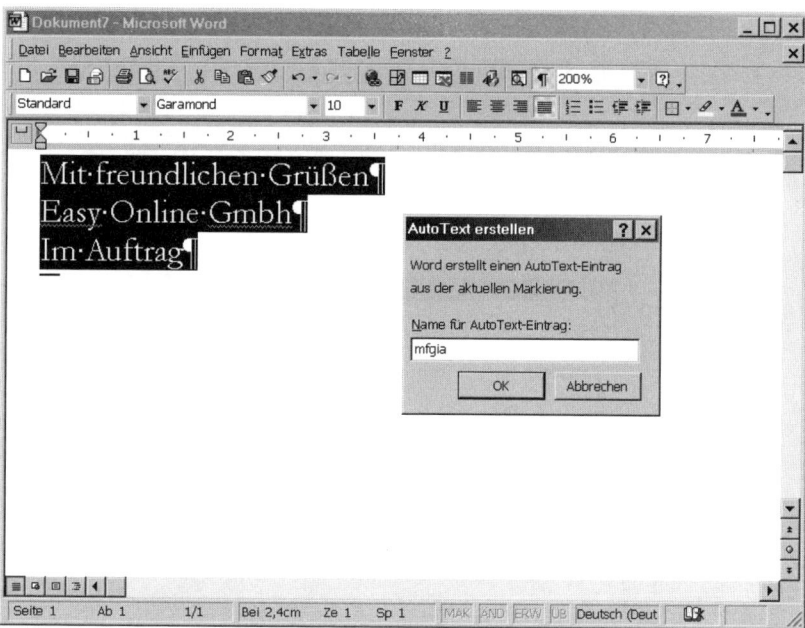

Bild 14.8: *Der markierte Text und die Dialogbox* AutoText

Sie kommen schon bei der Eingabe in den Genuß der AutoText-Einträge, wenn Sie das Kürzel mfg *in den Text eingeben.*

Markieren Sie anschließend den eingegebenen Text und rufen dann den Befehl *Einfügen/AutoText/Neu* auf.

Im Eingabefeld *Name für AutoText-Eintrag* schlägt Ihnen das Programm den Anfang des markierten Textes vor. Dieser Name ist später das Kürzel, das beim Einfügen des Textes verwendet wird. Den Vorschlag sollten Sie durch eine möglichst kurze und trotzdem eindeutige Bezeichnung ersetzen. Wählen Sie z.B. das Kürzel *mfgia*. Nachdem Sie die Eingabe mit *OK* bestätigt haben, steht der AutoText in allen Dokument, die auf der NORMAL.DOT basieren, zur Verfügung.

Um einen neuen AutoText-Eintrag zu erstellen, können Sie nach Textmarkierung ebenso die Tastenkombination Strg + F3 *verwenden.*

AutoText einfügen

Um den erzeugten AutoText-Eintrag einzufügen, tragen Sie an der gewünschten Textstelle das Kürzel »mfgia« ein und drücken anschließend F3. Word fügt den Inhalt des AutoText-Eintrags ein.

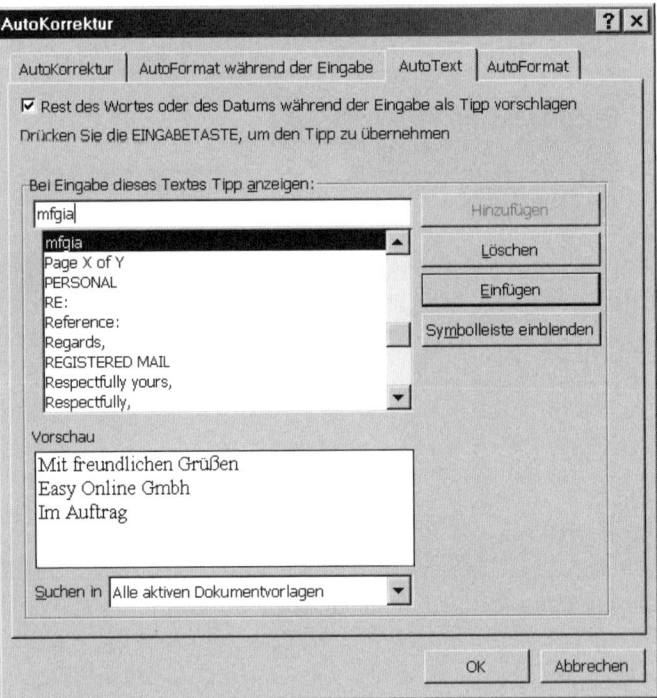

Bild 14.9: Die Dialogbox AutoKorrektur *steuert nicht nur den AutoText, sondern auch die automatischen Formatierungen*

Für den gerade geschilderten Weg ist Voraussetzung, daß Sie das Kürzel für den AutoText im Kopf haben. Wenn das nicht der Fall ist, gibt es einen anderen Weg, den AutoText einzufügen:

Sie setzen die Schreibmarke an die Stelle, an der der AutoText eingefügt werden soll, und aktivieren *Einfügen/AutoText/AutoText*. Word öffnet die Dialogbox *AutoKorrektur* mit dem aktiven Register *AutoText*.

Markieren Sie im Listenfeld *Bei Eingabe dieses Textes Tipp anzeigen* das gesuchte Kürzel – in der Vorschau wird der dazugehörige AutoText angezeigt –, und klicken Sie die Schaltfläche *Einfügen* an. Wie von Geisterhand erscheint der Text im Dokument.

In diesem Dialogfenster löschen Sie bei Bedarf unnütze Einträge. Dies hat keinen Einfluß auf bereits geschriebene Texte.

▌ Eine Liste der AutoTexte ausdrucken

Wenn Sie mit AutoText-Einträgen arbeiten, möchten Sie die definierten Einträge sicher im Blick behalten. Um die Übersicht zu bewahren, sollten Sie von Zeit zu Zeit die Liste der AutoText-Einträge ausdrucken. Dies erreichen Sie über den Befehl *Datei/Drucken*. Im oberen der beiden Listenfelder *Drucken* wählen Sie den Eintrag *AutoText-Einträge*. Nach einem Klick auf *OK* erhalten Sie eine komplette Liste der vorhandenen AutoTexte.

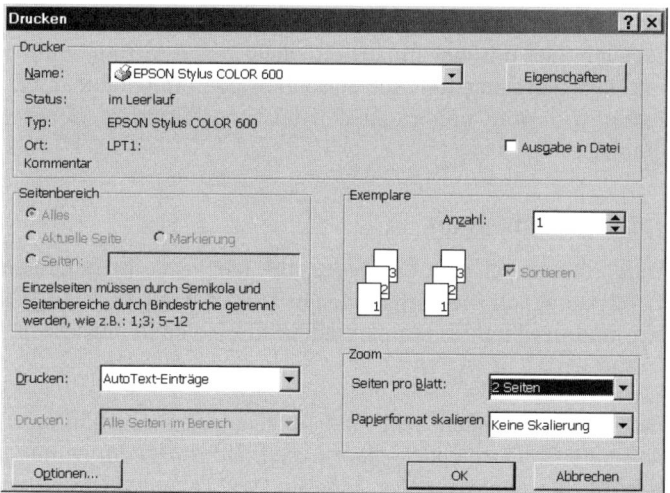

Bild 14.10: Das Dialogfenster Drucken *mit dem Listenfeld* AutoText-Einträge

Aktivieren Sie bei Bedarf im Bereich Zoom *den mehrseitigen Ausdruck pro Blatt, um eine verkleinerte Liste zu erhalten.*

15. Mehr als Texte

Die Bearbeitung von Texten ist die Hauptaufgabe eines Textverarbeitungsprogramms. Diese Aufgabe erledigt Word 2000 mit Bravour. Mit dem Programm erledigen Sie noch viel mehr: Tabellen zeichnen, Grafiken und andere Objekte einbinden. In diesem Kapitel werden die erweiterten Funktionen von Word vorgestellt.

15.1 Mit Tabellen arbeiten

Häufig ist es notwendig, bestimmte Daten und Informationen innerhalb eines Textdokuments in Tabellenform darzustellen. Es ist zwar möglich, eine Excel-Tabelle in ein Word-Dokument einzubinden, jedoch macht dies nicht immer Sinn. Insbesondere dann nicht, wenn Sie eine kleine, überschaubare Tabelle mit wenigen Zeilen und Spalten benötigen, um bestimmte Informationen anschaulich und übersichtlich darzustellen. Dafür auf die Funktionen von Excel zurückzugreifen, hieße buchstäblich mit Kanonen auf Spatzen zu schießen. Der Einsatz von Excel lohnt sich ebensowenig, wenn davon auszugehen ist, daß sich die Daten in der Tabelle nicht oder nur selten verändern. Word 2000 ermöglicht es Ihnen deshalb, auf einfache Art und Weise in ihrem Word-Dokument Tabellen zu erzeugen.

Vom Stundenplan Ihrer Kinder über eine Liste mit den Namen, Geburtstagen und Hobbys (Geschenkideen) Ihres Freundes- und Bekanntenkreises bis zum Planen von Arbeitsabläufen reicht dabei das Anwendungsspektrum. Tabellen sind darüber hinaus ein wichtiges Werkzeug zum exakten Plazieren von Textelementen für Formulare oder Webdokumente. Der Tabellen-Editor von Word gehört zu den leistungsfähigsten Werkzeugen des Programms.

Tabellen einfügen

Word 2000 bietet mehrere Wege, eine Tabelle in ihr Dokument einzufügen. Ein Beispiel soll die verschiedenen Wege aufzeigen, eine Tabelle zu erstellen, und die Funktionen darstellen, die Sie dabei einsetzen.

Die Arbeit mit Tabellen hat den Vorteil, daß Sie vielfältige Formatierungs- und Berechnungsmöglichkeiten haben. Word hilft Ihnen dabei in vielen Bereichen: Die Anpassung von Tabellen- und Zellengrößen, Summenfunktionen oder eine einfache Anpassung der Tabellenspalten sind eine Selbstverständlichkeit.

Bild 15.1 Die Standard-Symbolleiste enthält das Symbol Tabelle einfügen

Am schnellsten zum Ziel gelangen Sie über die Symbolleiste *Standard* und einen Klick auf das Symbol *Tabelle einfügen*. Es öffnet sich ein Fenster, in dem mehrere Quadrate neben- und untereinander dargestellt sind. Sie legen die gewünschte Größe Ihrer Tabelle dadurch fest, daß Sie die Zahl der Zeilen und Spalten markieren. Ziehen Sie die Maus so weit nach rechts, daß die gewünschte Anzahl Spalten nebeneinander markiert sind; ziehen Sie dann so weit nach unten, bis Sie genügend Zeilen festgelegt haben – Word erweitert die Tabelle automatisch beim Erreichen eines Randes. In der untersten Zeile wird die Größe der Tabelle angezeigt: »X x Y Tabelle«. Nachdem Sie die Maustaste losgelassen haben, fügt Word die Tabelle an der Schreibmarke ein. In der ersten Zelle der Tabelle blinkt die Schreibmarke.

 Tabellenzellen verhalten sich wie verkleinerte Dokumentseiten: alle Zeichen und Absatzformatierungen funktionieren wie bei »normalem«Text.

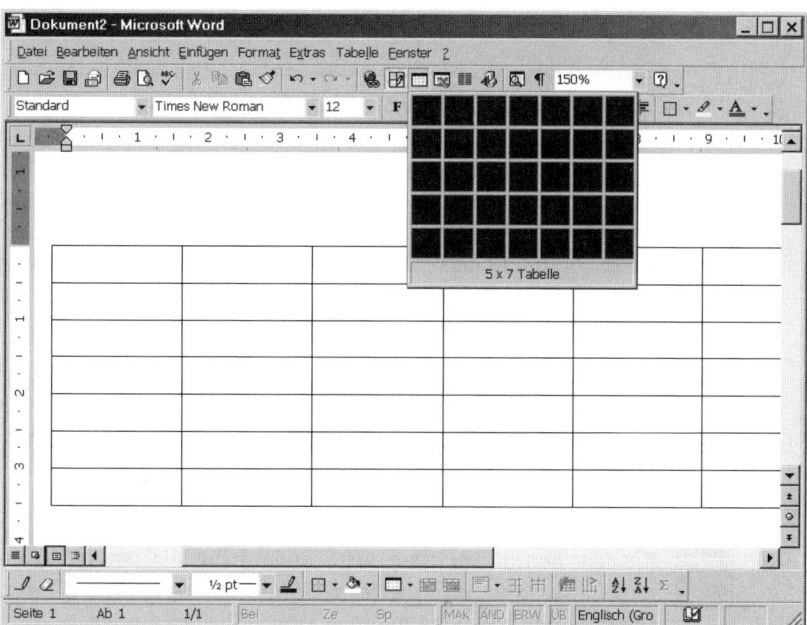

Bild 15.2 Regelmäßig aufgebaute Tabellen fügen Sie nach einem Klick auf das Tabellen-Symbol in der gewünschten Größe ein

Auch über den Menüeintrag *Tabelle/Zellen einfügen/Tabelle* nehmen Sie eine Tabelle in das Dokument auf. Nach dem Aufruf erscheint eine Dialogbox, in der Sie die Anzahl der erwünschten Zeilen und Spalten angeben sowie die Breite der Spalten festlegen.

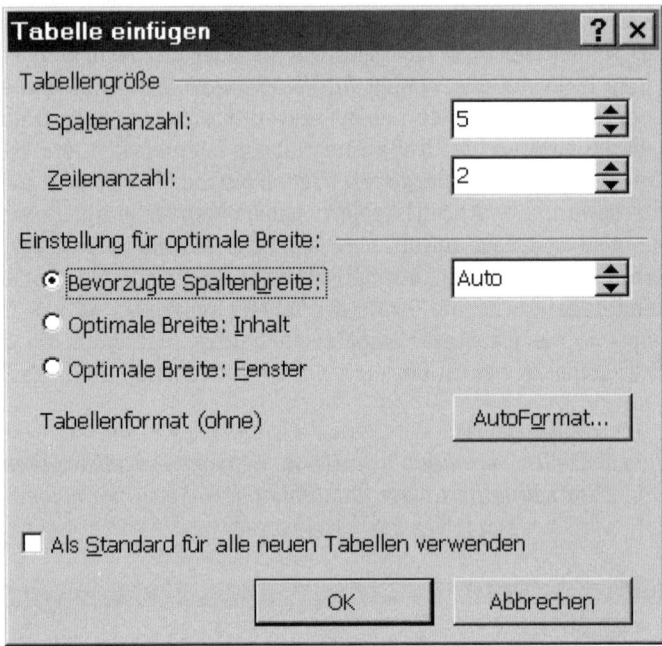

Bild 15.3: *In dieser Dialogbox legen Sie die Eigenschaften der einzufügenden Tabelle fest*

Word bietet noch einige weitere Funktionen, mit denen Sie das Erscheinungsbild der neuen Tabelle beeinflussen. Im Bereich *Einstellungen für optimale Breite* steuern Sie die beim Erstellen genutzte Breite der Tabellenzellen. Standardmäßig steht die Spaltenbreite auf *Auto*, d.h. Word paßt die Breite der Tabelle automatisch an den verfügbaren Platz auf der Seite an und verteilt die Spalten gleichmäßig.

In dieser Dialogbox haben Sie zusätzlich die Möglichkeit, mit Autoformaten ein Tabellenformat festzulegen, das Word für die Gestaltung der Tabelle nutzt. Die Schaltfläche *AutoFormat* führt Sie in eine Dialogbox mit großer Auswahl.

 Mit dem Kontrollkästchen Als Standard für alle neuen Tabellen verwenden *sorgen Sie dafür, daß die in der Dialogbox festgelegten Einstellungen nach Bestätigung Grundlage aller weiteren Tabellen werden.*

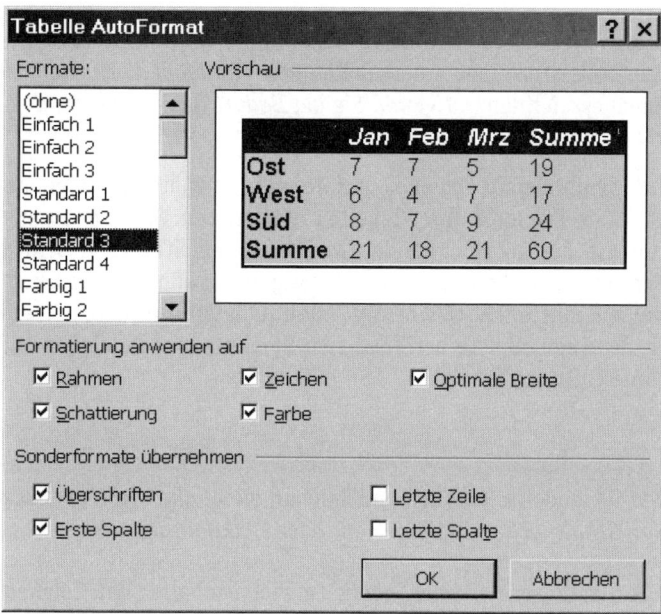

Bild 15.4: Mit Hilfe von Autoformaten ist Ihre Tabelle um Handumdrehen ansprechend gestaltet

In der Dialogbox *AutoFormat* haben Sie die Wahl zwischen einer großen Anzahl vorgefertigter Tabellenformate. Außerdem stehen einige Optionen bezüglich der Formatübernahme in Ihre Tabelle zur Auswahl. Nutzen Sie diese Optionen, wenn Sie bereits bestehende Formatierungen erhalten möchten. Der Bereich *Vorschau* vermittelt einen Ausblick auf das fertige Ergebnis.

Der Befehl Tabelle/Tabelle AutoFormat *führt Sie nachträglich ebenfalls in die beschriebene Dialogbox. Wenn Sie diese Funktion auf eine teilweise formatierte Tabelle mit Inhalten anwenden, verwerfen Sie damit bestehende Formatierungen.*

Tabellen zeichnen

Als dritte Möglichkeit zeichnen Sie die nötige Tabelle. Dieses Verfahren hat den Vorteil, daß Sie unregelmäßige Tabellen schnell und einfach erstellen. Word hält für diese Funktion in der Symbolleiste *Standard* ein Symbol bereit, das den Zeichenmodus aktiviert und gleichzeitig die Symbolleiste *Tabellen und Rahmen* aktiviert.

Sie können die Symbolleiste Tabellen und Rahmen *ebenso über* Ansicht/Symbolleisten/Tabellen und Rahmen *einblenden. Mit dem Befehl* Tabelle/Tabelle zeichnen *aktivieren Sie bei Bedarf den Zeichenmodus alternativ.*

Die Symbolleiste *Tabellen und Rahmen* enthält verschiedene Symbole, die Sie beim Zeichnen Ihrer Tabelle unterstützen. Sie können aus Listenfeldern die Art der zu zeichnenden Linien, deren Stärke, verschiedene Rahmenarten und -farben und Schattierungen auswählen. Dazu kommen noch diverse Funktionen, welche die Zellen und deren Inhalte betreffen. Ganz links in der Symbolleiste befinden sich Symbole zum Zeichnen und Löschen von Linien, in der Tabelle.

Bild 15.5: Die Symbolleiste Tabellen und Rahmen *bietet alle wichtigen Funktionen in Form von Schaltflächen, Listenfeldern oder Funktionspaletten*

Die Symbolschaltfläche *Tabelle zeichnen* schaltet den Zeichenmodus für Tabellen ein bzw. aus. Der Mauszeiger verwandelt sich in einen stilisierten Bleistift. Gleichzeitig ändert sich die Ansicht Ihres Dokuments. Word wechselt beim Zeichnen einer Tabelle automatisch in die Ansicht *Seitenlayout*.

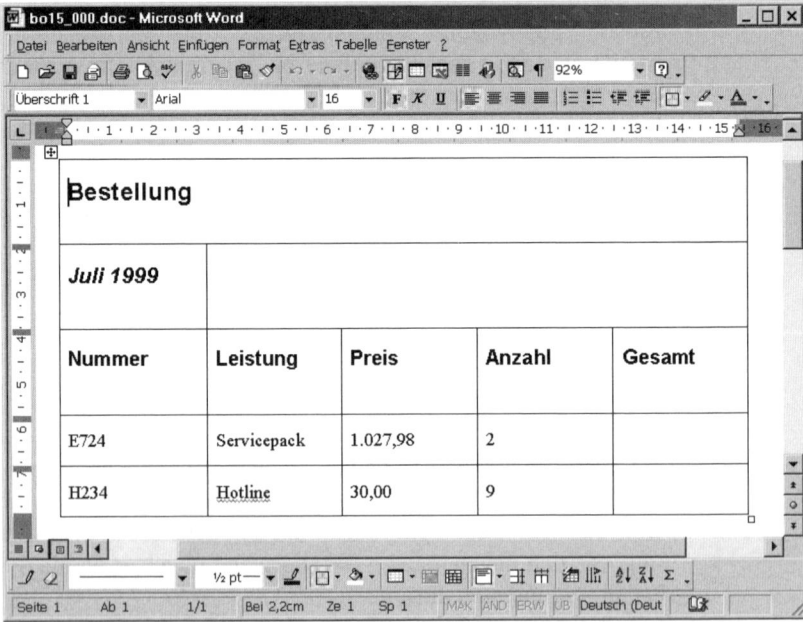

Bild 15.6: Das Ergebnis vorweggenommen: die gezeichnete Tabelle

Stellen Sie vor dem Zeichnen der Tabelle den Zoom auf Textbreite, *um den verfügbaren Platz zu überschauen.*

Beim Zeichnen einer Tabelle beginnen Sie immer mit der äußeren Begrenzung. Durch Ziehen der Maus mit gedrückter linker Maustaste erscheint ein Rahmen. Lassen Sie die Maustaste einfach los, sobald der Rahmen die gewünschte Größe erreicht hat. Dies ist die Grundlage Ihrer Tabelle.

So soll die Tabelle aussehen: Laden Sie das Dokument BO15_006.DOC um das Ergebnis zu vergleichen.

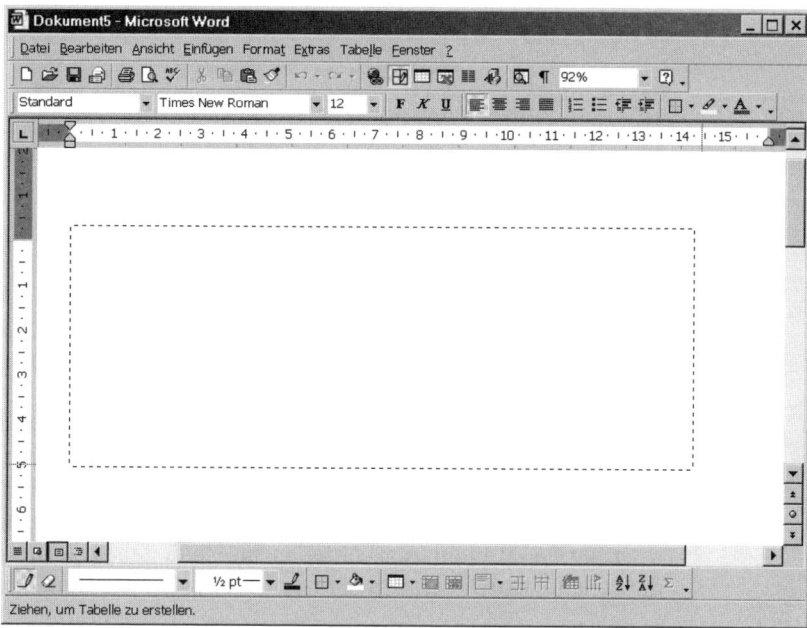

Bild 15.7: Der Anfang der Tabelle: erzeugen Sie den Rahmen, auf dem Sie die Tabelle aufbauen

Word aktiviert im Zeichenmodus für Tabellen dünne Linien in den Linealen, mit denen Sie Position und Größe der Tabelle verändern können.

Nun fügen Sie Linien in den Rahmen ein, um der Tabelle Gestalt zu verleihen. Setzen Sie mit dem Mauszeiger an der Stelle am Rahmen der Tabelle an, wo die Linie beginnen soll, und ziehen Sie die Maus mit gedrückter Maustaste horizontal bzw. vertikal in die entsprechende Richtung. Entlang der Strecke, die Sie ziehen, taucht eine gestrichelte Linie auf, die anzeigt, wo die Linie verlaufen wird. Beim Loslassen der Maustaste wird die Linie erzeugt. Erstellen Sie auf diese Weise die Überschriftenzeile Ihrer Tabelle.

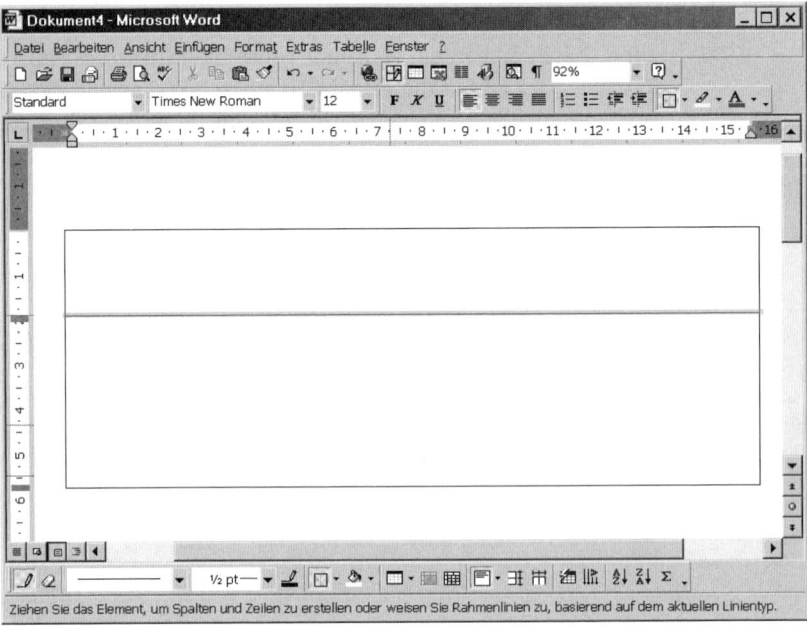

Bild 15.8: Beginnen Sie mit der Überschriftenzeile für die Tabelle. Das Einfügen von horizontalen und vertikalen Linien ist einfach

Fahren Sie auf diese Weise fort, bis die Tabelle das gewünschte Aussehen hat. Dabei sollten Sie geplant vorgehen, damit die Nacharbeiten gering bleiben: Wenn Sie Zeilen oder Spalten einfügen, die die gleiche Höhe bzw. Breite haben sollen, nutzen Sie bei Bedarf nach entsprechender Markierung die Funktionen zum Verteilen im Menü Tabelle/AutoAnpassen oder die Symbolschaltflächen in der Symbolleiste *Tabellen und Rahmen*.

Nach Beendigung des Zeichenmodus erscheinen an der Tabelle zwei kleine Symbole, wenn sich der Mauszeiger über der Tabelle befindet. Über der linken oberen Ecke der Tabelle erscheint ein Anfasser, mit dem Sie die Tabelle in bestehender Größe auf dem Blatt verschieben. Klicken Sie dazu auf den Anfasser und bewegen Sie dann die Maus mit gehaltener linker Maustaste. Nach Freigabe der Maustaste ist die Tabelle neu plaziert. Unter der rechten unteren Ecke erscheint ein Anfasser für Größenänderungen. Klicken Sie für die Veränderung der Größe auf den Anfasser und bewegen Sie dann die Maus mit gehaltener linker Maustaste. Nach Freigabe der Maustaste ist die Tabelle in der Größe geändert – bestehende Größenverhältnisse paßt Word proportional an.

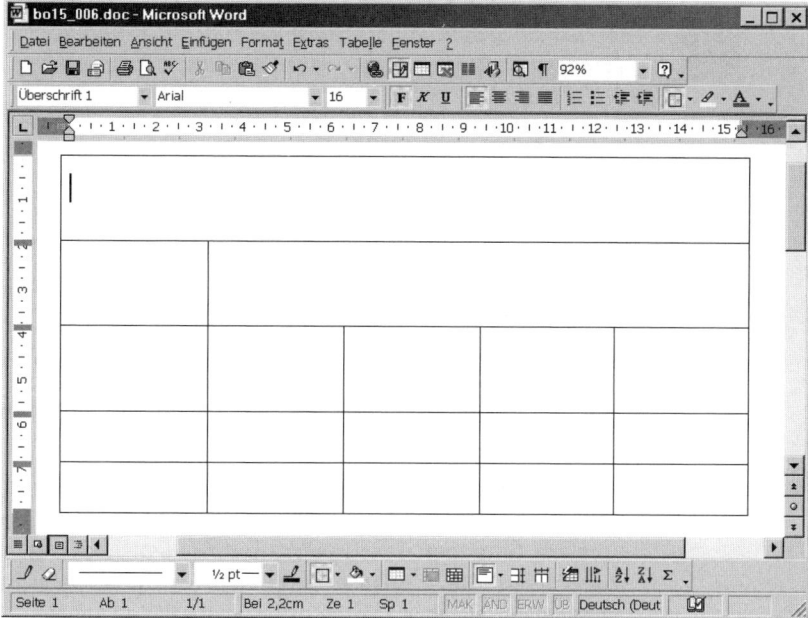

Bild 15.9: Das Gerüst der Tabelle ist fertig. Nun fügen Sie die Inhalte ein, indem Sie in die einzelnen Zellen klicken und den Text eingeben

Fügen Sie nun die Texte in die Zellen der Tabelle ein. Klicken Sie in eine beliebige Zelle, um mit der Eingabe zu beginnen. Nutzen Sie Formatierungen für die Gestaltung.

Wenn Sie die Eingabe in die Tabelle beendet haben, setzen Sie die Schreibmarke vor das Absatzendezeichen unterhalb der Tabelle. Dort geben Sie dann wieder »normalen« Text ein.

Paßt der Text innerhalb einer Zelle nicht in eine Zeile, wird er von Word getrennt. Gerade in Tabellen ist eine Silbentrennung anzuraten. Um die Trennung automatisch durchzuführen, können Sie die automatische Silbentrennung über den Menübefehl *Extras/Sprache/Silbentrennung* einschalten.

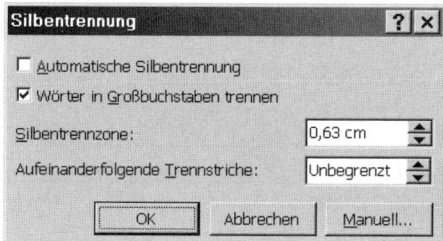

Bild 15.10: Die automatische Silbentrennung verhindert unschöne Trennungen innerhalb Ihrer Tabelle

Sie können die Silbentrennung auch manuell durchführen, indem Sie Strg +
⊡ *(Bindestrich/Minuszeichen) einen bedingten Trennstrich an der gewünschten Stelle einfügen.*

Bewegen in Tabellen

Bei der Texteingabe in Tabellen ist es sicher sinnvoll, die Schreibmarke nicht mit der Maus in die neue Zelle zu setzen. Verwenden Sie deshalb einige einfache Tastenkombinationen:

- Sie springen jeweils zur nächsten Zelle, indem Sie ⇥ drücken.
- Mit ⇧ + ⇥ setzen Sie die Schreibmarke in die vorhergehende Tabellenzelle.
- Mit der Tastenkombination ⇧ + ↵ erzeugen Sie innerhalb einer Zelle einen Zeilenumbruch. Der Zeilenumbruch ist kein neuer Absatz, sondern führt den Text innerhalb desselben Absatzes in einer neuen Zeile weiter. Sie können dadurch den Text besser anordnen und selbst bestimmen, welcher Text in die nächste Zeile kommt.

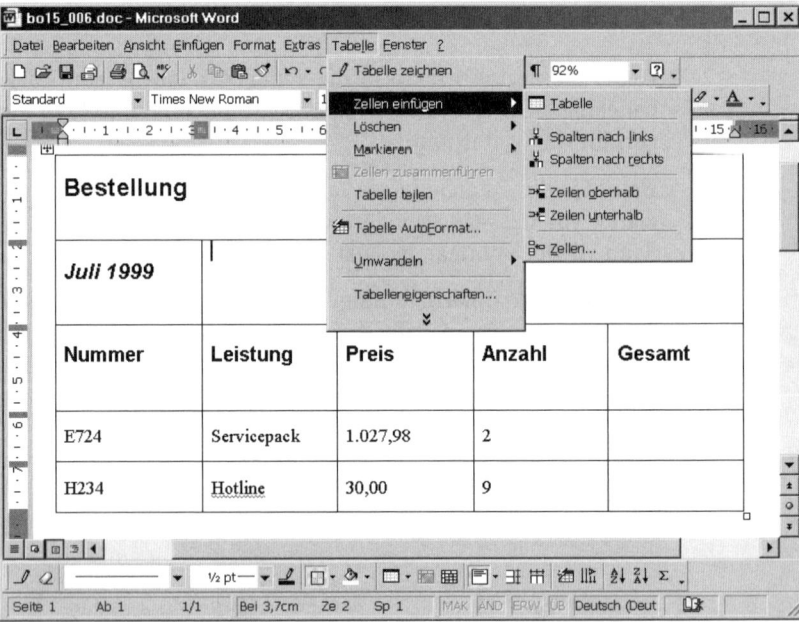

Bild 15.11: Das Untermenü des Befehls Tabelle/Zellen einfügen *vermittelt das Einfügen von neuen Tabellenelementen*

Um eine neue Zeile an die Tabelle anzufügen, setzen Sie die Schreibmarke in die letzte Zelle der Tabelle und drücken einmal die ⇥-Taste.

Die Tabelle ist nicht unveränderbar: Zeilen oder Spalten können Sie jederzeit hinzufügen. Positionieren Sie dazu die Schreibmarke in einer geeigneten Tabellenzelle. Aktivieren Sie dann den Befehl *Tabelle/Zellen einfügen*. Im Untermenü finden Sie Befehle zum Einfügen von Zeilen und Spalten.

Analoge Befehle zum Entfernen von Tabellenelementen finden Sie im Untermenü von *Tabelle/Löschen*.

 Wenn Sie die Schreibmarke hinter eine Tabellenzeile positionieren und die ↵-Taste drücken, erscheint eine neue, leere Zeile unterhalb der ursprünglichen Tabellenzeile.

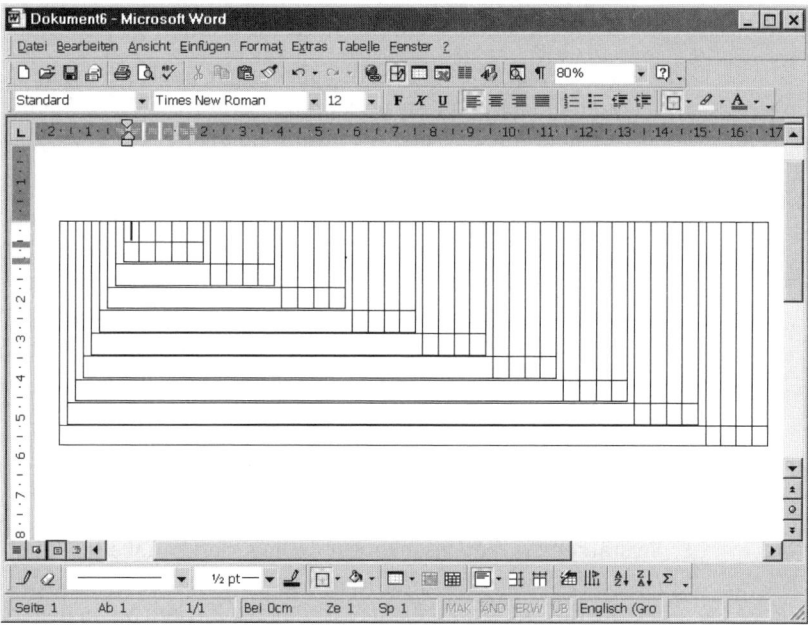

Bild 15.12: Tabellen in Tabellen – durch das mehrfache Einfügen von Tabellen in Tabellenzellen entstehen bei Bedarf komplizierte Strukturen

In speziellen Tabellen ist es günstiger, in eine Zelle eine weitere Tabelle einzufügen, als die Zelle mit vielen Linien zu untergliedern. Dieses Verfahren hat außerdem den Vorteil, daß die integrierte Tabelle als ganzes leicht aus der Tabelle entfernt und an anderer Stelle eingefügt werden kann. Setzen Sie dazu die Schreibmarke in die gewünschte Zelle und Wählen Sie den Befehl *Tabelle/Zellen einfügen/Tabelle*. Word öffnet die bereits beschriebene Dialogbox zum Einfügen der Tabelle.

Um vor einer eingefügten Tabelle eine Zeile zum Schreiben zu erzeugen, schieben Sie die Tabelle nach unten. Bei vielen Tabellen führt auch der Befehl Tabelle/Tabelle teilen *zum Erfolg, wenn die Schreibmarke in der ersten Tabellenzelle steht.*

Tabelle umrahmen

Word versieht Tabellen beim Einfügen ohne AutoFormat automatisch mit einer dünnen, durchgezogenen Linie. Diese Linie können Sie löschen oder anders formatieren. Dabei verhält sich jede Zelle unabhängig: Die zugewiesenen Tabellenlinien gelten für alle markierten Zellen. Zum Markieren von Tabellenelementen bietet Word einige Annehmlichkeiten:

- Wenn der Mauszeiger so weit links vor der erste Zeile steht, daß er nach rechts oben zeigt, reicht ein Klick, um die Zeile zu markieren. Um anschließend die ganze Tabelle zu markieren, brauchen Sie die Maus mit gedrückter Taste nur noch nach unten zu bewegen.

- Wenn Sie den Mauszeiger über einer Spalte plazieren, erscheint ein kleiner, nach unten gerichteter schwarzer Pfeil. Wenn Sie in diesem Moment klicken, markiert Word die Spalte. Bei Bewegung der Maus mit gehaltener Maustaste erweitert Word die Spaltenmarkierung.

- Um eine einzelne Zelle zu markieren, überfahren Sie mit der Maus die linke Zellbegrenzung. Dort erscheint ein kleiner, nach links oben gerichteter schwarzer Pfeil. Wenn Sie in diesem Moment klicken, markiert Word die Zelle. Bei Bewegung der Maus mit gehaltener Maustaste erweitert Word die Markierung auf angrenzende Zellen.

 Einige Varianten zum korrekten Markieren bietet das Untermenü von Tabelle/Markieren. *Nutzen Sie diese Befehle vor allem bei gezeichneten Tabellen.*

Verstärken Sie die Außenkontur der markierten Tabelle: Rufen Sie den Befehl *Format/Rahmen und Schattierung* auf, öffnen Sie das Register *Rahmen*. Stellen Sie die Linienstärke auf *3 pt*. Danach klicken Sie in der Vorschau auf das Diagramm oder die Symbolschaltflächen, um die Linien für die Zuweisung zu wählen. Mit *OK* weisen Sie die Einstellung den markierten Zellen zu.

Mehr als Texte

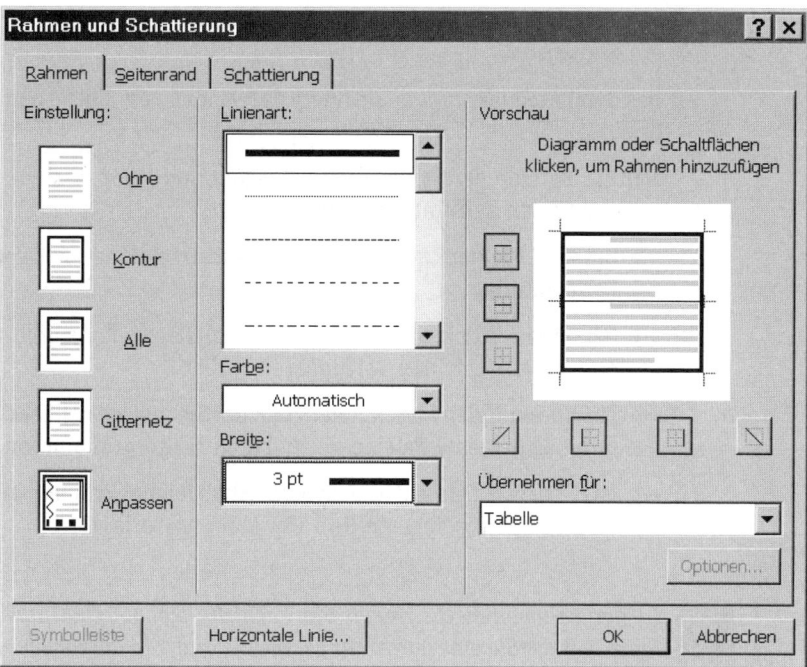

Bild 15.13: *In der Dialogbox* Rahmen und Schattierung *ordnen Sie beliebigen Zellen formatierte Zelltrennlinien zu*

Die umrahmte Tabelle finden Sie auf der CD in der Datei B013_013.DOC.

Alle für die Arbeit in einer Tabelle notwendigen Befehle finden Sie im Menü *Tabelle*. Neben Text können Sie in den Zellen einer Tabelle andere Objekte, z.B. Grafiken einfügen.

Die bei Tabellen veränderten Lineale sind eine Betrachtung wert: Im horizontalen Lineal passen Sie die Spaltenbreiten an, während das vertikale Lineal Veränderungen an der Zellenhöhe erlaubt.

Weitere Funktionen für Tabellen

Die Symbolleiste *Tabellen und Rahmen* sammelt alle Funktionen, die Ihnen in Tabellen zu Verfügung stehen. Bei eingeschalteter Symbolleiste haben Sie gleichzeitig die Mehrzahl der Möglichkeiten ständig im Blick.

267

Mit dem Symbol *Tabelle zeichnen* schalten Sie den Zeichenstift für Tabellen ein und aus.

 Das Symbol *Radiergummi* aktiviert den Modus zum Entfernen von Tabellenlinien.

Weitere Befehle der Symbolleiste *Tabellen und Rahmen* steuern die Umrahmung und den Zellhintergrund:

- Die Listenfelder *Linienart* und *Linienstärke* dienen zur Veränderung der Rahmenlinie.
- Mit einem Klick auf die Symbolschaltfläche *Rahmenfarbe* öffnen Sie eine Palette mit den verfügbaren Farben.
- Ein Klick auf den Listenpfeil neben der Symbolschaltfläche *Schattierungsfarbe* öffnet eine Palette verfügbaren Hintergrundfarben.
- Mit einem Klick auf die Symbolschaltfläche *Rahmen* öffnen Sie eine Palette mit voreingestellten Umrahmungsvarianten.

 In der Rahmenpalette finden Sie auch die Symbolschaltfläche Horizontale Linie, *mit der Sie eine horizontale Linie als Grafik in die Tabellenzelle einfügen.*

 Mit einem Klick auf die Symbolschaltfläche *Tabelle einfügen* öffnen Sie eine Palette mit Befehlen zum Einfügen von Tabellenobjekten. Die Befehle sind mit denen im Untermenü von *Tabelle/Zellen einfügen* identisch.

 Einige Symbolschaltflächen verhalten sich dynamisch: die jeweils zuletzt genutzte Funktion bleibt als Voreinstellung erhalten.

Weitere Schaltflächen in der Symbolleiste *Tabellen und Rahmen* verändern das Aussehen der Tabelle und beeinflussen die Textausrichtung:

- Mit den Schaltflächen *Zellen verbinden* und *Zellen teilen* arbeiten Sie, wenn Sie innerhalb einer Tabelle die Zellanordnung verändern möchten.
- Mit einem Klick auf den Listenpfeil neben der Symbolschaltfläche *Ausrichten* öffnen Sie eine Palette mit Befehlen zum Ausrichten des Textes in der Zelle.
- Um markierte Spalten oder Zeilen gleichmäßig auf den markierten Bereich zu verteilen, nutzen Sie die entsprechenden Symbolschaltflächen.
- Die Schaltfläche AutoFormat führt Sie direkt in die bereits beschriebene Dialogbox zum Zuweisen eines vorbereiteten Tabellenlayouts.
- Mit der Schaltfläche *Textrichtung ändern* drehen Sie den Text in der Zelle – so erzeugen Sie bei Bedarf senkrechte Tabellentexte.

Den rechten Rand der Symbolleiste *Tabellen und Rahmen* bilden Schaltflächen für die Arbeit mit dem Tabelleninhalt:

- Die Symbole *Aufsteigend und Absteigend* dienen der Sortierung von markierten Tabellenbereichen.
- Mit einem Klick auf die Symbolschaltfläche mit dem Summensymbol fügen Sie eine Formel ein, mit der Sie Tabellenzeilen oder Spalten summieren.

Tragen Sie vor dem Klick auf die Symbolschaltfläche AutoSumme *Zahlenwerte in die Tabelle ein, damit Word die Funktion korrekt erkennen kann.*

Excel-Tabellen in Word

Sie können in Word eine Excel-Tabelle einfügen. Klicken Sie dazu auf das Symbol *Microsoft Excel-Tabelle einfügen* in der Standard-Symbolleiste. Die Vorgehensweise gleicht dem Einfügen einer »normalen« Tabelle. Diese können Sie dann bearbeiten, wie unter Excel gewohnt. Während der Bearbeitung der Excel-Tabelle steht Ihnen die Excel-Symbolleiste zur Verfügung. Verlassen Sie den »Excel-Modus« mit einem Klick an eine andere Stelle im Dokument, wird nur noch die reine Tabelle dargestellt. Damit kombinieren Sie die Arbeit beider Programme: Sie nutzen die gestalterischen Fähigkeiten von Word und die rechnerischen von Excel.

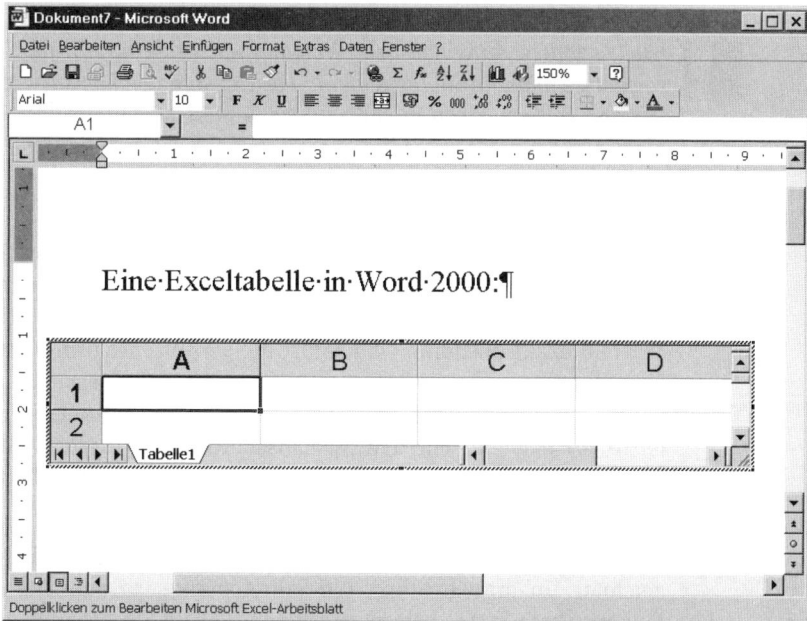

Bild 15.14: Eine Excel-Tabelle in Word 2000

Klicken Sie doppelt in die Tabelle, um die Funktionen von Excel erneut zu nutzen.

15.2 Textrahmen erstellen

Wer stolzer Besitzer eines Textverarbeitungsprogramms ist, benutzt dieses natürlich auch dazu, Briefe zu verfassen. Es ist schließlich komfortabel, eine einzige Datei zu führen, in der ein Briefkopf mit eigener Anschrift, Bankverbindung, Anrede, Textblock etc. bereits vorhanden ist. Man muß, um einen neuen Brief zu verfassen, dann nur noch die entsprechenden Stellen in der Vorlage ergänzen. Vielleicht haben Sie ja ein privates oder geschäftliches Logo auf Ihrem Briefentwurf plaziert – alles wunderbar. Probleme treten nur dann auf, sobald einer der veränderbaren Bestandteile des Briefes nun mehr Platz als vorgesehen einnimmt und dadurch der schöne Aufbau des Briefbogens zerstört wird. Zusätzlicher Text verdrängt eingebundene Grafikelemente von ihrer ursprünglichen Position. Die Adreßangaben und die Bankverbindung sollen natürlich bei jedem Brief an der gleichen Stelle stehen, und grafische Zusätze dürfen nicht verrutschen.

Um dies zu vermeiden, bietet Word 2000 die sogenannten Textfelder. Sie lassen sich frei auf dem Blatt und unabhängig vom umgebenden Text plazieren, verschieben, gesondert formatieren (auch mit Rahmen und Mustern) und können Texte, Bilder und Tabellen aufnehmen. Die Position von Textfeldern bleibt stets die gleiche.

 Für besondere Aufgaben beim Umgang mit Feldern, z.B. für Index und Verzeichnisse, müssen Sie Textfelder in Positionsrahmen konvertieren, damit Word mit den Feldern arbeiten kann (siehe Kapitel 16.3).

Textfelder erzeugen und einstellen

Zum Erstellen eines neuen Textfeldes dient der Menüpunkt *Einfügen/Textfeld*. Der Mauszeiger erscheint als kleines Kreuz. Ziehen Sie mit gedrückter linker Maustaste ein Rechteck auf. Es ist zunächst unwichtig, ob Sie das Textfeld exakt plazieren oder sofort die gewünschte Größe erreichen. Diese Einstellungen nehmen Sie nachträglich mit den Formatfunktionen exakt vor. Beim Einfügen des Textfeldes blendet Word automatisch die Symbolleiste *Textfeld* ein. Mit den Symbolschaltflächen dieser Symbolleiste verknüpfen Sie Textfelder, wechseln zwischen verknüpften Textfeldern eines Dokuments oder ändern die Textrichtung.

Das aktive Textfeld wird durch einen grau schraffierten Rahmen gekennzeichnet. In diesem blinkt die Schreibmarke, so daß Sie sofort mit der Eingabe Ihres Textes beginnen können. Sobald Sie neben das Textfeld klicken, hebt Word die Markierung auf.

Ein anderer Weg ist es, zuerst den Text für das Textfeld »normal« einzugeben und anschließend zu markieren. Bei Aufruf von *Einfügen/Textfeld* wird automatisch ein Textfeld um den markierten Text herum aufgebaut.

 Sobald Sie ein Textfeld erzeugen, wechselt Word automatisch in die Seitenlayout-Ansicht.

Wenn Sie das Textfeld durch einen Mausklick in den Bereich außerhalb des Feldes verlassen, bleibt es standardmäßig durch eine Umrahmung weiterhin sichtbar. In der Normalansicht sind Textfelder samt Inhalt grundsätzlich unsichtbar.

Das Textfeld ist nun Ihren persönlichen Anforderungen anzugleichen. Sie können z.B. die Umrahmung ausblenden, so daß lediglich der Inhalt des Textfeldes zu sehen ist.

Die Dialogbox *Textfeld formatieren* – sie öffnet sich bei markiertem Textfeld nach Aufruf von *Format/Textfeld* – bietet sechs Register, in denen Sie die Einstellungen vornehmen. Sie erreichen diese Dialogbox auch durch Aktivieren des Kontextmenüs mit einem rechten Mausklick auf den Rand eines Textfeldes.

- *Farben und Linien*:
  Mit diesem Register versehen Sie ein Textfeld mit einer Umrandung oder einer Hintergrundfarbe bzw. Musterfüllung. Als Füllung sind auch Grafiken möglich.

- *Größe*:
  Word kann die Abmessungen entweder selbst anhand der integrierten Objekte ermitteln, erlaubt aber ebenso eine numerisch exakte Ausdehnung. Veränderungen der absoluten Werte spiegeln sich in den prozentualen Skalierungen wider und umgekehrt. Die Beschränkung auf proportionale Größenänderungen aktivieren Sie durch das Kontrollkästchen *Seitenverhältnis*.

- *Layout*:
  Hier legen Sie fest, ob und wie der »normale« Text um das Textfeld herumfließen kann. Mit der Einstellung *Ohne* unter *Umbruchart* lassen sich z.B. »Wasserzeichen« auf einem Briefbogen hinzufügen. Über die Schaltfläche *Weitere* im Register *Layout* gelangen Sie in eine Dialogbox, in der Sie das Layout exakt mit zusätzlichen Optionen ausstatten.

- *Bild*:
  Dieses Register ist nur aktiv, wenn eine Grafik beim Aufruf der Dialogbox markiert war. Es erlaubt die Veränderung von Helligkeits- und Kontrastwerten oder das Zuschneiden von Bildelementen.

⋯⋮ *Textfeld*:
Auf dieser Registerkarte stellen Sie den inneren Abstand zwischen Text und Rahmen ein. Hier können Sie auch das Textfeld zu einem Positionsrahmen konvertieren.

⋯⋮ *Web*:
Das Register stellt ein Eingabefeld bereit, in dem Sie Text eintragen, der von Internet-Browsern beim Bildaufbau oder – bei fehlenden Bildern – anstelle des Bildes gezeigt wird.

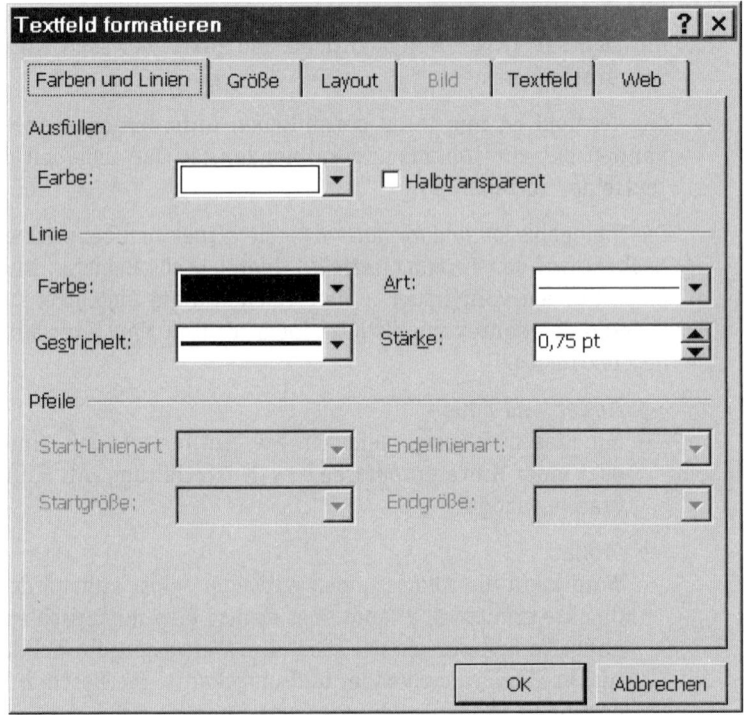

Bild 15.15: Textrahmen bieten Freiheit beim Plazieren von Text- und Bildelementen: Hier ist die dazugehörige Dialogbox Textfeld formatieren *abgebildet*

Wenn Sie sich auf Ihr Augenmaß verlassen wollen, führen Sie Größenänderungen und Verschiebungen mit der Maus durch. Das Ziehen an den Kästen in der Ecke des Textfeldes (oder der Grafik) bewirkt ein proportionales Skalieren. Wenn sich der Mauszeiger in einen Vierfachpfeil verwandelt hat, läßt sich das Element einfach mit gedrückter Maustaste an eine beliebige andere Position – auch über die Seitenränder hinaus – verschieben.

Der Unterschied zwischen Textfeldern und Positionsrahmen

In früheren Word-Versionen existierten vorrangig die Positionsrahmen. Der Hauptzweck war es, z.B. Text um eine Grafik herumfließen zu lassen. Dies ist jetzt auch ohne Rahmen möglich, aber die Textfelder bieten noch viele weitere Anwendungsfelder, die Sie mit Positionsrahmen nicht bewerkstelligen können. Dazu gehört unter anderem das Kippen von im Textfeld enthaltenem Text sowie andere Darstellungsmodi für den Inhalt des Textfeldes.

Auf den ersten Blick erscheinen Textfeld und Positionsrahmen so ähnlich, daß sich die Frage nach den Besonderheiten eines Textfeldes aufdrängt. Die Unterschiede liegen tatsächlich im Detail.

Ein praktischer Unterschied besteht darin, daß ein Positionsrahmen seine Größe verändert, wenn der Text über den unteren Rand des Feldes hinausgeht. In einem »reinen« Textfeld wird Text nicht mehr dargestellt, wenn Sie über die untere Umrandung hinweg schreiben bzw. durch Zeilenvorschübe den Text nach unten erweitern. Grafiken, die in einem Textfeld liegen, werden, wenn sie über das Feld hinausragen, abgeschnitten. In einem Positionsrahmen wird auch der außerhalb des Rahmens liegende Teil der Grafik angezeigt.

Zunächst bleibt festzuhalten, daß trotz aller Vorteile, die das neue Konzept der Textfelder bietet, einige Funktionen existieren, die nur mit Positionsrahmen möglich sind. Fußnoten und Kommentare sind in Textfeldern nicht erlaubt. Wollen Sie diese Elemente verwenden, kommen Sie um den Einsatz von Positionsrahmen nicht herum. Es gibt jedoch auch Funktionen, die ein Positionsrahmen nicht beherrscht. Zum Beispiel ist es mit Textfeldern möglich, einen Text in einem beliebigen Textfeld beginnen und in einem anderen Textfeld, welches sich sogar auf einer völlig anderen Seite im Dokument befinden kann, fortführen zu lassen. Diese interessante Funktion gab es in früheren Word-Versionen nicht, sie war eher speziellen DTP-Programmen vorbehalten. Sie können damit z.B. einen Bericht in einer Broschüre am Seitenrand neben anderen Artikeln über mehrere Seiten fortlaufen lassen.

Benötigen Sie aus oben genannten Gründen unbedingt einen Positionsrahmen, so haben Sie in Word 2000 zunächst nur die Möglichkeit, ein Textfeld zu erzeugen und dieses dann in einen Positionsrahmen zu konvertieren. Markieren Sie dazu das Textfeld, und rufen Sie den Menüpunkt *Format/Textfeld* auf. Den gleichen Effekt hat die Aktivierung des Objektmenüs durch einen rechten Mausklick auf den Rand des markierten Textfeldes und anschließendes Wählen von *Textfeld formatieren*. Öffnen Sie das Register *Textfeld*, und klicken Sie auf die Schaltfläche *zu Positionsrahmen umwandeln*. Daraufhin erhalten Sie noch eine Warnung, daß eventuell einige Zeichnungsobjekt-Formatierungen verlorengehen könnten, die Sie vorher eingestellt haben. Sie verfügen von nun an über einen Positionsrahmen.

Die Konvertierung ist nicht reversibel. Wenn Sie den Positionsrahmen »erstellt« haben, aber wieder ein Textfeld brauchen, müssen Sie ihn löschen und ein neues Textfeld erzeugen.

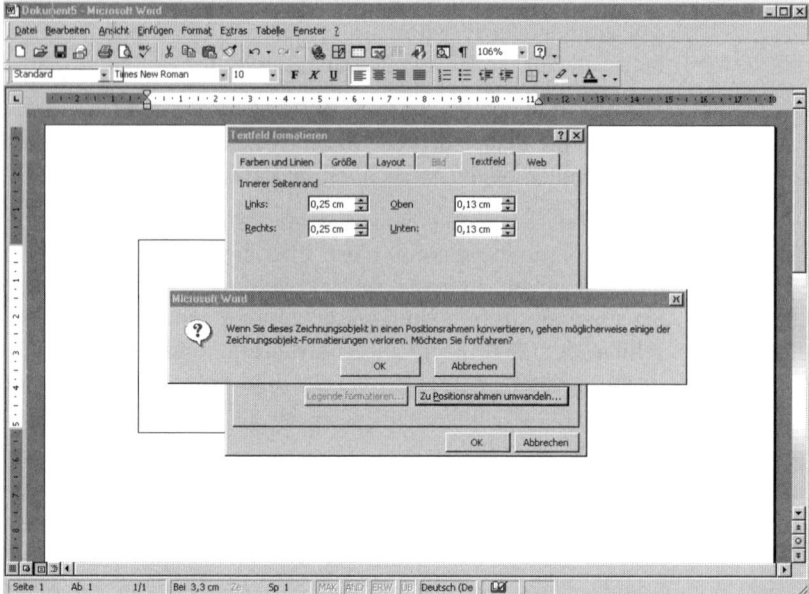

Bild 15.16: *Für bestimmte Sonderfunktionen wie Fußnoten können Sie Textfelder nicht verwenden. Sie müssen den Umweg über die Umwandlung eines Textfeldes in einen Positionsrahmen beschreiten oder den Befehl in die Menüstruktur einfügen lassen*

15.3 Grafiken einbinden

Neben Tabellen und Text- bzw. Positionsrahmen ist es in Word auch möglich, Grafiken in ein Textdokument einzubinden. Zu diesem Zweck stellt Word eine Fülle von Funktionen bereit.

Sie fügen Grafiken über das Menü *Einfügen/Grafik* in Ihr Dokument ein, wobei Sie zwischen verschiedenen Arten auswählen können. Es stehen ClipArts, viele verschiedene Grafik-Dateiformate, Autoformen, WordArt-Dokumente und Diagramme zur Wahl. Zusätzlich können Sie, falls Sie einen Scanner oder eine digitale Kamera zur Verfügung haben, direkt aus Word Ihr Scan-Programm oder das Kamera-Add-in starten. Damit erhalten Sie eine Bilddatei, die Sie sofort in Ihrem Dokument verwenden können.

 Das Einfügen von Grafiken über den Befehl Einfügen/Grafik/ClipArt *führt zur ClipGallery und wird deshalb dort beschrieben.*

Eine bestehende Grafik-Datei einbinden

Exemplarisch soll an dieser Stelle eine Grafik aus einer vorhandenen Datei in ein Word-Dokument eingebunden werden. Dieses Beispiel soll aufzeigen, welche Formatierungsmöglichkeiten Word bietet.

Wählen Sie im Menü *Einfügen/Grafik* den Eintrag *Aus Datei* aus. Es öffnet sich eine Dialogbox zur Auswahl der gewünschten Grafik-Datei. Word wechselt in den Ordner EIGENE BILDER. Sie können von diesem Ordner aus jeden anderen vorhandenen Ordner leicht erreichen. Navigieren Sie durch Ihre Ordner mit den bekannten Symbolen im oberen Bereich der Dialogbox, oder benutzen Sie die links angeordneten Symbole. Wählen Sie unter *Dateityp* den passenden aus, falls Word den Typ nicht automatisch mit der Voreinstellung erfaßt.

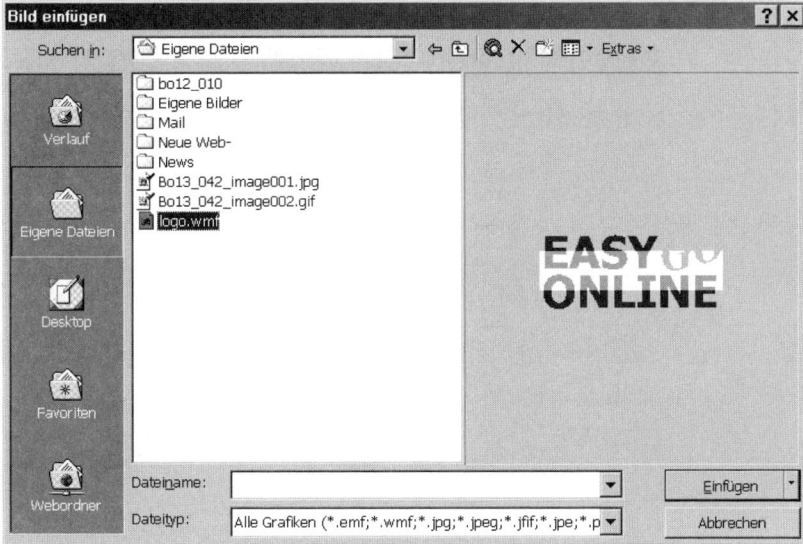

Bild 15.17: Die Dialogbox Einfügen/Grafik/Aus Datei *hilft Ihnen, Ihre Grafik-Datei zu lokalisieren. Außerdem legen Sie gewisse Einfügeoptionen fest*

Im Feld *Dateiname* geben Sie den Namen vor, wobei auch »?« und »*« erlaubt sind, um Dateinamen zu filtern. Ist Ihre Suche abgeschlossen, markieren Sie den Dateinamen in der Dateiliste. Öffnen Sie bei Bedarf das Befehlsmenü der Schaltfläche *Einfügen*. Der Befehl *Verknüpfung zu Datei* bewirkt, daß eine Änderung an der Originalgrafik ebenfalls eine Änderung an der »Kopie« in Ihrem Dokument bewirkt. Es handelt sich dabei übrigens tatsächlich »nur« um eine Kopie: Word legt lediglich einen Verweis auf die eigentliche Grafik-Datei im Dokument ab. Nach dem Klick auf einen Befehl im Untermenü von *Einfügen* schließt Word die Dialogbox, und die Grafik erscheint in Ihrem Dokument.

Eigenschaften der Grafik ändern

Nachdem Sie Ihre Grafik in Ihr Word-Dokument eingebunden haben, kann es sein, daß Sie mit dem Resultat noch nicht ganz zufrieden sind. In Word ist es aber möglich, gewisse Eigenschaften der Grafik nachträglich zu ändern. Um solche Änderungen wie die der Größe o.ä. vorzunehmen, markieren Sie die Grafik zunächst. Sie erkennen an einer Rahmung mit acht kleinen Markierungspunkten, daß die Grafik markiert ist. Über den Menübefehl *Format/Grafik* gelangen Sie in die vom Aufbau her inzwischen bekannte Dialogbox *Grafik formatieren*.

Den Befehl Grafik formatieren *finden Sie auch im Kontextmenü der Abbildung.*

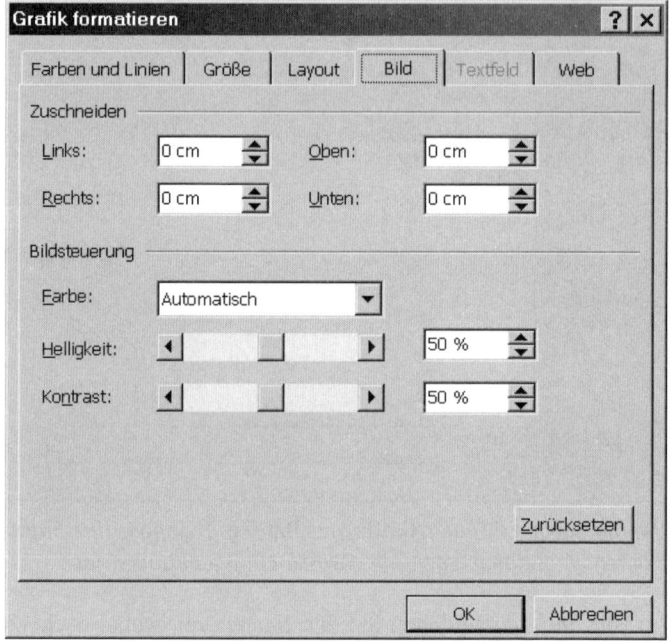

Bild 15.18: Legen Sie Größe, Position und Textfluß-Eigenschaften fest. Neu ist bei Grafiken das Register Bild, *in dem Sie die Grafik zuschneiden sowie Helligkeit, Kontrast und Farbeigenschaften anpassen*

Die Dialogbox Objekt formatieren *taucht immer auf, wenn Sie die Eigenschaften eines markierten Objekts verändern. Je nach Objekt sind verschiedene Einstellungen deaktiviert oder zusätzlich zugänglich.*

WordArt

Ein spezieller Grafiktyp ist das WordArt-Objekt. WordArt ermöglicht viele verschiedenartige Schrifteffekte, die Word nicht automatisch anbietet. Sie können Texte bzw. Schriftzüge mit unterschiedlichen Farbeffekten versehen, den Text in geometrische Formen pressen und ihn räumlich darstellen. Der Text kann auch vertikal, gespiegelt oder gebogen dargestellt werden.

Mit dem Befehl *WordArt* im Menü *Einfügen/Grafik* erscheint zunächst der *WordArt-Katalog* mit verschiedenen WordArt-Stilen. Wählen Sie hier Grundform und -gestaltung.

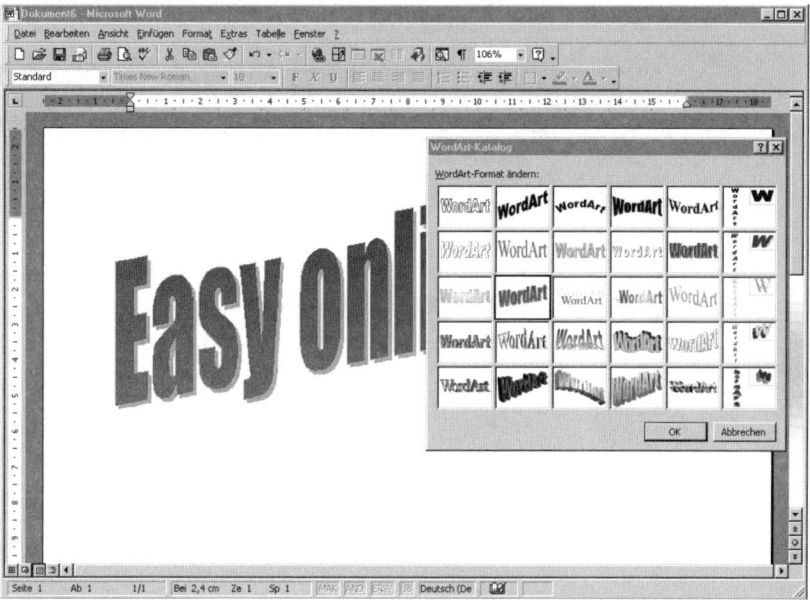

Bild 15.19: Auf dieser Abbildung sehen Sie den WordArt-Katalog, der bereits die Vielfalt der Möglichkeiten andeutet

Anschließend gelangen Sie in die Dialogbox WordArt-Text bearbeiten. Dort geben Sie Ihren Text ein und stellen diverse Schriftattribute ein. Nach einem weiteren Klick auf *OK* erscheint die WordArt im Dokument. Auch später haben Sie Gelegenheit, Änderungen vorzunehmen. Zusammen mit dem WordArt-Objekt taucht die WordArt-Symbolleiste mit speziellen Funktionen auf. Die Funktionen in der Dialogbox WordArt formatieren sind mit den bereits beschriebenen Dialogboxen identisch.

 Das Modul WordArt *kann auch in anderen Office-Anwendungen eingesetzt werden und wird deshalb im Kapitel 62 »WordArt« intensiv behandelt*

15.4 Objekte einbinden

Grafiken, Tabellen und Textrahmen werden in Word 2000 als Objekte betrachtet. Über die in den vorhergehenden Abschnitten behandelten Objekte hinaus erlaubt Word das Einfügen vieler weiterer Objektarten. Sie können fast beliebige Daten einbinden. Alle diese Daten faßt Word unter dem Oberbegriff Objekte zusammen. Dabei kann es sich um Klangdateien, Videos, auch von anderen Programmen als Word 2000 erstellte Textdokumente, Präsentationen, HTML-Dokumente, Tabellen, Grafiken und vieles mehr handeln. Fast jede von einem beliebigen Anwendungsprogramm erzeugte Datei kann als Objekt in ein Word-Dokument eingefügt werden. Aus Word-Dokumenten heraus können Sie sogar Anwendungen starten.

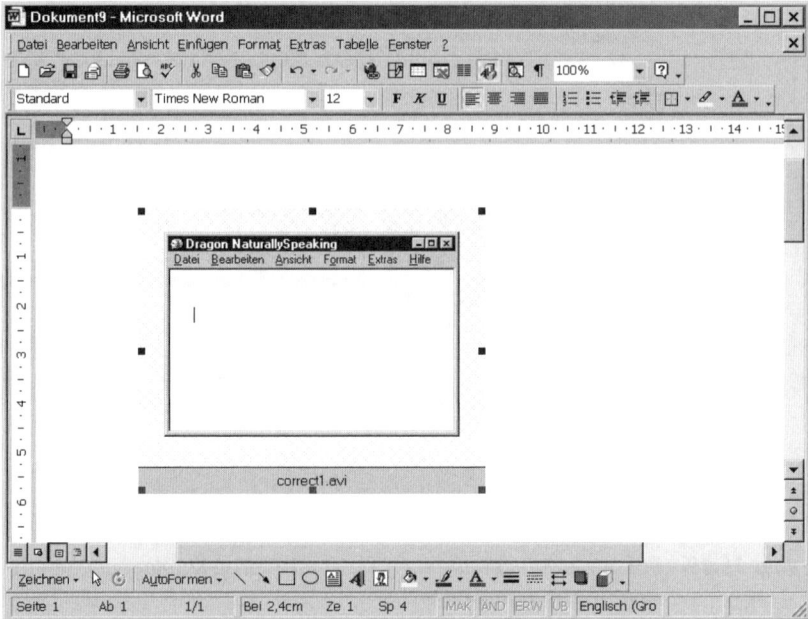

Bild 15.20: *Ein Videoclip erscheint durch das Anfangsbild: Mit einem Doppelklick starten Sie den Clip*

Objekte werden in Word entweder direkt dargestellt oder, falls dies nicht möglich ist, durch ein Symbol repräsentiert, das auf die Art des Dokuments hinweist. Ein anderes Word-Dokument wird z.B. durch das für Word-Dokumente charakteristische Word-Symbol dargestellt. Im Dokument integrierte Anwendungen werden durch Anklicken des betreffenden Symbols aufgerufen. Sie fügen ein Objekt mit dem Menübefehl *Einfügen/Objekt* in Ihr Dokument ein.

Mehr als Texte

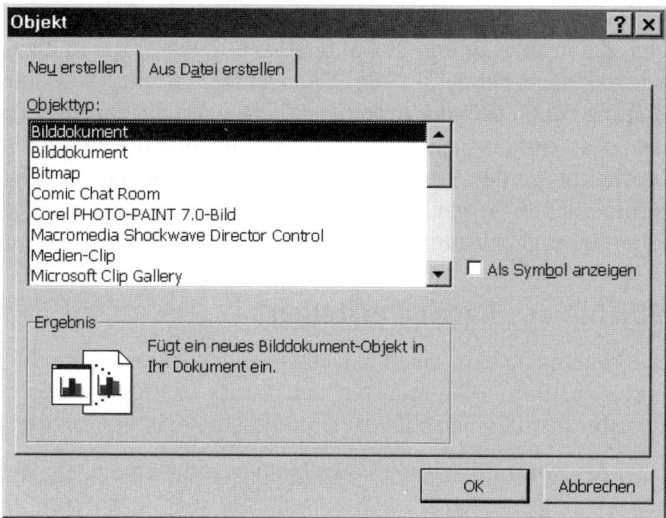

Bild 15.21: Die Dialogbox Objekt *gibt Ihnen eine Liste aller Objektarten, die Sie einfügen können, vor. Wie umfangreich diese Liste ist, hängt natürlich davon ab, über welche Anwendungen Sie auf Ihrem PC verfügen*

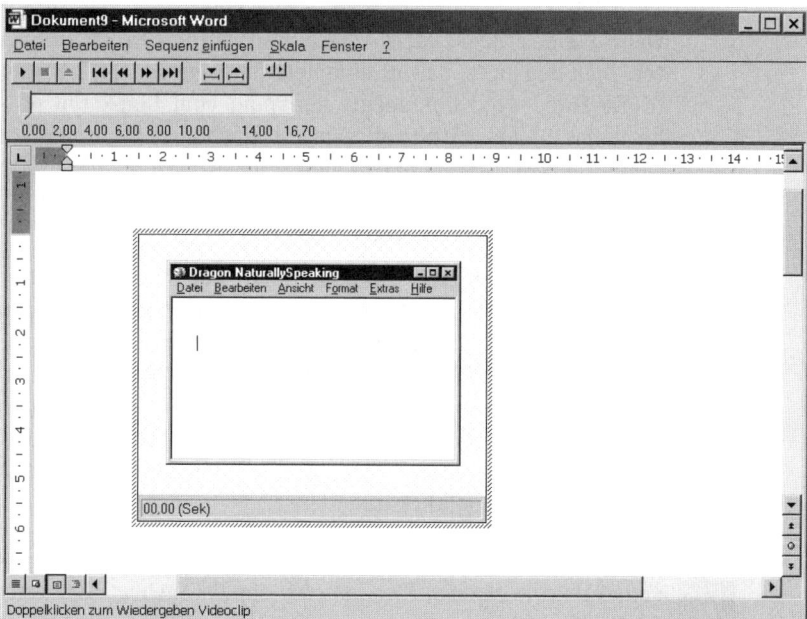

Bild 15.22: Ein gerade in Word eingefügter Videoclip kann direkt in Word bearbeitet werden. Das Ursprungsprogramm muß nicht zusätzlich gestartet werden. Sie sparen dadurch wertvolle Systemressourcen

Man kann Objekte grob in zwei Klassen unterteilen: Einerseits in diejenigen, deren Anwendung OLE unterstützt, andererseits in diejenigen, bei denen das nicht der Fall ist. Der Unterschied besteht darin, daß für die Bearbeitung der Objekte der »zweiten« Klasse extra die dazugehörige Anwendung gestartet werden muß, während die anderen Objekte direkt unter Word bearbeitet werden können. Dazu werden die Menü- und Symbolleiste der erforderlichen Anwendung direkt in Word zur Verfügung gestellt – diese Form der Bearbeitung wird auch als »Inline-Editing« bezeichnet.

Objekte aus Dateien erstellen

Sie können Objekte aus einer bestehenden Datei heraus in Ihr Dokument einfügen. Dazu wählen Sie in der bereits gezeigten Dialogbox *Objekt* das Register *Aus Datei erstellen* aus. In diesem Register beachten Sie folgendes:

Über das Kontrollkästchen *Verknüpfen* bestimmen Sie, auf welche Weise das Objekt eingebunden wird. Nur wenn Sie hier *Verknüpfen* anwählen, wird das Objekt automatisch bei Änderung der zugrundeliegenden Datei aktualisiert. In Word wird nur ein Verweis auf die Position der Datei abgelegt. Dies bringt jedoch die Einschränkung mit sich, daß Sie das Objekt nicht direkt unter Word bearbeiten können, sondern die dazugehörige Anwendung starten müssen.

Wenn Sie das Objekt nicht verknüpfen, wird es in das Dokument eingebettet. Dies bedeutet, daß es komplett darin enthalten ist, was natürlich die Größe Ihres Word-Dokuments abhängig vom Objekttyp erheblich vergrößert. Das Objekt wird in diesem Fall auch nicht automatisch aktualisiert, wenn die Ursprungsdatei geändert wird. Wollen Sie die Änderung übernehmen müssen sie in diesem Fall das vorhandene Objekt durch Importieren der neuen, geänderten Datei ersetzen.

Als ein repräsentatives Beispiel fügen Sie eine Klangdatei in ein Word-Dokument einbinden. Aktivieren Sie den Menüeintrag *Einfügen/Objekt*. Wählen Sie das Register *Aus Datei erstellen*, um eine der installierten Klangdateien vom Typ WAV (Wave Audio File, das Windows-eigene Klangformat) verwenden wollen. Klicken Sie die Schaltfläche *Durchsuchen* an, um die Position der Datei ausfindig zu machen. Navigieren Sie durch Ihre Ordner, bis Sie fündig geworden sind, und wählen Sie eine beliebige Klangdatei durch einen Doppelklick aus.

Falls Sie keine eigenen Klangdateien auf Ihr System installiert haben, finden Sie in Ihrem Windows-Ordner einen Ordner MEDIA, in dem bestimmt einige Klangdateien abgelegt sind. Diese werden bei der Windows- bzw. Office-Installation standardmäßig mitgeliefert.

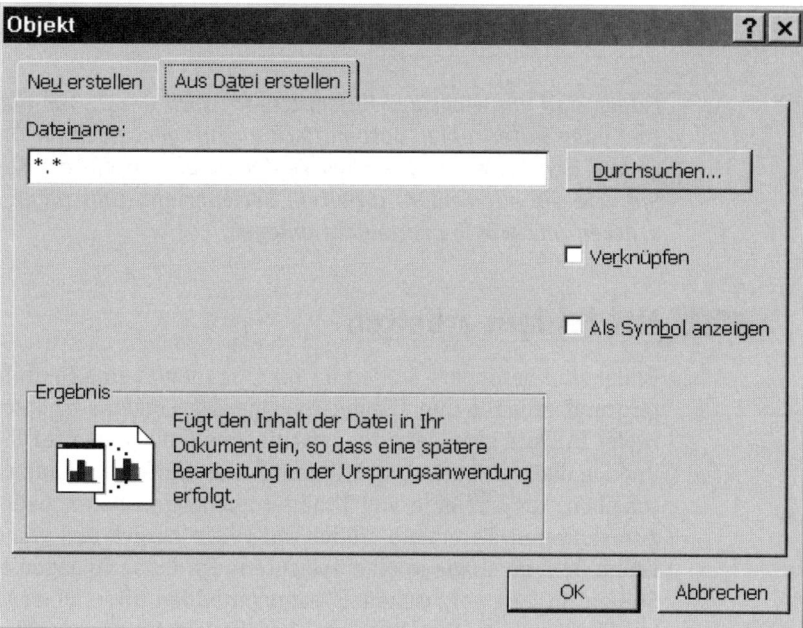

Bild 15.23: Aktivieren Sie bei Bedarf unter Aus Datei erstellen *das Kontrollkästchen* Verknüpfen. *Letztlich hängt es vom Objekttyp ab, welche Methode am geeignetsten ist*

Bestätigen Sie in der folgenden Dialogbox nochmals die Aktion *Einfügen*. Daraufhin werden Sie in Ihrem Dokument ein aktiviertes Symbol eines Lautsprechers sehen, welches die eingefügte Klangdatei repräsentiert. Durch einen Doppelklick auf dieses Symbol wird die Klangdatei abgespielt. Natürlich ist dies nur möglich, wenn Sie ein Ausgabegerät an Ihren Computer angeschlossen haben. Eine Soundkarte ist dafür also auf jeden Fall erforderlich.

Verfeinern Sie Ihre für andere Personen bestimmten Dokumente durch akustische Hinweise. Erstellen Sie Klangdokumente, in denen Sie Ihre Anmerkungen mit Ihrer eigenen Stimme speichern, und fügen Sie diese Ihrem Text hinzu. Es ist auch möglich, Kommentare direkt aus Word heraus aufzunehmen – dazu benötigen Sie allerdings ein Mikrofon.

Für Klangdateien empfiehlt es sich, den Einfügemodus *Verknüpfen* zu deaktivieren, da Klangdateien kaum verändert werden. Sollte der Inhalt der Klangdatei einmal nicht mehr aktuell sein, sollten Sie eine neue Klangdatei zu erzeugen und in das Dokument einfügen.

16. Erweiterte Funktionen

Felder sind ein wichtiges Hilfsmittel in Word – z.B., um das aktuelle Datum oder Seitenzahlen automatisch einzufügen. Auch für Online-Formulare und den Seriendruck stehen Felder bereit. In diesem Kapitel erfahren Sie, wie Sie mit Feldern arbeiten, Serienbriefe, Umschläge und Etiketten drucken und wie Sie Formulare anlegen.

16.1 Mit Feldern arbeiten

Felder sind besondere Stellen im Text, bei denen eine Feldfunktion im Hintergrund arbeitet und für die Anzeige des Ergebnisses sorgt. Sie können Felder in Word einfügen, die verschiedene Funktionen für Sie übernehmen und Sie dadurch entlasten. Mit dem Seriendruck formulieren Sie z.B. Rundscheiben, die auf eine von Ihnen vorgegebene Datenquelle für Adressen zurückgreifen. Formulare greifen auf Felder zurück und erlauben Ihnen, in Ihrem Dokument wie in einem »echten« Formular Eingaben an bestimmten Stellen im Text vorzusehen. Zusammen bilden diese Elemente ein mächtiges Werkzeug zur Erstellung von Vordrucken für Standardformulare.

Verschiedene Arten von Feldern

Word stellt eine große Anzahl verschiedener Feldtypen zur Verfügung. Die verschiedenen Kategorien werden später in diesem Abschnitt vorgestellt.

Grundsätzlich wird zwischen drei Arten von Feldern unterschieden. Dies sind Ergebnisfelder, Aktionsfelder und Markierungsfelder.

- *Ergebnisfelder*
  beinhalten das Ergebnis von Berechnungen, statistische Daten, Datum, Uhrzeit und ähnliche Dinge. In Ergebnisfeldern werden stets Informationen angezeigt.

- *Aktionsfelder*
  führen bei Aktivierung bestimmte vordefinierte Handlungen aus. Sprünge zu einer bestimmten Textmarke oder Seitennummer oder der Druck der aktuellen Seite sind Beispiele für Aktivitäten, die durch Aktionsfelder ausgelöst werden. Charakteristisches Beispiel sind die Hyperlinks.

- *Markierungsfelder*
  dienen der Kennzeichnung besonderer Textabschnitte und lösen keinerlei Berechnung oder Aktion aus. Sie sind jedoch für bestimmte Textbestandteile unbedingt erforderlich.

Felder für den täglichen Gebrauch

Damit Sie nicht schon für einfache Aufgaben in die Tiefe gehen müssen, bietet Word 2000 für einige Standardaufgaben die nötige Unterstützung. Das aktuelle Datum und automatische Seitenzahlen sind zwei solche Aufgaben. Beide erledigen Sie mit Befehlen aus dem Menü *Einfügen*.

Um das aktuelle Datum in ein Dokument einzufügen, setzen Sie die Schreibmarke an die gewünschte Stelle und aktivieren den Befehl *Einfügen/Datum und Uhrzeit*. Word öffnet eine Dialogbox mit verschiedenen Datumsformaten.

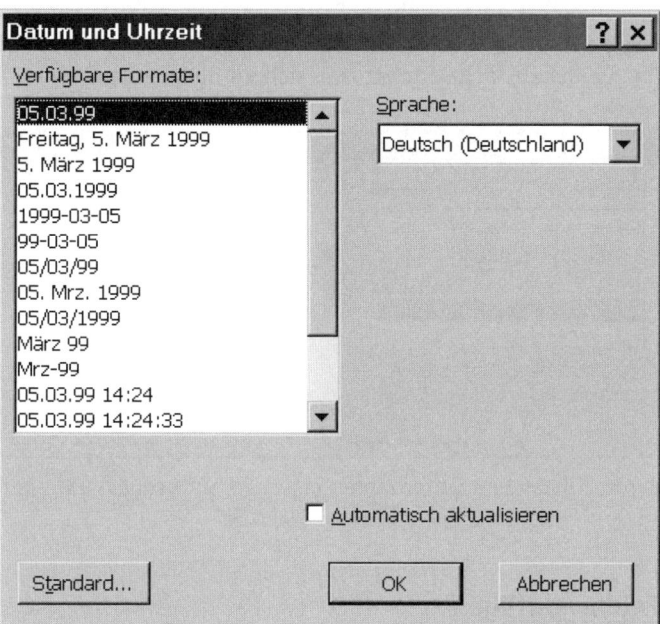

Bild 16.1: Mit der Dialogbox Datum und Uhrzeit *übernehmen Sie das Systemdatum in das Dokument – auf Wunsch auch als Feld*

Wählen Sie im Listenfeld *Verfügbare Formate* das von Ihnen favorisierte Format aus. Dabei entscheiden Sie gleichzeitig, ob Sie nur das Datum, die Zeit oder eine Kombination beider Angaben in das Dokument einfügen. Sollte Word die Sprache des Dokuments nicht automatisch erkannt haben, helfen Sie mit der korrekten Auswahl im Listenfeld *Sprache* nach. Sobald Sie die Dialogbox mit *OK* bestätigen, liest Word das Systemdatum aus den Innereien Ihres PCs und fügt den ermittelten Wert in das Dokument ein. Falls also ein falsches Datum auftaucht, sollten Sie das Systemdatum des Rechners korrigieren.

Die Auswahl des Kontrollkästchens Automatisch aktualisieren *sorgt dafür, daß Word das Datum als Feld einfügt. So wird z.B. eine Briefvorlage mit dem aktuellen Tagesdatum geöffnet.*

Ähnlich häufig wie das Datum ist eine automatische Seitennumerierung nötig. Dieses Verfahren ist sicher weniger zeitaufwendig, als die Seitenzahlen in einem Dokument manuell einzufügen. Wählen Sie den Befehl *Einfügen/Seitenzahlen,* um diese Elemente in das Dokument einzufügen.

Die zunächst unscheinbare Dialogbox *Seitenzahlen* vermittelt bequemen Zugang zu verschiedensten Varianten – öffnen Sie die Listenfelder und nutzen Sie die Schaltfläche *Format,* um sich zu überzeugen.

Bild 16.2: Mit der Dialogbox Seitenzahlen *erzeugen Sie bequem eine automatische Seitenzahl – verschiedene Varianten inklusive*

Felder einfügen

Aufgrund der großen Anzahl verschiedener Felder beschränkt sich die Darstellung auf die allgemeine Vorgehensweise im Umgang mit Feldern anhand weiterer Typen für das Datum. Das Einfügen anderer Felder erfolgt analog

Um ein Feld in Ihr Dokument einzufügen, existieren zwei verschiedene Wege. Zum einen über den Menüpunkt *Einfügen/Feld,* zum anderen manuell durch Eingabe des entsprechenden Platzhalters.

 Wenn Sie mit der Erstellung von Feldern noch nicht vertraut sind oder das bestimmte Format des benötigten Feldes nicht kennen, erstellen Sie das Feld über den entsprechenden Menübefehl.

Erweiterte Funktionen

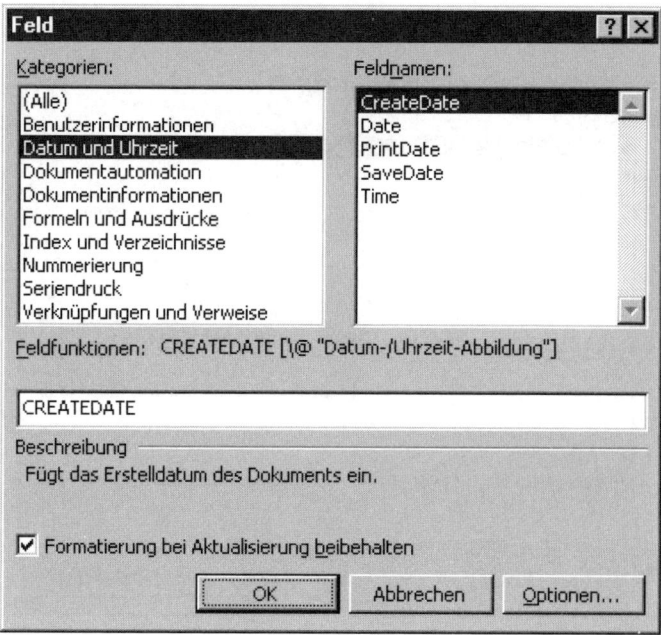

Bild 16.3: Es ist fast immer ratsam, ein Feld über den Menüeintrag Einfügen/Feld *zu erzeugen, es sei denn, Sie kennen die erforderliche Feldfunktion bereits genau. Word 2000 stellt eine Vielzahl verschiedener Felder zur Verfügung*

Rufen Sie also das Menü *Einfügen/Feld* auf. Im linken Bereich unter dem Punkt *Kategorien* sind die unterschiedlichen Arten von Feldern aufgelistet, aus denen Sie wählen können. Es gibt z.B. Datums- und Uhrzeitinformationen, Formeln und Ausdrücke, Numerierungen und Dokument- oder Benutzerinformationen. Im rechten Bereich unter *Feldnamen* zeigt Word die einzelnen Felder an, die Ihnen zu der gerade aktiven Kategorie zur Verfügung stehen. Wählen Sie unter *Kategorien* »(Alle)« aus, werden unter *Feldnamen* alle vorhandenen Feldtypen angezeigt. Unterhalb der beiden Bereiche befindet sich eine Zeile »Feldfunktionen«, in der das Eingabeformat des jeweils gerade markierten Feldtyps erscheint. Wiederum darunter erhalten Sie eine kurze Beschreibung des Feldtyps.

Auch Felder bzw. Feldinhalte können Sie formatieren. Die Informationen in Feldern ändern sich mitunter im Laufe der Zeit und müssen dann angepaßt werden, um die Aktualität der Informationen zu bewahren. Das Kontrollkästchen *Formatierung bei Aktualisierung beibehalten* berücksichtigt diesen Umstand dahingehend, daß Ihre Formatierung dabei nicht verlorengeht.

Über die Schaltfläche *Optionen* erhalten Sie weitere Möglichkeiten, Einstellungen für das Feld vorzunehmen. Diese realisiert Word durch sogenannte Schalter, die je nach gewähltem Feldtyp unterschiedlich aussehen. Bei manchen Feldern wird zwischen allgemeinen und spezifischen Schaltern unterschieden.

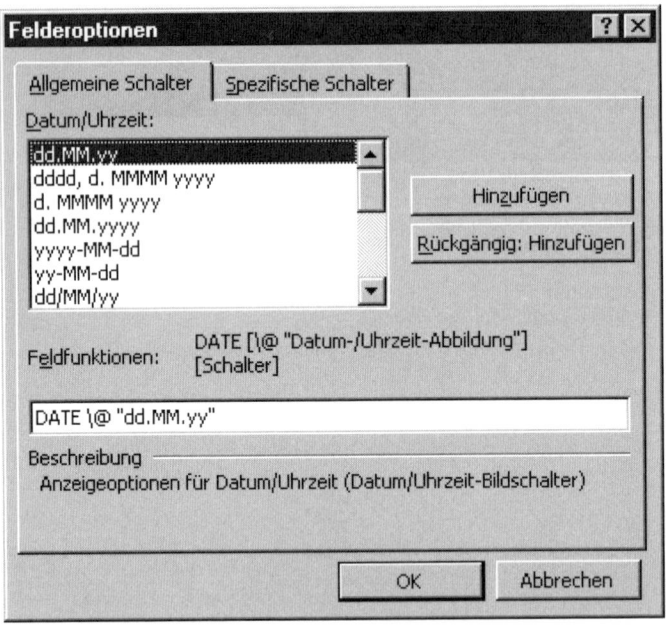

Bild 16.4: Versehen Sie Ihre Felder mit zusätzlichen Optionen, die über Schalter eingestellt werden

Zur Veranschaulichung fügen Sie das aktuelle Datum samt Uhrzeit als Feld in ein Dokument ein. Wählen Sie die Kategorie *Datum und Uhrzeit* und den Feldnamen aus, der das aktuelle Datum in einem Feld darstellt *(AKTUALDAT bzw. DATE)*. Klicken Sie auf die Schaltfläche *Optionen*, um ein Format für das Ergebnis zu wählen. Unter *Datum/Zeit* suchen Sie ein geeignetes Format aus und markieren dies. Klicken Sie die Schaltfläche *Hinzufügen*, um das markierte Format auf die Feldfunktion anzuwenden. Bestätigen Sie mit *OK*, um das Resultat im Dokument zu sehen, oder korrigieren Sie mit *Rückgängig:Hinzufügen*. Danach sehen Sie das aktuelle Datum und die Uhrzeit in Ihrem Word-Text.

 Wenn Sie mit Extras/Optionen *im Register* Ansicht *die Feldschattierung aktivieren, erscheint ein Feld nach dem Anklicken grau hinterlegt*

Um ein Feld manuell einzugeben, gehen Sie wie folgt vor. Das Eingabeformat einer Felddefinition verlangt besondere geschweiften Klammern. Diese Feldklammern unterscheiden von den bekannten Exemplaren auf der Tastatur und dürfen nicht mit diesen verwechselt werden. Sie erzeugen Feldklammern durch die Tastenkombination (Strg)+(F9). Zwischen diese Klammern tragen Sie die Feldfunktion ein. Wie das spezielle Format von Feldfunktionen aussieht, hängt von der jeweiligen Funktion ab.

Felder aktualisieren

Gerade anhand des letzten Beispiels wird deutlich, daß es nötig ist, Feldinhalte zu aktualisieren, da deren Gültigkeit schnell verfällt. Die Uhrzeit ist ein Beispiel dafür.

Word ist nur mit bestimmten Einstellungen über den Menübefehl Extras/ Optionen *zu veranlassen, Felder in definierten Situationen automatisch zu aktualisieren, z.B. beim Druck.*

Sie aktualisieren ein Feld, indem Sie den Cursor auf das Feld bewegen und die [F9]-Taste drücken. Falls Sie mehrere Felder in Ihrem Dokument definiert haben, aktualisieren Sie alle Felder gleichzeitig, indem Sie zuerst das gesamte Dokument markieren und dann die [F9]-Taste betätigen.

Eine weitere Variante für die Aktualisierung finden Sie im Kontextmenü der Felder.

Feld-Ansichten

Felder können in zwei Ansichten dargestellt werden. Sie schalten zwischen den beiden Ansichten mit der Tastenkombination [Alt]+[F9] um. Die erste Ansicht haben Sie bereits kennengelernt. In der anderen Ansicht wird statt des Inhalts des Feldes die sogenannte Feldfunktion angezeigt. Eine Feldfunktion stellt in dieser Ansicht den Namen der Funktion mitsamt allen aktivierten Schaltern dar. So ist es möglich, manuelle Änderungen an der Feldfunktion vorzunehmen.

⇢ Mit [Alt]+[F9] wird für alle Felder die Ansicht umgeschaltet.

⇢ Soll nur die Ansicht eines bestimmten Feldes geändert werden, bewegen Sie den Cursor auf das Feld und drücken [⇧]+[F9]. Alle anderen Felder sind dann nicht von der Änderung der Ansicht betroffen. Auf die gleiche Weise wird sie wieder zurückgeschaltet.

Feldinhalte formatieren Sie wie herkömmlichen Text, mit dem einzigen Unterschied, daß jede Formatierung immer für das ganze Feld gültig ist und einzelne Zeichen im Feld nicht separat formatiert werden können.

Haben Sie mehrere Felder in Ihrem Word-Dokument definiert, können Sie die Taste [F11] *betätigen. Der Cursor springt dann zum nächsten Feld. Mit* [⇧]+[F11] *gelangen Sie zurück zum vorhergehenden Feld.*

16.2 Der Seriendruck

Vielleicht sind Sie häufig in der Situation, einen identischen Brief an eine ganze Personengruppe senden zu müssen. Denken Sie z.B. an Einladungen zu einer Feierlichkeit oder eine Anfrage an verschiedene Unternehmen bezüglich eines Auftrags. Es wäre sicherlich lästig, für jeden dieser Adressaten einen gesonderten Brief zu entwerfen oder jedes Mal Anschrift und Anrede selbst eintragen zu müssen. Die Lösung dieses Problems präsentiert Word mit der Serienbrief-Funktion. Dazu rufen Sie den Seriendruck-Manager im Menü *Extras/Seriendruck* auf. Dieser hilft Ihnen bei der Erstellung Ihres Serienbriefes und verwaltet die dazu nötigen Dokumente für Sie. Beim Seriendruck verbindet Word zwei Dateien – ein Hauptdokument mit Platzhaltern und die Datenquelle mit den konkreten Informationen. Dabei werden genau die Elemente des Briefes, die veränderlich sind, also z.B. Adressen, Namen, Anrede etc. aus der Datenquelle heraus in den Brief an vordefinierte Positionen eingefügt. Für jeden Datensatz der Datenquelle druckt Word ein separates Dokument.

Neben Serienbriefen erlaubt der Seriendruck-Manager auch die Erstellung von Adreßetiketten, Umschlägen und Katalogen auf ähnliche Art und Weise.

Mit den Serienbrieffunktionen läßt sich viel mehr machen, als einfache Serienbriefe mit Adreßanpassungen. Mit entsprechenden Routinen lassen sich z.B. individualisierte Textabschnitte einrichten (z.B. geschlechtsspezifisch) oder auch unterschiedliche Preise in Angebote übertragen. Diese Funktionalität erreichen Sie durch zusätzliche Felder in der Datenbank und Bedingungsfelder im Hauptdokument.

Schritt für Schritt zum Serienbrief

Word unterstützt die Serienbrieferstellung durch einen Assistenten. Folgendes Vorgehen: Rufen Sie den Seriendruck-Manager auf, der Ihnen die Schritte im einzelnen vorgeben wird. In der Dialogbox *Seriendruck-Manager* führen drei Abschnitte nacheinander durch die einzelnen Arbeitsschritte. Dabei sind immer nur sinnvolle Funktionen aktiviert.

Im Kopf der Dialogbox erhalten Sie Hinweise zum nächsten Arbeitsschritt.

Erweiterte Funktionen

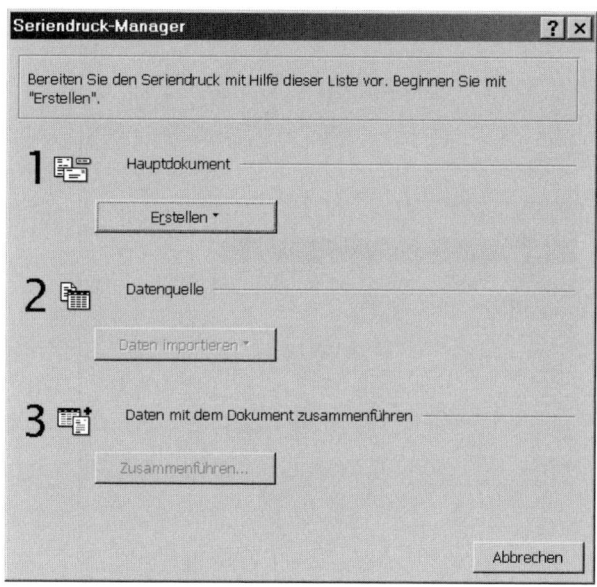

Bild 16.5: Der Seriendruck-Manager *unterstützt Sie tatkräftig bei der Erstellung Ihrer Seriendrucke mit allen nötigen Einzelschritten. Hier sehen Sie den Assistenten nach dem ersten Aufruf*

Der Ablauf ist immer gleich: Sie wählen erst ein Hauptdokument – den eigentlichen Serienbrief. Dann wählen Sie eine Datenquelle, z.B. mit den Adressen. Bei Bedarf ergänzen Sie die Datenquelle mit neuen Daten oder legen eine neue Datenquelle an. Für das Zusammenführen der Dokumente sind Platzhalter für die Daten im Hauptdokument erforderlich, die Sie mit Unterstützung von Word einfügen. Führe Sie dann Datenquelle und Hauptdokument zum Ausdruck zusammen, und starten Sie die Ausgabe über den Drucker oder in ein neues Dokument.

Das Hauptdokument erstellen

Klicken Sie im Seriendruck-Manager auf die Schaltfläche *Erstellen*. Wählen Sie den Menüpunkt *Serienbriefe* aus. Alternativ wählen Sie aus, ob Adreßetiketten, Umschläge oder ein Katalog erstellt wird.

 Ein Katalog ist ein besonderes Hauptdokument, bei dem Word die Inhalte der Datenbank über die Seriendruckfelder nicht in mehrere Dokumente, sondern nacheinander auf einer Seite anordnet.

Bild 16.6: Der erste Schritt des Assistenten bietet die Wahl zwischen Serienbrief, Etikettendruck, Umschlagdruck oder Katalogdruck an

Danach öffnet Word eine weitere Dialogbox, mit der Sie durch die entsprechende Schaltfläche ein *Neues Hauptdokument* erstellen oder mit *Aktives Fenster* einen gerade erstellten Text als Hauptdokument für den Seriendruck verwenden.

 Bevor Sie den Serienbrief erstellen, sollten Sie das Basisdokument vorbereiten. Sie können dann dieses Dokument verwenden, in dem Sie es öffnen und im Serienduck-Manager Aktives Fenster wählen. Lassen Sie in Ihrem Vorlagedokument freie Stellen an den Positionen für die Seriendruckdaten.

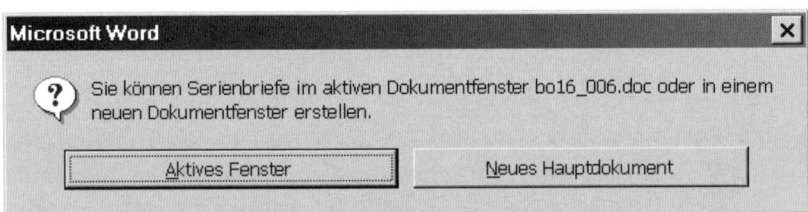

Bild 16.7: Wählen Sie aus, ob Sie ein neues Hauptdokument erstellen oder eine vorbereitetes, gerade im aktiven Fenster angezeigtes Dokument verwenden wollen

In beiden Fällen, also unabhängig davon, ob Sie ein neues Hauptdokument erstellen oder eine vorbereitete Datei verwenden, haben Sie nun die Option darauf, das Hauptdokument zu bearbeiten. Zuvor sollten Sie die Datenquelle einrichten, denn das Bearbeiten erfordert in erster Linie die Auswahl und Positionierung der Datenfelder.

Falls Sie sich für ein falsches Dokument entschieden haben oder einen anderen Typ zuweisen möchten, nutzen Sie erneut die Schaltfläche *Erstellen*. Word bietet erneut die Auswahl, ergänzt um den Befehl *Standard-Word-Dokument wiederherstellen*. Damit können Sie die Eigenschaft des Dokuments als Serienbriefdokument aufheben.

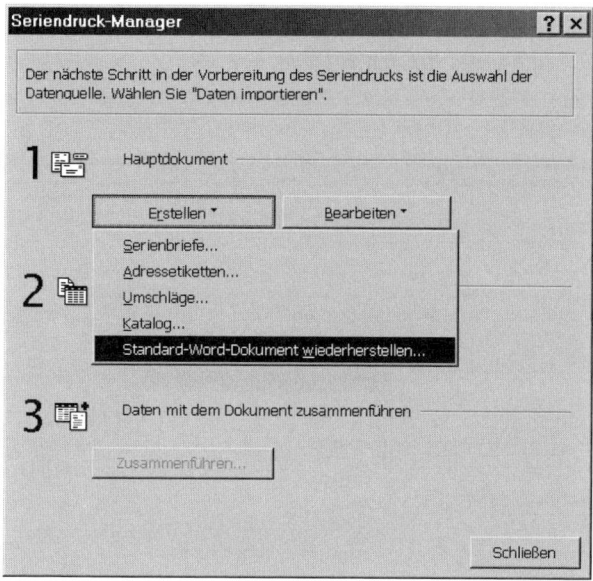

Bild 16.8: Im Falle eines Irrtums wählen Sie ein neues Hauptdokument oder wählen einen anderen Typ

Import der Daten

Es fehlen noch die Daten: An wen wollen Sie Ihren Serienbrief versenden? Dazu müssen Sie im zweiten Schritt den Ursprung der Adreßdaten, die Datenquelle, angeben oder erstellen – klicken Sie auf *Daten importieren*. In der Auswahl für den zweiten Schritt können Sie eine Datenquelle öffnen, erstellen, ein Adreßbuch verwenden oder Steuersatzoptionen festlegen.

⇢ Wenn Sie noch keine Adressenliste haben und sie mit Word neu erstellen möchten, wählen Sie *Datenquelle erstellen*.

⇢ Wenn Ihnen eine Adressenliste als Excel-Tabelle, Access-Datenbank oder als Datei im dBase-Format vorliegt, klicken Sie auf *Datenquelle öffnen*.

⇢ Wenn Sie bereits Adressen mit Outlook, Outlook Express im Microsoft Exchange-Adreßbuch erfaßt haben, aktivieren Sie die Option *Adreßbuch verwenden*.

⇢ *Steuersatzoptionen* regelt die Ablage der Feldbeschreibungen und der Daten – dazu mehr in den folgenden Abschnitten.

Im Beispiel wird eine neue Datenquelle in Word erstellt. Nach Auswahl des Menüpunkts *Datenquelle erstellen* öffnet Word eine Dialogbox, mit der Sie den Aufbau der Datenbank bestimmen. Dazu sind Felder nötig.

Ein Feld fungiert als Platzhalter für die Daten, die später in Ihren Serienbrief eingefügt werden. Sie brauchen also z.B. ein Feld für den Namen, eines für die Straße und eines für den Ort usw.

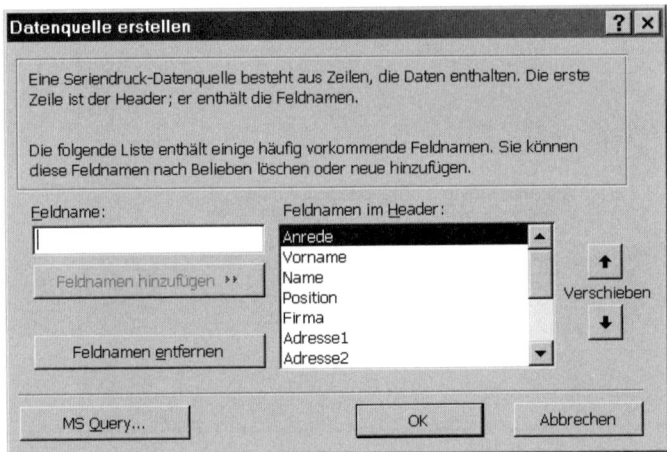

Bild 16.9: *In der Dialogbox* Datenquelle erstellen *legen Sie die zu verwendenden Felder fest*

In der Auswahlliste *Feldnamen im Header* stellt Ihnen Word bereits die gängigsten Felder für Adreßdaten zur Verfügung. Sie richten Felder neu ein, benennen vorhandene um oder löschen überflüssige Felder.

Oft ist es sinnvoll, mehr Felder als eigentlich nötig anzulegen. Ein Beispiel: Sie könnten die Postleitzahl und den Ort in ein Feld packen. Dann können Sie aber keine getrennten Selektionen mehr durchführen.

Bestätigen Sie die Auswahl der Felder mit *OK,* und speichern Sie diese Adressenliste unter einem eindeutigen Namen. In dieser Datei werden später die von Ihnen eingegebenen Adreßdaten dauerhaft gespeichert, wie in einem Adreßbuch.

Nach dem Anlegen der neuen Datenbank haben Sie die Wahl, die Datenbank mit konkreten Daten zu füllen oder das Hauptdokument zu bearbeiten. Nach einem Klick auf *Datenquelle bearbeiten* zeigt Word eine »Datenmaske«, die der Neuanlage und Bearbeitung der Datensätze dient.

Innerhalb der Datenmaske können Sie mit Pfeil-Schaltflächen zwischen den Datensätzen umschalten. Mit der ⬅- oder der ⇥-Taste springen Sie zwischen den Feldern vorwärts, mit ⇧+⇥ können Sie sich ein Feld rückwärts bewegen, ein Klick auf *OK* schließt die Bearbeitung ab.

Beachten Sie, daß Word die neuen Daten nicht automatisch speichert. Nutzen Sie deshalb die Schaltfläche Datenquelle, *um diese wie eine normale Datei zu öffnen. Speichern Sie diese Datei, bevor Sie zur Bearbeitung des Hauptdokuments wechseln.*

Datenquelle öffnen

Falls Sie bereits über eine Datei verfügen, die die erforderlichen Datensätze enthält, nutzen Sie im Befehlsmenü der Schaltfläche *Daten importieren* den Befehl *Datenquelle öffnen*. Mit der üblichen Öffnen-Dialogbox suchen Sie dann die Datei aus.

Verwenden Sie die Dateien BRIEF.DOC und ADRESSEN.DOC von der CD, um den Seriendruck zu üben.

Platzhalter in das Hauptdokument einfügen

Im nächsten Schritt fügen Sie die Datenplatzhalter in das Hauptdokument ein. Die jeweiligen Daten erscheinen dann im Ausdruck an genau der Stelle, an der Sie den Platzhalter positionieren. Klicken Sie dazu auf die Schaltfläche *Bearbeiten* im Bereich *Hauptdokument* des Seriendruck-Managers.

Bild 16.10: *Word unterstützt den Seriendruck im Hauptdokument mit einer speziellen Symbolleiste*

- Positionieren Sie den Cursor an der Stelle Ihres Dokuments, an der später das Datenelement stehen soll.
- Klicken Sie dann in der Seriendruck-Symbolleiste auf *Seriendruckfeld einfügen* und wählen das gewünschte Feld aus. Word überträgt den Feldnamen sofort an die Position der Schreibmarke und setzt ihn in die benötigten Doppelklammern. Zum nächsten Feld muß natürlich ein Leerraum oder ein Absatz eingefügt werden, sonst druckt Word aufeinanderfolgende Daten aneinander
- So übernehmen Sie nach und nach alle benötigten Seriendruckfelder in Ihr Dokument

Natürlich müssen Sie nicht alle in der Datenquelle vorhandenen Felder in Ihr Dokument einarbeiten – für eine private Einladung reicht als Anrede z.B. der Vorname aus. Deshalb können Sie problemlos auf vorhandene Datenquellen zurückgreifen, die eigentlich für andere Zwecke (umfangreicher) angelegt wurden.

Die Vorschau auf das Ergebnis

Um das Ergebnis der Arbeit nach dem Einfügen der Platzhalter zu beurteilen, bietet Word eine besondere Funktion: die Seriendruck-Vorschau. Nach einem Klick auf die Symbolschaltfläche ersetzt Word die Platzhalter durch die Daten des ersten Datensatzes.

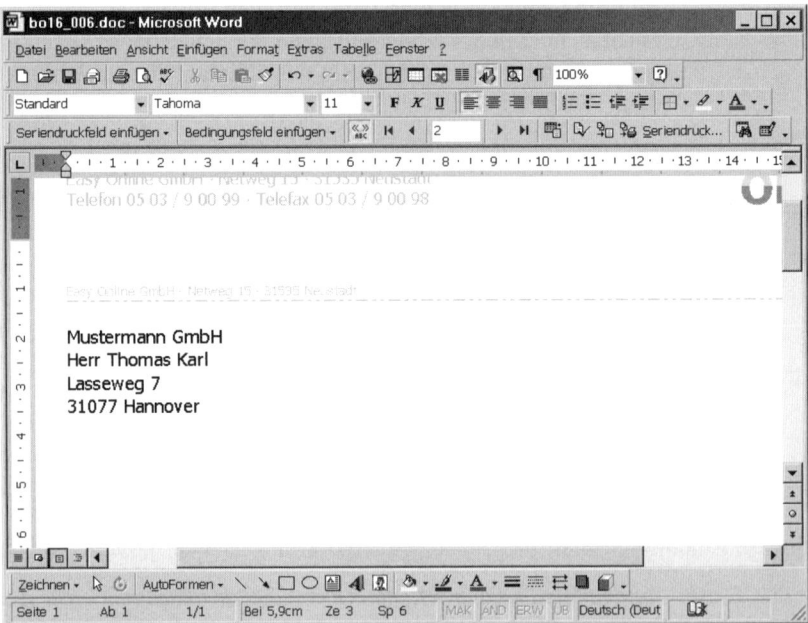

Bild 16.11: Die Seriendruck-Symbolleiste ermöglicht, die Datenfelder in Ihr Dokument einzufügen und in der Seriendruck-Vorschau die Platzhalter mit den Daten vorab schon einmal zu sehen

Mit den zugehörigen Schaltflächen blättern Sie bequem durch die Datensätze, um die korrekte Anzeige zu prüfen. Wenn Sie Einträge korrigieren müssen, wählen Sie in der Symbolleiste die Schaltfläche *Datenquelle bearbeiten*. In der Datenmaske wird der aktuelle Datensatz angezeigt und kann bearbeitet werden. Bestätigen Sie mit *OK,* und die Änderungen werden sofort in Ihrem Dokument wirksam.

Wenn Sie bei angezeigten Dateninhalten die »normale« Druckfunktion von Word aktivieren, druckt Word das Dokument wie angezeigt: so drucken Sie bei Bedarf einen einzelnen Brief.

Der letzte Schritt: Ausgabe der Daten

Mit der Symbolschaltfläche *Seriendruck an Drucker* oder mit dem Befehl *Extras/Seriendruck/Zusammenführen* schicken Sie Ihren Serienbrief an den Drucker oder in eine Testdatei. Dabei ersetzt Word die Felder endgültig durch die zugeordneten Daten.

Der Seriendruck-Manager zeigt im Fußbereich die aktuellen Einstellungen: Standard ist die Umleitung aller Datensätze in ein leeres Dokument, das die Einzeldokumente als Abschnitte aufführt.

Wie verwalten Sie Adreßdaten?

Die Speicherung der Adreßdaten in Word eignet sich nur für kurze Listen. Für Adreßdaten, die häufiger benutzt oder ebenso in anderen Programmen verwendet werden, ist die Ablage in einer Microsoft-Excel-Tabelle, einem Adreßbuch oder in einer Datenbank vorzuziehen. Das Einbinden dieser Daten in den Word-Serienbriefdruck ist ebenso schnell wie einfach möglich. Dazu müssen Sie die Daten im Seriendruck-Manager lediglich als Datenquelle importieren – das weitere Vorgehen bei der Serienbrieferstellung ist gleich.

Beim Importieren der Adreßdaten erstellt Word eine temporäre Datendatei für den Seriendruck, sobald Sie das Hauptdokument öffnen. Damit ist die Aktualität der Adreßdaten gesichert, auch wenn Sie diese im Adreßbuch verändert haben.

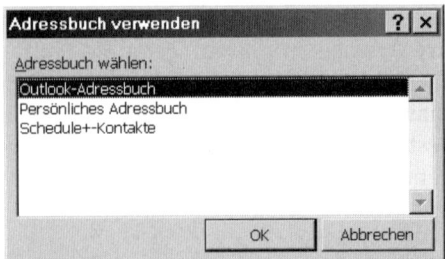

Bild 16.12: Wählen Sie z.B. ein Adreßbuch von Outlook, Schedule+ oder Ihr persönliches Adreßbuch aus, um Ihre Adreßdaten effizienter zu verwalten

Abfrageoptionen und Bedingungsfelder

Oft sollen Serienbriefe nicht an alle Personen in der Adressenliste geschickt oder sogar durch Einträge in den Daten gesteuert werden. Dieses Verfahren verhindert, daß Sie für jede Aufgabe eine spezielle Datenbank anlegen müssen.

- Mit den *Abfrage-Optionen* im Seriendruck-Manager können Sie die Auswahl beschränken. Word öffnet eine weitere Dialogbox, in der Feldinhalte mit Text- oder Zahlenausdrücken verglichen werden. Nur wenn der Vergleich zutrifft, wird der entsprechende Datensatz in den Seriendruck übernommen. Ein Beispiel: Die Bedingung `Ort Gleich Hannover` erzeugt beim Zusammenführen nur Briefe an alle Empfänger in Hannover. Sie können Datensätze sortieren und filtern. Steuern Sie dazu die entsprechenden Register an.

- Mit der Schaltfläche *Bedingungsfeld einfügen* der Seriendruck-Leiste stehen Ihnen noch eine Reihe weiterer Optionen zur Verfügung. Auch für diese Felder ein Beispiel: Die Anweisung »Wenn ... Dann ... Sonst« kann z.B. eine geschlechtsspezifische Anrede realisieren.

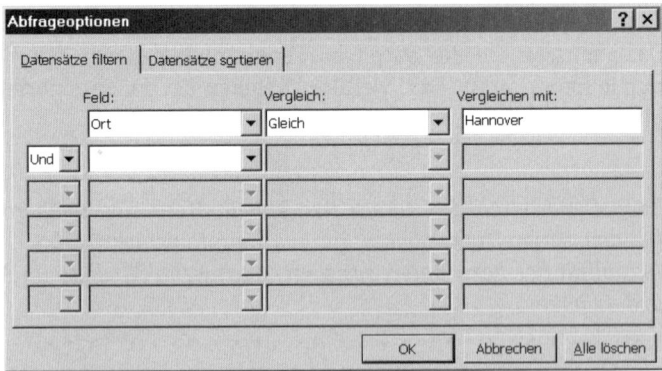

Bild 16.13: Steuern Sie die Ausgabe Ihrer Daten durch Sortieren oder Filtern nach verschiedenen Gesichtspunkten. Hier ist das Register Datensätze filtern *dargestellt*

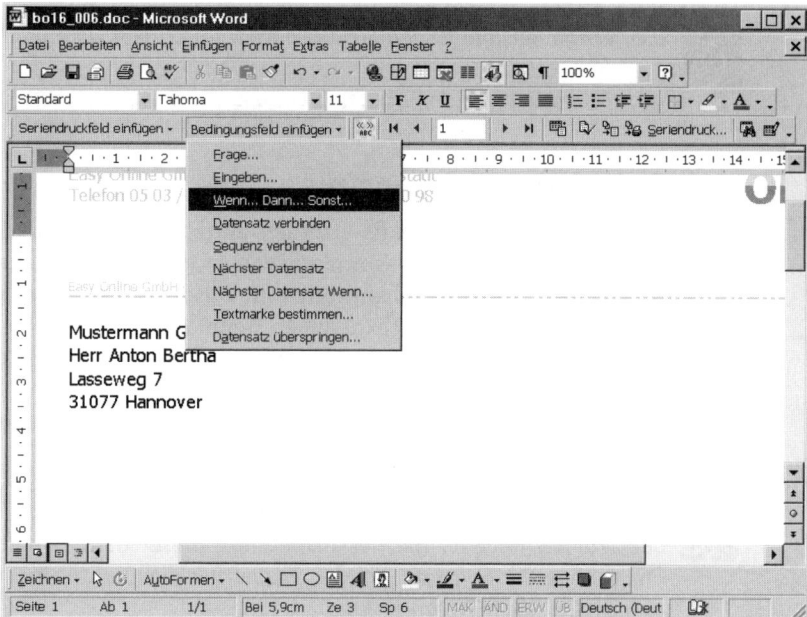

Bild 16.14: Wenn Sie die Schaltfläche Bedingungsfeld einfügen anklicken, sehen Sie diese Auswahlmöglichkeiten. Fügen Sie Bedingungen in Ihren Serienbrief ein, um die Möglichkeiten der Serienbriefe voll auszuschöpfen

Häufig sind in Serienbriefen spezielle Textvarianten nötig. So variiert die Anrede in Briefen mit dem Geschlecht des Adressaten. Dazu wird die Datenbank mit sogenannten Bedingungsfeldern befragt und in Abhängigkeit vom Ergebnis ein Text eingefügt. Günstig ist die Vorbereitung der Datenbank mit einem besonderen Datenfeld. Das Beispiel enthält dafür das Feld MW, in dem das Geschlecht des Adressaten durch einfache Buchstaben reflektiert wird.

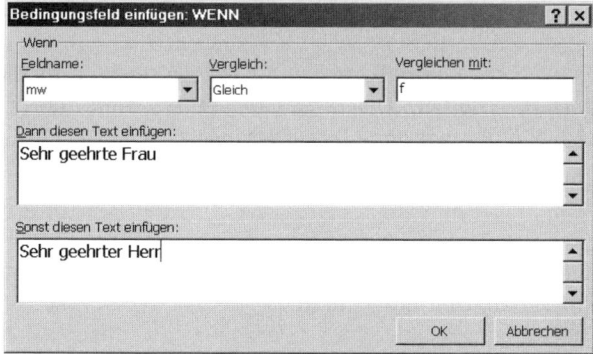

Bild 16.15: Eine geschlechtsspezifische Anrede realisieren Sie durch die »Wenn ... Dann ... Sonst«-Anweisung. Über das Listenfeld Vergleich lassen sich diverse andere Vergleichsoperatoren anwählen

Das fertige Beispiel finden Sie auf der CD unter dem Dateinamen B016_006.

Serienfaxe und Serienmails

Serienfaxe und Serienmails erstellen Sie ebenfalls mit dem Seriendruck-Manager. Eine Serie von Faxen versenden Sie, wenn Sie einen Faxdrucker ansprechen. Anders als beim direkten Ausdruck erfordern Serienfaxe die stetige Veränderung der Faxnummer. Wenn Sie ein Modem besitzen und Ihr System über eine Faxanwendung verfügt, können Sie Ihren Computer komfortabel als Faxgerät für Serienfaxe einsetzen. Die elektronische Variante, die Email, läßt sich ebenfalls über die Seriendruckfunktion automatisieren.

 Ein Faxdrucker ist kein echtes Gerät, sondern eine Schnittstelle zum Modem oder zur ISDN-Karte. Bei der Installation dieser Geräte richten die Setup-Programme die Software für den Faxbetrieb ein und erzeugen im Druckerordner den zugehörigen Eintrag.

Voraussetzung für die korrekte Funktion sind natürlich das vorbereitete Hauptdokument, korrekt installierte Internet-Zugänge und ein Datenfeld in der Datenbank, aus denen Word die E-Mail-Adresse entnehmen kann. Klicken Sie dann im Hauptdokument auf die Schaltfläche *Seriendruck* in der Seriendruck-Symbolleiste. Anschließend wählen Sie in der Liste *Seriendruck in* den Eintrag *E-mail*. Dann folgt ein Klick auf *Einrichten*. Selektieren Sie in der hier erscheinenden Dialogbox im *Datenfeld mit Mail/Fax-Adresse* die Variable der Datenquelle, in der die E-Mail-Adresse zu finden ist. Tragen Sie einen *Betreff* ein. Nach einem Klick auf *Zusammenführen* startet Word die Verbindung zum Internet und schickt die Mails auf die Reise.

 Selektieren Sie das Kontrollkästchen Als Anlage senden, *um die Struktur des Dokuments zu erhalten. Andernfalls konvertiert Word den Text in ein (unschönes) E-Mail-Format ohne Formatierungen.*

 Prüfen Sie vor dem Verschicken von Serienfaxen, ob Ihre Faxanwendung die Arbeit mit Serienfaxen unterstützt.

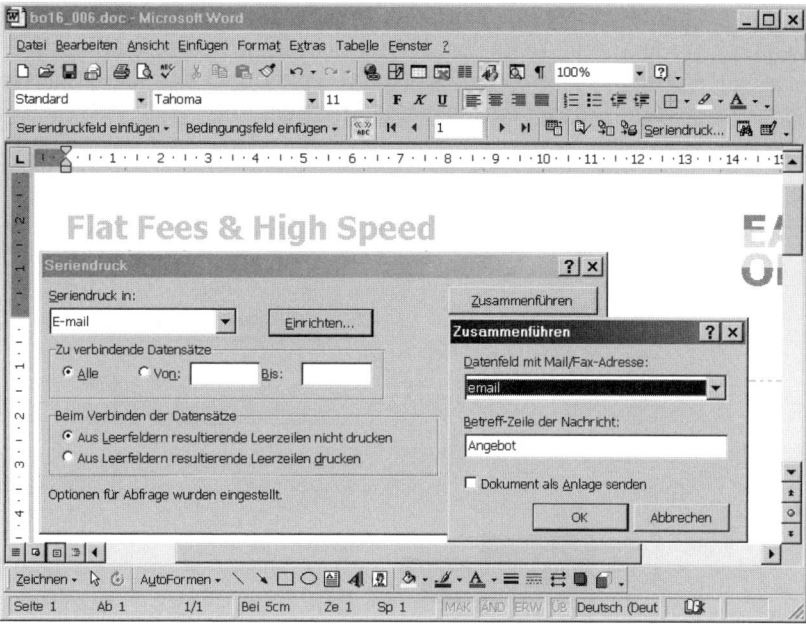

Bild 16.16: Mit einem Datenfeld in der Datenbank und einer eingerichteten Internet-Verbindung verschicken Sie direkt aus dem Seriendruck-Manager heraus Serienmails

16.3 Etiketten und Umschläge

Alle Jahre wieder kommt die Weihnachtszeit – und damit die Zeit der Glückwunschkarten. Im Gegensatz zu sonstiger Post sind dabei fensterlose Briefumschläge üblich. Word unterstützt Sie dabei, diese aufwendige Arbeit mit dem PC zu erledigen. Dabei können Sie, je nach Leistung und Ausstattung Ihres Druckers entweder einzelne Exemplare oder Seriendruck-Ergebnisse erzeugen.

Umschlag oder Aufkleber zum Brief

Damit Sie in einem Drucker Briefumschläge bedrucken können, sind besondere Vorkehrungen nötig. Der schwierigste Teil des Verfahrens ist, den Umschlag korrekt einzulegen. Anders sieht die Sache aus, wenn Sie einen Drucker mit einem Schacht für Briefumschläge besitzen. Dann können Sie Umschläge mit dem Seriendruck erzeugen, ohne Papierstaus zu befürchten. Wenn Sie die Umschläge einzeln und manuell einlegen, ist das Drucken einzelner Umschläge anzuraten, so wie es das Beispiel zeigt.

 Das Beispiel mit einem eingefügten Briefumschlag ist in der Datei B016_017 auf der CD abgelegt.

Stellen Sie zunächst den Brief fertig, den Sie in den Umschlag stecken möchten. Wenn Sie diese eingetragen haben, markieren Sie die Adresse und aktivieren den Assistenten für Umschläge und Etiketten mit dem Befehl *Extras/Umschläge und Etiketten*.

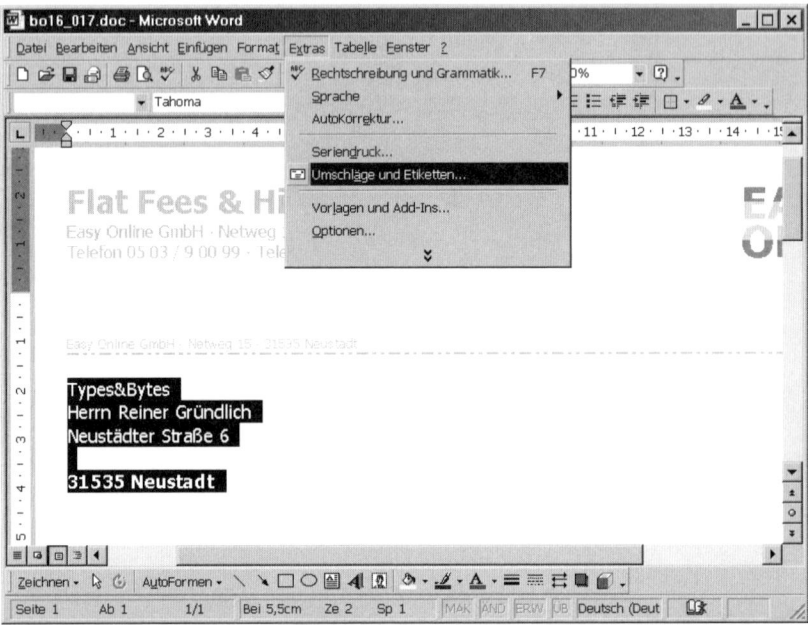

Bild 16.17: *Mit dem Assistenten für Umschläge und Etiketten erzeugen Sie auf einfache Weise einen Umschlag oder Aufkleber mit der markierten Adresse*

Der Assistent für Umschläge und Etiketten erscheint in einer Dialogbox, deren Empfängerfeld mit der Adresse aus der Markierung vorbereitet ist. Im unteren Bereich des Registers *Umschläge* sehen Sie die Vorschau auf das eingestellte Umschlagformat und die Druckoptionen. Mit einem Klick auf einen der Bereiche oder der Schaltfläche *Optionen* gelangen Sie in eine Dialogbox, in der Sie Briefformat und Druckereinstellung verändern.

 Wenn Sie die Schaltfläche Dem Dokument hinzufügen *wählen, erfolgt kein sofortiger Druck. Word fügt den Umschlag als eigenen Abschnitt in den Brief ein – der Druck erfolgt von dort.*

Ähnlich gehen Sie vor, wenn Sie einen Adreßaufkleber erzeugen möchten. Öffnen Sie dazu mit einem Klick auf die Registerzunge das Register *Etiketten*. Mit einem Klick auf den Bereich oder auf die Schaltfläche *Optionen* gelangen Sie in eine Dialogbox, in der Sie das Format wählen oder ein Etikett mit den Maßen des Ihnen vorliegenden Etikettenbogens neu erzeugen.

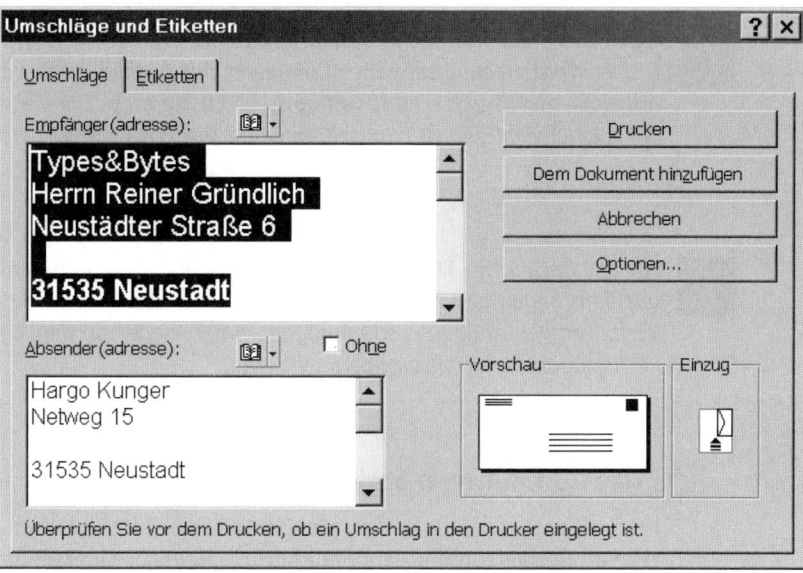

Bild 16.18: Mit den Einstellungen im Register Umschläge bedrucken Sie den Umschlag für den Brief mit der korrekten Adresse und einem Absender

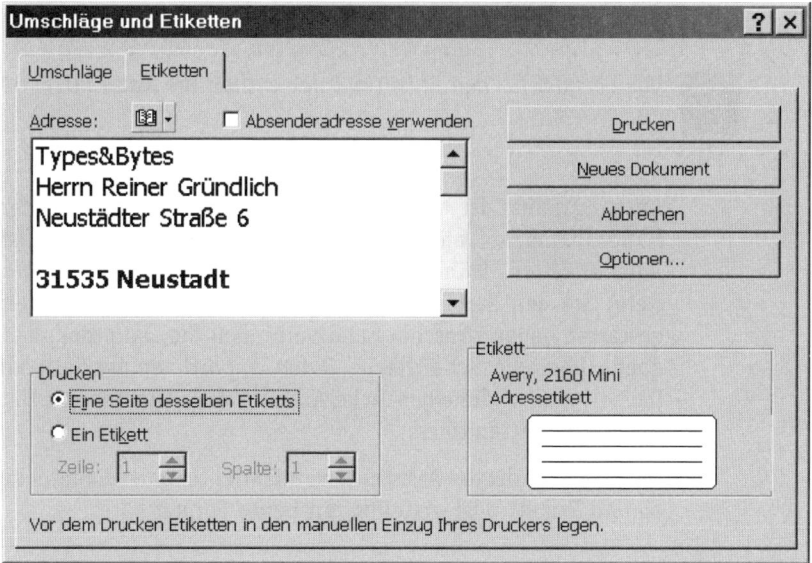

Bild 16.19: Mit den Einstellungen im Register Etiketten erzeugen Sie entweder einen Etikettenbogen für einen Empfänger oder Sie wählen genau ein Etikett auf dem Bogen

Wenn Sie die Schaltfläche Neues Dokument *wählen, erfolgt kein sofortiger Druck. Word erzeugt ein neues Dokument mit Aufklebern für die angegebene Adresse – der Druck erfolgt von dort. Wenn Sie diese Datei speichern, haben Sie solche wichtigen Aufkleber immer im Direktzugriff.*

 Mit der Option Ein Etikett *geben Sie genau die Zeile und Spalte des Etiketts auf dem Bogen an, das Sie mit der Adresse bedrucken möchten. Mit diesem Verfahren verwenden Sie einen Bogen immer wieder für den Ausdruck, bis die verfügbaren Etiketten aufgebraucht sind.*

Etiketten mit dem Seriendruck-Manager

Noch eleganter als die beiden vorab beschriebenen Verfahren ist die Variante, Adreßetiketten mit dem Seriendruck-Manager zu erzeugen. Word bereitet mit Ihrer Hilfe das Dokument vor und erzeugt einen Etikettenbogen, der auf jedem Etikett eine Adresse aus der Datenbank enthält. Mit diesem Feature erstellen Sie in einem Arbeitsgang die nötigen Etiketten für alle gewünschten Empfänger.

 Das Beispiel für den Etikettendruck enthält die Datei B016_021.DOC auf der CD.

Ausgangspunkt ist erneut der Seriendruck-Manager. Bei der Auswahl des Hauptdokuments wählen Sie nach einem Klick auf *Erstellen* den Eintrag *Adreßetiketten*. Wählen sie dann die Schaltfläche *Neues Hauptdokument,* wenn Sie den Seriendruck-Manager nicht aus einem leeren Blatt heraus gestartet haben. Anschließend verbinden Sie Hauptdokument und Datenquelle über die Schaltfläche *Daten importieren* im Seriendruck-Manager. Danach kommt die eigentliche Arbeit: das Einrichten des Hauptdokuments für den Etikettendruck.

Im ersten Schritt des Assistenten zu Einrichtung des Hauptdokuments wählen Sie ein Etikett oder erstellen ein neues Format.

 Sie können sich die Arbeit erleichtern, wenn Sie zuerst die in Word verfügbaren Etiketten checken und danach gezielt einen der aufgeführten Bögen anhand der Bestellnummer einkaufen.

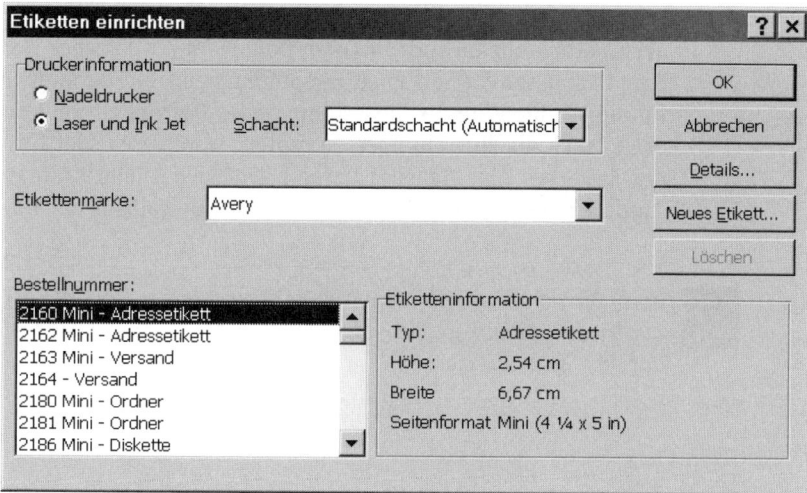

Bild 16.20: Für den exakten Etikettendruck ist das richtige Maß entscheidend – wählen Sie ein vorgegebenes Etikett oder richten Sie ein eigenes ein

Im zweiten Schritt des Assistenten erzeugen Sie das Musteretikett. Wie beim Serienbrief nutzen Sie die Schaltfläche *Seriendruckfeld einfügen,* um aus den Feldern der Datenbank die Platzhalter einzufügen

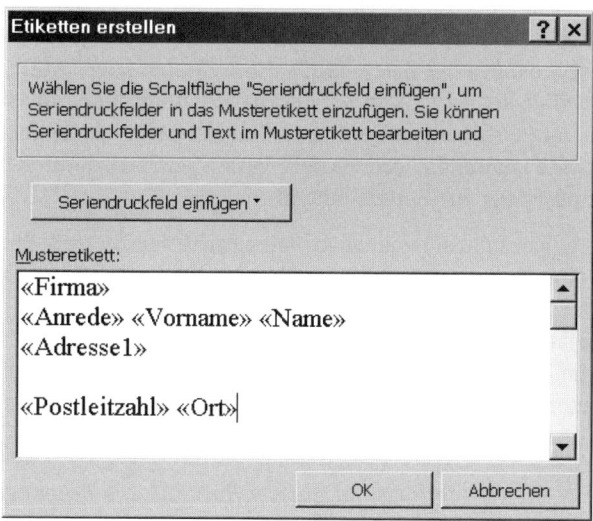

Bild 16.21: Mit den Seriendruckfeldern aus der Datenbank richten Sie ein Musteretikett ein, das Word für die Erzeugung des Etikettenbogens nutzt

Nach Einrichtung des Musteretiketts erzeugt Word das Hauptdokument – eventuell bereits im zugeordneten Dokument enthaltener Text wird ersetzt. Danach müssen Sie nur noch Hauptdokument und Datenquelle zusammenführen: Wählen Sie die Einstellung *Neues Dokument,* um vor dem eigentlichen Druck die Einstellungen zu prüfen. Word verwendet für die Plazierung der Etiketten eine Tabelle. Deshalb sind eventuelle Korrekturen vor dem Ausdruck noch mit den Werkzeugen für die Gestaltung der Tabellen möglich.

Bevor Sie den Druck auf den Etikettenbogen leiten, sollten Sie einen Kontroll-Ausdruck auf Blankopapier vornehmen. Damit vermeiden Sie fehlerhafte Drucke auf das Spezialpapier.

16.4 Formulare anlegen

Der Siegeszug des PC und die immer weitere Ausbreitung von Internetpräsenzen haben einen großen Bedarf an Online-Formularen erzeugt. Damit erfolgt die Dateneingabe direkt am PC in vorbereitete Dokumente. Nach dem Ausfüllen des Dokuments stehen die Daten direkt für die Nachbereitung in computerlesbarer Form bereit.

Word ist besonders gut geeignet, Textelemente zu plazieren, die die Grundlage für ein Online-Formular zu bilden. Durch geeignete Feldfunktionen erzeugen Sie dann die Bereiche für die Aufnahme der Daten. Das mögliche Einsatzgebiet der Formulare reicht von Standardfomularen bis zu umfangreichen Datenerfassungsbögen. Das Beispiel zeigt ein Rechnungsformular, auf dem alle typischen Formularfeld-Varianten Platz gefunden haben. Integriert sind Felder für Berechnungen.

Der Ablauf sieht dabei folgende Arbeitsschritte vor: Sie erstellen im Entwurfsmodus eine Vorlage für das Formular, an den entsprechenden Positionen des Formulars werden die Formularfelder eingefügt, so daß die Formulareinträge automatisch an den richtigen Stellen vorgenommen werden. Bereits beim Einfügen der Formularfelder entscheiden Sie über die Funktionalität, indem Sie die richtigen Eigenschaften für die Felder vorgeben.

Sie finden das fertige Formular auf der Buch-CD. Die Datei heißt b016_022.

Erweiterte Funktionen

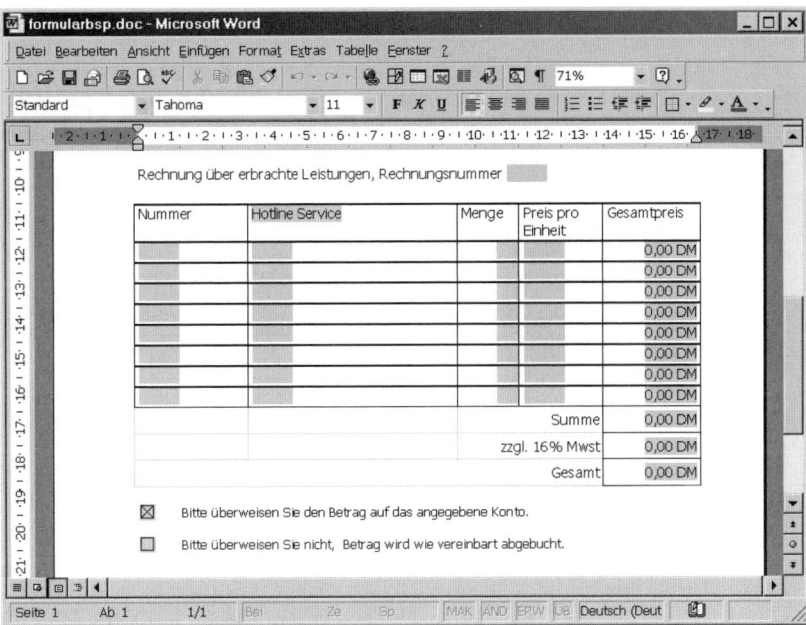

Bild 16.22: Ein Blick vorab auf das fertige Ergebnis – die grauen Bereiche im Dokument offenbaren die Formularfelder

Die Formularfelder plazieren

Für das Plazieren der Formularfelder erstellen Sie zunächst ein Dokument mit dem Text, der für das Verständnis des Formulars nötig ist. Dabei nutzen Sie folgende Funktionen.

- Verwenden Sie Klicken und Eingeben, um mit Hilfe von Absatzmarken und Tabulatoren Platz für Text und Felder zu schaffen.

- Für klare Dokumentstrukturen nutzen Sie Tabellen. Dieses Werkzeug von Word ist bestens geeignet, erklärende Texte und Formularfelder aufzunehmen.

- Um Text an gewünschten Stellen millimetergenau zu plazieren, kommen Positionsrahmen zum Einsatz.

 Textfelder können keine Formularfelder aufnehmen – konvertieren Sie diese Objekte über die Eigenschafts-Dialogbox zu Positionsrahmen.

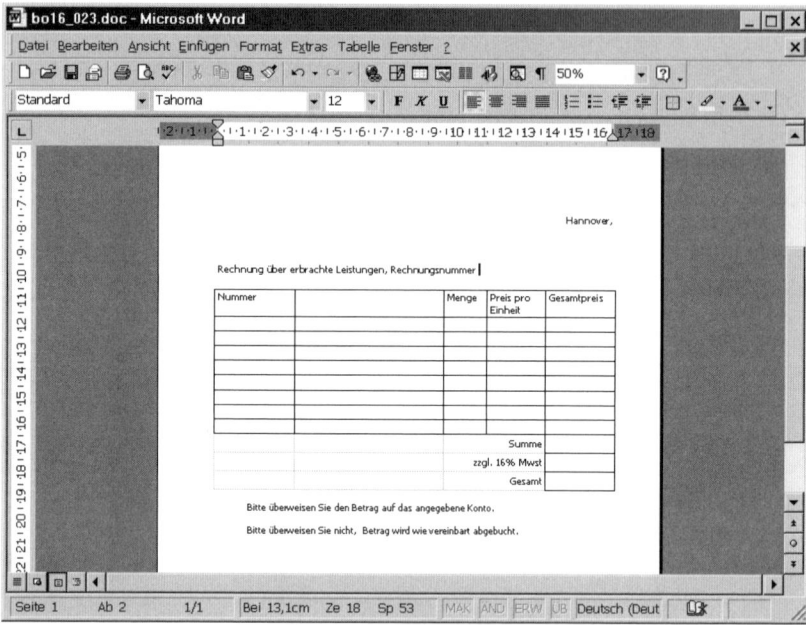

Bild 16.23: Bereiten Sie das Dokument für die Aufnahme der Formularfelder vor – Normaler Text und eine Tabelle bilden den Rahmen für die Felder

Damit Sie das Beispiel selbst nachvollziehen können, finden Sie das »formularfeldlose« Dokument als BO16_023 auf der CD.

Textmarken

Formularfelder von Word 2000 arbeiten mit Textmarken. Jedes eingefügte Formularfeld erhält automatisch eine Textmarke zugewiesen. Über dieses Element kann das Feld angesprochen und sein Inhalt in anderen Formularfeldern verwendet werden. Ebenso günstig ist es, Inhalte im Dokument als Textmarke zu definieren und so für die Formeln in den Formularfeldern aufzubereiten.

Textmarken sind Bezeichner für Textstellen oder Textbereiche. Wenn Textmarken einen Bereich kennzeichnen oder in Feldern bestimmt werden, treten Sie gleichzeitig als Container für den Inhalt auf.

Das Beispiel zeigt die Definition einer Textmarke für die in der Rechnung nötige Mehrwertsteuer. Markieren Sie dazu den Text mit der Mehrwertsteuer. Aktivieren Sie dann den Befehl *Einfügen/Textmarke*. In der Dialogbox *Textmarke* definieren Sie einen Namen, passend zum Inhalt z.B. *MWST*.

Vergeben Sie die Namen von Textmarken sorgfältig. Verwenden Sie mindestens vier Zeichen und beginnen Sie den Namen der Textmarke mit einem Buchstaben.

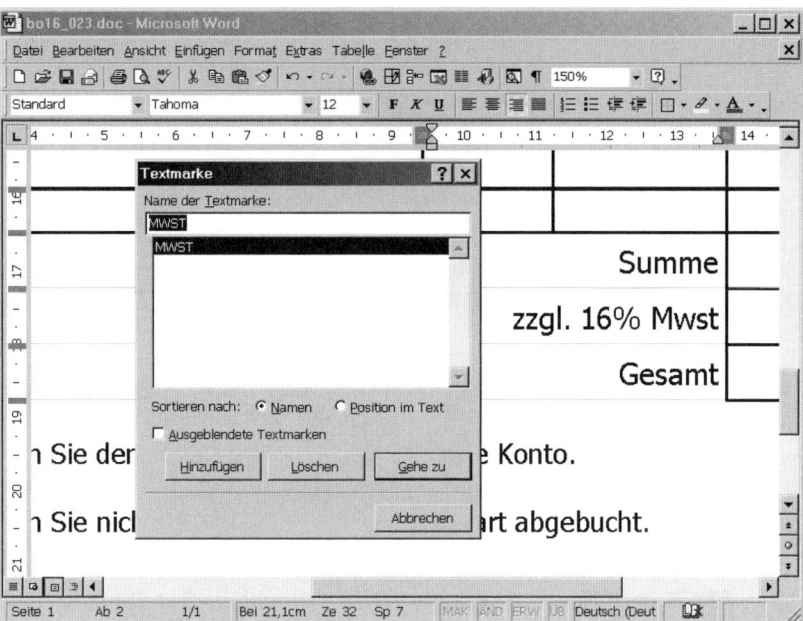

Bild 16.24 Mit der Textmarke MWST machen Sie den Mehrwertsteuersatz für Berechnungen im Formular verfügbar

Die Symbolleiste *Formular*

Für das Einfügen der Formularfelder stellt Word eine besondere Symbolleiste bereit. Sie öffnen die Symbolleiste *Formular* mit dem Menübefehl *Ansicht/Symbolleisten/Formular*.

In dieser Symbolleiste sind die unterschiedlichen Formularfelder sowie weitere nützliche Werkzeuge angeordnet.

- ⇢ Ganz links in der Symbolleiste finden Sie die Symbolschaltflächen zum Einfügen von Text-, Kontrollkästchen- bzw. Dropdown-Formularfeldern.

- ⇢ Weitere Schaltflächen dienen zum Festlegen von Formularfeld-Optionen, zum Zeichnen oder Einfügen von Tabellen und zum Erzeugen von Positionsrahmen.

- ⇢ Mit der entsprechenden Schaltflächen schalten Sie die Feldschattierung ein bzw. aus. Die Schaltfläche mit dem Schloß schaltet zwischen dem Entwurfs- und dem Formularmodus um.

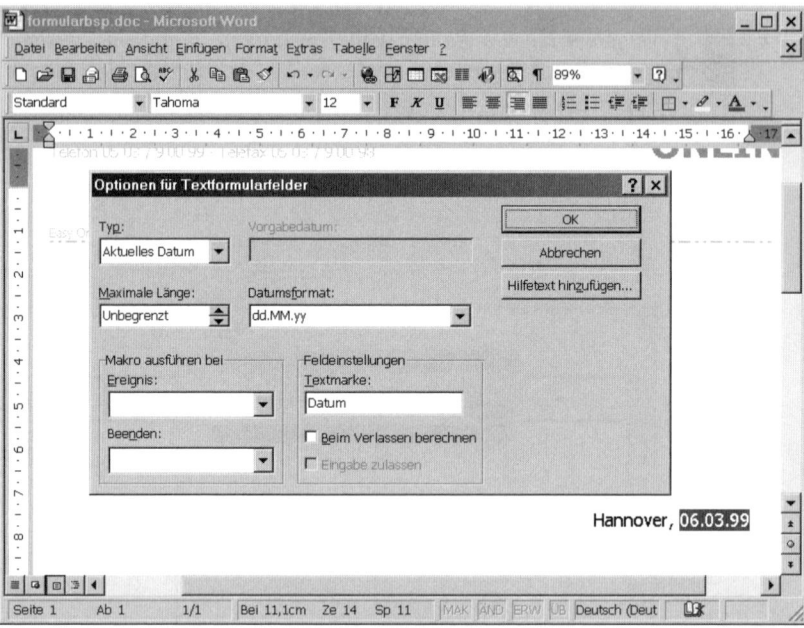

Bild 16.25: Die Symbolleiste Formular gibt Ihnen alle nötigen Werkzeuge in die Hand, um benötigte Elemente in Ihr Formular einzufügen

 Der Formularmodus sperrt den »normalen« Text des Dokuments und aktiviert die Formularfelder für die Datenaufnahme.

Die verschiedenen Formularfeldtypen

Für die volle Nutzung der Möglichkeiten der Formulare ist die Kenntnis der verschiedenen Formularfeldtypen und ihrer Fähigkeiten von entscheidender Bedeutung. Word realisiert die Funktionsbreite der Formulare mit nur drei Typen:

- *Text-Formularfelder*
  Felder dieses Typs realisieren fast alle Funktionen der Formulare. Trotz ihres Namens setzen Sie diese Felder für die Aufnahme von Texten, Zahlen, Datumsangaben und Berechnungen ein. Bei Eingaben paßt sich die Größe des Feldes automatisch an den Umfang der Daten an. Sie können aber auch eine feste Länge vorgeben. Mit zusätzlichen Eingabe- und Listenfeldern, die je nach Typ des Text-Formularfeldes variieren, stellen Sie Formate und Vorgaben ein.

- *Kontrollkästchen-Formularfelder*
  Dies sind kleine Kästchen, die durch Anklicken oder Betätigen der Leer-

taste aktiviert werden. Im aktivierten Zustand erscheint im Kästchen ein Kreuz. Der Einsatzbereich dieser Felder liegt in den klassischen Formularen zum Ankreuzen. Bei den Optionen legen Sie die Größe des Kästchens und den Standardstatus fest. Das Kästchen ist entweder aktiviert oder deaktiviert.

⋯⋗ *Dropdown-Formularfelder*
Bei diesem Feldtyp definieren Sie eine Liste mit Vorgabetexten, von denen sich der Anwender bei der Dateneingabe einen Wert auswählt. Die Veränderung der Vorgaben ist im Formularmodus nicht möglich.

Die Arbeitsschritte beim Einfügen der Formularfelder sind überschaubar:

⋯⋗ Durch einen Klick auf das entsprechende Symbol fügen Sie das Formularfeld an der Position der Schreibmarke ein.

⋯⋗ Nach einem Doppelklick auf das Feld oder einem Klick auf das Symbol *Formularfeld-Optionen* nehmen Sie die Einstellungen für das jeweilige Feld vor.

⋯⋗ Sie können zu jedem Formularfeld einen Hilfetext angeben, der bei Aktivierung des Feldes in der Statuszeile erscheint. Alternativ erzeugen Sie einen Text, der dem Anwender nach einem Druck auf die Funktionstaste [F1] gezeigt wird.

⋯⋗ Bevor Sie die Formularfelder ausprobieren bzw. verwenden können, muß das Dokument geschützt werden. Klicken Sie dazu auf die zugehörige Schaltfläche in der Symbolleiste.

Sie können jeden Typ mit einem Makro zu versehen. Dieses wird – je nach Einstellung – im Formularmodus entweder beim Eintritt oder Verlassen des Feldes ausgeführt.

▌ Beispiele: Textformularfelder einfügen

Für den sicheren Umgang mit Formularfeldern ist ein wenig Übung nötig. Damit Sie diese erlangen, stellt das Beispiel einige nützliche Varianten vor. Beginnen Sie mit einem Formularfeld, das im Formular ein aktuelles Datum erzeugt. Sie setzen dazu die Schreibmarke an die gewünschte Stelle, fügen ein Textformularfeld ein und aktivieren die Dialogbox für die Einstellung der Optionen mit einem Doppelklick. Wählen Sie den Typ *Aktuelles Datum* und suchen Sie im Listenfeld *Datumsformat* das gewünschte Erscheinungsbild heraus. Vergeben Sie den Namen für die Textmarke, z.B. *Datum*. Bestätigen Sie die Einstellungen mit einem Klick auf *OK*.

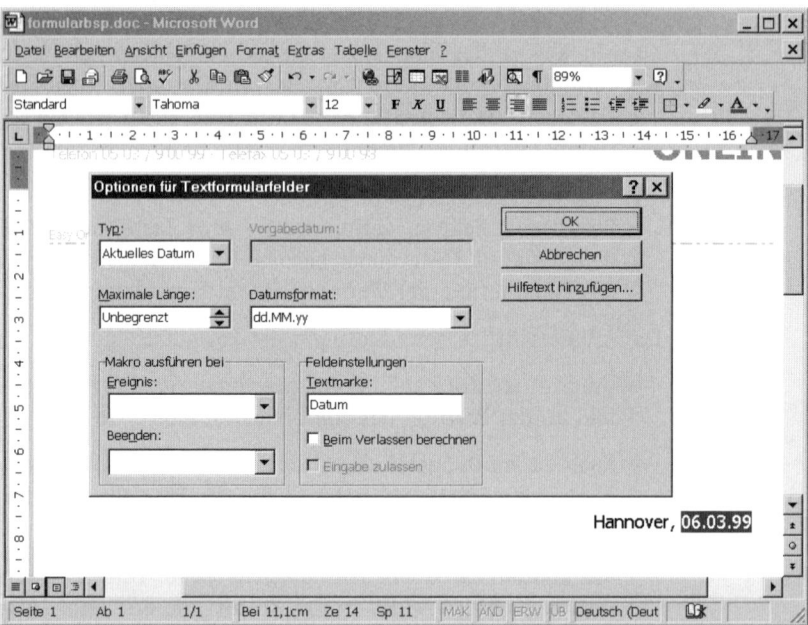

Bild 16.26: Mit diesen Einstellungen erzeugen Sie ein Formularfeld für das aktuelle Datum

Im weiteren Verlauf des Beispiels ist ein Formularfeld für die Rechnungsnummer erforderlich. Die Rechnungsnummer enthält normalen Text und soll zehn Zeichen nicht überschreiten. Sie setzen die Schreibmarke an die gewünschte Stelle, fügen ein Textformularfeld ein und aktivieren die Dialogbox für die Einstellung der Optionen mit einem Doppelklick. Belassen Sie den Typ *Einfacher Text* und wählen Sie im Listenfeld *Maximale Länge* die gewünschte Länge aus. Ein besonderer Name für die Textmarke ist nicht nötig. Bestätigen Sie die Einstellungen mit einem Klick auf OK.

Textformularfelder vom Typ Einfacher Text *belegen Sie im Eingabefeld* Vorgabetext *mit einer Standardeinstellung, die im Formularmodus überschreibbar ist. Im Listenfeld* Textformat *sind einfache Eingabemasken gelistet.*

Die erste und zweite Spalte in der Beispieltabelle enthalten ebenfalls Textformularfelder vom Typ *Einfacher Text*. Stellen Sie diese Felder auf eine maximale Länge von 25 Zeichen und belassen Sie die Standard-Textmarke, die Word einträgt.

Fügen Sie Textformularfelder spaltenweise in Tabellen ein, damit untereinander stehende Textformularfelder aufeinanderfolgende Textmarkennamen erhalten. Mit diesem Verfahren vereinfachen Sie spätere Auswertungen.

Interessant wird es nun bei den Formularfeldern der Spalte *Menge*. Sie setzen die Schreibmarke in die erste Zelle unter dem Spaltenkopf, fügen ein Textformularfeld ein und aktivieren die Dialogbox für die Einstellung der Optionen mit einem Doppelklick. Wählen Sie den Typ *Zahl* und suchen Sie im Listenfeld *Zahlenformat* das gewünschte Erscheinungsbild heraus. In diesem Fall ist eine ganze Zahl erforderlich. Vergeben Sie den Namen für die Textmarke, z.B. *Menge1*. Bestätigen Sie die Einstellungen mit einem Klick auf *OK*. Wiederholen Sie den Arbeitsgang in den Zellen darunter analog. Dabei verwenden Sie fortlaufend nummerierte Namen für die zugeordneten Textmarken.

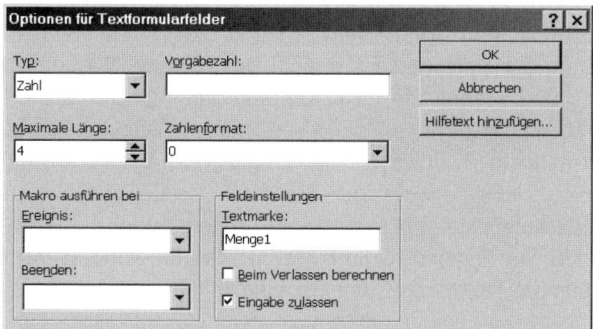

Bild 16.27: Die Textformularfelder vom Typ Zahl sind in dieser Form Grundlage für die spätere Berechung

Auch die Formularfelder der Spalte *Preis pro Einheit* weisen Besonderheiten auf: Sie sind als Währungsangaben formatiert und lösen beim späteren Formularmodus die Berechnung aller Formularfelder aus. Sie setzen zum Erzeugen dieser Felder die Schreibmarke in die erste Zelle unter dem Spaltenkopf, fügen ein Textformularfeld ein und aktivieren die Dialogbox für die Einstellung der Optionen mit einem Doppelklick.

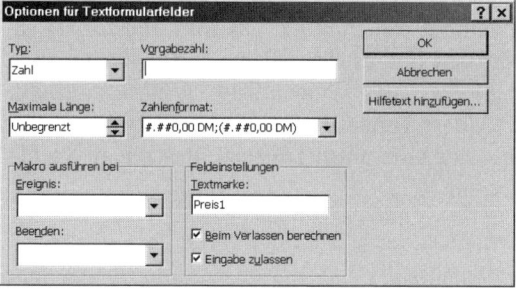

Bild 16.28: Das aktivierte Kontrollkästchen Beim Verlassen berechnen *sorgt im Formularmodus für die Berechnung aller Formularfelder, sobald die Schreibmarke das Feld verläßt*

Wählen Sie den Typ *Zahl* und suchen Sie im Listenfeld *Zahlenformat* das Währungsformat heraus. Vergeben Sie den Namen für die Textmarke, z.B. *Preis1*. Aktivieren Sie das Kontrollkästchen *Beim Verlassen berechnen*. Bestätigen Sie die Einstellungen mit einem Klick auf *OK*. Wiederholen Sie den Arbeitsgang in den Zellen darunter analog. Dabei verwenden Sie fortlaufend nummerierte Namen für die zugeordneten Textmarken.

Um die Funktionalität der Online-Formulare voll zur Geltung zu bringen, erfolgt nun das Einfügen von Feldern für Berechnungen. Im Beispiel übernimmt die Spalte *Gesamtpreis* die Berechnung des Produkts aus Menge und Preis der benachbarten Zellen. Sie setzen zum Erzeugen dieser Felder die Schreibmarke zunächst in die erste Zelle unter dem Spaltenkopf. Danach fügen Sie ein Textformularfeld ein und aktivieren die Dialogbox für die Einstellung der Optionen mit einem Doppelklick. Wählen Sie den Typ *Berechnung* und suchen Sie im Listenfeld *Zahlenformat* das Währungsformat für die Formatierung des Ergebnisses heraus. Vergeben Sie den Namen für die Textmarke, z.B. *Gesamt1*. Das Eingabefeld *Ausdruck* erhält den Eintrag `=Menge1*Preis1`. Bestätigen Sie die Einstellungen mit einem Klick auf OK. Wiederholen Sie den Arbeitsgang in den Zellen darunter analog. Dabei verwenden Sie angepaßte Einträge für das Eingabefeld *Ausdruck:* nutzen Sie jeweils die Textmarken der Formularfelder aus den zugehörigen Zellen.

Arbeiten Sie bei der Erzeugung der Formelausdrücke sehr sorgfältig. Falsche Zuordnungen führen zu versteckten Rechenfehlern – die Suche danach ist mühsam.

Im Rechnungsformular des Beispiels soll die Zelle rechts neben dem Eintrag Summe die darüberliegenden Spalten summieren. Dabei kommt eine einfache, integrierte Formel zur Anwendung. Fügen Sie in die Zelle ein Textformularfeld ein und aktivieren Sie die Dialogbox für die Einstellung der Optionen mit einem Doppelklick. Wählen Sie den Typ *Berechnung* und suchen Sie im Listenfeld *Zahlenformat* das Währungsformat für die Formatierung des Ergebnisses heraus. Vergeben Sie den Namen für die Textmarke, z.B. *Zwischensumme*. Das Eingabefeld *Ausdruck* erhält den Eintrag `=Summe(Über)`. Diese Formel summiert die Werte aus allen Zellen der gleichen Spalte über der Zelle mit der Formel. Bestätigen Sie die Einstellungen mit einem Klick auf *OK*.

Verwenden Sie die Formel `=Sum(Above)`, *wenn die genannte Formel nicht zum Ergebnis führt. Die Liste der verfügbaren Formeln und die dafür verwendete Sprachversion finden Sie im Listenfeld* Funktion einfügen *der Dialogbox* Formel. *Sie aktivieren diese Dialogbox mit dem Befehl* Tabelle/Formel.

Erweiterte Funktionen

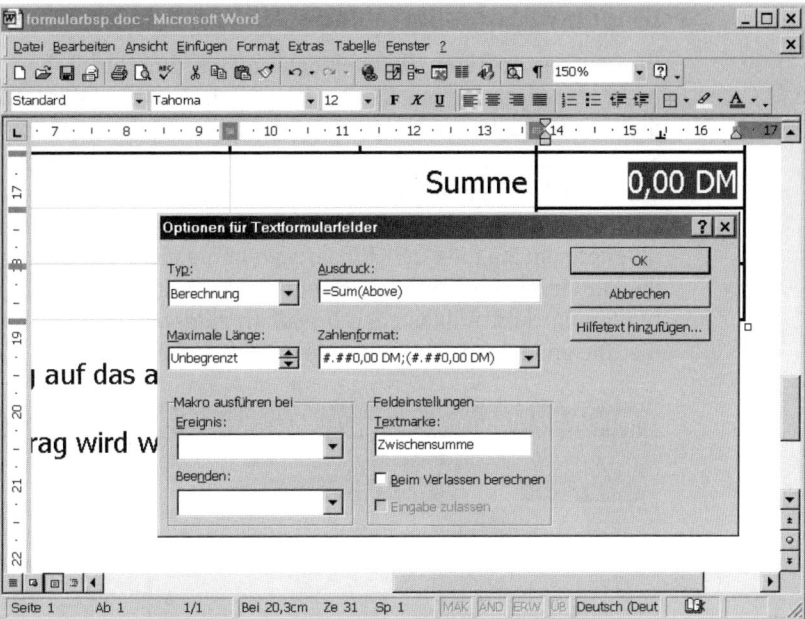

Bild 16.29: *Mit den integrierten Funktionen von Word erzeugen Sie in Textformularfeldern die notwendigen Ausdrücke*

Runden Sie das Beispielformular mit zwei weiteren Textformularfeldern vom Typ *Berechnung* ab. Die Zelle rechts neben der Mehrwertsteuer erhält den Ausdruck =Zwischensumme*MWST und den Textmarkennamen *Steuerbetrag*. Die Zelle darunter berechnet den Rechnungsbetrag mit dem Ausdruck =Zwischensumme+Steuerbetrag.

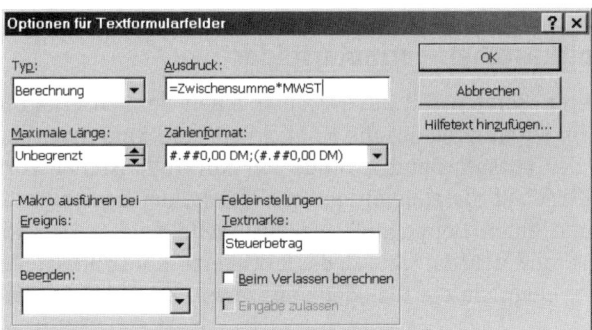

Bild 16.30: *Word verwendet die Inhalte der definierten Textmarken für die Berechnung*

Dropdown-Formularfelder einfügen

Um bei der späteren Dateneingabe an geeigneten Stellen Auswahllisten bereitzustellen, nutzen Sie die Dropdown-Formularfelder. Sie setzen dazu die Schreibmarke an die gewünschte Stelle, klicken zum Einfügen auf die Symbolschaltfläche für das Dropdown-Formularfeld und klicken doppelt auf das neue Feld, um die Options-Dialogbox zu öffnen. Sie geben bei den Optionen unter *Dropdownelement* die Listenelemente nacheinander ein, und übernehmen Sie diese mit *Hinzufügen* in die Liste. Mit *Umstellen* ändern Sie die Reihenfolge, in der die Elemente in der Liste erscheinen. Natürlich sollten Sie das Kontrollkästchen *Dropdown zulassen* aktiviert haben, wenn Sie die Optionen des Feldes mit einem Klick auf *OK* zuweisen.

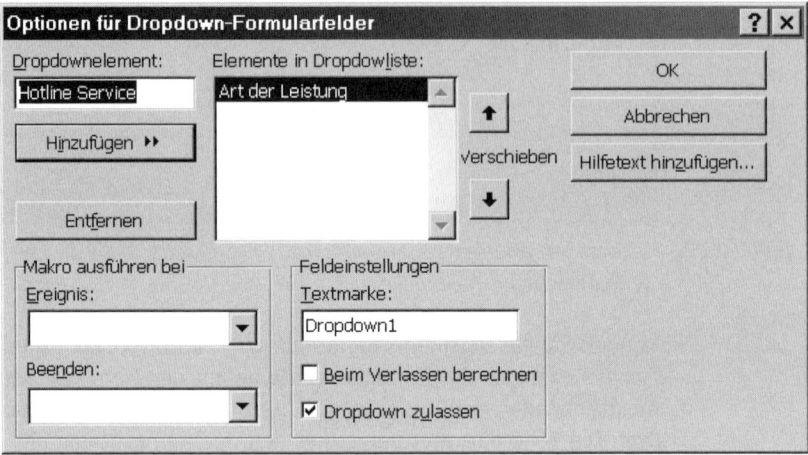

Bild 16.31: Bequem erzeugen Sie die Auswahlliste für Dropdown-Formularfelder

Kontrollkästchen-Formularfelder

Im unteren Bereich soll das Formular einen Bereich erhalten, in dem der Nutzer im Formularmodus die Möglichkeit zum Ankreuzen hat. Dazu fügen Sie an der entsprechenden Stelle ein Kontrollkästchen-Formularfeld mit einem Klick auf die zugehörige Schaltfläche der Symbolleiste ein und öffnen durch einen Doppelklick die Optionen. Wählen Sie Größe und Standardwert und achten Sie auf das aktivierte Kontrollkästchen *Markierung zulassen*, bevor sie die Dialogbox mit einem Klick auf *OK* verlassen.

 Testen Sie das Formular ausgiebig. Schalten Sie dazu mit der Symbolschaltfläche in den Formularmodus um und geben Sie Testdaten in das Formular ein. Prüfen sie vor allem die Berechnungen durch Verwendung überschaubarer Werte. Durch erneuten Doppelklick auf die Formularfelder öffnen Sie die Dialogbox mit den Optionen für Korrekturen.

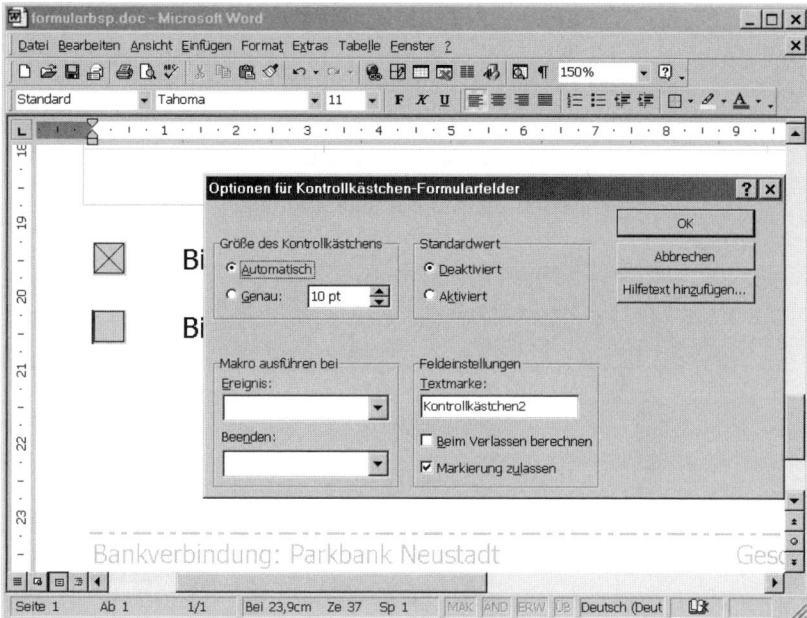

Bild 16.32: *Kontrollkästchen-Formularfelder dienen in Formularen zum Ankreuzen – mit dem Standardwert stellen Sie ein, wie das Kontrollkästchen beim Öffnen des Formulars erscheint*

Der Dokumentschutz

Nach Fertigstellung des Formulars müssen Sie den Schutz des Formulars für die Eingabe überdenken. Zwei Handlungen sind empfehlenswert:

- Beschränken Sie den Schutz auf einzelne Abschnitte des Dokuments. Fügen Sie dazu vor und bei Bedarf auch nach dem zu schützenden Abschnitt mit dem Befehl *Einfügen/Manueller Wechsel* fortlaufende Abschnittswechsel ein. Mit diesen Vorbereitungen sorgen Sie beim Dokumentschutz dafür, daß Abschnitte des Dokuments trotz Dokumentschutz noch verändert werden können.

- Den Schutz sollten Sie zusätzlich mit einem Kennwort versehen, so daß unbefugte Veränderungen am Dokument ausgeschlossen sind.

Zum Abschluß der Vorbereitungen sind weitere Schritte nötig:

- Blenden Sie die nicht druckbaren Zeichen durch einen Klick auf die zugehörige Symbolschaltfläche in der Standard-Symbolleiste aus.

- Schließen Sie die Formular-Symbolleiste.

- Schalten Sie den Formularmodus ein. Zum Schützen des Dokuments nutzen Sie den Befehl *Extras/Dokument schützen*. Aktivieren Sie in der Dialogbox *Dokument schützen* die Option *Formulare* und tragen Sie das

Kennwort ein. Klicken Sie bei Bedarf auf die Schaltfläche *Abschnitte*, um den Schutz zu differenzieren. Nach einer Kennwortbestätigung ist das Dokument im Formularmodus geschützt.

⇢ Speichern Sie das Formular mit *Datei/Speichern unter* als Dokumentvorlage in Ihrem Vorlagenordner.

⇢ Schließen Sie die Dokumentvorlage.

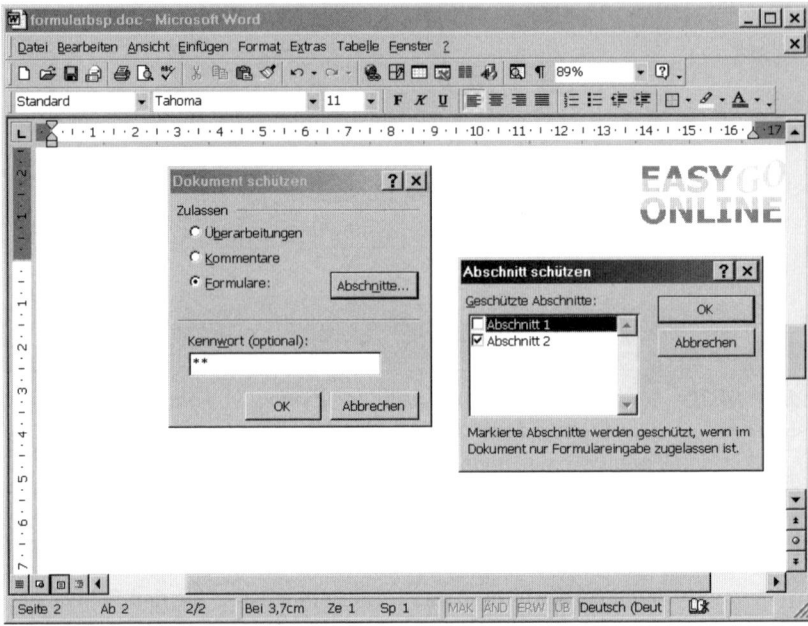

Bild 16.33: Sie müssen das Dokument schützen, bevor Sie das Formular verwenden können. In den Dialogboxen legen Sie die Art des Schutzes fest

Das Formular mit Daten füllen

Zum Ausfüllen legen Sie eine neue Textdatei auf Basis der Vorlage für das Formular an. Sie wählen *Datei/Neu* und verwenden die gerade erstellte Vorlage. Durch die Vorbereitung fällt das Ausfüllen leicht: Mit den Pfeiltasten oder der ⇥-Taste springt Word alle Felder nacheinander an. Den Modus der Kontrollkästchen schalten Sie mit der Leertaste um. Selbstverständlich reagieren diese Kontrollkästchen ebenso auf einen Mausklick. Textformularfelder mit automatischer Länge ändern nach der Eingabe ihre Länge auf den tatsächlichen Platzbedarf des Textinhaltes. Dropdown-Formularfelder erhalten beim Anspringen einen Listenpfeil – mit einem Klick öffnen Sie die Liste und erhalten die Einträge zur Auswahl.

Verzichten Sie auf die ⏎-Taste. Word fügt dann trotz des Dokumentschutzes einen Zeilenumbruch ein.

Den Abschluß der Dateneingabe vollziehen Sie mit dem Speichern des Dokuments. Für die Auswertung der Daten können Sie im fertigen Dokument die Formularfelder durch die Ergebnisse ersetzen: nutzen Sie nach dem Aufheben des Schutzes die Tastenkombination (Strg)+(⇧)+(F9). Danach sind die Felder verschwunden und durch die bisherigen Ergebnisse ersetzt. Die Textmarken bleiben erhalten: der Zugang zu den Inhalten ist so über die Textmarken noch möglich.

17. Texte überarbeiten

Nach der Erfassung umfangreicher Texte sind Korrekturen notwendig, da niemand vor Fehlern gefeit ist. Vielleicht haben Sie teilweise falsche Formulierungen verwendet, bestimmte Begriffe zu oft, Rechtschreib- und Grammatikfehler begangen oder stellen sonstige Ungereimtheiten in Ihrem Text fest. Dann ist eine gründliche Überarbeitung notwendig, für die Word einige interessante und nicht minder wichtige Module bereithält. Selbstverständlich müssen Sie mit dem Einsatz dieser Werkzeuge nicht bis zur Fertigstellung des Textes warten; entscheiden Sie, wie Sie damit arbeiten.

17.1 Suchen und Ersetzen

Sehen Sie sich mit der Tatsache konfrontiert, daß Sie einen bestimmten Begriff völlig falsch verwendet haben und dieser Begriff außerdem häufig, vielleicht zig oder gar hundert Male in Ihrem Text erwähnt wird? In Zusammenhang mit der neuen Rechtschreibung ist das kein Einzelfall, da Sie beim Zugriff auf ältere Texte sowieso vor der Wahl stehen, ob Sie den Text auf die neue Schreibweise überarbeiten. Dann gibt Word Ihnen ein wichtiges Werkzeug an die Hand, das es Ihnen erspart, den gesamten Text per Hand zu durchforsten und die Änderung manuell durchzuführen. Oder suchen Sie lediglich eine bestimmte Textpassage im längeren Text, von der Sie sich nur noch an den ungefähren Wortlaut erinnern? In beiden Fällen hilft Ihnen die Suchen-und-Ersetzen-Funktion von Word weiter.

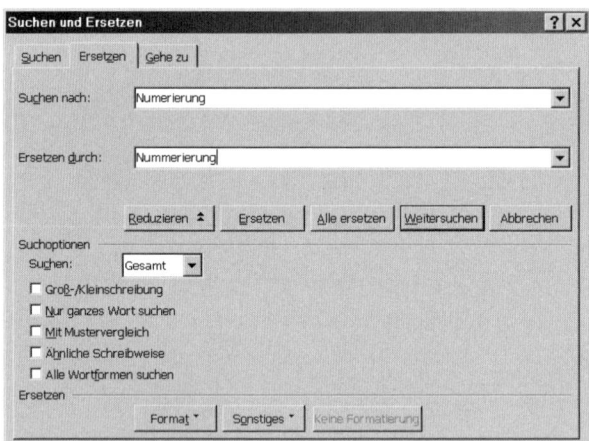

Bild 17.1: Die Dialogbox Suchen und Ersetzen *erlaubt es, zwischen den Funktionen* Suchen, Ersetzen *und* Gehe zu *umzuschalten, wenn Sie einen der drei Befehle aus dem Menü* Bearbeiten *oder durch die dazugehörige Tastenkombination aufgerufen haben*

Sie steuern die Suchen-und-Ersetzen-Funktion über das Menü *Bearbeiten* an. Dort finden Sie zwei getrennt aufgeführte Befehle *Suchen* und *Ersetzen* sowie den Befehl *Gehe zu*. Der *Suchen*-Befehl wird seinem Zweck entsprechend durch ein stilisiertes Fernglas gekennzeichnet. In allen drei Fällen öffnet sich die gleiche Dialogbox, die aus drei Registern besteht. Diese drei Register entsprechen den drei eben genannten Befehlen, zwischen denen Sie beliebig wechseln können.

Verwenden Sie Tastenkombinationen für die Funktionen. Sie nutzen [Strg]+[F] *für den Aufruf von* Suchen, [Strg]+[H] *zum* Ersetzen *und* [Strg]+[G] *für die Aktivierung von* Gehe zu.

■ Suchen

Führen Sie diesen Befehl aus, erscheint eine Dialogbox, in der Sie unter *Suchen nach* den gesuchten Text bzw. -bestandteil eingeben. Sobald in diesem Eingabefeld eine Eintragung steht, aktiviert Word die Schaltfläche *Weitersuchen*, mit der Sie die Suche beginnen. Falls die Suche erfolgreich war, dient diese Schaltfläche ebenso dazu, die Suche nach einem weiteren Exemplar des Suchbegriffs im Dokument fortzuführen.

Nach dem ersten Treffer können Sie die Suche abbrechen. Zum Weitersuchen verwenden Sie dann die Navigator-Schaltflächen im unteren Bereich der vertikalen Bildlaufleiste.

Hinter der Schaltfläche *Erweitern* verbirgt sich die Möglichkeit, die Suche inhaltlich genauer zu spezifizieren sowie die Suchrichtung festzulegen. Diese Erweiterung steht Ihnen auch unter *Ersetzen* zur Verfügung. Sie können je nach Anforderung an Ihren Suchvorgang zwischen der normalen und der erweiterten Darstellung hin und her wechseln. Hier zeigt sich die Mächtigkeit dieser Funktion. Wenn Sie auf die Schaltfläche *Sonstiges* unter *Suchen* klicken, zeigt Word eine Vielzahl von speziellen Elementen, nach denen Sie ebenso wie nach normalem Text suchen können. Außerdem legen Sie z.B. fest, ob Word die Groß- und Kleinschreibung beachtet.

Besonders nützlich ist das Kontrollkästchen Ähnliche Schreibweise. *Bei aktiviertem Kontrollkästchen findet Word einen Suchbegriff in neuer und alter Schreibweise und sogar mit Schreibfehlern.*

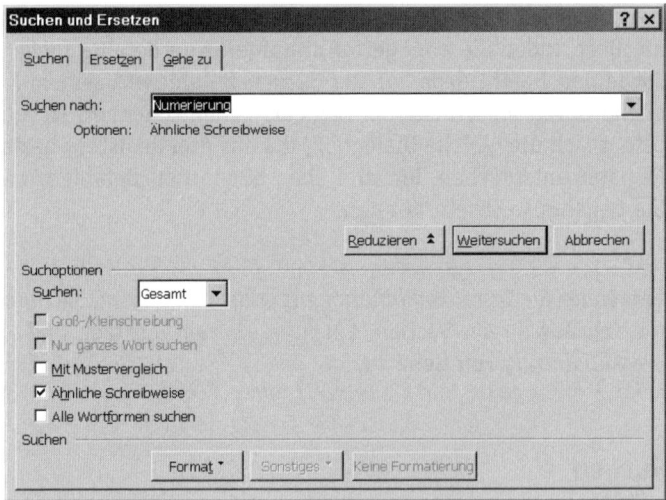

Bild 17.2: Die Suchen-Funktion erweist sich bei genauerer Untersuchung als viel komplexer, als zuerst angenommen. Word kann nach fast jeder erdenklichen Art von Elementen suchen

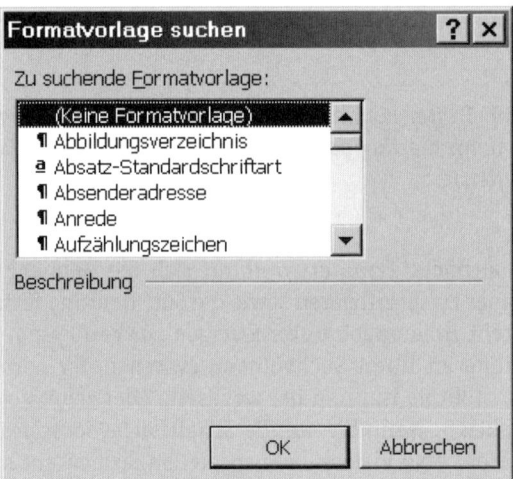

Bild 17.3: Nach bestimmten Formatierungselemente suchen Sie ebenso wie nach sonstigen Elementen. Hier die Dialogbox zum Suchen nach Textpassagen mit einer bestimmten Formatvorlage

Wenn die Suche erfolgreich war, springt Word an die entsprechende Stelle im Text und markiert den gefundenen Text bzw. das Element. Sie haben nun die Möglichkeit, die Suche mit *Weitersuchen* fortzusetzen, abzubrechen oder in das Register *Ersetzen* zu wechseln, um Änderungen durchzuführen.

Wenn Sie die Funktion Suchen und Ersetzen *während einer Arbeitssitzung schon häufiger mit unterschiedlichen Begriffen durchgeführt haben, können Sie aus den Listenfeldern erledigte Aktionen erneut auswählen.*

Ersetzen

Um eine Einstellung im Eingabefeld *Suchen nach* durch eine andere Variante auszutauschen, aktivieren Sie das Register *Ersetzen* der Dialogbox *Suchen und Ersetzen*. In der reduzierten Ansicht sehen Sie nun zwei Eingabebereiche. Den ersten, *Suchen nach*, kennen Sie bereits aus der Such-Funktion. Geben Sie hier den gesuchten Begriff ein, oder wählen Sie in der erweiterten Ansicht ein Element, eine Formatierung oder ein sonstiges Textelement aus. Im anderen Bereich, der *Ersetzen durch* heißt, tragen Sie ein, durch was das Suchergebnis ersetzt werden soll.

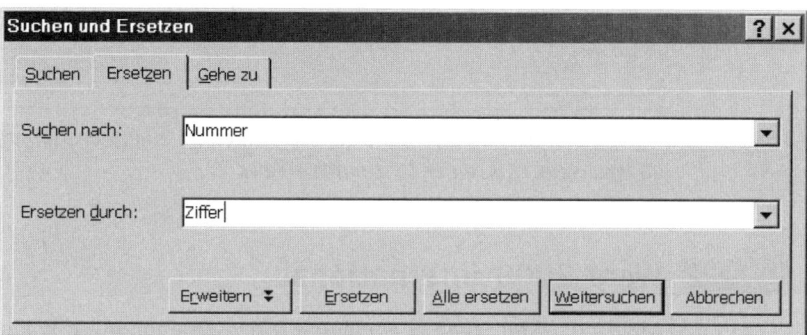

Bild 17.4: *Das Register* Ersetzen *erweitert die Suchfunktion um Werkzeuge zum Austausch der Fundstellen*

Ersetzen hat eine erweiterte Funktionalität durch spezielle Schaltflächen, mit denen Sie das Ersetzen interaktiv steuern. War Word fündig, so werden Sie vor die Entscheidung gestellt, ob Sie die vorgegebene Ersetzung tatsächlich ausführen wollen. Word tut an dieser Stelle erst einmal gar nichts.

- Sie lösen die Ersetzung einzelner Fundstellen durch einen Klick auf *Ersetzen* aus.

- Wenn Sie eine Fundstelle im Text nicht ersetzen möchten, klicken Sie auf *Weitersuchen*. Word überspringt die Stelle ohne Austausch und sucht nach dem nächsten Treffer.

- Wenn der Suchbegriff häufiger in Ihren Dokument existiert und Sie sich sicher sind, daß jeder dieser Begriffe ersetzt werden soll, können Sie sofort die Schaltfläche *Alle ersetzen* anklicken. Word ersetzt dann automatisch, und teilt mit, wie viele Ersetzungen erfolgt sind.

Gehe zu

Das dritte Register der Dialogbox *Suchen-und-Ersetzen* heißt *Gehe zu*. Sie steuern damit bei Bedarf bestimmte Elemente Ihres Dokuments an. Word springt dann automatisch an die entsprechende Stelle. In der Liste *Gehe zu Element* wählen Sie den aufzusuchenden Elementtyp aus. Je nach Elementart erscheint rechts davon ein Hilfetext, der Sie auffordert, zu spezifizieren, was Sie suchen. Dies kann z.B. eine Seitenzahl, eine Abschnitts-, Tabellennummer oder ein Objektname sein.

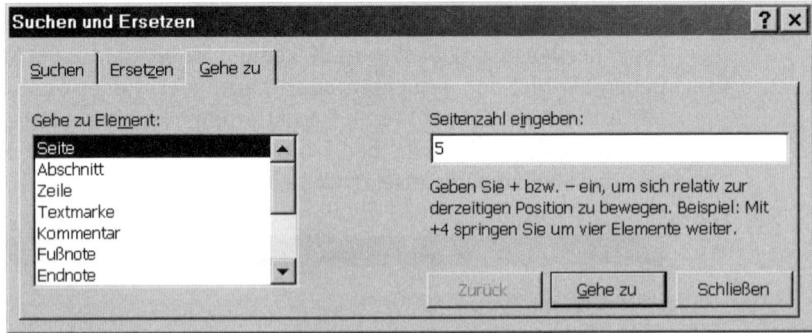

Bild 17.5: Nutzen Sie das Register Gehe zu, um schnell zu einem bestimmten Textelement zu wechseln, z.B. einer bestimmten Seite

17.2 Word 2000 international

Nicht nur Word, auch alle anderen Office-Komponenten kommen mehrsprachig daher. Je nach Installation sind unter Umständen mehrere Sprachen installiert. Diese Installation hat natürlich Auswirkungen auf Word, das als Textverarbeitungsprogramm mit diesen Sprachen arbeitet.

Wenn Sie ein neues Dokument erstellen und in der Statusleiste die eingestellte Sprache kontrollieren, zeigt Word zunächst die in der Formatvorlage *Standard* getroffene Spracheinstellung. Das ist, je nach Installation, entweder Deutsch, Englisch oder seltener eine andere Sprache. Beginnen Sie nun mit der Texteingabe, so wechselt die Anzeige je nach Sprache des eingegebenen Textes: Word identifiziert die Sprache automatisch anhand charakteristischer Merkmale.

Klicken Sie doppelt auf die Sprachanzeige in der Statusleiste, wenn Sie die Einstellungen verändern oder kontrollieren möchten:

- Deaktivieren Sie das Kontrollkästchen *Sprache automatisch erkennen*, wenn Word die Sprache nicht automatisch erkennen soll. Damit deaktivieren Sie aber ebenso die Verwendung der Wörterbücher für den Text, der von der Standardsprache abweicht.

⋯⟩ Klicken Sie auf die Schaltfläche *Standard,* um eine im Listenfeld *Ausgewählten Text markieren als* angeklickte Sprache als Standardsprache in die Formatvorlage *Standard* der globalen Dokumentvorlage zu integrieren.

⋯⟩ Mit einem aktivierenden Klick in das Kontrollkästchen *Rechtschreibung und Grammatik nicht prüfen* schließen Sie den zuvor markierten Text von der Sprachprüfung aus.

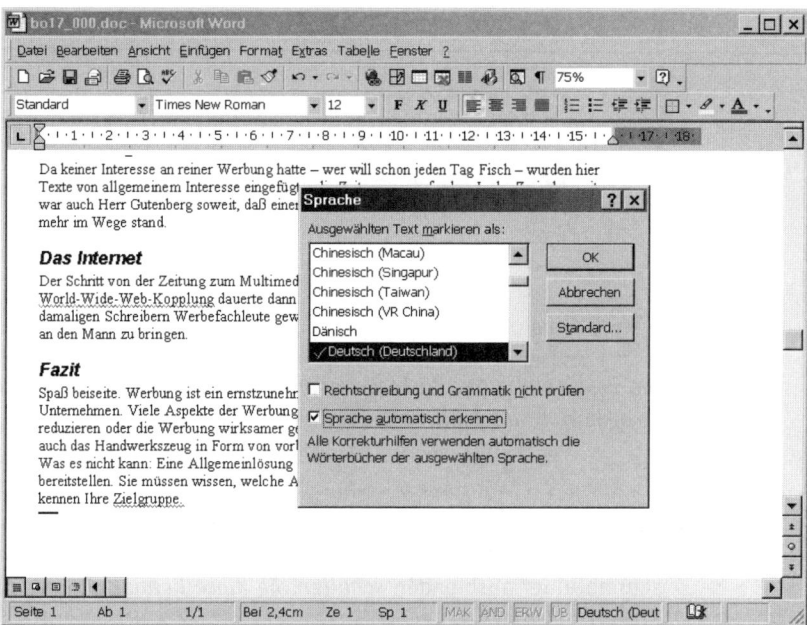

Bild 17.6: Nutzen Sie den Befehl zum Bestimmen der Sprache, um die Arbeit der Funktionen für die Prüfung von Rechtschreibung und Grammatik zu beeinflussen

Sie erreichen die gleiche Dialogbox über den Befehl Extras/Sprache/Sprache bestimmen.

17.3 Die Rechtschreibprüfung

Wird ein vermeintlicher Schreibfehler gefunden, dann erkennen Sie dies an der roten Wellenlinie unter dem entsprechenden Wort. Bei Namen oder spezifischen Wörtern, die nicht im Wörterbuch der Rechtschreibprüfung enthalten sind, zeigt Ihnen das Programm vorsichtshalber diese als unkorrekt an und kennzeichnet sie ebenfalls durch die rote Wellenlinie unterhalb des Worts.

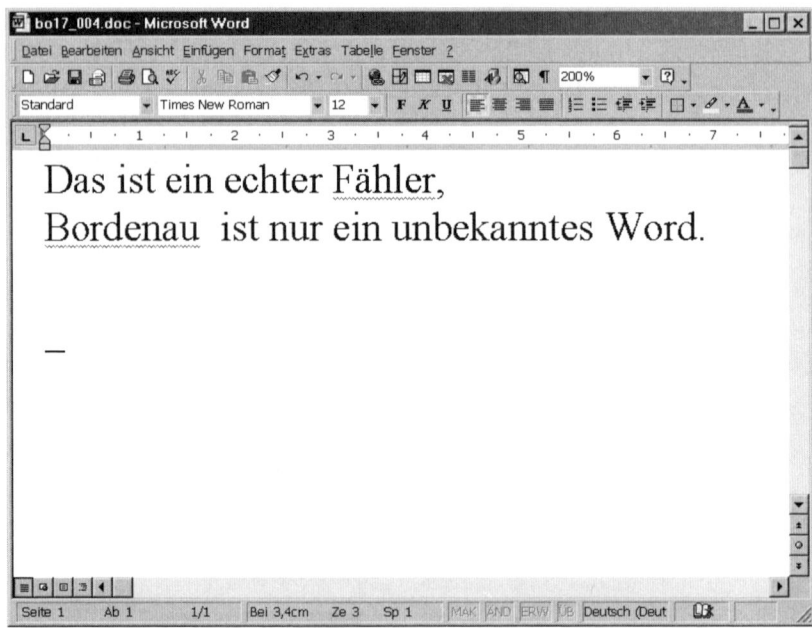

Bild 17.7: Die Problematik der Rechtschreibprüfung auf einen Blick: unbekannte Wörter erkennt Word als fehlerhaft, im Kontext falsche Wörter gar nicht

 Wenn Sie sich durch die rote Wellenlinie der Rechtschreibkennzeichnung gestört fühlen: Über Extras/Optionen/Rechtschreibung und Grammatik/Rechtschreibfehler ausblenden *schalten Sie diese Kennzeichnung ab.*

Die roten Wellenlinien zeigen ihre Stärken erst bei der Korrektur. Setzen Sie die Schreibmarke auf das falsch geschriebene Wort, und klicken Sie die rechte Maustaste: es erscheint ein Kontextmenü. Falls Word einen Schreibfehler vermutet und ähnliche Begriffe kennt, erscheinen Änderungsvorschläge im ersten Block. Ein Klick auf den richtigen Begriff ersetzt den fehlerhaften Ausdruck.

 Nach der Korrektur eines Wortes springen Sie mit einem Doppelklick auf den Bereich Status der Rechtschreibung und Grammatikprüfung *in der Statusleiste sofort zum nächsten hervorgehobenen Wort. Außerdem öffnet Word nach dem Wechsel sofort das Kontextmenü zur Korrektur.*

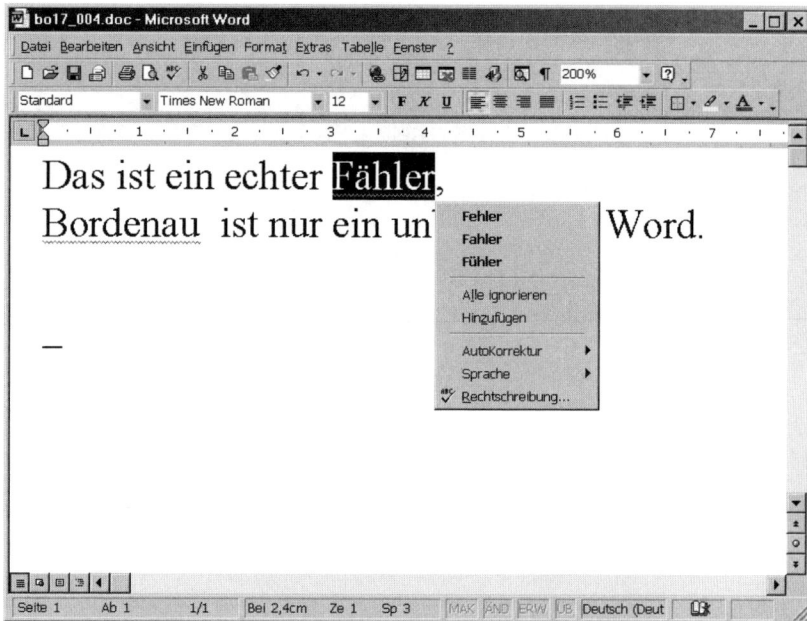

Bild 17.8: Mit dem Kontextmenü der Rechtschreibprüfung korrigieren Sie Fehler schneller als durch manuelle Veränderung

Handelt es sich bei einem reklamierten Wort aber um ein richtig geschriebenes Wort, können Sie im Kontextmenü entweder:

- den Befehl *Alle ignorieren* wählen, dann wird das Wort sofort im weiteren Text als richtig anerkannt und die Wellenlinie verschwindet, oder

- den Befehl *Hinzufügen* wählen. Nun wird dieser Begriff einem speziellen Benutzer-Wörterbuch der in der Statuszeile angegebenen Sprache hinzugefügt; die Wellenlinie verschwindet dann ebenfalls. *Hinzufügen* ist vorteilhaft, wenn Sie diese Wörter öfter verwenden wollen – aufgenommene Wörter stehen auch in anderen Dokumenten oder der Vorschlagsliste des Kontextmenüs zur Verfügung.

- Falls Word das Wort nur deshalb als falsch wertet, weil die Sprache nicht korrekt ist, dann hilft die manuelle Umschaltung der Sprache weiter. Nutzen Sie dafür den Menübefehl *Sprache*.

Weitere Einstellungen nehmen Sie im Menü *Extras/Optionen* auf der Registerkarte *Rechtschreibung und Grammatik* vor:

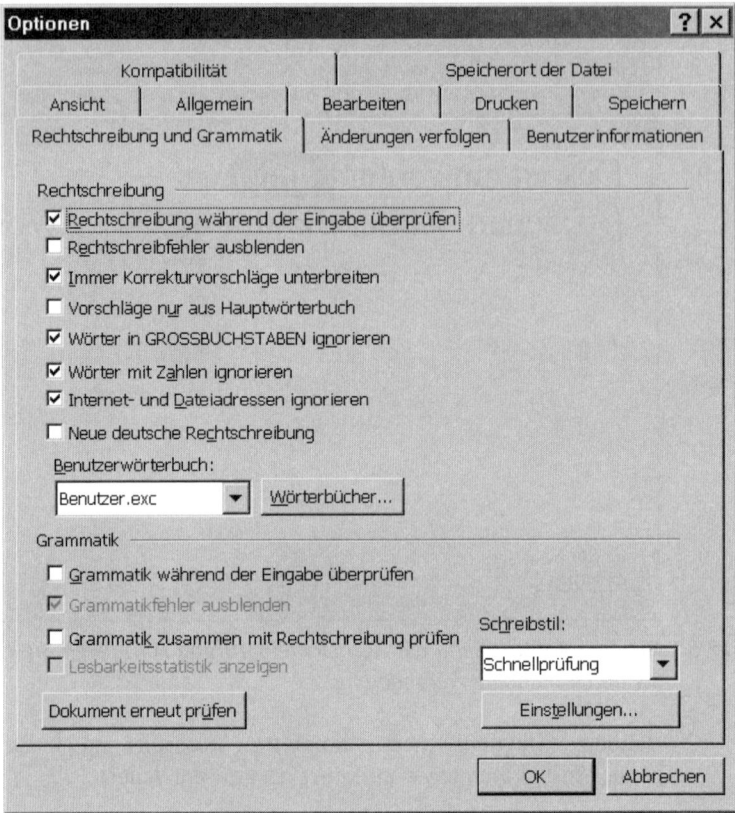

Bild 17.9: Die Registerkarte Rechtschreibung und Grammatik *der Optionen-Dialogbox*

Im Bereich Rechtschreibung steuern Sie den Ablauf der automatischen Kontrolle. Erwähnenswert ist hier vor allem die Möglichkeit, durch einen aktivierenden Klick in das Kontrollkästchen *Neue deutsche Rechtschreibung* den Ablauf der Prüfung an die Erfordernisse dieser Umstellung anzupassen. Mit dem Kontrollkästchen *Rechtschreibung während der Eingabe überprüfen* schalten Sie bei Bedarf die automatische Sofortprüfung an bzw. aus.

 Sie erreichen die Optionen für die Prüfung der Rechtschreibung und Grammatik auch über das Kontextmenü des Bereiches in der Statusleiste.

Als Alternative zur manuellen Rechtschreibkontrolle bei der Dokumentkorrektur dient der Befehl *Extras/Rechtschreibung und Grammatik*. Mit der zugeordneten Dialogbox überprüfen Sie den Text gemeinsam mit Word in einem Durchgang. Die Prüfung beginnt an der Stelle, an der sich die Schreibmarke befindet oder beschränkt sich auf einen markierten Textblock. Sie starten die Prüfung auch durch Betätigen der Taste (F7).

Texte überarbeiten

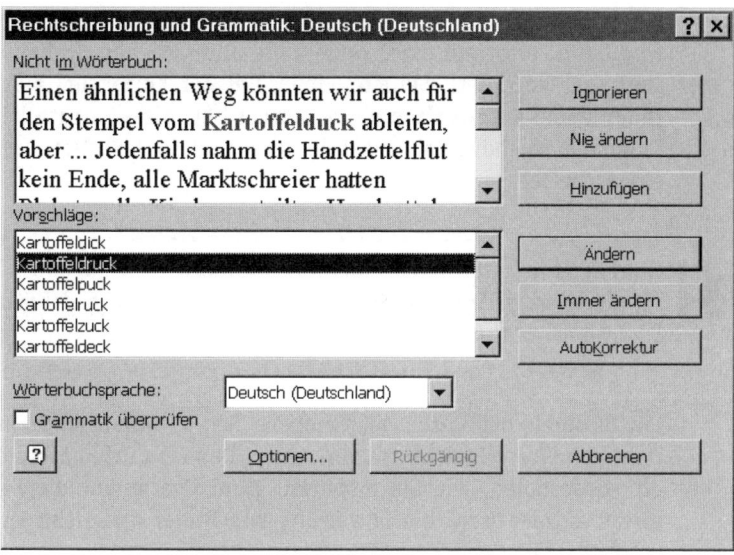

Bild 17.10: *Die Dialogbox* Rechtschreibung und Grammatik – *eine echte Alternative zur Online-Rechtschreibkontrolle*

Die Funktionalität der Dialogbox entspricht im wesentlichen dem Kontextmenü der von der Rechtschreibung und Grammatikprüfung hervorgehobenen Wörter. Einige Schaltflächen sind nur in dieser Dialogbox zugänglich:

···\> Die Schaltfläche *Immer ändern* sorgt dafür, das Word alle in diesem Dokument auftauchenden Vorkommen des Fehlers sofort ebenfalls korrigiert.

···\> Mit der Schaltfläche *Nie ändern* weisen Sie Word an, den angezeigten Fehler während der gesamten Arbeitssitzung zu ignorieren.

 Klicken Sie nur dann auf die Schaltflächen im rechten Teil der Dialogbox, wenn Sie sich von der Richtigkeit des im oberen Bereich hervorgehobenen Wortes überzeugt haben. Nutzen Sie im Zweifelsfall sofort die Schaltfläche Rückgängig.

17.4 Der Einsatz der AutoKorrektur

Beneidenswert sind die Anwender, die professionell mit einer Textverarbeitung arbeiten und im Zehnfinger-System nur ganz selten Fehler produzieren. Das ist nicht die Regel – also sind die Texte mehr oder weniger mit Schreibfehlern gespickt. Buchstabendreher, zwei Großbuchstaben am Wortanfang oder auch doppelt bzw. zusätzlich angeschlagene Tasten dürften zu den häufigsten Fehlerarten zählen.

Word überprüft den Text bereits beim Eintippen: Jedes nicht bekannte Wort wird dann sofort mit einer Wellenlinie unterstrichen. Es kann leicht lokalisiert und korrigiert werden. Einen Teil der Korrekturarbeit nimmt Word Ihnen dabei automatisch ab, vorausgesetzt, die »Ausrutscher« wurden im Programm irgendwann einmal definiert und die Funktion *AutoKorrektur* ist eingeschaltet.

Word 2000 arbeitet in der Funktion AutoKorrektur *mit verschiedenen Listen für die jeweilige Sprache. Achten Sie bei Bedarf darauf, daß Word die richtige Sprache erkannt hat.*

Ein Beispiel: Der falsch geschriebene Begriff »Dialogobox« wird mit dem richtigen Wort »Dialogbox« verknüpft. Danach dürfen Sie diesen Fehler so oft wiederholen, wie Sie möchten, Word übernimmt die Fehlerbehebung fortan automatisch. Die Zuweisung von Fehler und richtiger Schreibweise geschieht mit *Extras/AutoKorrektur*.

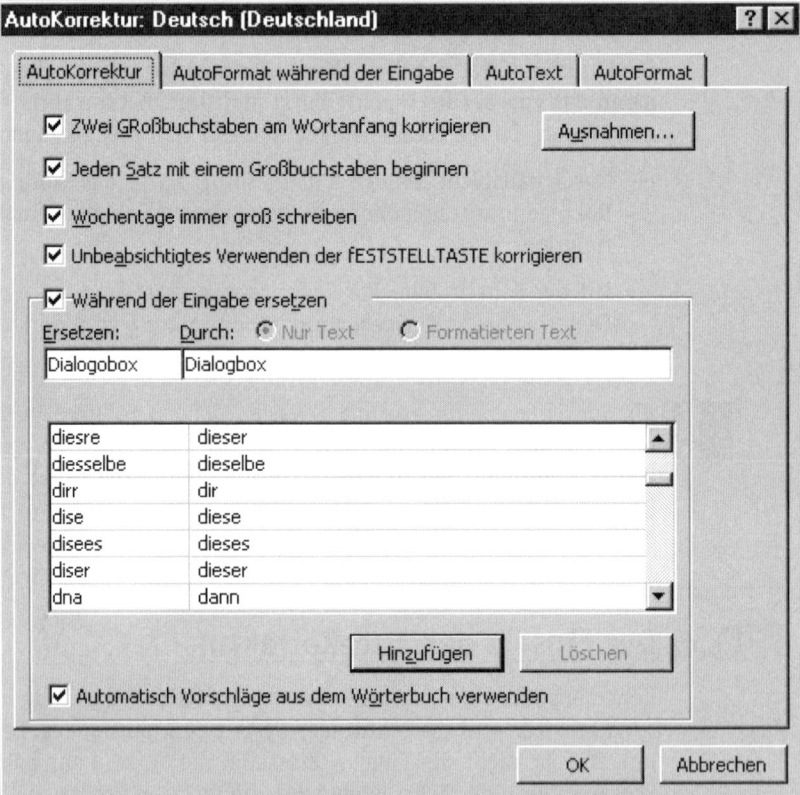

Bild 17.11: Durch die AutoKorrektur *wird ein Korrekturbegriff durch den richtigen Begriff ausgetauscht nach dem Prinzip »Dialogobox« gegen »Dialogbox«*

Die AutoKorrektur setzt ein, wenn Sie die Leertaste als Zwischenraum zum nächsten Wort drücken, die ⇥-Taste oder die ←-Taste drücken, ein Satzzeichen setzen oder einen Trennstrich schreiben.

Funktionen der AutoKorrektur

Im oberen Teil der Dialogbox *Autokorrektur* schalten Sie einige Grundregeln ein- oder aus:

- *Zwei GRoßbuchstaben am WOrtanfang korrigieren:*
  Word korrigiert diesen häufig unbemerkten Fehler bei aktiviertem Kontrollkästchen automatisch.

- *Jeden Satz mit einem Großbuchstaben beginnen:*
  Ein Satz beginnt für Word immer nach einem Punkt im Text. Bei Abkürzungen, wie »z. B.« oder »u. a.« sind die Ausnahmen definiert. Solche Zuordnungen sind hinter der Schaltfläche *Ausnahmen* verborgen.

- *Unbeabsichtigtes Verwenden der fESTSTELLTASTE korrigieren:*
  Es kann passieren, daß Sie beim Eingeben von Text statt ⇧ die ⇪ Taste erwischen. Word korrigiert den Fehler bei aktiviertem Kontrollkästchen und sorgt gleichzeitig für das Zurückschalten der Tastatur.

- *Während der Eingabe ersetzen*
  Das aktivierte Kontrollkästchen *Während der Eingabe ersetzen* legt fest, ob die Funktion AutoKorrektur auf Grundlage der Zuweisungsliste ein- oder ausgeschaltet ist.
  Dieser Bereich enthält die Liste der Ersetzungen: Speichern Sie häufig benötigte Wörter oder Begriffe als Korrekturbegriffe unter *Ersetzen*, und geben Sie die Langform im Feld *Durch* ein. Sobald Sie dann die Kürzel im Text einfügen, ersetzt Word das Kürzel automatisch durch den richtigen Begriff. Auf beiden Seiten der Liste sind kurze Wortgruppen möglich.

- Wenn Sie vor Aktivierung der Dialogbox *AutoKorrektur* einen Text markieren, übernimmt Word den Text mit in die Dialogbox. Rot gekennzeichnete Wörter erscheinen bei *Ersetzen,* andere Wörter im Eingabefeld *Durch.*

Wenn Sie formatierten Text über die Markierung oder die Zwischenablage in das Eingabefeld Durch *einbringen, sind die Optionen* Nur Text *und* Formatierten Text *aktiviert. Entscheiden Sie dann, wie der Text ersetzt wird.*

Schreibfehler in AutoKorrektur-Einträge umwandeln

Sie können Schreibfehler direkt aus dem Text in die Listen der AutoKorrektur übertragen, wenn Word einen Rechtschreibvorschlag machen kann.

Wenn die rote Wellenlinie erscheint, klicken Sie das entsprechende Wort mit der rechten Maustaste an. Sofern Word einen Korrekturvorschlag parat hat, ist das Kontextmenü um den Menüeintrag AutoKorrektur erweitert. Ein Klick auf diesen Menüeintrag öffnet die Liste der Korrekturworte noch einmal. Wenn Sie jetzt die richtige Schreibweise aus dem AutoKorrektur-Untermenü wählen, ändert Word nicht nur den Begriff im Text, sondern schafft gleichzeitig einen Eintrag in der Korrekturliste.

Auch in der Dialogbox *Rechtschreibung und Grammatik* steht Ihnen über die Schaltfläche *AutoKorrektur* dieser Weg offen. Sie korrigieren zunächst das Wort im oberen Bereich der Dialogbox oder wählen einen Eintrag aus der Liste der Vorschläge aus. Nach dem Klick auf *AutoKorrektur* ändert Word nicht nur den Begriff im Text, sondern erzeugt gleichzeitig den Eintrag in der Korrekturliste.

Nutzen Sie diese Variante nur, wenn die Zuordnung eindeutig ist.

17.5 Der Thesaurus

Der Thesaurus ist ein hilfreiches Werkzeug, um Synonyme für Begriffe nachzuschlagen. Oft befällt Sie während der Texterstellung eine geistige Blockade. Sie verwenden einen Begriff zum wiederholten Male und sollten eigentlich ein Synonym verwenden, um den Text abwechslungsreicher zu gestalten. Bei diesem Problem ist Ihnen der Thesaurus behilflich. Er schlägt Ihnen zu fast jedem Begriff ein oder mehrere sinnverwandte Wörter vor.

Die Verwendung des Thesaurus ist dabei denkbar einfach. Markieren Sie das Wort, zu dem Ihnen ein bedeutungsgleicher anderer Begriff fehlt, und führen Sie die Tastenkombination ⇧+F7 aus. Es erscheint der Thesaurus in der gewählten bzw. erkannten Sprache.

Texte überarbeiten

Bild 17.12: Der Thesaurus schlägt Ihnen sinnverwandte Begriffe vor, die Sie verwenden können, falls Sie ein Wort zu häufig benutzt haben. Exemplarisch hier Synonyme für das Wort »Text«

Sie können aus der Liste der Synonyme eines auswählen, bei Bedarf im Eingabefeld *Ersetzen durch Synonym* anpassen und per *Ersetzen* an der markierten Position in das Dokument übernehmen. Unterhalb der Liste *Synonyme für* erscheinen mitunter verschiedene weitere Listen. War der Thesaurus fündig, sehen Sie dort eine Erklärung zur Bedeutung des Worts. Gegebenenfalls werden dort auch *ähnliche Ausdrücke* und *ähnliche Begriffe* aufgeführt. Sie können die aufgeführten Begriffe anklicken und sehen dann zu diesen sinnverwandte Wörter im rechten Bereich aufgelistet. Andernfalls erscheint dort eine alphabetische Liste der Begriffe, die der Thesaurus »kennt« und mit dem gleichen Anfangsbuchstaben beginnen wie der gesuchte Begriff.

Mit der Schaltfläche *Nachschlagen* übernehmen Sie den aktuellen Begriff aus *Ersetzen durch Synonym* in das Feld *Synonyme für*.

Das Kontextmenü eines beliebigen Wortes, das Sie mit der rechten Maustaste anklicken, enthält in vielen Fällen bereits Vorschläge für ein Synonym. Andernfalls starten Sie darüber ebenso den Theasurus.

17.6 Grammatikprüfung

Word ist ebenso wie bei Schreibfehlern in der Lage, die richtige Grammatik des Textes während bzw. nach der Eingabe des Textes zu prüfen. Die Einstellung dieser Funktion nehmen Sie über die Optionen für die Prüfung von Rechtschreibung und Grammatik z.B. mit dem Befehl *Extras/Optionen* im Register *Rechtschreibung und Grammatik* vor. Bei aktivierter Grammatikprüfung während der Eingabe erscheinen die Grammatikfehler mit einer grünen Wellenlinie.

331

> *Über das Kontextmenü des grün hervorgehobenen Grammatikfehlers greifen Sie direkt auf Erklärungen und Korrekturvorschläge zu.*

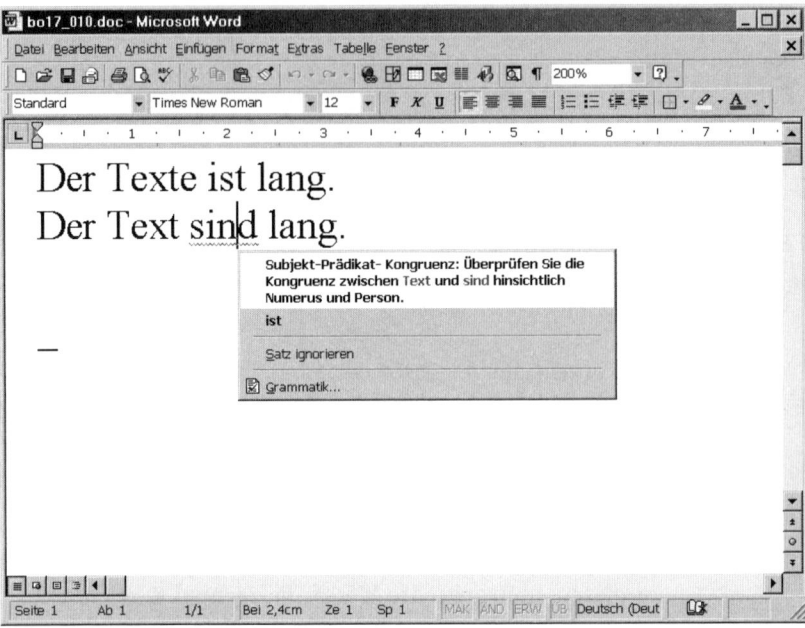

Bild 17.13: *Freud und Leid der Grammatikprüfung: Word findet längst nicht alle grammatikalischen Fehler, die Erklärung ist manchmal sehr akademisch*

Umfangreiche Korrekturen nehmen Sie in der schon gezeigten Dialogbox *Rechtschreibung und Grammatik* vor, die Word bei aktivierter Prüfung ebenso für die Anzeige der grammatikalischen Fehler anzeigt.

Mit aktiviertem Kontrollkästchen *Grammatik prüfen* erkennt Word beide Fehlerarten und weist im oberen Ausgabefeld darauf hin: Die Überschrift *Nicht im Wörterbuch* und ein rot hinterlegter Ausdruck weisen auf einen Rechtschreibfehler, *Grammatikfehler* und grün markierte Texte auf mögliche fehlerhafte Ausdrücke hin. Das untere Feld *Vorschläge* zeigt alternative Begriffe oder eine kurze Erläuterung zur Grammatik. Sie können den Grammatikfehler ignorieren, durch eine Korrektur oder den Vorschlag ändern, zum nächsten Satz springen oder die Überprüfung beenden.

In den meisten Fällen hält der Office-Assistent eine Hilfe zu den Fehlern bereit, die Ihnen erklärt, gegen welche Grammatikregeln Sie verstoßen haben und wie eine mögliche Korrektur aussehen kann.

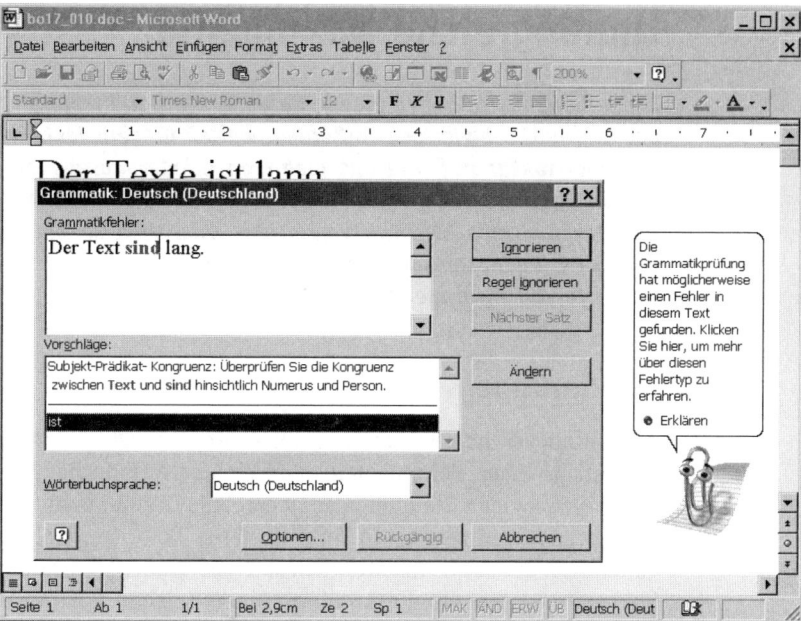

Bild 17.14: Word analysiert den Text mit Hilfe vordefinierter Grammatikregeln und weist auf Verstöße bzw. Fehler hin – der Office-Assistent bietet umfangreiche Erklärungen an

18 Umfangreiche Dokumente

Lange Dokumente haben eigene Gesetze. Die Handhabung ist schon wegen des Umfangs schwieriger. Außerdem weisen längere Texte meist eine Gliederungsstruktur auf, die aus mehreren Gliederungsebenen besteht. Und, um das Maß endgültig voll zu machen, stellen sich weitere Anforderungen: Inhaltsverzeichnis, Stichwortverzeichnis, Querverweise, Kopf- und Fußzeilen, Fuß- bzw. Endnoten. Das Kapitel zeigt, wie Sie diese Anforderungen mit der Hilfe von Word meistern.

18.1 Gliederungen

Am Anfang steht das Konzept: eine vorab erstellte Gliederung teilt das zukünftige lange Dokument in überschaubare Häppchen. Schon an dieser Stelle entscheiden Sie über das Endergebnis. Wenn Sie nicht von Beginn an alle nötigen Werkzeuge von Word für lange Dokumente einsetzen, sind die genannten Elemente nachträglich nur mit großen Aufwand zu realisieren. Sie beginnen deshalb die Arbeit an einem solchen Dokument immer in der Gliederungsansicht. In dieser Ansicht steht – wie der Name schon sagt – die Gliederung in ihrer Hierarchie im Vordergrund.

Textgliederungen

Um die Arbeit der Gliederungsansicht zu verstehen, erstellen Sie ein simples Beispiel einer Gliederung auf Basis einer leeren Datei. Sie werden sehen, daß diese Ansicht vorzüglich dazu geeignet ist, eine Gliederung für ein geplantes Dokument wie eine Diplomarbeit zu erstellen und zu bearbeiten.

 Nutzen Sie immer die Gliederungsansicht, um ein vorhandenes, gegliedertes Dokument auf eine komfortable und übersichtliche Weise zu verwalten und zu überblicken.

Erstellen Sie über *Datei/Neu* ein leeres Dokument. Überzeugen Sie sich, daß die Gliederungsansicht eingestellt ist, oder schalten Sie in diese Ansicht um, indem Sie das Symbol *Gliederung* links unten neben der Bildlaufleiste aktivieren.

Auffällig an der Gliederungsansicht sind die Symbolleiste *Gliederung* und ein kleines Rechteck vor der blinkenden Schreibmarke.

Bild 18.1 Mit Hilfe der Symbolleiste Gliederung *steuern Sie die Ansicht auf die Gliederung und bearbeiten die Hierarchie*

Weisen Sie diesem ersten Absatz mit einem Klick auf die Symbolschaltfläche *Höherstufen* die oberste Überschriftsebene zu. Sie sollten nun in Ihrem Dokument ein dickes Minuszeichen sehen. Dieses Gliederungssymbol repräsentiert die erste Hierarchiestufe in Ihrem Dokument. Gleichzeitig erscheint in der Format-Symbolleiste der Eintrag *Überschrift 1*. Optional können Sie in der Gliederungsansicht auf der linken Fensterseite die Formtvorlagenanzeige zuschalten. In ihr wird jeweils vermerkt, welche Hierarchieebene den Absätzen zugewiesen ist.

Sie schalten die Druckformatspalte über den Befehl Extras/Optionen *im Register* Ansicht *durch Veränderung des Wertes bei* Breite der zu. *Die Breite dieser Spalte verändern Sie danach manuell durch Ziehen mit der Maus.*

Nachdem Sie die Druckformatspalte sichtbar gemacht haben, erkennen Sie, daß links neben dem Gliederungssymbol der Text »Überschrift 1« erscheint. Diese erste Zeile stellt die oberste Gliederungsebene Ihres Dokuments dar. Tragen Sie den Text für die Überschrift ein.

Erstellen Sie nun eine weitere Hierarchieebene, indem Sie ⏎-Taste betätigen. Die zweite Zeile erscheint nun in der gleichen Ebene wie der erste Absatz. Nun kommt erstmals die Symbolleiste *Gliederung* zum Einsatz.

Die Symbolleiste Gliederung im Einsatz

Sie sehen auf der Symbolleiste *Gliederung* verschiedene Pfeilsymbole, die Ziffern *eins* bis *sieben* sowie einige andere Symbole. Zunächst sind die Pfeile interessant. Die beiden Pfeil-Symbole auf der linken Seite dienen dazu, einen Gliederungspunkt um eine Hierarchieebene höher oder tiefer zu stufen. Probieren Sie es aus: Verschieben Sie den zweiten Gliederungspunkt eine Ebene nach unten, verwandelt sich der erste Gliederungspunkt in ein Plus-Zeichen und der zweite rutscht ein Stück nach rechts. Das Plus-Zeichen weist darauf hin, daß sich unter dieser Ebene noch eine weitere befindet. In der Druckformatspalte steht nun *Überschrift 2*.

Vielleicht haben Sie es bereits erraten: Die Ziffern-Symbole dienen dazu, die einzelnen Hierarchieebenen einzublenden. Dabei werden durch Klicken auf die Ziffer genau diese und höhere Ebenen eingeblendet. Im Augenblick existieren zwei Ebenen, d.h. Sie können durch Betätigen der Schaltfläche *1* die erste Ebene einblenden, die zweite wird dann ausgeblendet. Haben Sie mehrere Ebenen definiert, hilft dies, die Tiefe Ihres Dokuments überschaubarer zu machen, da Sie z.B. nur die Hauptkapitel sichtbar machen, während die Unterkapitel ab einer bestimmten Ebene ausgeblendet bleiben.

Fügen Sie nun durch wiederholtes Betätigen von ⏎ weitere Gliederungspunkte ein, und experimentieren Sie mit unterschiedlich großen Gliederungstiefen.

Das Plus- und Minus-Symbol blendet für den Gliederungspunkt, an dem sich der Cursor gerade befindet, darunter liegende Ebenen ein und aus, während die Ziffern-Symbole jeweils für alle Gliederungspunkte die Ebenen einblenden.

Mit den »Pfeil-auf«- und »Pfeil-ab«-Symbolen verschieben Sie den aktuellen Gliederungspunkt innerhalb der Gliederung um eine Stufe nach oben bzw. unten. Die Hierarchie wird dabei aber beibehalten.

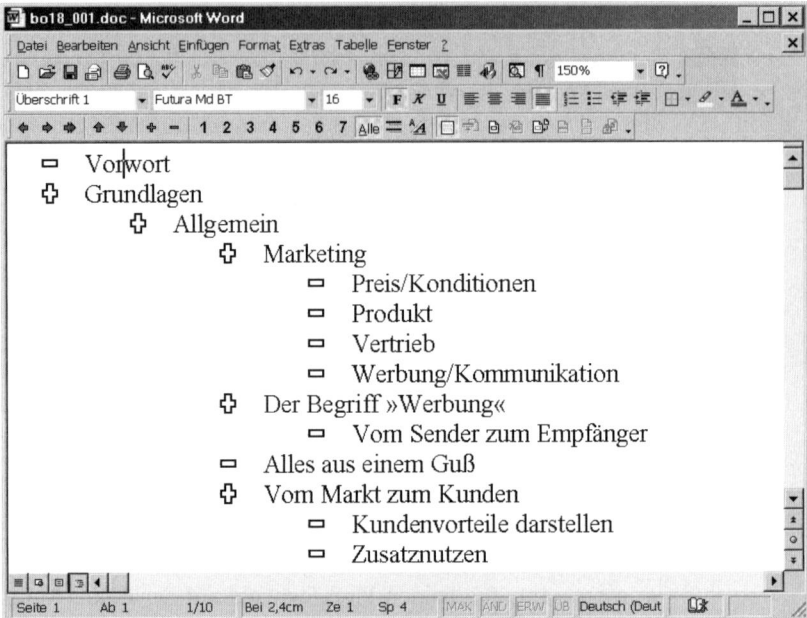

Bild 18.2: Eine beispielhafte Gliederung. Sie können die einzelnen Ebenen ein- und ausblenden, um den gewünschten Detaillierungsgrad Ihrer Dokumentstruktur anzuzeigen

 Ein Beispiel für eine Gliederung finden Sie in der Datei OM18_2.DOC auf der beiliegenden CD.

Die Gliederungspunkte sind bisher noch »nackt«, d.h. ohne Beschriftung versehen. Sie können sie beliebig beschriften, dabei erkennen Sie auch, daß unterschiedliche Ebenen unterschiedliche Zeichenformatierungen verwenden. Es bietet sich an, diese zu Demonstrationszwecken numerisch zu beschriften, z.B. als Kapitel und Unterkapitel.

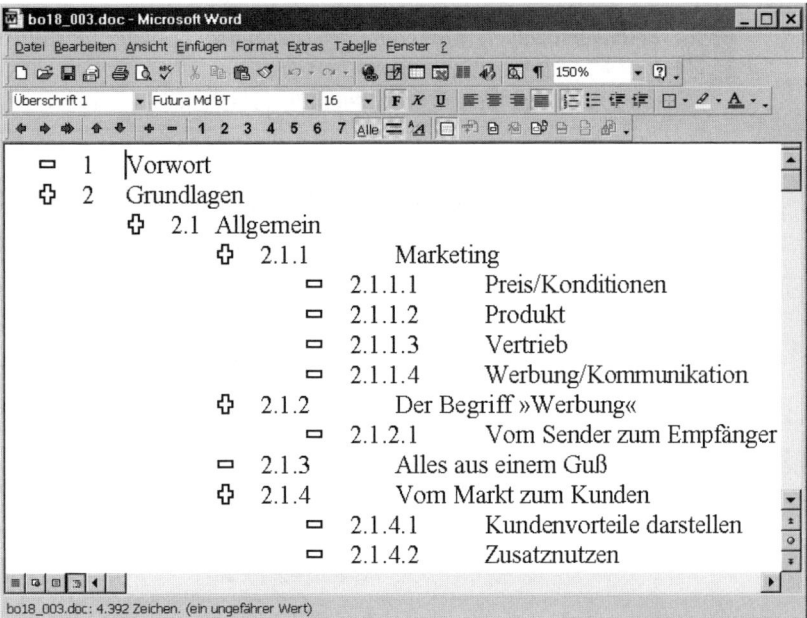

Bild 18.3: Sie können die Numerierung Word überlassen, indem Sie den Menübefehl Format/Nummerierung und Aufzählungszeichen verwenden

Zusätzlich haben Sie die Möglichkeit, in dieser Gliederungsansicht Text aufzunehmen, indem Sie mit dem Doppelpfeil-Symbol eingegebenen und markierten Text in einen Textkörper verwandeln. Der Text gilt dann nicht mehr als Gliederungspunkt und wird als Textkörper durch ein kleines Quadrat gekennzeichnet.

 Um die Gliederung mit dem nötigen Text zu versehen, wechseln Sie aus der Gliederungsansicht in die Normalansicht oder das Seitenlayout. Diese Ansichten sind für die Texteingabe besser geeignet.

- Mit dem Befehlssymbol *Alle* blenden Sie alle Gliederungsebenen zuzüglich der Textkörper ein und wieder aus.
- Nutzen Sie die Symbolschaltfläche *Nur erste Zeile*, um zugehörige Texte reduziert zu sehen
- Bei Bedarf können Sie mit der Schaltfläche *Formatierung* die Formate verstecken oder anschalten.

Beim Verschieben, Kopieren oder Löschen von Gliederungspunkten mit ausgeblendeten Untergliederungen beziehen sich alle Aktionen ebenso auf jede der darunter liegenden Ebenen samt Textblöcken.

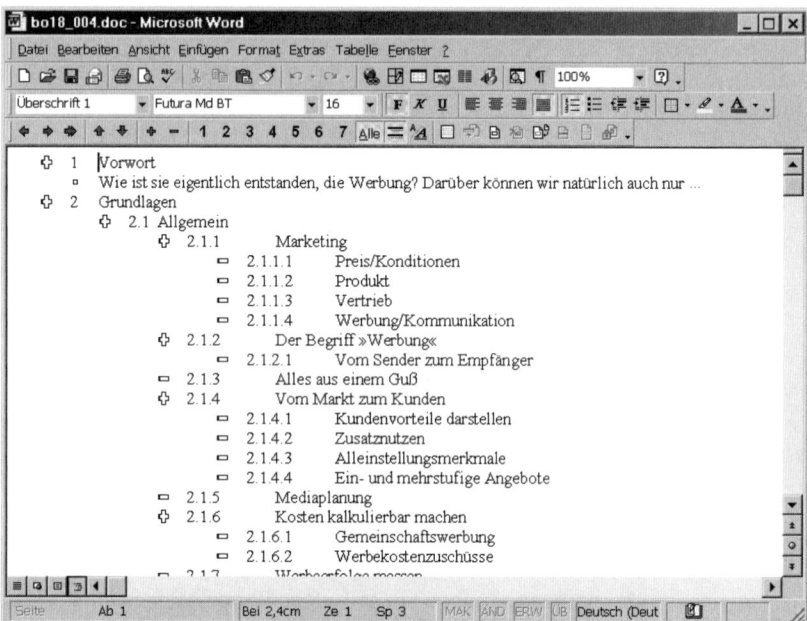

Bild 18.4: Untergeordnete Gliederungspunkte und zusätzliche Texte

Dokumentgliederungen: Ein Zentraldokument erstellen

Wenn abzusehen Ihr Dokument einen großen Umfang erreicht hat, sollten Sie es in mehrere Dateien zu zerlegen. Denn die Arbeitsgeschwindigkeit von Word reduziert sich bei einem Dokument, das mehrere hundert Seiten umfaßt, doch erheblich.

Es bringt aber große Nachteile mit sich, wenn Sie z.B. für jedes Kapitel des Gesamtwerks ein eigenständiges Dokument erstellen und es dabei belassen. Sie bekommen Probleme mit der Seitennumerierung, die in jedem der Teildokumente von vorn beginnt, und können nicht mehr ohne weiteres das gesamte Werk durchsehen, geschweige denn drucken oder einen umfassenden Index erstellen.

Die Lösung des Problems bietet Word mit der Funktion der Zentraldokumente. Ein Zentraldokument dient der Verwaltung sehr großer Dokumente.

Die Aufspaltung eines Dokuments in ein Zentraldokument und mehrere Filialdokumente ist eine Art übergeordnete Gliederung. Die nötigen Werkzeuge für die Arbeit finden Sie deshalb in der Gliederungsansicht und der speziellen Symbolleiste.

Das Zentraldokument enthält es selbst keinen oder nur sehr wenig Text. In ihm befinden sich vielmehr Informationen zu den sogenannten Filialdokumenten, die den eigentlichen Text enthalten und in separaten Dateien gespeichert sind. Außerdem ist das Zentraldokument der Platz für übergreifende Elemente, z.B. Inhalts- und Stichwortverzeichnis. Word verwaltet die Filialdokumente selbständig. Für den Benutzer besteht der Text nach wie vor aus einem einzigen Dokument.

Sie haben ein Dokument mit einer wie eben beschriebenen strukturierten Gliederung vorliegen und möchten es nun in ein Zentraldokument mit mehreren Filialdokumenten verwandeln.

Nutzen Sie zum Üben der Werkzeuge für das Zentraldokument die Datei B018_000.DOC von der CD.

Schalten Sie in die Gliederungsansicht. Erhöhen Sie die Übersicht durch das Ausblenden der tieferen Gliederungsebenen, so daß Sie nur noch die Überschriften sehen, die jeweils eigene Dokumente bilden sollen.

Um die Zerlegung des Dokuments in Filialdokumente durchzuführen, müssen Sie zunächst den zu zerlegenden Bereich markieren.

Durch einen Klick auf das Symbol *Filialdokument erstellen* wird die Zerlegung in die Wege geleitet.

Das aus der vorherigen Beispieldatei erzeugte Zentraldokument finden Sie unter der Bezeichnung B018_000.DOC auf der CD im Ordner BO_ZENTRAL.

Mit einem Klick auf das Symbol *Zentraldokumentansicht* schalten Sie in eine spezielle Gliederungsansicht um. Sie erkennen die einzelnen Dokumente an grauen Umrahmungen, die jeweils ein Symbol für ein Filialdokument enthalten. Der gesamte Text befindet sich in den Filialdokumenten, die beim Speichern von Word erzeugt und automatisch benannt werden.

Bild 18.5: Ein in Filialdokumente zerlegtes Dokument erscheint als eine Aneinanderreihung von verschiedenen Abschnitten

 Sollten Sie bereits einzelne Kapitel in eigenen Dateien haben, fügen Sie diese in das Zentraldokument ein. Klicken Sie auf das Symbol *Unterdokument einfügen* um ein Dokument auszuwählen und an der aktuellen Position im Zentraldokument einzufügen.

Sie arbeiten wie gewohnt mit dem Zentraldokument weiter: Wechseln Sie in die Normalansicht oder das Seitenlayout. Der gesamte in den Filialdokumenten befindliche Text wird wie zuvor in einem Fenster angezeigt.

- -

 Sollte der Wechsel in die Normalansicht nicht glücken, nutzen Sie zuvor die Symbolschaltfläche Filialdokumente erweitern *aus der Gliederungs-Symbolleiste.*

- -

- -

 Verschieben Sie niemals einzelne Filialdokumente. Dem Zentraldokument ist es dann unmöglich, diese wiederzufinden. Um das Dokument in einen anderen Ordner zu verschieben, genügt es, das Zentraldokument dorthin zu bewegen. Alle dazugehörigen Filialdokumente werden automatisch mit verschoben, so daß nichts von Ihrer Arbeit verlorengeht.

- -

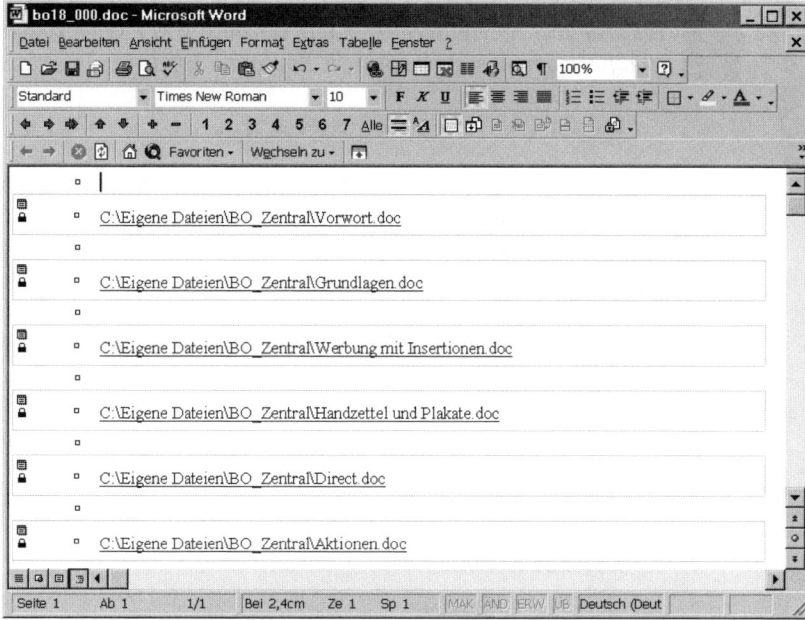

Bild 18.6: Nach dem Speichern realisiert Word die Verbindungen zu den Einzeldokumenten über Hyperlinks. Mit nur einem Klick öffnen Sie das zugehörige Dokument.

18.2 Kopf- und Fußzeilen

Kopfzeilen bzw. Fußzeilen enthalten üblicherweise Informationen, die den Text eines Dokuments fortlaufend bezeichnen, numerieren oder andere allgemeine Informationen enthalten. Kopf- bzw. Fußzeilen können neben der Firmenadresse oder der Privatadresse Seitennummern, Angaben zu den Bankverbindungen oder Hinweise zum Eintrag im Handelsregister enthalten. Auch das Hinzufügen der aktuellen Seitenzahl und der Gesamtseitenzahl ist bei Faxen, die direkt aus dem Computer verschickt werden, sinnvoll.

Kopf- und Fußzeilen sind besondere Bereiche in Textdokumenten, die vom normalen Text abgetrennt sind und deshalb mit besonderen Werkzeugen bearbeitet werden.

Kopf- bzw. Fußzeilen können Sie in Word nicht nur für gerade und ungerade Seiten unterschiedlich gestalten. Für die erste Seite des Dokuments oder eines Abschnitts gibt es die Möglichkeit, eine Sonderregelung anzuwenden.

Falls Sie mit Abschnitten oder mit Zentral- bzw. Filialdokumenten arbeiten, sind für jeden Abschnitt spezielle Kopf- und Fußzeilen-Inhalte und Gestaltungen realisierbar.

Kopf- bzw. Fußzeilen werden mit einer eigenen Symbolleiste nach Belieben gestaltet. Word wechselt nach Aufruf des Befehls *Ansicht/Kopf- und Fußzeile* automatisch in das Seitenlayout und zeigt die Symbolleiste *Kopf- und Fußzeile*. In dieser Ansicht wird die Kopf- bzw. Fußzeile vorbereitet.

Bild 18.7: Die Symbolleiste für Kopf- und Fußzeile hilft bei der Gestaltung und dem Einfügen bestimmter Werte und Informationen

Die einzelnen Schaltflächen auf der Symbolleiste nutzen Sie im einzelnen für folgende Aktivitäten:

- *AutoText einfügen*:
  Dieses Listenfeld stellt verschiedene AutoText-Elemente zur Auswahl. Informationen zur Dateistatistik sind ebenso verfügbar wie Benutzerinfos und Ausdrücke mit Seitennummern.

- *Seitenzahl einfügen*:
  Diese Funktion fügt die aktuelle Seitenzahl an der festgelegten Position ein.

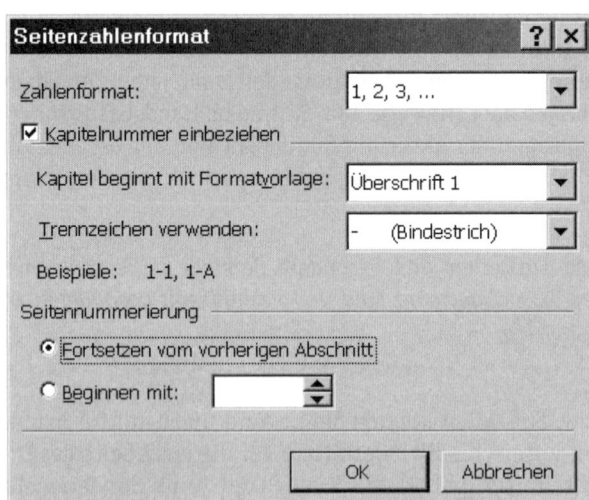

Bild 18.8: Geben Sie ein bestimmtes Format für die anzuzeigende Seitenzahl vor. Mit den Einstellungen dieser Dialogbox sorgen Sie in Filialdokumenten für die Fortführung der Seitenzahlen von vorhergehenden Abschnitten

- *Anzahl der Seiten einfügen*:
  Die Gesamtanzahl der Dokumentseiten wird dargestellt. Nutzen Sie diese Schaltfläche für Angaben wie: *Seite (Seitenzahl) von (Anzahl der Seiten)*.
- *Seitenzahl formatieren*:
  Öffnet eine Dialogbox, mit der Sie die Angabe der Seitenzahl zusätzlich formatieren.
- *Datum einfügen*:
  Das aktuelle Datum wird eingefügt.
- *Uhrzeit einfügen*:
  Zusätzlich zum Datum fügen Sie damit die Uhrzeit ein.
- *Seite einrichten*:
  Ruft die gleichnamige Dialogbox auf, in der Sie auch Einstellungen für die Kopf- und Fußzeilen ändern können.
- *Dokumenttext anzeigen/ausblenden*:
  Verbergen Sie den eigentlichen Text des Dokuments, während Sie die Kopf- und Fußzeilen bearbeiten.
- *Wie vorherige*:
  Weist dieser Kopf- bzw. Fußzeile das gleiche Aussehen – Format und Inhalt – zu, das im davorliegenden Abschnitt verwendet wird.

Wenn Sie einer Kopf- oder Fußzeile nachträglich mit der Symbolschaltfläche Wie vorherige *verändern, gehen die Inhalte der aktuellen Kopf- oder Fußzeile verloren.*

- *Zwischen Kopf- und Fußzeile wechseln*:
  Die Anzeige wechselt von der Kopf- in die Fußzeile.
- *Vorherige anzeigen*:
  Die Kopf- bzw. Fußzeile des vorhergehenden Abschnitts wird angezeigt.
- *Nächste anzeigen*:
  Die Kopf- bzw. Fußzeile des nächsten Abschnitts wird angezeigt.
- *Schließen*:
  Beendet den Eingabemodus der Kopf- und Fußzeilen.

Natürlich ist es ebenso möglich, diverse Objektarten in die Kopf- und Fußzeile aufzunehmen. Eine Grafik, z.B. Ihr Firmen- oder persönliches Logo ist ebenso denkbar wie die im entsprechenden Abschnitt beschriebenen Feldtypen. Fügen Sie die gewünschten Objekte auf die gewohnte Weise über das Menü *Einfügen* in Ihre Kopf- oder Fußzeile ein. Sie haben selbstverständlich die Möglichkeit, eingefügte Objekte nachträglich zu formatieren, z.B. um die Größe an den benutzten Bereich anzupassen.

Alle im Buch genutzten Beispiele auf Grundlage des Briefes enthalten gestaltete Kopf- und Fußzeilen mit verschiedenen Einstellungen für die erste und die Folgeseiten. Öffnen Sie z.B. die Datei B018_008.DOC von der CD.

18.3 Fuß- und Endnoten

Fußnoten kennzeichnen vor allem wissenschaftliche Arbeiten. Sie finden Verwendung, um zum Text gehörende, zusätzliche Informationen aufzunehmen und am Ende der Seite gesammelt aufzuführen. Quellenangaben sind der klassische Einsatzbereich von Fußnoten.

In den meisten Fällen werden mit Fußnoten versehe Textpassagen durch eine hochgestellte Ziffer gekennzeichnet, die die Fußnoten fortlaufend numeriert und dem Text eindeutig zuordnet. Diese Ziffer heißen Fußnotenzeichen, der Text mit den zusätzlichen Informationen Fußnotentext.

Werden die Informationen nicht jeweils am Ende der Seite aufgeführt, sondern gesammelt am Ende des gesamten Textes angezeigt, spricht man nicht von Fuß-, sondern von Endnoten.

In Word müssen Sie sich nur in Spezialfällen Gedanken um die Formatierung oder Numerierung Ihrer Fußnoten zu machen. Word automatisiert die Arbeit mit den Noten. Die Trennlinie am Seitenende, unterhalb der die Fußnoten erscheinen, wird ebenso automatisch generiert.

In der Datei B018_009.DOC auf der beiliegenden CD ist eine Fußnote zu Ihrer Ansicht angelegt.

Fügen Sie Fuß- bzw. Endnoten in Ihr Dokument ein, indem Sie den Cursor an die entsprechende Position im Text bewegen, und rufen Sie dann *Einfügen/Fußnote* auf. Es erscheint die Dialogbox *Fußnote und Endnote*, in der Sie die entsprechenden Einstellungen vornehmen.

Fuß- und Endnoten schließen einander nicht aus: Sie können in einem Dokument bei Bedarf mit beiden Textelementen arbeiten.

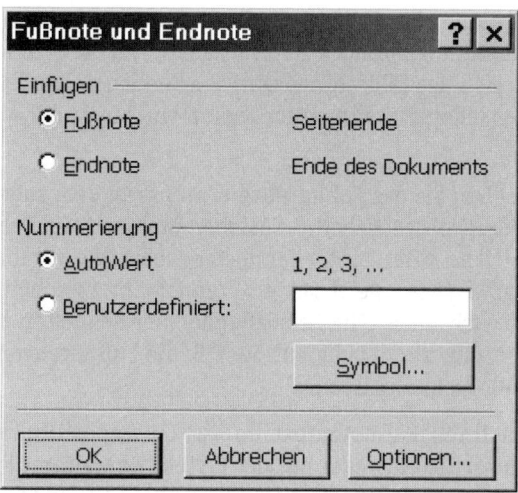

Bild 18.9: Die Dialogbox Fußnote und Endnote: *Entscheiden Sie, ob Sie eine Fuß- oder eine Endnote verwenden möchten. Wählen Sie die Art der Numerierung und optional Sonderzeichen einer beliebigen, auf Ihrem Rechner installierten Schriftart aus*

Hinter der Schaltfläche *Optionen* finden Sie weitere interessante Möglichkeiten. Die einstellbaren Optionen betreffen jeweils alle Fuß- bzw. Endnoten im Dokument. Sie können z.B. festlegen, ob die Numerierung fortlaufend über das gesamte Dokument erfolgt oder bei jedem Abschnitt bzw. jeder Seite neu beginnt.

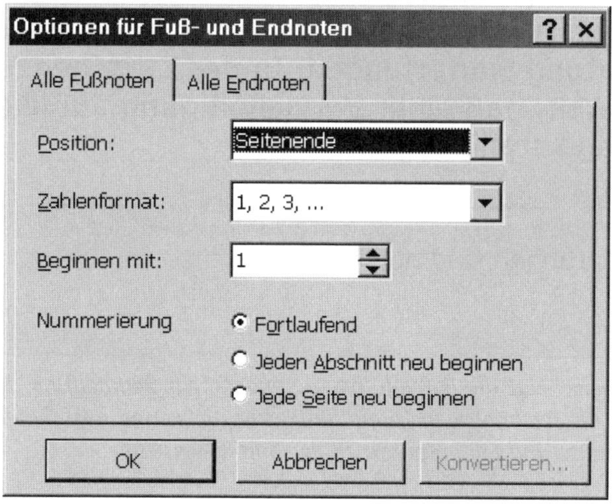

Bild 18.10: Klicken Sie auf die Schaltfläche Optionen, *um weitere Einstellungsmöglichkeiten für Fuß- und Endnoten zu erhalten*

Sie können Fußnoten ebenso durch die Tastenkombination [Strg]+[Alt]+[F] einfügen. Wenn Sie die Fußnote erstellt haben, wechselt Word die Ansicht. Im unteren Bereich des Bildschirms wird der Bereich dargestellt, in dem der Fußnotentext erscheint, während im oberen wie zuvor der »normale« Text angezeigt wird.

In Ihrem Text sehen Sie das Fußnotenzeichen hinter dem zugehörigen Textteil durch ein kleines, gestricheltes Kästchen umrahmt. Im Fußnotenbereich sehen Sie die gleiche Ziffer, hinter der die Eingabemarke auf Ihren Fußnotentext wartet. Dazwischen, gleichsam als Trennobjekt zwischen beiden Bereichen, befinden sich noch eine Schaltfläche zum Schließen dieser Ansicht sowie ein Listenfeld, aus dem heraus Sie z.B. die Fußnotentrennlinie einfügen und anschließend anpassen.

Geben Sie nun Ihren Fußnotentext an der Cursorposition ein. Wenn Sie fertig sind, fahren Sie entweder mit der Erstellung weiterer Fuß- bzw. Endnoten fort oder Sie schließen die Ansicht und kehren zur gewohnten Dokumentansicht zurück.

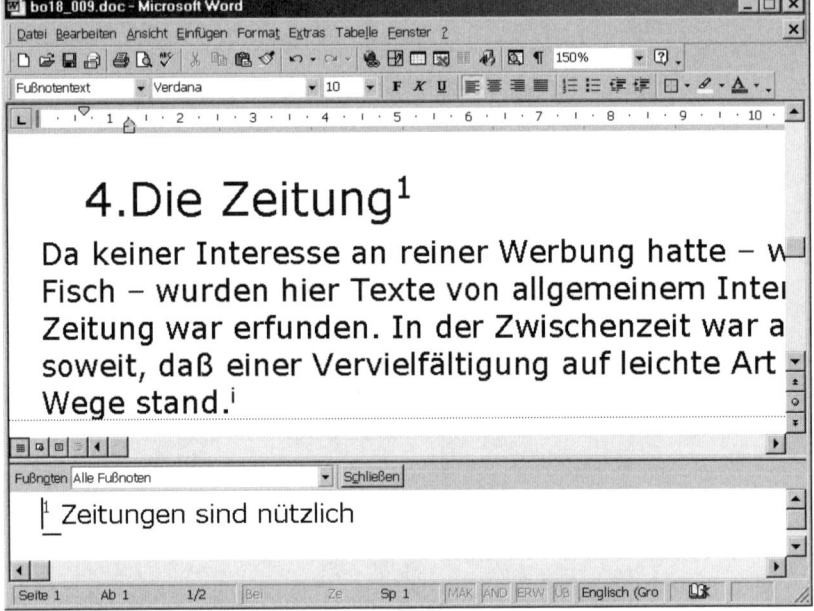

Bild 18.11: *Und so erscheint die Fußnote am Seitenende zur Bearbeitung. Natürlich könnten Sie die reichhaltigen Formatierungsmöglichkeiten ausschöpfen. Hier sehen Sie Fußnote und Fußnotentext in der Normal-Ansicht*

 Wechseln Sie in das Seitenlayout, um Ihre Fußnoten am Seitenende in der gedruckten Form zu betrachten.

Word hält in dieser Funktion eine Besonderheit bereit: Gehen Sie mit dem Mauszeiger im Originaltext über eine Textstelle, zu der eine Fußnote existiert. Dabei ist es egal, in welcher Ansicht Sie sich gerade befinden. Warten Sie kurz, und der Fußnotentext erscheint neben dem Text in einer QuickInfo, solange der Mauszeiger über dem Text verweilt. Zur Überprüfung Ihrer Fußnotentexte brauchen Sie also nicht in die entsprechende Ansicht zu wechseln.

Sollte dieses Verfahren nicht funktionieren, dann schalten Sie über Extras/ Optionen *im Register* Ansicht *das Kontrollkästchen* QuickInfo *ein.*

Die Unterschiede bei der Behandlung von Endnoten sind geringfügig. Das Einfügen über die Tastatur erfolgt durch ⌈Strg⌉+⌈Alt⌉+⌈E⌉, ansonsten verwenden Sie den gleichen Menübefehl wie bei den Fußnoten. Endnoten können Sie, anders als Fußnoten, am Dokumentende oder am Abschnittsende sammeln. Die restlichen Einstellungsmöglichkeiten entsprechen weitestgehend denen für Fußnoten.

Sie müssen sich nicht sofort entscheiden, nach welchem Verfahren Sie arbeiten. Mit der Schaltfläche Konvertieren *der Dialogbox* Optionen für Fuß- und Endnoten *haben Sie die nachträgliche Möglichkeit, die Noten wahlweise zu konvertieren oder zu vertauschen*

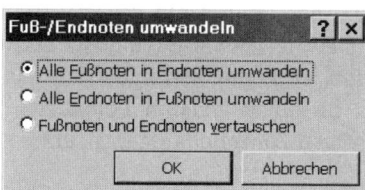

Bild 18.12: Word behandelt Fuß- und Endnoten flexibel: Konvertierungen oder Vertauschungen der Noten kann man automatisch erledigen

18.4 Querverweise

Verwenden Sie Querverweise, um in Ihrem Dokument von einem Element auf ein anderes zu verweisen. Zum Beispiel können Sie an einer bestimmten Textstelle darauf verweisen, daß das Beschriebene durch eine Grafik veranschaulicht wird, die einige Seiten zuvor an einer ganz anderen Position im Dokument plaziert ist.

Erstellen eines Querverweises

Um einen Querverweis zu erstellen, gehen Sie wie folgt vor:

- Geben Sie im Dokument den einleitenden Text des Querverweises ein, z.B. *Weitere Informationen finden Sie im Kapitel »«*. Setzen Sie die Schreibmarke zwischen die Anführungszeichen
- Klicken Sie im Menü *Einfügen* auf *Querverweis*.
- Klicken Sie im Feld *Verweistyp* auf das Element, auf das Sie verweisen möchten, z. B. eine Kapitelüberschrift oder Tabelle.
- Klicken Sie im Feld *Verweisen auf* auf die Informationen, die Sie im Dokument einfügen möchten, z.B. den Absatztext.
- Klicken Sie im Feld *Für welchen (Verweistyp)* auf ein bestimmtes Element, auf das Sie verweisen möchten. Wenn Sie z.B. im Feld *Verweistyp* auf *Nummeriertes Element* klicken und das Dokument enthält viele unterschiedliche Überschriften, klicken Sie auf die Überschrift, auf die Sie verweisen möchten.
- Klicken Sie auf *Einfügen*.

Dabei sollten Sie folgendes beachten:

Wenn Sie nicht den Querverweis, sondern die Feldfunktion sehen, schalten Sie mit [Alt]+[F9] *in die Ansicht der Feldergebnisse um.*

Um (Online)-Lesern innerhalb des Dokuments das Wechseln zu dem Element zu ermöglichen, auf das Sie verwiesen haben, aktivieren Sie das Kontrollkästchen *Als Hyperlink einfügen*. Befindet sich das Element, auf das Sie verweisen möchten, in einem anderen Dokument, müssen beide Dokumente Bestandteil desselben Zentraldokuments sein.

Falls Sie den Querverweis als Hyperlink ausführen, sollten Sie vom angesprungenen Element einen Rücksprung an die Ausgangsposition einplanen. Richten Sie an der Ausgangsposition dazu eine Textmarke ein, die Sie in der Dialogbox Hyperlink *als Sprungziel auswählen*

Umfangreiche Dokumente

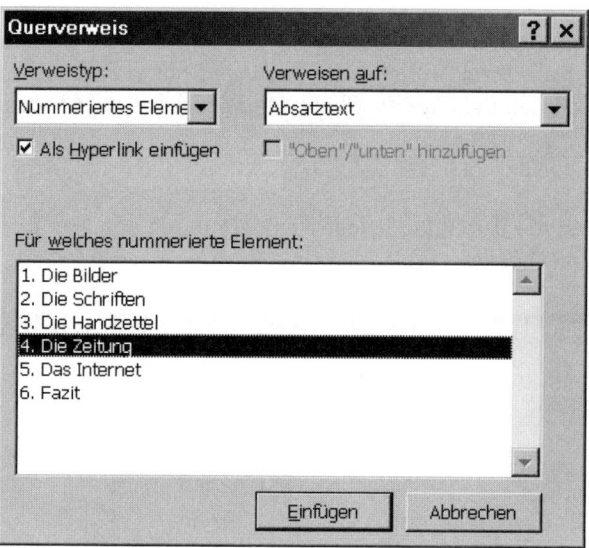

Bild 18.13: *Sie fügen einen Querverweis über* Einfügen/Querverweis *ein*

Die Bezugsinformation eines Querverweises ändern

⇝ Markieren Sie im Dokument nur den Querverweis (z.B. „Die Zeitung") und nicht den einleitenden Text.

⇝ Klicken Sie im Menü *Einfügen* auf *Querverweis*.

⇝ Klicken Sie unter *Verweisen* auf *Auf das neue Element*, zu dem Sie einen Bezug herstellen möchten.

Um den einleitenden Text eines Querverweises zu ändern, bearbeiten Sie den Text im Dokument.

 Das Beispiel mit Querverweis und Rücksprung finden Sie in der Datei B018_013.DOC.

18.5 Stichwort- und Inhaltsverzeichnisse erstellen

Um einen Index, auch als Stichwortverzeichnis bezeichnet, zu erstellen, gehen Sie in zwei Arbeitsschritten vor. Im ersten Schritt schaffen Sie die Voraussetzungen: Sie kennzeichnen die aufzunehmenden Einträge im Dokument als Indexeinträge. Die weitere Arbeit nimmt Word Ihnen ab. Auch die Erstellung von Inhaltsverzeichnissen ist in Word kein Problem und läuft automatisch ab.

Um ein automatisches Inhaltsverzeichnis zu erzeugen, ist unbedingt die Verwendung von Formatvorlagen im Dokument nötig. Falls Sie die Überschriftsebenen der Kapitel über die Gliederungsansicht erzeugt haben, ist diese Voraussetzung erfüllt.

Sie leiten die Erstellung beider Elemente durch den Menübefehl *Einfügen/Index und Tabellen* ein.

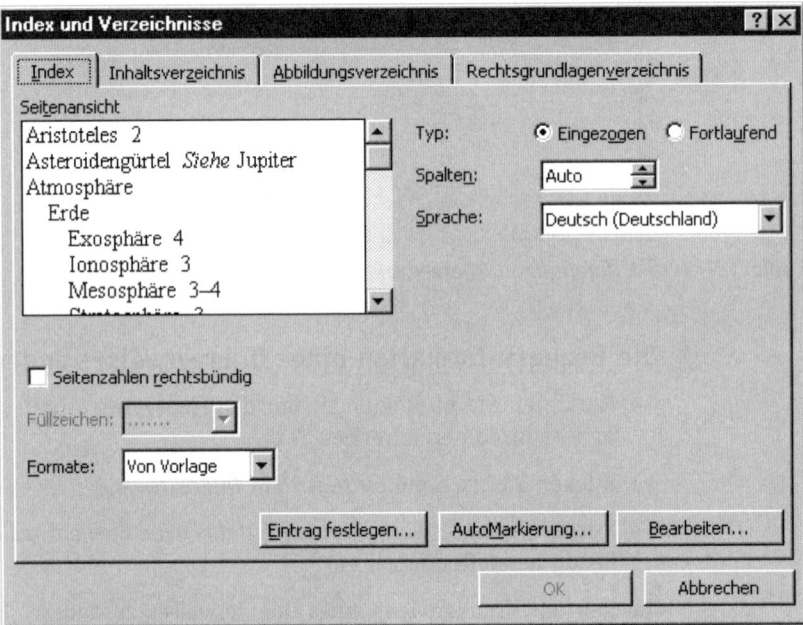

Bild 18.14: Die Dialogbox Index und Verzeichnisse *macht Ihnen die Indexerstellung und das Generieren eines Inhaltsverzeichnisses leicht*

Die Dialogbox besteht aus vier Registern – mit einem Klick auf *OK* erzeugen Sie das mit dem angezeigten Register aktivierte Verzeichnis an der Schreibmarke.

- Im Register *Index* regeln Sie den Typ, die Spaltenanzahl, die Sprache und die Gestaltung des einzufügenden Indexes. Außerdem führen Schaltflächen zur Festlegung von Einträgen, und zum Bearbeiten der für den Index verwendeten Formatvorlagen.

- Im Register *Inhaltsverzeichnis* stellen Sie die Vorgaben für das Inhaltsverzeichnis ein.

⋯⋮ Über das Register *Abbildungsverzeichnis* wählen Sie aus, ob Sie ein Abbildungsverzeichnis, ein Tabellenverzeichnis oder ein Gleichungsverzeichnis formatieren und erstellen.

⋯⋮ Das Register *Rechtsgrundlagenverzeichnis* dient zum Einfügen dieses Verzeichnisses, das Textstellen mit Zitaten verknüpft.

Indexeinträge erstellen

Um einen Indexeintrag zu erstellen, positionieren Sie den Cursor an die Stelle im Text, auf die der Index verweisen soll. Gehen Sie dann wie folgt vor:

⋯⋮ Markieren Sie im Text das Wort bzw. die Wörter, die Sie als Indexeintrag verwenden wollen.

⋯⋮ Öffnen Sie mit dem Befehl *Eintrag festlegen* im Register *Index* der Dialogbox *Index und Verzeichnisse* die Dialogbox *Indexeintrag festlegen*.

 Den Indexeintrag in der Datei B018_015.DOC sehen Sie nur, wenn die Anzeige der Formatierungszeichen eingeschaltet ist. Die Datei enthält außerdem ein eingefügtes Stichwort- und Inhaltsverzeichnis.

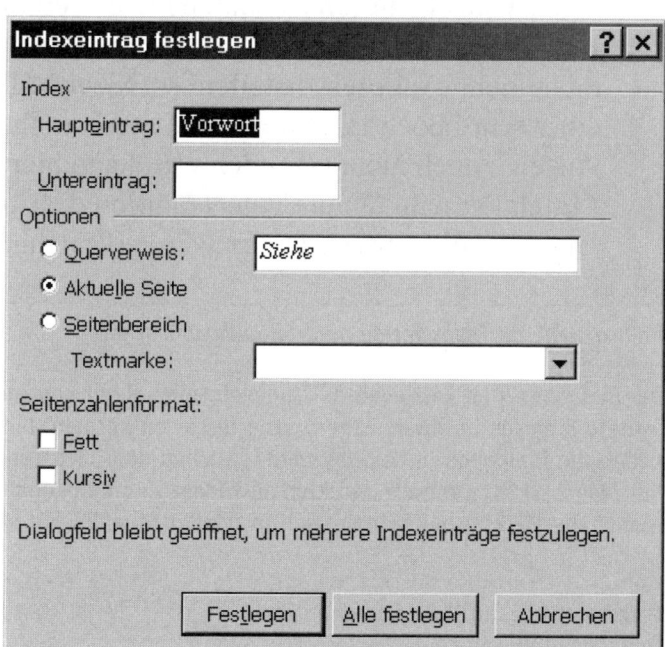

Bild 18.15: In der Dialogbox Indexeintrag festlegen *bestimmen Sie Haupt- bzw. Untereintrag und können statt einer Seitenzahl auch einen Querverweistext angeben. Nach Bestätigung des Eintrags sehen Sie das Ergebnis in Ihrem Text*

⋯⋮ Übernehmen oder bearbeiten Sie den Haupteintrag, der im Stichwortverzeichnis auf die Textstelle verweist.

⋯⋮ Definieren Sie bei Bedarf einen Untereintrag. Der Untereintrag erscheint im Index dann je nach gewähltem Format eingerückt oder bündig unterhalb des Haupteintrags.

⋯⋮ Klicken Sie auf *Festlegen,* und der Indexeintrag ist fertig.

Das Resultat sehen Sie dann in Ihrem Dokument. Der Eintrag erscheint in geschweiften Klammern, die grau hinterlegt sind. Der Inhalt besteht aus dem Hinweis »XE«, der besagt, daß es sich hierbei um einen Index handelt, und dem Titel des Eintrags.

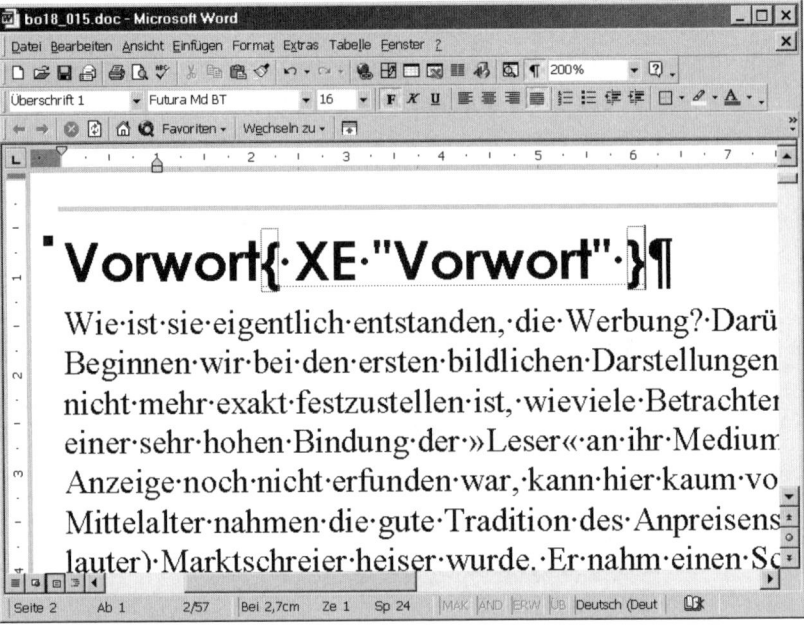

Bild 18.16: Und so sieht ein Indexeintrag im Originaldokument aus

Die Dialogbox zum Festlegen der Indexeinträge bleibt geöffnet, so daß Sie weitere Einträge in einem Arbeitsgang festlegen können. Sie klicken dazu neben die Dialogbox in das Dokument, suchen den nächsten gewünschten Eintrag, markieren diesen und klicken wieder in die Dialogbox. Word übernimmt die Markierung automatisch in das Eingabefeld *Haupteintrag*.

 Verwenden Sie die Tastenkombination [Alt]+[⇧]+[x] *zum Aktivieren der Dialogbox* Indexeinträge festlegen

Stichwortverzeichnis einfügen

Wenn Sie alle Einträge für das Stichwortverzeichnis im Dokument eingefügt haben, plazieren Sie zunächst die Schreibmarke an der Stelle, die den Index aufnimmt. Sie nutzen den Befehl *Einfügen/Index und Tabellen* und öffnen das Register *Index*. Nehmen Sie alle notwendigen Formatierungen und Einstellungen vor. Mit einem Klick auf *OK* erzeugen Sie den Index.

Um den Index nach dem Einfügen weiterer Einträge zu aktualisieren, klicken Sie auf den Index und drücken die F9 *-Taste.*

Ein Index wird, wie andere Verzeichnisse auch, über eine Feldfunktion in den Text integriert. Deshalb sollten Sie auf jeden Fall vor dem Ausdrucken eine Aktualisierung vornehmen, da die Seitenangaben im Index durch Änderungen des Dokumentaufbaus verändert werden. Sie sollten stets nur mit einem aktuellen Index drucken.

Für automatische Aktualisierungen der Felder vor dem Druck aktivieren Sie unter Extras/Optionen *im Register* Drucken *das Kontrollkästchen* Felder aktualisieren.

Die Arbeit mit Inhaltsverzeichnissen

Für ein Inhaltsverzeichnis benötigen Sie Überschriften, die mit Hilfe der Formatvorlagen für Überschriften erzeugt wurden. Setzen Sie die Schreibmarke an die gewünschte Position und wählen Sie den Befehl *Einfügen/ Index und Tabellen*.

Im Register *Inhaltsverzeichnis* legen Sie die Optionen für die Erstellung eines solchen fest. Es werden verschiedene Formate vorgeschlagen, von denen Sie eines auswählen oder, wie beim Index, eine Vorlage bearbeiten. Sie können die Anzeige und Ausrichtung der Seitenzahlen bestimmen, Füllzeichen auswählen sowie die Tiefe, also die Anzahl der dargestellten Ebenen diktieren.

Unter Optionen *stehen Ihnen weitere Möglichkeiten zur Gestaltung des Verzeichnisaufbaus zur Verfügung.*

Sie aktualisieren das Inhaltsverzeichnis, indem Sie es markieren und die F9 -Taste betätigen. Dabei haben Sie die Wahl, ob das Verzeichnis neu erzeugt wird oder nur die Seitenzahlen eine Aktualisierung erfahren. Im letzteren Fall bleiben manuelle Korrekturen erhalten.

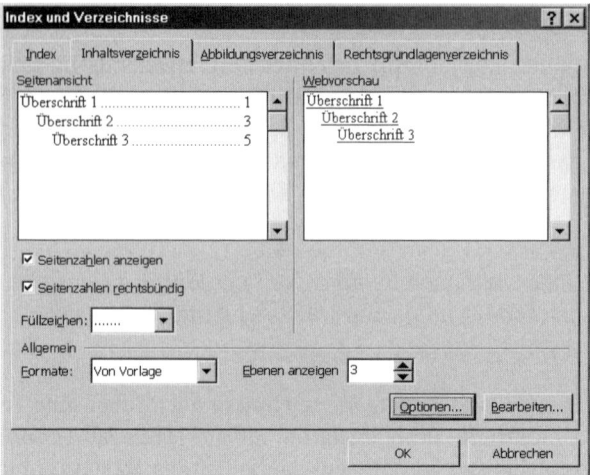

Bild 18.17: Das Register Inhaltsverzeichnis *leitet Sie durch die Erstellung – ein Klick auf* OK *fügt das Verzeichnis an der Schreibmarke an*

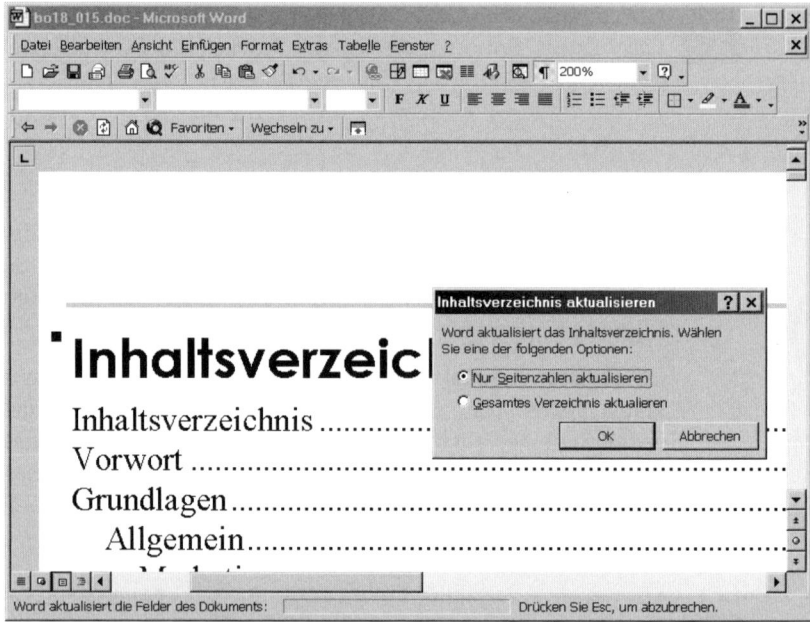

Bild 18.18: Ein Inhaltsverzeichnis erscheint nach der Erzeugung sofort im Dokument – beim Aktualisieren haben Sie die Wahl

> *Word führt das Inhaltsverzeichnis automatisch mit Hyperlinks aus: Mit einem Klick auf einen Eintrag wechseln Sie sofort an die zugehörige Textstelle.*

19. Zusatzfunktionen

Eine ganze Reihe von Zusatzfunktionen erleichtern Ihnen die tägliche Arbeit mit Word. In diesem Kapitel finden Sie einige der speziellen Features, die die bisherigen Ausführungen um nützliche Varianten ergänzen.

19.1 Kommentare und Hervorhebungen

Bei Druckstücken auf Papier ist es ganz einfach, Notizen an den Rand zu schreiben oder bestimmte Passagen mit kleinen Haftnotizen zu kennzeichnen. Auch die Verwendung eines Textmarkers ist übliches Arbeitsmittel. Die elektronischen Pendants zu beiden Werkzeugen hat Microsoft mit Kommentaren und Hervorhebungen geschaffen.

Kommentare

Einen Kommentar fügen Sie entweder mit dem Befehl *Einfügen/Kommentar* oder mit der Symbolleiste *Überarbeiten* ein. Word teilt jetzt ein Fenster am unteren Bildschirmrand ab und erlaubt die Eingabe eines Kommentartextes.

Kommentare in Word können bei Bedarf auch Feldfunktionen enthalten.

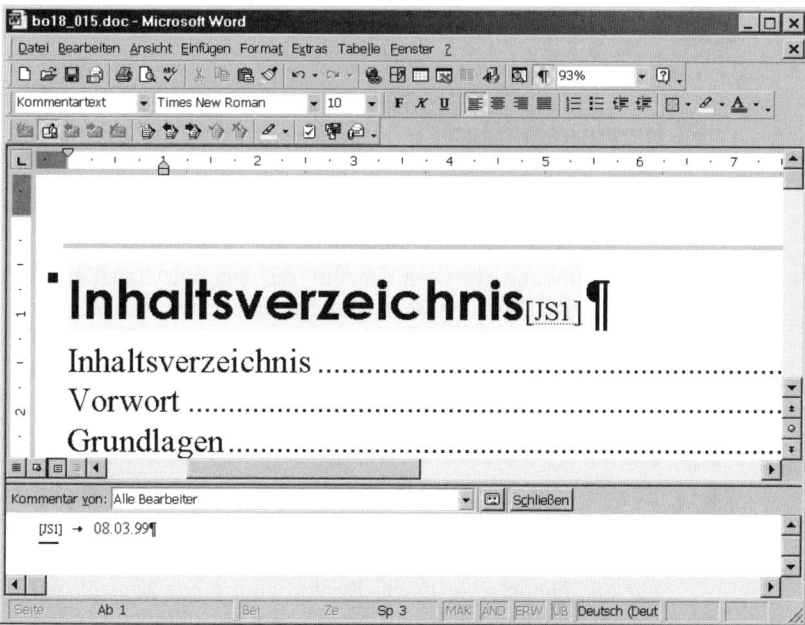

Bild 19.1: Kommentare geben Sie in dem abgeteilten Fenster am unteren Bildschirmrand ein

In der Titelzeile des unteren Fensterbereiches fällt ein Kassettensymbol auf: Mit diesem Symbol zeichnen Sie Sprachkommentare auf. Diese Sprachkommentare werden beim späteren Aufruf abgespielt. Natürlich müssen dafür Soundkarte, Mikrofon und Lautsprecher vorhanden und installiert sein.

Die Schaltfläche *Schließen* beendet die Kommentareingabe. Das angeklickte Wort wird in der aktuellen Markierungsfarbe hinterlegt. Wenn sich der Mauszeiger über einem Kommentar befindet, ändert sich seine Form. Wenn Sie ihn einen Moment auf diesem Eintrag ruhen lassen, erscheint die QuickInfo und zeigt den Inhalt der Anmerkung an.

Falls der Kommentar nicht markiert wird und die QuickInfo nicht erscheint, prüfen Sie die Aktivierung des Kontrollkästchen QuickInfo *mit* Extras/Optionen *im Register* Ansicht.

Kommentare werden mit dem Kürzel des Bearbeiters und einer laufenden Nummer versehen. Sie lassen sich jederzeit bearbeiten oder löschen. Am einfachsten funktioniert das über das Kontextmenü: Ein rechter Mausklick auf einen Kommentar fördert die Einträge *Kommentar bearbeiten* und *Kommentar löschen* zutage.

Das Management vieler Kommentare im Text erledigen Sie am bequemsten mit der Überarbeiten-Symbolleiste.

▎Hervorhebungen

Mit den sogenannten Hervorhebungen realisiert Word das farbige Herausheben von Textteilen. Word stellt den Markierstift in der Symbolleiste *Formatierung* und der Symbolleiste *Überarbeiten* bereit. Um einen Textabschnitt hervorzuheben, klicken Sie auf die Symbolschaltfläche und halten den Mauszeiger über den Text. Der Mauszeiger verwandelt sich in einen Stift. Ziehen Sie nun den symbolisierten Stift mit gehaltener linker Maustaste über den hervorzuhebenden Text. Nach Freigabe der Taste erscheint der Text in der gewählten Farbe hervorgehoben.

Word druckt die Hervorhebungen mit. Wenn Sie diesen Effekt nicht wünschen, deaktivieren Sie das Kontrollkästchen Hervorhebung *mit dem Befehl* Extras/Optionen *im Register* Ansicht. *Beachten Sie, daß Word bei einem Klick auf die Symbolschaltfläche* Hervorhebung *das Kontrollkästchen selbständig wieder aktiviert.*

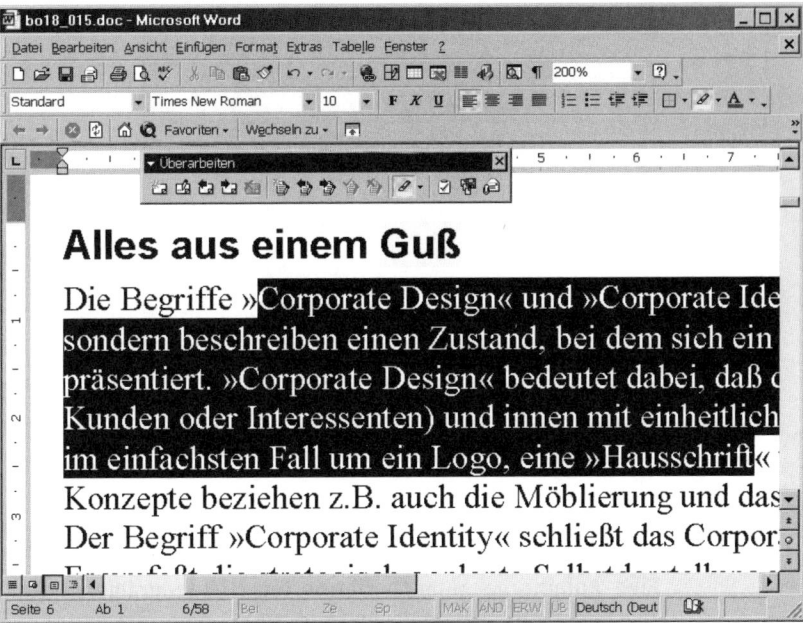

Bild 19.2: Mit dem elektronischen Marker heben Sie ausgewählte Textpassagen farbig hervor

19.2 Versionen

 Nach jeder Änderung des Textes entsteht eine neue Version des Textes. Word ist in der Lage, mehrere Versionen in einem Dokument anzulegen und diese zu verwalten. Ein Klick auf das Symbol *Version speichern* der Symbolleiste Überarbeiten öffnet eine Dialogbox, in der Bearbeiter und Bearbeitungsdatum automatisch enthalten sind. Hier können Sie zusätzlich einen Kommentar eingeben. Mit dem Befehl *Datei/Version* und einen anschließenden Klick auf die Schaltfläche *Jetzt speichern* öffnet sich die gleiche Dialogbox.

Die eigentliche Versionsverwaltung übernimmt der Befehl *Datei/Version*. Die Dialogbox *Versionen in* zeigt alle gespeicherten Zwischenstufen an und kann diese öffnen oder löschen.

 Ein Beispiel mit gespeicherter Version finden Sie in der Datei B019_003.DOC.

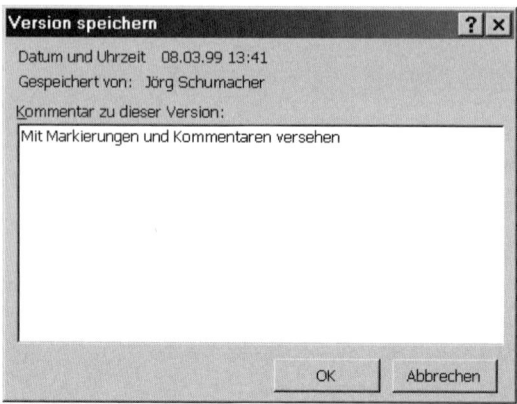

Bild 19.3: Vor dem Speichervorgang einer Version werden Sie nach einem Kommentar gefragt

19.3 Textfelder verknüpfen

Eine Anleihe bei rahmenorientierten DTP-Programmen stellen verknüpfte Textfelder dar. Ein muß Textfeld muß immer etwas größer als der darin enthaltene Text aufgezogen werden, um keine Textteile abzuschneiden. Überschüssiger Text erscheint einfach nicht mehr. Word verhält sich zunächst genauso.

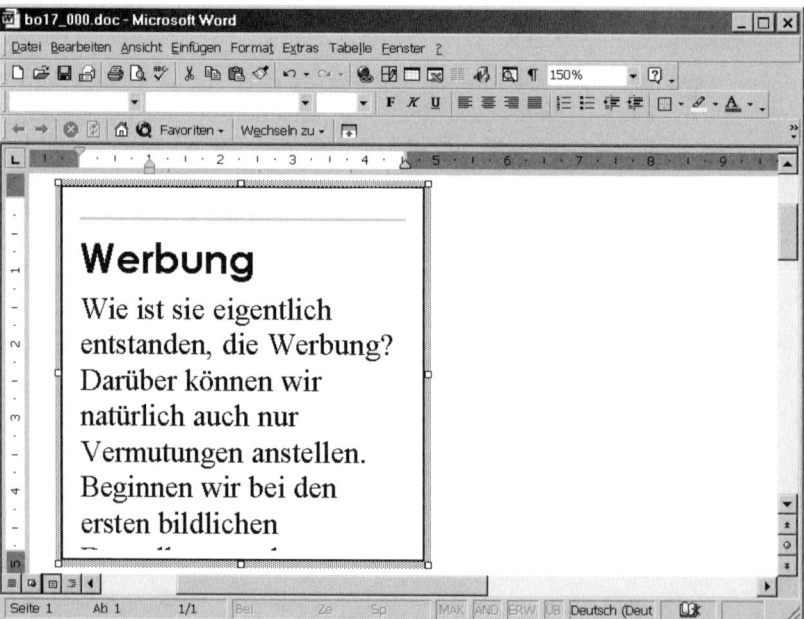

Bild 19.4: Ein längerer Text ist in den Textrahmen eingefügt. Sie sehen deutlich, daß die unterste Zeile abgeschnitten wurde

Um den Text bei Bedarf in anderen Textfeldern weiterzuführen, verknüpfen Sie mehrere Textfelder miteinander. Fügen Sie dazu die gewünschte Zahl der Textfelder in das Dokument ein.

Ein rechter Mausklick auf den Rahmenrand des Textfeldes bringt das Objektmenü zum Vorschein. Der Befehl *Textfeld verknüpfen* ändert den Mauszeiger in einen Krug. Mit diesem Krug klicken Sie den zweiten Textrahmen an – schon fließt der Text vom ersten in den zweiten Rahmen über. Klicken Sie danach immer das letzte gefüllte Textfeld an, um die Kette der Verknüpfungen auszudehnen

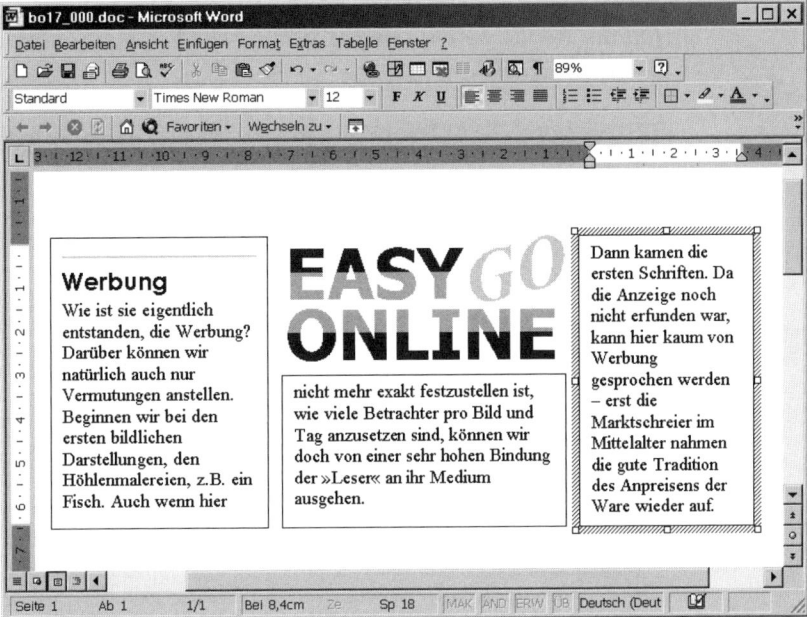

Bild 19.5: *Der Text fließt von einem Textrahmen zum nächsten*

Wenn Sie mit der rechten Maustaste auf den Rahmen eines Textfeldes in der Reihe klicken, sehen Sie geänderte Einträge im Kontextmenü.

- Mit dem Befehl *Textfeldverknüpfung aufheben* lösen Sie die Verbindung zu den nachfolgenden Textfeldern auf.
- Ein Klick auf *Nächstes Textfeld* markiert das folgende Textfeld in einer Verknüpfungskette.
- Ein Klick auf *Vorheriges Textfeld* markiert das vorhergehende Textfeld in einer Verknüpfungskette.
- Das letzte Textfeld der Kette enthält den schon bekannten Menüpunkt *Textfeld verknüpfen*.

Mit dieser Funktion läßt sich also auf einfache Art und Weise Text über mehrere Textfelder verteilen.

20 Word optimal einstellen

Word ist beim ersten Start mit einer Grundeinstellung versehen. Dabei sind bestimmte Werkzeuge aktiviert bzw. ausgeschaltet. Bei intensivem Umgang mit Word möchten Sie diese Einstellungen sicher selbst vornehmen. Einige Einstellungen sind in den vorangegangenen Kapiteln bereits beschrieben. Word läßt in vielerlei Hinsicht Voreinstellungen zu. Sämtliche Optionen zum Betrieb von Word überrumpeln den ahnungslosen Anwender, wenn er den Menüpunkt Extras/Optionen *aufruft. Das folgende Kapitel macht deshalb auch nur auf einige, wichtige Einstellungen aufmerksam. Die Vielfalt der Möglichkeiten spiegelt sich in zehn Registern zu unterschiedlichen Bereichen wieder.*

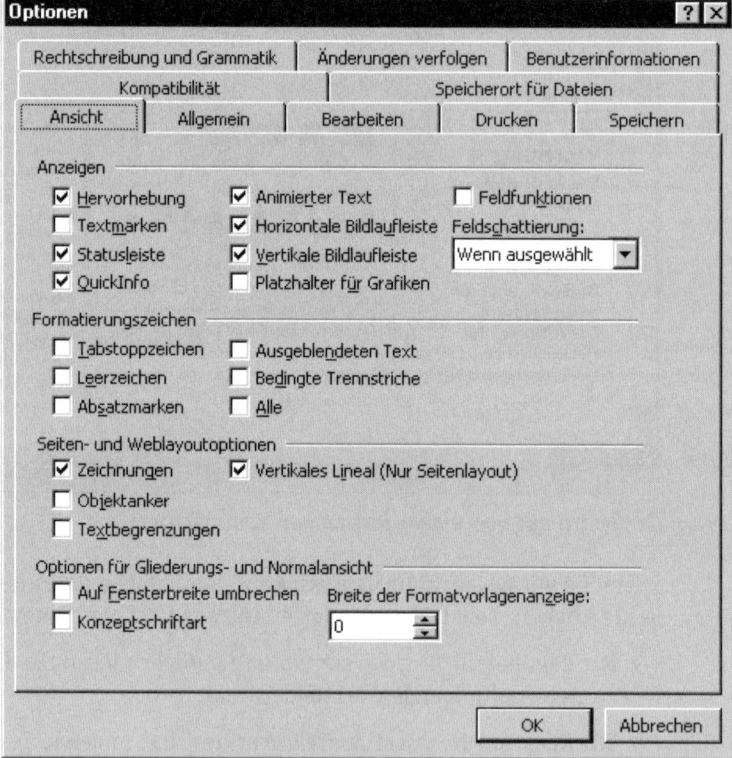

Bild 20.1: Die Dialogbox Optionen *läßt bereits auf den ersten Blick die vielen Möglichkeiten zur Voreinstellung erahnen, denen der Benutzer gegenübersteht*

 Weitere Einstellungen zur Steuerung der Arbeit von Word finden Sie in den Registern des Befehls Extras/AutoKorrektur.

Im Register *Ansicht* – in Bild 20.1 dargestellt – sollte das Kontrollkästchen *Platzhalter für Grafiken* unter *Anzeigen* aktiviert sein. Dadurch werden statt kompletter Grafiken nur Symbole im Dokument angezeigt, was erhebliche Vorteile bei der Orientierung im Dokument mit sich bringt. Der Gesamtumfang wird geringer, die Übersichtlichkeit steigt und Bildschirmdarstellung wird schneller.

Letztlich ist es Geschmackssache, ob Sie im Register *Ansicht* nicht druckbare Zeichen sichtbar machen oder nicht. Diese Funktion hat zumindest den Vorteil, daß Sie sofort sehen, ob die Tabulatoren an der richtigen Stelle sitzen oder ob vielleicht ein Leerzeichen zu viel eingefügt ist.

Verwenden Sie die Steuerung der Anzeige für die Formatierungszeichen (nicht druckbare Zeichen) im Register Ansicht nur, wenn Sie bestimmte Zeichen immer sehen wollen. Die komplette Anzeige aller Formatierungszeichen erledigen Sie mit dem Symbol in der Standard-Symbolleiste.

Im Register *Speichern* findet sich weitere interessante und nicht minder wichtige Optionen. Eine davon vermittelt das Kontrollkästchen *Schnellspeicherung zulassen*. Bei einer Schnellspeicherung werden, um den Speichervorgang zu beschleunigen, die Änderungen an das Dokument angehängt, statt an der eigentlichen Position gespeichert zu werden. Der Preis dieses Geschwindigkeitsgewinns ist eine stark ansteigende Dokumentgröße. Denn zusätzlich zu den angehängten Neuerungen werden Verweise mitgespeichert, die vermerken, an welche Stellen im Dokument die Änderungen gehören. Daher sollten Sie, gerade wenn Sie einen relativ langsamen Rechner besitzen, die Schnellspeicherung aktivieren, solange Sie am Dokument arbeiten. Ist es jedoch fertiggestellt, deaktivieren Sie diese Funktion wieder und speichern nochmals, um Platz zu sparen. Dann werden die Änderungen an der richtigen Stelle im Dokument gespeichert und die Verweise entfallen.

Die gravierendste Veränderung der Funktionalität von Word 2000 erzielen Sie mit der Deaktivierung des Kontrollkästchens *Optionen deaktivieren, die in Word 97 nicht unterstützt werden*. Falls Sie z.B. die Möglichkeit vermißt haben, Tabellen in Tabellen einzufügen, liegt hier der Grund. Das aktivierte Kontrollkästchen sorgt dafür, daß Sie in Word 2000 wie mit der Vorgängerversion arbeiten. Erst ein deaktivierender Klick in das Kontrollkästchen legt die gesamte Funktionalität von Word 2000 frei.

Falls Sie Bedarf an Erklärungen zu einzelnen Punkten der Dialogbox haben, klicken Sie mit der rechten Maustaste auf eine der Optionen. Nach einem anschließenden Klick auf Direkthilfe erhalten Sie eine QuickInfo mit der gewünschten Erklärung.

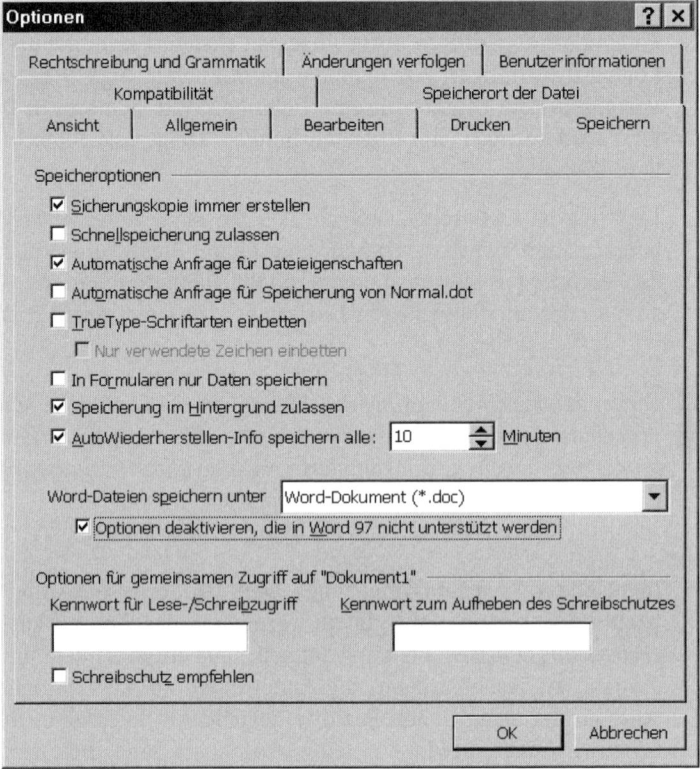

Bild 20.2: Im Register Speichern *findet sich eine weitere wichtige Voreinstellung: mit der erzwungenen Kompatibilität zu Word 97 verzichten Sie auf viele Funktionen von Word 2000*

Durchforsten Sie die Word-Optionen ruhig nach weiteren, für Ihre Zwecke sinnvollen Einstellungen.

- Umsteiger von WordPerfect auf Microsoft Word z.B. werden im Register *Allgemein* fündig.

- Das Register *Bearbeiten* regelt wichtige Einstellungen für Drag&Drop und Klicken und Eingeben.

- Mit einem Klick auf das Register *Kompatibilität* erhalten Sie Zugriff auf die Schriftartersetzung und passen die Ansicht von Dokumenten aus anderen Anwendungen an.

- Bei den *Benutzerinformationen* tragen Sie persönliche Daten ein, die Word in vielen Fällen als Vorgabe nutzt.

Excel
Office 2000

Kalkulieren ist der spielerische Umgang mit Zahlenmaterial mit dem Ziel, mögliche Ergebnisse zu überblicken. Das leistet Exel: Ansprechende Tabellen, Hilfe bei komplexen Aufgaben und zahlreiche mathematische Funktionen kennzeichnen das Tabellenkalkulationsprogramm.

3

21. Excel – Der elektronische Abakus

Die Erfassung, Berechnung und Auswertung umfangreichen Zahlenmaterials gehört neben der Textverarbeitung mit zu den am häufigsten genutzten Standardaufgaben bei der Arbeit mit dem PC. Im folgenden Kapitel lernen Sie die grundlegenden Bedienfunktionen der Tabellenkalkulation Microsoft Excel kennen.

21.1 Einsatzgebiete und Funktionen

Schon die Vorgänger, Microsoft Excel 5.0, 95 und 97, waren in ihrem Leistungsumfang marktführend. Microsoft hat diese Linie konsequent verfolgt und mit Microsoft Excel 2000 wieder ein Produkt geschaffen, das sich sowohl im professionellen als auch im privaten Bereich bewähren wird. Die neue Version begeistert mit einer Vielzahl leistungsfähiger Funktionen und der intuitiven Bedienung sowie durch die nahtlose Integration in die der Bedienung von Office 2000. Ganz gleich, ob Spesenabrechnung, Haushaltskasse oder die Produktionsanalyse einer großen Firma – bei vielen Gelegenheiten müssen Sie heutzutage rechnen oder kalkulieren. In allen Fällen bietet sich Excel als leistungsfähige Lösung und professionelles Werkzeug an: immer wenn es um Berechnungen, Wertetabellen und Diagramme geht, ist Excel 2000 die erste Wahl. Wir werden uns in diesem Kapitel mit den grundlegenden Funktionen von Excel beschäftigen und die wichtigsten Bedienungselemente vorstellen.

Excel starten

Ein Weg, um die Arbeit mit Excel aufzunehmen, führt über das Startmenü von Windows. Klicken Sie auf den Eintrag *Programme/Microsoft Excel,* um die Tabellenkalkulation aufzurufen. Excel wird gestartet und lädt eine neue leeren Tabelle in den Arbeitsbereich. Außerdem können Sie Excel auffolgende Weisen starten:

- Ein Doppelklick auf eine Excel-Dokument im Windows-Explorer, startet Excel 2000 und lädt die markierte Datei zur Bearbeitung.

- Klicken Sie mit rechts auf den Desktop oder in ein Fenster des Explorers, um das Kontextmenü zu öffnen. *Neu/Microsoft Excel-Arbeitsblatt* startet Excel und legt ein neues Tabellendokument an.

- Ein Doppelklick auf das Excel-Symbol auf dem Desktop – sofern Sie eines dort abgelegt haben – ist vermutlich der schnellste Weg zum Programmstart.

Excel – Der elektronische Abakus

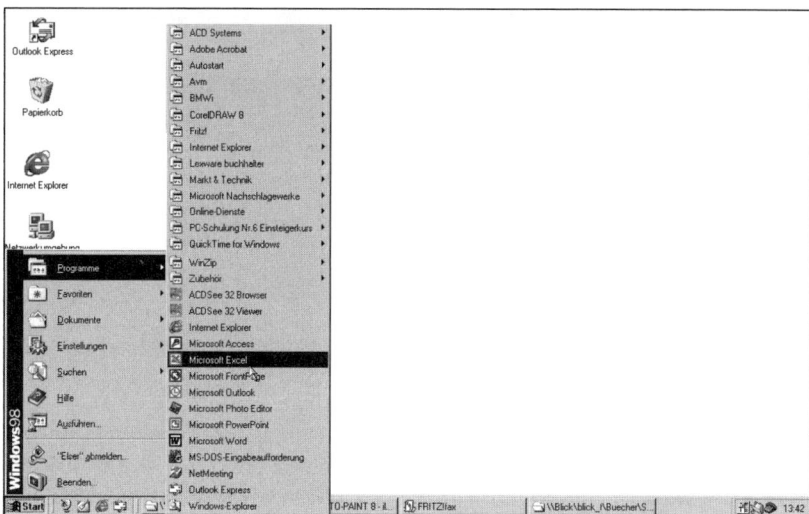

Bild 21.1: Ein Weg zu Excel führt über das Startmenü von Windows

21.2 Die Besonderheiten des Excel-Bildschirms

Der grundlegende Aufbau der Benutzeroberfläche von Microsoft Office 2000 wurde bereits in Kapitel 3 eingehend beschrieben. Beim Blick auf die Programmoberfläche von Excel kommen Ihnen die Titel- und Menüleiste, der Office-Assistent und natürlich die Symbolleiste *Standard* sofort bekannt vor. Der Arbeitsbereich von Excel weist dagegen einige Besonderheiten auf:

Der Arbeitsbereich

Das Tabellenblatt, das Sie vor sich sehen, ist nur eines von dreien, die Excel in Ihrer Arbeitsmappe nach dem Start angelegt hat. Eine Arbeitsmappe kann aus bis zu 255 Tabellenblättern bestehen.

Das Tabellenblatt ist das eigentliche Herzstück und belegt den größten Teil des Programmfensters – in Ihrem »Arbeitsbereich« finden alle Eingaben und Berechnungen statt. Der Bereich ist in Spalten und Zeilen eingeteilt. Die grauen Leisten am linken Rand des Arbeitsbereichs beinhaltet die Zeilenköpfe, die graue Leiste oben die Spaltenköpfe. Nummer und Buchstaben dienen zur Identifikation und zur Bezeichnung der jeweiligen Zeilen und Spalten.

Ein einzelnes Tabellenblatt umfaßt bis zu 65536 Zeilen und 256 Spalten. Die durch die Überschneidung der Zeilen und Spalten gebildeten Kästchen werden als Zellen bezeichnet. Die einzelnen Zellen können die unterschiedlichsten Informationen aufnehmen: Text, Zahlen, Datumswerte, Grafiken und vor allem die zur Berechnung benötigten Formeln. In einer Zelle lassen sich maximal 32000 Zeichen unterbringen.

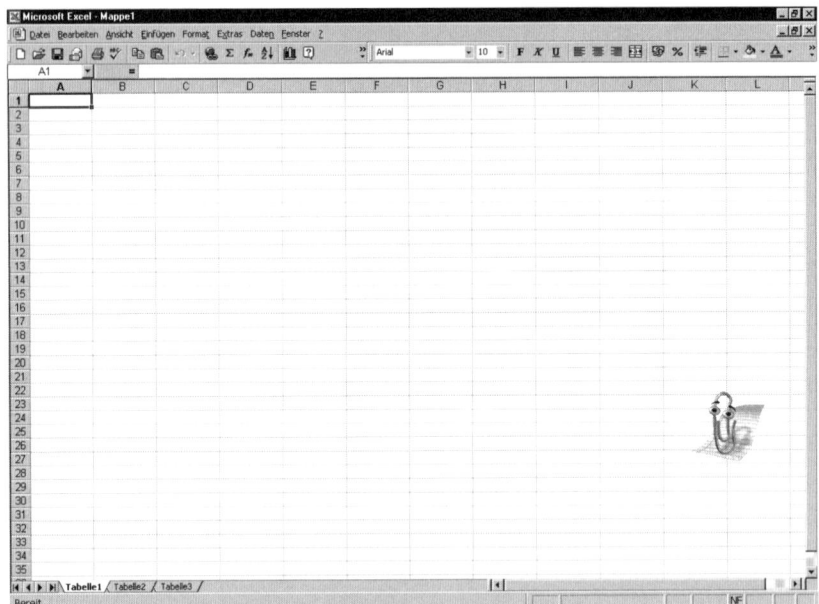

Bild 21.2: Der Arbeitsbereich mit seiner Zeilen- und Spalteneinteilung beherrscht die Programmoberfläche von Excel

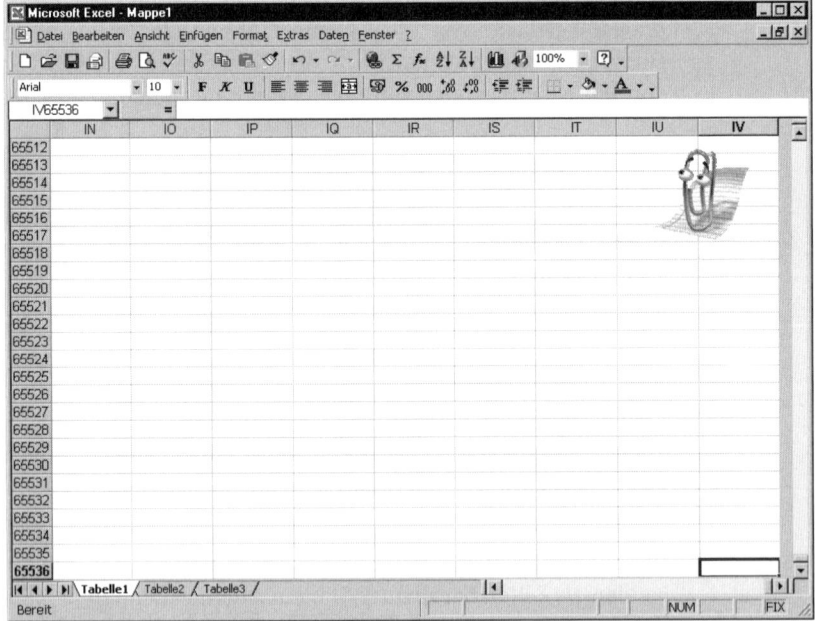

Bild 21.3: Ein Tabellenblatt umfaßt bis zu 65536 Zeilen und 256 Spalten und damit maximal 16777216 Zellen

Die maximale Anzahl von Tabellenblättern, Zeilen, Spalten und Zellen stellt einen eher theoretischen Wert dar. Im Hinblick auf eine annehmbare Arbeitsgeschwindigkeit und um die Dateigröße nicht ins Uferlose wachsen zu lassen, sollten Sie deutlich unterhalb dieser Maximalwerte bleiben und statt dessen mit mehreren Arbeitsmappen arbeiten.

Die Bearbeitungsleiste

Unterhalb der Symbolleisten erscheint die Bearbeitungsleiste. Im rechten Eingabefeld lassen sich Zellinhalte eingeben und bearbeiten. Das Listenfeld links daneben befindet sich das *Namenfeld,* in dem Sie Tabellenbereiche benennen können. Benannte Tabellenbereiche erscheinen dann als Eintrag im Listenfeld und können dort ausgewählt werden.

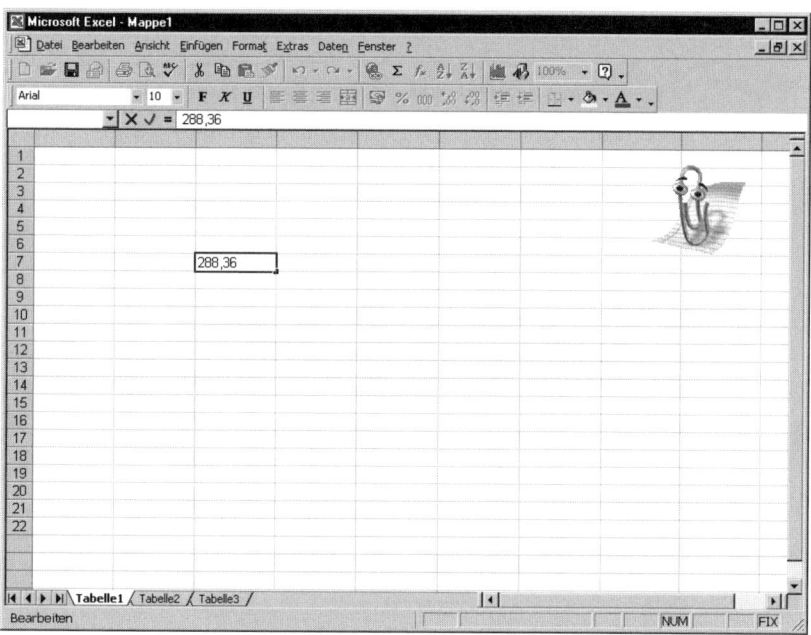

Bild 21.4: Die Bearbeitungsleiste wird zum Verändern von Zellinhalten eingesetzt

Seitenregister

Am unteren Rand der Tabelle sehen Sie Register mit den Bezeichnungen der einzelnen Tabellenblätter. Der Name des aktiven Blatts ist fett hervorgehoben und weiß hinterlegt. Durch Anklicken eines Blattregisters wechseln Sie von einem Tabellenblatt zum nächsten. Falls in einer Arbeitsmappe so viele Tabellen angelegt sind, daß nicht mehr alle Register zu sehen sind, verschieben Sie das gesamte Register mit Hilfe der Registerlaufpfeile.

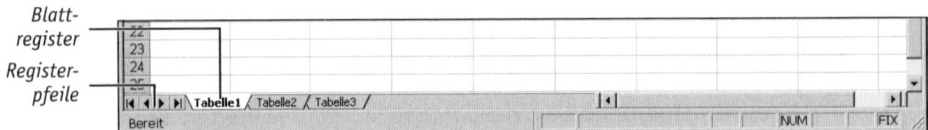

Bild 21.5: Die Registerlaufpfeile und direkt daneben die Blattregister.

Die Bildlaufleisten

Die senkrechten und waagerechten Bildlaufleisten dienen zur Bewegung in der Tabelle. Ein Klick auf die Pfeile bewegt das Tabellenfenster Zeilen- bzw. Spaltenweise. Halten Sie den Rollbalken mit der Maus einmal fest: Excel öffnet ein kleines Fenster in dem Ihre Position innerhalb der Tabelle steht.

 Fehlt die Bildlaufleiste? Die Anzeige der Bildlaufleiste steuern Sie über das Menü Extras/Optionen, *im Bereich* Fensteroptionen *des Registers* Ansicht.

Recht gut versteckt in den Bildlaufleisten befinden sich zwei kleine Fensterteiler – mit ihnen unterteilen Sie den aktuellen Arbeitsbereich in bis zu vier unabhängige Ausschnitte. Ohne langes hin- und herblättern behalten Sie damit selbst umfangreiche Tabellen im Blick.

Ziehen Sie dazu die Fensterteiler – graue, schmale Regler oberhalb der senkrechten und rechts der waagerechten Bildlaufleiste – an die gewünschte Position.

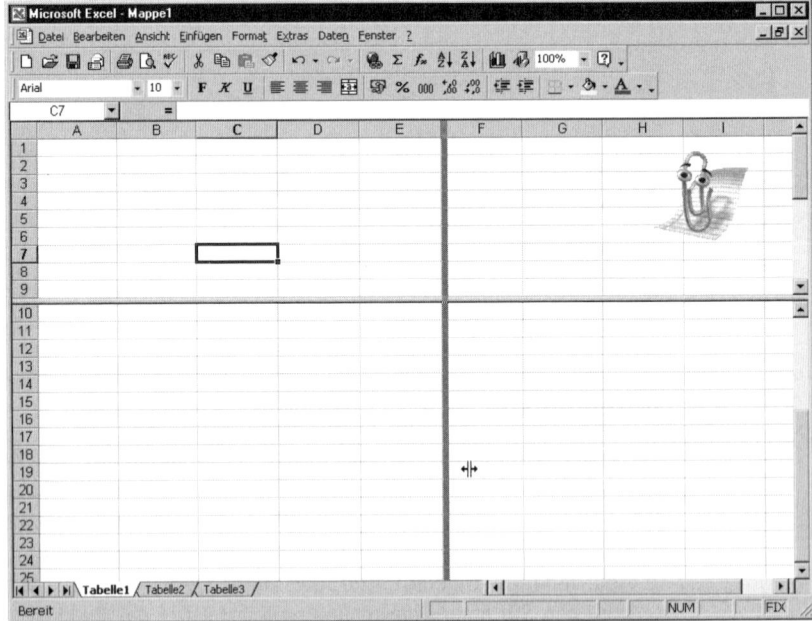

Bild 21.6: Mit Hilfe der Fensterteiler läßt sich der Arbeitsbereich in Abschnitte unterteilen

Der Menübefehl *Fenster/Teilen* dient ebenfalls zum Aufteilen des Arbeitsbereichs. Wie der Arbeitsbereich geteilt wird, richtet sich nach der Position des schwarzen Markierungsrahmens. Steht er am Spaltenkopf, wird das Fenster an der aktuellen Position senkrecht geteilt. Am Zeilenkopf teilt Excel die Tabelle horizontal, befindet sich der Markierungsrahmen auf dem Arbeitsblatt erfolgt die Teilung vertikal und horizontal.

Um die Teilung wieder aufzuheben, genügt ein Doppelklick auf die Fensterteiler, alternativ steht Ihnen der Menübefehl *Fenster/Teilung aufheben* zur Verfügung.

Um die Teilung des Fensters festzulegen, wählen Sie den Menübefehl *Fenster fixieren*. Excel blendet die Fensterteiler aus und zeigt statt dessen schmale Striche an, die sich nicht mehr verschieben lassen. *Fenster/Fixierung aufheben* blendet die Fensterteiler wieder ein, der Aufruf von *Fenster/Teilung aufheben* stellt das Arbeitsblatt wieder normal dar.

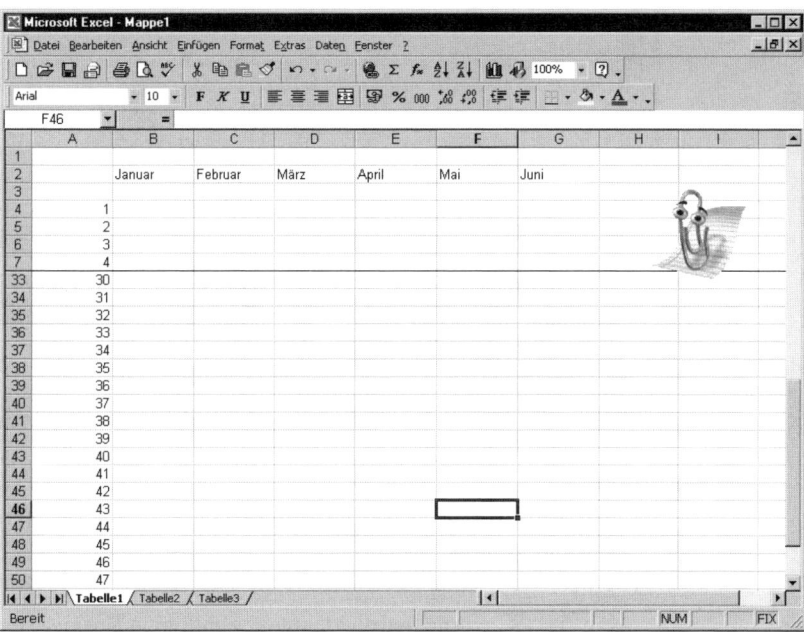

Bild 21.7: Beim Fixieren legen Sie die Teilung des Fensters fest

Die Statusleiste

Im unteren Teil des Programmfensters finden Sie die Statusleiste. Dort werden Ihnen weitere Informationen zum Bearbeitungs- und Programmzustand angezeigt. Wenn Daten im WWW abgefragt werden, dreht sich hier z.B. eine kleine Erdkugel.

Die Anzeige der Statusleiste steuern Sie über das Menü Extras/Optionen *in der Registerkarte* Ansicht *oder im Menü* Ansicht/Stausleiste.

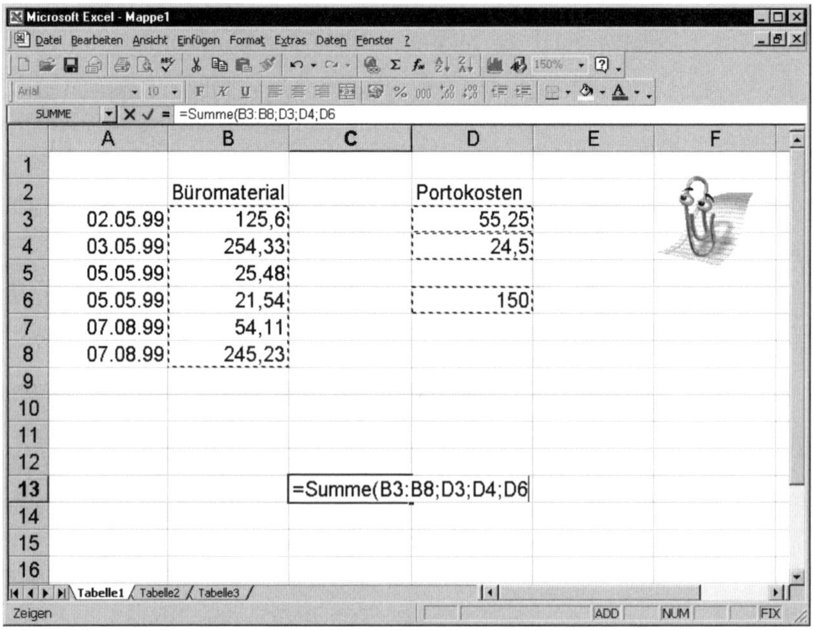

Bild 21.8: Die Statusleiste gibt Ihnen wichtige Informationen zur Bearbeitungssituation von Excel. Im Bild sehen Sie die Auswahl der Zellen für die Summenbildung im Bearbeitungsleiste.

Daneben erscheinen einige Abkürzungen in der Statusleiste, die wichtigsten bedeuten:

- EXT

  Die Erweiterungs-Taste ⌈F8⌉ wurde gedrückt, um eine bestehende Markierung zu erweitern.

- ADD

  ⌈⇧⌉+⌈F8⌉ wurde gedrückt, um unabhängige Markierungsblöcke zu erstellen.

- NUM

  ⌈Num⌉-Taste ist gedrückt, d.h. der Nummertastenblock der Tastatur steht für Zahleneingaben zur Verfügung.

- FIX

  Über *Extras/Optionen*, Register *Bearbeiten* wurden feste Nachkommastellen aktiviert.

- SCRL

  ⌈Rollen⌉ ist aktiviert worden. Die Richtungstasten bewegen jetzt nur den Bildschirmausschnitt.

Daneben beherbergt die Statusleiste die Funktion *AutoBerechnen*, die den Gesamtwert eines markierten Bereichs in der Statuszeile anzeigt. Ihnen stehen sechs verschiedene Berechnungsfunktionen zur Verfügung. Klicken Sie mit der rechten Maustaste auf die Statuszeile um ein Kontextmenü zur Auswahl der AutoBerechnen-Funktionen zu öffnen:

- *Mittelwert*
  Berechnet das arithmetische Mittel aller markierten Zellen.
- *Zählen*
  Gibt die Anzahl der markierten, nicht leeren Zellen aus.
- *Anzahl*
  Gibt die Anzahl der markierten Zellen aus, in denen Zahlen enthalten sind.
- *Max*
  Ermittelt das Maximum in der aktuellen Markierung.
- *Min*
  Ermittelt den Minimalwert in der aktuellen Markierung.
- *Summe*
  Summiert alle Zellen in der aktuellen Markierung.

21.3 Neue Arbeitsmappen anlegen

Excel macht einen großen Unterschied zwischen Arbeitsmappen und Tabellen. Mappen dienen der Aufbewahrung von Tabellen. Das heißt, wenn Sie eine Datei öffnen, öffnen Sie immer eine Arbeitsmappe. Zwei Wege führen zu neuen, leeren Arbeitsmappen:

Wählen Sie den Menübefehl *Datei/Neu*. Klicken Sie dann in der Dialogbox im Register *Allgemein* auf das Symbol *Arbeitsmappe*, und bestätigen Sie Ihre Auswahl durch Anklicken der Schaltfläche *OK*. Excel erzeugt dann die gewünschte Arbeitsmappe mit drei leeren Tabellenblättern.

Benötigen Sie stets mehr oder vielleicht weniger Tabellenblätter? Die Anzahl der Arbeitsblätter in einer neuen Arbeitsmappe richten Sie unter Extras/Optionen, *Register* Allgemein *ein.*

Mit einem Klick auf das Symbol *Neu* in der Symbolleiste *Standard* erzeugen Sie ebenfalls eine neue Arbeitsmappe mit leeren Tabellen.

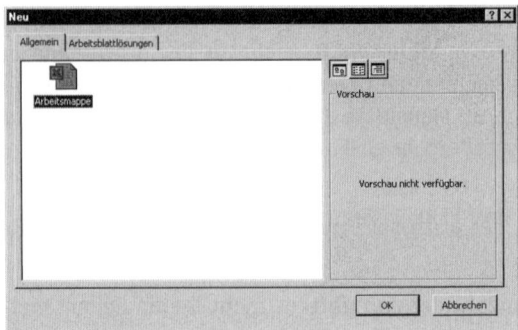

Bild 21.9: In der Dialogbox Neu *wählen Sie die Vorlage für die neue Arbeitsmappe aus*

 Wenn Sie Office 2000 über ein bestehendes Office installiert haben, sehen Sie weitere Register in der Dialogbox Neu.

Arbeitsmappen speichern

 Um das Arbeitsergebnis dauerhaft in einer Arbeitsmappe zu sichern, klicken Sie entweder auf das Speichern-Symbol in der Symbolleiste *Standard* oder auf den Menübefehl *Datei/Speichern*. Hat die Arbeitsmappe bereits einen Namen, so speichert Excel die Mappe ohne weitere Nachfrage ab. Hat Sie noch keinen Namen, wird die Dialogbox *Speichern unter* geöffnet.

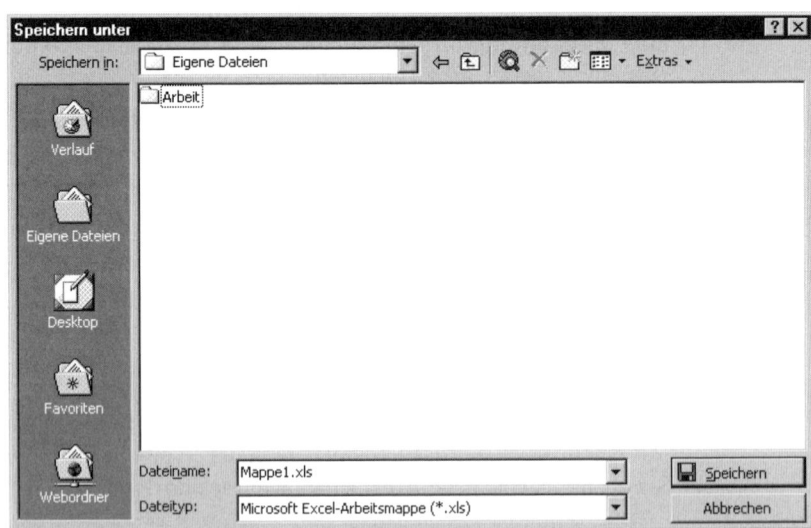

Bild 21.10: In der Dialogbox Speichern unter *bestimmen Sie Speicherort und -namen der aktuellen Arbeitsmappe.*

Der Dialog ist in allen Office-Programmen gleich. In dem Listenfeld *Speichern in* wählen Sie den Ablage-Ordner aus. Standardordner ist C:\EIGENE DATEIEN.

Excel gibt den Dateinamen MAPPE1.XLS vor. Tragen Sie hier eine neue aussagefähige Bezeichnung ein. Die Dateierweiterung ».XLS« für Excel-Arbeitsmappen fügt Excel selbständig hinzu. Um die Mappe endgültig zu sichern, klicken Sie auf die Schaltfläche *Speichern*. Nach Abschluß des Vorgangs zeigt Ihnen Excel den neuen Namen in der Titelzeile an.

Ein Klick auf *Extras* öffnet ein Popup-Menü in dem Sie weitere Einstellungen zum Speichern vornehmen.

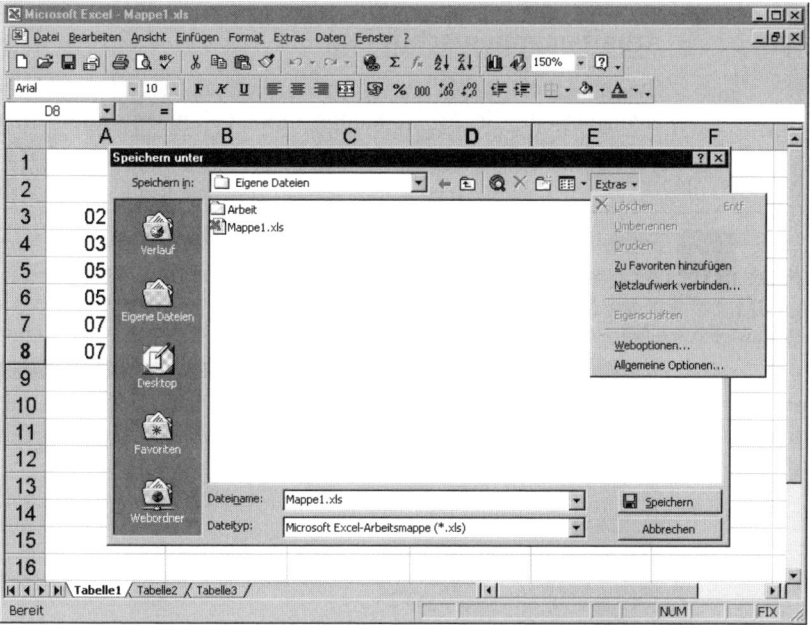

Bild 21.11: Das Popup-Menü Extras *bietet Ihnen den Zugriff auf verschiedene Speicheroptionen*

Allgemeine Optionen öffnet die Dialogbox *Speicheroptionen* in der Sie u.a. Zugriffskennwörter für das Excel-Dokument einrichten und festlegen, ob Excel beim Speichern eine Sicherungskopie der Arbeitsmappe erstellen soll.

 Wenn Sie das Kontrollkästchen Sicherungkopie erstellen *aktivieren, sichern Sie den Bearbeitungsstand zum Zeitpunkt der letzen Speicherung.*

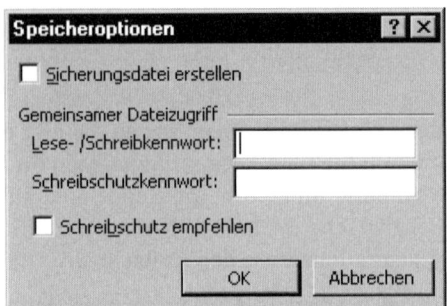

Bild 21.12: In der Dialogbox Speicheroptionen *legen Sie Kennwörter für sensible Daten fest*

Arbeitsmappen schließen

Um die Arbeitsmappe zu schließen, klicken Sie auf den Menübefehl *Datei/ Schließen*. Da die Arbeitsmappe nicht verändert wurde, fragt Excel nicht nach, ob die Mappe vor dem Schließen gespeichert werden soll.

 Schneller zum Ziel kommen Sie mit der Tastenkombination Strg+F4 – *Excel schließt die aktuell geöffnete Arbeitsmappe.*

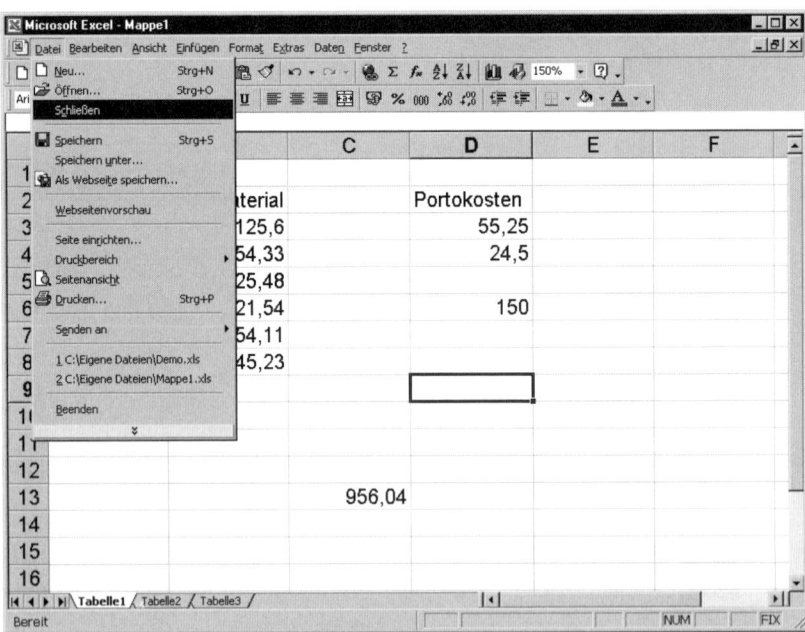

Bild 21.13: Über das Menü Datei/Schließen *werden die Arbeitsmappen geschlossen*

Arbeitsmappen laden

Bereits gespeicherte Arbeitsmappen laden Sie über den Menübefehl *Datei/ Öffnen* zur Bearbeitung. Excel öffnet in diesem Fall automatisch den Standardordner EIGENE DATEIEN.

 Falls Sie zuvor eine Tabelle in einem anderen Ordner gespeichert oder geöffnet haben, öffnet Excel statt dessen den zuletzt benutzen Ordner.

In der Dateiliste sehen Sie alle Dokumente, die dem eingestellten Dateityp entsprechen. Um eine Tabelle zu laden, markieren Sie den entsprechenden Eintrag in der Liste und klicken Sie auf die Schaltfläche *Öffnen*.

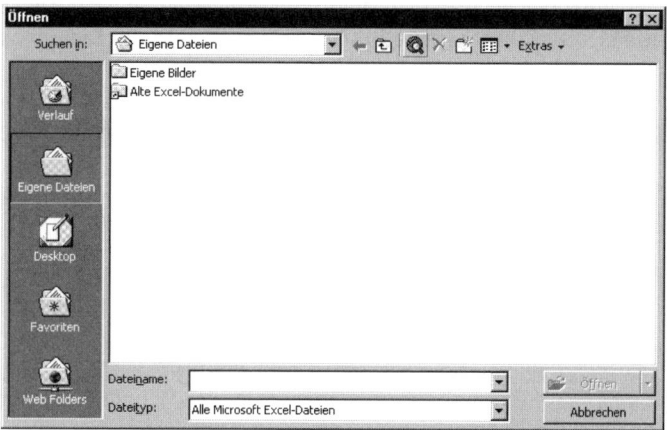

Bild 21.14: *In der Dialogbox* Öffnen *bestimmen Sie die zu ladende Arbeitsmappe*

Die Schaltfläche *Öffnen* weist eine Besonderheit auf: an der rechten Seite sehen Sie einen kleinen Listenpfeil. Ein Klick auf diesen Pfeil öffnet ein Popup-Menü mit zusätzlichen Optionen:

- *Öffnen* lädt das markierte Dokument in den Arbeitsbereich.
- *Schreibgeschützt öffnen* lädt das markierte Dokument und aktiviert den Schreibschutz.
- *Als Kopie öffnen* erstellt eine Kopie des aktuell markierten Dokuments und öffnet sie im Arbeitsbereich.

Die beiden folgenden Befehle sind nur dann aktiviert, wenn in der Liste eine Datei im HTML-Format markiert ist.

- *Im Browser öffnen* – mit Auswahl dieses Menüpunkts wird die Datei mit dem Internet Explorer geöffnet. Excel lädt die Datei dann nicht.
- *In Microsoft Excel öffnen* öffnet die Datei zur Bearbeitung in Excel.

Excel kann mehrere Arbeitsmappen gleichzeitig geöffnet halten. Sie wählen dann über das Menü Fenster *oder mit der Tastenkombination* [Strg]+[F6] *die jeweils aktive Mappe aus.*

Um mehrere Mappen auf einmal zu öffnen, wählen Sie sie mit gedrückter [Strg]-Taste nacheinander aus und klicken Sie dann auf *Öffnen*.

21.4 Seiten einrichten

Um Ihr Arbeitsergebnis zu präsentieren, sollte die Tabelle zu Papier gebracht werden. Damit der Ausdruck später akzeptabel aussieht, müssen Sie zuvor Papierformat, Papierausrichtung, Seitenränder, Kopf- und Fußzeilen usw. festgelegen und eventuell den zu verwendenden Drucker bestimmen. Alle erforderlichen Einstellungen nehmen Sie in der Dialogbox *Seite einrichten* vor, die Sie über *Datei/Seite einrichten* öffnen.

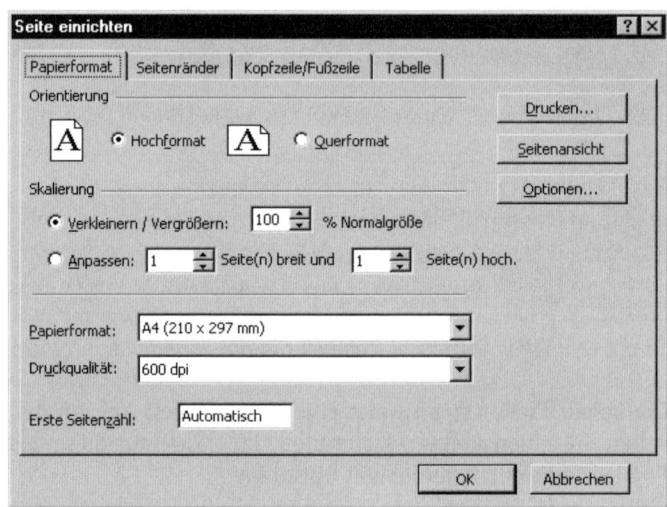

Bild 21.15: In der Dialogbox Seite einrichten *stellen Sie die Dokumentseite auf Ihre Erfordernisse ein*

Die Dialogbox *Seite einrichten* ist in verschiedene Registerkarten unterteilt, in denen Sie die Formatlage Ihren Wünschen entsprechend einrichten. Die Registerkarte *Papierformat* bietet Ihnen die folgenden Einstellungen:

- *Orientierung*
  Der Ausdruck erfolgt wahlweise im Hoch- oder Querformat.

- *Skalierung*
  Eingabe eines Skalierungsfaktors, um die Größe des Tabellenblattes zu verändern.

⋯⋗ *Anpassen*
diese Option dient zum Festlegen der Anzahl Druckseiten, auf denen die gesamte Tabelle ausgedruckt wird.

⋯⋗ *Papierformat*
Das Papierformat ist durch im Drucker eingelegte Papier bestimmt.

⋯⋗ *Druckqualität*
Im Listenfeld Druckqualität legen Sie die Auflösung des Ausdruck fest. Die Einstellmöglichkeiten richten Sie nach dem installierten Drucker.

⋯⋗ *Erste Seitenzahl*
Eingabe des Startwertes für die automatische Seitennumerierung.

Die Einstellungen zur Druckseite sind damit noch nicht abgeschlossen: öffnen Sie das Register *Seitenränder*.

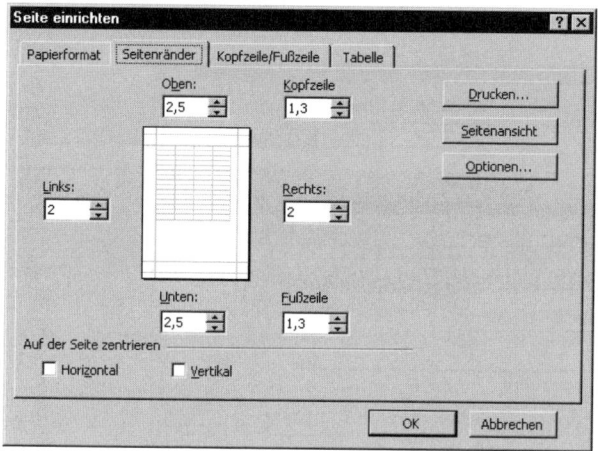

Bild 21.16: Im Register Seitenränder *richten Sie die Position der Tabellen auf der Druckseite ein*

In der Mitte sehen Sie ein kleines Vorschaufenster, in dem Excel Ihnen die aktuelle Einstellung anzeigt. Darüber hinaus stehen Ihnen hier folgende Optionen zur Verfügung:

Seiteneinstellungen einer Tabelle

Im zweiten Register nehmen Sie Einfluß auf die Aufteilung der Arbeitsmappe beim späteren Ausdruck. Die einzelnen Angaben erklären sich fast von selbst:

⋯⋗ *Oben, Unten, Links, Rechts*
Einstellung der entsprechenden Seitenränder in Zentimetern.

⋯⋗ *Kopfzeile, Fußzeile*
Abstand der Kopf- bzw. Fußzeile vom Seitenrand. Diese Abstände müssen kleiner sein, als die Angaben für die Seitenränder.

⋯﹥ *Auf der Seite zentrieren*
Die Tabelle wird beim Druck auf der Seite je nach Wunsch waagerecht und/oder senkrecht ausgerichtet.

Markieren Sie die Option *Horizontal*. Sie sehen in der Vorschau, daß Excel die Tabelle in die Mitte der Seite verschiebt. Die Schaltflächen *Drucken* und *Optionen* beziehen sich direkt auf den Drucker. Über die Schaltfläche *Seitenansicht* erhalten Sie eine Druckvorschau, um Ihre Einstellungen zu kontrollieren.

 Falls noch keine Daten in die Tabelle eingetragen sind, gibt Excel beim Klick auf Seitenansicht eine Fehlermeldung aus.

Öffnen Sie das Register *Kopfzeile/Fußzeile*, um die Einstellungen für Kopf- und Fußzeile zu bestimmen.

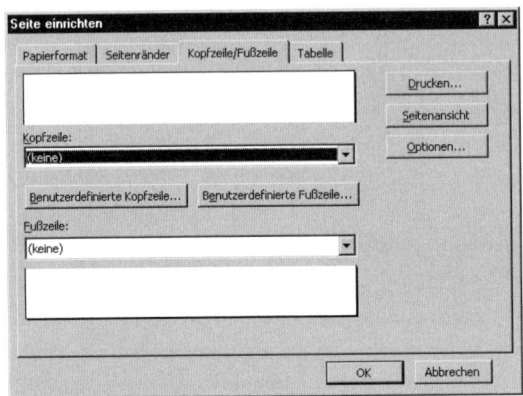

Bild 21.17: Im Register Kopf/Fußzeile *der Dialogbox* Seite einrichten *lassen sich Kopf- und Fußzeilen der Arbeitsmappe einrichten*

In die Eingabefelder Kopfzeile und Fußzeile geben Sie die Informationen ein, die später auf allen Seiten des Ausdrucks zu sehen sein sollen. Excel bietet Ihnen eine Auswahl verschiedener Standardelemente für die Kopf- und Fußzeile an. Öffnen Sie das Listenfeld *Kopfzeile*.

Zum Bearbeiten der automatisch erstellten Kopfzeile klicken auf die Schaltfläche *Benutzerdefinierte Kopfzeile*. Excel öffnet eine neue Dialogbox

Diese Dialogbox unterteilt den Eingabebereich für die Kopfzeile in drei Abschnitte. Neben Texten, die Sie über die Tastatur eingeben, lassen sich aber auch die angezeigten Symbole benutzen, um Variablen einzufügen oder Schriften zu manipulieren.

Excel – Der elektronische Abakus

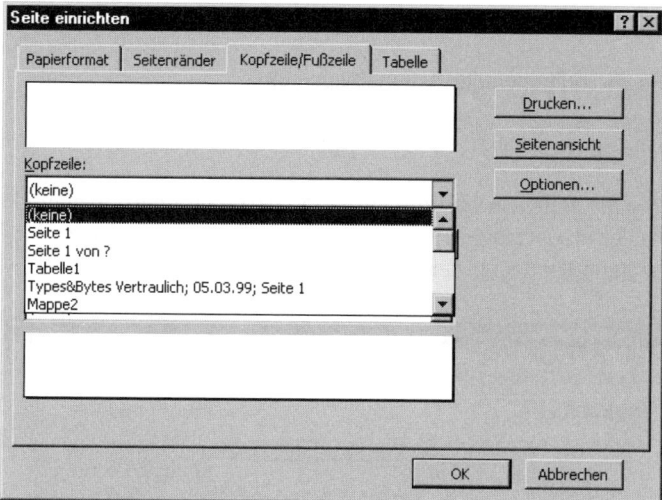

Bild 21.18: Standardelemente für Kopf- und Fußzeilen finden Sie im jeweiligen Listenfeld.

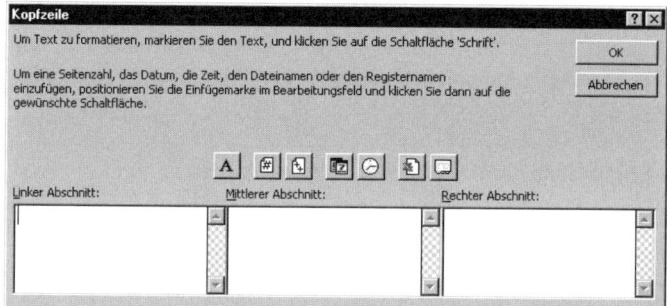

Bild 21.19: Die Dialogbox Kopfzeile *dient zum Einrichten einer individuellen Kopfzeile*

Eine Erklärung zu den Symbolen erhalten Sie, wenn Sie mit der rechten Maustaste auf das fragliche Symbol klicken und den Eintrag Direkthilfe *auswählen.*

Die einzelnen Symbole:

| A | Erlaubt die Auswahl von Schriftart, -größe und -auszeichnung. |

| # | Fügt die aktuelle Seitennummer ein. |

| | Einfügen der Gesamtseiten-Anzahl. |

| | Das aktuelle Datum wird eingefügt. |

Die Uhrzeit wird eingefügt.

Fügt den Namen der Arbeitsmappe ein.

Der Name des aktiven Tabellenblattes wird eingefügt.

Wie Sie sehen, wurde die aus dem Listenfeld übernommene Kopfzeile in die Felder eingetragen. Die Bearbeitung der Fußzeile gleicht der Vorgehensweise beim Festlegen der Kopfzeile.

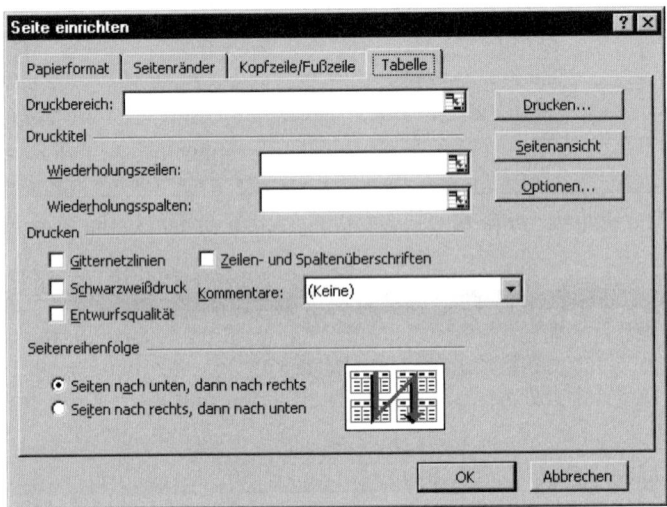

Bild 21.20: *Eine Vorschau auf der Registerkarte stellt Kopf- und Fußzeilen in der gewählten Form dar*

Reihenfolge der Druckseiten festlegen

Öffnen Sie jetzt die Registerkarte *Tabelle*, auf ihr stehen Ihnen folgende Optionen zur Auswahl zur Verfügung.

- *Druckbereich*
  Nicht immer soll das gesamte Tabellenblatt ausgegeben werden – das Eingabefeld *Druckbereich* dient zum Festlegen des zu druckenden Tabellenbereichs. Entweder durch Direkteingabe der Zellbezüge – dazu später mehr – oder durch Markierung des zu druckenden Bereichs mit der Maus.

- *Drucktitel*
  Drucktitel sind Zeilen oder Spalten, die auf jeder Seite ausgedruckt werden, wodurch eine bessere Zuordnung der Daten erreicht wird. Der Bereich kann durch Direkteingabe der Zellbezüge oder durch Markierung mit der Maus festgelegt werden.

⋯⁖ *Drucken*

In diesem Bereich legen Sie die zu druckenden Elemente (z.B. Gitternetzlinien oder Zellennotizen) und weitere Optionen (z.B. Druckqualität) fest. Die Position der im Tabellenblatt enthaltenen Kommentare kann ebenfalls beeinflußt werden.

⋯⁖ *Seitenreihenfolge*

Festlegung der Reihenfolge, in welcher die einzelnen Tabellenseiten gedruckt werden.

Weitere Information zur Druckausgabe finden Sie im Kapitel 28; Druckausgabe.

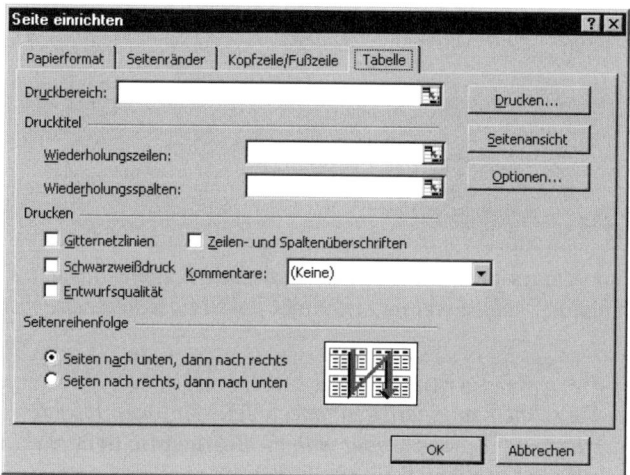

Bild 21.21: Die Registerkarte Tabelle *legt die Druckoptionen der eigentlichen Tabellen fest*

 Die Schaltfläche Dialog reduzieren, *rechts in den Eingabefeldern, verkleinert die Dialogbox so weit, daß nur noch der aktuelle Eingabebereich angezeigt wird. Jetzt lassen sich die entsprechenden Bereiche leicht mit der Maus im Arbeitsblatt auswählen.*

21.5 Bewegen in der Tabelle

Grundsätzlich können Sie sich innerhalb des Tabellenblattes mit den Richtungstasten oder mit der Maus bewegen. Der Zellcursor, ein schwarzer Rahmen, zeigt Ihnen an, auf welcher Zelle Sie sich im Moment befinden. In den Spaltenköpfen links und oberhalb des Tabellenblattes befinden sich die Zeilen- bzw. Spaltenkennzeichnungen. Aus der Kombination der Kennzeichnungen ergibt sich die Koordinate, die im Namensfeld der Bearbeitungsleiste angezeigt wird, und die Zelle identifiziert.

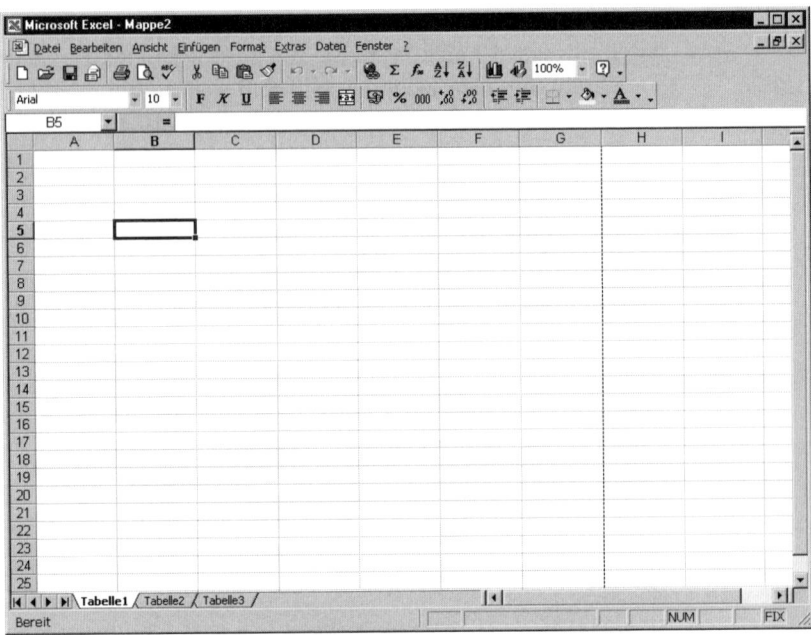

Bild 21.22: Die Koordinate der momentan aktiven Zelle B5, erkennbar an der schwarzen Umrahmung, zeigt Excel im Listenfeld links in der Bearbeitungsleiste

 Wenn Sie schnell zu einer bestimmten Zelle springen möchten, dann drücken Sie die Taste `Strg`+`G`, *oder wählen* Bearbeiten/Gehe zu. *In der gleichnamigen Dialogbox geben Sie im Feld* Verweis *die Koordinate ein und bestätigen mit* OK.

Zum Versetzen des Zellcursors an eine neue Position reicht es aus mit der Maus an die gewünschte Stelle zu klicken. Daneben stehen Ihnen verschiedene Tastenkombinationen zur Verfügung, mit deren Hilfe Sie den Zellcursor bewegen.

Tasten	Wirkung
`↑` `↓` `→` `←`	bewegen den Zellcursor um eine Zelle in die entsprechende Richtung.
`Bild ↑`, `Bild ↓`	blättert in der Tabelle um eine Bildschirmseite hoch bzw. runter.
`Pos1`	setzt die Markierung in die erste Spalte der aktuellen Zeile

Tasten	Wirkung
[Ende]+Pfeiltasten	setzt den Zellcursor an das Ende der Tabelle in Richtung der benutzten Pfeiltaste.
[Strg]+[Pos1]	setzt den Zellcursor in die linke obere Zelle
[Strg]+Pfeiltasten	setzt den Zellcursor an das Ende der Tabelle in Richtung der benutzten Pfeiltaste.

Die Arbeit mit den Tastenkombinationen führt häufig schneller zum Ziel als die Mausbedienung. Statt immer wieder zur Maus greifen zu müssen bewegen Sie den Zellcursor gleich bei der Eingabe.

21.6 Mit Tabellenblättern arbeiten

Die eigentliche Arbeit mit Excel findet auf den Tabellenblättern statt. Jede neue Arbeitsmappe enthält zunächst drei Tabellenblätter. Zum Wechseln zwischen den einzelnen Tabellenblättern klicken Sie auf das entsprechende Register. Excel hebt das angeklickte Register weiß hervor und bringt das Blatt zu Anzeige. Auch hier können Sie auf schnelle Tastenkombinationen zurückgreifen: [Strg]+[Bild ↑] blättert eine Tabelle nach vorn, [Strg]+[Bild ↓] um eine Tabelle nach hinten.

Tabellenblätter einfügen und löschen

Zusätzliche Tabellenblätter fügen Sie über den Menübefehl *Einfügen/Tabellenblatt* – Nach einem Klick auf diesen Menübefehl fügt Excel ein neues Tabellenblatt vor dem aktuellen Tabellenblatt ein.

Wen Sie mit der rechten Maustaste auf das Tabellenregister klicken, öffnet Excel ein Kontextmenü mit verschiedenen Befehlen zur Verwaltung der Tabellenblätter. Der Befehl *Einfügen* fügt eine neue Tabelle vor der aktuellen ein.

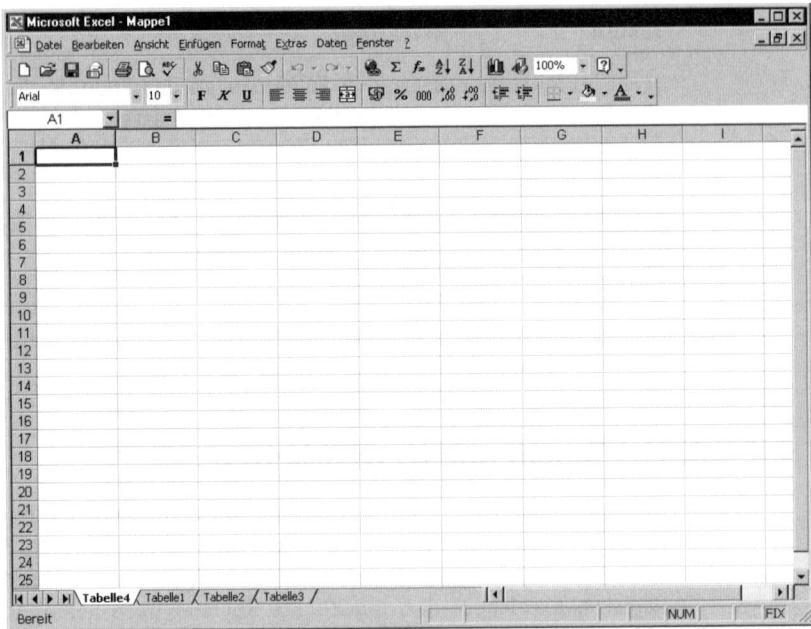

Bild 21.23: Das neue Tabellenblatt fügt Excel vor der aktuellen Tabelle ein – im Tabellenregister sehen Sie die Tabelle 4 vor der Tabelle 1

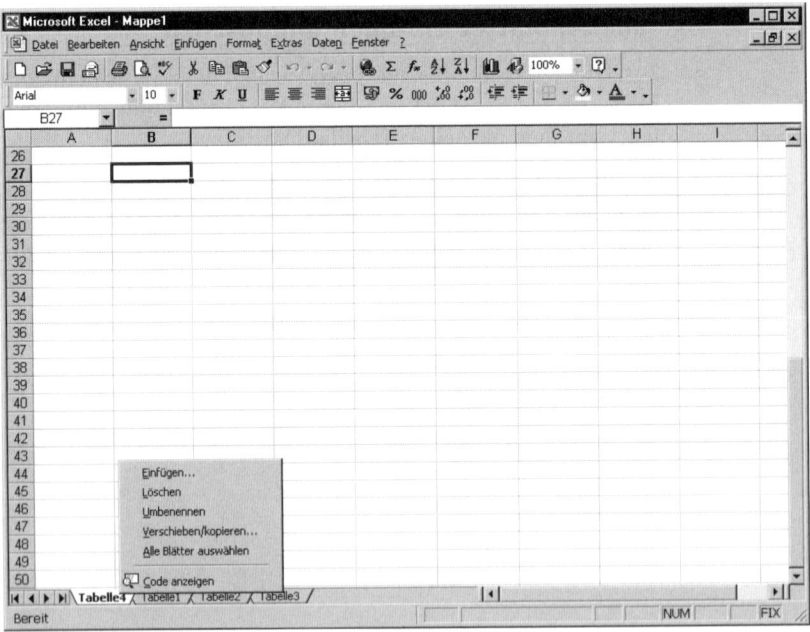

Bild 21.24: Das Kontextmenü des Tabellenregisters hält alle wichtigen Befehle für die Arbeit mit Tabellenblättern bereit

Um ein Tabellenblatt mit allen Inhalten aus der aktuellen Arbeitsmappe herauszunehmen wechseln Sie zur entsprechenden Tabelle und öffnen das Kontextmenü des Tabellenregisters. Klicken Sie auf den Eintrag *Löschen*. Nach einer Sicherheitsabfrage entfernt Excel die markierte Tabelle aus der Arbeitsmappe.

Tabellenblätter umbenennen

Die von Excel verwendete Standardbezeichnung ist wenig aussagekräftig. Gerade bei umfangreicheren Arbeitsmappen helfen Ihnen benannte Tabellenblätter die notwendige Übersicht zu bewahren. Klicken Sie mit der rechten Maustaste auf das Tabellenregister der Tabelle, die Sie umbenennen wollen.

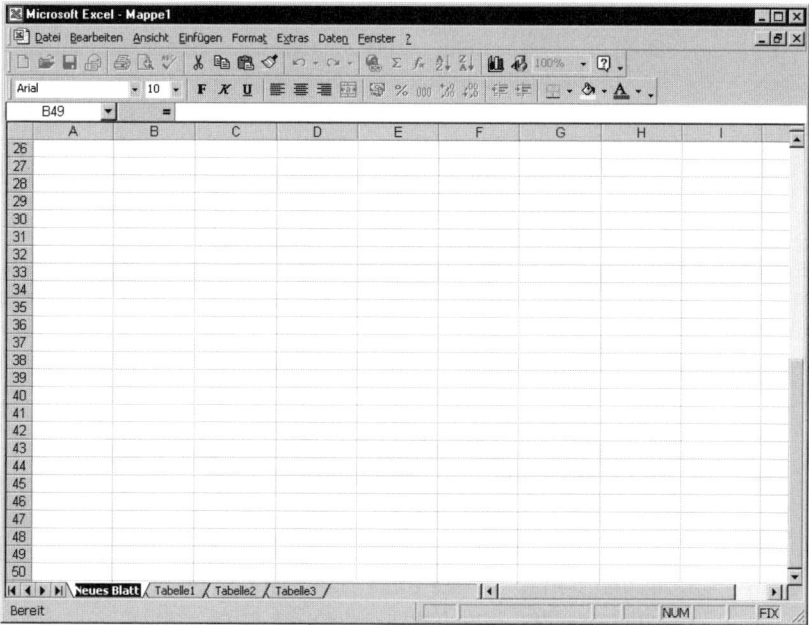

Bild 21.25: Mit benannten Tabellenblättern strukturieren Sie Ihre Arbeitsmappe

Wählen Sie im Kontextmenü den Eintrag *Umbenennen* aus. Excel markiert die Tabellenbezeichnung auf dem Register. Überschreiben Sie die Markierung mit der neuen Bezeichnung und beenden Sie Ihre Eingabe mit ⏎.

Tabellenblätter verschieben

Die Anordnung der Tabellenblätter ist nicht festgeschrieben. Um ein Tabellenblatt zu verschieben, klicken Sie mit der rechten Maustaste auf das entsprechende Tabellenregister und wählen den Eintrag *Verschieben/kopieren*. Excel öffnet die Dialogbox *Verschieben oder kopieren*, in der Sie die Aktion und die gewünschte Einfügeposition festlegen:

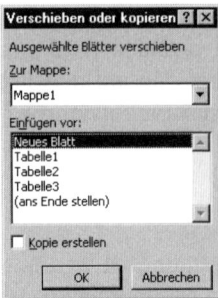

Bild 21.26: In dieser Dialogbox legen Sie das Ziel beim Verschieben oder Kopieren von Tabellenblättern fest

Im Listenfeld *Zur Mappe* sehen Sie eine Liste aller aktuell geöffneten Arbeitsmappen. Die aktuelle Arbeitsmappe ist vorgegeben. Durch Auswahl eines anderen Eintrags verschieben oder kopieren Sie die ausgewählten Tabellenblätter in eine andere Arbeitsmappe. Der Eintrag *neue Arbeitsmappe* legt zunächst eine neue Arbeitsmappe an, und führt dann die gewünschte Aktion aus. Die Einfügeposition bestimmen Sie durch Auswahl eines Eintrags unter *Einfügen vor*.

 Mehrere Tabellenblätter markieren Sie, indem Sie die einzelnen Register nacheinander bei gedrückter `Strg`*- bzw.* `⇧` *-Taste anklicken.*

Wenn Sie das Kontrollkästchen *Kopie erstellen* aktivieren, beläßt Excel das markierte Tabellenblatt und verschiebt statt dessen eine Kopie mit allen Inhalten an die Einfügeposition.

Durch Ziehen an den Tabellenregistern ordnen Sie die Tabellenblätter interaktiv um. Klicken Sie dazu auf das Register der zu verschiebenden Tabelle und halten Sie die linke Maustaste einen Moment lang gedrückt. Nach einem kurzen Augenblick sehen Sie ein Seitensymbol. Am Mauszeiger erscheint ein kleines schwarzes Dreieck – die Positionsmarke – in der linken oberen Ecke des Registers.

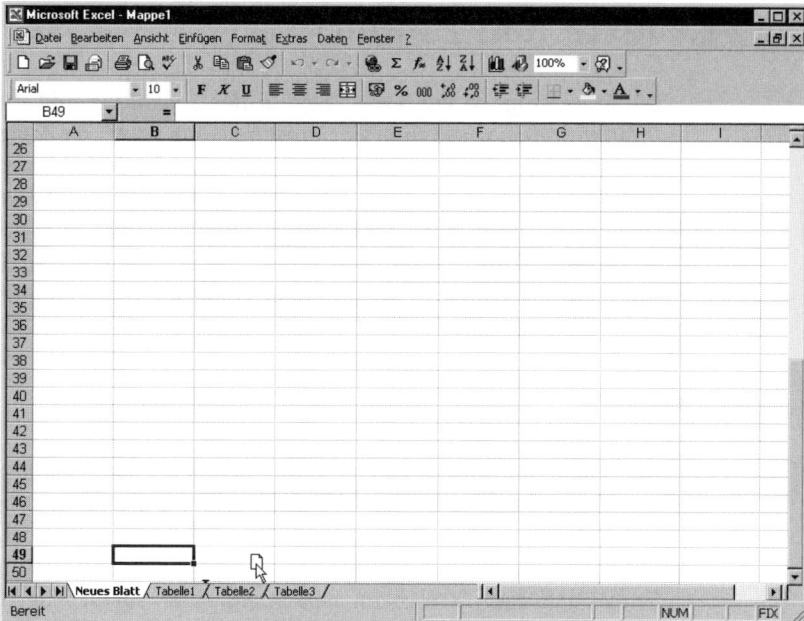

Bild 21.27: Durch Ziehen am Tabellenregister verschieben Sie die Tabellenblätter interaktiv

Ziehen Sie jetzt den Mauszeiger an die Einfügeposition. Die Positionsmarke folgt der Bewegung und zeigt die Einfügeposition an. Sobald Sie die linke Maustaste loslassen, legt Excel das Tabellenblatt an der neuen Position ab. Wenn Sie beim Ziehen die (Strg)-Taste gedrückt halten, erstellt Excel eine Kopie an der Einfügeposition.

Das neue Tabellenblatt wird, ebenso wie auch die anderen Tabellenblätter der Arbeitsmappe, dann gespeichert, wenn Sie die Arbeitsmappe speichern. Wenn Sie die Arbeitsmappe schließen, ohne vorherige Änderungen gesichert zu haben, macht Excel Sie mit einem Hinweis darauf aufmerksam. Sie können die Änderungen dann immer noch speichern oder aber alle Änderungen verwerfen.

22. Texte und Zahlen

Die Grundaufgabe von Excel liegt in der Sammlung und Auswertung von Informationen. Diese Informationen liegen in Form von Zahlen oder Texten vor. Auf dieser Basis verarbeiten Sie mit Excel alle Informationen: Zahlen und Texte sind zu erfassen, zu ordnen und auszuwerten, um die entsprechenden Informationen anschaulich aufzubereiten. Das nachfolgende Kapitel beschäftigt sich mit der Datenerfassung, dem ersten Schritt bei der Informationsverarbeitung und bildet damit die Grundlage für einen effektiven Einsatz von Excel.

22.1 Die Zellinhalte

Die Zellen von Excel nehmen – außer den Rechenanweisungen – zwei prinzipiell verschiedene Inhalte auf: Zahlen und Texte. Wozu diese Unterscheidung? Als Spezialist für den Umgang mit Zahlen muß Excel diese Inhalte unterscheiden, um die Funktionalität der Berechnungen zu gewährleisten. Schließlich darf Excel beim Berechnen einer Summe die Artikelnummer nicht mit einbeziehen, nur weil diese zufällig ausschließlich aus Ziffern besteht. Die Zellen einer Excel-Tabelle nehmen die folgenden Daten auf:

- Werte, bei denen es sich um eine Zahl, ein Datum oder eine Zeitangabe handeln kann,
- Texte und Zeichenfolgen, z.B. für Überschriften oder Beschriftungen
- Formeln und Funktionen mit denen Sie die Werte in der Tabelle auswerten.

Um die Eingabe der gewünschten Informationen zu vereinfachen bestimmt Excel abhängig von den eingegebenen Inhalten automatisch, welcher Datentyp vorliegt. Dabei behandelt Excel Ziffern grundsätzlich als Zahlenwerte, Buchstaben und Sonderzeichen als Text. Datum und Zeit müssen in einem bestimmten Format eingegeben werden, damit Excel die richtige Zuordnung vornimmt. Eine Sonderrolle nehmen noch die Formeln ein. Das vorangestellte Gleichheitszeichen kennzeichnet die nachfolgende Zeichenkette als Formel. Diese Automatik erweist sich im Regelfall als hilfreich, kann aber unter bestimmten Umständen störend sein.

Zahlenformate

Zuständig für die Darstellung der Zellinhalte sind die Zahlenformate der Zellen. Diese Formate richten Sie im Register *Zahlen* der Dialogbox *Format/Zellen* ein.

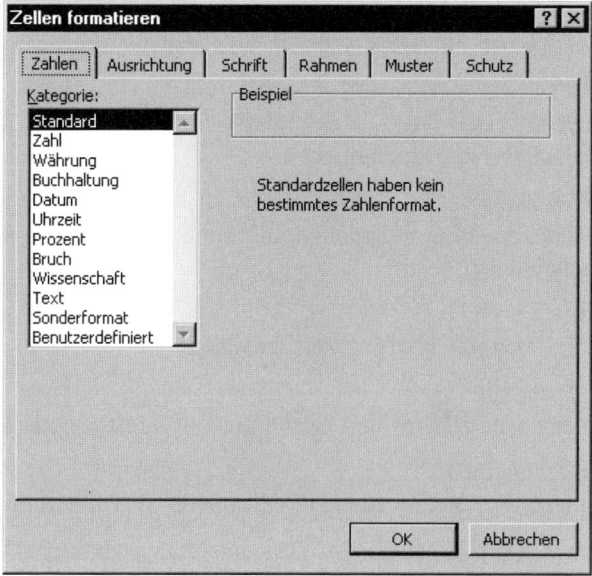

Bild 22.1: In der Dialogbox Zellen formatieren *bestimmen Sie die Zellenformate für die markierten Zellen*

Im Listfeld *Kategorie* sehen Sie die verfügbaren Formatkategorien:

- *Standard*
  voreingestelltes Zellenformat für alle Zellen des Tabellenblatts für Zahlen und Text. Mit dieser Einstellung weist Excel das Zellformat automatisch in Abhängigkeit von den eingegebenen Inhalten.

- *Zahl*
  Zahlendarstellung, verschiedene Formatierungen beeinflussen die Anzahl der Dezimalstellen, das 1000er-Trennzeichen und die Darstellung negativer Zahlen.

- *Währung*
  Währungen mit angehängtem Währungssymbol. Verschiedene Formatierungen beeinflussen die Anzahl der Dezimalstellen, die Darstellung negativer Zahlen und das verwendete Währungssymbol.

- *Buchhaltung*
  Währungen mit angehängtem Währungssymbol und ausgerichteten Dezimalstellen. Verschiedene Formatierungen beeinflussen die Anzahl der Dezimalstellen, die Darstellung negativer Zahlen und das verwendete Währungssymbol.

- *Datum*
  Datumswerte in unterschiedlichen Schreibweisen.

- *Uhrzeit*
  Zeit- und Datumswerte in unterschiedlichen Schreibweisen.

⇢ *Prozent*
Prozentwerte mit angehängtem %-Zeichen. Variable Anzahl der Dezimalstellen.

⇢ *Bruch*
Bruchzahlen mit Bruchstrichen

⇢ *Wissenschaft*
Zahlendarstellung in Exponentialschreibweise. Variable Anzahl der Dezimalstellen.

⇢ *Text*
Darstellung von Text und Zeichenketten

⇢ *Sonderformat*
Verschiedene Ziffern- und Zeichenfolgen in festgelegter Schreibweisen.

⇢ *Benutzerdefiniert*
dient zur Festlegung eigener Zellformate mit Formatbeschreibern.

Ein kleines Beispiel soll diesen Zusammenhang veranschaulichen. Tragen Sie in die Zelle *B2* den Wert »007« ein. Dazu bewegen Sie den Zellcursor mit den Pfeiltasten zum entsprechenden Feld oder klicken mit der Maus in die Zelle und geben dann den Wert ein. Schließen Sie Ihre Eingabe mit ⏎ ab.

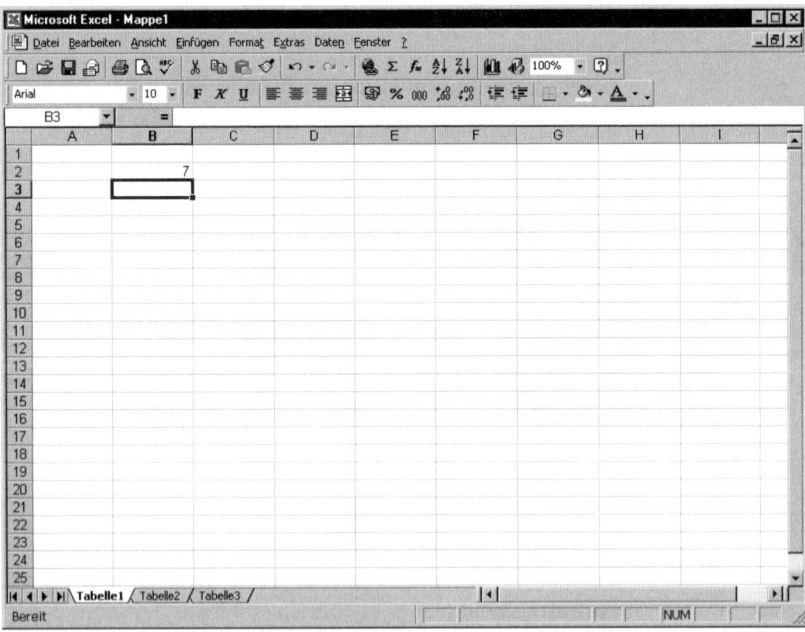

Bild 22.2: Excel erkennt automatisch, daß »007« eine Zahl ist, streicht die ersten beiden Nullen und plaziert die Zahl rechtsbündig in der Zelle

Die automatische Erkennung der Datentypen ist lediglich ein Vorschlag – bei Bedarf weisen Sie der Zelle das erforderliche Format zu, um die automatisch Zuordnung zu umgehen.

Excel überprüft die Eingabe auf die Zeichen: »0123456789+-(),/$%.Ee«. Solange die Eingabe nur aus diesen Zeichen besteht, interpretiert Excel den Zellinhalt als Zahl. Da Excel im Beispiel die führenden Nullen automatisch abschneidet, unterscheidet Sie die Darstellung des Zellinhalts vom erforderlichen Ergebnis. Um die gewünschte Darstellung »007« zu erreichen, müssen Sie die Zelle formatieren. Setzen Sie den Zellcursor wieder in Zelle *B2* und klicken Sie dann Sie dann auf *Format/Zellen*.

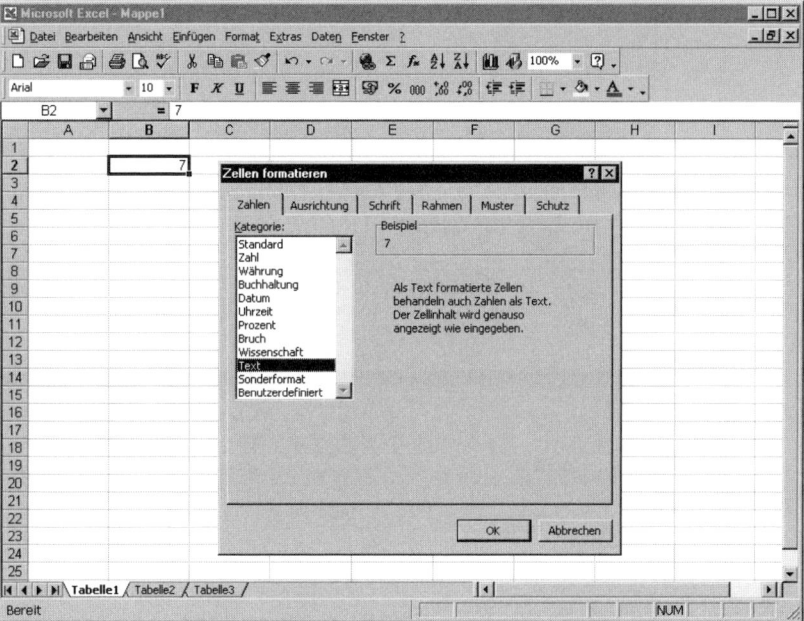

Bild 22.3: In der Dialogbox Zellen formatieren *richten Sie das Zellformat ein, wenn die automatische Erkennung nicht das gewünschte Ergebnis bringt*

Öffnen Sie das Register *Zahlen* und markieren Sie die Kategorie *Text*. Bestätigen Sie die Eingabe mit einem Klick auf die Schaltfläche *OK*. Da Excel Texte linksbündig anzeigt, wandert die »7« auf die linke Seite der Spalte – die führenden Nullen sind verloren gegangen.

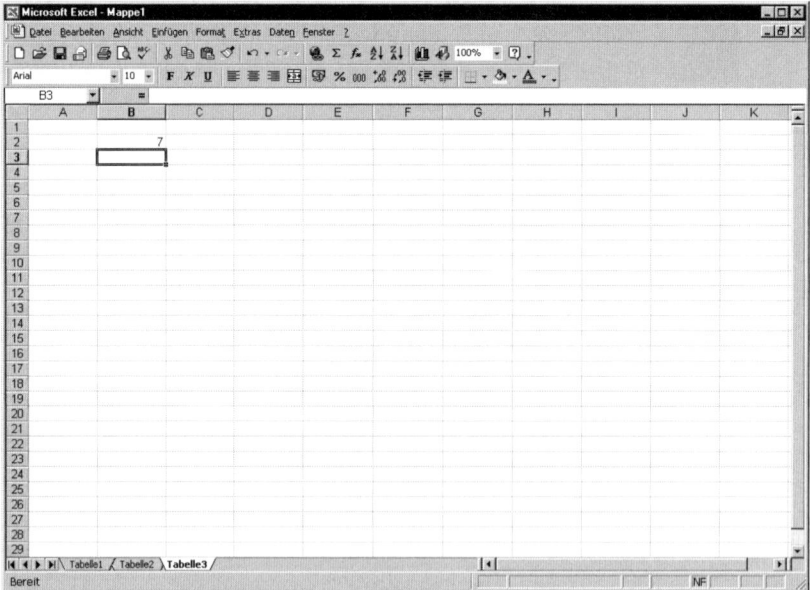

Bild 22.4: Anhand der eben durchgeführten Formatierung wandert der Ausdruck »7« auf die linke Seite der Spalte

Tragen Sie in dieselbe Zelle erneut *007* ein. Bestätigen Sie Ihre Eingabe wiederum mit ⏎.

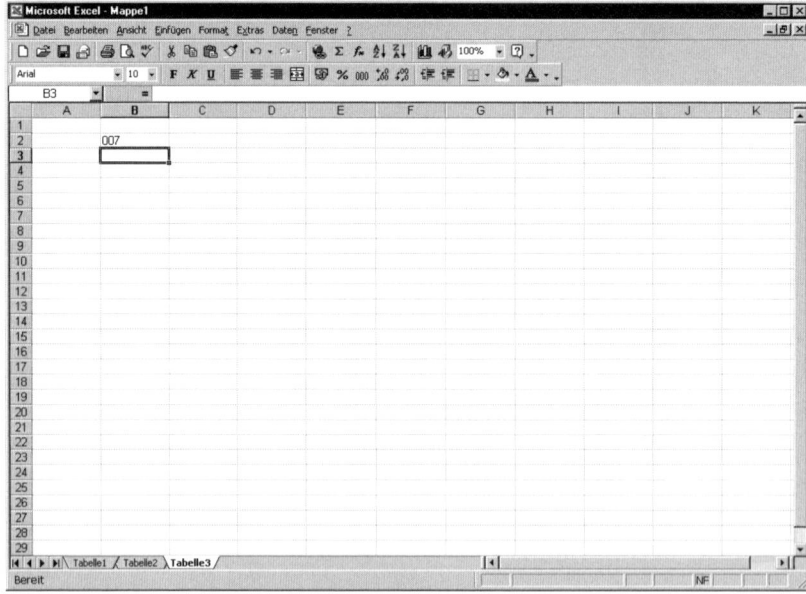

Bild 22.5: Mit dem Zellenformat Text interpretiert Excel Ziffernfolgen nicht mehr als Zahl und erlaubt z.B. die Eingabe führender Nullen

Um eine Ziffer als Text in eine nicht formatierte Zelle zu schreiben, stellen Sie Ihr ein Hochkomma ⇧+# voraus. Excel erkennt am Hochkomma, daß es sich um einen Text handelt und stellt den Wert ohne das Hochkomma linksbündig dar.

22.2 Texte eingeben und korrigieren

Texte nehmen in Excel eine große Rolle ein: erst durch die geeignete Beschriftung einer Tabelle sind eingegebene Werte übersichtlich. Im normalen Arbeitsablauf richten Sie sich Ihr Tabellenblatt zunächst mit allen erforderlichen Beschriftungen ein und erfassen erst im Anschluß die Werte in den entsprechenden Zellen.

Texte eingeben

Alle Zelleingaben laufen nach dem gleichen Schema ab: Setzen Sie den Zellcursor auf die Zelle in die Sie etwas eingeben wollen und beginnen Sie dann mit der Eingabe. Sie geben den Text direkt in die ausgewählte Zelle ein. Gleichzeitig sehen die eingegebenen Zeichen in der Bearbeitungsleiste.

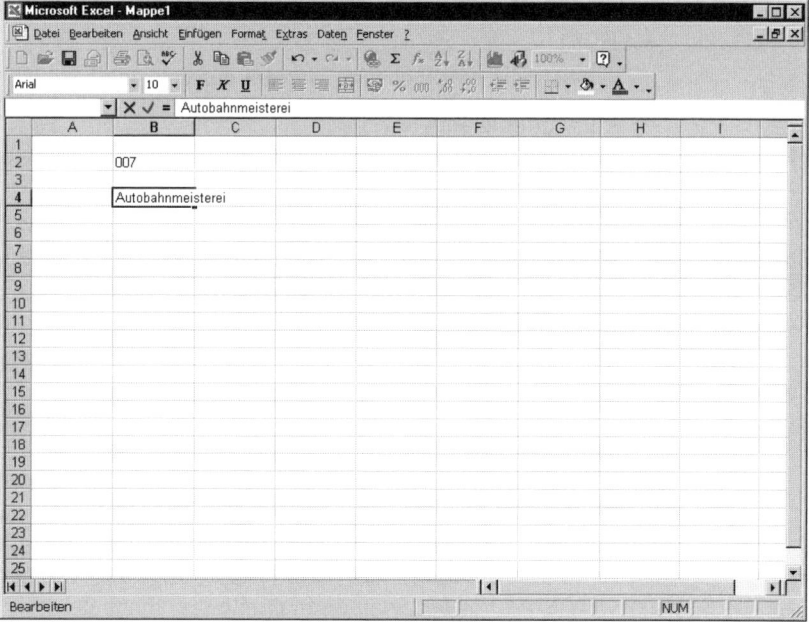

Bild 22.6: Alle Zelleingaben, übernimmt Excel automatisch in die Zelle und in die Bearbeitungsleiste

Um die Eingabe abzuschließen und die eingegebenen Daten endgültig in die Zelle zu übernehmen, drücken Sie ⏎. Excel setzt den Zellcursor unter die soeben bearbeitete Zelle und Sie können mit der Eingabe fortfahren. Bei der Bearbeitung von Zellen stehen Ihnen verschiedene Tastenkombinationen und Mausaktionen zur Verfügung.

- ↑ ↓ → ←
  übernehmen die eingegebenen Werte und setzen den Zellcursor in die entsprechende Richtung

- ⏎
  übernimmt die eingegebenen Werte und setzt den Zellcursor nach unten.

- Strg+⏎
  übernimmt die eingegebenen Werte und versetzt den Zellcursor nicht.

- ⇧+⏎
  übernimmt die eingegebenen Werte und setzt den Zellcursor nach oben.

- ⇥
  übernimmt die eingegebenen Werte und setzt den Zellcursor nach rechts.

- ⇧+⇥
  übernimmt die eingegebenen Werte und setzt den Zellcursor nach links.

- Esc
  verwirft die eingegebenen Werte – der Zellinhalt bleibt unverändert.

- Klick in eine andere Zelle
  übernimmt die eingegebenen Werte und setzt den Zellcursor auf die angeklickte Zelle

- Entf
  löscht den Zellinhalt unter dem Zellcursor.

> **TIP** *Um einen manuellen Zeilenwechsel in eine Zelle einzufügen, drücken Sie* Alt+⏎.

Falls Sie lieber mit der Maus arbeiten, verwenden Sie beim Erfassen die Bearbeitungsleiste. Setzen Sie dazu den Zellcursor auf die zu bearbeitende Zelle und klicken Sie dann in die Bearbeitungszeile. Die blinkende Schreibmarke zeigt an, daß Sie mit der Erfassung beginnen können. Gleichzeitig aktiviert Excel vor der Bearbeitungszeile drei Symbole.

X *Abbrechen* hat die gleiche Funktion wie Esc und bricht die Eingabe ab.

✓ *Eingeben* übernimmt die Eingabe in die Zelle, der Zellcursor bleibt auf der bearbeiteten Zelle stehen.

■ *Formeln bearbeiten* übernimmt die Eingabe in die Zelle, der Zellcursor bleibt auf der bearbeiteten Zelle stehen.

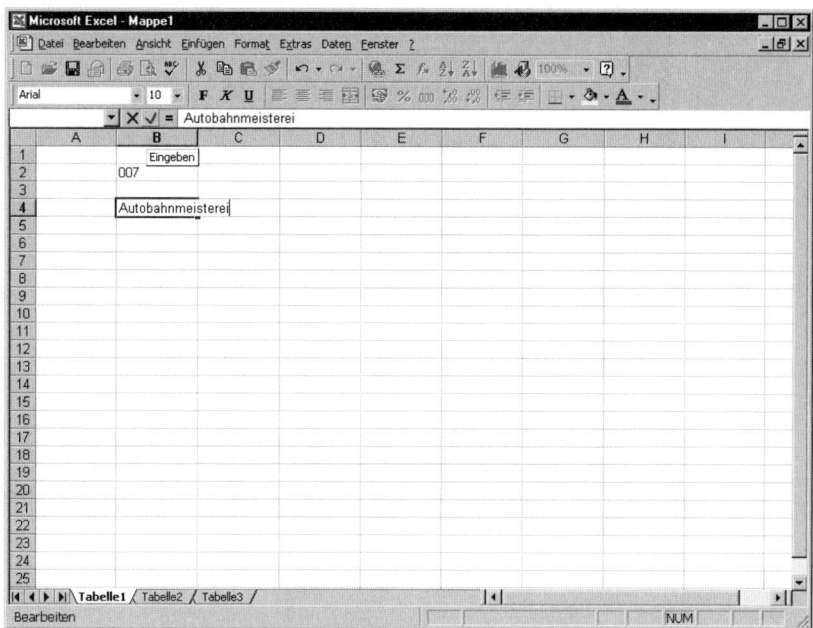

Bild 22.7: Mit den Symbolen in der Bearbeitungszeile steuern Sie die Eingabe von Daten

Text, der nicht vollständig in die Zelle paßt, zeigt Excel über mehrere Spalten an, solange die Zellen rechts daneben leer sind.

 In der Bearbeitungszeile sehen Sie immer den vollständigen Zellinhalt und alle Texte in ihrer kompletten Länge.

Um den gesamten in einer Zelle enthaltenen Text in mehreren Zeilen anzeigen zu lassen, klicken Sie auf *Format/Zellen* und öffnen das Register *Ausrichtung*. Aktivieren Sie das Kontrollkästchen *Zeilenumbruch* und bestätigen Sie die Einstellungen mit *OK*. Excel umbricht den Zellinhalt, sobald der rechte Rand erreicht ist – hält sich dabei aber nicht an gültige Trennregeln. Mit einem Bindestrich erzwingen Sie die Trennung an einer bestimmten Trennstelle.

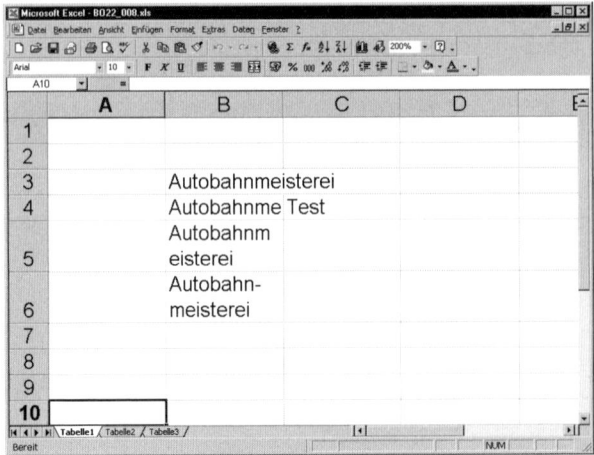

Bild 22.8: Verschiedene Fälle bei langen Texten (von oben):

1. Das Wort in der Zelle ragt über den rechten Rand hinaus.
2. Excel schneidet das Wort in der Zelle ab, da die benachbarte Zelle nicht leer ist.
3. Der automatische Zeilenumbruch trennt das Wort beim Erreichen des rechten Rands.
4. Der automatische Zeilenumbruch trennt das Wort am zusätzlich eingegebenen Bindestrich.

Um die oben gezeigten Einstellungen nachzuvollziehen, öffnen Sie die Tabelle B022_008.XLS von der Buch-CD.

Sobald Sie manuelle Zeilenumbrüche eingeben, aktiviert Excel selbständig den automatischen Zeilenumbruch.

Mit den beschriebenen Methoden erfassen Sie lediglich den Rohtext in der Tabelle. Excel stellt Ihnen darüber hinaus eine Reihe von Funktionen bereit mit denen Sie diesem Text ein ansprechendes Erscheinungsbild verleihen. Weitere Informationen zu diesem Thema finden Sie im Kapitel 24; Ansprechende Tabellen.

Texte nachträglich bearbeiten

Um einen bereits erfaßten Text nachträglich zu verändern, setzen Sie zunächst den Zellcursor auf die zu bearbeitende Zelle. Durch die Eingabe eines neuen Textes überschreiben Sie den Inhalt der Zelle, zum Beenden der Eingabe verwenden Sie die weiter oben beschriebenen Tasten.

Wenn Sie den Zellinhalt ändern wollen, müssen Sie entweder [F2] drücken oder mit der Maus in die Bearbeitungszeile klicken, um in den Editiermodus zu wechseln.

Falls Sie direkt anfangen, Daten einzugeben, überschreiben Sie den alten Wert. Der Editiermodus muß erst durch [F2] oder durch die Maus aktiviert werden.

In der Bearbeitungszeile kann man immer direkt auf den Text zugreifen.

Im Editiermodus sehen Sie die blinkende Schreibmarke rechts neben dem vorhandenen Zellinhalt, die Statusleiste zeigt »Eingeben« im linken Bereich an. Zeichen, die Sie eingeben, erscheinen rechts neben der Schreibmarke. Mit Tastenkombinationen bewegen Sie die Schreibmarke in der Zelle an die zu bearbeitende Stelle. Um Teile des Zellinhalts zu verändern müssen Sie die zu bearbeitenden Passagen zunächst markieren. Excel hebt den markierten Bereich invers hervor – die folgende Aktion beziehen sich auf den markierten Bereich. Die folgenden Tastenkombinationen dienen zum Bearbeiten und Markieren von Zellinhalten.

- [Pos1]
  setzt die Schreibmarke an den Anfang der Zelle.
- [Ende]
  setzt die Schreibmarke an das Ende der Zelle.
- [Entf]
  löscht das Zeichen rechts der Schreibmarke oder die Markierung.
- [Strg]+[Entf]
  löscht alle Zeichen rechts der Schreibmarke.
- [←]
  löscht das Zeichen links der Schreibmarke oder die Markierung.
- [→]/[←]
  setzt die Schreibmarke um ein Zeichen nach rechts oder links.
- [Strg]+[→]/[←]
  setzt die Schreibmarke zum Anfang der nächsten bzw. vorhergehenden Zeichenfolge.
- [⇧]+[→]/[←]
  erweitert die Markierung von der Schreibmarke nach um ein Zeichen nach rechts bzw. links.
- [⇧]+[Strg]+[→]/[←]
  erweitert die Markierung von der Schreibmarke bis zum Anfang der nächsten bzw. vorhergehenden Zeichenfolge.

Beim Editieren können Sie auf alle Standardfunktionen zurückgreifen. Die wichtigsten Symbole sehen Sie in den Symbolleisten Format und Standard.

✂ Bearbeiten/Ausschneiden
[Strg]+[X]
verschiebt die aktuelle Markierung in die Zwischenablage

📋 Bearbeiten/Kopieren
[Strg]+[C]
Kopiert die aktuelle Markierung in die Zwischenablage

📋 Bearbeiten/Einfügen
[Strg]+[V]
Fügt den Inhalt der Zwischenablage rechts der Schreibmarke oder in die Zelle ein.

F Format/Zellen
[Strg]+[⇧]+[F]
Weist der aktuellen Markierung das Attribut *Fett* zu.

K Format/Zellen
[Strg]+[⇧]+[K]
Weist der aktuellen Markierung das Attribut *Kursiv* zu.

U̲ Format/Zellen
[Strg]+[⇧]+[U]
Weist der aktuellen Markierung das Attribut *Unterstreichung* zu.

Zum Positionieren der Schreibmarke und zum Markieren von Textpassagen steht Ihnen neben diesen Tastenkombinationen auch die Maus zur Verfügung:

- Bei aktiviertem Editiermodus versetzt ein Klick die Schreibmarke an die angeklickte Stelle.
- Mit einem Doppelklick markieren Sie ein ganzes Wort oder die ganze Zeichenfolge.
- Wenn Sie die Maus bei gedrückter linker Maustaste ziehen, markiert Excel den überstrichenen Bereich.

Verwenden Sie die Tastenkombinationen zum Bearbeiten und Markieren von Texten, um einen schnellen Arbeitsfortschritt sicherzustellen.

Erfassen Sie nun zur Übung folgende kleine Tabelle, und speichern Sie die Arbeitsmappe unter dem Namen PCKAUF ab.

Das Ergebnis finden Sie unter der Bezeichnung B022_009.XLS auf der Buch-CD.

Texte und Zahlen

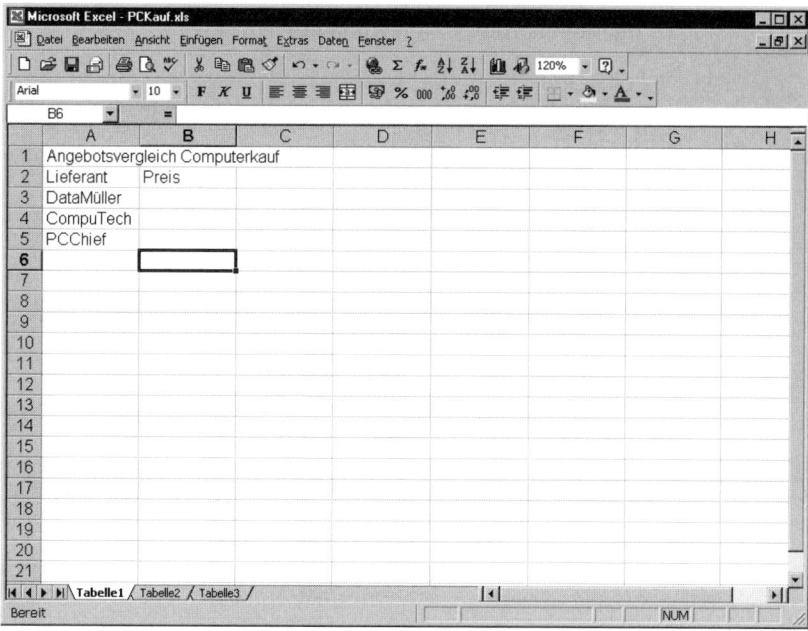

Bild 22.09: Dieser Angebotsvergleich dient als Beispieltabelle

22.3 Zahlen eingeben

Zahlen werden als Folge von Ziffern eingegeben. Tausendertrennzeichen, Dezimaltrennzeichen, Währungssymbol, Minus und Pluszeichen für negative bzw. positive Zahlenwerte sowie das Prozentzeichen interpretiert Excel ebenfalls als Bestandteil einer Zahl.

 Wenn die eingegebene Zahl nicht vollständig in die Zelle paßt, macht Excel durch auffällige ###-Zeichen darauf aufmerksam. Vergrößern Sie in diesem Fall die Spaltenbreite.

Automatische Zahlenformatierung

Excel stellt eine große Auswahl integrierter Zahlenformate bereit, die automatisch entsprechend Ihrer Eingabe zugewiesen werden. Für die Eingabe von reinen Zahlen gelten die selben Richtlinien wie bei Texteingaben. Lassen Sie sich nicht irritieren, wenn eine Zahl nach Eingabebestätigung an den rechten Zellrand rutscht und dabei das Aussehen verändert. Grund dafür ist die automatische Zahlenformatierung durch Excel. In der folgenden Tabelle sehen Sie einige ausgewählte Beispiele für die automatische Zahlenformatierung:

399

Eingabebeispiel	Zugewiesenes Format
123,45 DM	Zahlenformat *Währung*
DM 123,45	Text
123,-	Text
07.10.99	Zahlenformat *Datum*
07-10-99	Zahlenformat *Datum*
07/0/99	Zahlenformat *Datum*
Jan 99	Zahlenformat *Datum*
1. Januar	Zahlenformat *Datum*
Januar	Text
12%	Zahlenformat *Prozent*
1234,56	Zahlenformat *Standard*
1 Leer 234,45	Text

Eine Besonderheit stellt das Zahlenformat *Prozent* dar. Wenn Sie einer Zahl dieses Format zuweisen, teilt Excel die Zahl automatisch durch 100 und hängt das Prozentzeichen an.

Intern verwaltet Excel Prozentzahlen als Bruchteil von Eins – der Anzeige 10% entspricht also die Zahl 0,1. Beachten Sie dieses Verhalten von Excel, wenn Sie Prozentzahlen einsetzen.

- Um negative Zahlen einzugeben, setzen Sie die Zahl in Klammern oder stellen ihr das Minuszeichen voraus. »-7« oder »(7)«
- Die Eingabe eines Pluszeichens vor einer Zahl wird ignoriert. »+7« wird zu »7«
- Die Eingabe von einem Komma wird als Dezimalbruch erkannt. »7,7« bleibt »7,7«
- Die Eingabe von 1000er-Trennzeichen wird akzeptiert. »1.000«
- Welche Zeichen als Zahlen erkannt werden, hängt davon ab, welche Optionen Sie in den Ländereinstellungen der Windows-Systemsteuerung ausgewählt haben.

- Damit Excel einen Bruch nicht als Datum übernimmt, stellen Sie bei der Erfassung eine 0 voran. »0 1/2« wird zu »1/2« – in der Bearbeitungsleiste sehen Sie die Zahl 0,5, die Excel zur Berechnung heranzieht.. Wenn Sie »1 1/2« eingeben stellt Excel den Bruch wie eingegeben dar, rechnet intern mit der Zahl »1,5« – die auch in der Bearbeitungsleiste angezeigt wird.

- Excel speichert Zahlen mit einer Genauigkeit von bis zu 15 Stellen hinter dem Komma. Hat eine Zahl mehr als 15 Nachkommastellen, werden die übrigen Stellen abgeschnitten.

 Über das Menü Format/Zellen *und die Registerkarte* Zahlen *wählen Sie die zu verwendende Formatierung für die Zahlendarstellung aus.*

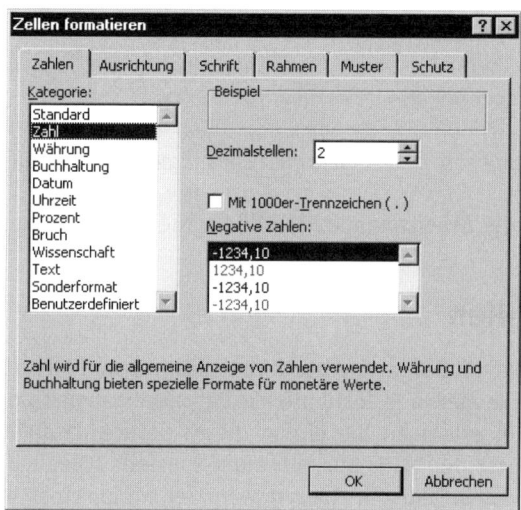

Bild 22.10: Die Dialogbox Zellen formatieren *ermöglicht unter anderem die Bearbeitung der verschiedenen Zahlenformate*

Um das Beispiel zu vervollständigen, fehlen noch die erforderlichen Zahleneingaben. Ergänzen Sie die Arbeitsmappe AUTOKAUF mit den im Bild dargestellten Angaben.

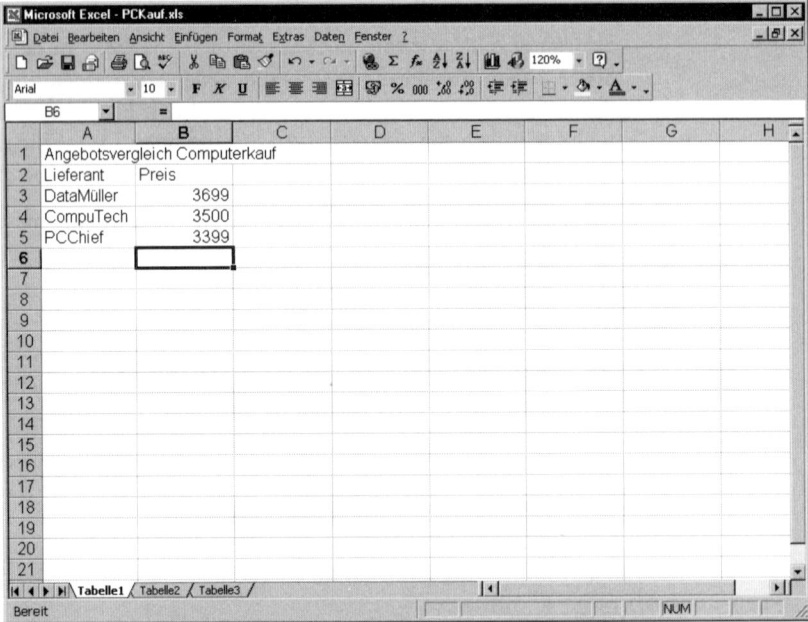

Bild 22.11: Die Computer-Angebote sind eingetroffen und müssen in der Tabelle erfaßt werden

Speichern Sie die Arbeitsmappe PCKAUF für die weiteren Kapitel wieder ab.

22.4 AutoAusfüllen

Bei der Eingabe von Daten sind bestimmte Standardaufgaben zu lösen. Laufende Numerierungen und fortlaufende Datumsangaben sind typische Beispiele. In Excel erledigen Sie einige dieser Standardaufgaben durch geschickten Einsatz der Maus oder über ein spezielles Menü. In der rechten unteren Ecke des Zellcursors einer aktiven Zelle oder eines markierten Bereichs sehen Sie ein kleines schwarzes Kästchen. Damit oder mit dem Befehl BEARBEITEN/AUSFÜLLEN können Sie einen Bereich mit aufeinanderfolgenden Werten ausfüllen.

Das Prinzip ist immer dasselbe: Sie setzen den Zellcursor in eine Zelle und nehmen eine Eingabe vor. Erfassen Sie das kleine Quadrat an der rechten unteren Ecke des Zellcursors – ziehen Sie dann die Maus mit gehaltenem linken Mauszeiger nach rechts oder nach unten. Excel zeigt in einer QuickInfo an, was in die Zellen übertragen wird. Lassen Sie die Maustaste an der gewünschten Stelle los: Excel füllt die markierten Zellen.

Manchmal ist es durchaus wünschenswert, wenn man Spalten- oder Zeilenbereiche ohne großen Aufwand automatisch mit bestimmten Werten ausfüllen lassen kann.

Texte und Zahlen

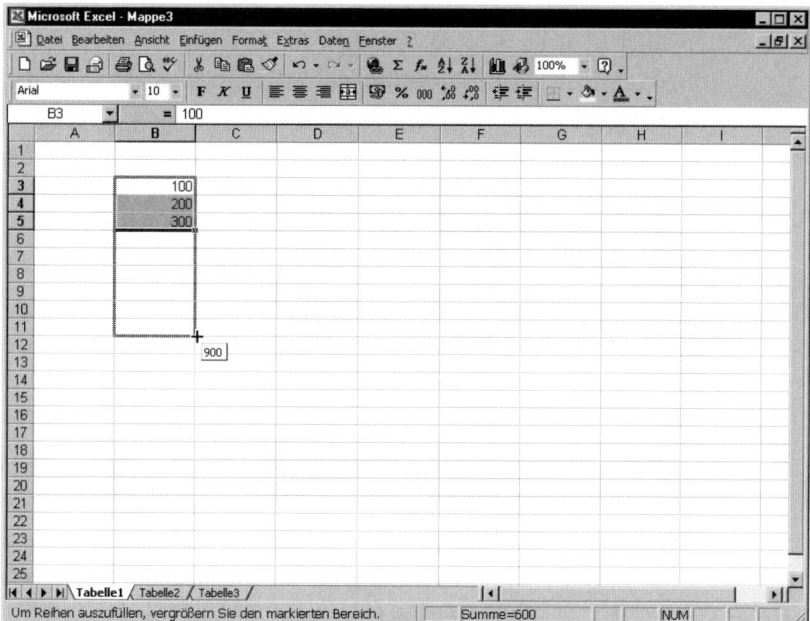

Bild 22.12: Komfortabel ausgefüllt: Excel füllt die markierten Zellen nach dem Loslassen der Maustaste automatisch

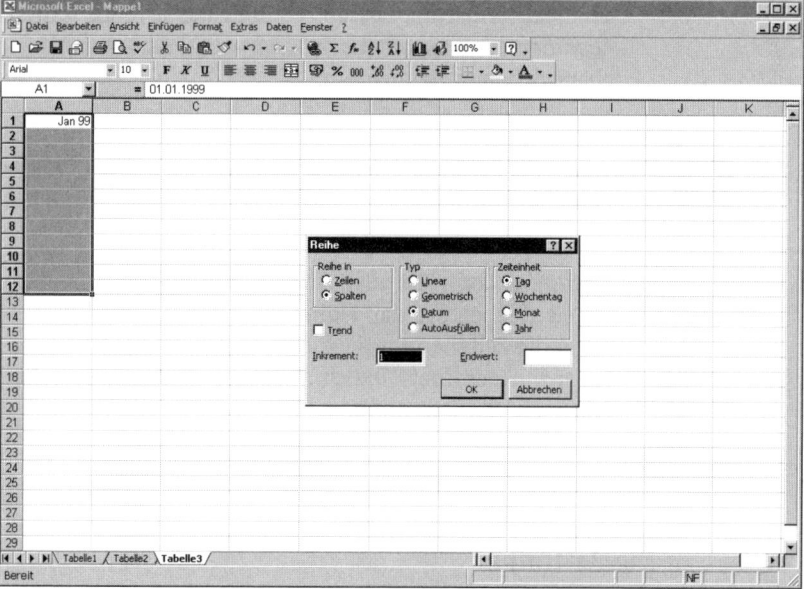

Bild 22.13: In der Dialogbox Reihe legen Sie die Voreinstellungen für die zu erstellende Reihe fest

Um ebenfalls eine solche Reihe zu erzeugen, tragen Sie in der Zelle *A1* den Wert »Jan 99« ein. Markieren Sie die Zellen *A1:A12* – hier soll die Reihe erscheinen. Über *Bearbeiten/Ausfüllen/Reihe* öffnet Excel die gleichnamige Dialogbox.

Aktivieren Sie in dem Bereich *Reihentyp* die Option *Datum* und in dem Bereich *Zeiteinheit* die Option *Monat*. Nach dem Bestätigen mit *OK* erstellt Excel eine vollständig ausgefüllte Spalte mit den Eintragungen von »Jan 99« bis »Dez 99«.

Unter BM22_13.XLS finden Sie die erzeugte Datenreihe auf der beiliegenden CD.

Bevor wir Ihnen einige Tabellen mit möglichen Datenreihen zeigen, hier noch zwei Tips, wie Sie Datenreihen komfortabel mit Hilfe der Maus erstellen:

- Um Excel einen Anhalt über den Fortgang einer Reihe zu geben, verwenden Sie als Ausgangspunkt zwei markierte Zellen mit Inhalt. In vielen Fällen reagiert Excel dann mit einer korrekten Reihe. Tragen Sie den Wert »Jan 96« in die Zelle »B1« ein. Markieren Sie diese Zelle. Ziehen Sie mit der linken Maustaste das Ausfüllkästchen (das kleine Quadrat in der rechten unteren Ecke der Markierung) bis zur Zelle *B12*. Für jede überstrichene Zelle zeigt Excel eine Monatsbezeichnung unter dem Mauszeiger an. Lassen Sie die Maustaste los – die Funktion *Auto-Ausfüllen* fügt automatisch eine vollständig ausgefüllte Zeile in den überstrichenen Bereich ein.

Verwenden Sie bei Bedarf die [Strg]*-Taste, um andere Zelle mit unverändertem Zellinhalt zu füllen.*

- Tragen Sie den Wert »Jan 96« auch in die Zelle *C1* ein, und markieren Sie sie. Ziehen Sie das kleine Quadrat nun mit der rechten Maustaste bis in die Zelle »C12«. Nach dem Loslassen der Maustaste wird ein Kontextmenü geöffnet. Die enthaltenen Einträge beziehen sich auf das Erzeugen von Datenreihen.

Probieren Sie ruhig einmal einige der zahlreichen Möglichkeiten aus. In verschiedenen Situationen sind sie eine wirkliche Arbeitserleichterung.

Die Zeitreihe

Eine Zeitreihe kann eine von Ihnen festgelegte Fortsetzung von Tagen, Wochen oder Monaten oder sich wiederholende Folgen von Wochentagen, Monatsnamen oder Quartalen enthalten. Die Anfangswerte der Zeiteinheiten in den nachstehenden Tabellen führen z.B. zu den folgenden Reihen.

Zeitreihen-Beispiele

Erste Zelle	Zweite Zelle	Erweiterte Reihen
9:00		10:00, 11:00, 12:00
Mo		Di, Mi, Do
Montag		Dienstag, Mittwoch, Donnerstag
Jan		Feb, Mrz, Apr
Jan	Apr	Jul, Okt, Jan
Jan 96	Apr 96	Jul 96, Okt 96, Jan 97
15. Jan	15. Apr	15. Jul, 15. Okt
1994	1995	1996, 1997, 1998

Lineare und geometrische Reihen

Beim Erstellen einer linearen Reihe vergrößert oder verkleinert Excel die vorliegenden Werte um einen konstanten Wert auf der Grundlage der markierten Startwerte.

Beispiele für lineare Reihen

Erste Zelle	Zweite Zelle	Erweiterte lineare Reihen
1	2	3, 4, 5
1	3	5, 7, 9
100	95	90, 85

Wenn Sie eine geometrische Reihe erstellen, multipliziert Excel die vorliegenden Werte mit einem konstanten Faktor. Aktivieren Sie dazu in der Dialogbox *Reihe* das Kontrollkästchen *Trend*.

Beispiele für geometrische Reihen

Erste Zelle	Zweite Zelle	Erweiterte geometrische Reihen
1	2	4, 8, 16
1	3	9, 27, 81
2	3	4,5, 6,75, 10,125

22.5 Zellen markieren

Markieren, Verschieben und Kopieren von Zellen sind Standard-Aufgaben in Excel. Das Beherrschen der grundlegenden Tabellenoperation ist die Voraussetzung für einen schnellen Arbeitsfortschritt. Vor dem Ausführen der meisten Befehle oder Aufgaben in Excel ist es notwendig, die zu bearbeitenden Zellen zu markieren. Markierte Bereiche werden durch einen blauen Hintergrund und eine Umrahmung in der Tabelle angezeigt. Die einzige Ausnahme bildet die zuerst markierte Zelle: Sie bleibt weiß.

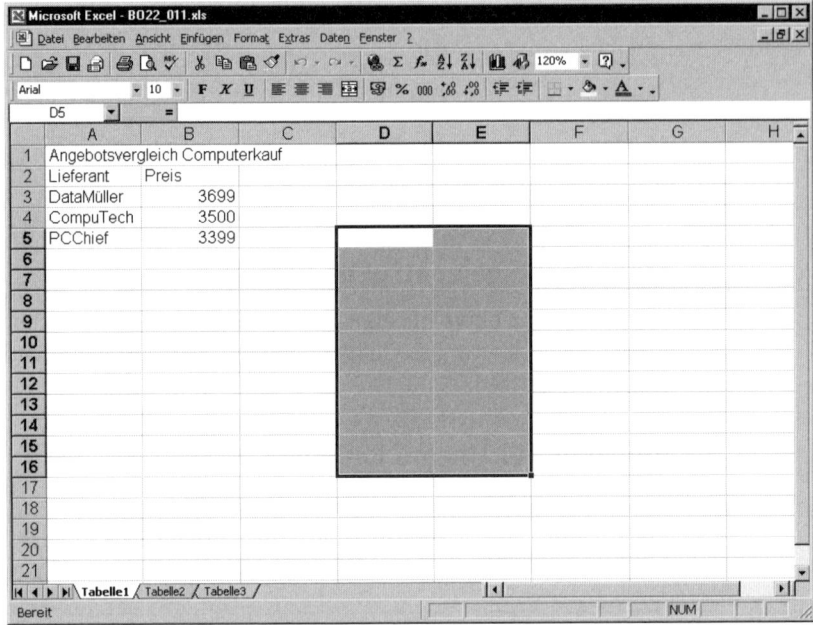

Bild 22.14: Alle markierten Bereiche, bis auf die Zellenmarkierung selbst, sind blau hinterlegt

Es gibt verschiedene Vorgehensweisen, um in Excel Bereiche zu markieren. Die einfachste Möglichkeit haben Sie bereits im vorausgegangenen Kapitel kennengelernt.

 Um die Ausführungen nachzuvollziehen, laden Sie einfach die Arbeitsmappe B022_011.XLS.

Mit einem einfachen Mausklick oder durch Ansteuern über die Richtungstasten setzen Sie den Zellcursor an die gewünschte Stelle und die entsprechende Zelle wird markiert.

Wenn Sie mehrere Zellen markieren wollen, gibt es zwei Möglichkeiten:

⋯⋗ Mausbedienung

Klicken Sie mit der Maus in die erste Zelle des zu markierenden Bereichs, und halten Sie die linke Maustaste gedrückt. Ziehen Sie dann bis zum Endpunkt des zu markierenden Bereichs, und lassen Sie die Maustaste los.

⋯⋗ Tastaturbedienung

Setzen Sie den Zellcursor in die erste Zelle des zu markierenden Bereichs, und halten Sie die ⇧-Taste gedrückt. Bewegen Sie den Zellcursor mit den Richtungstasten zum Endpunkt der zu erstellenden Markierung, und lassen Sie die ⇧-Taste los.

Beide Methoden führen zum gleichen Ergebnis: Excel hinterlegt den gesamten überstrichenen Bereich in blau.

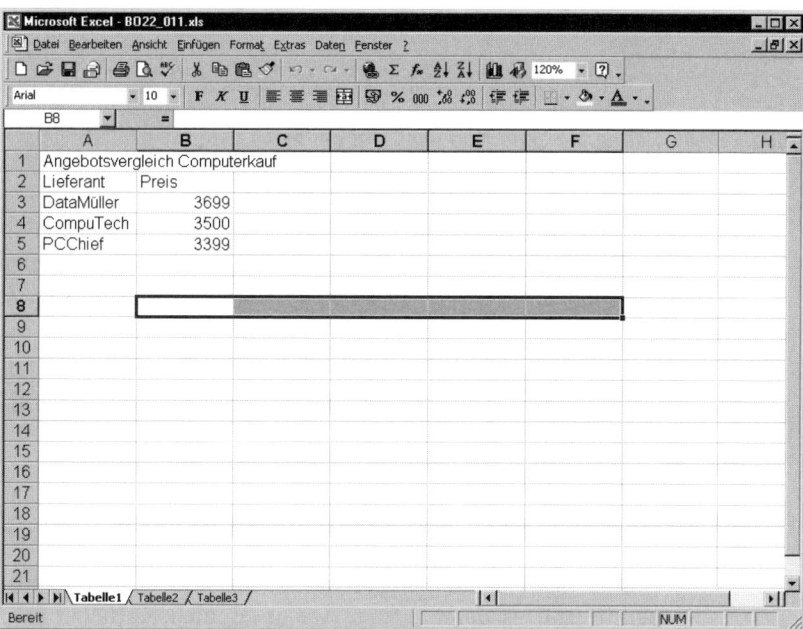

Bild 22.15: Bereiche können per Maus oder mit der Tastatur markiert werden

Tastatur- und Mausbedienung lassen sich kombinieren: Klicken Sie an den Anfangspunkt der Markierung, drücken Sie die ⇧-Taste und klicken dann an das Ende des zu markierenden Bereichs.

Mit Excel lassen sich auch nicht zusammenhängende Bereiche gemeinsam markieren. Halten Sie dazu beim Markieren mit der Maus die Strg-Taste gedrückt und markieren nacheinander alle gewünschten Bereiche.

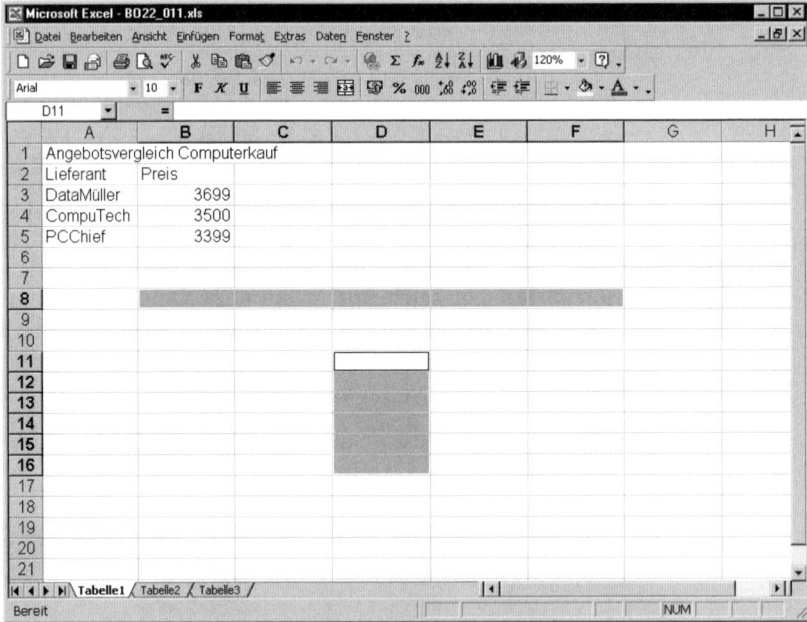

Bild 22.16: Halten Sie beim Markieren mit der Maus die ⌈Strg⌉-Taste gedrückt, um zusätzliche Bereiche in die Markierung aufzunehmen

Um eine Zeile oder Spalte insgesamt zu markieren, klicken Sie mit der Maus in die Spalten- oder Zeilenbeschriftung. Auch hier funktionieren die Sonderfunktionen der ⌈⇧⌉- und ⌈Strg⌉-Tasten – so lassen sich z.B. zwei Zeilen und eine Spalte gemeinsam markieren.

Um die gesamte Tabelle zu markieren, drücken Sie entweder ⌈Strg⌉+⌈A⌉ oder klicken mit der Maus in den Schnittpunkt zwischen der Spalten- und Zeilenbeschriftung.

22.6 Verschieben, Kopieren und Löschen

Unsere Demotabelle sieht etwas in die Ecke gedrängt aus. Im nächsten Schritt soll es daran gehen, sie etwas übersichtlicher zu gestalten. Für Excel selbst spielt der Aufbau einer Tabelle keine Rolle, die Übersichtlichkeit dient nur dem Anwender.

Zellbereiche verschieben

Um einen Bereich zu verschieben, muß dieser markiert sein. Markieren Sie also die Zellen *B3: B5*. Setzen Sie den Mauszeiger an den Rand des markierten Bereiches. Der Mauszeiger verändert sich von der von dem Pluszeichen in einen Pfeil. Ziehen Sie die Markierung auf *C9:C11*. Während der Rahmen verschoben wird, zeigt Ihnen Excel ein kleines Fenster mit der aktuellen Position an. Sobald Sie die Zielposition erreicht haben, lassen Sie den Rahmen los. Die Werte werden sofort an der neuen Stelle angezeigt – diese Funktion von Excel wird Drag&Drop genannt.

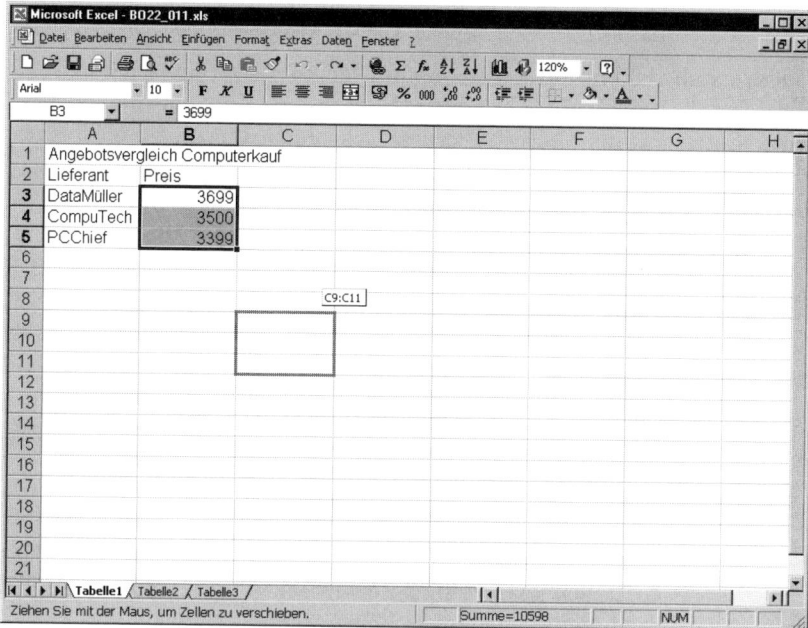

Bild 22.17: Markierte Zellen lassen sich einfach mit der Maus verschieben

Um die Tabelle fertigzustellen, führen Sie die folgenden Arbeitsschritte durch:

- Ziehen Sie den Inhalt der Zelle *A3* nach *B3*.
- Ziehen Sie den Inhalt der Zelle *A4* nach *C3*.
- Ziehen Sie den Inhalt der Zelle *A5* nach *D3*.
- Ziehen Sie den Inhalt der Zelle *A2* nach *A3*.
- Ziehen Sie den Inhalt der Zelle *B2* nach *A4*.
- Ziehen Sie den Inhalt der Zelle *C9* nach *B4*.
- Ziehen Sie den Inhalt der Zelle *C10* nach *C4*.
- Ziehen Sie den Inhalt der Zelle *C11* nach *D4*.

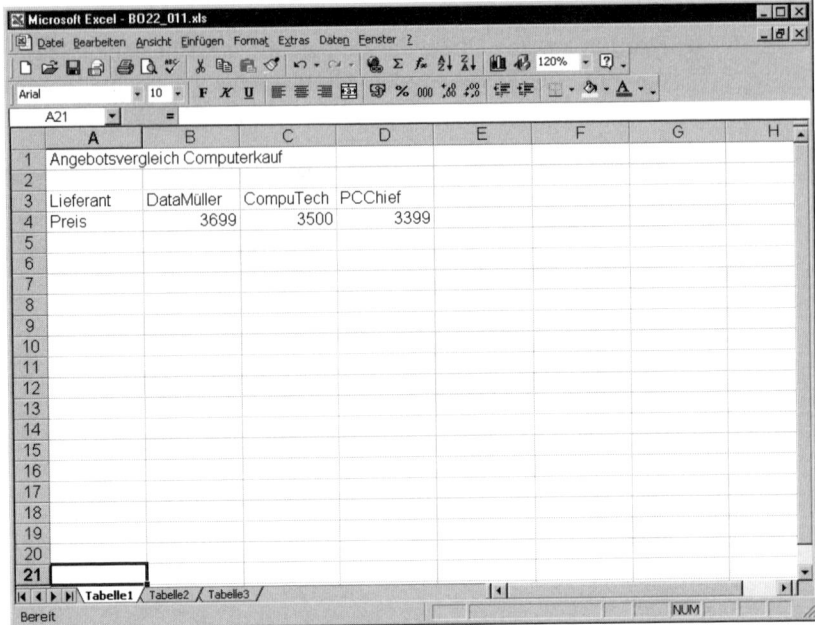

Bild 22.18: So sieht die Tabelle nach dem Bearbeiten aus

Beim Verschieben sind Sie nicht an das aktuelle Tabellenblatt gebunden: Zusätzlich können die Daten zwischen unterschiedlichen Blättern oder sogar Arbeitsmappen verschoben werden.

Markieren Sie die zu verschiebenden Zellen. Ziehen Sie die Markierung bei gedrückter (Alt)-Taste über die Tabellenregister – Excel öffnet automatisch die überstrichenen Tabellenblätter – an die neue Position. An der Zielposition lassen Sie den Rahmen los. Die Werte erscheinen sofort an der neuen Stelle.

Um Daten zwischen verschiedenen Arbeitsmappen zu verschieben, sollten Sie zuvor beide Fenster über *Fenster/Anordnen* neben- oder übereinander anordnen. Markieren Sie die zu verschiebenden Zellen, und ziehen Sie die Markierung an die neue Position.

Zellbereich kopieren

Das Kopieren von einzelnen Zellen oder ganzen Zellbereichen ähnelt der Vorgehensweise beim Verschieben. Grundlage ist wieder die Markierung der entsprechenden Zellen. Rufen Sie dann das Menü *Bearbeiten/Kopieren* auf, oder klicken Sie auf das Symbol *Kopieren* in der Symbolleiste *Standard*.

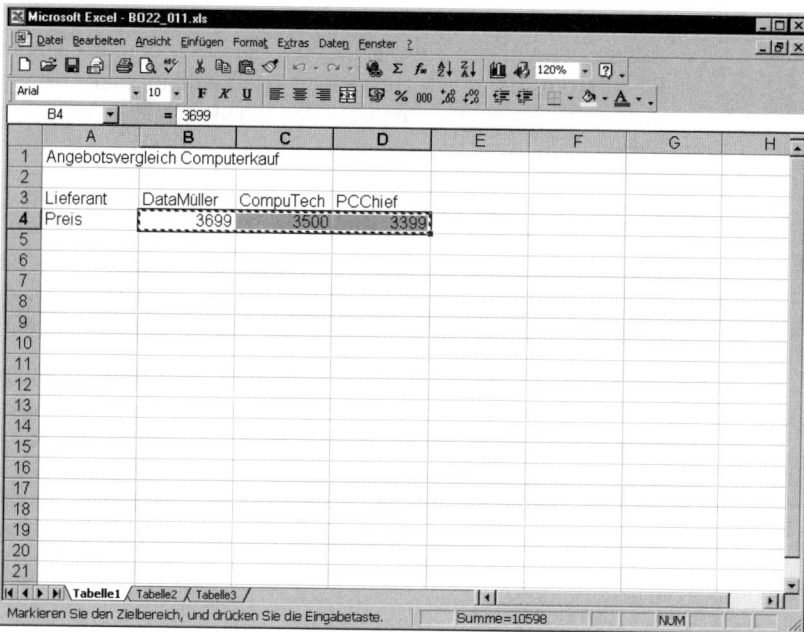

Bild 22.19: Excel hebt die Zellen, die sich als Kopie in der Zwischenablage befinden, mit einem gestrichelten Rahmen hervor

Der kopierte Bereich wird von Excel durch eine gestrichelte Markierung hervorgehoben. Klicken Sie jetzt auf den Zielpunkt, und rufen Sie den Befehl *Bearbeiten/Einfügen* auf. Alternativ können Sie auch auf das Symbol *Einfügen* klicken oder die Tastenkombination [Strg]+[V] benutzen. Der Inhalt der Zwischenablage wird an dieser Stelle eingefügt. Die Markierung bleibt für weitere Kopiervorgänge bestehen.

Excel kopiert die kompletten Zellen mit allen Formatierungen – und nicht nur die Inhalte.

Neu in der vorliegenden Version von Office ist die Symbolleiste *Zwischenablage*, auf die Sie auch in Excel zurückgreifen können. Halten Sie dazu die Tastenkombination [Strg]+[C] einen Moment lang gedrückt, bis die Symbolleiste zu sehen ist. Ausführliche Informationen zum Arbeiten mit diesen neuen Hilfsmitteln finden Sie in Kapitel 4.

Sie können auch per Drag&Drop kopieren. Dazu müssen Sie beim Verschieben eines markierten Bereichs lediglich die [Strg]-Taste gedrückt halten. Dabei erscheint ein kleines Plus-Zeichen am Mauszeiger.

Zellen lassen sich ebenfalls zwischen verschiedenen Tabellenblättern oder Arbeitsmappen kopieren. Markieren Sie die Zellen, die kopiert werden sollen. Halten Sie [Strg] (erzeugen einer Kopie) und [Alt] gedrückt, und ziehen Sie die Markierung über das Tabellenregister auf das neue Tabellenblatt.

Einfügen statt überschreiben

Standardmäßig werden beim Verschieben alle Daten im Zielbereich überschrieben. Um dies zu verhindern, können Sie die bisherigen Daten im Zielbereich nach unten oder rechts schieben und erst dann die Daten einfügen:

Markieren Sie zunächst die zu verschiebenden Daten. Ziehen Sie den markierten Bereich bei gedrückter [⇧]-Taste an die neue Position. In Abhängigkeit von der aktuellen Position des Mauszeigers erscheint jetzt ein senkrechter bzw. waagerechter Strich und die Angabe des belegten Bereichs. Wenn Sie die Daten am waagerechten Strich einfügen, werden die vorhandenen Zellen nach unten geschoben. Beim Einfügen am senkrechten Strich schiebt Excel vorhandenen Daten weiter nach rechts.

Wenn Sie die [Strg]+[⇧] beim Ziehen gedrückt halten, erstellt Excel eine Kopie des markierten Zellbereichs und fügt diese Kopie nach dem Loslassen der Maustaste ein.

Löschen

Wenn Sie bestimmte Zellinhalte nicht mehr benötigen, dann markieren Sie die zu löschenden Zellen. Öffnen Sie das Menü *Bearbeiten/Löschen*. Das darauf erscheinende Untermenü bietet folgende Einträge:

⇢ Alles
  Löscht den gesamten Zellinhalt.

⇢ Formate
  Entfernt ausschließlich die Formate. Inhalte oder Kommentare bleiben erhalten.

⇢ Inhalte
  Löscht lediglich die in den Zellen enthaltenen Daten, die Formate bleiben erhalten.

⇢ Kommentare
  Ein vorhandener Kommentar wird entfernt.

Mit der [Entf]-Taste oder der [←]-Taste löschen Sie die Inhalte von markierten Zellen.

22.7 Inhalte einfügen

Der Menüpunkt *Bearbeiten/Inhalte einfügen* bietet Ihnen die Möglichkeit, den Inhalt der Zwischenablage in Ihr Tabellenblatt einzufügen. Hier muß zwischen Daten aus anderen Anwendungen und Daten aus Excel unterschieden werden.

Daten aus Excel

Sobald Sie Bereiche aus einer Excel-Tabelle in die Zwischenablage kopiert haben, ruft der Befehl *Bearbeiten/Inhalte einfügen* eine Dialogbox auf, in der Sie festlegen können, wie der Inhalt der Zwischenablage in Ihre Tabelle übernommen werden soll.

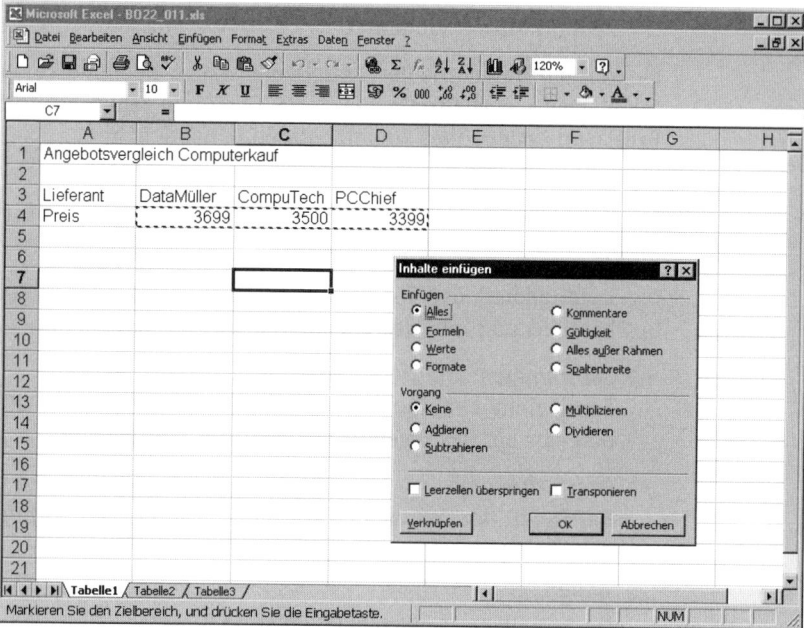

Bild 22.20: Die Dialogbox Inhalte einfügen *legt fest, wie der Inhalt der Zwischenablage in die Zielzellen gelangt*

Die Dialogbox gliedert sich in die beiden Bereiche *Einfügen* und *Operation*. Die Optionen des Bereichs *Einfügen* im einzelnen:

⋯➢ *Alles*
 Fügt alle Zellinhalte und -formatierungen an der neuen Position ein.

⋯➢ *Formel*
 Nur die in der Bearbeitungsleiste eingegebenen Formeln werden eingefügt.

⋯▸ *Werte*
Fügt nur die Werte des kopierten Bereichs an der neuen Position ein. Formeln und Zellformatierungen werden nicht mit übertragen.

⋯▸ *Formate*
Mit dieser Option übernimmt Excel nur die Zellformatierungen des kopierten Bereichs an die neue Position.

⋯▸ *Kommentare*
Lediglich die Kommentare werden übernommen.

⋯▸ *Gültigkeit*
Übernimmt die Regeln der Gültigkeitsprüfung an der Einfügeposition.

⋯▸ *Alles außer Rahmen*
Alle Zellinhalte und -formate mit Ausnahme der Rahmen werden an der neuen Position eingefügt.

Sie können Daten aus der Zwischenablage in Bereiche kopieren, in denen schon Werte enthalten sind. Unter *Operation* legen Sie fest, ob und wie Excel vorhandene und kopierte Daten behandeln soll:

⋯▸ *Keine*
Der bisherige Inhalt des Einfügebereichs wird überschrieben.

⋯▸ *Addieren*
Excel addiert den Inhalt der Zwischenablage zum Inhalt des Einfügebereichs und gibt das Ergebnis im Einfügebereich aus.

⋯▸ *Subtrahieren*
Excel zieht den Inhalt der Zwischenablage vom Inhalt des Einfügebereichs ab. Das Ergebnis erscheint im Einfügebereich.

⋯▸ *Multiplizieren*
Der Inhalt der Zwischenablage und der Inhalt des Einfügebereichs werden multipliziert.

⋯▸ *Dividieren*
Der Inhalt des Einfügebereichs wird durch den Inhalt der Zwischenablage geteilt.

Durch Aktivieren des Kontrollkästchens *Leerzellen überspringen* vermeiden Sie, daß der Einfügebereich mit leeren Zellen aus der Zwischenablage überschrieben wird.

Eine Besonderheit bietet Ihnen das Kontrollkästchen *Transponieren*: Kopierte Spalten werden so als Zeile, kopierte Zeilen als Spalte eingefügt.

Um den Zwischenablageinhalt mit den gewählten Einstellungen einzufügen, klicken Sie auf *OK*. Die Schaltfläche kopiert den Inhalt der Zwischenablage ebenfalls an die neue Position und verbindet Quell- und Zielbereich dynamisch miteinander. Änderungen im Quellbereich werden dann sofort im Einfügebereich wirksam.

Daten aus anderen Anwendungen

Sobald sich Daten aus anderen Programmen in der Zwischenablage befinden, können Sie über *Bearbeiten/Inhalte einfügen* eine OLE-Verbindung zwischen dem Quellprogramm und Excel herstellen. Die angebotenen Einfügeformate richten sich nach der Datenherkunft. Das Thema OLE-Verknüpfung ist ausführlich im Kapitel 4 beschrieben.

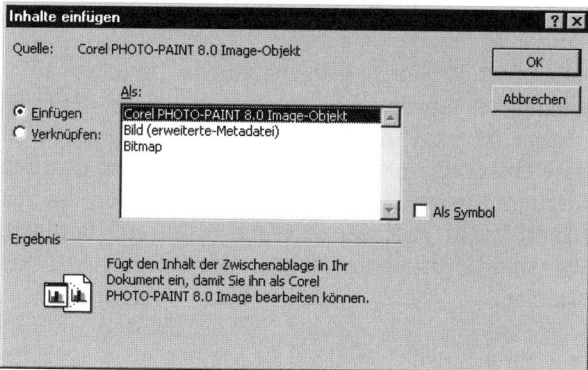

Bild 22.21: Über den Dialog Inhalte einfügen *können Objekte aus der Zwischenablage als OLE-Objekt in die Tabelle mit aufgenommen werden*

23. Formeln und Zellbezüge

Die Stärken von Excel liegen in der Berechnung von Werten auf der Basis anderer errechneter Werte. Dieses Kapitel beschäftigt sich mit der Eingabe von Formeln und allem, was damit zusammenhängt.

23.1 Absolute und relative Zellbezüge

Ein Tabellenblatt ist durch Gitternetzlinien in Zellen aufgeteilt. In den Spaltenköpfen der Tabelle sehen Sie Buchstaben und als Zeilenbezeichnung Zahlen. Damit ist Excel in der Lage eine Zelle eindeutig zu identifizieren. Die Adresse einer Zelle gibt die Position der Zelle auf dem Tabellenblatt an: Der Zellbezug *A1* verweist auf den Schnittpunkt von der Spalte A und der Zeile 1. Excel kennt zwei verschiedene Arten von Bezügen. Beide Arten haben Vor- und Nachteile und sollten dementsprechend nach Bedarf verwendet werden.

 Als Vorbereitung öffnen Sie die Datei BO23_001.XLS von der Buch-CD.

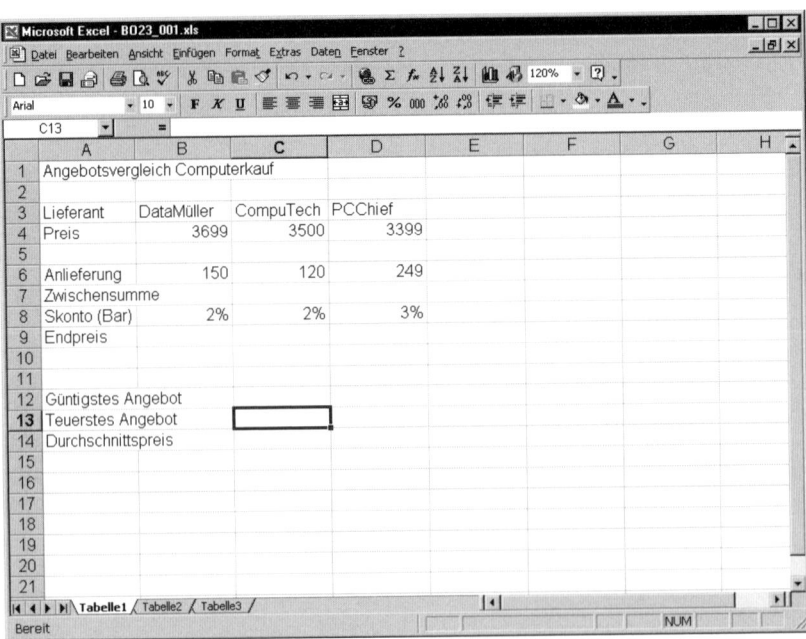

Bild 23.1: Diese Tabelle dient als Ausgangsbasis für die Arbeit mit Formeln und Zellbezügen

Relative Bezüge

Relative Bezüge geben immer die Position einer anderen Zelle relativ zur der Zelle an, wo sie definiert wurden. Probieren Sie dies gleich aus, solange der Satz noch wirkt. Falls noch nicht geschehen, öffnen Sie die Arbeitsmappe B023_001.XLS. Setzen Sie den Zellcursor in die Zelle *C16* und geben Sie »=C4« ein.

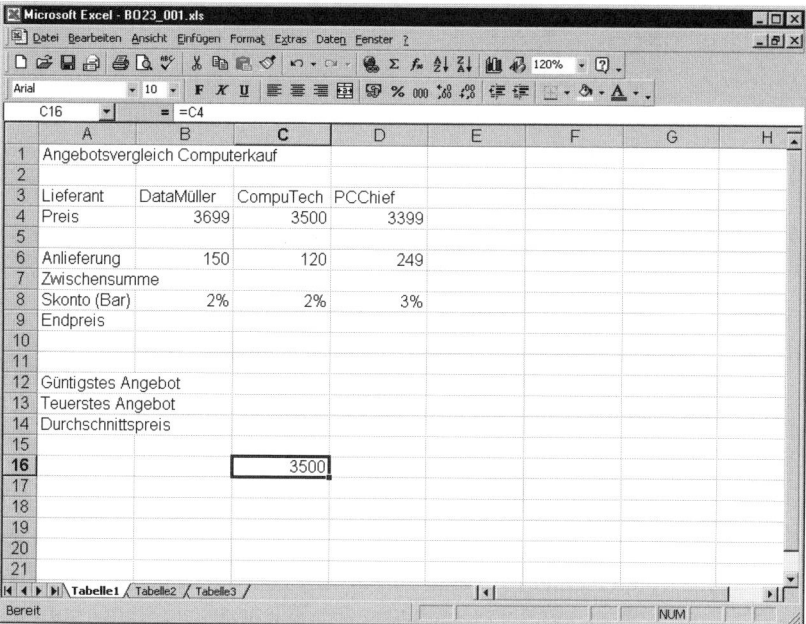

Bild 23.2: Der relative Bezug »=C4« verweist auf die Zelle mit dem Angebotspreis von CompuTech

Sie sehen in der Zelle *C16* den Wert der Zelle *C4*. In der Bearbeitungsleiste steht aber die eingegebene Formel »=C4«. Excel erkennt an dem Gleichheitszeichen, daß es sich um eine Formel handelt und interpretiert den Zellinhalt als Rechenvorschrift mit Zellbezügen. Kopieren Sie die Zelle *C16* in die Zelle *D16*.

Ein Blick in die Bearbeitungsleiste bringt Licht ins Dunkel: Dort steht »=D4« und nicht mehr »=C4«. Excel hat beim Kopieren den relativen Bezug angepaßt. Der Zellinhalt wurde um eine Zelle nach rechts übertragen, der Zellbezug ebenfalls um eine Zelle nach rechts verändert.

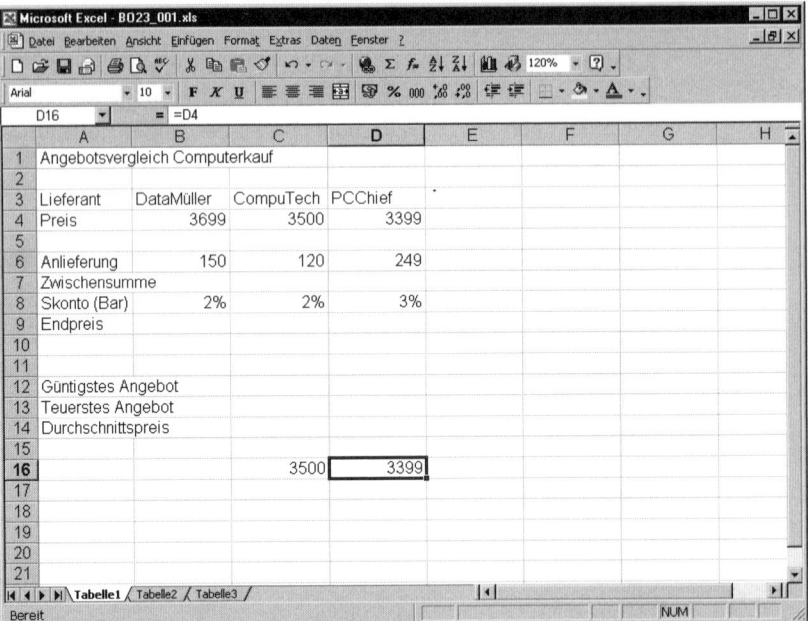

Bild 23.3: Der relative Bezug weist jetzt auf den Angebotspreis des Lieferanten PCChief

Absolute Bezüge

Einen absoluten Zellbezug verwenden Sie, wenn sich die Bezüge beim Kopieren einer Formel in eine andere Zelle nicht verändern sollen. Dazu schreiben Sie vor die festzuhaltenden Teile des Zellbezuges ein Dollarzeichen ($). Der absolute Bezug auf die Zelle B5 lautet z.B. »=$B$5«. In welche Zelle Sie diese Formel auch kopieren, in allen Zielzellen erscheint die – nicht veränderte – Formel =$B$5. Absolute Bezüge geben also immer die Position einer Zelle bezogen auf eine Tabelle an. Anders als bei relativen Adressierungen paßt Excel die Zellbezüge beim Verschieben oder Kopieren der Zellinhalte nicht an. Tragen Sie in das Feld *C17* den Wert »=$C$4« ein.

Der Unterschied zu relativen Zellbezügen zeigt sich erst, wenn Sie den Zellinhalt an eine andere Stelle der Tabelle kopieren oder verschieben. Kopieren Sie die Zelle *C17* nach *D17*.

Formeln und Zellbezüge

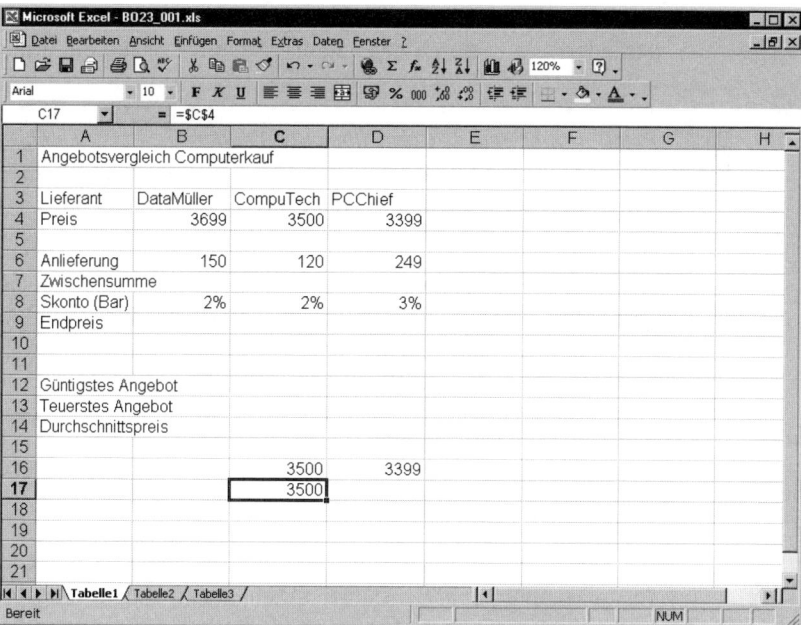

Bild 23.4: In diesem Beispiel verweist der absolute Zellbezug – erkennbar an dem $-Zeichen – auf die Zelle C14 und gibt das richtige Ergebnis aus

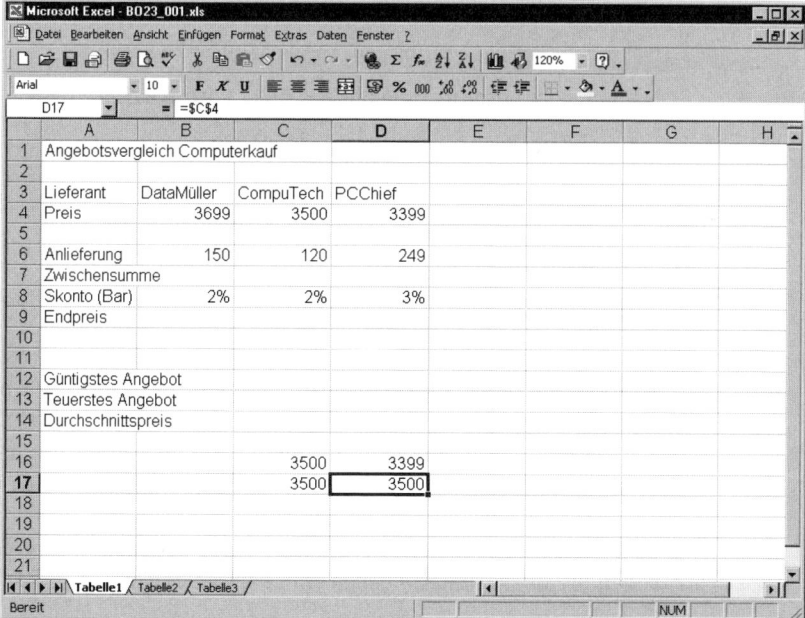

Bild 23.5: Der absolute Bezug verweist auch nach dem Kopieren auf den Preis des Lieferanten CompuTech

Schauen Sie wieder in die Bearbeitungsleiste. Excel hat den Wert nicht verändert, da er durch das »$« als absoluter Bezug erkannt wurde.

 Excel erlaubt relative und absolute Zellbezüge in einer Formel beliebig zu mischen: Beim Kopieren des Zellbezugs »=C$4« paßt Excel lediglich die Zeilennummer an – die Spalte bleibt unverändert.

Absolute Bezüge eignen sich hervorragend, wenn mit allgemeinen Faktoren gerechnet werden soll. Ein Beispiel stellt die Zinskalkulation dar: Beim Berechnen der monatlichen Raten wird auf eine absolute Zelle Bezug genommen. Wenn sich der Wert in dieser Zelle ändert, paßt Excel automatisch alle Ratenberechnungen an – auf diese Weise lassen sich unterschiedliche Zinssätze durch Veränderung nur einer Zelle ausrechnen.

Bezugsart umschalten

Die Bezugsart relativer oder absoluter Zellbezug ist nicht unveränderlich. Anstelle zum Wechseln immer einen neuen Bezug eingeben zu müssen, benutzen Sie die Taste [F4] zum Wechseln der Bezugsart. Setzen Sie dazu den Zellcursor auf die Zelle in der Sie die Bezugsart wechseln wollen und wechseln Sie mit [F2] in den Editiermodus. Drücken Sie [F4] – Excel ändert den Zellbezug. Dabei hält Excel sich an eine festgelegte Abfolge mit der Sie die Bezugsart zyklisch umschalten:

- aus dem relativen Bezug »=A2« wird »=$A$2«
- aus dem absoluten Bezug »=$A$2« wird »=A$2«
- aus dem Bezug »=$A$2« wird »=A$2«
- aus dem Bezug »=A$2« wird »=$A2«
- aus dem Bezug »=$A2« wird »=A2«

Bezüge durch Zeigen festlegen

Die manuelle Eingabe des Zellbezugs mag bei einer kleinen Tabelle noch zweckmäßig sein – sobald Sie mit umfangreichen Tabellen arbeiten, erweist sich dieses Verfahren als ausgesprochen fehlerträchtig und zeitaufwendig. Schneller zum Ziel kommen Sie, indem Sie den Zellbezug nicht eingeben, sondern durch Zeigen mit der Maus festlegen. Setzen Sie den Zellcursor in Zelle *B16* und geben Sie ein Gleichheitszeichen ein. Excel erwartet nach dem Gleichheitszeichen die Eingabe eines Zellbezugs – in der Statuszeile sehen Sie die Aktion *Eingeben*. Klicken Sie auf die Zelle *B4*.

Formeln und Zellbezüge

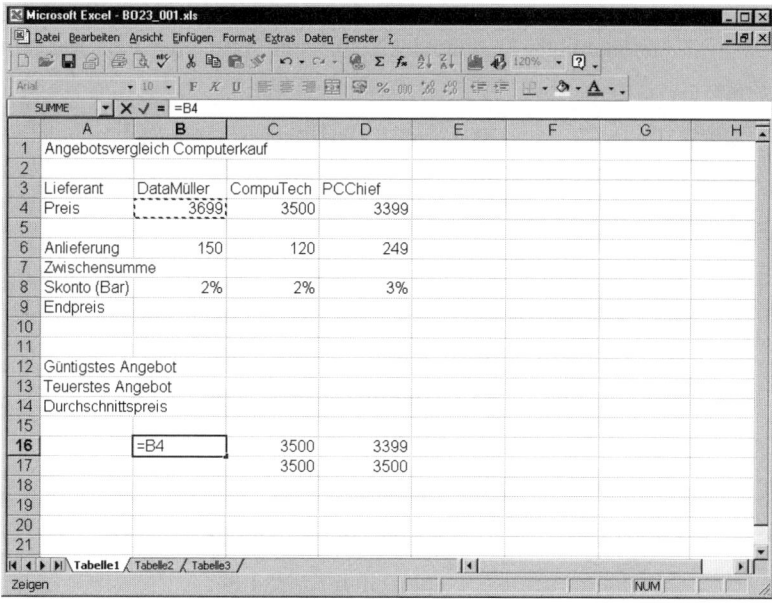

Bild 23.6: Excel übernimmt die Adresse der angeklickten Zelle als Zellbezug bei der Formeleingabe

Excel erkennt, daß Sie durch Zeigen einen Zellbezug festlegen und übernimmt die Adresse der angeklickten Zelle als Bezug in die aktuell bearbeitete Formel. Beenden Sie die Eingabe mit ⏎.

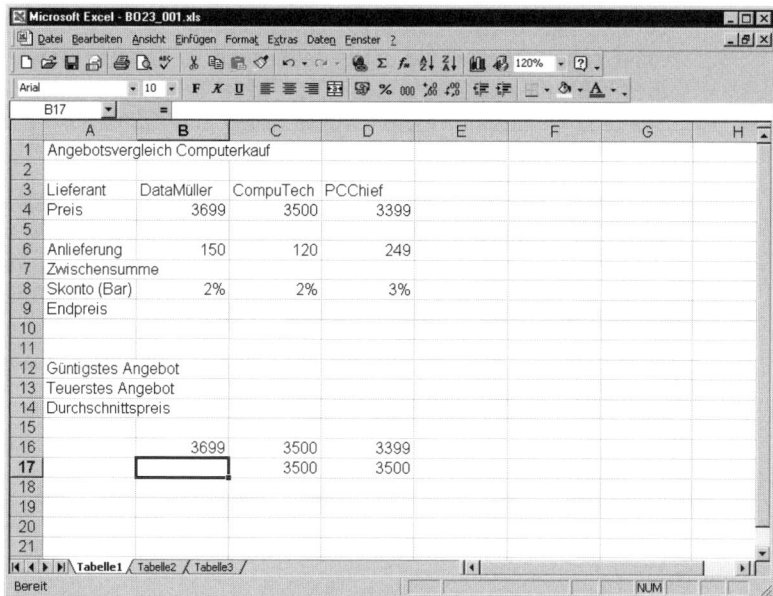

Bild 23.7: Nach dem Bestätigen sehen Sie das richtige Ergebnis in Zelle B16

421

Das Festlegen eines Zellbezugs durch Zeigen ist die Standardarbeitsweise, die manuelle Eingabe des Zellbezugs stellt eher eine Ausnahme dar.

 Wenn Sie einen absoluten Zellbezug durch Zeigen festlegen wollen, erstellen Sie zunächst den relativen Zellbezug und drücken dann die Taste ⌜F4⌝ zum Umschalten der Bezugsart.

Bei den Zellbezügen verwendet Excel eine einheitliche Schreibweise mit der Sie eine einzelne Zelle, mehrere Zellen oder Bereiche ansprechen.

Zellbezug	Verweist auf
B1	Zelle *B1*.
B1:B4	Den zusammenhängenden Bereich von *B1* bis *B4* (Zellen *B1*, *B2*, *B3* und *B4*).
B1;B4	Die Zellen *B1* und *B4*.
B1:B3,B5	Den zusammenhängenden Bereich von *B1* bis *B3* und Zelle *B5*.

Bezüge zu anderen Tabellenblättern

Mit Zellbezügen geben Sie die Position der zu berechnenden Zellen an. Diese müssen nicht zwangsläufig auf dem gleichen Tabellenblatt wie die Formel liegen. Excel unterstützt Zellbezüge zu anderen Tabellenblättern einer Arbeitsmappe und sogar Zellbezüge zu anderen Arbeitsmappen. Um diesen Bezug auszuwerten, benötigt Excel neben den Angaben zu Zeile und Spalte noch die Information, auf welchem Tabellenblatt oder welcher Arbeitsmappe die Informationen zu finden sind.

Wechseln Sie zum Tabellenblatt *Tabelle 2* und setzen Sie den Zellcursor in Zelle *C3*. Geben Sie ein Gleichheitszeichen ein. Excel erwartet nach dem Gleichheitszeichen wie gewohnt die Eingabe eines Zellbezugs. Diesen Zellbezug können Sie entweder manuell oder schneller durch Zeigen festlegen: Klicken Sie auf das Register *Tabelle 1*. Excel markiert das angeklickte Tabellenregister zusätzlich und wechselt zum gewünschten Tabellenblatt. Legen Sie den Zellbezug mit einem Klick in Zelle *C3* fest.

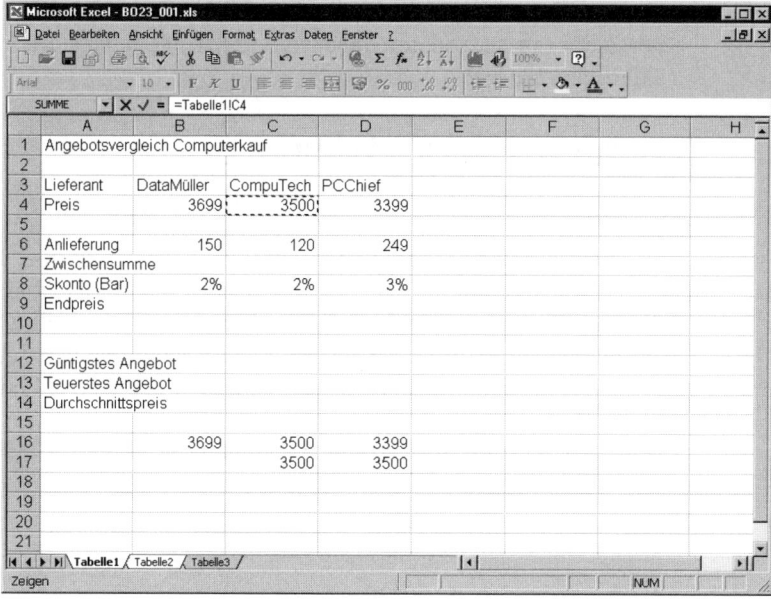

Bild 23.8: Der Zellbezug zu einem anderen Tabellenblatt ist am Blattnamen in der Bearbeitungsleiste zu erkennen

In der Bearbeitungsleiste sehen Sie den einzufügenden Bezug »=Tabelle1!C4«. Beenden Sie die Eingabe mit ⏎. Excel wechselt zurück zum bearbeiteten Tabellenblatt und übernimmt den Zellbezug in die Formel.

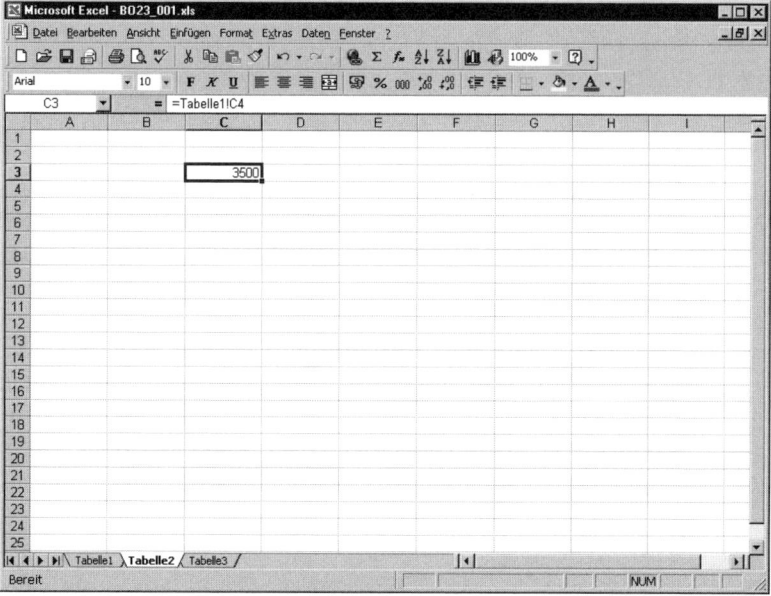

Bild 23.9: Nach dem Bestätigen sehen Sie das richtige Ergebnis in Zelle C3

In der Zelle sehen Sie den Inhalt der Zelle *C4* des Tabellenblatts *Tabelle 1*. Der Zellbezug zu anderen Tabellenblättern hat immer die folgende Form: »*Blattname!Bezug*«.

Bezüge zu anderen Arbeitsmappen

Zellbezüge zu anderen Arbeitsmappen erstellen Sie prinzipiell nach der gleichen Methode: Öffnen Sie die Tabelle, auf die der Bezug verweisen soll. Wechseln Sie über das Menü *Fenster* zur Tabelle, in der der Bezug erscheinen soll. Markieren Sie die Zelle und geben Sie ein Gleichheitszeichen ein. Wechseln Sie zur Tabelle, auf die der Bezug verweisen soll und klicken Sie auf die Zielzelle. In der Bearbeitungsleiste sehen Sie den Zellbezug in der Form »*[Tabellenname]<Blattname>!<Bezug>*«. Beenden sie mit ⏎.

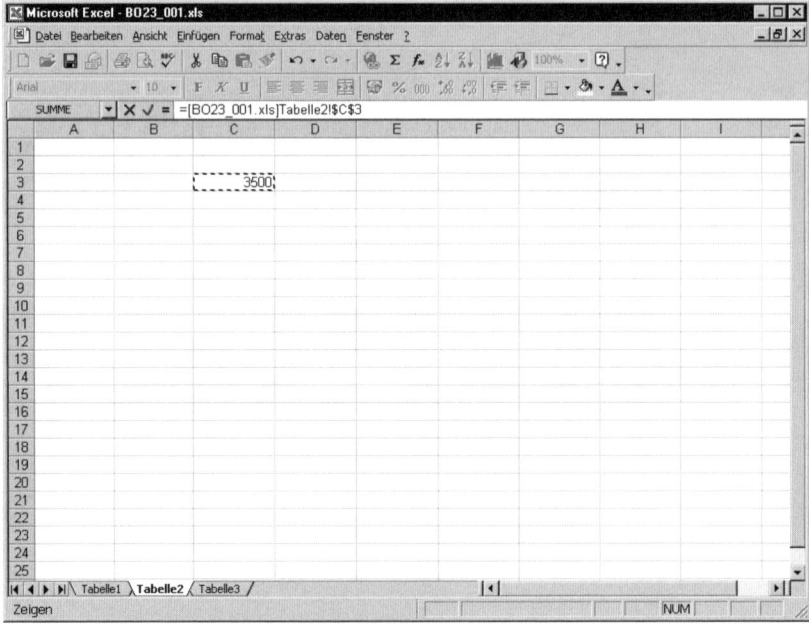

Bild 23.10: Nach dem Bestätigen sehen Sie das richtige Ergebnis und den externen Zellbezug in der Bearbeitungsleiste

Beim Speichern und Schließen der Tabellen wandelt Excel den externen Zellbezug um und ergänzt den Tabellennamen um die Pfadangabe zur ausgewählten Tabelle. Wenn Sie die Tabelle mit dem externen Bezug erneut öffnen, erkennt Excel den externen Bezug und zeigt eine Abfrage ob die Verknüpfung zu externen Daten aktualisiert werden soll.

Formeln und Zellbezüge

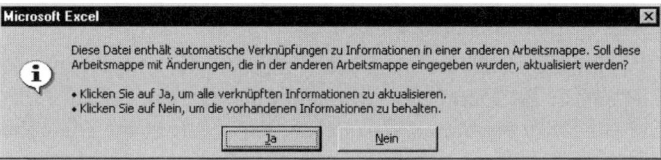

Bild 23.11: Beim Öffnen von Arbeitsmappen mit externen Zellbezügen fragt Excel nach ob die Verknüpfung aktualisiert werden soll

Klicken Sie auf *Ja*, um die Werte mit der externen Tabelle abzugleichen. *Nein*, öffnet die Arbeitsmappe ohne zu prüfen, ob der bezogenen Zellinhalt verändert wurde.

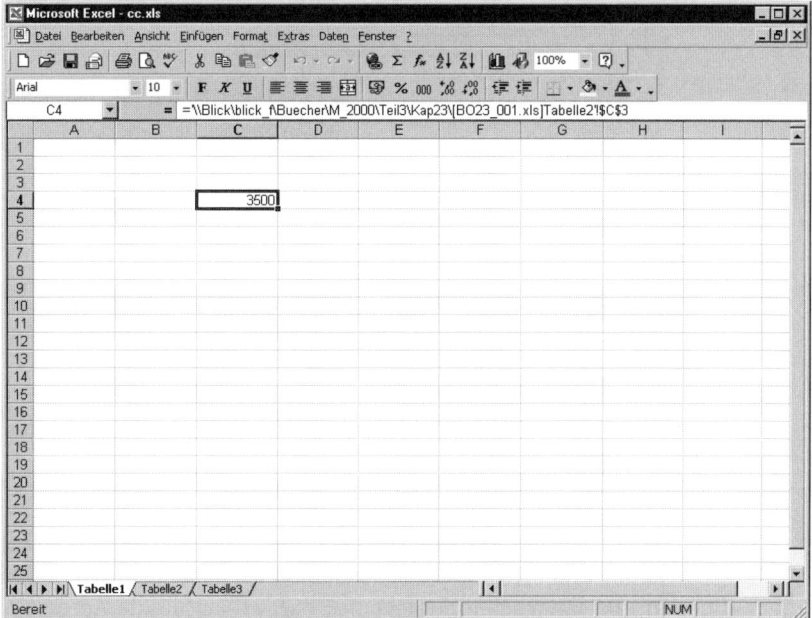

Bild 23.12: Nach dem Öffnen einer Arbeitsmappe mit externen Zellbezügen sehen Sie in der Bearbeitungsleiste die genaue Pfadangabe der Tabelle auf die der Bezug verweist

23.2 Bereiche benennen

Excel verfügt auch über Programmroutinen, mit denen Bereiche einer Tabelle mit einem Namen versehen werden. Über die Angabe des Bereichsnamens sprechen Sie dann den gesamten benannten Bereich an. Diese Namen erleichtern zum einen das Zurechtfinden in umfangreichen Tabellen. Zum anderen lassen sich so komfortabel Zellbezüge erstellen. In allen Formeln, die sich auf diesen Bereich beziehen, wird einfach der Name als Basis angegeben. So werden große Tabellen und Formeln übersichtlich, denn auch ein anderer Bearbeiter versteht sofort, was hinter dem Namen für Werte in den Formeln stehen.

Bereichsnamen vergeben

Um einen Bereich zu benennen, müssen die entsprechenden Zellen markiert sein. Markieren Sie in unserer Tabelle die Zellen *B3:D4*, und klicken Sie auf *Einfügen/Name/Definieren*. Excel öffnet die Dialogbox *Namen definieren*.

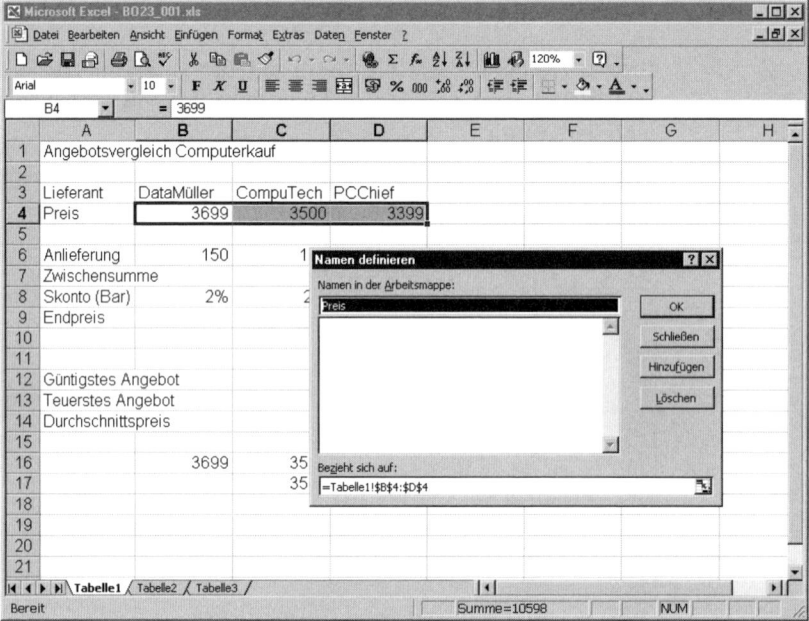

Bild 23.13: In der Dialogbox Namen definieren *benennen Sie markierte Tabellenbereiche*

Direkt vor der aktuellen Markierung steht »Preis«. Excel hat den Text erkannt und bietet diese Bezeichnung als Namen für den markierten Bereich an. Im Eingabefeld *Bezieht sich auf:* sehen Sie die Adresse des markierten Bereichs.

 Excel unterstützt auch benannte Bereichsnamen über mehrere Tabellen hinaus.

Akzeptieren Sie den Vorschlag von Excel mit einem Klick auf *Hinzufügen*. Der Name wird in das Listenfeld übernommen und steht dadurch zur Verfügung. Schließen Sie das Fenster über die Schaltfläche *OK*.

 Das Namenfeld links in der Bearbeitungsleiste können Sie auch nutzen um Bereiche zu benennen. Markieren Sie dazu den zu benennenden Bereich, und geben Sie im Namensfeld die gewünschte Bezeichnung ein.

Bereichsnamen verwenden

An einem kleinen Beispiel sehen Sie, wie komfortabel die Anwendung von Bereichsnamen ist. Setzen Sie den Zellcursor in die Zelle *F16*. Wählen Sie *Bearbeiten/Gehe zu*. Excel öffnet die gleichnamige Dialogbox.

 Die Tastenkombination Strg+G *öffnet ebenfalls die Dialogbox* Gehe zu.

Im Listenfeld *Gehe zu* sehen Sie Namen *Preis*, markieren Sie den Namen, und bestätigen Sie die Auswahl mit *OK*. Excel schließt die Dialogbox und markiert den ausgewählten Bereich.

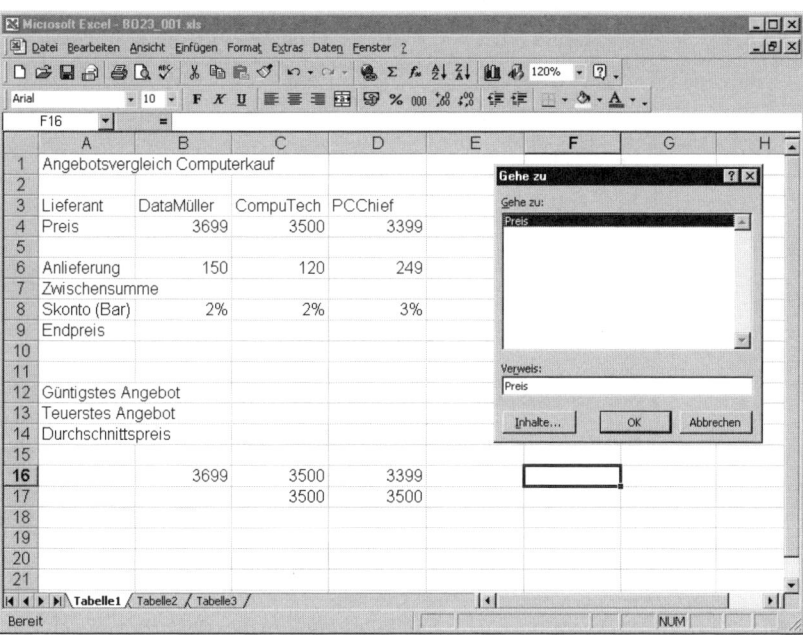

Bild 23.14: Die benannten Zellbereiche sind in der Dialogbox Gehe zu *enthalten.*

Noch etwas schneller geht es über das *Namenfeld* links in der Bearbeitungsleiste. Setzen Sie den Zellcursor zurück in die Zelle *F16*. Klicken Sie auf den abwärtsgerichteten Pfeil, um das Listenfeld zu öffnen, und wählen Sie den Eintrag *Preis* aus. Wieder markiert Excel den angegebenen Bereich.

Speichern Sie die Arbeitsmappe unter dem Namen PCKAUF.

 Der aktuelle Bearbeitungsstand ist in der Tabelle B023_014.xls auf der Buch-CD festgehalten

23.3 Formeln eingeben

Alle Formeln haben denselben Aufbau. Jede Formel beginnt mit einem Gleichheitszeichen. Daran erkennt Excel, daß es sich um eine Formel handelt. Danach stehen die Operanden in Verbindung mit den eventuell benötigten Operatoren. Ein Operand kann ein beliebiger Wert sein, ob es sich nun um eine Zahl, einen Bezug oder einen Namen handelt, ist dem Berechnungsmodul erst einmal egal. Tragen Sie in das Feld *C18* die Formel »=Hallo« ein. Sogar diese Eingabe versucht Excel auszurechnen. Excel sucht nach einem benannten Zellbereich mit dem Namen »Hallo«. Da dieser Bereich nicht in der Tabelle zu finden ist, gibt Excel eine Fehlermeldung aus. In der Bearbeitungszeile steht dennoch die Original-Eingabe.

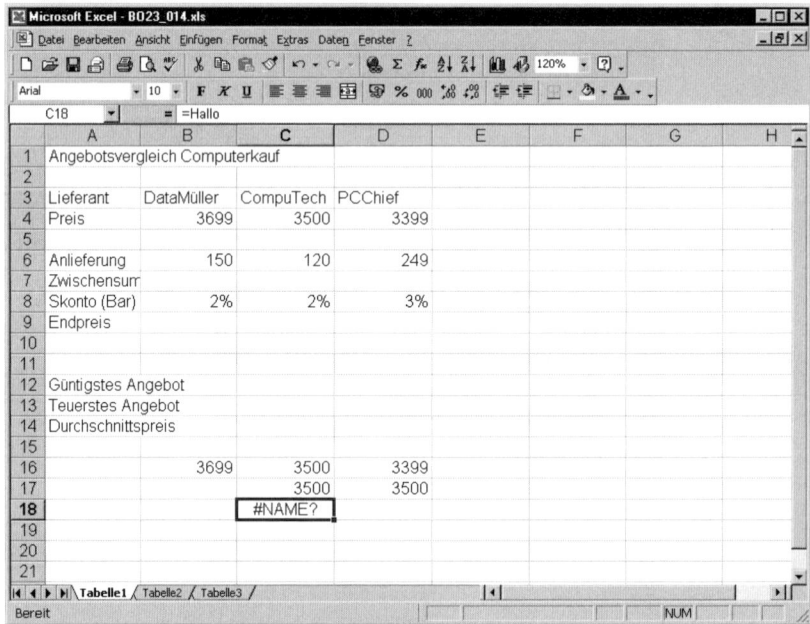

Bild 23.15: *Excel sucht nach dem Namen »Hallo« in den Definitionen der Namenszuordnung, findet ihn aber nicht. Daraus resultiert die Fehlermeldung #NAME?*

Formeln werden immer von links nach rechts abgearbeitet. Dabei beachtet Excel mathematische Regeln, rechnet z.B. Punkt- vor Strichrechnung und berücksichtigt Klammerebenen. Tragen Sie in das Feld *B7* der Tabelle die Formel »=Summe(B4;B6)« ein. Die Funktion *Summe* wird von Excel zur Verfügung gestellt und addiert die angegebenen Werte.

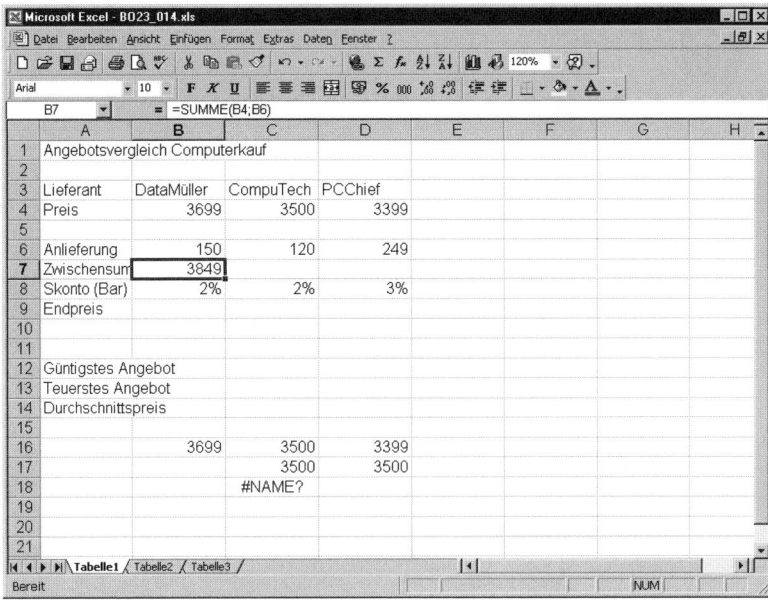

Bild 23.16: Ergebnis der Berechnung ist tatsächliche Gesamt-Preis des Lieferanten DataMüller

Ihnen ist sicher aufgefallen, daß wir relative Formeln benutzt haben. Das hat in diesem Fall den Vorteil, daß wir einfach die Zelle nach *C7* und *D7* kopieren können und dann die Ergebnisse der anderen Lieferanten erhalten.

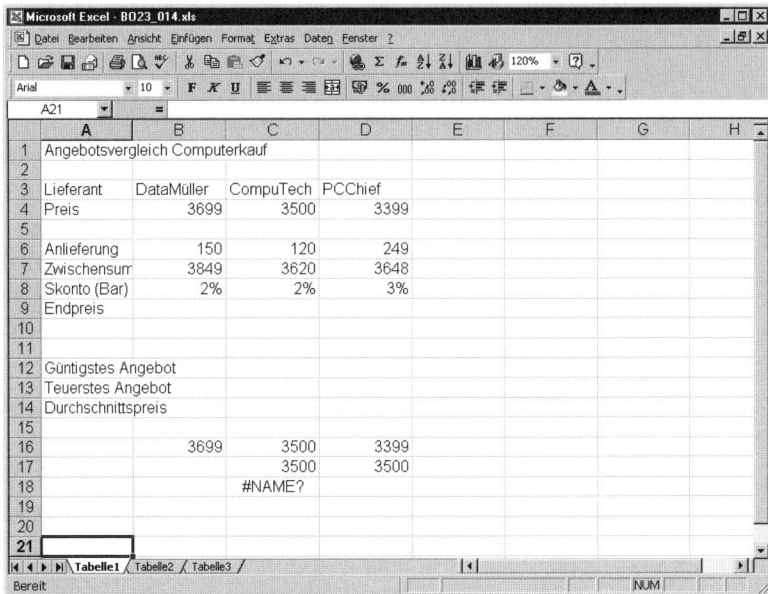

Bild 23.17: Durch Kopieren der Formeln mit relativen Bezügen reduzieren Sie die Tipparbeit

Speichern Sie die Arbeitsmappe wieder ab.

Der aktuelle Stand der Bearbeitung ist in der Datei B022_017.xls abgelegt.

23.4 Datentypen

Ein Computer behandelt intern alle Informationen auf dieselbe Art und Weise. Nur für den Anwender wurden spezielle Formate geschaffen, um diese Informationen besonders überschaubar machen. Denken Sie zurück an die Registerkarte *Zahlen* in der Dialogbox *Zellen formatieren*.

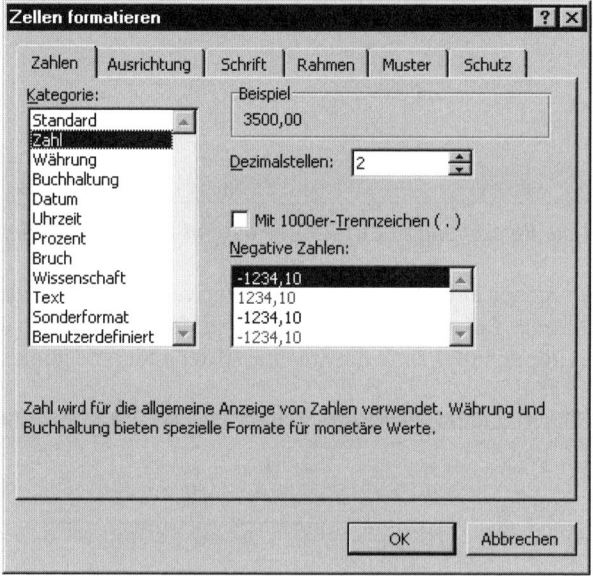

Bild 23.18: Die verschiedenen Formate der Registerkarte Zahlen

In dem Listenfeld taucht nur ein Textformat auf, aber ganze elf Formate, um mit Zahlen zu arbeiten. Diese Formate werden bei Excel nicht als Datentypen betrachtet, man kann aber mit ihnen arbeiten und rechnen. Intern verwendet Excel lediglich die folgenden sechs Formate, aus denen die anderen abgeleitet werden.

 Fangen Sie mit den Standardformaten in Ihren Tabellen an. Manche Anwender werden niemals die Matrixoperationen brauchen, andere könnten auf die Wahrheitswerte gut verzichten.

Datentyp	Inhalt
Zahl	Normale Zahlen, aber auch Währungs- bzw. Datumsformate
Text	Text, wie er z.B. in Beschriftungen vorkommt
Wahrheitswert	Logischer Datentyp, kann nur die Werte Wahr (1) oder Falsch (0) annehmen
Formel	Formeln wie z.B. SUMME, MIN oder MAX enthalten Rechenvorschriften
Fehlerwert	Zum Beispiel »#DIV/0«, wenn sich in einer Division eine Null eingeschlichen hat
Matrix	Stellt einen Verbund von Zellen dar; Matrixoperationen beziehen sich nicht auf einzelne Zellen, sondern ganze Bereiche

23.5 Das Handwerkszeug – Operatoren und Konstanten

Bei der Arbeit mit Formeln haben sich bestimmte Begriffe durchgesetzt. Selbstverständlich brauchen Sie Werte, um eine sinnvolle Formel zu generieren. Operatoren verknüpfen die einzelnen Therme einer Formel miteinander.

Operatoren

Zur Berechnung von Formeln bietet Excel vier verschiedene Arten von Operatoren an: arithmetische Operatoren, Vergleichs-, Text- und Bezugsoperatoren. Die arithmetischen Operatoren dienen zur Durchführung allgemeiner mathematischer Operationen, wie z.B. Addition, Subtraktion oder Multiplikation.

Arithmetische Operatoren

Operator	Bedeutung	Beispiel
+ (Pluszeichen)	Addition	12+34
− (Minuszeichen)	Subtraktion	43-21
Minuszeichen	Negation	-12
* (Sternchen)	Multiplikation	10*15
/ (Schrägstrich)	Division	25/5
% (Prozentzeichen)	Prozent	20%
^ (Caret-Zeichen)	Potenzierung	4^3 (entspricht 4*4*4)

Vergleichsoperatoren

Vergleichsoperatoren vergleichen zwei Werte und liefern dann als Ergebnis den Wahrheitswert WAHR oder FALSCH.

Operator	Bedeutung	Beispiel
= (Gleichheitszeichen)	Gleich	A1=B1
> (Größer-als-Zeichen)	Größer als	A1>B1
< (Kleiner-als-Zeichen)	Kleiner als	A1<B1
>= (Größer-gleich-Zeichen)	Größer gleich	A1>=B1
<= (Kleiner-gleich-Zeichen)	Kleiner gleich	A1<=B1
<> (Ungleich-Zeichen)	Ungleich	A1<>B1

Textoperatoren

Der einzige Textoperator „&" (kaufmännisches Und-Zeichen) verknüpft mehrere Textwerte zu einem einzigen Textwert. So ergibt sich z.B. aus der Verknüpfung »Mag«&»num« der zusammenhängende Textwert »Magnum«.

Bezugsoperatoren dienen innerhalb von Excel zur Verknüpfung von Zellbereichen für die Durchführung von Berechnungen.

Weitere Operatoren

Operator	Bedeutung	Beispiel
: (Doppelpunkt)	Bereichsoperator,	A3:A8 bezieht sich auf alle Zellen, die zwischen zwei Zellen liegen, einschließlich dieser beiden Bezugszellen
, (Komma)	Vereinigungsoperator,	SUMME(B3:B8,D3:D8) faßt mehrere Bezüge zu einem einzigen Bezug zusammen
Leerzeichen	Schnittmengenoperator,	SUMME(B5:B9 A7:D7) erstellt einen Bezug auf die Zellen, die beiden Bezügen gemeinsam sind

Operator	Bedeutung	Beispiel
; Semikolon	Trennzeichen zwischen zwei Bezügen	Summe(*C3;C8*)

Anhand dieser Operatoren sollen jetzt die Endpreise ausgerechnet werden: Wissen Sie schon, welche Formel in den Endpreisen stehen muß? Tragen Sie die Formel »=B7-B7*B8« in die Zelle B9« ein.

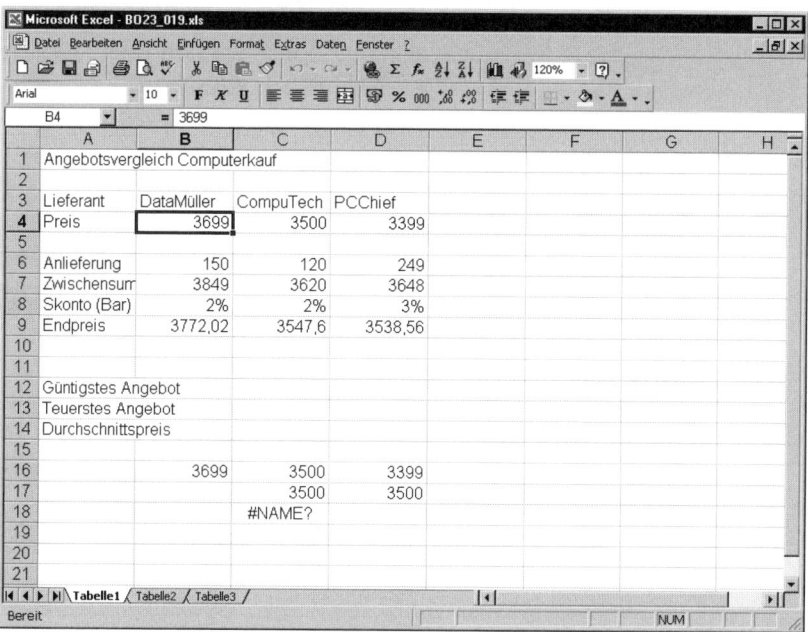

Bild 23.19: Die Endpreise mit den eingeräumten Skonti

Sie sehen den Endpreis des ersten Lieferanten. Kopieren Sie diese Formel in die Zellen *C9* und *D9*, um alle Endergebnisse zu erhalten.

 Das komplette Beispiel finden Sie in der Tabelle B023_019.XLS.

Konstanten

Konstanten sind Zellwerte, die nicht mit einem Gleichheitszeichen (=) eingeleitet werden: ein Text, eine Zahl oder ein Datum. Eine Formel oder ein Wert, der aus einer Formel resultiert, gilt nicht als Konstante. In der Beispieltabelle sind die Angebotspreise oder die Liefer-Pauschale Konstanten.

23.6 Der Funktionsassistent

Excel bietet dem Anwender nicht nur eine großartige Arbeitsoberfläche, sondern auch eine Reihe von hilfreichen Assistenten. Der Funktions-Assistent enthält alle Funktionen von Excel mit einer kurzen Beschreibung.

 Setzen Sie den Zellcursor in Zelle *B12*, und klicken Sie dann auf das Symbol *Funktions-Assistent* in der Standard-Symbolleiste.

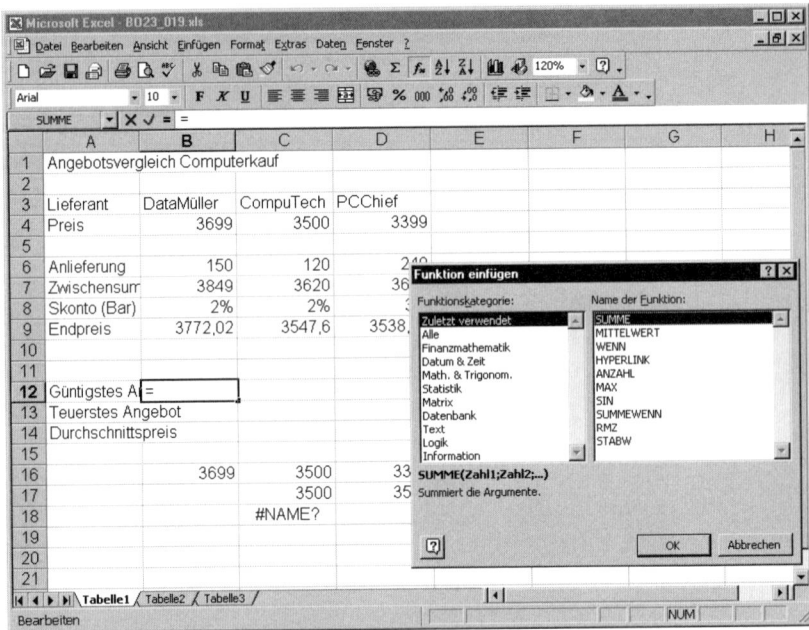

Bild 23.20: *Nach einem Klick auf die Schaltfläche* Funktions-Assistent *sehen Sie die Dialogbox* Funktion einfügen

Die Dialogbox *Funktion einfügen* hält über 230 Funktionen, in unterschiedlichen Kategorien gegliedert, für Sie bereit. Um eine Funktion auszuwählen, öffnen Sie zunächst die entsprechende Kategorie und wählen dann die gewünschte Funktion innerhalb dieser Kategorie. Sobald Sie eine Funktion markiert haben, erscheint unter den beiden Listenfeldern eine kurze Beschreibung der Funktion. Im Beispiel ist eine Funktion gesucht, um den günstigsten Anbieter zu ermitteln. Das ist eine statistische Funktion – öffnen Sie als erstes die Kategorie *Statistik*.

Wählen Sie im Bereich *Funktion* den Eintrag *MIN*. In der Kurzbeschreibung erhalten Sie die Angabe, daß diese Funktion den kleinsten Wert aus einer Liste von Argumenten ermittelt. Klicken Sie auf *OK*, um die Funktion auszuwählen.

Formeln und Zellbezüge

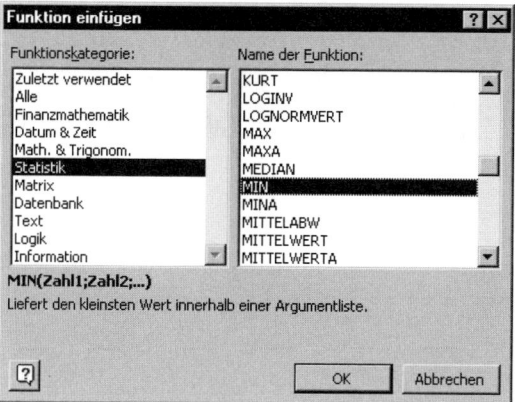

Bild 23.21: Die Kategorie Statistik enthält alle benötigten Statistikfunktionen

Die Formelpalette unterstützt Sie bei der Eingabe der Formel. Sie ist in drei Bereiche aufgeteilt. Im oberen Bereich sehen Sie die Bearbeitungsleiste. Darunter, im Bereich MIN, erscheinen Eingabefelder, in denen die Argumente – in unserem Fall alle Endpreise – eingegeben werden müssen.

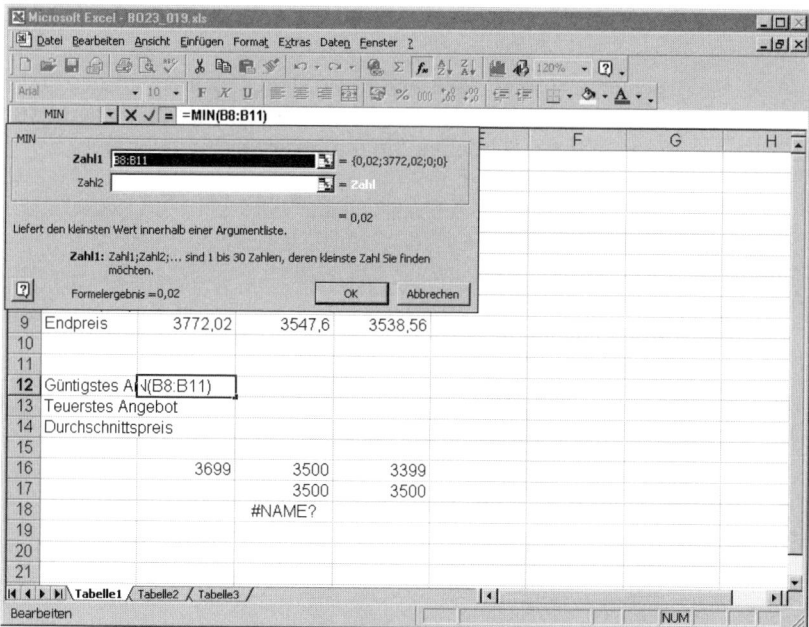

Bild 23.22: Der Dialog der Formelpalette hilft Ihnen bei der Eingabe der Formel

Zur Zeit schlägt Ihnen Excel den Bereich B8:B11 vor. Da dieser Bereich nicht mit unserem übereinstimmt, muß eine neuer Bereich festgelegt werden. Klicken Sie dazu auf das kleine Symbol rechts neben dem Listenfeld Zahl 1.

435

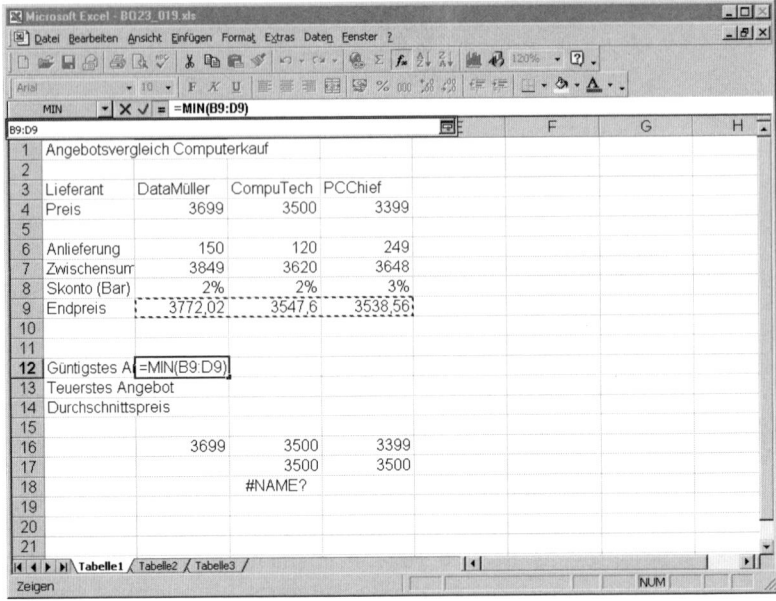

Bild 23.23: Die Formelpalette wird vorübergehend zur Auswahl eines neuen Bereiches geschlossen

Ziehen Sie jetzt die Markierung über den Bereich der Endergebnisse, das sind die Zellen *B9:D9*. Excel hebt diesen Bereich mit einer unterbrochenen Linie hervor. Schließen Sie die Auswahl mit ⏎ ab.

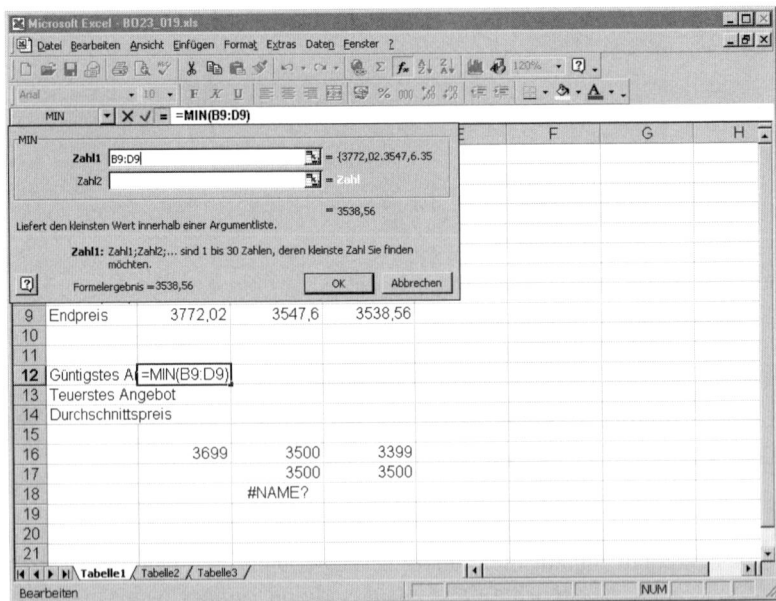

Bild 23.24: Der ausgewählte Bereich wird in die Formelpalette übernommen

Der Bereich ist in die Palette übernommen worden. Klicken Sie auf die Schaltfläche *OK,* um die Funktion in die Tabelle zu übernehmen.

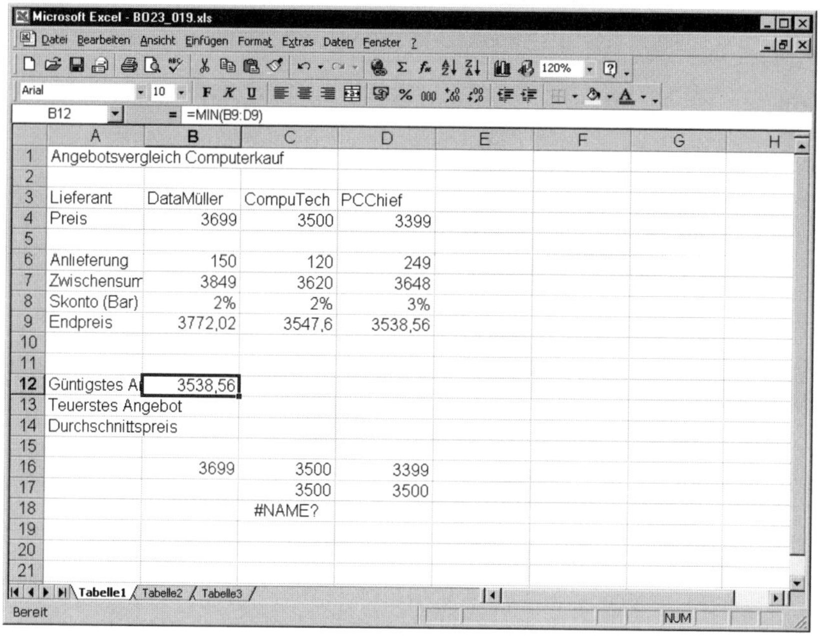

Bild 23.25: Die Formel wurde in die Tabelle eingesetzt

Der Funktions-Assistent hat seine Aufgabe erledigt und die Formel richtig in die Zelle eingetragen. Wiederholen Sie nun den Aufruf für die anderen beiden offenen Felder – ermitteln Sie das teuerste Angebot und den Durchschnittspreis. Die Funktionen hierfür sind »MAX« zur Bestimmung des teuersten Angebotes und »MITTELWERT« zur Berechnung des Durchschnitts. Speichern Sie Ihre Arbeitsmappe wieder unter dem Namen PCKAUF ab.

Den aktuellen Stand der Bearbeitung haben wir für Sie unter BM23_026.XLS abgelegt

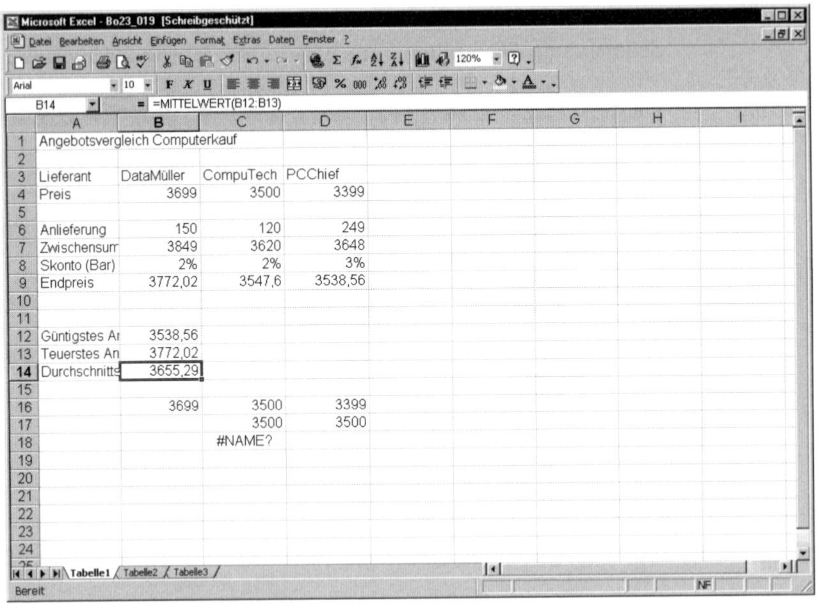

Bild 23.26: Wenn alles richtig gemacht wurde, sollte Ihre Tabelle jetzt dieselben Werte wie unsere aufweisen

23.7 Wichtige Funktionen und Formeln

Mehr als 233 verschiedene Funktionen bietet Excel an – sicher werden Sie nicht alle benötigen. Einige der am häufigsten eingesetzten Funktionen zeigt die folgende Tabelle.

Häufig eingesetzte Funktionen

Funktion / Kategorie	Wirkung
HEUTE() / Datum	Liefert das aktuelle Datum
JETZT() / Datum	Setzt Datum und Zeit ein
ABRUNDEN(ZAHL;STELLEN) / Math.	Rundet ZAHL auf STELLEN hinter dem Komma ab
COS(ZAHL) / Math. & Trigonometrie	Liefert den Cosinus von ZAHL zurück
FAKULTÄT(ZAHL) / Math. & Trigon.	Errechnet die Fakultät von ZAHL

Funktion / Kategorie	Wirkung
PI() / Mathematik und Trigonometrie	Liefert den Wert PI
REST(ZAHL;DIVISOR) / Mathematik	Liefert den Rest der Division von ZAHL durch DIVISOR
SUMME(ZAHL1;ZAHL2;...) / Math.	Liefert die Summe ZAHL1+ZAHL2+...
WURZEL(ZAHL) / Mathematik	Liefert die Quadratwurzel von Zahl
ZUFALLSZAHL() / Mathematik	Liefert eine Zufallszahl zwischen 0 und 1
MAX(ZAHL1;ZAHL2;...) / Statistik	Liefert den größten Wert der angegebenen Zahlen zurück
MIN(ZAHL1;ZAHL2;...) / Statistik	Liefert den kleinsten Wert der angegebenen Zahlen zurück
GROSS(TEXT) / Text	Wandelt TEXT in Großbuchstaben um
LÄNGE(TEXT) / Text	Gibt die Anzahl der Zeichen in Text zurück

24. Ansprechende Tabellen

Ebenso wichtig wie die korrekte Berechnung von Ergebnissen ist deren ansprechende Darstellung. Dieses Kapitel beschäftigt sich damit, die Daten in eine präsentable Form zu bringen.

24.1 Zeilen und Spalten anpassen

Als Arbeitsvorbereitung bringen Sie die Beispieltabelle PCKAUF.XLS auf den aktuellsten Stand, der im Anschluß verfeinert wird.

 Als Arbeitsgrundlage können Sie auf die Datei B024_001.XLS von der Buch-CD zurückgreifen.

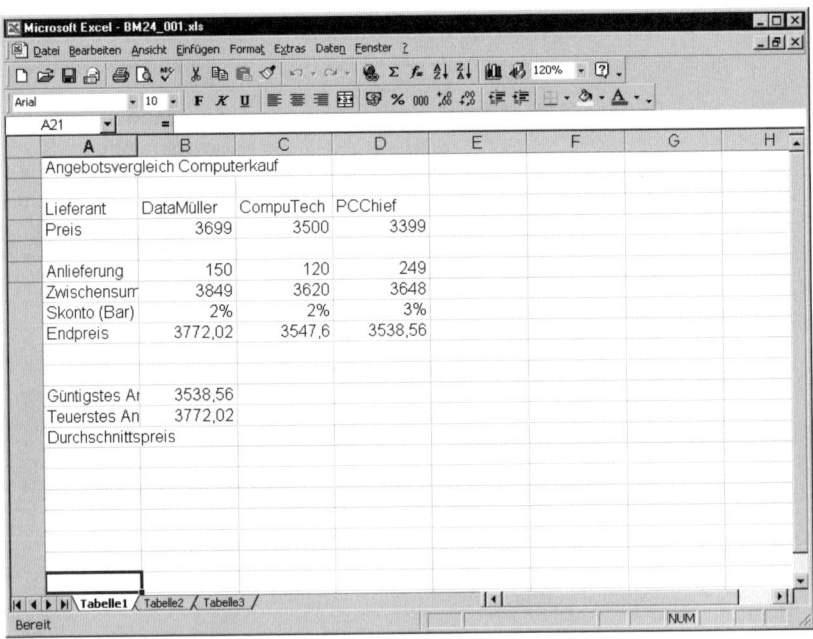

Bild 24.1: Nach dem Entfernen der überflüssigen Formeln und Zellinhalte nimmt das Beispiel langsam Form an

Nachdem Sie alle Nutzinformationen in der Tabelle erfaßt und überflüssige Daten entfernt haben, geht es daran, die Tabelle so aufzubereiten, daß alle wichtigen Informationen auf einen Blick zu erfassen sind.

Zeilen und Spalten einfügen

Das Tabellenblatt ist aus identischen Zeilen und Spalten aufgebaut. Bei Bedarf können deren Abmessungen jederzeit verändert werden. Um nachträglich Spalten oder ganze Zeilen in eine Tabelle einzufügen, bietet Ihnen Excel eine Reihe von Befehlen im Menü *Einfügen*. Alle Befehle beziehen sich auf die aktuell markierten Zeilen oder Spalten oder auf die Position des Zellcursors.

- *Einfügen/Zeilen*
  fügt ohne Nachfrage Zeilen oberhalb der bestehenden Markierung ein – der bisherige Tabelleninhalt wird nach unter verschoben.

- *Einfügen/Spalten*
  fügt ohne Nachfrage Spalten links der bestehenden Markierung hinzu.

Wenn Sie mehr als eine Zeile markieren, fügt der Befehl *Einfügen/Zeilen* die gleiche Anzahl an Zeilen vor der Markierung ein. Der Befehl *Einfügen/Spalten* funktioniert analog. Ein weiterer Weg, um die Tabellen um Zellen, Zeilen und Spalten zu ergänzen, führt über das Kontextmenü der Zellen.

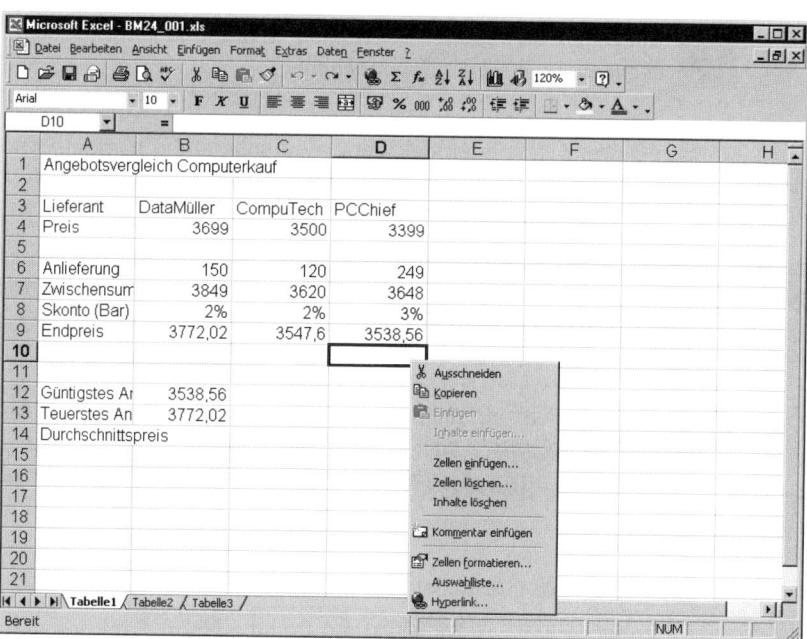

Bild 24.2: Die Befehle zum Hinzufügen von Zellen, Zeilen und Spalten finden sich im Kontextmenü

Dabei unterscheidet Excel welche Bereiche der Tabelle aktuell markiert sind. Wenn keine vollständigen Zeilen oder Spalten markiert sind, öffnet der Eintrag *Zellen einfügen* im Kontextmenü die Dialogbox *Zellen einfügen*.

Vier Optionsschaltflächen legen fest, was beim Einfügen geschehen soll:

- *Zellen nach rechts verschieben*
  Excel fügt an der Position des Zellcursors eine neue Zelle ein und verschiebt alle Zellen in der Zeile nach rechts.

- *Zellen nach unten verschieben*
  Excel fügt an der Position des Zellcursors eine neue Zelle ein und verschiebt alle Zellen in der Spalte nach unten.

- *Ganze Zeile*
  Excel fügt an der Position des Zellcursors eine neue Zeile ein und verschiebt die Tabelle um eine Zeile nach unten.

- *Ganze Spalte*
  Excel fügt an der Position des Zellcursors eine neue Spalte ein und verschiebt die Tabelle um eine Spalte nach rechts.

Etwas anders gelagert ist der Fall, sobald Zeilen oder Spalten vollständig markiert sind.

Um Zeilen oder Spalten vollständig zu markieren klicken Sie auf die entsprechenden Zeilen- oder Spaltenköpfe.

- Wenn eine oder mehrere Zeilen vollständig markiert sind, fügt der Befehl *Zellen einfügen* die Anzahl der markierten Zeilen oberhalb der Markierung in die Tabelle ein.

- Wenn eine oder mehrere Spalten vollständig markiert sind, fügt der Befehl *Zellen einfügen* die Anzahl der markierten Spalten oberhalb der Markierung in die Tabelle ein.

Falls der Platz auf dem aktuellen Tabellenblatt nicht ausreicht, um die bestehenden Zellen vor dem Einfügen zu verschieben, zeigt Excel eine Fehlermeldung und bricht die Aktion ab. Dadurch sind Datenverluste ausgeschlossen.

Zellen löschen

Zum Löschen von Zellen stehen Ihnen mehrere Funktionen und Befehle mit unterschiedlicher Wirkung zur Verfügung.

Der Menübefehl *Bearbeiten/Zellen löschen* steht nur dann zur Auswahl, wenn keine vollständigen Zeilen oder Spalten markiert sind. In diesem Fall öffnet Excel die Dialogbox *Löschen*.

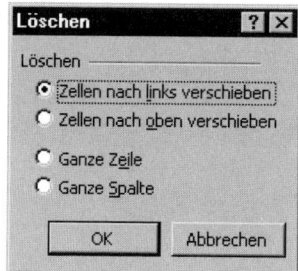

Bild 24.3: In der Dialogbox Löschen *legen Sie fest welche Bereiche Excel aus der Tabelle entfernen soll*

Option	Wirkung
Zellen nach links verschieben	Excel entfernt die Zellen unter den Zellcursors und verschiebt alle Zellen rechts davon nach links.
Zellen nach oben verschieben	Excel entfernt die Zellen unter den Zellcursors und verschiebt alle Zellen unterhalb des Zellcursors nach oben.
Ganze Zeile	Excel entfernt die aktuelle Zeile vollständig und verschiebt alle Zeilen unterhalb des Zellcursors um eine Zeile nach oben.
Ganze Spalte	Excel entfernt die aktuelle Spalte vollständig und verschiebt alle Spalten rechts des Zellcursors um eine Spalte nach links.

Das Kontextmenü der Zellen stellt Ihnen ebenfalls einen Befehl bereit, mit dem Sie überflüssige Zellen aus der Tabelle entfernen:

Wie schon beim Einfügen entscheidet die Art der Markierung über das Ergebnis der Lösch-Aktion:

- Wenn eine oder mehrere Zeilen vollständig markiert sind, entfernt der Befehl *Zellen löschen* die markierten Zeilen aus der Tabelle und verschiebt die verbliebene Zeilen nach oben.

- Wenn eine oder mehrere Spalten vollständig markiert sind, entfernt der Befehl *Zellen löschen* die markierten Spalten aus der Tabelle und verschiebt die verbliebene Spalten nach links.

- Wenn keine Markierung vorliegt, öffnet der Befehl *Zellen löschen* die bereits beschriebene Dialogbox *Löschen*.

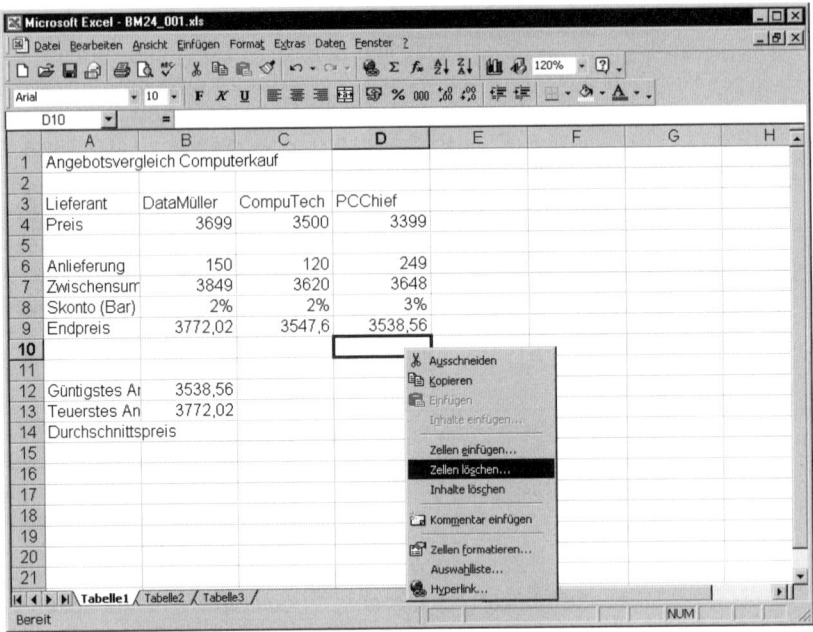

Bild 24.4: Der Befehl Zellen löschen im Kontextmenü der Zellen dient zum Entfernen von Zellen aus der Tabelle

Beim Löschen ändert sich die Adresse der verschobenen Zellen. Excel aktualisiert die relativen und auch die absoluten Zellbezüge automatisch.

Spaltenbreite

Excel verwendet bestimmte Voreinstellungen für Spaltenbreite und Zeilenhöhe. Die Spaltenbreite in einer Tabelle beträgt z.B. etwa zehn Zeichen. Dieser Wert bezieht sich auf die verwendete Standardschriftart.

Die Standardschrift ändern Sie über Extras/Optionen im Register Allgemein. Hier können Sie auf alle unter Windows installierten Schriften zurückgreifen.

Im vorliegenden Beispiel passen diese Voreinstellungen nicht zum Inhalt der Tabelle – ein Teil der Beschriftungen ist abgeschnitten, die Zahlen stehen unübersichtlich in der Tabelle und ein Teil der Nachkommastellen ist nicht erkennbar. Falls Sie, wie im Beispiel, längere Texte in den Zellen erfassen wollen, kommen Sie um eine Veränderung der Spaltenbreite nicht herum.

Wenn Excel in einer Spalte nicht mehr genügend Platz hat, um Zahlen darzustellen, zeigt Excel statt des Wertes eine Folge von »#« an. Sie müssen die Spaltenbreite vergrößern, um den Wert zu sehen.

Um die Spaltenbreite zu ändern, markieren Sie die anzupassenden Spalten mit einem Klick auf die Spaltenköpfe und rufen dann das Menü *Format/ Spalte* auf. Excel öffnet ein Untermenü mit folgenden Einträgen:

- *Breite*
  Öffnet die Dialogbox *Spaltenbreite* – hier läßt sich die Spaltenbreite numerisch exakt festlegen. Der eingegebene Wert bezieht sich auf die Standardschriftart.

- *Optimale Breite bestimmen*
  Excel paßt die Spaltenbreite automatisch an den längsten Eintrag innerhalb der Spalte an.

- *Ausblenden*
  Blendet die Anzeige der Spalte aus – der Inhalt bleibt natürlich erhalten (Tastenkombination [Strg]+[0]).

- *Einblenden*
  Die Anzeige einer zuvor ausgeblendeten Spalte wird wieder eingeblendet (Tastenkombination [Strg] + [⇧] + [0]).

- *Standardbreite*
  Setzt alle Spalten auf die von Ihnen eingegebene Größe.

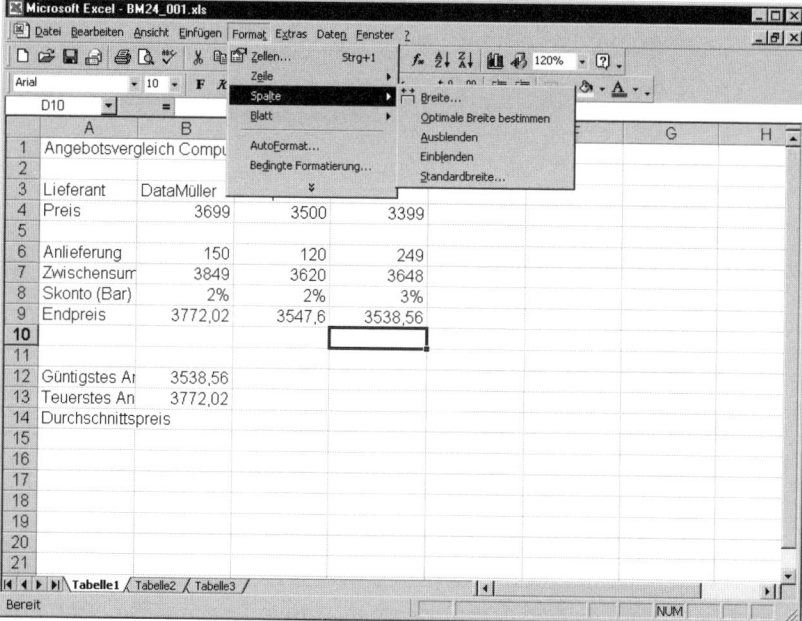

Bild 24.5: Über den Menübefehl Format/Spalte *stellen Sie die Spalteneigenschaften ein*

Das Kontextmenü enthält ebenfalls einen Befehl zum Anpassen der Spaltenbreite.

Alternativ läßt sich die Spaltenbreite interaktiv mit der Maus verändern: Setzen Sie den Mauszeiger auf die rechte Kante des Spaltenkopfes, und drücken Sie die linke Maustaste. Oberhalb des Mauszeigers zeigt Excel Ihnen nun die aktuelle Spaltenbreite an. Durch Ziehen mit der Maus nach links verringern, durch Ziehen nach rechts vergrößern Sie die Spaltenbreite verkleinern. Ein Doppelklick auf die rechte Begrenzung des Spaltenkopfs paßt die Spaltenbreite automatisch an, den längsten Eintrag an. Um die Beispieltabelle aufzubereiten führen Sie die folgenden Änderungen Beispiel durch:

Um die Titelzeile anzupassen, markieren Sie die Zellen *A1:D1* und klicken in der Symbolleiste auf das Symbol *Verbinden und zentrieren*.

Aktivieren Sie schließlich noch den Fettdruck für die Titelleiste, indem Sie das Symbol *Fett* in der Symbolleiste anklicken.

- Stellen Sie mit einem Doppelklick auf die rechte Begrenzung des Spaltenkopfs der Spalte *A* die optimale Breite ein.
- Markieren Sie die Spalten *B*, *C* und *D*. Wählen Sie dann *Format/Spalte/Breite*. In der Dialogbox *Spaltenbreite* geben Sie »14« ein und bestätigen die Eingabe mit *OK*.

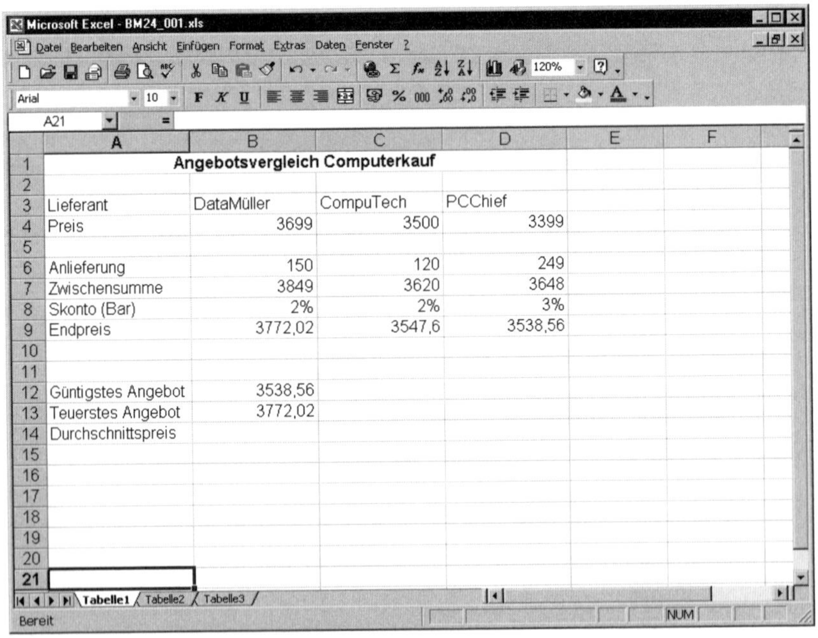

	A	B	C	D
1	**Angebotsvergleich Computerkauf**			
2				
3	Lieferant	DataMüller	CompuTech	PCChief
4	Preis	3699	3500	3399
5				
6	Anlieferung	150	120	249
7	Zwischensumme	3849	3620	3648
8	Skonto (Bar)	2%	2%	3%
9	Endpreis	3772,02	3547,6	3538,56
10				
11				
12	Güntigstes Angebot	3538,56		
13	Teuerstes Angebot	3772,02		
14	Durchschnittspreis			

Bild 24.6: Nach einigen Änderungen sieht unsere Tabelle schon recht ansehnlich aus

Mehrere Spalten markieren Sie am schnellsten, indem Sie die Maus bei gedrückter linker Maustaste über die Spaltenköpfe der zu markierenden Spalten ziehen.

 Das Ergebnis der Bemühungen finden Sie unter der Bezeichnung B024_006.XLS auf der Buch-CD.

Zeilenhöhe

Die Zeilenhöhe richtet sich normalerweise nach dem größten Text der Zeile. Der Schriftgrad entscheidet bei automatischer Einstellung über die resultierende Zeilenhöhe.

 Ebenso wie die Standardschrift können Sie im Menü Extras/Optionen *im Register* Allgemein *den zu verwendende Standard-Schriftgrad anpassen.*

Um die Zeilenhöhe anzupassen, markieren Sie die entsprechenden Zeilen und rufen dann das Menü *Format/Zeile* auf. Excel öffnet ein Untermenü mit folgenden Einträgen:

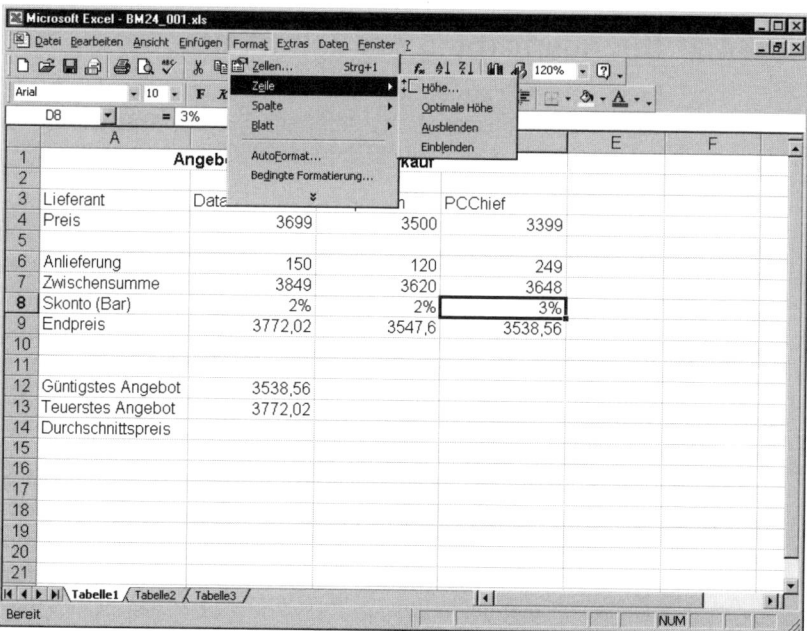

Bild 24.7: Über das Menü Format/Zeile *passen Sie die Zeilenformatierung individuell an*

- *Höhe*
  In der Dialogbox *Zeilenhöhe* wird die Zeilenhöhe numerisch exakt festgelegt.

- *Optimale Höhe*
  Innerhalb der Zeile wird die Zeilenhöhe automatisch dem größten Eintrag angepaßt.

- *Ausblenden*
  Die Anzeige der Zeile wird ausgeblendet – der Inhalt bleibt erhalten (Tastenkombination [Strg]+[9]).

- *Einblenden*
  Die Anzeige einer zuvor ausgeblendeten Zeile wird wieder eingeblendet (Tastenkombination [Strg] +[⇧]+[9]).

Wie die Spalten lassen sich auch die Zeilen interaktiv verändern: Setzen Sie den Mauszeiger auf die untere Kante des Zeilenkopfes, und drücken Sie die linke Maustaste. Excel zeigt Ihnen oberhalb des Mauszeigers die aktuelle Zeilenhöhe an. Durch Ziehen mit der Maus nach oben oder unten verkleinern bzw. vergrößern Sie die Zeilenhöhe.

Das Kontextmenü enthält ebenfalls einen Eintrag, um die Zeilenhöhe zu verändern. Klicken Sie dazu mit der rechten Maustaste die markierte(n) Zeile(n) an, und wählen Sie im Kontextmenü den Befehl *Zeilenhöhe* an. Ein Doppelklick auf die untere Begrenzung des Zeilenkopfs setzt die Zeilenhöhe auf den optimalen Wert.

24.2 Die Ausrichtung der Zellinhalte

Excel richtet Texte in den Zellen linksbündig aus, Zahlen dagegen werden rechtsbündig ausgerichtet. Benutzen Sie zur Ausrichtung Ihrer Zellen die entsprechenden Symbole aus der Symbolleiste *Format*.

Bild 24.8: Die Symbole für die Zellenformatierung in der Symbolleiste Format.

Sie können mit Hilfe der Symbolleiste *Format* die Ausrichtung der Zelleninhalte nach Ihren Vorstellungen verändern und anpassen. Die dort dargestellten Symbole bewirken im einzelnen:

Beim Anpassen der Zellenformatierung überträgt Excel die gewählten Einstellungen dauerhaft auf die entsprechende Zelle. Die Formatierung bleibt solange erhalten, bis Sie eine neue Zellenformatierung durchführen. Wenn Sie den Zellinhalt löschen und neue Eingaben vornehmen, wird der neue Inhalt mit den bisherigen Einstellungen formatiert. Über Bearbeiten/Löschen/Formate entfernen Sie unerwünschte Formatierungen.

⋯❖ Ill24_003 *Linksbündig*
Dies ist die Standardvorgabe für Textdarstellung. Es können natürlich auch Zahlen, Datumsangaben oder anderes linksbündig dargestellt werden.

⋯❖ Ill24_004 *Zentriert*
Die Daten werden innerhalb der Zelle mittig dargestellt.

⋯❖ Ill24_005 *Rechtsbündig*
Dies ist die Standardvorgabe für die Zahlendarstellung. Auch Text kann natürlich so ausgerichtet werden.

⋯❖ Ill24_006 *Verbinden und zentrieren*
Die markierten Zellen werden miteinander verbunden. Die Daten ordnet Excel mittig im markierten Bereich an.

 Nur der Inhalt der linken oberen Zelle einer Markierung wird beim Verbinden in die neue Zelle übernommen. Alle anderen Zellinhalte gehen verloren.

Weit mehr Steuerelemente zum Formatieren der Zellinhalte finden Sie in der Dialogbox *Zellen formatieren*, die Sie mit einem Klick auf *Format/Zellen* öffnen.

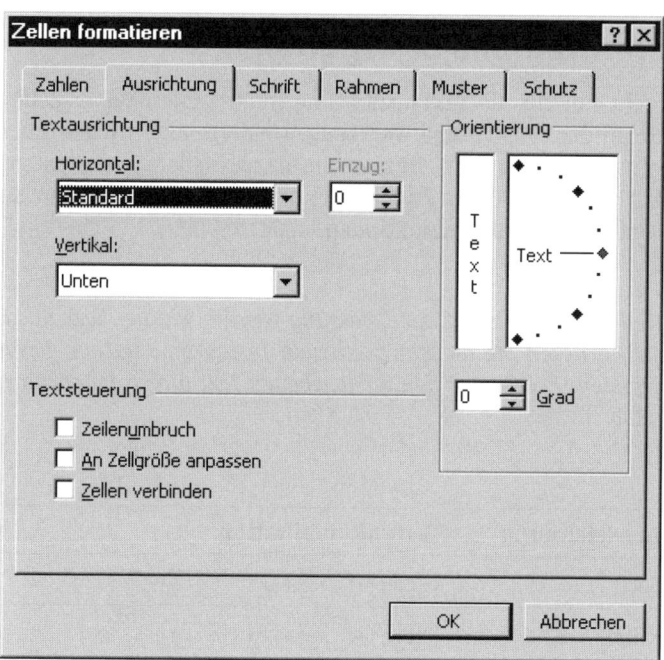

Bild 24.9: In der Dialogbox Zellen formatieren *stehen Ihnen noch mehr Funktionen zum Ausrichten des Zellinhalts zur Verfügung*

Die Formate der Symbolleiste sind im Register *Ausrichtung* angeordnet. Öffnen Sie dazu das Listenfeld *Horizontal* im Bereich *Textanordnung*. Die Einstellung im Listenfeld *Vertikal* legt die senkrechte Ausrichtung des Zellinhalts in der Zelle fest.

Mit den Steuerelementen im Bereich *Orientierung* legen Sie fest, daß Excel den Text in einem anderem Winkel darstellt. Dazu stellen Sie entweder den gewünschten Winkel im Feld *Grad* ein oder benutzen den Textzeiger, um den Text interaktiv zu drehen. Ein Klick in das schmale Feld links neben dem Textzeiger stellt den Text vertikal von oben nach unten in der Zelle dar – die Zeilenhöhe paßt Excel dazu automatisch an.

Mit einer anderen Textorientierung lassen sich platzsparende Spaltenbeschriftungen realisieren.

Um den Text mehrzeilig in einer Zelle anzuordnen, aktivieren Sie das Kontrollkästchen *Zeilenumbruch*. Eine Besonderheit stellt das Kontrollkästchen *An Zellgröße anpassen* dar: sobald Sie diese Einstellung aktivieren, wählt Excel den Schriftgrad des Zellinhalts automatisch, so daß der vollständige Text in der Zelle Platz findet.

24.3 Schriftart und Schriftgröße

Nicht nur für die Textausrichtung innerhalb einzelner Zellen liefert Excel Ihnen das notwendige Werkzeug, sondern auch für die Auszeichnung der verwendeten Schrift. Nutzen Sie dazu wiederum die passenden Symbole aus der Symbolleiste *Format*. Schneller zum Ziel gelangen Sie mit den folgenden Tastaturkombinationen.

Wenn Sie bereits bei der Erfassung wissen, wie der Text ausgezeichnet sein soll, drücken Sie die entsprechende Tastenkombination, bevor Sie den Text erfassen. Excel weist den eingegebenen Text direkt die gewünschte Auszeichnung zu.

Auszeichnung	Tastenkombination
Fett	[Strg]+[⇧]+[F], [Strg]+[2]
Kursiv	[Strg]+[⇧]+[K], [Strg]+[3]
Unterstrichen	[Strg]+[⇧]+[U], [Strg]+[4]
Durchgestrichen	[Strg]+[5]

Im Register *Schrift* der Dialogbox *Zellen formatieren* stehen Ihnen darüber hinaus noch weitere Funktionen für die Formatierung markierter Zellen zur Verfügung.

 Mit der Tastenkombination Strg+1 *öffnen Sie die Dialogbox* Zellen formatieren.

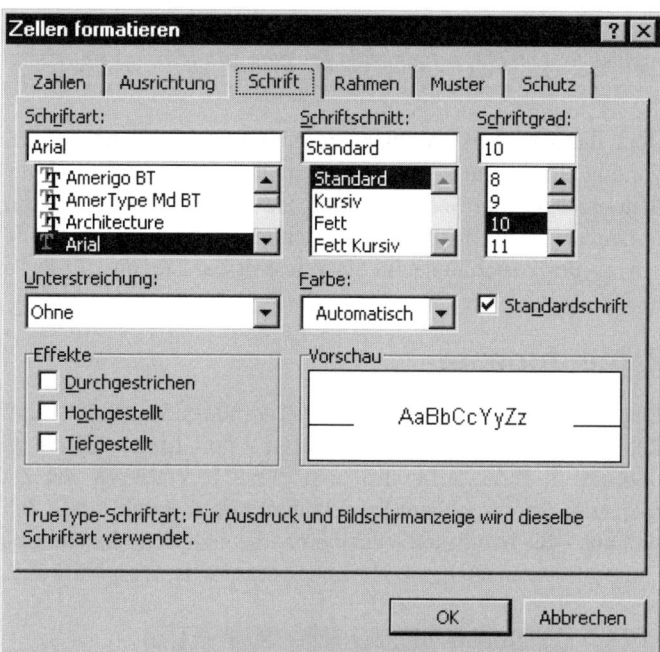

Bild 24.10: *Das Register* Schrift *bietet Ihnen den Zugriff auf sämtliche Formatierungen für den markierten Bereich*

Wählen Sie zunächst eine Schrift im Feld *Schriftart* aus. Rechts daneben wählen Sie einen der für diese Schriftart zur Verfügung stehenden Schriftschnitte.

 Als »Schriftschnitt« werden verschiedene Schriftattribute wie Standard, Kursiv, Fett *und* Fett-kursiv *bezeichnet, die bereits in der Schriftdefinition enthalten sind. Attribute wie* Unterstrichen *oder* Durchgestrichen *werden dagegen vom Anwendungsprogramm erzeugt.*

Im Listenfeld *Schriftgrad* legen Sie die Größe der ausgewählten Schriftart fest.

Falls Sie eine Schriftgröße benötigen, die nicht im Listenfeld Schriftgrad *enthalten ist, geben Sie den entsprechenden Wert über die Tastatur in den Eingabebereich des Listenfelds ein.*

Im Bereich *Unterstreichung* wählen Sie aus, ob der Inhalt der markierten Zellen unterstrichen erscheinen soll.

 Die Unterstreichungen Einfach (Buchhaltung) *und* Doppelt (Buchhaltung) *wendet Excel nicht auf einzelne Zeichen, sondern nur auf komplette Zellen an.*

Über das Feld *Farbe* wählen Sie eine der alternativen Textfarben aus. Die Voreinstellung *Automatisch* legt in der Standardeinstellung die Textfarbe Schwarz fest. Bei Bedarf können Sie mit Hilfe der Optionen aus dem Feld *Darstellung* Ihren Text durchgestrichen, hoch- oder tiefgestellt darstellen lassen. In der Vorschau sehen Sie jederzeit das Ergebnis Ihrer Formatierung.

24.4 Zahlenformate

Einen ersten Kontakt mit den Zahlenformaten von Excel haben Sie bereits in Kapitel 22; Text und Zahlen erhalten – dort finden Sie die wichtigsten vordefinierten Formate beschrieben.. Beim Formatieren von Zellen stellt sich folgendes Grundproblem: Excel kommt mit unformatierten Zahlen zum Rechnen aus – Sie benötigen jedoch eine übersichtliche Darstellung der Werte mit Tausendertrennzeichen oder einem entsprechenden Währungssymbol.

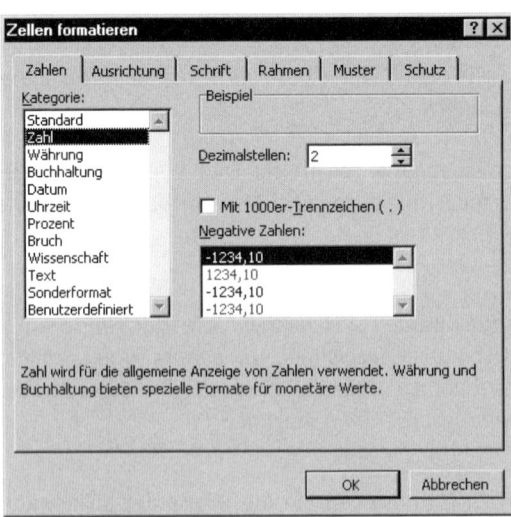

Bild 24.11: Mit den Steuerelementen des Registers Zahlen *bestimmen Sie die Darstellung der Zellinhalte*

Mit Zahlenformaten legen Sie das Aussehen der Zahlen für die Ansicht am Bildschirm und im Ausdruck fest.

Alle erforderlichen Steuerelemente sind im Register *Zahlen* der Dialogbox *Zellen formatieren* (*Format/Zellen*) versammelt.

Benutzerdefinierte Zahlenformate

Trotz der Vielfalt der angebotenen Zahlenformate, stellt die Auswahl lediglich einige Standardformate bereit. Aber schon dann, wenn Sie in der Zellanzeige die Maßeinheit für Kilometer oder ein besonderes Nummernformat benötigen, finden Sie keine entsprechenden Formate. Dieses Problem lösen Sie durch die Verwendung von Formatbeschreibern, mit denen Sie eigene – benutzerdefinierte – Zahlenformate anlegen. Dazu bietet sich die folgende Vorgehensweise an:

- Markieren Sie aus den Standardformaten ein Format, das dem gewünschten Ergebnis am nächsten kommt.
- Klicken Sie auf die Kategorie *Benutzerdefiniert* Im Eingabefeld *Typ* sehen Sie den zugehörigen Code.
- Bearbeiten Sie den Code im Eingabefeld *Typ* und nehmen Sie notwendige Ergänzungen vor.

Bild 24.12: Mit wenigen Schritten erstellen Sie eigene Zahlenformate – hier Zahlen im Kilometerformat. Der Backslash vor dem »m« stellt sicher, daß Excel den Formatbeschreiber »m« als Zeichen einfügt

Nach einem Klick auf *OK* weist Excel der aktuellen Markierung das ausgewählte Format zu und speichert das Format in der Kategorie *Benutzerdefiniert*.

 Nutzen Sie die Informationen im Bereich Vorschau *und sorgen Sie vor der Formatdefinition dafür, daß die aktive Zelle einen sinnvollen Wert enthält.*

Die Formatbeschreiber in Zahlenformaten

Code	Bedeutung
#	dient als Platzhalter für eine beliebige Ziffer außer Null. Der Wert »0,1« mit einem Format »#,#« ergibt den Zellausdruck »,1«.
0 (Null)	füllt eine Zahl mit Nullen auf, wenn diese weniger Stellen hat, als Nullen im Format vorgesehen sind. Der Wert »0,1« im Format »00,00« ergibt den Zellausdruck »00,10«.
#.	Der Punkt am Ende bewirkt, daß der Wert »1000« als »1« in der Zelle angezeigt wird.
?	Das Fragezeichen repräsentiert die Dezimalstellen einer Zahl und dient zum »Zerlegen« eines mehrstelligen Werts in seine Bestandteile.
\	Escape-Zeichen– wird benötigt, wenn Sie Zeichen im Formatstring eingeben, die als Formatbeschreiber vorgesehen sind. Um ein »#« einzufügen, setzen Sie »\#« im Formatcode ein.
%	Ein Prozentzeichen hinter einem Zahlenformat bewirkt, daß der Wert mit 100 multipliziert und durch ein Prozentzeichen ergänzt wird. Der Wert »12« mit dem Format »#0,00 %« erzeugt die Ausgabe »1200,00 %«.
E+ E-	Das Format *Wissenschaft* stellt alle Zahlen als Dezimalen zu einem Exponenten der Basis Zehn dar. Die Vor- und Nachkommastellen sowie die Exponentialformatierung entsprechen den Zahlenformaten. Der Wert »1234,56« mit dem Format 0,00 E+00« erzeugt die Ausgabe »1,23 E+03«.
Farben	Mit Hilfe von Platzhaltern färben Sie Schriftzeichen der Zahlen direkt über das Zahlenformat ein. Stellen Sie einen der folgenden Platzhalter an die erste Position des Formates: [SCHWARZ]; [WEIß]; [BLAU]; [ROT]; [GELB]; [CYAN]; [MAGENTA]; [GRÜN].

Die Formatbeschreiber in Datum- und Zeitformaten

Die Darstellung von Datum und Zeit läßt sich ebenfalls beeinflussen, damit Excel mit Zeitangaben rechnen kann, z.B., wenn es um Summen aus vielen Zeitabschnitten geht.

Format-Code	Bedeutung	Muster
M	Monat einstellig	4.
MM	Monat zweistellig	04.
MMM	Monat Abkürzung	Apr
MMMM	Monat vollständig	April
T	Tag einstellig	1
TT	Tag zweistellig	01
TTT	Tag Abkürzung	Do
TTTT	Tag vollständig	Donnerstag
JJ	Jahr kurz	65
JJJJ	Jahr lang	1965
TTTT, TT.MMMM.JJJJ	Donnerstag, 01.04.1965	
h	Stunden kurz	9
hh	Stunden lang	09
[hh]	Stunden lang, mehr als 24h	
m	Minuten kurz	3
mm	Minuten lang	03
s	Sekunden kurz	3
Ss	Sekunden lang	03

24.5 Mit Rahmen gestalten

Immer wieder kommt es vor, daß Sie bestimmte Zellbereiche besonders hervorheben wollen. Ein Mittel zum Zweck sind die verschiedenen Rahmen um Zellen und Zellbereiche.

Um das Beispiel nachzuvollziehen, öffnen Sie die Datei B024_002.XLS.

Markieren Sie den Bereich *A1:A12* mit der Maus, und rufen Sie das Menü *Format/Zellen* auf. Öffnen Sie das Register *Rahmen*.

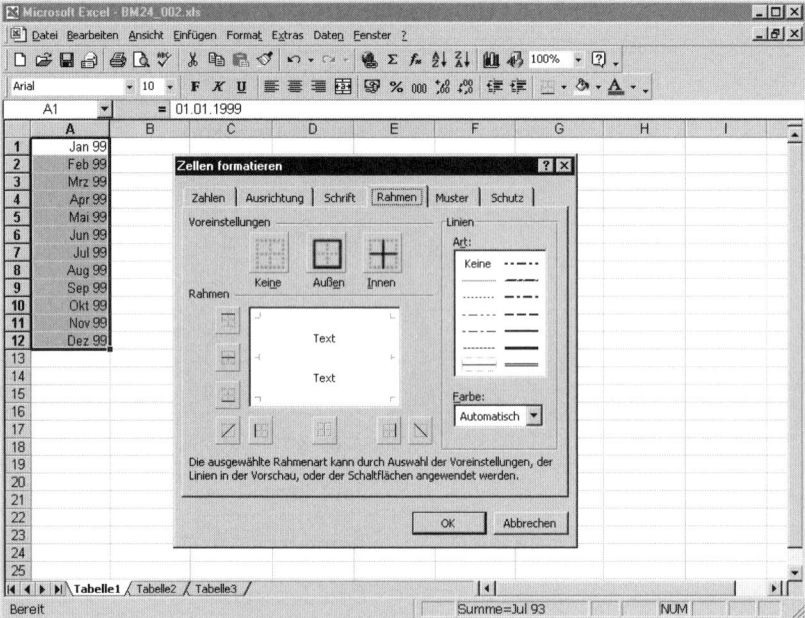

Bild 24.13: *Im Register* Rahmen *finden Sie alle Steuerelemente, um die aktuelle Markierung mit Rahmen zu versehen*

Das Register *Rahmen* ist in drei Bereiche gegliedert. Im Bereich *Voreinstellungen* sehen Sie drei Schaltflächen mit denen Sie die gebräuchlichsten Rahmenformate per Mausklick zuweisen. Unter *Rahmen* steht Ihnen ein Vorschaubereich zur Verfügung, um ein eigenes Rahmenformat durch Anklicken der entsprechenden Position im Vorschaubereich festzulegen. Der Bereich *Linien* dient zum Festlegen der Rahmenlinie. So erstellen Sie einen individuellen Rahmen um die aktuelle Markierung:

Löschen Sie zunächst eventuell vorhandene Rahmen mit einem Klick auf die Schaltfläche *Keine* im Bereich *Voreinstellungen*. Excel paßt den Vorschaubereich automatisch an. Klicken Sie dann im Bereich *Linie* unter *Art* auf die Doppellinie unten rechts. Über das Listenfeld *Farbe* können Sie bei Bedarf die Linienfarbe anpassen. Klicken Sie nun im Bereich *Rahmen* auf die freigegebenen Schaltflächen, um den Rahmen zu setzen.

Excel hat automatisch erkannt, daß sich die Markierung nur auf eine Spalte bezieht, und die Schaltfläche für die Spaltentrennung in der Mitte des Bereichs Rahmen *deaktiviert.*

In unserem Fall klicken Sie im Bereich *Voreinstellungen* auf die Schaltflächen *Außen* und *Innen* und bestätigen mit *OK*.

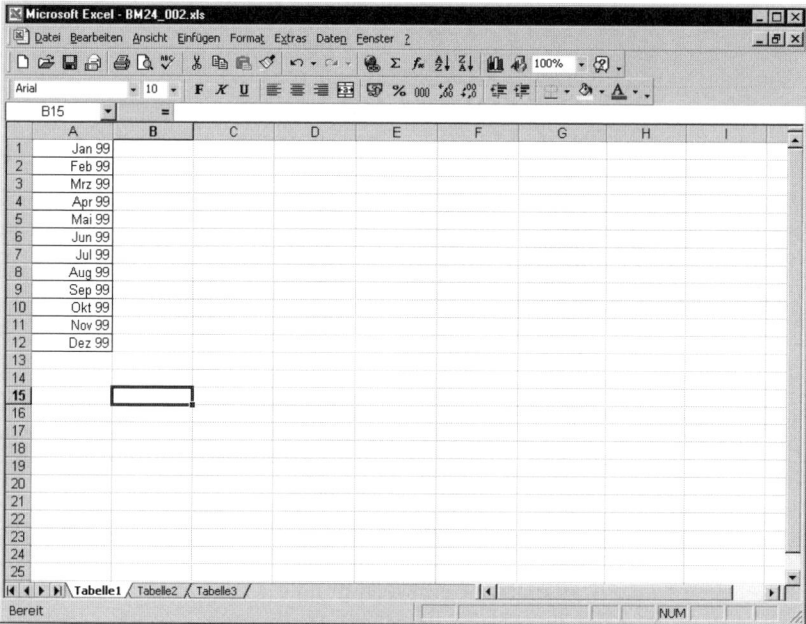

Bild 24.14: Der Rahmen hebt einzelne Bereiche einer Tabelle besonders hervor

Klicken Sie auf einen anderen Bereich der Tabelle. Der eben erstellte Rahmen wird unter der Markierung sichtbar.

24.6 Hintergrund verändern

Bei der Formatierung einer Tabelle sind Sie nicht auf die Zellen, Spalten und Zeilen beschränkt: bei Bedarf versehen Sie die komplette Tabelle mit einer Grafik im Hintergrund.

 Bei den Hintergründen von Zellen können Sie die Farbe und eventuell das Muster festlegen.

Einen Tabellen-Hintergrund festlegen

Zum Festlegen eines Hintergrunds rufen Sie den Befehl *Format/Blatt/Hintergrund* auf.

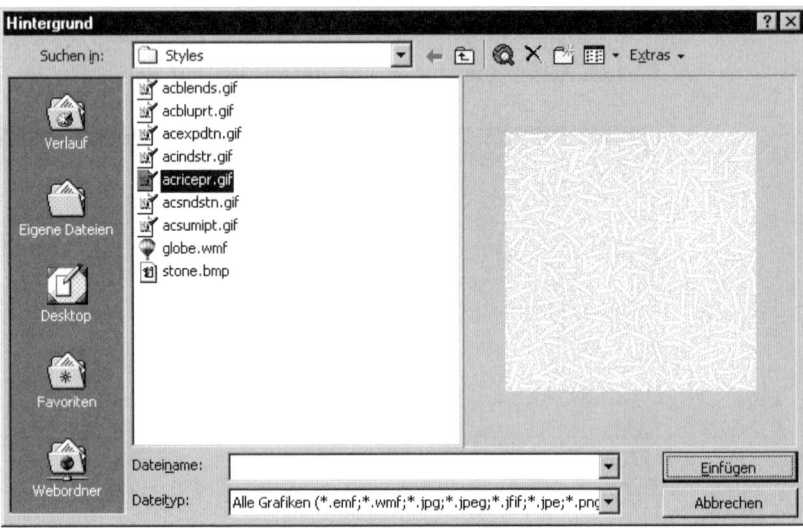

Bild 24.15: Nach einem Klick auf Format/Blatt/Hintergrund *öffnet Excel eine Datei-Dialogbox, in der Sie die Grafik für den Tabellenhintergrund auswählen und laden*

Falls Sie Office mit den Beispieldateien installiert haben, stehen Ihnen im Verzeichnis C:\PROGRAMME\MICROSOFT OFFICE\OFFICE\BITMAPS\STYLES einige Grafikdateien zur Verfügung.

 Falls Sie an der angegebenen Position keine Grafiken finden, können Sie auch eine beliebige andere Grafikdatei auswählen, um das Beispiel nachzuvollziehen.

Wählen Sie die Datei ACRICPR.GIF mit einem Doppelklick aus. Excel füllt den gesamten Bereich der Tabelle mit dieser Grafik aus.

 Wenn Sie eine zu dunkle Grafik auswählen, können Sie die Schriften nicht mehr lesen!

Um einen Hintergrund zu entfernen, wählen Sie nochmals das Menü *Format/Blatt/Hintergrund* aus – dort erscheint der Menüeintrag *Hintergrund löschen*. Erst nachdem der bestehende Hintergrund gelöscht wurde, können Sie ein neues Hintergrundbild festlegen.

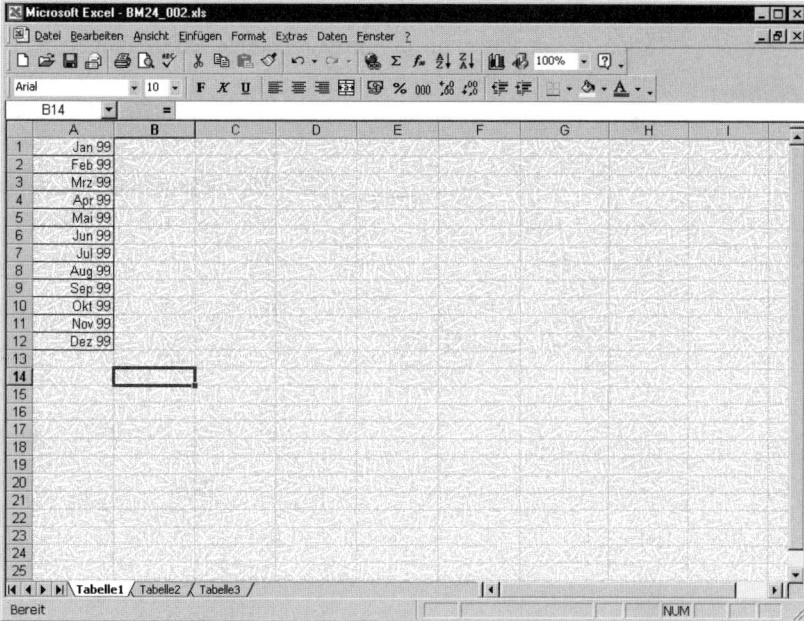

Bild 24.16: Excel übernimmt die Grafik sofort als Hintergrund der aktuellen Tabelle

Einen Zellen-Hintergrund festlegen

Sie können nicht nur den ganzen Tabellenhintergrund umgestalten, sondern auch die Hintergrundfarben einzelner Zellen verändern. Rufen Sie das Menü *Format/Zellen* auf, und öffnen Sie das Register *Muster*.

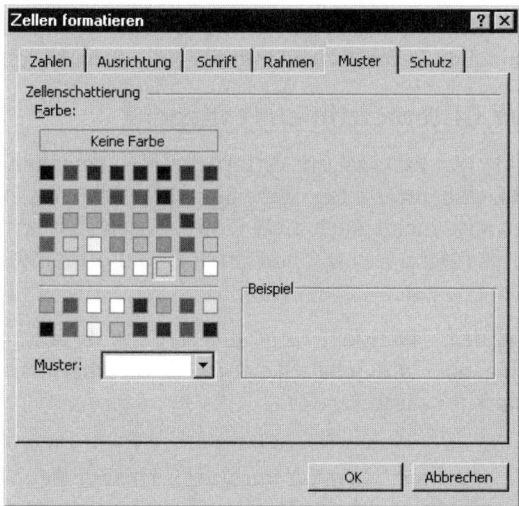

Bild 24.17: Über das Register Muster *legen Sie die Hintergrundeinstellungen für die markierten Zellen fest*

Klicken Sie im Bereich *Farbe* auf eine der Farbschaltflächen. Sofort wird Ihnen in der Vorschau die entsprechende Farbe angezeigt. Öffnen Sie nun das Listenfeld *Muster*.

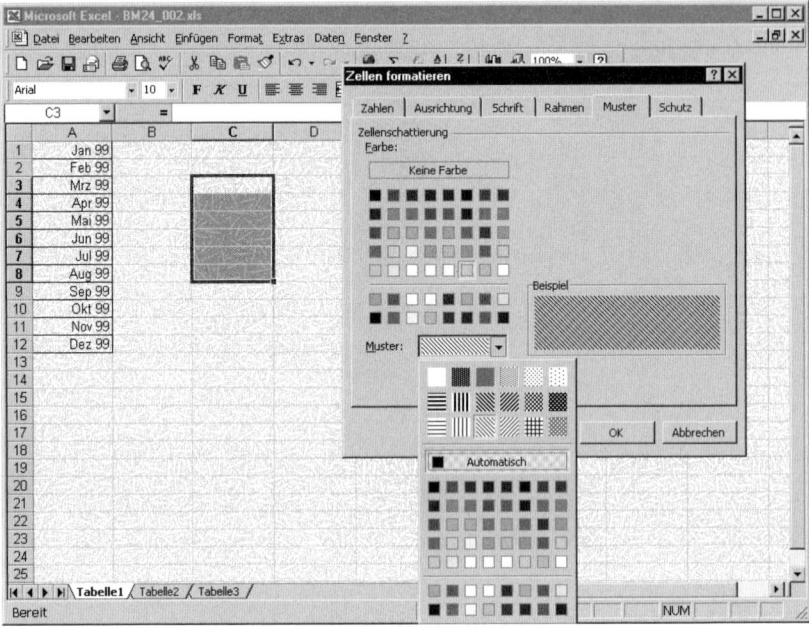

Bild 24.18: *Im Listenfeld* Muster *bestimmen Sie zusätzlich ein Hintergrundmuster für die markierten Zellen bestimmt*

Die weitere Auswahl der Farben legt nun die Farbe der Schraffur fest. Im oberen Teil des Listenfelds legen Sie das Muster fest. Die Standardeinstellung ist *automatisch* und das Muster *uni*. Schließen Sie das Listenfeld und danach die Dialogbox *Zellen formatieren* über die Schaltfläche *OK*.

Die Farbe der Gitternetzlinien festlegen

Das Tabellenblatt von Excel ist mit Gitternetzlinien versehen, die das Blatt in Spalten und Zeilen unterteilen. Diese Gitternetzlinien erscheinen im Ausdruck normalerweise nicht. Auch diese Linien lassen sich bei Bedarf anpassen. Rufen Sie das Menü *Extras/Optionen* auf, und öffnen Sie das Register *Ansicht*.

Wählen Sie aus dem Listenfeld *Farbe* die Farbe »rot« aus. Schließen Sie dann den Dialog über die Schaltfläche *OK*. Excel übernimmt diese Farbeinstellung sofort für diese Tabelle.

 Damit Excel die Gitternetzlinien mit ausdruckt, müssen Sie in der Dialogbox Seite einrichten *die Registerkarte* Tabelle *öffnen. Aktivieren Sie dort im Bereich* Drucken *das Kontrollkästchen* Gitternetzlinien.

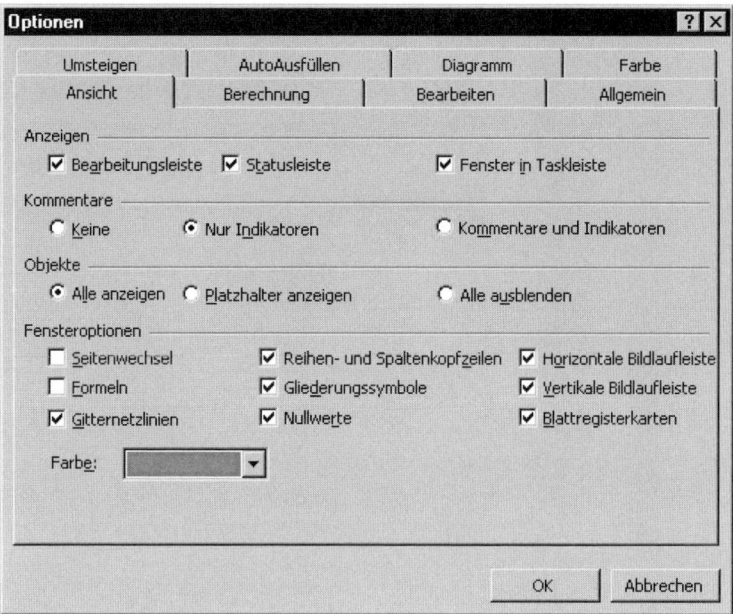

Bild 24.19: Die Farbe In der Registerkarte Ansicht beeinflussen Sie das Aussehen der Gitternetzlinien eines Tabellenblatts

Bei Bedarf können Sie die Anzeige der Gitternetzlinien vollständig unterdrücken. Deaktivieren Sie dazu das Kontrollkästchen *Gitternetzlinien* im Register *Ansicht* in der Dialogbox *Optionen*.

Arbeiten mit Grafiken und Objekten

Um die Inhalte und das Aussehen Ihrer Tabellen zu vervollständigen oder zu erweitern, bietet Excel Ihnen die Möglichkeit, Objekte und Grafiken zu importieren.

Grafiken

Unter dem Menüpunkt *Einfügen/Grafik* stellt Excel Ihnen sechs verschiedene Möglichkeiten für das Einfügen von Grafiken zur Verfügung: *ClipArt, Aus Datei, AutoFormen, Organigramm, WordArt* und *Von Scanner*.

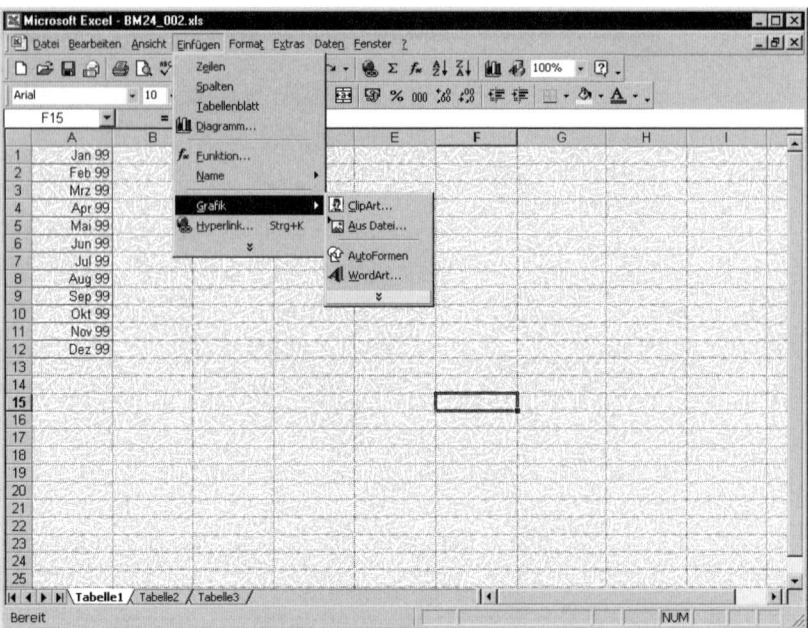

Bild 24.20: Das Menü Einfügen/Grafik bietet Ihnen eine Auswahl von importierbaren Grafikformen

 Weitere Informationen zum Arbeiten mit Grafiken finden Sie weiter hinten im Teil 12.

24.7 AutoFormat – automatische Tabellengestaltung

Manchmal sind die wichtigen Informationen in einem Tabellenblatt schwer zu finden. Durch das Formatieren der Daten kann die Aussagekraft erheblich gesteigert werden. Excel bietet Ihnen eine ganze Reihe von vordefinierten Tabellenblattformaten an. Um diese zu nutzen, markieren Sie zunächst den Teil der Tabelle, der durch *AutoFormat* ein ansprechenderes Aussehen erhalten soll. Öffnen Sie dann das Menü *Format/AutoFormat*.

Excel zeigt Ihnen eine Vorschau aller verfügbaren Formate, die Sie durch einfaches Anklicken auswählen.

Die Schaltfläche *Optionen* eröffnet Ihnen weitere Steuerelemente, mit denen Sie die automatische Formatierung weiter verfeinern. Durch Aktivieren der entsprechenden Kontrollkästchen entscheiden Sie, welche Auswirkungen die Formatierung auf Ihre Tabelle hat.

Ansprechende Tabellen

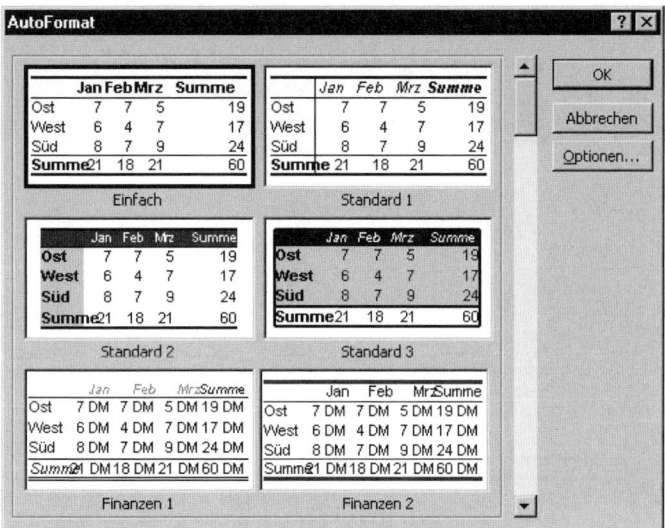

Bild 24.21: *Über* Format/AutoFormat *haben Sie Zugriff auf eine Reihe vordefinierter Formatvorlagen, die Sie auf Ihre Tabelle anwenden können*

Formatierungs-Optionen

Option	Auswirkung
Zahl	Excel überträgt das Zahlenformat der Vorlage auf den markierten Bereich.
Schriftart	Excel überträgt das Schriftformat der Vorlage, z.B. Fettdruck für Überschriften auf den markierten Bereich.
Ausrichtung	Die Inhalte der Zellen werden ausgerichtet.
Rahmen	Bei Aktivierung dieser Option werden Rahmen gezeichnet.
Muster	Einige der Vorlagen enthalten Muster, die mit dieser Option eingeschaltet werden können.
Breite/Höhe	Mit der Aktivierung dieser Option stellt Excel die jeweils optimale Spaltenbreite bzw. Zeilenhöhe ein.

 Öffnen Sie zu Ihrer Veranschaulichung den Angebotsvergleich in der Datei B024_022.XLS.

463

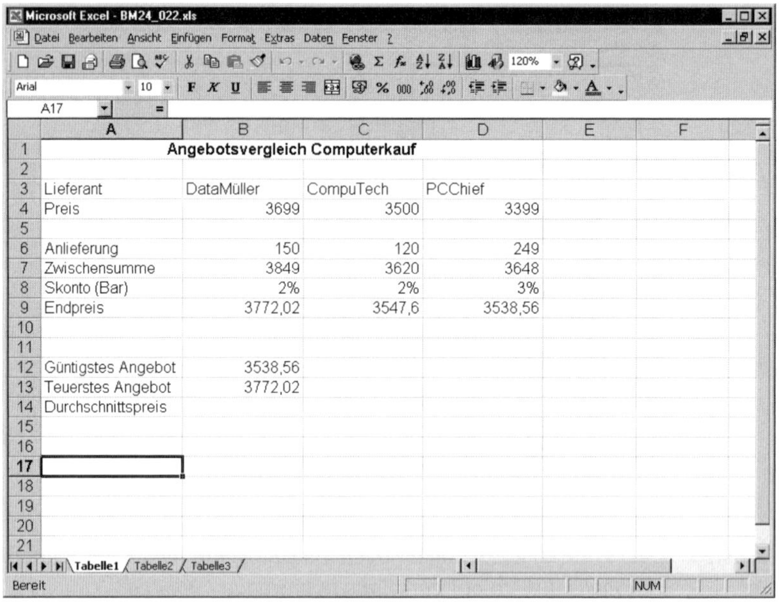

Bild 24.22: So sieht die Tabelle vor der Übernahme des AutoFormats aus

Markieren Sie die Zellen *A3* bis *D9* und klicken Sie auf den Menübefehl *Format/AutoFormat*. Markieren Sie das Format *Finanzen 2*. Betätigen Sie die Schaltfläche *Optionen*, und deaktivieren Sie das Kontrollkästchen *Breite/Höhe*. Die eingestellten Spaltenbreiten der Tabelle sollen erhalten bleiben. Bestätigen Sie die Eingaben durch *OK*.

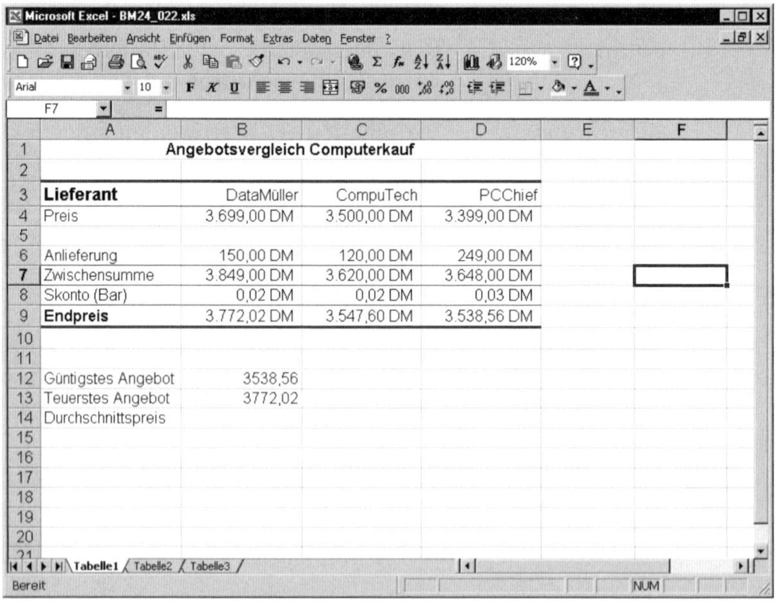

Bild 24.23: So sieht die Beispieltabelle mit dem AutoFormat aus

Eigentlich sieht unsere Tabelle ganz gut aus. Aber Excel scheint mit dem Skonto nicht ganz zurechtgekommen zu sein. Markieren Sie die Felder *B8* bis *D8*. Wählen Sie dann *Format/Zellen*. Im Register *Zahlen* klicken Sie dann auf *Prozent* und bestätigen mit *OK*.

Prozentformate weisen sich blitzschnell mit der Tastenkombination Strg+⇧+5 *zu.*

Durch das Zellenformat wurde der Fehler korrigiert. Die Zellen weisen das korrekte Prozent-Format auf. Sichern Sie die Arbeitsmappe mit unserem Angebotsvergleich.

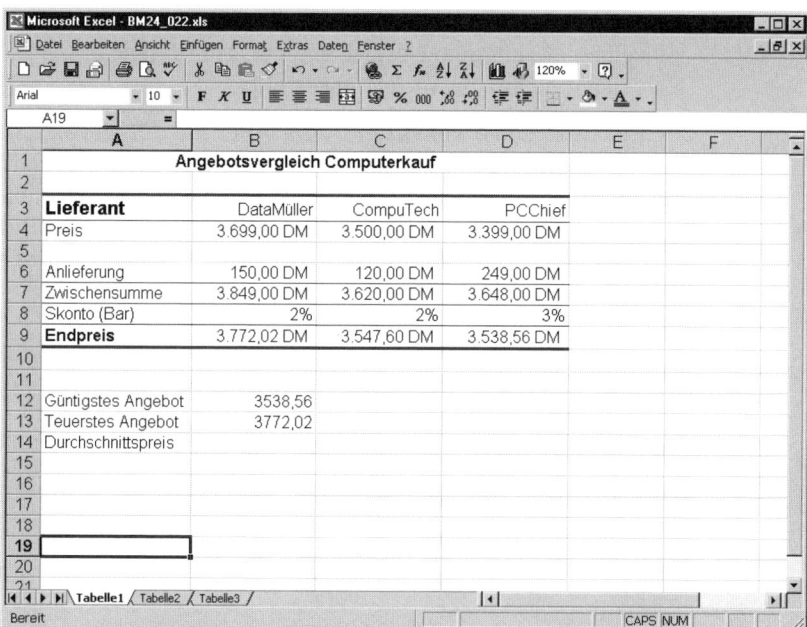

Bild 24.24: Nachdem der Fehler des AutoFormats behoben ist, wirkt die Tabelle wesentlich besser

Das fertige Ergebnis ist für Sie unter der Bezeichnung BO24_24.XLS auf der CD abgelegt.

25. Excel als Datenbank

Excel kann nicht nur Berechnungen vornehmen, sondern die Daten auch strukturiert speichern und damit Datenbank-Funktionen übernehmen. In diesem Kapitel zeigen wir, wie es geht.

25.1 Datenbankstruktur aufbauen

Falls Sie sich bereits einmal mit Datenbanken beschäftigt haben, wissen Sie sicher, wie wichtig eine genaue Planung ist. Im Vordergrund steht die Frage nach den Informationen, die in der Datenbank abgelegt werden sollen. Daraus ergibt sich welche Datenfelder für die Speicherung dieser Informationen notwendig sind. Diese Fragen sollten beantwortet sein, bevor Sie beginnen. In unserem Beispiel, einer Verkaufsdatenbank, wurden diese Überlegungen bereits im Vorfeld angestellt.

Excel stellt keine Konkurrenz zu vollwertigen Datenbankprogrammen wie Access dar. Der Schwerpunkt liegt vielmehr in der einfachen Erfassung und Verwaltung kleinerer Datenbestände. Wenn Sie die Tabellen als vertikale Liste – d.h. mit Spaltenbeschriftungen und darunter befindlichen Datensätzen in den Zeilen – aufbauen, haben Sie schnellen Zugriff auf die Datenbankfunktionen von Excel.

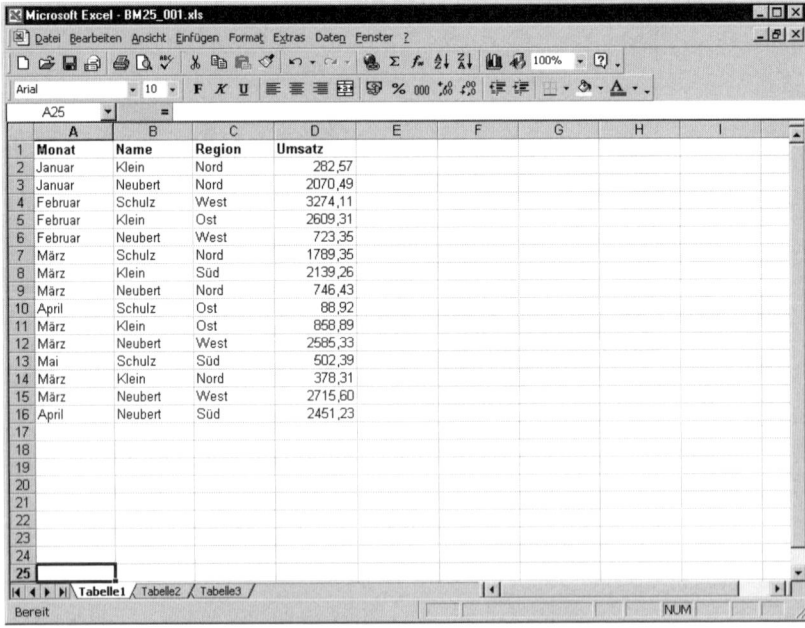

Bild 25.1: Diese Tabelle dient als Grundlage für die Datenbankfunktionen von Excel

Mit der Arbeitsmappe B025_001.XLS kommen Sie ohne langes Tippen zum Ziel.

Für die Elemente einer solchen Tabelle bzw. Datenbank gibt es festgelegte Namen:

- Jede Tabellenzeile einer Datenbanktabelle entspricht einem Datensatz.
- Die Zellen innerhalb einer Spalte wie z.B. Datum oder Artikel werden Felder genannt.

Die erste Zeile einer Datenbanktabelle oder -liste enthält die Namen der Datenfelder (Spaltenüberschriften). Um von einer Datenbank sprechen zu können, muß diese Zeile immer vorhanden sein.

Der Aufbau einer Datenbanktabelle in Excel unterscheidet sich nicht von dem einer normalen Tabelle. Daher ist die Benutzung der Liste für Berechnungen oder andere Zwecke jederzeit möglich. Daneben bedingt der Aufbau als Tabelle eine wichtige Einschränkung: Tabellenblätter dürfen maximal 65536 Zeilen enthalten – das heißt, daß Ihre Datenbank in Excel maximal 65535 Datensätze umfassen kann.

In der Regel genügt es nicht, die Datensätze nur in die Datenbank aufzunehmen. Sortierungen, Selektionen oder mathematische Auswertungen gehören zu den gängigen Datenbankanforderungen. Ziel ist es z.B., Datensätze unstrukturiert einzugeben und eine strukturierte Auswertung zu erhalten. Das beste Beispiel: eine Adreß-Datenbank, die im Laufe der Zeit immer neue Einträge erhält. Genau diese Anforderungen erfüllt Excel mit den Datenbankfunktionen.

25.2 Komfortable Eingabe mit Datenmasken

Um in umfangreichen Datenbeständen die Übersicht zu behalten, stellt Ihnen Excel ein einfaches Eingabeformular bereit. Mit diesem Formular erfassen, ändern oder löschen Sie die Daten in der Tabelle.

Zum Bearbeiten der Daten in der Datentabelle können Sie jederzeit auf die normalen Tabellenfunktionen von Excel zurückgreifen.

Zum Öffnen der Datenmaske klicken Sie auf eine beliebige Zelle der Liste und wählen anschließend den Menübefehl *Daten/Maske*. Excel blendet die Datenmaske ein und zeigt Ihnen die Felder des ersten Datensatzes an.

Sollten Sie versehentlich eine Zelle außerhalb der Liste angeklickt haben, meldet Excel, daß keine Liste zu finden ist. Setzen Sie den Zellcursor in die Datenbanktabelle und rufen Sie erneut den Befehl Daten/Maske auf.

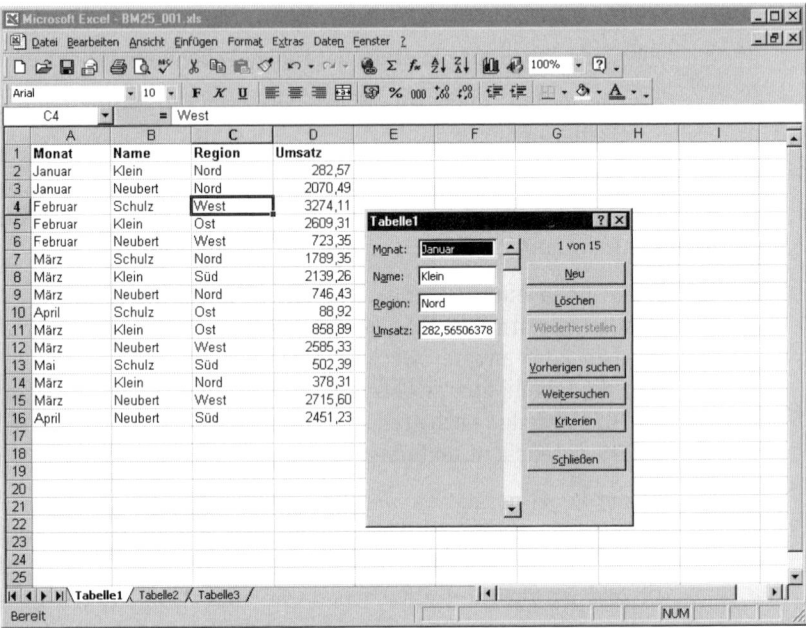

Bild 25.2: Ein Klick auf Daten/Maske öffnet ein einfaches Eingabeformular für die Datenbank

Die Feldbezeichner in der Maske ermittelt Excel anhand der Spaltenüberschriften der Tabelle. Mit Hilfe der Datenmaske verwalten Sie die Daten unserer kleinen Liste.

 Excel kann mit Hilfe der Datenmaske nur Datensätze verwalten, die maximal 32 Felder enthalten. Wenn Sie mehr Felder benötigen, sollten Sie auf die Dienste einer richtigen Datenbankanwendung wie Microsoft Access zugreifen.

Mit der Datenmaske arbeiten

Um das Eingabeformular effektiv zu nutzen, sollten Sie auf die verschiedenen Tastenkombinationen zurückgreifen – nach einer kurzen Einarbeitungszeit sind Sie damit deutlich schneller als bei der Mausbedienung:

Taste	Aktion
[↓] bzw. [↵]	blättert zum nächsten Datensatz
[↑]	blättert zum vorhergehenden Datensatz
[Strg]+[Bild ↑]	setzt den Datensatzzeiger auf den ersten Datensatz
[Strg]+[Bild ↓]	setzt den Datensatzzeiger auf einen neuen Datensatz.
[Bild ↑]	blättert in der Standardeinstellung um zehn Datensätze nach oben.
[Bild ↓]	blättert in der Standardeinstellung um zehn Datensätze nach unten.

Mit der [⇆]-Taste blättern Sie vorwärts durch die einzelnen Felder der Maske. Rückwärts geht es, wenn Sie zusätzlich die [⇧]-Taste gedrückt halten. Mit dem Rollbalken oder den Richtungstasten [↑] und [↓] bewegen Sie sich durch die Datensätze unserer Liste.

Um den Feldinhalt zu verändern, setzen Sie die Schreibmarke in das zu ändernde Feld und bearbeiten Sie den Feldinhalt. Felder können Sie durch einfaches Überschreiben verändern. Um die Änderung in die Liste zu übernehmen, drücken Sie die [↵]-Taste. Mit Tastenkombinationen bewegen Sie die Schreibmarke in der Zelle an die zu bearbeitende Stelle. Um Teile des Zellinhalts zu verändern müssen Sie die zu bearbeitenden Passagen zunächst markieren. Excel hebt den markierten Bereich invers hervor – die folgende Aktion beziehen sich auf den markierten Bereich. Dabei greifen Sie auf folgende Tasten zurück:

Tasten	Wirkung
[↵]	übernimmt die Änderungen und setzt den Datensatzzeiger auf den folgenden Datensatz
[Pos1]	setzt die Schreibmarke an den Anfang des Felds.
[Ende]	setzt die Schreibmarke an das Ende des Felds.
[Entf]	löscht das Zeichen rechts der Schreibmarke/die Markierung.
[Strg]+[Entf]	löscht alle Zeichen rechts der Schreibmarke.
[←]	löscht das Zeichen links der Schreibmarke/die Markierung.
[→]/[←]	setzt die Schreibmarke um ein Zeichen nach rechts/links.

Tasten	Wirkung
[Strg]+[→]/[←]	setzt die Schreibmarke zum Anfang der nächsten/vorhergehenden Zeichenfolge.
[⇧]+[→]/[←]	erweitert die Markierung von der Schreibmarke nach um ein Zeichen nach rechts/links.
[⇧]+[Strg]+[→]/[←]	erweitert die Markierung von der Schreibmarke bis zum Anfang der nächsten/vorhergehenden Zeichenfolge.

Um den Feldinhalt zu markieren, stehen Ihnen ebenfalls die bereits in Kapitel 22.2 beschriebenen Mausaktionen zur Verfügung.

Solange Sie den Datensatz noch nicht mit [↵] oder [↓] in der Tabelle gespeichert haben, genügt ein Klick auf *Wiederherstellen*, um alle Änderungen zu verwerfen.

In der Datenmaske steht die Funktion Bearbeiten/Rückgängig *(*[Strg]+[Z]*) nicht zur Verfügung. Nachdem Excel den bearbeiteten Datensatz gespeichert hat, müssen Sie erst die Datenmaske schließen, um z.B. ein versehentliches Löschen mit* Bearbeiten/Rückgängig *(*[Strg]+[Z]*) ungeschehen zu machen.*

Mit einem Klick auf die Schaltfläche *Löschen* entfernen Sie den aktuellen Datensatz – nach einer Sicherheitsabfrage – aus der Datenbank.

Um einen neuen Datensatz einzugeben, drücken Sie die Schaltfläche *Neu*.

Überschreiben Sie keine Werte im Eingabeformular beim Erfassen neuer Daten, sonst ändern Sie einen bereits bestehenden Datensatz.

Excel setzt den Datensatzzeiger an das Ende der Tabelle und fügt einen neuen leeren Datensatz an.

Mit [Strg]+[Bild ↓] *setzen Sie den Datensatzzeiger ebenfalls an das Ende der Liste, um einen neuen Datensatz anzulegen.*

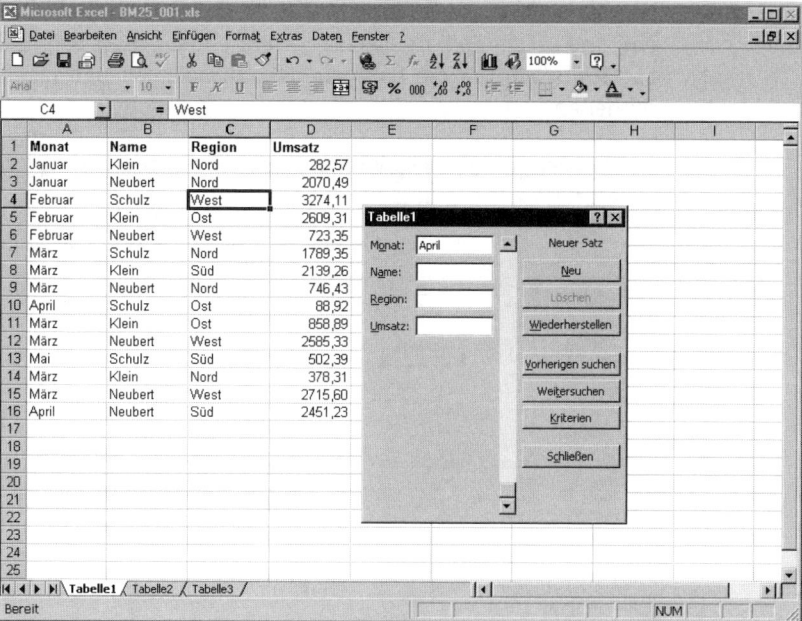

Bild 25.3: Nach einem Klick auf die Schaltfläche Neu *fügt Excel einen leeren Datensatz an die Tabelle an. Das Feld* Monat *ist bereits mit dem Monatsnamen ausgefüllt*

Die Schreibmarke steht im ersten Feld der Datenmaske und Sie können direkt mit der Eingabe beginnen.

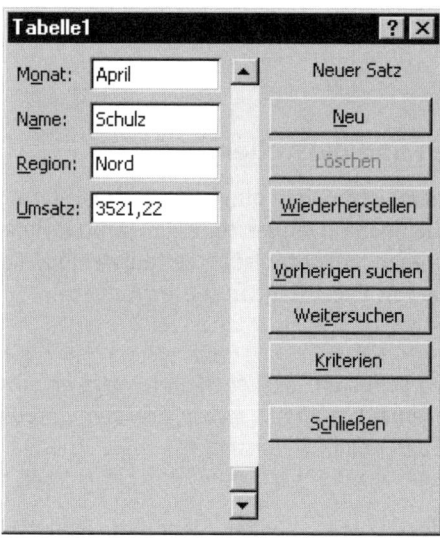

Bild 25.4: Der vollständige neue Datensatz...

Mit [↵] schließen Sie die Eingabe ab. Excel fügt die Werte in die Tabelle ein, und setzt den Datensatzzeiger auf einen neuen Datensatz. Klicken Sie auf *Schließen*, um die Dateneingabe zu beenden und die Datenmaske zu schließen.

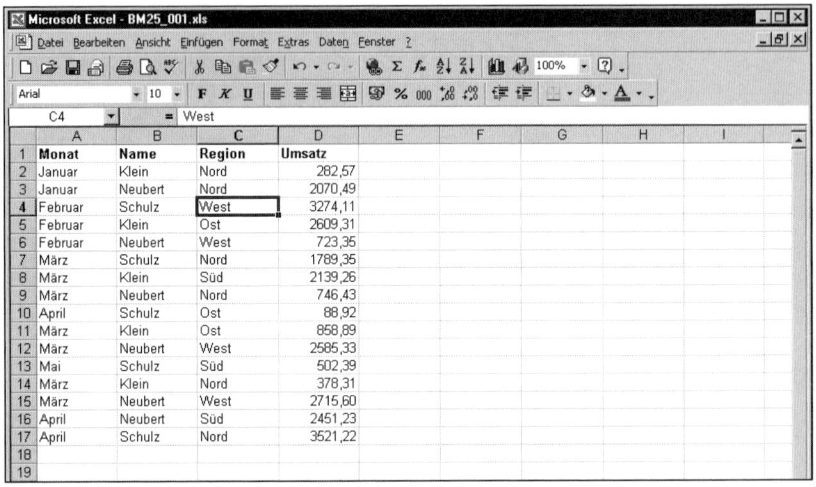

	A	B	C	D
1	Monat	Name	Region	Umsatz
2	Januar	Klein	Nord	282,57
3	Januar	Neubert	Nord	2070,49
4	Februar	Schulz	West	3274,11
5	Februar	Klein	Ost	2609,31
6	Februar	Neubert	West	723,35
7	März	Schulz	Nord	1789,35
8	März	Klein	Süd	2139,26
9	März	Neubert	Nord	746,43
10	April	Schulz	Ost	88,92
11	März	Klein	Ost	858,89
12	März	Neubert	West	2585,33
13	Mai	Schulz	Süd	502,39
14	März	Klein	Nord	378,31
15	März	Neubert	West	2715,60
16	April	Neubert	Süd	2451,23
17	April	Schulz	Nord	3521,22
18				
19				

Bild 25.5: ...ist nach dem Beenden der Eingabe in der Tabelle eingefügt

TIP *Die Taste [Esc] dient ebenfalls zum Schließen der Datenmaske. Sofern noch ungesicherte Änderungen vorliegen, verwirft Excel beim ersten Drücken von [Esc] zunächst die Änderungen – erst ein weiterer Druck auf [Esc] schließt die Maske.*

Datensätze suchen und darstellen

Während Sie bei kleinen Listen noch ohne eine Unterstützung zurechtkommen, gestaltet sich die Suche nach bestimmten Informationen in umfangreichen Datensammlungen mitunter sehr zeitaufwendig. Eine Stärke der Datenbankfunktionen von Excel liegt in dieser Aufgabe.

TIP *Excel durchsucht die Tabelle vom aktuellen Datensatz an. Um die gesamte Tabelle in die Suche einzubeziehen, setzen Sie den Datensatzzeiger mit [Strg]+[Bild ↑] auf den ersten Datensatz.*

Um die Suchbegriffe festzulegen, klicken Sie auf die Schaltfläche *Kriterien*. Excel blendet dann eine leere Maske ein. Klicken Sie in das Feld nach dessen Inhalt Sie die Tabelle durchsuchen wollen und geben Sie den Suchbegriff ein.

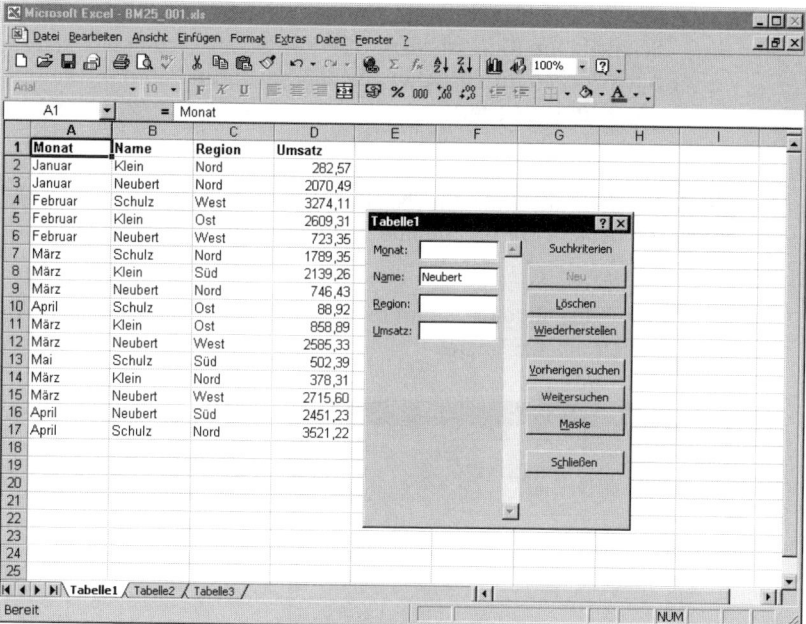

Bild 25.6: Der Name ist eingegeben, die Suche kann beginnen

Starten Sie die Suche über die Schaltfläche *Weitersuchen* – Excel zeigt den ersten Datensatz an, der dem Suchbegriff entspricht.

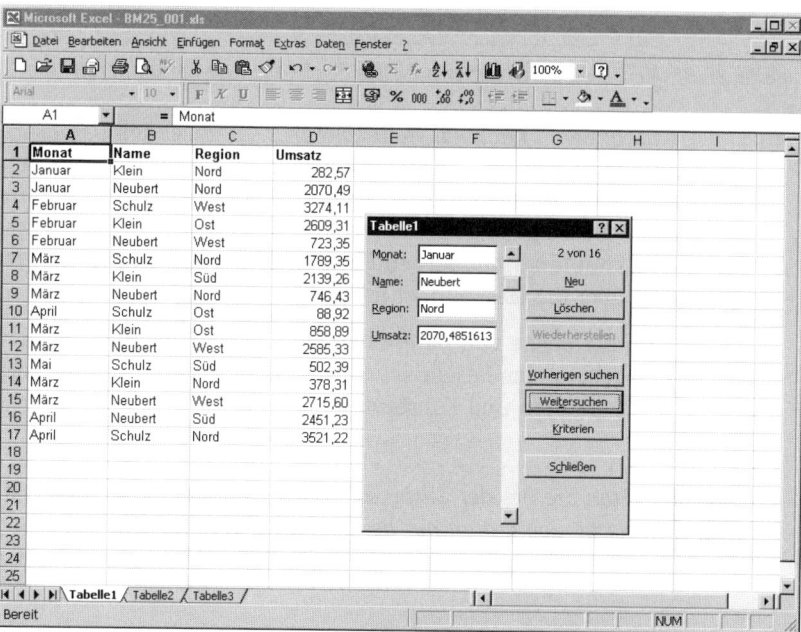

Bild 25.7: Die Suche war erfolgreich: Ein Datensatz wurde gefunden

Um die nächste Übereinstimmung zu finden, klicken Sie erneut auf die Schaltfläche *Weitersuchen*. Über die Schaltflächen *Weitersuchen* bzw. *Vorherigen Suchen* durchsuchen Sie den gesamten Datenbestand nach Bedarf vorwärts und rückwärts.

Oberhalb der Schaltfläche Neu *sehen Sie die Anzeige, in welchem Datensatz der Tabelle Sie sich gerade befinden.*

Durch die Eingabe mehrerer Begriffe in die Maske kombinieren Sie die Kriterien bei der Suche.

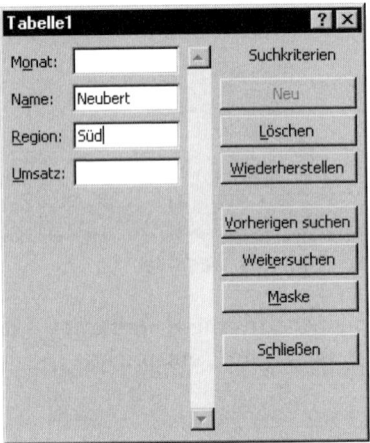

Bild 25.8: Mehrere Felder lassen sich als Suchkriterium kombinieren

Nach einem Klick auf *Weitersuchen* zeigt Excel den Datensatz für den beide Suchkriterien übereinstimmen. Bei der Suche mit kombinierten Suchbegriffen sind die Suchbegriffe immer über ein logisches UND miteinander verbunden. Das heißt, daß beide Suchkriterien übereinstimmen müssen. Eine ODER-Verknüpfung, bei der lediglich eines der beiden Kriterien zutreffen muß, ist über die Maske nicht möglich.

Bei der Suche von Datensätzen kann Excel auch mit logischen Operatoren umgehen, eine Beschreibung finden Sie in Kapitel 23.5 Das Handwerkszeug – Operatoren und Konstanten.

Achten Sie bei der Suche auf den Datentyp des Suchbegriffs: Benutzen Sie logische Operatoren nur bei der Suche nach Zahlen.

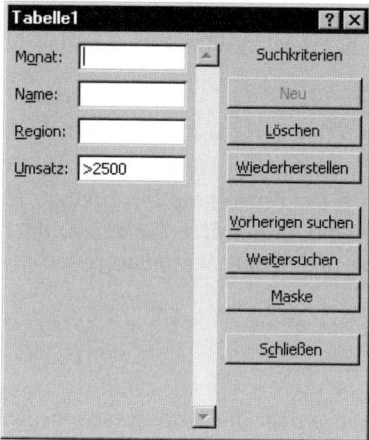

Bild 25.9: Bei der Angabe des Suchkriteriums lassen sich Vergleichsoperatoren einsetzen. Im gezeigten Beispiel sucht Excel alle Datensätze, bei denen das Feld Umsatz *einen Wert über 2500 ausweist*

Bei der Suche nach Texten kommen die Platzhalter »*« und »?« zum Einsatz:

Ersetzungs-zeichen	Findet	Beispiel
*	beliebige Anzahl beliebiger Zeichen	*e* in der Spalte *Name* findet Klein und Neubert
?	ein beliebiges Zeichen	??e* findet nur den Verkäufer Klein.

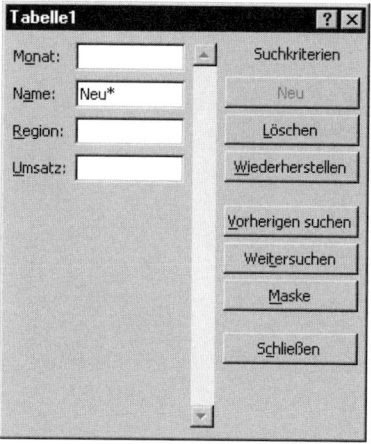

Bild 25.10: Wir führen eine Suche mit einem Platzhalter durch

Mit Hilfe des Platzhalters ist es möglich, Zeichenfolgen zu finden, die nicht am Beginn eines Wortes stehen bzw. als Buchstabenfolge innerhalb eines Wortes vorkommen.

Das Suchen dient nicht nur zum schnellen Positionieren des Datensatzzeigers sonder unterstützt Sie auch bei der Verwaltung Ihrer Daten. Mit Platzhaltern (»*Schmidt«) finden Sie z.B. alle Datensätze für den Kunden Schmidt heraus, wenn er fälschlicherweise in den zwei Schreibweisen »Schmidt« und »Hr. Schmidt« erfaßt wurde.

Excel unterscheidet bei der Suche über die Datenmaske nicht zwischen Groß- und Kleinschreibung.

25.3 Daten filtern und sortieren

In der Beispieldatenbank sind die Datensätze nacheinander erfaßt worden – die Reihenfolge entspricht dabei nicht unbedingt der Sortierung, die Sie für die Auswertung benötigen. Mit der Sortierfunktion von Excel bringen Sie die gewünschte Struktur in Ihre Daten.

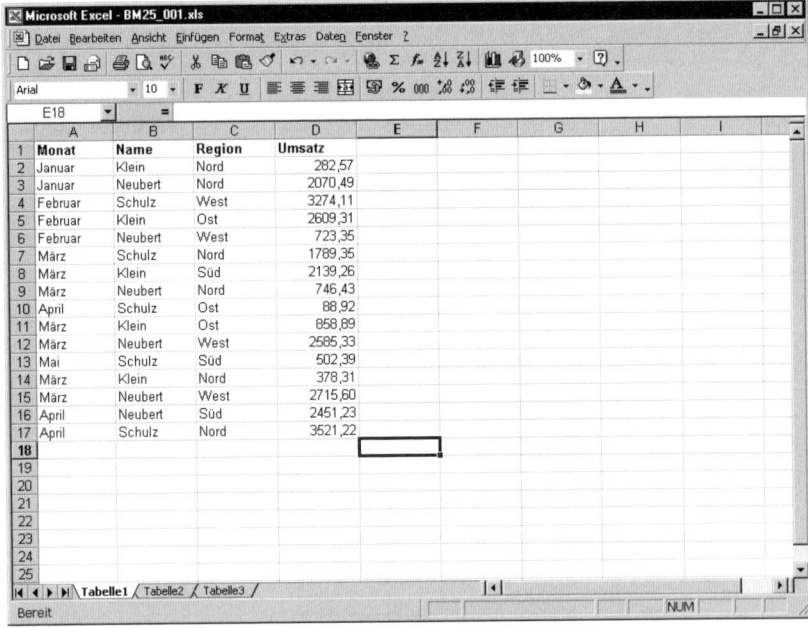

Bild 25.11: Die Daten dieser Tabelle sollen in die benötigte Ordnung gebracht werden

Sortierung

Setzen Sie den Mauszeiger auf eine Zelle innerhalb Liste. Öffnen Sie über das Menü *Daten/Sortieren* die Dialogbox *Sortieren*.

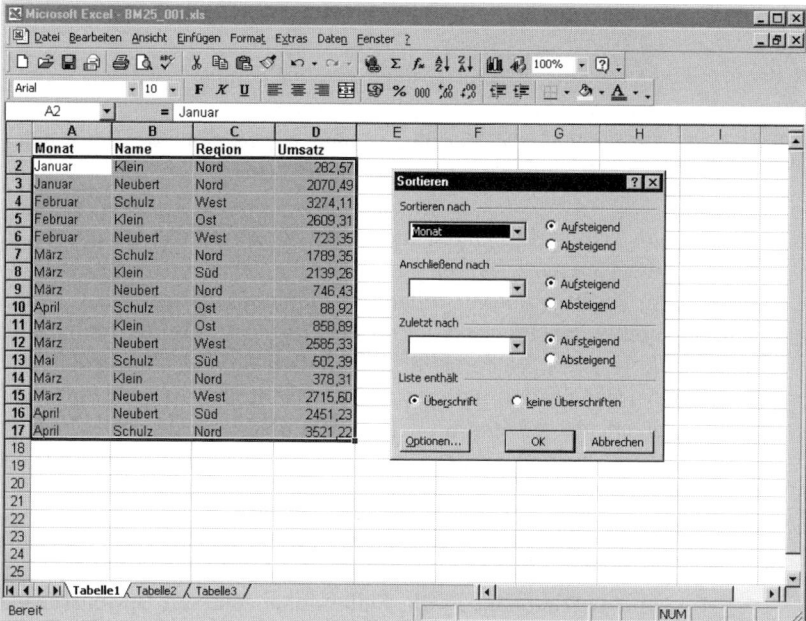

Bild 25.12: Nach dem Aufruf von Daten/Sortieren *erscheint die Dialogbox* Sortieren

Excel erkennt und markiert die vollständige Liste und öffnet die Dialogbox *Sortieren*. Die Listenfelder in der Dialogbox nehmen bis zu drei Sortierkriterien auf, die nacheinander abgearbeitet werden – mit den Optionsschaltflächen *Aufsteigend* und *Absteigend* bestimmen Sie die Sortierreihenfolge unabhängig für jedes Kriterium. Mit den Optionsschaltflächen *Liste enthält* geben Sie an ob Excel die erste Zeile der Liste ebenfalls sortieren soll.

Die Option *Überschriften* ist aktiviert: Excel hat die Überschriften automatisch erkannt und nur die Datensätze ohne die Spaltenbeschriftungen markiert. Damit sind die Überschriften von der Sortierung ausgeschlossen.

Mit einem Klick auf die Schaltfläche *Optionen* öffnet Excel die Dialogbox *Sortieroptionen* in der Sie Voreinstellungen für die Sortierung vornehmen.

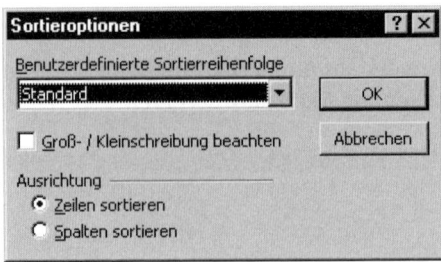

Bild 25.13: In der Dialogbox Sortieroptionen *bestimmen Sie unter anderem die Sortierreihenfolge mit der Excel die Daten ordnet*

Im Listenfeld *Benutzerdefinierte Sortierreihenfolge* stehen Ihnen verschiedene Sortierverfahren zur Auswahl -- Excel greift dabei auf die Sortierlisten in Register *AutoAusfüllen* der Dialogbox *Optionen* zu. In den Standardeinstellungen ignoriert Excel die Groß- und Kleinschreibung beim Sortieren. Aktivieren Sie das Kontrollkästchen *Groß- / Kleinschreibung beachten*, um bei der Sortierung zwischen den Schreibweisen zu unterscheiden. Im Feld *Ausrichtung* legen Sie fest, was sortiert werden soll. Im Beispiel oben hat Excel korrekt erkannt hat, daß Sie die Liste zeilenweise sortiert werden wollen.

In den Listenfeldern *Sortieren nach* sind die verfügbaren Sortierkriterien enthalten. Wählen Sie nacheinander alle gewünschten Sortierungen aus und bestimmen Sie die Reihenfolge mit den Optionsschaltflächen rechts neben den Listenfeldern.

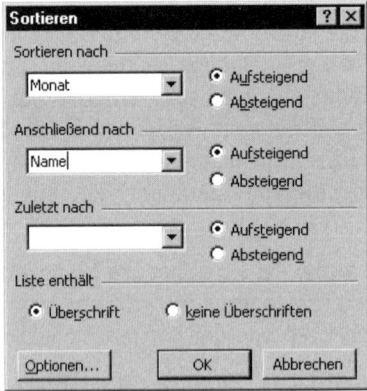

Bild 25.14: In diesem Beispiel soll die Tabelle aufsteigend nach Monat *und* Name *sortiert werden*

Damit Excel die Monatszuordnung ordnungsgemäß übernimmt und die Datensätze nicht einfach alphabetisch ordnet, öffnen Sie die *Optionen* und aktivieren die *Benutzerdefinierte Sortierreihenfolge* »Januar, Februar,....«.

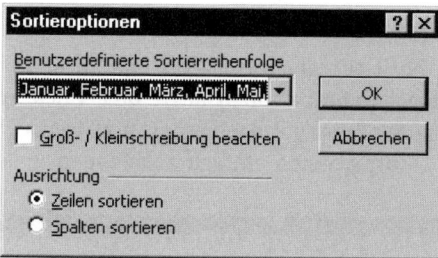

Bild 25.15: Um Monatsnamen in der kalendarischen Reihenfolge zu sortieren, wählen Sie die entsprechende Einstellung im Listenfeld Benutzerdefinierte Sortierreihenfolge

Bestätigen Sie die *Sortieroptionen* und die Einstellungen der Dialogbox *Sortieren* mit einem Klick auf *OK* – Excel führt den angegebenen Sortiervorgang durch.

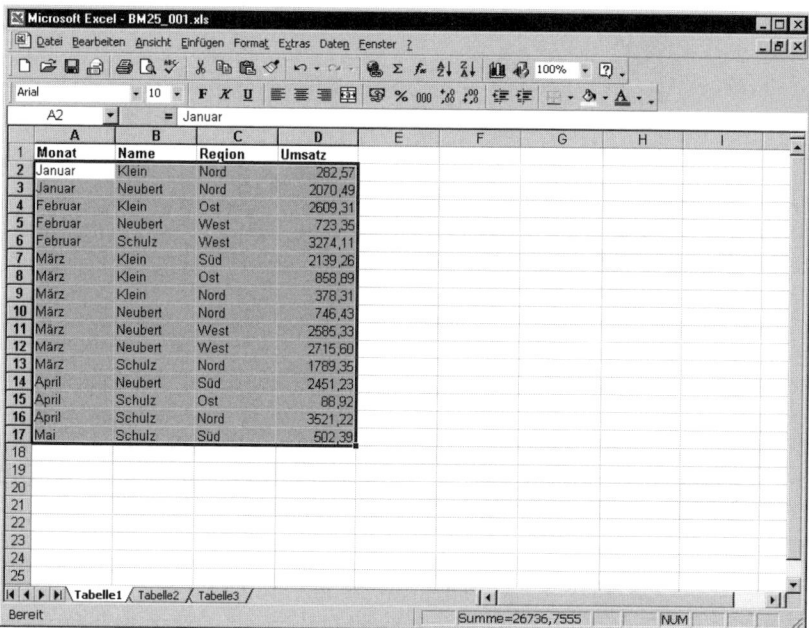

Bild 25.16: In der neu sortierten Liste stehen alle Datensätze in der richtigen Monats-Reihenfolge, alphabetisch nach Namen geordnet, untereinander

 Die sortierte Datenbank finden Sie unter der Bezeichnung B025_016.XLS auf der CD.

Filtern

Nach einiger Zeit ist die Datentabelle zu groß und zu unübersichtlich geworden, um alle wichtigen Informationen auf einem Blick zu erfassen. In diesem Fall unterstützt Sie Excel mit sogenannten »Filtern«, mit denen Sie die nicht benötigten Informationen einfach ausblenden.

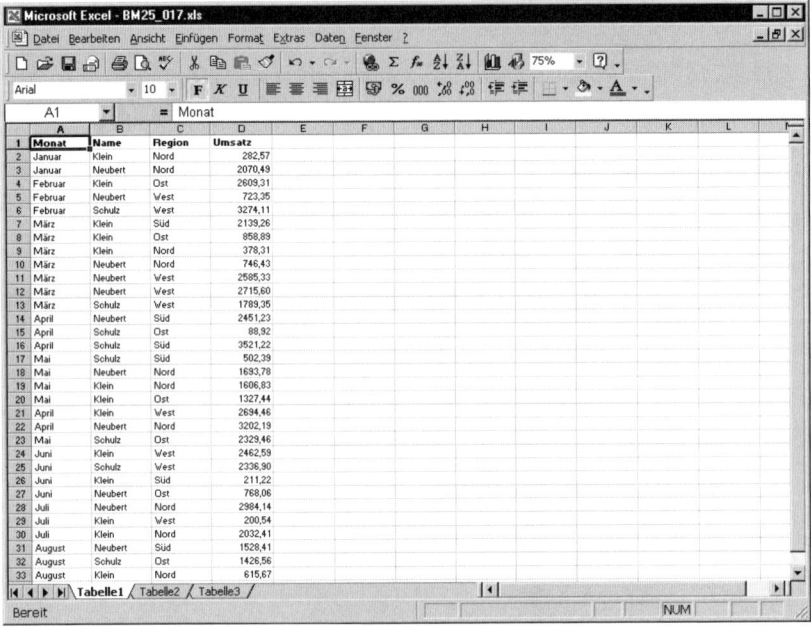

Bild 25.17: Diese Tabelle ist zu umfangreich, um alle Daten im Blick zu halten

 Wenn Sie das Beispiel selbst nachzuvollziehen wollen, öffnen Sie die Tabelle BO25_017.XLS von der CD.

Setzen Sie den Zellcursor in die zu filternde Liste, und klicken Sie auf *Daten/Filter/AutoFilter*. Excel fügt bei allen Spaltenüberschriften ein Listenfeld ein, mit dem Sie bestimmte Informationen ausblenden.

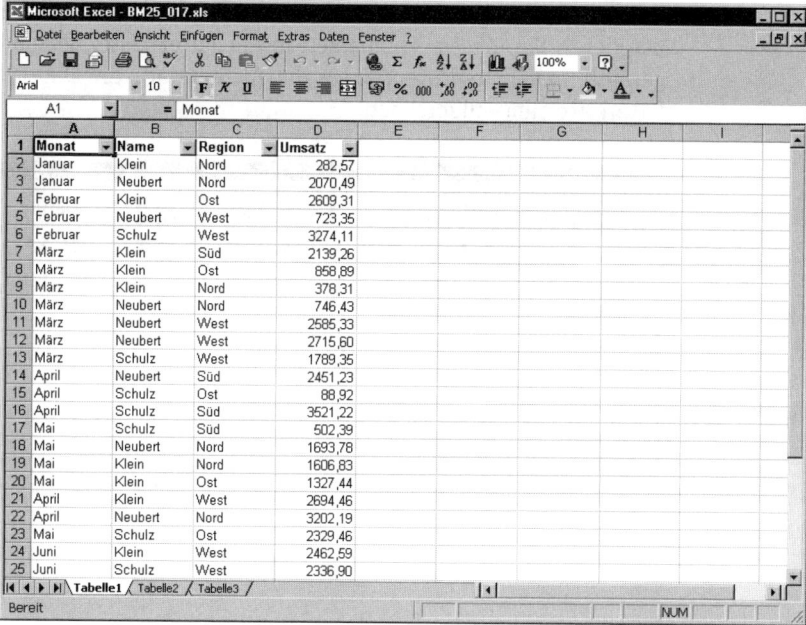

Bild 25.18: Neben den Spaltenüberschriften sehen Sie die Pfeile des AutoFilters

In den Listenfeldern der Spaltenüberschriften führt Excel alle in der entsprechenden Spalte enthaltenen Daten auf.

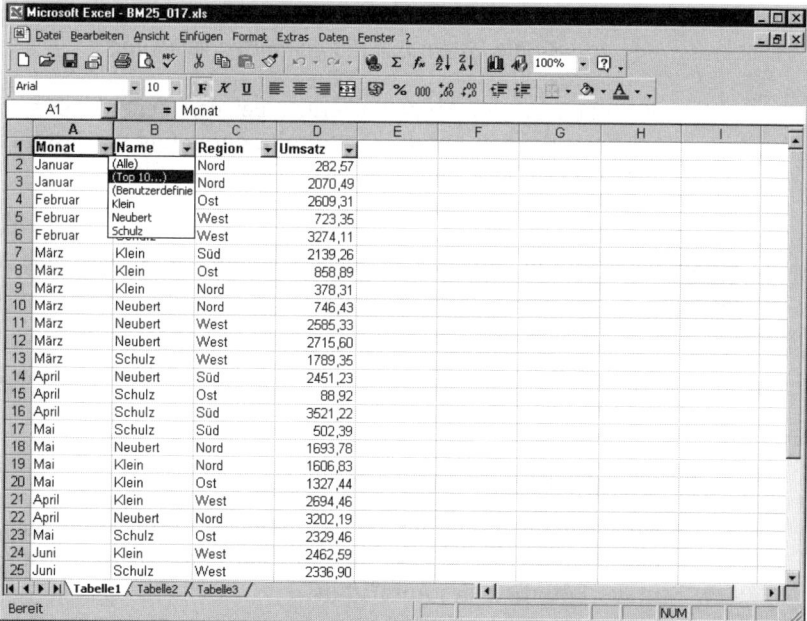

Bild 25.19: Die geöffnete Filter-Liste für das Feld Name

Um im Beispiel alle Datensätze für den Verkäufer »Neubert« herauszufiltern, markieren Sie diesen Nachnamen in der Filter-Liste. Sobald Sie den Filter gewählt haben, reduziert Excel die Anzeige auf die Datensätze, die dem Filterkriterium entsprechen.

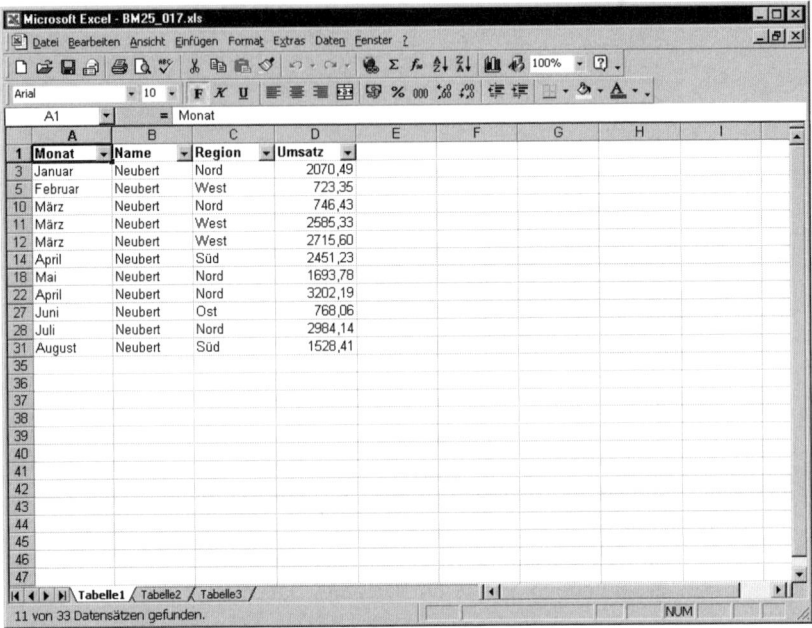

Bild 25.20: Nach der Auswahl des Filterkriteriums »Neubert« in der Filterliste Name sehen Sie nur noch die Datensätze des gewählten Verkäufers

Sie sehen an der Farbveränderung bei den Zeilenköpfen, daß ein Filter aktiv ist. Um den Autofilter zu deaktivieren und das Listenfeld auszublenden, klicken Sie erneut auf *Daten/Filter/Autofilter*.

 Die gefilterte Datentabelle finden Sie unter der Bezeichnung B025_020.XLS.

Bei Bedarf lassen sich mehrere AutoFilter kombinieren, um z.B. die Daten nach unterschiedlichen Kriterien auszuwerten.

Benutzerdefinierte Filterkriterien

Mit benutzerdefinierten Filtern ordnen Sie Ihre Daten nach individuellen Gesichtspunkten. Klicken Sie dazu auf den Eintrag »(Benutzerdefiniert)« in der Filterliste des AutoFilters.

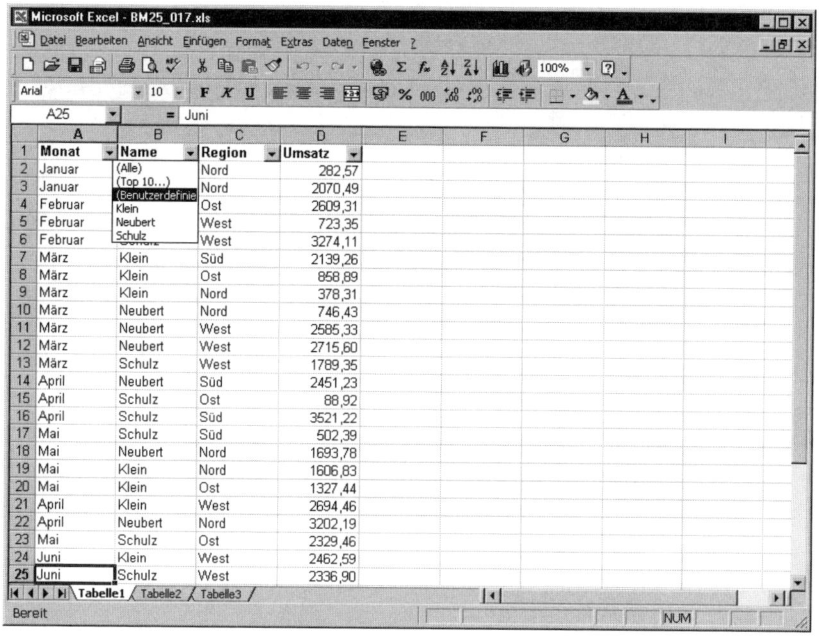

	Monat	Name	Region	Umsatz
2	Januar		Nord	282,57
3	Januar		Nord	2070,49
4	Februar		Ost	2609,31
5	Februar		West	723,35
6	Februar		West	3274,11
7	März	Klein	Süd	2139,26
8	März	Klein	Ost	858,89
9	März	Klein	Nord	378,31
10	März	Neubert	Nord	746,43
11	März	Neubert	West	2585,33
12	März	Neubert	West	2715,60
13	März	Schulz	West	1789,35
14	April	Neubert	Süd	2451,23
15	April	Schulz	Ost	88,92
16	April	Schulz	Süd	3521,22
17	Mai	Schulz	Süd	502,39
18	Mai	Neubert	Nord	1693,78
19	Mai	Klein	Nord	1606,83
20	Mai	Klein	Ost	1327,44
21	April	Klein	West	2694,46
22	April	Neubert	Nord	3202,19
23	Mai	Schulz	Ost	2329,46
24	Juni	Klein	West	2462,59
25	Juni	Schulz	West	2336,90

Bild 25.21: Der Eintrag»(Benutzerdefiniert)« in der Filterliste des AutoFilters stellt Ihnen zusätzliche Filteroptionen bereit

Excel öffnet die Dialogbox *Benutzerdefinierter AutoFilter*, in der Sie bis zu zwei Filterkriterien einstellen. Insgesamt vier Listenfelder nehmen Ihre Eingabe entgegen. Die linken Listenfelder dienen zur Auswahl eines Vergleichsausdrucks, in den rechten Listenfelder sind alle verfügbaren Feldinhalte aufgelistet.

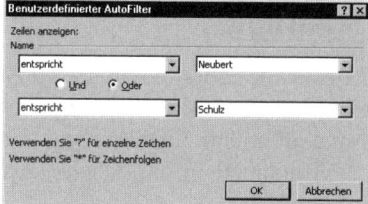

Bild 25.22: In der Dialogbox Benutzerdefinierter AutoFilter *richten Sie bis zu zwei individuelle Filterkriterien ein. Im Beispiel sollen alle Datensätze der Verkäufer »Neubert« und »Schulz« herausgefiltert werden*

Die Verknüpfung von zwei Filterkriterien steuern Sie mit den Optionsschaltflächen *Und* und *Oder*. Bei *Und* müssen beide zutreffen, damit die Filterbedingung erfüllt ist – bei *Oder* reicht ein Kriterium. Bestätigen Sie die Eingaben mit *OK*, um die Filterung vorzunehmen.

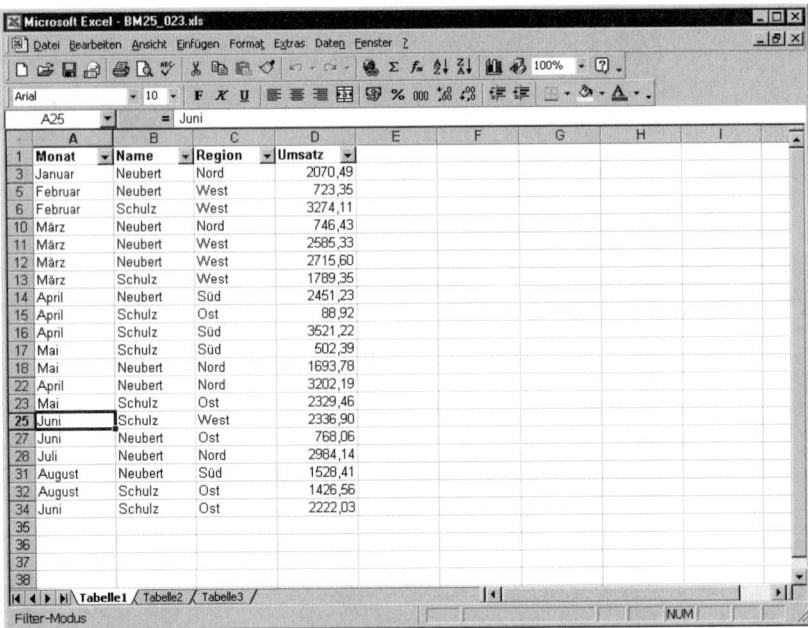

Bild 25.23: Nach dem Anwenden des benutzerdefinierten AutoFilters sehen Sie nur noch die Datensätze der Verkäufer »Neubert« und »Schulz«

 Die gefilterte Datentabelle finden Sie unter der Bezeichnung BO25_023.XLS.

25.4 Gruppierung und Gliederung

Für den besseren Überblick ist es manchmal günstig, Daten zu gliedern und bei Bedarf Auswertungsbereiche von Datenbereichen optisch zu trennen. Die Funktion *Teilergebnisse* erzeugt solche Gliederungen automatisch. Sie können Gliederungen aber auch manuell in das Tabellendokument einfügen.

Gruppierung

Markieren Sie die Zeilen oder Spalten, die Sie eine Gruppe gleicher Ebene repräsentieren sollen. Wählen Sie dann den Befehl *Daten/Gruppierung und Gliederung/Gruppierung*.

 Damit Sie das Beispiel nachvollziehen können, laden Sie die Tabelle BO25_024.XLS von den CD.

Excel als Datenbank

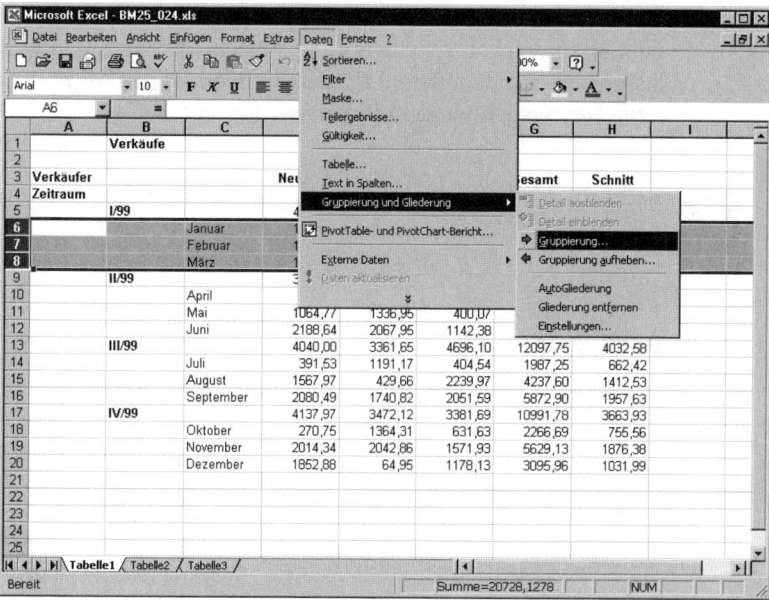

Bild 25.24: Über den Befehl Daten/Gruppierung und Gliederung/Gruppierung *erzeugen Sie übersichtliche Tabellenstrukturen*

Beginnen Sie immer mit der untersten Ebene, größere Markierungen erzeugen dann automatisch höhere Gliederungsebenen. Excel zeigt danach Gliederungssymbole über den Spalten und neben den Zeilenköpfen.

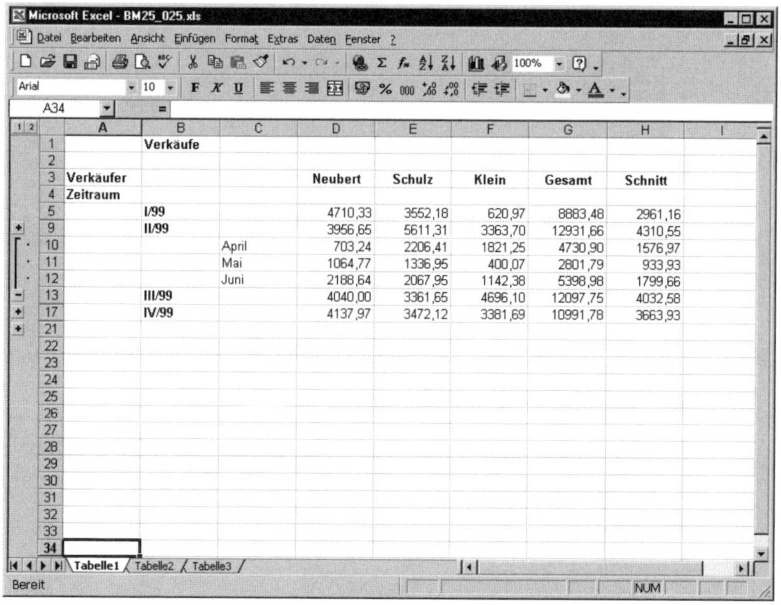

Bild 25.25: Die Zeilen wurden nacheinander gruppiert

Über die Plus-Schaltflächen blenden Sie Details ein, Schaltflächen mit einem Minuszeichen reduzieren die Ansicht der Details. Die Gruppierungen lassen sich mit dem Befehl *Daten/Gruppierung und Gliederung/Gruppierung aufheben* wieder aus dem Dokument entfernen.

 Die vollständige Gruppierung finden Sie in der Tabelle BO25_025.XLS.

AutoGliederung

Der Befehl *Daten/Gruppierung und Gliederung/AutoGliederung* erzeugt unter Verwendung der Zellbezüge in den Formeln der Tabelle eine automatische Gruppierung. Setzen Sie dazu den Zellcursor in die zu gliedernde Tabelle und klicken Sie auf *Daten/Gruppierung und Gliederung/AutoGliederung*.

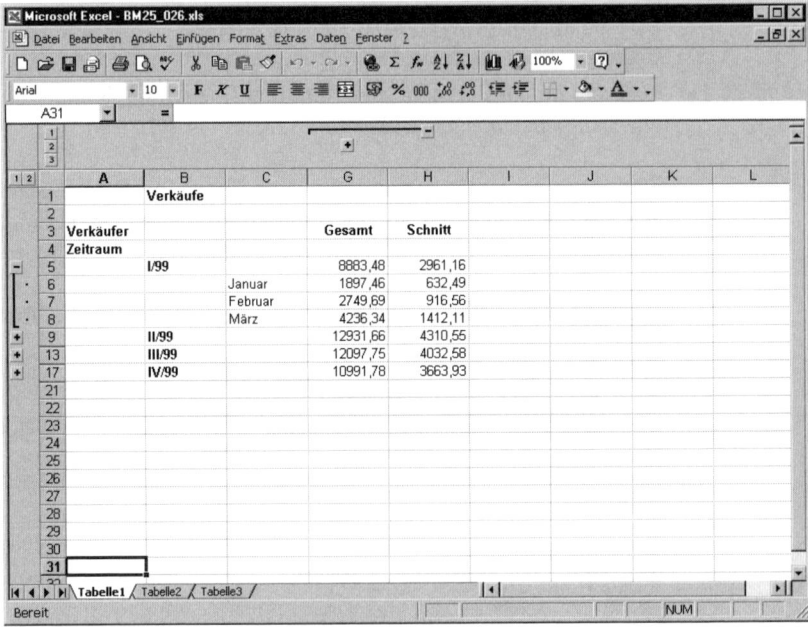

Bild 25.26: Die AutoGliederung erzeugt eine übersichtlich strukturierte Tabelle mit einem Mausklick

Mit wenigen Klicks auf die Gliederungssymbole ist die Tabelle auf das Wesentliche reduziert. Die Gliederungen heben Sie über Befehl *Daten/Gruppierung und Gliederung/Gliederung entfernen* auf.

Excel als Datenbank

 Die vollständige Gruppierung finden Sie in der Tabelle B025_026.XLS.

Teilergebnisse

Die automatische Teilergebnisberechnung innerhalb einer Datenbank gruppiert die Daten nach bestimmten Kriterien und fügt Zwischenergebnisse in die Tabelle ein. Gleichzeitig erfolgt eine automatische Gliederung der Daten, so daß Sie durch Ausblenden der Gruppen nur die Teilergebnisse betrachten. Aktivieren Sie dazu den Befehl *Daten/Gruppierung und Gliederung/ Teilergebnisse*.

 Die Funktion Teilergebnisse *erfordert, daß die Tabelle mit Spaltenüberschriften versehen ist.*

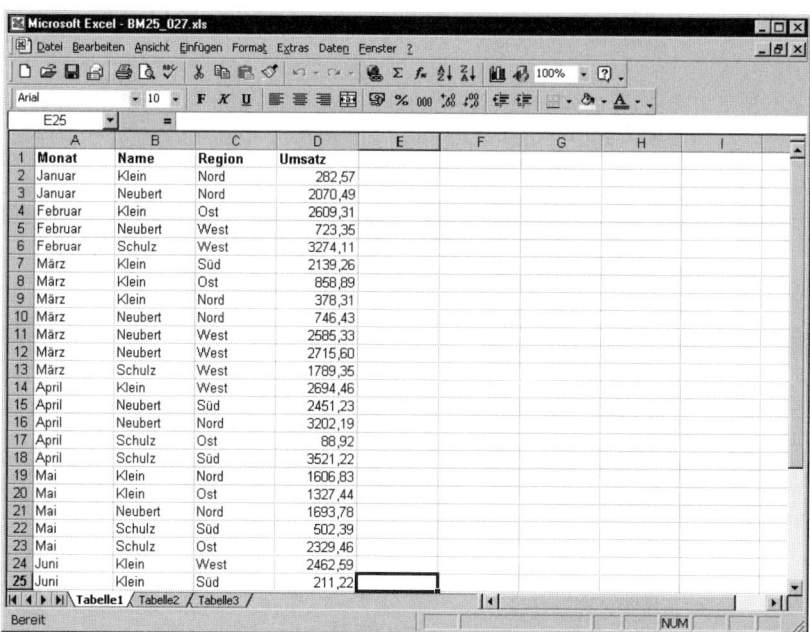

Bild 25.27: Diese sortierte Tabelle bildet den Ausgangspunkt für die Funktion Teilergebnisse

 Wenn Sie das Beispiel selbst nachvollziehen wollen, öffnen Sie die Tabelle B025_027.XLS.

487

Setzen Sie den Zellcursor in die Datenbanktabelle und klicken Sie auf *Daten/Gruppierung und Gliederung/Teilergebnisse*. Excel öffnet die Dialogbox Teilergebnisse, in der Sie die Gruppierungen festlegen und die Berechnungsvorschrift die Zwischenergebnisse bestimmen.

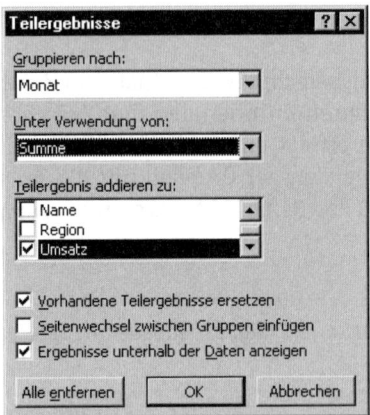

Bild 25.28: Über die Dialogbox Teilergebnisse *richten Sie die Gruppierung und die Auswertungszeilen ein*

Nach Abschluß der Einstellungen klicken Sie auf *OK* – Excel fügt die gewünschten Teilergebnisse als neue Zeilen in die Tabelle ein und aktiviert gleichzeitig den Gliederungsmodus.

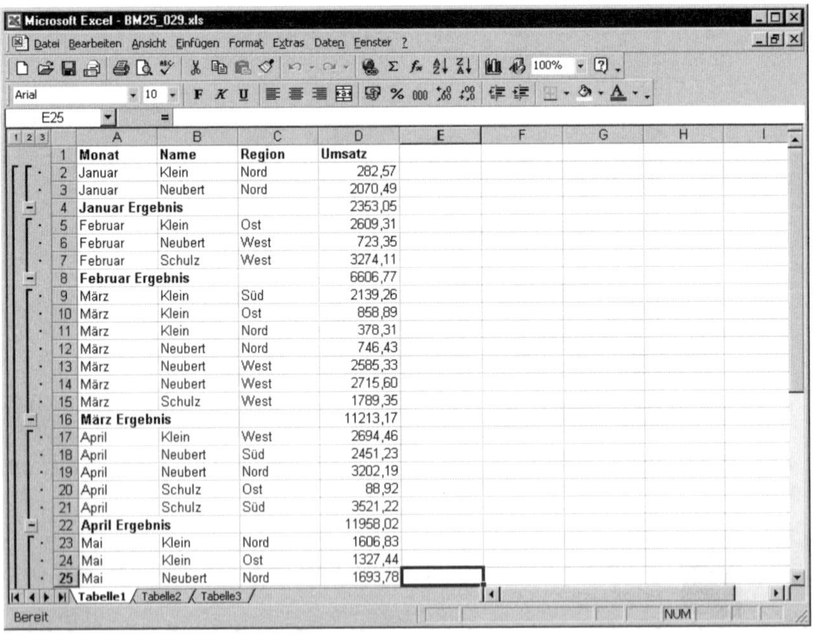

Bild 25.29: Mit der Funktion Teilergebnisse *erzeugen Sie im Handumdrehen eine gegliederte Tabelle mit aussagefähigen Zwischenergebnissen*

Mit den Gliederungssymbolen am linken Rand der Tabelle reduzieren oder erweitern Sie die Ansicht der Datensätze: oberste Ebene ist die Gesamtzusammenfassung, darunter die Zwischenergebnisse der Gruppierungen und die unterste Ebene bilden die Datensätze.

25.5 Pivot-Tabellenberichte

Eine weitere Möglichkeit, auch komplexe Datenbestände übersichtlich und anschaulich darzustellen, sind die Pivot-Tabellenberichte. Hier werden Datensätze nach Feldinhalten gruppiert und erlauben so eine Auswertung nach verschiedenen Kriterien.

Setzen Sie den Zellcursor in die Tabelle und klicken Sie auf *Daten/Pivot-Table- und PivotChart-Bericht*.

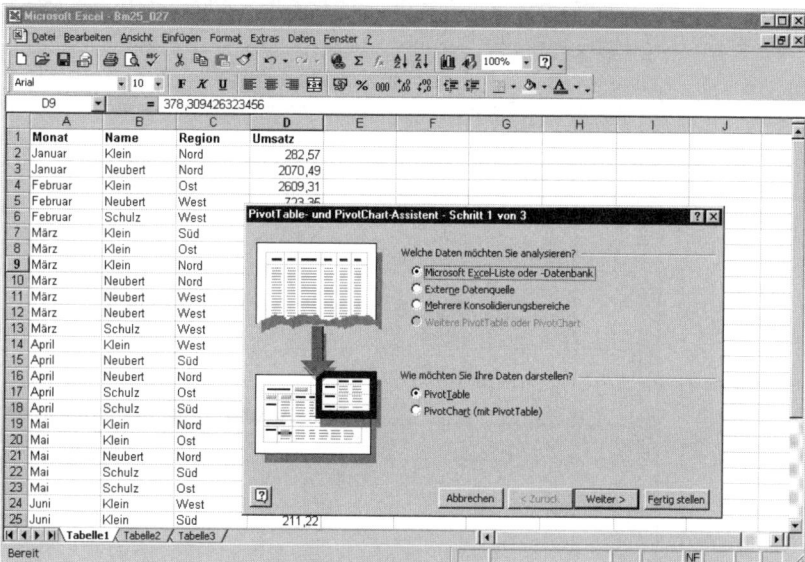

Bild 25.30: Excel unterstützt Sie mit einem eigenen Assistenten, der Sie Schritt für Schritt durch die Erstellung des Berichts leitet. Zunächst werden Sie aufgefordert, die Datenquelle für den Bericht anzugeben

Aktivieren Sie die Option *Microsoft Excel-Liste oder -Datenbank*, da die Daten aus der aktuellen Verkaufsliste übernommen werden sollen. Danach entscheiden Sie welche Auswertung Excel erstellen soll.

⋯▸ Die Option *Pivot-Table* erzeugt einen Pivot-Tabellenbericht.

⋯▸ *PivotChart (mit Pivot-Table)* stellt die auszuwertenden Daten sofort grafisch dar und legt zusätzlichen einen Pivot-Tabellenbericht an.

Im nächsten Schritt erfolgt die Auswahl des zugrundeliegenden Datenbereichs. Excel erkennt die zugrundeliegende Datenbankliste und markiert den entsprechenden Bereich automatisch.

 Falls der Datenbereich nicht richtig erkannt wurde, oder Sie einen anderen Bereich auswerten wollen, klicken Sie auf die Schaltfläche Dialog reduzieren *und legen Sie einen neuen Datenbereich durch Zeigen fest.*

Nach einem Klick auf *Weiter* fragt Excel ab, ob der Bericht auf dem aktuellen Blatt eingefügt oder auf einem neuen Tabellenblatt angelegt werden soll. Wählen Sie die Option *In neuem Blatt,* und bestätigen Sie mit *Fertig stellen.*

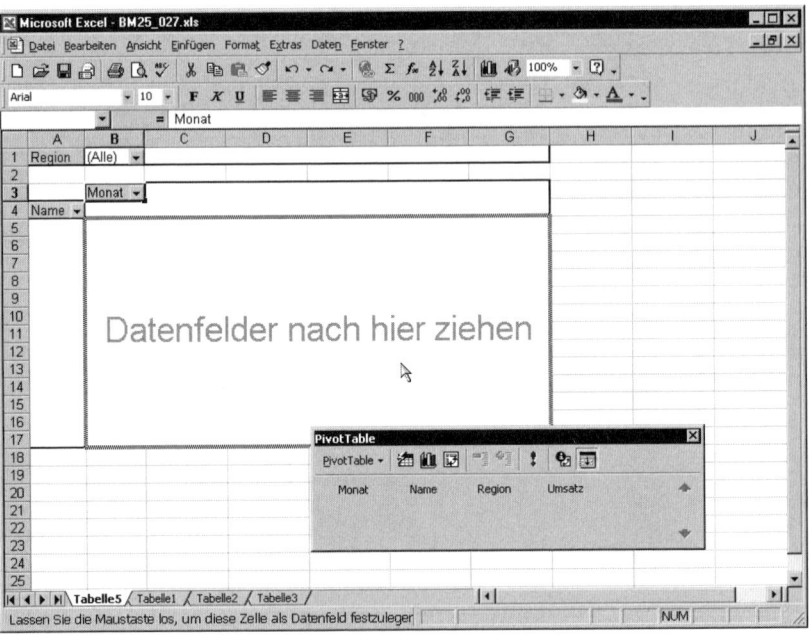

Bild 25.31: Die Position der Felder legen Sie per Drag & Drop fest

Excel zeigt eine Vorschau des Pivot-Tabellenberichts, die Sie mit den erforderlichen Daten füllen. Alle Spalten – und damit die Gruppierungskriterien – erscheinen als Schaltfläche in der Symbolleiste *PivotTable*. Diese Schaltflächen können mit der Maus in die entsprechenden Bereiche des Formulars eingefügt werden. Unser Bericht soll die Verkäufe nach Regionen gruppieren. Das Gruppierungskriterium wird in den Bereich *Seitenkriterium* eingefügt.

Excel als Datenbank

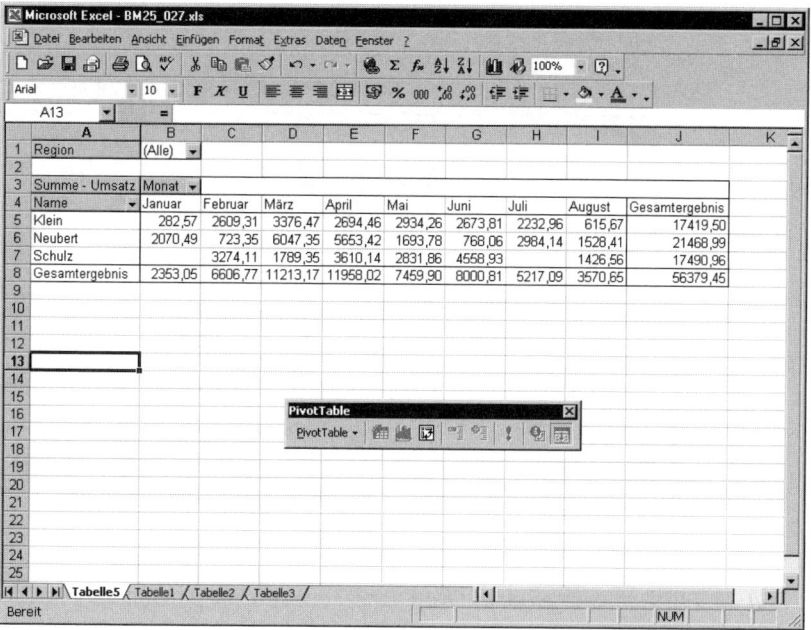

Bild 25.32: Der fertige Pivot-Tabellenbericht gruppiert die Verkäufe nach Regionen

Im Listenfeld *Region* wählen Sie jetzt die Region aus, deren Verkaufszahlen Sie angezeigt bekommen wollen.

 Den fertigen Pivot-Tabellenbericht finden Sie unter BO25_32.XLS auf der beiliegenden CD.

Die einzelnen Schaltflächen lassen sich jederzeit mit der Maus an eine neue Position verschieben – so können Sie in wenigen Augenblicken eine ganz andere Auswertung erzeugen.

Pivot-Chart

Noch einen Schritt weiter geht die neue Funktion *PivotChart*. Wenn Sie die Option *PivotChart (mit Pivot-Table)* im ersten Schritt des Assistenten aktivieren, legt Excel automatisch ein Diagramm mit den ausgewerteten Daten an. Nachdem Sie alle erforderlichen Angaben gemacht haben, öffnet Excel eine Diagramm-Vorschau in die Sie die entsprechenden Datenfelder ziehen.

Aus den eingefügten Daten erzeugt Excel das Diagramm. Alle Diagrammfelder sind als Listenfeld ausgelegt und erlauben die Auswahl der darzustellenden Werte. Zusätzlich zum Diagramm legt Excel noch ein Tabellenblatt mit einem Pivot-Tabellenbericht an.

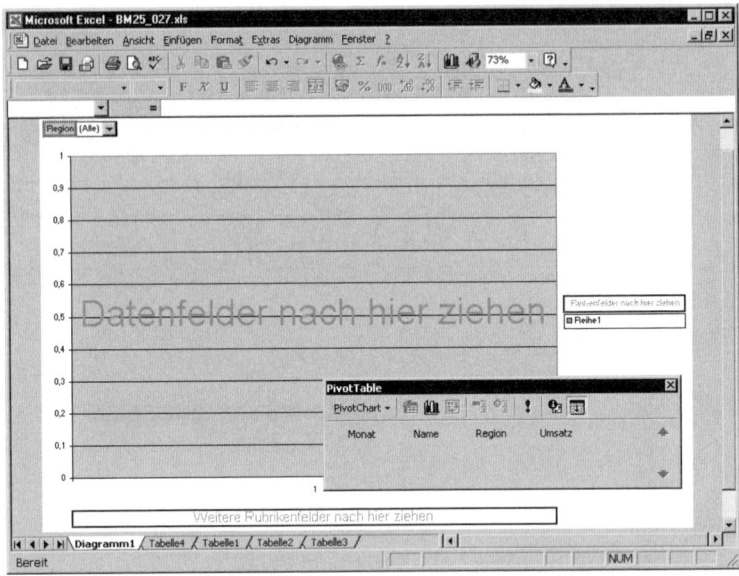

Bild 25.33: Zum Anlegen eines PivotCharts ziehen Sie die Datenfelder direkt in die Diagrammvorschau

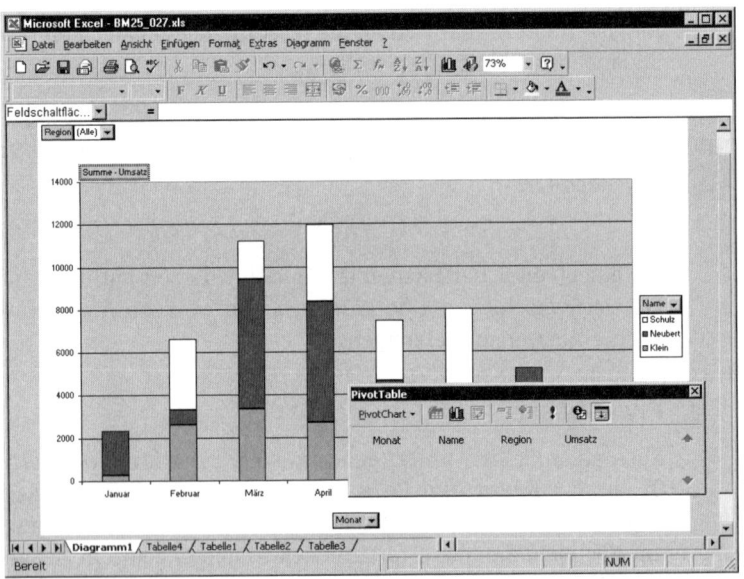

Bild 25.34: Das PivotChart stellt die ausgewählten Daten direkt als Diagramm dar

Das fertige PivotChart finden Sie unter BO25_33.XLS auf der beiliegenden CD.

26. Zahlenwerte grafisch dargestellt

Zahlen, nüchtern aufgelistet, sind wenig anschaulich. Oft genug kommt es aber gerade darauf an, umfangreiches Zahlenmaterial übersichtlich darzustellen. Excel unterstützt Sie bei dieser Aufgabe mit zahlreichen Diagrammfunktionen.

26.1 Diagramme erstellen

Als Datengrundlage für das Diagramm dient wieder die Beispieltabelle PCKAUF.

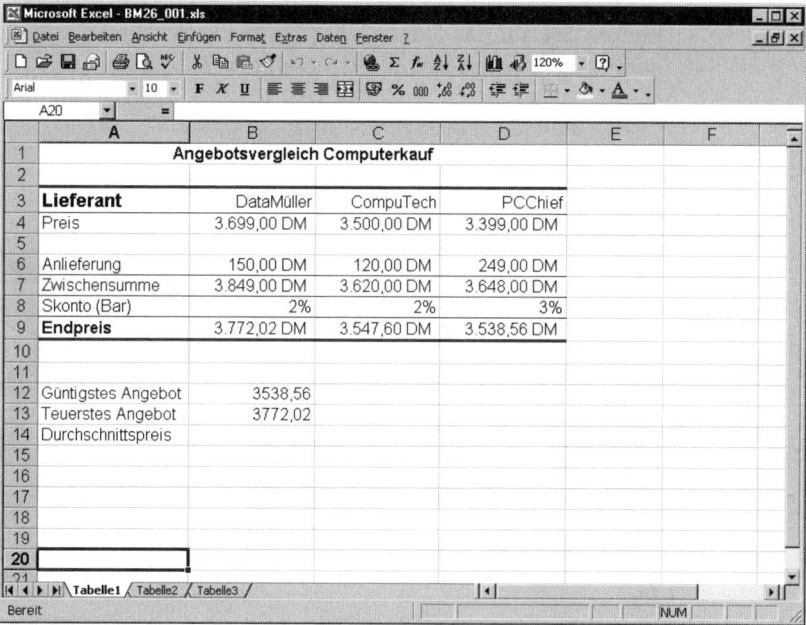

Bild 26.1: Die Lieferanten müssen jetzt noch in einem Diagramm miteinander konkurrieren

Der Diagramm-Assistent

Da bereits alle Daten vorliegen, die zur Erstellung eines Diagramms notwendig sind, markieren Sie den Bereich *A3:D4, A9:D9*. Um den nicht zusammenhängenden Bereich der Tabelle zu markieren, halten Sie die [Strg]-Taste gedrückt und markieren die beiden Bereiche nacheinander.

Beziehen Sie die Zeilen und Spaltenbeschriftungen mit in die Markierung ein. Excel übernimmt die entsprechenden Werte als übersichtliche Beschriftung in das Diagramm.

Im Beispiel sind die Namen der Lieferanten sowie die Bezeichnungen »Preis« und »Endpreis« mit markiert. Excel übernimmt dann die Werte als Beschriftungen mit in das Diagramm.

 Laden Sie einfach die Arbeitsmappe BM26_001.XLS, um das Beispiel selbst nachzuvollziehen.

Klicken Sie auf das Symbol *Diagramm-Assistent* der Symbolleiste *Standard* oder rufen Sie den Menübefehl *Einfügen/Diagramm* auf.

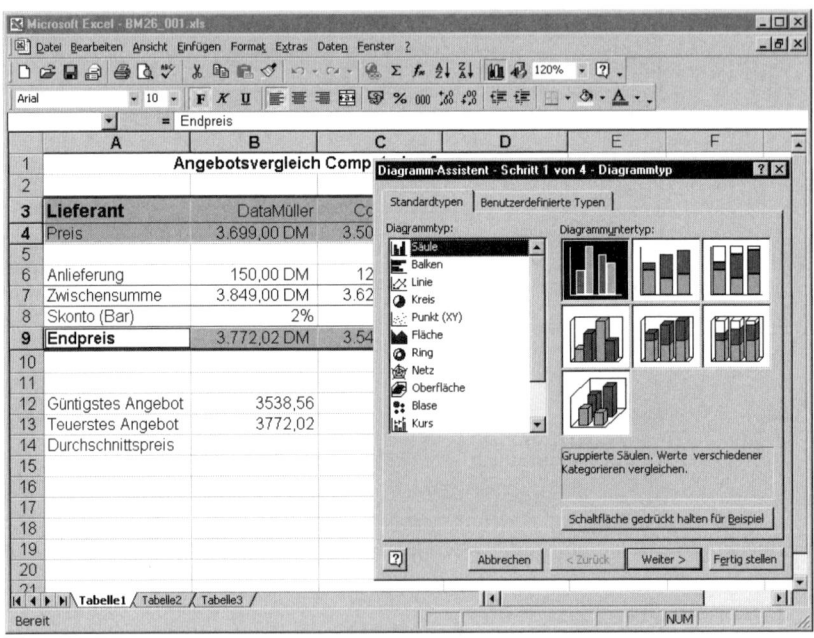

Bild 26.2: Der Diagramm-Assistent meldet sich zu Wort

Excel öffnet den Diagramm-Assistenten der Sie Schritt für Schritt zum fertigen Ergebnis leitet. Der erste Schritt legt den Typ des einzufügenden Diagramms fest. Im linken Bereich sehen Sie dazu ein Listenfeld mit den verfügbaren Diagrammtypen. Excel stellt Ihnen 14 vorbereitete Standardtypen zur Verfügung. Der Vorschaubereich rechts hilft Ihnen bei der Auswahl eines geeigneten Untertyps.

Zahlenwerte grafisch dargestellt

Schaltfläche gedrückt halten für Beispiel verwendet die aktuell markierten Daten als Grundlage für eine Vorschau – so können Sie den am besten passenden Typ auswählen.

Für das Beispiel wählen Sie aus dem Listenfeld *Diagrammtyp* den Eintrag *Säule*. Die Darstellungsform unseres Säulendiagramms wird durch den *Untertyp* bestimmt. Markieren Sie den Untertyp *3D-Säule*. Diese Auswahl stellt den Preis und Endpreis übersichtlich in zwei Datenreihen nebeneinander dar, so daß die Werte leichter vergleichen können. Bestätigen Sie die Auswahl mit einem Klick auf die Schaltfläche *Weiter*.

Ein Klick auf die Schaltfläche Zurück *bringt Sie zur vorhergehenden Dialogbox, um Änderung der Optionen vorzunehmen.*

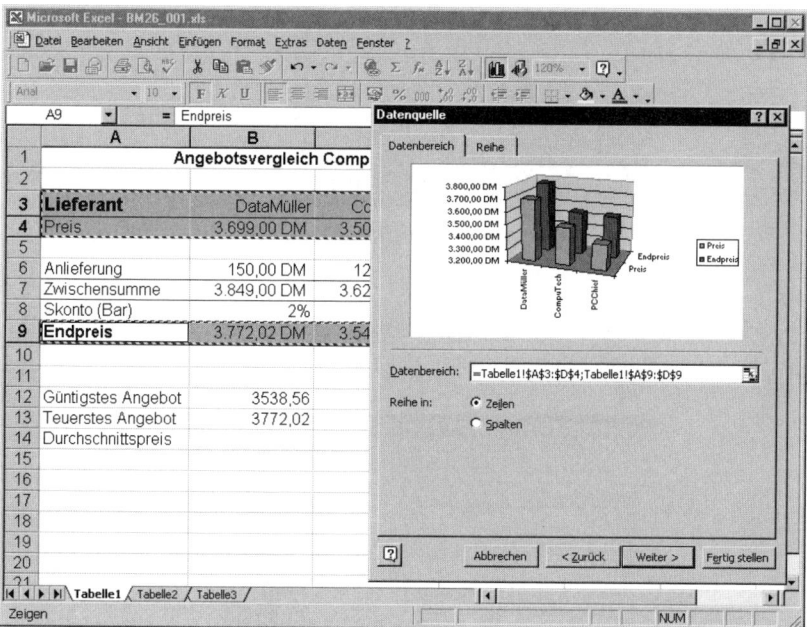

Bild 26.3: Im Schritt Diagrammquelldaten *legen Sie den Bereich der Tabelle fest, den Excel grafisch aufbereiten soll*

Im zweiten Schritt des Diagramm-Assistenten fragt der Assistent die Daten ab, auf denen das Diagramm beruht. Die zuvor markierten Zellen in der Tabelle sind von einem gestrichelten Rahmen umgeben.

Um den bereits ausgewählten Bereich zu verändern oder einen neuen Bereich anzugeben, klicken Sie auf die Schaltfläche Dialog reduzieren. *Excel verkleinert die Dialogbox und gibt den Blick auf die Ausgangstabelle frei.*

Die Optionsschaltfläche *Reihe in* legt fest, welche Werte später auf der Horizontalen zu sehen sind. Im Beispiel sollen die Preise der einzelnen Lieferanten (Spalten) miteinander verglichen werden. Aktivieren Sie dazu die Option *Spalten*.

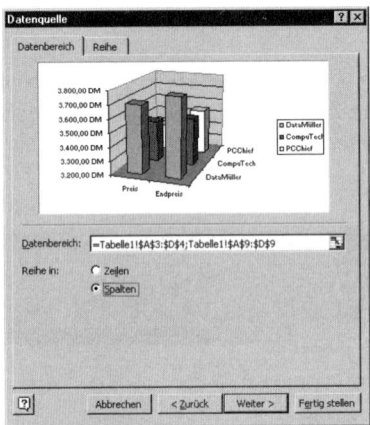

Bild 26.4: Nach dem Aktivieren der Option Spalten *ändert sich das Erscheinungsbild des Diagramms gravierend*

Nachdem der richtige Bereich markiert ist, bestätigen Sie Ihre Auswahl mit einem Klick auf *Weiter*.

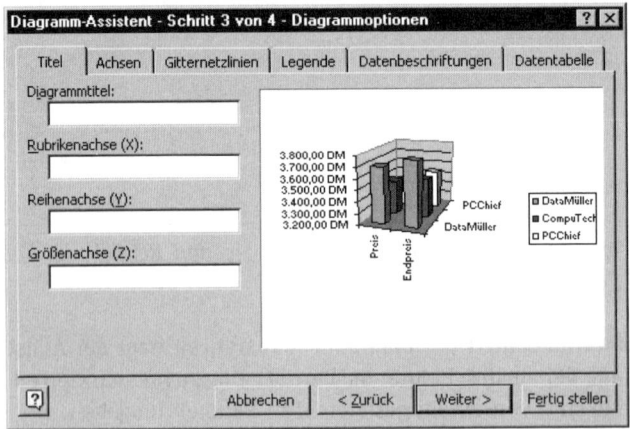

Bild 26.5: Bereits im dritten Schritt hat Ihnen der Assistent viel Arbeit abgenommen – das Diagramm ist in den Grundzügen fertiggestellt und bedarf lediglich noch einiger Verfeinerungen

Der dritte Schritt öffnet die Dialogbox *Diagrammoptionen*. In diesem Schritt vergeben Sie einen Diagrammtitel und die Beschriftung der Rubrikenachse. In der Vorschau sehen Sie ziemlich genau das zukünftige Diagramm.

Ein wichtiges Merkmal bei Diagrammen sind aussagefähige Beschriftungen. Dazu zählt der Diagrammtitel ebenso wie die Beschriftung der Achsen.

Geben Sie den Diagrammtitel »Angebotsvergleich Computerkauf« ein. Die Beschriftung erscheint sofort in der Vorschau.

Nach der Eingabe der Beschriftungen sieht das Diagramm unter Umständen etwas merkwürdig aus. In diesem Fall müssen Sie die Position der einzelnen Diagrammelemente, z.B. der Legende, anpassen.

Öffnen Sie das Register *Legende*. Mit den Steuerelementen im Register *Legende* bestimmen Sie ob eine Legende im Diagramm enthalten sein soll und deren Position. Aktivieren Sie die Option *Oben* – die aktuelle Einstellung überträgt Excel augenblicklich in die Vorschau.

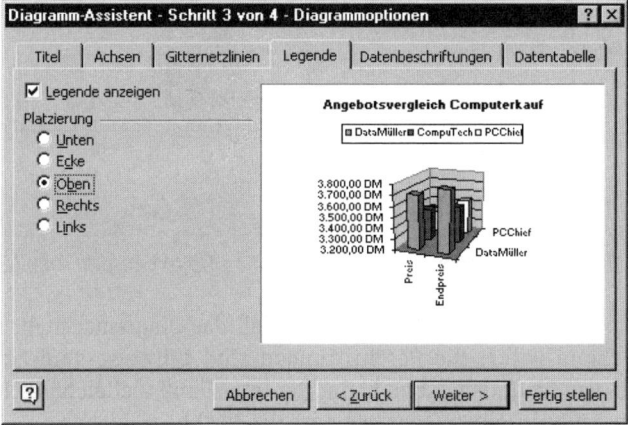

Bild 26.6: *Im Beispiel wurde die Position der Legende angepaßt*

Bestätigen Sie die Eingabe mit einem Klick auf *Weiter*. Im vierten und letzten Schritt des Assistenten legen Sie fest, an welcher Stelle Excel das neue Diagramm einfügen soll.

- *Als neues Blatt* fügt ein leeres Blatt hinter der aktuellen Tabelle an und legt dort das Diagramm ab.
- Wenn Sie *Als Objekt in Tabelle X* anklicken und ein entsprechendes Tabellenblatt im Listenfeld auswählen, bestimmen Sie wo Excel das Diagramm ablegen soll.

Wenn Sie das Diagramm als neues Blatt einfügen, bleibt die Ursprungstabelle übersichtlich.

Lassen Sie die Voreinstellung *Als Objekt in:* »Tabelle 1«und beenden Sie den Assistenten mit einem Klick auf *Fertig stellen*. Nach einer kurzen Ladezeit fügt Excel fügt das neue Diagramm in das aktuell geöffnete Tabellenblatt ein.

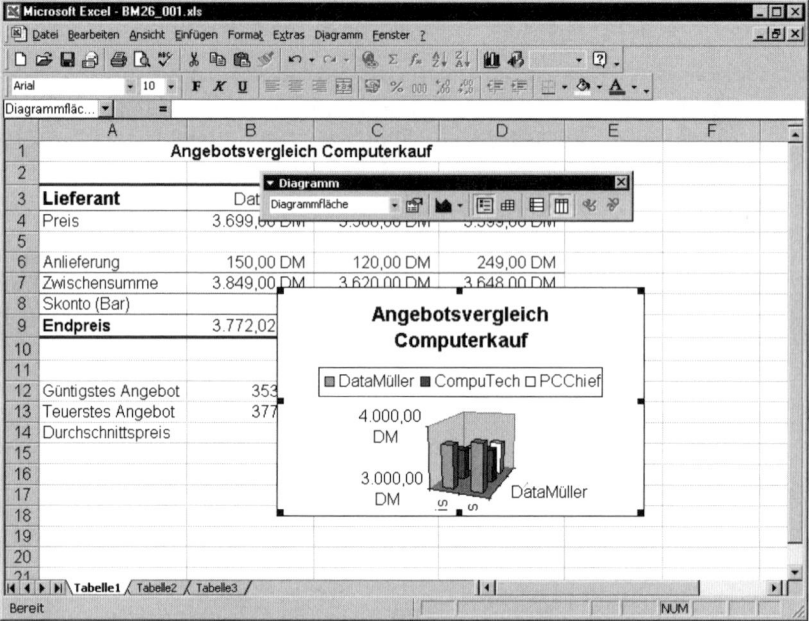

Bild 26.7: Das Diagramm erscheint als verschiebbares Objekt in der Tabelle

Beim genauen Betrachten fällt auf, daß das Diagramm nicht besonders ansprechend wirkt: Die Beschriftungen sind teilweise verdeckt und das eigentliche Diagramm ist zu klein. Der letzte und vielleicht wichtigste Schritt beim Anlegen eines Diagramms ist die Nachbearbeitung.

Anpassen und Positionieren des Diagramms

Eingebettete Diagramme lassen sich frei auf der Arbeitsfläche, durch einfaches Verschieben, positionieren. Halten Sie beim Ziehen gleichzeitig die (Alt)-Taste gedrückt, richtet Excel das Diagramm an den Zellenlinien aus. Durch Ziehen an den schwarzen Markierungspunkten vergrößern oder verkleinert Sie das Diagramm. Schieben Sie das Diagramm in die rechte untere Ecke der Arbeitsfläche.

Zahlenwerte grafisch dargestellt

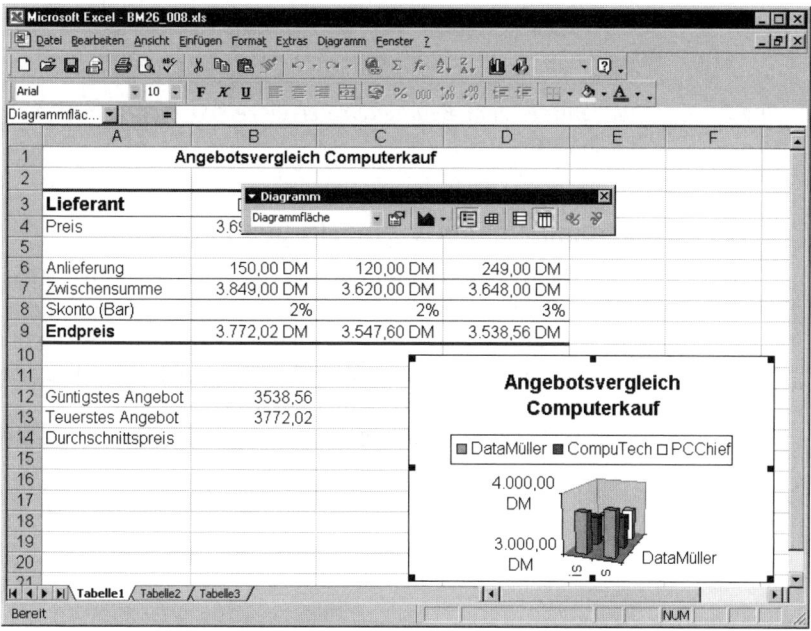

Bild 26.8: Nach dem Verschieben ist der Blick auf die Tabelle wieder frei

 Das aktuelle Arbeitsergebnis ist in der Datei B026_008.XLS abgelegt.

26.2 Diagrammelemente bearbeiten

Ein Diagramm besteht aus mehreren Einzelobjekten, die sich unabhängig voneinander bearbeiten lassen. Nicht immer ist das vom Diagramm-Assistenten erzeugte Ergebnis optimal – hier ist noch die Beschriftung, dort die Farbgebung anzupassen. Excel erlaubt die Bearbeitung nahezu jedes einzelnen Diagrammelements – bis das gewünschte Ergebnis erreicht ist.

Um das Diagramm bearbeiten zu können, muß es zuvor markiert werden. Excel blendet dann automatisch die Symbolleiste *Diagramm* auf der Arbeitsfläche ein.

 Falls Excel die Symbolleiste Diagramm *nicht anzeigt, aktivieren Sie die Anzeige mit einem Klick auf* Ansicht/ Symbolleisten/Diagramm.

Bild 26.9: Schaltzentrale zum Bearbeiten der einzelnen Diagrammelemente ist Symbolleiste Diagramm

Diagrammelemente einzeln bearbeiten

Um ein Element zu bearbeiten, markieren Sie es mit der Maus. Ein markiertes Objekt ist von acht Markierungspunkten umgeben. Setzen Sie den Mauszeiger auf einen dieser Punkte, halten die linke Maustaste gedrückt und ziehen Sie die Maus. Dann vergrößert oder verkleinert Excel das Objekt.

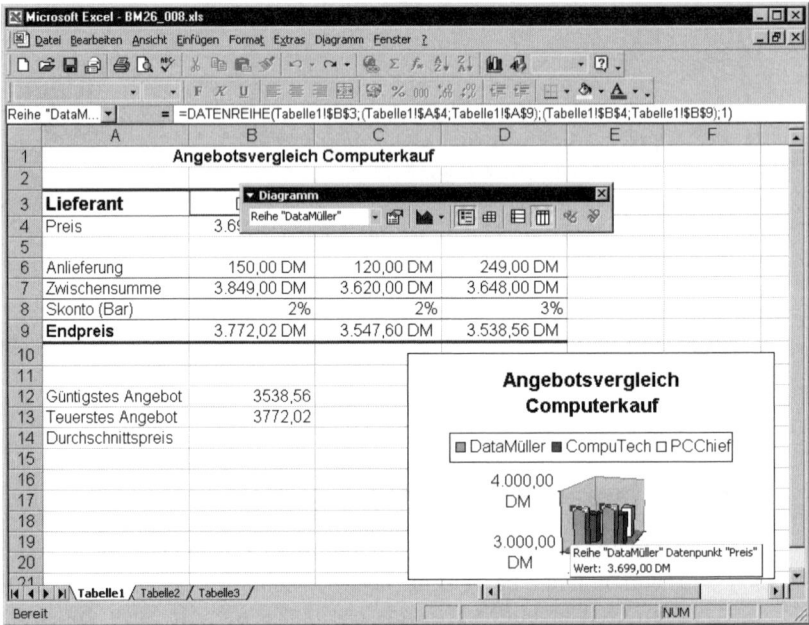

Bild 26.10: Jedes einzelne Element eines Diagramms kann markiert und bearbeitet werden

Klicken Sie auf eine der Säulen im Diagramm. Excel markiert die beiden Säulen der Datenreihe. Klicken Sie erneut auf dieselbe Säule. Jetzt erhält nur diese Säule die Markierung. Öffnen Sie mit der rechten Maustaste das Kontextmenü dieser Säule.

Zahlenwerte grafisch dargestellt

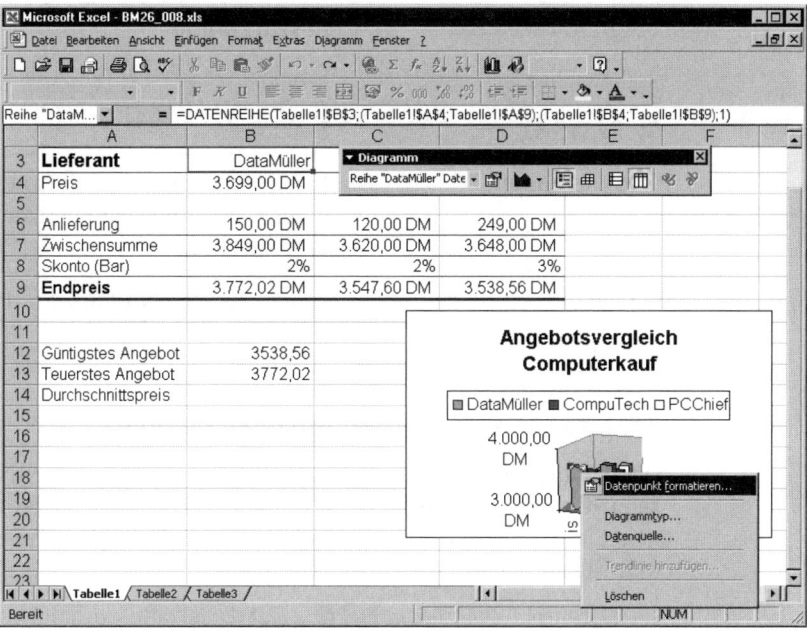

Bild 26.11: Das Kontextmenü stellt Ihnen spezielle Bearbeitungsfunktionen zur Verfügung

Wählen Sie den Eintrag *Datenpunkt formatieren* an. Excel öffnet die Dialogbox *Datenpunkt formatieren*. Jedes Objekt hat eigene Formatierungsdialoge.

Die wichtigsten Diagrammelemente

Diagrammelement	Beschreibung
Reihe	Werte der Tabelle, die in gleicher Farbe im Diagramm erscheinen.
Bodenfläche	Fläche an der Unterseite eines 3D-Diagramms.
Titel	Überschrift des Diagramms, der Rubriken-, Reihen- und Größenachse.
Diagrammfläche	Hintergrund des gesamten Diagramms.
Zeichnungsfläche	Hintergrund der Diagramm-Grafik bei 3D-Diagrammen.
Titel der Größenachse	Bezeichnung der Y-Achse.
Titel der Rubrikenachse	Bezeichnung der X-Achse.
Rubrikenachse	X-Achse.

Diagrammelement	Beschreibung
Reihenachse	Y-Achse.
Größenachse	Z-Achse.
Gitternetzlinien	(Hauptgitternetz und Hilfsgitternetz) Hilfslinien in Richtung der Rubriken-, Reihen- und Größenachse.
Wände	Begrenzungen der Grafik bei 3D-Diagrammen.
Legende	Erklärung zu den verwenden Farben.

Arbeiten mit der Symbolleiste Diagramm

Um umfangreiche Anpassungen am Diagramm vorzunehmen, ist es zu mühselig alle Diagrammelemente einzeln anzuklicken. Schneller zum Ziel kommen Sie mit der Symbolleiste *Diagramm*, die Excel standardmäßig einblendet, sobald Sie ein Diagramm aktivieren.

 Im Listenfeld *Diagrammobjekte* zeigt Excel alle vorhandenen Diagrammobjekte. Mit einem Klick auf einen Eintrag in der Liste wählen Sie das entsprechende Diagrammobjekt aus.

 Die Schaltfläche *Diagrammobjekt formatieren* öffnet eine Dialogbox zum Anpassen des markierten Diagrammobjekts.

 Diagrammtyp erlaubt die Änderung des verwendeten Typs – Excel öffnet dazu ein Popup-Menü mit Schaltflächen für die verschiedenen Diagrammtypen.

 Legende ein/aus dient zum Ein- bzw. Ausschalten der Legende.

Datentabelle ein/aus dient zum Ein- bzw. Ausschalten der Datentabelle. Die zugrundeliegenden Daten werden als eigenständige Tabelle im Diagramm angezeigt.

  Die Schaltflächen *Nach Zeile* und *Nach Spalte* ändern die Orientierung der Datenreihen.

  Mit den Schaltflächen *Text nach unten drehen*, *Text nach oben drehen* stellen Sie das markierte Textelement schräg.

Textanpassung

Eine Aufgabe beim Anpassen der Diagramme ist die Bearbeitung von Textelementen. Über das Kontextmenü öffnen Sie die Dialogbox *Text formatieren*. Dort können Sie dann Schriftart, Schriftgröße, Ausrichtung und Farbe festlegen. Um einen Text im nachhinein anzupassen, klicken Sie den Text an und setzen dann mit der Maus die Schreibmarke in die Markierung.

Markieren Sie dazu das zu bearbeitende Textelement und öffnen Sie das Kontextmenü. Der erste Eintrag im Menü öffnet die zugeordnete Dialogbox zum Formatieren des Diagrammobjekts.

Schneller zum Ziel kommen Sie, wenn Sie das Listenfeld Diagrammobjekte *in der Symbolleiste* Diagramm *öffnen und dort den gewünschten Typ auswählen. Ein Klick auf die Schaltfläche* Diagrammobjekt *formatieren öffnet die entsprechende Dialogbox.*

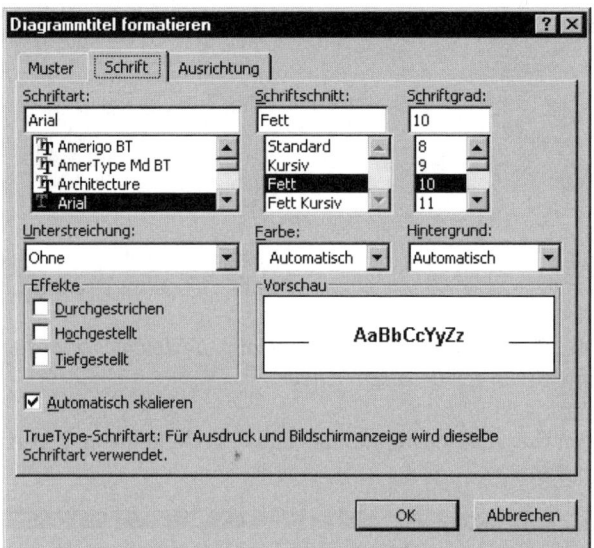

Bild 26.12: In der Dialogbox Diagrammtitel formatieren *legen Sie die Eigenschaften für den Titel fest*

Rahmen, Flächenfüllung und Schattierung des Textelements legen Sie im Register *Muster* fest. Wesentlich wichtiger und häufig erforderlich ist das nachträgliche Anpassen der verwendeten Schriftart – besonders dann, wenn bei dem mit dem Assistenten erstellten Diagramm wie im Beispiel die Schrift zu groß und dadurch abgeschnitten ist. Die notwendigen Funktionen und Befehle finden Sie im Register *Schrift* der Dialogbox *Diagrammelement formatieren*.

Beim Formatieren der markierten Diagrammelemente können Sie ebenfalls auf die Steuerelementen der Symbolleiste Format *zurückgreifen.*

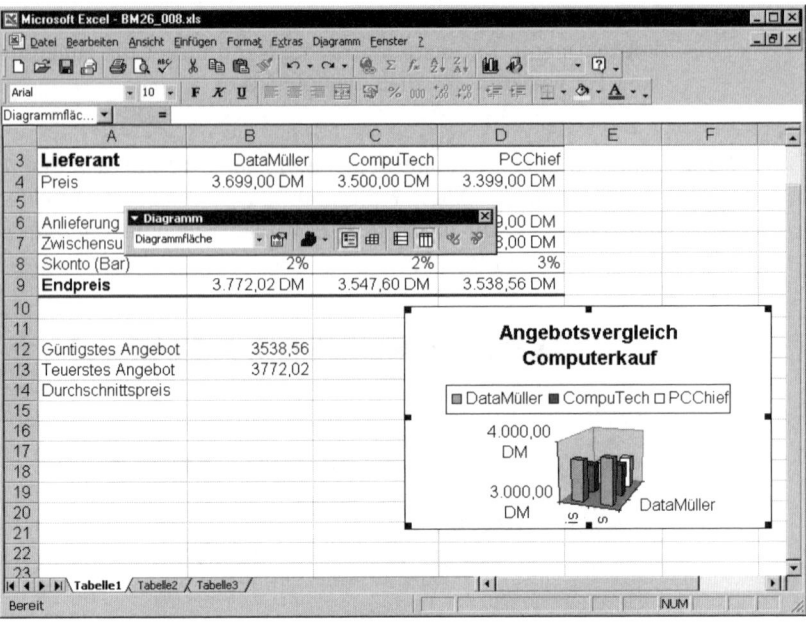

Bild 26.13: In diesem Diagramm ist die Schriftart aller Textelemente anzupassen, um ein ansprechendes Ergebnis zu erreichen

Markieren Sie dazu nacheinander alle Textelemente und verringern Sie die Schriftgröße.

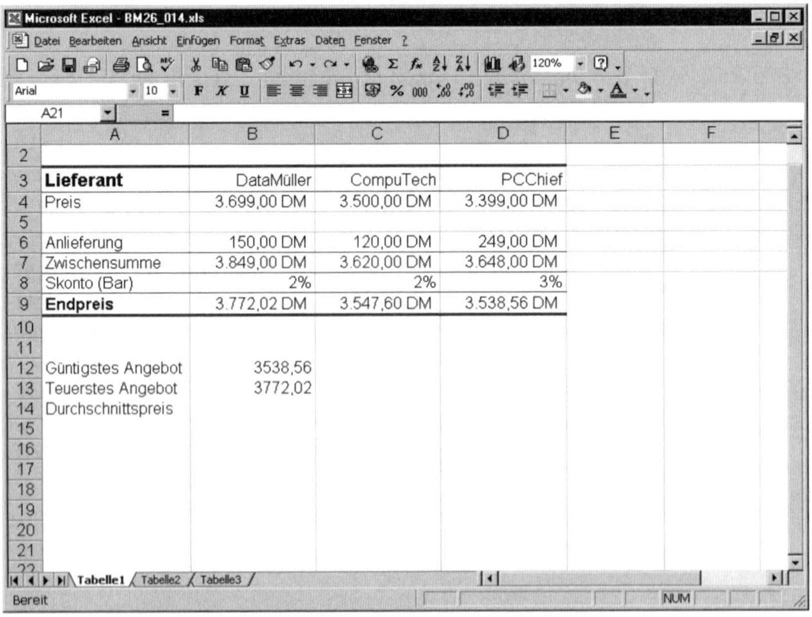

Bild 26.14: Das Beispieldiagramm nach dem Anpassen der Schriftgröße

Unter der Bezeichnung BM26_014.XLS ist die Arbeitsmappe mit Diagramm abgelegt.

Datenreihen anpassen

Ziel eines Diagramms ist es die Daten der Tabelle grafisch darzustellen. Excel erstellt das Diagramm grundsätzlich mit Standardeinstellungen, die von Fall zu Fall anzupassen sind, damit sich die Daten leichter vergleichen lassen. Die Ausdehnung des Diagramms in die Tiefe des Raums, der Abstand der Datenreihen zueinander und die Anordnung der Datenreihen üben wesentlichen Einfluß auf die Lesbarkeit des Diagramms aus. Die entsprechenden Einstellungen nehmen Sie in der Dialogbox *Datenreihen formatieren* vor, die Sie über das Kontextmenü der Datenreihen oder mit einem Klick auf die Schaltfläche *Datenreihen formatieren* in der Symbolleiste *Diagramm* öffnen.

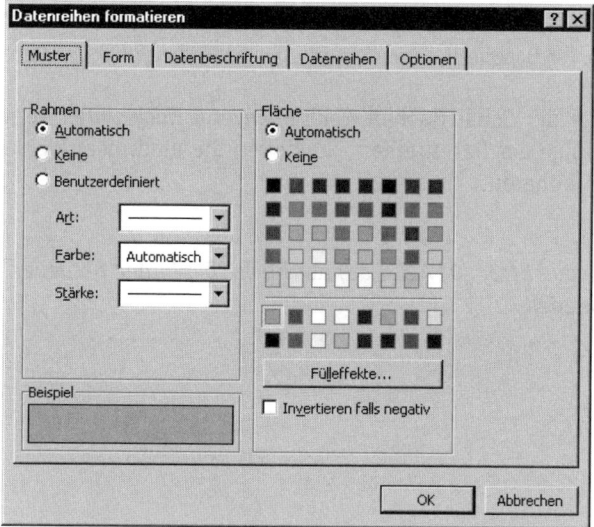

Bild 26.15: Die Register der Dialogbox Datenreihen formatieren *helfen Ihnen dem Diagramm den letzten Schliff zu verleihen*

Je nach verwendeten Diagrammtyp unterscheiden sich die angebotenen Steuerelemente und Register. Besondere Bedeutung kommt dem Register *Datenreihen* zu, daß bei allen Diagrammtypen vorhanden ist.

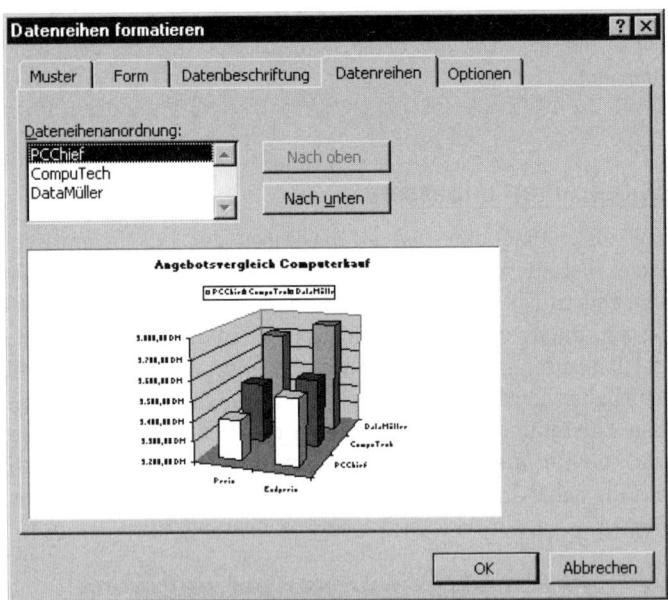

Bild 26.16: Im Register Datenreihen *verändern Sie die Reihenfolge der Datenreihen*

Mit Hilfe der Schaltflächen *Nach oben* und *Nach unten* verändern Sie die Reihenfolge der Datenreihen. So stellen Sie niedrigere Werte übersichtlich vor alle höheren.

 Das Beispiel BM26_017.XLS auf der Buch-CD gibt den aktuellen Bearbeitungsstand wieder.

27. Erweiterte Tabellenfunktionen

Leistungsfähige Assistenten und Hilfsroutinen unterstützen Sie bei der Arbeit mit Excel, indem sie Sie Schritt für Schritt durch die Programmroutinen führen. In diesem Kapitel stellen wir sie Ihnen vor.

27.1 Mit Vorlagen arbeiten

Formatvorlagen

Sofern Sie einige Formatierungen häufiger benötigen, ist es zu zeitaufwendig die entsprechenden Werte immer wieder neu einzustellen. Wesentlich effizienter ist es, diese Einstellungen für die spätere Verwendung als Formatvorlage zu speichern. Am einfachsten ist es, wenn Sie die Formatierung einer bereits formatierten Zelle übernehmen. Setzen Sie dazu den Zellcursor in die Zellen und klicken Sie auf *Format/Formatvorlage*. Excel öffnet die Dialogbox *Formatvorlage*.

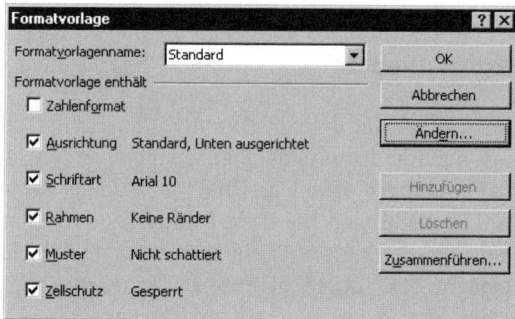

Bild 27.1: Mit diesen Steuerelementen richten Sie individuelle Formatvorlagen ein

Im Listenfeld *Formatvorlagenname* zeigt Excel die Bezeichnung der aktuellen Vorlage *Standard* an. Um ein eigenes Format zu erzeugen, klicken Sie in das Listenfeld *Formatvorlagenname* und geben eine Bezeichnung für die neue Formatvorlage an. Sobald Sie das Listenfeld editieren, ändert Excel die Beschriftungen im Bereich *Formatvorlage enthält (Beispiel)*.

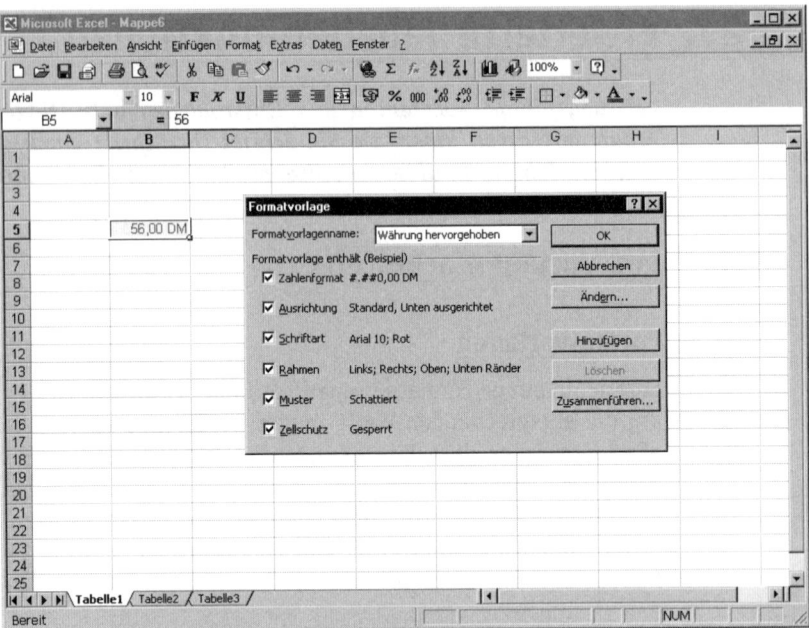

Bild 27.2: Die Einstellungen der aktuell markierten Zelle übernimmt Excel in den Bereich Formatvorlage enthält (Beispiel)

Mit den Kontrollkästchen im Bereich *Formatvorlage enthält* legen Sie fest, welche Formatierungen in die Vorlage übernommen werden sollen. Ein Klick auf die Schaltfläche *Ändern* öffnet die Dialogbox *Zellen formatieren* in der Sie die aktuellen Einstellungen bei Bedarf anpassen. Mit *Hinzufügen* speichern Sie die aktuelle Formatierung als Formatvorlage ab. Excel speichert die Formatvorlage in der aktuell geöffneten Arbeitsmappe. Über *Zusammenführen* gleichen Sie die Vorlagen mit anderen geöffneten Arbeitsmappen ab.

Um eine festgelegte Formatvorlage zu verwenden, markieren Sie die zu formatierenden Zellen und klicken auf *Format/Formatvorlage*. Wählen Sie im Listenfeld *Formatvorlagenname* die gewünschte Vorlage aus und klicken Sie auf *OK*. Excel überträgt die gespeicherten Einstellungen auf die markierten Bereiche.

Die Datei BM27_002.XLS enthält die Formatvorlage »Währung hervorgehoben« und eine kleine Übung.

Komfortabler arbeiten Sie mit Formatvorlagen, wenn Sie die Menü- oder Symbolleisten individuell anpassen. Die Anpassung können Sie mit dem Befehl *Extras/Anpasssen* vornehmen.

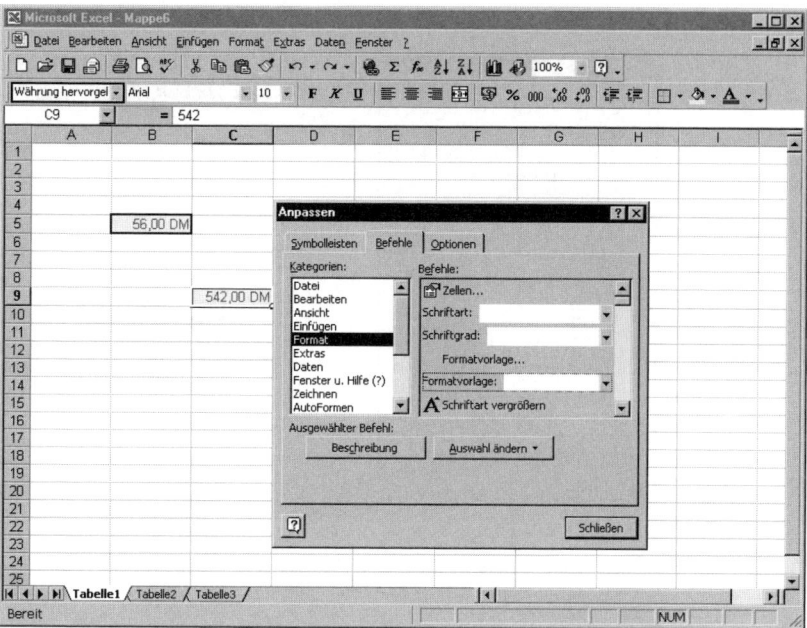

Bild 27.3: Schnellen Zugriff auf die definierten Formatvorlagen bietet Ihnen das gleichnamige Listenfeld, das Sie bei Bedarf zur Symbolleiste hinzufügen

Mustervorlagen

Neben dem »normalen« Tabellenformat *.XLS beherrscht Excel ein weiteres Dateiformat, mit denen Sie die Arbeitsergebnisse sichern. Sogenannte Mustervorlagen beinhalten neben dem Tabelleninhalt alle Formatierungen, Formatvorlagen, Beschriftungen und Formeln und dienen so als Grundlage für neue Tabellen-Dokumente. Diese Mustervorlagen sind mit der Dateierweiterung *.XLT abgelegt.

Tabellen, die Sie immer wieder als Ausgangspunkt bei neuen Aufgaben verwenden wollen, sollten Sie als Mustervorlage ablegen. Als Vorbereitung öffnen Sie die Tabelle, die Sie als Vorlage speichern wollen. Klicken Sie auf *Datei/Speichern unter*.

Löschen Sie alle variablen Daten, bevor Sie eine Tabelle als Mustervorlage speichern

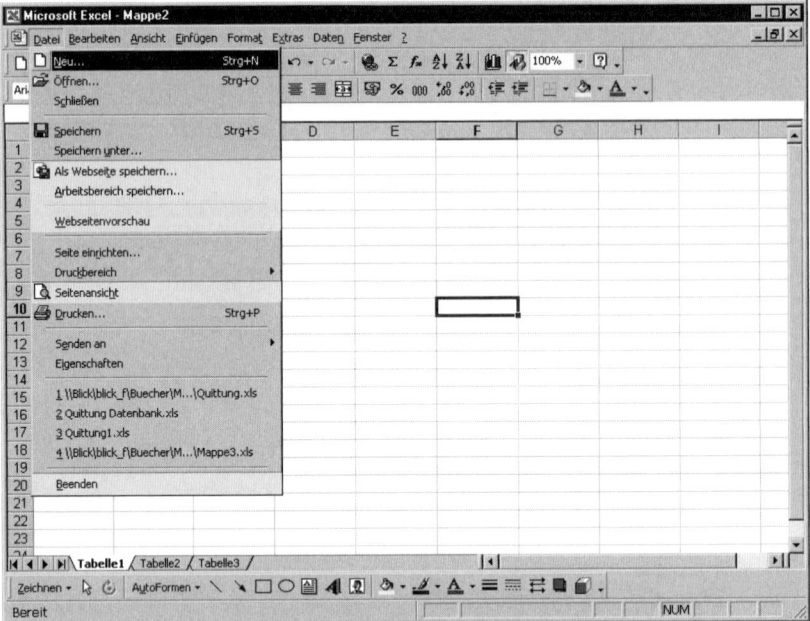

Bild 27.4: *Über den Menübefehl* Datei/Neu *haben Sie Zugriff auf die Mustervorlagen von Excel*

Wählen Sie im Listenfeld *Dateityp* den Eintrag *Mustervorlage (*.xlt)*. Geben Sie einen aussagekräftigen Dateinamen ein und bestätigen mit *OK*. Excel speichert die Tabelle unter den eingegebenen Namen als Vorlage. Um auf die eigene Vorlage zuzugreifen, klicken Sie auf *Datei/Neu* und öffnen Sie das Register *Allgemein*.

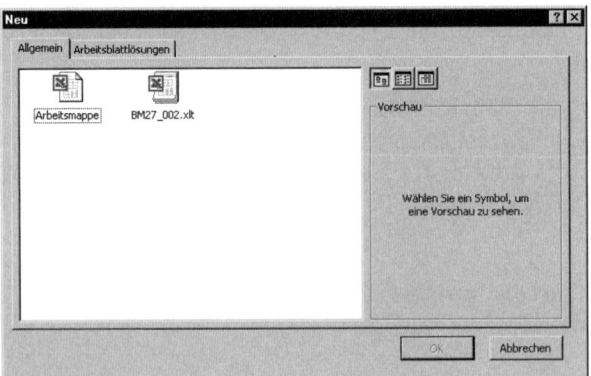

Bild 27.5: *Die selbst erstellte Vorlage BM27_002.XLT steht Ihnen als Eintrag in der Dialogbox* Neu *zur Verfügung*

Wenn Sie eine Vorschaugrafik für die eigene Vorlage benötigen, klicken Sie auf Datei/Eigenschaften *und aktivieren Sie auf der Registerkarte* Zusammenfassung *das Kontrollkästchen* Vorschaugrafik speichern.

Vorlagen-Assistent

Der Vorlagen-Assistent von Excel erstellt auf der Grundlage eines Tabellenblatts eine Vorlage, die mit einer Datenbank verknüpft ist: Wenn Sie auf der Basis dieser Vorlage eine Tabelle erzeugen, übernimmt Excel ausgewählte Daten automatisch als neuen Datensatz in die Datenbank. Rechnungen, Quittungen oder Meßprotokolle – kurz alle Tabellendokumente, die einen bestimmten Vorfall wiedergeben, eigenen sich für diese Form der automatischen Datenarchivierung. Sie legen mit der Vorlage keine Quittung an, geben die Werte ein und drucken das Blatt aus. Excel sorgt im Hintergrund dafür, daß der Geschäftsvorfall dokumentiert wird.

 Grundlage für die Demonstration des Vorlagen-Assistenten ist die Datei QUITTUNG.XLS.

Als Beispiel dient ein Quittungsformular der Easy Online GmbH: für jede auszustellende Quittung legen Sie ein neues Tabellendokument an, das ausgefüllt, gedruckt und dann dem Kunden ausgehändigt wird.

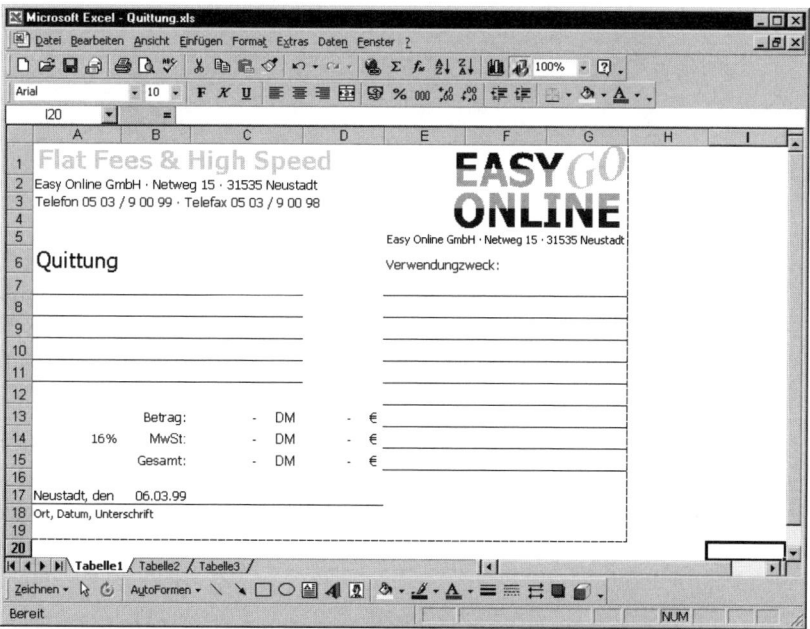

Bild 27.6: Diese Quittung soll mit dem Vorlagen-Assitenten bearbeitet werden

Die gesammelten Quittungen müssen spätestens zum Ende des Jahres zusammengestellt und ausgewertet werden. Der Vorlagen-Assistent aus Excel unterstützt Sie bei dieser Aufgabe. Zum Starten des Assistenten klicken Sie auf *Daten/Vorlagen-Assistent*.

Falls Sie den Eintrag Vorlagen-Assistent *nicht im Menü* Daten *finden, rufen Sie den Add-In-Manager auf und installieren Sie der Vorlagen-Manager nachträglich. Informationen zum Add-In-Manager finden Sie im Kapitel 27.5.*

Excel öffnet den Vorlagen-Assistenten, der Sie Schritt für Schritt durch die Erstellung einer neuen Vorlage leitet.

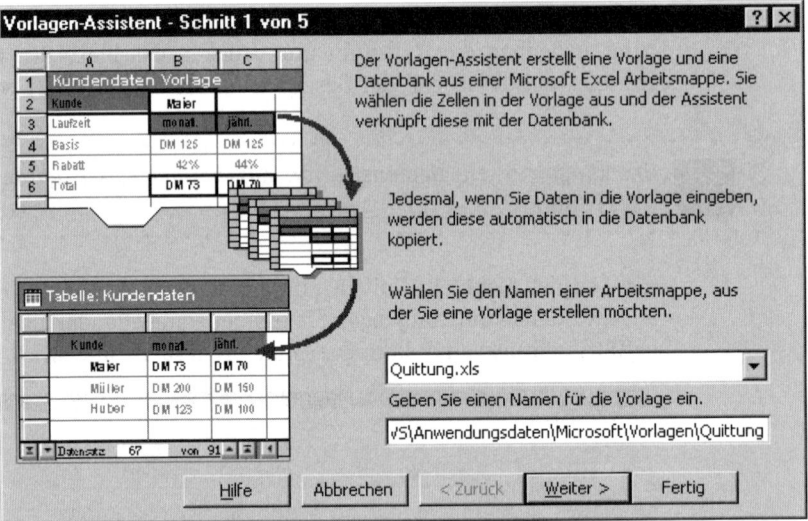

Bild 27.7: Im ersten Schritt des Assistenten bestimmen Sie die zugrundeliegende Tabelle sowie Pfad und Dateinamen der neu zu erstellenden Vorlage

Der Name der aktuell geöffneten Tabelle ist bereits im entsprechenden Listenfeld vorgegeben. Im Eingabefeld *Geben Sie einen Namen für die Vorlage ein*, tragen Sie den Pfad und die Bezeichnung ein, unter der Excel die neue Vorlage ablegen soll. Der Pfad zum Vorlagenverzeichnis und die Bezeichnung des aktuell geöffneten Tabellendokuments sind voreingestellt.

Bei Bedarf passen Sie Pfad- und Dateibezeichnung nach Ihren Erfordernissen an – sinnvoll ist allerdings die neue Vorlage im Vorlagenverzeichnis abzulegen, um sie über Datei/Neu *bequem aufrufen zu können.*

Bestätigen Sie die Eingaben mit einem Klick *Weiter*.

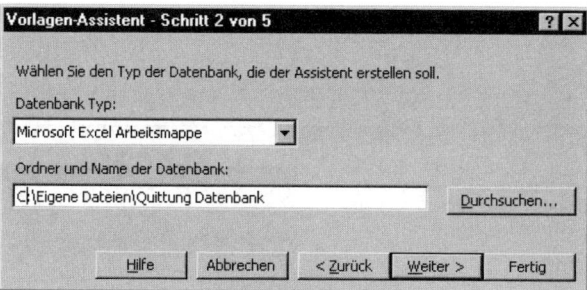

Bild 27.8: Daten, die Sie mit der neuen Vorlage erfassen, können automatisch in eine Datenbank übertragen werden

Im zweiten Schritt fordert Sie der Assistent auf einen Datenbanktyp und den Speicherort für die Datenbank anzugeben. Im Listenfeld Datenbank Typ stehen Ihnen verschiedene gebräuchliche Datenbankformate zur Auswahl. Mit der Voreinstellung Microsoft Excel Arbeitsmappe legt Excel eine Excel-Datentabelle an. Der Vorgabewert im Eingabefeld *Ordner und Name der Datenbank* orientiert sich am gewählten Vorlagennamen. Falls Sie auf eine bereits bestehende Datenbank zugreifen wollen, klicken Sie auf *Durchsuchen* und wählen Sie die Datenbank aus. Excel fügt dann die Datensätze an die bestehende Datenbank an.

 Um eine vorhandene Datenbank zu nutzen, ist es erforderlich, daß in der Datenbank alle benötigten Felder mit dem richtigen Datentyp enthalten sind.

Geben Sie die Bezeichnung der Datenbank ein und bestätigen Sie mit *Weiter*. Damit Excel die richtigen Daten in die Datenbank überträgt, müssen Sie jetzt die Zellen auswählen, in denen sich die entsprechenden Informationen befinden und diesen Zellen einen Feldnamen zuordnen. Im Eingabefeld *Feldname* geben Sie jeweils die Spaltenbeschriftung ein, unter der das entsprechende Feld in der Datenbank erscheinen soll.

 Excel wertet vorhandene Bereichsnamen und Spaltenüberschriften automatisch als Feldnamen aus, sobald die betreffende Zelle ausgewählt ist und Sie in das Eingabefeld Feldname *klicken.*

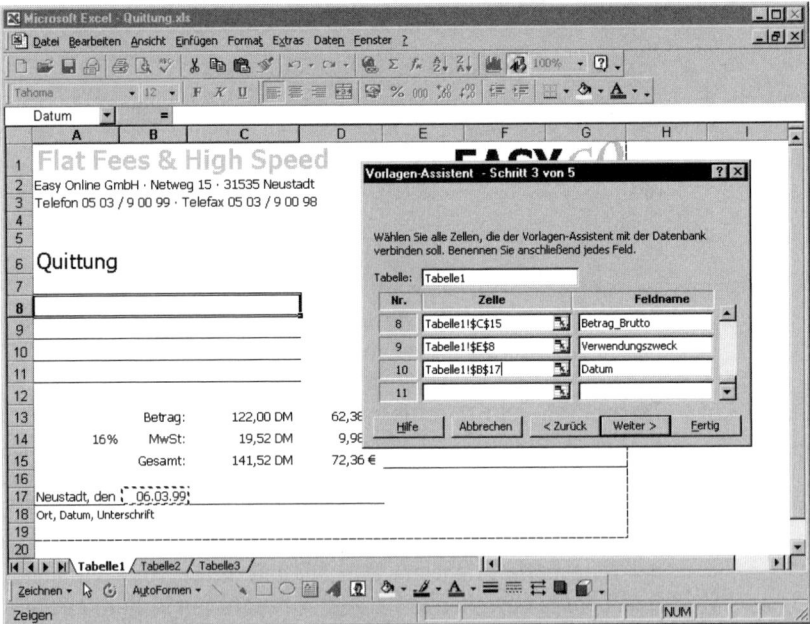

Bild 27.9: Im Beispiel sind alle relevanten Zellen bereits mit einem Bereichsnamen versehen, den Excel automatisch als Feldnamen für die Datentabelle übernimmt

Wählen Sie nacheinander alle Zellen aus, deren Werte in die Datenbank aufgenommen werden sollen – im Beispiel sind dies:

- A8   Name
- A9   Name1
- A10   Straße
- A11   PLZ_Ort
- C13   Betrag_netto
- A14   USt_Satz
- C14   USt_Betrag
- C15   Betrag_Brutto
- E8   Verwendungszweck
- B17   Datum

Nachdem alle benötigten Felder ausgewählt sind, klicken Sie auf *Weiter*. Im vorletzten Schritt des Assistenten können Sie bereits erfaßte Tabellendaten in die Datenbank einfügen.

Das Hinzufügen von Daten aus anderen Tabellen funktioniert nur, wenn alle Tabellen den gleichen Aufbau haben.

Bestätigen Sie den letzten Schritt des Assistenten mit *Fertig*. Excel legt die neue Vorlage im ausgewählten Ordner an.

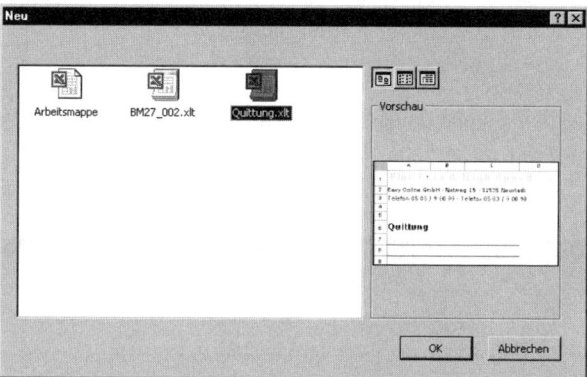

Bild 27.10: Über Datei/Neu *greifen Sie jetzt auf die entsprechende Vorlage zu*

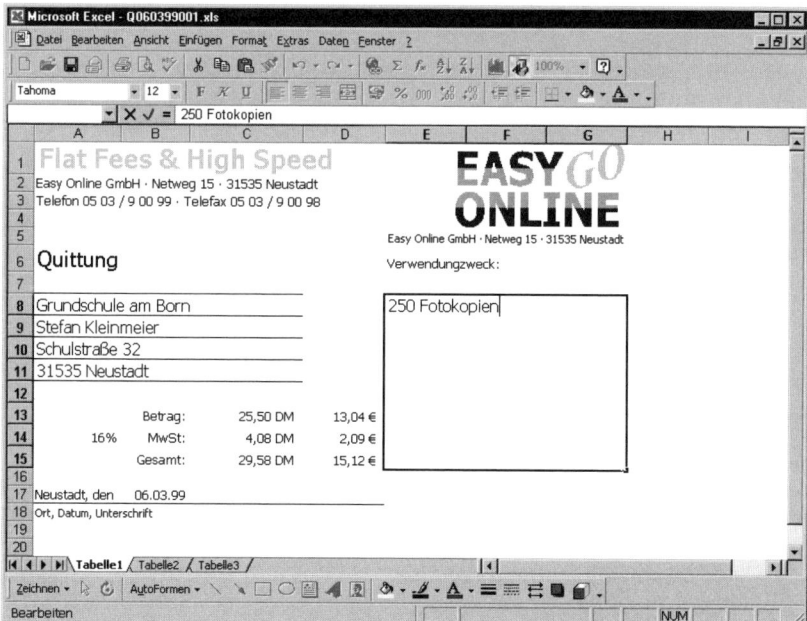

Bild 27.11: Die erste Quittung...

Beim Öffnen zeigt Excel eine Abfrage, ob die Arbeitsmappe mit den enthaltenen Makros geöffnet werden soll. Da diese Makros für das automatische aktualisieren der Datenbank benötigt werden, klicken Sie auf die Schaltfläche *Makros aktivieren*. Sobald Sie auf Basis der Vorlage eine neue Tabelle anlegen und Daten eingeben, überträgt Excel die Eingabewerte beim Speichern der Tabelle in die Datenbank.

Excel fragt beim Speichern der Tabelle nach, ob die eingegebenen Daten in die Datenbank übertragen werden sollen.

Wenn Sie den Befehl Datei/Speichern unter *benutzen, funktioniert das Aktualisieren der Datenbank nicht.*

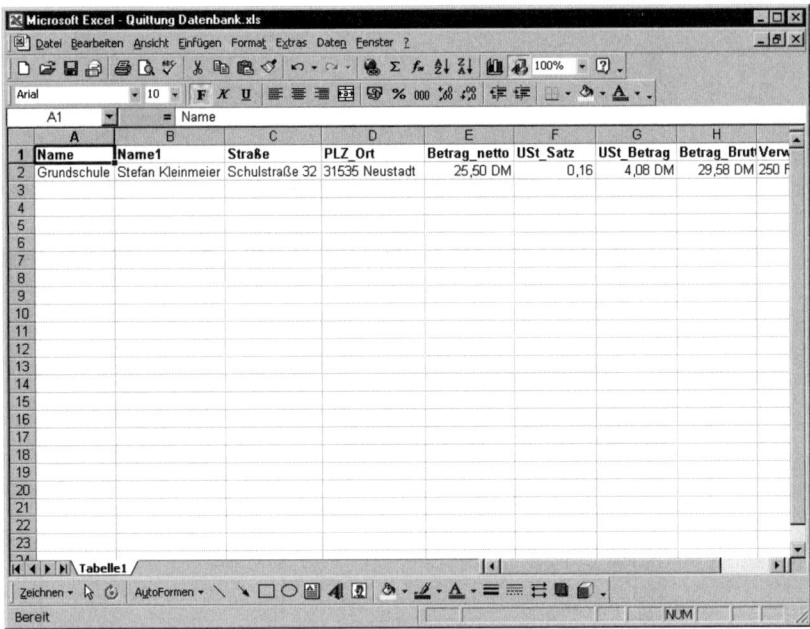

Bild 27.12: ...und die Datensätze in der Datenbank

Der Vorlagen-Assistent nimmt Ihnen die Arbeit ab, erfaßte Daten zusammenzustellen. Neben dem beschriebenen Beispiel sind andere Anwendungen, wie ein Karteiblatt für eine Mitgliederverwaltung oder eine Reisekostenabrechnung denkbar.

27.2 Hilfsroutinen

Eine ganze Reihe von Programmroutinen in Excel agieren nicht zu unrecht im Hintergrund. Die Hauptaufgabe dieser Funktionen ist es, Ihnen die tägliche Arbeit zu erleichtern. Grund genug einmal einen genaueren Blick darauf zu werfen.

Rechtschreibprüfung und AutoKorrektur

Die integrierte Rechtschreibprüfung ist mittlerweile eine alte Bekannte, die Sie über das Menü *Extras/Rechtschreibung* oder durch Drücken der Taste (F7) aufrufen. Die zu prüfenden Bereiche richten sich nach der aktuellen Markierung:

- Keine
  aktives Tabellenblatt, Zellennotizen, eingebettete Diagramme, Textfelder, Kopf- und Fußzeilen

- Bearbeitungsleiste
  Inhalt der Bearbeitungsleiste

- Markierung
  markierter Bereich

Bei der Rechtschreibprüfung öffnet Excel eine Dialogbox, die in weiten Teilen der Dialogbox Rechtschreibung und Grammatik in Word gleicht. Eine eingehende Beschreibung dieser Funktion finden Sie im Kapitel 17, Rechtschreibprüfung.

Geschützte Tabellenblätter, Formeln oder Text als Ergebnis einer Formel werden von Excel nicht überprüft.

Die AutoKorrektur, ebenfalls aus Word bekannt, rufen Sie in Excel über *Extras/AutoKorrektur* auf. Die Funktionsweise der AutoKorrektur ist in Kapitel 17 bei der Darstellung von Word 2000 ausführlich behandelt worden.

Nutzen Sie benutzerdefinierte Autokorrektureinträge, um die Dateneingabe zu beschleunigen. Anstelle des vollständigen Begriffs müssen Sie dann lediglich das definierte Kürzel eingeben – die AutoKorrektur ersetzt das Kürzel durch den gewünschten Begriff.

Auswahlliste

Häufig müssen Sie in einer Tabellenspalte gleiche Inhalte erfassen. Um nicht jedesmal den Begriff neu eingeben zu müssen, benutzen Sie die Funktion *Auswahlliste*.

 Um das Beispiel direkt nachzuvollziehen, laden Sie die Daten BM27_013.XLS von der CD.

Klicken Sie mit der rechten Maustaste auf die Zelle, in der Sie einen neuen Wert eingeben wollen, um das Kontextmenü der Zelle zu öffnen. Klicken Sie auf den Eintrag *Auswahlliste*.

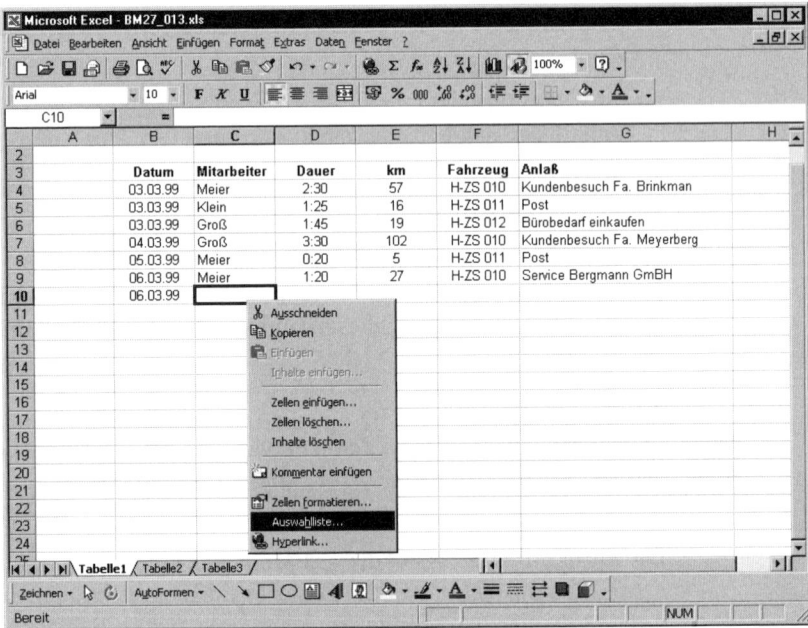

Bild 27.13: Ein Klick auf den Eintrag Auswahlliste *im Kontextmenü der Zelle nimmt Ihnen einiges an Tipparbeit ab*

Excel öffnet eine Liste mit allen Einträgen, die in der aktuellen Spalte bereits vorkommen. Klicken Sie auf den gewünschten Eintrag – Excel übernimmt den angeklickten Wert in die Tabelle.

 Noch schneller zum Ziel kommen Sie mit der Tastenkombination [Alt]+[↓]*: Excel öffnet die Auswahlliste – mit* [↓] *und* [↑] *wählen Sie den Eintrag aus und drücken* [←]*.*

Bei der Auswahlliste wertet Excel die Werte in der Spalte oberhalb der aktiven Zelle aus. Bei der normalen Eingabe funktioniert dies über die Funktion *AutoVervollständigen*: wenn Sie einen Wert eingeben, prüft Excel die darüberliegenden Zellen und bietet Ihnen bei Übereinstimmungen einen Wert an, den Sie durch Bestätigen der Eingabe in die aktuelle Zelle übernehmen. Die dazu verwendbaren Tastenkombinationen (⏎, ↓, ⇥...) sind dieselben wie bei der Zelleingabe.

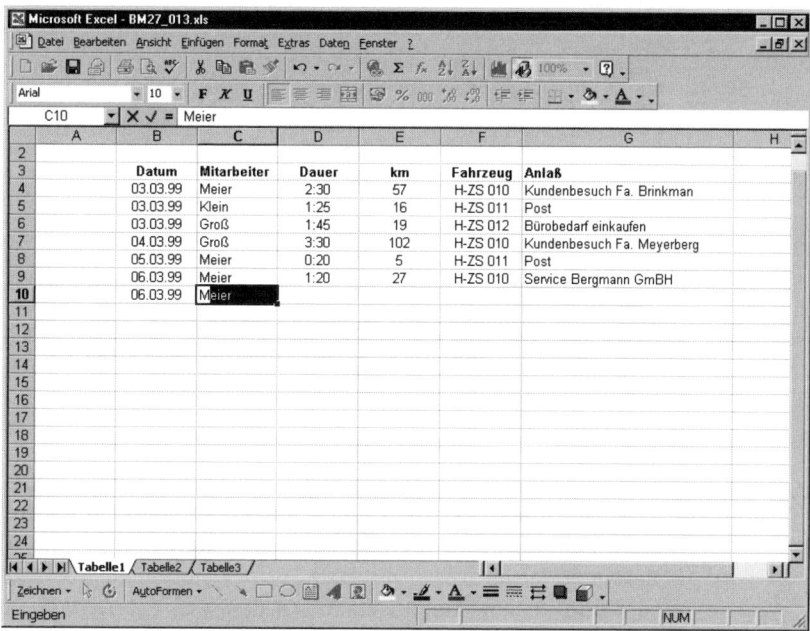

Bild 27.14: *In vielen Fällen gelangen Sie mit der Funktion AutoVervollständigen zum Ziel. Am Beispiel reicht es aus, die Eingabe mit ⏎ abzuschließen, um den angebotenen Eintrag in die Zelle zu übernehmen*

Sobald in der Liste mehrere ähnliche Einträge enthalten sind, müssen Sie ausreichend viele Zeichen eingeben, damit Excel den Wert korrekt zuordnen kann – in diesem Fall führt die Auswahlliste schneller zum Ziel.

Bedingte Formatierung

Damit Sie bei umfangreichen Tabellen einen schnellen Überblick erhalten ist es sinnvoll Werte, die bestimmten Kriterien genügen besonders hervorzuheben. Am Beispiel einer Verkaufsliste ist z.B: denkbar besonders hohe und besonders niedrige Werte auszuzeichnen. Für diese Aufgabe bietet Ihnen Excel den Eintrag *Bedingte Formatierung* im Menü *Format* an.

 Als Grundlage für die Ausführungen dient die Datei BM27_015.XLS.

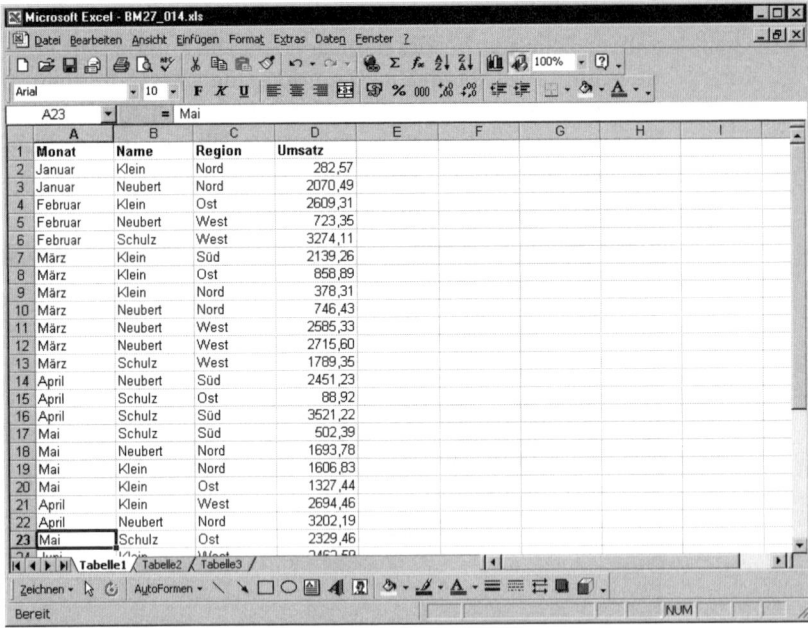

Bild 27.15: *In dieser Tabelle wollen Sie sich einen Überblick über herausragenden Werte verschaffen*

Die Spalte Umsatz enthält einige Verkaufszahlen. Für die Auswertung sind die Umsätze interessant, die bestimmte Werte über- oder unterschreiten. Markieren Sie die auszuwertende Spalte *D* mit einem Klick auf den Spaltenkopf und klicken Sie auf *Format/Bedingte Formatierung*. Excel öffnet die Dialogbox *Bedingte Formatierung* in der Sie bis zu drei Bedingungen und die entsprechenden Formate einstellen können.

Vier Eingabefelder nehmen die zu formulierende Bedingung auf. Im linken Listenfeld wählen Sie, je nachdem welcher Zellinhalt vorliegt zwischen den Einträgen *Zellwert ist* und *Formel ist*. Das Listenfeld rechts daneben enthält die verfügbaren Vergleichsoperatoren in natürlicher Sprache. Ein oder zwei weitere Eingabefelder dienen zum Festlegen der Vergleichswerte. Geben Sie bei Bedarf einen Wert oder einen Zellbezug ein, oder bestimmen Sie den Wert durch Auswahl aus der Tabelle.

Um den Vergleichswert aus der Tabelle zu übernehmen klicken Sie auf die Schaltfläche Dialog reduzieren *und wählen die entsprechende Zelle durch Zeigen aus.*

Nachdem Sie die Bedingung formuliert haben, klicken Sie auf *Format*, um allen Zellen, die diese Bedingung erfüllen, ein bestimmtes Format zuzuweisen. Excel öffnet dazu die Dialogbox *Zellen formatieren*.

Einige der Formate in der Dialogbox Zellen formatieren *lassen sich nicht auswählen.*

Wählen Sie Ihr Format aus und bestätigen Sie es mit einem Klick auf *OK* – eine Vorschau zeigt das ausgewählte Format. Um zusätzliche bedingte Formatierungen zu formulieren, klicken Sie auf *Hinzufügen*.

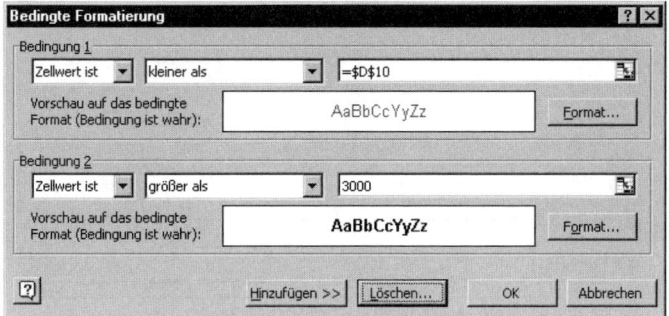

Bild 27.16: Besonders niedrige Umsätze sollen rot, besonders hohe Umsätze fett vor einen hellgelben Hintergrund hervorgehoben werden

Klicken Sie auf *OK*, um die bedingte Formatierung auf die ausgewählten Zellbereich anzuwenden. Um eine Formatierung zu entfernen klicken Sie auf Löschen. Excel zeigt eine Dialogbox in der Sie die zu löschenden Bedingungen markieren.

 Die Tabelle mit der bedingten Formatierung ist unter BM27_016.XLS abgelegt.

Gültigkeitsregeln

Wollen Sie, daß in bestimmten Bereichen Ihrer Tabelle nur Eingaben innerhalb eines festgelegten Wertebereichs erlaubt sind, dann legen Sie für diese Bereiche vorher eine Gültigkeitsregel fest. Damit verhindern Sie, daß fehlerhafte oder sinnlose Werte in die Tabelle eingegeben werden.

Im Beispiel soll eine Gültigkeitsregel verhindern, daß versehentlich falsche Datumsangaben gemacht werden. Dazu markieren Sie zunächst die Spalte *A*, in der das jeweilige Verkaufsdatum vermerkt ist. Öffnen Sie anschließend das Menü *Daten/Gültigkeit*.

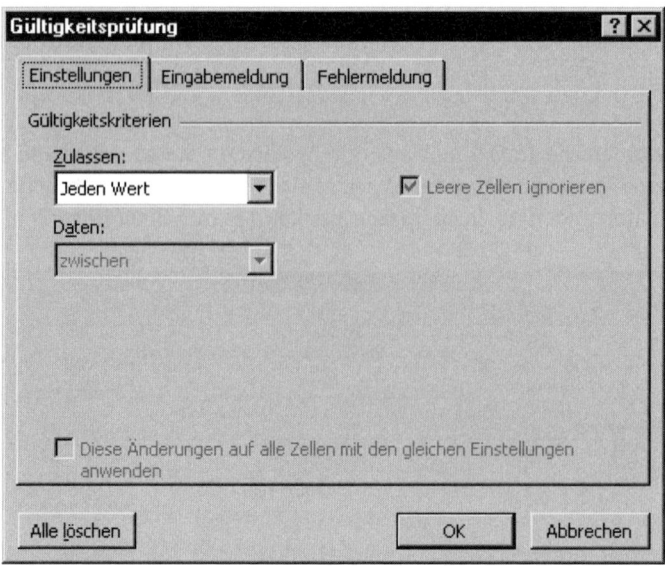

Bild 27.17: Die Register der Dialogbox Gültigkeitsprüfung *dienen zum Festlegen einer Gültigkeitsregel für die markierten Tabellenbereiche*

Auf der Registerkarte *Einstellungen* tragen Sie ein, welche Eingaben in der Spalte *A* zulässig sind. Da in dieser das Verkaufsdatum erfaßt wird, wählen Sie zunächst aus dem Listenfeld *Zulassen* den Eintrag *Datum*. Excel aktiviert weitere Eingabefelder, mit denen Sie die zulässigen Wertebereiche eingrenzen.

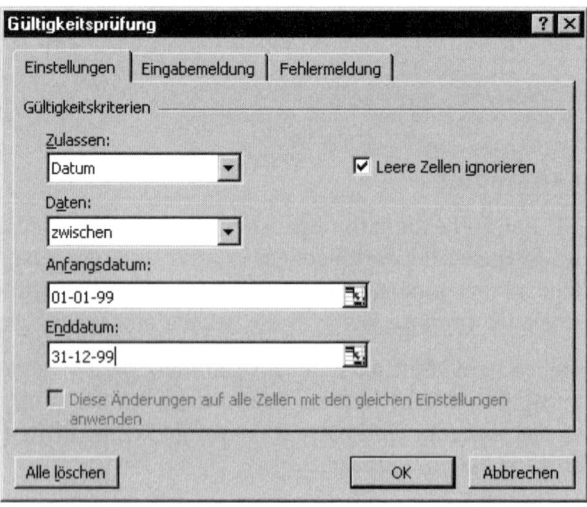

Bild 27.18: Mit diesen Einstellungen akzeptiert Excel nur noch Datumswerte aus 1999

Deaktivieren Sie schließlich noch das Kontrollkästchen *Diese Änderungen auf alle Zellen mit denselben Einstellungen anwenden*. Bei aktivierter Option werden alle Einstellungen der Dialogbox auf alle Zellen, die die gleiche Gültigkeitsprüfung aufweisen, angewendet.

Aktivieren Sie das Kontrollkästchen Leere Zellen ignorieren, *um Fehlermeldungen zu unterdrücken, wenn die betreffende Zelle leer ist.*

Öffnen Sie das Register *Eingabemeldung*, um eine Meldung zu erfassen, die als Eingabehilfe auf dem Bildschirm erscheint, wenn Sie eine Eingabe in einer der betroffenen Zellen machen. Aktivieren Sie das Kontrollkästchen *Eingabemeldung anzeigen*.

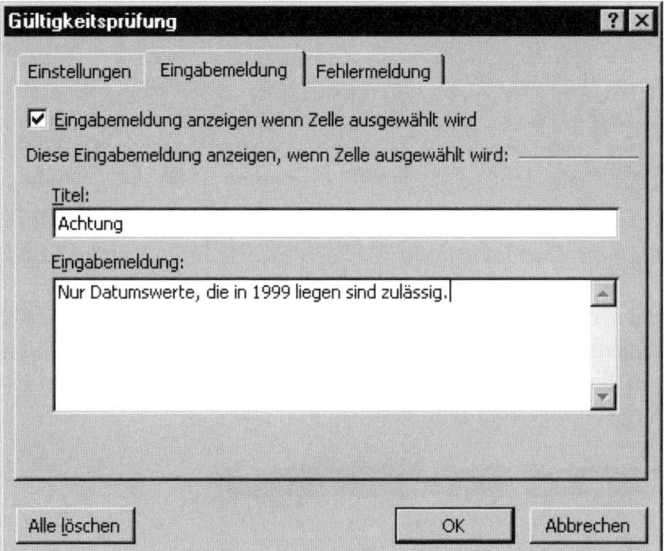

Bild 27.19: Hier läßt sich ein Hinweis eintragen, der dem Anwender beim Ausfüllen hilft

Im Register *Fehlermeldung* gestalten Sie die Fehlermeldung, die erscheinen soll, wenn falsche Werte eingegeben werden. Aktivieren Sie das Kontrollkästchen *Fehlermeldung anzeigen*.

Wenn Sie das Kontrollkästchen Fehlermeldung anzeigen *nicht aktiviert haben, sehen Sie keine Fehlermeldung und Excel akzeptiert die fehlerhaften Eingaben.*

Wählen Sie *Stopp* aus dem Listenfeld *Formatvorlage* und tragen Sie *Titel* sowie den Meldungstext ein. Übernehmen Sie die Eingaben mit Klick auf die Schaltfläche *OK*.

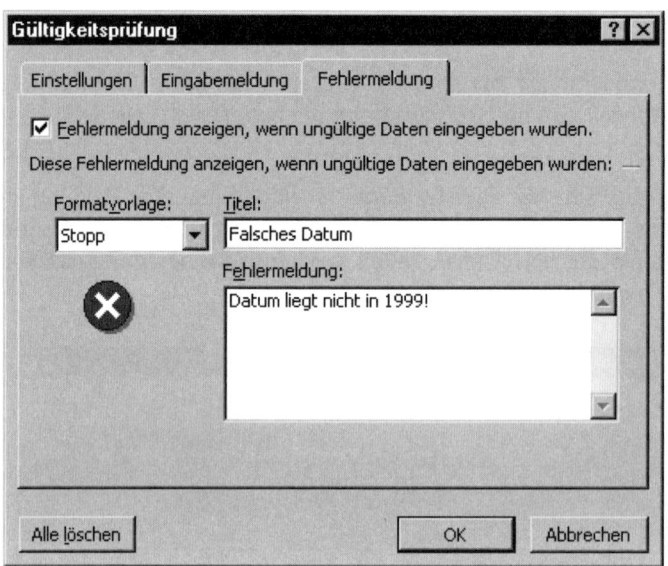

Bild 27.20: Auch die Eintragungen in der Registerkarte Fehlermeldung *sind erfolgt*

Beim dem Versuch das Datum 09.09.98 einzugeben, zeigt Excel nach der Eingabe die festgelegte Fehlermeldung. Mit einem Klick auf *Abbrechen* weisen Sie den Wert ab und beenden die Eingabe, *Wiederholen* erlaubt die Eingabe neu vorzunehmen.

Bild 27.21: Bei einer falschen Eingabe sehen Sie eine Fehlermeldung

Nun noch ein Überblick über die anderen Optionen des Listenfelds *Zulassen* in der Registerkarte *Einstellungen*:

- *Jeden Wert*
  Keine Einschränkung, jeder Wert ist gültig
- *Ganze Zahl*
  Dezimalzahlen oder Brüche sind von der Eingabe ausgeschlossen
- *Dezimal*
  Nur Zahlen mit Nachkommastellen oder Brüche sind gestattet

⋯⁝ *Liste*
Nur Eingaben, die den Angaben einer vorher definierten Liste entsprechen, sind erlaubt

⋯⁝ *Datum*
Gestattet nur Datumsangaben

⋯⁝ *Zeit*
Erlaubt nur Zeitangaben

⋯⁝ *Textlänge*
Legt die Anzahl der Zeichen für Einträge fest

⋯⁝ *Benutzerdefiniert*
Ermöglicht die Eingabe einer Formel, die Verwendung eines Ausdrucks oder die Erstellung eines Bezugs

Über die Operatoren im Feld *Daten* legen Sie weitere Einschränkungen fest. Das haben Sie gesehen, als wir für unsere Datumsspalte das Anfangs- und das Enddatum eingegeben haben. Abhängig von der Einstellung des Listenfelds *Zulassen* können die Operatoren für jede dort gewählte Option verschiedene Einschränkungen anbieten.

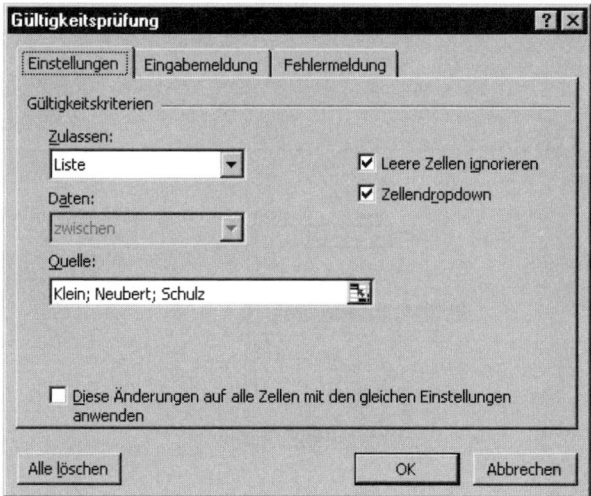

Bild 27.22: Gültigkeitsprüfung und Ausfüllhilfe zugleich. Bei aktiviertem Eintrag Liste *im Listenfeld* Gültigkeit *geben Sie die erlaubten Werte im Bereich* Quelle *ein. Aktivieren Sie das Kontrollkästchen* Zellendropdown, *damit Excel ein Listenfeld bei der Zelleingabe anzeigt*

 Das vollständige Beispiel ist unter BM27_022.XLS abgelegt.

27.3 Zielwertsuche

Wie muß ein Wert verändert werden, um ein bestimmtes Ergebnis zu erreichen? Dieser Frage geht die Zielwertsuche von Excel nach und erspart Ihnen damit langes ausprobieren. Die Formel zum Berechnen des Zielwertes muß in der Ergebniszelle bereits eingetragen sein. Rufen Sie die Funktion mit dem Befehl *Extras/Zielwertsuche* auf.

Das vollständige Beispiel ist unter BM27_023.XLS abgelegt.

Excel öffnet daraufhin das Fenster *Zielwertsuche*. Hier muß die Zielzelle angegeben werden, der gewünschte Zielwert und eine veränderbare Zelle.

Die Zielwertsuche übernimmt die aktuelle Zelle der Tabelle in die Zielzelle. Setzen Sie den Zellzeiger vor Aufruf in die Zielzelle, Sie sparen dadurch einen Definitionsschritt.

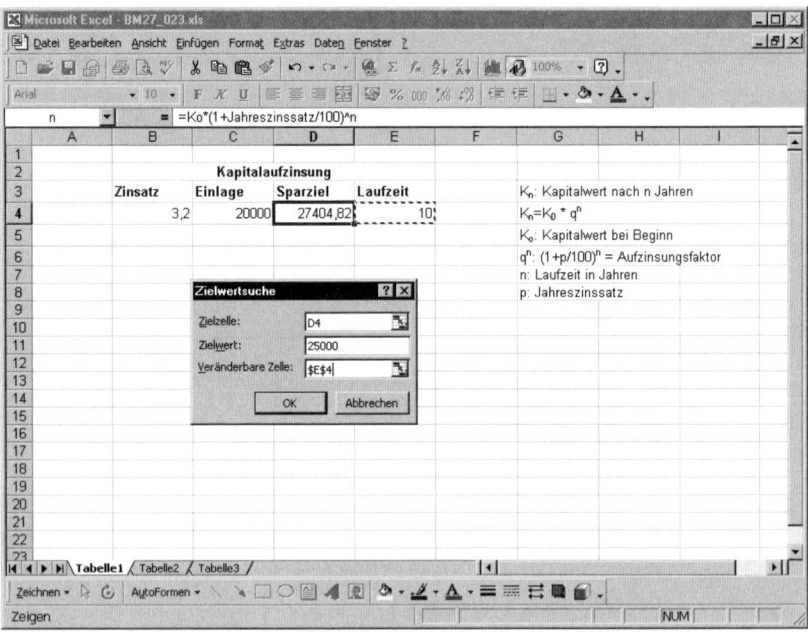

Bild 27.23: Das Sparziel soll den Wert 25000 erhalten. Dafür darf Excel die Laufzeit verändern

Klicken Sie dann auf die Schaltfläche *OK*. Nach einer kurzen Berechnung präsentiert die Zielwertsuche das Ergebnis.

Erweiterte Tabellenfunktionen

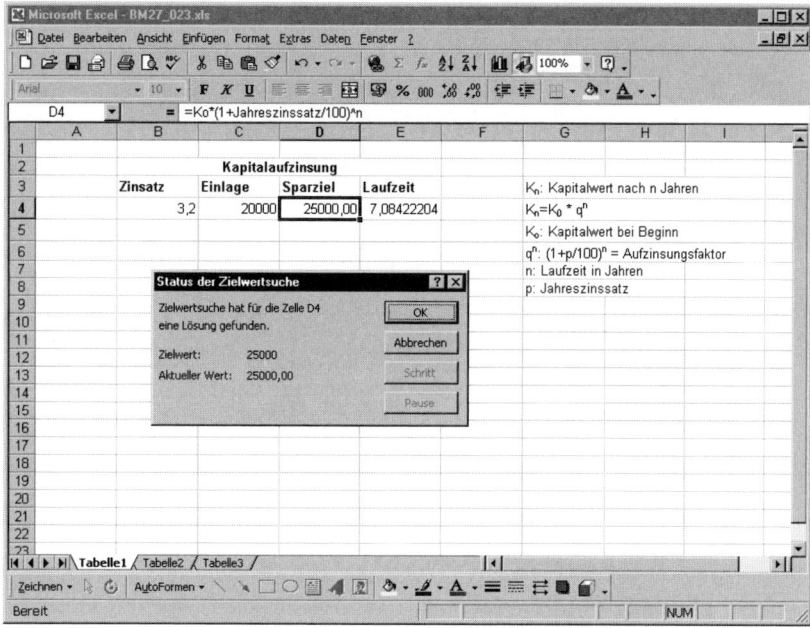

Bild 27.24: Nach einer Laufzeit von etwas mehr als 7 Jahren ist das Sparziel beim aktuellen Zinssatz erreicht

Klicken Sie auf *OK*, um die ermittelten Werte in die Tabelle zu übernehmen, *Abbrechen* verwirft die Änderungen und stellt die ursprünglichen Werte wieder her.

27.4 Der Detektiv

Der Detektiv gibt Ihnen eine Unterstützung bei der Fehlersuche und hilft Ihnen dabei, Formeln nachzuvollziehen. Setzen Sie die Markierung auf die Zelle, zu der Sie weitere Informationen benötigen und rufen Sie den Detektiv über das Menü *Extras/Detektiv/Spur zum Vorgänger* auf.

Der Detektiv hat herausgefunden, daß die Zelle *C7* ihren Wert aus den Zellen *B4*, *C4* und *E4* erhalten hat, und stellt dies durch blaue Pfeile dar. Diese Pfeile werden in den Menüeinträgen als »Spuren« bezeichnet. Über den Eintrag *Alle Spuren entfernen* löschen Sie die Spuren wieder aus der Tabelle.

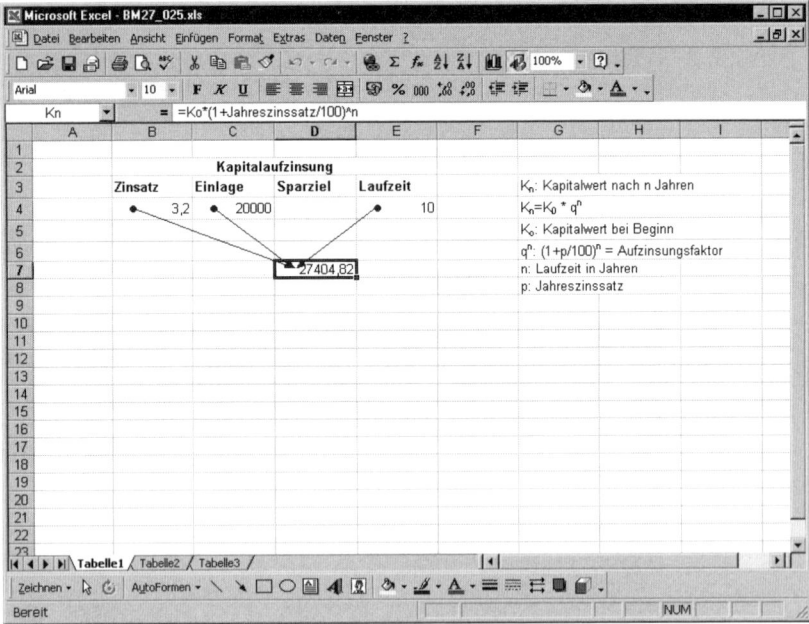

Bild 27.25: Der Detektiv verfolgt die Spur der Formel zu ihrem Ursprung zurück

27.5 Der Add-Ins-Manager

Über den Add-In-Manager nehmen Sie bei Bedarf zusätzliche Programmfunktionen in Excel auf. Rufen Sie das Menü *Extras/Add-Ins-Manager* auf.

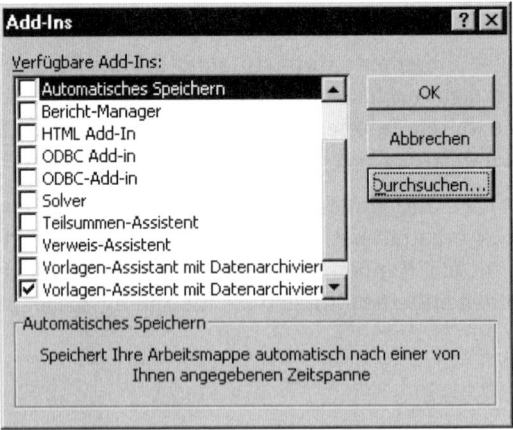

Bild 27.26: Der Add-Ins-Manager erweitert den Funktionsumfang von Excel durch Einbindung zusätzlicher Funktionen

Der Dialog *Add-Ins-Manager* gibt Ihnen eine Übersicht über momentan installierte Zusatzfunktionen. Hier sehen Sie, daß einige der vorgestellten Funktionen von Excel als Add-In realisiert wurden. Im unteren Bereich des Fensters erhalten Sie einen kurzen Hinweis zur Funktion des Add-In.

Um ein Add-In zu installieren, setzen Sie das Häkchen in das entsprechende Kontrollkästchen. Excel durchsucht die Festplatte nach den erforderlichen Dateien. Wenn die benötigten Informationen nicht gefunden wurden, fordert der Add-Ins-Manager Sie auf, die Installations-CD einzulegen. Nachdem die Daten übertragen wurden, finden Sie die ausgewählte Funktion in der Menüstruktur wieder.

Ein sehr sinnvolles Add-In ist das automatische Speichern. Es speichert Ihre Arbeitsmappe nach einer voreingestellten Zeit regelmäßig ab und verringert damit die Auswirkungen eines Computer- oder Programmabsturzes.

Falls Sie zusätzliche Add-Ins von CD oder aus dem Internet anmelden wollen, klicken Sie auf die Schaltfläche *Durchsuchen*. In der Datei-Dialogbox geben Sie den Pfad zu den erforderlichen Dateien an und bestätigen die Eingabe. Excel fügt die Auswahl der Liste *Verfügbare Add-Ins* hinzu.

27.6 Solver und Szenario-Manager

Mit dem Solver ist es möglich, die Ausgangswerte von Formeln auf der Basis eines vorgegebenen Ergebnisses und zusätzlicher Nebenbedingungen rückwärts zu berechnen. Grob gesagt gibt es eine Zelle, die der Solver im Auge behält, während andere Zellen kontinuierlich verändert werden. Der Solver verändert diese Zellen solange, bis das gewünschte Ergebnis erreicht ist.

Um die Funktion des Solvers nachzuvollziehen, öffnen Sie die Tabelle BM27_027.XLS von der Buch-CD.

Im Beispiel sollen die Faktoren konstant bleiben. Diese Vorgabe erfassen Sie im Bereich Nebenbedingungen. Klicken Sie dazu auf die Schaltfläche Hinzufügen und geben Sie nacheinander die Nebenbedingungen für die Zellen *C2* bis *C6* ein. Jede Nebenbedingung übernehmen Sie mit einem Klick auf die Schaltfläche *Hinzufügen*.

Teil 3 · Excel

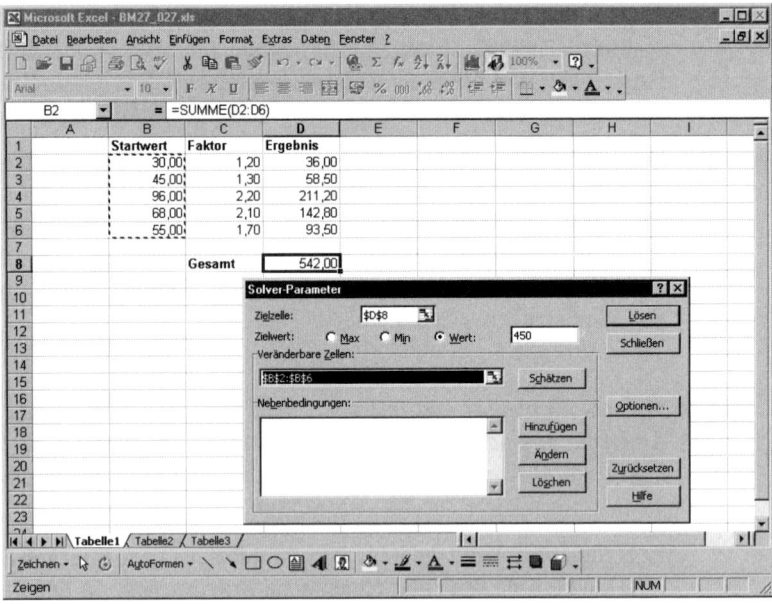

Bild 27.27: In dieser Berechnung soll die Summe der Einzelergebnisse durch Anpassen der Startwerte einen bestimmten Wert erreichen

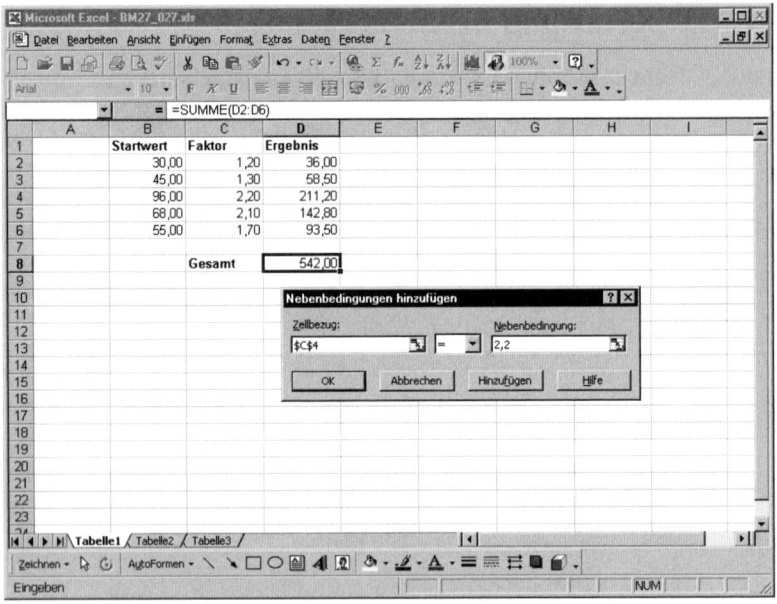

Bild 27.28: Nebenbedingungen erfassen Sie in der Dialogbox Nebenbedingungen hinzufügen

Sobald alle Nebenbedingungen erfaßt sind, klicken Sie auf *OK*. Excel wechselt wieder zur Dialogbox *Solver-Parameter*.

Erweiterte Tabellenfunktionen

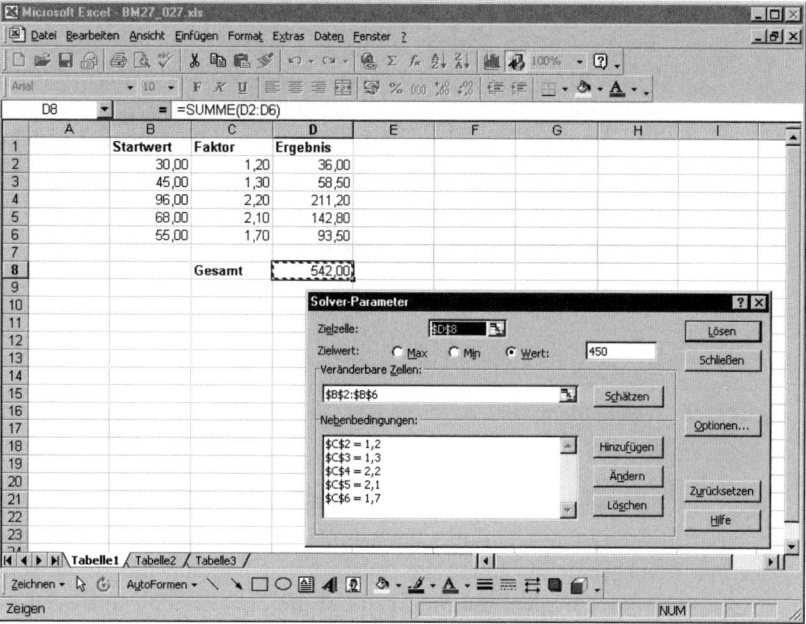

Bild 27.29: Mit diesen Vorgaben soll der Solver die Aufgabe lösen

Klicken Sie auf *Lösen*, um die Berechnung zu starten. Bei dieser einfachen Aufgabe benötigt der Solver nur wenige Augenblicke, bis das gewünschte Ergebnis vorliegt.

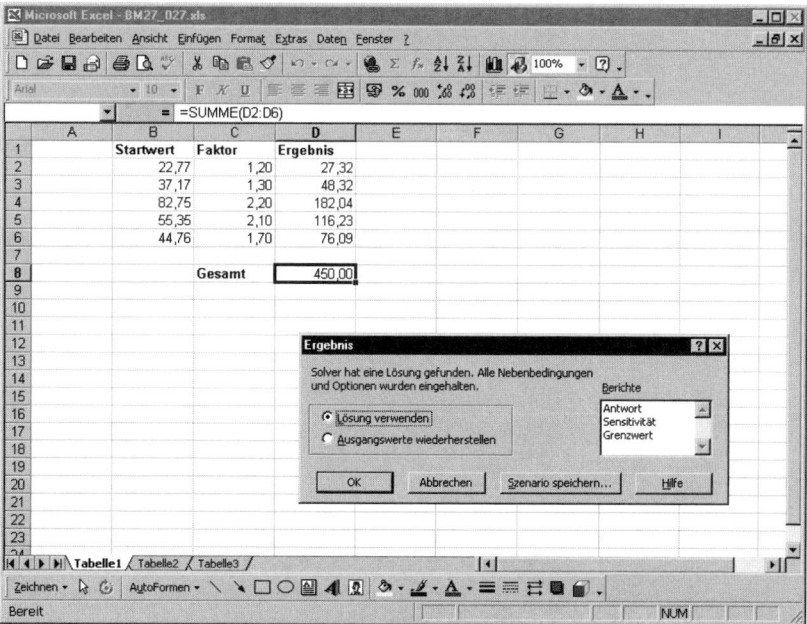

Bild 27.30: Der Solver bringt Ihnen ein Ergebnis für die Aufgabe

Im Ergebnisfenster zeigt der Solver seinen Lösungsvorschlag. Aktivieren Sie die Option *Lösung verwenden* und klicken Sie auf OK damit Excel die Werte in die Zellen übernimmt. Die Option *Ausgangswerte wiederherstellen* weist die Testwerte ab und schließt den Solver nach dem Bestätigen mit *OK*. Um die ermittelten Werte für weitere Testreihen zu speichern, die Ausgangstabelle aber unverändert zu lassen, klicken Sie auf die Schaltfläche *Szenario speichern*.

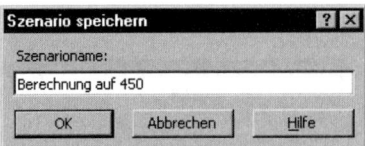

Bild 27.31: Nach einem Klick auf Szenario speichern *fordert Excel Sie auf einen Namen für die Testreihe zu vergeben*

Der Solver löst also Aufgaben durch Ausprobieren von Werten. Im Beispiel war die Berechnung noch einfach. Bei komplexeren Formeln sollten Sie vorgeben wie lange der Solver versuchen soll das gewünschte Ergebnis zu erreichen. Klicken Sie dazu auf die Schaltfläche Optionen.

Der Szenario-Manager

Unter einem Szenario versteht man eine Menge von Testwerten, die in ein bestehendes Tabellenmodell eingesetzt werden. Der Szenario-Manager unterstützt Sie bei der Verwaltung der verschiedenen Szenarien und gibt die Ergebnisse bei Bedarf als Bericht aus.

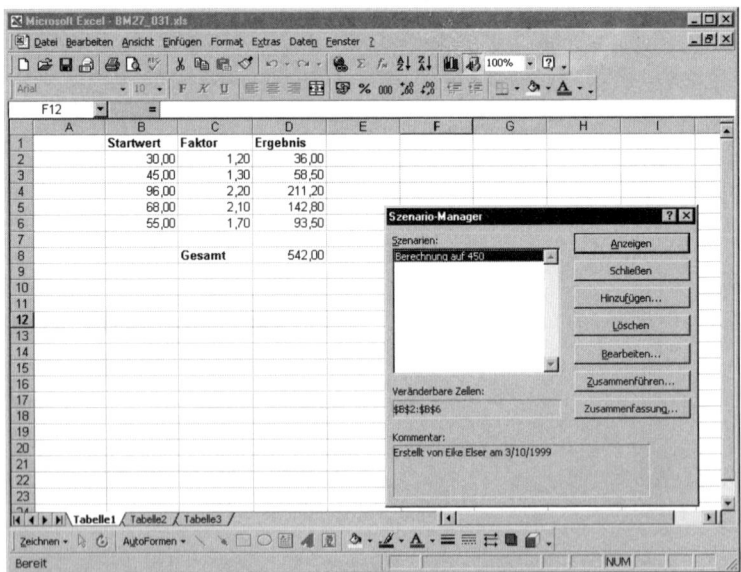

Bild 27.32: Der Szenario-Manager verwaltet verschiedene Testreihen und erstellt bei Bedarf zusammenfassende Berichte

Im letzten Beispiel sind die Testwerte mit Hilfe des Solvers entstanden. Nach einem Klick auf die Schaltfläche *Hinzufügen* lassen sich weitere Testreihen für die veränderbaren Werte manuell eingeben und als Szenario abspeichern.

28. Die Druckausgabe

Die vielfältigen Druckoptionen von Excel genügen unterschiedlichsten Anforderungen. Wollen Sie nur Teile Ihrer Tabelle ausdrucken, einzelne Seiten, quer oder im Hochformat? Alles kein Problem!

28.1 Druckseite einrichten

Das Seitenformat einer Tabelle in Excel spielt beim Bearbeiten der Tabellendaten zunächst keine Rolle. In aller Regel konzentrieren Sie sich auf die Erfassung und Auswertung der Daten und weniger um die Aufteilung der Seiten. Erst wenn es daran geht, die Tabelle auszudrucken fällt auf, daß Excel die Informationen nicht wie gewünscht ausdruckt.

Seiteneinstellungen

Beim Tabellenblatt in Excel ist zunächst nicht ohne weiteres erkennbar, wo sich Grenzen der Druckseite befinden. Um dem abzuhelfen, rufen Sie über *Datei/Seite einrichten* die gleichnamige Dialogbox auf. Normalerweise ist im Listenfeld *Papierformat* bereits das richtige Seitenformat – in aller Regel *A4 (210 x297 mm)* – voreingestellt. Richten Sie die benötigte Formatlage ein und bestätigen Sie die Einstellungen mit einem Klick auf *OK*.

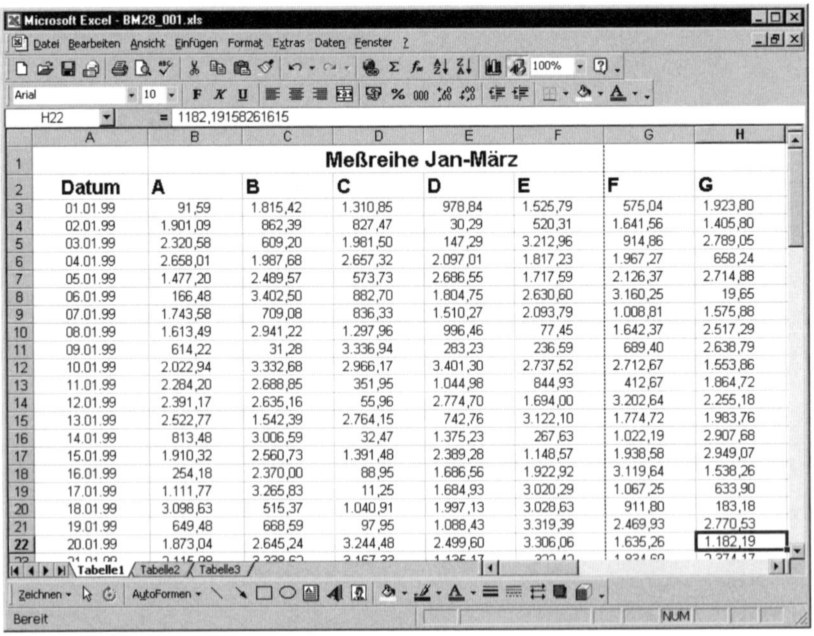

	A	B	C	D	E	F	G	H
1		Meßreihe Jan-März						
2	Datum	A	B	C	D	E	F	G
3	01.01.99	91,59	1.815,42	1.310,85	978,84	1.525,79	575,04	1.923,80
4	02.01.99	1.901,09	862,39	827,47	30,29	520,31	1.641,56	1.405,80
5	03.01.99	2.320,58	609,20	1.981,50	147,29	3.212,96	914,86	2.789,05
6	04.01.99	2.658,01	1.987,68	2.657,32	2.097,01	1.817,23	1.967,27	658,24
7	05.01.99	1.477,20	2.489,57	573,73	2.686,55	1.717,59	2.126,37	2.714,88
8	06.01.99	166,48	3.402,50	882,70	1.804,75	2.630,60	3.160,25	19,65
9	07.01.99	1.743,58	709,08	836,33	1.510,27	2.093,79	1.008,81	1.575,88
10	08.01.99	1.613,49	2.941,22	1.297,96	996,46	77,45	1.642,37	2.517,29
11	09.01.99	614,22	31,28	3.336,94	283,23	236,59	689,40	2.638,79
12	10.01.99	2.022,94	3.332,68	2.966,17	3.401,30	2.737,52	2.712,67	1.553,86
13	11.01.99	2.284,20	2.688,85	351,95	1.044,98	844,93	412,67	1.864,72
14	12.01.99	2.391,17	2.635,16	55,96	2.774,70	1.694,00	3.202,64	2.255,18
15	13.01.99	2.522,77	1.542,39	2.764,15	742,76	3.122,10	1.774,72	1.983,76
16	14.01.99	813,48	3.006,59	32,47	1.375,23	267,63	1.022,19	2.907,68
17	15.01.99	1.910,32	2.560,73	1.391,48	2.389,28	1.148,57	1.938,58	2.949,07
18	16.01.99	254,18	2.370,00	88,95	1.686,56	1.922,92	3.119,64	1.538,26
19	17.01.99	1.111,77	3.265,83	11,25	1.684,93	3.020,29	1.067,25	633,90
20	18.01.99	3.098,63	515,37	1.040,91	1.997,13	3.028,63	911,80	183,18
21	19.01.99	649,48	668,59	97,95	1.088,43	3.319,39	2.469,93	2.770,53
22	20.01.99	1.873,04	2.645,24	3.244,48	2.499,60	3.306,06	1.635,26	1.182,19

Bild 28.1: Nachdem Sie die Einstellungen in der Dialogbox Seite einrichten *mit* OK *bestätigt haben, sehen Sie eine gestrichelte Linie, die die Seitenabmessungen repräsentiert*

Im Register Seitenränder *bestimmen Sie den für Daten zur Verfügung stehenden Bereich auf der Dokumentseite. Ein Wert von »0« bei den Randeinstellungen legt die Ränder der Druckseite genau auf den maximal bedruckbaren Bereich des Druckers.*

Um die Funktionen selbst nachzuvollziehen, öffnen Sie die Datei B028_001.XLS.

Excel zeigt mit einer gestrichelten Linie die Abmessungen der Druckseite an. Orientieren Sie sich beim Aufbau des Tabellenblatts an diesen Hilfslinien.

Um schnell die Seitenlinien zu sehen, klicken Sie einfach auf die Schaltfläche Seitenvorschau.

Seitenumbruchvorschau

Nicht immer gelingt es ein Tabellendokument so aufzubauen, daß alle Informationen auf einer Druckseite Platz finden. In diesem Fall erzeugt Excel beim Ausdruck unter Beibehaltung der Schriftgrößen und Spaltenbreiten automatisch Seitenumbrüche und verteilt die Daten des Tabellenblatts auf mehrere Druckseiten. Dabei kommt es vor, daß Excel eine eigene Seite für eine Spalte oder wenige Zeilen der Tabellen ausgibt. Diese automatische Verteilung der Dokumentseite auf den Druckseiten beeinflussen Sie in der *Seitenumbruchvorschau*. Diese Vorschau öffnen Sie über *Ansicht/Seitenumbruchvorschau*.

Die Umbrüche zwischen den Seiten kennzeichnet Excel mit blauen Linien. Durch Verschieben dieser Linien legen Sie andere Umbrüche fest. Falls der ausgewählte Bereich größer ist, als die Abmessungen der Druckseite zulassen, paßt Excel die Darstellungsgröße automatisch an.

Excel verringert die Größe der Dokumentseite, bis sie tatsächlich auf die eingestellten Druckseiten paßt. Dabei werden die Informationen unter Umständen so weit verkleinert, daß sie nicht mehr lesbar sind.

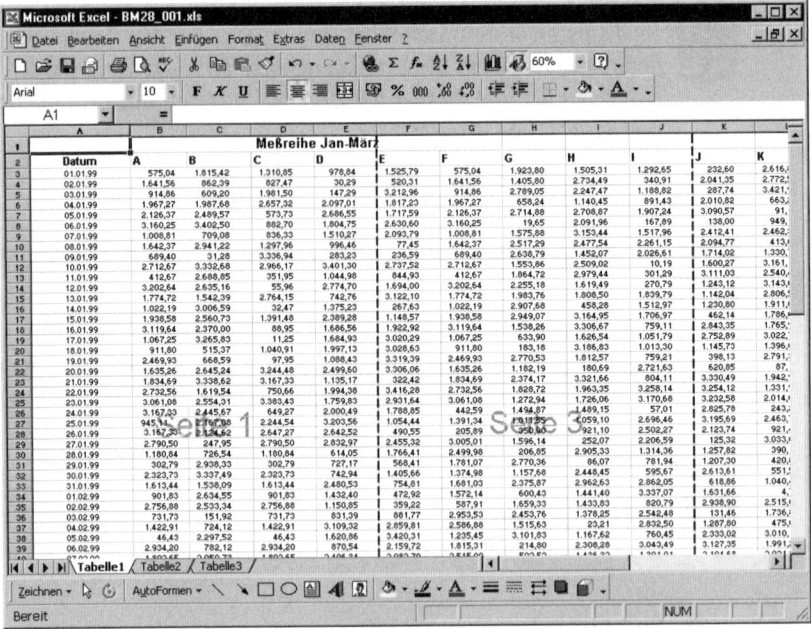

Bild 28.2: In der Seitenumbruchvorschau sehen Sie, wie Excel das aktuelle Dokument für die Druckausgabe auf mehrere Seiten verteilt

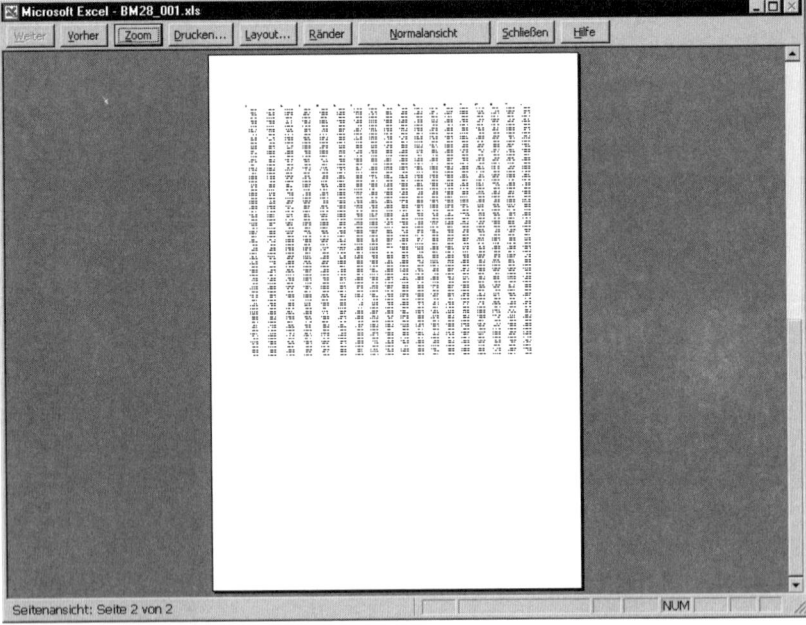

Bild 28.3: Durch Verschieben der Seitenumbrüche sind aus zehn Druckseiten zwei geworden – die Informationen sind im Druck aber kaum mehr lesbar

28.2 Druckbereich

Falls Sie nur einen Teil des Tabellenblatts ausgeben wollen, legen Sie einen alternativen Druckbereich fest. Die Daten, die im Druckbereich enthalten sind, gibt Excel beim Ausdrucken aus. Zum Festlegen eines Druckbereichs markieren Sie den zu druckenden Bereich und klicken dann auf *Datei/ Druckbereich/Druckbereich festlegen*.

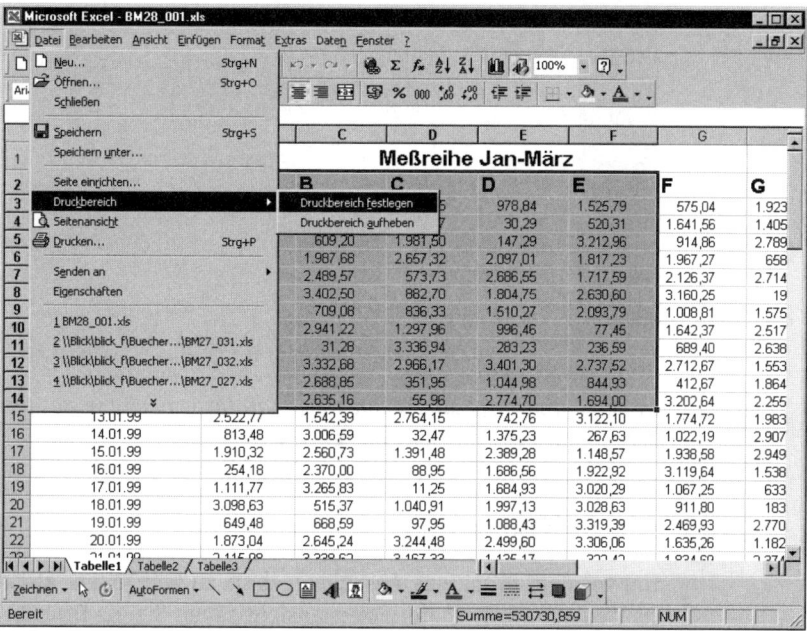

Bild 28.4: Um nur einen Teil der Tabelle auszugeben, richten Sie über *Datei/Druckbereich/ Druckbereich festlegen* einen Druckbereich ein, der auf der aktuellen Markierung basiert

Excel richtet die aktuelle Markierung als Druckbereich ein. Der aktuelle Druckbereich ist durch einen gestrichelten Rahmen hervorgehoben.

Falls sich der Druckbereich über mehr als eine Druckseite erstreckt, fügt Excel wieder automatische Seitenumbrüche ein, um die Daten maßstabsgetreu auszugeben.

 Wenn Sie die Tabelle speichern, sichert Excel die Informationen zum Druckbereich mit.

Um einen Druckbereich wieder aufzuheben, klicken Sie auf *Datei/Druckbereich/Druckbereich aufheben*.

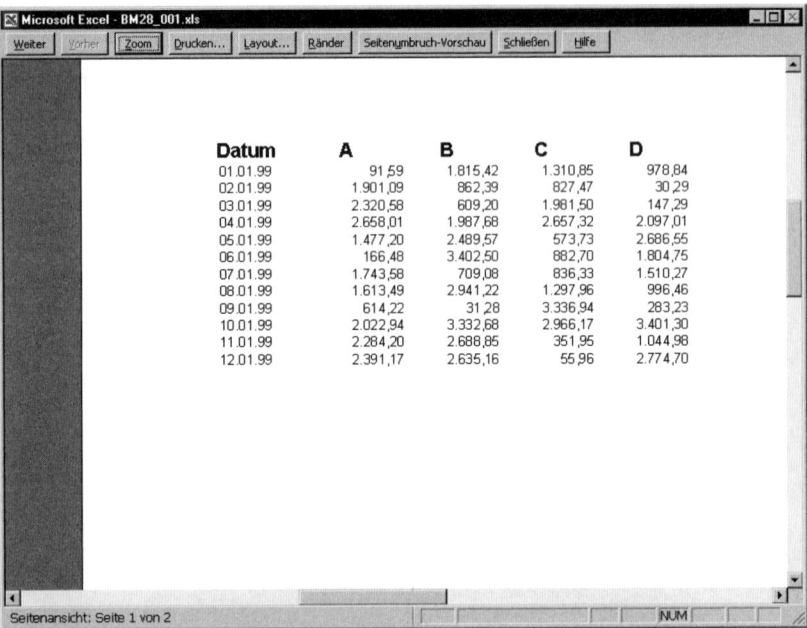

Bild 28.5: In der Seitenvorschau erkennen Sie, daß tatsächlich nur der festgelegte Druckbereich auf der Druckseite zu sehen ist

28.3 Die Seitenansicht

Um vor dem Druck das Ausgabeergebnis zu beurteilen, klicken Sie auf *Datei/Seitenansicht*. In der Seitenansicht sehen Sie die Druckseite so auf dem Bildschirm, wie sie später aus dem Drucker kommt. In der Statusleiste zeigt Excel die aktuelle Seitenzahl und die Gesamtzahl der Seiten im ausgewählten Blatt an. Mit den Schaltflächen unterhalb der Titelleiste steuern Sie die Darstellung und greifen auf verschiedene Ausgabeoptionen zu

Die Schaltflächen im einzelnen:

Weiter
blättert zur nächsten Seite.

Vorher
blättert zur vorhergehenden Seite.

Zoom
wechselt zwischen der Ganzseitenansicht und einer vergrößerten Ansicht. Die Darstellungsgröße wirkt sich nicht auf die tatsächliche Druckgröße aus.

 Sie können ebenfalls zwischen der Ganzseitenansicht und einer vergrößerten Ansicht eines Blattes wechseln, indem Sie auf eine beliebige Stelle des Blattes klicken.

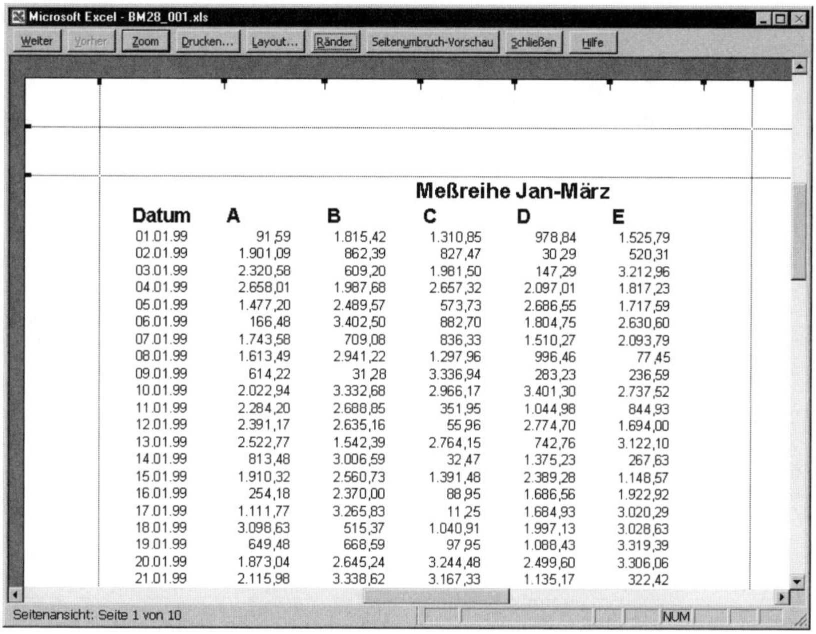

Meßreihe Jan-März

Datum	A	B	C	D	E
01.01.99	91,59	1.815,42	1.310,85	978,84	1.525,79
02.01.99	1.901,09	862,39	827,47	30,29	520,31
03.01.99	2.320,58	609,20	1.981,50	147,29	3.212,96
04.01.99	2.658,01	1.987,68	2.657,32	2.097,01	1.817,23
05.01.99	1.477,20	2.489,57	573,73	2.686,55	1.717,59
06.01.99	166,48	3.402,50	882,70	1.804,75	2.630,60
07.01.99	1.743,58	709,08	836,33	1.510,27	2.093,79
08.01.99	1.613,49	2.941,22	1.297,96	996,46	77,45
09.01.99	614,22	31,28	3.336,94	283,23	236,59
10.01.99	2.022,94	3.332,68	2.966,17	3.401,30	2.737,52
11.01.99	2.284,20	2.688,85	351,95	1.044,98	844,93
12.01.99	2.391,17	2.635,16	55,96	2.774,70	1.694,00
13.01.99	2.522,77	1.542,39	2.764,15	742,76	3.122,10
14.01.99	813,48	3.006,59	32,47	1.375,23	267,63
15.01.99	1.910,32	2.560,73	1.391,48	2.389,28	1.148,57
16.01.99	254,18	2.370,00	88,95	1.686,56	1.922,92
17.01.99	1.111,77	3.265,83	11,25	1.684,93	3.020,29
18.01.99	3.098,63	515,37	1.040,91	1.997,13	3.028,63
19.01.99	649,48	668,59	97,95	1.088,43	3.319,39
20.01.99	1.873,04	2.645,24	3.244,48	2.499,60	3.306,06
21.01.99	2.115,98	3.338,62	3.167,33	1.135,17	322,42

Bild 28.6: Das Beispieldokument in der Seitenansicht

Drucken
öffnet die Dialogbox *Drucken*.

Layout
öffnet die Dialogbox Seite einrichten.

Ränder
mit dieser Schaltfläche blenden Sie die Ziehpunkte für die Anpassung der Seitenränder und der Ränder für von Kopf- und Fußzeilen sowie die Spaltenbreiten ein- bzw. aus.

Seitenumbruch-Vorschau
Klicken Sie auf *Seitenumbruch-Vorschau*, um zur Seitenumbruch-Vorschau zu wechseln. Der Name der Schaltfläche ändert sich in *Normalansicht*, wenn sich das Tabellenblatt vor dem Klicken auf Seitenansicht in der *Seitenumbruch-Vorschau* befand.

Mit einem Klick auf *Schließen* verlassen Sie das Vorschaufenster wieder.

Ränder festlegen

In der Seitenansicht zeigt Excel Ziehpunkte an, mit denen Sie die Einstellungen zu Seitenrändern, Kopf- und Fußzeilen sowie die Spaltenbreiten im Dokument interaktiv ändern.

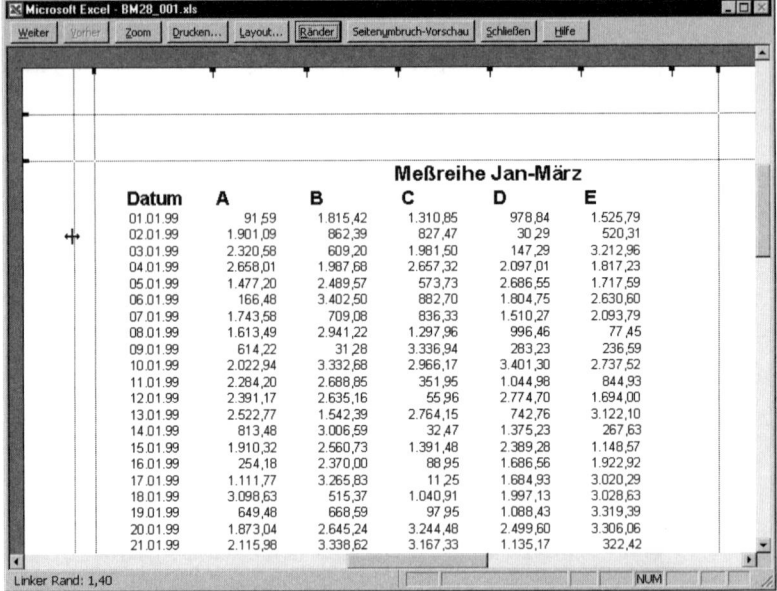

Bild 28.7: Bei aktivierten Rändern verschieben Sie die Randeinstellungen in der Seitenansicht

Bei Ziehen zeigt Excel die aktuellen Randeinstellungen in der Statusleiste an.

28.4 Erweiterte Druckoptionen

Wenn Sie die Tabelle fertiggestellt haben, die Seitenränder, Kopf- und Fußzeilen eingerichtet sind und in der Seitenansicht von Ihnen begutachtet wurden, rufen Sie das Menü *Datei/Drucken* für die endgültige Druckausgabe auf.

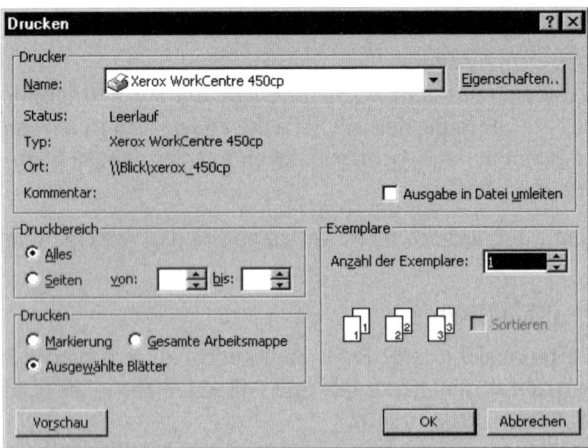

Bild 28.8: In der Dialogbox Drucken *werden die Einstellungen für den Ausdruck vorgenommen*

Bevor die Tabelle dann endgültig gedruckt wird, stehen Ihnen noch die folgenden Möglichkeiten zur Verfügung:

Druckoptionen

- *Drucker* Auswahl des Druckers, auf dem der Ausdruck erfolgen soll. Klicken Sie auf die Schaltfläche *Eigenschaften,* dann können Sie in der sich öffnenden Dialogbox noch einige druckerspezifische Einstellungen vornehmen. Durch Aktivierung des Kontrollkästchens *Ausgabe in Datei umleiten* wird der Ausdruck in eine Datei umgeleitet, deren Namen Sie zuvor bestimmen müssen.

- *Druckbereich*
  In dem unter *Drucken* festgelegten Bereich können Sie entweder alles oder nur bestimmte Seiten drucken.

- *Drucken*
  Hier wird der zu druckende Bereich angegeben. Sie haben die Wahl zwischen dem markierten Bereich, den ausgewählten Tabellenblättern oder der gesamten Arbeitsmappe.

- *Exemplare*
  Hier legen Sie die Anzahl der Kopien fest. Wenn mehrere Ausdrucke von mehreren Seiten erzeugt werden sollen, können Sie die Seiten auch sortieren lassen.

Haben Sie alle erforderlichen Einstellungen vorgenommen, dann starten Sie den Ausdruck durch Anklicken der Schaltfläche *OK*.

29. Excel optimal einstellen

Eine Reihe der Funktionen und Befehle von Excel lassen sich an persönliche Vorlieben oder z.B. an Firmenvorgaben anpassen. Individuelle Einstellungen sind der Schlüssel zu Erfolg und Effizienz.

29.1 Die Grundeinstellungen

Sämtliche Grundeinstellungen nehmen Sie in der Optionen-Dialogbox vor, die Sie mit dem Menübefehl *Extras/Optionen* öffnen. Insgesamt acht thematisch geordnete Register beherbergen alle erforderlichen Steuerelemente, mit denen Sie Excel anpassen. Verschiedene wichtige Voreinstellungen finden Sie an den entsprechenden Stellen im Buch beschrieben.

Um weitere Informationen zu den einzelnen Voreinstellungen zu erhalten, klicken Sie mit der rechten Maustaste auf das fragliche Steuerelementen und wählen dann aus dem Kontextmenü den Eintrag *Direkthilfe* aus.

Registerkarte *Ansicht*

Mit den Steuerelementen in Register *Ansicht* nehmen Sie Einfluß auf die Voreinstellungen zur Programmoberfläche.

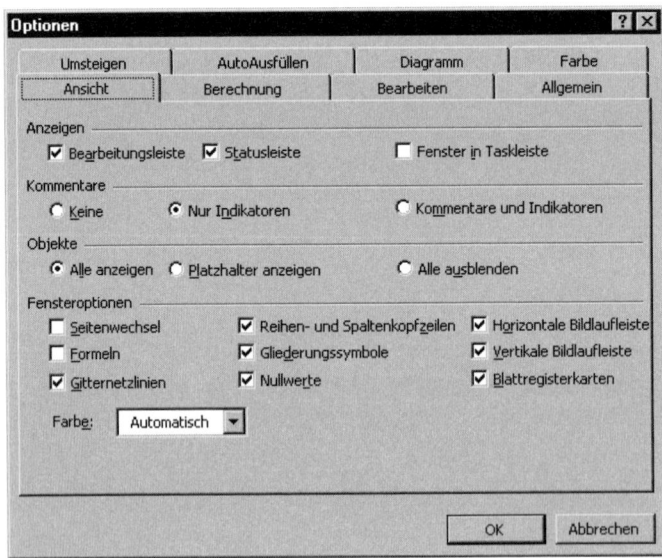

Bild 29.1: *Das Erscheinungsbild der Programmoberfläche von Excel stellen Sie im Register Ansicht ein*

Diese Registerkarte beschäftigt sich mit den Ansichtsoptionen von Excel. Die Registerkarte ist in vier Bereiche aufgeteilt:

Im Bereich *Anzeigen* legen Sie fest, ob Excel beim Start die Status- und Bearbeitungsleiste automatisch einblendet. Das Kontrollkästchen *Fenster in Taskleiste* ist in der vorliegenden Version neu hinzugekommen. Ist es aktiviert, legt Excel für jedes geöffnete Tabellendokument eine eigene Schaltfläche in der Windows-Taskleiste ab.

Standardmäßig ist Fenster in Taskleiste *aktiviert – deaktivieren Sie das Kontrollkästchen, um eine übersichtlichere Darstellung in der Taskleiste zu erhalten, und wechseln Sie mit der Tastenkombination* Strg+F6 *zwischen den Dokumentfenstern.*

Nutzen Sie die Optionsschaltflächen im Bereich *Kommentare* um festzulegen, wie Excel Kommentare im Tabellenblatt anzeigen soll. In der Standardeinstellung *Nur Indikatoren* sehen Sie bei einer kommentierten Zelle ein kleines rotes Dreieck – Sobald Sie den Zellcursor auf eine Zelle setzen, zeigt Excel den hinterlegten Kommentar an.

Wenn Sie die Option Keine *im Bereich* Kommentare *aktivieren, blendet Excel alle Kommentare und Indikatoren aus, um eventuell vorhandene Kommentare anzuzeigen, müssen Sie auf* Ansicht/Kommentare *klicken.*

Im Bereich *Objekte* bestimmen Sie, welche Objekte Excel im Tabellenblatt anzeigt. Falls Sie Probleme mit der Geschwindigkeit von Excel bei großen Tabellen haben, sollten Sie zunächst versuchen, die enthaltenen Objekte auszublenden.

Die angezeigten Elemente im Programmfenster von Excel regeln Sie mit den Kontrollkästchen im Bereich *Fensteroptionen*.

Registerkarte *Berechnung*

Die Steuerelemente im Register *Berechnungen* haben wichtigen Einfluß auf die Rechenoperationen von Excel. Darüber hinaus bestimmen Sie wie Excel mit externen Bezügen verfahren soll.

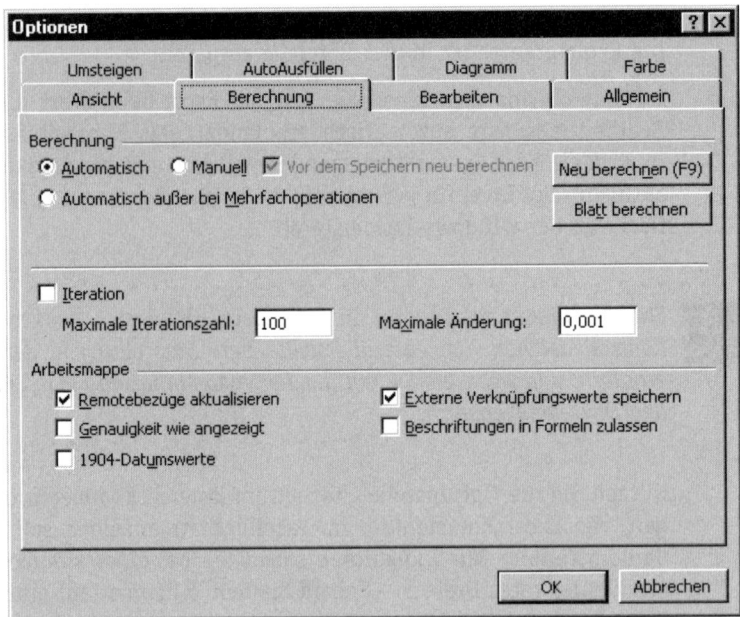

Bild 29.2: Die Registerkarte Berechnen *kümmert sich um die Rechenoperationen und externe Verknüpfungen*

Die Dialogbox ist in drei Bereiche unterteilt. Die Optionen im ersten Bereich legen fest, ob Excel alle Formeln im Arbeitsblatt automatisch neu berechnen soll, sobald Sie eine Formel, einen Zellinhalt oder eine Bezeichnung verändern.

 Bei großen Tabellen mit einer Vielzahl von Formeln ist das automatische Neuberechnen mitunter störend: bei jeder Änderung berechnet Excel das Tabellenblatt neu, unabhängig davon ob die Formel von der Änderung betroffen ist oder nicht. Deaktivieren Sie in diesem Fall das automatische Berechnen und aktualisieren Sie das Arbeitsblatt manuell mit der Taste F9 .

Zwei Schaltflächen in diesem Bereich starten das manuelle Neuberechnen. Die Schaltfläche *Blatt berechnen* aktualisiert das aktuell geöffnete Tabellenblatt und alle verknüpften Arbeitsmappen.

Unter *Iteration* bestimmen Sie die Rechengenauigkeit bei Rechenverfahren, die Werte durch Ausprobieren (Annäherungsverfahren) erzeugen. Je größer die eingegebene Iterationszahl, desto genauer fallen die Ergebnisse aus, allerdings auf Kosten der Rechendauer.

Der Bereich Arbeitsmappe enthält weitere wichtige Voreinstellungen:

- *Remotebezüge aktualisieren* bewirkt, daß Excel Formeln mit Bezügen zu anderen Anwendungen berechnet und aktualisiert

- ⤑ Wenn Sie *Genauigkeit wie angezeigt* aktivieren, rechnet Excel nicht mehr mit der internen Stellenzahl von 15 Stellen, sondern ändert die Genauigkeit auf den Wert, der in der Anzeige erscheint.

- ⤑ Mit den Kontrollkästchen *1904-Datumswerte* legen Sie fest, daß der 2. Januar 1900 als Startwert für die Datumsberechnung herangezogen wird. In der Standardeinstellung rechnet Excel Daten vom 1. Januar 1904 an.

Excel interpretiert und speichert ein Datum als fortlaufende Zahl vom Startwert an. In der Standardeinstellung ist das 1900er-System aktiviert nach dem der 01.01.1900 den Wert 1, der 01.01.1999 den Wert 36161 hat.

- ⤑ Wenn das Kontrollkästchen *Externe Verknüpfungswerte speichern* aktiviert ist, speichert Excel die Werte aus verknüpften externen Dokumenten mit in der Arbeitsmappe.

- ⤑ Aktivieren Sie *Beschriftungen in Formeln* zulassen, um die Spalten- und Zeilenbeschriftungen einer Tabelle für Bezüge in Formeln heranzuziehen. Wenn das Kontrollkästchen aktiviert ist, verwendet Excel die Beschriftungen wie Bereichsnamen.

Registerkarte *Bearbeiten*

Mit den Steuerelementen im Register *Bearbeiten* richten Sie die Bearbeitungsfunktionen von Excel nach Ihren Bedürfnissen ein.

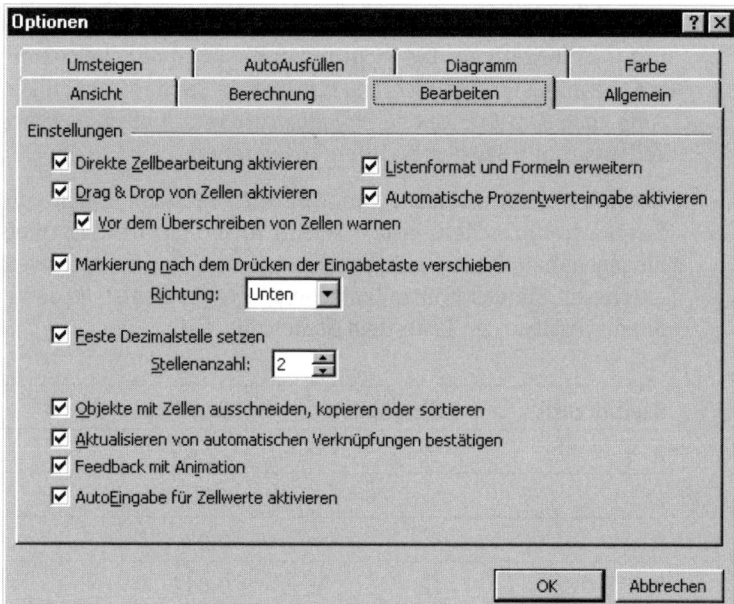

Bild 29.3: Die Registerkarte Bearbeiten *dient zum Einstellen der Bearbeitungsfunktionen von Excel*

⋯❖ In der Standardeinstellung ist das Kontrollkästchen *Direkte Zellbearbeitung aktivieren* mit einem Häkchen versehen – die Zellen lassen sich unmittelbar in Tabellenblatt bearbeiten.

Wenn Sie das Kontrollkästchen Direkte Zellbearbeitungaktivieren *ausschalten, ist der Zellinhalt nur noch über die Bearbeitungsleiste zugänglich.*

Das interaktive Kopieren und Verschieben von Zellen schalten Sie mit dem Kontrollkästchen *Drag & Drop von Zellen aktivieren* ein bzw. aus. Um beim Drag&Drop ein unbeabsichtigtes Überschreiben von Zellen zu vermeiden, aktivieren Sie *Vor den Überschreiben von Zellen warnen*. Das neue Kontrollkästchen *Listenformat und Formeln erweitern* erleichtert die Dateneingabe in Listen. Sobald das Kontrollkästchen aktiviert ist, übernimmt Excel beim Erfassen eines neuen Datensatzes automatisch die Formatierung und Formeln aus den darüber befindlichen Zellen. Voraussetzung für die automatische Übernahme ist, daß mindestens drei der fünf letzten Zeilen in der Liste einheitlich formatiert sind.

Werte, die Sie in eine Zelle mit Prozentformat eingeben multipliziert Excel automatisch mit 100 und hängt das Prozentzeichen an. Ein Häkchen im Kontrollkästchen *Automatische Prozentwerteingabe aktivieren* bewirkt, daß Excel nur noch Werte kleiner eins multipliziert. Alle anderen Werte übernimmt Excel wie eingegeben in die Zelle und hängt das Prozentzeichen an. In der Standardeinstellung ist das Kontrollkästchen deaktiviert.

Normalerweise setzt Excel den Zellcursor nach unten, wenn Sie die Eingabe mit ⏎ bestätigen. Die Richtung in die Excel den Zellcursor versetzt, stellen Sie im Listenfeld *Richtung* ein. Sobald Sie das Kontrollkästchen *Markierung nach dem Drücken der Eingabetaste verschieben deaktivieren* bleibt der Zellcursor auf der bearbeiteten Zelle stehen.

Besonders beim Erfassen von Währungsbeträgen nimmt die Eingabe des Dezimaltrennzeichens einige Zeit in Anspruch. Um festzulegen, daß Excel eingegebenen Zahlen automatisch mit dem Dezimaltrennzeichen versieht, aktivieren Sie das Kontrollkästchen *Feste Dezimalstelle setzen* und richten Sie die Position im Listenfeld *Stellenzahl* ein.

Stellenzahl	Eingabe	Ergebnis
2	1245	12,45
2	124,50	124,50
2	3	0,03
3	12	0,012
-2	12	1200
-2	1542	154200

Objekte mit Zellen ausschneiden, kopieren und sortieren stellt sicher, daß eingefügte Objekte die relative Position zum bearbeiteten Zellbereich behalten. Beim Laden von Arbeitsmappen mit verknüpften OLE-Objekten zeigt Excel eine Abfrage, die Sie durch Deaktivieren des Kontrollkästchens *Aktualisieren von automatischen Verknüpfungen bestätigen* ausschalten. *Feedback mit Animation* bewirkt, daß Excel den Bearbeitungsvorgang beim Einfügen, Verschieben und Kopieren animiert. Mit dem Kontrollkästchen *Auto-Eingabe für Zellwerte aktivieren* steuern Sie die Funktion *AutoVervollständigen*.

Registerkarte *Allgemein*

Verschiedene Voreinstellungen, die das Speichern Öffnen und die Voreinstellungen neuer Arbeitsmappen betreffen, sind im Register *Allgemein* angeordnet.

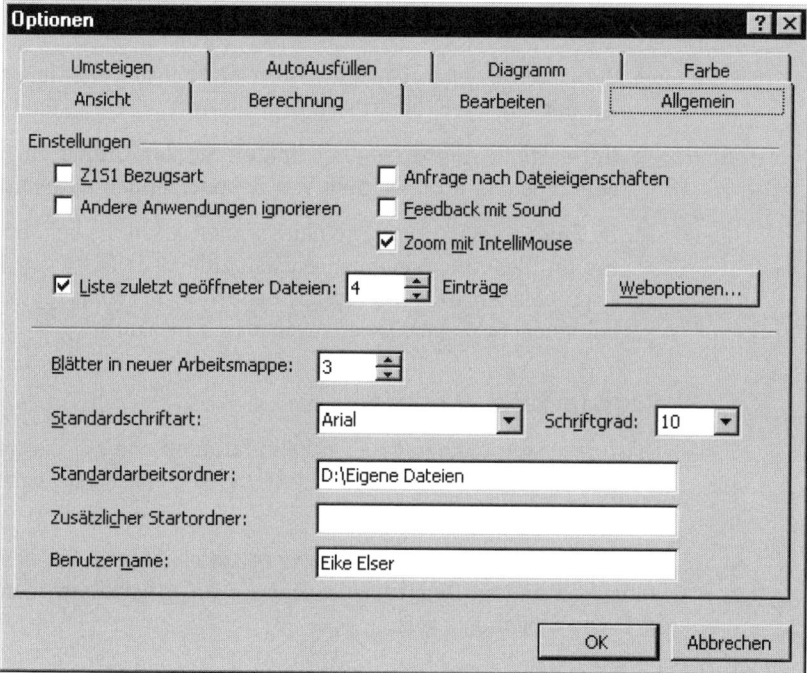

Bild 29.4: Das Register Allgemein *enthüllt die Voreinstellungen für neue Arbeitsmappen sowie das Speichern und Öffnen*

Als Standard sind die Zeilen in Excel numeriert und die Spalten mit Buchstaben benannt. Wenn Sie *Z1S1 Bezugsart* aktivieren, verwendet Excel statt dessen Ziffern. Der Bezug *B3* muß dann in der Schreibweise »Z2S3« angegeben werden.

Die Z1S1 Bezugsart findet vor allem bei der Programmierung Verwendung.

- *Andere Anwendungen ignorieren* verhindert den Datenaustausch mit anderen Anwendungen über die DDE-Schnittstelle. Wenn Excel beim Speichern einer Arbeitsmappe automatisch die Dialogbox *Eigenschaften* öffnen soll, aktivieren Sie *Anfrage nach Dateieigenschaften*. *Zoom mit IntelliMouse* aktiviert das Zoomen mit dem Rad einer Microsoft IntelliMouse.

- Am unteren Rand des Menüs *Datei* sehen Sie Einträge für die zuletzt bearbeiteten Arbeitsmappen, wenn das Kontrollkästchen *Liste zuletzt geöffneter Dateien* aktiviert ist. Die Anzahl der Einträge bestimmt der Wert im Eingabefeld rechts davon.

- *Blätter in neuer Arbeitsmappe* bestimmt die Anzahl der Tabellenblätter, die Excel beim Anlegen einer neuen Arbeitsmappe automatisch einfügt.

- Die Listenfelder *Standardschriftart* und *Schriftgrad* dienen zum Einstellen der von Excel benutzten Grundschrift.

- Unter *Standardarbeitsordner* richten Sie den Ordner ein, auf den Excel beim Speichern und Öffnen von Arbeitsmappen automatisch zugreift.

- Im Eingabefeld *Zusätzlicher Startordner* geben Sie bei Bedarf einen Ordner an, der Arbeitsmappen enthält, die beim Start von Excel automatisch geladen werden. Täglich benötigte Arbeitsmappen haben Sie so bei jedem Start von Excel automatisch im Zugriff.

Registerkarte *Umsteigen*

Umsteiger von anderen Tabellenkalkulationen wie z.B. Lotus 1-2-3 passen die Bedienung von Excel mit den Steuerelementen im Register *Umsteigen* an Ihre gewohnte Umgebung an.

Im Listenfeld *Excel-Dateien speichern unter* wählen Sie bei Bedarf einen anderen Standard-Dateityp zum Sichern der Arbeitsergebnisse – z.B. frühere Excel-Versionen – aus.

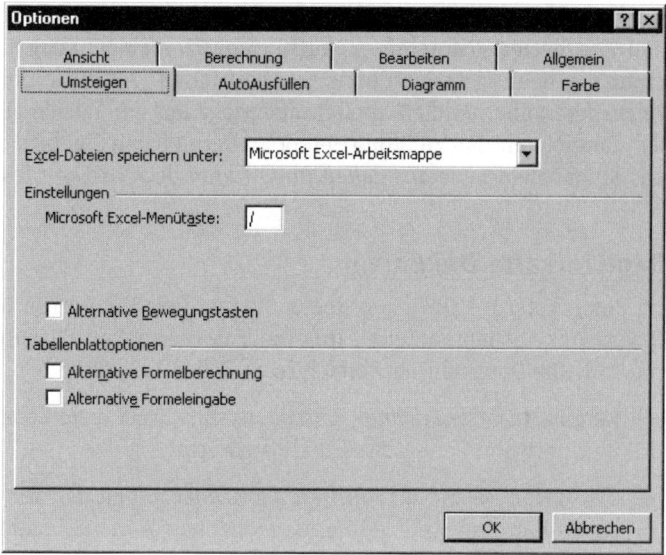

Bild 29.5: Die Registerkarte Umsteigen *macht Umsteigern die Arbeit leichter*

Registerkarte *AutoAusfüllen*

Falls Sie die Funktion *AutoAusfüllen* häufiger einsetzen und mit eigenen Reihen arbeiten, müssen Sie die entsprechenden Werte im Register *AutoAusfüllen* vorgeben.

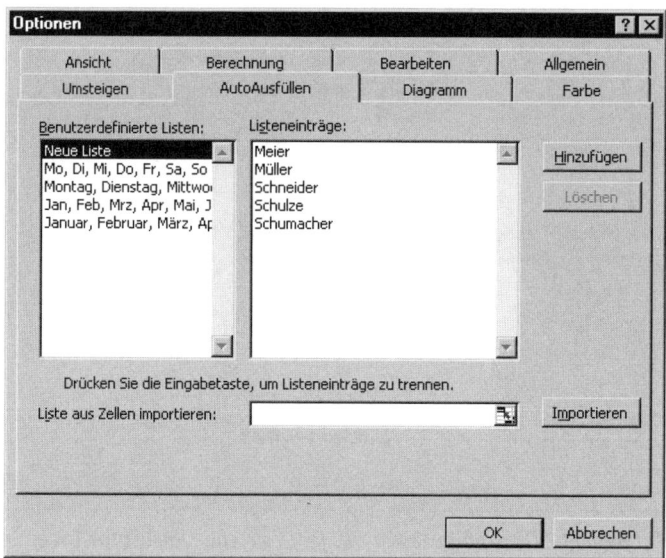

Bild 29.6: Die Registerkarte AutoAusfüllen *gibt der gleichnamigen Excel-Funktion erst den nötigen Background*

Dies geschieht, indem Sie die aufeinanderfolgenden Daten im Feld *Listeneinträge*, getrennt durch ⏎, aufführen. Nach einem Klick auf *Hinzufügen* steht die neue Liste zukünftig zur Verfügung. Mit Hilfe der Schaltfläche *Importieren* übernehmen Sie Datenbereiche aus der Tabelle als neue Liste – den Bereich mit den zu importierenden Daten legen Sie nach einem Klick in das Eingabefeld *Liste aus Zellen importieren* durch Zeigen fest.

Registerkarte *Diagramm*

Im Bereich *Aktives Dokument* legen Sie fest, wie Excel beim Zeichnen eines Diagramms mit leeren Zellen innerhalb der aktuellen Datentabelle verfahren soll. Die Optionen im Bereich *leere Zellen* bewirken:

- *werden nicht gezeichnet*, bestimmt, daß Excel leere Zellen im Diagramm ignoriert und Zellen mit Inhalt auswertet.
- die Option *werden als Nullwert gezeichnet* nimmt den Wert leerer Zellen zu Null an und stellt den entsprechenden Wert im Diagramm dar.
- *werden interpoliert*, ermittelt den Wert leerer Zellen anhand der Vorgänger und Nachfolger und überträgt das Ergebnis in das Diagramm. Diese Option steht nur bei Diagrammen zur Verfügung, bei denen die einzelnen Datenpunkte zu einer Datenlinie verbunden sind.

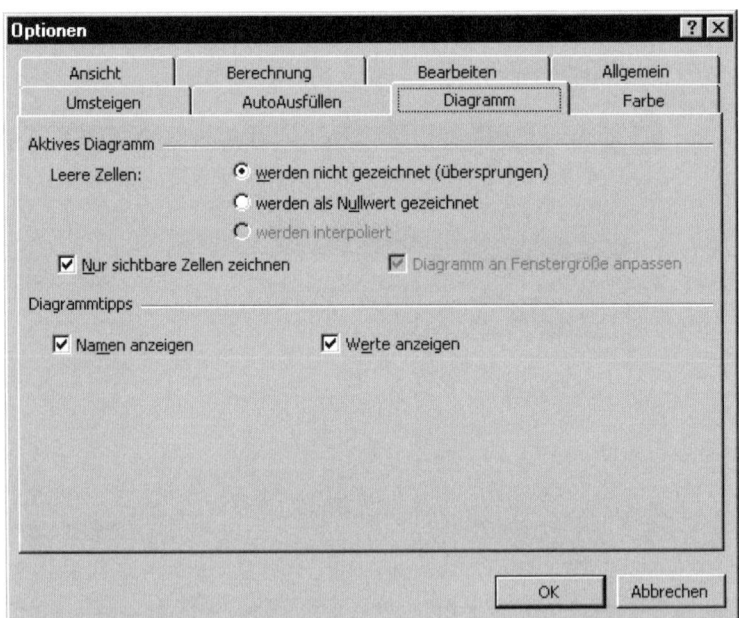

Bild 29.7: Im Register Diagramm *legen Sie fest, welche QuickInfos Excel bei Diagrammen anzeigen soll*

Beim Interpolieren erhalten Sie einen gleichmäßigen Diagrammverlauf ohne Lücken. Die dargestellten Werte sind allerdings nur bei Werten mit einem eindeutigen Trend aussagefähig.

Bei Diagrammen sehen Sie standardmäßig den genauen Wert und die Bezeichnung in der Quickinfo, wenn der Mauszeiger über einem Datenpunkt steht. Dieses Verhalten steuern Sie mit Hilfe der Kontrollkästchen *Namen anzeigen* und *Werte anzeigen*. Sobald ein Kontrollkästchen mit einem Häkchen versehen ist, zeigt Excel die entsprechenden Informationen an.

Registerkarte *Farbe*

Im Register Farbe legen Sie die unter Excel verwendeten Farben fest. Nach einem Klick auf die Schaltfläche *Ändern* richten Sie bei Bedarf individuelle Farbmischungen ein, z.B. um eine einheitliche Farbgestaltung Ihrer Druckstücke zu erhalten.

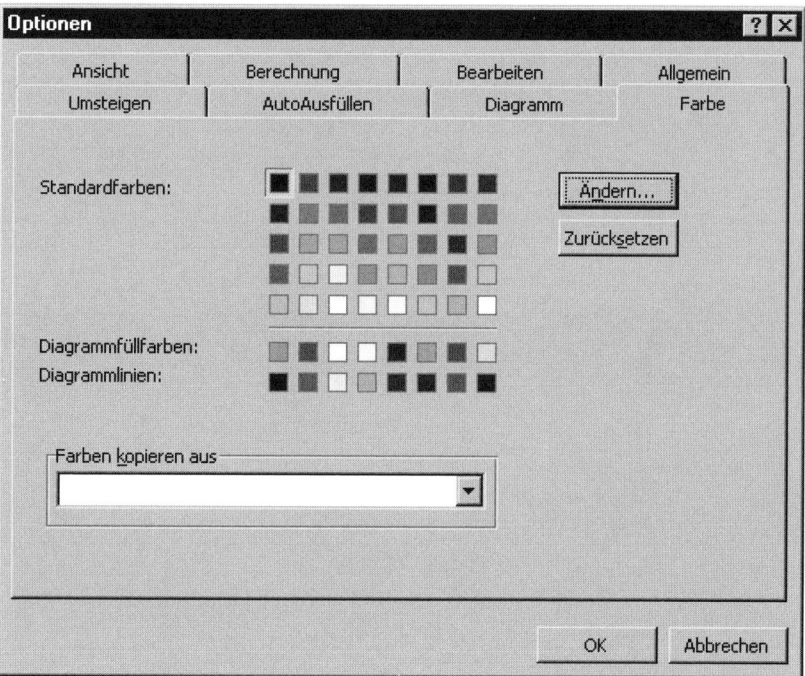

Bild 29.8: Diese Registerkarte legt die Farben für Excel fest

Die hier definierten Farben stehen in fast allen Farbdialogboxen – Zellhintergründe, Linien, Schatten usw. – zur Verfügung.

Outlook
Office 2000

Dieser »Personal Information Manager« ist die Zentrale für Kontakte, Termine, Aufgaben und die elektronische Post. Erfahren Sie, wie Sie mit diesem Programm den Büroalltag organisieren und überschaubar gestalten.

4

30. Outlook, der Info-Manager

Outlook ist ein Personal Information Manager, kurz PIM. Ein PIM verwaltet alle Informationen, die bei der Arbeit an einem Schreibtisch anfallen. Mit Outlook können Emails, Adressen, Aufgaben und Termine verwaltet werden. In diesem Kapitel wird dieser Desktop-Manager vorgestellt.

30.1 Die Funktionsübersicht

Die Planung von Terminen ist eine Aufgabe, die nicht nur im Arbeitsplatzumfeld, sondern auch im Privatbereich ständig erledigt werden muß. Über ein Jahr verteilt fallen – neben Geburtstagen und anderen Jahrestagen – Termine für Besprechungen, Fortbildungen und andere geschäftliche Verpflichtungen an. Um dabei überhaupt noch den Überblick zu bewahren, müssen die entsprechenden Daten irgendwo festgehalten und verwaltet werden. Zusätzliche Probleme treten auf, wenn Sie Termine für mehrere Projekte oder Aufgaben koordinieren müssen und an der Bewältigung dieser Aufgaben auch noch verschiedene Personen beteiligt sind.

Outlook unterstützt Sie bei der Planung Ihrer Termine und Besprechungen, hilft Ihnen, den Überblick über Ihre unterschiedlichen Aufgaben zu bewahren, und verwaltet für Sie die Liste Ihrer geschäftlichen oder privaten Kontakte. Outlook ermöglicht es Ihnen, alle Termine, Informationen und Dokumente personen- oder auftragsgebunden zu verwalten und zu bearbeiten. Outlook wurde erstmalig mit Office 97 eingeführt und über die Version Outlook 98 zur aktuellen Version Outlook 2000 ständig weiterentwickelt. Gerade in der vorliegenden Version ist Outlook 2000 bedeutend mehr als das elektronische Pendant zum herkömmlichen Zeitplaner oder Organizer. Durch eine umfassende Integration von Informationsdiensten auf der einen und Zusammenarbeit mit den Programmen von Microsoft Office auf der anderen Seite stellt Outlook 2000 ein leistungsfähiges Hilfsmittel bei der täglichen Arbeit dar. Alle wesentlichen Informationen lassen sich zentral mit einem Programm erfassen und bearbeiten. Auf einer zentralen Auskunftsseite sehen Sie sofort, welche Aufgaben aktuell erledigt werden müssen.

Was leistet Outlook 2000?

Falls Sie sich zum ersten Mal mit Outlook 2000 beschäftigen, stehen Sie vor einer verwirrenden Vielfalt von Symbolen, Schaltflächen und Ordnern. Der Funktionsumfang von Outlook 2000 läßt sich zunächst oberflächlich als Adreßverwaltung mit integriertem Kalender beschreiben – das ist jedoch längst nicht alles. Hauptsächlich geht es in Outlook 2000 um die Speicherung und Verwaltung von Informationen der unterschiedlichsten Art. Darüber hinaus ist es möglich, projekt-, aufgaben- oder personenbezogene Zeiterfassung und -planung durchzuführen. In Outlook 2000 finden Sie einen Kalender mit Aufgabenblock (auch unter dem Begriff »To-Do-Liste« bekannt) ebenso wie ein Adreßbuch und einen Notizblock, der verspricht, mit der Zettelwirtschaft auf dem Schreibtisch Schluß zu machen. Wichtig ist weiterhin, daß in Outlook 2000 die verschiedenen Kommunikationsdienste wie z.B. Email und das Internet integriert sind.

Internet und Email müssen gesondert installiert werden, stehen dann aber in allen Teilprogrammen von Outlook 2000 und den anderen Anwendungen aus Microsoft Office zur Verfügung

Alle Einzelfunktionen von Outlook 2000 sind längst bekannt und stellen kein herausragendes Merkmal dar. Adreßlisten lassen sich z.B. auch in Word oder Excel erstellen und bearbeiten. Als Spezialist für die Informationsverarbeitung geht Outlook 2000 noch einen entscheidenden Schritt weiter. Es verknüpft die verschiedenen Informationen miteinander und bietet dadurch die Möglichkeit, für die Planung einer Besprechung Adreßdaten mit dem Kalender und der elektronischen Post zusammenführen. Wenn Sie mit Outlook 2000 einen Termin planen, können Sie im Anschluß daran alle Teilnehmer benachrichtigen. Auch der für die Besprechung erforderliche Besprechungsraum wird nicht vergessen und kann als belegte Ressource gebucht werden. Aufgaben können angelegt, akribisch geplant und innerhalb einer Arbeitsgruppe ganz oder teilweise delegiert werden. Alle Mitglieder einer vernetzten Arbeitsgruppe können auf vorhandene Daten gemeinsam zugreifen. Um die eigenen Aufgaben im Blick zu behalten, lassen sich periodisch wiederkehrende Termine und Aufgaben festlegen: täglich, wöchentlich, monatlich oder gar alljährlich. Sie müssen einen wiederkehrenden Termin nur einmal ändern und passen alle Folgetermine gleich mit an. Doch was nutzt der beste Terminplaner, wenn man ihn nicht ständig im Auge hat? Um zu vermeiden, daß der Termin versäumt wird, kann ein Alarmton eingerichtet und ein Hinweisfenster angezeigt werden.

Selbstverständlich lassen sich die gespeicherten Anschriften (Kontakte) ebenso wie die anderen Informationen in allen Programmen von Office verwenden. Auch darüber hinaus ist Outlook 2000 eng mit den übrigen Komponenten des Office-Pakets verknüpft. Alle Anwendungen und Funktionen sind miteinander verbunden und gewährleisten einen umfassenden Einsatz im Rahmen von Office 2000.

Grundlegende Programmstruktur

Die Programmstruktur von Outlook wird der Vielfalt an Aufgaben gerecht, die sich mit diesem Programm erledigen lassen. Was in Word als Dokument oder in Excel als Arbeitsmappe bezeichnet wird, trägt in Outlook die Bezeichnung »Element«. Das Element ist der eigentliche Informationsträger, dabei werden sechs Typen unterschieden:

- Mail-Nachrichten
- Termine
- Kontakte
- Aufgaben
- Journaleinträge
- Notizen

Gleichsam als Benutzeroberfläche für diese Elemente werden sogenannte Formulare benutzt. Sie bieten die notwendigen Steuerelemente, um die erforderlichen Eingaben vorzunehmen oder die notwendigen Bearbeitungsschritte auszuführen. So finden Sie im Formular *Neue Kontakte* beispielsweise Eingabefelder für *Name*, *Adresse* und *Telefonnummern*. Bei Bedarf lassen sich auch eigene Formulare erstellen oder bestehende anpassen. Sogar Dokumente aus anderen Office-Programmen lassen sich als Grundlage für eigene Formularen verwenden.

Die verschiedenen Elemente werden in »Ordnern« abgelegt. Zur Erinnerung: Ordner unter Outlook existieren nicht auf Ihrer Festplatte, sondern sind reine systeminterne Strukturen. Standardmäßig arbeitet Outlook in Ihrem persönlichen Ordner – genauer gesagt in Ihrer persönlichen Ordnerdatei. Hierbei handelt es sich um eine Datei mit der Erweiterung *.PST, in der die entsprechenden Informationen gespeichert werden. In dieser Datei befinden sich Nachrichten, Formulare, Termine und Dateien. Damit Sie sich in der Fülle von Informationen zurechtfinden, sind diese hierarchisch geordnet – ähnlich einem Verzeichnisbaum.

Zum Wechseln zwischen den verschiedenen Ordnern bietet Outlook drei Möglichkeiten:

- über die vertikale Outlook-Leiste am linken Rand des Bildschirms,
- mit einem Klick auf die Schaltfläche am linken oberen Rand des Arbeitsbereiches und
- über den Menübefehl *Ansicht/Gehe zu*.

Die Ordner in der Gruppe *Outlook-Verknüpfungen*

Damit Sie einen ersten Eindruck von der Leistungsfähigkeit dieses Programms erhalten, sollen hier die Funktionen von Outlook kurz im Überblick dargestellt werden. Alle Funktionen sind in Gruppen eingeteilt, die sich über die Outlook-Leiste auswählen lassen. Die Outlook-Leiste befindet sich auf der linken Bildschirmseite, wenn Sie Outlook gestartet haben. In ihr befinden sich die Gruppen *Outlook-Verknüpfungen*, *Eigene Verknüpfungen* und *Weitere Verknüpfungen*. Lassen Sie sich die Funktionen anzeigen, die sich in diesen drei Gruppen befinden. Klicken Sie dazu auf die gleichnamigen Schaltflächen. Die verschiedenen Funktionen von Outlook werden durch Ordner-Symbole in der Outlook-Leiste dargestellt und über einen Klick aktiviert.

Outlook, der Info-Manager

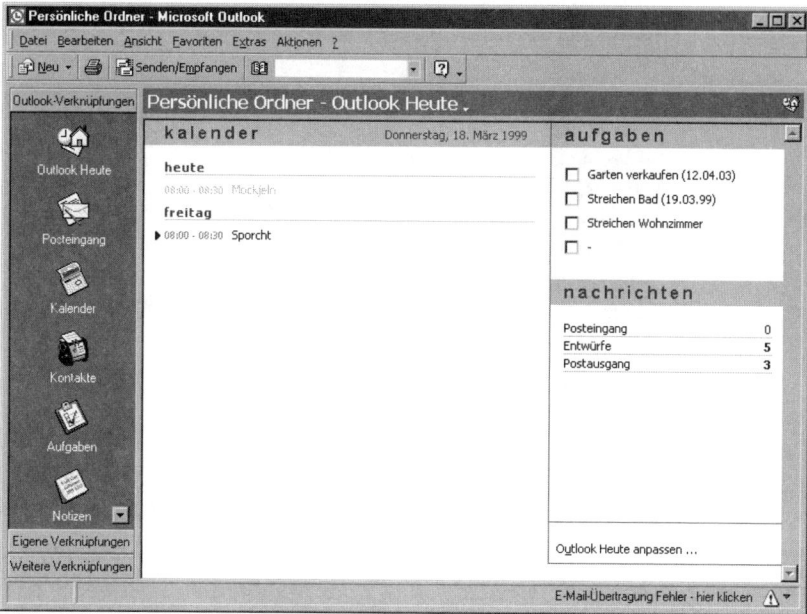

Bild 30.1: Outlook Heute *ist der Startbildschirm von Outlook mit der Anzeige aller anstehenden Termine, Aufgaben und Emails*

 Die Outlook-»Ordner« existieren nicht als physikalische Verzeichnisse auf der Festplatte, sondern repräsentieren nur unterschiedliche Ablagen, in denen die Informationen gespeichert sind.

Outlook Heute

Der Ordner *Outlook Heute* liefert auf einen Blick eine Zusammenfassung aller Kalendereinträge, Aufgaben und Nachrichten, die zum aktuellen Tag anstehen. Wenn Sie einen der Einträge anklicken, gelangen Sie direkt in den zugehörigen Ordner und der ausgewählte Eintrag wird Ihnen angezeigt. Bei Bedarf können Sie das Aussehen des Ordners *Outlook Heute* Ihren Wünschen anpassen. In Kapitel 30.5 wird die Funktionalität von Outlook-Heute eingehend besprochen.

Posteingang

Der Ordner *Posteingang* enthält alle eingegangenen Email-Nachrichten, bis sie verschoben oder gelöscht werden. Die Übersicht der Eingänge zeigt den Absender, den Betreff und das Eingangsdatum an. Unterhalb der Nachricht wird ein Teil des Nachrichtentextes als Vorschau dargestellt. Wenn Sie eine Nachricht öffnen wollen, können Sie dies durch einen Doppelklick auf den Eintrag erreichen.

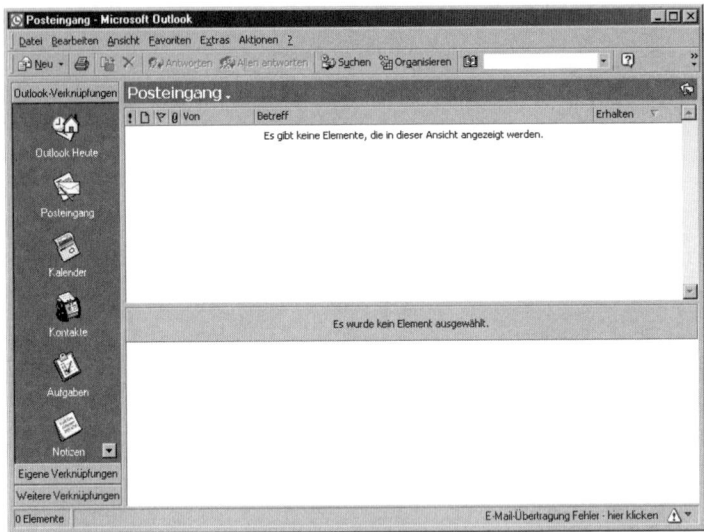

Bild 30.2: Der Ordner Posteingang enthält alle eingegangenen Email-Nachrichten. Sie können die Nachrichten von hier aus beantworten, verschieben oder löschen

Kalender

Der Ordner *Kalender* liefert einen auf den ersten Blick herkömmlichen Kalender. Sie können tages-, wochen- und monatsbezogen Termine eintragen und verwalten und werden sogar auf Wunsch rechtzeitig an die Wahrnehmung dieser erinnert.

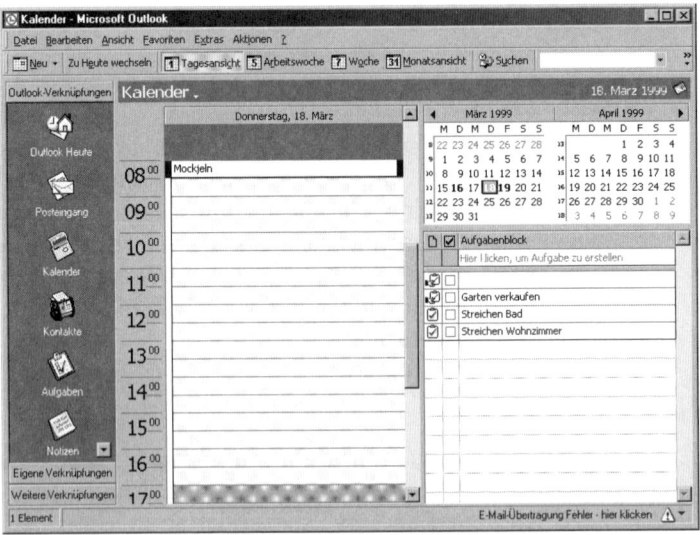

Bild 30.3: Mit dem Ordner *Kalender* lassen sich Ihre Termine übersichtlich verwalten und gleichzeitig mit Ihren zu erledigenden Aufgaben abstimmen. Ferner erinnert Outlook Sie daran, wichtige Termine wahrzunehmen

Gleichzeitig besteht eine enge Verbindung dieses Ordners zum Ordner *Aufgaben*, mit dem Sie Ihre zu erledigenden Angelegenheiten überschauen, planen und delegieren.

Kontakte

Im Ordner *Kontakte* werden Sie Adressen und andere wichtige Informationen bezüglich Ihrer Kontaktpersonen komfortabel erfassen, nachschlagen und verwalten. Sie erfassen leicht vielfältige und unterschiedliche Informationen und können diese auf eine übersichtliche Art und Weise abrufen. Der Ordner verfügt über ein alphabetisches Register, mit dem Sie gezielt nach bereits eingegebenen Kontakten suchen. Neu eingegebene Kontakte werden automatisch alphabetisch in die vorhandene Kontaktliste einsortiert. Filtern Sie die Anzeige Ihrer Kontakte nach Kriterien, die Ihnen sinnvoll erscheinen, um die Übersicht zu erhöhen.

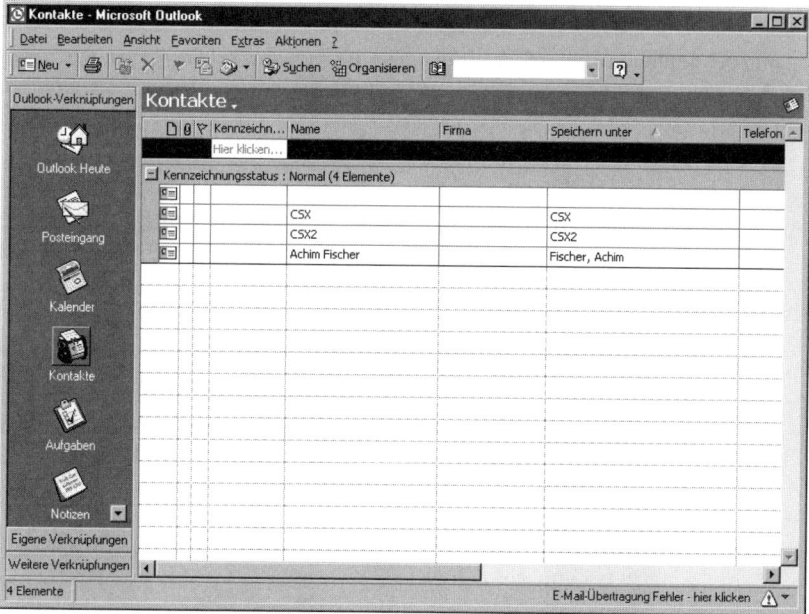

Bild 30.4: Der Ordner Kontakte *verwaltet alle Ihre privaten wie geschäftlichen Beziehungen mit den dazugehörigen Daten*

Aufgaben

Verwenden Sie den Ordner *Aufgaben*, um Ihre geschäftliche und persönliche Aufgabenliste am gleichen Ort auf einfache Weise zu verwalten. Die Aufgaben lassen sich sortieren und verschiedene Prioritäten einteilen. Erinnerungen für fällige Aufgaben einstellen und an anderen Personen übertragen. Weiterhin legen Sie den Status der Aufgaben fest bzw. ändern ihn.

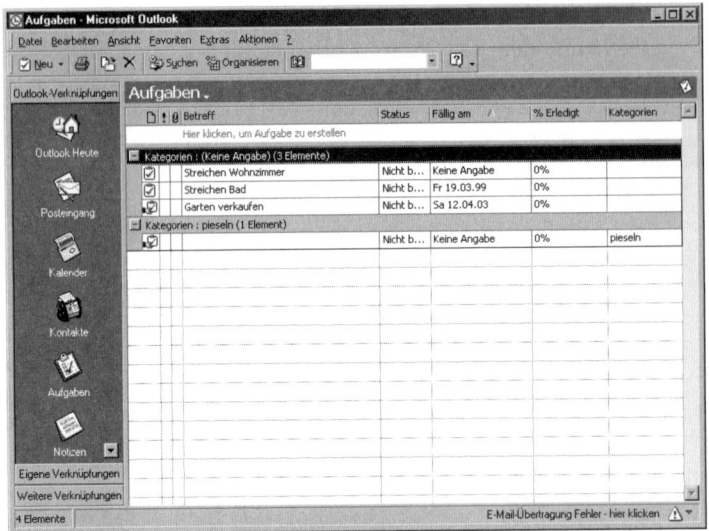

Bild 30.5: Bewahren Sie den Überblick über abzuwickelnde Angelegenheiten mit dem Ordner Aufgaben. Status, Priorität und andere Attribute können fixiert werden

Notizen

Notizen ist ein Ordner, der dem klassischen Notizblock entspricht. Sie können kurze Erinnerungen oder spontane Ideen schnell und einfach erfassen und jederzeit auf diese zurückgreifen.

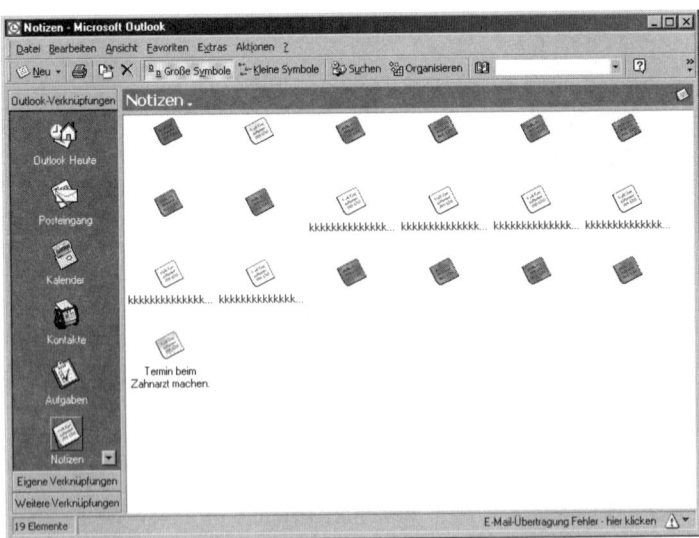

Bild 30.6: Kurze Erinnerungen, spontane Einfälle und Ideen lassen sich schnell notieren und stehen Ihnen auch außerhalb von Outlook zur Verfügung

Die Notizen sind auch außerhalb des Ordners abruf- und veränderbar, sogar dann, wenn Sie Outlook zwischenzeitlich verlassen. Dies entspricht der Forderung, daß eine Notiz stets sichtbar sein soll.

Gelöschte Objekte

Verwenden Sie den Ordner *Gelöschte Objekte*, wenn Sie in Outlook versehentlich ein Objekt gelöscht haben und dieses noch benötigen. Ein Objekt in Outlook ist z.B. eine Email, ein Termin oder ein Kontakt. Alle gelöschten Objekte werden zunächst in diesen Ordner – eine Art interner Papierkorb – verschoben und verbleiben dort, bis Sie den Ordner leeren.

Im Menü Extras/Optionen, *Register* Weitere *können Sie angeben, daß alle Objekte aus dem Ordner* Gelöschte Objekte *entfernt werden sollen, wenn Sie Outlook schließen. Alle Inhalte, die Sie aus diesem Ordner entfernen, sind unwiderruflich verloren. Sie gelangen nicht in den Papierkorb von Windows. Hier ist also Vorsicht geboten.*

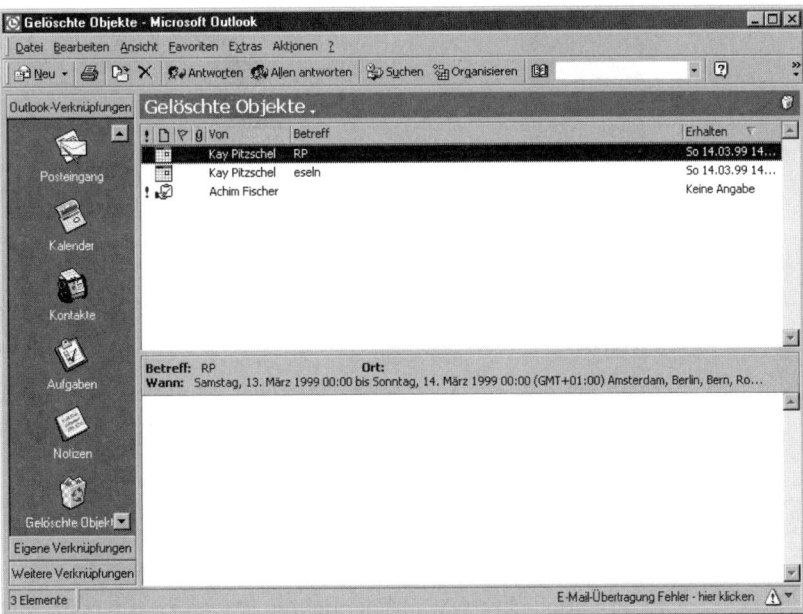

Bild 30.7: Alle gelöschten Objekte verbleiben zunächst im Ordner gelöschte Objekte und können von dort wieder an ihren Ausgangspunkt zurückgebracht werden

Ordner in der Gruppe *Eigene Verknüpfungen*

Hier stehen Ihnen die Ordner *Entwürfe,* der *Postausgang,* die Liste G*esendete Objekte, das Journal und das Outlook Update* zur Verfügung. Diese Ordner sind zwar wichtig für die Arbeit mit Outlook, aber dennoch nicht Ihr primärer Arbeitsordner.

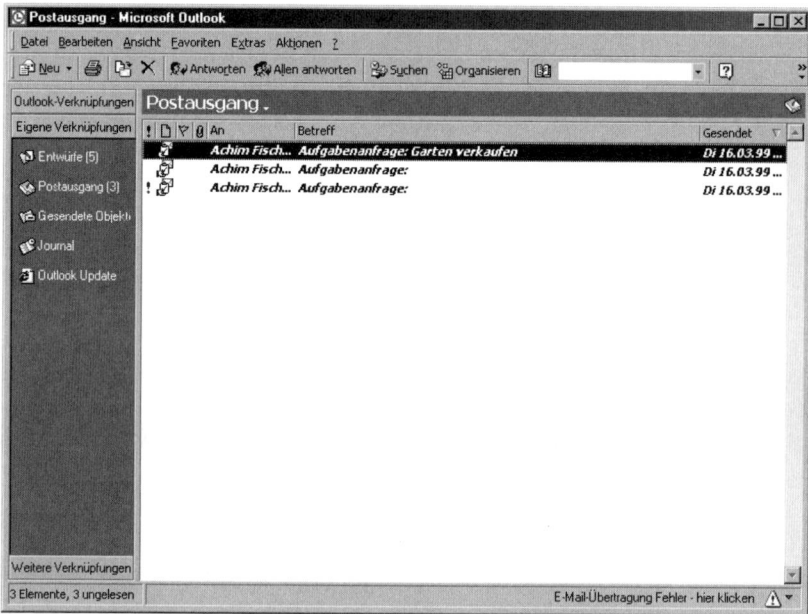

Bild 30.8: Versenden Sie Mitteilungen an Ihre Mitarbeiter, Freunde und Bekannte oder Geschäftspartner direkt aus Outlook heraus

Entwürfe

Wenn Sie eine Email-Nachricht erstellen, diese aber noch nicht abgesandt haben, dann befindet sie sich im Ordner *Entwürfe*. Ein Entwurf wird dann erstellt, wenn Sie eine begonnene Nachricht speichern, aber noch nicht versenden.

Postausgang

Alle abgeschickten Email-Nachrichten landen zunächst im *Postausgang*. Hier verbleiben sie, bis Sie die nächste Verbindung zu Ihrem Internet-Provider hergestellt haben. Wenn Sie permanent mit einem Exchange-Server verbunden sind, werden Sie in diesem Ordner im Regelfall keine Nachrichten finden, da der Versand augenblicklich erfolgt.

Gesendete Objekte

In diesen Ordner wird eine Kopie aller Email-Nachrichten abgelegt, die Sie erfolgreich versandt haben. Dann können Sie später feststellen, welche Nachrichten Sie wann verschickt haben. Dieser Ordner wird nicht automatisch gelöscht – diese Arbeit müssen Sie manuell durchführen, wenn Sie die Kopie einer Nachricht nicht mehr benötigen. Die Sendungskopie wird nur dann erstellt, wenn diese Einstellung aktiviert ist. Prüfen Sie dazu die Einstellungen im Menü *Extras/Optionen*, Register *Einstellungen*. Dort gelangen Sie mit der Schaltfläche *E-Mail-Optionen* in das Dialogfenster *E-Mail-Optionen*. Hier können Sie im Abschnitt *Nachrichtenbehandlung* die automatische Kopie ein- und ausschalten.

Journal

Im *Journal* werden Ihre Aktivitäten aufgezeichnet und entlang einer Zeitleiste dargestellt. Bei den Aktivitäten handelt es sich z.B. um die Bearbeitung eines Word-, Excel- oder Access-Dokuments oder auch um das Senden oder Empfangen einer Email. Je nach Bedarf erfolgt die Gliederung nach Kontakten, Aufgaben, Dokumenten oder anderen Kriterien, um die Übersichtlichkeit zu erhöhen, möglich.

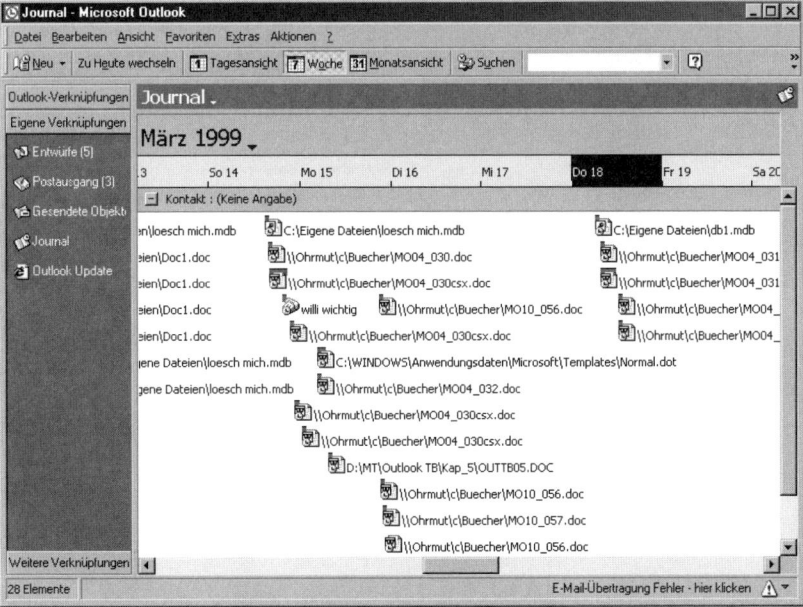

Bild 30.9: Sehen Sie alle Ihre Aktivitäten chronologisch entlang einer Zeitachse angeordnet. Erhöhen Sie die Übersichtlichkeit durch Gliederung nach Objekten Ihrer Wahl

Outlook Update

Über dieses Symbol läßt sich Outlook direkt aus dem Internet auf den neuesten Stand bringen. Dazu wird eine Internetverbindung mit dem Microsoft Update-Server hergestellt und dann alle Versionen der Programmdateien verglichen. Befindet sich eine neuere Datei auf dem Server, so wird diese auf Ihrem Rechner aktualisiert. Dies erfolgt in Form von sogenannten Service-Packs. Um diese Funktion nutzen zu können, muß Ihr Computer über einen Internet-Zugang verfügen.

Die Gruppe *Weitere Verknüpfungen*

In dieser Gruppe finden Sie den *Arbeitsplatz*, wie Sie ihn von Ihrem Desktop kennen, den Ordner *Eigene Dateien* und den Ordner *Favoriten*. Mit diesen Ordnern greifen Sie aus Outlook heraus jederzeit auf Dokumente oder Webseiten zu.

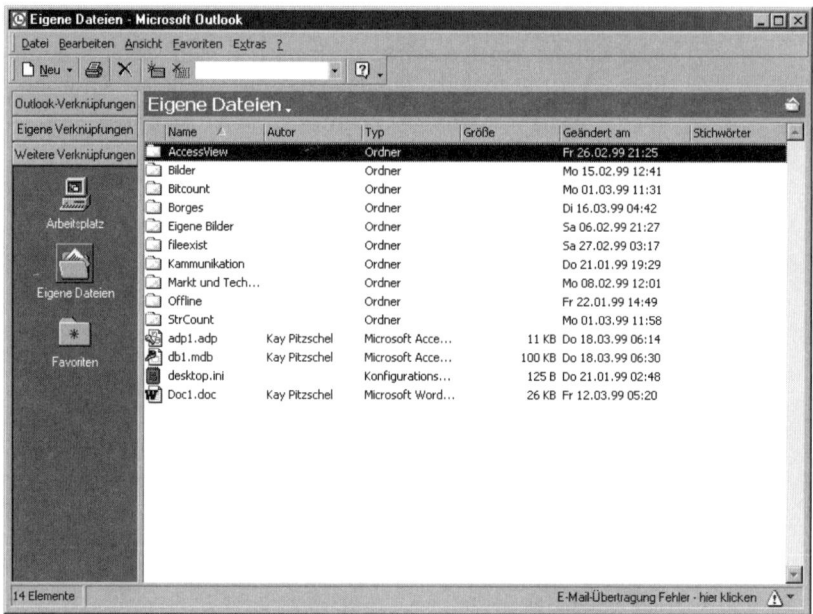

Bild 30.10: Finden Sie schnell die von Ihnen benötigten Dokumente über die Gruppe Weitere Verknüpfungen

Outlook automatisch starten

Sie haben mehrere Möglichkeiten, Outlook zu starten. Einerseits läßt sich Outlook, wie von den anderen Office-Anwendungen gewohnt, über das Startmenü von Windows aufrufen. Zum anderen sind die Ordner von Outlook über die Office-Shortcut-Leiste direkt zugänglich. Der jeweilige Ordner wird geöffnet und das Standardformular eingeblendet.

Um Ihren persönlichen Informationsmanager automatisch bei jedem Start von Windows zu laden, hilft ein Eintrag im Ordner *Autostart*. Öffnen Sie dazu das Startmenü mit einem Klick auf die Schaltfläche *Start*. Wählen Sie jetzt *Einstellungen/Task-Leiste*, und öffnen Sie das Register *Programme* im Menü *Start*. Mit einem Klick auf die Schaltfläche *Erweitert* wird ein Explorer-Fenster geöffnet. Doppelklicken Sie auf den Ordner *Programme* und dann auf *Autostart*. Wählen Sie nun *Datei/Neu/Verknüpfung*, um die Dialogbox *Verknüpfung erstellen* zu öffnen. Mit der Schaltfläche *Durchsuchen* wird eine weitere Dialogbox angezeigt, in der Sie jetzt das Programm OUTLOOK.EXE aus dem Office-Ordner markieren und öffnen können. Sie gelangen zurück zur Dialogbox *Verknüpfung erstellen*. Ein Klick auf *Weiter* ermöglicht eine eigene Bezeichnung für die Verknüpfung anzugeben oder die Vorgabe zu übernehmen. Die Schaltfläche *Fertigstellen* schließt diese letzte Dialogbox und legt die Verknüpfung an.

So beenden Sie Outlook

Um die Arbeit mit Outlook zu beenden, stehen Ihnen im Menü *Datei* zwei Einträge zur Verfügung. *Beenden* schließt das Programm nach einer Abfrage, ob die aktuellen Änderungen gesichert werden sollen. Verwenden Sie *Beenden und Abmelden*, um Outlook und alle Übermittlungsdienste zu schließen, die noch im Hintergrund laufen. Dies ist wichtig in der Zusammenarbeit mit dem Exchange-Server.

30.2 Der Outlook-Bildschirm

Der Outlook-Bildschirm ist so konzipiert, daß Sie von ihm aus sämtliche Funktionen von Outlook schnell erreichen. Dennoch ist er sehr übersichtlich, so daß man sich schnell an die Arbeit mit Outlook gewöhnt und sehr gut im Programm zurechtfindet.

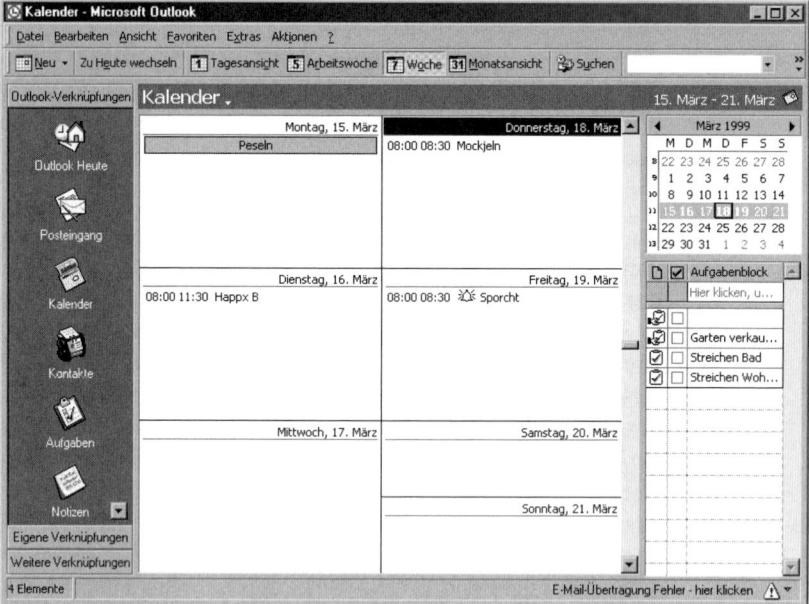

Bild 30.11: Der Outlook-Bildschirm in der Übersicht

Die Menüleiste

Die Menüleiste von Outlook enthält die Menüpunkte *Datei, Bearbeiten, Ansicht* und *Extras*, die auch in anderen Microsoft-Office Programmen verwendet werden. Darüber hinaus gibt es den Menüpunkt *Favoriten*, der Verknüpfungen zu häufig verwendeten Dateien oder Webseiten enthält. Das Menü *Aktionen* enthält unterschiedliche Menüpunkte. Es paßt seine Menüpunkte stets dem Ordner an, der in der Outlook-Leiste ausgewählt wurde.

Die Symbolleiste

Die Symbolleiste paßt sich ebenfalls dem Typ des ausgewählten Ordners an. Verwenden Sie z.B. gerade den Ordner *Posteingang*, so stehen Ihnen spezielle Schaltflächen für eine neue Nachricht, den Ausdruck der Nachricht, zum Verschieben einer Nachricht in einen Ordner usw. zur Verfügung.

Im Ordner *Kalender* haben Sie Zugriff auf Schaltflächen für einen neuen Termin, für die Besprechungsplanung, den Wechsel zwischen Tages-, Wochen- und Monatsansicht und einer Schaltfläche, mit der sie zum aktuellen Tag wechseln können.

Die Symbolleiste für den Ordner *Kontakte* enthält die Schaltflächen für einen neuen Kontakt, Verschieben eines Kontaktes in einen Ordner, Löschen eines Kontaktes, ein Feld, um den Kontakt zur Nachverfolgung zu kennzeichnen sowie neue Nachrichten an bzw. neue Besprechungen mit dem Kontakt.

Der Ordner *Aufgaben* bietet in der Symbolleiste eine Schaltfläche für neue Aufgaben.

Ihre Notizen bearbeiten Sie über die Schaltflächen neu erstellen, löschen und ansehen. Darüber hinaus lassen sich die Notizen nach Kategorien, in einer Liste oder nach Farben sortiert darstellen.

Die Symbolleisten von allen Ordnern enthalten die Schaltfläche *Suche*. Mit ihr lassen sich Elemente in dem ausgewählten Ordner auffinden. Klicken Sie auf die Schaltfläche *Suchen*, und das Bearbeitungsfenster wird unterteilt, so daß im oberen Bereich Platz für das Suchfeld ist. Tragen Sie im Eingabefeld *Suchen nach* den Text ein, nach dem gesucht werden soll und starten Sie die Suche mit der Schaltfläche *Jetzt suchen*. Im unteren Bereich des Fensters werden dann alle Einträge aufgelistet, die das angegebene Suchkriterium enthalten. Ein erneuter Klick auf *Suchen* blendet das Suchfenster wieder aus.

In allen Ordnern steht Ihnen darüber hinaus die Schaltfläche *Organisieren* zur Verfügung. Wenn Sie darauf klicken teilt sich das Bearbeitungsfenster und im oberen Bereich werden Kriterien für die Organisation der Ordner-Elemente sichtbar. Mit den Einstellungen in diesem Teilfenster werden Elemente in einen anderen Ordner verschoben und verschiedene Ansichten für den aktuellen Ordner eingestellt. Die möglichen Ansicht-Einstellungen hängen von dem gewählten Ordner ab. Ob und welche weiteren Optionen im Teilfenster *Organisieren* vorhanden sind, richtet sich ebenfalls nach dem aktuellem Ordner.

Outlook-Leiste

Die Outlook-Leiste am linken Bildschirmrand ist ein wesentlicher Bestandteil von Outlook und wird im folgenden Abschnitt 30.3 eingehend erläutert.

Die Titelleiste des Arbeitsbereichs

Auf der rechten Bildschirmseite liegt der Arbeitsbereich mit der darüber befindlichen Titelleiste. Diese Leiste enthält auf ihrer linken Seite den Titel des gerade verwendeten Ordners, versehen mit einem kleinen Pfeilsymbol nach unten. Durch einen Mausklick auf den Titel öffnen Sie eine Liste, aus der heraus Sie einen Wechsel zu allen anderen Ordnern durchführen können.

Der Arbeitsbereich

Unter der Titelleiste befindet sich der eigentliche Arbeitsbereich. Er dient zur Darstellung des aktuell geöffneten Ordners. Sein Aufbau hängt vom jeweils verwendeten Element ab. In der Kalenderansicht sehen Sie z.B. ein Kalenderblatt für die aktuelle Woche, zwei Monatsansichten (Datumswechsler) sowie einen Aufgabenblock, der eine schnelle Verbindung zu Ihren Aufgaben bietet.

30.3 Die Outlook-Leiste

Die vertikal angeordnete Outlook-Leiste befindet sich auf der linken Bildschirmseite. Über diese lassen sich alle Funktionen von Outlook durch einen einfachen Mausklick ansteuern. Die Outlook-Leiste besteht aus den drei Gruppen *Outlook-Verknüpfungen*, *Eigene Verknüpfungen* und *Weitere Verknüpfungen*. Mit den Schaltflächen am oberen und unteren Rand der Outlook-Leiste werden diese Gruppen geöffnet und zwischen ihnen gewechselt. Durch einen Rechtsklick auf die Outlook-Leiste öffnen Sie das Kontextmenü, über welches Sie Einstellungen vornehmen und Gruppen hinzufügen, umbenennen oder entfernen.

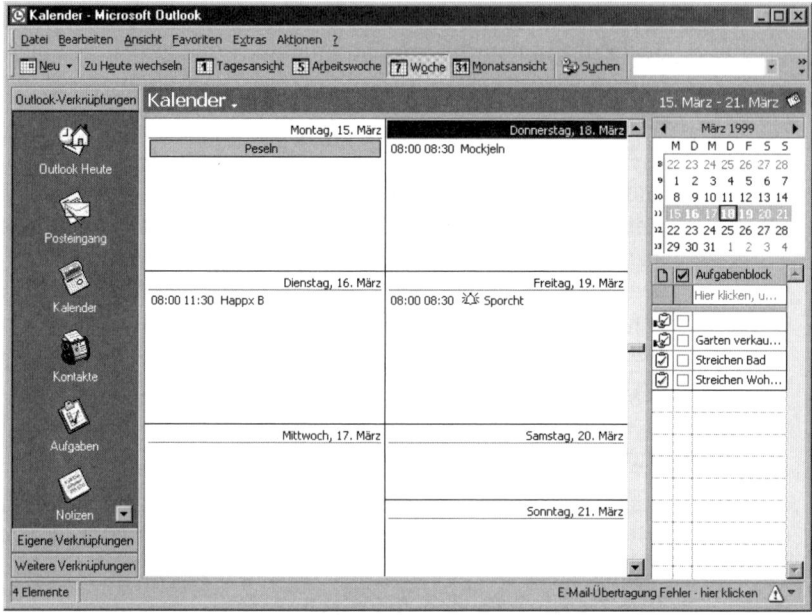

Bild 30.12: Die Outlook-Leiste ermöglicht Ihnen einen schnellen Zugriff auf Ihre Daten

Sie finden in der Gruppe *Outlook-Verknüpfungen* die Elemente *Outlook Heute*, *Posteingang*, *Kalender*, *Kontakte*, *Aufgaben*, *Notizen* und *gelöschte Objekte*, die sich durch einen einfachen Mausklick in den Arbeitsbereich einblenden lassen. Die Gruppe *Eigene Verknüpfungen* beinhaltet die *Entwürfe*, den *Postausgang*, *gesendete Objekte*, *das Journal* und *Outlook Update*. Die dritte Gruppe, genannt *Weitere Verknüpfungen*, hat den *Arbeitsplatz* und die Ordner *Eigene Dateien* und *Favoriten* zum Inhalt. Sie dient dazu, Ihre benötigten Dokumente möglichst schnell aufzufinden.

In sämtlichen Gruppen haben Sie die Möglichkeit, durch einen Rechtsklick das Kontextmenü aufzurufen, mit dem unter anderem weitere Ordner in die Gruppen eingefügt werden. Diese Funktion ist insbesondere in der Gruppe *Weitere Verknüpfungen* von Bedeutung. Wenn Ihre Dokumente in einem speziellen Ordner abgelegt werden, läßt sich dieser direkt in diese Gruppe einfügen und so haben Sie stets Zugriff auf Ihre Dateien.

30.4 Das Outlook-Journal

Die Journal-Funktion von Outlook dient zur automatischen Aufzeichnung sämtlicher Benutzeraktivitäten. In einer Journaldatei werden das Datum, die Bearbeitungszeit sowie der Name des gerade bearbeiteten Dokuments protokolliert und abgelegt. Dadurch läßt sich relativ leicht eine aufgaben- bzw. dokumentbezogene Zeiterfassung realisieren. Darüber hinaus wird dem Benutzer die Rückverfolgung von Arbeiten und Aktivitäten, die sich auf einen bestimmten Kontakt beziehen, ermöglicht.

Sie wollen in Erfahrung bringen, wie viele Emails oder Faxe zu welchen Zeitpunkten an eine bestimmte Institution oder Person versandt wurden? Für das Outlook-Journal ist das Erstellen einer entsprechenden Liste kein Problem. Outlook fertigt automatisch Journale für den Benutzungszeitraum der Office-Anwendungen Word, Excel und Access an. Schalten Sie durch Öffnen des entsprechenden Ordners in der Outlook-Leiste in die Journalansicht um. Die aktuelle Ansicht wird angezeigt, geordnet nach Typ der Anwendung.

Sie können die Ansicht der Journaleinträge übersichtlicher gestalten, wenn Sie die Anzeige *nach Typ* anordnen lassen. Die Einträge werden gegliedert nach den verschiedenen Dokumenttypen wie Emails, Word-, Excel- oder Access-Dateien angezeigt. Klicken Sie auf ein Kästchen mit einem Plus-Zeichen, um eine Liste für einen bestimmten Eintragungstyp einzublenden. Durch Anklicken der Schaltflächen für die Tages-, Wochen- bzw. Monatsansicht in der Symbolleiste wird der eingeblendete Kalenderausschnitt entsprechend verändert.

Wenn Sie in der Symbolleiste auf Suchen oder Organisieren klicken, teilt sich das Fenster und im oberen Bereich kann ein Suchbegriff eingegeben oder ein Organisationskriterium ausgewählt werden.

Teil 4 · Outlook

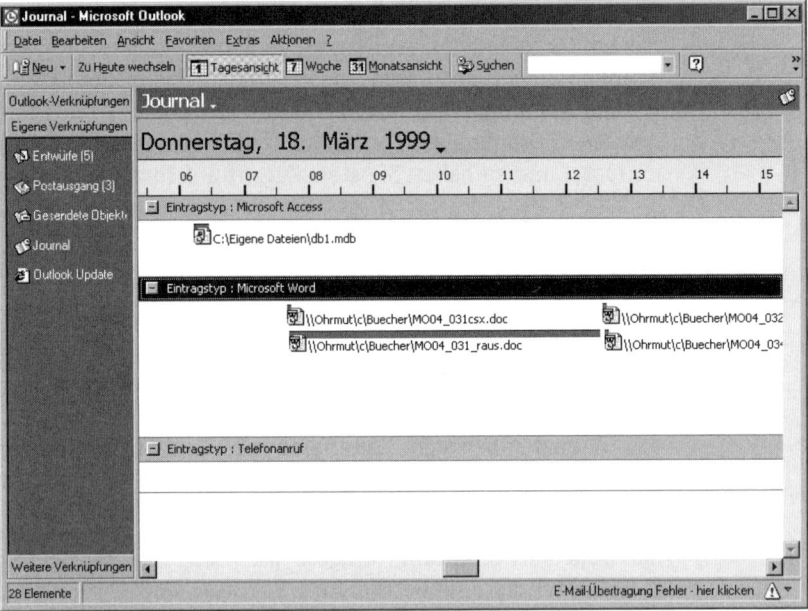

Bild 30.13: Der Outlook-Bildschirm in der Journalansicht

Kontakte automatisch protokollieren

Mit Outlook ist es ebenfalls möglich, verschiedene Aktivitäten in Bezug auf verschiedene Kontakte automatisch verfolgen zu lassen. So wird z.B. jedes Fax, das Sie über Outlook an einen bestimmten Kunden verschicken, automatisch protokolliert. Um das automatische Journal einzurichten, öffnen Sie das Optionen-Dialogfenster über *Extras/Optionen*.

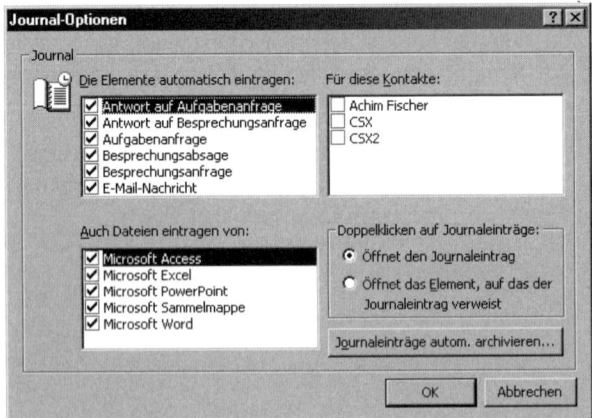

Bild 30.14: In der Dialogbox Journal-Optionen läßt sich das automatische Journal steuern

570

Im Register *Einstellungen*, Bereich *Kontakte*, Schaltfläche *Journaloptionen* werden Ihnen die verfügbaren Elemente sowie die vorhandenen Kontakte angezeigt. Aktivieren Sie die gewünschten Einträge, und bestätigen Sie mit *OK*

Es lassen sich natürlich nur die Aktivitäten aufzeichnen, die über Outlook ausgeführt werden. Um z.B. eine Gesprächsdauer zu protokollieren, läßt sich die Funktion zum manuellen Aufzeichnen nutzen. Starten Sie einfach bei Gesprächsbeginn die Aufzeichnung.

Aktivitäten manuell aufzeichnen

Mit der Schaltfläche *Neuer Journaleintrag* am linken Rand der Symbolleiste erstellen Sie einen neuen Journaleintrag. Wenn Sie in der Outlook-Leiste den Ordner Journal ausgewählt haben, wird automatisch ein neuer Journaleintrag zugrunde gelegt. Zusätzlich kann der Journaleintrag einem Kontakt zugewiesen werden. Der Zeitpunkt der Messung und die Dauer der Protokollierung läßt sich nach eigenen Wünschen einstellen. Durch einen Klick auf die Schaltfläche *Zeitmessung beginnen* wird der Startzeitpunkt festgehalten und die Zeitmessung gestartet. Der rotierende Zeiger einer stilisierten Stoppuhr zeigt die Aufzeichnung der festgelegten Aktivitäten an. Durch einen weiteren Klick auf die Schaltfläche *Zeitmessung anhalten* wird die Aufzeichnung beendet. Unter *Eintragstyp* legen Sie fest, um welche Art Eintrag es sich handelt. Telefonanruf ist vorbelegt. In dem Freitextbereich werden kurze Notizen zum Vorgang festgehalten. Durch einen Klick auf *Speichern und Schließen* wird die Zeitmessung automatisch beendet und der Journaleintrag gespeichert.

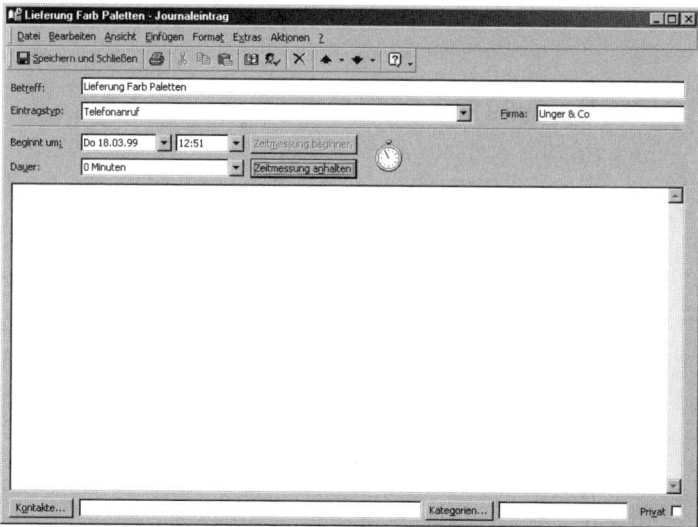

Bild 30.15: Das Erstellen eines neuen Journaleintrags

Journal nach Kontakten auswerten

Durch ein einfaches Ändern der aktuellen Ansicht erhalten Sie eine Übersicht aller Journaleinträge nach verschiedenen Kontakten aufgeschlüsselt. Dadurch wird eine personen- oder auch projektbezogene Auswertung möglich. Wählen Sie dazu *Ansicht/Aktuelle Ansicht/Nach Kontakt*

Outlook zeigt eine Liste aller Kontakte, die mit einem Doppelklick geöffnet werden können. Hier finden Sie dann die einzelnen Einträge.

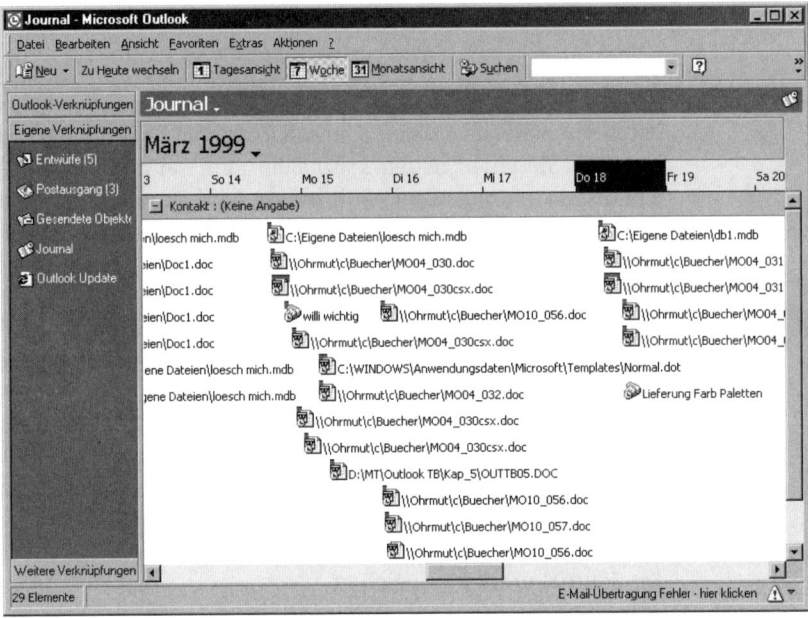

Bild 30.16: Das Journal, nach Kontakten gegliedert

Zeiterfassung mit dem Journal

Die Funktion *Autojournal* zeichnet automatisch das Öffnen und Erstellen von Office-Dokumenten auf – Sie wissen damit immer, wie lange das Erstellen eines Berichts in Word oder auch der Aufbau einer Datenbank in Access für einen Kunden gedauert hat. Die einzelnen Journaleinträge sind Verknüpfungen – ein Doppelklick auf den entsprechenden Eintrag öffnet das zugeordnete Outlook-Element oder Office-Dokument.

Auch für die Kontakte kann eine automatische Journalfunktion aktiviert werden. Öffnen Sie dazu über das Menü *Extras/Optionen,* Register *Einstellungen*. Klicken Sie im Bereich *Kontakte* auf die Schaltfläche *Journaloptionen*. Der Bereich *Die Elemente automatisch eintragen* erlaubt die Auswahl der aufzuzeichnenden Aktivitäten aus einer Liste. Unter *Für diese Kontakte* werden nun die entsprechenden Einträge aus dem Kontakte-Ordner von Outlook aktiviert.

Sorgen Sie dafür, daß die Größe Ihres Journals nicht unbegrenzt wächst. Diese Aufgabe können Sie Outlook automatisch durchführen lassen. Outlook kann alte Einträge archivieren oder löschen. Klicken Sie dazu im Fenster Journal-Optionen *auf die Schaltfläche* Journaleinträge autom. Archivieren... *und wählen Sie im Dialog* Journal:Eigenschaften *den Archivierungs- oder Löschzeitpunkt aus.*

30.5 Outlook Heute

Der Ordner *Outlook Heute* ist ein Hilfsmittel für die Tagesplanung, das eine Übersicht über alle Aktivitäten von Outlook für den aktuellen Tag bietet. Es enthält Termine, Besprechungen, Aufgaben und neue Nachrichten. *Outlook Heute* wurde mit Outlook 98 neu eingeführt.

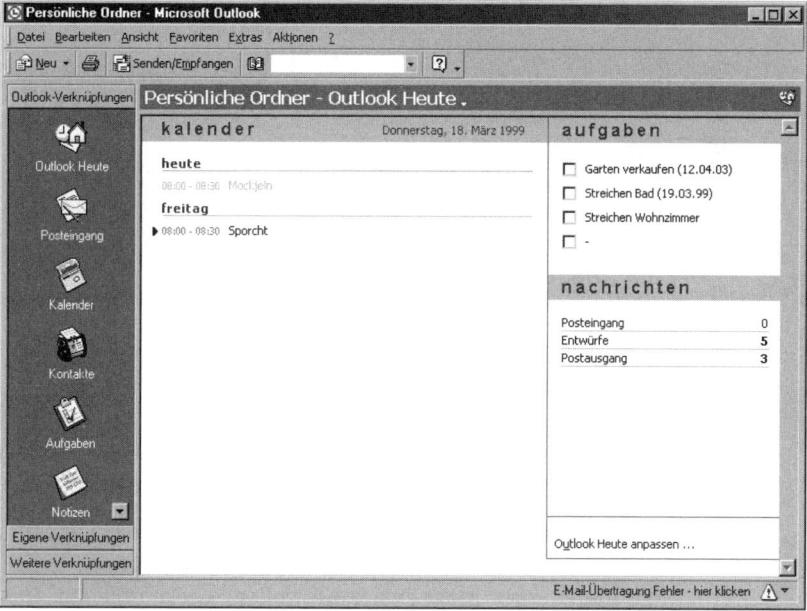

Bild 30.17: Outlook Heute *zeigt die wichtigsten Termine an.*

Das Fenster von *Outlook Heute* ist in zwei Bereiche unterteilt. In der obersten Zeile steht der Wochentag und das Tagesdatum. Auf der rechten Seite befindet sich die Schaltfläche *Outlook Heute anpassen*. Mit dieser Schaltfläche lassen sich die Grundeinstellungen der *Outlook Heute* Seite ändern. Im Bereich unter der obersten Zeile wird eine Übersicht dargestellt.

In der linken Spalte befindet sich ein Bereich mit Informationen aus dem Kalender. Dieser Bereich teilt sich in zwei Spalten ein. In der linken Hälfte sind Beginn und Ende eines Termins angeordnet. Hier stehen die Kalender-

Informationen *Beginnt um* und *Endet um* oder der Text *Ganztägiges Ereignis*. In der rechten Hälfte wird eine Beschreibung für den Termin angezeigt. Die Termine werden nach Wochentagen gruppiert untereinander dargestellt.

In der mittleren Spalte sind die anstehenden Aufgaben untereinander angeordnet. Mit dem Kontrollkästchen am Anfang jeder Zeile können Sie die Aufgabe als erledigt kennzeichnen. Auf den Aufgabentext folgt der Fälligkeitstermin in Klammern, sofern Sie einen eingegeben haben.

In der rechten Spalte sehen Sie, ob und wie viele neue Nachrichten Sie erhalten haben. Wenn sich noch Nachrichten im *Postausgang* oder im Ordner *Entwürfe* befinden, werden Sie darüber ebenfalls an dieser Stelle informiert.

Der Mauszeiger hat auf der *Outlook Heute*-Seite eine besondere Funktion. Wenn Sie mit ihm auf *Kalender*, *Aufgaben* oder *Nachrichten* zeigen, wird der Text unterstrichen dargestellt – die typische Darstellungsform von Hyperlinks. Wenn Sie nun darauf klicken, wechseln Sie in den unterstrichenen Ordner. Befinden sich in den Bereichen Kalender, Aufgaben oder Nachrichten Einträge, können Sie auch auf die Einträge zeigen und so direkt zu dem entsprechenden Element wechseln.

Hyperlinks
sind Texte oder Grafiken, die zu einer anderen Stelle im aktuellen Dokument oder sogar auf andere Objekte (z.B. andere Texte, Grafiken, Datensammlungen oder auch Sound- und Videodateien) verweisen. Ein Klick auf einen Hyperlink zeigt das verknüpfte Element an.

Die Optionen von *Outlook Heute*

Mit den Optionen von *Outlook Heute* stellen Sie ein, wie die Informationen in der Arbeitsfläche dargestellt werden. Klicken Sie dazu auf die Schaltfläche *Outlook Heute anpassen*, um in das Optionsmenü zu gelangen.

Um das Fenster wieder zu schließen und die neuen Einstellungen zu übernehmen, klicken Sie auf die Schaltfläche *Änderungen speichern*. Wenn Sie die Änderungen nicht speichern wollen, klicken Sie auf *Abbrechen*. Unterhalb dieser Schaltflächen legen Sie im Bereich *Start* fest, ob *Outlook Heute* schon beim Start von Outlook geöffnet wird. Aktivieren oder deaktivieren Sie dazu das Kontrollkästchen in dieser Zeile.

Im Bereich *Nachrichten* wird festgelegt, welcher Ordner angezeigt werden soll. Klicken Sie auf die Schaltfläche *Ordner wählen*, wenn Sie hier eine Veränderung vornehmen wollen.

Der Bereich *Kalender* legt fest, wie viele Tage das Kalendersegment anzeigen soll. Öffnen Sie dazu das Listenfeld, und wählen Sie eine Zahl zwischen eins und sieben. Die Arbeitsfläche von Outlook Heute zeigt dann die definierten Termine innerhalb der gewählten Zeitspanne an.

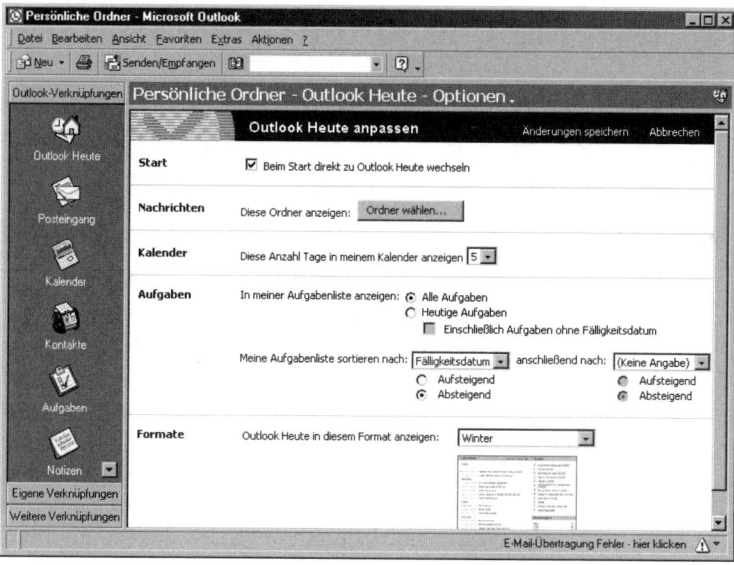

Bild 30.18: *Die Optionen von* Outlook Heute

Der Bereich *Aufgaben* legt fest, in welcher Form die Aufgaben dargestellt werden. Die Einstellung *In meiner Aufgabenliste anzeigen* gibt an, ob alle Aufgaben oder nur heutige Aufgaben angezeigt werden. Wenn nur die heutigen Aufgaben angezeigt werden, kann auch festgelegt werden, daß Aufgaben ohne Fälligkeitsdatum angezeigt werden. Mit der Einstellung *Meine Aufgabenliste sortieren nach* wird die Sortierung der Aufgabenliste angegeben. Wählen Sie dazu aus den Vorgaben: Wichtigkeit, Fälligkeitsdatum, Erstellzeit und Startdatum.

Im Bereich *Formate* können Sie mit der Auswahlliste die Darstellung der Daten wählen:

- Standard, in drei Spalten wie oben beschrieben
- Standard (zwei Spalten), Kalender in der ersten Spalte und Nachrichten und Aufgaben in der zweiten Spalte
- Standard (eine Spalte), alle Angaben stehen untereinander in der Reihenfolge: Kalender, Aufgaben, Nachrichten
- Sommer, entspricht der Darstellung Standard (zwei Spalten), mit veränderten Farben für Schrift und Hintergrund
- Winter, entspricht der Darstellung Standard (zwei Spalten), mit veränderten Farben für Schrift und Hintergrund

Unterhalb der Auswahlliste zeigt ein Vorschaubild, wie die unterschiedlichen Formate wirken.

31. Termine und Kontakte verwalten

Dieses Kapitel befaßt sich näher mit dem Kalender von Outlook. Der Kalender hilft Ihnen, Ihre Termine und Besprechungen komfortabel zu planen.

31.1 Der Kalender

Öffnen Sie den Kalender durch einen Klick auf das entsprechende Symbol in der Outlook-Leiste. Das Arbeitsfenster *Kalender* wird mit einem Kalenderblatt für die aktuelle Woche geöffnet. Es stehen Ihnen verschiedene Standardansichten zur Verfügung: Tagesansicht, Arbeitswoche, Woche und Monatsansicht. Den Wechsel zwischen diesen Ansichten erreichen Sie bequem über die Symbolleiste. Darüber hinaus besteht die Möglichkeit, mit der Schaltfläche *Zu Heute wechseln,* auf das aktuelle Datum in der Anzeige zu springen, unabhängig davon, in welcher Ansicht und an welchem Datum Sie sich gerade befinden. Dadurch verlieren Sie nie die Dinge aus den Augen, die noch am gleichen Tag zu erledigen sind.

Mit der Schaltfläche Kalenderoptionen *im Menü* Extras/Optionen *legen Sie fest, aus welchen Tagen Ihre Arbeitswoche besteht.*

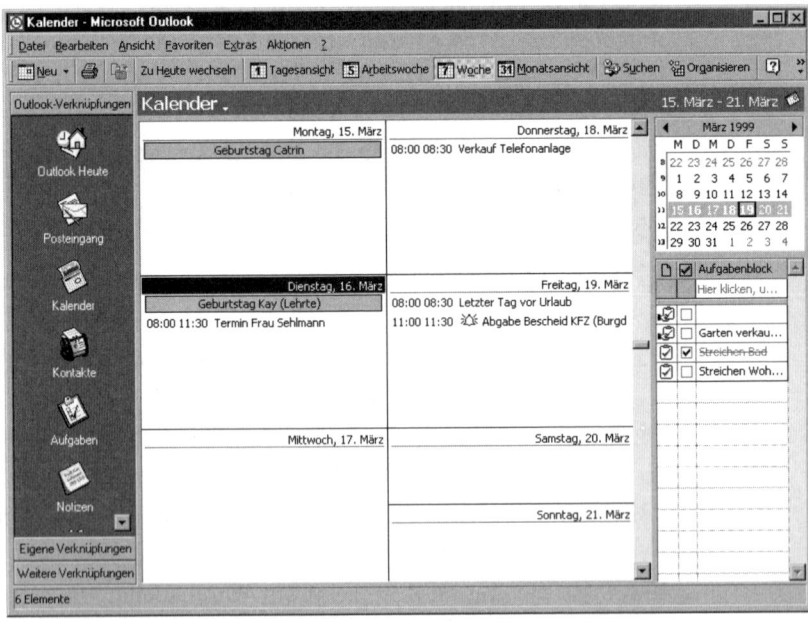

Bild 31.1: Das Arbeitsfenster des Kalenders

Über das Arbeitsfenster des Kalenders werden Sie, während Ihrer täglichen Arbeit, Termine erstellen, verwalten und auch wieder löschen. Zuerst sollten die Elemente des Kalenders erklärt werden.

Die Elemente des Kalenders

Die Arbeitsfläche des Kalenders besteht aus verschiedenen Bereichen. Im linken Bereich des Fensters befindet sich das Kalenderblatt. Je nach gewählter Ansicht wird in ihm ein einzelner Tag, eine Arbeitswoche, eine Woche oder ein kompletter Monat dargestellt. Hier sind die aktuellen Termine farbig hervorgehoben zu sehen. Eine kurze Beschreibung hilft Ihnen bei der Zuordnung der einzelnen Einträge.

Rechts oben auf der Arbeitsfläche sehen Sie zwei Monatsübersichten, mit deren Hilfe Sie im Kalender blättern – dem sogenannten »Datumswechsler«. Das aktuelle Tagesdatum wird im Datumswechsler mit einem roten Rahmen versehen, während der gerade angezeigte Tag grau hinterlegt ist. Tage, für die bereits ein Termin oder Ereignis mit einer gebuchten Zeitspanne existiert, werden fett dargestellt.

Der Datumswechsler ist in der Lage, die Kalenderwochen anzuzeigen. Aktivieren oder deaktivieren Sie diese Funktion im Menü Extras/Optionen *auf dem Register* Einstellungen *mit der Schaltfläche* Kalenderoptionen.

Möchten Sie sich die Tagesübersicht eines bestimmten Tages anzeigen lassen? Dazu klicken Sie mit der linken Maustaste im Datumswechsler auf das entsprechende Datum. Um im Datumswechsler zwischen zukünftigen oder vergangenen Monaten zu wechseln, klicken Sie mit der linken Maustaste auf die schwarzen Pfeile, die sich in der Titelleiste der Monatsansicht links bzw. rechts neben den Monats- und Jahresangaben befinden. Ein anderer Weg ist ein Klick in die Mitte der Titelleiste des Datumswechslers, womit ein Listenfeld aller Monate sich öffnet.

In der Titelleiste des Arbeitsfensters können Sie stets erkennen, auf welchen Bereich sich die aktuelle Ansicht bezieht.

Unter dem Datumswechsler befindet sich der Aufgabenblock mit einer Liste aller zu bearbeitenden Aufgaben. Hier können Sie auch geplante Aufgaben eintragen und diese zu einem späteren Zeitpunkt vervollständigen. Ist ein Eintrag durchgestrichen, so ist die Aufgabe erledigt. Auf diese Weise übernimmt der Aufgabenblock die Funktion einer »To-Do-Liste«.

Ansichten des Kalenders

Im Outlook-Kalender stehen Ihnen verschiedene Ansichten zur Verfügung. In der Symbolleiste befinden sich Schaltflächen mit Symbolen und Beschreibungstexten, mit denen die Ansicht geändert wird.

Die Tagesansicht zeigt ein Kalenderblatt für den aktuellen Tag, den Datumswechsler (Monatsübersicht) und den Aufgabenblock (To-Do-Liste) an. Im Kalenderblatt sehen Sie einen farblich abgesetzten Bereich. Standardmäßig geht dieser Bereich von morgens um 8:00 Uhr bis nachmittags um 17:00 Uhr. Dieser Bereich symbolisiert die Arbeitszeit und wird bei Bedarf unter *Extras/Optionen* im Register *Einstellungen,* Schaltfläche *Kalenderoptionen* individuell angepaßt.

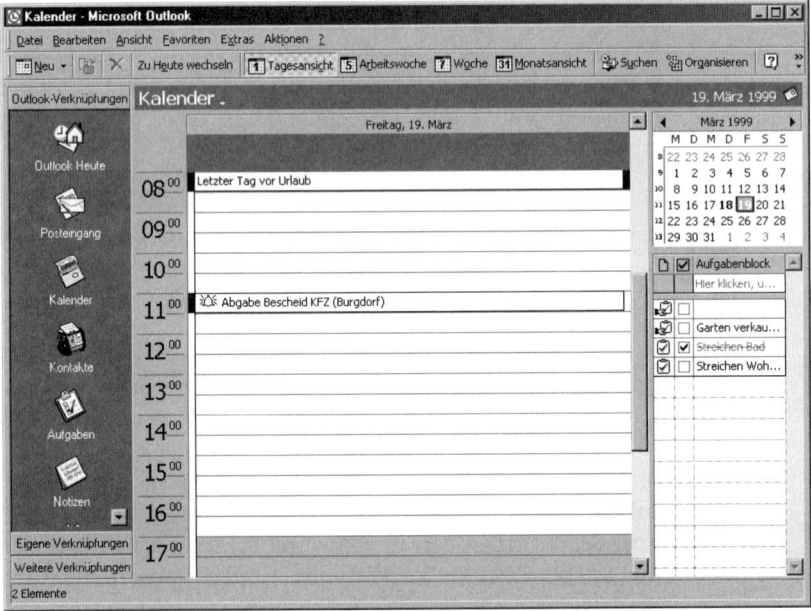

Bild 31.2: Die Tagesansicht stellt den aktuellen Tag mit allen Terminen übersichtlich dar

Die Wochenansicht stellt die gesamte Woche auf dem Kalenderblatt dar. Hierbei haben Sie die Möglichkeit zwischen der kompletten Woche und den eigentlichen Arbeitstagen zu wählen. Die Arbeitstage lassen sich wie die Arbeitszeit unter *Extras/Optionen* festlegen.

In der Monatsansicht wird der komplette Monat dargestellt. Der Datumswechsler und der Aufgabenblock sind hier standardmäßig ausgeblendet.

Termine und Kontakte verwalten

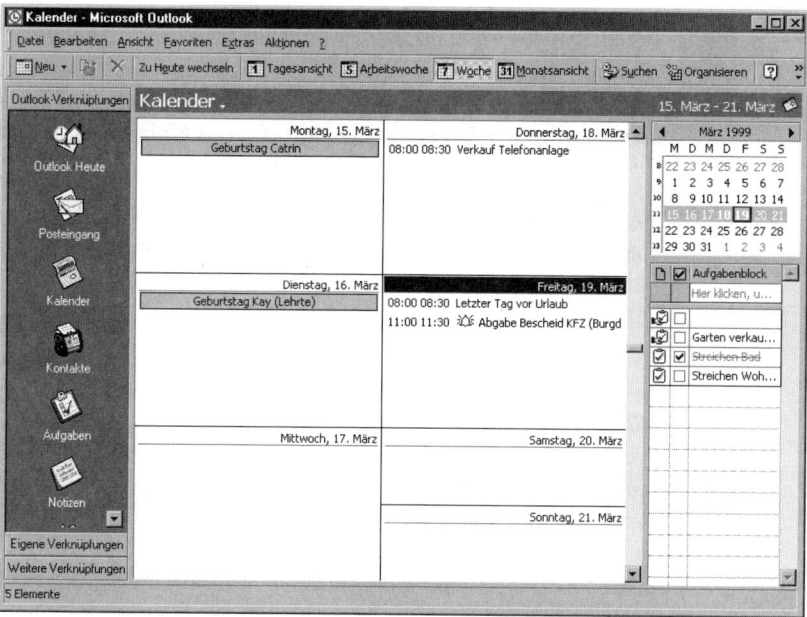

Bild 31.3: In der Wochenansicht des Kalenders ist das Kalenderblatt in sieben Tage unterteilt. Diese Ansicht hat die meiste Ähnlichkeit mit einem herkömmlichen Taschenkalender

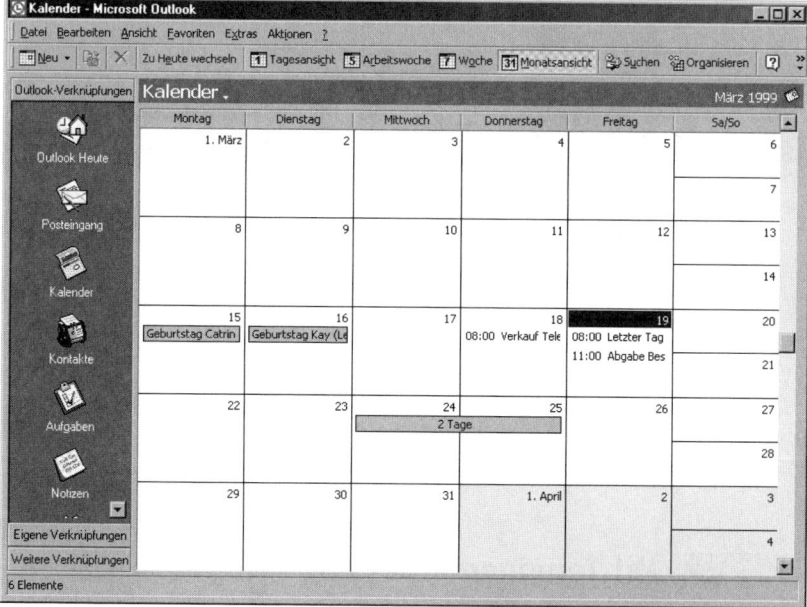

Bild 31.4: Die Monatsansicht des Kalenders

579

Durch das Verschieben der Bildlaufleiste zwischen Kalender und Datumswechsler/Aufgabenblock läßt sich die Anzeige verändern. So können Sie sich den Aufgabenblock auch in der Monatsansicht anzeigen lassen. Ziehen Sie dazu einfach die Bildlaufleiste vom rechten Bildschirmrand nach links.

Wenn Sie weder eine Arbeitswoche noch eine Wochenansicht benötigen, aber mehrere Tage dargestellt werden sollen, dann markieren Sie diese im Datumswechsler. Auf diese Weise lassen sich eigene Anzeigen mit zwei Tagen bis zu sechs Wochen erzeugen.

Darüber hinaus sind noch weitere Einstellungen der Ansicht möglich. Diese werden als »aktuelle Ansicht« bezeichnet und über das Menü *Ansicht/Aktuelle Ansicht* vorgenommen. Hierdurch wird die Terminanzeige gefiltert – dann werden nur noch die ausgewählten Elemente angezeigt. Diese Filtermöglichkeiten stellen z.B. aktive Termine, Ereignisse oder die Termine nach Kategorien geordnet dar.

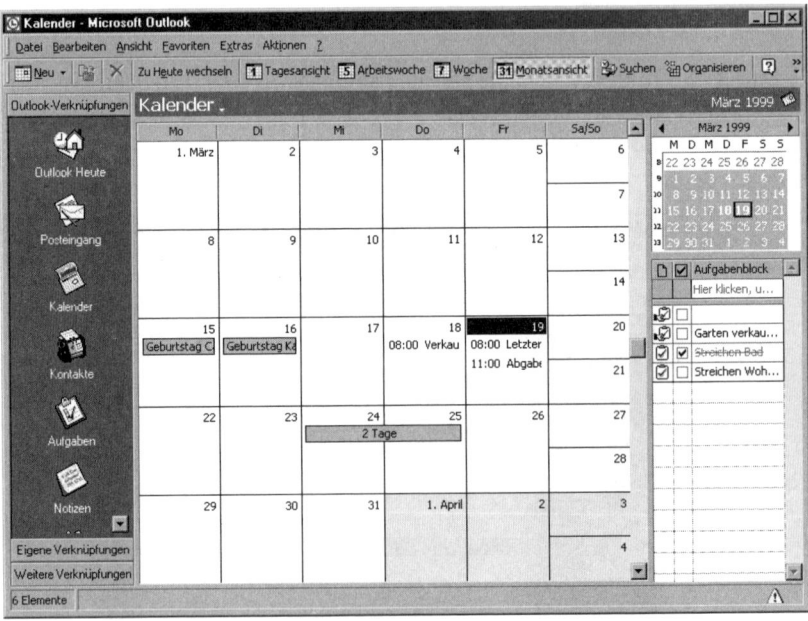

Bild 31.5: Wählen Sie die Monatsansicht und ziehen Sie den Datumswechsler mit dem Aufgabenblock bei Bedarf zusätzlich auf

31.2 Mit Terminen arbeiten

Eine der wichtigsten Aufgaben des Kalenders ist die Terminverwaltung. Hier stellt Outlook umfassende Funktionen zur Bearbeitung bereit.

Ereignis
Outlook bezeichnet Termine mit einer Dauer ab 24 Stunden als Ereignis. Die Anzeige in der Titelleiste wechselt entsprechend von Termin *auf* Ereignis.

Termine im Kalender eintragen

Wenn Sie einen Termin bzw. ein Ereignis planen, erzeugen Sie das dazugehörige Element durch einen Klick auf die Schaltfläche *Neuer Termin*.

Wenn Sie das Fenster für einen neuen Termin durch einen Doppelklick auf eine Uhrzeit im Kalender öffnen, werden Datum und Uhrzeit bereits als Vorbelegung für die Terminzeit verwendet. Gleiches gilt, wenn Sie einen Zeitbereich im Tageskalender mit der Maus markieren, ehe Sie einen neuen Termin anlegen.

Das Terminfenster beinhaltet die Register *Termin* und *Besprechungsplanung*. Im Register *Termin* geben Sie unter *Betreff* die Art des Termins und darunter den Ort ein, an dem der Termin stattfindet.

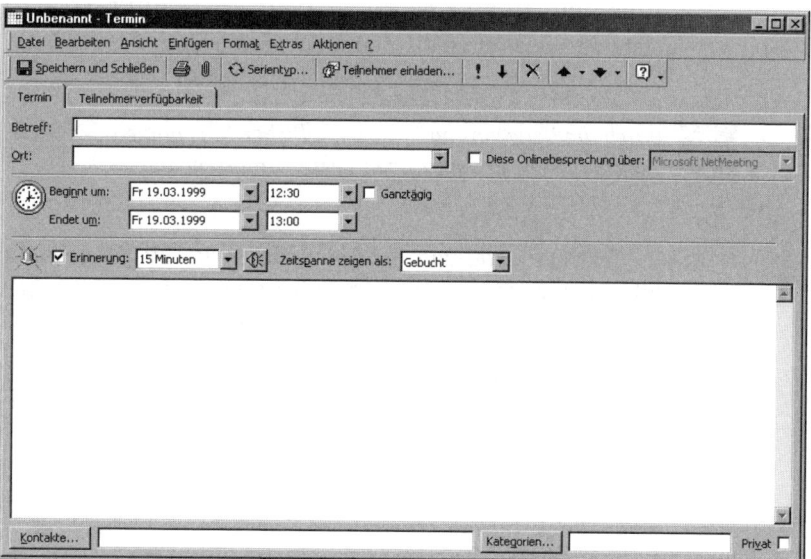
Bild 31.6: Beim Anlegen eines Termins bietet Outlook eine dafür optimierte Dialogbox

Nun werden der Beginn und das Ende Ihres Termins festgelegt. Durch Klikken auf die Listenpfeile neben den Datumsfeldern wird ein Kalenderblatt für den laufenden Monat angezeigt. Markieren Sie einen beliebigen Tag. Der Eintrag wird in das Datumsfeld übernommen. Eine der schönsten Funktionen von Outlook ist die intelligente Datumseingabe. Tragen Sie z.B. als Datum »in 2 Wochen« ein, so interpretiert Outlook dieses Datum entsprechend.

Rechts daneben werden die Startzeit sowie das Ende des Termins nach dem gleichen Verfahren festgelegt. Outlook verwaltet die Besprechungen und Termine standardmäßig im Halbstundentakt.

Die halbstündige Verwaltung von Terminen kann leicht außer Kraft gesetzt werden. Klicken Sie in das Eingabefeld, und geben Sie dann einfach die gewünschte Uhrzeit über die Tastatur ein.

Mit einem Klick auf den Listenpfeil wird eine Liste von 0:00 Uhr bis 24:00 Uhr eingeblendet. Das Kontrollkästchen *Erinnerung* ist aktiviert. Als Vorgabe ertönt eine akustische Warnung 15 Minuten vor dem Ereignis. Die automatische Benachrichtigung läßt sich bei Bedarf durch einen Mausklick deaktivieren. Über die Schaltfläche mit dem stilisierten Lautsprecher wird eine beliebige Wave-Datei – ein kurzes Audiosignal oder eine elektronische Ton-Sequenz – als Alarmton für den Termin ausgewählt. Nach einem Klick auf den Lautsprecherbutton wird ein Dialogfenster geöffnet. Klicken Sie auf die Schaltfläche *Durchsuchen*, um eine *.WAV-Datei auf Ihrem Arbeitsplatz zu suchen und als Alarm zu verwenden.

Durch die Verwendung unterschiedlicher Tonsignale oder Texte lassen sich die verschiedenen Erinnerungen besser unterscheiden.

Im Textfeld unterhalb der Termindaten ist die Eingabe eines beliebigen Erläuterungstextes oder einer Inhaltsangabe für die Verabredung möglich. Bei mehreren Terminen kann es sinnvoll sein, ein zusätzliches Ordnungskriterium zu vergeben. Ein Beispiel wäre die Unterscheidung zwischen privaten und geschäftlichen Terminen. Am unteren Fensterrand läßt sich eine Kategorie für den Eintrag festlegen. Klicken Sie auf die Schaltfläche *Kategorie*, um eine Auswahl zu treffen.

Mit *OK* bestätigen Sie Ihre Eingabe und speichern den neuen Termin mit einem Klick auf die Schaltfläche *Speichern und Schließen*.

Durch einen Doppelklick auf die Titelleiste der Tagesansicht oder der Ansicht der Arbeitswoche erstellen Sie ein neues Ereignis.

Das Listenfeld *Zeitspanne zeigen als* erlaubt eine Auswahl verschiedener Farb-Markierungen, die in der Tagesansicht und der Arbeitswoche für den betreffenden Termin angezeigt werden. Wählen Sie z. B. den Eintrag »Frei«, dann wird der Termin weiß umrandet. Die Auswahl »Mit Vorbehalt« umrandet hellblau, »gebucht« umrandet dunkelblau und »abwesend« umrandet den Eintrag violett.

Termine aus dem Kalender heraussuchen

Outlook bietet verschiedene Möglichkeiten, einen Termin zu suchen. Suchen Sie beispielsweise im Datumswechsler nach fettgedruckten Wochentagen, die bereits festgelegte Termine repräsentieren. Wenn Sie nach einem bestimmten Stichwort suchen wollen, steht Ihnen dafür das Fenster *Suchen* zur Verfügung. Sobald Sie auf die Schaltfläche *Suchen* in der Symbolleiste klicken, teilt sich der Arbeitsbereich. Im oberen Teil wird im Eingabefeld *Suchen nach* der Begriff eingegeben und die Suche mit der Schaltfläche *Jetzt suchen* gestartet.

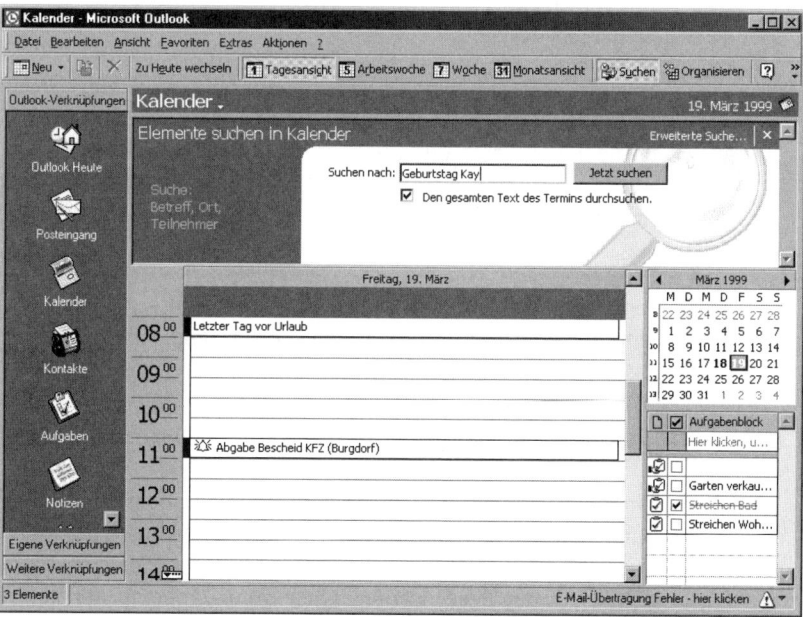

Bild 31.7: Mit dem Suchen-Fenster finden Sie schnell den gewünschten Termin

Nach dem Suchvorgang werden alle Termine aufgelistet, in denen der von Ihnen angegebene Suchbegriff vorkommt. Wählen Sie den gewünschten Termin durch einen Doppelklick auf den Listeneintrag aus.

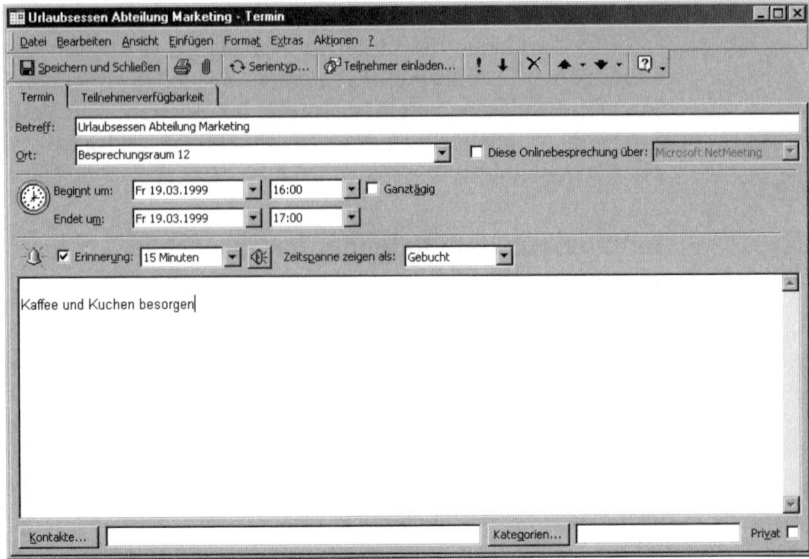

Bild 31.8: Und so sieht ein Termin aus

Sollte der Termin bereits verstrichen sein, wird eine Warnmeldung angezeigt. Diese ist gekennzeichnet durch ein gelbes Warndreieck und erscheint im oberen Bereich des Fensters. Der Termin ist dann bereits erledigt oder wurde versäumt – jedenfalls bleibt er zu Dokumentationszwecken erhalten. Im unteren Bereich des Fensters werden Details dazu angezeigt.

 Termine lassen sich blitzschnell mit dem Kontextmenü löschen. Der Termin wird entfernt und im Ordner gelöschte Objekte abgelegt

31.3 Kontakte pflegen

Ein »Kontakt« ist ein Ansprechpartner aus dem privaten oder geschäftlichen Bereich. Er kann einer bestimmten Person zugeordnet sein, einer Institution oder einer Gruppe von Personen mit einem bestimmten Aufgabengebiet. In der Regel werden einer Kontaktperson der Name, eine Adresse, die Funktion oder Stellung in dem Unternehmen, sowie eine Telefon- und Fax-Nummer und eine Email-Adresse zugeordnet. Aber auch das Anlegen benutzerdefinierter Einträge ist möglich.

Für Geschäftspartner, die im selben Unternehmen tätig sind, wird zur Vereinfachung ein bestehender Kontakt kopiert. Dann muß nur noch der Name der Kontaktperson geändert werden, vielleicht noch dessen Abteilung, Email-Adresse und Telefonnummer. Die Einträge für die Geschäftsadresse und alle übrigen allgemeinen Angaben über das Unternehmen werden aus der bestehenden Adresse übernommen.

Warum eine Adressenliste im Ordner *Kontakte* anlegen, werden Sie sich jetzt vielleicht fragen. Sie haben in Outlook bereits Fax-Verbindungen und Email-Adressen angelegt. Die Anschrift Ihrer Freunde und Bekannten verwalten Sie seit längerem in einer Excel-Tabelle. Eventuell existieren Datenbanken mit Kunden- und Lieferantenstamm oder Geschäftspartnern – wozu also noch Outlook verwenden? Alle diese Adressenlisten wurden unter verschiedenen Gesichtspunkten und zu einem bestimmten Zweck erstellt:

- eine Liste mit Fax- und Telefonnummern
- die Sammlung von verschiedenen Email-Adressen
- ein Heft mit privaten Postadressen
- firmenbezogene Daten, geordnet nach bestimmten Auswahlkriterien

In dem Ordner *Kontakte* in Outlook werden alle Angaben zu einer Person oder Institution »unter einem Dach« verwaltet. Alle übrigen Dienste von Outlook und andere Anwendungen des Office-Pakets, bedienen sich der Einträge im Ordner *Kontakte*. Dieser bildet sozusagen die Plattform, z.B. für die Adressenverwaltung unter Office. Dadurch kann ein neu angelegter Kontakt jederzeit von jedem Programm genutzt werden. Änderungen an einer Anschrift oder Telefonverbindung werden einmal an zentraler Stelle vorgenommen und stehen sofort allen Office-Komponenten zur Verfügung. Neben dem geringeren Arbeitsaufwand werden so Fehler ausgeschlossen, die beim mehrfachen Erfassen auftreten können.

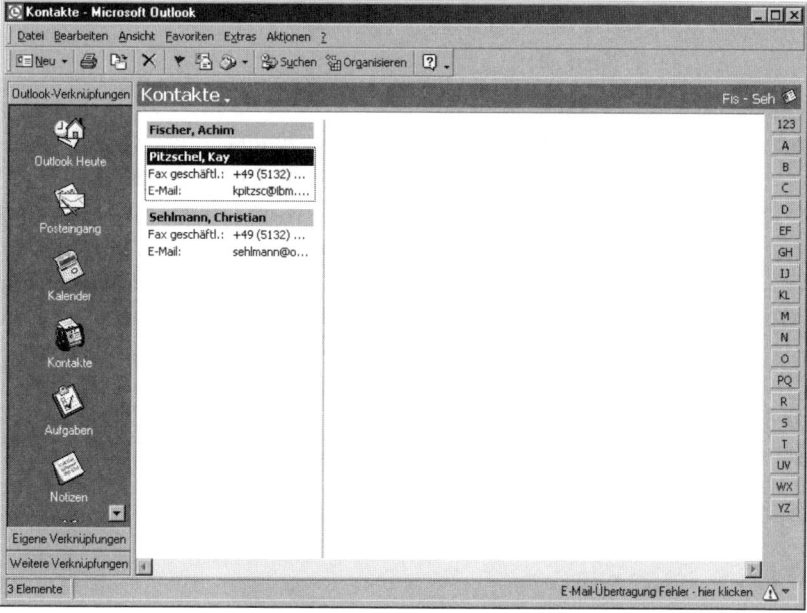

Bild 31.9: Sie verwalten Ihre Kontakte im gleichnamigen Ordner

Neue Kontakte anlegen

Öffnen Sie den Ordner *Kontakte* durch einen Mausklick auf das entsprechende Symbol in der Outlook-Leiste. Am rechten Rand des Arbeitsfensters befindet sich eine Leiste mit Schaltflächen für ein alphabetisches Register. Diese ermöglichen ein schnelles Blättern im gesamten Adressenbestand, auch wenn der Ordner durch das Eingeben immer neuer Kontakte bereits einen beträchtlichen Umfang bekommen hat. Neue Kontakte werden automatisch in alphabetischer Reihenfolge einsortiert. Die Kontakte lassen sich auf unterschiedlichste Arten sortiert anzeigen. Über *Ansicht/Aktuelle Ansicht* lassen sich dazu die entsprechenden Ansichten auswählen.

Der Listenpfeil öffnet eine Auswahlliste für die verschiedenen Ansichten:

- *Adresskarten*
  Anzeige von Namen, Adressen und allen DFÜ- und Telefonverbindungen
- *Adresskarten mit Details*
  Anzeige aller verfügbaren Datenfelder
- *Telefonliste*
  Anzeige von Namen und allen DFÜ- und Telefonverbindungen
- *Nach Kategorie*
  Listendarstellung, gruppiert nach Kategorien
- *Nach Firma*
  Eine Liste sortiert nach Firma
- *Nach Ort*
  Gruppierung nach Region und Staat
- *Nach Nachverfolgungskennzeichnung*
  Gruppierung nach gesetzten Nachverfolgungskennzeichnungen

Um einen neuen Kontakt in die Liste einzugeben, klicken Sie auf die Schaltfläche *Neuer Kontakt* mit der stilisierten Visitenkarte am linken Rand der Symbolleiste. Alternativ reicht auch ein Doppelklick in einen freien Bereich des Arbeitsbereiches. Das Formular *Kontakt* zum Anlegen neuer Adreßkarten wird geöffnet.

Termine und Kontakte verwalten

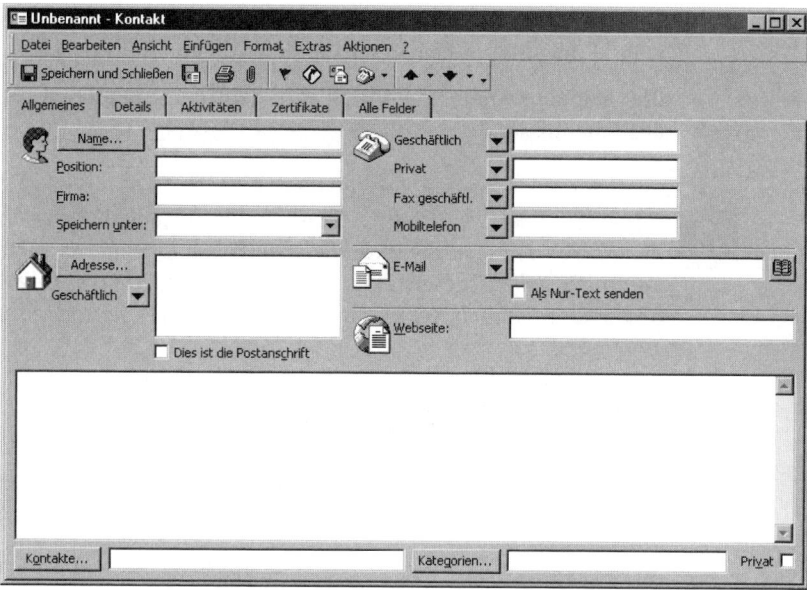

Bild 31.10: *Das Eingabeformular* Kontakt *zur Erfassung neuer Kontakte*

Die Eingabe beginnt im Register *Allgemeines*. Insgesamt stehen für die Eingabe von Werten fünf verschiedene Register zur Verfügung:

⋯▸ *Allgemeines*
Name, Adresse, Telefonverbindungen, Email-Adresse, Info-Text, Festlegung einer Kategorie

⋯▸ *Details*
Weiterführende Informationen zur Hierarchie im Unternehmen (Abteilung, Büro, Beruf, Vorgesetzter ...)

⋯▸ *Aktivitäten*
Ermöglicht das Anlegen eines Journaleintrags und eine typgebundene Anzeige für diesen Kontakt.

⋯▸ *Zertifikate*
Zum Senden sicherer Nachrichten benötigen Sie eine digitale ID. Eine digitale ID (auch unter der Bezeichnung Zertifikat bekannt) stellt eine Möglichkeit dar, im Internet Ihre Identität nachzuweisen.

⋯▸ *Alle Felder*
Anzeige aller Listenfelder thematisch geordnet, Erstellen benutzerdefinierter Felder

Geben Sie nun Ihre Kontakte ein, doch dabei sind einige Besonderheiten zu beachten. Im Register *Allgemeines* werden Vor- und Nachname der betreffenden Person in das Eingabefeld rechts neben der Schaltfläche *Name* eingegeben. Zwischen dem Rufnamen und dem Familiennamen muß ein Leerzeichen stehen. Durch die Funktion *AutoName* werden Vor- und Nachnamen automatisch getrennt und in die entsprechenden Felder übertragen. Klikken Sie nach der Eingabe auf die Schaltfläche *Name*.

Die Dialogbox *Name überprüfen* wird geöffnet und erlaubt die Überprüfung des Ergebnisses

Öffnen Sie über die Schaltfläche Name *die Dialogbox* Name überprüfen, *um den Namen selbst in die verschiedenen Felder einzugeben. Aktivieren Sie das Kontrollkästchen* Diesen Dialog einblenden, *falls Name unvollständig oder unklar ist. Dadurch werden falsche Eingaben weitgehend vermieden.*

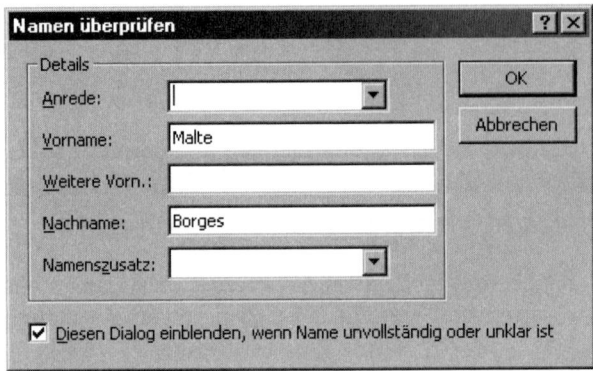

Bild 31.11: Lassen Sie Ihre Eingaben automatisch auf ihre Richtigkeit überprüfen

Wenn Sie den Namen in der Form „Nachname, Vorname" eingeben, kann Outlook sie den richtigen Feldern zuordnen. Falls der Vorname der Kontaktperson unbekannt ist, geben Sie z.B. eine Anrede gefolgt vom Familiennamen ein. Mit Hilfe der ⇥-Taste gelangen Sie zum nächsten Eingabefeld, *Position* und anschließend zu *Firma*. Wenn Sie das Feld *Name* verlassen, erscheint im Listenfeld *Speichern unter* der Vorgabewert für die Ablage im Register.

Im Bereich *Telefon* ist die Eingabe von vier verschiedenen Nummern möglich. Die Vorbelegungen *Geschäftlich*, *Privat*, *Fax geschäftlich* und *Mobil* können durch einen Klick auf den Pfeil rechts neben dem entsprechenden Listenfeld verändert werden.

Die Eingabe der Adresse erfolgt in der Reihenfolge: *Straße*, *Hausnummer*, *Postleitzahl*, *Wohnort*. Beachten Sie, daß die Kategorie *Geschäftlich* als Voreinstellung für die Adresse verwendet wird. Die Adresse kann als Postanschrift ausgewiesen werden, wenn sie im Wortlaut und Format einer Briefanschrift entspricht. In diesem Fall aktivieren Sie das Kontrollkästchen *Dies ist die Postanschrift*. Outlook überprüft bei der Verwendung der Adresse als Postanschrift automatisch, ob die Postleitzahl fünf Ziffern lang ist.

Im Fehlerfall wird das Dialogfenster *Adresse prüfen* geöffnet. Hier können Sie die Angaben korrigieren. Wenn Sie dieses Fenster manuell öffnen wollen, klicken Sie auf die Schaltfläche *Adresse*.

Geben Sie bei Bedarf bis zu drei Email-Adressen ein. Wählen Sie dazu mit der Pfeilschaltfläche aus, welche Email-Adresse eingegeben werden soll. Ordnen Sie dem Kontakt Kategorien zu, damit sie ihn später über dieses Kriterium suchen können. Im Eingabefeld *Webseite* können Sie die URL zur Homepage dieses Kontaktes eintragen. Wenn Sie eine URL eingeben, wird diese automatisch um den Anfang »http://« ergänzt. Wenn Sie später auf diese Webadresse klicken, wird sie – eine bestehende Internetverbindung vorausgesetzt – im Explorer angezeigt. Nach der Fertigstellung der Adreßkarte für einen neuen Kontakt wählen Sie im Dateimenü die Option *Speichern und neuer Kontakt*. Ein leeres Eingabefenster wird eingeblendet. Nach Beendigung der Eingaben klicken Sie auf die Schaltfläche *Speichern und Schließen*. Das Dialogfenster zur Erstellung von Kontakten wird ausgeblendet. Es erscheint die Arbeitsumgebung für Kontakte auf Ihrem Bildschirm.

Um einen bestehenden Kontakt zu bearbeiten, klicken Sie ihn mit einem Doppelklick an. Die aktuell eingestellte Ansicht ist dabei unerheblich. Markieren Sie die zu ändernden Einträge, und geben Sie dann die neuen Werte ein. Speichern Sie dann die Veränderung über die Schaltfläche *Speichern und Schließen*.

Bestehende Kontakte erweitern

Nicht immer erfahren Sie alle wissenswerten Informationen über eine Kontaktperson beim ersten Gespräch. Nähere Informationen können z.B. die genaue Berufsbezeichnung, der Vorgesetzte oder, vornehmlich bei Privatkontakten, der Spitzname der Person sein. Um solche Daten zu einem Kontakt zusätzlich zu erfassen, wählen Sie das Register *Details*. Tragen Sie die Daten der Person in die entsprechenden Felder der Detailansicht ein.

Beim Erstellen eines weiteren Kontaktes in einer bekannten Firma müssen Sie die gleichbleibenden Stammdaten nicht jedesmal von neuem eingeben. Das Menü *Aktionen/Neuer Kontakt in dieser Firma* übernimmt die Änderungen am aktuell bearbeiteten Datensatz und stellt ein neues Formular zur Verfügung, in dem schon alle Firmendaten eingetragen sind. Dadurch wird der Arbeitsaufwand beim Eingeben weiterer Firmenangehöriger erheblich reduziert

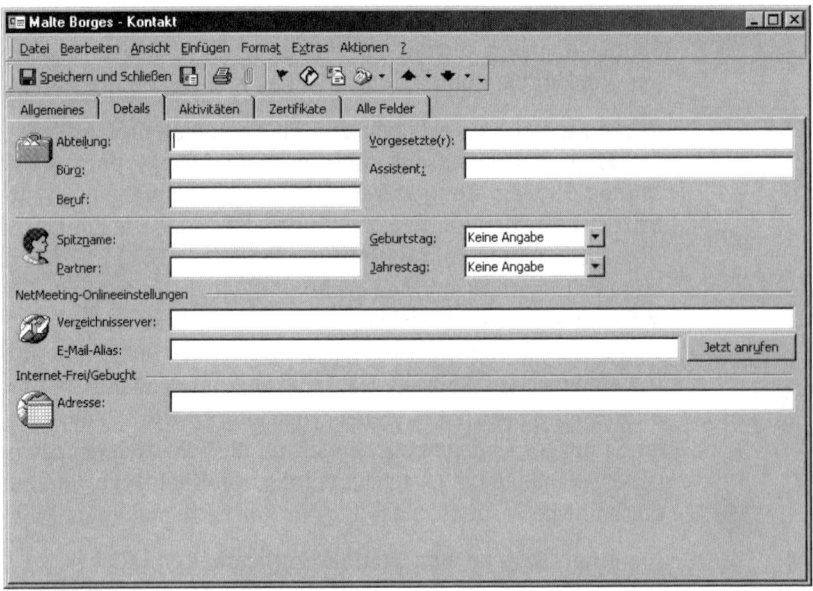

Bild 31.12: Die Detailansicht der Kontakterfassung erlaubt die Eingabe zusätzlicher Informationen

 Um einen neuen Kontakt in einer bestehenden Firma anzulegen, reicht es aus, einen bestehenden Kontakt zu öffnen und dann im Menü Aktionen/ Neuer Kontakt in dieser Firma *aufzurufen. Es ist nicht erforderlich, zuvor Änderungen am bestehenden Datensatz vorzunehmen*

Die Einträge im Register *Details* müssen immer wieder von neuem eingegeben werden, da inhaltliche Übereinstimmungen hier eher die Ausnahme sind.

 Falls ein Listeneintrag im Detail-Register für eine Reihe von Kontakten Gültigkeit hat, kopieren Sie diesen einfach in die Zwischenablage. Er steht Ihnen dann solange zur Verfügung, bis sie den Inhalt der Zwischenablage überschreiben.

Ein Kontakt kann zum Adressieren und Versenden einer Nachricht verwendet werden, je nachdem, ob eine Faxnummer oder Email-Adresse angegeben ist. Alle Adreßkarten werden standardmäßig im Ordner *Kontakte* abgelegt. Dieser Ordner wird als Vorbelegung beim Versenden einer neuen Nachricht im Dialogfenster *Namen auswählen* angezeigt. In der Auswahlliste werden jedoch nur Kontakte berücksichtigt, für die eine Faxnummer bzw. eine Email-Adresse eingetragen wurde.

Kontakt-Management

Mit der Besprechungsplanung des Kalenders lassen sich Termine mit mehreren Beteiligten leicht abstimmen – markieren Sie in den Kontakten den oder die Besprechungsteilnehmer und ziehen Sie sie auf den *Kalender*. Über die Schaltfläche *Senden* wird dann eine Besprechungsanfrage an den oder die Teilnehmer geschickt.

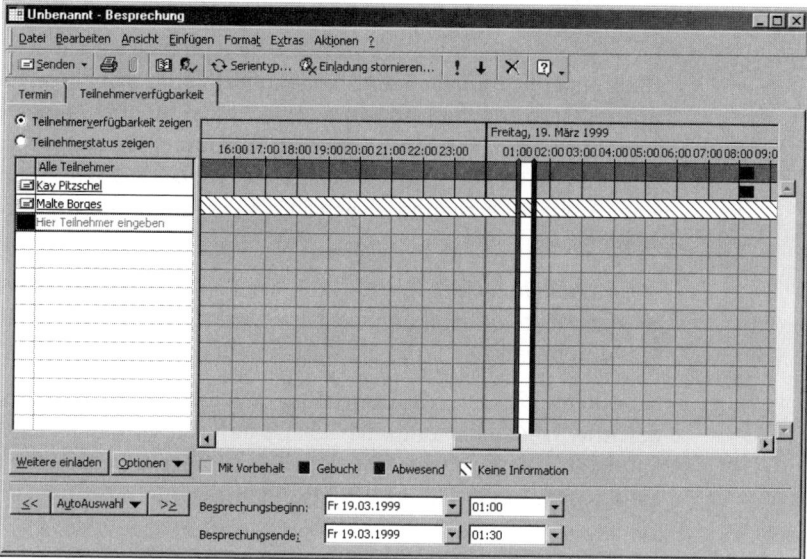

Bild 31.13: Im Register Teilnehmerverfügbarkeit *erkennen Sie, zu welchen Zeiten Ihre Besprechungsteilnehmer bereits Termine eingetragen haben*

Adreß- und Erreichbarkeitsdatenbank

Der Ordner *Kontakte* ist mehr als eine reine Adreßverwaltung. Neben den Standard-Einträgen für die Anschrift können mehrere Telefonnummern, Email- und auch eine Web-Adresse gespeichert werden. Nebeneinträge, wie *Geburtstag* oder *Sekretär(in)*, ermöglichen die Speicherung aller relevanten Informationen. Auch hier finden sich wiederum Ordner, die als Speicherort für die einzelnen Elemente dienen. Diese Ordner sind ebenfalls nicht physikalisch als Verzeichniseintrag enthalten.

31.4 Aufgaben und Notizen verwalten

Neben Terminen und Kontakten verwaltet Outlook auch noch Aufgaben und Notizen. Gemeinsam dienen beide Objekttypen dem Aufgaben-Management.

Aufgaben

Zu einem Schreibtisch gehört nicht nur die Adreßkartei, sondern auch eine Aufgabenliste, was wann zu erledigen ist. Mit einer Aufgabe können mehrere Personen zugleich oder auch nacheinander beschäftigt sein. Die Aufgabe wird dann als eine Art Wiedervorlagesystem verwendet. Outlook reicht Teilaufgaben weiter oder schickt eine Bestätigung nach Erledigung an den Auftraggeber. Die Aufgabenliste koordiniert die Aufgabe bis zu ihrer Abarbeitung und ist auch in der Lage andere Zuständigkeiten festzulegen. Jede Teilaufgabe ist wiederum eine eigenständige Aufgabe, die in Bezug zu einer anderen Aufgabe steht. Jede dieser Teilaufgaben verfügt über einen eigenen Text, eigene Fälligkeiten usw.. Es ist möglich, einen Fälligkeitstermin oder auch einen Status, der die Erledigung der Aufgabe dokumentiert, zu vergeben. Schließlich kann Outlook den Zeitaufwand für die Erledigung einer Aufgabe festhalten – wichtig bei Projekten, die weiterberechnet werden müssen.

Der Aufgabenblock im rechten Teil des Kalenderfensters enthält alle erfaßten Aufgaben. Ist eine Aufgabe bereits erledigt, dann ist ihr Beschreibungstext durchgestrichen und das Kästchen davor mit einem Häkchen markiert.

Mit einem Klick auf das Aufgaben-Symbol in der Outlook-Leiste ändert sich der Arbeitsbereich, und eine Tabelle mit den vorhandenen Aufgaben wird angezeigt. Diese Tabelle läßt sich direkt in der Arbeitsfläche editieren, z.B. ganz rechts in ein Fälligkeitsdatum eintragen.

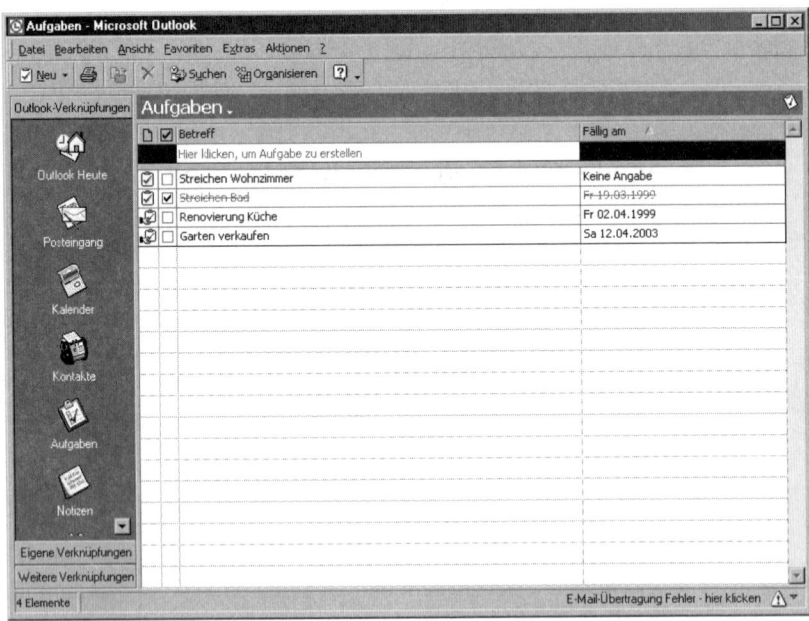

Bild 31.14: Die erfaßten Aufgaben werden in Tabellenform dargestellt

Wenn Sie für ihre Aufgaben Fälligkeiten eintragen, können Sie die Aufgaben nach Fälligkeit sortieren lassen. Klicken Sie dazu auf den Spaltenkopf Fällig am.

Eine Aufgabe anlegen und bearbeiten

Mit der Schaltfläche *Neue Aufgabe* aus der Symbolleiste öffnen Sie das Aufgabenfenster. Es zeigt die Register *Aufgabe* und *Details* an.

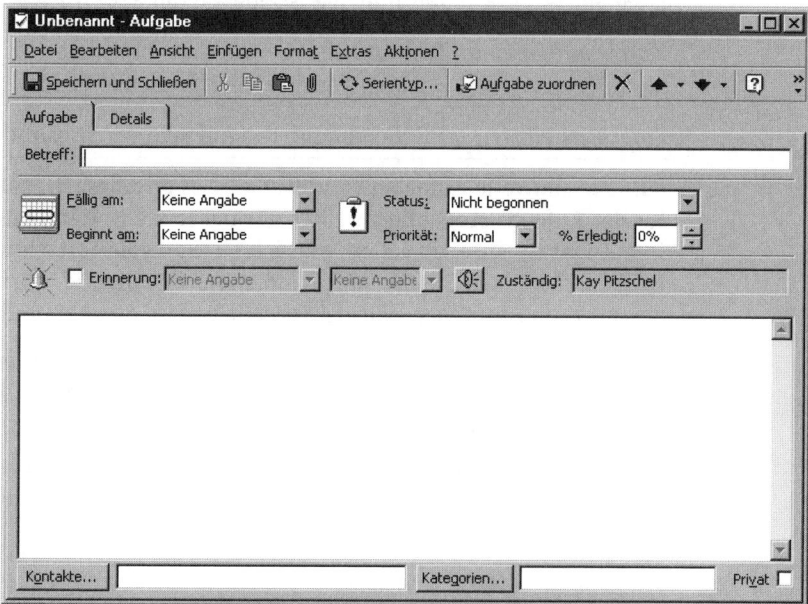

Bild 31.15: In diesem Fenster erfassen und bearbeiten Sie eine Aufgabe

Geben Sie im Register *Aufgabe* zunächst einen *Betreff* für Ihre Aufgabe ein. In den Bereichen *Fällig am* und *Beginnt am* werden die Fristen für die Aufgabe eingegeben. Klicken Sie auf den Listenpfeil hinter dem Datumsfeld, um einen Kalender einzublenden. Das aktuelle Tagesdatum ist markiert. In dem Kalender stehen die Links- und Rechtspfeile für die Veränderung des Monats zur Verfügung. Außerdem kann in dem Eingabefeld das Datum direkt eingegeben werden.

 Outlook speichert die Jahreszahl 4-stellig, in der Anzeige erscheint sie aber nur 2-stellig. Diese Anzeige richtet sich nach der Einstellung in der Systemsteuerung. Falls Sie die Jahreszahl doch 4-stellig angezeigt bekommen möchten, öffnen Sie die Systemsteuerung, klicken auf die Ländereinstellung, *ziehen die Registerkarte* Datum *und ändern dort das Format der Anzeige. Outlook übernimmt diese Einstellung sofort.*

Auf der rechten Seite neben der Terminangabe wird der Status der Aufgabe erfaßt. Öffnen Sie die Auswahl im Listenfeld *Status*. Folgende Möglichkeiten stehen zur Auswahl:

Status	Bedeutung
Nicht begonnen	Die Aufgabe ist noch unangetastet.
In Bearbeitung	Die Aufgabe ist derzeit in Bearbeitung.
Erledigt	Die Aufgabe ist vollständig abgearbeitet worden.
Wartet auf jemand anderen	Die Aufgabe ist solange blockiert, bis eine andere Person ihre Teilaufgabe erledigt hat.
Zurückgestellt	Die Erledigung der Aufgabe wurde zurückgestellt.

Für eine sinnvolle Aufgabenverwaltung ist es erforderlich, daß Sie den Status der Aufgabe stets pflegen. Dies gilt um so mehr, wenn andere Personen Ihre Angaben einsehen sollen, um sich ein Bild vom Fortschritt zu machen. Bei Bedarf können Sie der Aufgabe die *Priorität* niedrig, normal oder hoch zuweisen und festlegen, wieviel Prozent bereits erledigt sind.

Nutzen Sie den Freitextbereich der Aufgabe, um Erläuterungen über den aktuellen Fortschritt der Aufgabe zu erfassen. Im Register *Details* werden zusätzliche Informationen zur Aufgabe erfaßt.

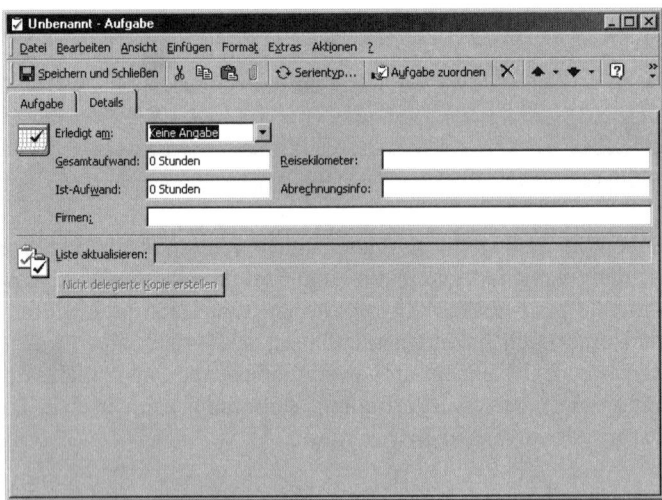

Bild 31.16: Das Detail-Register einer Aufgabe

Im Feld *Erledigt am* wird das Datum eingetragen, an dem die Aufgabe endgültig abgeschlossen wurde. Auch hier kann wieder der Kalender eingeblendet werden, um ein Datum auszuwählen. Im Eingabefeld *Gesamtaufwand* wird der geschätzte Aufwand für die Aufgabe eingetragen. Unter *Ist-*

Aufwand werden die tatsächlich aufgewendeten Stunden eingetragen. Wenn für die Aufgabe *Reisekosten* angefallen sind, tragen Sie sie im gleichnamigen Eingabefeld ein. Darunter befindet sich das Eingabefeld *Abrechnungsinfo*. Tragen Sie hier besondere Informationen ein, die für die Abrechnung dieser Aufgabe erforderlich sind. Wurde die Aufgabe für eine oder mehrere Firmen erledigt, tragen Sie diese im Eingabefeld *Firmen* ein.

Der grau unterlegte Bereich *Liste aktualisieren* enthält all die Personen die informiert werden, wenn Sie an den Daten der Aufgabe Veränderungen vornehmen. Wurde eine Aufgabe an eine andere Person abgegeben, dann wird jeder von Änderungen informiert, der dies beim Abgeben ausgewählt hat. Mit einem Klick auf die Schaltfläche *Speichern und Schließen* werden die Eingaben übernommen, ggf. erforderliche Benachrichtigungen durchgeführt und Sie gelangen zurück zum Aufgabenfenster.

Auch wenn Outlooks Funktionen für ein Personal-Management-System schon recht beeindruckend sind: Für eine echte Projektverwaltung fehlen einige Funktionen, wie Ressourcenmanagement oder Alternativvorgänge.

Ein Beispiel: Der Aktenumzug

Ihr Chef hat Ihnen in Ihrer Funktion als Koordinator für besondere Aufgaben einen Aktenumzug anvertraut. Der Archivraum in Ihrer Abteilung soll anderweitig genutzt werden. Da die Firmenakten der letzten zehn Jahre bereits vollständig in der EDV erfaßt worden sind, werden sie nur noch selten benötigt und sollen in einem Lagerraum im Keller untergebracht werden. Für den Umzug werden Pappkartons gebraucht. Diese müssen gepackt und beschriftet werden. Den Transport durch das Treppenhaus in den Keller des benachbarten Gebäudes übernimmt eine Möbelspedition. Zerlegen Sie die Gesamtaufgabe zunächst in mehrere Teilaufgaben:

Teil- aufgabe	Beschreibung	Zuständigkeit
1.	Liste aller Möbelspeditionen	Frau Meier, Postabteilung
2.	Angebote telefonisch einholen, Setzen einer Frist	eigene Zuständigkeit
3.	Auftrag telefonisch vergeben	eigene Zuständigkeit

595

Teil-aufgabe	Beschreibung	Zuständigkeit
4.	Schriftliche Bestätigung des Auftrags an Spedition versenden	Frau Meier, Postabteilung
5.	Telefonisch Termin für Lieferung der Umzugskartons und Umzugsdatum absprechen	eigene Zuständigkeit
6.	Packen der Kartons organisieren: Personal unterweisen, Hausmeister unterrichten	Herr Müller, Registratur
7.	Umzug abwickeln	Speditionsfirma Huber
8.	Auspacken der Kartons im neuen Aktenlager	Herr Müller, Registratur

Um jetzt eine Verwaltung der Gesamtaufgabe zu realisieren, werden diese Teilaufgaben jeweils als einzelnen Aufgaben in Outlook angelegt.

Durch einen Doppelklick in die Zeile *Hier klicken, um Aufgabe zu erstellen* der Aufgabentabelle wird das Fenster für die Erfassung einer neue Aufgabe geöffnet. Tragen Sie folgenden Betreff in das oberste Listenfeld ein: »Liste der Speditionen«, und geben Sie die Daten der ersten Teilaufgabe ein. Ein Fälligkeitstermin kann nicht angegeben werden, da der Zeitpunkt des Umzuges noch ungewiß ist. Dieser richtet sich nach dem Terminkalender der Spedition, die den Transport später übernehmen wird.

Per Mausklick auf den entsprechenden Listenpfeil setzen Sie den Status auf *In Bearbeitung*. Um eine Zuordnung der einzelnen Teilaufgaben zum Umzug sicherzustellen, erhalten alle den selben Eintrag unter *Kategorie*. Mit einem Klick auf *Kategorien* öffnen Sie die gleichnamige Dialogbox. Wir werden eine neue Kategorie verwenden. Geben Sie dazu »Aktenumzug nach U1« im Eingabefeld *Elemente gehören zu den Kategorien* ein, und schließen Sie die Eingabe mit *Zur Liste hinzufügen* ab.

 Um eine Kategorie zu entfernen, verwenden Sie die Schaltfläche Haupt-kategorienliste *und löschen in der daraufhin angezeigten Dialogbox den gewünschten Eintrag.*

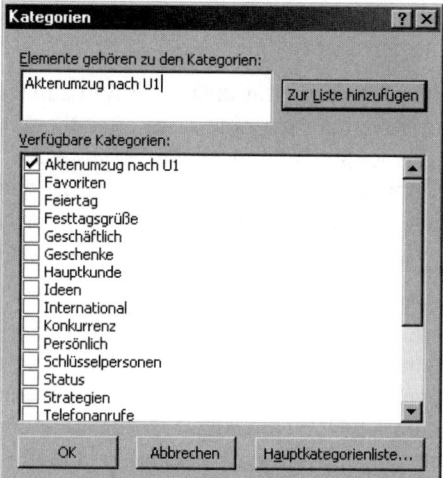

Bild 31.17: Mit der Dialogbox Kategorien *lassen sich Aufgaben einer Kategorie zuordnen und auch neue Kategorien anlegen*

Die neue Kategorie erscheint unter *Verfügbare Kategorien* und ist aktiviert. Das heißt, unsere Aufgabe wurde – durch das Bestätigen mit *OK* – bereits dieser neuen Kategorie zugewiesen.

Noch immer erscheinen Sie im Feld *Zuständig*. Als nächstes übertragen Sie die Aufgabe an Frau Meier. Klicken Sie dazu in der Symbolleiste auf *Aufgabe zuordnen* und geben Sie im Feld *An* Frau Meier als Empfänger an. Das Vorgehen entspricht dem beim Versenden von Nachrichten.

 Solange Sie keine Möglichkeit haben, diese Aufgabe an den zuständigen Sachbearbeiter zu übertragen, bleiben Sie weiterhin für die Aufgabe zuständig. Zum Übertragen von Aufgaben ist es notwendig, daß Sie über einen eingerichteten Kommunikationsdienst (Email, Netzwerk oder PC-Fax) verfügen.

Als nächstes werden die verbliebenen Teilaufgaben nach dem gleichen Schema eingegeben. Durch die Zuordnung zu einer gemeinsamen Kategorie können Sie sich jederzeit nur die für das Projekt vorhandenen Teilaufgaben anzeigen lassen. Der jeweilige *Betreff* stellt sicher, daß die Teilaufgaben in der Listendarstellung identifiziert werden können. Wählen Sie dazu das Menü *Ansicht/Aktuelle Ansicht/Nach Kategorie*.

Alternative Aufgabenverwaltung am Einzelplatz

Als Alternative können Sie auch die Gesamtaufgabe anlegen und die Teilaufgaben im Textfeld erfassen. Mit Hilfe von verschiedenen Einträgen läßt sich der Stand der Bearbeitung verfolgen. Hier wird davon ausgegangen, daß Sie allein verantwortlich bleiben – das Übertragen der Aufgaben über einen Kommunikationsdienst entfällt.

Für die obige Beispielaufgabe bedeutet dies: Sie rufen zunächst Frau Meier in ihrem Büro an und bitten sie um eine Liste aller Niederlassungen von Möbelspeditionen in der Region Hannover. Die Mitarbeiter in der Postabteilung verfügen über umfangreiche Adreßlisten und Branchenverzeichnisse. Frau Meier verspricht Ihnen, die benötigten Daten umgehend zu faxen. Markieren Sie jetzt das Listenfeld *Wartet auf jemand anderen* für den Status der Aufgabe.

Wir nehmen weiter an, daß Ihnen das Fax von Frau Meier nach wenigen Tagen zugeht. Nachdem Sie die Adressen- und Telefonliste der Möbelspediteure vorliegen haben, rufen Sie eine Auswahl von Unternehmen an. Einige Firmen können sofort per Telefon Angaben zum Leistungsumfang und zu den dabei entstehenden Kosten machen, andere Spediteure wollen Ihnen ein schriftliches Angebot per Post oder Fax zukommen lassen. Sie vereinbaren eine Frist von drei Tagen, zu der alle Angebote vorliegen müssen. Die Abarbeitung der Aufgabe wird bis dahin zurückgestellt. Stellen Sie den Status der Gesamtaufgabe auf *Zurückgestellt*. Danach vermerken Sie unter Teilaufgabe zwei die gesetzte Frist.

Nachdem Sie den Posteingang abgewartet haben, wählen Sie den preisgünstigsten Anbieter aus den vorliegenden Angeboten aus. Vergeben Sie den Auftrag telefonisch, und geben Sie eine schriftliche Bestätigung bei Frau Meier in Auftrag. Mit der Möbelspedition haben Sie vereinbart, daß diese sich telefonisch bei Ihnen melden wird, um einen Umzugstermin abzusprechen. Der Status für die Aufgabe wird wieder auf die Eigenschaft *Wartet auf jemand anderen* umgestellt.

Am darauffolgenden Tag erhalten Sie den erwarteten Anruf. Der Umzug kann am nächsten Mittwoch um 8:00 Uhr beginnen und soll gegen 15:00 Uhr abgeschlossen sein. Die benötigten Kartons werden im Laufe dieses Vormittags bei Ihnen eintreffen.

Da der bevorstehende Umzug unter Ihre persönliche Aufsicht fällt, tragen Sie den Umzugstermin in Ihren Kalender ein. Übertragen Sie nun Herrn Müller aus der Registratur die Verständigung des Hausmeisters und die Unterweisung der Umzugshelfer – die Auszubildenden Herrn Fleißig und Frau Emsig. Der Status der Aufgabe ist im aktuellen Zustand *Wartet auf jemand anderen*.

Herr Müller hat Ihnen versichert, daß der Umzug am Freitag mittag nächster Woche abgeschlossen sein wird. Tragen Sie diesen Termin in Ihre Aufgabenplanung als Fälligkeitsdatum ein. Durch Markieren der Optionsschaltfläche *Fällig* und Auswahl des Datums wird die Aufgabe aktualisiert. In der ersten Zeile des Aufgabenfensters steht eine gelb unterlegte Zeile, die Auskunft darüber gibt, wann ein Termin fällig ist.

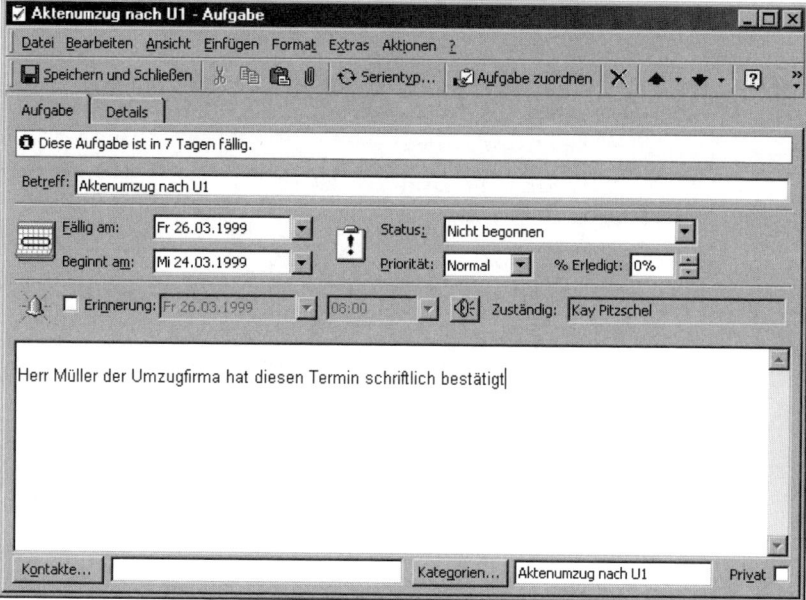

Bild 31.18: *Diese Aufgabe ist bald fällig. Die Fälligkeit wird im gelb unterlegten Bereich des Fensters dargestellt*

Mit der Durchführung der Aufgabe haben Sie fortan nichts mehr zu tun. Sie können für den Fälligkeitstermin am nächsten Freitag mittag eine akustische Benachrichtigung vereinbaren. Dann sollte der Aktenumzug abgeschlossen sein.

Aufgaben-Management

Der Ordner *Aufgaben* ist die Schaltzentrale für Ihr Aufgaben-Management. Auch der Aufgabenblock im Kalender enthält eine Liste der bereits definierten privaten oder geschäftlichen Aufgaben. Mit einem Doppelklick wird das jeweilige Element zur Bearbeitung geöffnet.

Geben Sie Fälligkeit, Beginn und Ende sowie den Stand der Erledigung einer Aufgabe ein. Um eine Aufgabe zu delegieren, klicken Sie auf die Schaltfläche *Aufgabe zuordnen in der Symbolleiste*. Mit einem Klick auf *Senden* wird eine Aufgabenanfrage abgeschickt. Die Absage oder Annahme finden Sie später in Ihrem Posteingang wieder.

Klicken Sie in der Menüleiste *Aktionen* auf *Neue Aufgabenanfrage*, wenn Sie eine Aufgabe an eine andere Person abgeben wollen.

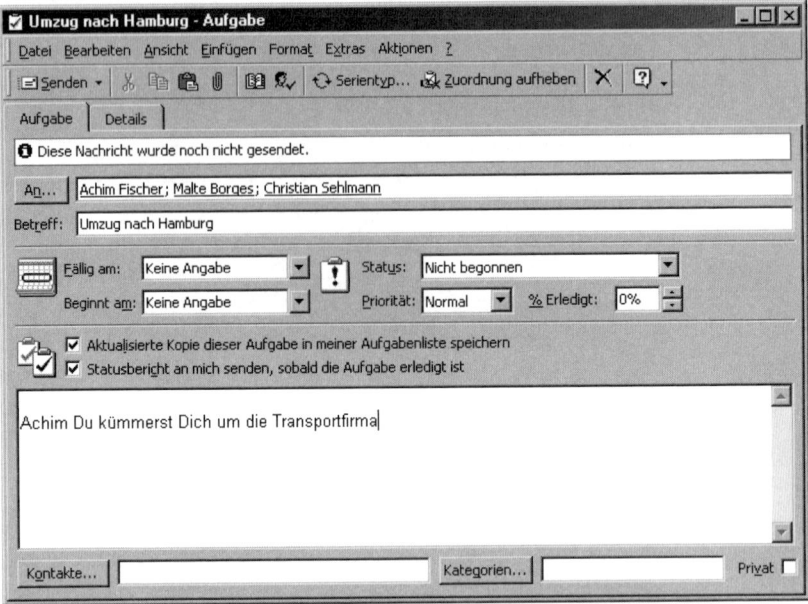

Bild 31.19: Eine Aufgabenanfrage enthält zusätzliche Felder für die Bearbeitung der Aufgabe

Notizen

Kein Schreibtisch ohne Notizzettel. Überall liegen sie herum, aber man findet sowieso nie den, der gerade dringend benötigt wird. Abhilfe schafft auch hier Outlook. Der Ordner *Notizen* übernimmt diese Funktion für Sie. Verwenden Sie verschiedenfarbige Notizzettel für eine bessere Übersicht. Notizzettel auf dem Desktop von Windows, Notizzettel an andere Personen versenden – alles ist möglich.

Öffnen Sie den Ordner *Notizen* über einen Klick auf die Schaltfläche *Notizen* in der Outlook-Leiste.

Die Ansicht der Notizen ist sehr einfach aufgebaut. Die gesamte Arbeitsfläche ist zunächst öd und leer. Erstellen Sie eine Notiz durch einen Doppelklick in den freien Bereich der Arbeitsfläche. Outlook öffnet daraufhin einen Zettel mit einer Schreibmarke in der oberen linken Ecke. Tragen Sie einen Text für die Notiz ein, wie »Termin beim Zahnarzt machen«. Zum Beenden der Eingabe wird die Notiz geschlossen. Klicken Sie dazu auf die Schaltfläche *Schließen* des Notizenfensters. Normalerweise ist diese Funktion mit »Abbruch und nicht speichern« gleichzusetzen, aber bei den Notizen wird der Inhalt gesichert. Im Arbeitsbereich der Notizen wird ein kleiner Notizzettel und darunter der eingetragene Text angezeigt.

Termine und Kontakte verwalten

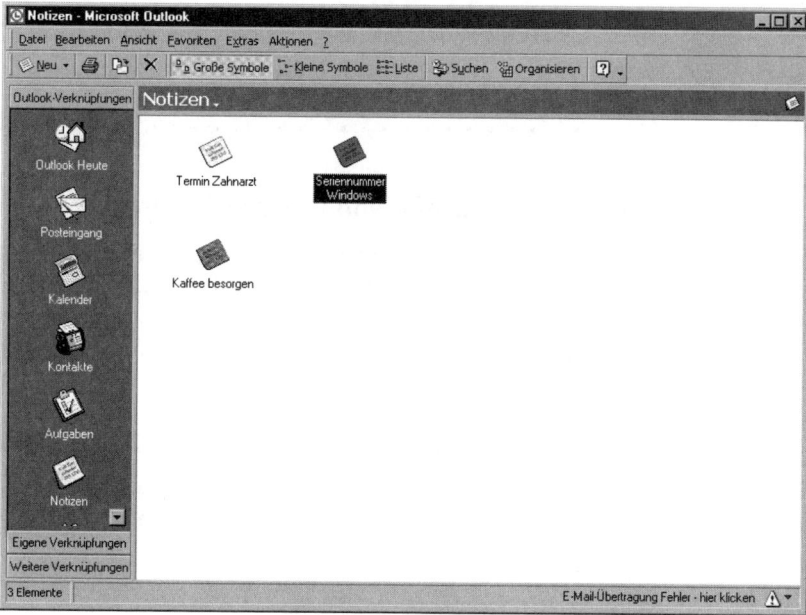

Bild 31.20 Im Ordner Notizen *sehen Sie alle Ihre Eintragungen*

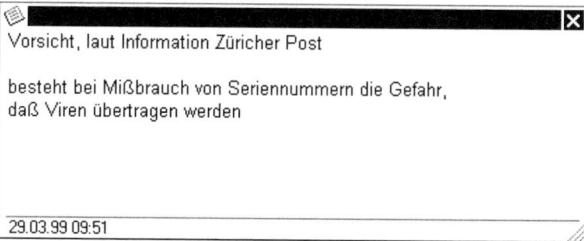

Bild 31.21 Der Notizzettel nimmt ihre Notiz auf und zeigt das aktuelle Tagesdatum und die aktuelle Uhrzeit an

Eine Notiz ändern und löschen

Um eine Notiz zu ändern, reicht ein Doppelklick auf das Symbol. Outlook öffnet dann wieder das Eingabefenster, und Sie können den Text der Notiz bearbeiten. Wenn Sie den Text der Notiz ändern, werden Datum und Uhrzeit am unteren Rand aktualisiert.

Verwenden Sie das Kontextmenü, um eine Notiz zu löschen. Klicken Sie dazu mit der rechten Maustaste auf die Notiz und wählen Sie den Eintrag *Löschen*. Wie alle Elemente in Outlook wird auch eine gelöschte Notiz in den Ordner *gelöschte Objekte* verschoben. Über das Kontextmenü lassen sich den Notizen auch Kategorien zuweisen.

Zum Löschen reicht ein Druck auf Entf, *um die Notiz in den Ordner Gelöschte Objekte zu übertragen. Dieser Ordner nimmt auch gelöschte Notizen auf und kann sie wieder herstellen.*

Die Farbe und Größe von Notizen ändern

Wenn alle Notizzettel dieselbe Farbe haben, finden Sie sich bald nicht mehr zurecht. Um dies zu verhindern, kann Outlook die Notizzettel unterschiedlich einfärben. Rufen Sie dazu das Kontextmenü der entsprechenden Notiz auf. Wählen Sie den Eintrag *Farbe/Rosa*. Die Farbe springt sofort auf Rosa um.

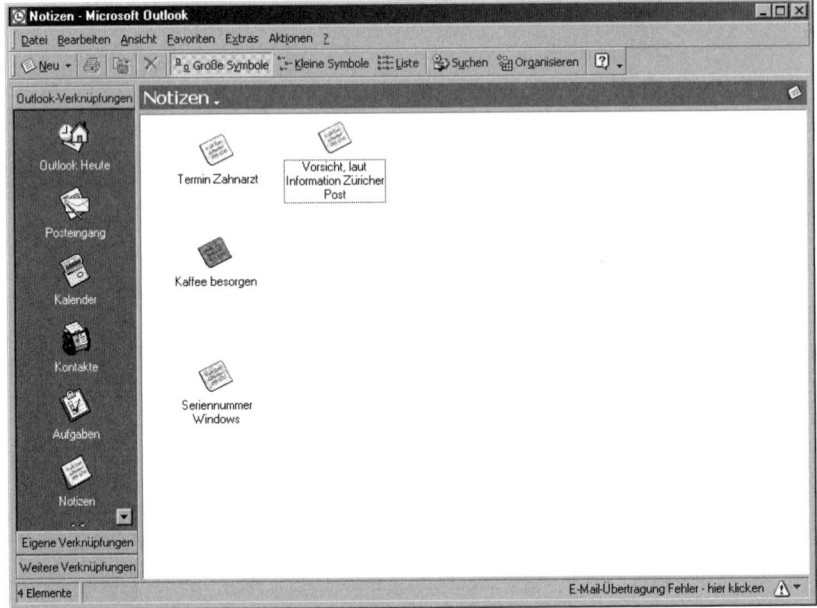

Bild 31.22 Für die bessere Übersicht können die Farben der Notizzettel geändert werden.

 Heben Sie besonders dringende oder wichtige Notizen farbig hervor. Diese Markierung kann jederzeit rückgängig gemacht werden. Durch diese Kennzeichnung wird eine zusätzliche Gruppierung innerhalb einer Kategorie erreicht. Vergeben Sie Farben nach Art der Notiz, z. B.: Blau für Anrufe, Weiß für Briefe, Gelb für Sonstiges usw.

Der Platz auf einem neu erstellten Notizzettel bietet nicht viel Raum für lange Hinweistexte. Daher läßt sich das Notizfenster vergrößern. Ziehen Sie das Fenster der Notiz am Rand auf. Durch Ziehen an der unteren rechten Ecke werden gleichzeitig Breite und Höhe des Notizzettels eingestellt. Durch einen Doppelklick in die Titelleiste des Notizzettels wird dieser auf Vollbildgröße erweitert und auch wieder verkleinert.

Der erste Satz eines Notizzettels wird als Titel für die Anzeige im Arbeitsbereich verwendet.

Verschiedene vordefinierte Ansichten

Sogar die Notizfunktion von Outlook hält verschiedene Ansichten bereit. Klicken Sie auf das Menü *Ansicht/Aktuelle Ansicht*. Hier stellen Sie die verschiedenen Ansichten auf Ihre Bedürfnisse ein.

Falls Sie mit farbigen Notizen arbeiten, nutzen Sie die Ansicht, die Ihre Notizen nach Farben sortiert.

Voreinstellungen für Notizen

Rufen Sie das Menü *Extras/Optionen* auf. Im Register *Einstellungen* finden Sie im Bereich *Notizen* die Schaltfläche *Notizenoptionen*. Hier werden die Standardfarbe, die Vorgabegröße und die Schriftart für die Notizzettel eingestellt.

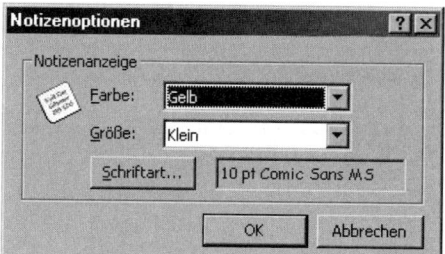

Bild 31.23 *Sogar die Notizzettel haben Voreinstellungen*

Behalten Sie wichtige Notizen geöffnet. Sie werden dann permanent in der Taskleiste angezeigt. Spätestens beim Beenden von Windows 98 werden Sie sich bei Ihnen in Erinnerung rufen. Außerdem lassen sich Notizzettel auch direkt auf dem Desktop von Windows ziehen.

32. Das persönliche Postamt

In diesem Kapitel stellen wir Ihnen die erweiterten Funktionen von Outlook vor. Dabei geht es in erster Linie um die Kommunikation zwischen mehreren Anwendern, sei es innerhalb eines lokalen Netzwerks oder über Email und Fax.

Um die Kommunikationsfähigkeiten von Outlook zu benutzen, muß Ihr Rechner bestimmte Voraussetzungen erfüllen. Für jede Art von Kommunikation exisitieren verschiedene Bausteine. Welche Bausteine dies sind, müssen Sie selbst entscheiden. Wie diese Bausteine, z.B. ein Modem, unter Windows installiert werden, entnehmen Sie der Beschreibung des Gerätes.

32.1 Ihr Briefkasten

Durch einen Klick auf das Symbol *Posteingang* der Outlook-Leiste gelangen Sie in den Ordner der Email-Verwaltung. Im Arbeitsbereich erscheint eine Liste der eingegangenen Post. Die eingegangenen Emails bleiben solange in der Liste, bis Sie sie löschen oder in einen anderen Ordner verschieben.

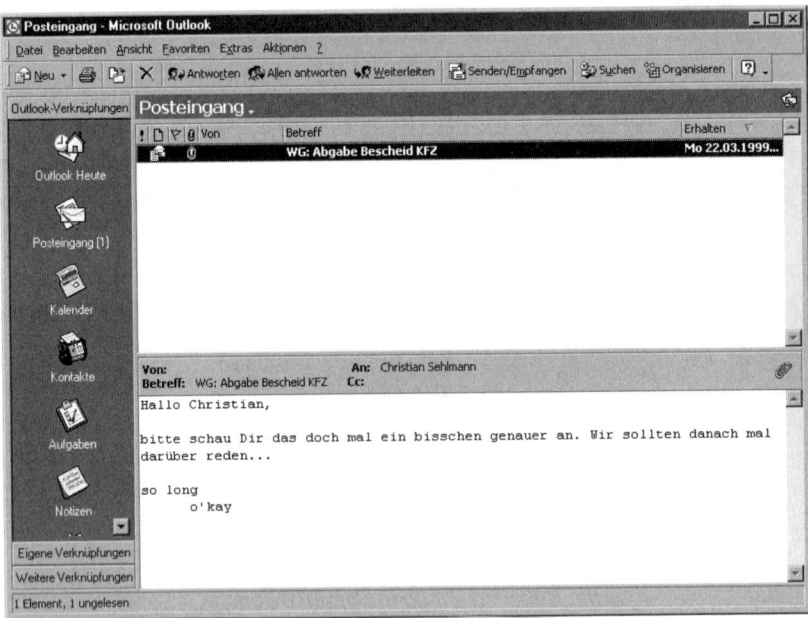

Bild 32.1: Der Posteingang zeigt alle erhaltenen Nachrichten an. Durch den Briefumschlag vor dem Eintrag erkennen Sie, ob eine Mail schon gelesen ist oder noch nicht

Bei der Installation von Outlook 2000 legt das Setup-Programm eine erste Nachricht für Sie an. Microsoft heißt Sie herzlichst Willkommen und stellt in einer Kurzanleitung die wichtigsten Funktionen von Outlook 2000 vor.

Mit Outlook 98 wurde das Vorschaufenster eingeführt. Die Anzeige dieses Fensters erhalten Sie über das Menü Ansicht/Vorschaufenster. *Ist es aktiviert, wird der Arbeitsbereich von Outlook geteilt und im unteren Teil die eigentliche Nachricht angezeigt.*

Eine Nachricht lesen

Um eine Nachricht im eigentlichen Nachrichtenfenster zu lesen, klicken Sie die entsprechende Nachricht doppelt an. Nach dem erstmaligen Öffnen einer Nachricht wird der verschlossenen Briefumschlag im Arbeitsbereich in einen offenen geändert. So behalten Sie immer die Übersicht, welche Emails bereits gelesen wurden.

 Unter Extras/Optionen/Weitere/Vorschaufenster *wird das Verhalten der Ansicht im Vorschaufenster festgelegt. So läßt sich an dieser Stelle festlegen, daß auch ein Lesen im Vorschaufenster eine Nachricht als »gelesen« markiert. Das kann dazu führen, daß neue Emails nicht als solche erkannt werden.*

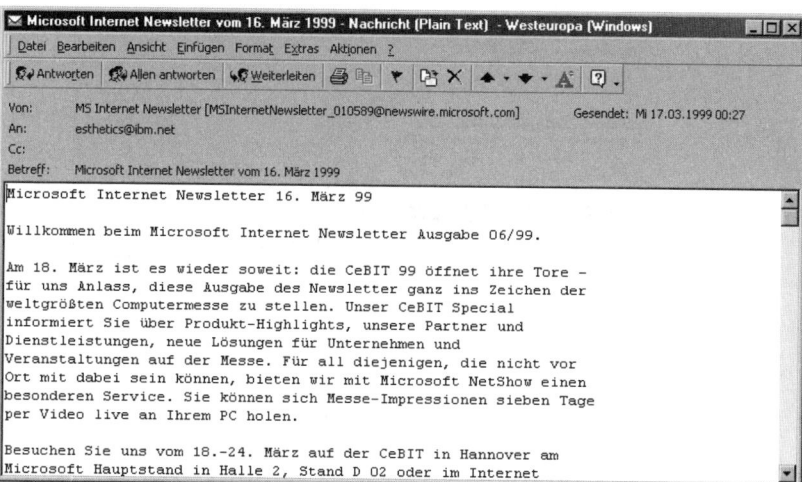

Bild 32.2: Eingegangene Post wird im Nachrichtenformular angezeigt

Neben der reinen Anzeigefunktion lassen sich Nachricht auch bearbeiten, weiterleiten oder beantworten. Dazu stehen Ihnen in der Menü- und in der Symbolleiste die wichtigsten Funktionen zur Verfügung. In der Symbolleiste finden Sie verschiedene Sinnbilder zum Beantworten, Weiterleiten oder Drucken des Dokuments.

Das Nachrichtenfenster kann unabhängig genutzt werden. Selbst wenn Outlook nicht aktiv ist, zeigt es alle wichtigen Funktionen. Diese Eigenschaft nutzen Sie beispielsweise beim Verfassen einer neuen Nachricht über die Shortcut-Leiste von Office.

Maximieren Sie das Fenster auf Bildschirmgröße, und blättern Sie mit den Bildlaufleisten im Text der Microsoft-Email. Hier sind bereits einige Neuerungen und Funktionen von Outlook erklärt.

Eine Nachricht erstellen

Sie haben verschiedene Möglichkeiten, neue Emails zu erstellen. Um eine Email zu schreiben, klicken Sie auf das Symbol *Neue Nachricht* der Symbolleiste. Das Nachrichtenfenster wird geöffnet. Es ist in drei Bereiche aufgeteilt. Der obere Bereich beinhaltet die Titelleiste, die Menüleiste und die Symbolleisten. Mit diesen Leisten erhalten Sie wie üblich Zugriff auf alle Funktionen von Outlook. Der zweite Bereich stellt die Kopfdaten der Email da. In den Kopfdaten werden alle für den Versand benötigten Daten eingegeben. Über die Schaltflächen *An:* und *Cc:* öffnet Outlook eine Übersicht der in den Kontakten definierten Email-Adressen.

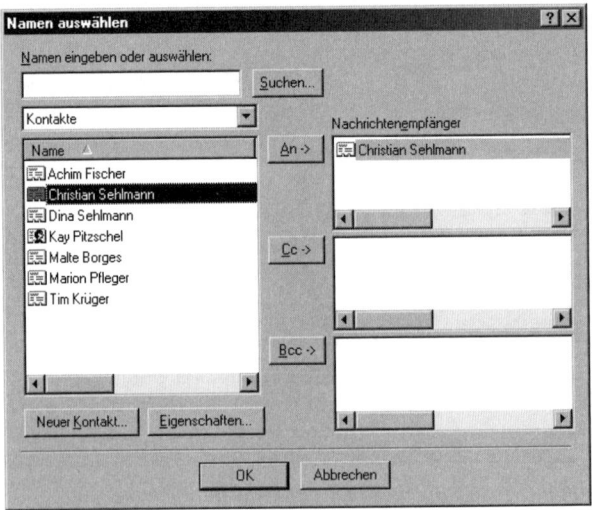

Bild 32.3: Einfacher geht es kaum: Outlook übernimmt die E-Mail-Adresse aus den Kontakten

Um einen Eintrag in die Liste *Empfänger* zu übernehmen, markieren Sie den gewünschten Eintrag und klicken dann auf eine der Schaltflächen An, Cc oder Bcc. Die Abkürzungen auf den Schaltflächen haben folgende Bedeutung:

Kürzel	Bedeutung
An	Normales Anschriftenfeld, wie beim Brief.
Cc	Eine Kopie (Carbon Copy) der Nachricht geht zusätzlich an den hier angegebenen Empfänger. Dessen Name wird anderen Empfängern angezeigt. Zu verwenden wie »Durchschrift an«.
Bcc	(Blind Carbon Copy) Eine Kopie der Nachricht wird an den hier bezeichneten Empfänger versandt. Dieser Name erscheint in der Mail jedoch nicht.

Der dritte Bereich beinhaltet den eigentlichen Text der Nachricht und auch eventuell angehängte Dokumente. Um eine Email während der Arbeit zu speichern, ohne sie gleich zu verschicken, klicken Sie auf die Schaltfläche *Speichern* in der Symbolleiste. Die Email wird dann in den Ordner *Entwürfe* abgelegt und kann von dort jederzeit weiter bearbeitet werden. Über die Schaltfläche *Senden* werden die Emails dann versendet.

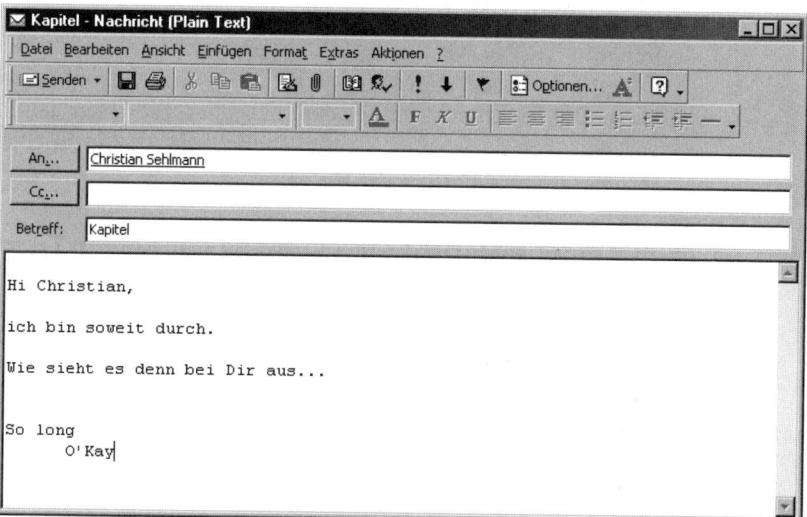

Bild 32.4: Im Nachrichteneditor werden Ihre Emails bequem geschrieben und verschickt

Je nach den eingestellten Optionen wird dann entweder sofort eine Verbindung mit dem Internet aufgebaut, oder die Nachricht wird vorerst in den *Postausgang* gelegt und Outlook wartet mit der Übermittlung auf die nächste Verbindung.

Eine Nachricht beantworten

Der einfachste Weg, eine Nachricht zu erstellen, ist die Antwort auf eine andere Nachricht. Markieren Sie die Nachricht, die Sie beantworten möchten, und klicken Sie dann auf die Schaltfläche *Antworten* in der Symbolleiste. Outlook öffnet daraufhin den Nachrichteneditor, wobei die Kopfdaten der Email bereits ausgefüllt sind. Die Schreibmarke steht schon im Textbereich, und Sie müssen nur noch Ihren Text eingeben. Zur besseren Übersicht wird im Textbereich die ursprüngliche Nachricht »gequotet« – mit vorangestellten spitzen Klammern versehen.

Aktivieren Sie das Kontrollkästchen Extras/Optionen/Einstellungen/E-Mail-Optionen Personen, denen ich antworte, automatisch einfügen in *und wählen Sie als Ordner Ihren Kontaktordner aus. So stellen Sie sicher, daß jede Emailadresse in Ihren Kontaktordner eingetragen wird und Sie so keine Adresse verlieren.*

Eine Nachricht löschen

Genauso wichtig wie das Erstellen von Nachrichten ist wohl das Löschen. Um eine Nachricht zu löschen, klicken Sie das Symbol *Löschen* der Symbolleiste. Die Nachricht wird aus dem aktuellen Ordner in den Papierkorb verschoben. Von dort haben Sie die Möglichkeit, die Nachricht wieder herzustellen oder endgültig zu entfernen.

Aus einer Nachricht eine Aufgabe oder einen Termin erstellen

Einer Ihrer Kunden schreibt Ihnen ein Email, in der er um die Zusendung eines Vertrages bittet. Dies ist eine neue Aufgabe für Sie. Damit Sie die gesamte Aufgabe nicht neu anlegen müssen, arbeitet Outlook mit Drag&Drop. Ziehen Sie die Mail direkt aus dem Arbeitsbereich mit der Maus auf das Symbol *Aufgaben* der Outlook-Leiste. Outlook öffnet sofort das Aufgabenfenster, in dem Sie weitere Eckdaten der Aufgabe festlegen. Im Aufgabentext finden Sie die Email mit allen relevanten Daten wieder.

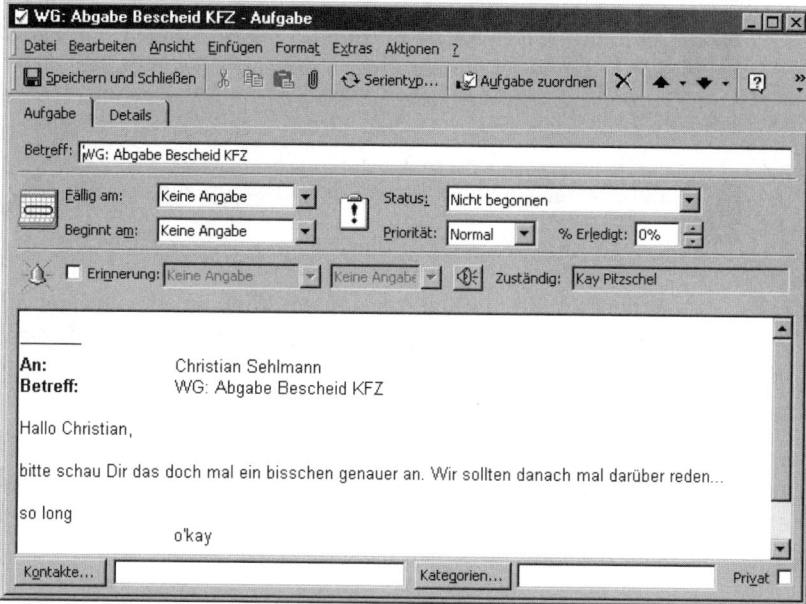

Bild 32.5: Per Drag&Drop werden bequem aus Emails Aufgaben oder Termine erstellt

Notizen aus empfangener Post heraus erstellen

Nehmen wir an, Sie möchten sich einen Merkzettel mit einer wichtigen Passage der Nachricht anfertigen. Markieren Sie dazu beispielsweise die erste Textpassage »Microsoft Outlook ist ein Desktop Information Management-Programm« aus der Microsoft-Mail, und kopieren Sie den markierten Text mit *Bearbeiten/Kopieren* in die Zwischenablage.

Anschließend wählen Sie *Datei/Neu/Notiz*. Eine leere Notiz wird eingeblendet. Übernehmen Sie den Inhalt der Zwischenablage mit *Bearbeiten/Einfügen* oder (Strg)+(V) in die Notiz.

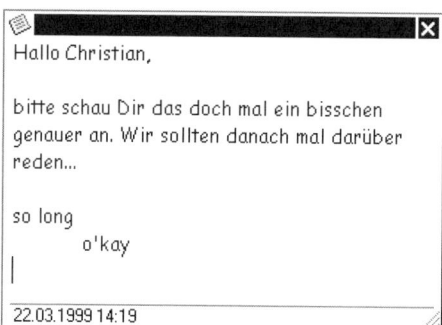

Bild 32.6: Der Ordner Notiz nimmt die kurze Information aus der Nachricht auf

Alternativ haben Sie natürlich auch die Möglichkeit, mit der Tastenkombination [Strg]+[C] die Kopie des markierten Textes zu erstellen.

 Notizzettel können auch auf dem Desktop abgelegt werden.

Schließen Sie die Notiz mit einem Klick auf das Symbol *Schließen* in der Titelleiste. Es erscheint keine Sicherheitsabfrage zum Speichern des Dokuments. Die Notiz wird automatisch im Ordner *Notizen* abgelegt.

Optionen für Nachrichten

Während Sie eine Nachricht verfassen, lassen sich spezielle Optionen für die Nachricht angeben. Durch einen Klick auf die Schaltfläche *Optionen* in der Symbolleiste öffnen Sie die Dialogbox *Optionen*.

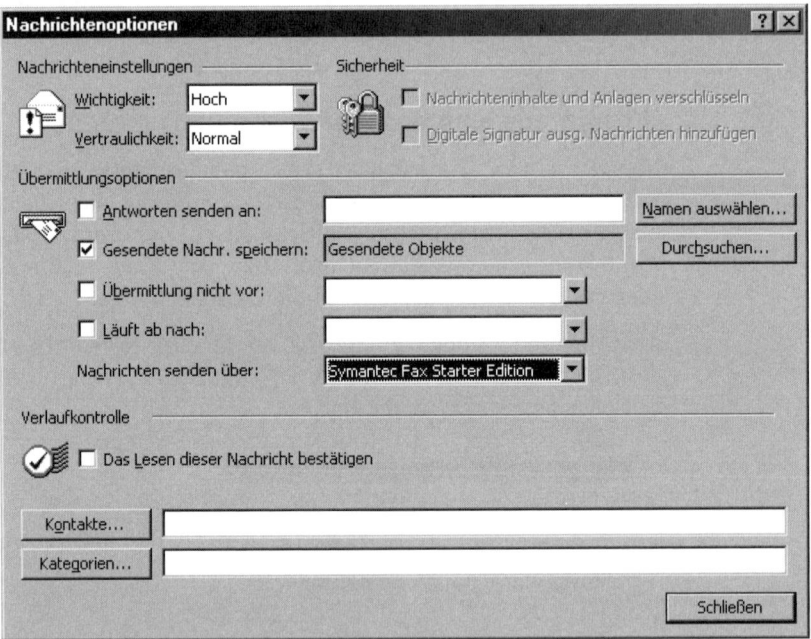

Bild 32.7: Einstellungen zur Dringlichkeit, dem Verfall und der Bestätigung beim Versenden stellen zusätzliche Steueroptionen dar

Outlook kennt unterschiedliche Prioritätsstufen für Nachrichten. Besonders bei einer großen Zahl von Einträgen im Posteingang behalten Sie so die Übersicht. Normalerweise wird eine Nachricht bereits mit der vorgesehenen Prioritätsstufe versandt, aber auch ein nachträgliches Verändern der Einstufung ist möglich. Klicken Sie dazu auf den Pfeil neben dem Listenfeld *Wichtigkeit*. Hier haben Sie die Wahl zwischen den Prioritätsstufen *Hoch*, *Normal* und *Niedrig*.

Im Feld *Vertraulichkeit* wird die vom Absender vergebene Vertraulichkeitsstufe angezeigt, die sich nicht verändern läßt. Das Kontrollkästchen *Nachricht verfällt am* ermöglicht die Festlegung eines Verfallsdatums. Nachrichten, deren Verfallsdatum abgelaufen ist, werden im Posteingang durchgestrichen. Aktivieren Sie dazu das Kontrollkästchen *Verfällt nach:*. Um jetzt das Verfallsdatum einzustellen, geben Sie entweder das entsprechende Datum ein oder wählen es aus dem Kalender. Mit Hilfe der Pfeiltasten wechseln Sie den Monat. Durch einen Klick auf den entsprechenden Tag übernehmen Sie das Datum in das Listenfeld.

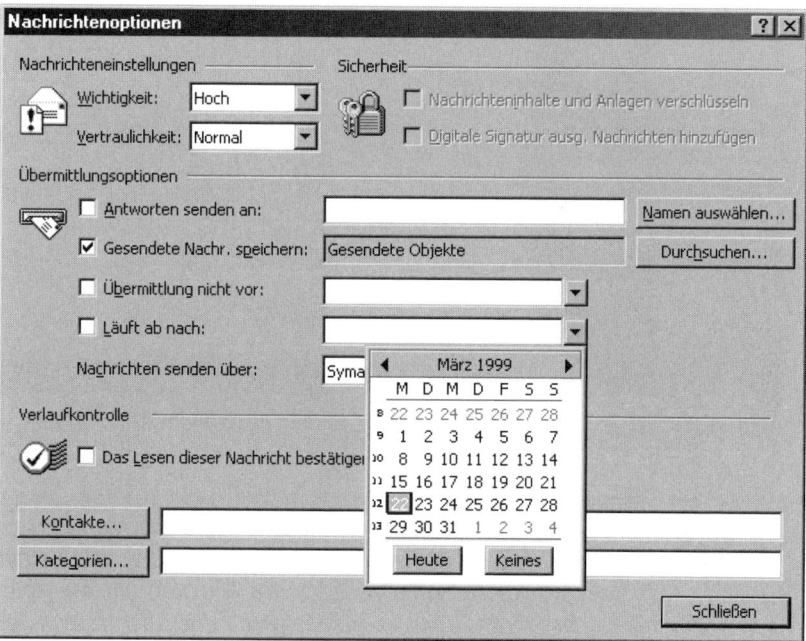

Bild 32.8: Im Kalender wird das »Verfallsdatum« einer Nachricht festgelegt

Auch an dieser Stelle sind die erweiterten Datumseingaben von Outlook möglich. Tragen Sie zum Beispiel in das Listenfeld »nächste Woche« ein. Outlook wandelt dies in ein konkretes Datum um.

Der Postausgang – die letzte Kontrolle

Unter der Gruppe *Eigene Verknüpfungen* der Outlook-Leiste finden Sie den Ordner *Postausgang*. In diesem Ordner werden alle Emails von Outlook geschoben, die zum Versenden anstehen. Im Arbeitsbereich sind diese Emails aufgelistet. Durch einen Doppelklick auf eine Mail wird diese wieder zur Bearbeitung geöffnet. Nach einer erfolgreichen Übertragung verschiebt Outlook diese Nachrichten automatisch in den Ordner *Gesendete Objekte*. Ein Klick auf die Schaltfläche *Senden und Empfangen* – so starten Sie die Email-Übertragung.

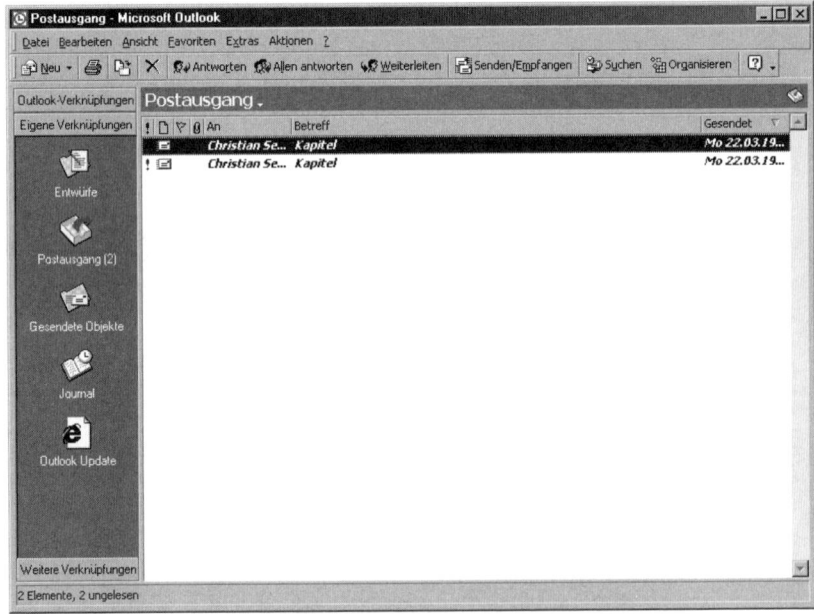

Bild 32.9: Der Postausgang bewahrt alle Emails bis zur Übertragung auf

Wenn Sie in einem Netzwerk arbeiten, heißt das noch lange nicht, daß der Empfänger eine Internet-Mail auch gleich erhält. In solch einer Konstellation übernehmen spezielle Email-Server die Weiterleitung: Sie fragen in bestimmten Rhythmen die Internet-Postfächer ab und übermitteln dabei gleichzeitig die aufgelaufenen Mails. In diesem Fall bietet sich die Verlaufskontrolle an: Sie erhalten eine Mail, wenn Ihre Nachricht übermittelt worden ist.

32.2 Die Faxverwaltung

Mit Outlook 97 war es möglich, über die Faxdienste von Windows Emails auch als Faxe zu verschicken und zu empfangen. Dieses Konzept wurde mit Outlook 98 überarbeitet, denn die Windows-Faxdienste wurden durch die »Symantec Winfax Starter Edition Version 1.0« ersetzt. In Outlook 2000 wurde dies beibehalten, nur wurde auch die Starter Edition auf einen höheren Versionsstand gebracht. In der aktuellen Version 2.0 tut sie mit Outlook 2000 nun ihren Dienst; dennoch sind einige Besonderheiten im Umgang zu beachten.

Die Aktivierung der Faxdienste

Diese Faxfunktionalität steht nur Benutzern zur Verfügung, die beim Setup die Option *Nur via Internet* angegeben haben. Sollten Sie die Option *Unternehmen oder Arbeitsgruppe* angegeben haben, um mit einem Exchange-Server zu kommunizieren, so muß Ihnen Ihr Systemadministrator die Faxfunktionalität vom Exchange-Server zur Verfügung stellen. Die andere Möglichkeit ist die Umstellung auf die Option *Nur via Internet*.

Diese Rückstellung war bei Outlook 98 noch nicht möglich – dort war eine komplette Neuinstallation von Outlook notwendig.

Rufen Sie das Menü *Extras/Optionen/E-Mail-Übertragung* auf und klicken auf die Schaltfläche *E-Mail-Unterstützung neu konfigurieren*. Outlook öffnet daraufhin das Fenster *E-Mail-Dienste,* in dem Sie zwischen beiden Optionen wählen können.

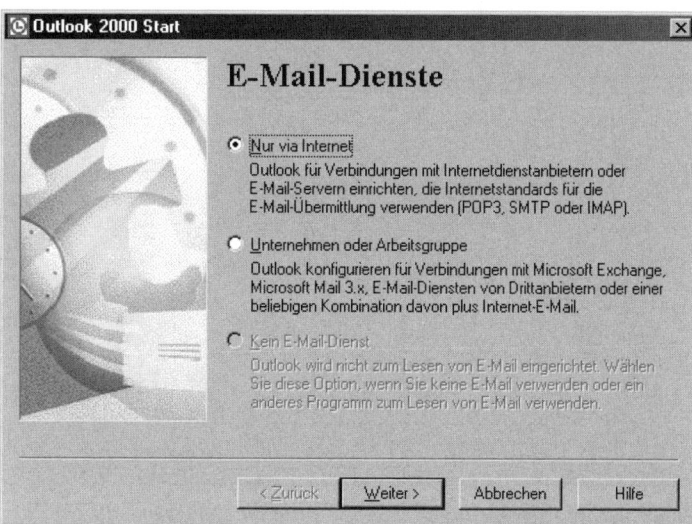

Bild 32.10: Nur mit der Option Nur via Internet *lassen sich Faxe von Outlook mit dem eigenen Computer verschicken*

Ist dieser Schritt getan, müssen Sie noch das *»Symantec« Add-In* aktivieren. Rufen Sie dazu den Add-In-Manager von Outlook über Menü *Extras/Optionen/Weitere/Erweiterte Optionen/Add-In-Manager* auf.

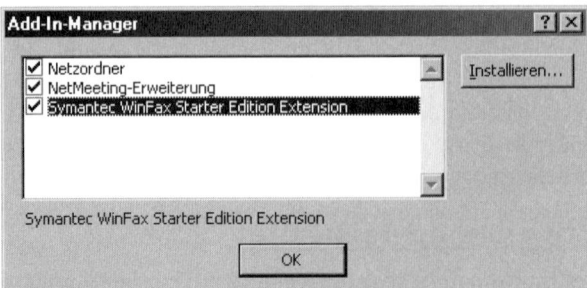

Bild 32.11: Der Add-In-Manager handlet für Sie die zusätzliche Funktionen von Outlook 2000

In dem Dialog *Add-In-Manager* aktivieren Sie nun das Kontrollkästchen vor der Zeile »Symantec WinFax Starter Edition Extensions«.

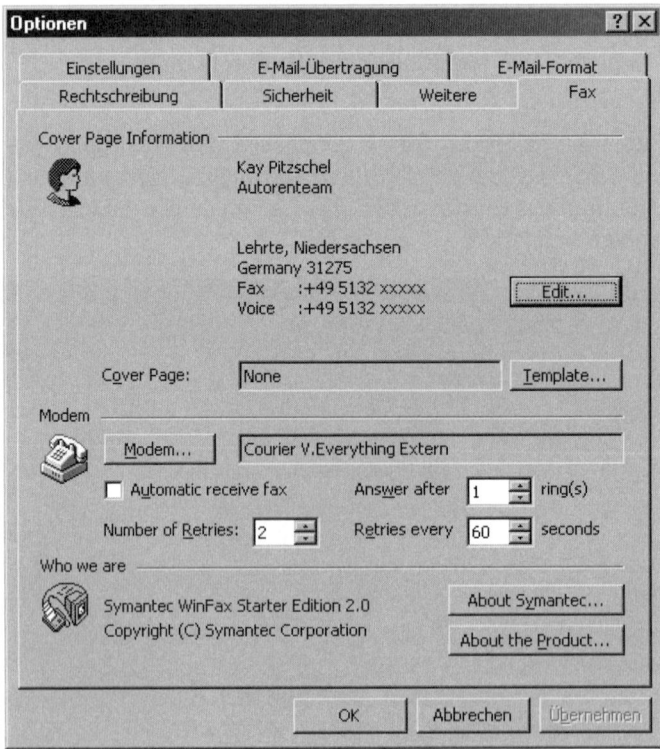

Bild 32.12: In der Registerkarte Fax *legen Sie die Einstellungen für Ihr Fax fest*

Sollten die Winfax Extensions nicht im Add-In-Manager zu sehen sein, müssen Sie sie über das Office-Setup nachinstallieren.

Schließen Sie den Add-In-Manager und auch alle anderen Fenster bis auf Outlook selbst. Rufen Sie nun erneut das Menü *Extras/Optionen* auf. Klicken Sie jetzt auf die neue Registerkarte *Fax*.

Treffen Sie hier die Grundeinstellungen und schließen dann das Fenster mit *OK*.

Arbeiten mit dem Faxsystem

Nach der kompletten Installation des Faxmoduls verwaltet Outlook 2000 Faxempfänger genauso wie die Email-Empfänger. Es können genauso Emails geschrieben und versendet werden. Geht ein neues Fax ein, so wird Ihnen dies auch im Posteingang angezeigt.

32.3 Das Internet

Natürlich unterstützt Outlook Sie auch durch verschiedene Internet-Funktionen. Auch werden URLs (Hyperlinks zu Internet-Seiten, siehe Kapitel 50) und Email-Adressen im Nachrichtentext als solche gekennzeichnet. Dazu ist es allerdings notwendig, daß das Email-Format auf *HTML* und nicht auf *Nur-Text* steht.

 Zum schnellen Umschalten der verschiedenen Email-Formate rufen Sie das Menü Format/Nur-Text oder /HTML auf, während Sie eine Nachricht schreiben.

Der Empfänger kann dann durch einen Klick mit der Maus diese Adresse direkt ansteuern und sich das Ganze »vor Ort« ansehen. Umgekehrt gilt dies natürlich auch für Sie: Empfangen Sie eine E-Mail, in der die Adresse einer Internet-Seite angegeben ist, so können Sie diese durch einen Mausklick besuchen – der Internet-Explorer startet automatisch. Diese Links werden von Outlook in blauer Farbe dargestellt. Folgende Hyperlinks sind unter Outlook zu benutzen:

ftp//
ftp steht für File Transfer Protocol. Mit ihm werden im Internet Dateien versendet.

http:://
http steht für Hypertext Transfer Protocol. Über dieses Protokol werden Web-Seiten übertragen.

mailto

mailto: gefolgt von einer Emailadresse veranlaßt Outlook dieses als gültige Adresse zu akzeptieren. Bei einem Klick auf diesen Hyperlink wird der Nachrichteneditor gestartet.

news:

news steht für Nachrichtenbretter, die im Internet als »Newsgroups« bezeichnet werden.

outlook:

Outlook hat für seine eigenen Ordner eigene Hyperlinks. Z.B. steht der Hyperlink Outlook:Notizen für den Ordner Notizen.

file://

Gibt einen Verweis auf eine Datei auf einem Laufwerk an.

telnet://

Öffnet eine Telnetsitzung auf Ihrem Computer.

Dies sind nur die wichtigsten Hyperlinks, für eine vollständige Liste schauen Sie in der Onlinehilfe unter »Hyperlinks« nach.

Die Kontakte und das Internet

Bei den Kontakten werden wohl die meisten Informationen für die Zusammenarbeit mit dem Internet gesammelt. So werden für jeden Kontakt drei Email-Adressen, eine Homepage, die Netmeeting-Angaben und die Internet Frei-/Gebucht-Zeiten hinterlegt. All diese Einstellungen werden über das Internet verwendet.

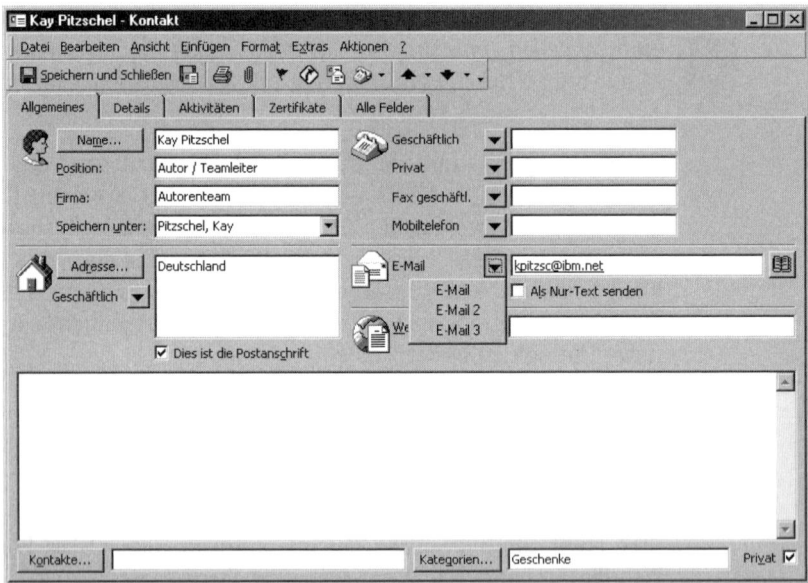

Bild 32.13 Auf jeder Kontaktkarte werden verschiedene Informationen zur Internet-Erreichbarkeit hinterlegt

Die Termine und das Internet

Bei der Terminverwaltung treten zwei Verbindungen mit dem Internet auf. Zum einen können eigene Frei-/Gebucht-Zeiten auf einer Webseite hinterlegt werden, zum anderen greift der Terminkalender auf die Frei-/Gebucht-Zeiten anderer zu, solange sie in den Kontakten hinterlegt sind. Auch für Terminabstimmungen werden die Email-Adressen aus den Kontakten herangezogen.

Der Internet Explorer 5 und Outlook 2000

Die zuvor beschriebenen Internetfunktionen zeichnen schon ein deutliches Bild vom Funktionsumfang von Outlook. Neue Funktionen in Zusammenarbeit mit anderen Programmen erhalten Sie im Zusammenspiel mit dem Internet Explorer 5, kurz »IE5«. Beide Programme kommen aus dem Hause Microsoft und sind dementsprechend aufeinander abgestimmt.

Rufen Sie im Internet Explorer eine WebSite auf. Über das Menü *Datei/Senden/Seite als Email* senden Sie diese Site an einen Email-Empfänger mit Outlook. Sie sollten jedoch darauf achten, daß dieser Empfänger sich auch HTML-Seiten mit seinem Email-Programm anzeigen lassen kann. Eine Alternative dazu ist das Versenden des Links und nicht der eigentlichen Seite. Dies wird im selben Menü gemacht wie das Senden, nur Sie wählen dann den Punkt *Link als Email* aus der Liste.

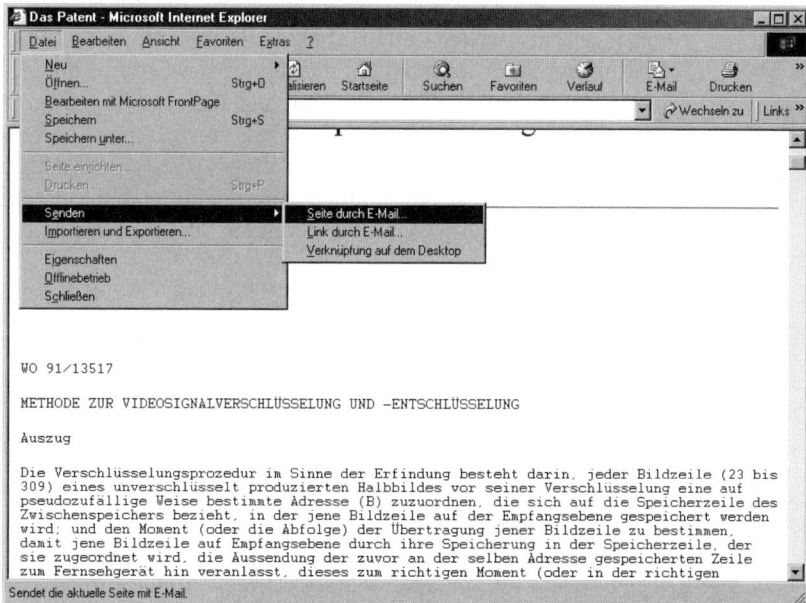

Bild 32.14 *Internet Explorer 5 und Outlook 2000 bilden ein aufeinander abgestimmtes Team*

Der Internet Explorer startet daraufhin den Nachrichteneditor, in dem Sie die Kopfdaten eingeben können. Im Nachrichtentext ist entweder die Webseite zu sehen oder eine Datei mit einem Verweis auf diese Webseite angehängt. Nach dem Senden gelangen Sie sofort zurück zum Internet Explorer. Auch wenn Sie im Internet Explorer eine Email-Adresse anklicken, wird sofort Outlook 2000 gestartet.

Im Menü Extras/Internet-Optionen *sehen Sie auf der Registerkarte* Programme, *in welchen Bereichen die beiden Programme miteinander arbeiten.*

News mit Outlook Express

Außer Emails gibt es noch einen anderen großen Bereich der elektronischen Kommunikation – die »News«. Das Wort bedeutet wörtlich übersetzt »Neuigkeiten«. Internet-News sind aufgeteilt in verschiedene Foren, den »Newsgroups«, die nach Themengebieten sortiert sind. Für alles gibt es entsprechende Newsgroups, und bei Bedarf werden zusätzliche von den Systembetreibern eingerichtet. Zur Zeit existieren bei T-Online ca. 10.000 verschiedene Foren, die Sie abrufen können. Einige News-Server speichern bis zu 20.000 Newsgroups. Die meisten Newsgroups sind in der Sprache Englisch, jedoch gibt es Hunderte, die auch in Deutsch verfügbar sind.

Das System hinter den News ist ganz einfach. Jede Nachricht, die geschrieben wird, wird an alle Server weitergeleitet, die diese Newsgroup abonniert haben – und das weltweit! So haben die Newsgroups einen immensen Verbreitungsgrad. Es ist möglich, daß einige Newsgroups einen Leserkreis von mehr als 10.000 Menschen haben und daß pro Tag mehr als 1000 neue Nachrichten kommen. Allerdings fallen diese Zahlen im Regelfall weit geringer aus, so daß noch ein vernünftiges Arbeiten möglich ist. Alle Nachrichten einer Newsgroup können von jedem gelesen werden, und diejenigen, die eine Frage stellen oder zu einem Thema etwas beitragen möchten, können dies tun.

Outlook 2000 unterstützt diese Art von elektronischer Post über ein Unterprogramm, das als Teil des Internet Explorer 5 mitgeliefert wird – Outlook Express 5. Klicken Sie in der Outlook-Menüleiste auf *Ansicht/Gehe zu* auf den Eintrag *News*. Bei dem ersten Aufruf benötigt Outlook Express von Ihnen noch einige Informationen bezüglich der Zugangsdaten zum Provider und Ihrer Adressdaten.

Bei der Angabe Ihrer Email-Adresse sollten Sie vorsichtig sein und genau überlegen, welche Newsgroups Sie lesen möchten. Einige Firmen haben »Daemons« laufen, die alle Email-Adressen aus einer Newsgroup in eine Datenbank schreiben, so daß sie danach für Werbemails benutzt werden können.

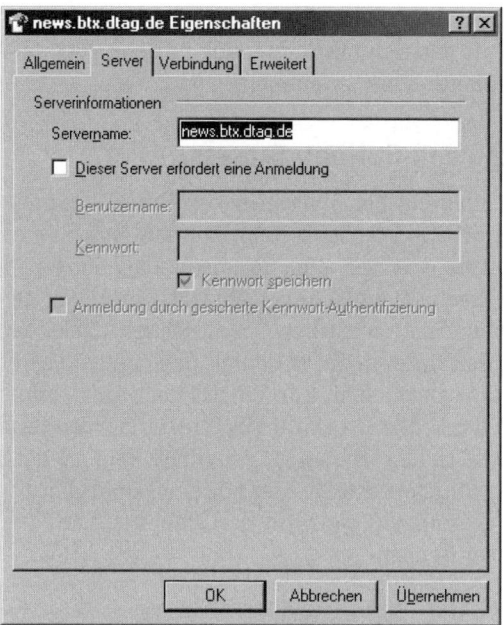

Bild 32.15 Vor dem Diskutieren in Newsgroups müssen News-Server definiert werden. Dabei sind Sie nicht auf einen einzigen begrenzt

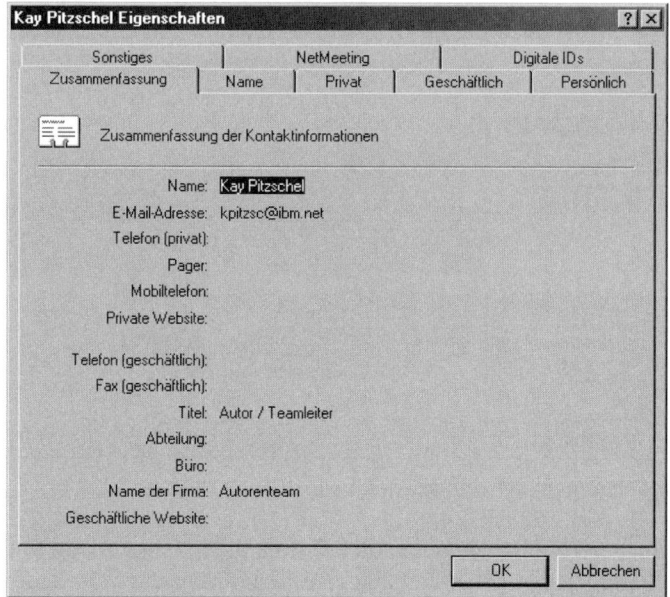

Bild 32.16 Outlook Express 5 benutzt den selben Kontaktordner wie Outlook 2000. Allerdings werden nur die Felder angezeigt, die direkt mit Emails zu tun haben

Im Gegensatz zu Outlook 98 und dem alten Outlook Express arbeitet Outlook Express 5 mit dem Kontaktordner aus Outlook 2000; allerdings ist die Anzeige der Kontakte stark vereinfacht.

Die Oberfläche von Outlook Express

Auf den ersten Blick hat der Bildschirm von Outlook Express 5 eine starke Ähnlichkeit mit dem von Outlook 2000, nur daß einige Bereiche fehlen. In der Titelleiste steht wie bei allen Microsoft-Programmen der Programmname. Darunter ist die Menüleiste angebracht. Unter der Menüleiste befindet sich die Symbolleiste mit ihren Schaltflächen. Links darunter ist eine Ordnerliste mit den Ordnern *Postausgang, Gesendete Objekte, Gelöschte Objekte* und *Entwürfe* angebracht. Zur Zeit ist noch kein Ordner für die News angelegt. Unter der Ordnerliste wird ein Fenster mit den bestehenden Kontakten angezeigt. Rechts neben der Ordnerliste liegt wieder die Arbeitsfläche. Beim ersten Start werden Sie hier mit einer Übersicht begrüßt. Klicken Sie den Ordner *Gesendete Objekte* in der Ordnerliste an. Die Arbeitsfläche springt auf diesen Bereich um.

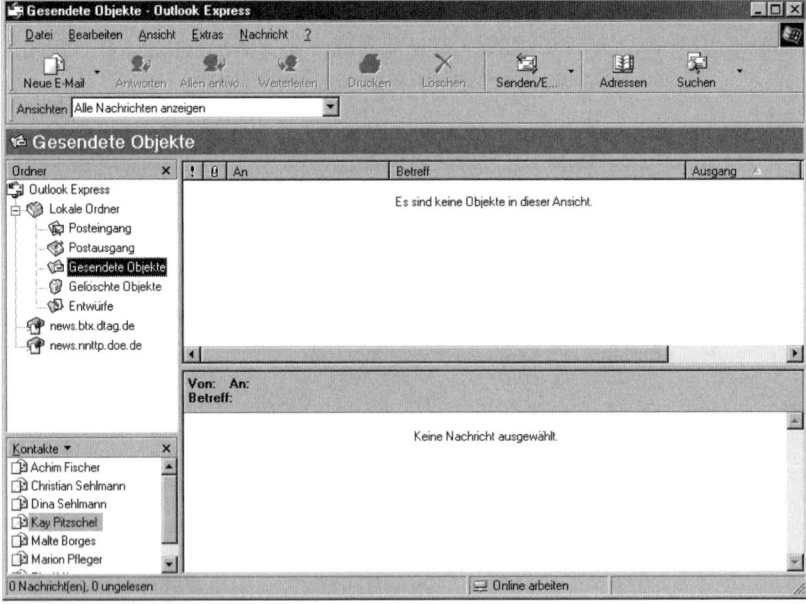

Bild 32.17: Die Darstellung der Ordner entspricht der von Outlook 2000

Auch der Aufbau der einzelnen Ordner entspricht der von Outlook 2000. Im oberen Teil ist die Arbeitsfläche und darunter das Vorschaufenster mit den entsprechenden Kopfdaten.

Die Anzeige der einzelnen Bildschirmelemente lässt sich unter Outlook Express 5 anpassen. Rufen Sie dazu das Menü *Ansicht/Layout* auf. Deaktivieren oder aktivieren Sie an dieser Stelle die von Ihnen benötigten Bildschirmelemente. Achtung! Das Kontrollkästchen vor der Outlookleiste zeigt nicht die eigentliche Outlookleiste von Outlook 2000, sondern eine eigene!

Einrichten eines News-Servers

Um Newsgroups zu beziehen, muß Outlook Express wissen, woher diese kommen. Rufen Sie das Menü *Extras/Konten* auf.

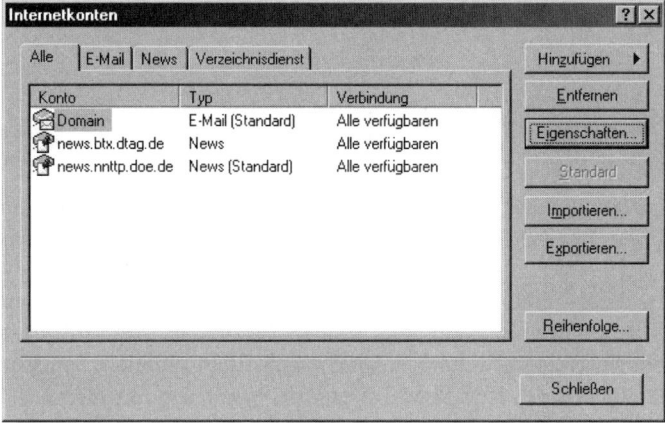

Bild 32.18: Die Dialogbox Internetkonten *zeigt Ihnen eine Übersicht über alle aktuellen Internetanbindungen*

Outlook Express ist wie Outlook 2000 in der Lage, mehrere Internetkonten zu verwalten. Beim ersten Start ist aber noch keine definiert. Klicken Sie auf die Schaltfläche *Hinzufügen* und dann im Untermenü auf den Eintrag *News*. Es wird der Assistent für den Internetzugang aufgerufen. Wie bei der Einrichtung Ihrer Email werden Sie zuerst nach dem Namen gefragt, der in Ihren Nachrichten angezeigt werden soll. Tragen Sie ihn in dem Eingabefeld ein, und klicken Sie dann auf *Weiter*. Als nächstes möchte der Assistent Ihre Email-Adresse haben. Jeder Nachricht, die Ihr System verläßt, wird diese Email-Adresse als Absender hinzugefügt, damit andere Personen Ihnen antworten können. Rufen Sie die nächste Dialogbox über *Weiter* auf.

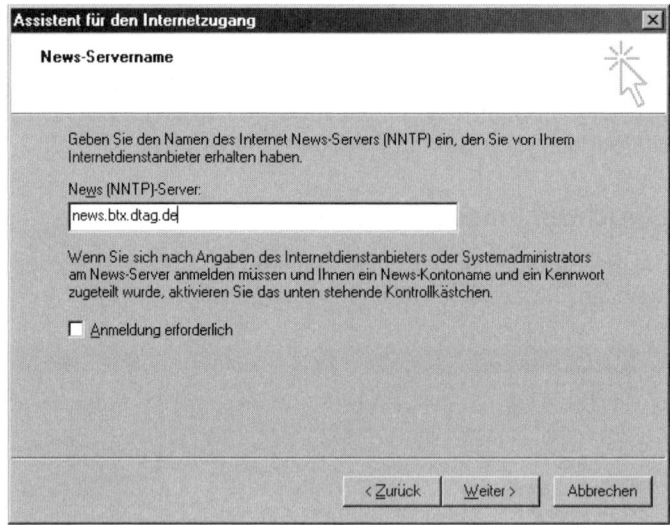

Bild 32.19: Die Angabe des News-Servers ist unumgänglich. Sie erhalten den Namen von Ihrem Internet-Provider. Hier sehen Sie die Adresse des Telekom-News-Servers

In dieser Dialogbox müssen Sie den Namen Ihres News-Servers angeben. Falls Sie ihn nicht kennen, wenden Sie sich an Ihren Internetprovider. Falls der News-Server eine gesonderte Anmeldung braucht, müssen Sie das Kontrollkästchen *News-Server erfordert Anmeldung* aktivieren.

Sie werden dann im weiteren Verlauf der Installation aufgefordert, die Zugangsdaten einzugeben. Klicken Sie auf *Weiter,* um zur nächsten Dialogbox zu gelangen. Der Assistent benötigt nun noch einen Namen für diesen Zugang und bietet Ihnen standardmäßig den Namen des News-Servers an. Übernehmen Sie ihn mit einem Klick auf *Weiter.*

Der Verbindungstyp legt die Art der Verbindung zum News-Server fest. Wählen Sie die Option aus, die für Ihr System richtig ist. Je nach Auswahl verändern sich ab hier einige Dialogboxen. Für einen Großteil der Leser wird die Auswahl *Über Modem verbinden* zutreffen, so daß wir im folgenden darauf eingehen. Klicken Sie auf *Weiter,* um mit der Installation fortzufahren. Wenn die Anwahl an den News-Server über Modem geschieht, muß der Modemtyp festgelegt werden – wählen Sie das zu verwendende Modem aus dem Listenfeld aus. Klicken Sie anschließend auf *Weiter.* Falls Sie noch keine DFÜ-Netzwerkverbindung angelegt haben, müssen Sie nun eine erstellen. Die meisten Internetprovider bieten dafür FAQ-Listen (häufig gestellte Fragen) an.

FAQ
Frequently Asked Questions Eine Liste der am häufigsten gestellten Fragen. Die FAQ sind im Internet häufig vertreten und zu fast jedem Themengebiet zu erhalten.

Erstellen Sie eine neue Netzwerkverbindung, oder markieren Sie eine bereits bestehende, und bestätigen Sie die Auswahl. Um das Konto nun endgültig anzulegen, klicken Sie auf die Schaltfläche *Fertigstellen*. Nachdem Outlook Express das Konto angelegt hat, erscheint es in der Dialogbox *Internetkonten*. Um diese Dialogbox zu schließen, klicken Sie auf die gleichnamige Schaltfläche.

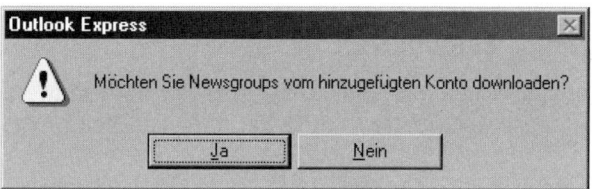

Bild 32.20: Nachdem der neue News-Server definiert wurde, bietet Outlook Express gleich an, eine neue Newsgroupliste herunterzuladen

Outlook Express stellt fest, daß ein neues Internetkonto erstellt wurde. Zur Arbeit mit dem Konto muß eine Liste der Newsgroups vom Server geladen werden. Bestätigen Sie die Dialogbox mit *Ja*.

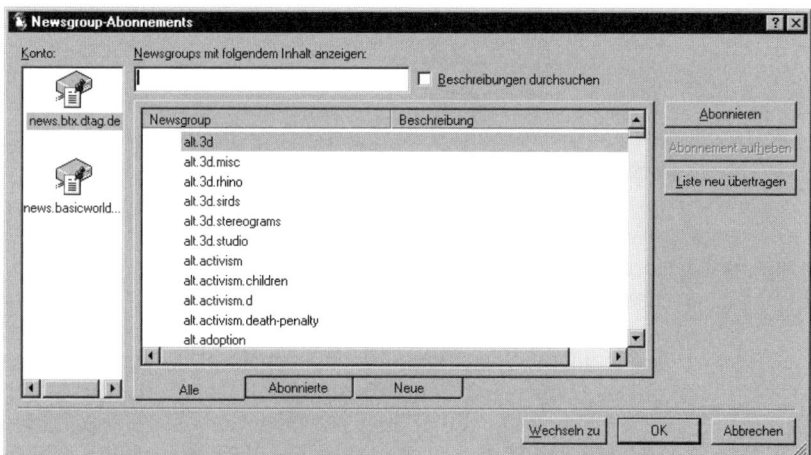

Bild 32.21: Die News-Serververwaltung geschieht über die Dialogbox Newsgroups Abonnements

Falls Sie noch nicht mit dem Internet verbunden sind, meldet Outlook Express dies durch eine weitere Dialogbox. Bestätigen Sie diese Box mit *Ja*, um die Verbindung mit dem Server aufzunehmen. Outlook Express sucht dann nach dem definierten News-Server. Sollte alles klappen, überträgt Outlook Express die komplette Liste mit den zur Verfügung stehenden Newsgroups.

Je nach Anbieter ist der Umfang der angebotenen Newsgroups unterschiedlich. Falls Sie unbedingt eine nicht zur Verfügung stehende Newsgroup brauchen, wenden Sie sich an Ihren Internetprovider, oder versuchen Sie es mit einem anderen News-Server.

Wenn die Liste übertragen ist, schließen Sie die Dialogbox *Newsgroup-Abonnements* und klicken in der Symbolleiste auf *Verbindung trennen*.

Newsgroups abonnieren

Um ständig über den neuesten Stand einer Newsgroup unterrichtet zu sein, können Sie sie abonnieren. Rufen Sie dazu das Menü *Extras/Newsgroups* auf.

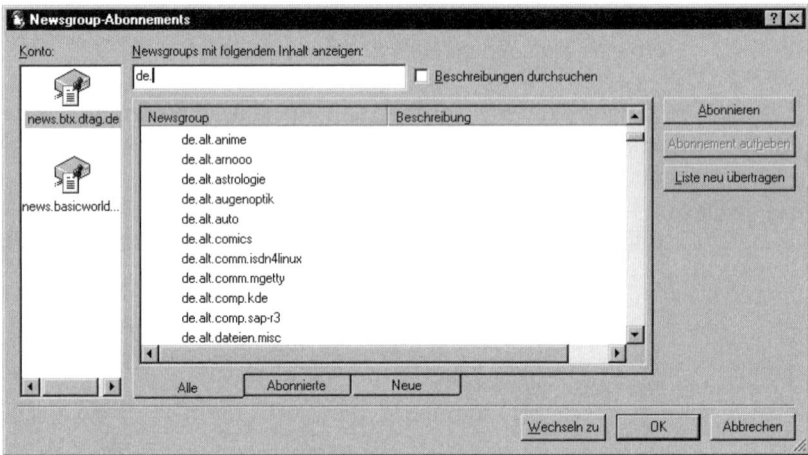

Bild 32.22: In der Dialogbox Newsgroup-Abonnements *werden Ihnen alle zur Verfügung stehenden Newsgroups angezeigt*

Die Dialogbox *Newsgroup-Abonnements* besteht aus drei Registerkarten und einem Eingabefeld darüber. Auf der linken Seite der Dialogbox befinden sich Symbole für die definierten News-Server. Die Registerkarten beziehen sich auf den Status der Newsgroups. Die Registerkarte *Alle* zeigt Ihnen alle zur Verfügung stehenden an, die Karte *Abonnierte* die von Ihnen abonnierten und die Registerkarte *Neue* alle neuen Newsgroups. Über das Eingabefeld können Sie Begriffe innerhalb der Namen der Newsgroups suchen. Um eine Newsgroup zu abonnieren, führen Sie entweder einen Doppelklick auf den Namen durch, oder Sie markieren den Namen und klicken anschließend auf *Abonnieren*.

Obwohl die Namen der Newsgroups auf den ersten Blick ziemlich undurchschaubar sind, steckt doch eine gewisse Logik dahinter. Die Namen setzen sich aus diversen Abkürzungen zusammen, wie »de« für deutschsprachig und »comp« für Computer.

Um eine Newsgroup wieder abzubestellen markieren Sie wieder den Namen und klicken dann auf *Abonnement aufheben*. Nach Abschluß aller Änderungen klicken Sie auf *Ok*.

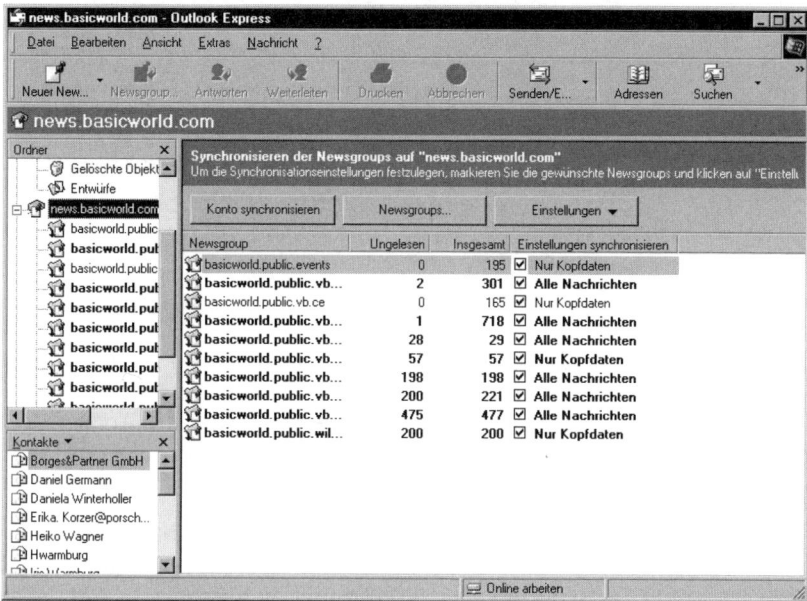

Bild 32.23: *Die Ordnerliste gibt Ihnen Auskunft über die kontaktierten News-Server und die abonnierten Newsgroups*

Abonnierte Newsgroups vom Server holen

Die Newsgroups sind abonniert, doch wie können Sie sie jetzt lesen? Klicken Sie in der Arbeitsfläche mit der rechten Maustaste eine der abonnierten Newsgroup an. Wählen Sie im Kontextmenü den Eintrag *Einstellungen synchronisieren* an.

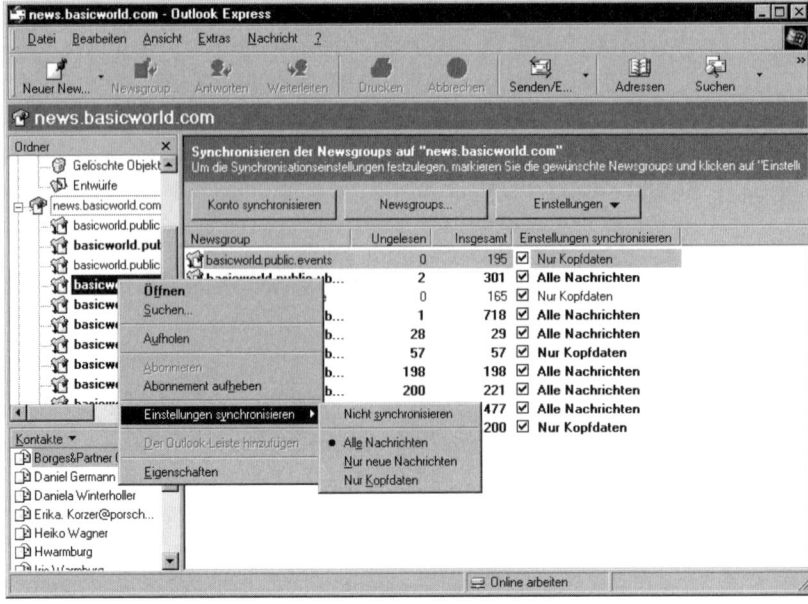

Bild 32.24: *Über das Kontextmenü einer Newsgroup wird diese zu Übertragung markiert*

Outlook Express öffnet ein Untermenü, das die Art der Übertragung festlegt. Dabei haben Sie die Auswahl zwischen:

- *Nur Neue Kopfdaten*
  Es werden nur die Kopfdaten der neuen Nachrichten heruntergeladen. Diese Einstellung eignet sich hervorragend, um eine Übersicht einer aktuell laufenden Diskussionen zu bekommen. Statt der gesamten Nachricht lädt Outlook Express nur die erste Zeile einer Mitteilung – die Kopfdaten eben.

- *Nur Neue Nachrichten*
  Es werden alle neuen Nachrichten heruntergeladen. Haben Sie sich für eine Newsgroup entschieden, werden mit dieser Option alle neuen Nachrichten komplett übertragen.

- *Alle Nachrichten*
  Es werden alle Nachrichten dieser Newsgroup heruntergeladen. Bei einigen Newsgroups sind Bilder in den Nachrichten integriert. Diese Newsgroups sind also sehr groß, und die Übertragung dauert lange.

- *Nicht synchronisieren*
  Die Art der Übertragung wird wieder zurückgesetzt.

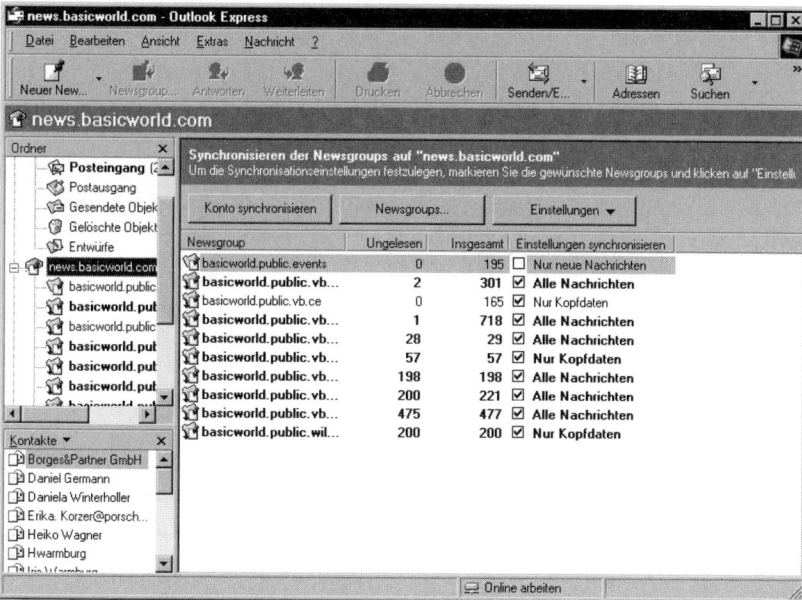

Bild 32.25: In der Ordnerliste wird Ihnen angezeigt, daß verschiedene Newsgroups zum Synchronisieren markiert sind

Ein kleiner blauer Pfeil in der Ordnerliste zeigt an, daß diese Newsgroup synchronisiert wird. Rufen Sie nun das Menü *Extras/Alle Synchronisieren* auf. Outlook Express lädt nun alle markierten Newsgroups auf Ihr System, so daß der News-Server und Ihr System die selben Nachrichten haben. Für das Lesen der Nachrichten können Sie Ihre Internetverbindung kappen und die Beiträge studieren, ohne daß weitere Verbindungskosten anfallen.

 Das Aktualisieren umfangreicher Newsgroups sollten Sie in die Nachtstunden verlegen. Während dieser Zeit sparen Sie zumindest bei den Telefonkosten erheblich.

Newsgroups lesen

Wählen Sie in der Ordnerliste die Newsgroup an, die Sie lesen möchten. Auf der Arbeitsfläche erscheint eine Liste mit allen auf Ihrem System befindlichen Kopfdaten. Mit den Bildlaufleisten können Sie schnell durch die News blättern. Im Vorschaufenster sehen Sie die aktuell markierte Nachricht. Interessiert Sie eine Nachricht, so führen Sie einen Doppelklick auf diese durch.

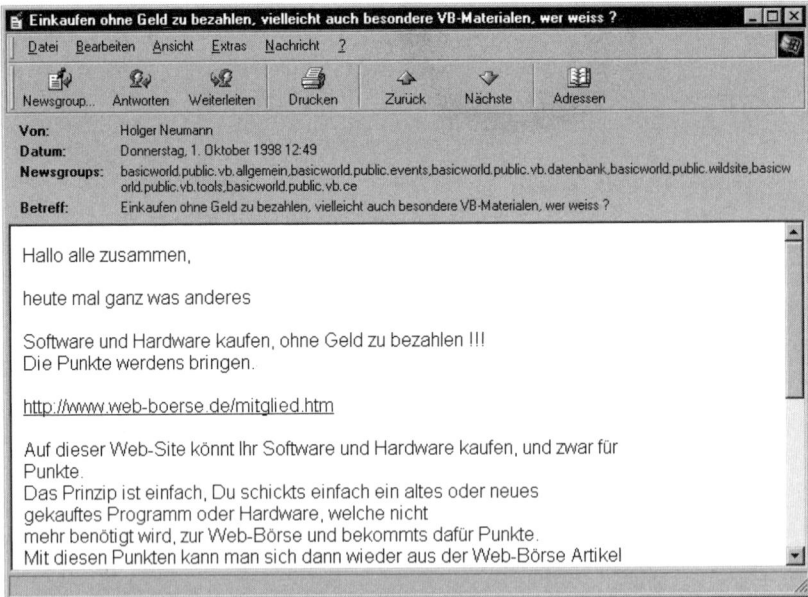

Bild 32.26: Im Nachrichtenfenster können Sie bequem die Nachrichten lesen

Wenn der Nachrichtentext leer sein sollte, so kann es sein, daß Sie ursprünglich nur die Kopfdaten vom News-Server heruntergeladen haben. Sie müssen in diesem Fall dann erst noch die Nachrichtentexte von dem News-Server holen. Mit den Pfeiltasten der Symbolleiste gelangen Sie an die nächste bzw. an die vorherige Nachricht.

Absender mit Email antworten

Um einem Absender auf eine Mail zu antworten, markieren Sie die entsprechende Mail und klicken in der Symbolleiste auf das Symbol *Verfasser antworten*.

Outlook Express gibt die Kontrolle zurück an Outlook 2000, und dieses startet dann die Email-Eingabe. Nachdem Sie die Nachricht erstellt und das Fenster wieder geschlossen haben, kehrt die Kontrolle zurück an Outlook Express.

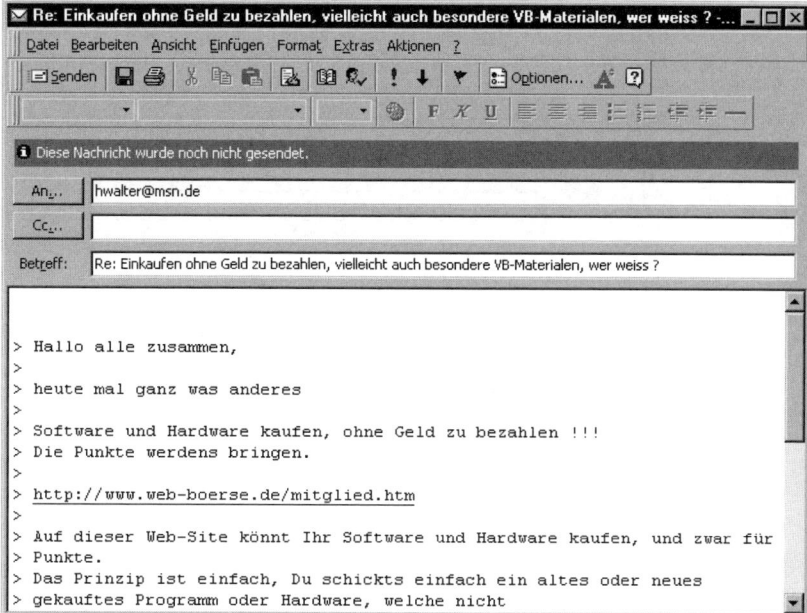

Bild 32.27: In Outlook Express startet das Email-Fenster von Outlook 2000

Absender in Newsgroup antworten

Zusätzlich zu den Emails kann dem Absender auch direkt in der Newsgroup geantwortet werden. Diese Nachricht wird dann allerdings von allen gelesen. Um jemandem in einer Newsgroup zu antworten, markieren Sie die entsprechende Nachricht, und klicken Sie in der Symbolleiste auf die Schaltfläche *Newsgroup*....

Jetzt kopiert Outlook Express den ursprünglichen Nachrichtentext in die neu erstellte Mail. Als Adresse übernimmt es den Namen der Newsgroup. Vor die Betreffzeile wird ein Re: für »Reply« (Antwort) gestellt. Geben Sie nun die Antwort in den Nachrichtentext ein, und klicken Sie anschließend auf die Schaltfläche *Senden* der Symbolleiste. Outlook Express stellt diese Mail in den Postausgang und wählt – je nach Voreinstellung – direkt den News-Server an, um die Mail abzuliefern.

Bild 32.28: Sie können einem Absender auch in einer Newsgroup antworten

Nachricht verfassen

Um eine Nachricht zu verfassen, ohne jemandem zu antworten, markieren Sie die Newsgroup, in der die Nachricht erscheinen soll. Klicken Sie danach auf das Symbol *Neue New...* der Symbolleiste – es soll wohl Neuer Newsgroup-Beitrag heißen. Outlook Express 5 öffnet daraufhin das Nachrichtenfenster. Auch diese Dialogbox unterscheidet sich nicht von der Standardeingabemaske von Outlook. Der Unterschied ist auch hier, daß das Eingabefeld *An* gegen den Namen der Newsgroup getauscht wurde.

Anpassen der Voreinstellungen von Outlook Express

Auch Outlook Express kann auf die verschiedensten Anforderungen angepaßt werden. Dazu rufen Sie das Menü *Extra/Optionen* auf und wählen die Registerkarte *Allgemein* an.

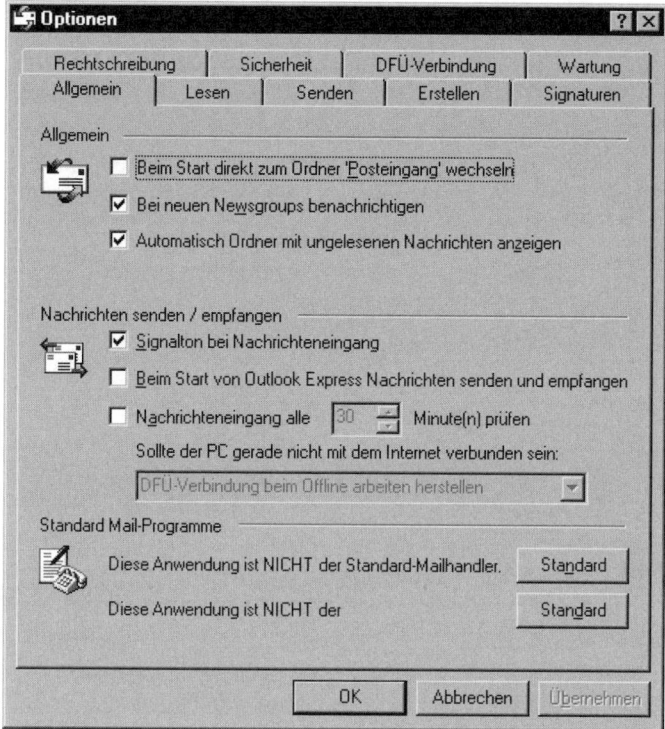

Bild 32.29: Die Dialogbox Optionen *übernimmt die Grundeinstellung von Outlook Express*

In der Registerkarte *Allgemein* werden die allgemeinen Einstellungen vorgenommen. Hier sollten Sie darauf achten, daß das Kontrollkästchen *Nachrichteneingang alle 30 min prüfen* deaktiviert ist, wenn Sie die Verbindung über ein Modem herstellen.

Klicken Sie die Registerkarten *Senden* an. Auch hier sollte zumindest eine Einstellung vorgenommen werden, wenn Sie mit einem Modem arbeiten.

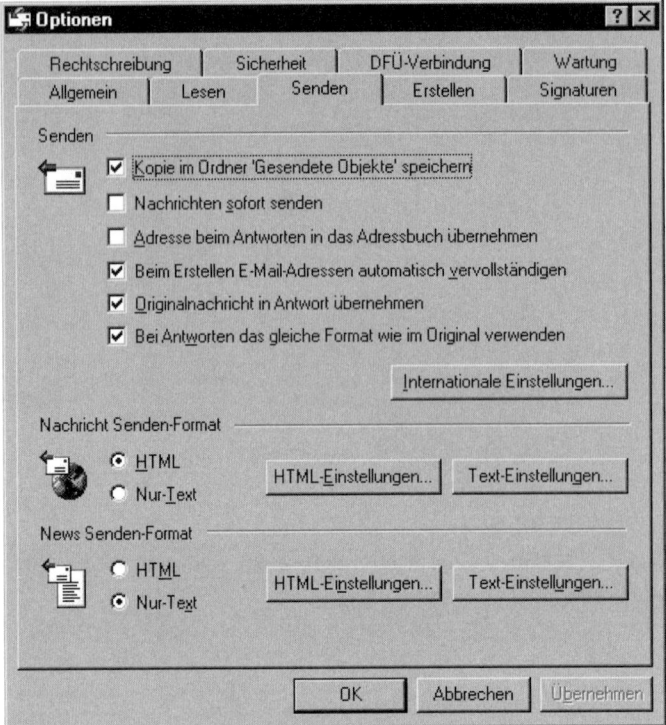

Bild 32.30: Die Registerkarte Senden *behandelt alles, was mit dem Senden zu tun hat*

Auch diese Einstellungen kennen Sie bereits von Outlook 2000. Für den Fall, das Sie mit einem Modem arbeiten, deaktivieren Sie das Kontrollkästchen *Nachrichten sofort senden*. Dies verhindert, daß Outlook Express nach jeder geschriebenen Nachricht sofort den News-Server anwählt, um die Nachricht abzuliefern. Klicken Sie auf die Registerkarte *DFÜ*. Aktivieren Sie hier das Kontrollkästchen *Nach Senden, Empfangen, Download auflegen,* um die Verbindung nach einem Transfer automatisch zu beenden.

33. Arbeiten mit Outlook

Im nachfolgenden Kapitel erfahren Sie, wie Outlook mit den Office-Anwendungen zusammenarbeitet und wie sich der Funktionsumfang von Outlook steigert, wenn es in eine Netzwerkumgebung mit einem Exchange-Server eingebunden ist.

33.1 Arbeiten mit Outlook und Microsoft Office

Mit Outlook haben Sie nicht nur ein komfortables Adreßbuch, die hier erfaßten Kontaktdaten stehen auch in anderen Office-Programmen zur Verfügung. Darüber hinaus lassen sich alle Office-Dokumente aus Outlook heraus als Anlage zur Email versenden. Wenn Sie eine Email verzieren wollen, greifen Sie auf die ClipArt-Sammlung von Office zurück. Bei Bedarf lassen sich in Excel oder Access erfaßte Adressdaten in die Outlook-Kontakte importieren.

Daten für einen Serienbrief

Wenn sie mit Outlook und Word arbeiten, dann stehen Ihnen die Daten aus den Kontakten auch als Steuerdaten für einen Word-Serienbrief zur Verfügung. Ein Serienbrief ist zunächst ein einfacher Brief. In diesen Brief werden dann beispielsweise die Kontaktadressen aus Outlook automatisch eingefügt, um ihn als Anschreiben für die ausgewählten Kontaktpersonen zu verwenden. Alle Eingabefelder aus den Kontakten, wie Vorname, Nachname und Straße, können in den Serienbrief übernommen werden. Um Word mitzuteilen, an welcher Stelle diese Daten stehen sollen, legt man in dem Brief an den gewünschten Positionen sogenannte »Seriendruckfelder« an. Word nennt alle Programme und Dateien, die als Datenlieferant für Seriendruckfelder zur Verfügung stehen, »Datenquellen«.

Word kann die Informationen aus der Datenquelle nicht nur für die Erstellung von Serienbriefen, sondern auch für die Beschriftung von Briefumschlägen und Adressetiketten nutzen. Im ersten Schritt muß in Outlook eine Datenquelle angelegt werden. Diese Datenquelle entspricht im Aufbau dem Ordner Kontakte. Sie enthält aber nur die Einträge, an die der Serienbrief geschickt werden soll. Es ist sinnvoll, die Kontakte bereits in Outlook auszuwählen, da Word nur begrenzte Selektionsmöglichkeiten bietet. Wenn Sie eine Auswahl nach Kategorien oder nach der Kennzeichnung *Privat* treffen wollen, muß dies sogar in Outlook erfolgen.

 Wählen Sie bereits in Outlook aus, für welche Kontakte ein Serienbrief erstellt werden soll. Einschränkung des Personenkreises sind in Word aufwendiger zur realisieren.

Legen Sie zunächst den Ordner für die Seriendruckdaten an. Öffnen Sie dazu das Menü *Datei/Neu/Ordner*. Geben Sie als Namen *Seriendruckdaten* ein, und wählen Sie unter *Ordner enthält Elemente des Typs* den Eintrag *Kontakt*.

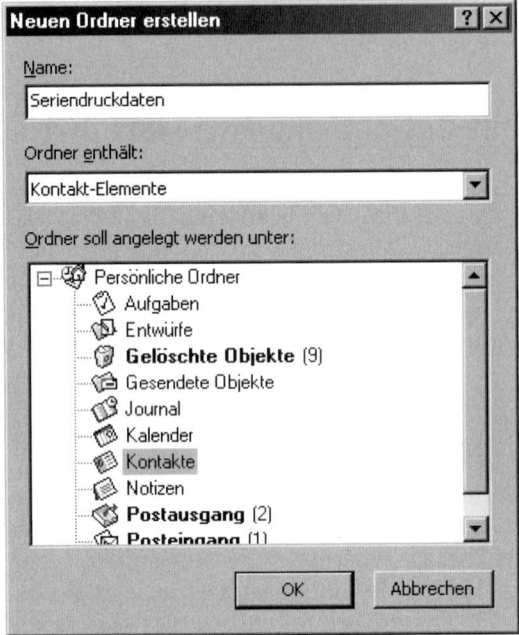

Bild 33.1: Legen Sie einen eigenen Kontakt-Ordner für die Steuerdaten an

Wenn Sie eine Verknüpfung zu diesem Ordner in der Outlook-Leiste haben möchten, klicken Sie in dem sich öffnenden Dialogfenster auf *Ja*. Dadurch schaffen Sie eine einfache Möglichkeit, jederzeit auf diese Serienbrief-Kontakte zuzugreifen. Klicken Sie auf den Ordner in der Outlook-Leiste. Sie finden ihn in der Gruppe *Eigene Verknüpfungen*. Jetzt müssen Sie die Kontakte, die Sie für den Seriendruck verwenden wollen, in den Ordner *Seriendruckdaten* kopieren. Klicken Sie auf den Ordner *Kontakte* in der Outlook-Leiste. Halten Sie nun die Taste (Strg) gedrückt und klicken Sie auf die Kontakte, für die ein Serienbrief erstellt werden soll. Wenn Sie alle gewünschten Einträge markiert haben, lassen Sie die Taste (Strg) los und zeigen Sie auf einen der markierten Einträge. Drücken und halten Sie jetzt die rechte Maustaste und ziehen Sie den Mauszeiger auf den Ordner *Seriendruckdaten* in der Outlook-Leiste. Wenn Sie dort angekommen sind, lassen Sie die Maustaste los. Wählen Sie in dem sich öffnenden Kontextmenü den Eintrag *kopieren*. Daraufhin werden die zuvor ausgewählten Einträge vom Ordner *Kontakte* in den Ordner *Seriendruckdaten* kopiert.

Mit Ansicht/Aktuelle Ansicht/Aktuelle Ansicht anpassen *und einem Klick auf die Schaltfläche* Filtern *haben Sie die Möglichkeit, Kontakte nach bestimmten Kriterien auszuwählen. Wenn Sie nur kategorisierte Kontakte auswählen wollen, wählen Sie das Register* Weitere Optionen. *Klicken Sie auf die Schaltfläche* Kategorien *und wählen Sie dort einen Eintrag aus. Bestätigen Sie dreimal mit* OK. *Dann werden nur noch die Kontakte mit der ausgewählten Kategorie angezeigt – und lassen sich natürlich blitzschnell kopieren.*

Einen Serienbrief in Word erstellen

Der Serienbrief selber wird nun in Word erstellt. Wenn sie Word erst jetzt starten, wird automatisch ein neues leeres Dokument angelegt. Haben Sie Word schon vorher gestartet, dann klicken Sie auf die Schaltfläche *Neu* am linken Rand der Symbolleiste. Geben Sie dann in das leere Dokument den gewünschten Serienbrieftext ein. Für das Beispiel ist es ausreichend, daß die Kontakt-Daten das Adressfeld des Serienbriefes füllen. Alle anderen Angaben werden in Word als Text eingegeben.

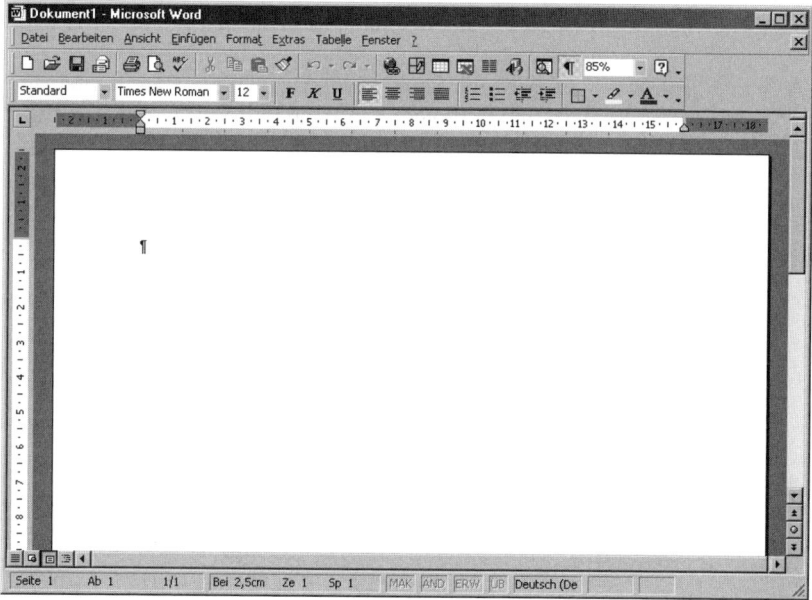

Bild 33.2: Ein Serienbrief in Word ist zunächst einmal nichts anderes als ein normales Dokument

Klicken Sie nach der Eingabe des Textes auf das Menü *Extras/Seriendruck*. Sie gelangen dadurch in den Seriendruck-Manager von Word. Klicken Sie im Bereich *Hauptdokument* auf die Schaltfläche *Erstellen/Serienbrief*. Wählen Sie in der sich öffnenden Dialogbox die Schaltfläche *Aktives Fenster*, damit Word den zuvor von Ihnen erfaßten Text als Grundlage für den Serienbrief verwendet.

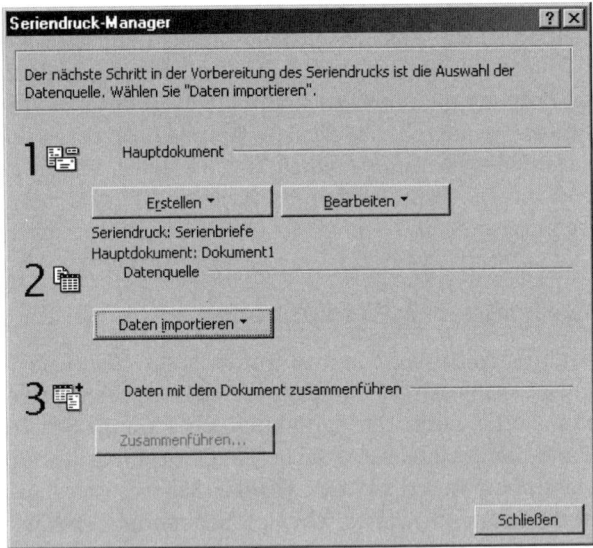

Bild 33.3: Mit dem Seriendruck-Manager von Word führen Sie den Brief mit den Seriendruckdaten zu einem Serienbrief zusammen

Klicken Sie dann im Bereich Datenquelle auf *Daten importieren/Adressbuch verwenden*. Im nachfolgenden Dialogfenster werden die Adressbücher angezeigt, aus denen Word Daten für einen Serienbrief entnehmen kann. Wählen Sie hier das Adressbuch *Outlook-Adressbuch* aus und klicken Sie dann auf *OK*. Anschließend werden Ihnen alle Ordner aus Outlook angezeigt, in denen Sie Kontakte gespeichert haben. Klicken Sie auf den Ordner *Seriendruckdaten* und bestätigen Sie Ihre Eingabe mit *OK*.

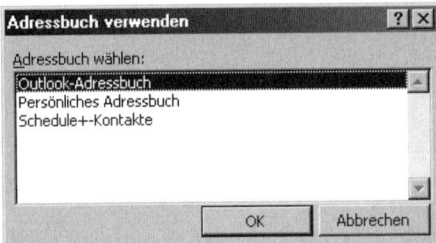

Bild 33.4: Als Datenquelle für den Seriendruck stehen Ihnen alle definierten Adreßbücher zur Verfügung

Nach der Auswahl des Ordners weist Word mit einer Warnmeldung darauf hin, daß bisher keine Seriendruckfelder im Hauptdokument angelegt sind. Klicken Sie auf die Schaltfläche *Hauptdokument bearbeiten*. Nach der Verbindung von Dokument und Datenquelle zeigt Word die Symbolleiste *Seriendruck* an. Dort finden Sie auch die Schaltfläche *Seriendruckfeld einfügen*. Positionieren Sie nun den Cursor jeweils an der gewünschten Stelle im Dokument und klicken Sie dann auf *Seriendruckfeld einfügen*. Wählen Sie aus der Auswahlliste das Feld, das Sie einsetzen wollen. In Ihrem Dokument erscheint dann das Seriendruckfeld. Der Name des Feldes wird von französischen Anführungszeichen eingerahmt, wie z.B. das Feld «Anrede».

Bild 33.5: Die vorher angelegten Seriendruckdaten erscheinen in dieser Dialogbox

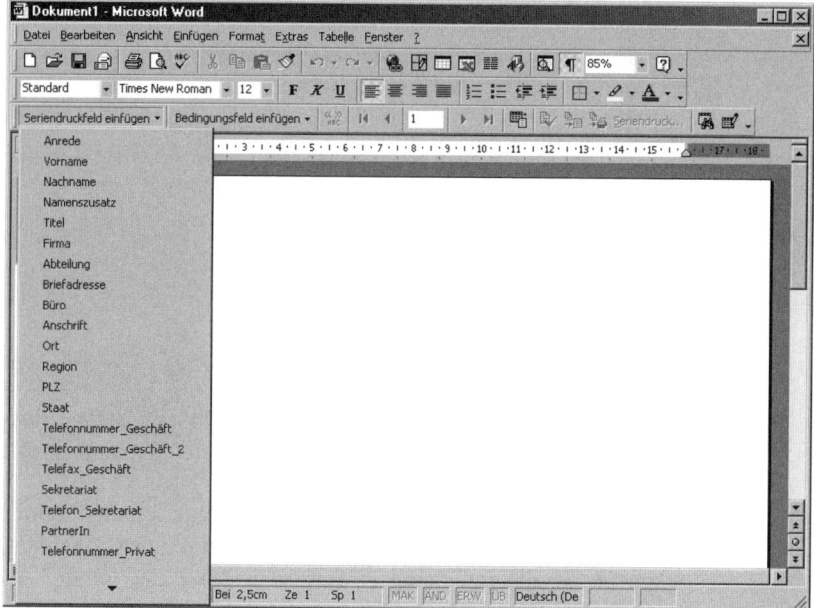

Bild 33.6: Sind Hauptdokument und Datenquelle miteinander verbunden, dann zeigt Ihnen ein Klick auf die Schaltfläche Seriendruckfeld einfügen *alle verfügbaren Felder aus den Kontakten an*

Wenn Sie feststellen wollen, ob es sich bei einem Wort in französischen Anführungszeichen um ein Seriendruckfeld oder einen normalen Text handelt, positionieren Sie den Cursor darauf. Wird das ganze Wort grau hinterlegt, handelt es sich um ein Seriendruckfeld.

Zwischen den einzelnen Feldern müssen Sie Leerzeichen eintragen. Wenn Sie die Felder »Vorname«»Nachname« direkt hintereinander setzen, dann sieht das Ergebnis so aus: HerbertMeyer.

Speichern Sie das Hauptdokument, wenn Sie alle Eintragungen vorgenommen haben. Sie können ein Hauptdokument – wie jedes andere Dokument auch – über das Menü *Datei/Speichern* sichern.

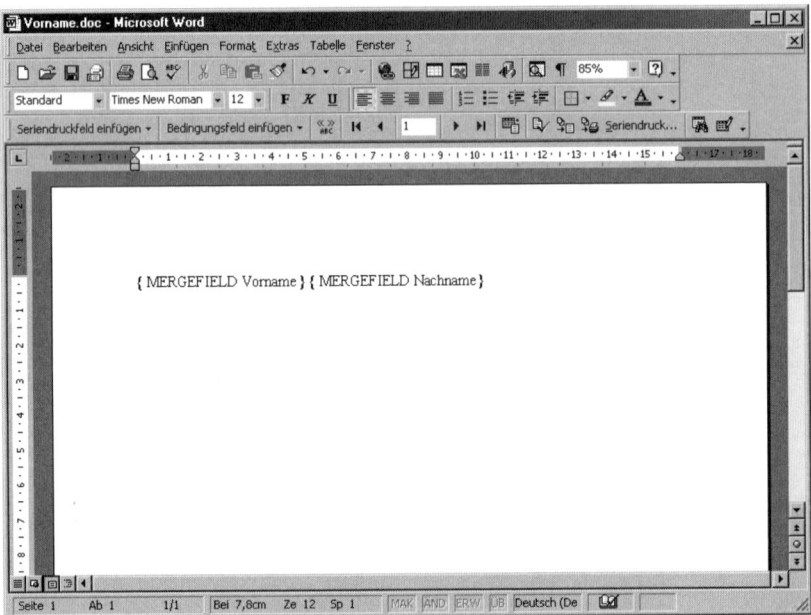

Bild 33.7: *Wenn unter* Extras/Optionen/Ansicht *das Kontrollkästchen Feldfunktionen aktiviert ist, sehen Sie die Steuerbefehle statt der Seriendruckfelder*

Nachdem Sie alle Seriendruckfelder angelegt haben, können Sie sich die Daten aus den Kontakten im Seriendruckdokument anzeigen lassen. Klikken Sie in der Symbolleiste *Seriendruck* auf das Symbol *Seriendruck-Vorschau*. Die Seriendruckfelder verschwinden und an ihrer Stelle werden die Daten aus dem ersten Kontakt dargestellt. Weitere Hinweise zu Serienbriefen finden Sie in Kapitel 16, *Erweiterte Funktionen*.

Einen Serienbrief mit neuen Daten öffnen

Einen Serienbrief mit neuen Kontaktdaten zu füllen bedeutet weit weniger Aufwand, als bei der erstmaligen Erstellung. Wenn Sie die Seriendruckdaten nicht gespeichert haben, fragt Word Sie beim Öffnen des Seriendruck-Hauptdokuments, welche Datenquelle verwendet werden soll. Dies bietet Ihnen die Möglichkeit, die Steuerdaten für den Serienbrief zwischenzeitlich zu verändern. Wenn Sie dann die neuen Steuerdaten als Datenquelle benennen, werden diese sofort in das Dokument übernommen.

33.2 Import und Export

Manchmal brauchen andere Programme die Daten, die Sie in den Ordnern von Outlook abgelegt haben. Nicht jedes Programm kann direkt auf diese Ordner zugreifen. Die Outlook-Daten müssen dann in ein anderes Datenformat exportiert werden, um sie dem anderen Programm zugänglich zu machen. In der Programmierung haben sich zwei Dateiformate etabliert, die viele Programme interpretieren können:

- die Trennung der Werte eines Datensatzes durch Kommas oder Semikolons. Hierbei werden die Daten der einzelnen Datensätze hintereinander geschrieben und durch Komma oder Semikolon getrennt.

Beispiel: `Herr;Wilfried;Fischer;Grünstraße 17;43343;Herta`

- Der Nachteil dieser Methode besteht darin, daß die Daten kein Komma bzw. Semikolon enthalten dürfen, da diese als Trennzeichen interpretiert werden.

- die Verwendung fester Spaltenbreiten. Für alle Datenfelder eines Datensatzes ist eine maximale Anzahl Zeichen festgelegt worden. Wenn ein Eintrag nicht die maximale Länge besitzt, wird er mit Leerzeichen aufgefüllt. Der Nachteil dieser Methode besteht darin, daß die zu übertragenden Daten durch die Leerzeichen aufgebläht werden.

Kontaktdaten exportieren

Outlook beherrscht von den oben beschriebenen Standard-Datenformaten nur das Format der *Durch Kommata getrennten Werte*. Wenn Sie beispielsweise die Daten aus dem Ordner Seriendruckdaten exportieren wollen, klicken Sie auf das Menü *Datei/Importieren/Exportieren*. Es öffnet sich der *Import/Export-Assistent*.

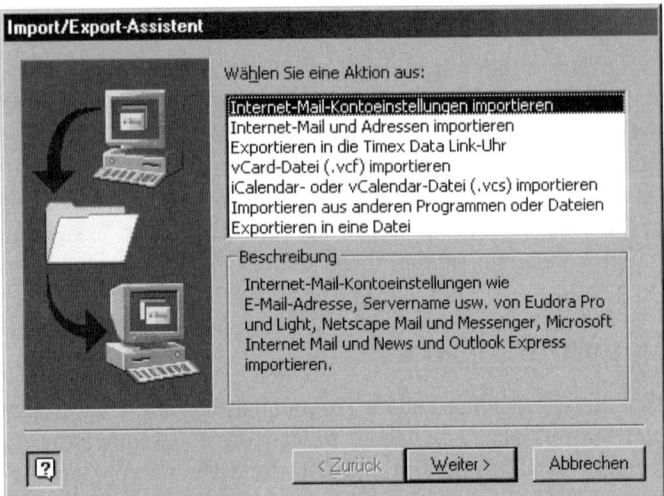

Bild 33.8: Der Import/Export-Assistent erleichtert die Bereitstellung von Outlook-Daten für andere Anwendungen und das Einlesen von Fremdformaten

Wählen Sie hier *Exportieren in eine Datei*. Um zur nächsten Dialogbox zu gelangen, klicken Sie auf *Weiter*. Die nächste Dialogbox fragt Sie nach dem Datenformat. Wählen Sie für den Export den Dateityp *Kommagetrennte Werte (Windows)*. Klicken Sie dann auf *Weiter*.

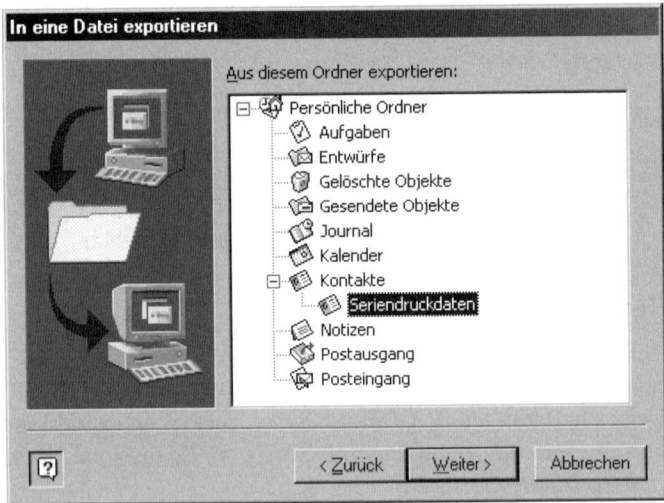

Bild 33.9: Wählen Sie den Ordner aus, dessen Inhalt exportiert werden soll

Falls Sie vor dem Einstieg in den Import/Export-Assistenten bereits den Ordner *Seriendruckdaten* in der Outlook-Leiste ausgewählt hatten, ist er bereits markiert. Anderenfalls müssen Sie dies nun tun. Bestätigen Sie Ihre Auswahl mit *Weiter*, um dann den Namen – mit Pfadangaben – anzugeben, den die Exportdatei bekommen soll. Hier bietet sich beispielsweise *C:\Eigene Dateien\Seriendruckdaten* an. Die Dateiendung *.TXT* wird automatisch angehängt und muß daher nicht angegeben werden. Um den Export abzuschließen, klicken Sie auf *Weiter*.

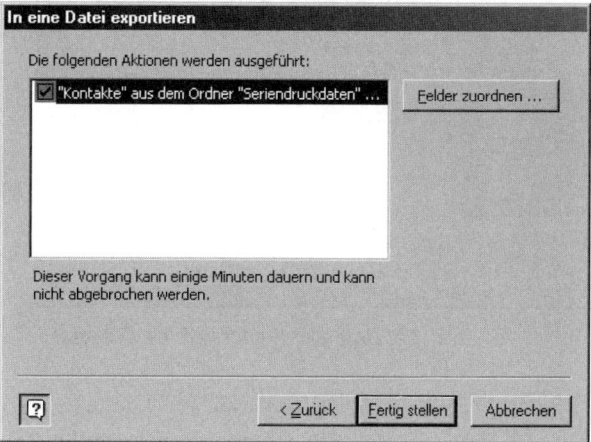

Bild 33.10: Der Assistent faßt die gewünschte Aktion noch einmal in einem Satz zusammen

Klicken Sie nun auf *Fertig stellen*. Ja nach Anzahl der ausgewählten Kontakte kann dieser Vorgang einige Zeit in Anspruch nehmen.

 Die Ausgabeformate Kommagetrennte Werte (Windows) *und* Kommagetrennte Werte (DOS) *unterscheiden sich in der Aufbereitung der Umlaute und des »ß«. Sie sollten daher vorher prüfen, ob das Zielprogramm die Daten im Windows- oder DOS-Format benötigt. Wenn Sie dafür keine Angaben in der Dokumentation finden, exportieren Sie die Daten in beide Formate und testen Sie, bei welchem die Umlaute-Darstellung richtig umgesetzt wird.*

Adressbücher aus anderen Programmen importieren

Wenn Sie in einer Vorgängerversion von Outlook 2000 oder in anderen Email-Programmen wie Microsoft Exchange, Eudora Light, Eudora Pro oder Netscape Communicator bereits ein Adressbuch angelegt haben, können Sie die Informationen daraus auch in Ihr Outlook-Adressbuch übernehmen.

Für den Import von Daten ist bei Outlook auch der Import/Export-Assistent zuständig. Rufen Sie das Menü *Datei/Importieren/Exportieren* auf. Der Assistent wird gestartet. Wählen Sie hier *Importieren aus anderen Programmen*. Im nachfolgenden Dialog müssen Sie das Programm auswählen, das die Ursprungsdaten erstellt hat.

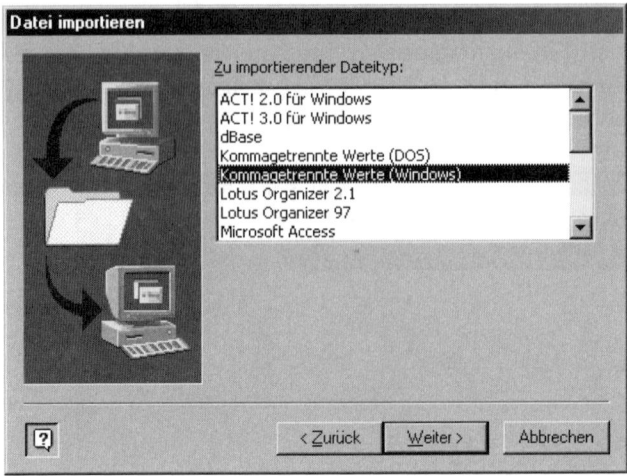

Bild 33.11: Geben Sie hier an, welcher Datentyp importiert werden soll

> *Wenn das von Ihnen verwendete Programm nicht enthalten ist, versuchen Sie, die Daten aus Ihrem bisherigen Programm heraus in ein Format zu exportieren, das Outlook lesen kann. Hier bietet sich das Dateiformat Kommagetrennte Werte (Windows) an. Anschließend können Sie die Daten in Outlook einlesen.*

Klicken Sie auf *Weiter*, wenn Sie einen passenden Datentyp gefunden haben. Im nachfolgenden Dialog müssen Sie angeben, welche Datei importiert werden soll und was mit doppelten Daten passieren soll.

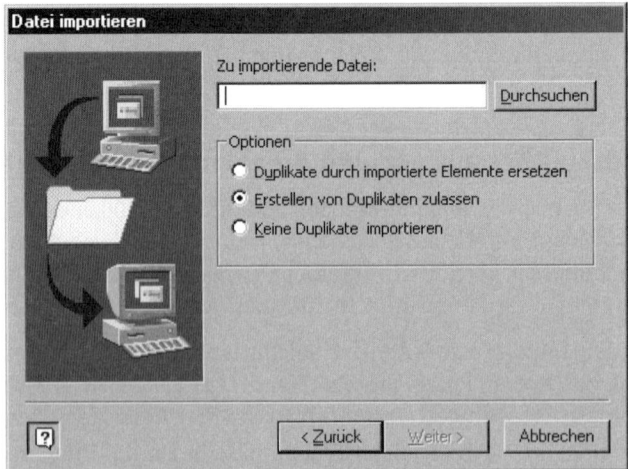

Bild 33.12: Beim Import von Daten müssen Sie angeben, was mit doppelten Einträgen passieren soll

Wenn Sie nicht sicher sind, ob die zu importierenden Daten älter oder neuer als die vorhandenen sind, sollten Sie die Erstellung von Duplikaten zulassen und anschließend die doppelten Fälle von Hand nachbearbeiten. Klicken Sie auf *Weiter* und geben Sie im nachfolgenden Dialog den Zielordner für die kopierten Daten an. Prüfen Sie in der nachfolgenden Zusammenfassung Ihre Angaben und klicken Sie auf *Fertigstellen*, um den Importvorgang zu beginnen. Je nach Anzahl der zu importierenden Datensätze kann dieser Vorgang einige Zeit in Anspruch nehmen.

34 Teamarbeit

34.1 Teamarbeit mit Outlook

Teamarbeit ist ein weitverbreitetes Schlagwort geworden. Outlook 2000 bietet Ihnen besondere Funktionen für die Teamarbeit, wenn Ihr Arbeitsplatz-PC an ein Netzwerk mit einem Exchange-Server angebunden ist. Dabei spielt es keine Rolle, ob es sich bei der Verbindung um ein lokales Netzwerk oder ein DFÜ-Netzwerk handelt.

Termine koordinieren

Wer kennt nicht das leidige Thema, einen Termin mit mehreren Personen absprechen zu müssen. Es ist oft schwierig und langwierig, die Terminkalender der einzelnen Personen aufeinander abzustimmen. Ist endlich ein gemeinsamer Termin gefunden, dann wird dieser kurzfristig abgesagt, ohne das ausreichend Zeit verbleibt, alle Teilnehmer zu benachrichtigen. Outlook kann zwar nicht alle Probleme der Terminkoordination beseitigen, es hilft aber, die erforderlichen Schritte einfacher und schneller zu erledigen.

Bei einer Netzwerkinstallation mit Exchange-Server befinden sich die Terminkalender aller Personen auf einem zentralen Server. Plant nun ein Benutzer einen gemeinsamen Termin (Outlook nennt dies eine »Besprechungsanfrage«), dann stellt ihm der Exchange-Server die Termininformationen der Personen zur Verfügung, die eingeladen werden sollen.

Der Planer einer Besprechungsanfrage erhält nur Informationen darüber, ob ein bestimmter Termin in Ihrem Kalender bereits belegt ist, oder nicht. Ihre Termininformationen mit Beschreibung der Aktivität bleiben auf Ihrem Rechner.

Um in einem Netzwerk mit Exchange-Server eine Besprechungsanfrage zu erstellen, klicken Sie auf das Menü *Datei/Neu* und wählen Sie *Besprechungsanfrage*. In der Registerkarte *Teilnehmerverfügbarkeit* können Sie mit der Schaltfläche *Weitere einladen* die gewünschten Besprechungsteilnehmer hinzufügen.

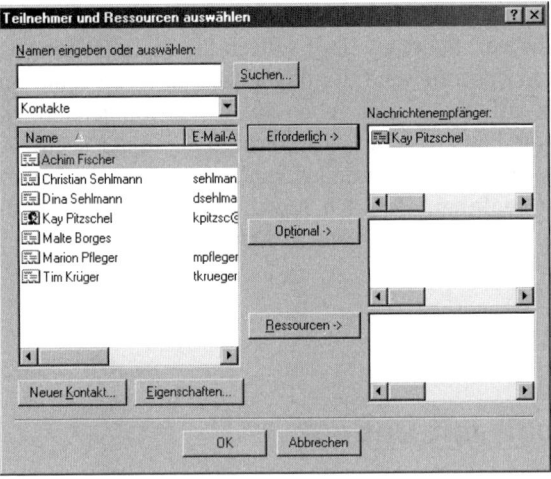

Bild 34.1: Wählen Sie hier die Teilnehmer und Ressourcen für eine Besprechung aus

Auf dem Exchange-Server können neben den Personen auch Räume oder Gegenstände einen Terminkalender bekommen. Damit ist es beispielsweise möglich, die Verfügbarkeit eines Besprechungsraumes im Netzwerk zu verwalten. Fügen Sie alle für Ihre Besprechung erforderlichen Personen mit einem Klick auf *Erforderlich* und alle Räume mit einem Klick auf *Ressourcen* zu Ihrer Besprechungsplanung hinzu. Ist eine Person nicht zwingend erforderlich, soll aber dennoch eingeladen werden, dann fügen Sie sie als *Optional* hinzu. Dieser Teilnehmer wird dann per Email eingeladen, seine Verfügbarkeit wird jedoch nicht geprüft. Klicken Sie abschließend auf *OK*. Outlook zeigt Ihnen dann die belegten Termine jedes einzelnen Teilnehmers und aller Ressourcen an. In der obersten Zeile werden die Termine aller Teilnehmer und Ressourcen zusammengefaßt.

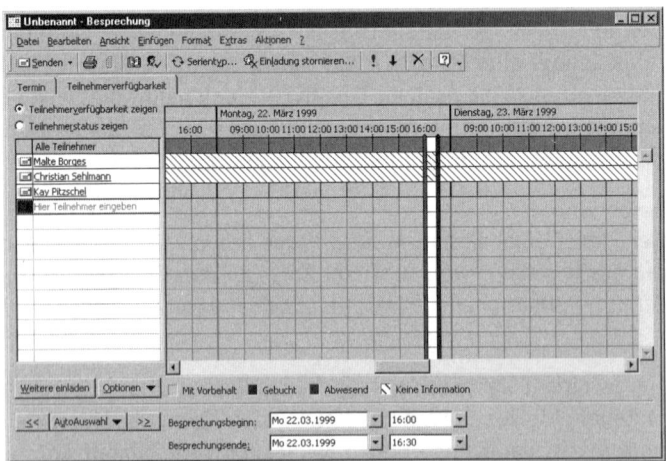

Bild 34.2: Outlook zeigt Ihnen bei der Terminplanung für eine gemeinsame Besprechung die belegten und freien Termine aller eingeladenen Personen an

Klicken Sie auf die Schaltfläche *AutoAuswahl*, um Outlook den ersten gemeinsamen freien Termin suchen zu lassen. In der ersten Spalte der Teilnehmerliste befindet sich ein Briefsymbol. In diesem Bereich *Besprechung an diesen Teilnehmer senden* können Sie festlegen, ob der Teilnehmer per Email eingeladen werden soll oder nicht. Klicken Sie auf das Briefsymbol und treffen Sie in der sich öffnenden Liste ihre Wahl.

Wenn Sie nach der Terminfestlegung in das Register *Termin* zurückkehren, sehen Sie, daß die einzuladenden Teilnehmer als Adressaten der Email eingetragen worden sind. In der Zeile *Betreff* können Sie kurze Angaben zum Zweck der Besprechung machen und die Besprechungsanfrage mit einem Klick auf *Senden* abschicken.

Aufgaben verwalten

Die Aufgaben in Outlook können, ähnlich wie die Termine, über einen Exchange-Server weiter verteilt werden. Wenn Sie eine Aufgabe erfaßt haben, können Sie sie einer anderen Person zuordnen. Öffnen Sie dazu den Ordner *Aufgaben*. Klicken Sie dann mit der rechten Maustaste auf den Eintrag, den Sie einer anderen Person zuordnen wollen. Wählen Sie aus dem sich öffnenden Kontextmenü den Eintrag *Aufgabe zuordnen*. Nun können Sie unter *Kontakte* den zuständigen Bearbeiter auswählen und ihn auch zum Empfänger der Email machen. Anschließend schicken Sie die Nachricht durch einen Klick auf *Senden* ab.

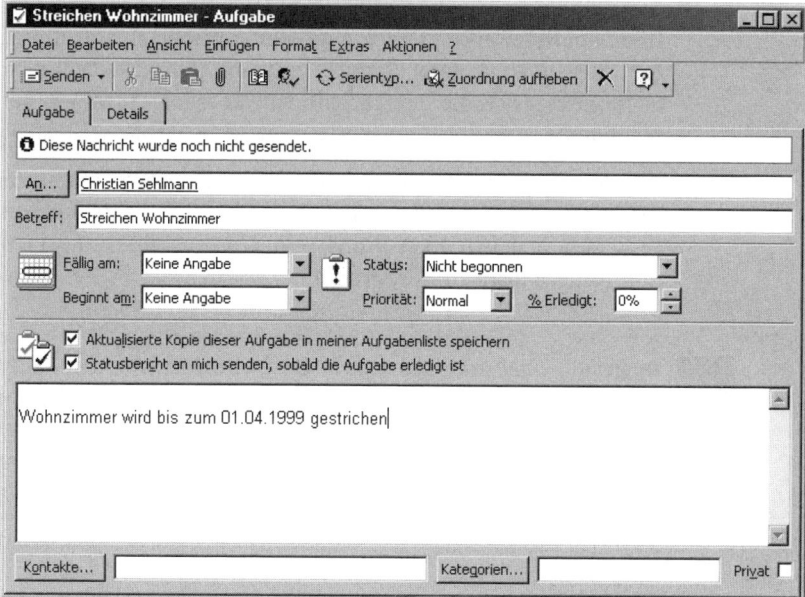

Bild 34.3: Eine erfaßte Aufgabe kann einem anderen Bearbeiter zugeordnet werden

Der Versand der Aufgabe ist zwingend erforderlich, damit der neue Bearbeiter über die Aufgabe informiert und die Aufgabe in seine Aufgabenliste eingetragen wird. Wenn Sie Aufgaben einer anderen Person zuordnen, haben Sie die Möglichkeit, deren Bearbeitung zu verfolgen. Wählen Sie dazu ggf. die Optionen *eine aktualisierte Kopie der Aufgabe in meine Aufgabenliste speichern* oder *Statusbericht an mich senden, sobald die Aufgabe erledigt ist*.

Gemeinsame Kontaktordner

Nichts ist schlimmer als nicht mehr aktuelle Kontaktinformationen. Auf einem Exchange-Server können Sie daher ein zentrales Adressbuch anlegen, das allen im Netzwerk angemeldeten Outlook-Benutzern zur Verfügung steht. Aus diesem Adressbuch heraus kann Outlook unvollständig eingegebene Email-Adressen vervollständigen, prüfen, ob ein angegebener interner Email-Empfänger existiert und weitere Benutzerdaten – wie die Telefonnummer eines Benutzers – zum Nachschlagen bereitstellen.

Die Pflege der Daten in einem zentralen Adressbuch kann sowohl von jedem Benutzer im Netz als auch von einem einzelnen Administrator übernommen werden, der ggf. per Email über erforderliche Änderungen informiert wird. Neben dem zentralen Adressbuch kann jeder Benutzer zusätzlich ein persönliches Adressbuch führen.

Benutzerberechtigungen

In einem Netzwerk mit Exchange-Server bieten sich zahlreiche Möglichkeiten, auf Daten anderer Benutzer zuzugreifen. Zur Begrenzung dieser Zugriffe lassen sich die Berechtigungen für jeden einzelnen Benutzer separat festlegen.

Auf dem Exchange-Server ist jeder Benutzer Eigentümer seines Postfaches. Als solcher kann er anderen Benutzern Zugriffsrechte einräumen. Die Rechte lassen sich für jeden Ordner einzeln einstellen und in Nur-Leserechte und Änderungsrechte unterteilen.

Innerhalb einer Arbeitsgruppe kann es sinnvoll sein, den Kollegen Leserechte auf den eigenen Terminkalender einzuräumen, damit diese im Vertretungsfall auch die anstehenden Termine ermitteln und wahrnehmen können. Der Inhalt von als privat gekennzeichneten Terminen wird nicht ausgegeben.

34.2 Teamarbeit über das Internet

Die Vorteile der Teamarbeit lassen sich nicht nur in einem Netzwerk mit Exchange-Server erzielen, sondern in ähnlicher Form auch über das Internet. Wichtige Voraussetzung ist dabei, daß beide Partner die gleiche Version von Outlook einsetzen oder zumindest ein Programm, das die verwendeten Funktionen beherrscht.

VCalendar – Besprechungen über das Internet planen

Mit dem vCalendar werden Angaben, die für Besprechungsanfragen erforderlich sind, über das Internet ausgetauscht. Um einen Termin als vCalendar-Datei zu speichern, klicken Sie in der Outlook-Leiste auf *Kalender*. Markieren Sie dann den Termin, für den Sie eine Datei erstellen wollen. Klicken Sie dann auf das Menü *Datei/Speichern unter*.

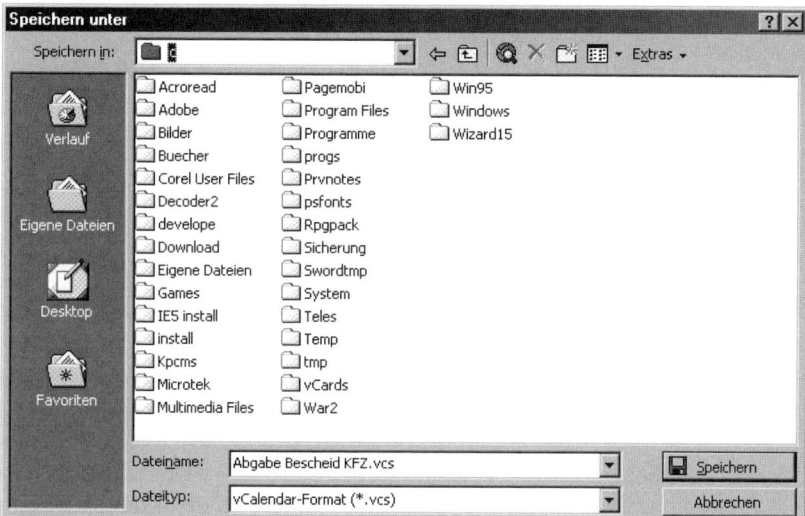

Bild 34.4: Termine können auch ohne das Internet ausgetauscht werden

Geben Sie einen *Dateinamen* ein – als Vorbelegung steht hier der Betreff des Termins – und ändern Sie den *Dateityp* auf *vCalendar-Format(*.vcs)*. Anschließend müssen Sie angeben, wo die Datei gespeichert werden soll. Klicken Sie dann auf *Speichern*. Die so erstellte Datei kann auch an Personen weitergegeben werden, die keinen Email-Zugang haben. Kopieren Sie sie dann für den Transport auf eine Diskette.

vCalendar versenden

Die schnellste Möglichkeit, einen vCalendar zu verschicken, ist der Versand als Anlage an eine Email. Dazu klicken Sie zunächst den Ordner *Kalender* in der Outlook-Leiste an. Markieren Sie den gewünschten Termin mit der Maus. Rufen Sie nun das Menü *Aktionen/Als iCalendar weiterleiten* auf. Outlook öffnet dann ein Nachrichten-Fenster für eine neue Nachricht. Die Bezeichnung des Termins ist als Betreff eingetragen, und der Termin ist als vCalendar-Anlage an die Nachricht angehängt. In der Betreffzeile wird »WG« für weiterleiten vorangestellt.

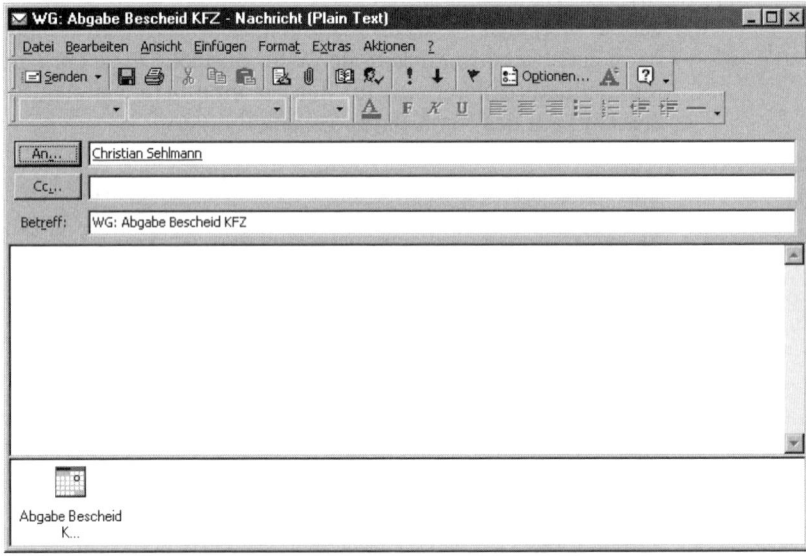

Bild 34.5: In der Emailnachricht taucht der Termin als Anlage auf

Geben Sie in der Nachricht den Namen des Empfängers und gegebenenfalls zusätzliche Informationen im Textbereich ein. Klicken Sie dann auf *Senden*.

 Wenn Sie mehrere Termine gleichzeitig versenden wollen, müssen Sie diese markieren, bevor Sie das Menü Aktionen *öffnen. Alle ausgewählten Termine werden dann einzeln an die Email angehängt.*

vCalendar importieren

Natürlich kann Outlook nicht nur vCalendar-Dateien versenden, sondern auch importieren. Klicken Sie dazu auf das Menü *Datei/Importieren/Exportieren*. Wählen Sie in der Liste der Aktionen den Eintrag *Import einer vCalendar-Datei (*.vcs)* aus. Klicken Sie auf *Weiter*. Wählen Sie dann Verzeichnispfad und Dateiname der Datei aus. Der Dateityp *vCalendar-Format (*-vcs)* ist bereits vorbelegt.

Teamarbeit

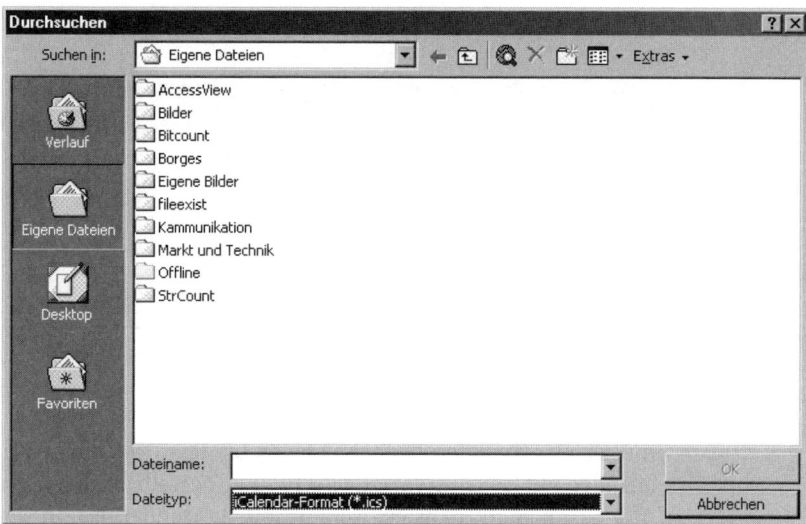

Bild 34.6: Wählen Sie die zu importierende vCalendar-Datei aus

Klicken Sie abschließend auf *OK*. Die Datei wird importiert und zu den vorhandenen Terminen hinzugefügt.

 Wenn Sie einen Termin importieren, der in Ihren Kalender bereits eingetragen ist, erstellen Sie dadurch einen zweiten Termin mit gleichem Inhalt.

Wenn Ihnen eine vCalendar-Datei als Email zugeht, ist diese als Anlage beigefügt. Öffnen Sie den vCalendar durch einen Doppelklick. Dadurch öffnet sich das Fenster *Termin*, das die Angaben aus dem vCalendar anzeigt. Um den Termin in den *Kalender* zu speichern, klicken Sie auf die Schaltfläche *Speichern und schließen* in der Symbolleiste.

Sie können den oder die angehängten vCalendar auch markieren und auf den Kalender in der Outlook-Leiste ziehen. Mit dieser Funktion veröffentlichen Sie die freigegebenen Bereiche aus Ihrem Kalender im Internet. Dies geschieht über eine Web-Seite.

iCalendar-Web-Seite festlegen

Klicken Sie auf das Menü *Extras/Optionen*. Wählen Sie die Registerkarte *Einstellungen* und klicken Sie dort auf die Schaltfläche *Kalenderoptionen*. Hier wird im Bereich *Frei-Gebucht-Optionen* angeben, ob und welche Informationen für andere freigegeben werden. Klicken Sie auf die Schaltfläche *Frei/Gebucht Optionen*.

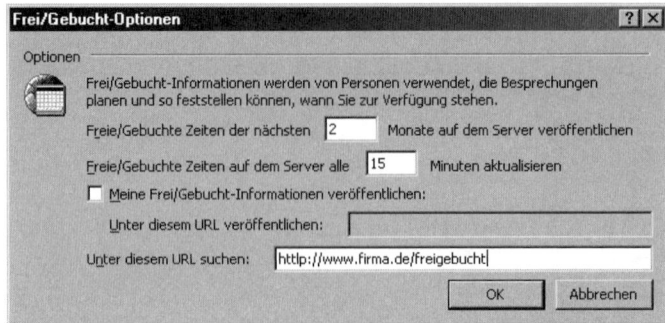

Bild 34.7: Wenn Sie die freien und belegten Zeiten aus Ihrem Kalender veröffentlichen wollen, müssen Sie hier angeben, wie und wo dies geschehen soll

In der sich öffnenden Dialogbox legen Sie fest, welcher Zeitraum aus Ihrem Kalender auf dem Server zur Verfügung gestellt wird und wie häufig die Informationen aktualisiert werden sollen. Standardmäßig werden zwei Monate veröffentlicht und diese Informationen werden alle 15 Minuten aktualisiert.

Diese Zeiten sollten Sie nur so belassen, wenn Sie über ein Intranet oder über eine Standleitung ins Internet verfügen – sonst steigen Ihre Onlinekosten drastisch.

Wenn Sie das Kontrollkästchen *Meine Frei/Gebucht Informationen veröffentlichen* aktivieren, muß eine Internet-Adresse für diese Informationen angeben werden. Tragen Sie dort den Pfad und den Dateinamen ein. Die Endung für iCalendar-Dateien ist *.VFB*. Im nächsten Eingabefeld können Sie den Speicherort für die standardmäßige Suche angeben. Damit ist der Datenabruf besonders einfach, wenn viele Ihrer Kontaktpersonen die Daten auf der selben Webseite speichern.

Falls eine Person ihre Frei/Gebucht-Informationen *nicht unter dem normalen Server-Pfad ablegt, tragen Sie den abweichenden Pfad in den Kontakt ein. Klicken Sie dazu auf* Kontakte *in der Outlook-Leiste und anschließend doppelt auf den Kontakt. Wählen Sie dann die Registerkarte* Details. *Dort legen Sie unter* Internet-Frei/Gebucht Adresse *fest, wo sich die Informationen befinden.*

vCard über das Internet versenden und empfangen

Der Name »vCard« steht für »Visitenkarte«. Er bezeichnet ein spezielles Kontaktformat, mit dem sich Kontaktinformationen über das Internet verschicken lassen.

Wenn Sie die Daten eines Kontaktes im Visitenkarten-Format speichern wollen, klicken Sie in der Outlook-Leiste zunächst auf *Kontakte*. Markieren Sie dann in der Arbeitsfläche den entsprechenden Kontakt, für den Sie eine vCard erstellen wollen. Klicken Sie dann auf das Menü *Datei/Speichern unter*.

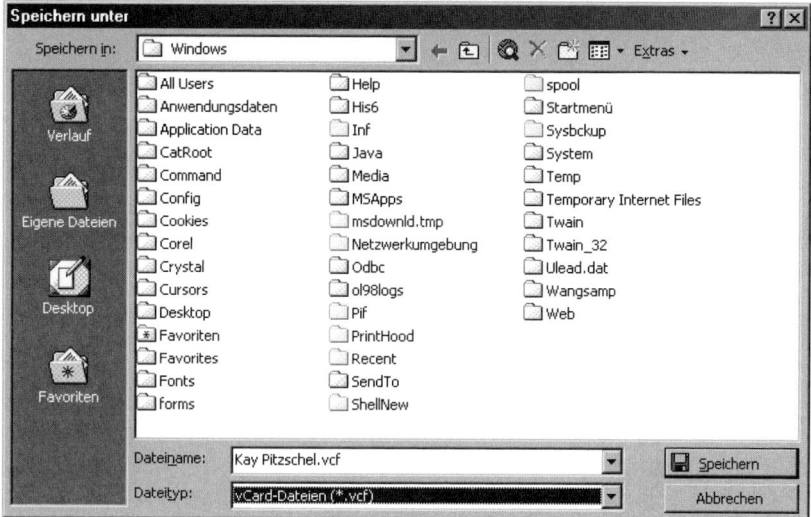

Bild 34.8: Wenn Sie einen Kontakt als vCard speichern wollen, müssen Sie den Dateityp auf vCard-Dateien (*.vcf) umstellen

Geben Sie einen Dateinamen ein – als Vorbelegung steht hier der Name des Kontakts – und ändern Sie den Dateityp auf *vCard-Dateien (*.vcf)*. Weiterhin müssen Sie angeben, wo die Datei gespeichert werden soll. Klicken Sie abschließend auf *Speichern*. Sie können diese Datei – beispielsweise auf Diskette – an andere Personen weitergeben, die ein Programm einsetzen, das dieses Dateiformat importieren kann.

Das Menü Datei/Speichern unter *können Sie nicht verwenden, um mehrere Kontakte gleichzeitig als Datei zu speichern. Ein kleiner Trick hilft da weiter. Erstellen Sie – wie unten beschrieben – eine Email, an die die vCards als Anlage angehängt werden. Wenn Sie in dieser Nachricht die Anlagen markieren und auf das Menü* Datei/Anlagen speichern *klicken, können Sie gleichzeitig für alle Anlagen eine einzige vcf-Datei erstellen. Anschließend können Sie die Nachricht wieder löschen.*

vCard versenden

Um die Daten eines Kontakts zu versenden, klicken Sie in der Outlook-Leiste zunächst auf *Kontakte*. Klicken Sie in der Übersicht auf den Kontakt, für den Sie eine vCard erstellen wollen. Rufen Sie das Menü *Aktionen/Als vCard weiterleiten* auf. Outlook öffnet dann ein Nachrichten-Fenster für eine neue Nachricht. Der Name der Kontaktperson ist als Betreff eingetragen und die vCard ist als Anlage an die Nachricht angehängt.

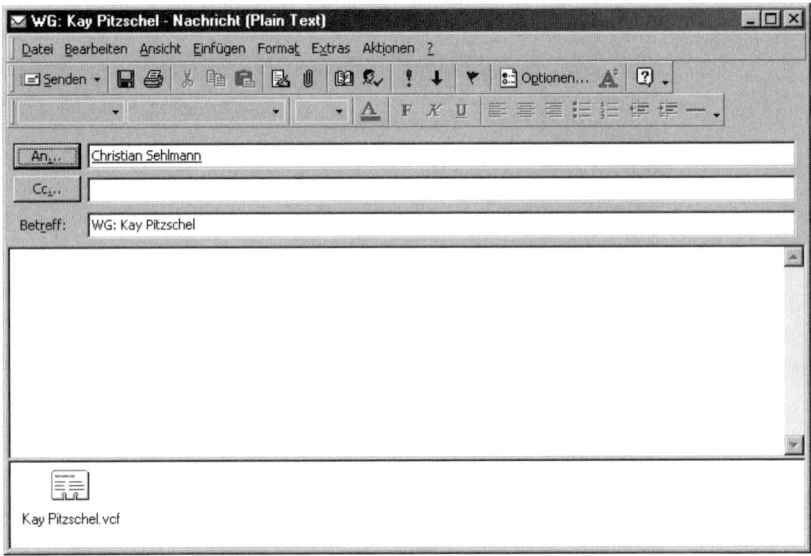

Bild 34.9: Eine vCard wird von Outlook als Anlage zu einer Email verschickt. Der Name des Kontakts wird als Betreffzeile eingesetzt

Geben Sie in der Nachricht den Namen des Empfängers und gegebenenfalls zusätzliche Informationen im Textbereich ein. Klicken Sie dann auf *Senden*.

 Wenn Sie mehrere Kontakte gleichzeitig versenden wollen, müssen Sie diese markieren, bevor Sie das Menü Aktionen *öffnen. Alle ausgewählten Kontakte werden dann einzeln als Anlagen zur Email aufgeführt.*

vCard importieren

Wenn Sie eine vCard-Datei erhalten, können Sie die Daten daraus in Ihre Kontakte übernehmen. Klicken Sie dazu auf das Menü *Datei/Importieren/Exportieren*. Wählen Sie in der Liste der Aktionen den Eintrag *Import einer vCard-Datei (*.vcf)* aus. Klicken Sie auf *Weiter*. Wählen Sie dann Verzeichnispfad und Dateiname der Datei aus. Der Dateityp *VCARD-Dateien (*-vcf)* ist bereits vorbelegt.

Teamarbeit

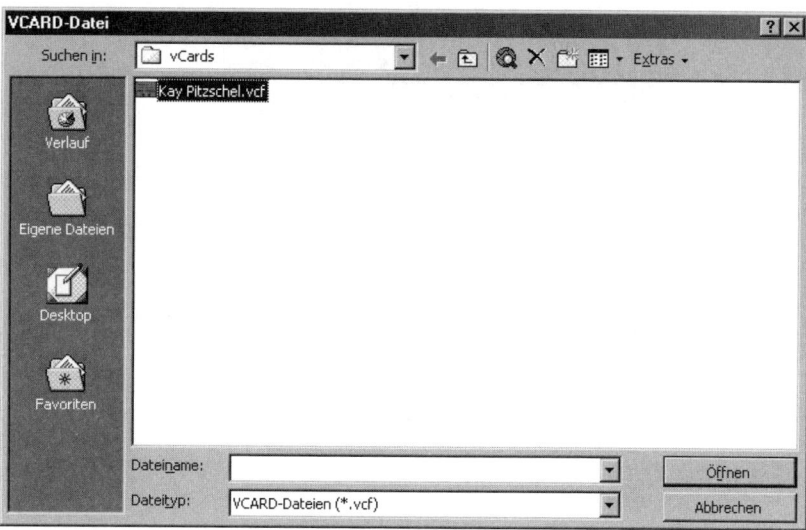

Bild 34.10: Wählen Sie die zu importierende vCard-Datei aus

Klicken Sie abschließend auf *Öffnen*. Die Datei wird importiert und zu den vorhandenen Kontakten hinzugefügt. Wenn Sie eine vCard als Email erhalten, ist sie als Anlage beigefügt. Führen Sie einen Doppelklick auf die Anlage aus. Dadurch öffnet sich das Fenster *Kontakte* und zeigt die Angaben zu diesem Kontakt an. Um diesen Kontakt zu speichern, klicken Sie auf das Symbol *Speichern und Schließen* der Symbolleiste.

 Sie können den oder die angehängten Kontakte auch markieren und in den Ordner *Kontakte* in der Outlook-Leiste ziehen.

Eigene vCard-Signatur

Wenn Sie eine vCard Ihres eigenen Kontakteintrages erstellt haben, können Sie diese automatisch mit jeder Email versenden lassen. Klicken Sie dazu auf das Menü *Extras/Optionen*. Wechseln Sie zu der Registerkarte *E-Mail-Format* und klicken Sie dort auf die Schaltfläche *Signaturauswahl*. Klicken Sie hier auf die Schaltfläche *Neu*.

Tragen Sie unter *Geben Sie einen neuen Namen für die neue Signatur ein*, wie z.B. *vCard mitschicken* ein und klicken Sie auf *Weiter*. Wenn Sie an die ausgehende Nachricht zusätzlich einen Text anhängen wollen, tragen Sie diesen unter *Signaturtext* ein. Im Bereich *vCard-Optionen* wird im Feld *Dieser Signatur diese Visitenkarte (vCard) hinzufügen* angegeben, welche vCard mitgesandt werden soll. Wenn Sie von Ihrem eigenen Kontakt noch keine Visitenkarte erstellt haben, so können Sie auf die Schaltfläche *Neue vCard von Kontakt* klicken und sich selber auswählen.

653

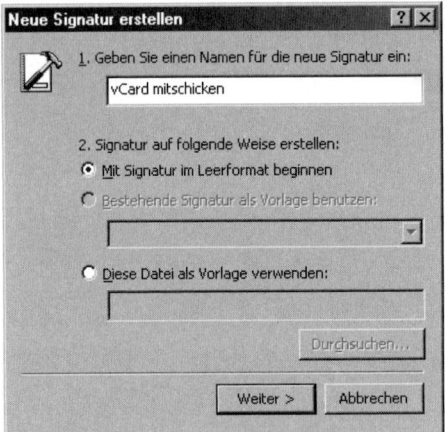

Bild 34.11: Erstellen Sie sich eine Signatur, die automatisch Ihre vCard mit jeder Email verschickt

Bild 34.12: Geben Sie hier an, aus welchem Kontakt-Eintrag eine vCard erstellt werden soll

Wählen Sie den Kontakt aus und klicken Sie auf die Schaltfläche *Hinzufügen*. Durch die Bestätigung mit *OK* kehren Sie zum vorherigen Dialog zurück. Klicken Sie hier auf *Fertig stellen*. Die so erstellte neue Signatur wird Ihnen jetzt in der Signaturauswahl angeboten. Bestätigen Sie den Dialog mit der Schaltfläche *OK*. In den Optionen steht jetzt unter *Standardsignatur* der Eintrag *vCard mitschicken*. Klicken Sie auf *Übernehmen* und anschließend auf *OK*. Alle zukünftigen Emails werden jetzt mit Ihrer vCard versehen.

Access
Office 2000

Daten strukturiert aufnehmen und für den schnellen Zugriff bereitstellen – mit diesem wenigen Worten ist die Aufgabe von Access umrissen. Dahinter steckt aber ein umfangreiches Verwaltungsprogramm für relationale Datenbanken. Damit realisieren Sie effektive Datenbankstrukturen und umfangreiche Projekte.

5

35. Was sind eigentlich Datenbanken?

In Datenbanken werden Daten erfaßt, um sie zur Weiterverwertung oder Auswertung und Analyse zur Verfügung zu stellen. In Access werden zum Beispiel die Daten gesammelt, die für Kundendrucksachen in Word oder Marktanalysen in Excel zur Verfügung stehen sollen.

35.1 Die Definition einer Datenbank

Aus dem täglichen Leben kennen Sie bereits eine Vielzahl von Datenbanken. Vielleicht sind sie Ihnen bisher nicht unter diesem Begriff begegnet. Zunächst einmal ist eine Datenbank eine strukturierte Sammlung von Daten. Daten sind dabei beliebige Abfolgen von Zeichen, Buchstaben, Zahlen und Objekte. In dem Augenblick, in dem diese Daten eine bestimmte Struktur bekommen, nennt man sie Informationen.

Nach dieser Definition sind z.B. Adreßkarteien, Telefonbücher und Geburtstagslisten bereits Datenbanken. Bei einer Adreßkartei befindet sich auf jeder Karteikarte eine Anschrift, die Karten werden nach Nachnamen und Vornamen sortiert in einem Karteikasten abgelegt. Der Karteikasten wird beschriftet, in unserem Beispiel mit ADRESSEN. Wenn Sie diesen Karteikasten auf einem Computer abbilden wollen, legen Sie dort eine elektronische Datenbank an. Alle Elemente, die Sie von der manuellen Datenbank her kennen, müssen Sie dabei in eine Form für die elektronische Verarbeitung umsetzen. Bei dieser Arbeit unterstützt Sie Access. Um die Umsetzung einer manuellen Datenbank in eine Access-Datenbank zu vereinfachen, stellen Sie sich die Adressen nicht als Sammlung von Karteikarten, sondern als eine Tabelle oder Adressenliste vor.

Feld 1	Feld 2	Feld 3	Feld 4	Feld 5	Feld 6	
Nachname	Vorname	Straße	Hausnr.	PLZ	Ort	
Hausmann	Martina	Bergweg	17	30100	Hannover	**Datensatz 1**
Ehrlich	Karl	Kirchberg	2	35535	Neustadt	**Datensatz 2**
Meier	Ulrike	Grünstraße	23	30159	Hannover	**Datensatz 3**

Das Grundgerüst einer Tabelle besteht aus Zeilen und Spalten. Die Zeilen enthalten alle Daten zu einer Person. Die Spalten legen fest, welche Daten an welcher Position stehen sollen. Im oben angeführten Beispiel sind das die Spalten *Nachname*, *Vorname*, *Straße*, *Hausnr.*, *PLZ* und *Ort*.

Alle Daten zu einer Person werden in die zugehörige Zeile eingetragen. Für die Elemente einer solchen Tabelle haben sich bestimmte Namen eingebürgert. Die Spalten einer Tabelle heißen »Felder«. Die einzelnen Zeilen einer Tabelle nennt man »Datensatz«. Ein Datensatz enthält in unserem Beispiel alle gespeicherten Informationen zu einer Person. Durch den Einsatz von Datenbanken ist es für den Anwender einfach geworden, Datensätze aus einer Tabelle zu löschen, neue hinzuzufügen oder die Datensätze nach bestimmten Kriterien zu sortieren. In einer Datenbank dürfen mehrere Tabellen enthalten sein. Die Aufgabe von Access beschränkt sich nicht darauf, Daten in Tabellen abzulegen: die Informationen können abgerufen, sortiert und bei Bedarf optisch aufgewertet dargestellt werden.

Ein Werkzeug, das über all diese Funktionen verfügt, nennt man Datenbank-Managementsystem (DBMS). Im folgenden verzichten wir auf die Unterscheidung Datenbank und Datenbank-Managementsystem und sprechen beides unter dem Begriff »Datenbank« an.

Die eigentlichen Aufgaben einer Datenbank lassen sich mit wenigen Worten zusammenfassen:

- Zuverlässige Speicherung großer Daten- bzw. Informationsmengen.
- Schneller Zugriff auf die gespeicherten Daten.
- Werkzeuge zum Erfassen, Ändern und Löschen sowie zur Verwaltung und zur Verarbeitung der enthaltenen Informationen bereitstellen.
- Informationen zentral zur Verfügung stellen.

Für diese Aufgabe ist Access bestens gerüstet. Der bei weitem umfangreichste und wichtigste Teil der Arbeit von Access, die Datenspeicherung und die Mechanismen der Zugriffssteuerung, laufen still und heimlich im Hintergrund ab.

35.2 Arbeiten mit relationalen Strukturen

Die Datenspeicherung am Beispiel einer Adreßtabelle ist noch leicht nachvollziehbar. In der Realität treffen Sie häufig auf komplexere Sachverhalte, die in einer Datenbank festzuhalten sind.

Dabei sind einige Grundregeln zu beachten. Einen typischen Anwenderfehler zeigt das folgende Beispiel.

Informationsspeicherung

Betrachten Sie das Beispiel des Internet-Providers, der die Anschriften aller seiner Lieferanten erfassen will und zusätzlich die Artikel, die er von den jeweiligen Lieferanten erhält. Die Tabelle mit den gespeicherten Informationen sieht so aus:

Firma	Anschrift	Telefon	Artikel-nummer	Artikel-name	Artikel Preis
CompuTech	Hauptstraße 3	98556	951012	Modem 56K, ext.	179,90 DM
CompuTech	Hauptstraße 3	98556	951022	ISDN-Adapter, PCI	159,90 DM
CompuTech	Hauptstraße 3	98556	952014	a/b-Adapter	299,00 DM
OnlineWorld	Hafenweg 2	888500	962004	TK-Anlage Red 304, 4a/b	699,90 DM
OnlineWorld	Hafenweg 2	888500	962006	Aktiver ISDN-Adapter	499,90 DM

Das Ergebnis ist eine Tabelle, in der Name, Anschrift und die Telefonnummer der Firmen mehrfach vorkommen. Sobald sich die Anschrift oder die Telefonnummer ändern, sind alle Datensätze in denen diese Firma vorkommt anzupassen. Falls darüber hinaus noch weitere Informationen festgehalten werden sollen, z.B. die Lieferanschrift der Firma, eine Faxnummer und ein Ansprechpartner, dann ergibt sich ein erheblicher Pflegeaufwand.

Inkonsistenzen

Ein ernstes Problem entsteht, wenn der zuständige Sachbearbeiter bei der Bestellung eines Artikel die neue Anschrift mitgeteilt bekommt, im Anschluß jedoch nicht alle erforderlichen Datensätze anpaßt.

Firma	Anschrift	Telefon	Artikel-nummer	Artikel-name	Artikel Preis
CompuTech	Hauptstraße 3	98556	951012	Modem 56K, ext.	179,90 DM
CompuTech	Im Gewerbepark-Nord	98556	951022	ISDN-Adapter, PCI	159,90 DM
CompuTech	Hauptstraße 3	98556	952014	a/b-Adapter	299,00 DM
OnlineWorld	Hafenweg 2	888500	962004	TK-Anlage Red 304, 4a/b	699,90 DM
OnlineWorld	Hafenweg 2	888500	962006	Aktiver ISDN-Adapter	499,90 DM

In diesem Fall entsteht ein inkonsistenter Datenbestand: Die Anschrift des Lieferanten ist nicht mehr eindeutig zuzuweisen –die Datenbank enthält widersprüchliche Informationen, denn die Adresse wurde nur im zweiten Datensatz geändert. Um diese Problem zu lösen, kommen zwei Tabellen zum Einsatz: Eine Tabelle enthält alle Informationen zu den Lieferfirmen, eine andere die Artikeldaten. Mit einer entsprechenden Beziehung (Relation) zwischen beiden Tabellen behalten Sie die Informationen im Griff und vermeiden Inkonsistenzen:

In der ersten Tabelle erfassen Sie die Adressen:

Firma	Anschrift	Telefon
CompuTech	Hauptstraße 3	98556
OnlineWorld	Hafenweg 2	888500

Eine zweite Tabelle nimmt die Artikeldaten auf:

Artikelnummer	Artikelname	Artikelpreis
951012	Modem 56K, ext.	179,90 DM
951022	ISDN-Adapter, PCI	159,90 DM
952014	a/b-Adapter	299,00 DM
962004	TK-Anlage Red 304, 4a/b	699,90 DM
962006	Aktiver ISDN-Adapter	499,90 DM

Aus dieser Darstellung ist sofort ersichtlich, daß auf diesem Wege zwar die Gefahr von Inkonsistenzen gebannt ist, dafür aber Informationen verloren gehen. Selbst beim Blick auf beide Tabellen ist nicht zu erkennen, welcher Artikel zu welcher Firma gehört. Zwischen den beiden Tabellen muß eine Verbindung geschaffen werden. Diese Verbindung kann man dadurch herstellen, daß man jede Firma mit einem eindeutigen Kennzeichen, z.B. einer fortlaufenden Numerierung, versieht und in der Artikeltabelle einen Verweis auf diese Nummer aufnimmt.

Die veränderte Tabelle mit den Lieferantenadressen:

Lieferantennummer	Firma	Anschrift	Telefon
1	CompuTech	Hauptstraße 3	98556
2	OnlineWorld	Hafenweg 2	888500

Die veränderten Artikeldaten:

Artikelnr.	Artikelname	Artikelpreis	Lieferanten nummer
951012	Modem 56K, ext.	179,90 DM	1
951022	ISDN-Adapter, PCI	159,90 DM	1
952014	a/b-Adapter	299,00 DM	1
962004	TK-Anlage Red 304, 4a/b	699,90 DM	2
962006	Aktiver ISDN-Adapter	2	

Durch die neue Spalte in beiden Tabellen *Lieferantennummer* und *Lieferfirma* ist eindeutig klar, welche Firma welchen Artikel liefert. Der Vorteil dieser Vorgehensweise liegt auf der Hand:

- Zeitersparnis: Daten werden einmal erfaßt und mehrfach verwendet – bereits vorhandene Informationen müssen nicht immer wieder neu aufgenommen werden.
- Fehler bei der erneuten Erfassung, wie z.B. Zahlendreher oder falsch geschriebene Artikelbezeichnungen, sind ausgeschlossen.
- Die Änderung der Telefonnummer eines Lieferanten, der mehrere Artikel liefert, führen Sie zentral in den Lieferantenstammdaten durch.
- Die Menge der abzuspeichernden Daten sinkt erheblich.

Die Verbindung einer Tabelle zu einer anderen Tabelle heißen »Verknüpfung« oder auch »Relation«. Die Daten im Feld *Lieferantennummer* der Firmentabelle stehen in Beziehung zu den Daten im Feld *Lieferfirma* der Artikeltabelle.

Sind die Daten verschiedener Tabellen einer Datenbank miteinander verbunden und bestehen Beziehungen zwischen Feldern dieser Tabellen, dann spricht man von einer relationalen Datenbank. Eine Relation ist eine Beziehung. Wie Sie im oben gezeigten Beispiel sehen, ist es erforderlich, jedem Datensatz in der Firmentabelle ein eindeutiges Kennzeichen (hier *Lieferantennummer*) zu geben, auf die sich die Datensätze in einer anderen Tabelle beziehen. In der Datenbanksprache nennt man ein Feld, das für jeden Datensatz einen anderen Wert enthält, »Primärschlüssel«.

 Um nachträglich Beziehungen definieren zu können, sollte jede Tabelle grundsätzlich einen Primärschlüssel enthalten.

Der Primärschlüssel muß nicht zwingend eine fortlaufende Nummer sein. Es könnte sich dabei auch um ein alphanumerisches Aktenzeichen oder um die Personalnummer handeln.

Das System der Relationen zwischen den Tabellen funktioniert nur, wenn der Primärschlüssel eindeutig ist – es darf keinen anderen Datensatz mit dem gleichen Primärschlüssel geben.

35.3 Unterschiedliche Datentypen

Die Felder, die zu einem Datensatz gehören, können ganz unterschiedliche Daten enthalten. Der Name einer Person ist als ein Text, das Alter in Jahren als Zahl abgelegt. Die Information, ob der Betreffende verheiratet ist, legen Sie in einem Feld ab, daß ausschließlich die Werte »Ja« oder »Nein« aufnimmt.

Access unterscheidet diese verschiedenen Informationen und verlangt beim Erstellen einer Tabelle, daß Sie für jedes Feld die Art der zu speichernden Daten mit angeben und den sogenannten »Felddatentyp« festlegen.

Die genaue Festlegung des Felddatentyps scheint zunächst eine unnötige Einschränkung des Benutzers, bietet aber viele Vorteile: Wenn Sie den Datentyp *Datum/Zeit* für das Feld *Geburtsdatum* einrichten, ist Access in der Lage festzustellen, ob das angegebene Datum existiert. Access weist die ungültige Eingabe »30. Februar« ab. Die nachfolgende Tabelle beschreibt die verschiedenen Felddatentypen von Access.

Bild 35.1: Bei der Eingabe überwacht Access, ob die erfaßten Daten dem Felddatentyp entsprechen

Felddatentypen

Felddatentyp	Beschreibung
Text	Dies ist der Standardfelddatentyp. Ein Textfeld darf Text, Sonderzeichen und Zahlen oder eine Kombination aus den drei Komponenten enthalten. Besteht ein Textfeld ausschließlich aus Zahlen, ist zu beachten, daß das Feld nicht für Berechnungen genutzt werden kann. Ein Beispiel dafür ist die Telefonnummer. Ein Textfeld darf maximal 255 Zeichen lang sein – Access bietet als Vorgabewert 50 Zeichen an.
Beispiel:	Herr Kleinert privat, 05555/4444
Memo	In einem Memofeld erfassen Sie längere Texte wie Gesprächsvermerke und Zusatzinformationen. Der Text darf neben Text, Sonderzeichen und Zahlen auch Zeilenumbrüche enthalten und bis zu 65535 Zeichen lang sein.
Beispiel:	Herr Fischer (28.03.99): Sonderkondition 5% Abschlag bei Bestellungen für Schulen ans Netz....
Zahl	Dieser Felddatentyp nimmt ausschließlich Ziffern, das Minuszeichen und das Komma auf. Wenn Sie diesen Felddatentyp verwenden, müssen Sie noch die Größe des Felds genauer bestimmen und ob Nachkommastellen erforderlich sind. Der Standardwert ist *Long Integer*, damit speichern Sie Zahlen von -2.147.483.648 bis 2.147.483.647 (ohne Nachkommastellen).
Beispiel:	»17« oder »123,99« (Dezimal)
Datum/Uhrzeit	Dient zum Speichern von Datumswerten für die Jahre 100 bis 9999 und Zeitwerte von 00:00:00 bis 23:59:59.
Beispiel:	25.03.1997 oder 14:15
Währung	Verwenden Sie diesen Felddatentyp, wenn Sie Währungswerte speichern wollen. Die Genauigkeit dabei ist: 15 Stellen links, und bis zu 4 Stellen rechts vom Dezimaltrennzeichen. Access zeigt lediglich zwei Nachkommastellen an und beachtet dabei die kaufmännische die Rundung.
Beispiel:	9.999,99 DM

Felddatentyp	Beschreibung
AutoWert	Dieser Felddatentyp kommt z.B. zum Einsatz, um einen Primärschlüssel zu erstellen. Access füllt dieses Feld automatisch mit einem eindeutigen numerischen Wert, sobald Sie den Datensatz anlegen. Der Wert ist entweder eine fortlaufende Zahl (die Access bei jedem neuen Datensatz um eins hochzählt) oder ein Zufallszahl. Felder vom Typ *AutoWert* lassen sich nicht verändern. Wenn ein Datensatz gelöscht wurde, bleibt der AutoWert reserviert.
Beispiel:	1,2,3,4,...
Ja/Nein	Dient zum Speichern von logischen Ja/Nein-Informationen.
Beispiel:	Person hat Führerschein: Ja/Nein
OLE-Objekt	Ein OLE-Objekt ist ein Objekt aus einem anderen Programm (wie z.B. eine Microsoft-Excel-Tabelle, ein Microsoft-Word-Dokument, Grafiken, Klänge oder andere binäre Daten), das mit einer Access-Tabelle verknüpft oder darin eingebettet ist.
Beispiel:	Ein Foto in der Mitarbeiterdatenbank.
Hyperlink	Die Sprungadresse zu einer HTML-Seite, zu einem lokalen Dokument oder eine EMail-Adresse.
Beispiel:	http://www.fireball.com
Nachschlage-Assistent	Erstellt ein Feld, dessen Inhalt aus einer Liste möglicher Einträge ermittelt wird. Die Listeneinträge können dabei aus einer eigens eingegebenen Liste oder aus einer Tabelle stammen. Sobald Sie diesen Felddatentyp auswählen, wird der Nachschlage-Assistent gestartet.

Beachten Sie, daß nicht alle Daten, die aus Ziffern bestehen, wirklich eine Zahl sind: Eine Telefonnummer ist keine Zahl, denn es können auch Schrägstriche »/« und Klammern darin enthalten sein.

Tabellenaufbau planen

Sobald Sie beginnen eine eigene Datenbank aufzubauen oder eine Tabelle zu einer bestehenden Datenbank hinzuzufügen, müssen Sie den grundsätzlichen Aufbau der Tabelle festlegen.

Dazu sollten Sie vor dem Anlegen der Tabelle zunächst festhalten, welche Informationen zu speichern sind und welche Datentypen dafür erforderlich sind.

Bei der Festlegung der Feldgröße kommt es ebenfalls auf eine gute Planung an: Die in Deutschland gebräuchliche Postleitzahl hat fünf Stellen, wenn in der Tabelle außerdem noch ausländische Postleitzahlen zu erfassen sind, müssen Sie mehr Stellen vorsehen.

35.4 Die Datenbankobjekte

Eine Datenbank in Access kann aus einer Vielzahl von Objekten bestehen. Die Objektgruppen sind Tabellen, Abfragen, Formulare, Berichte, Seiten, Makros und Module. Jede Gruppe kann viele Objekte beinhalten. Nach dem Öffnen einer bestehenden Datenbank oder beim Erstellen einer neuen Datenbank wird das Datenbank-Fenster auf dem Bildschirm angezeigt. Es ist in sechs Register eingeteilt, die den Objektgruppen entsprechen.

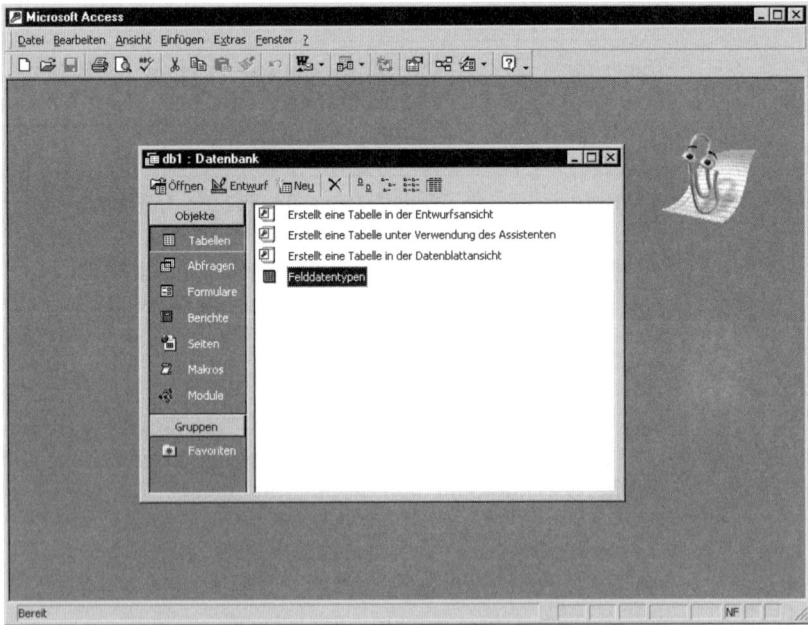

Bild 35.2: Über das Datenbankfenster greifen Sie auf alle Elemente der Datenbank zu

Um einen Überblick über alle Objekte einer Datenbank zu gewinnen, öffnen Sie die entsprechende Datenbank und wählen im Menü *Datei* den Eintrag *Datenbankeigenschaften*. Klicken Sie dann auf die Registerkarte *Inhalt*.

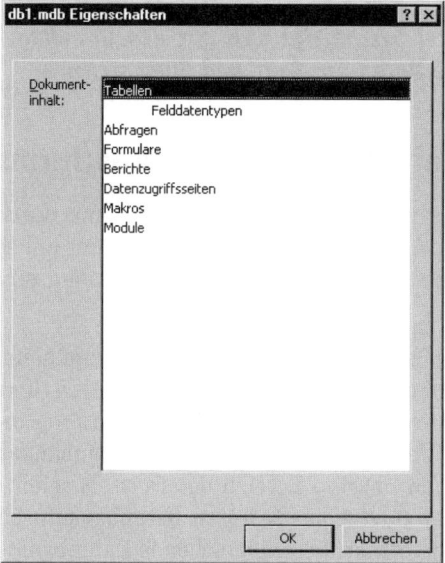

Bild 35.3: Im Register Inhalt *der Dialogbox* Eigenschaften *haben Sie alle Datenbankobjekte im Überblick*

36. Daten komfortabel verwalten

Access ist für die Speicherung und Verwaltung Ihrer Daten zuständig, setzt jedoch Kenntnisse über den Aufbau und Einsatz relationaler Datenbanken voraus. Dieses Kapitel beschäftigt sich mit den Grundlagen von Access, damit bald auch Ihre Daten »in Reih' und Glied stehen«.

36.1 Die Besonderheiten des Access-Bildschirms

Gestartet wird Access wie üblich über das Startmenü: durch Anwahl von *Programme/Microsoft Access*. Nach dem Start erscheint ein Eröffnungsfenster – hier bietet Ihnen Access die wichtigsten Optionen für einen schnellen Arbeitsbeginn.

Nutzen Sie die beiden oberen Optionsschaltflächen, um neue Datenbanken zu erstellen. *Leere Access-Datenbank* erzeugt eine neue, leere Datenbank, die Option *Access-Datenbank-Assistenten, Seiten und Projekte* startet Assistenten mit deren Hilfe Sie sich eine komplette Datenbankanwendung automatisch erstellen. Im unteren Bereich des Fensters sehen Sie eine Auswahlliste mit den vier zuletzt bearbeiteten Datenbanken. Ein Doppelklick auf einen der Einträge öffnet die entsprechende Datenbank.

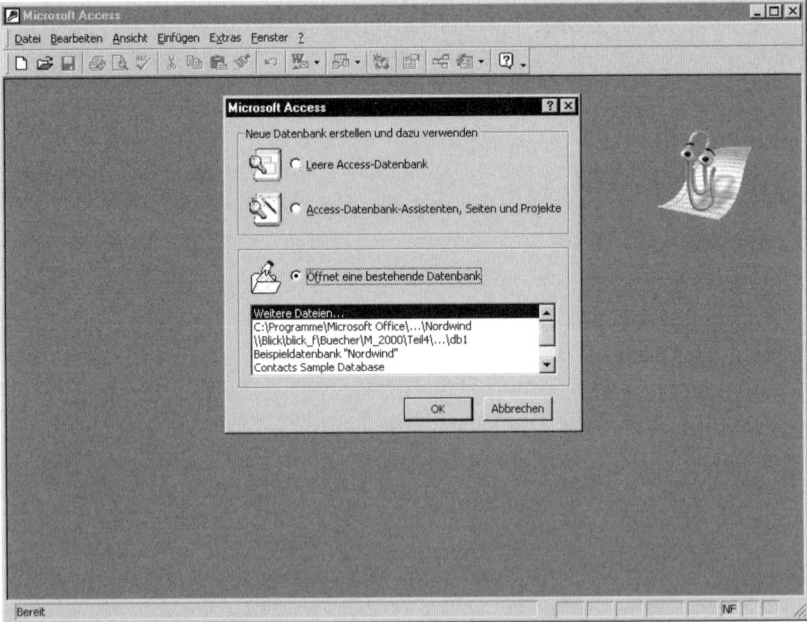

Bild 36.1: Der Startbildschirm von Access bietet Ihnen die wichtigsten Optionen für den Arbeitsbeginn

Access läßt sich jedoch mehrmals starten. So ist die Arbeit mit mehreren Datenbanken gleichzeitig möglich – genügend Arbeitsspeicher vorausgesetzt.

Access bietet einige Besonderheiten, die das Programm von den anderen Anwendungen des Office-Pakets abheben. Mit einem Klick auf *Abbrechen* schließt Access den Starbildschirm..

Die Programmoberfläche von Access entspricht weitgehend dem unter Windows bekannten Standard – die Funktion, Benennung und Bedienung der einzelnen Steuerelemente wurden bereits in Kapitel 3; Ein Wegweiser – die Benutzeroberfläche ausführlich behandelt.

Die Statusleiste

In der Statusleiste sehen Sie Informationen zum aktuellen Bearbeitungszustand oder zur Programmsituation.

 Die Anzeige der Statusleiste steuern Sie im Register Ansicht *der Dialogbox* Extras/Optionen. *Darüber hinaus können Sie die Statusleiste als Informationselement nutzen, um dort z.B. eine kurze Anleitung für das Ausfüllen eines Formularfelds auszugeben.*

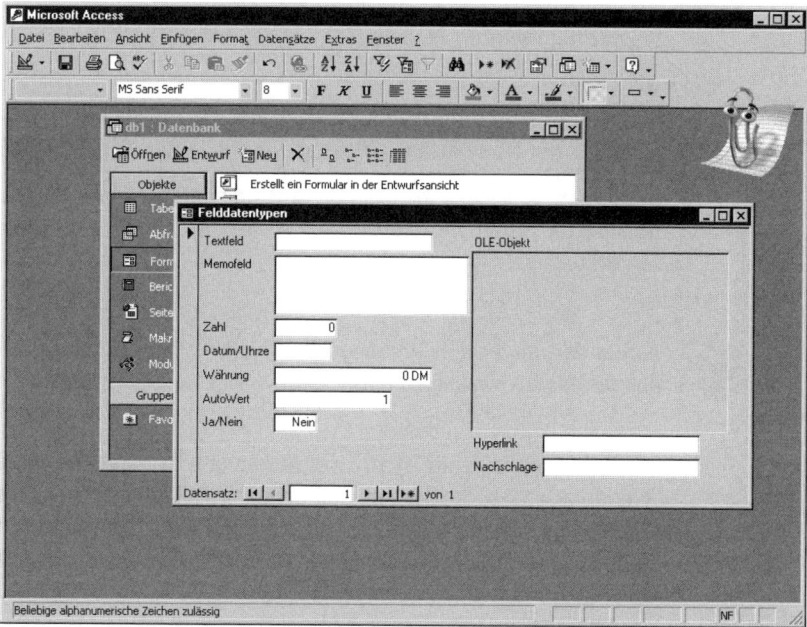

Bild 36.2: Nutzen Sie benutzerdefinierte Hinweise und Erklärungen in der Statusleiste als Hilfestellung für den Anwender

36.2 Eine Datenbank öffnen, speichern und beenden

Der eigentliche Informationsspeicher in Access sind die Tabellen der Datenbank. Abfragen erlauben einen schnellen Zugriff auf gewünschte Informationen, Formulare, Berichte und Seiten erleichtern Ihnen die Arbeit.

Die Datenbank öffnen

Die Installationsroutine überträgt einige Beispieldaten mit auf die Festplatte, darunter eine Beispiel-Datenbank NORDWIND.MDB. Diese Datenbank enthält Geschäftsdaten der fiktiven Nordwind GmbH.

Nutzen Sie diese Beispieldatenbank, um sich mit den umfangreichen Funktionen von Access vertraut zu machen.

Rufen Sie *Datei/Datei öffnen* auf. In der Datei-Dialogbox wählen Sie im Listenfeld *Suchen in* den Beispiel-Ordner aus – standardmäßig finden Sie die Datenbank unter \PROGRAMME\MICROSOFT OFFICE\OFFICE\BEISPIEL. Um die Nordwind-Datenbank zu öffnen, klicken Sie doppelt auf die Datei NORDWIND.MDB.

Falls die Beispieldatenbank NORDWIND nicht zu finden ist, holen Sie die Installation nach. Legen Sie dazu die Programm-CD ein, und rufen Sie das Setup-Programm im Installationsordner von Office auf.

Nach einer kurzen Ladezeit öffnet Access automatisch ein Begrüßungsformular der Nordwind GmbH, das Sie mit einem Klick auf *OK* schließen.

Nach dem Schließen des Begrüßungsformulars sehen Sie das Datenbankfenster, das Ihnen den Zugriff auf die in der Datenbank enthaltenen Objekte gewährt.

Access verwendet den Oberbegriff »Objekte«, um die einzelnen Bestandteile der Datenbank anzusprechen.

Das Datenbankfenster ist in zwei Bereiche unterteilt. Im linken Bereich der Dialogbox sehen Sie sieben Schaltflächen – entsprechend den sieben Objekt-Typen. Um einen Objekttyp anzuzeigen, klicken Sie auf die entsprechende Schaltfläche – Access stellt eine Liste der enthaltenen Objekte im rechten Teil des Datenbankfensters dar.

- *Tabellen*
  Hier werden die Daten abgelegt, die in der Datenbank gespeichert werden sollen.

- *Abfragen*
  dienen zur Auswahl von Datensätzen einer oder mehrerer Tabellen und stellen Ihnen die benötigten Daten in einer Ergebnistabelle bereit: So kann eine Abfrage beispielsweise eine Liste aller Berliner Kunden mit offenen Rechnungen erzeugen.

- *Formulare*
  Mit Formularen erhalten Sie Zugriff auf die Daten einer oder mehrerer Tabellen bzw. Abfragen. Formulare dienen häufig zum Erfassen (Eingabemaske) oder zum Ändern bestehender Daten.

- *Berichte*
  Mit Berichten stellen Sie die Informationen aus Abfragen und Tabellen, z.B. für die Druckausgabe, aufbereitet dar (Jahres- oder Quartalsberichte).

- *Seiten*
  ... sind HTML-Formulare die den Zugriff auf Access-Datenbestände über den Internet Explorer sicherstellen und damit die in der Datenbank gespeicherten Informationen im Internet oder Intranet verfügbar machen. Mehr zu dieser neuen Funktion finden Sie im Kapitel 54; Access: Die Datenbank im WWW.

- *Makros*
  ... stellen eine Vorstufe zur Programmierung dar und dienen zum Automatisieren von Programmabläufen. Makros enthalten Befehlsfolgen, die Sie bei Bedarf »abspielen«, um die gewünschte Funktion auszuführen.

- *Module*
  Dieser Objekttyp erweitert die eingebaute Funktionalität von Access mit Visual-Basic-Funktionen.

Bild 36.3: Das Datenbankfenster ist Ihre Schaltzentrale bei der Arbeit mit einer Datenbank. Hier sehen Sie die Access-Beispieldatenbank »Nordwind«

Um eine einzelnes Objekt zu öffnen markieren Sie den gewünschten Eintrag und klicken dann auf de Schaltfläche *Öffnen*. Auch ein Doppelklick auf einen Eintrag führt zum Ziel und öffnet das gewünschte Datenbankobjekt.

Wenn Sie mit der rechten Maustaste auf einen Eintrag klicken, öffnet Access das Kontextmenü. Hier finden sich neben den Funktionen Öffnen *und* Drukken *noch weitere Befehle aus dem Bearbeiten-Menü.*

Die Bedienung des Datenbankfensters, auch Datenbankcontainer genannt, entspricht weitgehend der eines Standard-Windows-Fensters. In der Titelzeile steht der Namen der Datenbank, rechts in der Titelzeile sehen Sie die bekannten Schaltflächen zum Umschalten der Fensterdarstellung. Die Schaltflächen der Symbolleiste bieten Ihnen den schnellen Zugriff auf die wichtigsten Funktionen und Befehle:

Die Schaltfläche *Neu* dient zum Anlegen eines neuen Objekts – das aktuell geöffnete Register bestimmt dabei den Typ des neuen Objekts (z.B. eine Tabelle, Abfrage etc.). Dazu wird eine Dialogbox mit einer Liste weiterer Auswahlkriterien geöffnet. Zu jedem Eintrag zeigt Access eine Kurzbeschreibung im linken Teil der Dialogbox.

Beim Erstellen eines neuen Objektes (Tabelle, Abfrage, Formular oder Bericht) stehen Ihnen verschiedene Assistenten zur Seite. Wählen Sie die entsprechende Option aus, wenn Sie Access zum ersten Mal benutzen oder unsicher in Ihrer Vorgehensweise sind.

Für die Darstellung der Datenbankobjekte, stehen Ihnen die gleichen Ansichten zur Verfügung, die Sie bereits aus dem Windows-Explorer kennen. Zum Umschalten der Ansicht klicken Sie auf die entsprechende Schaltfläche der Symbolleiste oder öffnen das Kontextmenü mit einem rechten Mausklick in einen leeren Bereich des Datenbankfensters. Über den Eintrag *Ansicht* läßt sich die Symbolgröße anpassen.

Die Datenbank speichern

Bei der Arbeit mit Access heißt es zunächst einmal umdenken. Grundsätzlich bearbeiten Sie lediglich einen Datensatz zur Zeit. Die vorgenommenen Änderungen, speichert Access automatisch, sobald Sie den Datensatz verlassen. Dies dient in erster Linie der Datensicherheit, da alle Änderungen sofort gespeichert werden, sobald die Eingabe abgeschlossen ist.

Über den Menübefehl Datensätze/Datensatz speichern *(⇧ + ←) sichern Sie den Datensatz noch während der Bearbeitung.*

Diese Besonderheit hat praktische Auswirkungen auf die Arbeit: Während Sie einen Datensatz bearbeiten, bewirken die Tastenkombination Strg + Z, der Befehl *Bearbeiten/Rückgängig* oder ein Klick auf die Schaltfläche *Rückgängig* die Zurücknahme aller noch nicht gespeicherten Änderungen am aktuellen Datensatz. Sobald die Bearbeitung eines Datensatzes beendet und der Datensatz damit auf die Festplatte geschrieben ist, lassen sich die Änderungen nicht mehr zurücknehmen.

Beim Ändern von Daten hat Access keine Rückgängig-/Wiederholen-*Funktion, wie dies z.B. von Word bekannt ist.*

Der Befehl *Datei/Speichern* dient zum Sichern des Layouts und Entwurfs von Datenbankobjekten. Bei Änderungen am Entwurf von Datenbankobjekten, zeigt Access, wie von Word und Excel her bekannt, zunächst eine Sicherheitsabfrage.

Um eine Datenbank vor unbeabsichtigten Veränderungen zu schützen, versehen Sie die Datenbankdatei über den Windows-Explorer mit dem Schreibschutz-Attribut. An der geschützten Datenbank können Sie allerdings keinerlei Veränderungen mehr vornehmen – also auch keine Daten in die Tabellen eintragen.

Die Datenbank schließen

Um die Arbeit mit einer Datenbank zu beenden, wählen Sie *Datei/Schließen*. Access schließt das aktuell geöffnete Datenbankfenster und Sie sehen die leere Programmoberfläche von Access.

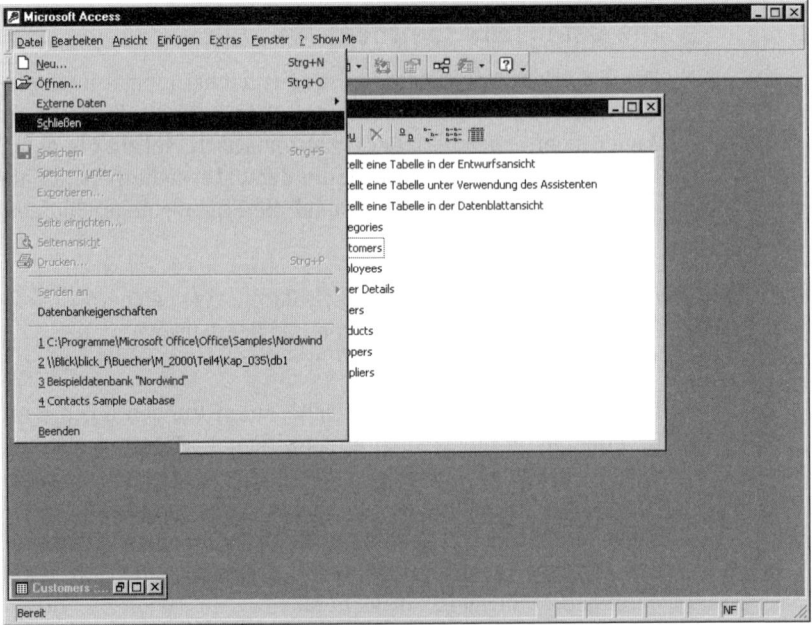

Bild 36.4: Mit einem Klick auf Datei/Schließen *wird die aktuell geöffnete Datenbank geschlossen*

Ein Klick auf *Schließen* im Systemmenü des Datenbankfensters oder die Tastenkombination [Strg]+[F4] schließen ebenfalls die aktuell geöffnete Datenbank.

 Access ist nicht in der Lage, mehrere Datenbanken gleichzeitig geöffnet zu halten. Sobald Sie eine andere Datenbank über Datei/Öffnen *laden, wird die aktuell geöffnete Datenbank automatisch geschlossen.*

36.3 Wie bewegen Sie sich in der Tabelle?

Tabellen sind der Dreh- und Angelpunkt bei der Arbeit mit Datenbanken. Um auf die Tabellen einer Datenbank zuzugreifen, klicken Sie im Datenbankfenster auf die Schaltfläche *Tabellen*. Access zeigt eine Liste aller Tabellen der aktuell geöffneten Datenbank. Markieren Sie die zu öffnende Tabelle, und klicken Sie auf die Schaltfläche *Öffnen*.

Schneller zum Ziel kommen Sie mit einem Doppelklick auf das zu öffnende Datenbankobjekt.

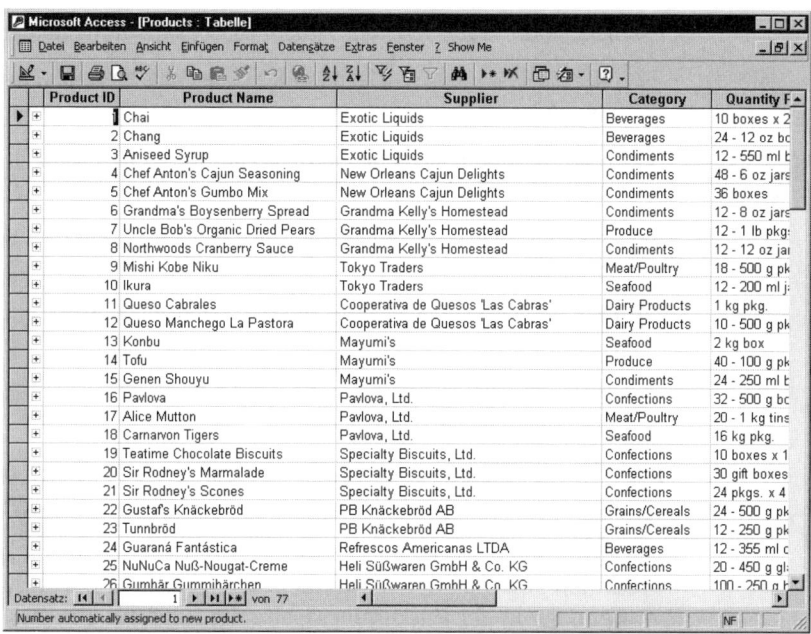

Bild 36.5: Die Tabelle Artikel *der Nordwind-Datenbank in der Datenblattansicht*

Nach einer kurzen Ladezeit sehen Sie eine tabellarische Darstellung der Artikeldaten. Diese Form der Darstellung nennt Access »Datenblattansicht«. In der oberen Zeile sehen Sie die Spalten- oder Feldnamen. Von oben nach unten stehen die in den Zeilen eingetragenen Artikel – die Daten bzw. Datensätze.

Die erste grauen Spalte am linken Rand des Datenblatts dient zum markieren der Datensätze. Wenn Sie mit der rechten Maustaste in diese Spalte klicken, öffnen Sie ein Kontextmenü mit verschiedenen Bearbeitungsbefehlen.

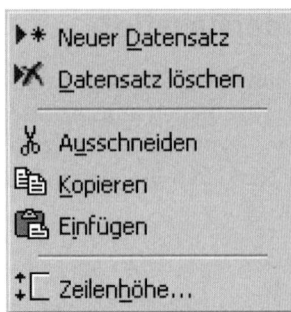

Bild 36.6: *Im Kontextmenü der Datensätze finden Sie häufig genutzte Funktionen und Befehle*

- *Neuer Datensatz*, fügt eine neuen Datensatz am Ende der Tabelle ein.
- *Datensatz löschen*, entfernt den aktuell markierten Datensatz aus der Tabelle.
- *Ausschneiden*, kopiert den aktuell markierten Datensatz in die Zwischenablage und löscht ihn aus der Tabelle.
- *Kopieren*, überträgt den aktuell markierten Datensatz in die Zwischenablage.
- *Einfügen*, fügt den Datensatz in der Zwischenablage an der aktuellen Position ein.
- *Zeilenhöhe*, öffnet die Dialogbox *Zeilenhöhe* mit deren Hilfe Sie die Höhe der Tabellenzeilen anpassen.

Das schwarze Dreieck in den Zeilenköpfen ist der »Datensatzmarkierer«. Er zeigt an, in welcher Zeile sich die Schreibmarke zur Zeit befindet.

Mit einem Klick auf einen Zeilenkopf wird die betreffende Zeile markiert. Die Linien zwischen den Zeilen dienen zur besseren Übersicht in der Tabelle. Wenn Sie in der Markierungsspalte die Maus auf eine der waagerechten Trennlinien zwischen den Zeilen positionieren und die linke Maustaste gedrückt halten, können Sie die Zeilenhöhe verstellen.

Sobald Sie beginnen, in ein Feld Daten einzutragen oder vorhandene Daten zu ändern, erscheint in der Markierungsspalte ein Stift-Symbol.

Daten komfortabel verwalten

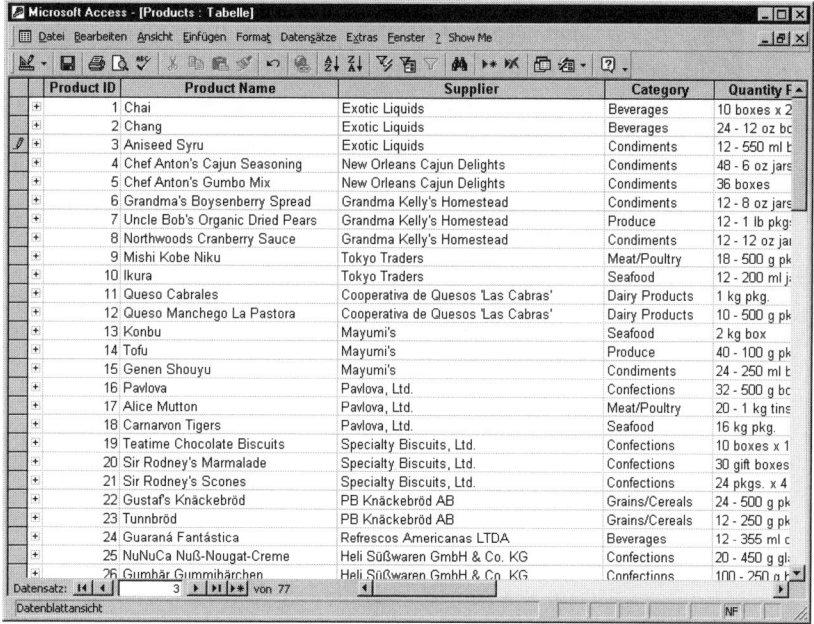

Bild 36.7: Ein Stift in der Markierungsspalte zeigt an, daß der Datensatz gerade bearbeitet wird

 So lange Sie sich innerhalb des Eingabefeldes befinden, stellen Sie durch Drücken der Esc *-Taste den alten Zustand wieder her.*

Die Linien zwischen den Spalten dienen zum interaktiven Anpassen der Spaltenbreite. Diese Funktionen sind Ihnen schon von Excel bekannt.

 Doppelklicken Sie auf die Linien zwischen zwei Spaltenköpfen, um die Feldbreite automatisch optimal einzustellen. Dabei wird die Feldbreite der linken Spalte so angepaßt, daß alle zur Zeit dargestellten Daten vollständig in dieser Spalte lesbar sind.

Am rechten und unteren Rand des Fensters stehen die von Windows bekannten Bildlaufleisten bereit, um den dargestellten Ausschnitt zu verschieben. Wenn Sie den Anfasser in der vertikalen Bildlaufleiste verwenden, um den dargestellten Ausschnitt zu verschieben, erscheint eine zusätzliche Information darüber, welcher Datensatz an erster Stelle im Tabellenfenster steht.

675

Das Erscheinungsbild der Tabelle in der Datenblattansicht beeinflussen Sie über den Menübefehl Format/Datenblatt.

Bild 36.8: Mit den Navigationsschaltflächen in der Datenblattansicht bewegen Sie sich schnell durch die Tabelle

Am unteren linken Rand des Fensters befinden sich die Navigationsschaltflächen für die Tabelle ARTIKEL. Die Navigationsschaltflächen steuern folgende Funktionen:

- Erster Satz:
  Bewegt die Schreibmarke zum Anfang der Tabelle.

- Letzter Satz:
  Bewegt die Schreibmarke an das Ende der Tabelle.

- Nächster Satz/vorheriger Satz:
  Bewegt die Schreibmarke einen Satz vorwärts oder zurück.

- Neuer Satz:
  Die Schreibmarke springt an das Ende der Tabelle. Dort wird ein neuer leerer Satz für die Dateneingabe angefügt.

Im Eingabebereich der Navigationsschaltflächen steht die Nummer des aktuellen Datensatzes und rechts daneben steht die Gesamtzahl der Datensätze.

 Um direkt zu einem Datensatz zu springen, klicken Sie in den Eingabebereich und geben die Nummer des gewünschten Satzes direkt ein. Nach dem Drücken von ⏎ setzt Access den Datensatzzeiger auf den gewünschten Datensatz.

Neben den Schaltflächen des Datensatznavigators stehen Ihnen verschiedene Tasten und Tastenkombinationen zum Bewegen innerhalb der Tabelle zur Verfügung:

←	Ein Feld nach links. Falls Sie sich am Zeilenanfang befinden, springt die Schreibmarke in das letzte Feld der vorherigen Zeile.
→	Ein Feld nach rechts. Falls Sie sich am Zeilenende befinden, springt die Schreibmarke in das erste Feld der Folgezeile.
↑	Eine Zeile hoch.
↓	Eine Zeile nach unten.

Daten komfortabel verwalten

Pos1	An den Anfang der Zeile.
Ende	An das Ende der Zeile.
Bild↑	Einen Bildausschnitt nach oben.
Bild↓	Einen Bildausschnitt nach unten.
Strg+↑	An den Anfang der Tabelle.
Strg+↑	An das Ende der Tabelle.
Strg+Pos1	In das erste Feld des ersten Datensatzes.
Strg+Ende	In das letzte Feld des letzten Datensatzes.
⇥ oder ←	In das nächste Feld.

Um die Zeichendarstellung in der Datenblattansicht zu verändern, klicken Sie mit der rechten Maustaste auf die Titelzeile des Datenblattfensters. Wählen Sie im Kontextmenü den Menüpunkt Schriftart, *und ändern Sie die Schriftart nach Ihren Wünschen. Über dieses Menü lassen sich auch die Gitternetzlinien ein- und ausblenden.*

Falls Sie in der Datenblattansicht nicht alle Spalten dargestellt haben wollen, klicken Sie auf Format/*Spalten einblenden*.

Access öffnet die Dialogbox *Spalten einblenden*. Mit den Kontrollkästchen vor den einzelnen Einträgen steuern Sie die Anzeige Spalten – alle Spalten, die dargestellt werden sollen, sind mit einem Häkchen versehen.

Bild 36.9: Mit einem Klick in das vorangestellte Kontrollkästchen blenden Sie einzelne Spalten aus bzw. ein

Um die Datenblattansicht zu verlassen, wählen Sie *Datei/Schließen*.

Datensicherung

Wie in allen anderen Bereichen, in denen Sie mit einem Computer arbeiten, ist es auch bei Access stets sinnvoll, Sicherungen Ihrer Datenbanken anzulegen. Access selbst erstellt keine Backup- oder Sicherungsdateien, mit denen sich umfassende Veränderungen zurücknehmen lassen. Auch einen Menüpunkt *Speichern unter* werden Sie vergeblich suchen. Um den letzten Bearbeitungsstand Ihrer Datenbank zu sichern, müssen Sie selbst aktiv werden. Es genügt dabei, die MDB-Datei im Explorer zu kopieren und unter einem anderen Namen abzulegen. Die Erweiterung *.MDB steht für *Microsoft Data Base*. Die ebenfalls von Access erzeugte Datei mit der Erweiterung *.LDB enthält lediglich Indizes (Suchlisten) für einen schnelleren Zugriff und wird beim erneuten Öffnen der Datenbank neu aufgebaut. Eine Sicherung dieser Datei ist daher nicht erforderlich.

Um die zu sichernde Datenmenge zu reduzieren, empfiehlt es sich, die Datenbank vorher zu komprimieren. Dabei werden durch Löschung entstandene Freiräume innerhalb der Datenbankdatei entfernt. Lesen Sie dazu das Kapitel 38.7 »Datenbanken komprimieren und reparieren«.

37. Datenbankstrukturen erstellen

Für die praktische Umsetzung eines Datenbankprojekts dient die Beispielfirma Easy Online GmbH. Dieses Kapitel behandelt alle erforderlichen Schritte von der Planung bis zur Anlage von Tabellen.

37.1 Strukturen vorbereiten

Bevor Sie ans Werk gehen und auf die Schnelle eine Datenbank anlegen, sollten Sie sich Gedanken darüber machen, welche Informationen in der Datenbank zu speichern sind.

 Mit jeder Datenbank legen Sie den Grundstein für ein Informationsverarbeitungssystem, das späteren Anforderungen genügen muß.

Folgender Ablauf bei der Anlage einer Datenbank hat sich bewährt:

⇢ Informationsbeschaffung

⇢ Planung

⇢ Anlegen der Datenbank

⇢ Anlegen der Tabellen

⇢ Tabellen verknüpfen

⇢ Testdaten erfassen

⇢ Anlegen weiterer Datenbankobjekte

⇢ Daten erfassen

Die Vorgehensweise zum Aufbau der Datenbank ist nicht an ein konkretes Beispiel gebunden, sie gilt grundlegend für alle Datenbanken.

Informationsbeschaffung

Sie müssen sich zunächst mit der Materie vertraut machen. Ohne Kenntnis der Sachverhalte ist es schwer, eine Datenbank aufzubauen. Ermitteln Sie zunächst:

⇢ Welche Daten wurden bisher erfaßt?

⇢ Wie wurden die Daten abgelegt?

⇢ Wer darf auf diese Daten zugreifen?

⇢ Sind die Daten vollständig und fehlerfrei oder fehlen Angaben?

Planung

Der zweite Schritt auf dem Weg zu einer eigenen Datenbank ist die Planung. Erst nachdem alle erforderlichen Informationen beschafft sind, sollten Sie mit der Umsetzung der Datenbank beginnen.

 Es ist unmöglich, alle Entwicklungen vorherzusehen und gleich in die Datenbank einzubauen. Eine zweckmäßige Datenbankstruktur kann jedoch ohne großen Aufwand erweitert und den neuen Erfordernissen angepaßt werden.

Es stellt sich also die Frage, wie sich eine ausbaufähige Datenbankstruktur realisieren läßt. Am Beginn aller Planungen steht die sorgfältige Auswertung aller vorhandenen Daten. Tragen Sie alle Informationen in einer Liste zusammen, und sortieren Sie die Daten. Machen Sie sich erste Gedanken über den Typ und die Struktur der Daten.

37.2 Eine neue Datenbank anlegen

Access bietet umfangreiche Hilfsmittel zum Anlegen neuer Datenbanken. Zum Anlegen einer Datenbank stehen Ihnen mehrere Wege offen. Nach dem Start von Access sehen Sie den Startbildschirm. Um die Arbeit mit einer neuen leeren Datenbank zu beginnen, aktivieren Sie die Option *Leere Access-Datenbank* und klicken dann auf *OK*. Access zeigt eine Datei-Dialogbox in der Sie den Namen und Speicherort der neuen Datenbank festlegen. Die Option *Access-Datenbank-Assistenten, Seiten und Projekte* öffnet die Dialogbox *Neu*.

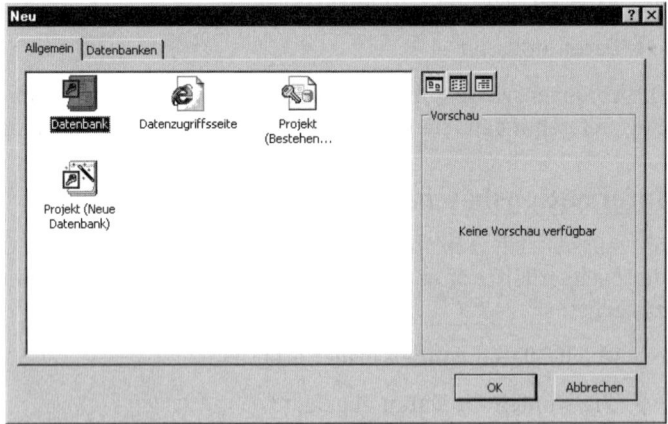

Bild 37.1: Die Dialogbox Neu *ist Ihre Schaltzentrale bei der Anlage neuer Datenbanken*

Datenbankstrukturen erstellen

 Falls Access bereits geöffnet ist gelangen Sie über Datei/Neu *ebenfalls zur Dialogbox* Neu.

Die Dialogbox *Neu* ist in zwei Register unterteilt. Im Register *Allgemein* sehen Sie den Eintrag *Datenbank*. Ein Klick auf diesen Eintrag öffnet eine Datei-Dialogbox in der Sie Namen und Speicherort der Datenbank festlegen. Access schlägt den Ordner C:\EIGENE DATEIEN als Speicherort für die neue Datenbank vor. Bei allen neuen Datenbanken bietet Access Ihnen die Standardbezeichnung DB1.MDB an – die Ziffer im Dateinamen wird hochgezählt, falls schon eine gleichnamige Datei im selben Ordner existiert.

 Das Standard-Datenbankverzeichnis passen Sie im Register Allgemein *der Dialogbox* Extras/Optionen *an.*

Nach dem Bestätigen der Eingaben mit *Erstellen* öffnet Access eine neue leerer Datenbank.

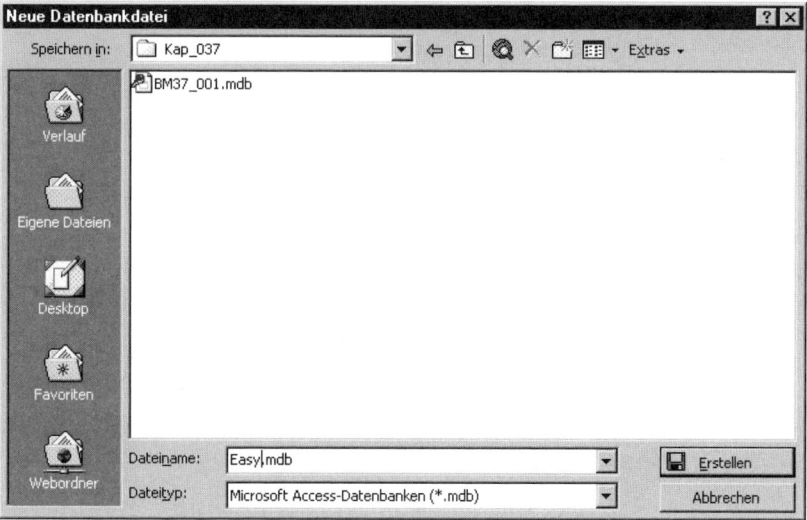

Bild 37.2: *Access legt die neue Datenbank sofort auf der Festplatte ab*

Datenzugriffsseite startet einen, Assistenten mit dessen Hilfe Sie ein HTML-Formular anlegen, um auf bestehende Datenbestände zuzugreifen – diese Funktion finden Sie im Kapitel 54; Access: Datenbanken im WWW beschrieben. Die Einträge *Projekt (Bestehende Datenbank)* und *Projekt (Neue Datenbank)* starten einen Assistenten mit, dem Sie einen SQL-Serverzugriff realisieren.

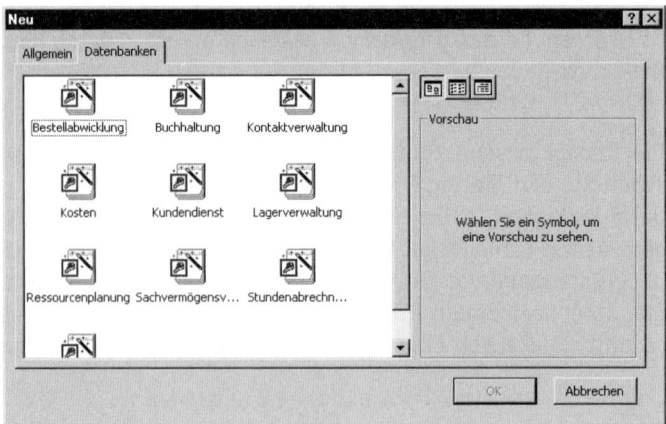

Bild 37.3: Das Register Datenbanken *stellt Ihnen eine Reihe leistungsfähiger Assistenten zum Anlegen von Standard-Datenbanken zur Auswahl*

Im Register *Datenbanken* der Dialogbox *Neu* finden Sie vorbereitete Datenbank-Vorlagen für Standardaufgaben. Für viele Anwendungsfälle finden Sie eine geeignete Vorlage. Der Datenbank-Assistent unterstützt Sie bei der Anlage der erforderlichen Datenbankobjekte. Die enthaltenen Tabellen verknüpft Access automatisch.

 Nutzen Sie die Vorlagen des Datenbank-Assitenten, um einen Einstieg in die Arbeit mit Access zu gewinnen.

37.3 Tabellen anlegen

Zum Anlegen von Tabellen öffnen Sie die zu bearbeitende Datenbank und klicken im Datenbankfenster auf die Schaltfläche *Tabellen*.

Access öffnet die entsprechende Kategorie. Bei einer neuen Datenbank sehen Sie lediglich drei Einträge:

- *Erstellt eine Tabelle in der Entwurfsansicht*, öffnet die Entwurfsansicht in der Sie alle Felder der Tabelle manuell einrichten.

- *Erstellt eine Tabelle unter Verwendung des Assistenten*, bietet Ihnen den Zugriff auf eine Reihe mitgelieferter Tabellenvorlagen mit einer Auswahl vordefinierter Felder.

Bild 37.4: Der Arbeitsbereich Tabellen *im Datenbankfenster*

⋯▷ *Erstellt eine Tabelle in der Datenblattansicht*, legt eine leere Tabelle an und öffnet sie sofort in der Datenblattansicht. Sobald Sie den ersten Datensatz erfassen, übernimmt Access die Felddatentypen und weist Sie dem entsprechende Feld zu. Die Standardvorgaben *Feld1*, *Feld2*, ... bei den Feldnamen lassen sich nachträglich anpassen.

 Wenn Sie neue Tabellen in der Datenblattansicht erstellen, überlassen Sie Access die Zuordnung der Felddatentypen. Postleitzahlen werden z.B. als Zahl abgelegt. Darüber hinaus verwendet Access Standardeinstellungen für die Feldlänge, die nicht immer praxisgerecht sind.

Mit einem Klick auf die Schaltfläche *Neu* in der Symbolleiste öffnen Sie die Dialogbox *Neue Tabelle*.

Bild 37.5: In der Dialogbox Neue Tabelle *finden Sie verschiedene Einträge zum Anlegen einer neuen Tabelle*

In der Dialogbox *Neue Tabelle* stellt Ihnen mehrere Optionen zur Auswahl:

- *Datenblattansicht*
  Access zeigt eine Standard-Tabelle aus 20 Feldern mit den Namen *Feld1* bis *Feld20* und 30 Datenreihen an und öffnet sie sofort zur Eingabe von Daten. Sobald Sie die Tabelle speichern, legt Access die Tabelle mit den Feldern an, in denen Daten eingetragen wurden. Access versucht dabei auch festzustellen, welcher Felddatentyp gemeint sein könnte.

- *Entwurfsansicht*
  In der Entwurfsansicht erhalten Sie eine leere Dialogbox, in der Sie die einzelnen Felder selbst einrichten.

- *Tabellen-Assistent*
  Der Tabellenassistent ist einer der vielen Assistenten, die Ihnen die Arbeit mit Access erleichtern.

Für den Tabellenentwurf ist der Tabellen-Assistent weniger geeignet, da die Felddatentypen in einigen Fällen nicht zutreffend festlegt sind.

- *Tabelle importieren*
  Mit dieser Funktion importieren Sie Tabellen aus anderen Datenquellen. Access übernimmt die Tabellenstruktur und alle enthaltenen Daten und legt daraus eine neue Tabelle an.

Importieren
Access ist in der Lage Daten und Strukturen aus anderen Datenbanken wie DBase und Paradox sowie aus strukturierten Textdateien, Excel-, Lotus 1-2-3-, Outlook- und Exchange-Dokumenten zu übernehmen.

- *Tabelle verknüpfen*
  baut eine Verbindung zu Tabellen aus anderen Datenquellen auf. Access liest die Daten bei jedem Öffnen der Tabelle erneut ein.

Arbeiten mit der Entwurfsansicht

Um eine individuelle Tabellenstruktur zu erstellen oder bei Bedarf vorhandene Tabellen anzupassen, verwenden Sie die Tabellen-Entwurfsansicht. Zum Anlegen einer neuen Tabelle in der Entwurfsansicht klicken Sie im Datenbankfenster auf die Schaltfläche *Tabellen*. Markieren Sie den Eintrag *Entwurfsansicht* und bestätigen Sie mit *Ok*. Access öffnet daraufhin das Fenster *Tabelle1: Tabelle*. Im oberen Teil legen Sie die Felder mit den Angaben *Feldname*, *Felddatentyp* und *Beschreibung* fest.

Datenbankstrukturen erstellen

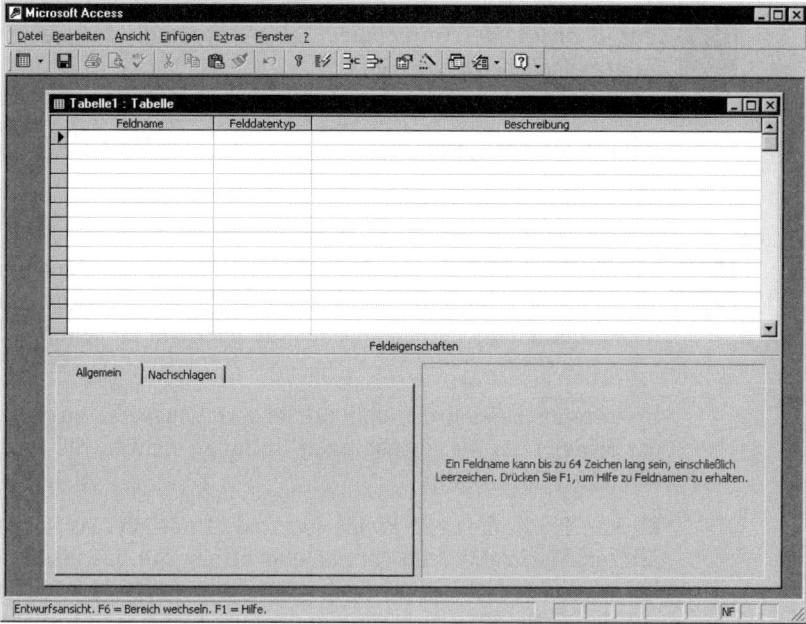

Bild 37.6: In der Entwurfsansicht bestimmen Sie die einzelnen Felder der neuen Tabelle

Nach der Eingabe des Feldnamens gelangen Sie mit ⇥ oder ↵ in die Spalte *Felddatentyp* und Access blendet einen Listenpfeil ein. Standardvorgabe ist der Datentyp *Text* – alle anderen Datentypen wählen Sie über das Listenfeld Felddatentyp aus.

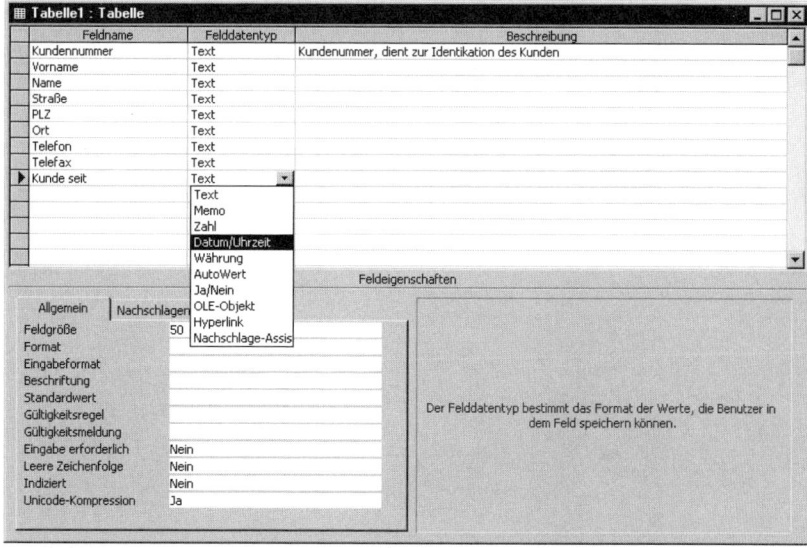

Bild 37.7: Das Listenfeld Felddatentyp *hält eine Auswahl aller verfügbaren Datentypen bereit*

685

Eine Übersicht der verfügbaren Felddatentypen finden Sie im Kapitel 35.3; Unterschiedliche Datentypen.

Wählen Sie den gewünschten Eintrag aus der Liste und drücken Sie ⇥ oder ↵ um in die Spalte Beschreibung zu wechseln.

 Die Eingabe einer Beschreibung ist für das Arbeiten mit einer Datenbank nicht zwingend notwendig – sie dient lediglich zur Dokumentation und hilft Ihnen, bei umfangreichen Tabellen die Übersicht zu bewahren.

Im unteren Bereich des Entwurfsfensters legen Sie zusätzliche Merkmale der Felder fest: Die angebotenen Optionen richten sich nach dem ausgewählten Felddatentyp.

Klicken Sie in die Zeile *Kunde seit* und öffnen Sie das Register *Allgemein*. Klicken Sie in die Zeile *Format* und öffnen Sie das Listenfeld mit einem Klick auf den Listenpfeil. In der Liste sehen Sie die verfügbaren Formate, mit denen Sie die Umsetzung der intern gespeicherten Daten in die Bildschirm- oder Druckerausgabe bestimmen.

 Access zeigt die Eingabefelder im unteren Bereich erst, nachdem der Felddatentyp für ein Feld festgelegt ist. Auch Access beherrscht benutzerdefinierte Formate, ihre Codierung entspricht der von Word und Excel.

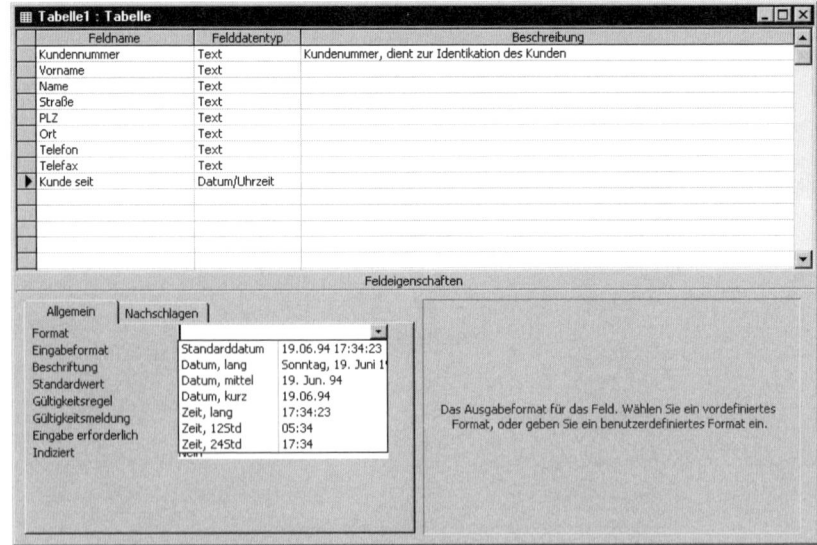

Bild 37.8: *Im Listenfeld* Format *legen Sie das Ausgabeformat der eingegebenen Daten fest*

Primärschlüssel festlegen

In der Beispieltabelle ist ein Feld *Kundennummer* vorgesehen. Dieses Feld dient zur Aufnahme eines eindeutigen Kundenkennzeichens des Primärschlüssels. Um den Primärschlüssel festzulegen, klicken Sie mit der rechten Maustaste vor die entsprechende Zeile. Access öffnet das Kontextmenü, wählen Sie hier den oberen Eintrag *Primärschlüssel* aus.

Weitere Informationen zu Primärschlüsseln finden Sie im Kapitel 35.2; Arbeiten mit relationalen Strukturen.

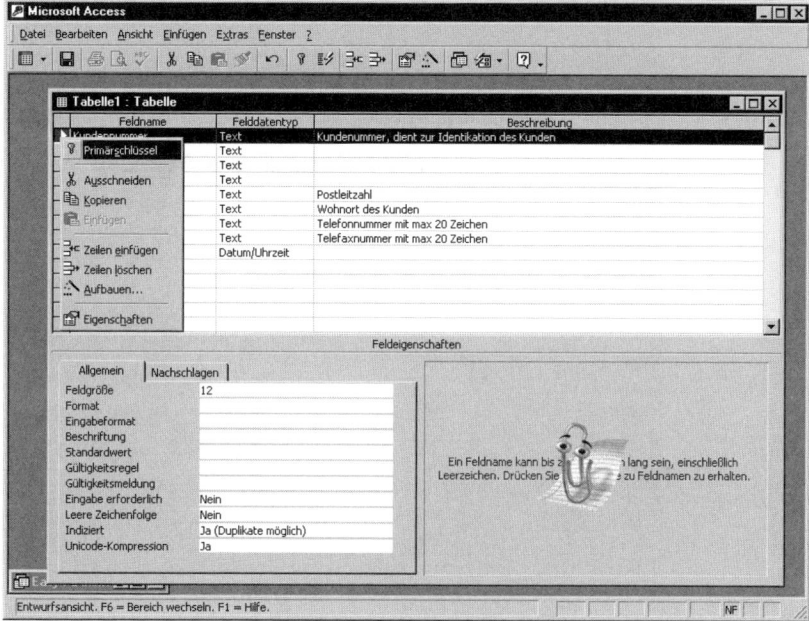

Bild 37.9: Der Eintrag Primärschlüssel *im Kontextmenü des Felds weist dem Feld das eindeutige Datensatzkennzeichen zu*

Alternativ können Sie auch die entsprechende Zeile markieren und den Primärschlüssel über Bearbeiten/Primärschlüssel *oder durch einen Klick auf das Symbol der Symbolleiste festlegen.*

Nach der Festlegung sehen Sie ein Schlüsselsymbol als Kennzeichen für den Primärschlüssel vor der Zeile *Kundennummer*.

Der Primärschlüssel ist das eindeutige Kennzeichen eines Datensatzes. Nicht jedes Feld ist als Schlüsselkandidat geeignet: Namen oder Bezeichnungen scheiden in aller Regel aus, genauso wie Postleitzahlen oder Ortsbezeichnungen.

Tabelle speichern

Alle Eingaben sind abgeschlossen und die neu angelegte Tabelle soll gesichert werden. Wählen Sie dazu *Datei/Speichern*. Access öffnet die Dialogbox *Speichern unter*. Geben Sie die Tabellenbezeichnung ein – unter diesem Namen erscheint die Tabelle im Datenbankcontainer –, und bestätigen Sie mit einem Klick auf *OK*.

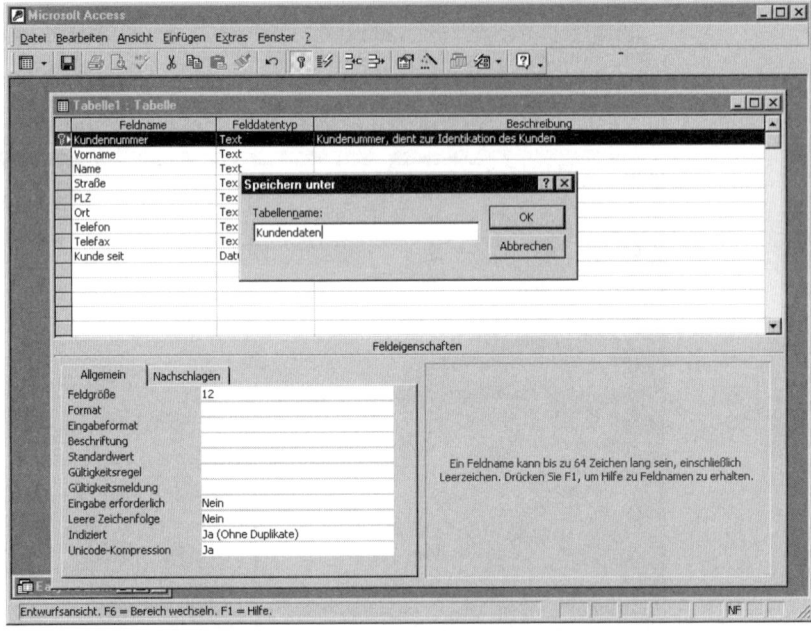

Bild 37.10: Beim Speichern legen Sie den Tabellennamen fest

 Ein Klick auf das Diskettensymbol *in der Symbolleiste führt ebenfalls zum Ziel.*

Über *Datei/Schließen* beenden Sie die Arbeit in der Entwurfsansicht. Alternativ können Sie auch das *Schließen*-Symbol in der Symbolleiste oder die Tastenkombination `Strg`+`F4` verwenden.

Wenn Sie den Tabellenentwurf schließen, ohne die Änderungen zuvor zu sichern, zeigt Access automatisch eine Sicherheitsabfrage.

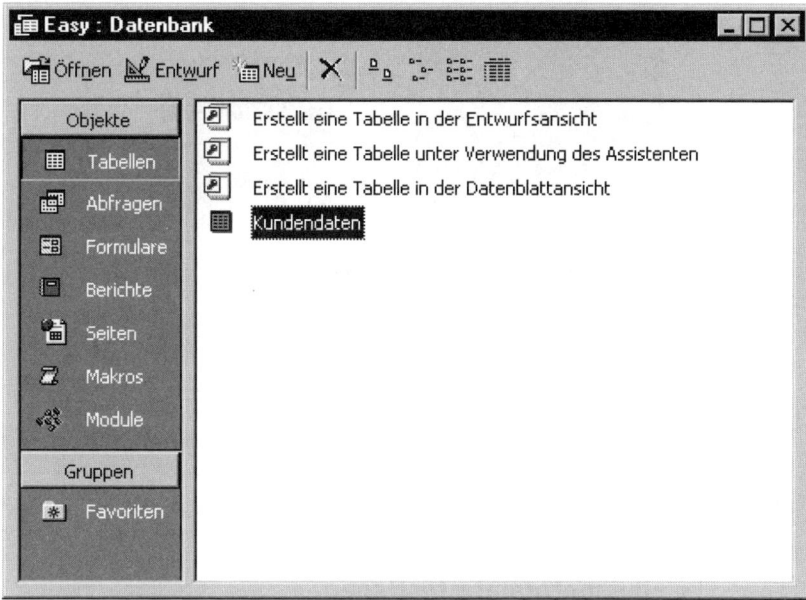

Bild 37.11: *Im Datenbankfenster sehen Sie die neue Tabelle* Kundendaten

 Der aktuelle Bearbeitungsstand ist in der Datenbank B037_011.MDB gesichert.

Tabellenentwurf anpassen

Um die Struktur einer Tabelle nachträglich zu verändern, müssen Sie die Tabelle erneut im Tabellenentwurf öffnen,. Klicken Sie dazu mit der rechten Maustaste auf die zu bearbeitende Tabelle im Datenbankfenster und wählen im Kontextmenü den Eintrag *Entwurfsansicht* aus.

 Um aus der Datenblattansicht zum Tabellenentwurf zu wechseln, klicken Sie auf die Schaltfläche Ansicht in der Symbolleiste Standard.

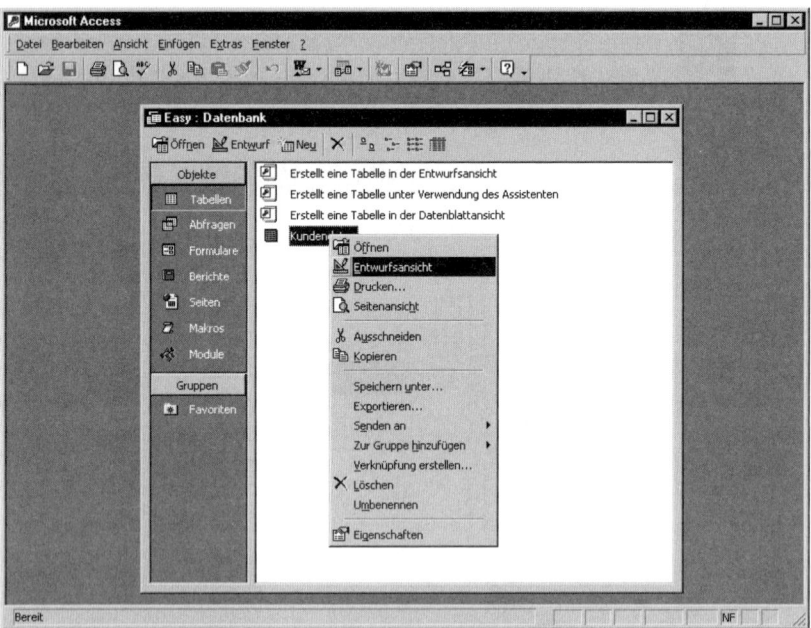

Bild 37.12: Der Eintrag Entwurfsansicht öffnet die Tabelle in der Entwurfsansicht

Eingabeformate festlegen

Mit Hilfe sogenannter Eingabeformate legen Sie fest, wie der Anwender die Daten in das Feld einzugeben hat.

 Das Eingabeformat legen Sie im Tabellenentwurf fest.

Markieren Sie in der Entwurfsansicht die Zeile mit dem entsprechenden Feld durch einen Klick auf den Zeilenkopf und klicken dann im Bereich *Feldeigenschaften* in das Feld *Eingabeformat*. Access zeigt rechts neben dem Eingabefeld eine Schaltfläche, die den Eingabeformat-Assistenten öffnet.

Datenbankstrukturen erstellen

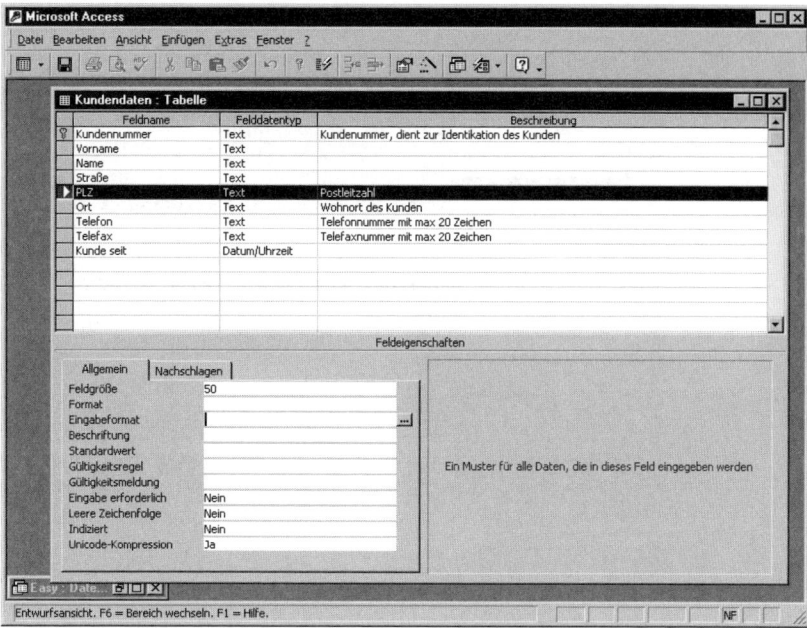

Bild 37.13: Mit einem Klick auf die Schaltfläche neben dem Eingabefeld rufen Sie den Eingabefeld-Assistenten auf

 Die Tabelle muß gespeichert sein, damit der Eingabeformat-Assistent seine Arbeit aufnimmt. Falls der aktuelle Entwurf noch nicht gespeichert ist, zeigt Access zunächst eine Abfrage, die Sie auffordert die Tabelle zu speichern.

Der Eingabeformat-Assistent zeigt Ihnen im ersten Schritt eine Reihe vordefinierter Formate, verwenden Sie das Eingabefeld *Testen*, um die Auswirkungen des gewählten Formats zu sehen.

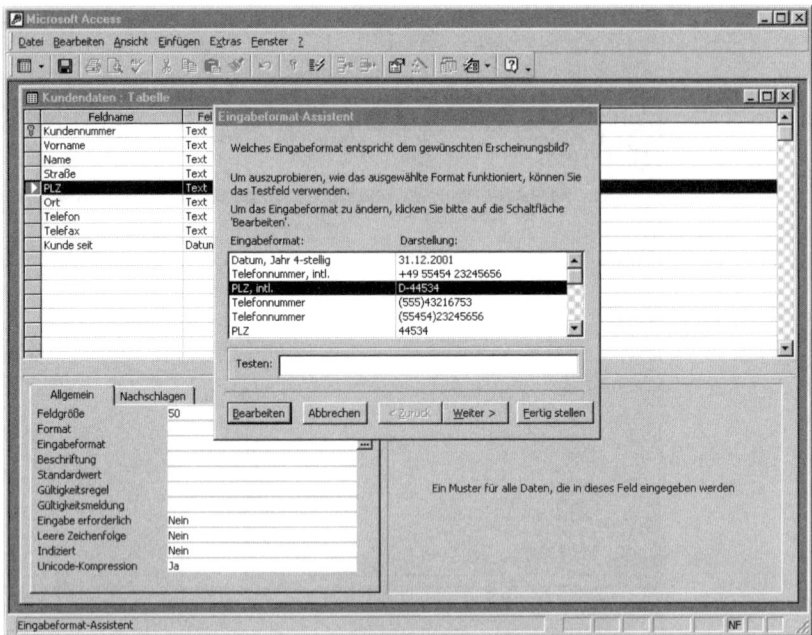

Bild 37.14: *Mit dem Eingabeformat-Assistenten erstellen Sie im Handumdrehen Eingabemasken für das Ausfüllen der Tabelle*

Mit einem Klick auf die Schaltfläche *Bearbeiten* öffnet Access die Dialogbox *Eingabeformat-Assistent anpassen* in der Sie vorhandene Formate ändern oder eigene Formate definieren.

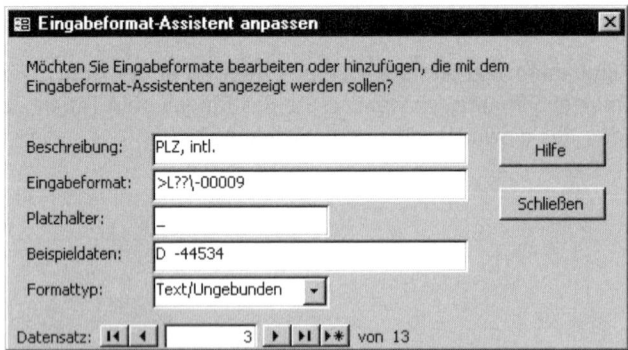

Bild 37.15: *Eigene Formate definieren Sie nach einen Klick auf die Schaltfläche* Bearbeiten *in der Dialogbox* Eingabeformat-Assistent anpassen

Die Formate sind in einer Tabelle abgelegt, mit dem eingeblendeten Datensatznavigator blättern Sie durch die Tabelle. Die Schaltfläche Neu *erstellt ein neues Format in der Tabelle.*

Zum Festlegen der Formate kommen die folgenden Formatbeschreiber und beliebige Zeichenketten zum Einsatz:

Format-beschreiber	Werte	Bemerkung
0	Zahl [0 bis 9]	Eingabe erforderlich
9	Zahl [0 bis 9] oder Leerzeichen	
#	Zahl [0 bis 9] oder Leerzeichen	Vorhandene Leerzeichen werden beim Speichern entfernt
L	Zeichen [A bis Z]	Eingabe erforderlich
?	Zeichen [A bis Z]	Eingabe nicht erforderlich
A	Zeichen oder Zahl	Eingabe erforderlich
a	Zeichen oder Zahl	Eingabe nicht erforderlich
&	beliebiges alphanumerischen Zeichen	Eingabe erforderlich
C	beliebiges alphanumerischen Zeichen	Eingabe nicht erforderlich
. , : ; - /	Dezimal-, Tausender-, Datum/Zeit-Trennzeichen	verwendetes Zeichen hängt von den Ländereinstellungen ab
<		wandelt alle eingegebenen Werte in Kleinbuchstaben um
>		wandelt alle eingegebenen Werte in Großbuchstaben um
!		Die Eingabe wird von rechts aufgefüllt
\		Escape-Zeichen um Zeichen anzugeben, die Formatbeschreiber sind

Markieren Sie den Eintrag, der dem gewünschten Ergebnis am nächsten kommt und klicken auf *Weiter*. Im zweiten Schritt sehen Sie den Formatbeschreiber des ausgewählten Formats. Bei der Eingabe zeigt Access zunächst Platzhalterzeichen an, die Sie Zeichen für Zeichen überschreiben. Das zu verwendende Platzhalterzeichen legen Sie im gleichnamigen Listenfeld fest. Im letzten Schritt des Eingabeformat-Assistenten bestimmen Sie wie Access die Daten in der Tabelle ablegen soll.

Im Beispiel B037_015.MDB finden Sie die Tabelle Kundendaten *mit einigen Eingabeformaten.*

37.4 Eingabeformulare erleichtern die Arbeit

Ein Formular dient sowohl zur Darstellung der Informationen als auch zum Bearbeiten bestehender Daten und zur Eingabe neuer Datensätze. Klicken Sie im Datenbankfenster auf die Schaltfläche *Formulare*. In der Objektübersicht ist noch kein Formular eingetragen. Klicken Sie auf die Schaltfläche *Neu*, um ein neues Formular anzulegen. Access öffnet die Dialogbox *Neues Formular*.

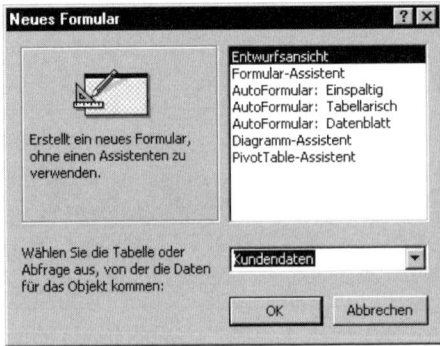

Bild 37.16: Bei der Anlage eines neuen Formulars erscheint die Dialogbox Neues Formular

Wie bei den Tabellen stehen Ihnen mehrere Möglichkeiten zur Auswahl:

- *Entwurfsansicht*
  zeigt ein Formular in der Entwurfsansicht. Verwenden Sie diese Ansicht, um ein neues Formular zu erstellen oder um ein bestehendes zu verändern.

- *Formular-Assistent*
  dieser Assistent führt Sie Schritt für Schritt durch die Erstellung eines Formulars. Bei der Gestaltung lassen sich verschiedene Darstellungsformen umsetzen.

⋯▸ *AutoFormular: Einspaltig*
Noch einfacher als mit dem Formular-Assistenten geht es mit dem AutoFormular. Access stellt automatisch alle Felder der ausgewählten Tabelle untereinander auf ein Formularblatt

⋯▸ *AutoFormular: Tabellarisch*
Dieses Formular listet die vorhandenen Datensätze in einer Tabelle untereinander, die Felder der Tabelle bilden die Spalten.

⋯▸ *AutoFormular: Datenblatt*
Die Darstellung entspricht der Datenblattansicht der Tabelle.

⋯▸ *Diagramm-Assistent*
Mit diesem Assistenten erzeugen Sie ein Formular, das ein Diagramm enthält. Die Diagrammformen entsprechen denen, die Sie eventuell bereits aus Excel kennen.

⋯▸ *PivotTable-Assistent*
Mit diesem Assistenten erstellen Sie ein Formular, das die Daten in Form einer Pivot-Tabelle darstellt. (Die Pivot-Tabelle ist eine Spezialform der Anzeige und Auswertung.)

Das Erstellen eines neuen Formulars in der Entwurfsansicht ist ausgesprochen langwierig, bietet dafür aber eine Reihe von Freiheiten.

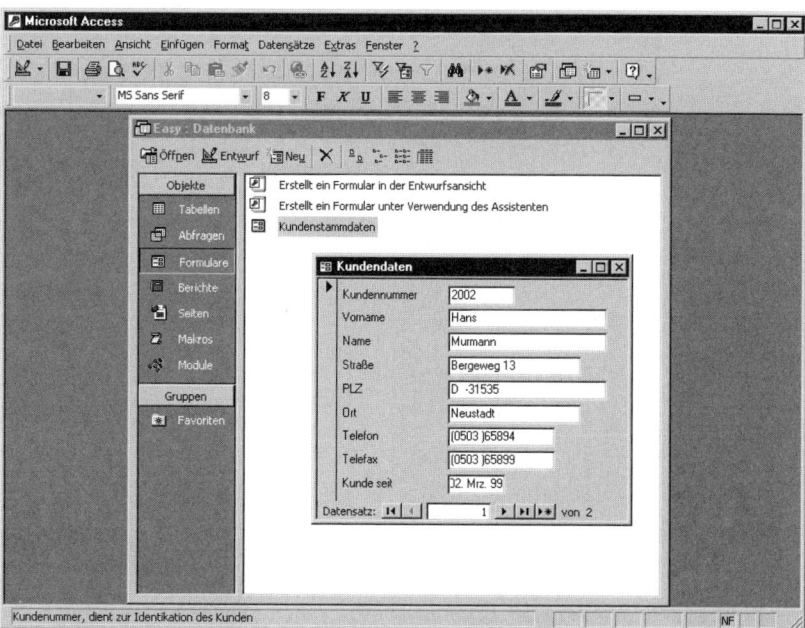

Bild 37.17: Bereits das einspaltige AutoFormular Kundendaten *erleichtert die Dateneingabe und -pflege beträchtlich*

Nachdem Sie sich für eine Form der Formularerstellung entschieden haben, müssen Sie angeben, welche Datenquelle das Formular verwenden soll. Wählen Sie das Autoformular *Einspaltig*, weil sich die weiteren Erklärungen darauf beziehen. In Betracht kommen Tabellen und Abfragen. Abfragen werden im Kapitel 37.4; Abfragen erstellen, vorgestellt.

Wenige Augenblicke, nachdem Sie den Assistenten mit einem Klick auf *OK* gestartet haben, ist das Formular fertiggestellt. Sie können das neu erzeugte Formular sofort ausprobieren, sollten es aber zunächst speichern. Klicken Sie dafür auf das Symbol *Speichern,* und vergeben Sie den Namen *Kundenstammdaten.*

 Die Bezeichnung Kundenstammdaten *findet sich lediglich im Datenbankfenster – die Beschriftung* Kundendaten *in der Titelleiste wurde automatisch vom Assistenten vergeben und bleibt bestehen.*

Dateneingabe mit dem Formular

Um die Arbeit mit einem Formular aufzunehmen, klicken Sie im Datenbankfenster auf die Schaltfläche *Formular*. Access zeigt alle verfügbaren Formulare an.

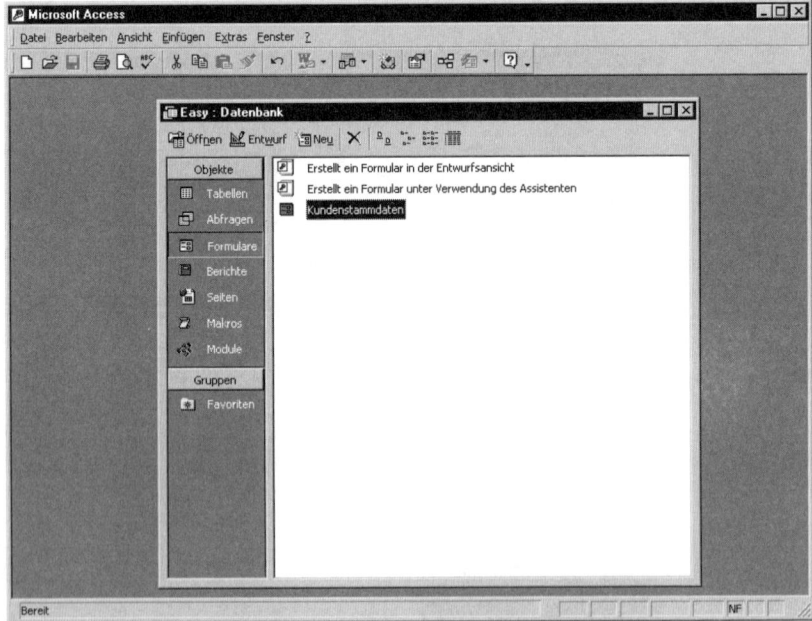

Bild 37.18: In der Liste der Formularobjekte sehen Sie alle verfügbaren Formulare der aktuell geöffneten Datenbank

Datenbankstrukturen erstellen

Um die folgenden Ausführungen unmittelbar nachzuvollziehen, öffnen Sie die Beispieldatenbank B037_018.MDB.

Markieren Sie das gewünschte Formular in der Liste und klicken Sie auf *Öffnen*. Die Schreibmarke steht automatisch im ersten Feld der Tabelle, der Datensatzzeiger auf dem ersten Datensatz. Mit den Schaltflächen des Datensatznavigators oder den folgenden Tastenkombinationen blättern Sie im Datenbestand.

Tasten	Aktion
←, ⇥	zum nächsten Feld
⇧+←, ⇧+⇥	zum vorhergehenden Feld
←, →	Setzt die Schreibmarke um ein Zeichen nach links/rechts
Strg+←, Strg+→	Setzt die Schreibmarke um ein Wort nach links/rechts
Bild ↓	Blättert zum nächsten Datensatz
Bild ↑	Blättert zum vorhergehenden Datensatz.
Pos1	Setzt die Schreibmarke in das erste Feld
Ende	Setzt die Schreibmarke in das letzte Feld
Strg+Pos1	Setzt die Schreibmarke zum ersten Datensatz in der Tabelle
Strg+Ende	Setzt die Schreibmarke in das letzte Feld des letzten Datensatzes

Um einen neuen Datensatz anzulegen, setzen Sie den Datensatzzeiger mit der Tastenkombination Strg+Ende auf den letzen Datensatz und blättern dann mit Bild ↓ zum neuen Datensatz.

697

37.5 Abfragen erstellen

Abfragen übernehmen eine wichtige Aufgabe beim Arbeiten mit Datenbanken. Mit Hilfe von Abfragen treffen Sie eine Auswahl aus den Daten einer Datenbank – im Bereich Datenbanken hat sich für diese Aktion der Begriff »selektieren« durchgesetzt. Um die grundlegenden Funktionen und Einsatzgebiete von Abfragen zu erläutern, sind drei Fälle zu unterscheiden:

- *Auswahlabfrage*
  Sie wählt eine Gruppe von Datensätzen aus einer oder mehreren Tabellen oder Abfragen aus. Das Ergebnis einer Auswahlabfrage können die Datensätze sein, die in einem Formular oder einem Bericht ausgegeben werden. Beispiel: Zeige mir alle Personen aus der Tabelle der Mitarbeiter, die in Hannover wohnen. Oder auch für unser Beispiel: Liste mir alle Fahrzeuge auf, die älter als fünf Jahre sind. Sortiere dabei nach Kennzeichen.

- *Kreuztabellenabfrage*
  Sie gruppiert Daten ähnlich wie eine Kalkulationstabelle von Excel nach zwei Informationsbereichen – sie dienen in erster Linie dazu, komplexe Informationsgehalte in kompakter Form anzuzeigen.

- *Aktionsabfragen*
  Aktionsabfragen kommen dann zum Einsatz, wenn es um schnelle Änderungen am Datenbestand geht. Access unterstützt die klassischen Aktionsabfragen Duplikatsuche und Inkonsistenzsuche sowie die Tabellenerstellungs-, Lösch-, Anfüge- und Aktualisierungsabfragen.

Der am häufigsten verwendete Abfragetyp ist die Auswahlabfrage. Um lediglich bestimmte Daten aus der Datenbank auszuwählen, ist es nicht unbedingt erforderlich, sofort auf eine Abfrage zurückzugreifen. Hier bietet Ihnen Access auch Filter und Suchfunktionen. Eine Auswahlabfrage ist erst dann erforderlich, wenn das Abfrageergebnis häufiger benötigt wird. Das Ergebnis einer Abfrage wird in einer temporären Tabelle abgelegt.

Abfrage mit dem Auswahlabfrage-Assistenten

Dieser Assistent erstellt die einfachste Form einer Auswahlabfrage, indem er die von Ihnen angegebenen Felder selektiert und in einer temporären Tabelle darstellt. Um eine Abfrage anzulegen, klicken Sie im Datenbankfenster auf die Schaltfläche *Abfrage*, und klicken dann auf die Schaltfläche *Neu*.

Datenbankstrukturen erstellen

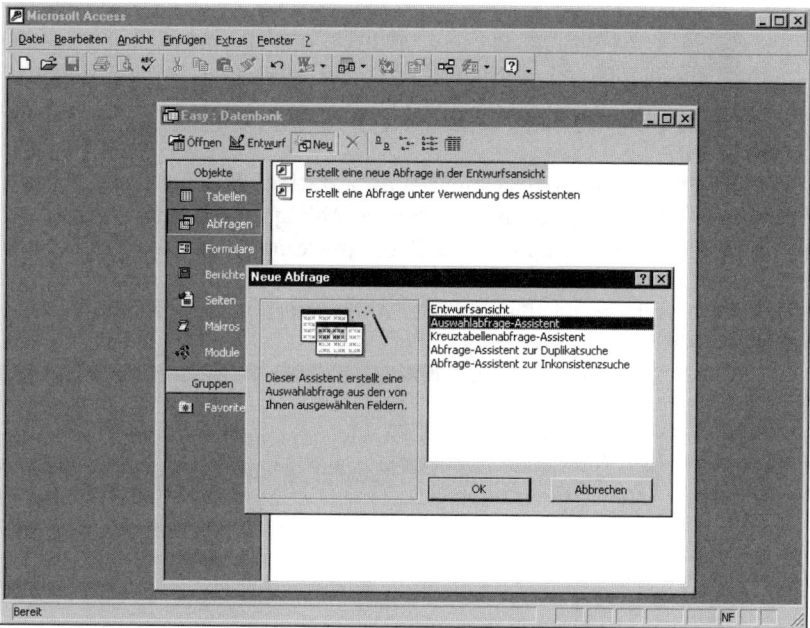

Bild 32.19: Bei der Anlage einer neuen Abfrage erscheint die Dialogbox Neue Abfrage

Wählen Sie den Eintrag *Auswahlabfrage-Assistent*. In der nachfolgenden Dialogbox wählen Sie über das Listenfeld *Tabelle/Abfrage* die Datenquelle aus. Unter *Verfügbare Felder* zeigt Ihnen Access alle in der Datenquelle enthaltenen Felder an. Markieren Sie die gewünschten Felder im linken Bereich, und klicken Sie dann auf die Schaltfläche mit dem rechtsgerichteten Pfeil, um die Felder in die Auswahl zu übernehmen.

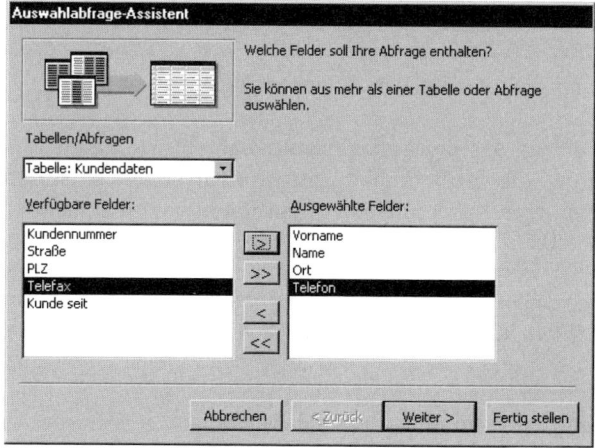

Bild 37.20: In der Dialogbox Auswahlabfrage-Assistent *wählen Sie die Datenquelle und anzuzeigende Felder aus. Im Beispiel sehen Sie die Auswahl für eine einfache Telefonliste*

Beachten Sie, daß Sie mehrere Quellen (Tabellen oder Abfragen) angeben können. So lassen sich Abfragen realisieren, deren Abfrageergebnis aus Feldern verschiedener Tabellen besteht.

Mit einem Klick auf *Weiter* bestätigen Sie die Auswahl und Access fordert Sie auf einen Namen für die Abfrage festzulegen. Access schlägt automatisch den Namen der Datenquelle mit dem Zusatz »Abfrage« als Bezeichnung vor. Belassen Sie es dabei. Nach einem Klick auf *Fertig stellen* erscheint das Ergebnis der Abfrage auf dem Bildschirm.

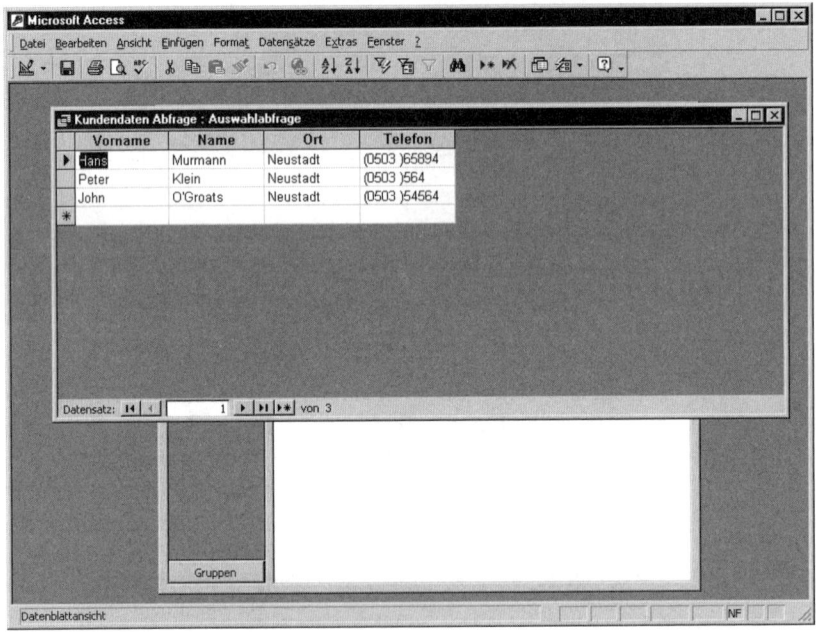

Bild 37.21: Das Ergebnis einer einfachen Auswahlabfrage

Da es sich um das Ergebnis einer Auswahlabfrage handelt, sehen Sie eine Darstellung, die der Datenblattansicht einer Tabelle entspricht. Sie können sofort beginnen, Änderungen an den Daten vorzunehmen.

 Alle Änderungen, die Sie in der Datenblattansicht der Abfrage vornehmen, werden sofort in die zugrundeliegende Tabelle übertragen.

Neben der Darstellung als Datenblatt können Sie sich die Abfrage auch in der Entwurfsansicht anzeigen lassen. Klicken Sie nun in der Symbolleiste auf das Symbol *Entwurfsansicht*.

Im Entwurfsfenster sehen Sie in der oberen Hälfte die Tabellen, die der Abfrage zugrunde liegen. Im unserem Beispiel erscheint hier nur die Tabelle *Kundendaten*.

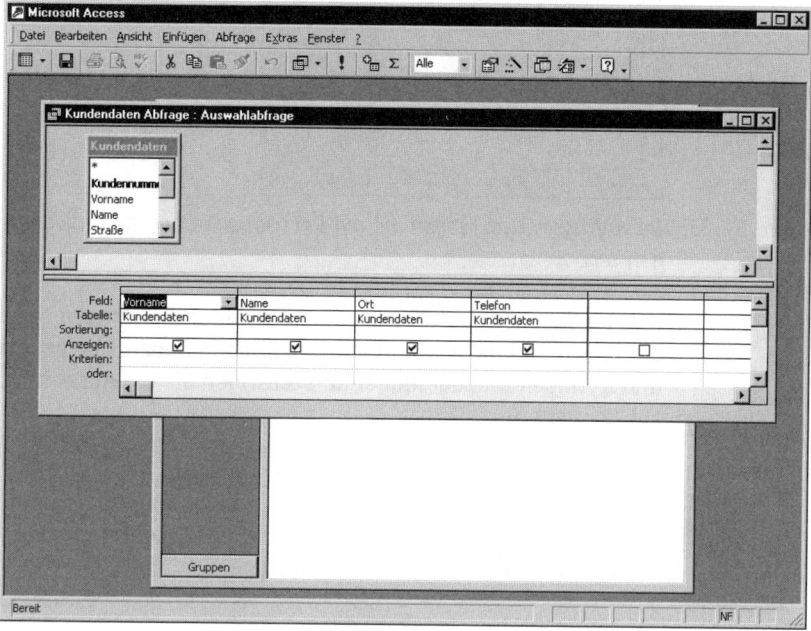

Bild 37.22: Die Abfrage in der Entwurfsansicht

In der unteren Hälfte des Fensters befinden sich die ausgewählten Felder in der Reihenfolge, in der sie selektiert worden sind. Darunter steht der Name der Tabelle, aus der diese Felder stammen. Schließen Sie dieses Fenster mit der Tastenkombination (Strg)+(F4).

Abfragen in der Entwurfsansicht erstellen

Mit der Entwurfsansicht lassen sich ebenfalls Abfragen erstellen. Klicken Sie auf die Schaltfläche *Abfragen* im Datenbankfenster. Access zeigt eine Liste aller vorhandenen Abfrageobjekte an.

 Um die Ausführungen am Beispiel nachzuvollziehen, öffnen Sie die Beispieldatenbank B037_023.MDB, in der bereits weitere Datensätze erfaßt sind.

Um eine neue Abfrage in der Entwurfsansicht anzulegen, klicken Sie auf die Schaltfläche *Neu,* und wählen Sie den Eintrag *Entwurfsansicht*. Access öffnet die Dialogbox *Tabellen anzeigen*, in der Sie festlegen, auf welcher Tabelle oder Abfrage die neue Abfrage basieren soll.

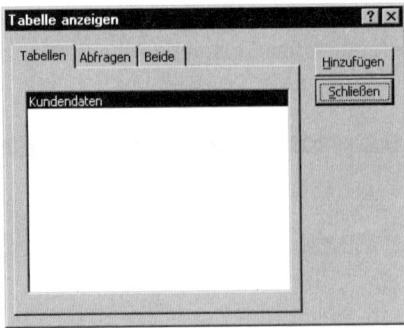

Bild 37.23: *Im Abfrageentwurf legen Sie die Datenquelle über die Dialogbox* Tabelle anzeigen *fest*

Um die Tabellen und Abfragen auszuwählen, markieren Sie den Eintrag in der Liste und klicken dann auf *Hinzufügen*. Sobald alle benötigten Tabellen und Abfragen hinzugefügt sind, bestätigen Sie die Auswahl mit einem Klick auf Schließen.

 Wenn Sie dieses Fenster später noch einmal benötigen, klicken Sie mit der rechten Maustaste in den oberen Bereich des Abfrageentwurf-Fensters und wählen im Kontextmenü Tabelle anzeigen.

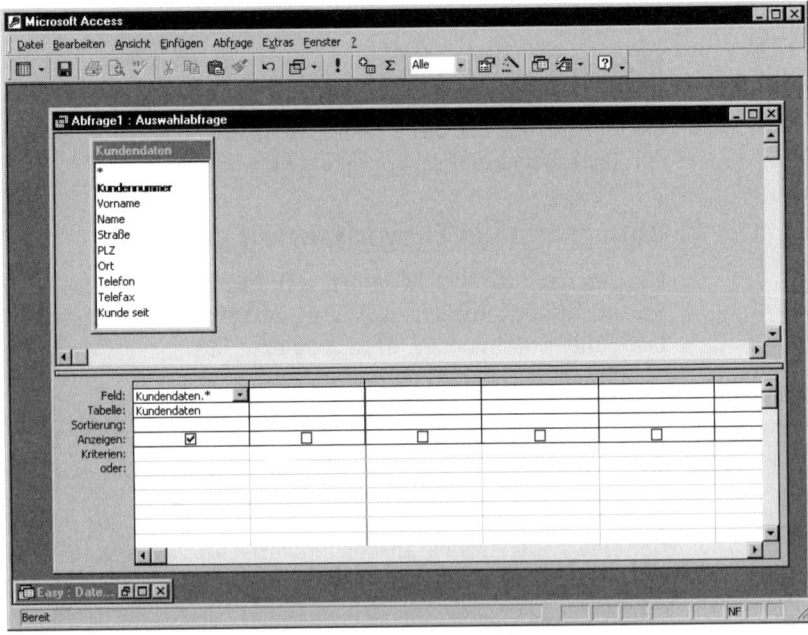

Bild 37.24: *Diese Abfrage liefert als Ergebnis alle (»*«) in der Tabelle* Kundendaten *enthaltenen Felder*

Mit einem Doppelklick auf den »*« in der Feldliste der Tabelle *Kundendaten* erscheinen alle in der Tabelle enthaltenen Felder im Abfrageergebnis.

 Um alle Felder der Tabelle zu sehen, vergrößern Sie das Abfragefenster mit der Maus und verschieben dann die Trennlinie zwischen dem Tabellen- und Abfragebereich. Jetzt lassen sich die einzelnen Tabellenfenster anpassen.

Um das Abfrageergebnis zu beurteilen, klicken Sie auf das Symbol *Ansicht*. Access führt die angegebene Abfrage durch und zeigt Ihnen eine Vorschau des Abfrageergebnisses an.

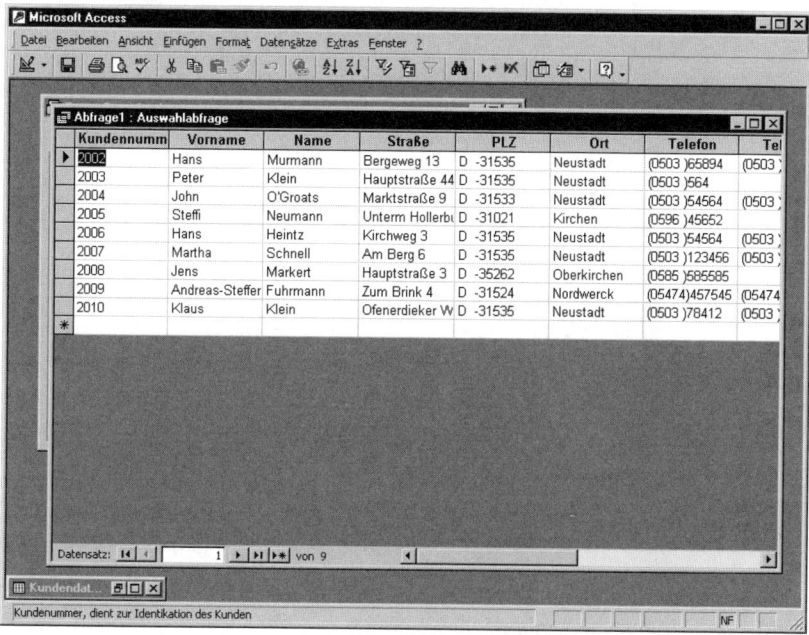

Bild 37.25: Nach einem Klick auf das Symbol Ansicht *zeigt Access eine Vorschau des Abfrageergebnisses*

Access zeigt sofort eine Tabelle mit allen Feldern der ausgewählten Tabelle an. Bisher unterscheidet sich die Anzeige nicht wesentlich von der bereits bekannten Datenblattansicht. Der Vorteil beim Arbeiten in der Entwurfsansicht liegt darin, daß Sie jederzeit individuelle Abfragekriterien festlegen, um die Daten auszuwerten oder geordnet aufzubereiten. Im nächsten Schritt soll diese Ausgabe sortiert werden.

 Um nach einem bestimmten Feld zu sortieren, ist es erforderlich, das Feld, nach dem sortiert werden soll, mit in die Abfrage zu übernehmen.

Klicken Sie auf Symbol *Entwurf*, um in die Entwurfsansicht zurückzukehren und klicken Sie doppelt auf *Kunde seit*, um das Feld in die Abfrage zu übernehmen.

Klicken Sie unter dem Feldnamen *Kunde seit* in das Feld *Sortierung*, und wählen Sie den Eintrag *aufsteigend* aus. Damit das Feld *Kunde seit* nicht zweimal angezeigt wird, deaktivieren Sie das Kontrollkästchen in der Zeile *Anzeigen*.

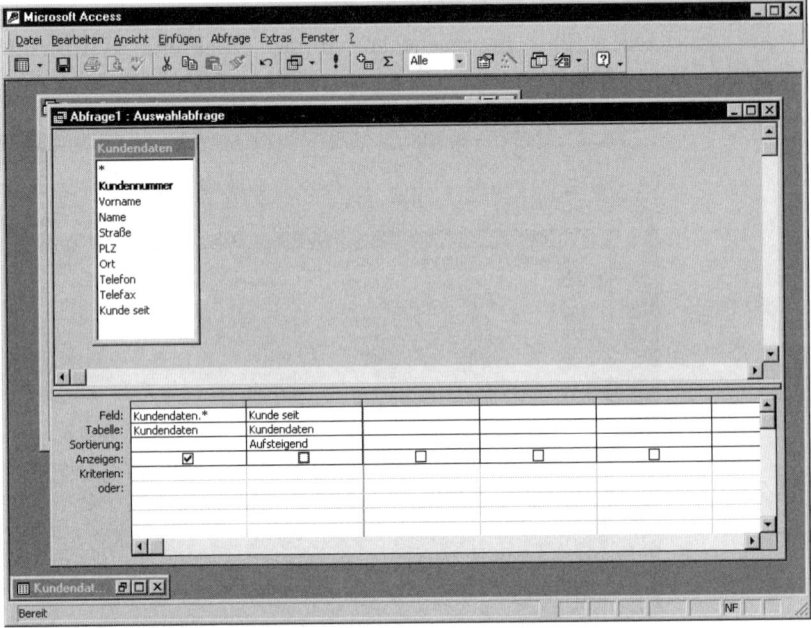

Bild 37.26: Die Abfrage, diesmal nach dem Feld Kunde seit *sortiert*

Überprüfen Sie das Abfrageergebnis mit einem Klick auf die Schaltfläche *Anzeigen*. Als nächstes sollen nur noch die Neukunden aus dem April angezeigt werden. Kehren Sie dazu in die Entwurfsansicht zurück, und klicken Sie in das Feld *Kriterien* der Spalte *Kunde seit*. Access verwendet bestimmte Ausdrücke, um die Abfragekriterien festzulegen.

Diese Ausdrücke erfordern eine bestimmte Schreibweise, die Sie am schnellsten mit Hilfe des Ausdrucks-Generators erzeugen. Zum Öffnen des Ausdrucks-Generators klicken Sie mit der rechten Maustaste in das Feld *Kriterien* und wählen den Eintrag *Aufbauen* aus.

Klicken Sie in der linken Liste auf *Operatoren* – Access zeigt in der Mitte des Ausdrucks-Generators eine Liste der verfügbaren Kategorien an. Wählen Sie den Eintrag *Vergleich* aus und klicken Sie dann doppelt auf *Zwischen*. Access überträgt den Ausdruck mit den Platzhaltern «*Ausdr*» in das Eingabefeld. Klicken Sie auf die Platzhalter und überschreiben Sie sie mit den gewünschten Daten.

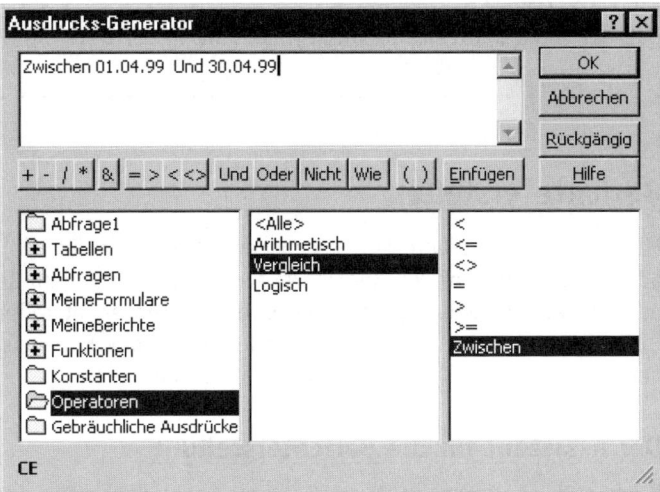

Bild 37.27: Der Ausdrucks-Generator *unterstützt Sie bei der Formulierung von Abfragekriterien*

Bestätigen Sie die Eingabe mit einem Klick auf die Schaltfläche OK. Access überträgt den eingegebenen Ausdruck in die Zeile Kriterien und paßt dabei die Schreibweise an. Klicken Sie auf Ansicht um das Abfrageergebnis zu prüfen

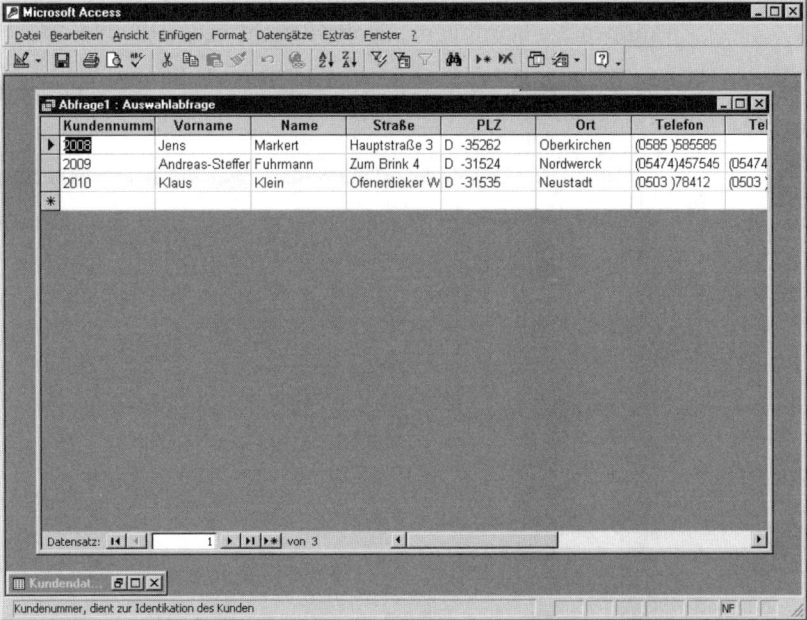

Bild 37.28: Die Abfrage liefert nur noch die Datensätze der Kunden im April hinzukamen

Speichern Sie diese Abfrage unter dem Namen *Kunden im April 1999*.

Den aktuellen Bearbeitungsstand finden Sie in der Datei B037_028.MDB.

37.6 Berichte erstellen

Mit einem Bericht bereiten Sie ausgewählte Daten für die Druckausgabe oder zur Anzeige auf den Bildschirm auf. Sie können einen Bericht manuell oder unter Verwendung eines Berichts-Assistenten erstellen. Der fertige Bericht des Assistenten läßt sich jederzeit in der Entwurfsansicht nachbearbeiten und an Ihre Erfordernisse anpassen.

Der Assistent für die Berichterstellung

Klicken Sie im Datenbankfenster auf die Schaltfläche *Berichte*, und klicken Sie auf die Schaltfläche *Neu*. In der Dialogbox *Neuer Bericht* begegnen Ihnen wieder verschiedenen Optionen, um zum gewünschten Ergebnis zu gelangen.

Wählen Sie hier zunächst den *AutoBericht: Einspaltig* und die Tabelle *Kundendaten* als Datenquelle. Nach einer kurzen Zeit erscheint das Ergebnis: eine Druckvorschau mit allen Einträgen der Tabelle *Kundendaten*, wobei die Felder der Datensätze untereinander angeordnet sind. Mit dieser Vorschau können Sie beurteilen, wie der Bericht gedruckt aussieht.

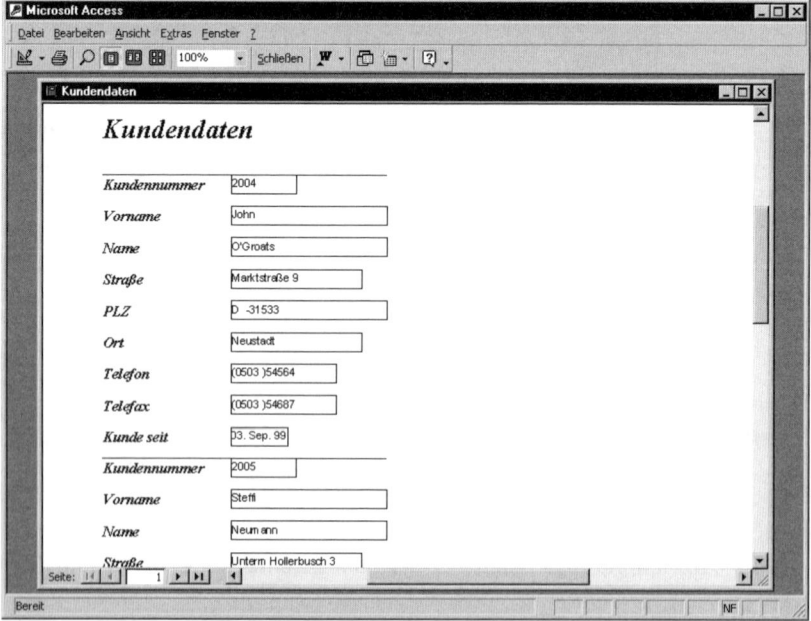

Bild 37.29: Der AutoBericht: Einspaltig *in der Vorschau*

Wenn Sie den Mauszeiger auf eine Stelle innerhalb der Vorlage verschieben, verändert er sein Aussehen und wird zu einer stilisierten Lupe. Mit einem Klick können Sie die Darstellung vergrößern und mit einem erneuten Klick wieder auf die ursprüngliche Größe verkleinern.

Eine Änderung am Layout des Berichts ist in dieser Darstellung nicht möglich. Sie dient ausschließlich zur Vorschau auf das fertige Druckergebnis. Mit der Schaltfläche *Schließen* gelangen Sie zur Entwurfsansicht für diesen Bericht.

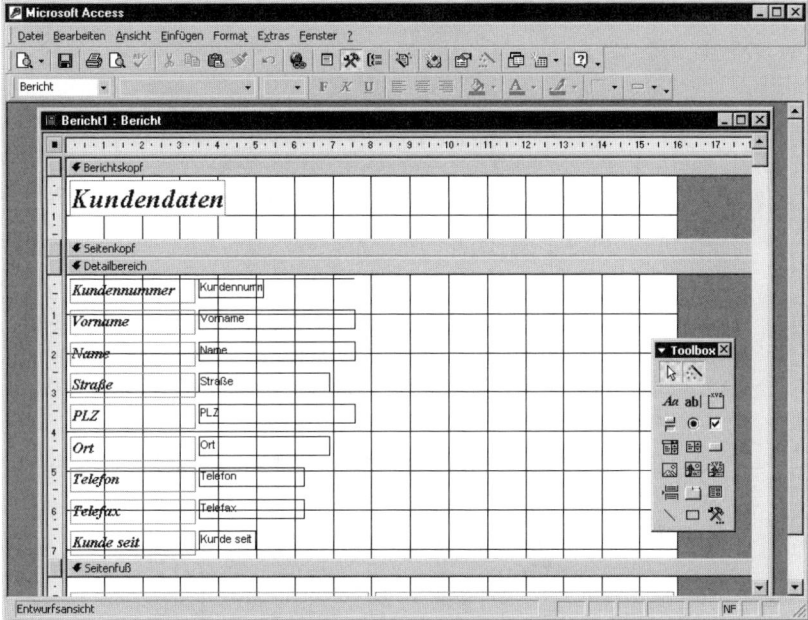

Bild 37.30: Zum Anpassen des Berichts greifen Sie auf die Entwurfsansicht zurück

In der Entwurfsansicht passen Sie den Bericht nach Ihren Vorstellungen an.

 Beim Einsatz einer Abfrage als Datenquelle lassen sich ganz individuelle Listen erzeugen: Der Außendienstmitarbeiter erhält einen Übersicht aller Kunden in Hamburg, die Personalabteilung eine monatliche Liste der Geburtstage.

Arbeiten mit dem Berichts-Assistenten

Um ein individuelles Ergebnis zu erhalten, greifen Sie auf den Berichtsassistenten zurück. In mehreren Schritten fragt der Assistent die darzustellenden Felder, die Gruppierung, die Sortierung der Daten sowie das Berichts-Layout ab.

Falls Sie nicht alle Felder einer Tabelle oder Abfrage ausgeben wollen, sollten Sie auf den Berichtsassistenten zurückgreifen.

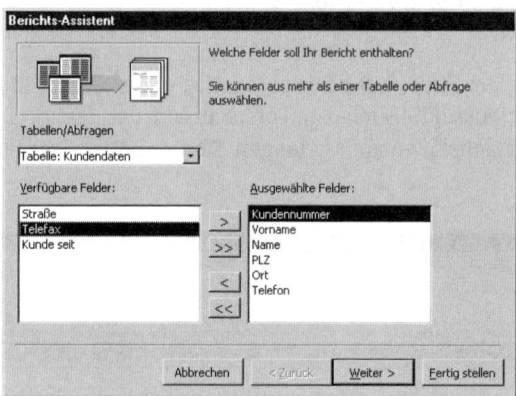

Bild 37.31: *In dieser Dialogbox legen Sie fest, welche Felder in den Bericht übernommen werden sollen*

Nachdem die Feldauswahl getroffen wurde, klicken Sie auf Weiter. Im folgenden Schritt lassen sich die Felder des Berichts gruppieren. Dabei werden Datensätze mit Feldern gleichen Inhalts zusammengefaßt und untereinander dargestellt. Dadurch erhalten Sie eine strukturierte Aufstellung der Daten.

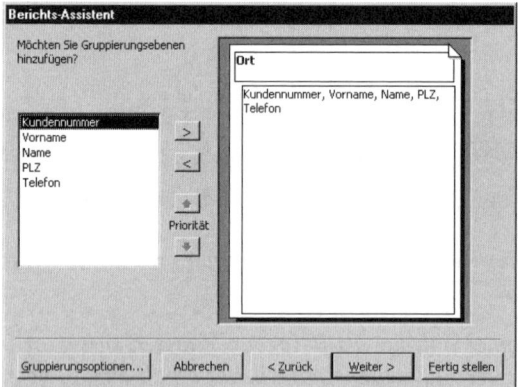

Bild 37.32: *Die Datensätze lassen sich im Bericht gruppieren – dabei werden Datensätze mit gleichen Feldinhalten zusammengefaßt*

Im folgenden Schritt können Sie die Sortierung des Berichts – unabhängig von der Reihenfolge der Datensätze in der Tabelle – beeinflussen. Access unterstützt bis zu vier verschiedene Sortierkriterien – Felder, die unabhängig voneinander auf- oder absteigend angeordnet werden können. Die einzelnen Felder lassen sich aus einem Listenfeld auswählen. Nachdem die

Inhalte und deren Anordnung im Bericht festgelegt sind, geht es an die gestalterische Arbeit. Access unterstützt Sie dabei mit verschiedenen Grundlayouts und einer Auswahl von Stilen.

Besonders bei langen Datensätzen sollten Sie das Kontrollkästchen Feldbreite so anpassen, dass alle Felder auf eine Seite passen *aktivieren – Access versucht dann, die Schriftgröße anzupassen, bis die Datensätze auf einer Seite im gewählten Format Platz finden.*

Der Assistent ist noch nicht mit seiner Arbeit fertig, denn nun ist die Angabe des Stils erforderlich. Als kleine Hilfe stellt Access den jeweiligen Stil als Ausschnitt im Fenster da. Im letzten Schritt legen Sie den Namen für diesen Bericht fest und bestimmen mit den beiden Optionsschaltflächen, was Access nach Abschluß der Erstellung des Berichts machen soll.

Klicken Sie auf *Fertig stellen,* und Access erstellt endgültig den Bericht. Wenn Sie nachträglich Änderungen am Bericht vornehmen wollen, müssen Sie in die Entwurfsansicht wechseln.

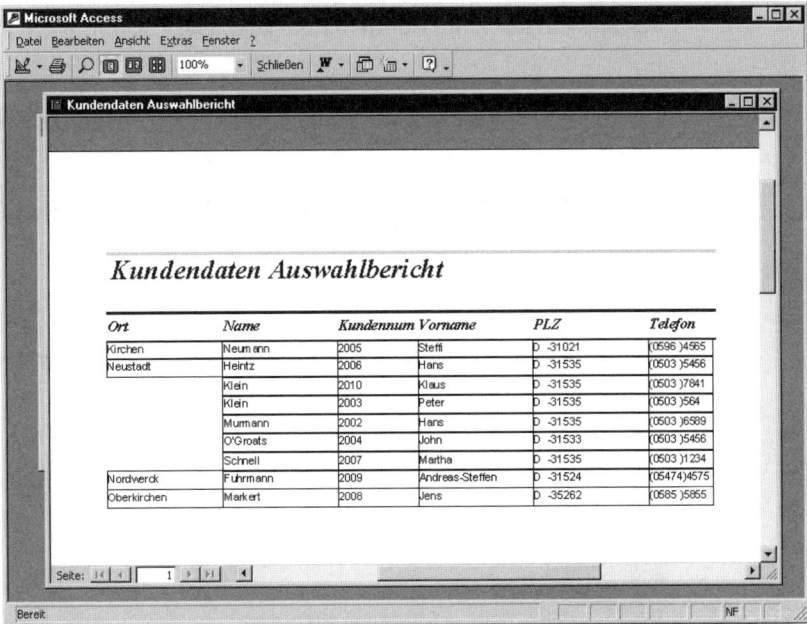

Bild 37.33: Mit dem Berichts-Assistenten erstellen Sie im Handumdrehen individuelle Berichte

Das fertige Ergebnis ist in der Beispieldatenbank B037_033.MDB abgelegt.

38. Daten professionell verwalten

Bei der Verwaltung umfangreicher Datenbestände und komplexer Datenstrukturen spielt Access seine Fähigkeiten voll aus. Dieses Kapitel beleuchtet die weiterführenden Funktionen von Access.

38.1 Gültigkeitsregeln

Mit Gültigkeitsregeln legen Sie fest, welche Daten in einen Datensatz, ein Feld oder ein Steuerelement eingegeben werden dürfen. Bei der Eingabe von regelwidrigen Daten, zeigt Access eine Fehlermeldung an, die dem Benutzer mitteilt, welche Art von Einträgen für dieses Feld zugelassen sind.

 Grundlage der folgenden Ausführungen ist die Datenbank B038_001.MDB.

Um Gültigkeitsregeln festzulegen, öffnen Sie die zu bearbeitende Tabelle in der Entwurfsansicht. Markieren Sie die Zeile, für die Sie eine Gültigkeitsregel festlegen wollen.

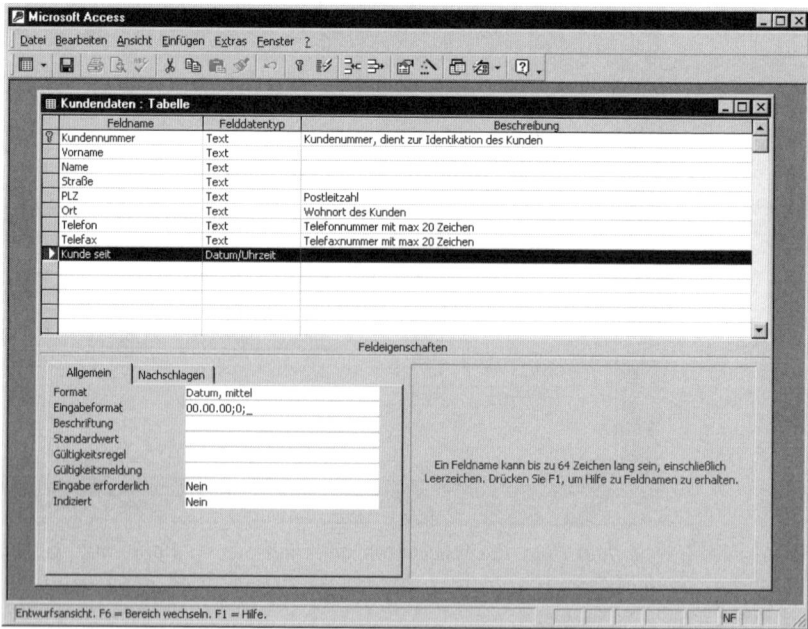

Bild 38.1: Für das Feld Kunde seit *sind keine Gültigkeitsregeln unter den Feldeigenschaften festgelegt*

Gültigkeitsregel festlegen

Access überprüft die Gültigkeitsregel, sobald Sie nach der Eingabe zu einem anderen Feld oder Steuerelement wechseln. Zum Formulieren der Gültigkeitsregeln greifen Sie wieder auf den Ausdrucks-Generator zu, den Sie mit einem Klick auf die Schaltfläche neben dem Eingabefeld *Gültigkeitsregel* öffnen.

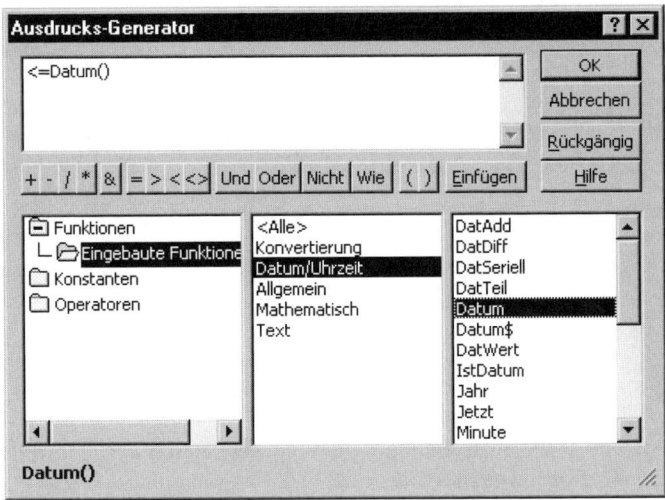

Bild 38.2: Mit dem Ausdrucksgenerator erstellen Sie die korrekten Ausdrücke für Gültigkeitsregeln. Mit dieser Gültigkeitsregel weist Access alle Datumswerte zurück, die in der Zukunft liegen

Im oben gezeigten Beispiel sehen Sie eine Gültigkeitsregel, die alle Eingaben in das Feld *Kunde seit* abweist, bei denen das Datum in der Zukunft liegt. Der Ausdruck ist so zu lesen: Eingabe muß kleiner oder gleich dem aktuellen Datum sein. Auf diesem Weg erreichen Sie eine Plausibilitätsprüfung der eingegebenen Daten und vermeiden, daß falsche Daten in die Tabelle eingegeben werden. Übernehmen Sie den Ausdruck mit einem Klick auf *OK*

Damit bei der Eingabe eines unzulässigen Werts eine aussagefähige Fehlermeldung erscheint, klicken Sie in das Eingabefeld *Gültigkeitsmeldung* und geben den Meldungstext ein.

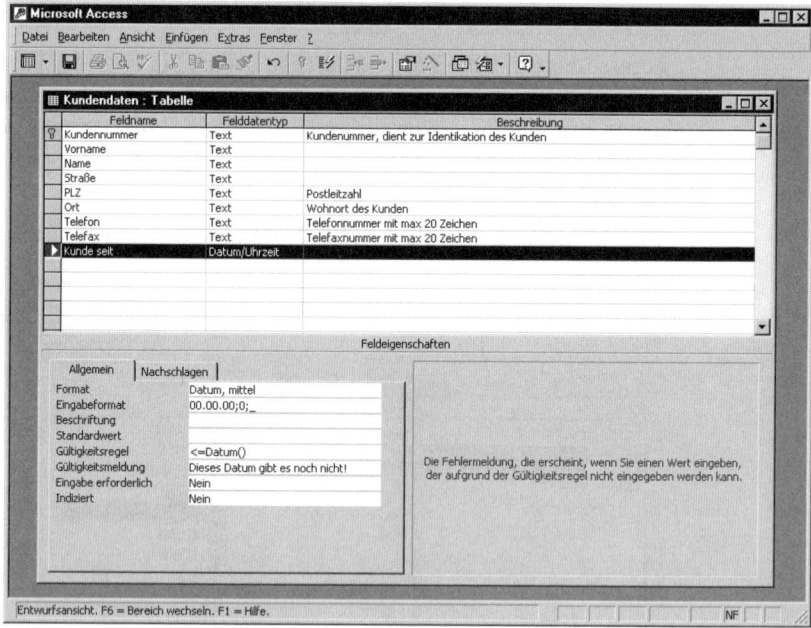

Bild 38.3: Mit der Gültigkeitsmeldung geben Sie dem Anwender eine Hilfestellung, falls der Wert abgewiesen wurde

Klicken Sie auf die Schaltfläche *Ansicht*, um die Entwurfsansicht zu schließen und in die Datenblattansicht zu gelangen. Damit die neue Gültigkeitsregel wirksam wird, muß Access den Tabellenentwurf speichern. Beim Speichern überprüft Access, ob die eingegebene Regel mit den bisher vorhandenen Daten verträglich ist, dazu sehen Sie eine Abfrage, die Ihnen die Entscheidung offen läßt ob diese Überprüfung durchgeführt werden soll.

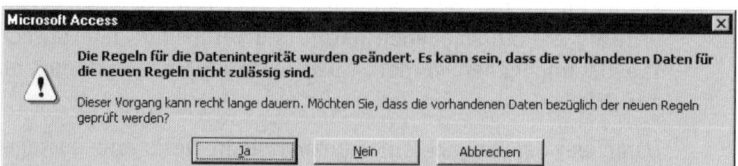

Bild 38.4: Vor dem Speichern soll überprüft werden, ob die bestehenden Daten mit der neuen Gültigkeitsregel im Einklang sind

Klicken Sie auf *OK*, um die Überprüfung zu starten, *Nein* übernimmt den Wert ohne die Datenintegrität zu prüfen. Die Schaltfläche *Abbrechen* beendet den laufenden Speichervorgang.

Daten professionell verwalten

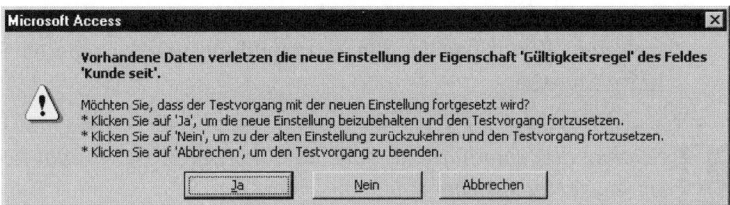

Bild 38.5: *Im Beispiel hat Access bei der Überprüfung der Daten einen Widerspruch zwischen den vorhandenen Daten und der neuen Gültigkeitsregel festgestellt*

Falls Access einen Fehler feststellt, erhalten Sie eine entsprechende Meldung. Mit drei Schaltflächen legen Sie das weiter Vorgehen fest. *Ja* übernimmt die neue Regel und setzt die Überprüfung fort, *Nein* weist die neue Gültigkeitsregel zurück. Mit *Abbrechen* beenden Sie den Testvorgang.

 Access korrigiert die Fehler nicht selbständig. Klicken Sie auf Ja, um die neue Regel zu testen und den Fehler im Anschluß mit einer Abfrage zu suchen. Geben Sie dazu als Abfragekriterium den gleichen Ausdruck wie bei der Gültigkeitsregel ein.

Um die Regel zu überprüfen, legen Sie einen neuen Datensatz an, und tragen Sie bei im Feld *Kunde seit* das Datum »10.12.2001« ein. Schließen Sie die Eingabe mit ⏎ ab.

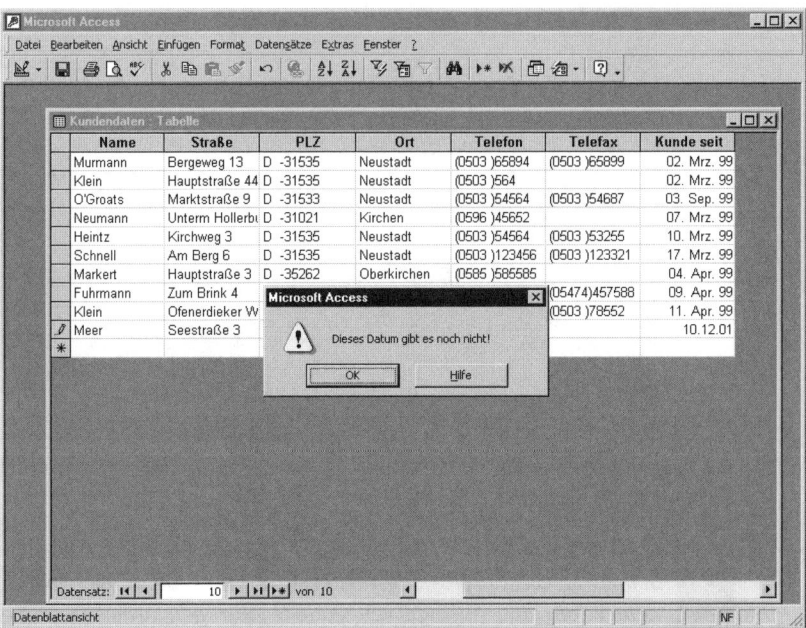

Bild 38.6: *Access weist die fehlerhafte Eingabe ab und gibt die entsprechende Gültigkeitsmeldung aus*

Es erscheint die vorher eingegebene Gültigkeitsmeldung in Form einer Warnmeldung. Bestätigen Sie die Warnmeldung und korrigieren Sie die fehlerhafte Eingabe.

 Solange die fehlerhafte Eingabe nicht korrigiert ist, erlaubt Access nicht den Datensatz zu speichern.

38.2 Der Einsatz von Filtern

Mit Hilfe von Filtern treffen Sie eine Auswahl aus allen Datensätzen.

 Ein Filter ist eine Anzahl von Kriterien, die auf Datensätze angewendet werden, um eine Untergruppe der Datensätze anzuzeigen oder um die Datensätze zu sortieren. In Access stehen vier verschiedene Arten von Filtern zur Verfügung.

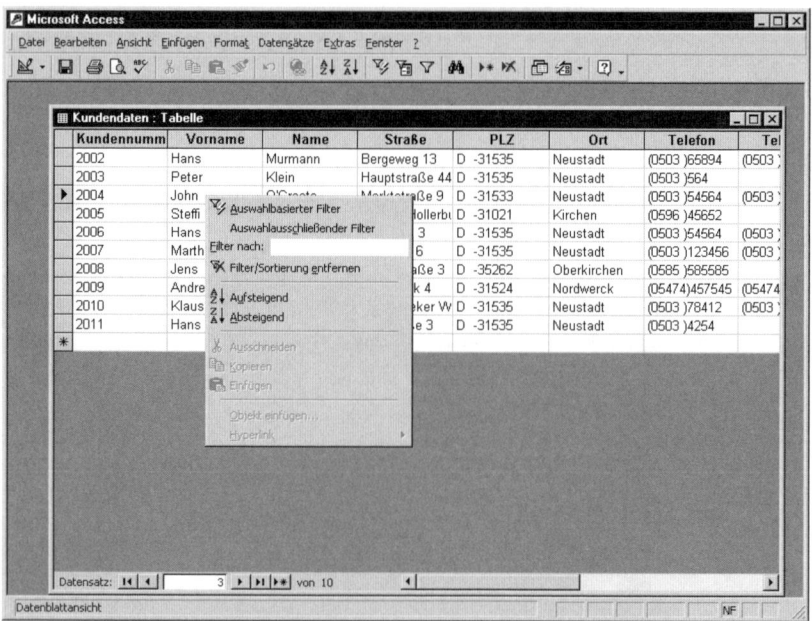

Bild 38.7: Filter lassen sich an allen Stellen einsetzen, an denen im Kontextmenü entsprechende Einträge zu sehen sind

 Sobald Sie bestimmte Filterkriterien ständig benötigen, sollten Sie statt einem Filter eine Abfrage verwenden. Abfragen arbeiten schneller als Filterbedingungen, was sich besonders bei großen Datenmengen schnell bemerkbar macht.

Verschiedene Filter

Aufgabe	Auswahlbasierter Filter	Formularbasierter Filter	Spezialfilter und Spezialsortierung
Suche nach Datensätzen, die mehrere Kriterien erfüllen.	Ja, Sie müssen aber alle Kriterien einzeln eingeben.	Ja, Sie können alle Kriterien gleichzeitig eingeben.	Ja, Sie können alle Kriterien gleichzeitig eingeben.
Suche nach Datensätzen, die ein Kriterium oder ein anderes Kriterium erfüllen.	Nein	Ja	Ja
Eingeben von Ausdrücken als Kriterien.	Nein	Ja	Ja
Sortieren von Datensätzen in aufsteigender oder absteigender Reihenfolge.	Nein, Sie können aber alle gefilterten Datensätze nach der Anwendung des Filters sortieren.	Nein, Sie können aber alle gefilterten Datensätze nach der Anwendung des Filters sortieren.	Ja, Sie können einige Felder in aufsteigender und andere Felder in absteigender Reihenfolge sortieren.

Auswahlbasierte Filter

Auswahlbasierte Filter übernehmen den Inhalt des Felds, in dem die Schreibmarke steht, als Filterkriterium.

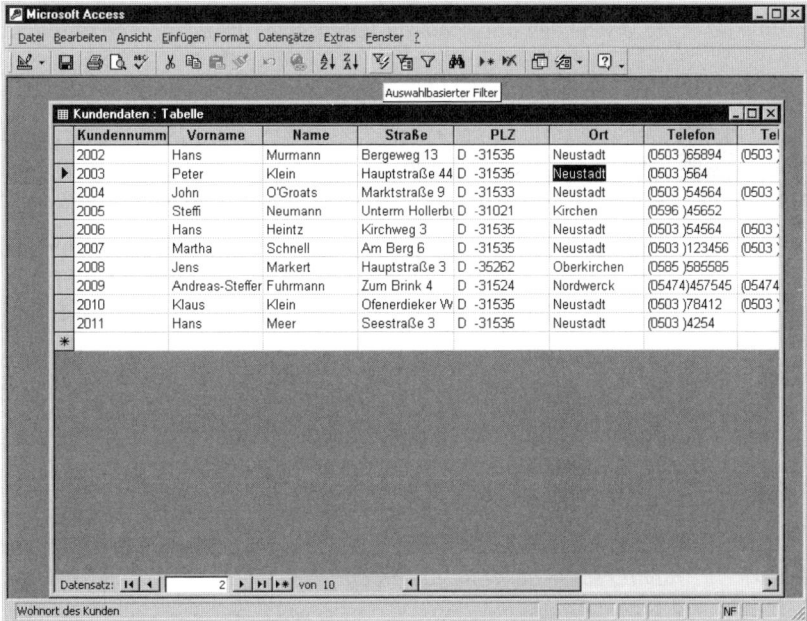

Bild 38.8: Mit einem Klick auf das Symbol Auswahlbasierter Filter *in der Symbolleiste legen Sie die aktuelle Markierung als Filterkriterium fest*

Nachdem Sie auf die Schaltfläche *Auswahlbasierter Filter* in der Symbolleiste geklickt haben, sehen Sie nur noch die Datensätze, bei denen der Feldinhalt der aktuellen Auswahl entspricht.

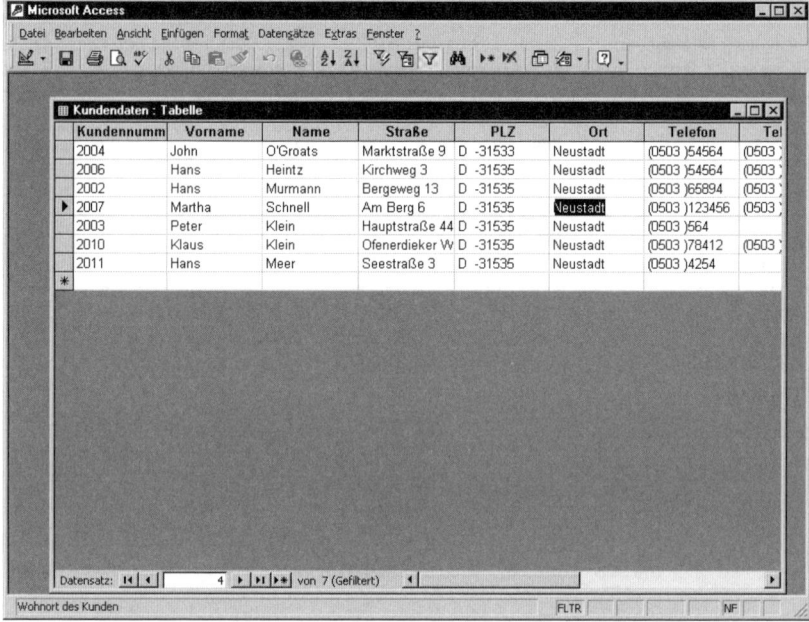

Bild 38.9: Es erscheinen nur noch die Datensätze, die dem Filterkriterium entsprechen

Der auswahlbasierte Filter steht Ihnen in der Datenblattansicht einer Tabelle, Abfrage oder in Formularen zur Verfügung.

Um wieder alle Datensätze anzuzeigen und den Filter zu deaktivieren, klicken Sie auf das Symbol *Filter entfernen* in der Symbolleiste oder rufen den Eintrag *Filter/Sortierung entfernen* im Kontextmenü auf.

Um weitere Kriterien zu verwenden, gehen Sie wie oben vor und grenzen die Auswahl der anzuzeigenden Daten Schritt für Schritt ein. Die Filter basieren immer auf der momentanen Anzeige.

Wenn Sie eine Tabelle oder ein Formular speichern, speichert Access auch den Filter ab. Beim Wiederaufruf wundern Sie sich dann, daß nicht mehr alle Datensätze dargestellt werden.

Daten professionell verwalten

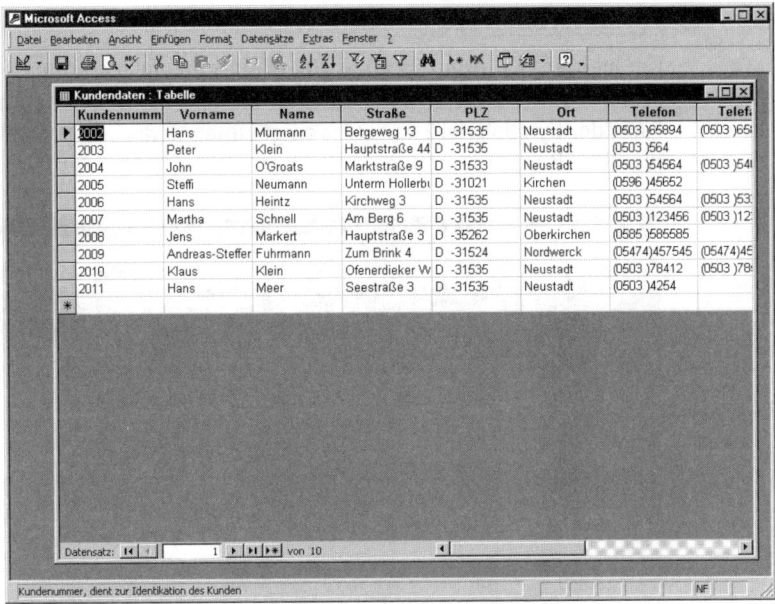

Bild 38.10: *Nach einem Klick auf* Filter entfernen *zeigt Access wieder alle Datensätze an*

Sie können auch Datensätze herausfiltern, die einen bestimmten Wert nicht enthalten. Markieren Sie dazu den Wert, und wählen Sie dann im Kontextmenü den Eintrag *Auswahlausschließender Filter* an.

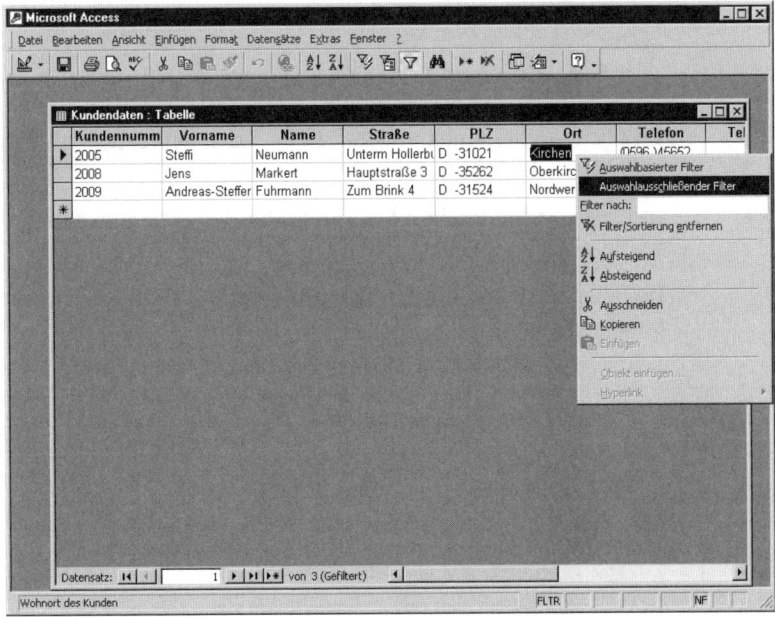

Bild 38.11: *Nach einem Klick auf den Eintrag* Auswahlausschließender Filter *blendet Access alle Datensätze aus, die einen bestimmten Wert entsprechen*

Formularbasierte Filter

Um mehrere Kriterien in einer Übersicht einzugeben, kommt der formularbasierte Filter zum Einsatz. Klicken Sie auf das Symbol *Formularbasierter Filter* der Symbolleiste – Access zeigt Ihnen daraufhin das Eingabeformular für die Filterbedingungen.

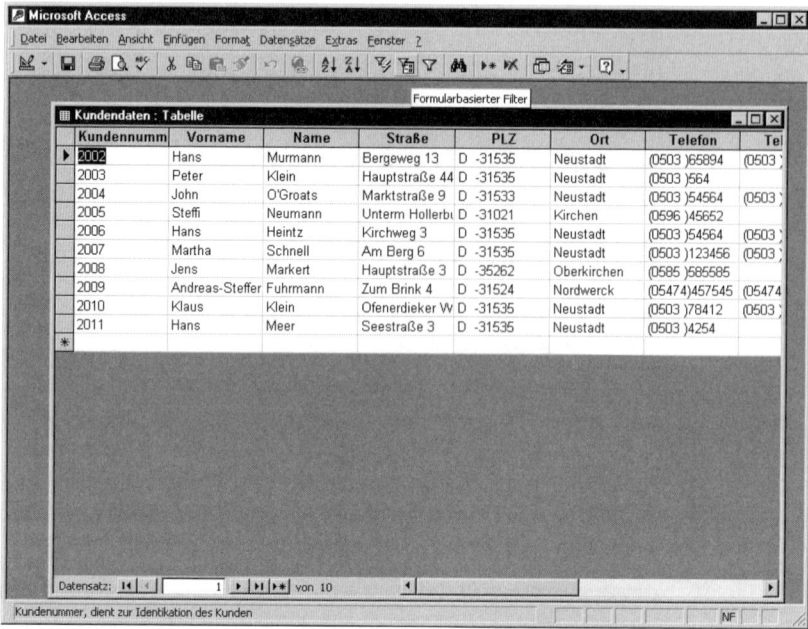

Bild 38.12: Über formularbasierte Filter geben Sie mehrere Filterkriterien vor

Falls schon über einen anderen Filter Kriterien festgelegt worden sind, tauchen diese auch hier auf.

In dieser Ansicht sehen Sie alle Felder der aktuellen Tabelle oder Abfrage. In die einzelnen Felder geben Sie die gewünschten Kriterien ein.

Im Beispiel sollen alle Kunden aus Neustadt deren Nachname mit »M« beginnt gefiltert werden.

Mehrere Filterkriterien verknüpfen Sie mit Hilfe der Registerkarten Oder. *Sobald Sie eine Oder-Verknüpfung eingegeben haben, erscheint eine neue Oder-Karte, so daß Sie weitere Verknüpfungen eingeben können. Um den Filter anzuwenden, klicken Sie auf das Symbol* Filter/Sortierung anwenden *in der Symbolleiste.*

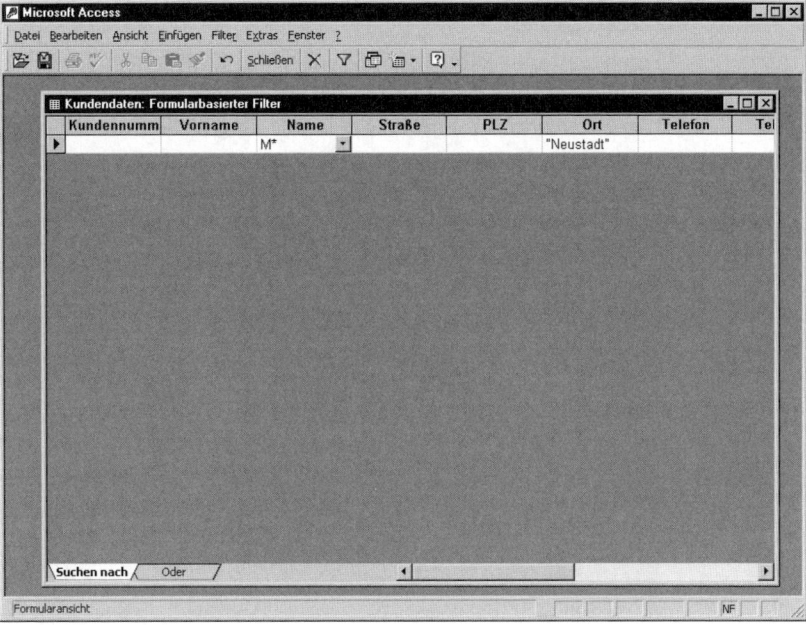

Bild 38.13: In diesem Eingabeformular geben Sie die Filterbedingungen für den formularbasierten Filter ein

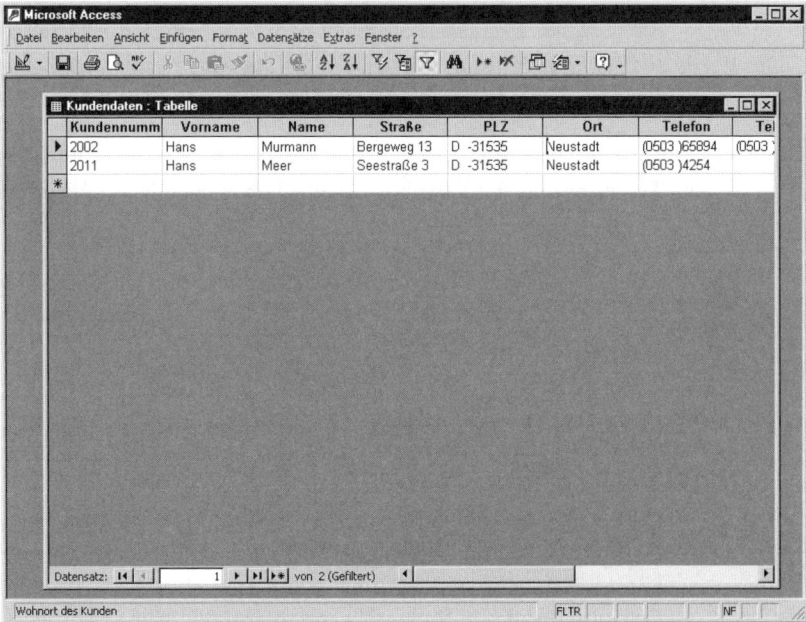

Bild 38.14: Über Filter/Sortierung anwenden starten Sie die Filterung der Daten. Ihr Tabellenblatt zeigt jetzt nur noch die gefilterten Datensätze an

Filtern nach

Einen weiteren Filter rufen Sie über das Kontextmenü auf. Klicken Sie dazu mit der rechten Maustaste in das zu filternde Feld. Klicken Sie auf den Eintrag *Filter nach* und geben Sie in das Eingabefeld die Filterbedingung ein.

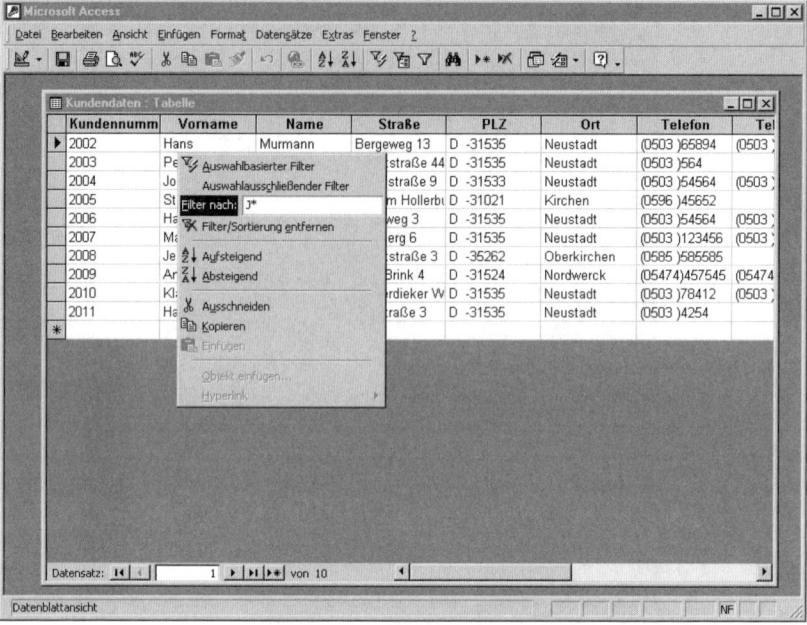

Bild 38.15: Die Funktion Filter nach *erreichen Sie über das Kontextmenü eines Feldeintrags. Dieses Beispiel filtert alle Datensätze, in denen der Vorname mit »J« beginnt*

Nachdem Sie die Eingabe mit der ⏎-Taste abgeschlossen haben zeigt Access nur noch die Datensätze, die dem angegebenen Kriterium entsprechen.

 Wenn Sie mehrere Kriterien eingeben wollen, dürfen Sie die Eingabe nicht mit der ⏎*-Taste beenden, sondern mit der* ⇥*-Taste, um den Vorgang anschließend zu wiederholen.*

Filtern von Datensätzen unter Verwendung des Fensters *»Spezialfilter/-sortierung«*

Einen Filter, der sich über mehrere Tabellen und Abfrage erstreckt, erhalten Sie über das Menü *Datensätze/Filter/Spezialfilter/-sortierung*. Auch diesen Filter können Sie nur aufrufen, wenn Sie sich in der Datenblattansicht oder Formularansicht befinden. Es erscheint der Abfrageentwurf. Wie bei der Abfrage sehen Sie im oberen Teil alle Tabellen und Abfragen, auf die sich der Filter beziehen soll. Nehmen Sie von dort alle benötigten Felder mit einem Doppelklick in den unteren Teil auf.

Sie müssen einen Filter nicht vollkommen neu erstellen, wenn bereits eine Abfrage existiert, die die gewünschten Kriterien ganz oder teilweise beinhaltet. Klicken Sie dazu mit der rechten Maustaste in den Bereich des Filter-Fensters, in dem die zugrundeliegende Tabelle steht, und wählen Sie den Menüpunkt Von Abfrage laden. *Wählen Sie anschließend die gewünschte Abfrage aus.*

Unter *Kriterien* geben Sie jetzt Filterbedingungen an. Auch hier kann eine Verknüpfung mehrerer Filterbedingungen stattfinden – tragen Sie dazu einfach das zusätzliche Kriterium unter *oder* ein. Unter *Sortierung* geben Sie vor, ob und wie die Daten sortiert werden sollen.

Mehrere Sortierkriterien arbeitet Access von links nach rechts ab.

38.3 Tabellen indizieren

Ein Index beschleunigt das Suchen und Sortieren von Datensätzen. Ein Index von Access hat Ähnlichkeit mit dem Stichwortverzeichnis eines Buches. Wenn ein Index existiert, muß Access nicht alle Datensätze überprüfen, sondern verwendet den Index, um schneller zum Ziel zu kommen. Ein Index von Access beinhaltet immer nur das oder die indizierten Felder und die Datensatznummer. Die Suchanfrage oder die Sortierung liefert dann die entsprechenden Datensatznummern zurück, und Access holt sich aus der »richtigen« Datenbank den kompletten Datensatz zur weiteren Verwendung.

Welche Felder sollte man indizieren?

Es scheint zunächst einmal sinnvoll, für alle jene Felder einen Index anzulegen, nach denen häufiger gesucht oder sortiert werden soll. Ein Index beschleunigt die Arbeit mit einer Datenbank nur bei der Suche nach einem Datensatz. In dem Augenblick, in dem Sie an einem Datensatz Änderungen an indizierten Felder vornehmen, wirkt der Index als Bremse – der Index muß aktualisiert werden. Besonders gravierend tritt dieser Effekt auf, wenn eine Aktionsabfrage viele Datensätze einer Tabelle ändern soll und dabei vornehmlich indizierte Felder betroffen sind.

- Das Feld, das den Primärschlüssel einer Tabelle enthält, indiziert Access automatisch.
- Felder mit den Datentypen *Memo*, *Hyperlink* und *OLE-Objekt* kann Access nicht indizieren.

Für alle anderen Felder eignet sich ein Index dann, wenn die folgenden Bedingungen zutreffen:

- Es handelt sich um einen der folgenden Datentypen: Text, Zahl, Währung oder Datum/Uhrzeit.
- In diesem Feld werden Sie voraussichtlich häufiger nach Werten suchen oder sortieren.
- Das Feld enthält viele unterschiedliche Werte. Bei Feldern, die in erster Linie identische Werte aufweisen, beschleunigt ein Index die Arbeit nur unwesentlich.

Einen einfachen Index erstellen

Öffnen Sie die Tabelle, die Sie indizieren wollen, in der Entwurfsansicht.

Verwenden Sie die Datenbank B038_016, um das Beispiel selbst nachzuvollziehen.

Markieren Sie im oberen Teil das Feld, für das Sie einen Index erstellen möchten (hier z.B. *Name*). Klicken Sie anschließend bei den Feldeigenschaften im unteren Teil des Fensters in das Eingabefeld *Indiziert*.

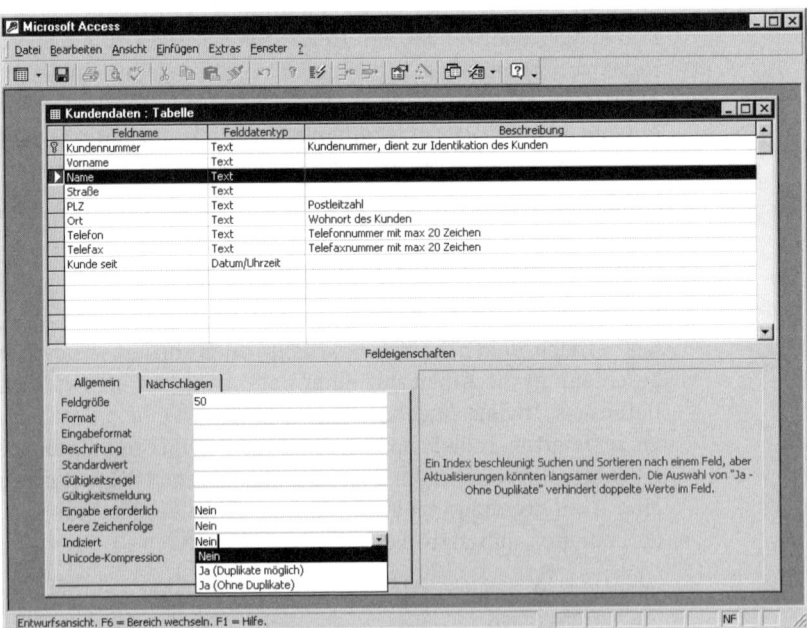

Bild 38.16: Den Index einer Tabelle legen Sie im Eingabefeld Indiziert *fest*

Access zeigt ein Listenfeld mit drei Einträgen zur Auswahl an:

Nein — Dieses Feld soll nicht indiziert sein.

Ja (Duplikate möglich) — Auf diesem Feld liegt ein Index. Mehrere Felder dürfen den gleichen Inhalt aufweisen: z.B. im Feld *Nachname* der Eintrag »Meier«.

Ja (Ohne Duplikate) — Auf diesem Feld liegt ein Index. Der Feldinhalt ist eindeutig und darf nicht ein zweites Mal in der Tabelle vorkommen. z.B. im Feld *Personalnummer*.

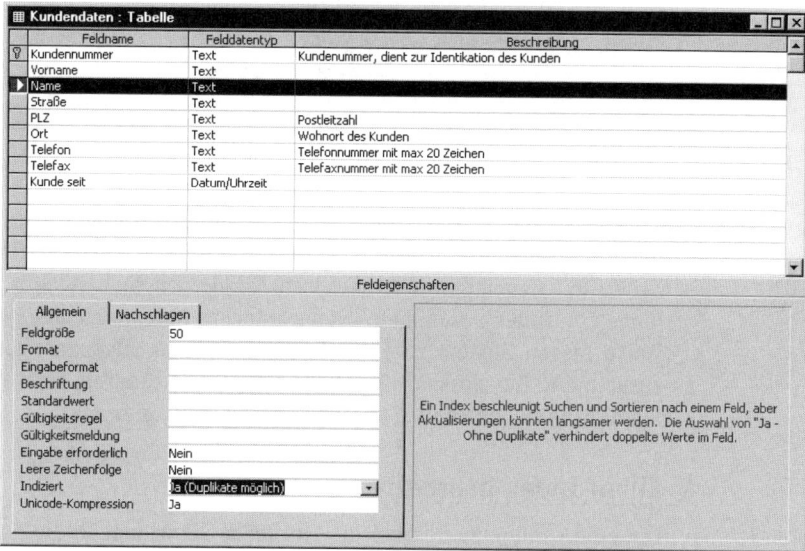

Bild 38.17: *Entwurfsansicht der Tabelle* Kundendaten *mit eingestelltem Index für das Feld* Name

Da mehrere Kunden den gleichen Nachnamen haben können, wählen Sie den Eintrag *Ja (Duplikate möglich)* aus. Access erstellt und verwaltet dann den Index, für den Anwender nicht sichtbar, im Hintergrund. Schließen Sie die Entwurfsansicht wieder.

Einen zusammengesetzten Index erstellen

Um einen zusammengesetzten Index für eine Tabelle zu erstellen – zur Koppelung zweier Merkmale – klicken Sie in der Entwurfsansicht auf *Ansicht/Indizes*. Access öffnet die Dialogbox *Indizes: Kundendaten* mit den Einträgen für die bereits vorhandenen Indizes. Geben Sie in der Spalte *Indexname* einen Namen an.

Sie können den Namen nach einem der Datenbankfelder festlegen oder eine beliebige andere Bezeichnung verwenden.

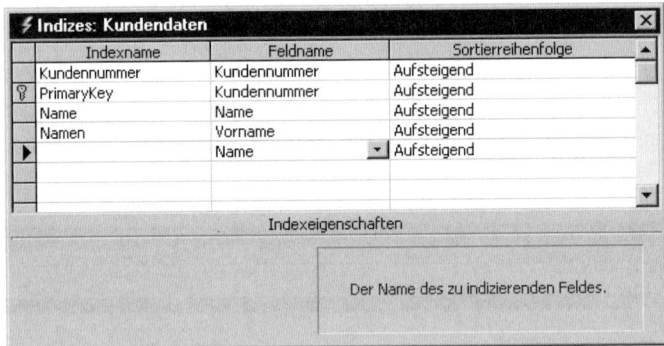

Bild 38.18: *Das Index-Fenster* Indizes: Kundendaten *mit einem zusammengesetzten Index*

Klicken Sie dann in das Feld *Feldname,* und markieren Sie das erste Feld für den zusammengesetzten Index. Fahren Sie dann in der darunterliegenden Zeile fort, und legen den nächsten *Feldnamen* fest. Access setzt dann so lange den Index zusammen, bis der nächste Indexname erscheint. Auf diese Weise fassen Sie bis zu zehn Felder in einem zusammengesetzten Index zusammen. Die Sortierreihenfolge ist standardmäßig aufsteigend. Sobald Sie die Dialogbox schließen, legt Access den Index an.

Einen Index bearbeiten

Um einen Index zu bearbeiten, wechseln Sie wieder in die Entwurfsansicht und klicken Sie auf *Ansicht/Indizes*. Ändern Sie im Indexfenster die Eigenschaften, löschen Sie einen Index, oder nehmen Sie eine Zeile aus einem zusammengesetzten Index heraus, indem Sie die Zeile markieren und die Entf-Taste drücken.

38.4 Tabellen und Datenbanken verknüpfen

Alle Daten legt Access normalerweise in der aktuelle geöffneten Datenbankdatei (.MDB) ab. Darüber hinaus lassen sich auch Daten aus anderen Datenbankdateien verwenden. Sie können diese Datenbankdateien über den Menüpunkt *Datei/Externe Daten* und die Auswahl von *Tabellen verknüpfen* in Access einbinden. Access öffnet daraufhin die Dialogbox *Verknüpfen*, in der Sie die Datenbank spezifizieren.

Die Dateien bleiben bei diesem Vorgang selbständig und in ihrem ursprünglichen Format erhalten. Änderungen überträgt Access automatisch an die verknüpften Tabellen. Als verknüpfte Tabellenformate eignen sich:

- Andere Access-Datenbankdateien
- Textdateien, die eine Tabellenstruktur haben
- Excel-Tabellen
- DBase-3, -4 und -5-Dateien
- HTML-Dokumente
- Exchange
- Outlook
- Paradox
- Beliebige ODBC-Datenquellen (z.B. Tabellen auf einem SQL-Server)

Access ist beim Zugriff auf verknüpfte Access-Tabellen nur unwesentlich langsamer als beim Zugriff auf Tabellen in derselben MDB-Datei.

In der Praxis hat es sich als sinnvoll erwiesen, Daten und Programme in unterschiedlichen MDB-Dateien abzulegen. Sie haben dadurch die Möglichkeit, Änderungen an Formaten erst dann wirksam werden zu lassen, wenn diese ausgetestet worden sind. Handelt es sich bei der Access-Anwendung um eine Netzwerkanwendung, dann kommt ein weiterer Vorteil hinzu. Liegt die Programmdatenbank lokal auf den Arbeitsplatzrechnern und nur die Daten-MDB-Datei auf einem zentralen Server, dann ist die Netzlast deutlich geringer, als wenn auch die Formulare mit über das Netz verschickt werden müssen.

38.5 Beziehungen bearbeiten

Das herausragende Merkmal relationaler Datenbankstrukturen sind verknüpfte Tabellen. Anstatt alle Informationen in einer Tabelle zu erfassen, legen Sie die Daten in mehreren Tabellen ab. Die benötigten Informationen entstehen durch die Verknüpfung der Tabellen. Im Beispiel kommt eine weitere Tabelle für die Abrechnungsdaten des Internet-Providers zum Einsatz.

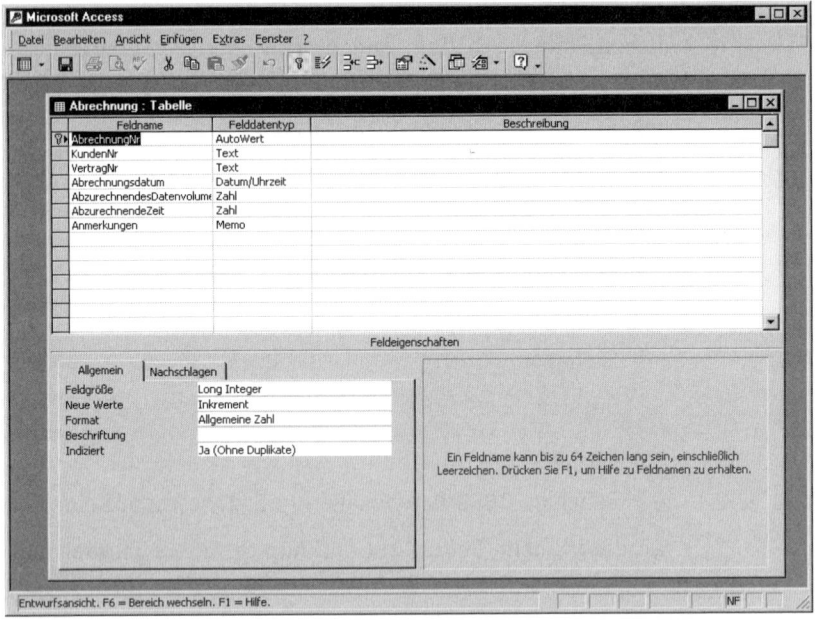

Bild 38.19: Die Tabelle Abrechnung soll mit den Kundendaten verknüpft werden

Wie Sie bereits am zweiten Feld der Tabelle erkennen, ist die Kundennummer mit abgelegt. Damit lassen sich die Informationen der Tabelle *Abrechnung* mit den Kundendaten zusammenführen. Über das Feld *Kundennummer_FID* stellt Access die Verbindung zur Tabelle *Kundendaten* her.

Wenn Sie zwei oder mehr Tabellen miteinander in Beziehung bringen wollen, muß es ein Feld in der zweiten Tabelle geben, das den zugehörigen Primärschlüssel der ersten Tabelle enthält. Einen solchen Schlüssel, der nur den Primärschlüssel einer anderen Tabelle enthält, nennt man *Fremdschlüssel*. Der Feldname leitet sich aus dem Namen der Schlüsselfeld in der Fremdtabelle und einem »F« für Fremdschlüssel und dem Kürzel »ID« für Schlüssel her.

 Der Primärschlüssel der Tabelle Kundendaten *ist von Datentyp* Text *mit der Länge »12«, das Feld für die Verknüpfung muß er die gleichen Einstellungen aufweisen.*

Eine Beziehung zwischen Tabellen herstellen

Schließen Sie zunächst alle Fenster bis auf das Datenbank-Fenster. Klicken Sie dann auf *Extras/Beziehungen*. Access wechselt zum Fenster *Beziehungen*, und blendet die bekannte Dialogbox *Tabelle anzeigen* ein. Wählen Sie durch einen Doppelklick die Tabellen *Abrechnung* und *Kundendaten* aus. Diese beide Tabellen erscheinen daraufhin im Hintergrund des Fensters *Beziehungen*. Schließen Sie die Dialogbox *Tabelle anzeigen*.

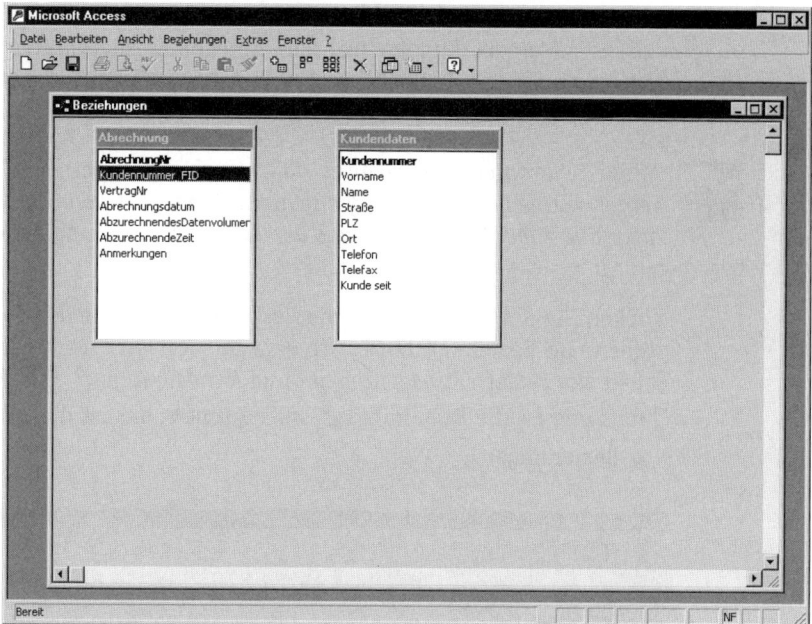

Bild 38.20: *In Fenster* Beziehungen *legen Sie die Tabellenverknüpfung an*

Um die Tabellen miteinander zu verknüpfen, müssen Sie angeben, zwischen welchen Feldern der Tabellen eine Beziehung besteht. Klicken Sie dazu auf das Feld *Kundennummer_FID* der Tabelle *Abrechnung* an und ziehen es auf das Feld *Kundennummer* der Tabelle *Kundendaten*. Daraufhin öffnet sich die Dialogbox zum Erstellen der Beziehungen.

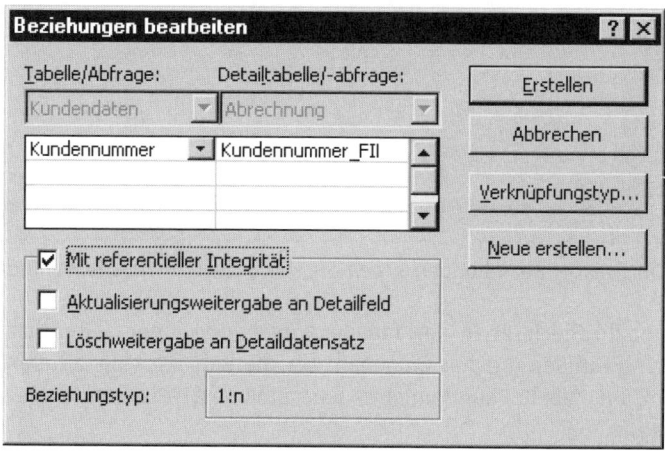

Bild 38.21: *In der Dialogbox* Beziehungen *legen Sie die Eigenschaften von Tabellenverknüpfungen fest*

In unserem Beispiel handelt es sich um eine 1:n-Beziehung. Das bedeutet, daß es zu einem Kunden mehrere Abrechnungsdatensätze geben kann. Aktivieren Sie das Kontrollkästchen *Mit referentieller Integrität*.

Referentielle Integrität bedeutet, daß Abrechnungen nur für Kunden erstellt werden können. Außerdem läßt sich ein Kunde nur dann löschen, wenn Sie zuvor alle zugehörigen Sätze aus der Tabelle Abrechnung *entfernt sind.*

Klicken Sie auf *Erstellen,* um die Verknüpfung der beiden Tabellen herzustellen. Im Beziehungsfenster finden Sie jetzt eine Verbindungslinie zwischen den Feldern *Kundennummer* und *Kundennummer_FID*. An der Verbindungslinie ist die Beziehung »*1–∞*« zu sehen, das ist die Schreibweise für 1:n-Beziehungen.

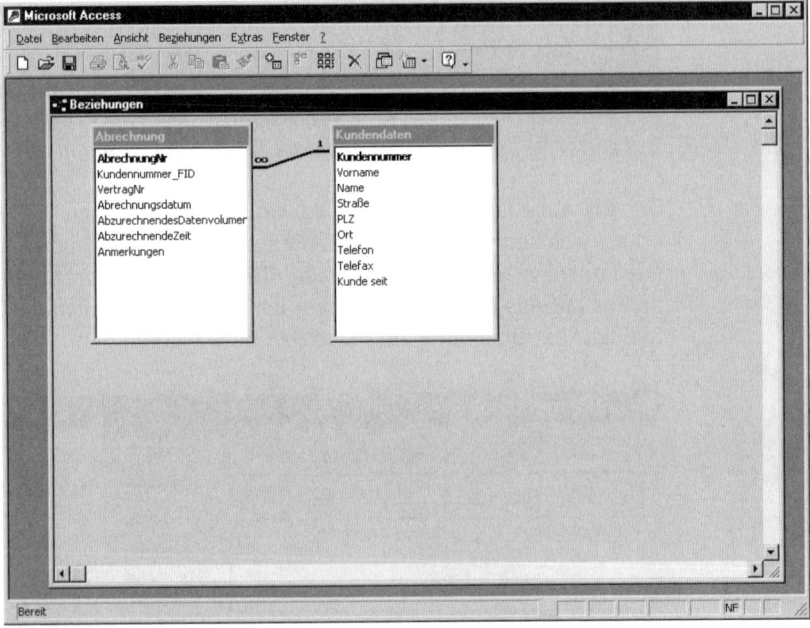

Bild 38.22: Im Fenster Beziehungen *sehen Sie die aktuellen Tabellenverknüpfungen*

Sobald Sie jetzt in der Tabelle *Abrechnung* einen Datensatz erfassen und eine Kundennummer eingeben, für die kein korrespondierender Datensatz in der Tabelle Kundendaten vorhanden ist, erhalten Sie eine Fehlermeldung.

Daten professionell verwalten

 Die Tabelle mit der Verknüpfung ist unter B038_022 abgelegt.

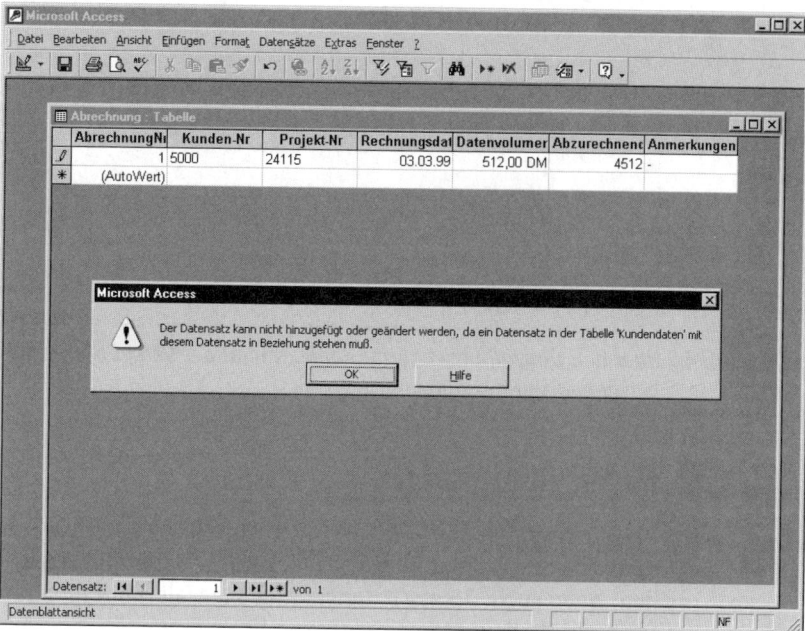

Bild 38.23: Halt, hier wurden die Bedingungen für die referentielle Integrität verletzt: Es existiert kein Kunde mit der Kundennummer »5000«

 Über Beziehungen lassen sich beliebig viele Tabellen in der Datenbank miteinander verknüpfen.

Eine Beziehung löschen

Um eine Beziehung zu löschen, markieren Sie die Verbindungslinie in der Mitte und öffnen dann mit der rechten Maustaste das Kontextmenü. Klicken Sie auf den Eintrag *Löschen* um die Beziehung zwischen den Tabellen aufzuheben.

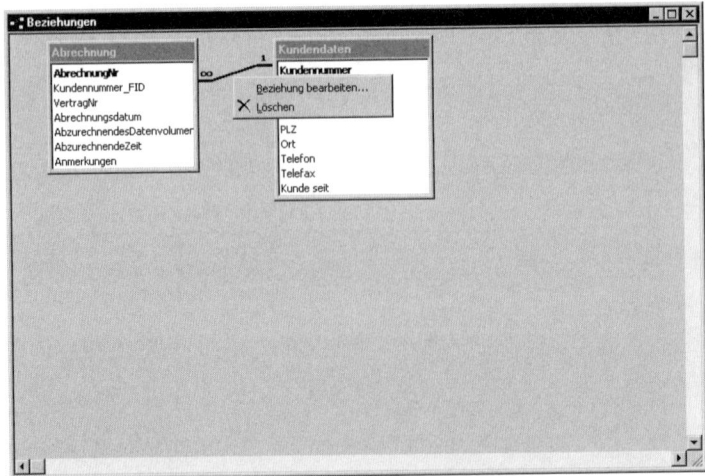

Bild 38.24: *Über den Eintrag* Löschen *im Kontextmenü der Verknüpfungslinie entfernen Sie bestehende Beziehungen*

38.6 Daten übergeben

Die Microsoft-Produkte Access, Excel und Word arbeiten ausgezeichnet zusammen. So können Sie Excel-Tabellen als Datenquelle für Access verwenden, aber auch Access-Datenbanktabellen als Datenlieferanten für Word-Serienbriefe benutzen.

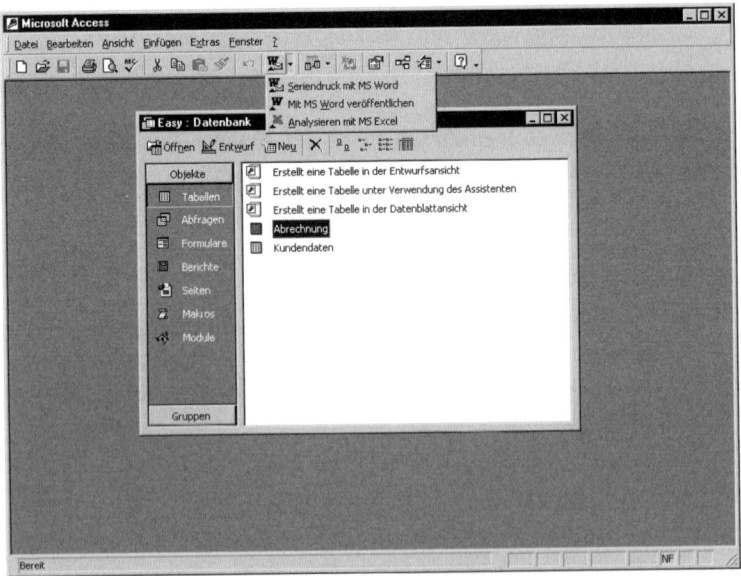

Bild 38.25: *Nach der Wahl einer Tabelle oder Abfrage genügt ein Klick auf die Schaltfläche* OfficeVerknüpfungen, *um den Datenaustausch mit anderen Office-Programmen einzuleiten*

Markieren Sie die Tabelle *Kundendaten*. Daraufhin finden Sie eine Schaltfläche mit der Quick-Info *OfficeVerknüpfungen* in der Datenbanksymbolleiste. Klicken Sie in der Symbolleiste auf den Pfeil neben dem Symbol, und wählen Sie *Mit MS Word veröffentlichen*. Word 97 wird geöffnet, und Sie erhalten ein neues Dokument mit einer Kopie der Tabelle in Word-Format.

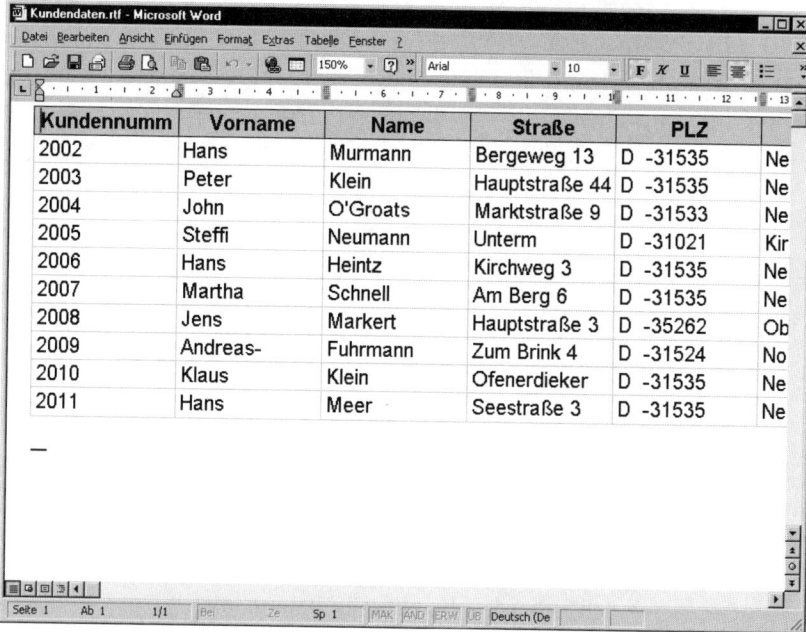

Bild 38.26: Bei der Datenübergabe an Word erhalten Sie ein neues Word-Dokument mit einer Kopie der Tabelle

38.7 Datenbanken komprimieren und reparieren

Wenn Sie Objekte in einer Datenbank löschen, kann es zu einer Fragmentierung der Datenbank kommen. Das liegt daran, daß frei werdende Bereiche in der Datenbank nicht durch die nachfolgenden Daten aufgefüllt werden. Nach einer längeren Bearbeitungszeit liegen die Tabellen in zerstückelter Form in der Datenbank und es existieren viele kleine Bereiche, die nicht mehr gefüllt werden. Der verfügbare Speicherplatz wird dabei nicht effektiv genutzt. Beim Komprimieren der Datenbank wird diese kopiert und die Datensätze werden neu angeordnet. So komprimieren Sie die aktuelle Datenbank:

Öffnen Sie das Menü *Extras* und wählen Sie im Menüpunkt *Datenbank-Dienstprogramme* den Punkt *Datenbank komprimieren und reparieren*.

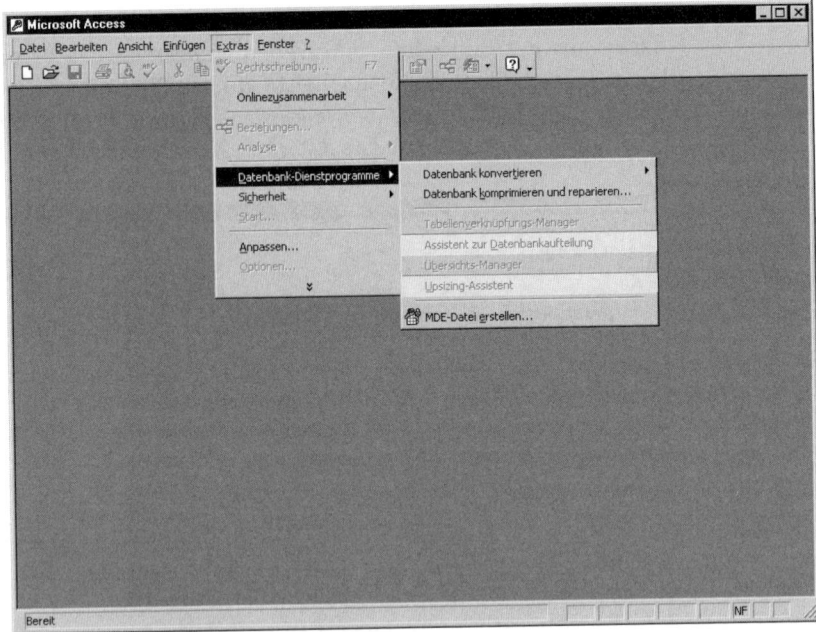

Bild 38.27: Um Speicherplatz zu sparen, wählen Sie den Menüpunkt Datenbank komprimieren und reparieren

So komprimieren Sie eine Datenbank:

⇢ Schließen Sie die aktuelle Datenbank.

⇢ Öffnen Sie das Menü *Extras,* und wählen Sie *Datenbank-Dienstprogramme/Datenbank komprimieren und reparieren.*

⇢ Geben Sie in der Dialogbox *Datenbank komprimieren* die zu komprimierende Datenbank an, und klicken Sie auf *Komprimieren.*

⇢ Geben Sie in der Dialogbox *Datenbank komprimieren nach:* einen Namen, ein Laufwerk und einen Ordner für die komprimierte Datenbank an.

⇢ Klicken Sie auf *Speichern*.

Wenn Sie den Namen der Originaldatenbank, dasselbe Laufwerk und denselben Ordner verwenden, überschreibt Microsoft Access die Originaldatei mit der komprimierten Version.

39. Datenbanken weitergeben

Die Weitergabe einer Datenbank an andere Anwender stellt eine leistungsfähige Methode für Ihre Arbeitsorganisation dar: Kunden und Kollegen verwenden die von Ihnen erfaßten Daten zur Erledigung gemeinsamer Aufgaben. In diesem Kapitel erfahren Sie, wie Sie Ihre Access-Datenbank vor der Weitergabe an Dritter gegen Übernahme und Veränderungen schützen.

39.1 MDE-Dateien

Wenn Ihre Datenbank Visual-Basic-Code enthält und als MDE-Datei gespeichert wird, kompiliert Access alle Module. Dabei wird eine Befehlsüberprüfung (Syntaxcheck) durchgeführt und die Ausführung des Codes beim nächsten Aufruf beschleunigt. Access entfernt den gesamte Quellcode entfernt und komprimiert die Zieldatenbank. Der Visual-Basic-Code ist dadurch weiterhin ausführbar, läßt sich jedoch weder anzeigen noch bearbeiten. Darüber hinaus reduziert das Entfernen des Codes die Datenbankgröße und optimiert die Speichernutzung. Falls Sie Datenbanken weitergeben sollten Sie stets MDE-Dateien verwenden. Das Speichern Ihrer Datenbank als MDE-Datei verhindert die folgenden Aktionen:

- Anzeigen, Ändern oder Erstellen von Formularen, Berichten oder Modulen in der Entwurfsansicht.

- Hinzufügen, Löschen oder Ändern von Verweisen auf Objektbibliotheken oder Datenbanken.

- Ändern von Code unter Verwendung der Eigenschaften oder Methoden der Access- oder VBA-Objektmodelle (weil eine MDE-Datei keinen Quellcode enthält).

- Ändern des VBA-Projektnamens Ihrer Datenbank in der Dialogbox *Optionen*.

- Importieren oder Exportieren von Formularen, Berichten oder Modulen.

Tabellen, Abfragen und Makros dagegen können aus Nicht-MDE-Datenbanken in eine MDE-Datenbank importiert bzw. aus einer MDE-Datenbank in Nicht-MDE-Datenbanken exportiert werden.

Achten Sie darauf, daß Sie eine Kopie Ihrer Originaldatenbank speichern. Um den Entwurf von Formularen, Berichten oder Modulen in einer als MDE-Datei gespeicherten Datenbank zu verändern, müssen Sie die Originaldatenbank öffnen. Nach der Änderung wird die Originaldatei erneut als MDE-Datei gesichert.

Einige Einschränkungen hindern Sie möglicherweise daran, Ihre Datenbank als MDE-Datei zu speichern:

→ Wenn die Datenbank auf Benutzerebene geschützt ist, müssen Sie bestimmte Kriterien erfüllen.

→ Wenn die Datenbank repliziert ist, müssen Sie zuerst die Tabellen und Eigenschaften des Replikationssystems entfernen.

→ Wenn die Datenbank auf eine andere Datenbank oder auf ein Add-In verweist, müssen Sie alle Datenbanken oder Add-Ins in der Verweiskette als MDE-Dateien speichern.

Hinweise zur Datenbankreplikation finden Sie in Kapitel 54.

Eine Datenbank als MDE-Datei speichern

Um eine Datenbank als MDE-Datei zu speichern, gehen Sie wie folgt vor:

Um das Speichern als MDE-Datei nachzuvollziehen, verwenden Sie die Datenbank BM39_001.MDB.

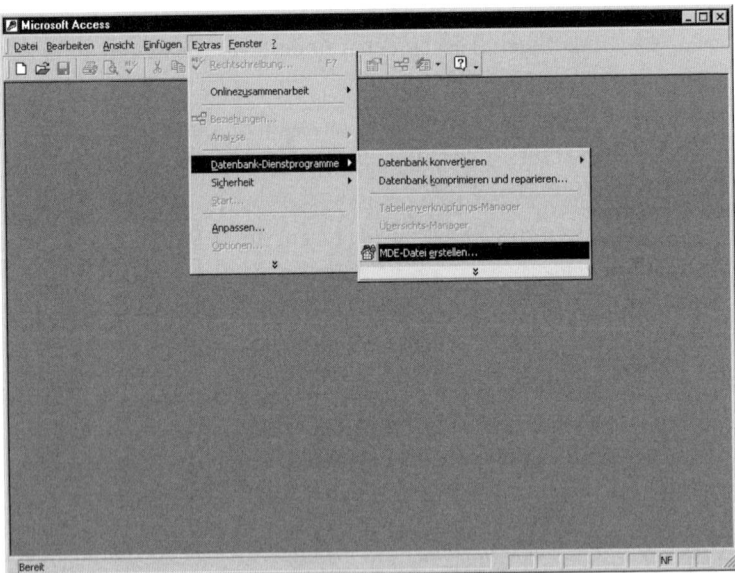

Bild 39.1: *Ein Klick auf* Extras/Datenbank-Dienstprogramme/MDE-Datei *leitet die Übertragung der Datenbank in das MDE-Format ein*

→ Schließen Sie die aktuelle Datenbank.

Wenn Sie in einer Mehrbenutzerumgebung arbeiten, vergewissern Sie sich, daß alle anderen Benutzer die Datenbank geschlossen haben.

→ Klicken Sie auf *Extras/Datenbank-Dienstprogramme/MDE-Datei erstellen*.

→ Wählen Sie in der Dialogbox *Als MDE zu speichernde Datenbank* die Datenbank aus. Klicken Sie dann auf *MDE erstellen*.

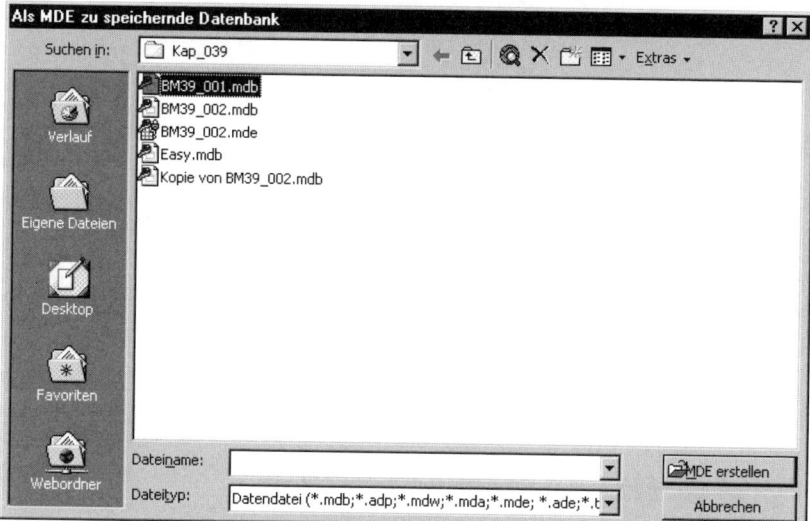

Bild 39.2: In der Dialogbox Als MDE zu speichernde Datenbank *wählen Sie die Datenbank aus, die in das MDE-Format übertragen werden soll*

 Die Dialogbox Als MDE zu speichernde Datenbank *zeigt Access nur an, wenn keine Datenbank aktuell geöffnet ist. Falls eine Datenbank geöffnet ist, nimmt Access an, daß Sie aus der geöffneten Datenbank eine MDE-Datei erstellen wollen.*

→ Geben Sie im Dialogfeld *MDE speichern unter* einen Namen, ein Laufwerk und einen Ordner für die Datenbank an, und klicken Sie auf *Speichern*.

MDE-Dateien verwenden

Im normalen Arbeitsablauf fällt der Unterschied zwischen MDB- und MDE-Datenbanken kaum ins Gewicht. Eine MDE-Datei laden Sie ebenso wie normale Daten zur Bearbeitung mit Access. Die Unterschiede treten erst dann zutage, wenn Sie z.B. versuchen Veränderungen am Formularentwurf vorzunehmen.

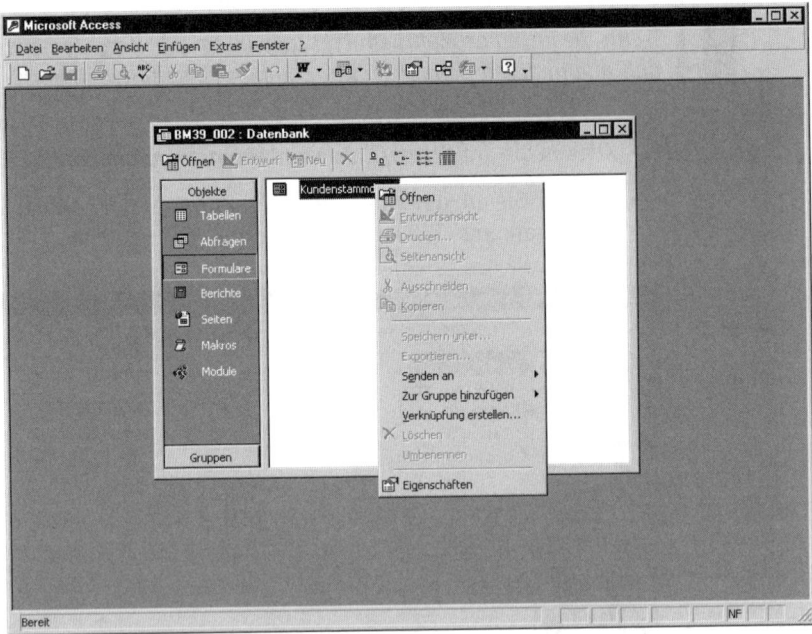

Bild 39.3: Der Formularentwurf ist nicht in der MDE-Datei nicht zugänglich

39.2 Eine Anwendung erstellen

Wenn Sie sich mit Access soweit vertraut gemacht haben, daß Sie wissen, wie man Tabellen, Abfragen, Formulare, Bericht etc. erstellt, können Sie daraus auch gleich eine Anwendung generieren. Makros und Visual-Basic-für-Applikationen-Code können Ihnen darüber hinaus helfen, den Ablauf der Anwendung weiter zu verbessern und zu verfeinern.

Eine Anwendung

Eine Anwendung in Access ist eine Datenbank, die mit verschiedenen Funktionen aufgewertet wurde. Sie faßt verwandte Aufgaben zusammen, so daß sich der Benutzer auf die eigentliche Aufgabe konzentrieren kann und keine Kenntnisse über die weitergehende Funktionsweise der Anwendung benötigt. Sie können definieren, wie Ihre Anwendung beim Starten aussehen und sich verhalten soll. Die Startoptionen legen Sie in der Dialogbox *Start* fest. Sie erreichen diese Dialogbox im Menü *Extras/Start*.

In der Dialogbox *Start* legen Sie z.B. ein Formular fest, daß Access beim Starten der Anwendung anzeigt oder beschränken den Funktionsumfang der Programmoberfläche. Im Beispiel soll eine Anwendung entstehen, die lediglich zur Pflege der Kundendaten dient.

Datenbanken weitergeben

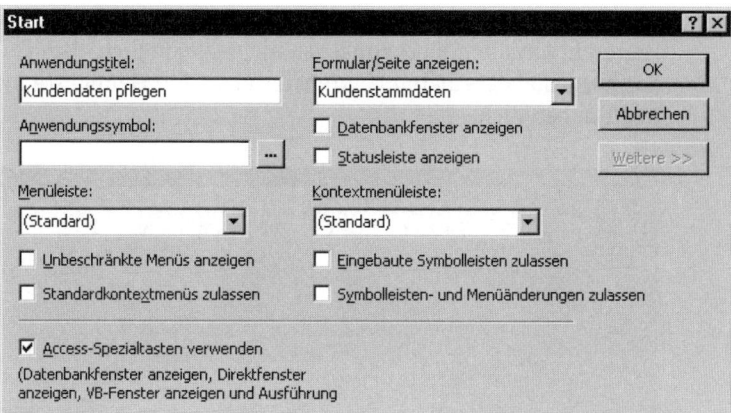

Bild 39.4: Die Dialogbox Start *legt das Verhalten der Anwendung beim Programmstart fest*

 Die Beispieldatenbank BM39_002.MDE ist mit den oben beschriebenen Einstellungen versehen.

Sobald die Anwendung geöffnet wird, setzt Access die Einstellungen um. Im Beispiel sehen Sie ausschließlich das Formular *Kundendaten*.

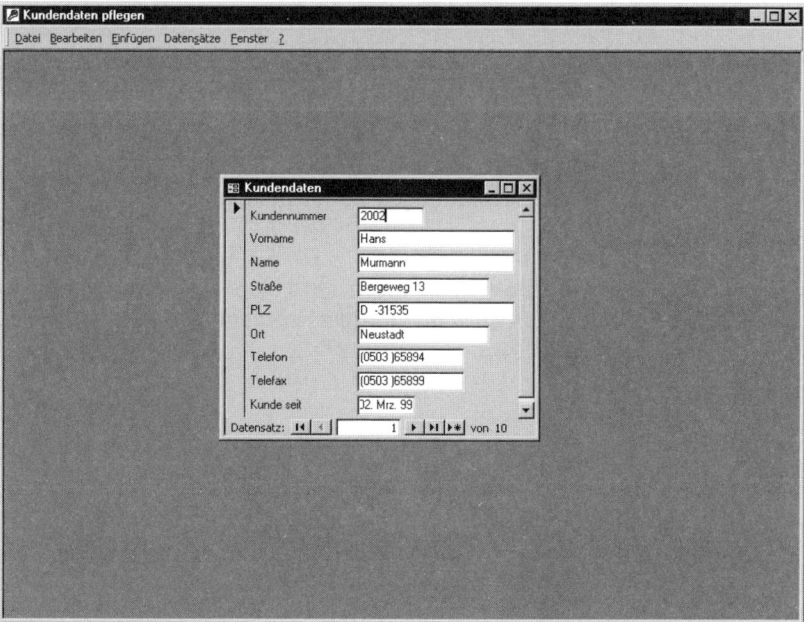

Bild 39.5: Die geöffnete Datenbank bietet nur den Zugriff auf das Formular Kundendaten

Die Eingabe und Bearbeitung der Datensätze erfolgt wie gewohnt – alle weiteren Aktionen sind zunächst nicht zugänglich. Mit (F11) öffnen Sie das ausgeblendete Datenbankfenster ein – die Menüleiste bleibt weiterhin nicht zugänglich.

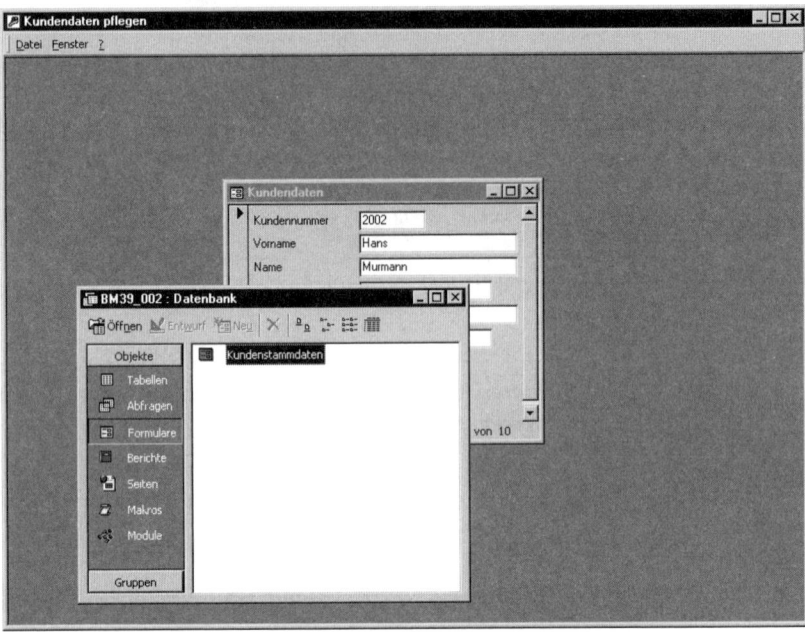

Bild 39.6: Durch Drücken der Taste (F11) blenden Sie das Datenbankfenster ein

Um die Einstellungen der Anwendung nachträglich anzupassen, halten Sie beim Öffnen die Taste (⇧) gedrückt. Access öffnet die Datenbank und umgeht alle Einstellungen in der Dialogbox *Start*.

 Wenn Sie Ihre Anwendungen an andere Benutzer weitergeben, müssen Sie beachten, daß auch die in Access enthaltenen Tools zur Wartung mit verfügbar sein müssen.

Datenbanken weitergeben

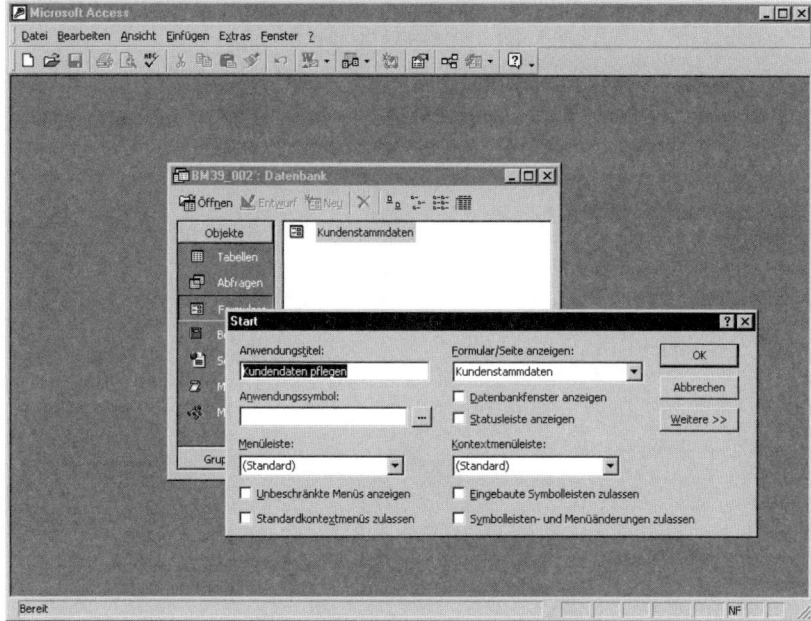

Bild 39.7: Nach dem Öffnen der Datenbank bei gleichzeitig gedrückter ⇧ -Taste sind alle Steuerelemente wieder zugänglich

PowerPoint
Office 2000

Professionelle Präsentationen für den Bildschirm und im Internet vermitteln dem Betrachter mehr Informationen als ein reiner Textvortrag. Dieser Bereich ist die Domäne der Präsentationssoftware PowerPoint. Mit überschaubaren Werkzeugen und multimedialen Effekten erstellen Sie wirkungsvolle Darstellungen.

40. Professionell präsentieren

Um Informationen einer Gruppe von Menschen wirksam darzustellen, müssen sie optisch aufbereitet werden – eine Präsentation entsteht. PowerPoint unterstützt Sie bei Präsentationsaufgaben. Dieses Kapitel beschäftigt sich mit den Grundlagen von PowerPoint.

40.1 Der PowerPoint-Bildschirm

Wie alle Programme des Office-Pakets wird PowerPoint mit einem Klick auf den Eintrag *Start/Programme/Microsoft PowerPoint* im Start-Menü von Windows gestartet. Nach einer kurzen Ladezeit erscheint der Startbildschirm von PowerPoint. In einer Dialogbox wählen Sie aus, ob Sie eine vorhandene Präsentation öffnen oder eine neue Präsentation erstellen. Zum Anlegen einer neuen Präsentation stehen Ihnen drei Optionen zur Auswahl.

Aktivieren Sie das Kontrollkästchen Diesen Dialog nicht wieder anzeigen, *um beim nächsten Start von PowerPoint auf die Unterstützung zu verzichten.*

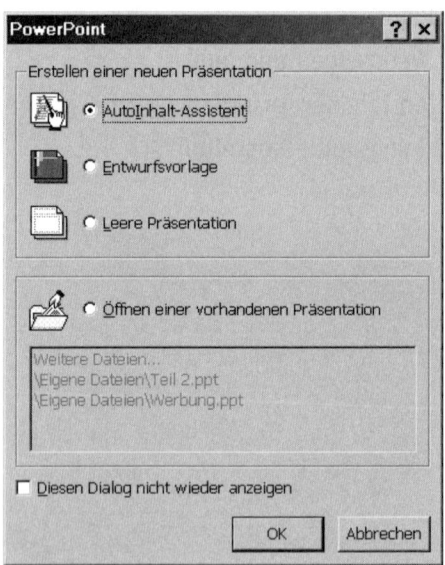

Bild 40.1: Mit dieser Dialogbox bietet PowerPoint unmittelbar nach dem ersten Start seine Unterstützung an.

Thema dieses Abschnitts ist das Kennenlernen der Programmoberfläche von PowerPoint. Aktivieren Sie für den ersten Einstieg die Option *Leere Präsentation* und klicken Sie auf *OK*. Der Office-Assistent bietet seine Unterstützung bei den ersten Schritten mit PowerPoint an: Klicken Sie auf die Option *Microsoft PowerPoint verwenden*.

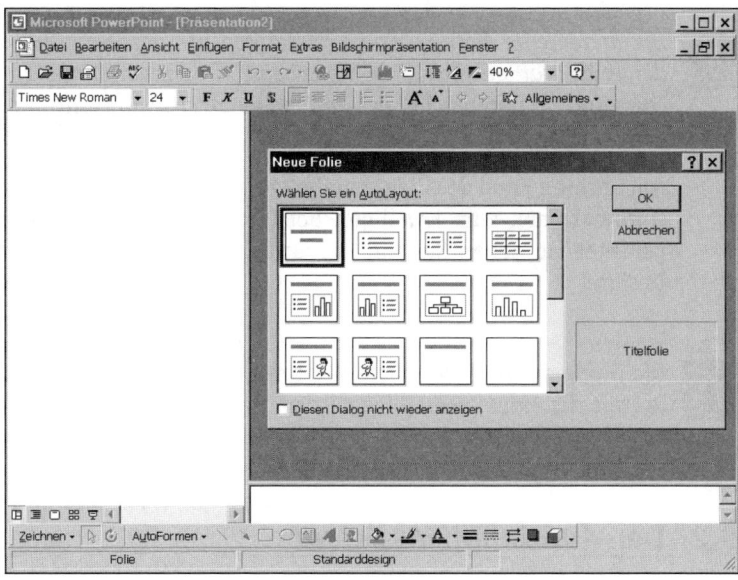

Bild 40.2: Selbst wenn Sie eine leere Präsentation nutzen – beginnen Sie mit einer Titelfolie, um den Bilderreigen zu eröffnen

Mit dem Begriff »Folie« ist die Seite in einer PowerPoint-Präsentation gemeint. Er leitet sich aus der Folie für den Tageslichtprojektor ab und orientiert sich damit am Aufgabengebiet von PowerPoint.

Über die Symbolleisten von PowerPoint haben Sie die wichtigsten Funktionen und Befehle im direkten Zugriff. PowerPoint bietet Ihnen verschiedene Symbolleisten, die entsprechend der Programmsituation automatisch eingeblendet werden oder im direkten Zugriff stehen. Die Symbolleisten *Standard* und *Formatierung* sind auf den ersten Blick in wesentlichen Teilen mit den Elementen anderer Anwendungen identisch.

Um die Bedeutung der Symbole einer Symbolleiste zu ergründen, positionieren Sie die Maus auf dem Symbol und warten einen Augenblick. PowerPoint zeigt Ihnen in der QuickInfo den Namen des Symbols.

Die senkrechten und waagrechten Bildlaufleisten dienen zum Verschieben des dargestellten Bildschirmausschnitts und zum Blättern von einer Folie zur nächsten. Solange keine Präsentation geöffnet ist, sind die Bildlaufleisten inaktiv. In der waagerechten Bildlaufleiste finden Sie eine Reihe von Symbolen. Über diese Symbole läßt sich die gewünschte Ansicht aktivieren.

Die dreigeteilte Normalansicht gestattet links den Blick auf die Gliederung der Präsentation, rechts oben erscheint die Entwurfsansicht der aktivierten Folie und im unteren Teil ist ein Eingabebereich für Notizen angeordnet.

Am unteren Rand des Programmfensters erscheint die Statusleiste. Sie zeigt Informationen zum jeweiligen Betriebszustand. Sobald eine Präsentation geöffnet ist, sehen Sie dort die aktuelle Foliennummer und zugeordnetes Design.

 Die Größe der Bildschirmbereiche der dreigeteilten Normalansicht verändern Sie mit der Maus: Ziehen Sie an den Trennbalken, um diese zu verschieben.

40.2 Der *AutoInhalt-Assistent*

Eine Präsentation zu erstellen ist alles in allem ein aufwendiges Unterfangen. Es gehört einiges an Übung dazu, eine Präsentation von vorne bis hinten durchgängig zu gestalten. Hauptaufgabe ist, die zu vermittelnde Aussage zu strukturieren und mit den wirksamsten Mitteln zu präsentieren. Diese Aufgabe nimmt Ihnen kein noch so intelligentes Programm ab. In PowerPoint nutzen Sie aber die Erfahrungen der Profis und greifen auf bewährte Grundgerüste zu. Mit dem AutoInhalt-Assistenten von PowerPoint sparen Sie eine Menge Arbeit. Der Assistent benutzt als Startpunkt vorgefertigte Präsentationen, die mit einem allgemeinen Inhalt versehen sind, die Sie als Basis verwenden. Der Assistent fragt zusätzlich nach einigen Hintergrundinformationen, wie z.B. dem Ausgabemedium. Ergebnis seiner Arbeit sind acht bis zehn Folien für eine Präsentation, deren Inhalt Sie verändern.

Der Aufruf des AutoInhalt-Assistenten erfolgt über *Datei/Neu* im Register *Allgemein*. In der Dialogbox finden Sie ebenso die installierten Präsentationsdesigns und die vorbereiteten Präsentationen. Sie öffnen diese Beispiele mit Hilfe dieser Dialogbox direkt, ohne den Umweg über den Assistenten.

 Mit der Option AutoInhalt-Assistent *aus der Start-Dialogbox starten Sie ebenfalls den Assistenten*

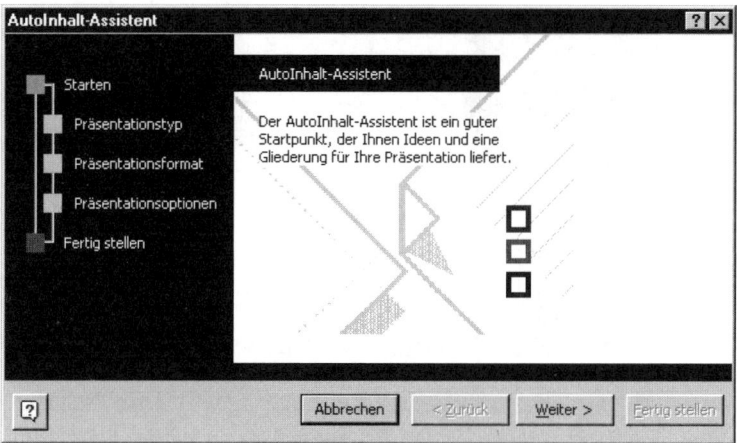

Bild 40.3: Der Start-Bildschirm des AutoInhalt-Assistenten

Der AutoInhalt-Assistent begrüßt Sie mit einem Startfenster. Auf der linken Seite sehen Sie eine Übersicht, welche Schritte zu durchlaufen sind und an welcher Stelle Sie sich gerade befinden.

- Sie klicken auf die Schaltfläche *Weiter,* um in das nächste Fenster zu gelangen.

- Sobald Sie in einem der Folgeschritte sind, hilft Ihnen ein Klick auf die Schaltfläche *Zurück,* vorhergehende Schritte erneut zu sehen und die Auswahl zu korrigieren.

- Die Schaltfläche *Fertigstellen* weist den Assistenten an, die Präsentation zu erstellen.

- Die Schaltfläche *Abbrechen* beendet die Arbeit des Assistenten sofort ohne Ergebnis.

Nutzen Sie bei Bedarf die Symbolschaltfläche mit dem Hilfesymbol, um die Unterstützung des Office-Assistenten zu erhalten.

Im zweiten Schritt legen Sie den Präsentationstyp fest. PowerPoint bietet eine Auswahl von unterschiedlicher Typen, die in Kategorien untergliedert sind. Markieren Sie z.B. den Typ *Schulung* in der Kategorie *Allgemein,* und bestätigen Sie diese Auswahl mit *Weiter.*

Klicken Sie auf eine der Schaltflächen Allgemein *bis* Carnegie-Trainer, *um eine Vorauswahl zu treffen.*

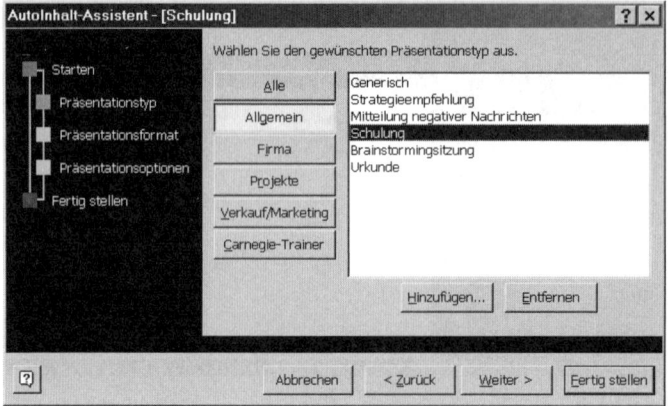

Bild 40.4: Schritt 2: Wählen Sie den Typ der neu zu erstellenden Präsentation aus

Dieses Fenster beschäftigt sich mit dem Ausgabemedium der Präsentation. Je nach geplantem Einsatzgebiet wählen Sie eine der Optionen aus. Die erste Option bereitet die Präsentation so weit vor, daß eine Bildschirmpräsentation daraus erstellt wird.

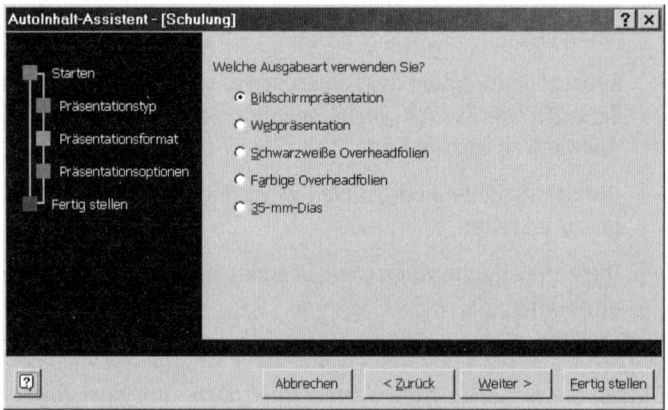

Bild 40.5: Schritt 3: Welches Ausgabemedium ist vorgesehen? Markieren Sie die entsprechende Option

 Für jedes der Ausgabemedien gelten eigene Regeln. Einige der von PowerPoint verwendeten Designs sind für das gewählte Medium besser geeignet, als andere. Je nach Option schlägt PowerPoint deshalb ein geeignetes Design vor.

Der letzte Schritt erfragt die Informationen für die Titelfolie. Außerdem nehmen Sie um unteren Bereich Einföuß auf Elemente, die auf allen Folien erscheinen. Tragen Sie die gewünschten Informationen in die entsprechenden Felder ein, und bestätigen Sie Ihre Eingabe mit der Schaltfläche *Weiter*.

Professionell präsentieren

 Die eingestellten Informationen auf der Titelfolie sind im Anschluß noch veränderbar.

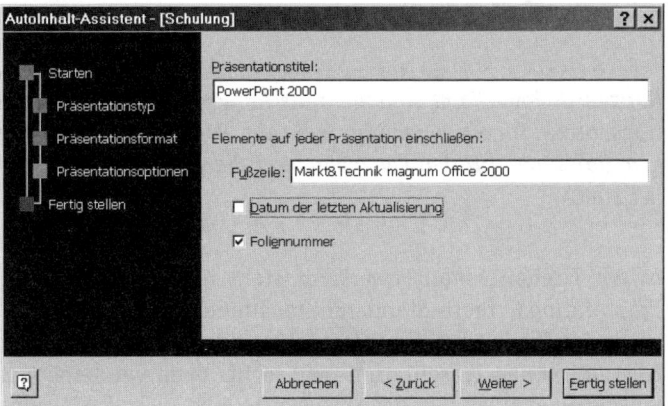

Bild 40.06: Schritt 4: Unter Präsentationsoptionen *legen Sie den Inhalt des Präsentationstitels fest und bestimmen wiederkehrende Elemente auf allen Folien*

Nach einem Klick auf Weiter sind Sie am Ende der Unterstützung angelangt. Der Assistent weist Sie darauf hin, daß er alle benötigtem Angaben vollständig sind. Er gibt Ihnen letztmalig die Gelegenheit, mit der Schaltfläche *Zurück* die ausgewählten Optionen zu ändern. Klicken Sie auf *Fertigstellen,* um die Präsentation anzulegen.

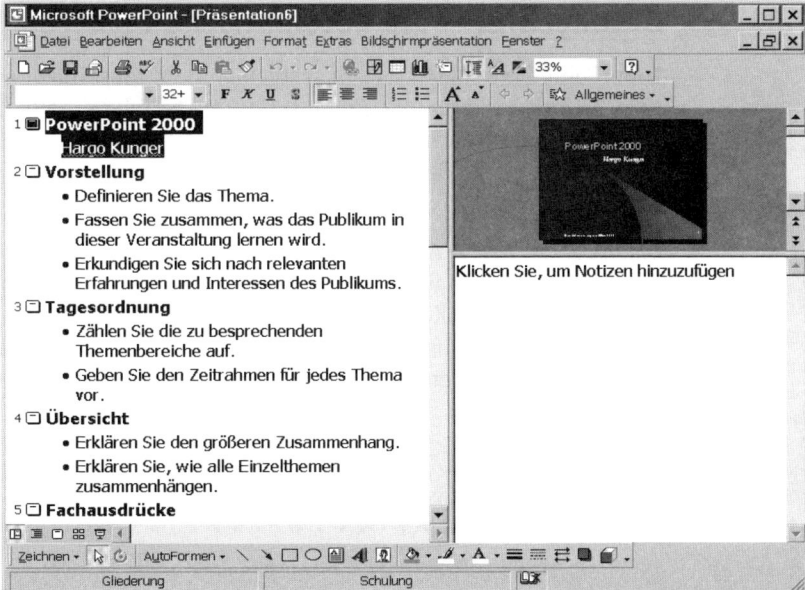

Bild 40.7: Das Ergebnis des AutoInhalt-Assistenten erscheint zur Bearbeitung

Unmittelbar nach dem Ende der Arbeit bietet Ihnen PowerPoint eine modifizierte Normalansicht für die Bearbeitung der Inhalte an. Naturgemäß steht deshalb die Gliederung im Vordergrund, die Folie tritt zurück. Der Notizbereich ist ebenso vergrößert, er stellt einen Arbeitsbereich für foliengebundene Texte bereit.

Notizen in PowerPoint sind mehr als Anmerkungen. Sie nehmen z.B. die Vortragsnotizen für die zugehörige Folie auf. PowerPoint kann Notizenseiten drucken, auf denen für den Vortragenden Folie und Notizen gemeinsam angeordnet sind.

In der Titelleiste von PowerPoint steht innerhalb der eckigen Klammern *PräsentationX*. Diese Standardbezeichnung wird von PowerPoint vergeben und zeigt Ihnen, daß die Präsentation noch nicht gespeichert ist. Die erste Folie der neuen Präsentation wird rechts oben verkleinert dargestellt. Der Eintrag *Folie 1 von 9* in der Statusleiste gibt an, daß Sie sich auf der ersten von neun Folien befinden. Daneben erscheint der Name der verwendeten Vorlage *Schulung*.

Am schnellsten können Sie mit den Tasten [Bild ↑] *und* [Bild ↓] *von einer zur nächsten Folie wechseln.*

40.3 AutoRecover – die automatische Sicherung

PowerPoint ist in der Lage, in festgelegten Zeitabständen eine automatische Sicherungskopie der Präsentation zu erstellen. Falls beim Arbeiten durch einen Stromausfall ungesicherte Daten verlorengehen, versucht PowerPoint anhand der AutoRecover-Informationen, den Bearbeitungsstand zu rekonstruieren.

Um die Aktivierung AutoRecover-Funktion zu kontrollieren, öffnen Sie die Optionen-Dialogbox über *Extras/Optionen* und dort das Register *Speichern*. Aktivieren Sie das Kontrollkästchen *AutoRecover-Informationen alle,* und stellen Sie den gewünschten Zeitintervall (1–120 Minuten) im Drehfeld neben dem Kontrollkästchen ein.

PowerPoint löscht die AutoRecover-Informationen automatisch, wenn Sie die Präsentation speichern oder das Programm verlassen.

40.4 Präsentationen speichern, beenden und öffnen

Um das Arbeitsergebnis dauerhaft zu sichern, müssen Sie das Präsentationsdokument auf der Festplatte speichern. Dabei haben Sie die Wahl, ob Sie die Präsentation als »normale« Präsentation, als Entwurfsvorlage oder als Webseite speichern. Alternativ können Sie die Folien ebenso in Grafikformate verwandeln.

Präsentationen speichern

Wählen Sie *Datei/Speichern* – die Dialogbox *Speichern unter* erscheint. Standardmäßig schlägt PowerPoint den Ordner EIGENE DATEIEN als Speicherort vor.

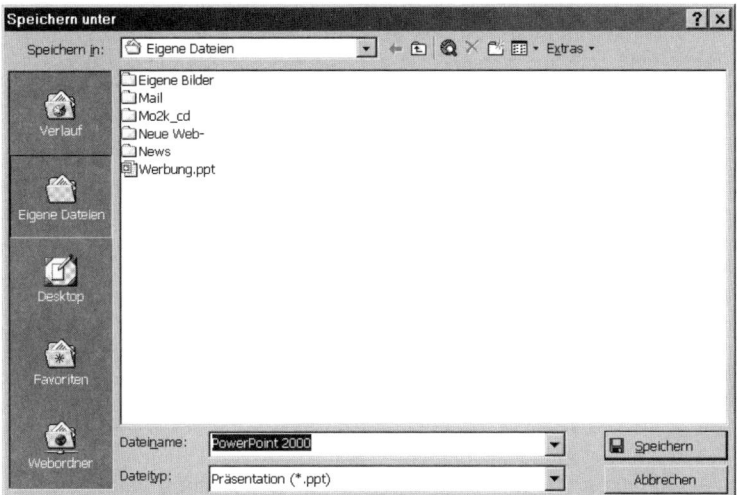

Bild 40.8: In der Dialogbox Speichern *geben Sie Speicherort und Namen an, unter denen PowerPoint die aktuell geöffnete Präsentation sichern soll*

 Die Dialogbox Speichern unter *erscheint bei einem Klick auf* Datei/Speichern *nur, wenn die Präsentation noch nicht gespeichert war. Andernfalls legen Sie mit diesem Befehl das aktuelle Arbeitsergebnis auf der Festplatte ab.*

Übernehmen Sie den Vorschlag von PowerPoint, und tragen Sie unter Dateiname die Bezeichnung für die Präsentation ein. PowerPoint ergänzt die Dateierweiterung *.PPT beim Speichern selbständig.

Beim Übertragen einer Präsentation auf einen anderen Computer kommt es häufig zu Problemen in der Darstellung, wenn auf dem Zielrechner die verwendeten Schriften enthalten nicht sind. Über den Befehl *Extras/TrueType-Schriftarten einbetten* legen Sie fest, daß alle verwendeten TrueType-Schriften mit der Präsentation abgespeichert werden.

Das Einbetten von TrueType-Schriften unterliegt den Lizenzbestimmungen der Anbieter der Schriftarten. Auch nimmt durch diese Funktion die Dateigröße der Präsentation zu.

Weitere Einstellungen sind für das Beispiel nicht nötig – klicken Sie auf *Speichern,* um die Präsentation unter dem angegebenen Namen zu sichern. Der Dateiname erscheint anschließend in der Titelzeile von PowerPoint.

 Klicken Sie auf den Menüeintrag Datei/Schließen, um die Präsentation zu schließen. Falls die Präsentation noch nicht im aktuellen Stand gespeichert worden ist, erscheint eine Sicherheitsabfrage, mit der Sie die Änderungen verwerfen oder vor dem Schließen speichern.

Eine Präsentation als Entwurfsvorlage speichern

Nachdem Sie ein eigenes Präsentationslayout aufgebaut haben, wollen Sie Ihren Entwurf häufiger verwenden. Dazu speichern Sie Präsentationen als Entwurfsvorlage– sie stehen Ihnen dann immer wieder als Grundstock für eine neue Präsentation zur Verfügung.

 Um die Entwurfsvorlage zu verändern, müssen Sie diese direkt öffnen oder mit einem neuen Entwurf gleichen Namens überschreiben.

Klicken Sie auf *Datei/Speichern unter*. In der gleichnamigen Dialogbox öffnen Sie das Listenfeld *Dateityp* und wählen dort den Eintrag *Entwurfsvorlage (*.pot)* aus. PowerPoint wechselt in der Dateiliste automatisch zum Vorlagenordner. Mit einem Doppelklick wählen Sie den gewünschten Zielordner aus.

Vergeben Sie einen aussagefähige Dateinamen für die Vorlage, und klicken Sie auf *Speichern*. Schließen Sie dann die Vorlage, um Sie als Grundlage der weiteren Arbeit zu nutzen.

 Falls Sie einen der Standardordner für Präsentationsvorlagen ausgewählt haben, erscheint die eigene Vorlage beim nächsten Aufruf von Datei/Neu im entsprechenden Register.

Präsentationen exportieren

Nicht immer soll das Ergebnis Ihrer Arbeit als PowerPoint-Dokument abgelegt werden. Um die Daten in ein anderes Format zu übertragen, wählen Sie im Listenfeld *Dateityp* der Datei-Dialogbox das gewünschte Zielformat aus.

Neben den Formaten für die Vorgängerversionen von PowerPoint stehen verschiedene Dateiformate bereit. Mit den Grafikfiltern *Windows Metadatei (*.WMF)*, *JPEG-Filter (*.JPG)*, *GIF-Filter (*.GIF)* und *PNG (*.PNG)* wird die Präsentation in ein unabhängige Grafikformat übertragen. PowerPoint zeigt eine Dialogbox, in der Sie festlegen, ob lediglich die aktuelle Folie oder die gesamte Präsentation in dieses Format exportiert wird.

Als Webseite speichern

Fertige Präsentationen bereiten Sie bei Bedarf für den Einsatz im Intra- bzw. im Internet vor. PowerPoint bietet Ihnen für die Veröffentlichung im Internet nützliche Optionen.

Bevor Sie an die Veröffentlichung im Internet gehen, sollten Sie die Wirkung der Präsentation selbst im Browser prüfen. Nutzen Sie dafür den Befehl Datei/Webseitenvorschau.

Um die aktuelle Präsentation als Webseite zu speichern, wählen Sie den Befehl *Datei/Als Webseite speichern*. Damit gelangen Sie in eine modifizierte Dialogbox *Speichern unter*.

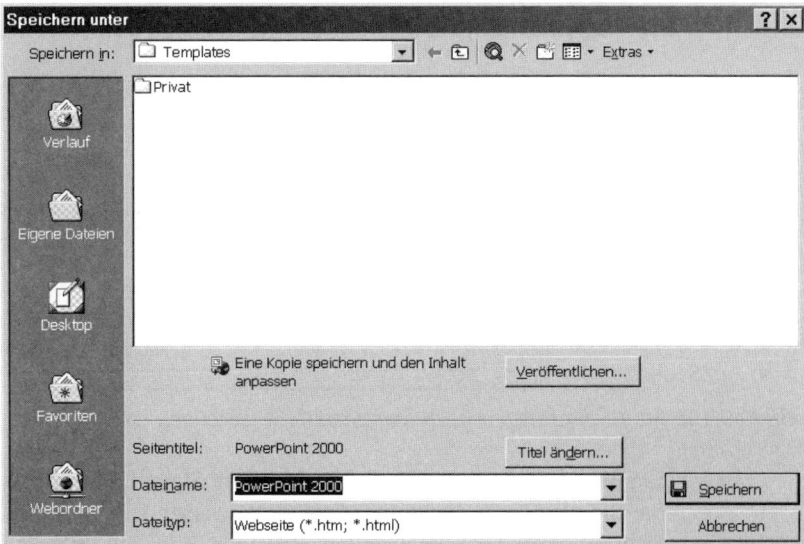

Bild 40.09: Mit dieser Dialogbox erledigen Sie bequem die Veröffentlichung der Präsentation im Intra- oder Internet

⇢ Mit der Schaltfläche *Titel ändern* nehmen Sie Einfluß auf die Darstellung der Folien im Browser. Der im Bereich *Seitentitel* eingestellte Text erscheint in der Titelzeile des Browserfensters.

⇢ Ein Klick auf *Speichern* löst den Konvertierungsvorgang aus und legt die Webseiten im HTML-Format im eingestellten Verzeichnis ab.

⇢ Nach einem Klick auf die Schaltfläche *Veröffentlichen* gelangen Sie in die Dialogbox *als Webseite veröffentlichen*. In dieser Dialogbox bestimmen Sie die zu konvertierenden Folien, stellen die Weboptionen ein, wählen die gewünschte Browserunterstützung und legen den Speicherort fest.

Sie können zum Veröffentlichen den eingestellten Webordner in der Dialogbox Speichern unter wählen. Dazu muß dieser Systemordner korrekt eingerichtet sein. Nutzen Sie dazu im Windows Explorer den Assistenten Webordner hinzufügen, *den Sie nach einem Doppelklick auf den Ordner starten.*

PowerPoint beenden

PowerPoint wird wie alle anderen Office-Programme abgeschlossen. So haben Sie mehrere Möglichkeiten:

⇢ über das Symbol *Schließen* in der Titelzeile oder mit Hilfe der Tastenkombination [Alt]+[F4]

⇢ über den Befehl *Schließen* aus dem Systemmenü der Titelzeile

⇢ mit einem Doppelklick auf das *Systemmenü* von PowerPoint

⇢ über den Befehl *Datei/Beenden*

Auch hier erscheint automatisch eine Sicherheitsabfrage, falls noch ungesicherte Änderungen vorliegen.

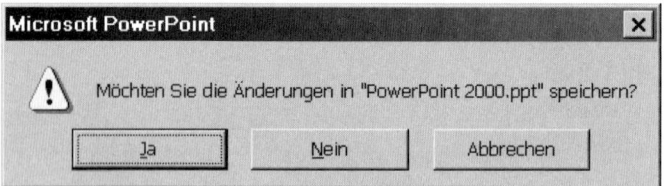

Bild 40.10: Stop – hier liegen noch ungesicherte Änderungen vor

Um die Änderungen zu speichern, klicken Sie auf *Ja*. Klicken Sie auf *Nein*, um die aktuellen Änderungen zurückzuweisen und den letzten Stand der Sicherungen wieder herzustellen. Mit einem Klick auf *Abbrechen* fährt PowerPoint mit der Arbeit fort und ignoriert den Befehl zum Beenden.

Eine bestehende Präsentation öffnen

Wenn Sie PowerPoint erneut starten, möchten Sie sicher weiter mit der begonnenen Präsentation arbeiten. Markieren Sie im Dialogfenster *PowerPoint* das Optionsfeld *Öffnen einer vorhandenen Präsentation*

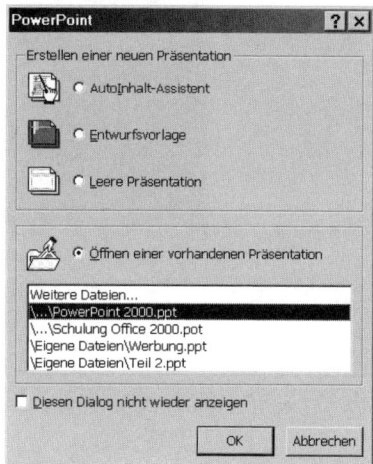

Bild 40.11: Das Dialogfenster PowerPoint *erscheint beim Programmstart und bietet verschiedene Startoptionen an*

Nach Aktivierung der Option ist der untere Bereich aktiv. PowerPoint listet dort die zuletzt geöffneten Dateien und den Eintrag *Weitere Dateien*.

 Alle im unteren Bereich der Dialogbox gelisteten Einträge können Sie doppelt anklicken – PowerPoint reagiert mit dem Öffnen der Präsentation oder der Dialogbox Öffnen

Nach Auswahl des Eintrags *Weitere Dateien* und Bestätigung erscheint die Dialogbox *Öffnen*. Auch dieses Fenster benutzt standardmäßig den Ablageort EIGENE DATEIEN. Dort sollten auch die von Ihnen angelegten Präsentationen auffindbar sein. Führen Sie einen Doppelklick auf einen Eintrag aus, um die Präsentation zu öffnen.

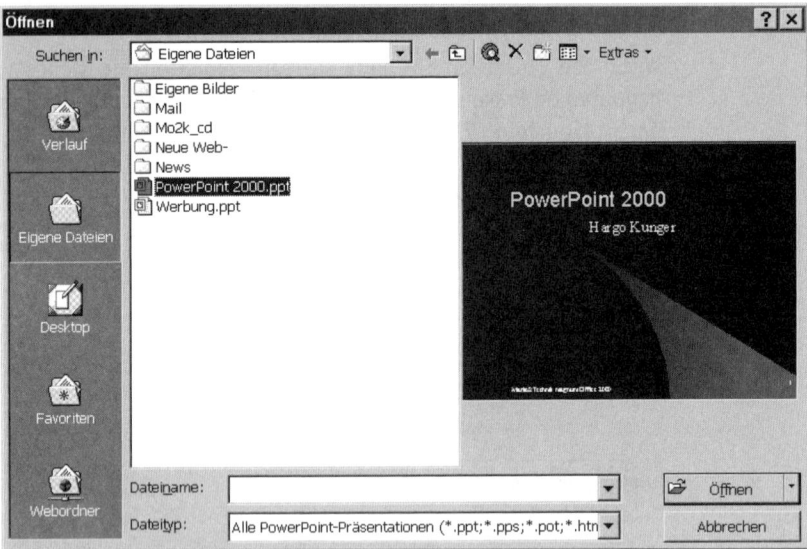

Bild 40.12: Die Dialogbox Öffnen *von PowerPoint greift auf existierende Präsentationsdateien zurück*

41. Mit Folien arbeiten

Die eigentliche Arbeit mit PowerPoint bezieht sich immer auf Folien, den Arbeitsblättern von PowerPoint. Sie sind das A und O jeder Präsentation. Dieses Kapitel umfaßt die Erstellung und Veränderung dieser Präsentationselemente. Gleichzeitig erleben Sie, wie eine Präsentation neu entsteht.

41.1 Neue Folien anlegen

Legen Sie eine leere Präsentation mit *Datei/Neu* an. In der Dialogbox *Neue Präsentation* öffnen Sie die Registerkarte *Allgemein* und klicken dann doppelt auf das Symbol *Leere Präsentation*.

PowerPoint blendet daraufhin die Dialogbox *Neue Folie* ein. Hier haben Sie die Wahl zwischen 24 verschiedenen Folien-Grundlayouts. Markieren Sie die Titelfolie mit einem Mausklick, und bestätigen Sie Ihre Auswahl mit *OK*.

 Die Planung einer Präsentation steht im Vordergrund. Machen Sie sich zunächst Gedanken über den grundsätzlichen Aufbau und Ablauf Ihrer Präsentation, um dann das entsprechende Layout auswählen zu können.

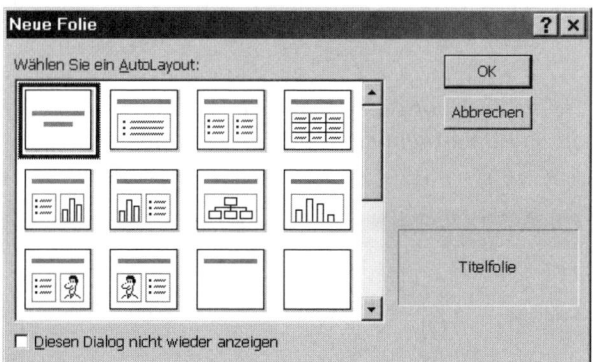

Bild 41.1: Mit der Auswahl eines Folien-Grundlayouts in der Dialogbox Neue Folie *bestimmen Sie, welche Informationselemente auf der Folie enthalten sein sollen*

Sofort übernimmt PowerPoint dieses Layout auf die Arbeitsfläche. Sie sehen die beiden Bereiche *Titel* und *Untertitel*.

 Falls Sie sich beim Einfügen der Folie für ein falsches Layout entschieden haben, klicken mit der rechten Maustaste auf einen freien Bereich der Folie. Aktivieren Sie dann den Menübefehl Folienlayout. *Danach können Sie das Masterlayout verändern und mit einem Klick auf* Erneut übernehmen *neu zuweisen.*

Bild 41.2: Eine leere Titelfolie erscheint auf der Arbeitsfläche von PowerPoint

Die beiden Bereiche sind für die Aufnahme der entsprechenden Texte vorgesehen. Klicken Sie mit der Maus in den oberen Rahmen – PowerPoint blendet den Aufforderungstext aus und markiert den Rahmen. In der Mitte des Rahmens erscheint die Schreibmarke. Die Arbeitsweise bei der Texteingabe und -gestaltung entspricht der von Word.

 Werfen Sie ein Blick auf die Symbolleiste Format*: Das Symbol* Zentriert *ist in den Titeln und Untertiteln der leeren Präsentation aktiviert.*

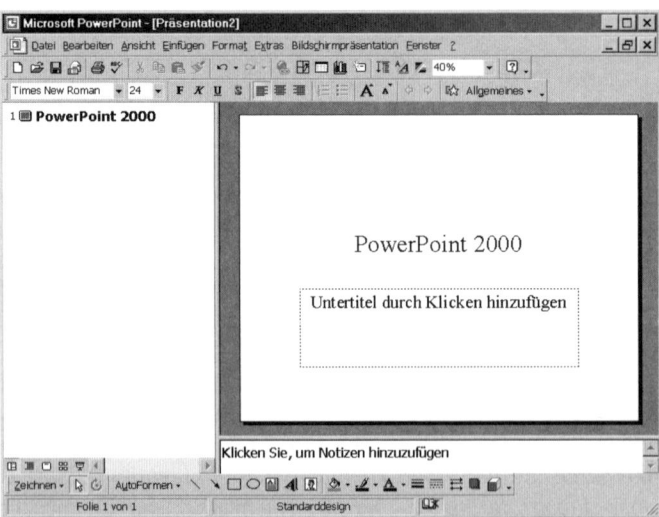

Bild 41.3: Der Titel der Präsentation ist erfaßt – PowerPoint zeigt den Titel automatisch im Gliederungsbereich an

Tragen Sie den gewünschten Titel ein. Um die Eingabe zu beenden, klicken Sie mit der Maus in eine freie Stelle der Arbeitsfläche.

Die Markierung, die Schreibmarke und der Rahmen verschwinden. Bearbeiten Sie jetzt den Untertitel und geben dort Text ein. Mit ⏎ wechseln Sie in eine neue Zeile. Tragen Sie die fehlenden Texte – wie abgebildet – in die zweite und dritte Zeile ein.

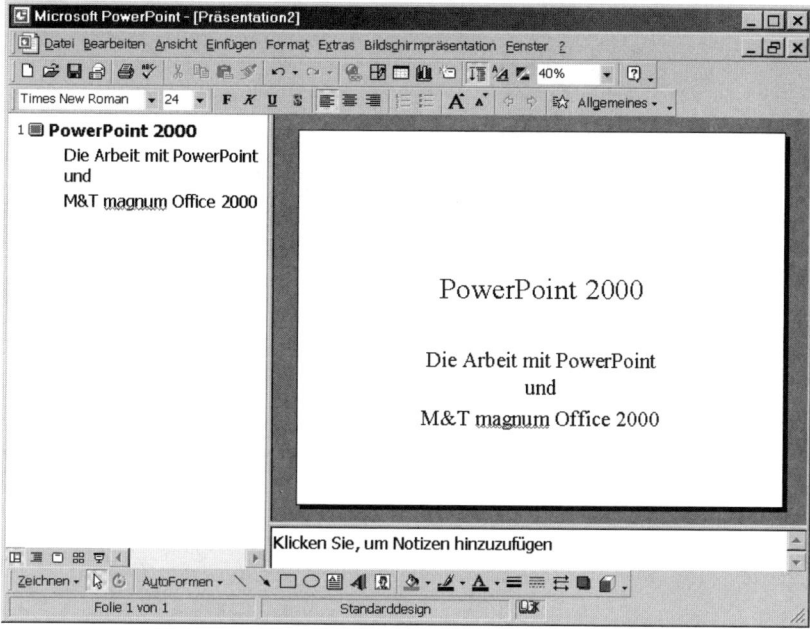

Bild 41.4: Die Texte der Titelfolie sind erfaßt – die automatische Rechtschreibprüfung macht auf Fehler aufmerksam

Beenden Sie die Erfassung mit einem Klick auf einen freien Bereich der Arbeitsfläche. Die Texte sind nun erstellt, aber sie sehen noch nicht gerade nach einer Präsentation aus. Es fehlt die Farbe und das »gewisse Etwas«, um ein ansprechendes Bild zu erzeugen.

Bild 41.5: Auch in PowerPoint stehen Ihnen die Zeichenwerkzeuge der Symbolleiste Zeichnen zur Verfügung.

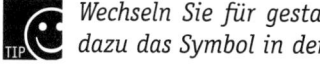 Wechseln Sie für gestalterische Arbeiten in die Folienansicht – nutzen Sie dazu das Symbol in der horizontalen Bildlaufleiste.

Klicken Sie auf das Symbol *Rechteck* in der Symbolleiste *Zeichnen*. Der Mauszeiger hat sich verändert: Klicken Sie auf die Arbeitsfläche, um eine Ecke des Rechtecks festzulegen. Ziehen Sie nun ein Rechteck über den gesamten Titel auf.

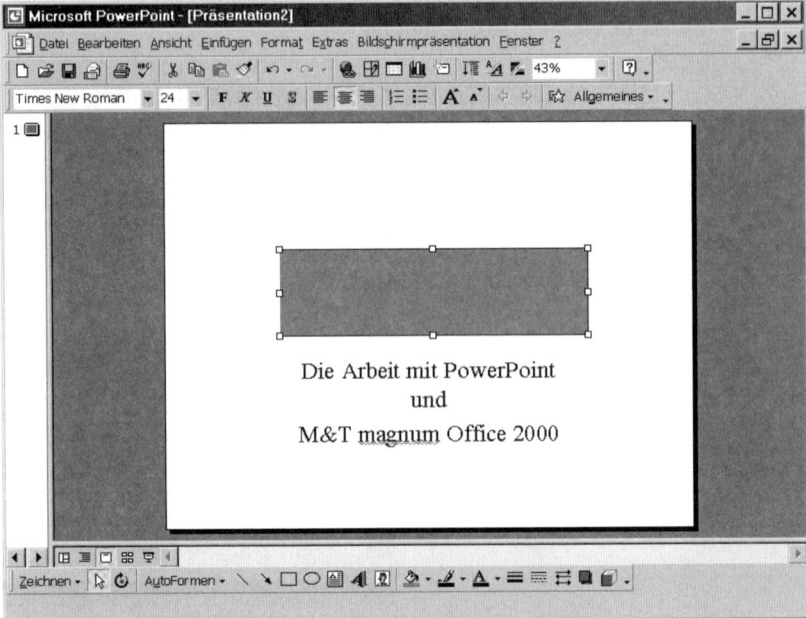

Bild 41.6: Noch verdeckt das neu gezeichnete Rechteck den Titeltext

 PowerPoint schaltet nach dem Zeichnen den Zeichenmodus wieder ab. Um ein weiteres Rechteck zu erstellen, müssen Sie das Symbol Rechteck *erneut anklicken.*

- Der Titel verschwindet unter dem Rechteck. Klicken Sie mit der rechten Maustaste in das Rechteck, um das Kontextmenü zu öffnen. Dort wählen Sie den Eintrag *Reihenfolge*. PowerPoint öffnet ein Untermenü, über das Sie die Lage des Objekts im Vorder- oder Hintergrund festlegen. Wählen Sie den Eintrag *In den Hintergrund* an. Die Schrift erscheint wieder, und das Rechteck liegt jetzt im Hintergrund.

- Klicken Sie auf das Symbol *Schatten* in der Symbolleiste *Zeichnen*. Wählen Sie dann aus dem Untermenü eine *Schattenart*. Das Rechteck hat jetzt einen Schatten.

- Klicken Sie nun mit der rechten Maustaste in einen Bereich der Arbeitsfläche, der noch frei ist. Es öffnet sich das Kontextmenü der Folie selbst.

Mit Folien arbeiten

Mit dem Kontextmenü der Folie haben Sie Zugriff auf die wichtigsten Funktionen und Befehle, die sich auf die gesamte Präsentationsseite auswirken

⇢ Klicken Sie auf den Eintrag *Hintergrund*, um die gleichnamige Dialogbox zu öffnen. Öffnen Sie das Listenfeld *Hintergrundfüllbereich*. In PowerPoint lassen sich verschiedene Füllfarben für die Hintergrundgestaltung einsetzen. Schließen Sie dieses Fenster über die Schaltfläche *Übernehmen*, damit die über das Listenfeld gewählte Farbe der Folie zugewiesen wird.

Bei einigen Gestaltungen, z.B. beim Hintergrund der Folien, haben Sie die Wahl zwischen Für alle übernehmen *und* Übernehmen. *Die erste Variante verändert den zugehörigen Master, der das Layout aller Folien steuert. Damit ändern Sie alle Folien. Alle anderen Varianten betreffen immer nur die aktuelle Folie.*

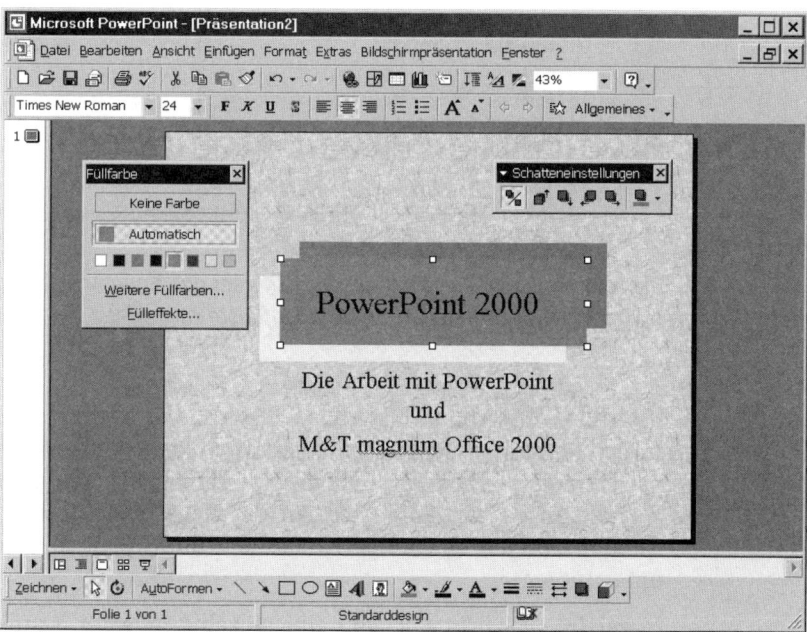

Bild 41.7: Für die Gestaltung Ihrer Folie setzen Sie verschiedene Objekt-Schatten oder andere Möglichkeiten aus der Zeichnen-Symbolleiste ein

Die abgebildete Folie finden Sie als B041_009.PPT auf der CD.

41.2 Mit verschiedenen Ansichten arbeiten

PowerPoint stellt verschiedene Ansichten für die Arbeit mit der Präsentation bereit. Jede dieser Ansichten hat eine andere Bedeutung bei der Gestaltung. Ansichten werden entweder über das gleichnamige Menü oder über die Schaltflächen rechts neben der unteren Bildlaufleiste aktiviert.

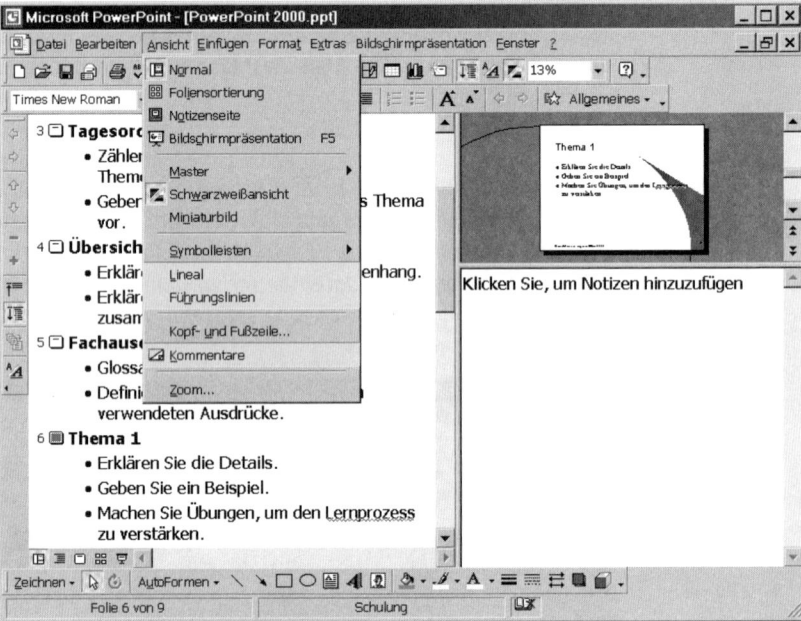

Bild 41.8: Die verschiedenen Ansichten lassen sich über das Menü Ansicht *oder die Symbolschaltflächen der horizontalen Bildlaufleiste auswählen*

Normalansicht

In der Normalansicht erscheint der PowerPoint-Bildschirm dreigeteilt. Je nach Programmsituation sind die Fensterbereiche unterschiedlich groß. Veränderungen der Größe sind mit der Maus schnell erledigt. Auf dieser Ansicht basieren einige Spezialfälle, die Ihre Arbeit in besonderer Weise unterstützen.

In der Folienansicht erscheint eine einzelne Folie zur Bearbeitung auf der Arbeitsfläche. In diesem Ansichts-Modus lassen sich Text, Grafiken, Animationen oder sonstige Elemente auf der Folie einfügen und bearbeiten. Am linken Rand des Fensters stellt PowerPoint numerierte Foliensymbole für das schnelle Umschalten zu anderen Folien bereit.

Mit Folien arbeiten

 Für das Umschalten in die Folienansicht steht kein Menübefehl zur Verfügung – nutzen Sie die zugehörige Symbolschaltflächen.

Rufen Sie den Menüeintrag *Ansicht/Normal* auf. In dieser Ansicht haben sie im linken Bereich des PowerPoint-Fensters einen Bereich mit der Gliederungsansicht. In dieser Ansicht, die sich besonders zum Organisieren der einzelnen Präsentationspunkte eignet, wird die einzelne Folie durch ein Symbol am linken Bildschirm repräsentiert, davor steht noch eine kleine Nummer – die Foliennummer. Der Folientitel und die Gliederungspunkte werden dabei ähnlich wie in der Gliederungsansicht von Word dargestellt – die Einrückungen entsprechen der Formathierarchie. Die anderen Fensterbereiche paßt PowerPoint an, so daß Sie zusätzlich eine verkleinerte Ausgabe der fertigen Folie sehen.

 Die Office-Anwendungsprogramme arbeiten effektiv zusammen: Mit dem Befehl Senden an/Microsoft PowerPoint können Sie eine in Word erstellte (zweistufige) Gliederung an PowerPoint übergeben: es entsteht eine Präsentation, die aus jeder Überschrift der höchsten Ebene eine Folie erzeugt.

Aktivieren Sie die Symbolleiste *Gliederung*. Danach sind am linken Fensterrand die Steuerelemente angeordnet, mit deren Hilfe die Anordnung der Folien und Überschriften und deren Hierarchieebene verändert wird.

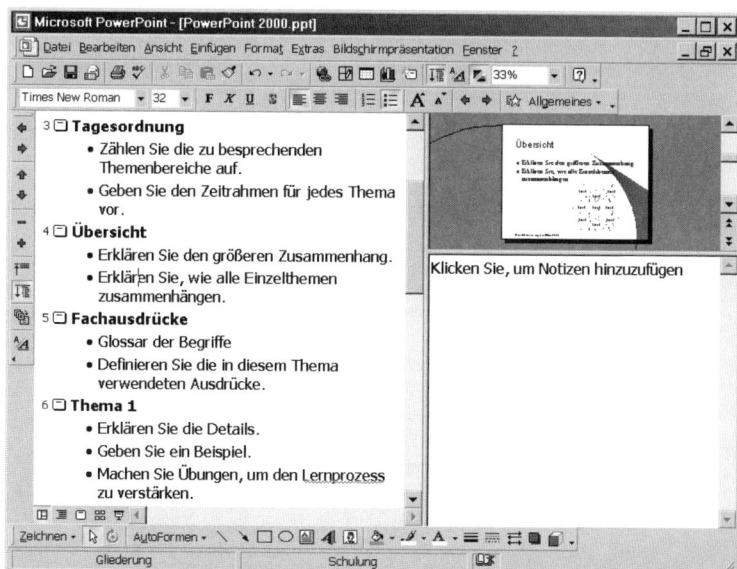

Bild 41.09: Der Gliederungsbereich in der Normal-Ansicht stellt Folientitel und Überschriften dar und hilft beim Strukturieren der Präsentation

Die Symbole auf der Symbolleiste und die Arbeitsweise bei Gliederungen sind in PowerPoint analog zu Word. Lesen Sie deshalb bei Bedarf dort nach.

Foliensortieransicht

Die Foliensortieransicht ist das geeignete Werkzeug für den Überblick und für Sortierarbeiten. Sie aktivieren diese Ansicht mit dem Menüeintrag *Ansicht/Foliensortierung*. In diesem Darstellungsmodus wird die gesamte Präsentation angezeigt. Deshalb bietet Ihnen diese Ansicht einen schnellen Überblick über die gesamte Präsentation und die Abfolge der einzelnen Folien.

- Mit einem Doppelklick auf eine Folie wechselt PowerPoint in die Normalansicht und zeigt die angeklickte Folie.
- Durch einfaches Verschieben der Folien mit der Maus verändern Sie die Reihenfolge in der Präsentation. Um die Folien richtig zu sortieren, klicken Sie mit der Maus auf die umzustellende Folie und verschieben Sie sie dann mit gedrückter linker Maustaste an die neue Position. PowerPoint stellt dabei die Einfügestelle durch eine senkrechte Linie dar.

 Falls Sie mehrere Folien gleichzeitig umstellen wollen, markieren Sie die gewünschten Folien nacheinander mit gedrückter ⇧ *-Taste.*

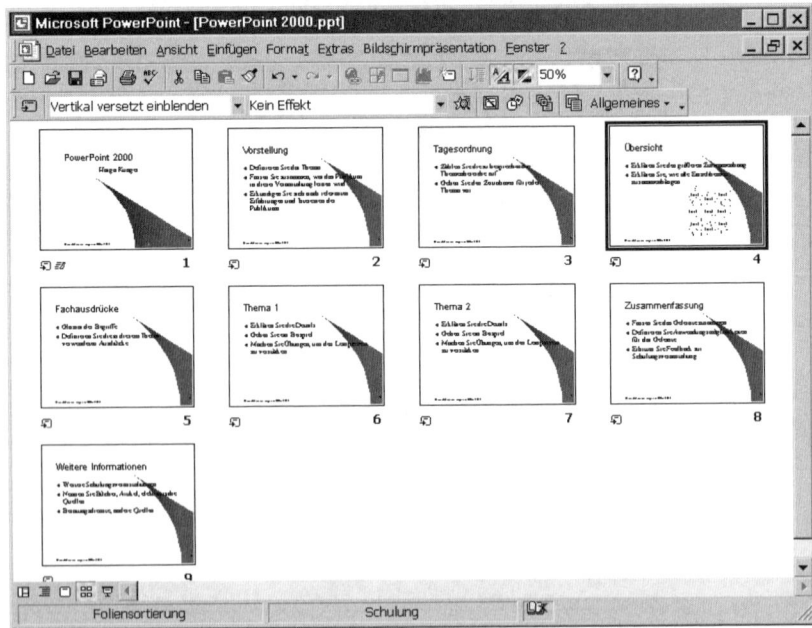

Bild 41.10: In der Foliensortierung ordnen Sie die Folien per Drag&Drop neu an

⋯˙˃ Ein Druck auf die ⌈Entf⌉-Taste löscht die markierten Folien. Auch über den Befehl *Bearbeiten/Folie löschen* entfernen Sie die aktuell markierte Folie aus der Präsentation.

 Seien Sie beim Löschen vorsichtig – Sie können das Löschen zwar wieder rückgängig machen, aber wenn eine Folie durch versehentliches Drücken der ⌈Entf⌉-Taste entfernt wird und Sie daraufhin bereits mehrere weitere Bedienungsschritte getan haben, nützt diese Rückgängig-Funktion wenig.

⋯˙˃ Ein kleines Symbol links unter jeder Darstellung führt den zugeordneten Folienübergang aus. An dieser Stelle finden Sie auch Einblendzeiten und Folienanimationen, sofern solche definiert sind. Mehr zu diesem Thema finden Sie im Kapitel 43.2, *Folienübergänge*.

Notizenseiten

Bei einer Präsentation werden neben den Folien häufig noch weitere Unterlagen benötigt. Das Notizblatt eignet sich z. B. als Sprechzettel für den Vortragenden. Hier halten Sie Informationen fest, die nicht auf den Folien auftauchen sollen. Aus Notizblättern erstellen Sie bei Bedarf kommentierte Teilnehmerunterlagen aus der Präsentation.

Wählen Sie den Menüeintrag *Ansicht/Notizenseite*. PowerPoint stellt dann eine Seite dar, die im oberen Teil die Folie und im unteren Teil einen Rahmen zur Texteingabe enthält. Klicken Sie doppelt auf die Foliendarstellung, um die Folie in der Folienansicht zu öffnen.

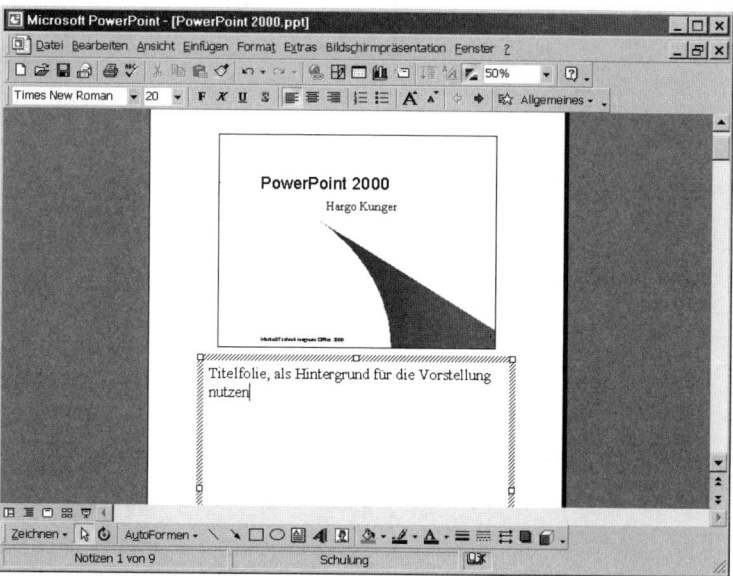

Bild 41.11: Eine eigene Ansicht dient zum Erstellen von Notizblättern, die z. B. als Sprechzettel verwendet werden können

Falls Ihnen die Darstellung von PowerPoint zu klein ist, rufen Sie über das Listenfeld Zoom in der Symbolleiste Standard einen anderen Vergrößerungsfaktor auf.

Bildschirmpräsentation

Das eigentliche Ziel der Arbeit ist die Bildschirmpräsentation. Zur Kontrolle rufen Sie den Menüeintrag *Ansicht/Bildschirmpräsentation* auf. Die Bildschirmpräsentation dient zum Abspielen aller Folien. PowerPoint präsentiert die Folien so, wie sie erstellt worden sind. Drücken Sie `Esc` um diese Ansicht wieder zu verlassen.

 Die Bildschirmpräsentation starten Sie ebenso mit der Funktionstaste `F5` oder mit einem Klick auf das Symbol in der horizontalen Bildlaufleiste (siehe Kapitel 43, Die Bildschirmpräsentation*).*

41.3 Folien hinzufügen

Um eine Folie an einer bestimmten Stelle in die Präsentation einzufügen, aktivieren Sie in einer der Ansichten mit der Schreibmarke die Folie, die der Vorgänger der neuen Folie wird.

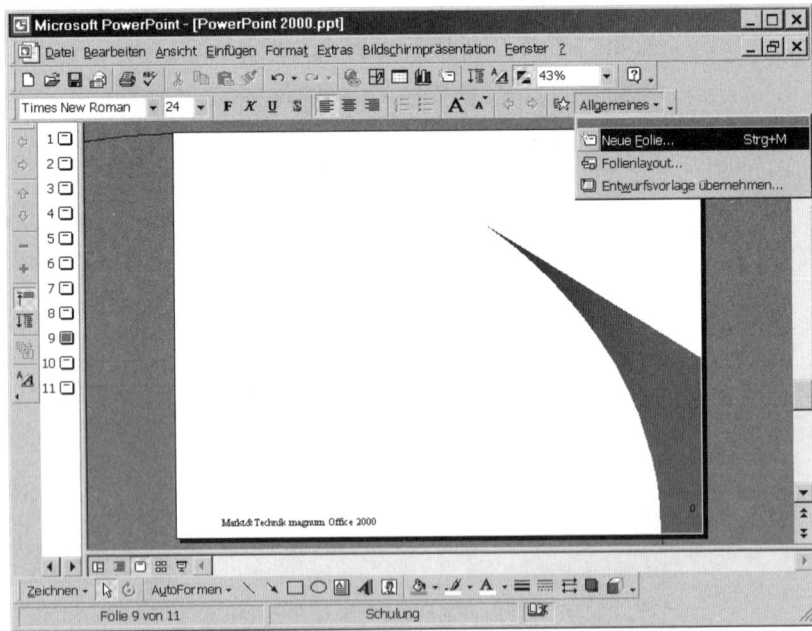

Bild 41.12: Zusätzliche Folien lassen sich über den Eintrag Neue Folie *in die Präsentation einfügen*

Mit Folien arbeiten

In der Standard-Symbolleiste finden Sie unter *Allgemeines* den Eintrag *Neue Folie*. Klicken Sie ihn an. Jetzt erscheint wieder die Dialogbox *Neue Folie*. Wählen Sie das gewünschte Layout mit einem Doppelklick aus. PowerPoint öffnet sofort eine neue Folie mit diesem Layout

Folien hinzufügen ist eine wichtige Funktion in PowerPoint. Sie finden das Symbol dafür deshalb in der Standard-Symbolleiste. Die Tastenkombination [Strg]+[M] *erzeugt ebenso eine neue Folie.*

41.4 Notizen und Handzettel drucken

Dieses nützliche Beiwerk der Präsentation generiert PowerPoint quasi nebenbei. Die Notizenseiten erstellen Sie zu den einzelnen Folien: dort ist der Platz für den zugehörigen erklärenden Text. Nach Abschluß der Präsentationserstellung öffnen Sie das Menü *Datei/Drucken*. In dem folgenden Dialogfenster legen Sie die Druckoptionen fest. Im Listenfeld *Drucken* können Sie zwischen *Folien*, *Handzetteln* mit zwei, drei, vier, sechs oder neun Folien pro Seite, den *Notizseiten* und der *Gliederungsansicht* wählen.

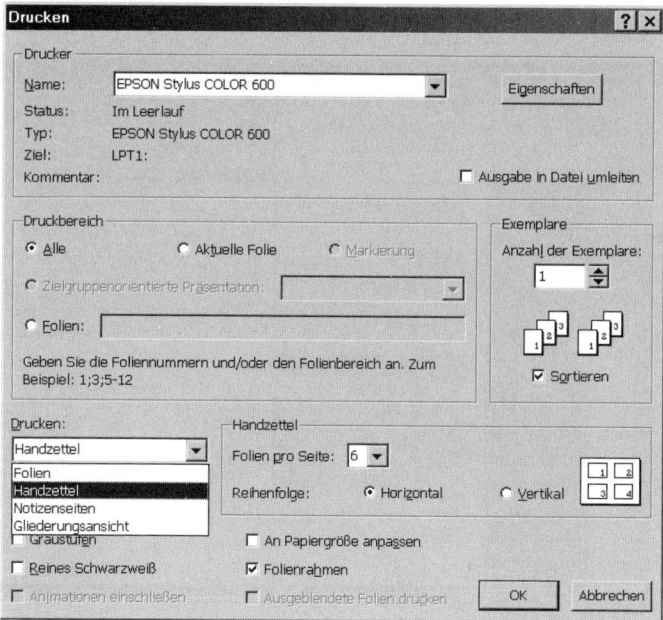

Bild 41.13: *Mit zusätzlichen Steuerelementen: die Dialogbox* Drucken *zum Einstellen der Druckoptionen*

Für die laufende Präsentation können Sie bei Bedarf ebenso Notizen erzeugen: das Kontextmenü bietet dazu den Befehl Vortragsnotizen. *Ein Klick öffnet eine Dialogbox, die die bereits zugeordneten Notizen zur Bearbeitung enthält*

42. Folien gestalten

PowerPoint stellt eine Vielzahl von Funktionen und Werkzeugen zur Bearbeitung der Präsentationsfolien bereit. Dieses Kapitel zeigt, wie Sie die Präsentation an individuelle Vorstellungen anpassen. Eine Vielzahl spezieller Elemente kann dazu auf den Folien Platz finden.

 Die meisten der im Kapitel gezeigten Techniken gelten für alle Office-Anwendungen und können deshalb sinngemäß auf Textfelder und Zeichnungselemente übertragen werden.

42.1 Texte einfügen und bearbeiten

Textfelder sind das grundlegende Gestaltungsmittel auf den PowerPoint-Folien. Im folgenden Kapitel beschäftigen Sie sich eingehend mit Hinzufügen von Texten zu einer Präsentationsfolie. Öffnen Sie eine Präsentation, und legen Sie dann eine neue Folie mit dem Layout *Leere Folie* an. Rufen Sie den Menüeintrag *Einfügen/Textfeld* auf.

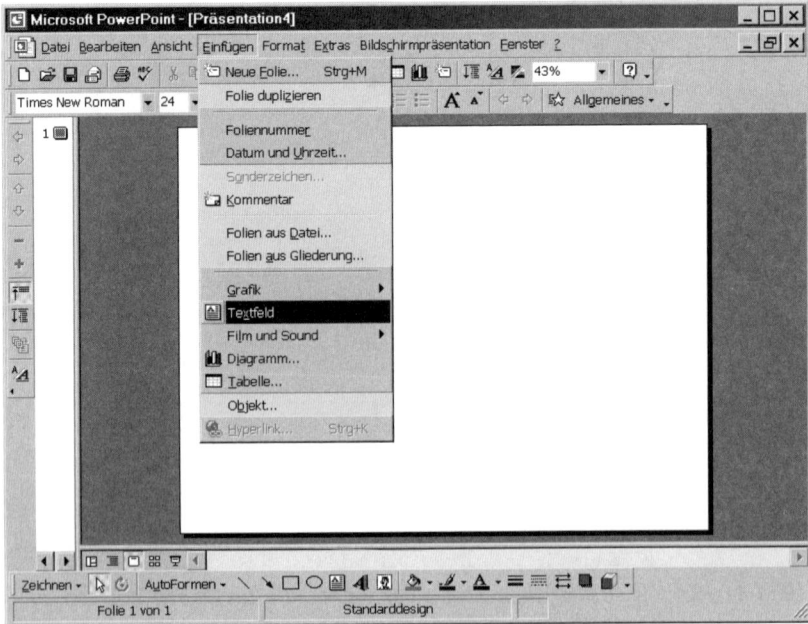

Bild 42.1: Nach dem Aufruf von Einfügen/Textfeld *fügen Sie ein Textfeld in die aktuelle Folie ein*

Der Mauszeiger verwandelt sich in das Textsymbol – ziehen Sie damit einen Textrahmen auf. PowerPoint öffnet das eigentliche Textfeld.

Schneller zum Ziel gelangen Sie mit dem Symbol Textfeld *der Zeichen-Symbolleiste. Über* Ansicht/Symbolleisten *blenden Sie diese Symbolleiste ein bzw. aus.*

Tragen Sie einen Text in das Feld ein, und klicken Sie auf einen freien Bereich der Arbeitsfläche, um den Eingabemodus zu beenden.

Texte markieren

Um einen erfaßten Text zu bearbeiten, müssen Sie ihn zuvor markieren. Das Markieren von Textelementen in Textrahmen von PowerPoint gleicht dabei weitgehend der Vorgehensweise unter Word:

- Klicken Sie in ein Wort. PowerPoint setzt die Schreibmarke an die angeklickte Stelle. Passen Sie nun z.B. das Zeichenformat des angeklickten Worts an.
- Doppelklicken Sie in das zu bearbeitende Wort – PowerPoint markiert das angeklickte Wort.
- Daneben können Sie auch den Textrahmen markieren, um den gesamten Inhalt zu bearbeiten. Klicken Sie dazu mit gedrückter ⇧-Taste in den Textrahmen. Der Markierungsrahmen wird grau gerastert hervorgehoben.

Sobald der Mauszeiger im Textfeld steht, läßt sich der gesamte Text über *Bearbeiten/Alles markieren* oder mit der Tastenkombination Strg+A markieren.

Schrift anpassen

Klicken Sie doppelt auf das Wort »Textfeld«. Der markierte Text kann jetzt beliebig formatiert werden. Öffnen Sie das Listenfeld *Schriftart* – hier stehen Ihnen alle unter Windows installierten Schriften zur Verfügung – und weisen Sie der Markierung eine neue Schriftart zu.

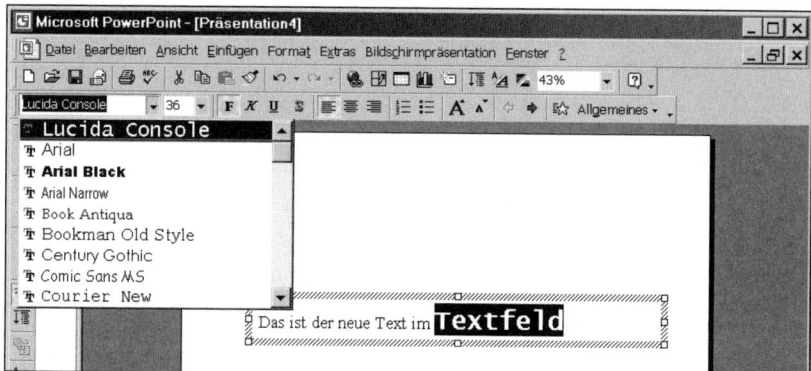

Bild 42.2: Über die Schriftartenvorschau im Listenfeld Schriftart *weisen Sie der aktuellen Textmarkierung die gewünschte Schrift zu*

PowerPoint übernimmt sofort die Schriftart in das Textfeld. Vergrößern Sie nun den Schriftgrad des markierten Textes auf 36 pt über das Listenfeld *Schriftgrad* der Symbolleiste *Format*.

Um alle Zeichenformatierungen in einem einzigen Arbeitsgang zuzuweisen, markieren Sie die entsprechenden Textteile und rufen dann Format/Zeichen auf. Wählen Sie Ihre Formatierungen aus. Schließen Sie dann diese Dialogbox zum Zuweisen der Schriftattribute über die Schaltfläche OK.

Textfeldgröße anpassen

Nicht nur der Inhalt des Textfeldes, auch das Textfeld selbst kann verändert werden: Markieren Sie das Textfeld. Bewegen Sie den Mauszeiger auf das Markierungsrechteck in der Mitte des rechten Markierungsrahmens. Der Mauszeiger verwandelt sich in einen kleinen Doppelpfeil. Ziehen Sie jetzt den Markierungsrahmen in die gewünschte Größe.

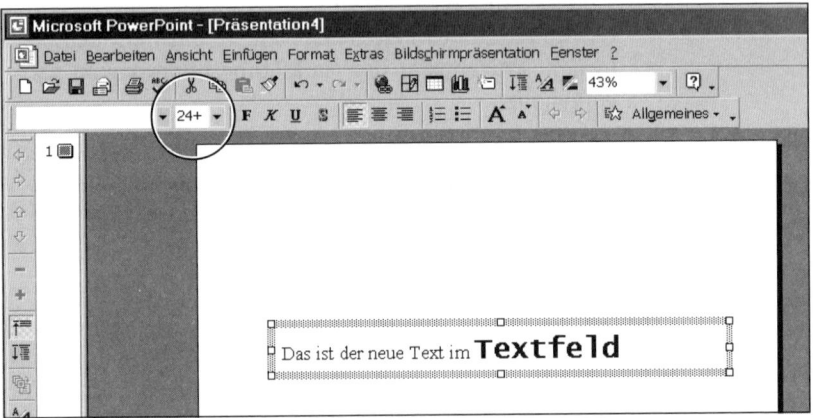

Bild 42.3: Im Listenfeld Schriftart *steht der Eintrag 24+: Die Grundschrift für diesen Rahmen ist 24 pt, aber einige Textteile sind abweichend formatiert.*

Verwenden Sie auch die Symbolschaltflächen Schriftart vergrößern *bzw.* Schriftart verkleinern *aus der Format-Symbolleiste, um die Schriftgröße stufenweise zu verändern.*

Textfelder verschieben

Um den Text an einer anderen Position erscheinen zu lassen, markieren Sie zunächst den Textrahmen. Klicken Sie dann auf den Markierungsrahmen, und halten die linke Maustaste gedrückt. Ziehen Sie jetzt den Mauszeiger an die neue Position. PowerPoint bewegt dabei nur einen repräsentativen Rahmen – erst nachdem Sie die Maustaste gelöst haben, verschiebt PowerPoint den Textrahmen an die neue Position.

 Um vorübergehend Objekte von der Folie zu entfernen, ohne sie gleich ganz zu löschen, verschieben Sie sie einfach auf den Arbeitsbereich außerhalb der Folie.

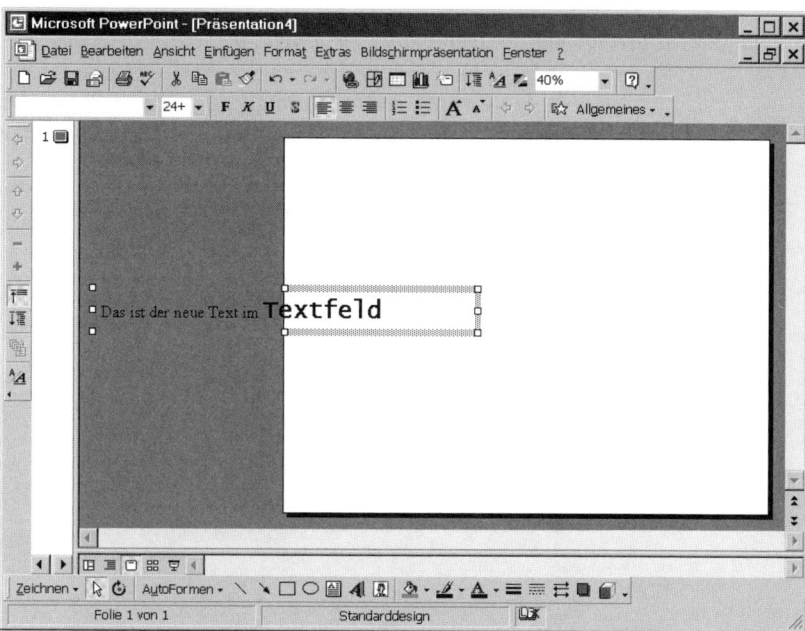

Bild 42.4: Ein Textfeld außerhalb der Folie schafft Platz

 Die Tasten Strg *und* ⇧ *haben eine besondere Funktion beim Verschieben von Objekten: Wenn Sie beim Verschieben die* Strg*-Taste gedrückt halten, erzeugt PowerPoint zunächst eine Kopie und verschiebt diese dann an die neue Position. Der ursprüngliche Textrahmen bleibt unverändert erhalten. Beim Verschieben mit gedrückter* ⇧*-Taste läßt PowerPoint nur senkrechte und waagerechte Verschiebungen zu.*

Hintergrundfarbe anpassen

Für jedes Objekt auf der Folie können Sie einen individuellen Hintergrund festlegen. Auch diese Funktion soll am Beispiel gezeigt werden: Klicken Sie mit der rechten Maustaste in das Textfeld, um das Kontextmenü des Objekts zu öffnen.

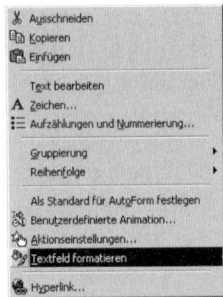

Bild 42.5: Über das Kontextmenü kann das Objekt bearbeitet werden

Wählen Sie den Eintrag *Textfeld formatieren* – PowerPoint öffnet die gleichnamige Dialogbox. Diese Dialogbox umfaßt mehrere Register. Jede Karte bezieht sich auf einen Bereich des Objekts.

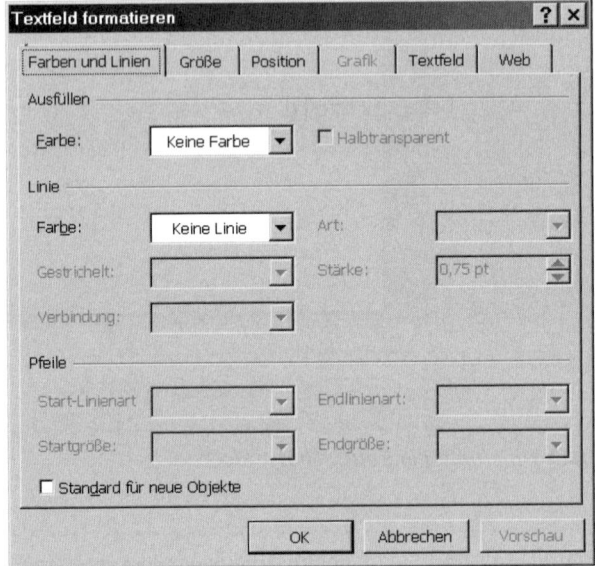

Bild 42.6: Die Formatierung des eigentlichen Textfeldes findet in dieser Dialogbox statt

 Textelemente auf automatisch erstellten Präsentationen werden als AutoForm angelegt. Entsprechend müssen Sie hier den Befehl AutoForm formatieren *im Kontextmenü verwenden.*

Die Registerkarte *Grafik* steht bei einem Textfeld nicht zur Verfügung. Die Registerkarte *Farben und Linien* beeinflußt die Hintergrundfarbe des Textfeldes, die Rahmenart und -farbe und, falls vorhanden, das Erscheinungsbild von Pfeilen. Öffnen Sie das Listenfeld im Bereich *Ausfüllen* der Registerkarte *Farben und Linien*.

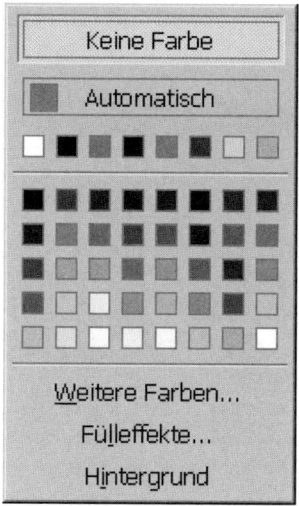

Bild 42.7: *Farbauswahl für den Hintergrund*

Im Listenfeld erscheint eine Auswahl von Farben und verschiedenen Einträgen, die Sie für die Hintergrundgestaltung verwenden können. Um eine Farbe zuzuweisen, klicken Sie auf das entsprechende Farbkästchen.

- *Keine Farbe*
  Legt eine transparente Hintergrundfüllung fest – Objekte, die hinter einem derart formatierten Objekt liegen, werden nicht verdeckt.

- *Automatisch*
  Mit diesem Eintrag orientiert sich PowerPoint an den Farben der Folienfarbskala und legt die Hintergrundfarbe automatisch fest.

 Die Folienfarbskala legt Standardfarben für die verschiedenen Präsentationselemente fest. So lassen sich problemlos Präsentationen mit einer einheitlichen Farbgebung realisieren. Die Skala wird über Format/Folienfarbskala *eingerichtet.*

- *Weitere Farben*
  Öffnet die Dialogbox *Farben*, in der Sie individuelle Farbmischungen erstellen.

- *Fülleffekte*
  Nicht nur Füllfarben können als Hintergrund zugewiesen werden, sondern auch Strukturen, Muster und Grafiken.

- *Hintergrund*
  Durch Anklicken dieses Eintrags legen Sie die aktuellen Hintergrundeinstellungen der Folie als Füllung für das Textfeld fest.

Klicken Sie auf den Eintrag *Fülleffekte* – PowerPoint öffnet die gleichnamige Dialogbox.

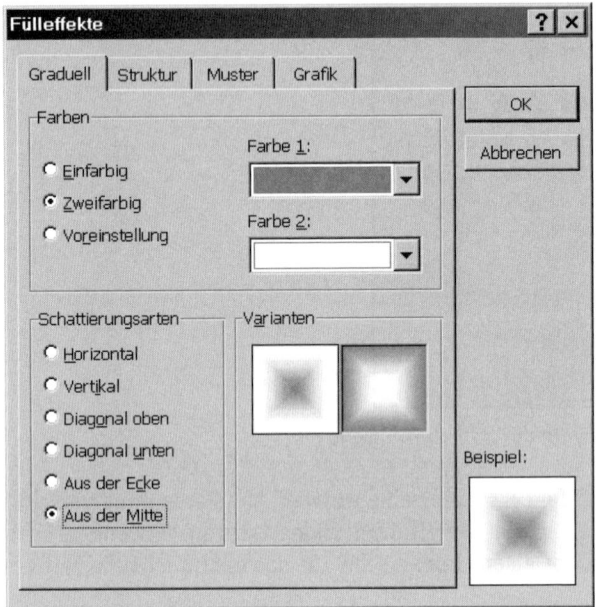

Bild 42.8: Über Fülleffekte *legen Sie Muster und Strukturen als Hintergrund fest*

Die Dialogbox *Fülleffekte* ist in vier Register unterteilt:

- *Graduell*
  Stellt Ihnen Farbverlaufsfüllungen zur Verfügung. Im Bereich *Farben* legen Sie fest, ob der Farbverlauf ein- oder zweifarbig ausgeführt wird. Mit den Listenfeldern wählen Sie dann die gewünschten Farben aus. Die Option *Voreinstellung* bietet Ihnen eine Reihe vordefinierter Farbmischungen. In den Bereichen *Schattierungsarten* und *Varianten* bestimmen Sie die Form des Verlaufs – der Bereich *Varianten* dient gleichzeitig als Vorschau und erlaubt die Auswahl eines Verlaufstyps durch Anklicken einer angezeigten Variante.

- *Struktur*
  In diesem Register haben Sie die Wahl aus 24 verschiedenen Hintergrund-Bitmaps (Hintergrundbilder). Mit *Weitere Strukturen* öffnet PowerPoint eine Datei-Dialogbox, in der Sie andere Bitmap-Dateien als Hintergrund auswählen können.

- *Muster*
  Zeigt eine Auswahl von 48 Zweifarb-Mustern. Mit Hilfe von Listenfeldern bestimmen Sie die Vorder- und Hintergrundfarbe.

- *Grafik*
  Es kann eine externe Grafikdatei als Hintergrund eingebunden werden.

Im Beispiel soll das Textfeld mit einer Struktur versehen werden. Öffnen Sie das Register *Struktur,* und wählen Sie eine beliebige Struktur aus. Mit einem Doppelklick auf eine Vorschauabbildung im Listenfeld *Struktur* wird das Fenster *Fülleffekte* geschlossen und die Auswahl wird in das Listenfeld *Farbe* übernommen. Klicken Sie auf *OK,* um auch diese Dialogbox zu schließen und die gewählte Füllung auf das Textfeld zu übertragen

Bei Präsentationen ist weniger meist mehr. Überladen Sie Ihre Präsentation nicht mit Farben. Der Zuschauer wird sonst nur vom (hoffentlich wichtigen) Inhalt abgelenkt.

Objekte drehen

PowerPoint kann Objekte – also auch Textfelder – beliebig drehen. Die Zeichnen-Symbolleiste bietet Ihnen dazu eine spezielle Schaltfläche an. Markieren Sie das zu rotierende Element, und klicken Sie dann in der Symbolleiste *Zeichnen* auf das Symbol *Freies Drehen.* Der Markierungsrahmen um das Objekt wird verändert, und es erscheinen vier grüne Punkte an den Ecken; gleichzeitig erscheint ein Rotationssymbol am Mauszeiger.

Bewegen Sie den Mauszeiger auf einen der Eck-Punkte. Drehen Sie das markierte Element bei gedrückter linker Maustaste in die gewünschte Richtung. Der Rahmen des Textfeldes wird gedreht. Lassen Sie nun die Maustaste wieder los. Der Rahmen bleibt an der Stelle stehen, wo Sie die Maustaste losgelassen haben.

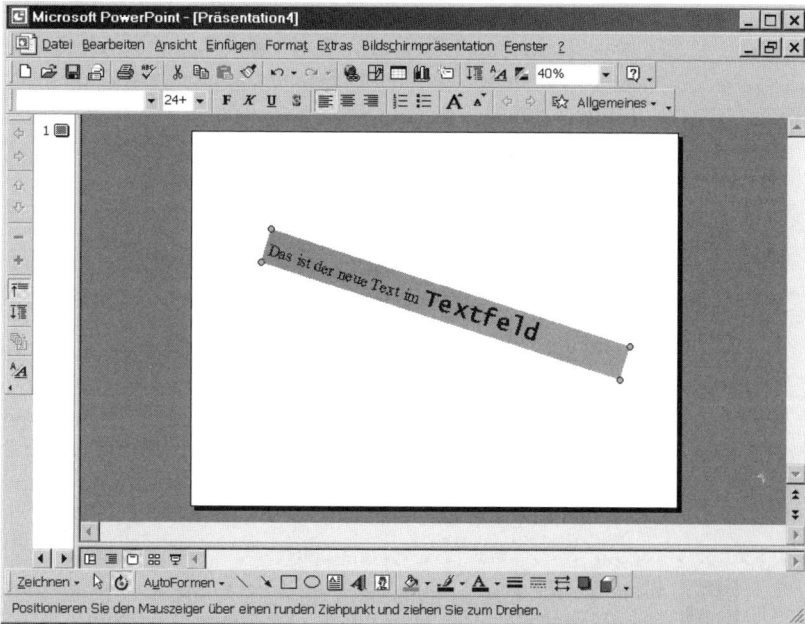
Bild 42.9: Objekte können um beliebige Winkel gedreht werden

Um ein Objekt numerisch exakt zu rotieren, öffnen Sie die Dialogbox Objekt formatieren *mit dem Kontextmenü. Klicken Sie auf die Registerkarte* Größe *und geben dann in das Feld* Drehung *den gewünschten Drehwinkel in Grad ein. Positive Winkel drehen im Uhrzeigersinn negativ dagegen.*

 Falls Sie den Text nach dem Rotieren noch verändern, stellt PowerPoint diesen Text für die Eingabe entweder horizontal oder waagerecht dar. Nachdem die Eingabe abgeschlossen ist, erscheint der Text wieder gedreht.

 Eine Sonderform von Texten im Office-Paket sind WordArt-Objekte. WordArt-Objekte werden intern nicht mehr als Text, sondern als Grafik behandelt: Ein WordArt-Objekt kann beliebig gedehnt, verzerrt und gestaucht werden. Gerade in PowerPoint können diese Elemente nützlich sein. Eine eingehende Beschreibung finden Sie in Kapitel 62, »WordArt«.

42.2 Objekte einfügen

Alles, was Sie auf einer Folie einfügen, ist ein Objekt. Neben den bekannten OLE-Funktionen steht Ihnen mit den AutoFormen eine Vielzahl von vorgefertigten Grafikelementen zur Verfügung.

Um eine AutoForm zu einzufügen, klicken Sie auf die Schaltfläche *AutoFormen* in der Symbolleiste *Zeichnen* oder wählen *Einfügen/Grafik/AutoFormen*. In beiden Fällen öffnet sich eine Auswahl mit den Autoform-Kategorien – entweder als Menü (Zeichen-Symbolleiste) oder als Symbolleiste (Einfügen-Menü).

Bild 42.10: *Wenn Sie die Palette der AutoFormen an der oberen Begrenzung aus der Symbolleiste* Zeichnen *herausziehen, erhalten Sie die Symbolleiste* AutoFormen

Wählen Sie *Standardformen* aus. PowerPoint öffnet ein weiteres Menü mit allen verfügbaren Standard-Autoformen. Klicken Sie auf den »Smiley«. PowerPoint schließt daraufhin die Menüs, und der Mauszeiger hat die Form eines kleinen Kreuzes angenommen – ziehen Sie damit einen Kasten auf. PowerPoint zeigt dabei den Umriß der AutoForm an. Wenn Sie die Maustaste wieder loslassen, erscheint der Smiley auf der Folie.

 Wenn Sie die ⇧ *beim Ziehen gedrückt halten, wird die AutoForm proportional vergrößert. Sie verhindern damit eine Verzerrung.*

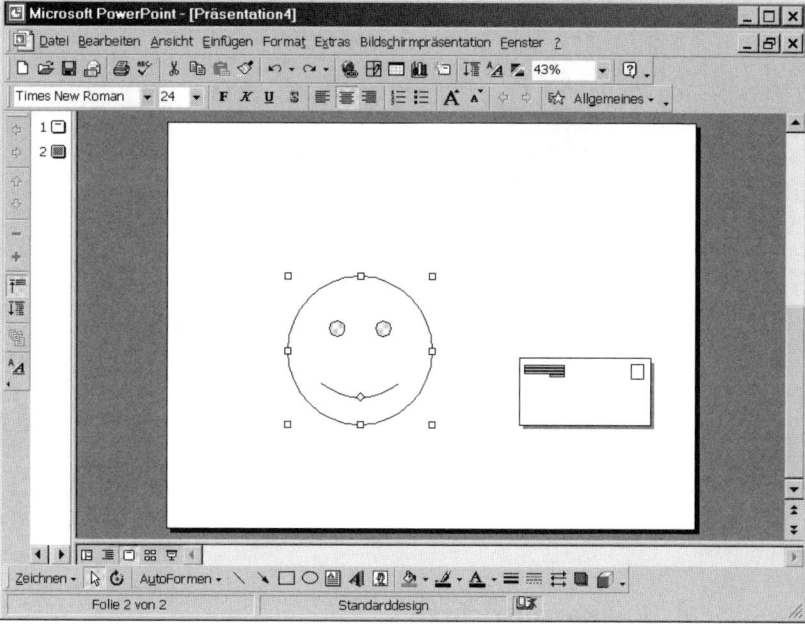

Bild 42.11: Mit AutoFormen lockern Sie die Atmosphäre des Vortrags auf oder verstärken visuelle Effekte

Einige AutoFormen haben besondere Eigenschaften. Mit kleinen gelben Markierpunkten verändern Sie die Form: der Smiley hat mitten im Mund eine solche Markierung. Schieben Sie die Markierung etwas nach oben – die Stimmung ist umgeschlagen: der kleine Freund wirkt auf einmal gar nicht mehr so fröhlich.

Die Schaltfläche Weitere AutoFormen *führt direkt in die Clip Gallery.*

Farben bei Objekten anpassen

Öffnen Sie mit der rechten Maustaste das Kontextmenü des Smiley. Wählen Sie den Eintrag *AutoForm formatieren*.

Die Dialogbox *AutoForm formatieren* ist aufgebaut, wie Sie es bereits von der Textfeld-Formatierung her kennen. Öffnen Sie das Listenfeld *Farbe* im Bereich *Ausfüllen*. Wählen Sie die Farbe »Gelb« an, um den Smiley einzufärben. Markieren Sie das Kontrollkästchen *Halbtransparent,* und schließen Sie das Fenster mit der Schaltfläche *OK*. Durch Aktivieren des Kontrollkästchens *Halbtransparent* erscheinen die Objekte ein wenig geisterhaft – der Hintergrund scheint durch die gefüllte Fläche hindurch.

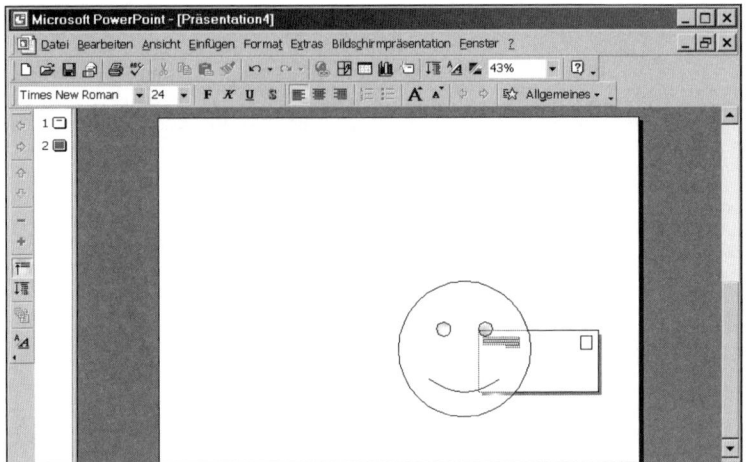

Bild 42.12: Ein Geister-Smiley – dieser Effekt entsteht durch Aktivieren einer halbtransparenten Füllung. Der Umschlag scheint durch den Smiley hindurch

Objekte ausrichten

Eine Variante der Objektausrichtung haben Sie bereits kennengelernt – das manuelle Positionieren der Objekte auf der Folie durch Verschieben mit der Maus. Um das Objekt numerisch exakt zu plazieren, können Sie auch auf die Dialogbox *AutoForm formatieren* zurückgreifen. Öffnen Sie das Register *Position*. Über die Listenfelder *Horizontal* und *Vertikal* bestimmen Sie die exakte Position des Objekts.

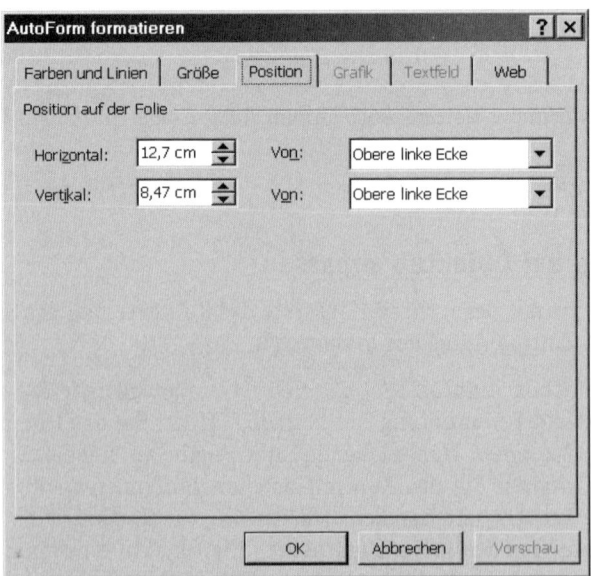

Bild 42.13: Die Registerkarte Position sorgt für eine genaue Positionierung

Objektgröße anpassen

Genau wie beim Ausrichten der Objekte kann die Größe numerisch exakt festgelegt werden. Öffnen Sie das Menü *Format/AutoForm,* oder wählen Sie den Eintrag *AutoForm formatieren* im Kontextmenü des Objektes an. Wählen Sie dann die Registerkarte *Größe* an.

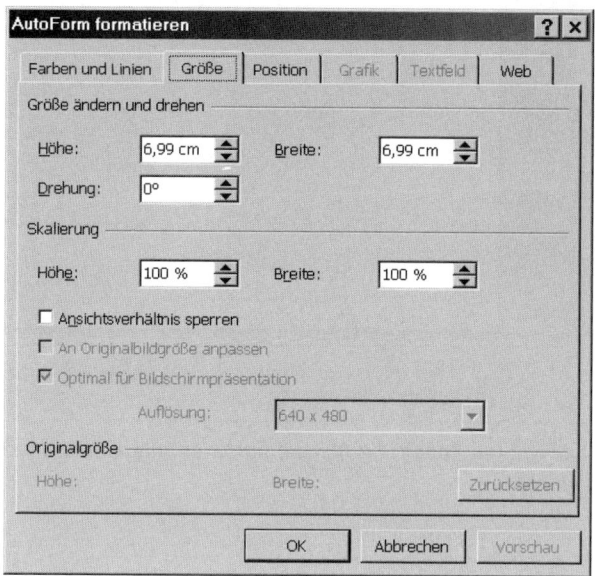

Bild 42.14: Hier legen Sie die exakten Abmessungen des aktuell markierten Objekts fest

Die Werte für *Höhe* und *Breite, Drehung* und *Skalierung* lassen sich in den entsprechenden Eingabefeldern direkt angeben. Durch Aktivieren des Kontrollkästchens *Ansichtsverhältnis sperren* wird beim Skalieren (verändern der Größe) eines Objekts das Seitenverhältnis beibehalten.

Den Umriß von Objekten ändern

Die zuvor eingefügte AutoForm – der Smiley – hat einen schwarzen Umriß. Um diese Einstellung zu verändern, rufen Sie *Format/Autoform* auf oder wählen im Kontextmenü den Eintrag *Autoform formatieren.* Öffnen Sie das Register *Farbe und Linien.* Im Register *Farbe und Linien* haben Sie Einfluß auf die Gestaltung der Umrißlinien. Dieses Register kennen Sie bereits vom Einrichten der Füllfarbe. Im Bereich *Linie* legen wir die Farbe und Art der benutzten Linien fest. Ändern Sie die Farbe von Schwarz auf Gelb. Schließen Sie das Fenster über die Schaltfläche *OK.*

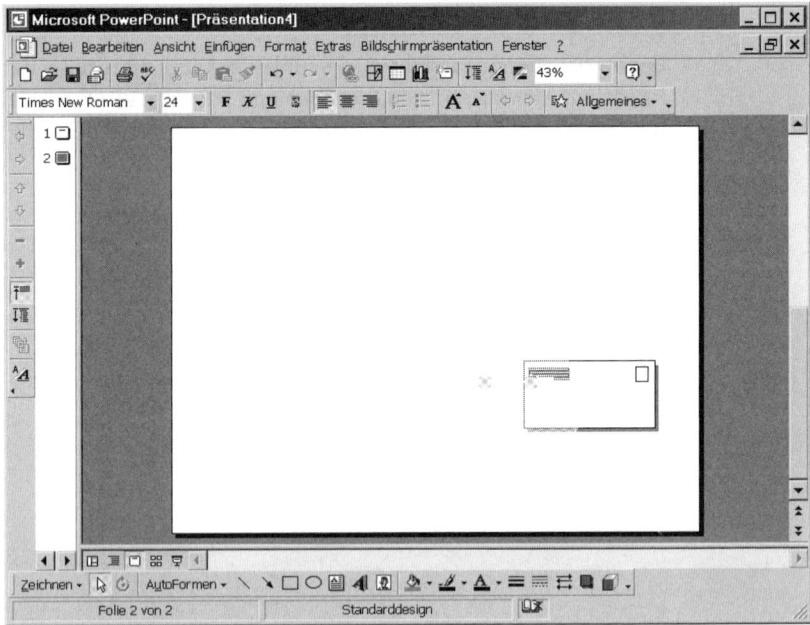

Bild 42.15: *Umriß und Füllung haben die gleiche Farbe erhalten, und der Smiley hat das Gesicht verloren*

 Klicken Sie auf die Schaltfläche Rückgängig *in der Symbolleiste* Standard, *um die Änderungen an der Objektformatierung rückgängig zu machen.*

42.3 Die Positionierhilfen

Sie haben bisher zwei Möglichkeiten zur Positionierung von Objekten kennengelernt. Der Weg über das Verschieben mit der Maus geht schnell, ist aber, um mehrere Objekte aneinander auszurichten, nicht genau genug. Der Weg über das Kontextmenü *Objekt formatieren* bzw. *Text formatieren* ist zu umständlich. PowerPoint schafft Abhilfe: Öffnen Sie das Menü *Ansicht,* und wählen Sie den Eintrag *Lineal* an. Der Befehl *Ansicht/Lineal* blendet Lineale in den Arbeitsbereich von PowerPoint ein. Sie erscheinen am linken und am oberen Rand der Arbeitsfläche. Der Nullpunkt der Lineale liegt in der Mitte der Folie. Sobald Sie die Maus bewegen, läuft ein kleiner Strich in den Linealen mit, der die aktuelle Position angibt.

Mit Folien arbeiten

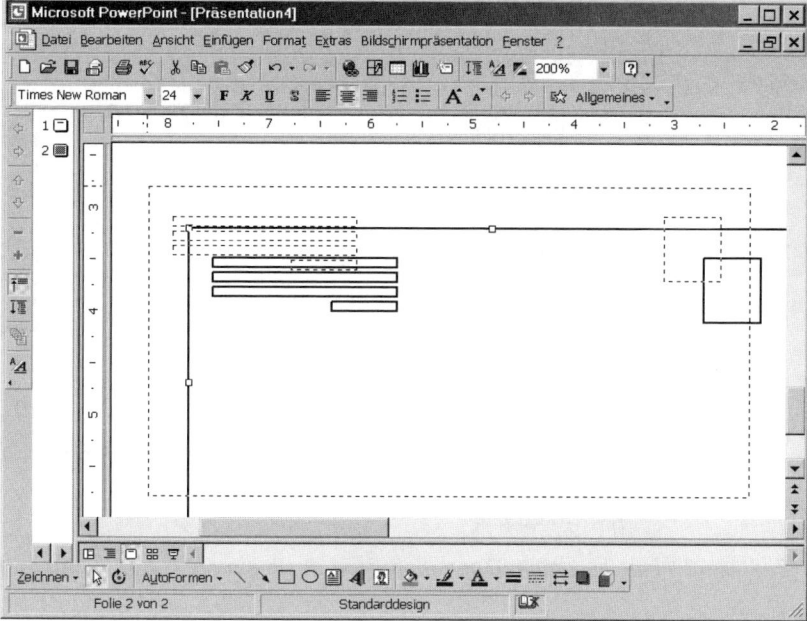

Bild 42.16: Markierungen in den Linealen zeigen die aktuelle Position des Mauszeigers an. Die AutoForm wird beim Verschieben gestrichelt dargestellt

Öffnen Sie das Menü *Ansicht,* und klicken Sie auf den Eintrag *Führungslinien*. Auf der Folie erscheinen zwei gepunktete Linien.

 Führungslinien erscheinen weder in der Bildschirmpräsentation noch im Ausdruck.

Erfassen Sie die senkrechte Linie mit der Maus. Es erscheint eine Zentimeterangabe, wo Sie sich befinden. Darunter sehen Sie einen kleinen Pfeil, der Ihnen die Richtung vom Nullpunkt anzeigt. Verschieben Sie nun beide Linien auf die Koordinaten *Links 5,00* und *Oben 5,00*.

Markieren Sie die AutoForm, und verschieben Sie diese langsam an den Kreuzungspunkt der beiden Linien. Die Objektmarkierung rastet auf den Führungslinien ein. Die Führungslinien verhalten sich »magnetisch« und erlauben damit die exakte Positionierung, auch beim Arbeiten mit der Maus.

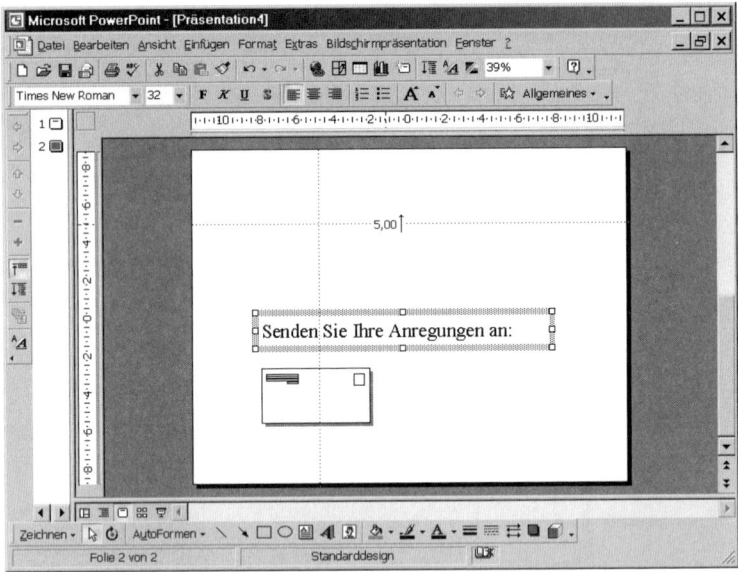

Bild 42.17: Eine bestimmte Koordinate wird durch ein Kreuz aus Führungslinien festgelegt

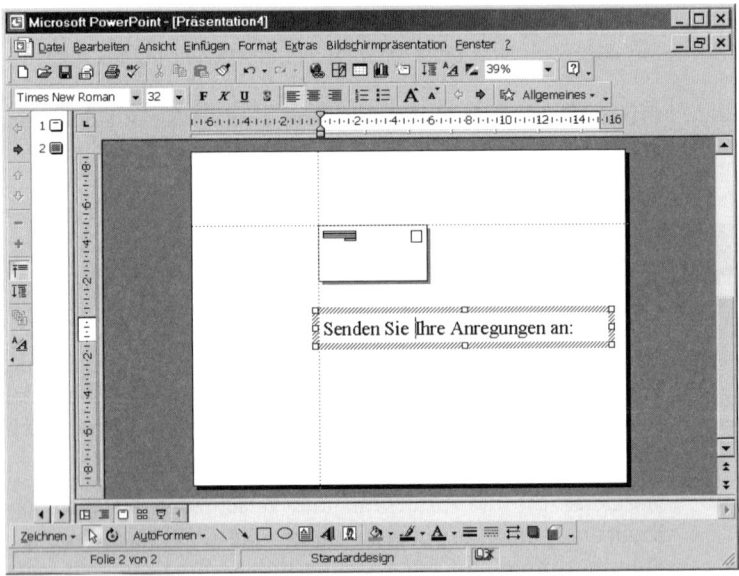

Bild 42.18: Die Führungslinien ziehen die Punkte des Markierungsrahmens quasi magnetisch an: eine wertvolle Unterstützung zur exakten Ausrichtung

Die Präsentation B042_018.PPT auf der CD enthält die beschriebenen Objekte.

42.4 Die Masterfolien

Nichts wirkt in einer Präsentation chaotischer, als Präsentationsfolien, die nicht zueinander passen. PowerPoint stellt ein Hilfsmittel zur Verfügung, mit dem Sie diesen Fehler bereits im Vorfeld ausschließen – die Master. Auf dem Folien-Master wird das Grundformat festgelegt. Beim Hinzufügen einer neuen Folie übernimmt PowerPoint automatisch die Vorgaben der Masterfolie.

Jedesmal, wenn Sie nicht ausdrücklich etwas anderes festlegen, übernimmt PowerPoint die Elemente der Masterfolie auf neu angelegte Seiten.

Klicken Sie auf *Ansicht/Master/Folienmaster*. Ein Folienmaster bearbeiten Sie genauso wie eine normale Folie.

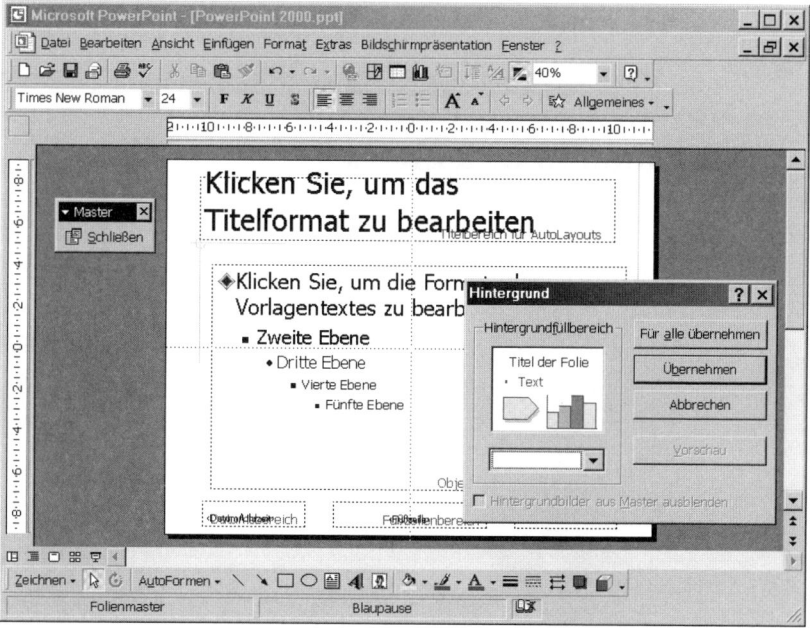

Bild 42.19: Im Folienmaster bearbeiten Sie alle Grundelemente der Folien in einem Arbeitsgang und sorgen so für ein einheitliches Erscheinungsbild

··⊱ Um den Hintergrund zu verändern, klicken Sie mit der rechten Maustaste in einen freien Bereich der Folie. Wählen Sie im Kontextmenü den Eintrag *Hintergrund* an. Es öffnet sich das Fenster *Hintergrund*. Dort legen Sie die Hintergrundeinstellung für alle Folien der Präsentation mit einen Arbeitsschritt fest.

⋯❥ Formatieren Sie den Blindtext im *Titelbereich für AutoLayouts,* um alle Überschriften anzupassen.

⋯❥ Im Objektbereich für AutoLayouts passen Sie bei Bedarf über das Kontextmenü die Gestaltung der Aufzählungen an – Zeichen, Einzüge und Schriftgestaltung.

⋯❥ Über den Befehl *Ansicht/Kopf- und Fußzeile* regeln Sie die Ansicht wiederkehrender Elemente.

 Bei manuell angepaßten Folien werden die Voreinstellungen des Folien-Masters außer Kraft gesetzt.

⋯❥ Auf der Masterfolie lassen sich auch Objekte unterbringen, die dann ebenfalls auf allen Folien der Präsentation erscheinen. Dies führt z. B. dazu, daß das eigene Logo immer an der selben Stelle und im selben Format auf den Folien erscheint.

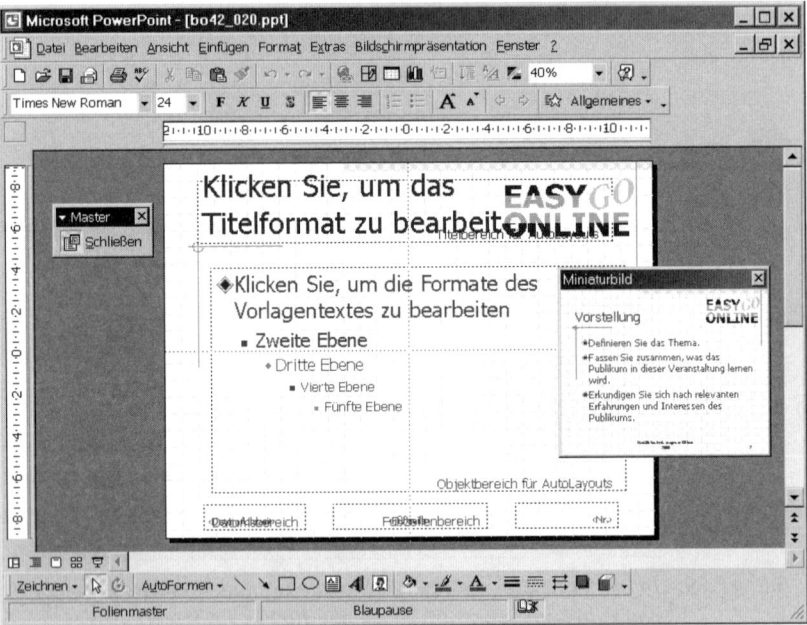

Bild 42.20: Auch Objekte können Sie auf dem Folienmaster plazieren

 Klicken Sie in der Symbolleiste Master *auf die Symbolschaltfläche* Miniaturbild. *PowerPoint ergänzt die Sicht auf den Master mit einer Vorschau, in der Sie die Wirkung betrachten können.*

Plazieren Sie z.B. im Titelmaster ein Logo rechts oben auf der Folie. Schließen Sie dann den Master und rufen Sie die Ansicht *Foliensortierung* auf – Sie sehen das Logo auf fast allen Folien.

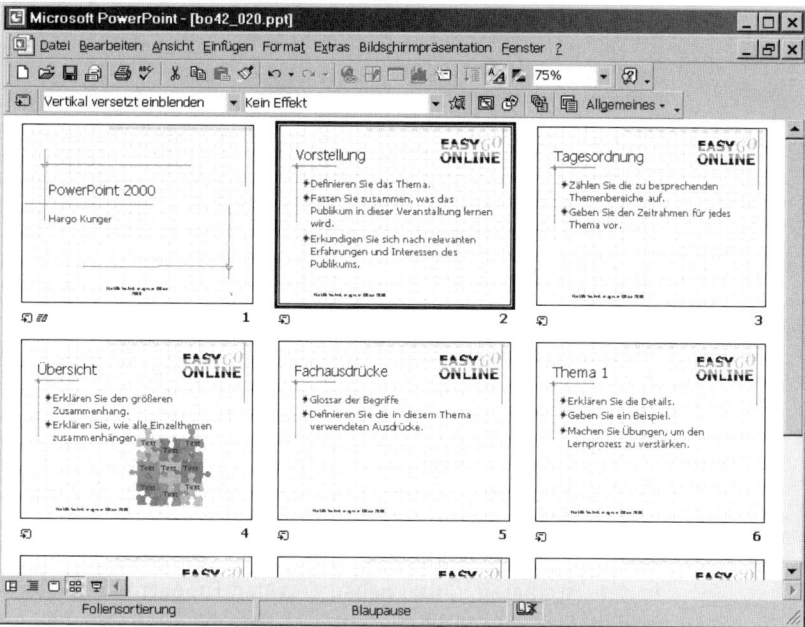

Bild 42.21: Die beste Übersicht haben Sie in der Ansicht Foliensortierung

Klicken Sie eine Folie an, und wechseln Sie in die Folienansicht. Versuchen Sie, das Logo zu markieren – es wird beim Versuch bleiben: Objekte, die auf dem Folienmaster liegen, können nicht von einer Folie aus markiert werden. Es gibt noch eine Besonderheit: Alle Objekte vom Folienmaster liegen immer im Hintergrund. Kein Objekt einer Folie kann darunter liegen.

 In der Masteransicht wechseln Sie mit Bild↑ *bzw.* Bild↓ *zwischen den verfügbaren Mastern: Für Folien mit einem AutoLayout vom Typ* Titel *regelt der Titelmaster alle Einstellungen.*

42.5 Aufzählungen formatieren

Viele Präsentationen bestehen aber hauptsächlich aus Texten, Aufzählungen und Diagrammen. Die Gestaltung der Aufzählungen entscheidet in vielen Fällen über die Wirkung der Präsentation.

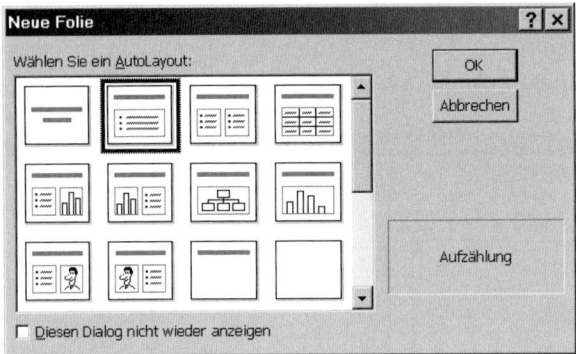

Bild 40.22: Viele der vorbereiteten AutoLayouts enthalten vorbereitete Platzhalter für Aufzählungen

Zum Einfügen einer Folie mit einer Aufzählung klicken Sie auf den Eintrag *Neue Folie* bei *Allgemeines der Symbolleiste Format*. Sie erhalten die bekannte Dialogbox zur Auswahl des AutoLayouts. Wählen Sie das Layout *Aufzählung* mit einem Doppelklick aus.

Zusätzlich werden natürlich die Formatierungen des Folien-Masters übernommen. Sie sehen zwei punktierte Rahmen: den Titelbereich und den eigentlichen Aufzählungsbereich. Die Texteingabe ist einfach: Sie klicken in den Titelbereich, und geben dort den Folientitel ein. Klicken Sie danach in den Aufzählungsbereich und tragen die Texte für die Aufzählung ein. Die Aufzählungspunkte setzt PowerPoint von allein.

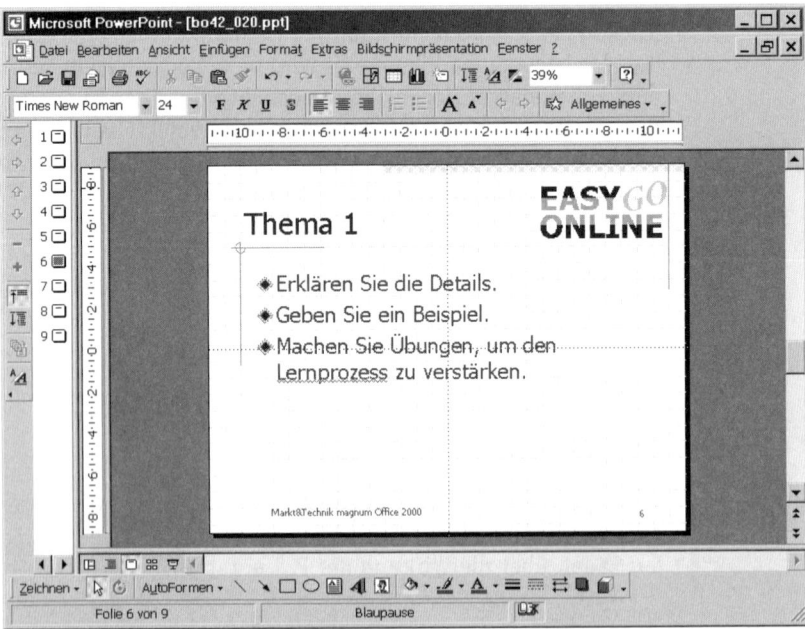

Bild 42.23: Eine Aufzählung sorgt für Übersicht

Mit Folien arbeiten

Um die Aufzählungsebene eines Aufzählungspunktes zu verändern, nutzen Sie die Schaltflächen Heraufstufen *bzw.* Herabstufen *der Symbolleiste* Gliederung.

Die Einzüge der Aufzählungen sowie den Abstand zwischen Zeichen und Text verändern Sie über das horizontale Lineal.

Um die Aufzählungen zu gestalten, klicken Sie mit der rechten Maustaste auf eine der Aufzählungen. In dem sich öffnenden Kontextmenü finden Sie den Befehl *Aufzählungen und Nummerierung*.

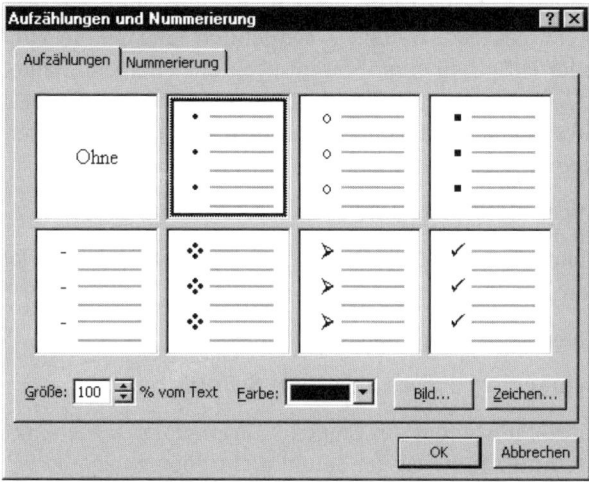

Bild 40.24: Über die Dialogbox Aufzählungen und Nummerierung *gestalten Sie die Aufzählung auf den Folien ganz nach Wunsch*

- Verwenden Sie die Einstellungen im Register *Aufzählungen,* um die Blickfangpunkte auszuschalten oder als Bild bzw. Sonderzeichen zu formatieren.

- Mit dem Register *Nummerierung* erzeugen Sie nummerierte Aufzählungen.

Verwenden Sie den Folienmaster, um die Aufzählungen auf allen Folien einheitlich zu gestalten.

43. Die Bildschirmpräsentation

Sie haben bisher Präsentationen angelegt und Folien gestaltet – jetzt geht es an die Gestaltung des Ablaufes beim Präsentieren. Das letzte Kapitel zu PowerPoint befaßt sich mit Folienübergängen, Folienanimationen und anderen Vorbereitungen auf das große Ereignis.

43.1 Allgemeines

Die handwerklichen Grundlagen für die Gestaltung der Einzelfolien sind vermittelt – wenig später steht vermutlich Ihre erste eigene Präsentation. Jetzt geht es daran, die Informationen so aufzubereiten, daß diese ein Erfolg wird.

Gerade diese Aufgabe sollte bei der Beschäftigung mit PowerPoint nicht außer Acht gelassen werden – schließlich sind es die Zuhörer, die über Erfolg oder Mißerfolg einer Präsentation entscheiden. Schnell ist man versucht, alle technischen Hilfsmittel einzusetzen und ein methodischen Gewitter über dem Auditorium ausbrechen zu lassen. Dagegen hilft nur die freiwillige Selbstbeschränkung:

- wenige, dafür prägnante Formulierungen im Inhalt
- sparsam eingesetzte Animationen und Effekte zum Auflockern oder um einen Inhalt zu betonen
- harmonische Farbgestaltung
- Beschränkung auf maximal zwei Schriftarten

Überprüfen Sie ständig das Ergebnis Ihrer Arbeit – wie wirkt dieser Effekt oder jene Animation? Ist der Sound nicht doch zu aggressiv? Um eine Animation bzw. einen Effekt zu testen, muß nicht immer die gesamte Präsentation durchlaufen werden.

Rufen Sie das Menü *Ansicht/Symbolleisten/Animationseffekte* auf. PowerPoint stellt ein eigene Symbolleiste für die Animationseffekte dar. Mit den Schaltflächen dieser Symbolleiste haben Sie die Animationen im Griff: alle nötigen Schaltflächen für die Gestaltung der Folienübergänge sind hier konzentriert.

Bild 43.1: Die Symbolleiste Animationseffekte *erleichtert Ihnen die Arbeit*

- Mit den beiden Schaltflächen im linken Teil aktivieren Sie die Titelanimation und die Animation des Folientextes.

Die Bildschirmpräsentation

···⊱ Den größten Teil der Leiste nehmen die acht Schaltflächen für voreingestellte Texteffekte ein. Vom Rennwageneffekt bis zu Schreibmaschine: PowerPoint sorgt für den Effekt und den passenden Klang.

···⊱ Das Listenfeld *Animationsreihenfolge* bestimmt bei mehreren animierten Elementen den zeitlichen Ablauf.

···⊱ Die Schaltfläche *Benutzerdefinierte Animation* gestattet die individuelle Einstellung der Effekte.

···⊱ Mit einem Klick auf *Animationsvorschau* aktivieren Sie ein Miniaturbild, auf dem Sie die Effekte beurteilen können.

Im Kontextmenü des Miniaturbildes finden Sie ebenfalls einen Befehl zum Starten der Animationsvorschau.

43.2 Der Folienübergänge

Um den leidigen Wechsel der Präsentationsfolien interessanter zu gestalten, bietet PowerPoint spezielle Effekte an. Öffnen Sie das Menü *Bildschirmpräsentation/Folienübergang*.

Bild 43.2: In der Dialogbox Folienübergang *legen Sie die Effekte beim Folienwechsel fest*

Die Dialogbox ist in drei Bereiche untergliedert:

···⊱ *Effekt*
Auswahl des eigentlichen Überblendeffekts und der Überblendgeschwindigkeit. Klicken Sie auf die Abbildung, um eine Vorschau des Effektes zu sehen.

⋯⊹ *Nächste Folie*
Hier legen Sie fest, ob die Folien manuell oder automatisch gewechselt werden sollen. Im Bereich *Automatisch nach* legen Sie eine Einblendezeit fest, nach deren Ablauf die Folie automatisch für den Nachfolger Platz macht.

⋯⊹ *Sound*
Im diesem Bereich können Sie eine Sounddatei angeben, die parallel zum Einblenden der Folie abgespielt wird. Das Listenfeld enthält einige definierte Klänge.

Die Schaltfläche *Für alle übernehmen* veranlaßt PowerPoint, die Einstellungen auf alle Folien zu übertragen. Bei der Schaltfläche *Übernehmen* übernimmt PowerPoint sie nur auf die aktuelle Folie.

Übergangseffekt einrichten

Rufen Sie die Dialogbox *Folienübergang* auf. Wählen Sie aus dem Listenfeld die Option *Von links rollen* aus. Im dem kleinen Fenster über dem Listenfeld zeigt PowerPoint Ihnen eine Vorschau auf den gewählten Übergang.

Um die Geschwindigkeit des Übergangs festzulegen, klicken Sie auf die Optionsschaltfläche *Mittel*.

Bild 43.3: Die Einstellungen für den Übergangseffekt

Schließen Sie die Dialogbox mit einem Klick auf *Übernehmen*. Probieren Sie diesen Effekt aus, um einen kleinen Vorgeschmack auf die Präsentation zu bekommen. Aktivieren Sie den Befehl *Bildschirmpräsentation/Animationsvorschau*. PowerPoint demonstriert Ihnen den gewählten Folienübergang.

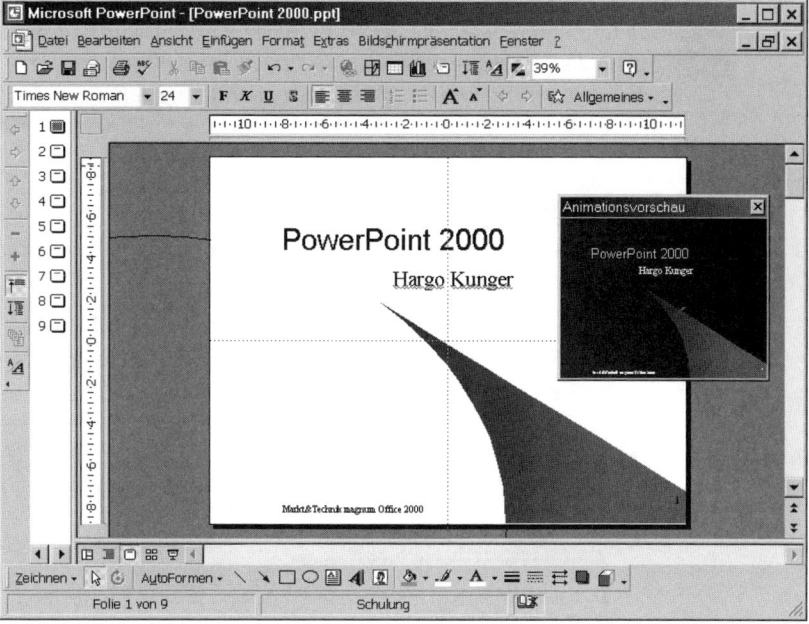

Bild 43.4: Im Animationsfenster der Folienansicht können Sie den Übergangseffekt begutachten

Automatischen Folienwechsel einstellen

Aktivieren Sie das Kontrollkästchen *Automatisch nach XX Sekunden*. Im Eingabefeld *Sekunden* geben Sie für die aktuelle Folie die Anzeigedauer in Minuten und Sekunden ein:

Tragen Sie im Eingabefeld unter *Automatisch nach* »10« ein. Verlassen Sie die Dialogbox mit einem Klick auf die Schaltfläche *Übernehmen*.

Bild 43.5: Mit dieser Einstellung erfolgt der Folienwechsel entweder manuell oder automatisch nach Ablauf der Zeit

Sobald beide Kontrollkästchen aktiviert sind, löst das zuerst eintretende Ereignis den Folienwechsel aus. So haben Sie weitgehend freie Hand, was die Ablaufsteuerung anbelangt, können aber dennoch die Zeit im Auge behalten.

Sound zuweisen

Öffnen Sie das Listenfeld *Sound* in der Dialogbox *Folienübergang*, und wählen Sie den Eintrag *Laser* aus.

Durch Aktivieren des Kontrollkästchens *Wiederholen bis zum nächsten Sound* wird der Sound wiederholt, bis ein neuer Klang gestartet wird. Schließen Sie das Fenster wie gehabt über *Übernehmen*.

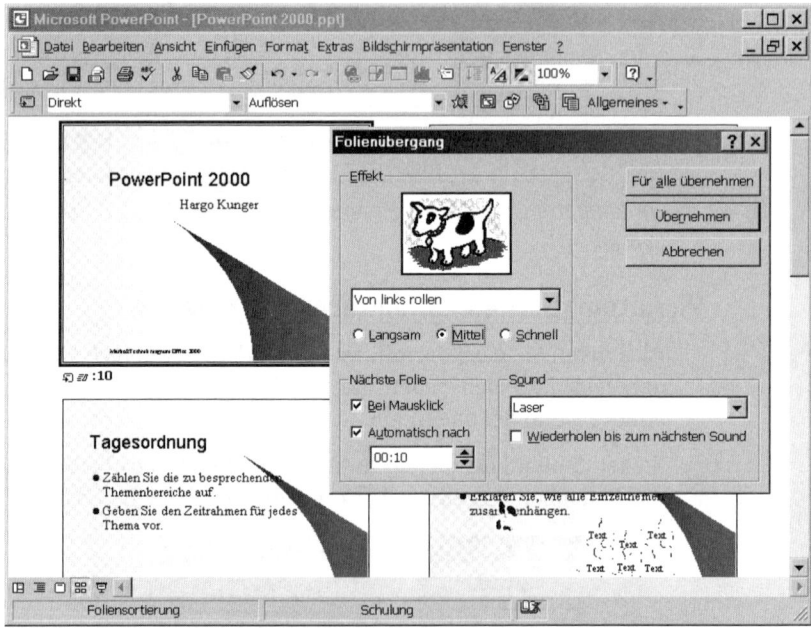

Bild 43.6: Beim Einblenden der aktuellen Folie wird der Sound Laser *abgespielt*

Nach dem Zuweisen klicken Sie in die *Vorschau*. Wenn Sie eine Soundkarte haben und sie richtig installiert ist, sollten Sie jetzt den Klang hören. Mit diesen drei Effekten können Sie nun die gesamte Präsentation ausstatten.

 Arbeiten Sie beim Zuweisen der Folienübergänge in der Foliensortieransicht. Dort bietet PowerPoint automatisch die Symbolleiste Foliensortierung *mit einer Schaltfläche zum Aktivieren der Dialogbox* Folienübergang *und zwei Listenfeldern für den Folienübergang bzw. den voreingestellten Animationseffekt.*

43.3 Mit Animationen arbeiten

In PowerPoint können Sie nicht nur den Übergang zwischen zwei Folien effektvoll gestalten, sondern jedes Objekt mit Effekten – einer sogenannten Animation – versehen. Rufen Sie das Menü *Bildschirmpräsentation/ Benutzerdefinierte Animation* auf.

Der Dialogbox Benutzerdefinierte Animation *kann auch über das Kontextmenü eines Objekts geöffnet werden. Das aktuelle Objekt ist dann automatisch markiert.*

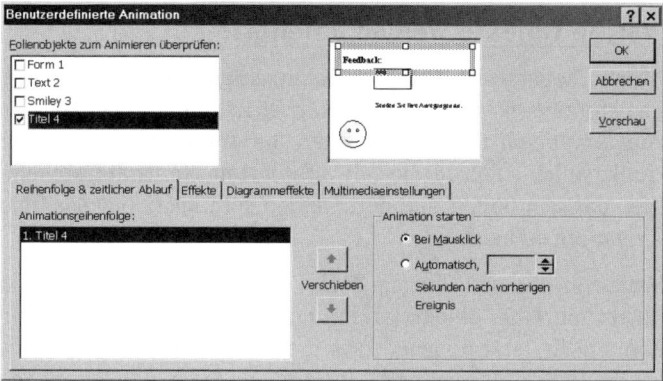

Bild 43.7: Die Dialogbox Benutzerdefinierte Animation *steuert Objektanimationen*

Die im Beispiel verwendete Folie finden Sie als zweite Folie in der Datei B043_007 auf der CD.

Die Dialogbox verfügt im oberen Teil über zwei Bereiche. Links ist das Fenster für die Auswahl der Objekte für die Animation und rechts daneben die *Vorschau*. Alle Objekte, denen ein Animationseffekt zugewiesen wurde, werden im Feld *Animationsreihenfolge* aufgeführt.

Der untere Teil der Dialogbox besteht aus vier Registern mit den folgenden Inhalten:

- *Reihenfolge & zeitlicher Ablauf*
  Hier erscheinen alle auf der Folie enthaltenen Objekte, die Sie im oberen Bereich aktiviert haben. Sie können festlegen, in welcher Reihenfolge die Animation erfolgt.

⋯▷ *Effekte*
Legt die Ein- und Ausgangsanimation sowie den zugehörigen Sound fest.

⋯▷ *Diagrammeffekte*
Bestimmt die Art und Weise, wie Diagramme in der Präsentation behandelt werden. Damit sorgen Sie z.B. dafür, daß einzelne Diagrammelemente nacheinander erscheinen. Die Optionen des Registers sind nur aktiviert, wenn Sie zuvor ein Diagramm selektierten

⋯▷ *Multimediaeinstellungen*
Bestimmt die Ausgabeoptionen von Videos, Klangdateien und entsprechenden OLE-Objekten.

Welche Objekte werden animiert?

Öffnen Sie jetzt die Dialogbox *Benutzerdefinierte Animation*. Wählen Sie die Registerkarte *Reihenfolge & zeitlicher Ablauf*. In dem Fenster *Folienobjekte zum Animieren überprüfen* sehen Sie alle Objekte mit zugehörigen Kontrollkästchen. Sobald Sie mit aktiviertem Kontrollkästchen bestimmt haben, daß ein Objekt animiert werden soll, bestimmt das Objekt im Fenster *Animationsreihenfolge*.

Markieren Sie den Eintrag *Titel 4* – in der Vorschau wird das angeklickte Objekt mit einer Objektmarkierung versehen. Im Bereich *Animation starten* können Sie jetzt angeben, wann die aktivierte Animation startet. Setzen Sie die Option *Automatisch,* und tragen Sie bei der Zeitangabe eine »2« ein.

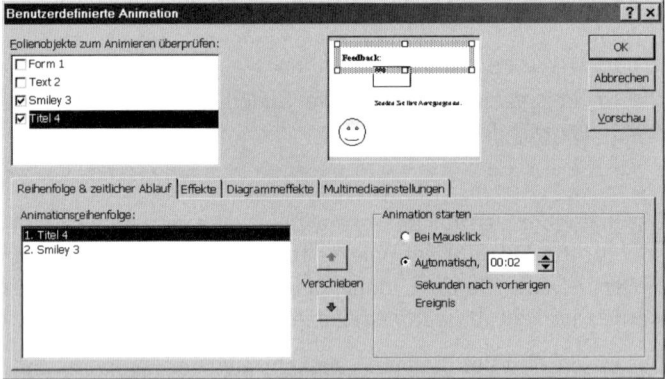

Bild 43.8: Der Titel wird mit dieser Einstellung zwei Sekunden nach dem Folienwechsel eingeblendet

 Zeitangaben für Einblendezeiten und Animationen erfaßt PowerPoint im Format Minute:Sekunde. *Wenn Sie eine Zeitspanne eintragen, die länger als 59 Sekunden ist, müssen sie dieses Format verwenden. Sekundenangaben unter einer Minute interpretiert PowerPoint korrekt.*

Animieren Sie nun noch die anderen Objekte. Klicken Sie auf die Schaltfläche *Vorschau*. Die Anzeige der Vorschau findet ohne die zeitliche Verzögerung statt, aber ansonsten sollten Sie alle bewegten Objekte sehen.

Objekt-Reihenfolge festlegen

Die Objektreihenfolge bestimmt die zeitliche Abfolge, mit der die animierten Objekte auf der Präsentationsfolie erscheinen. Das oben stehende Objekt erscheint zuerst. Um diese Reihenfolge zu ändern, markieren Sie das entsprechende Objekt im Fenster *Animationsreihenfolge* und benutzen die Pfeil-Schaltflächen, um das Objekt in der Hierarchie zu verschieben.

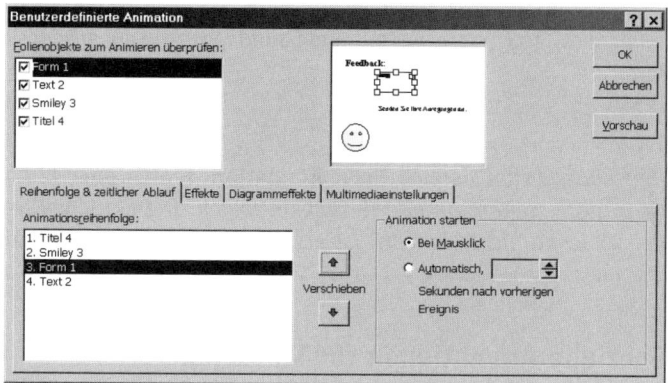

Bild 43.9: Ändern der Animationsreihenfolge

Eingangsanimation und Klang festlegen

PowerPoint stellt die Animation auf einen Standardwert ein, wenn Sie das Objekt animieren. Markieren Sie ein Objekt im Bereich *Animationsreihenfolge*: Über das Register *Effekte* läßt sich die Standardanimation dieses Objektes anpassen.

In den oberen Listenfeldern steht die Art der Animation. Öffnen Sie nun das Listenfeld mit einem Klick auf den Pfeil nach unten. PowerPoint bietet Ihnen in der Kombination beider Listenfelder verschiedene Animationen zur Auswahl an. Der Eintrag *Kein Effekt* schaltet die Animation für dieses Objekt wieder komplett aus. Wählen Sie die Einträge *Einblenden* und *Vertikal versetzt*. Klicken Sie auf *Vorschau*, um die Effekte zu überprüfen.

Mit den Einstellungen im Bereich *Nach Animation* legen Sie fest, was mit dem Objekt nach dem Ablauf der Animation geschehen soll. Sie haben hier die Möglichkeit, eine Farbe anzugeben, die das Objekt nach dem Ablauf der Animation annehmen soll. Sie können das Objekt stehen lassen (Eintrag: *Nicht abblenden*) oder ausblenden oder nach einem Mausklick aus der Folie entfernen.

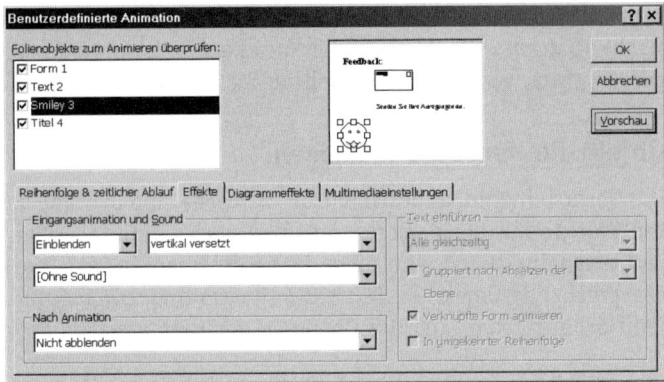

Bild 43.10: Im Bereich Eingangsanimation und Sound *legen Sie die Art der Objektanimation fest*

 Einstellungen im Bereich Nach Animation *werden aber nur dann sichtbar, wenn noch weitere animierte Objekte folgen. Die Farbänderung erscheint in der Vorschau nicht, sondern ist erst nach Bestätigung sichtbar.*

Spezielle Animationen für Textobjekte

Der rechte Bereich der Registerkarte ist Ihnen nur zugänglich, wenn Sie ein reines Textobjekt animieren. Klicken Sie im Fenster *Animationsreihenfolge* den Eintrag *Titel* an.

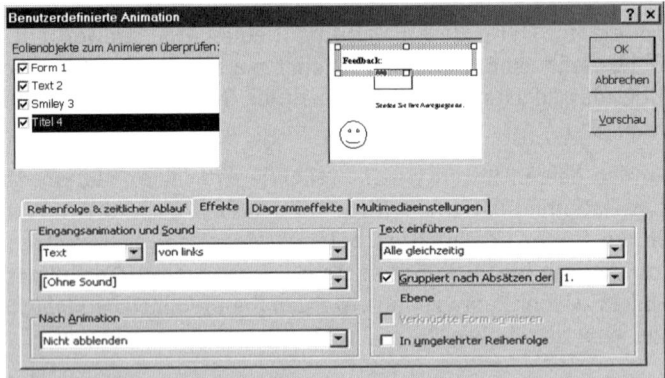

Bild 43.11: Für Textobjekte stehen noch weitere Animationen zur Auswahl

Öffnen Sie das Listenfeld *Text einführen*. Texte lassen sich auf drei Wege in die Präsentation einbringen:

⋯❯ *Alle gleichzeitig*
Der gesamte Text wird wie ein einziges Objekt behandelt. Der komplette Text erscheint mit den gewählten Animationseinstellungen auf der Folie. Probieren Sie diese Einstellung mit der Vorschau und dem Titel einmal aus. Sie sehen, daß der gesamte Titelschriftzug von oben in den Kasten fällt.

⋯❯ *Wortweise*
Jedes Wort und jedes Satzzeichen wird einzeln auf dem Schirm angezeigt. Wählen Sie auch diesen Eintrag, um ihn einmal auszuprobieren. Kontrollieren Sie das Ergebnis mit der Vorschau.

⋯❯ *Zeichenweise*
Diese Einstellung blendet den Text Zeichen für Zeichen ein.

Die Einstellung Zeichenweise *verbietet sich für längere Texte – es sei denn, Sie möchten Ihr Publikum einschläfern. Der Titel hat gerade noch eine vertretbare Länge für diesen Effekt.*

Die Option *Gruppiert nach Absätzen der xx. Ebene* greift für unseren Titel nicht, da er nur aus einem Absatz besteht. Stellen Sie nur sicher, daß diese Option nicht aktiviert ist.

Nutzen Sie die Einstellung Gruppiert nach Absätzen der xx. Ebene, *wenn Sie aufgezählte Texte einzeln animieren möchten. Mit dieser Einstellung erscheinen die Texte der gewählten Gliederungsebene nacheinander.*

■ Objektanimationen der Master

Sie haben bisher in allen Folien die Objektanimationen festgelegt und den Folienübergang bestimmt. Titel- und Folienmaster wurde bislang noch nicht betrachtet. Wechseln Sie zur Ansicht der Master. Stellen Sie die Ansicht auf den Titelmaster, und rufen Sie das Menü *Bildschirmpräsentation* auf.

Die Objekte beider Master können Sie wie alle anderen Objekte animieren. Klicken Sie auf den Eintrag *Benutzerdefinierte Animation,* und öffnen Sie das Register *Reihenfolge & zeitlicher Ablauf.*

Setzen Sie Animationen der Masterobjekte sparsam ein: sie sollten damit eine Highlight setzen und nicht die Zuschauer ermüden.

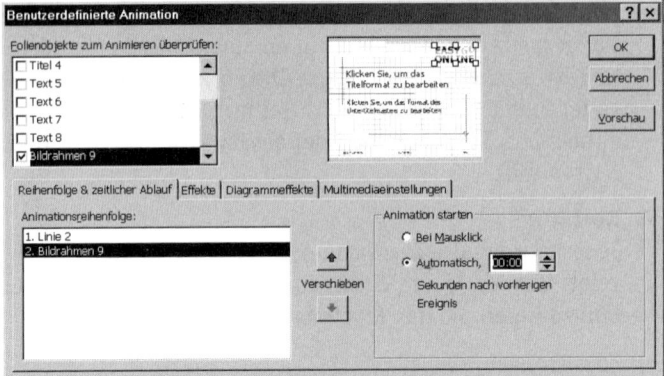

Bild 43.12: In der Dialogbox Benutzerdefinierte Animation *erscheinen alle Objekte des Masters*

Hier erscheinen alle Objekte, die auf dem Folien-Master liegen. Für die Präsentation animieren Sie nur das Logo. Er soll bei jeder neuen Titelfolie einmal von unten nach oben laufen und dann automatisch verschwinden. Wissen Sie, was Sie einstellen müssen?

Aktivieren Sie für den aktivierten Bildrahmen die Option *Automatisch*: die Animation des Logos erfolgt sofort, nachdem die Folie eingeblendet wurde.

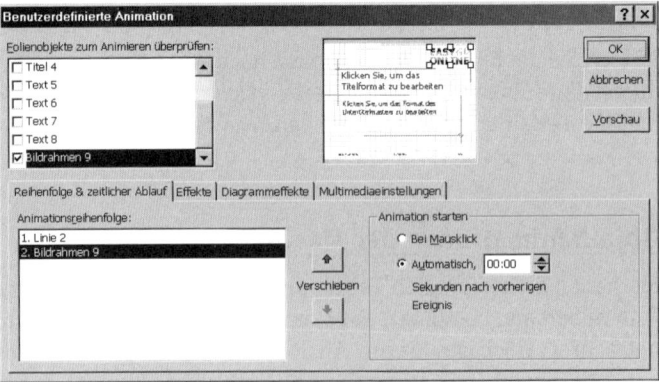

Bild 43.13: Festlegen der Optionen für das Logo

Öffnen Sie das Register *Effekte*. Wählen Sie im Bereich *Eingangsanimation und Sound* den Eintrag *Text von unten*. Im Bereich *Nach Animation* wählen Sie aus der Liste den Eintrag *Nach Animation ausblenden*.

 Folienübergänge werden normalerweise für jede Folie einzeln festgelegt. Diese Funktion ist für Master nicht verfügbar.

Die Bildschirmpräsentation

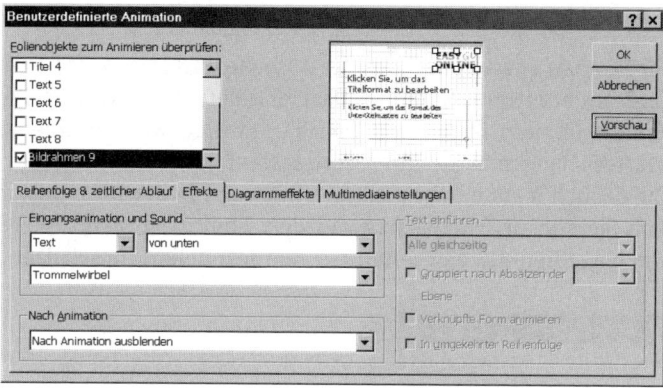

Bild 43.14: Mit dieser Einstellung läuft das Logo, begleitet von einem Trommelwirbel, von unten bis an seinen Platz und verschwindet danach

43.4 Einblendezeiten

Mit Zeitvorgaben für den automatischen Folienwechsel überwachen Sie den zeitlichen Verlauf der Bildschirmpräsentation. Um die Länge der Einblendezeiten von Folien während einer Bildschirmpräsentation festzulegen, gibt es zwei Möglichkeiten:

⋯❖ Sie geben für jede Folie manuell die Zeitdauer für jede Seite ein.

⋯❖ Sie benutzen den Probelauf, um die Zeiten automatisch aufzeichnen zu lassen.

Um die Einblendezeiten manuell festzulegen, markieren Sie in der Foliensortierung eine oder mehrere Folien, deren Einblendezeiten festgelegt werden sollen. Rufen Sie den Befehl *Bildschirmpräsentation/Folienübergang* auf. In der Dialogbox klicken Sie unter *Nächste Folie* auf *Automatisch nach* und geben die gewünschte Zeitdauer ein.

In der Realität müssen Sie für jede einzelne Folie die Standdauer ermitteln, um dem unterschiedlichen Informationsgehalt Rechnung zu tragen.

Um die Zeiteinstellung lediglich für die markierten Folien zu übernehmen, klicken Sie auf *Übernehmen*. Soll diese Zeit für alle Folien der Präsentation Gültigkeit haben, klicken Sie auf. *Für alle zuweisen*. Die Einblendezeit erscheint nun unter den einzelnen Folien.

Die Einblendezeiten automatisch festlegen

Sie können PowerPoint auch die Aufgabe übertragen, die optimalen Zeitabläufe zu ermitteln. Rufen Sie dazu den Befehl *Bildschirmpräsentation/Neue Einblendezeiten testen* auf. Die Präsentation wird in einem Probelauf gestartet – sprechen Sie Ihren Vortragstext zur jeweiligen Folie, und schalten Sie danach manuell zur nächsten Folie um. In der Dialogbox *Probelauf* klicken Sie auf die Schaltfläche mit dem Pfeil nach rechts. PowerPoint stoppt die einzelnen Anzeigezeiten bis zum manuellen Umschalten.

Bild 43.15: Die Dialogbox Probelauf *zur Ermittlung realer Einblendezeiten*

Nach Beendigung des Probelaufs werden Sie gefragt, ob dieser Lauf Ihren Vorstellungen entspricht. Wenn Sie bestätigen, übernimmt PowerPoint die ermittelten Daten für die automatische Präsentationssteuerung.

 Wenn die Einblendezeiten für eine Folie bereits bekannt sind, können Sie diese direkt in das Eingabefeld der Dialogbox Probelauf *eingeben.*

PowerPoint zeigt Ihnen im Dialogfenster die gesamte Bildschirmpräsentationszeit an. Als nächstes werden Sie gefragt, ob Sie den Zeitablauf überprüfen wollen. In der Foliensortieransicht sehen Sie wiederum die neuen Einblendezeiten der einzelnen Folie.

43.5 Zielgruppenorientierte Präsentation

Angenommen, Sie haben eine ausführliche Präsentation erstellt und wollen für einen speziellen Zweck eine Auswahl treffen. Sie könnten natürlich die Präsentation kopieren und dann die nicht benötigten Folien löschen. Dann müssen Sie bei Veränderungen zwei Dateien pflegen. PowerPoint hat deshalb die zielgruppenorientierte Präsentation als Leistungsmerkmal aufgenommen. Sie sind damit in der Lage, aus einem Folienstamm mehrere Präsentationen zu entwickeln.

Rufen Sie das Menü *Bildschirmpräsentation/Zielgruppenorientierte Präsentationen* auf. Diese Funktion von PowerPoint läßt eine einfache Zusammenstellung von mehreren Präsentation aus einer Präsentationsdatei zu. Über die Dialogbox *Zielgruppenorientierte Präsentationen* steuern Sie die Anlage dieser speziellen Präsentationen.

Klicken Sie auf die Schaltfläche *Neu*. Im linken Bereich der Dialogbox sind alle verfügbaren Folien angegeben.

Vergeben Sie einen Namen für die neue Folienzusammenstellung. Übernehmen Sie diesen mit der Schaltfläche *Hinzufügen* in die neue Präsentation. Klicken Sie nach dem Auswählen Ihrer F8olien auf die Schaltfläche *OK*, um die Dialogbox zu schließen.

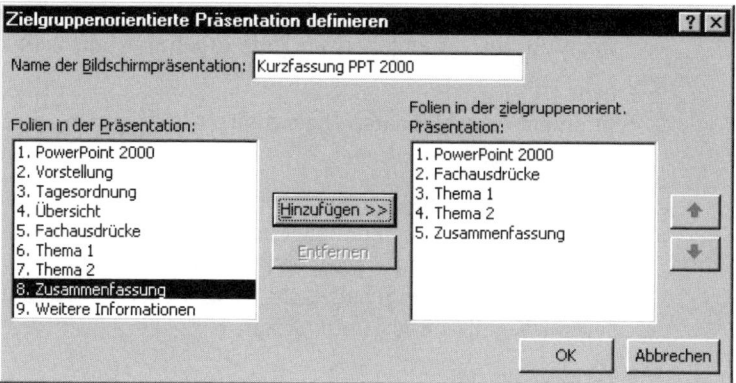

Bild 43.16: Die Folienauswahl für eine andere Zielgruppe wird in dieser Dialogbox zusammengestellt und bei Bedarf neu geordnet

 Um nur einzelne Folien in einer Präsentation zu verbergen, nutzen Sie den Befehl Folie ausblenden *aus dem Kontextmenü der Folie.*

43.6 Präsentationen starten und steuern

Mit einem Klick auf das Symbol *Bildschirmpräsentation* links unten neben dem Rollbalken oder über den Menüeintrag *Bildschirmpräsentation/Bildschirmpräsentation vorführen* wird die erste Folie in voller Größe auf den Bildschirm projiziert.

Sobald sich die Maus bewegt, erscheint links unten auf dem Bildschirm eine Schaltfläche. Wenn Sie darauf klicken, unterbricht PowerPoint den Ablauf und zeigt das abgebildete Befehlsmenü.

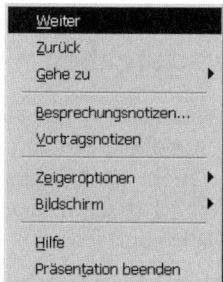

Bild 43.17: Das Befehlsmenü kann in eine laufende Präsentation steuernd eingreifen

Die einzelnen Befehle bedeuten:

- *Weiter*
  wechselt zur nächsten Folie (auch mit einem linken Mausklick oder Cursor nach rechts).

- *Zurück*
  wechselt zur vorhergehenden Folie (auch mit Cursor links).

- *Gehe zu*
  In einem eingeblendeten Dialogfenster können Sie zu einer beliebigen Folie springen.

- *Besprechungsnotizen*
  In ein Dialogfenster können Notizen eingegeben werden. Das zweite Register – Aufgaben – strukturiert aus der Präsentation resultierende Arbeiten. Auch die Schaltfläche *Zeitplan* ist interessant: Sie ruft das Termin-Modul von MS-Outlook auf.

- *Vortragsnotizen*
  Die Vortragsnotizen werden üblicherweise vor der Präsentation angelegt und enthalten z.B. Zeitabläufe oder Hintergrundinformationen. In der erscheinenden Dialogbox können Sie Ergänzungen vornehmen.

- Mit dem Befehl *Zeigeroptionen* öffnen Sie ein Untermenü, das den dargestellten Zeiger verändert. Der Mauszeiger wird normalerweise als Pfeil dargestellt. Mit deaktiviertem Menüeintrag *Pfeil* erscheint er nicht mehr. Der Eintrag *Stift* ändert den Mauszeiger in einen Stift. Mit diesem Stift können Sie während der Präsentation in den Folien zeichnen – z.B. um bestimmte Aspekte hervorzuheben. Die Zeichnungen werden nicht gespeichert. Sie können den Stift ausblenden bzw. die Farbe des Stiftes bestimmen.

- Über das Untermenü von *Bildschirm* können Sie die Präsentation unterbrechen, ausblenden oder die Stiftzeichnungen löschen

- Mit *Hilfe* erhalten Sie eine Blick auf alle Varianten, mit denen Sie Präsentation steuern. Drücken Sie während der Präsentation einmal [F1].

- *Präsentation beenden* ([Esc]) schließt die Vorführung ab.

43.7 Pack&Go: eine Präsentation weitergeben

Wenn Sie Ihre Präsentation auf einem anderen Computer ablaufen lassen oder per Post an einen Kunden versenden wollen, können Sie diese auf Disketten lauffähig speichern. Sie müssen nicht einmal darauf achten, ob PowerPoint auf dem Ziel-Rechner installiert ist. Nach dem Aufruf von *Datei/Pack&Go* wird der Pack&Go-Assistent geöffnet.

- Über die Schaltfläche *Weiter* gelangen Sie zur nächsten Dialogbox, in der Sie angeben, welche Präsentation(en) zusammengefaßt werden sollen.

⋯↣ In der dritten Dialogbox wählen Sie das Ziel der Präsentation. Hier legen Sie fest, auf welches Laufwerk die Präsentation gespeichert werden soll.

⋯↣ Im nächsten Dialogfenster markieren Sie zusätzlich die Option *TrueType Schriften einbetten*, wenn Sie nicht sicher sind, daß alle Schriften auf dem Präsentationsrechner vorhanden sind. Das Kontrollkästchen *Verknüpfte Dateien einschließen* sollte auf jeden Fall aktiviert sein – alle Grafiken, Bilder und Sounds liegen als externe Dateien vor. Falls einige dieser Daten fehlen, wird die Präsentation nicht richtig wiedergegeben.

⋯↣ In der fünften Dialogbox geben Sie an, ob *PowerPoint-Projektor* hinzugefügt werden soll. Durch Hinzufügen des Projektors sind Sie in der Lage, Ihre Präsentation auf einem Computer ablaufen zu lassen, ohne daß dort PowerPoint installiert sein muß.

Nach einem Klick auf *Fertigstellen* sucht sich PowerPoint die benötigten Dateien zusammen und kopiert diese z.B. auf eine Diskette. Sollte Ihre Präsentation so umfangreich sein, daß sie nicht auf eine Diskette paßt, werden Sie aufgefordert, eine neue einzulegen. Auf der Diskette befindet sich anschließend eine Präsentations- und eine Installationsdatei.

Mit diesem Assistenten reduzieren Sie das Risiko, daß irgendeine Präsentationsdatei fehlt.

43.8 Präsentationen für das Internet

PowerPoint 2000 ist auf die Präsentationen im Internet bestens vorbereitet: Sie können jede Präsentation direkt für den Einsatz im Internet vorbereiten und als Webseite speichern.

⋯↣ Falls Sie den AutoInhalt-Assistenten für die Erzeugung benutzen, aktivieren Sie bei den Präsentationsformaten den Typ *Webpräsentation*.

⋯↣ Kontrollieren Sie die fertige Präsentation unbedingt in der Webseitenvorschau, um die Wirkung im Browser zu kontrollieren. Nehmen Sie bei Bedarf notwendige Änderungen an den Folien vor.

⋯↣ Ergänzen Sie die Folien mit interaktiven Schaltflächen, damit der Betrachter bei Bedarf über Hyperlinks zu anderen Seiten wechseln kann. Sie erreichen diese Schaltflächen über den Befehl *Bildschirmpräsentation/Interaktive Schaltflächen*.

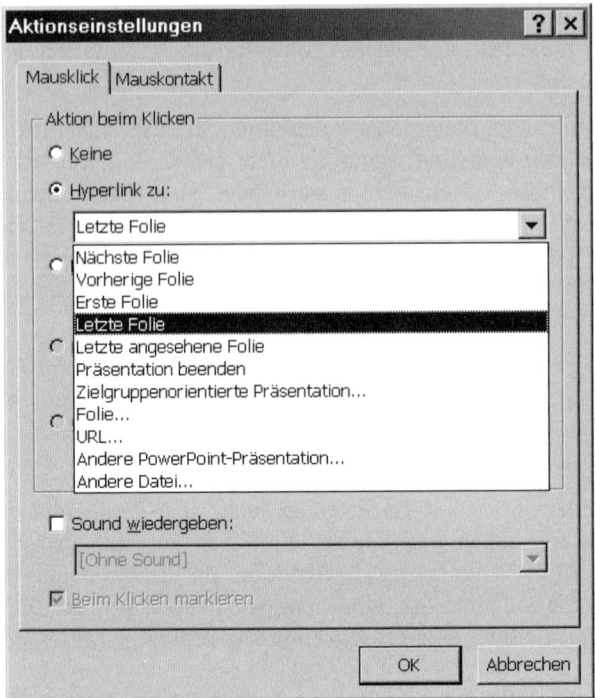

Bild 43.18: Mit der Dialogbox Aktionseinstellungen *ordnen Sie den interaktiven Schaltflächen* Hyperlinks *zu den verschiedensten Elementen zu.*

⇢ Wenn Sie mit dem Ergebnis zufrieden sind, speichern Sie die fertigen Folien mit einem Klick auf *Datei/Als Webseite* speichern. Bei Bedarf veröffentlichen Sie das Ergebnis sofort in den Ordnern, über die Sie den Netzzugriff realisieren.

 Bei den vorbereiteten Präsentationen von PowerPoint finden Sie die Vorlage für eine Firmenhomepage, mit der Sie die Erstellung einer solchen bequem durchführen.

PhotoDraw
Office 2000

Bilder sind mitunter die Krönung eines Office-Dokuments. PhotoDraw ist ein leistungsfähiges Hilfsmittel, das nicht nur Bilder verbessert, sondern sie auch gleich noch mit Texten und geometrischen Grafikelementen kombiniert.

7

44. Faszinierende Bitmap- und Vektorgraphiken

Mit PhotoDraw 2000 hat Microsoft die bislang so gegensätzlichen Bereiche Pixel- und Vektorgrafik vereint. Schreiben Sie einen Text, und retuschieren Sie ihn mit dem Radiergummi oder Klonen-Werkzeug – er bleibt weiterhin als Text formatierbar.

44.1 Willkommen bei PhotoDraw 2000

Nach der Installation finden Sie im Start-Menü den Programmeintrag *Microsoft PhotoDraw*. Ein Klick auf diesen Eintrag startet das Programm. In der Begrüßungs-Dialogbox stehen Ihnen daraufhin fünf Optionen zur Verfügung:

- *Leeres Bild*
  Diese Option führt Sie zu einer weiteren Dialogbox, in der Sie die Bildgröße bestimmen.

- *Entwurfsvorlage*
  Mit dieser Option erstellen Sie neue Bilder anhand der PhotoDraw-Vorlagen. Ein Assistent unterstützt Sie bei dieser Arbeit und sagt Ihnen, wie Sie vorgehen.

- *Von digitaler Kamera downloaden*
  Sie haben eine digitale Kamera angeschlossen? Mit dieser Funktion importieren Sie die darauf gespeicherten Bilder.

- *Bild scannen*
  Dieser Befehl spricht die TWAIN-Schnittstelle an und aktiviert darüber Ihre persönliche Scanner-Software.

- *Vorhandenes Bild öffnen*
  Mit dieser Funktion öffnen Sie vorhandene Dateien. PhotoDraw 2000 kann zahlreiche Datei-Formate importieren. Beispiele dafür sind BMP, CDR, GIF, JPG, TIF, EPS und auch WMF-Dateien.

Am unteren Rand der Dialogbox finden Sie die Schaltfläche *Lernprogramm*. Möchten Sie einen ersten Überblick bekommen, so klicken Sie hier.

Das Lernprogramm von PhotoDraw ist auch zu jedem späteren Zeitpunkt aufrufbar. Wählen Sie dazu ?/Lernprogramm.

Bei einem neuen Bild fragt PhotoDraw umgehend nach einer Bildgröße. Diese Einstellungen entscheiden über den späteren Verwendungszweck. Das Bildformat entspricht der eingestellten Papiergröße.

Faszinierende Bitmap- und Vektorgraphiken

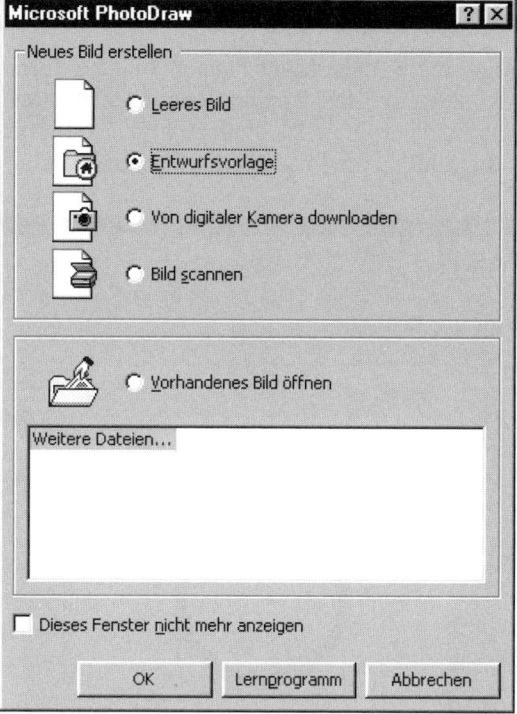

Bild 44.1: PhotoDraw 2000 begrüßt Sie nach dem Programmstart mit dieser Dialogbox

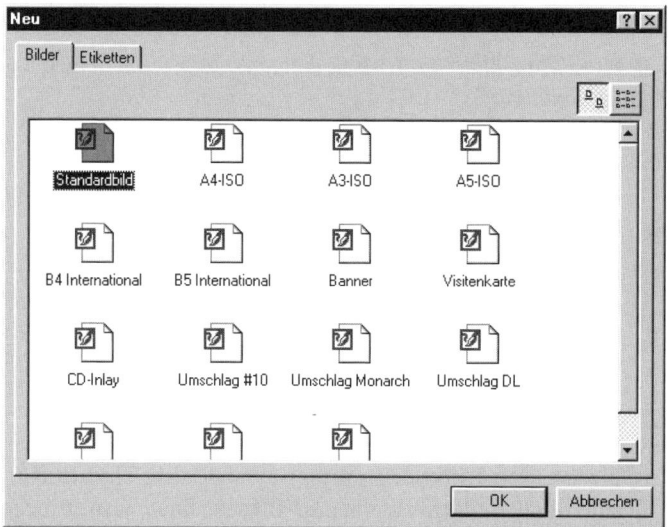

Bild 44.2: Nachdem Sie Leeres Bild gewählt haben, entscheiden Sie in dieser Dialogbox, welche Größe Ihr Bild erhält

44.2. Der PhotoDraw-Bildschirm

Die Menüstruktur, die Standardsymbolleiste und die Formatsymbolleiste ähneln denen der anderen Office-Applikationen. Andere Komponenten sind neu und speziell auf PhotoDraw 2000 zugeschnitten. Hierunter fallen das visuelle Menü, die Bildliste und die Bearbeitungsleiste.

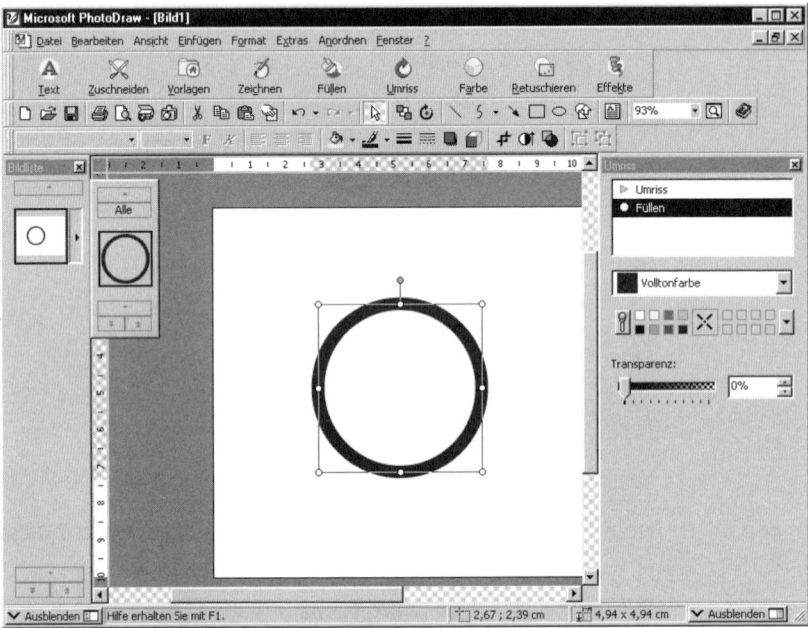

Bild 44.3: Der PhotoDraw-Bildschirm weist einige Unterschiede zu den anderen Office-Applikationen auf

- *Menüzeile*
  Die Menüleiste kennen Sie weitestgehend aus den anderen Office-Applikationen.

- *Visuelles Menü*
  Das visuelle Menü ist das Herzstück von PhotoDraw. Es ersetzt im Grunde eine Werkzeugleiste, so wie sie z.B. in Publisher 2000 eingesetzt wird. Im visuellen Menü haben Sie schnellen Zugriff auf die verschiedenen Bearbeitungs-Modi.

- *Standard-Symbolleiste*
  Die meisten Funktionen dieser Symbolleiste sind Ihnen bekannt. Hier sind die Grundfunktionen zum Öffnen, Speichern, Drucken und die bekannten Zwischenablagefunktionen angeordnet. Darüber hinaus enthält sie Zeichenfunktionen und Optionen zur Veränderung der Lage von Objekten.

⋯⫶ *Format-Symbolleiste*
Auch diese Symbolleiste kennen Sie zum Teil. Schriftart und -größe werden hier ausgewählt. Die Ausrichtungen linksbündig, zentriert und rechtsbündig sind per Mausklick zu formatieren. Wichtig ist auch die Änderung von Füll- und Umrißfarbe.

⋯⫶ *Lineale*
Die Lineale dienen dem Messen von Distanzen oder Objekten. Wenn sie ein Objekt markiert haben, zeigt Ihnen PhotoDraw dessen Ausmaße durch eine blaue Markierung in den Linealen an.

⋯⫶ *Arbeitsbereich*
Auf dem Arbeitsbereich findet die gestalterische Arbeit statt. Im grauen Bereich rund um die weiße Arbeitsfläche legen Sie Objekte ab, die Sie eventuell später benötigen.

⋯⫶ *Bildliste*
Die Bildliste zeigt Ihnen Miniaturabbildungen sämtlicher Bilder die Sie in PhotoDraw geöffnet haben. Mit einem Klick auf diese Miniaturen wechseln Sie spielend zwischen den geöffneten Dateien. Klicken Sie auf den kleinen Pfeil neben dem Dateibild – es öffnet sich die Objektliste. Hier finden Sie sämtliche Objekte einer Datei aufgeführt. Ein einziger Klick markiert das entsprechende Objekt.

⋯⫶ *Bearbeitungsleiste*
In der Bearbeitungsleiste formatieren Sie z.B. Schriften oder verändern Strichstärken von Objekten. Je nachdem welche Funktion Sie im visuellen Menü ausgewählt haben, paßt die Bearbeitungsleiste ihre Funktionalität an.

⋯⫶ *Statuszeile*
Die Statuszeile beinhaltet die Schaltflächen zum ein- und ausblenden von Bildliste und Bearbeitungsleiste. Außerdem erhalten Sie hier eine Statusanzeige der aktuellen Bearbeitung, die Koordinaten der linken oberen Ecke eines Objekts finden hier ihren Stammplatz. Ist kein Objekt markiert, erhalten Sie die aktuelle Mausposition. Komfortabel ist auch die Größenangabe für das markierte Objekt.

Die Dateiendung der PhotoDraw-Dateien lautet .MIX. Bilddateien sind aber auch in zahlreichen anderen Dateiformaten, wie beispielsweise .TIF oder .BMP, zu speichern. Dateien mit der Endung MIX werden z.B. in Word 2000 als »PictureIt«-Format bezeichnet, ein Hinweis auf den Vorgänger von PhotoDraw.

45. Bilder bearbeiten und optimieren

PhotoDraw 2000 zeigt seine Stärken am deutlichsten durch die unterschiedlichen Objekttypen. Bilder, Text und grafische Objekte werden mit seiner Hilfe zu ansprechenden Grafiken zusammengefügt. Jeder Objekttyp hat jedoch seine Eigenheiten ...

45.1 Arbeiten mit Text

Neben den eigentlichen Bildfunktionen reichen die grafisch aufgepeppten Schriftzüge schon aus, um den Einsatz von PhotoDraw zu rechtfertigen. Legen Sie ein neues Bild an, um die nachfolgenden Erläuterungen selbst auszuprobieren.

Sie fügen einen Textrahmen entweder über die Standard-Menüleiste mit *Einfügen/Text* oder mit dem visuellen Menü ein.

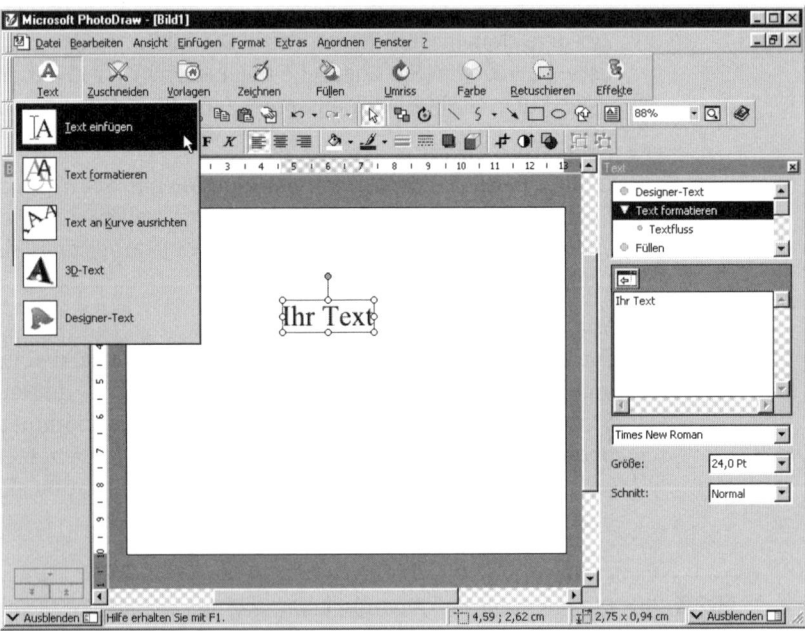

Bild 45.1: Das visuelle Menü ist komfortabel gestaltet. Wählen Sie Text/Text einfügen

Klicken Sie auf die Schaltfläche *Text* im visuellen Menü. Wählen Sie den Eintrag *Text einfügen*. PhotoDraw erstellt daraufhin einen Textrahmen mit dem Eintrag »Ihr Text«. Auch in der Bearbeitungsleiste erscheint »Ihr Text«. Überschreiben Sie diesen Platzhalter mit dem gewünschten Inhalt. Sofort erscheinen die neuen Zeichen auf der Arbeitsfläche.

PhotoDraw läßt auf der Arbeitsfläche keine Bearbeitung des Textinhalts zu. Änderungen müssen in der Bearbeitungsleiste vorgenommen werden. Gestalterische Aufgaben wie Skalieren *und* Drehen *finden direkt auf der Arbeitsfläche statt.*

Bild 45.2: Rechts in der Bearbeitungsleiste erfassen Sie Ihren Text. Hier arbeiten Sie auch wie gewohnt mit einem Textcursor. Auf der Arbeitsfläche ist dies nicht möglich

Sie finden in der Bearbeitungsleiste sämtliche Funktionen zum Formatieren der Schrift. Diese sind in sinnvolle Gruppen gegliedert. Enthalten sind die Gruppen *Designer-Text, Text formatieren, Füllen, Text an Kurve ausrichten* und *Umriss*. Klicken Sie auf *Text formatieren*. Geben Sie als Schriftart die *Tahoma* und als Schriftgrad *80pt* ein. Der Schnitt soll *Fett* sein.

Wechseln Sie zu der Gruppe *Füllen*. Vergewissern Sie sich, daß in der Liste *Volltonfarbe* ausgewählt ist, und klicken Sie anschließend auf das Farbfeld *Blau*.

 Die Einstellungen zu Attributen wie Schriftart oder Schriftfarbe wirken sich immer auf das gesamte Textobjekt aus. Um einen einzelnen Buchstaben zu formatieren, muß dieser als separates Textobjekt erstellt werden.

Bild 45.3: Oberhalb des Textobjekts finden Sie den Drehpunkt. Mit seiner Hilfe rotieren Sie das Objekt interaktiv

Die Überschrift des Plakats erhält einen Schatten. Wählen Sie *Effekte/Schatten*. In der Bearbeitungsleiste finden Sie verschiedene Schattenoptionen. Aktivieren Sie *Schlag, oben re*. Links neben dem Farbfeld finden Sie eine Pipette. Wählen Sie die Pipette aus, und klicken Sie in den Schriftzug auf der Arbeitsfläche. Der Schatten erscheint Blau. Stellen Sie die *Transparenz* auf den Wert *70* und die *Weichzeichnung* auf den Wert *100*.

Falls Ihnen die vordefinierten Schattenplazierungen nicht zusagen, aktivieren Sie die Schaltfläche Schattenposition. *Das Textobjekt erhält ein Markierungsrechteck. Klicken Sie es an und ziehen Sie den Schatten in die gewünschte Position. Die Schaltfläche* Fertigstellen *übernimmt die geänderten Einstellungen.*

Sie finden diesen Zwischenstand auf der Buch-CD-Rom unter dem Dateinamen B045_01.mix.

Bilder bearbeiten und optimieren

Bild 45.4: Der Schriftzug erhält mit diesen Optionen einen Schlagschatten, der in Richtung rechts oben fällt

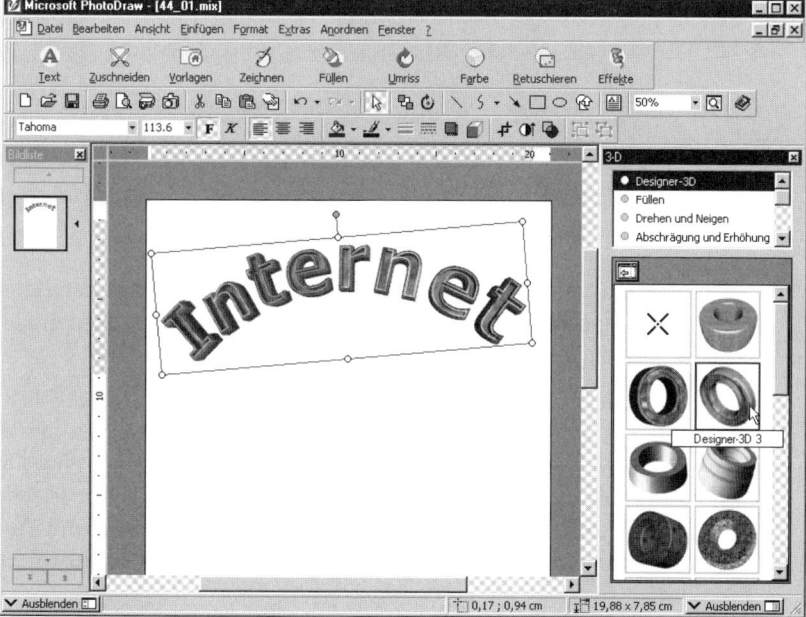

Bild 45.5: Probieren Sie auch die andere Texteffekte aus. Hier sehen Sie eine Kombination aus 3D-Text und Text an Kurve ausrichten

45.2 Zuschneidefunktionen

Die Zuschneidefunktionen der meisten Grafikprogramme beschneiden Objekte lediglich in Form von Rechtecken. Nicht so PhotoDraw – hier können Sie die tollsten Objekte zurechtschneiden. Zunächst brauchen Sie ein Objekt, das zugeschnitten werden soll. Wählen Sie daher im visuellen Menü *Zeichnen/Formen*. Es öffnet sich die Symbolleiste *AutoFormen*. Erzeugen Sie mit dem Werkzeug *Rechteck* ein Objekt auf der Arbeitsläche. Klicken Sie in der Bearbeitungsleiste auf *Füllen*, und bestimmen Sie dann eine Volltonfarbe.

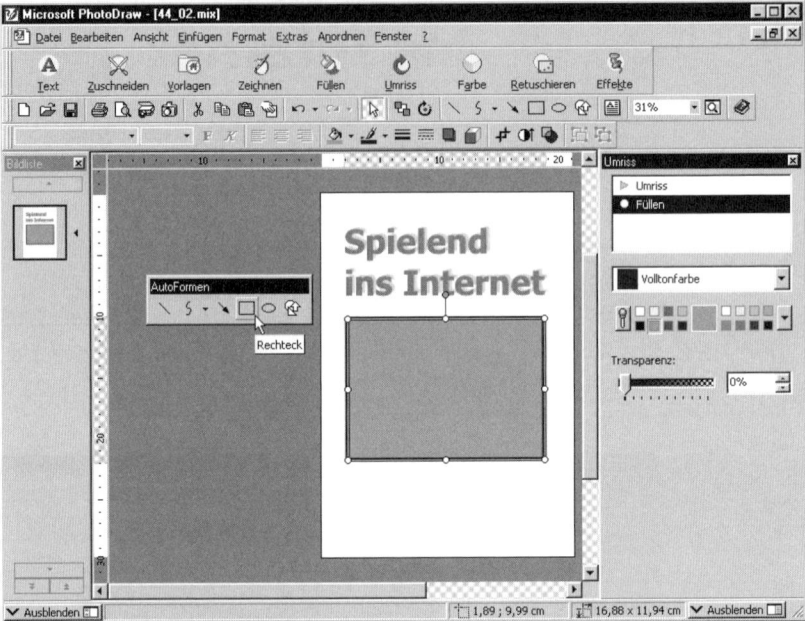

Bild 45.6: Mit dem Werkzeug Rechteck *aus der AutoFormen-Symbolleiste erstellen Sie das zu beschneidende Objekt*

Markieren Sie das Rechteck durch einen Klick mit der Maustaste. Wählen Sie anschließend *Format/Zuschneiden*. Wieder stehen Ihnen in der Bearbeitungsleiste verschiedene Optionen zur Verfügung.

Zunächst soll die Option *Nach Form* Verwendung finden. Aktivieren Sie *Nach Form*, und wählen Sie eine der vorgefertigten Formen aus dem Menü. Für dieses Beispiel klicken Sie auf den Stern. Sofort zeigt PhotoDraw Ihnen eine sternförmige Vorschau, umgeben von einem Markierungsrechteck. Verschieben und skalieren Sie den Stern, bis Ihnen Größe und Position gefallen. Klicken Sie auf die Schaltfläche *Fertigstellen*. Das Objekt wird zugeschnitten.

 PhotoDraw zeigt die Bereiche, die nach dem Ausschneiden wegfallen hell an. Die stärker gesättigten Bereiche bleiben als Form bestehen.

Bilder bearbeiten und optimieren

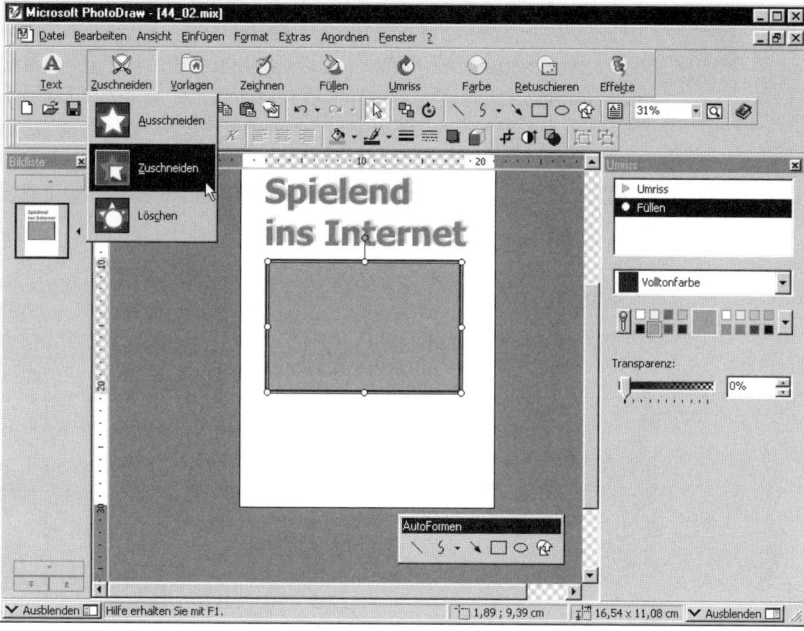

Bild 45.7: Wählen Sie die Funktion Zuschneiden aus dem Zuschneiden-Menü

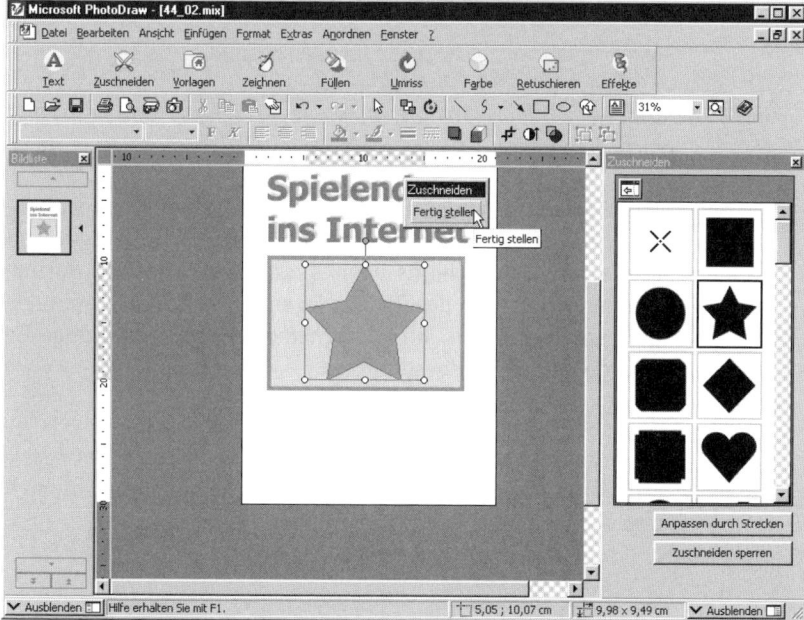

Bild 45.8: Die hellen Bereiche rund um den Stern werden weggeschnitten

Ziehen Sie an einer der Ecken des Markierungsrechtecks, so skalieren Sie das Objekt proportional. Ziehen Sie an einem der Markierungsknoten in der Mitte einer Gerade, so verändern Sie das Objekt nur in einer Richtung.

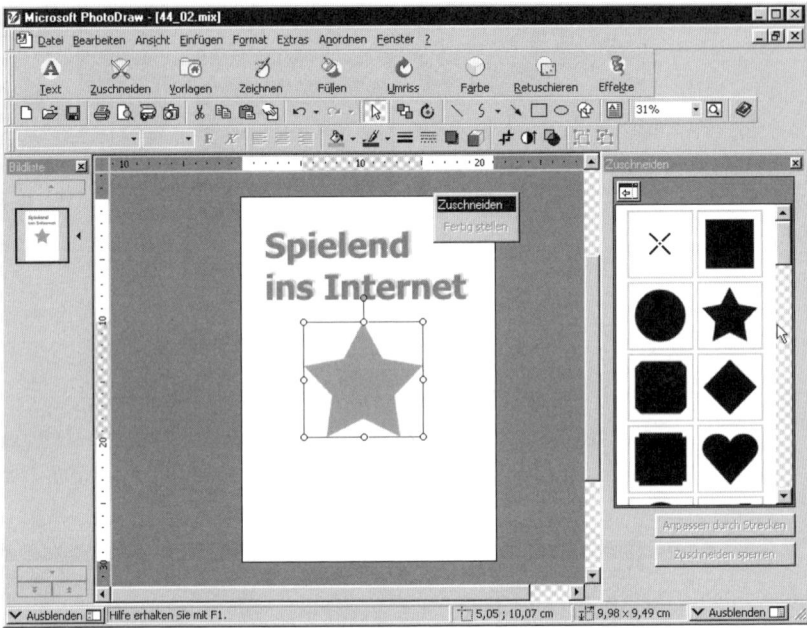

Bild 45.9: *Der Stern ist ausgeschnitten. Dabei werden die Umrißattribute des Rechtecks nicht übertragen*

Das Menü *Zuschneiden* enthält neben der gezeigten noch zwei die Optionen *Ausschneiden* und *Löschen*. Die Handhabung ist die gleiche wie beim Zuschneiden. Das Ergebnis beim *Ausschneiden* besteht darin, daß ein Stern mit den Attributen des Rechtecks erstellt wird, das Rechteck aber unverändert erhalten bleibt. Beim *Löschen* wird der sternförmige Bereich aus dem Grundobjekt herausgeschnitten.

 In diesem Beispiel wurde das Zuschneiden Nach Form *beschrieben. Experimentieren Sie auch mit den anderen Optionen* Durch Zeichnen, Randerkennung *und* Nach Farbe.

Bilder bearbeiten und optimieren

Bild 45.10: *Hier wurde mit der Funktion* Ausschneiden *ein sternförmiges Objekt erstellt, das die Attribute des Originals aufweist*

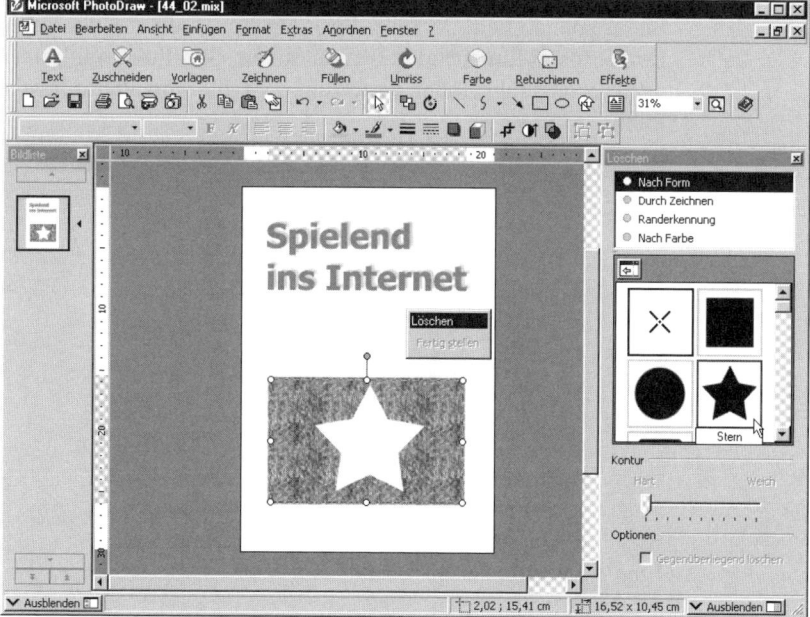

Bild 45.11: *Durch Löschen wird der Stern aus dem Grundobjekt entfernt*

45.3 Arbeiten mit Vorlagen

Wenn Sie schnell zu tollen Ergebnissen gelangen möchten, sind die Vorlagen von PhotoDraw genau das richtige für Sie. Der Assistent führt Sie bei der Arbeit mit diesen Vorlagen zu professionellen Druckstücken.

Im Menü *Vorlagen* der visuellen Menüleiste finden Sie folgende Optionen:

- *Webgrafik*
  Hier erstellen Sie Buttons und Banner und sichern diese mit *Speichern unter* für das Web.

- *Geschäftsgrafik*
  Unter dieser Kategorie finden Sie Logos, Berichte, Zertifikate und Beschriftungen.

- *Karten*
  Diese Kategorie enthält Vorlagen, die eher für den Privatgebrauch erstellt wurden. Sie umfaßt unter anderem Grußkarten, Einladungen und Faltkärtchen.

- *Designer-Konturen*
  Faszinierende Konturen sind Thema dieses Bereichs. Verleihen Sie Ihren Bildern damit einen künstlerischen Hauch.

- *Designer-ClipArt*
  In dieser Gruppe sind Strichzeichnungen und andere Grafiken enthalten.

Viele Grafikprogramme sind in der Lage, rechteckige, glatt beschnittene Bilder zu erstellen. Doch die Designer-Konturen von PhotoDraw verwandeln Ihre Fotos in Kunstwerke. Öffnen Sie ein Bild Ihrer Wahl, um dieses Projekt nachzuvollziehen, oder verwenden Sie die von PhotoDraw mitgelieferten Bilder.

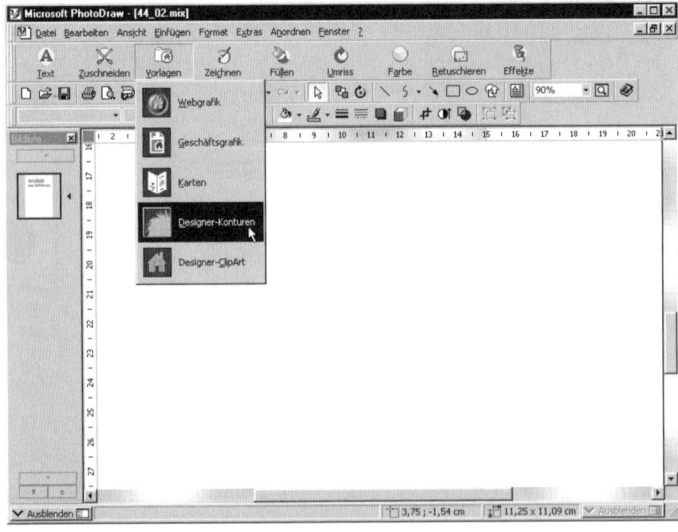

Bild 45.12: Klicken Sie auf den Eintrag Designer-Konturen *aus dem Menü* Vorlagen

Bilder bearbeiten und optimieren

Wählen Sie aus dem visuellen Menü den Eintrag *Vorlagen*. Ein Assistent geht auf. Klicken Sie auf *Designer-Konturen*. Entscheiden Sie sich anschließend für eine Vorlage aus der Bearbeitungsleiste. Für dieses Beispiel wurde die Kontur *Kunst* verwendet. Klicken Sie auf die Schaltfläche *Weiter*.

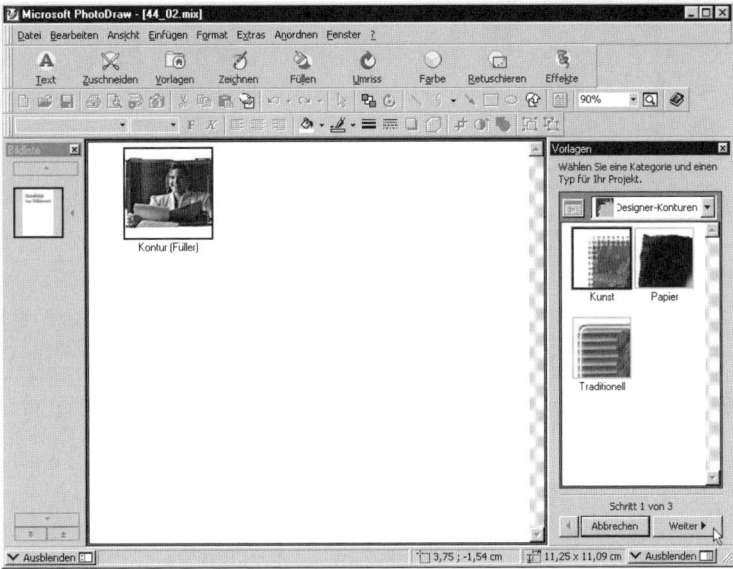

Bild 45.13: *Wählen Sie durch einen Mausklick einen Rahmenstil aus der Bearbeitungsleiste*

Bild 45.14: *Nachdem Sie auf* Weiter *geklickt haben, stehen Ihnen die Schaltflächen* Durchsuchen *und* Bildposition *zur Verfügung*

Im nächsten Schritt laden Sie das Bild Ihrer Wahl in den Rahmen. Klicken Sie dazu auf die Schaltfläche *Durchsuchen*. Suchen Sie Ihr Bild auf der Festplatte, und bestätigen Sie mit *Öffnen*. Das Bild wird importiert.

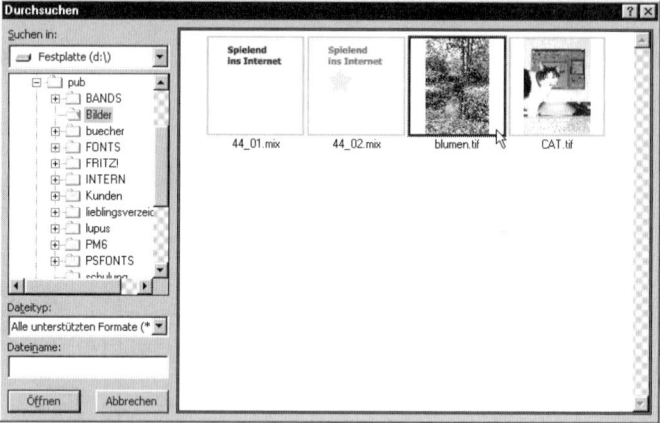

Bild 45.15: Nach einem Klick auf Durchsuchen *läßt sich Ihr Wunschbild laden*

Betätigen Sie die Schaltfläche *Bildposition*. Ein feiner Rahmen repräsentiert die Maße Ihres Bildes. Verschieben Sie das Bild mit der Maus, bis die Lage Ihren Vorstellungen entspricht. Die Schaltfläche *Weiter* führt Sie zu *Schritt 3*. Hier weist Sie PhotoDraw lediglich darauf hin, daß Sie das Bild als MIX-Datei ablegen, für das Web speichern oder drucken können. Klicken Sie auf *Fertigstellen* in der Bearbeitungsleiste.

Bild 45.16: Der Rahmen außerhalb des Bildes zeigt die Ausmaße Ihres Bildes an. Verschieben Sie den Ausschnitt mit der Maus

Bilder bearbeiten und optimieren

Bild 45.17: Ein Klick auf die Schaltfläche Fertigstellen *in der Bearbeitungsleiste generiert das Bild mit Designer-Rahmen*

 Möchten Sie dieses Bild in eine andere Datei einfügen? Markieren Sie es durch einen Mausklick, und wählen Sie Bearbeiten/Kopieren. *Wechseln Sie im Menü* Fenster *zur anderen Datei und wählen Sie* Bearbeiten/Einfügen.

45.4 Die Zeichnen-Funktion

Im visuellen Menü finden Sie unter dem Eintrag *Zeichnen* drei weitere Einträge. Mit deren Hilfe erstellen Sie selbst Linien oder komplexe Objekte. Die Einträge im einzelnen:

- *Zeichnen*
  Wenn Sie den Zeichnen-Modus aktiviert haben, erstellt jeder Mausklick einen Knotenpunkt und verbindet ihn automatisch mit seinem Vorgänger. Die einfachste Form sind Linien, aber auch Polygone lassen sich mit diesem Werkzeug blitzschnell erzeugen.

- *Formen*
  Mit dieser Funktion erstellen Sie geometrische Formen, z.B. Rechtecke und Kreise.

···▸ *Malen*

Das Malen ist ähnlich der Arbeit mit einem echten Pinsel. Jede Mausbewegung wird nachvollzogen.

Für das Beispiel-Plakat soll mit einem Pinsel das Wort »Internet« schwungvoll unterstrichen werden. Wählen Sie dazu die Funktion *Malen* aus dem Menü *Zeichnen*.

Bild 45.18: Verwenden Sie zum Erstellen des Pinselstrichs die Funktion Malen

Ziehen Sie mit der Maus einen Strich unter »Internet«. Klicken Sie auf *Fertigstellen* in der Symbolleiste *Eigene Zeichnung*. Weisen Sie dem Pinselstrich Attribute Ihrer Wahl zu. In der Bearbeitungsleiste finden Sie verschiedene Pinselstile von Aquarell bis Kohle .

 Praktisch: Beim Malen zeigt Ihnen eine feine schwarze Linie den Verlauf der Mausbewegung an. Lassen Sie die Maustaste los, wird dieser Bereich bearbeitet.

Bild 45.19: Bei diesem Unterstrich kam die Pinselspitze Kohle *zum Einsatz*

Bild 45.20: Wechseln Sie in der Katalog-Liste *der Bearbeitungsleiste zum Eintrag* Foto-Pinsel

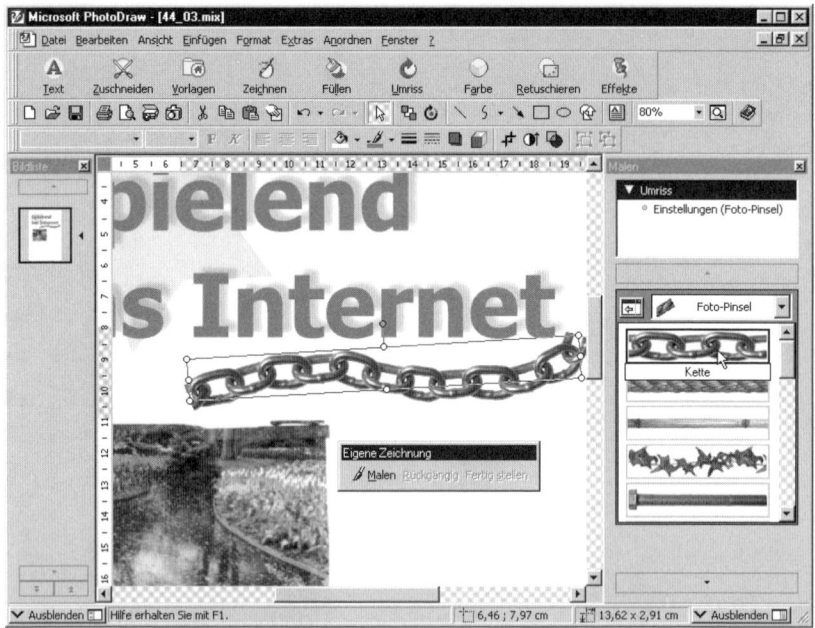

Bild 45.21: Die Foto-Pinsel bieten besonders eindrucksvolle Effekte. PhotoDraw liefert eine große Zahl verschiedener Werkzeugspitzen

 Falls Sie mit der Funktion Zeichnen *ein geschlossenes Objekt zeichnen möchten und den Anfangspunkt nicht finden – kein Problem: Doppelklicken Sie einfach in das Bild, PhotoDraw schließt das Objekt daraufhin automatisch.*

 Sie finden dieses Zwischenergebnis auf der Buch-CD-Rom unter dem Dateinamen B045_03.mix.

45.5 Objekte füllen

Das Plakat soll mit einem Hintergrund versehen werden. Legen Sie dazu zunächst eine Fläche an: Wählen Sie im visuellen Menü *Zeichnen/Formen*. Erstellen Sie ein Rechteck durch Ziehen mit der Maus. Dieses Rechteck soll das Plakat vollständig hinterlegen.

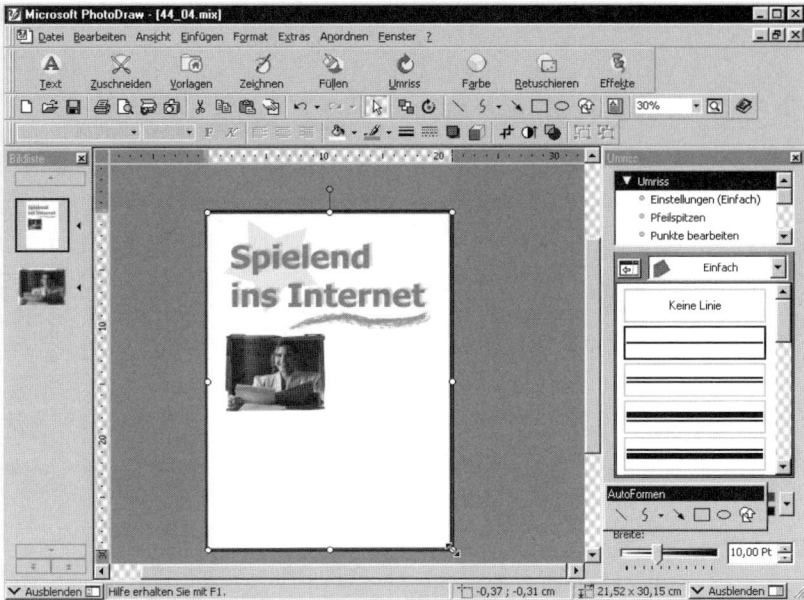

Bild 45.22: Ziehen Sie ein Rechteck auf, das die gesamte Plakatfläche ausfüllt

Klicken Sie in der Kategorie *Umriß* der Bearbeitungsleiste auf das Attribut *Keine Linie*. Anschließend wählen Sie aus dem Visuellen Menü den Eintrag *Füllen* und dann *Designer-Farbverlauf*.

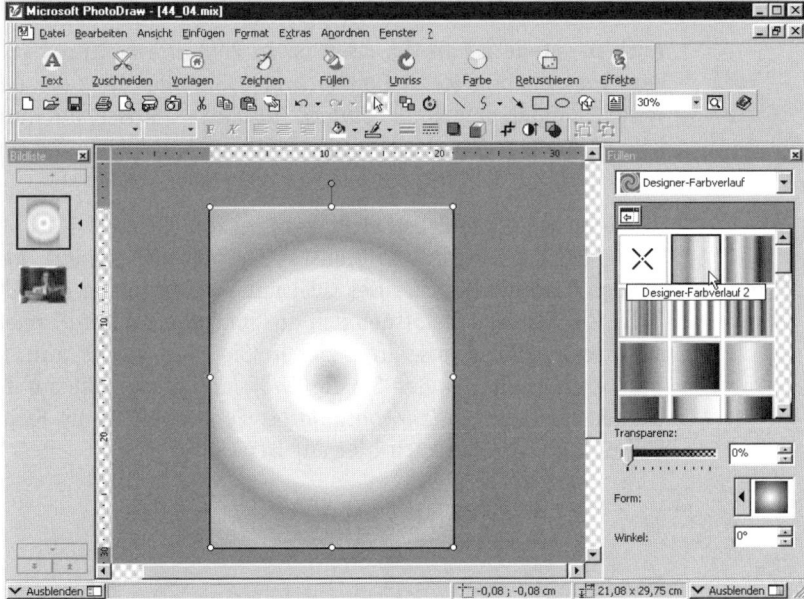

Bild 45.23: Verwenden Sie den Designer-Farbverlauf 2, *und verleihen Sie ihm die Form* Radial

Bild 45.24: Legen Sie die Fläche mit Reihenfolge/ In den Hintergrund *hinter die anderen Objekte des Arrangements*

45.6 Umrisse modifizieren

Auch das Ändern von Umrissen ist in PhotoDraw intuitiv zu bewerkstelligen. Im visuellen Menü *Umriss* finden Sie alles, was Sie dazu brauchen: Weiche Ränder, den Modus *Einfach für* glatte Umrisse, die Kunstpinsel – Sie kennen diese schon aus dem Abschnitt *Zeichnen*. Auch die Foto-Pinsel sind enthalten, mit deren Hilfe zaubern ausgefallene Umrisse.

In die rechte obere Ecke des Plakats wird im Kapitel 45.11, *Dateien importieren,* das Logo des Online-Dienstes **EASY ONLINE** plaziert. Als Hintergrund für das Logo wird ein weißes Oval mit weichem Rand erstellt. Wählen Sie *Zeichnen/Formen* – es öffnet sich die Symbolleiste *AutoFormen*. Klicken Sie auf das Symbol *Ellipse* und ziehen Sie eine solche auf. Rechts in der Bearbeitungsleiste finden Sie die *Farbfelder*. Klicken Sie auf die Farbe *Weiß*. Wählen Sie dann *Füllen/Volltonfarbe*. Es erscheinen die Farbfelder für die Füllung. Klicken Sie auch hier auf *Weiß*.

Bild 45.25: Das Menü Umriss *stellt Ihnen vier verschiedene Modi zur Verfügung*

Bild 45.26: Ziehen Sie eine Ellipse auf und verleihen Sie ihr eine weiße Umriß-Linie

Bild 45.27: Auch die Füllung der Ellipse soll weiß sein, um dem Logo als Hintergrund zu dienen

Bild 45.28: Wählen Sie Umriss/Weicher Rand und definieren Sie diesen dann in einer Stärke von 50%. Drehen Sie das Objekt, indem Sie an dem Drehpunkt oberhalb des Objekts ziehen

Versehen Sie die Ellipse mit einem weichen Rand, indem Sie *Umriss/Weicher Rand* wählen. In der Bearbeitungsleiste erscheint ein Schieberegler zur Definition des Randes. Verschieben Sie ihn auf 50%.

Das Logo soll etwas schräg plaziert werden, klicken und ziehen Sie daher an dem Drehpunkt. Er befindet sich oberhalb des Objekts und hat die Form einer Stecknadel.

 Textobjekte lassen sich ebenfalls mit einem Umriß versehen. Verwenden Sie dafür keine feinen Schriften –die Lesbarkeit leidet sonst deutlich.

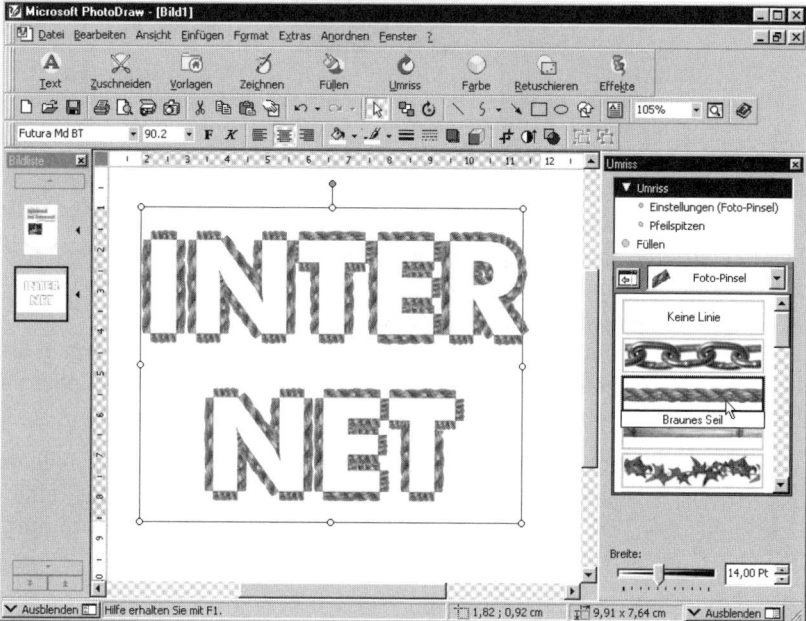

Bild 45.29: Witzige Effekte entstehen, wenn Sie die Schrift mit einem Foto-Pinsel-Umriß versehen

45.7 Mit Farbe arbeiten

Ein besonders wichtiges Kriterium einer Bildbearbeitungssoftware ist die Anpassung von Farben. Sie finden im Menü *Farbe* eine ganze Reihe von Einträgen:

Bild 45.30: Das Menü Farbe bietet komfortable Befehle zur Manipulation von Farben

- *Helligkeit und Kontrast*
  Die Bearbeitungsleiste enthält zwei Regler, mit denen Sie das Bild aufhellen bzw. abdunkeln und Kontraste verstärken oder verringern.

- *Farbe auftragen*
  Diese Funktion ist besonders zum Erzeugen verschiedener Stimmungen geeignet. Geben Sie etwas rot und gelb hinzu, um eine wärmere Bildstimmung zu bewirken. Auch die Stärke der Farbtönung wird hier per Schieberegler eingestellt.

- *Farbton/Sättigung*
  Hier weisen Sie Ihren Fotos oder ClipArts einen bestimmten Farbton zu und Regeln mit Sättigung, wie farbig das Bild wirken soll. Je geringer ein Bild gesättigt ist, desto grauer wirkt es.

- *Tönen*
  Auch mit dieser Funktion färben Sie das Objekt in den Abstufungen einer bestimmten Farbe.

- *Farbausgleich*
  Diese Funktion ist besonders komfortabel zu bedienen. Sie entfernt Farbstiche aus Ihrem Bild. Drei Regler für die Komplementärfarben stehen Ihnen hier zur Verfügung. Falls Ihr Bild einen Rotstich aufweist, schieben Sie einfach den Regler in Richtung der Komplementärfarbe, also Zyan.

Bilder bearbeiten und optimieren

...➢ *Negativ*
Diese Funktion invertiert das Bild und macht aus einem eingescannten Negativ ein herkömmliches Bild.

...➢ *Graustufe*
Hiermit entfärben Sie Ihr Bild. Dies ist beispielsweise sinnvoll, wenn Sie die Datei sowieso auf einem Schwarzweiß-Drucker ausgeben. Das Layout läßt sich besser beurteilen, wenn schon alle Elemente grau erscheinen.

In der Liste *Effekt* der Bearbeitungsleiste steht Ihnen der Befehl *Wiederherstellen* zur Verfügung. Probieren Sie also ruhig die verschiedenen Farbkorrekturen aus – die alte Fassung kann jederzeit rekonstruiert werden.

 Bei den Farbkorrektur-Optionen finden Sie häufig auch Regler für den automatischen Ausgleich. Testen Sie diese Automatik. Die Ergebnisse sind oft sehr gut, so daß Sie manuell nichts mehr verbessern müssen.

Das Bild im Beispielplakat ist leider etwas dunkel geraten. Mit der Funktion *Helligkeit und Kontrast* wird dieses Manko ausgeglichen. Wählen Sie *Farbe/Helligkeit und Kontrast* aus dem visuellen Menü. In der Bearbeitungsleiste verschieben Sie den Helligkeitsregler auf den Wert 37 und den Kontrastregler auf den Wert 7. Sie können die Werte auch direkt in die Felder eintragen und mit ⏎ bestätigen.

Bild 45.31: Hellen Sie das Beispielbild mit diesen Einstellungen auf, und erhöhen Sie den Kontrast

Bei sämtlichen Modi zur Farbkorrektur steht Ihnen auch der Modus Korrigieren durch Malen *zur Verfügung. Hierbei färben Sie nicht das gesamte Bild, sondern lediglich die Bereiche, die Sie mit der Maus berühren.*

45.8 Retuschieren von Bildteilen

Auch der Menüpunkt *Retuschieren* ist für die Bildbearbeitung von höchster Bedeutung. Sie finden hier wichtige Funktion, die häufig Anwendung finden. Die Funktionen sind im einzelnen:

- *Rote-Augen-Effekt*
  Sie kennen das Problem: Beim Fotografieren mit Blitz entstehen auf der Aufnahme manchmal rote Augen. Diese sind mit dem Rote-Augen-Effekt leicht zu entfernen.

- *Fusseln und Flecken entfernen*
  PhotoDraw erkennt Störungen wie Fusseln und entfernt diese. Kontrollieren Sie in jedem Fall, ob dabei eine zu starke Weichzeichnung auftritt.

- *Weichzeichner*
  Dieser Effekt taucht Ihr Bild in leichten Nebel. So nehmen Sie überscharfen Bildern etwas an Härte.

- *Kratzer entfernen*
  Diese Funktion ähnelt in Ihrem Ergebnis dem *Fusseln und Flecken entfernen,* doch ist die Fehlersuche eher auf längliche Störungen ausgelegt als auf runde.

- *Klonen*
  Ein Werkzeug, das in keinem Bildbearbeitungsprogramm fehlen darf. Mit ihm überdecken Sie fehlerhafte Bildbereiche durch partielles Kopieren korrekter Bereiche mit ähnlicher Farbwirkung.

- *Verwischen*
  Dieser Effekt kommt einem Verwischen von nasser Farbe gleich. Ein witziger Effekt, wenn er beispielsweise auf den Bildhintergrund angewendet wird.

- *Löschen*
  Dies ist das Radiergummi unter den Werkzeugen. Entfernen Sie damit einfach überflüssige Bildbereiche.

Bilder bearbeiten und optimieren

Bild 45.32: *Das Menü Retuschieren birgt wichtige Funktionen für die Bildbearbeitung*

Im Beispielbild soll besonderes Augenmerk auf die abgebildete Person gelenkt werden. Vorder- und Hintergrund werden daher etwas verwischt.

Aktivieren Sie den Befehl *Retuschieren/Verwischen*. Stellen Sie die Menge auf den Wert *50*. Wählen Sie einen weichen runden Pinsel aus dem Katalog. Malen Sie mit gehaltener linker Maustaste durch das Bild. Sind Sie mit der Bearbeitung zufrieden, klicken Sie auf die Schaltfläche *Fertig stellen* in der Symbolleiste *Farbe retuschieren*.

 Falls Sie einmal falsche Bildteile übermalt haben, klicken Sie auf die Schaltfläche Wiederherstellen *in der Symbolleiste* Farbe retuschieren. *Übermalen Sie die versehentlich verwischten Bereiche.*

831

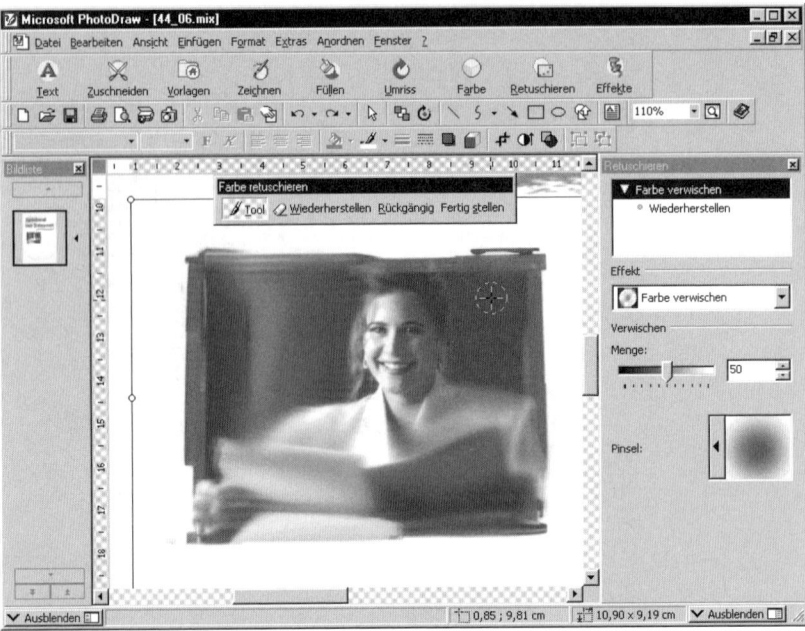

Bild 45.33: Alle Bildbereiche bis auf das Gesicht wurden verwischt. So konzentriert sich der Betrachter ausschließlich auf das Gesicht der Person

45.9 Effekte einsetzen

Das Menü *Effekte* birgt die spannendsten Filter. Eine große Zahl an Designer-Effekten ist hier versteckt. Mit wenigen Mausklicks wird aus Ihrem Foto ein Gemälde. Auch die Schatteneffekte finden Sie hier.

- *Schatten*
  Hier finden Sie Schatten in unterschiedlichsten Ausrichtungen.

- *Transparenz*
  Eine Teiltransparenz bewirkt interessante Effekte, wenn der Hintergrund für diesen Filter geeignet ist.

- *Ausbleichen*
  Hierbei verschmilzt das Objekt verlaufsförmig mit dem Hintergrund. Sie können Start- und Endpunkt und auch die Form des Bleicheffekts festlegen.

- *Unscharf/Scharf*
  Per Schieberegler ändern Sie komfortabel den Schärfegrad eines Bildes.

- *Plug-Ins*
  Hier finden Sie die verschiedene Plug-Ins für PhotoDraw.

Plug-Ins
... sind externe Filterprogramme oder Programmerweiterungen. Durch Plug-Ins lassen sich zusätzliche Programmfunktionen durch Module externer Anbieter hinzufügen.

⋯⋫ *Verzerren*
Für lustige Effekte verzerren Sie Ihre Bilder beispielsweise in Form eines Wirbels.

⋯⋫ *3D*
Wie im wahren Leben: verleihen Sie Ihren Grafiken hier ganz besondere dreidimensionale Effekte.

⋯⋫ *Designer-Effekte*
Eine große Anzahl an Effekten finden Sie in unter diesem Menüpunkt versteckt. Behandeln Sie Ihre Bilder mit Mal- und Zeicheneffekten.

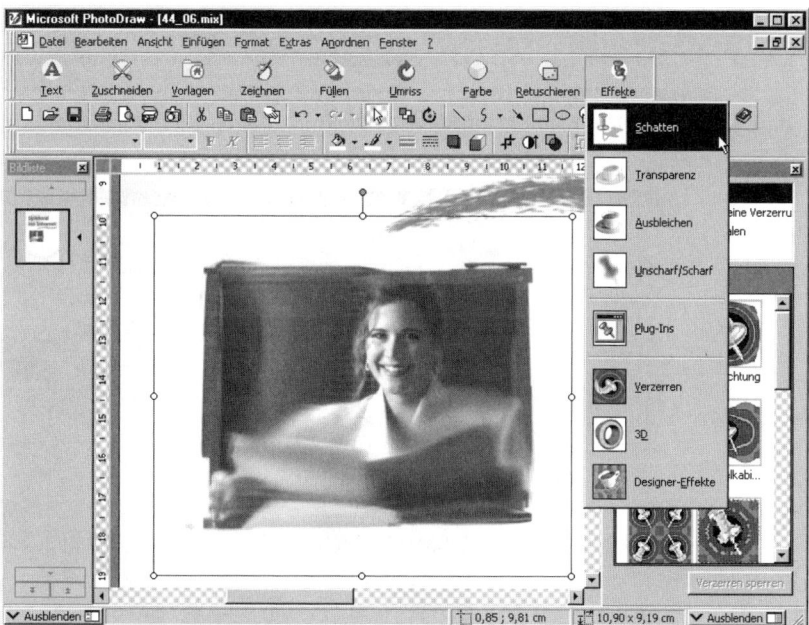

Bild 45.34: Das Menü Effekte enthält so aufsehenerregende Filter, daß es sich lohnt, alle einmal auszuprobieren

Besonders praktisch: Eingesetzte Effekte können jederzeit mit einem Klick auf die Schaltfläche Kein Effekt *widerrufen werden.*

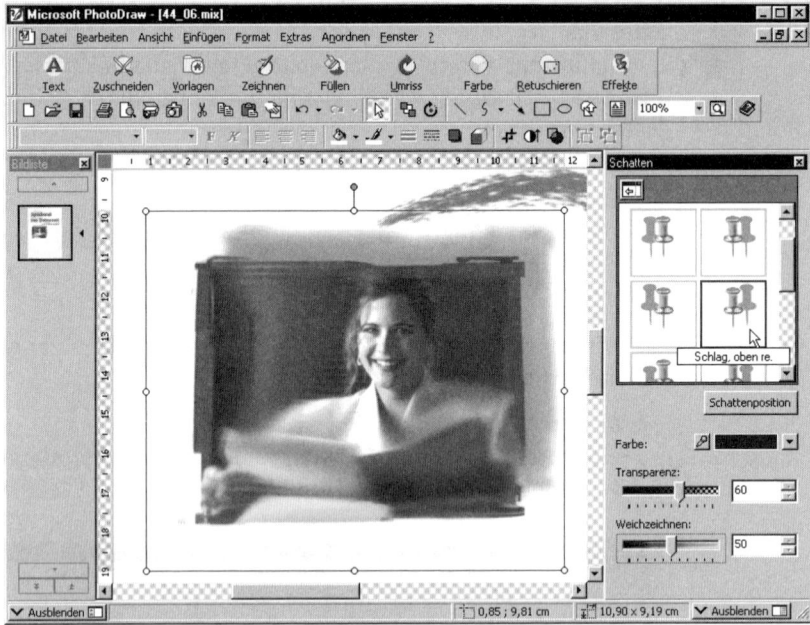

Bild 45.35: Schatten sind in PhotoDraw auch für Bilder schnell generiert

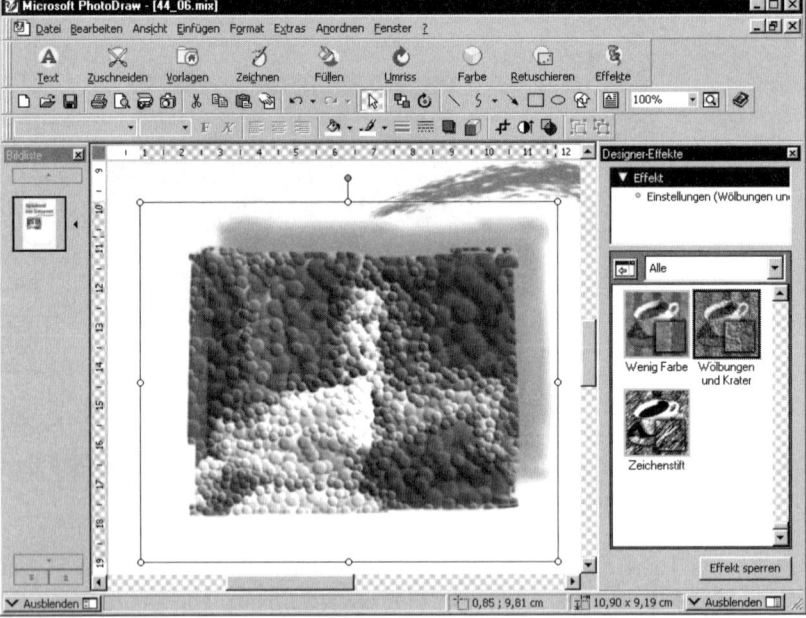

Bild 45.36: Der Effekt Wölbungen und Krater *wirkt so stark, daß Fotos zwar kaum noch zu erkennen sind, aber er läßt sich gut zum Generieren eines Hintergrundes einsetzen*

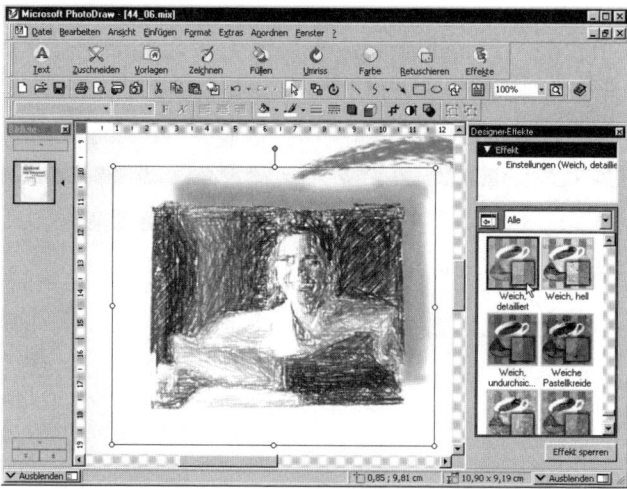

Bild 45.37: Der Effekt Weich, detailliert macht aus Ihrer Fotografie eine Buntstift-Skizze

45.10 Anordnen und Gruppieren

Objekte mit bloßen Auge exakt auf die Seitenmitte auszurichten ist leider fast unmöglich. Geringe Unstimmigkeiten erkennt das Auge sofort. Aus dieser Misere hilft PhotoDraw mit seinen Ausrichten-Funktionen.

Erstellen Sie mehrere beliebige Objekte. Markieren Sie alle Objekte, indem Sie zuerst eines anklicken, dann die ⇧-Taste gedrückt halten und das nächste anklicken. Wählen Sie jeweils *Anordnen/Ausrichten/Zentriert*. So verschieben Sie sämtliche Objekte auf die Seitenmitte.

Bild 45.38: So genau wie die Ausrichten-Funktion kann das menschliche Auge leider nicht positionieren

Haben Sie Objekte erstellt, die unbedingt zusammengehören – z.B. der Rahmen und der Ankündigungstext darin – so verhindern Sie durch gruppieren, daß die Objekte gegeneinander verschoben werden. Wählen Sie *Anordnen/Gruppieren*.

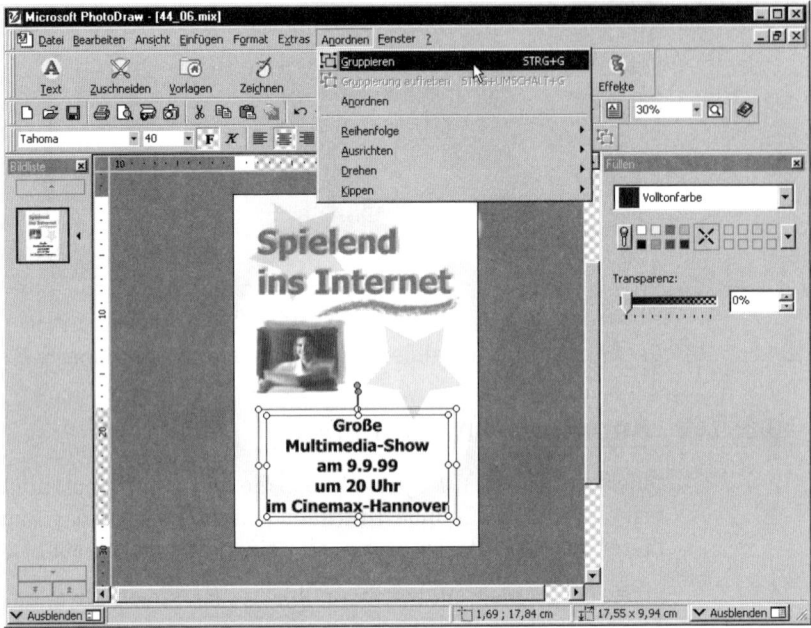

Bild 45.39: Die Gruppieren-Funktion verbindet Objekte miteinander, so sind sie nicht mehr getrennt voneinander zu verschieben

45.11 Dateien importieren

Die Funktionen zum Einfügen von Dateien verhalten sich genauso wie in Word. Sie sind im Menü *Einfügen* der *Standard-Menüleiste* zusammengefaßt. Wählen Sie *Einfügen/Aus Datei*, um das Logo einzufügen. Es hat den Namen LOGO.WMF und befindet sich auf der Buch-CD-Rom.

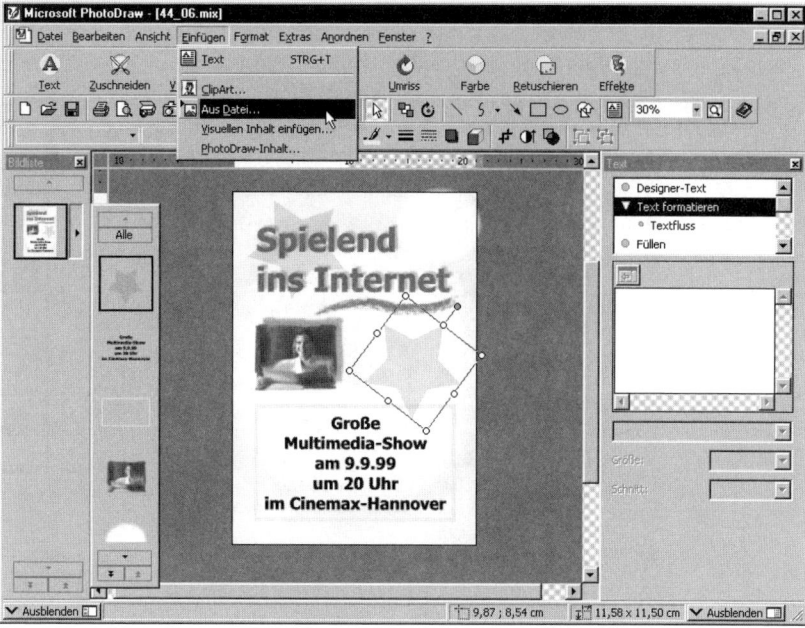

Bild 45.40: Wählen Sie Einfügen/Aus Datei, um eine Grafik zu importieren. Diese Funktion kennen Sie schon aus den anderen Office-Applikationen

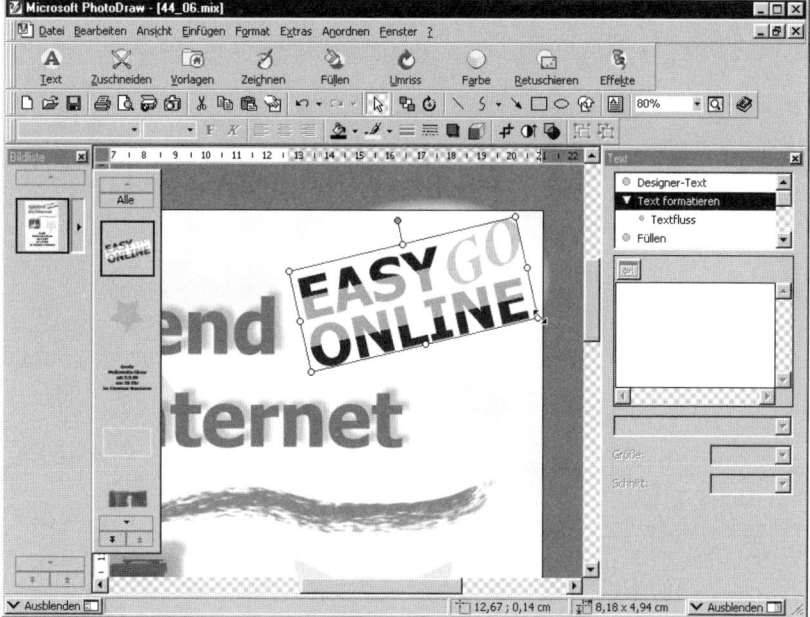

Bild 45.41: Drehen Sie das Logo ebenso wie den Freisteller darunter. Verwenden Sie dafür den grün gekennzeichneten Drehpunkt oberhalb des Objekts

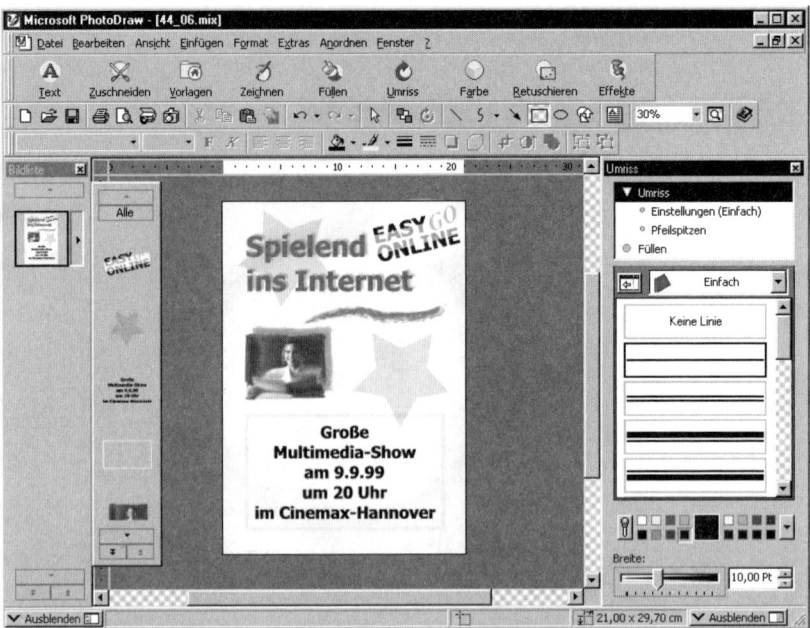

Bild 45.42: Das Plakat ist fertig, die Multimedia-Show kann beginnen

Publisher
Office 2000

Mit dem Publisher beweist Microsoft, daß auch eine leistungsfähige Satz-Software einfach zu bedienen ist. Informieren Sie sich über die Funktionen des Programms auf dem Weg vom Programmstart bis zum Druck der fertigen Publikation.

8

46. Tolle Druckstücke schnell gestalten

Bei der Gestaltung von Druckstücken hat Publisher 2000 eine Reihe von Vorteilen gegenüber Word 2000. Die Arbeit mit Text und Graphiken basiert hier auf Rahmen, die sich frei verschieben und sogar überlagern lassen. Menüstrukturen und Symbolleisten orientieren sich an den anderen Office-Applikationen, so daß Sie sich schnell zurechtfinden.

46.1 Der Publisher-Bildschirm

Publisher 2000 begrüßt Sie nach dem Start mit dem *Microsoft Publisher Katalog*. Hier entscheiden Sie, ob Sie *Publikationen nach Assistent*, *Publikationen nach Design* oder eine *Leere Publikation* erstellen möchten. Da auf die Arbeit mit den Assistenten später eingegangen wird, wählen Sie zunächst *Leere Publikation*. In der folgenden Dialogbox klicken Sie auf *Erstellen*. Sie erhalten eine neue Seite.

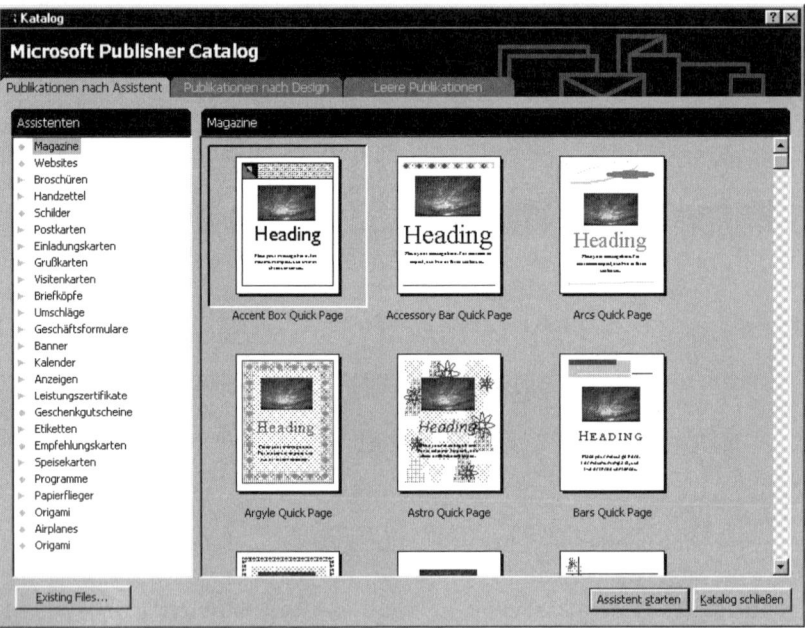

Bild 46.1: Die Begrüßungsseite des Publisher 2000: Wählen Sie zwischen Publikationen nach Assistent, Publikationen nach Design *oder* Leere Publikation

 Im Lieferumfang vom Publisher finden Sie nicht nur das reine Programm, sondern eine Fülle hilfreicher Zugaben. Ein echtes Highlight bilden die vielen ClipArts, Fotos und Schriftarten. Design-Vorlagen, Zierrahmen und Hintergründe verhelfen Ihnen schnell zu außerordentlichen Ergebnissen.

Für Besitzer der IntelliMouse interessant: Das Drehen am Rad vergrößert oder verkleinert die Darstellung.

Auch wenn Sie viele Menübefehle, Symbolleisten und Symbole schon aus den anderen Office-Applikationen kennen, das Programmkonzept bewirkt grundlegende Bedienungsunterschiede.

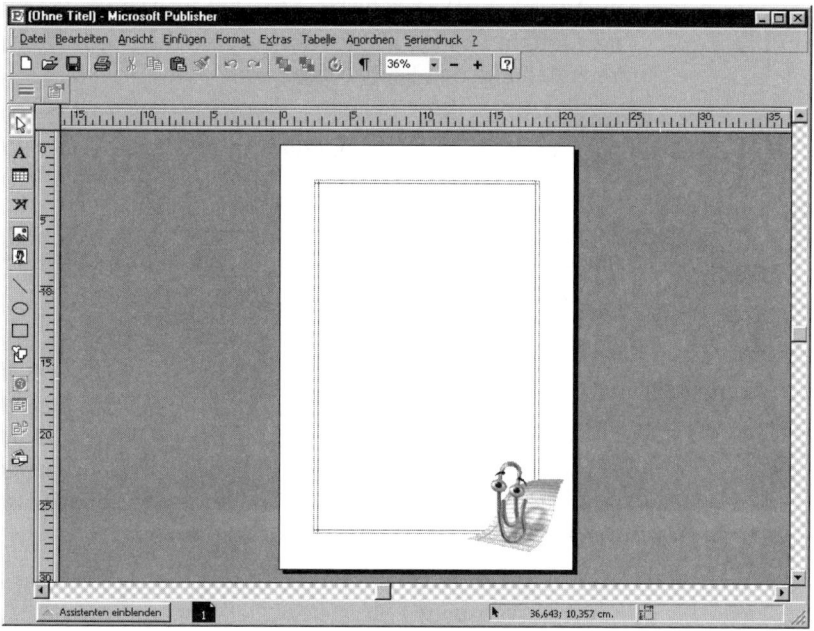

Bild 46.2: Die wichtigsten Elemente des Publisher-Bildschirms

⋯▸ *Menüzeile*
Die Menüzeile ist, wie in den anderen Office-Applikationen auch, frei zu verschieben.

 Interessant für schnelles Arbeiten: Wählen Sie Ansicht/Symbolleisten/Optionen. *In dieser Dialogbox steckt die Option* Tastenkombination in QuickInfo anzeigen. *Wenn Sie dieses Kontrollkästchen aktivieren, zeigt Ihnen der Publisher die jeweilige Tastenkombination zu den Befehlen. So lernen Sie diese schnell und beschleunigen Ihre Arbeit.*

⋯▸ *Standard-Symbolleiste*
Die Symbole dieser Leiste kennen Sie zum großen Teil. Hier sind die Grundfunktionen *Neu, Öffnen, Speichern, Drucken* und die bekannten Zwischenablagefunktionen *Ausschneiden, Kopieren und Einfügen* angeordnet. Auch Symbole für die Formatübertragung, Rücknahme, das Wiederherstellen und zwei Schaltflächen zur Veränderung der Lage im Raum

(Vorder- oder Hintergrund) sind hier angeordnet. Außerdem finden Sie benutzerdefiniertes Drehen, Anzeigen von nichtdruckbaren Zeichen, ein Eingabefeld für den Zoomfaktor, zwei Schaltflächen zum schrittweisen Vergrößern und Verkleinern und natürlich den Office-Assistenten.

- *Format-Symbolleiste*
  Die Format-Symbolleiste befindet sich zunächst unterhalb der Standard-Symbole. Ihr Inhalt ändert sich je nach gewähltem Werkzeug oder markiertem Objekt. Wählen Sie die verschiedenen Werkzeuge, um die Veränderungen zu beobachten.

- *Lineale*
  Die Lineale dienen dem Messen von Distanzen oder Objekten. Gleichzeitig sind Sie der Ursprung für Linealführungslinien.

- *Werkzeugleiste*
  Die Werkzeugleiste beherbergt die interaktiven Hilfsmittel. Die Wahl des Werkzeugs entscheidet über die aktuell möglichen Funktionen.

- *Arbeitsbereich*
  Auf dem Arbeitsbereich findet die gestalterische Arbeit statt. Dabei müssen Sie zwischen der Dokumentseite und der Arbeitsfläche unterscheiden. Alles, was auf der Dokumentseite liegt, wird mit dieser Seite ausgedruckt. Alles, was im grauen Bereich daneben angeordnet ist, erscheint im Ausdruck nicht. So fungiert dieser Bereich als Ablagefläche, welche für alle Dokumentseiten identisch ist.

  Diese Technik ist gerade für die Gestaltung mehrseitiger Publikationen sinnvoll: Verwenden Sie die Ablagefläche als Zwischenlager für häufig benötigte Grafiken. Auch Bilder Ihrer Publikation finden hier Platz, bis sie bei Bedarf auf die Dokumentseite wandern.

Auf der grauen Arbeitsfläche lassen sich z.B. stets wiederkehrende Grafikelemente ablegen. So sind die wichtigsten Gestaltungsmittel stets neben der eigentlichen Dokumentseite erreichbar, der Aufwand zum Öffnen und Importieren dieser Elemente wird deutlich reduziert.

- *Statuszeile*
  Die Statuszeile zeigt nicht nur eine Reihe nützlicher Informationen an – z.B. die aktuelle Mausposition bezüglich des Lineal-Nullpunktes –, sondern bietet auch gleich noch eine Reihe von Hilfen. Hier ist z.B. ein Navigationsbereich angeordnet, mit dem Sie blitzschnell durch das Dokument blättern können. Auch die Hilfefunktion und die Darstellungsgröße sind mit Steuerelementen vertreten.

Die einzelnen Bildschirmelemente lassen sich über Ansicht/Symbolleisten *ein- oder ausblenden. Ein rechter Mausklick auf eine beliebige Symbolleiste öffnet ein Kontextmenü zum schnellen aufrufen oder ausblenden der Symbolleisten.*

46.2 Die Werkzeuge

Auch wenn Sie viele Werkzeuge schon in anderen Office-Applikationen kennengelernt haben: Im Publisher geht nichts ohne die vorherige Wahl des richtigen Hilfsmittels. Obwohl das Programm in einigen Fällen selbständig das entsprechende Werkzeug aktiviert, ist die Kenntnis der Funktionen elementar wichtig.

 Element markieren
Dieses Werkzeug ist in der Lage, beliebige Elemente zu markieren. Klicken Sie erst auf die Werkzeugschaltfläche und dann auf das zu markierende Objekt. Das Klicken mit gehaltener ⇧ - oder Strg -Taste markiert mehrere Objekte nacheinander oder nimmt eine Selektion zurück. Markierte Objekte werden mit acht Kästchen, dem sogenannten Markierungsrechteck, versehen.

Dieses Werkzeug kommt auch zum Einsatz, um Objekte zu verschieben, zu formatieren oder deren Größe zu ändern.

Bild 46.3: Der feine Rahmen zeigt Ihnen, daß beide Objekte markiert sind

Wenn Sie vergeblich versuchen, ein Objekt zu markieren, dafür aber immer ein anderes hervorgehoben wird, müssen Sie die Lage im Raum verändern. Der Publisher markiert immer das an oberster Position liegende Element. Um ein Objekt in den Hintergrund zu bringen, wählen Sie Anordnen/Eine Ebene nach hinten.

Text
Das Text-Werkzeug legt neue Textrahmen an. Ziehen Sie mit der Maus ein Rechteck auf – sofort erscheint der Textcursor, und Sie können mit der Texterfassung beginnen.

Tabelle
Mit diesem Werkzeug lassen sich Tabellen in das Druckstück integrieren. Auch hier wird zunächst wieder ein Rahmen aufgezogen. Jetzt erscheint die Dialogbox *Tabelle erstellen,* in der nicht nur die Zeilen- und Spaltenanzahl, sondern auch noch ein vordefiniertes Layout gewählt werden kann.

WordArt
WordArt ist auch hier ein Modul, das Texten besondere Effekte zuweist. Wieder ziehen Sie einen Rahmen auf. Es erscheint eine Dialogbox, die den Text aufnimmt. Anschließend stehen Steuerelemente in der Format-Symbolleiste zur Verfügung.

Grafik
Dieses Werkzeug verhält sich ähnlich dem Werkzeug *Text.* Es fügt einen Grafikrahmen in das Dokument ein. In diesen Rahmen wird anschließend die Graphik importiert.

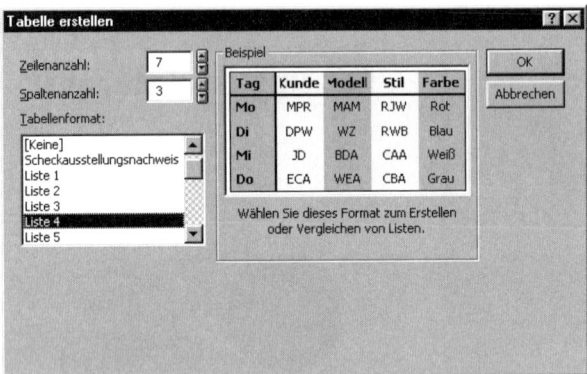

Bild 46.4: Tabellen lassen sich direkt bei der Erstellung formatieren

ClipArt-Gallery
Ziehen Sie mit diesem Werkzeug einen Rahmen auf, so wird automatisch die ClipArt-Gallery aufgerufen. Ein Mausklick wählt eine ClipArt aus und öffnet ein Kontextmenü. Hier bestimmen Sie, ob Sie das Bild einfügen, eine Vorschau ansehen möchten, es zu Favoriten hinzufügen oder eine ähnliche ClipArt suchen möchten.

Linie
Mit diesem Werkzeug lassen sich Linien zeichnen. Wird dabei ⇧ gehalten, sind nur Winkellagen in 45°-Schritten zu erzielen. Mit gehaltener Strg-Taste wird die Linie in die der Mausbewegung entgegengesetzte Richtung verlängert.

 Oval
Das Oval erstellt entweder eine Ellipse oder – mit gedrückter ⇧-Taste – einen Kreis.

 Rechteck
Das Rechteck erstellt entweder ein Rechteck oder – wieder mit gedrückter ⇧-Taste – ein Quadrat.

Benutzerdefinierte Formen
Die benutzerdefinierten Formen sind einfache Grundobjekte, z.B. Pfeile oder Sterne. Ein Klick auf das Werkzeug öffnet ein Fenster mit allen Formen. Wählen Sie eine Form, und ziehen Sie wieder ein Rechteck auf der Arbeitsfläche auf.

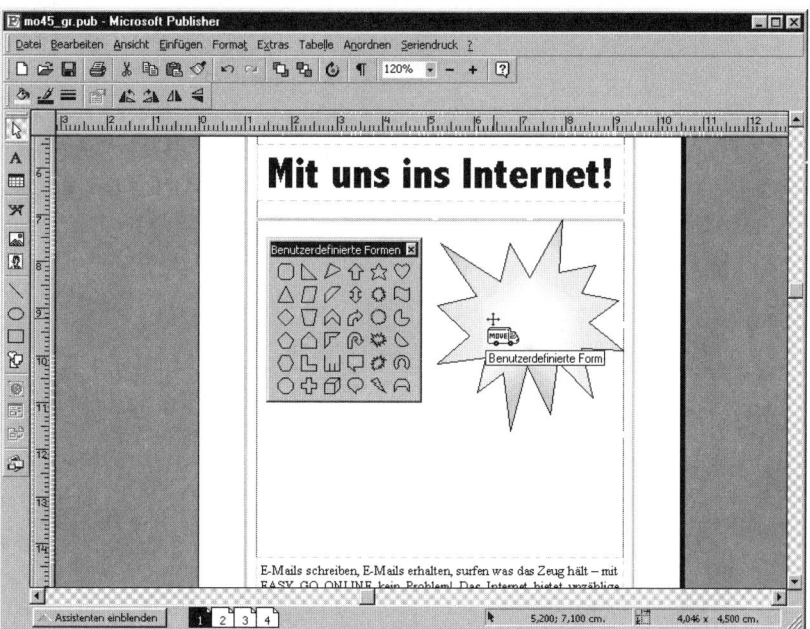

Bild 46.5: *Eine* Benutzerdefinierte Form, *als Blickfangpunkt mit einem Farbverlauf versehen*

 HotSpot
Dieses Werkzeug erstellt Hyperlinks innerhalb einer bestimmten Region eines Objekts.

 Formular-Steuerelement
Ihre Formulare haben Sie mit dem Formular-Steuerelement im Griff.

HTML-Code-Fragment
Das Werkzeug für ihr Web-Design.

 Design Gallery
Die *Design Gallery* ist das Schmuckstück des Publisher. Hier finden Sie eine ganze Reihe von vorgefertigten Designelementen für jeden Zweck: weitere Kalendervorlagen, besonders gestaltete Überschriften, Design-Vorschläge für E-Mail-Buttons und Web-Trennlinien – die Grafiker bei Microsoft haben hier ganze Arbeit geleistet. Wählen Sie Ihr Wunschelement, und klicken Sie auf *Objekt einfügen*. Die Schaltfläche *Weitere Designs* öffnet ein Menü, das einen Zugriff auf weitere Design-Bibliotheken und die Möglichkeit zum Hinzufügen eigener Objekte bietet.

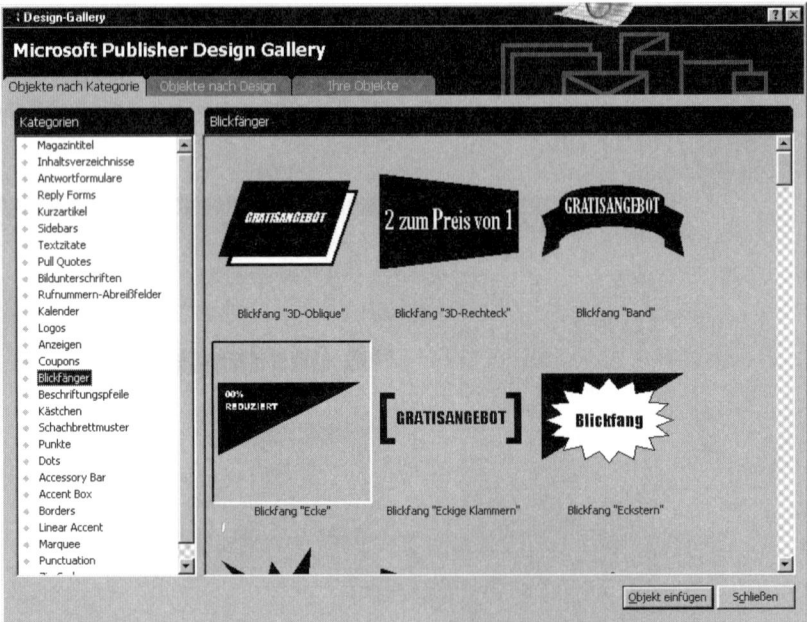

Bild 46.6: *Die* Design Gallery *enthält eine Vielzahl sorgfältig gestalteter Objekte*

 Die ⇧ *- und die* Strg *-Taste haben eine besondere Wirkung: Die* ⇧ *-Taste wirkt einschränkend. Sie macht aus einem Rechteck ein Quadrat, aus einer Ellipse einen Kreis und sorgt auch dafür, daß die benutzerdefinierten Formen nicht proportional verzerrt werden. Mit gehaltener Taste* Strg *verhält sich der Publisher bei einigen Werkzeugen so, als wäre der Klick zum Zeichnungsstart der Mittelpunkt des resultierenden Objektes. Dann wird das neue Objekt praktisch von der Mitte aus aufgebaut.*

Positionierhilfen

Wenn Objekte manuell positioniert werden sollen, sind Positionierhilfen nötig. Der Publisher beherrscht einige Funktionen, mit denen Textrahmen, Grafikrahmen oder auch Grundelemente aneinander oder exakt auf der Seite plaziert werden können.

An diese Hilfsmittel gelangen Sie mit dem Menü *Anordnen*. Sie verhalten sich »magnetisch« und ziehen Objekte an, die in ihre Nähe geschoben werden. Positionierhilfen erscheinen im Ausdruck nicht. Der Publisher kennt drei verschiedene Positionierhilfen:

- Führungslinien gliedern die Seite gleichmäßig. Sie erscheinen rosa, mit *Anordnen/Führungslinien* lassen sich Seitenränder und gleichmäßige Unterteilungen vorgeben.

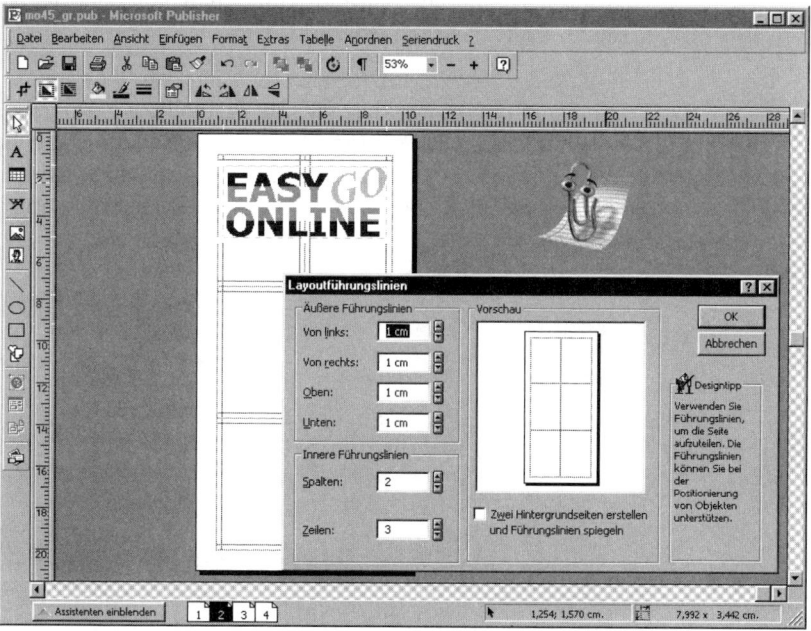

Bild 46.7: Führungslinien unterteilen die Seiten in Zeilen und Spalten. Mit drei inneren Führungslinien erhalten Sie eine vierspaltige Struktur

Auf den Hintergrundseiten plazieren Sie Elemente, die auf jeder Seite erscheinen sollen. Dies sind beispielsweise Seitenzahlen oder Schmuckelemente. Sie erreichen die Hintergrundseiten mit Ansicht/Zur Hintergrundseite wechseln. Möchten Sie auf einzelnen Seiten – etwa der Titelseite einer Broschüre – die Hintergrundelemente ausblenden, wählen Sie Ansicht/Hintergrundseite ignorieren.

Durch Anklicken des Kontrollfeldes Zwei Hintergrundseiten... *lassen sich doppelseitige Layouts mit gespiegelten Seiten generieren.*

> Der zweite Typ sind Linealführungslinien. Diese lassen sich mit *Anordnen/Lineale* und Wahl einer Richtung relativ zum Seitenrand definieren oder einfacher mit gehaltener ⇧-Taste aus den Linealen ziehen. Sie erscheinen grün auf der Dokumentseite und lassen sich auch manuell verschieben, indem Sie sie mit gehaltener ⇧-Taste an eine neue Position bewegen. Das Verschieben über die Ränder der Dokumentseite hinaus löscht eine Hilfslinie.
>
> Das Menü *Ansicht* steuert die Darstellung der Hilfslinien. Mit dem Befehl *Hilfslinien ein-/ausblenden* werden diese dargestellt oder unterdrückt. Mit ausgeschalteten Hilfslinien läßt sich die Gestaltung vor dem Ausdruck besser überprüfen.
>
> *Anordnen/Objekte ausrichten* steht nur zur Verfügung, wenn mindestens ein Objekt markiert ist. Die Dialogbox *Objekte ausrichten* erlaubt – bei mehreren markierten Objekten – eine Anordnung bezüglich einer waagerechten oder senkrechten Begrenzung. Das Kontrollfeld *An den Seitenrändern ausrichten* verschiebt die Elemente relativ zur Seiteneinteilung.

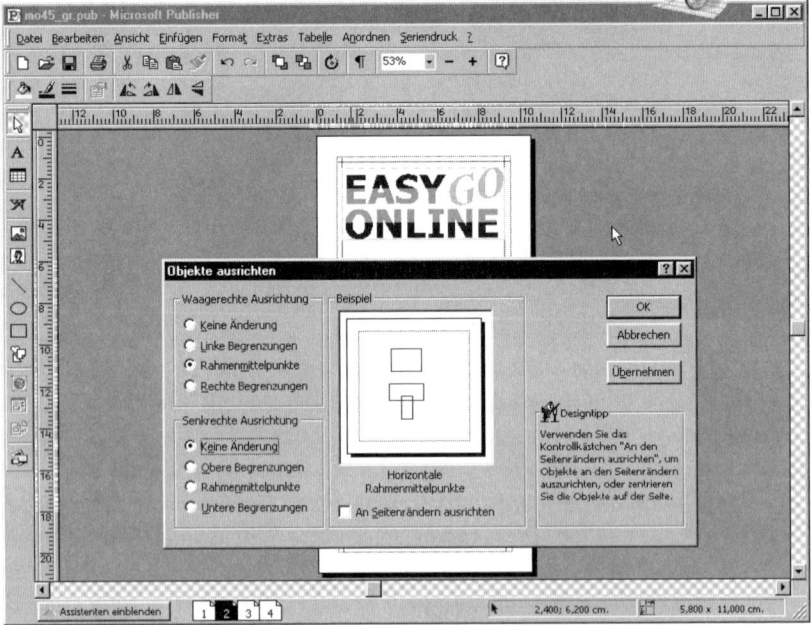

Bild 46.8: Die Dialogbox Objekte ausrichten *kann Ausrichtungen in waagerechter oder senkrechter Richtung vornehmen*

...҉ Zusätzlich läßt sich auch noch ein Objekt-Magnetismus einstellen, der direkte Plazierungen von Objekten erheblich vereinfacht. Objekte werden dann beim Verschieben von anderen stationären Elemente magnetisch angezogen, sobald sie in die Nähe kommen. Sie finden die Funktion im Menü *Extras* unter *Objektausrichtung*.

...҉ Ein übriges tut die Funktion *Teilstrichausrichtung*, die im Menü *Extra* aktiviert wird. Mit aktiver Teilstrichausrichtung begrenzt der Publisher Mausbewegungen beim Erstellen oder Verschieben von Objekten und Rahmen auf die gerade sichtbaren Linealeinteilungen.

46.3 Eine neue Publikation anlegen

Beim Neuerstellen von Publisher-Dateien geht Microsoft konsequent den Weg der Vereinfachung. Statt einer einfachen Dialogbox unterstützt Sie dabei ein ausgeklügeltes Assistentensystem. Wie üblich ruft der Befehl *Datei/Neu* diese Funktion auf. Sofort erscheint der Assistent. Er bietet drei Register:

Stellen Sie vor Beginn der eigentlichen Arbeiten den letztendlich geplanten Drucker ein. Die Textanordnung orientiert sich z.B. an der maximalen Druckerauflösung und schlägt bei einer Änderung eine Anpassung des Textumbruchs vor – mit der Konsequenz, daß Sie den Text noch einmal kontrollieren müssen, um vor unliebsamen Überraschungen gefeit zu sein.

...҉ *Publikation nach Assistent*
Dieses Register bietet zunächst 25 Kategorien an. Die Wahl einer Kategorie führt zu weiteren Dialogboxen, die Schritt für Schritt die benötigten Grunddaten abfragen.

...҉ *Publikation nach Design*
Hier finden Sie sieben Set-Kategorien. Jedes Set umfaßt zueinander passende Druckstücke für jeden Bedarf. Wählen Sie beispielsweise aus dem *Restaurant-Set* das Design *Muscheln*. Daraufhin finden Sie Menükarten, Tageskarten und Weinkarten in gleicher Gestaltung.

...҉ *Leere Publikationen*

Dieses Register kann leere Dokumentseiten anlegen. Doch damit begnügt sich Microsoft nicht: Durch Anklicken einer Vorschauabbildung werden automatisch Dokumente für bestimmte Anwendungsfälle erzeugt. Selbst die Plazierung gegenüberliegender Seiten oder das Anordnen mehrerer Druckstücke nimmt Ihnen der Publisher ab. Über zwei Schaltflächen lassen sich benutzerdefinierte Seiten bzw. Web-Seiten erstellen.

Die *Publikation nach Assistent*, sowie die *Publikaton nach Design* enthalten neben den gestalterischen Elementen Platzhalter, in denen Sie Ihre persönlichen Daten eingeben.

 Corporate Design leicht gemacht. Mit den Publikationen nach Design *erstellen Sie schnell verschiedene Druckstücke, in denen Farben und Schmuckelemente aufeinander abgestimmt sind.*

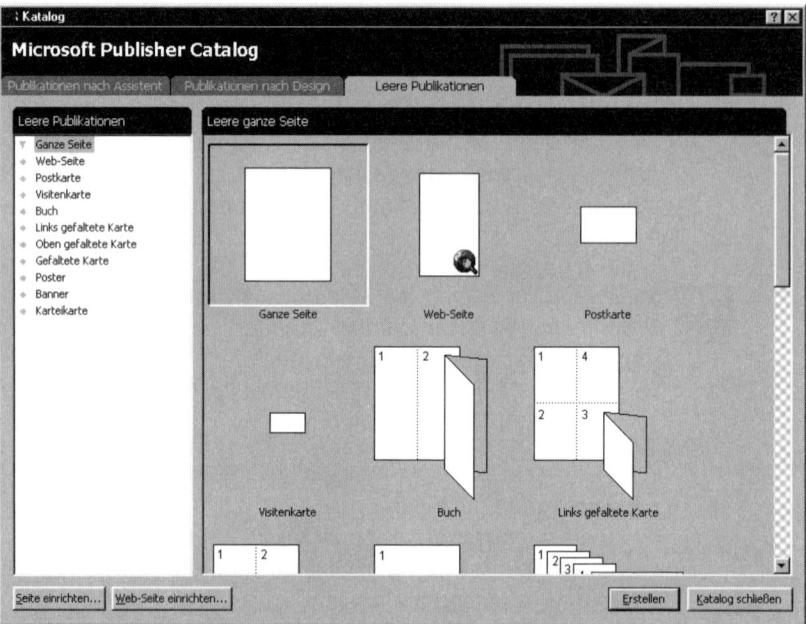

Bild 46.9: Mit Zeichnungen weist der Publisher auf den zu erzeugenden Dokumenttyp hin

 Ein Klick auf die Schaltfläche Neu *legt direkt eine leere Datei an. Der Befehl* Datei/Neu *hingegen ruft den Katalog auf.*

Besonders für den Einstieg sollten Sie auf die Assistenten nicht verzichten. Sie nehmen Ihnen nämlich eine wichtige Aufgabe ab: Der Aufbau der Seiten und die Positionierung der wichtigsten Elemente bieten eine gute Grundlage für eigene Layouts und umfangreiches Anschauungsmaterial. Am Beispiel einer Broschüre wird die Vorgehensweise erläutert.

Tolle Druckstücke schnell gestalten

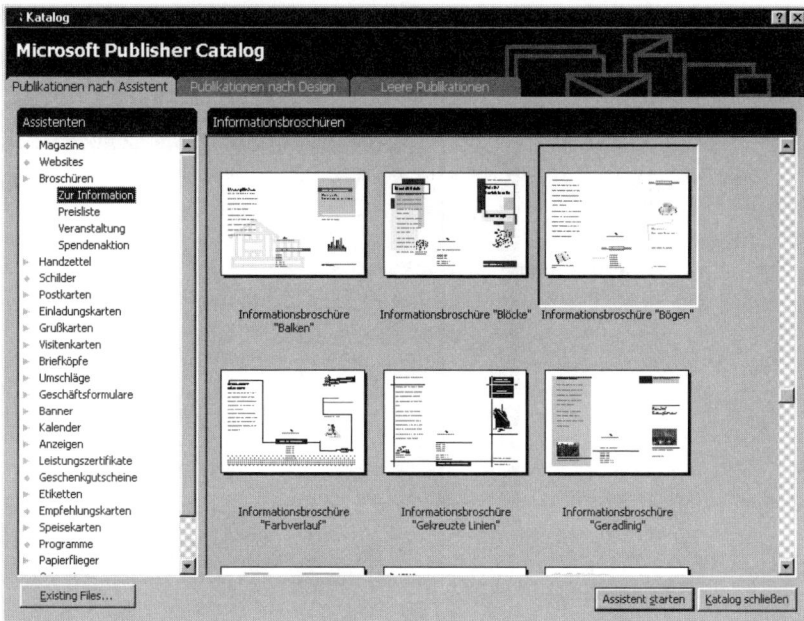

Bild 46.10: Nachdem Sie Datei/Neu aufgerufen haben, wählen Sie eine Kategorie aus dem Katalog. Klicken Sie doppelt auf das Layout Ihrer Wahl. In diesem Fall wählen wir die Informationsbroschüre Bögen

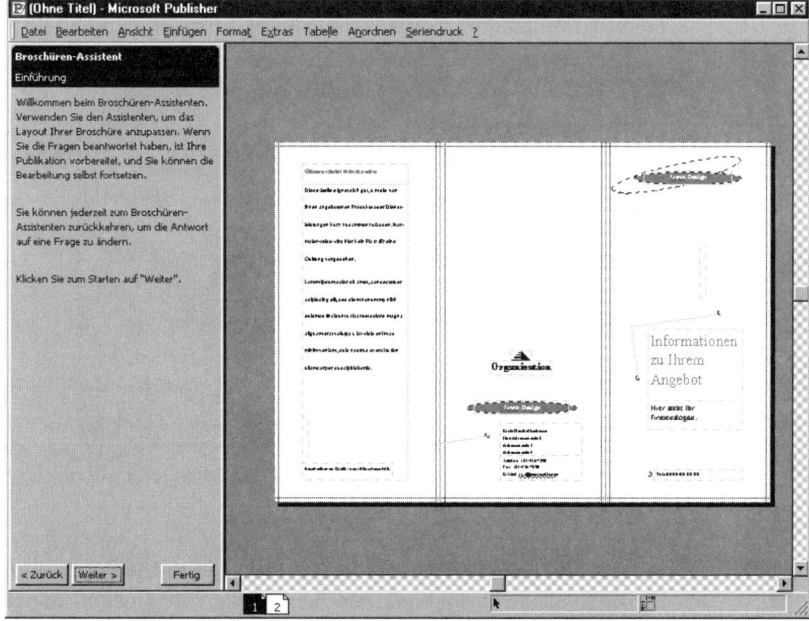

Bild 46.11: Der Assistent begrüßt Sie. Klicken Sie auf Weiter, um die Erstellung fortzusetzen

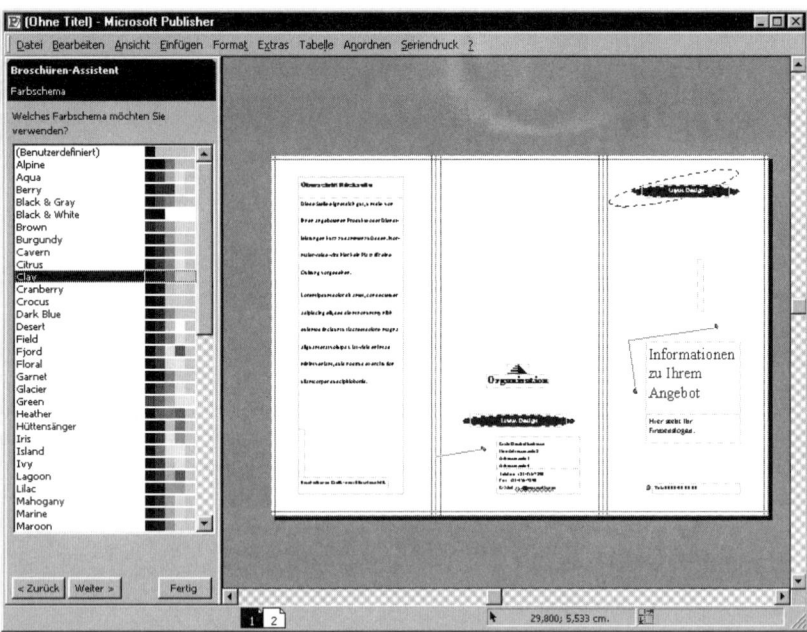

Bild 46.12: Entscheiden Sie sich für ein Farbschema. Die Elemente der Broschüre werden dementsprechend gefärbt. Klicken Sie auf Weiter

Der Assistent stellt Ihnen im folgenden verschiedene Fragen. Wenn Sie alle Fragen beantwortet haben, klicken Sie auf die Schaltfläche *Fertig*. Publisher erstellt ein Layout, das Platzhalter für Ihre Logos und Texte enthält.

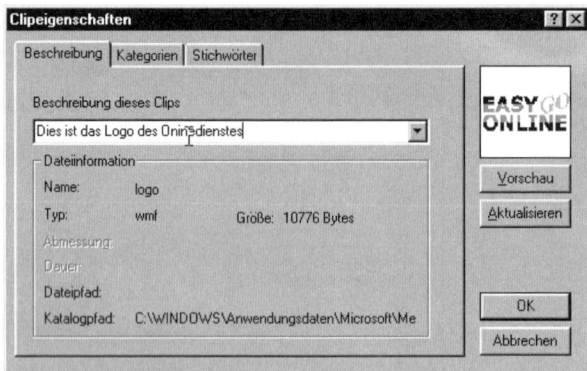

Bild 46.13: Mit ClipArt importieren *sind Sie in der Lage eigene Logos oder Illustrationen der ClipArt-Gallery hinzuzufügen*

Passen Sie das Layout an, indem Sie Ihre eigenen Daten eingeben. Klicken Sie dazu in die verschiedenen Textrahmen und geben Sie Ihren Text ein. Ein Doppelklick auf einen ClipArt-Rahmen ruft die Dialogbox ClipArt einfügen auf. Wählen Sie hier *ClipArt importieren,* um Ihr eigenes Logo einzufügen. Publisher bittet Sie daraufhin, der neuen ClipArt eine kurze Beschreibung und eine Kategorie zuzuweisen. Ein Klick auf das ClipArt-Bild öffnet ein Kontextmenü. Wählen Sie hier den obersten Punkt, *ClipArt einfügen*.

Eine Besonderheit sollte noch erwähnt werden: Unter Extras/Optionen *bietet der Publisher eine Option, die Sie daran erinnert, Ihre Publikation zu speichern. Hier läßt sich der Zeitraum vorgeben, nach dem ein Hinweis erscheint und zum Speichern auffordert.*

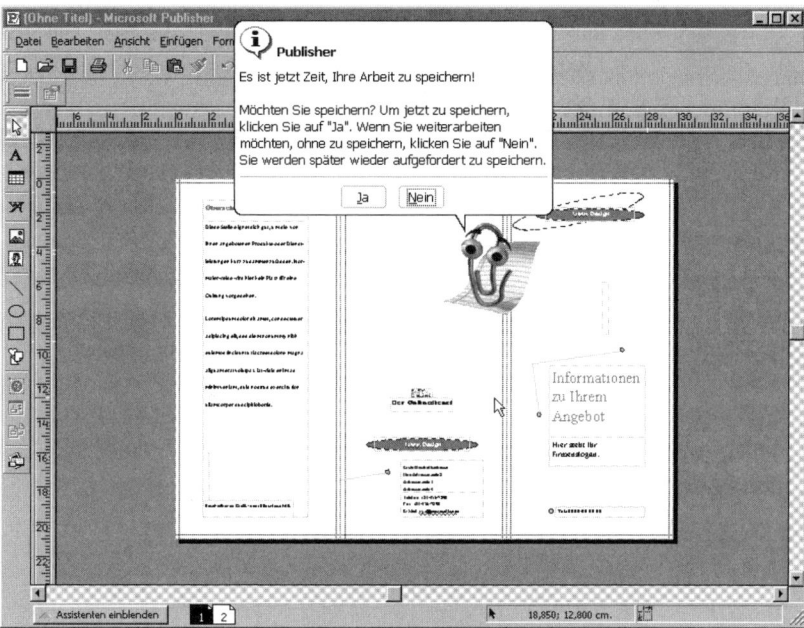

Bild 46.14: Mit diesem Hinweis erinnert Sie der Publisher, daß Sie über einen längeren Zeitraum nicht gespeichert haben

46.4 Textrahmen

Das rahmenorientierte Funktionsprinzip des Publisher bietet Vorteile beim Gestalten von Drucksachen, wie beispielsweise Anzeigen oder Visitenkarten. Auch beim Publizieren größerer Werke sind Textrahmen hilfreich. Diese Textbehälter sind unabhängig vom Text formatierbar und stellen ein weiteres Gestaltungselement dar.

Aktivieren Sie das *Textwerkzeug* – es wird repräsentiert durch ein *A* in der Werkzeugleiste. Klicken Sie, und ziehen Sie ein Rechteck in beliebiger Größe auf. Sofort blinkt der Textcursor im Rahmen. Erfassen Sie hier Ihren

Text. Ein einfacher Klick in das Dokument erstellt ebenfalls einen Textrahmen. Die Größe verändern Sie nachträglich, indem Sie mit dem *Zeiger-Werkzeug* an einer der Ecken oder in der Mitte einer Geraden ziehen.

Im folgenden wird eine Anzeige für einen Online-Dienst gestaltet. Wenn Sie das Beispiel nachvollziehen möchten, erstellen Sie eine leere Datei. Geben Sie in der Dialogbox *Datei/Seite einrichten* die Größe *9,2cm×9cm* an. Die Hilfslinien für die Seitenränder erstellen Sie unter *Anordnen/Layoutführungslinien*. Geben Sie in alle vier Felder den Wert 0,8cm ein. Im Bereich *Innere Führungslinien* definieren Sie zwei Spalten, da der Anzeigentext zweispaltig laufen soll.

 Nachdem Sie einen Textrahmen erstellt haben, wandelt sich Ihr Cursor wieder in das Zeiger-Werkzeug. Damit verschieben und skalieren Sie Ihren Textrahmen.

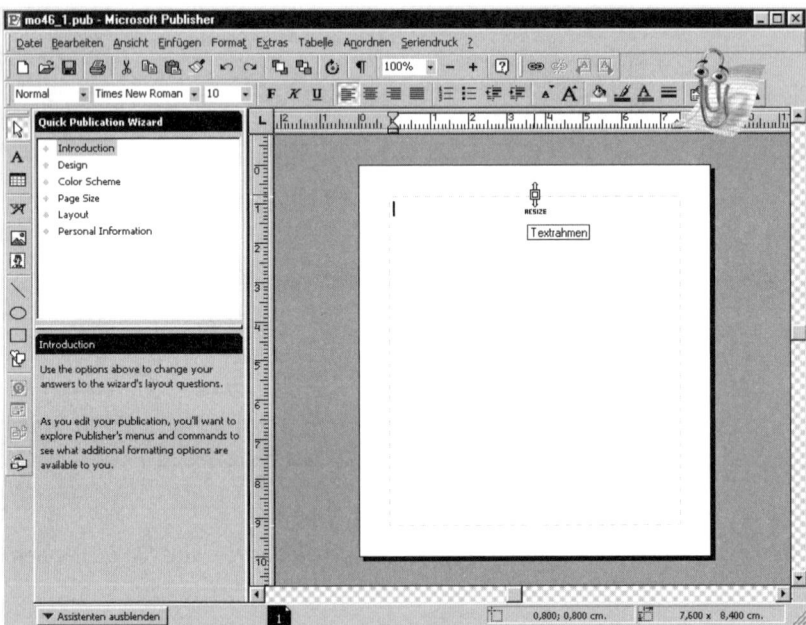

Bild 46.15: Möchten Sie den Textrahmen verändern? Halten Sie den Mauszeiger über einer Ecke oder über dem Mittelpunkt einer Geraden – der Zeiger verwandelt sich in einen Doppelpfeil. Wenn Sie jetzt klicken und ziehen, verändern sie den Textrahmen

 Zum Markieren des gesamten Textes mit Hilfe der Tastatur wählen Sie Strg *+* A *.*

 Textrahmen verhalten sich im Publisher magnetisch. Sie sind somit komfortabel aneinander auszurichten.

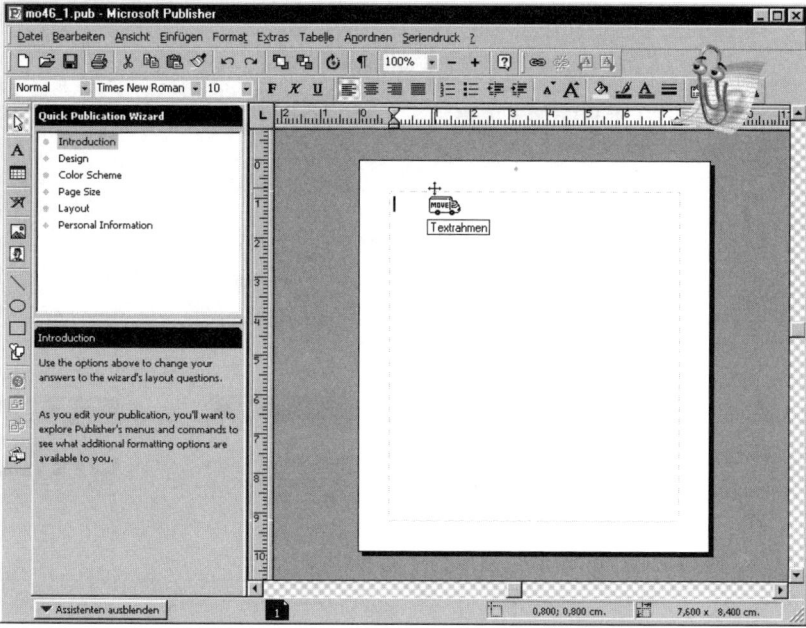

Bild 46.16: Das kleine LKW-Symbol zeigt an, daß Sie beim Klicken und Ziehen den gesamten Textrahmen verschieben. Das Symbol erscheint, wenn Sie den Mauszeiger über der Rahmenbegrenzung halten

Text markieren und formatieren

Nachdem Sie den Text erfaßt haben, soll er formatiert werden. Dazu muß dieser zunächst markiert werden. Die Befehle dazu sind identisch mit den Markierfunktionen in Word. Ein Doppelklick markiert ein einzelnes Wort – ein dreifacher Klick den Absatz. Möchten Sie den gesamten Text markieren, so wählen Sie *Bearbeiten/Alles markieren*.

Falls nach dem Markieren des gesamten Textes eines der Listenfelder leer ist, zeigt Ihnen der Publisher damit, daß der markierte Abschnitt unterschiedliche Formatierungen enthält.

Um die Menüs übersichtlicher zu halten sind zunächst die Grundbefehle aufgeführt. Weitere Optionen erhalten Sie, wenn Sie den Mauszeiger auf dem Doppelpfeil im Menü halten. Sofort klappt das Menü weiter aus und bietet Ihnen zusätzliche Befehle.

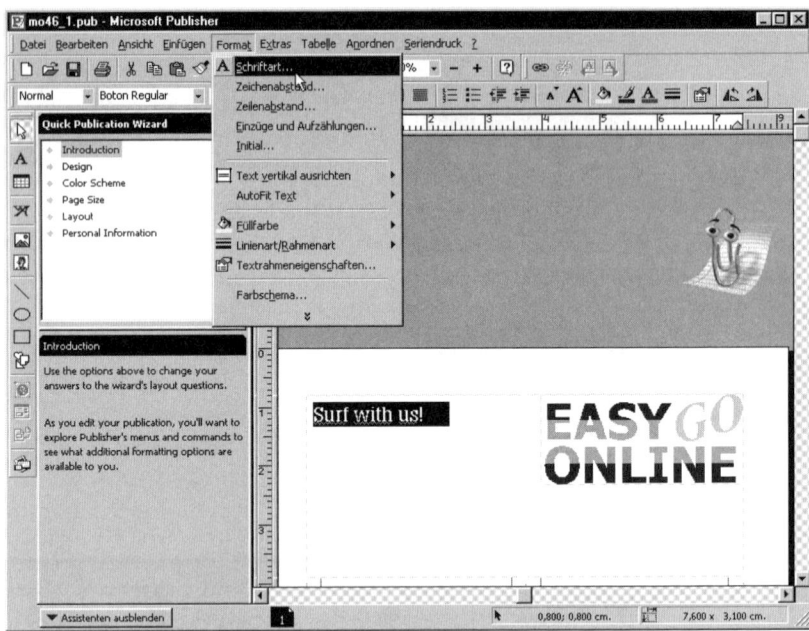

Bild 46.17: Im Menü Format finden Sie sämtliche Befehle, die Sie zur Schriftformatierung benötigen. Auch die Gestaltungsmittel für die Rahmen sind hier angesiedelt

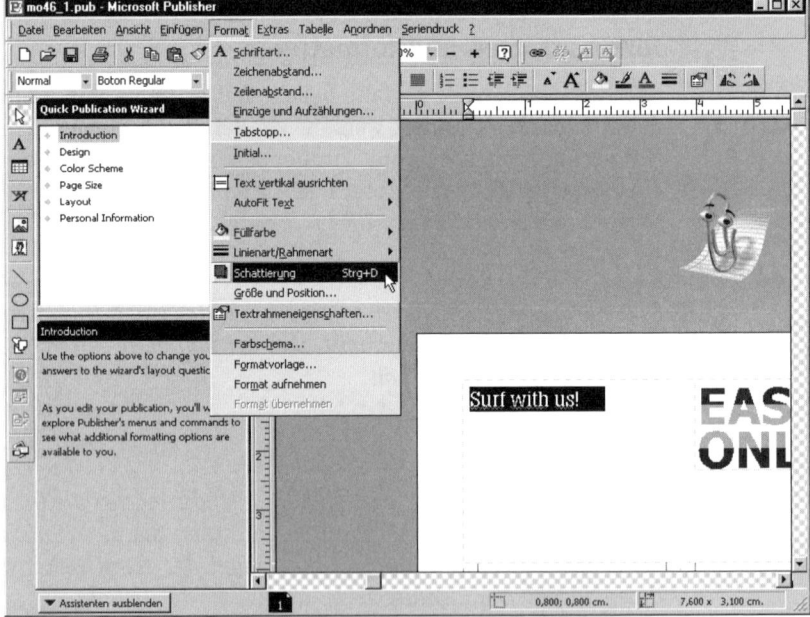

Bild 46.18: Weitere interessante Befehle stehen Ihnen zur Verfügung, wenn Sie den Mauszeiger auf den Doppelpfeil am unteren Menürand bewegen

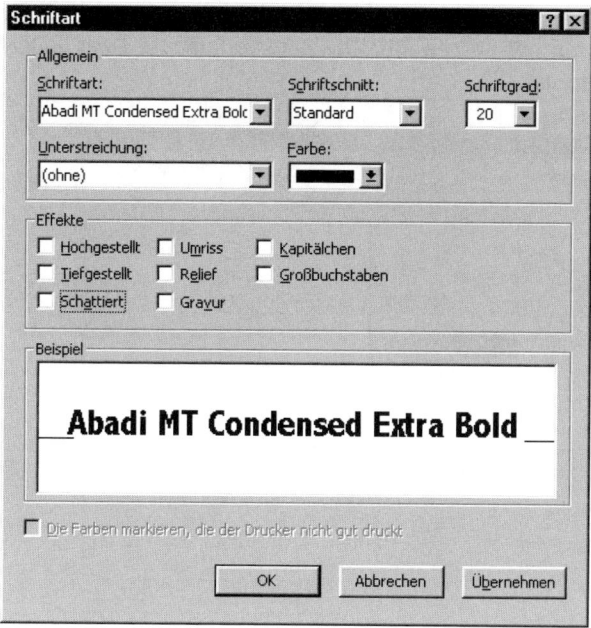

Bild 46.19: Die Dialogbox Schriftart *gleicht der von Word. Hier formatieren Sie z.B. Schriftart und Schriftgröße*

Rufen Sie den Befehl *Format/Schriftart* auf. Wählen Sie hier die Schriftattribute ihrer Wahl, und bestätigen Sie mit *OK*. Für die Anzeige des Online-Dienstes soll die Überschrift in der Schriftart Tahoma gesetzt werden. Das erste Wort „Surfin'" erhält den Schriftgrad 34pt. Die anderen Wörter sind in 24pt formatiert. Außerdem wird das Attribut *Fett* angewählt.

Besonders praktisch: Wenn sie den Namen Ihrer gewünschten Schrift genau kennen, brauchen Sie nicht lange in der Schriftliste zu scrollen. Geben Sie den Namen einfach direkt in das Listenfeld ein.

Beim Gestalten muß manchmal eine bestimmte Satzbreite mit einem Wort ausgefüllt werden. Man tastet sich dann Schritt für Schritt an die geeignete Schriftgröße heran. Für diese Problemstellung bietet Publisher 2000 eine tolle Funktion: Optimale Höhe *im Menü* Format/AutoFit. *Publisher ermittelt die Breite des Textrahmens und paßt die Schriftgröße an.*

Der Textrahmen kann sowohl mit einer Hintergrundfarbe als auch mit einer Umrißlinie versehen werden. Um den Rahmen zu formatieren, klicken Sie mit dem *Zeiger-Werkzeug* doppelt auf die Rahmenbegrenzung. Es öffnet sich die Dialogbox *Rahmenart*. Hier finden Sie die Register *Rahmen* und

Zierrahmen. Für dieses Beispiel wird im Register *Rahmen* eine Rahmenstärke von *4pt* ausgewählt. Die Rahmenfarbe ist Gelb. Bestätigen Sie Ihre Eingaben mit *OK*.

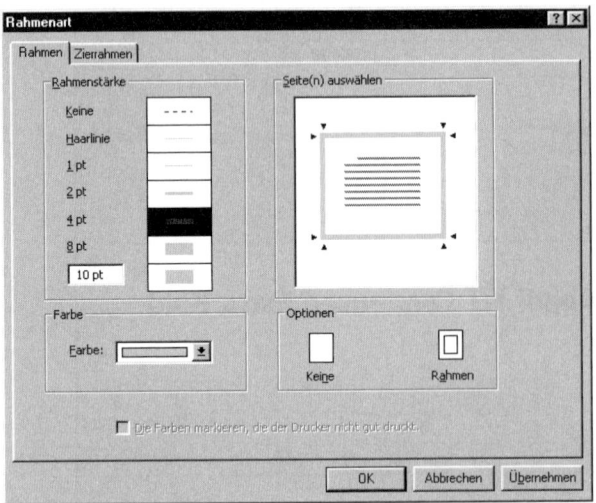

Bild 46.20: Mit einem Doppelklick auf die Rahmenbegrenzung erhalten Sie die Dialogbox Rahmenart

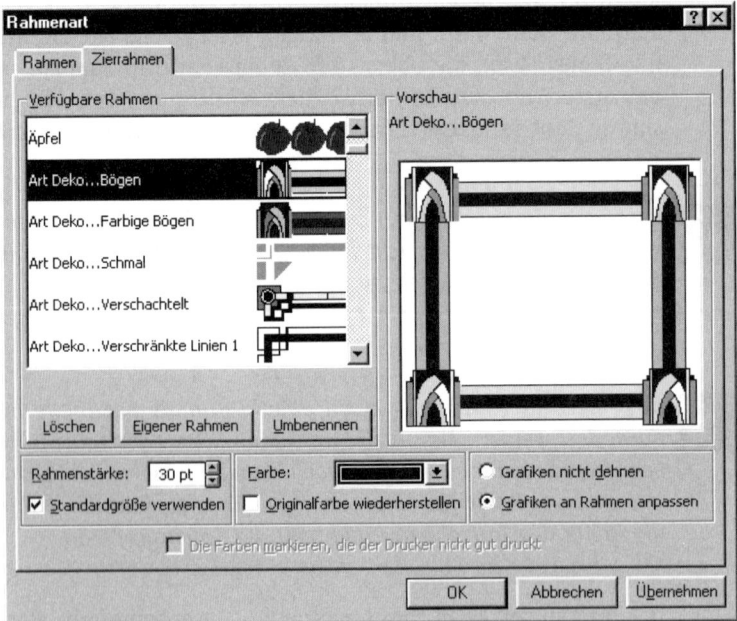

Bild 46.21: Das Register Zierrahmen *bietet tolle Schmuckrahmen für jeden Anlaß. Farbe und Stärke formatieren Sie in dieser Dialogbox*

Der Rahmen soll noch eine Schattierung erhalten. Wählen Sie *Format/Schattierung*. Der Schatten weist einen helleren Tonwert auf als die Umrandung. Die Tastenkombination (Strg) + (D) bewirkt das gleiche.

Verkettete Textrahmen

Es folgt der Fließtext für die Anzeige. Dieser soll zweispaltig verlaufen. Ziehen Sie einen Textrahmen auf, der die linke Spalte ausfüllt. Anschließend legen Sie einen weiteren für die rechte Spalte an. Positionieren Sie die Textrahmen so, daß Sie innerhalb der rosafarbenen Führungslinien verlaufen. Den nötigen Abstand zwischen den Textblöcken formatieren Sie später über die entsprechende Dialogbox.

Textrahmen sind wie alle anderen Elemente kopierbar. Benötigen Sie mehrere Textrahmen gleicher Größe, so wählen Sie Bearbeiten/Kopieren *und dann* Bearbeiten/Einfügen.

Bild 46.22: Diese beiden Textrahmen werden im folgenden verkettet

Erfassen Sie Ihren Fließtext direkt in Publisher. Falls Sie einen Text in Word vorbereitet haben, wählen Sie *Einfügen/Textdatei*. Publisher importiert den Text. Ist die Textmenge zu groß für einen Rahmen, erhalten Sie die Option, leere Textrahmen automatisch zu verketten.

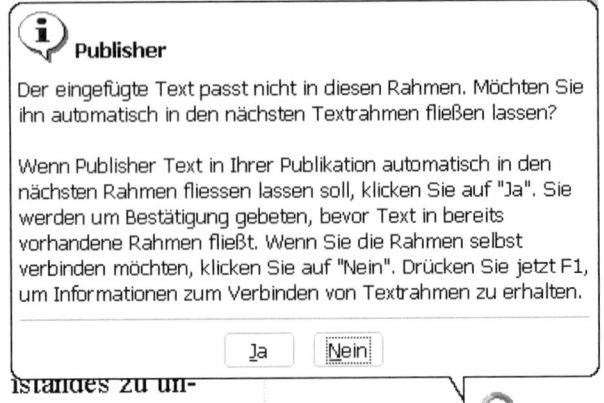

Bild 46.23: Praktisch: Falls Sie bereits mehrere Textrahmen erstellt haben, fragt Publisher Sie beim Importieren, ob die Textrahmen automatisch verkettet werden sollen

 Der Office-Assistent „Karl Klammer" verhält sich sehr rücksichtsvoll. Falls Sie einen Rahmen an der Position des netten Helfers erstellen, springt dieser sofort zur Seite. Egal, welche Dokumentstellen Sie bearbeiten, der Assistent macht Ihnen sofort Platz.

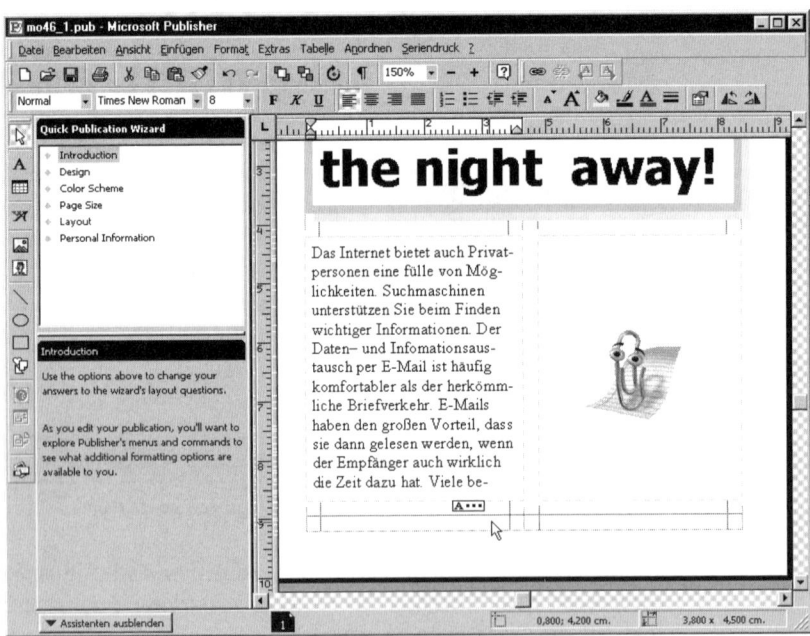

Bild 46.24: Das Symbol am unteren Rand des Textrahmens zeigt Ihnen, daß mehr Text vorhanden ist, als der Textrahmen fassen kann

Um Rahmen manuell zu verketten gehen Sie folgendermaßen vor: Am unteren Rand des überfüllten Textrahmens finden Sie ein Symbol. Es ist ein A als Textsymbol und rechts daneben drei Punkte. Klicken Sie dieses Symbol an. Der Mauszeiger nimmt die Form einer Kanne an. Hiermit klicken Sie in den nächsten Textrahmen. Die Rahmen sind verknüpft, der Text fließt weiter.

Bild 46.25: Dieses Symbol zeigt an, daß der Text in einem anderen Rahmen weiterläuft

Textabstand zum Rahmen definieren

Da die beiden Textrahmen dieser Anzeige direkt aneinander liegen, muß ein Abstand vom Text zum Rahmen bestimmt werden. Rufen Sie den Befehl *Format/Textrahmeneigenschaften* auf. Definieren Sie für den linken Textrahmen im Eingabefeld *Rechts* einen Abstand von *0,25cm*. Alle anderen Felder erhalten den Wert 0. Bestätigen Sie mit *OK*. Markieren Sie mit Hilfe des *Zeiger-Werkzeugs* den rechten Textrahmen, und wählen Sie erneut *Format/Textrahmeneigenschaften*. Hier muß der Textabstand in dem Eingabefeld *Links* definiert werden, wieder weisen die anderen Felder den Wert *0cm* auf.

In der Dialogbox *Textrahmeneigenschaften* finden Sie eine weitere wichtige Funktion. Im vorherigen Abschnitt wurde die Verkettung von Textrahmen beschrieben. Bei Spalten, die gleiche Breite und Höhe aufweisen, gibt es eine weitere Möglichkeit der Spalteneinteilung: Im Bereich *Spalten* der Dialogbox Textrahmeneigenschaften definieren Sie den Textrahmen selbst als mehrspaltig. Auch der Spaltenabstand wird hier festgelegt. Diese Funktion ist aber nur bei gleich hohen und gleich breiten Spalten zu verwenden, da die Spalten nicht unabhängig voneinander zu formatieren sind.

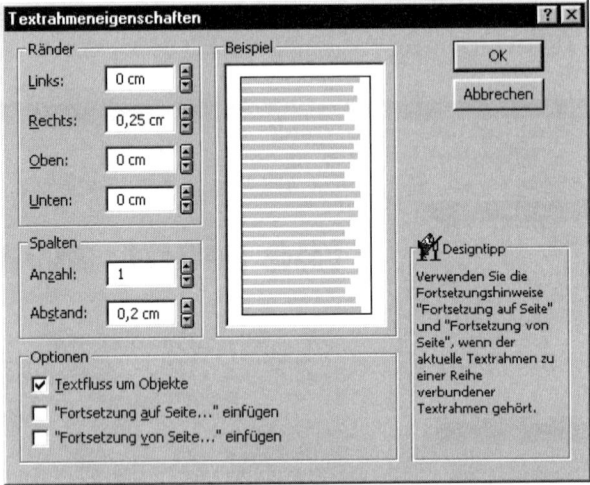

Bild 46.26: *In der Dialogbox* Textrahmeneigenschaften *legen Sie fest, welchen Abstand der Text zu seinem Rahmen hat*

Der Anzeige fehlt noch die Adreßzeile. Ziehen Sie am Fuß der Anzeige einen weiteren Textrahmen auf, und geben Sie die Adreßdaten ein. Wählen Sie die Funktion *Optimale Höhe* aus dem Menü *Format/AutoFit*. Der Publisher paßt daraufhin die Adresse auf die gesamte Rahmenbreite an.

 Sie finden diese Anzeige auf der Buch-CD-Rom. Die Datei heißt mo46_01.pub.

46.5 Mit Seiten arbeiten

Die Seitenfunktionen sind über mehrere Menüs verteilt. *Einfügen/Seite* ruft die Dialogbox *Seite(n) einfügen* auf. Mit dieser Dialogbox lassen sich eine oder mehrere Seiten vor oder hinter der aktuellen einsortieren. Im Bereich *Optionen* haben Sie die Wahl zwischen einer leeren Seite, einem automatisch hinzugefügten Textrahmen oder der Kopie einer bestimmten Dokumentseite. Ist die letzte Option – *Alle Objekte duplizieren auf Seite* – markiert, werden alle Elemente und Rahmen der durch die Zahl bezeichneten Seite auf die neuen Blätter kopiert.

Die Tastenkombination ⇧+Strg+N fügt eine leere Seite ein, ohne daß die Dialogbox erscheint. Wenn Sie mit dem Seitenzähler über die letzte Seite hinaus blättern, erscheint eine Meldung, deren Bestätigung ebenfalls eine leere Seite generiert.

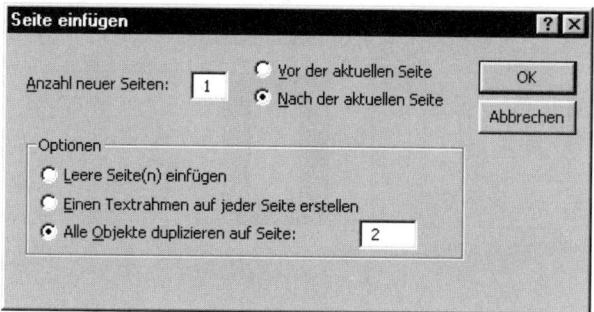

Bild 46.27: *Die Dialogbox* Seiten(n) einfügen *erhöht die Seitenzahl im Dokument und kann bestehende Elemente übernehmen*

Der Befehl *Bearbeiten/Seite löschen* entfernt die aktuelle Seite – Publisher fragt Sie aber vorher, ob Sie sich sicher sind, daß Sie die Seite löschen möchten!

Seiten einrichten

Um das Papier- und Seitenformat nachträglich zu verändern, bietet der Publisher den Befehl *Datei/Seite einrichten*. Er öffnet die gleichnamige Dialogbox. Zunächst wählen Sie unter *Layout* eine Seiteneinteilung. Die Optionen werden durch das Vorschaufeld illustriert. Haben Sie im Bereich Layout der Publikation die Option Sondergröße aktiviert, so definieren Sie im Bereich *Größe und Art der Publikation* die exakten Maße:

 Die Anordnung der Objekte auf den bestehenden Seiten wird beim Verändern der Seitengröße nicht angepaßt. Es sind somit umfangreiche Nachbearbeitungen nötig.

Teil 8 · Publisher

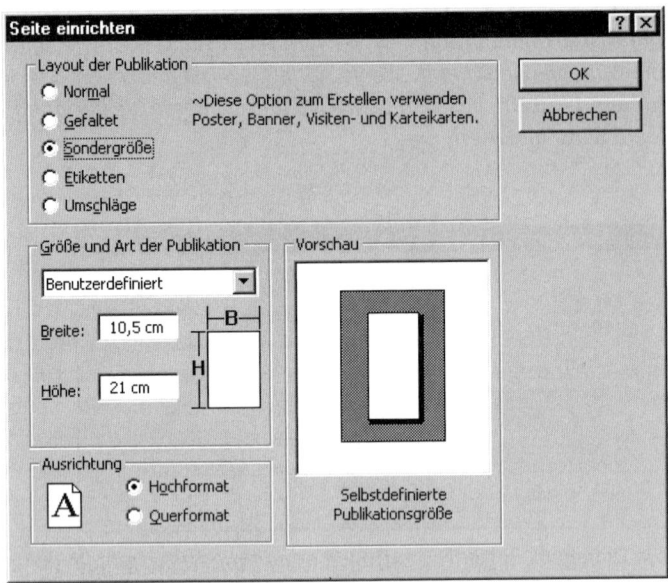

Bild 46.28: Die Dialogbox Seite einrichten *kann die Seitenformate einer bestehenden Publikation verändern*

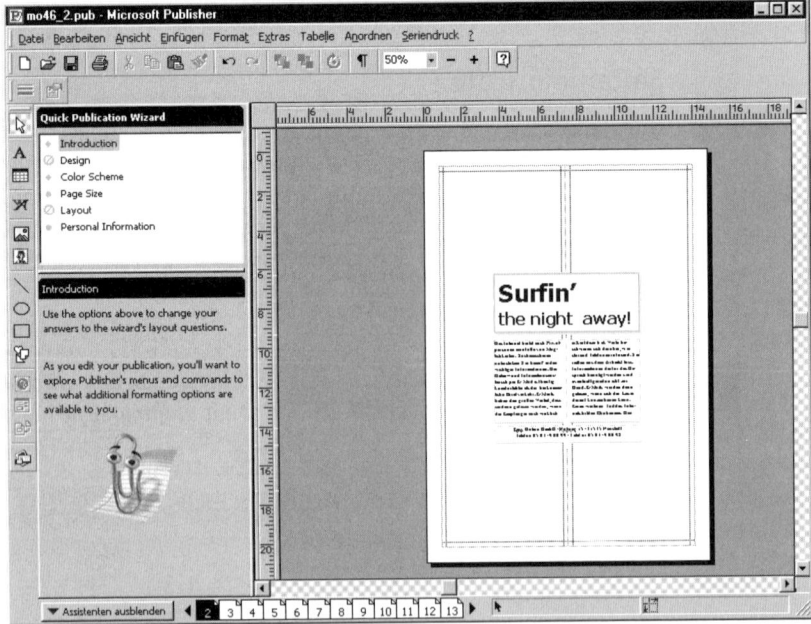

Bild 46.29: Die Anzeige soll auf das Format A5 erweitert werden. Das Seitenformat der Beispieldatei wurde verändert. Daraufhin sind Umbau-Arbeiten nötig

Seiten wechseln

Schließlich müssen Sie auch noch wissen, wie Sie durch das Dokument blättern. Am einfachsten ist es, wenn Sie den Seitenzähler unterhalb der waagerechten Bildlaufleiste nutzen. Ein Klick auf das jeweilige Seitensymbol ruft diese auf. Werden Dokumentseiten aus Platzmangel nicht angezeigt, so erreichen Sie diese über die Pfeile links und rechts neben den angezeigten Seiten. Der Befehl *Ansicht/Gehe zu Seite* öffnen eine Dialogbox, die eine direkte Eingabe der Zielseite erlaubt.

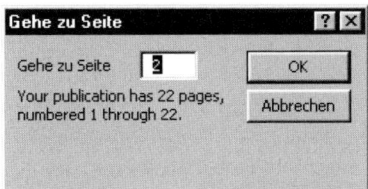

Bild 46.30: In der Dialogbox Gehe zu Seite *geben Sie Ihre Zielseite ein. Sie erreichen diese Dialogbox auch mit* (Strg) + (G)

Hintergrundseiten

Ein weiteres wesentliches Element der Publisher-Dokumente sind Hintergrundseiten. Diese werden als Art »Formular« aufgebaut und stehen dann auf jeder Seite zur Verfügung. Hintergrundseiten werden in einem besonderen Modus bearbeitet – der Befehl *Ansicht/Hintergrundseite bearbeiten* ruft diesen Modus auf. Zunächst verschwinden alle Elemente der Dokumentseite, und Sie werden wieder mit einer leeren Seite konfrontiert. Der Seitenzähler der Statusleiste verschwindet und wird durch das Symbol für die Hintergrundseite ersetzt.

Alle Elemente, die Sie auf einer Hintergrundseite einfügen, erscheinen auf allen Dokumentseiten. Dieses Verhalten ist z.B. für Kopfzeilen, wiederkehrende Logos oder Seitenzahlen sinnvoll: Sie werden einfach auf der Hintergrundseite plaziert und sind dann auf allen Seiten sichtbar, gleiches gilt für Führungs- und Linealhilfslinien, welche hier plaziert werden. Der Befehl *Ansicht/Vordergrundseite bearbeiten* verläßt diesen speziellen Modus und kehrt zu den herkömmlichen Dokumentseiten zurück.

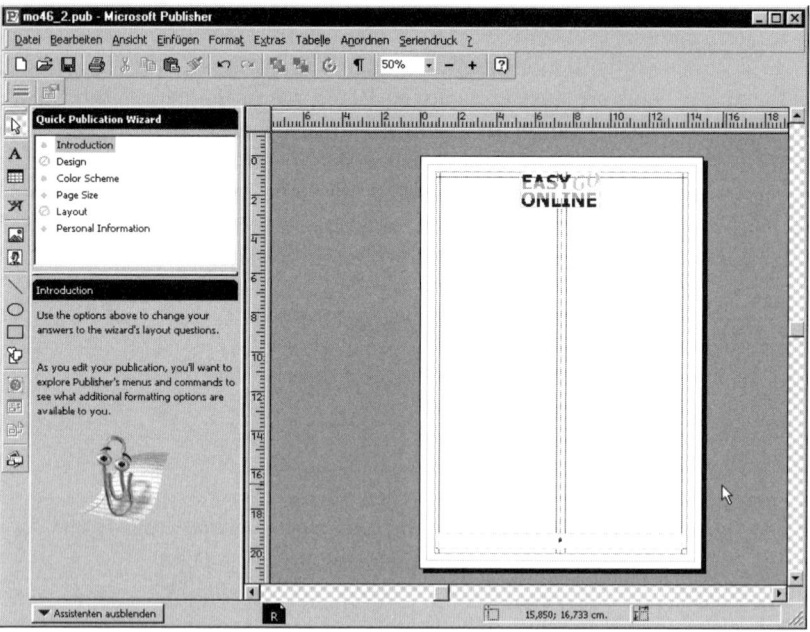

Bild 46.31: Das Logo, die Hilfslinien, der Rahmen und die automatische Seitenzahl werden auf allen Dokumentseiten erscheinen

 Möchten Sie Seitenzahlen auf den Hintergrundseiten definieren, so erstellen Sie zunächst einen Textrahmen. Anschließend wählen Sie Einfügen/Seitenzahlen.

Elemente auf der Hintergrundseite lassen sich auf den Vordergrundseiten nicht bearbeiten, sie sind also gegen unerwünschte Veränderungen geschützt. Allerdings besteht die Möglichkeit, die Hintergrundelemente für einzelne Seiten auszublenden. Diese Funktion übernimmt der Befehl *Ansicht/Hintergrundseite ignorieren*, der bei einem doppelseitigen Aufbau auch noch zwischen linker und rechter Seite unterscheidet.

47. Das Dokument mit Grafiken aufwerten

Werten Sie Ihre Publikationen mit Illustrationen optisch auf. Grafiken sind Thema dieses Kapitels. Es behandelt das Arbeiten mit Grafikrahmen und die unterschiedlichen Grafiktypen.

47.1 Mit Grafikrahmen arbeiten

Die zweite große Gruppe der Rahmen enthält Grafiken oder Bilder. Diese Elemente haben in der Publikation erläuternde oder illustrative Aufgaben.

Grafikrahmen werden genauso erzeugt wie Textrahmen: Klicken Sie auf das *Grafik-Rahmen-Werkzeug,* und ziehen Sie mit der Maus einen Rahmen auf. Auch ein einfacher Klick produziert einen neuen Rahmen.

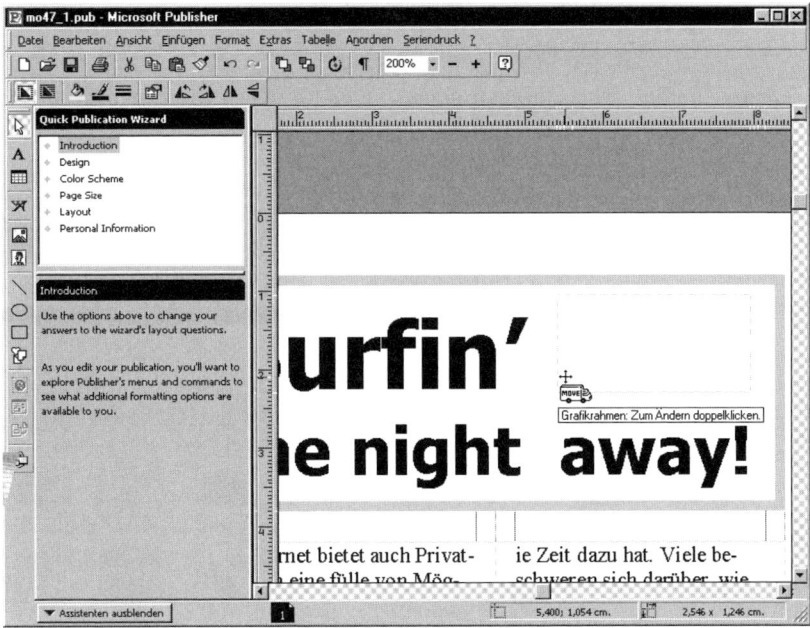

Bild 47.1: Ein neuer Grafikrahmen unterscheidet sich auf den ersten Blick kaum von einem Textrahmen. Lediglich die Schreibmarke fehlt

Auch die Skalier-, Verschiebe- und Dehnoptionen sind identisch, sie werden ebenfalls mit dem Werkzeug *Element markieren* durchgeführt.

Der pure Rahmen hat zunächst keine Funktion. Er muß erst mit einem Inhalt versehen oder formatiert werden. Diese Aufgabe erledigen Sie über das Menü *Einfügen.* Hier finden Sie den Eintrag Grafik. Dahinter verbergen sich vier Optionen: *ClipArt, Aus Datei, Von Scanner oder Kamera* und *Neue Zeichnung.*

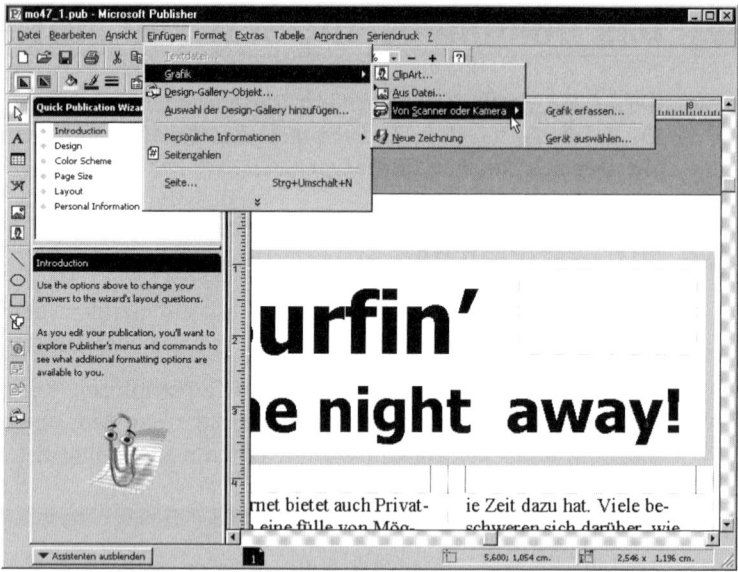

Bild 47.2: Im Menü Einfügen *finden Sie die Optionen zum Importieren von Grafiken*

⇢ *ClipArt einfügen:*
Dieser Befehl lädt den ClipArt-Katalog. Der Katalog verwaltet die im Lieferumfang enthaltenen Bitmap- und Vektorgrafiken, Klang- und Videodateien. Sie können dem Katalog auch eigene ClipArts hinzufügen.

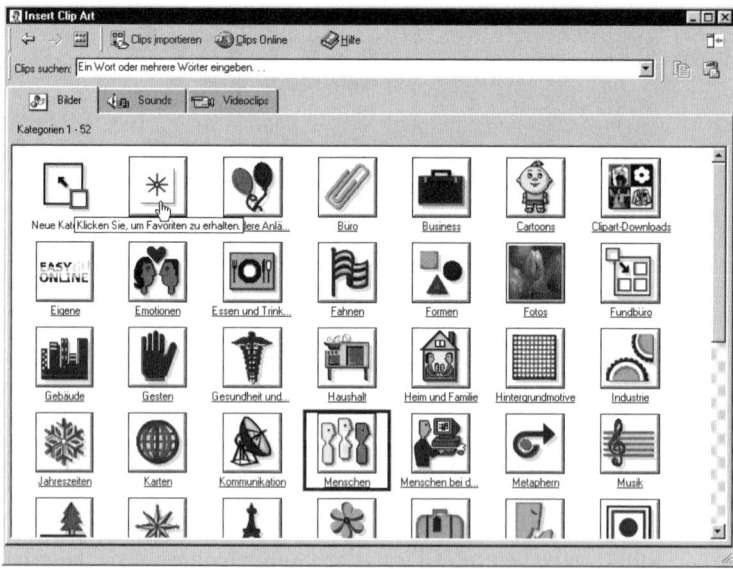

Bild 47.3: In der ClipArt finden Sie Bilder, Sounds und VideoClips

⋯⋗ *Aus Datei...*
Hiermit laden Sie eine beliebige gespeicherte Grafik. Die importierbaren Formate sind im kommenden Abschnitt aufgeführt.

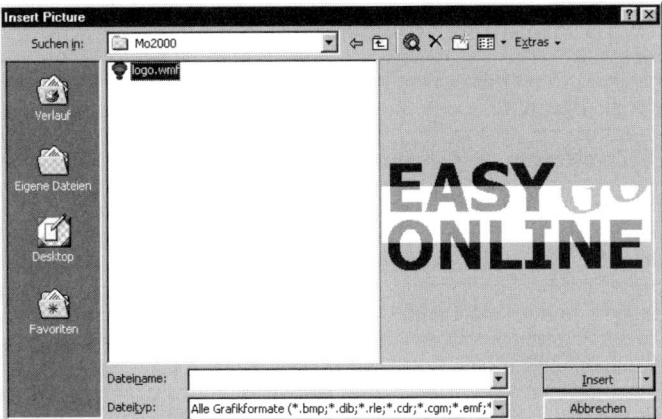

Bild 47.4: In einer Datei-Dialogbox wird die Grafik ausgewählt. Der Publisher kann alle unterstützten Formate vor dem Einfügen anzeigen

⋯⋗ *Von Scanner oder Kamera...*
Dieser Menü-Eintrag führt Sie zu zwei weiteren: *Grafik erfassen* und *Gerät auswählen*. *Grafik erfassen* aktiviert sofort die TWAIN-Schnittstelle. *Gerät auswählen* gibt Ihnen die Möglichkeit, beispielsweise zwischen Scanner und Digital-Kamera zu wechseln.

⋯⋗ *Neue Zeichnung...*
lädt das AutoFormen-Modul. Mit seiner Hilfe erstellen Sie selbst Vektor-Grafiken.

Die Publisher-Formate

Diese Formate kann der Publisher importieren:

Bezeichnung	Dateierweiterung
Windows Bitmap	*.BMP, *.DIB, *.RLE
CorelDRAW	*.DRW
Computer Graphics Metafile	*.CGM
Erweiterte Metadateien	*.EMF
Encapsulated PostScript	*.EPS
FPX-Format	*.FPX

Bezeichnung	Dateierweiterung
Graphics Interchange Format	*.GIF, *.GFA
JPEG	*.JPG, *.JPE, *.JPEG, *.JHIF
PictureIt!	*.MIX
Kodak PhotoCD	*.PCD
PC Paintbrush	*.PCX
Macintosh Pict	*.PCT, *.PICT
Portable Network-Grafiken	*.PNG
Tagged Image File Format	*.TIF
Windows Metafile	*.WMF
WordPerfect-Grafiken	*.WPG
Micrografx Draw u. Designer	*.DRW
AutoCAD	*.DFX
Tarba	*.TGA

Einige Formate existieren in unterschiedlichen Versionen. Der Publisher beherrscht in der Regel nur einige Versionen, z.B. der CDR- und TIF-Formate.

47.2 Grafiken modifizieren

Nachdem ein Grafikobjekt im Rahmen steht, bietet das Menü *Format* drei weitere Einträge an:

- *Grafik neu einfärben*:
  Mit Hilfe dieses Befehls haben Sie die Möglichkeit eine mehrfarbige Grafik in einer bestimmten Farbe zu tönen. Auch die Sättigung kann verändert werden. Diese Funktion ist besonders sinnvoll, wenn Illustrationen im Hintergrund erscheinen sollen.

- *Grafik vergrößern/verkleinern*:
  Dieser Befehl öffnet eine Dialogbox, die eine Größenänderung mit Prozentwerten erlaubt. Das Kontrollfeld *Originalgröße* stellt beide Werte auf 100 %.

- *Grafik zuschneiden*:
  Nicht immer soll das ganze Bild zu sehen sein. Beim Zuschneiden, das entweder mit *Format/Objekt zuschneiden* oder einen Klick auf die Schaltfläche der Format-Symbolleiste aktiviert wird, führt das Verschieben

der Kontrollknoten des Rahmens nicht zu einer Dehnung, sondern verdeckt die Bildbestandteile außerhalb der sichtbaren Rahmenfläche. Alle Bildinformationen bleiben erhalten, eine spätere Vergrößerung des Rahmens mit der Zuschneiden-Funktion macht sie wieder sichtbar.

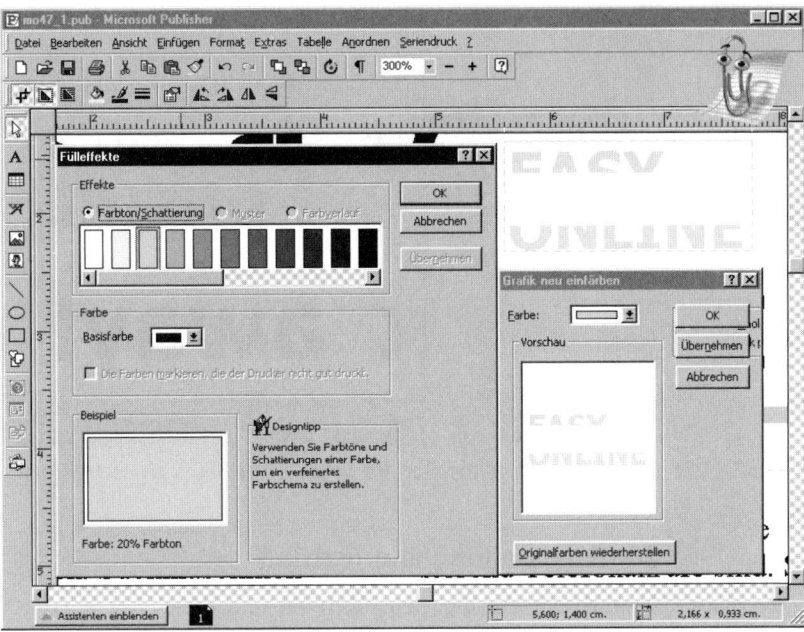

Bild 47.5: Das Logo wurde mit dem Befehl Format/Grafik neu einfärben/Fülleffekte *in der Sättigung verringert. So ist die Grafik hell genug, um sie als Schmuckelement in den Hintergrund zu legen*

 Die Farbveränderung Ihrer Grafiken sind jederzeit widerrufbar. Wählen Sie dazu erneut Format/Grafik neu einfärben. *Betätigen Sie hier die Schaltfläche* Originalfarben wiederherstellen.

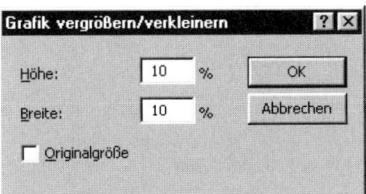

Bild 47.6: Gleiche Werte in der Dialogbox Objekt vergrößern/verkleinern *weisen auf eine proportionale Skalierung hin*

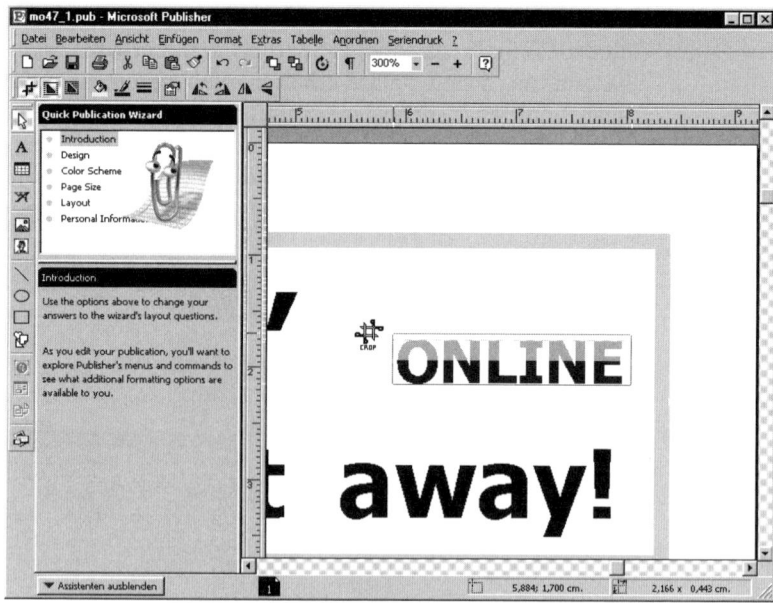

Bild 47.7: Hier wurde der obere Teil des Logos „EASY GO" abgeschnitten

Grafikdarstellung und Textfluß

Besonders wenn Sie viele Grafiken und Bilder mit hohem Speicherbedarf verwenden wird der Bildschirmaufbau mitunter langsam. Um die gestalterische Arbeit zu beschleunigen wählen Sie *Ansicht/Grafikdarstellung* und wählen Sie *schnelle Größenänderung und Zoom* oder *Grafiken ausblenden*.

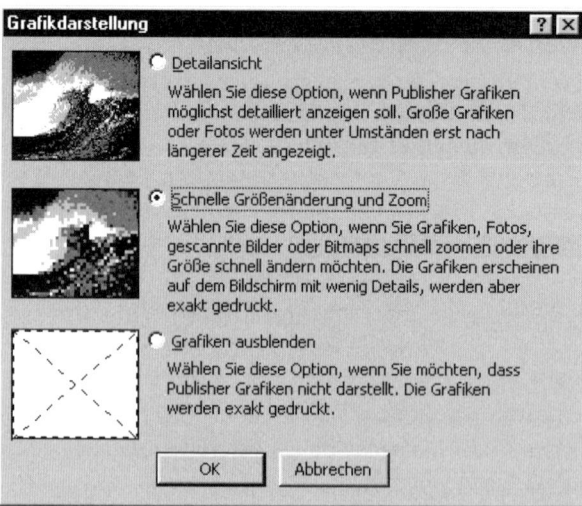

Bild 47.8 Die Dialogbox Grafikdarstellung *bietet Ihnen drei mögliche Einstellungen*

Je geringer die Darstellungsqualität eingestellt ist, desto schneller erfolgt der Bildaufbau. Im Druck werden die Grafiken immer in voller Auflösung wiedergegeben.

Standardmäßig sind Grafikrahmen so definiert, daß sie Text verdrängen. Positionieren Sie eine Grafik in einen Text, so umfließt dieser die Grafik. Beim Layouten ist diese Funktion manchmal störend, wenn Grafiken nahe eines Textrahmens plaziert sind. In diesem Fall wählen Sie: *Format/Grafikrahmeneigenschaften* und aktivieren Sie hier das Kontrollkästchen *Grafik*. Publisher ermittelt automatisch die Begrenzungen der Illustration und verwendet diese zur Textverdrängung.

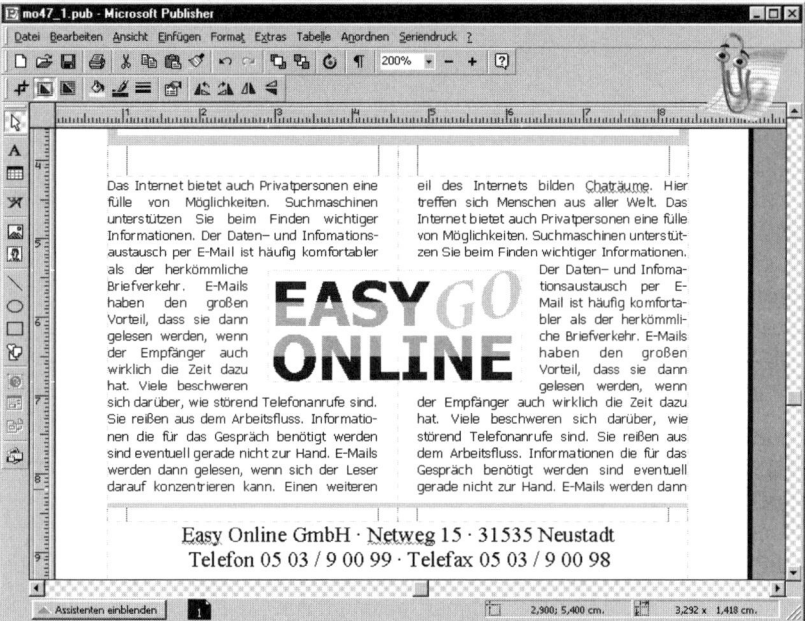

Bild 47.9 Der Standard-Textfluß: Der Grafikrahmen verdrängt den Text in Form eines Rechtecks

 Einen unregelmäßigen Rahmen können Sie mit der Schaltfläche Textfluß um Rahmen *wieder in eine rechteckige Form zurückverwandeln.*

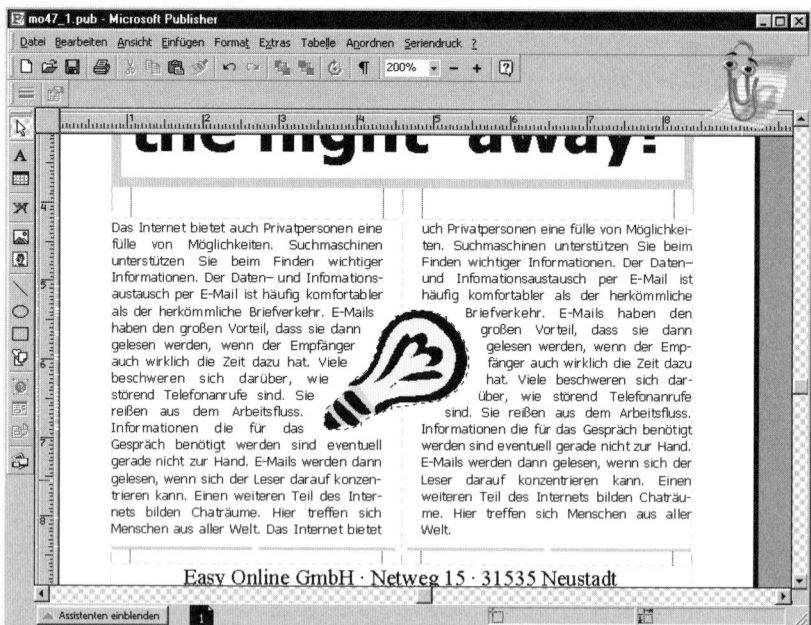

Bild 47.10: Hier fließt der Text um die Grafik. Publisher ermittelt die Konturwerte selbständig

47.3 Weitere grafische Elemente

Im folgendem werden die anderen grafischen Elemente beschrieben, welche für das Publizieren enorm hilfreich sind. Benutzerdefinierte Formen und Linien sowie WordArt-Objekte peppen Ihre Druckstücke auf

Benutzerdefinierte Formen und Linien

Neben den Grafikrahmen bietet der Publisher auch einfache Grundformen an, die ohne Rahmen auskommen. Es handelt sich dabei um Rechtecke, Ovale, Linien und benutzerdefinierte Formen. Diese Elemente werden ähnlich wie ein Rahmen erzeugt und bearbeitet. Sie lassen sich nach dem Anlegen mit dem Werkzeug *Element markieren* bearbeiten und anpassen.

Bild 47.11: Die Unterstreichung unter »ONLINE« und die Linien über und unter der Adresse wurden mit Linienwerkzeug erstellt

WordArt

Das WordArt-Modul hat im Publisher eine ähnliche Aufgabe wie in Word: Texte werden auf besondere Weise gestaltet und coloriert. Auch zum Einfügen eines WordArt-Elements muß zunächst ein Rahmen mit dem entsprechenden Werkzeug erstellt werden. Dann erscheint eine Dialogbox mit der Bezeichnung *Geben Sie hier Ihren Text ein* und der Vorgabe »Beispieltext«. Wir kommen der Aufforderung nach und überschreiben die Vorgabe mit »In 24 Sekunden um die Welt«. Mit Hilfe der Symbolleiste verändern Sie die Schriftart, Schriftausrichtung und -größe. Lassen Sie den Größeneintrag auf *Auto* stehen.

Während Sie mit dem WordArt-Modul arbeiten, ist die Rückgängig-Funktion ausgeschaltet.

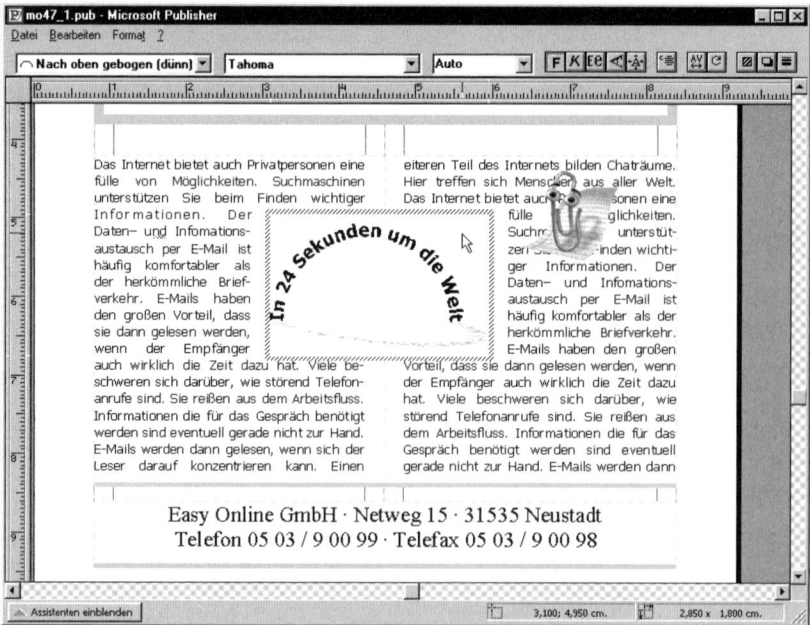

Bild 47.12: Aus dem WordArt-Menü wählen Sie den Eintrag Nach oben gebogen (dünn) *aus*

Die Schaltflächen in der Format-Symbolleiste, aber auch die Einträge im Menü *Format* beeinflussen den Texteffekt weiter. Eine Empfehlung: Probieren Sie unterschiedliche Einstellungen aus, bis Sie mit dem Ergebnis zufrieden sind. Dann klicken Sie einfach neben das WordArt-Objekt. Damit verlassen Sie den speziellen Bearbeitungsmodus und erhalten die üblichen Menüeinträge und Symbolleisten zurück. Ein einmal plaziertes WordArt-Element wird nach einem Doppelklick wieder in den Bearbeitungsmodus überführt.

Rahmen drehen

Nachdem alle Arten von Rahmen angesprochen worden sind, sollen noch einmal die Grundfunktionen betrachtet werden. Eine Reihe von Kombinationen aus Tastatur und Mausoperationen erleichtert das Arbeiten mit dem Publisher.

Beginnen wir mit den Werkzeugen, die einen Rahmen oder ein Grafikelement erstellen. Sie erzeugen mit gehaltener ⇧-Taste gleichseitige Figuren, das mit der Maus überfahrene Rechteck wird zum Quadrat. Das Halten der Strg-Taste ist beim Erstellen oder Verändern der Rahmengröße interessant. Dann werden Rahmenveränderungen am bewegten und am gegenüberliegenden Knoten gleichermaßen durchgeführt.

Eine Funktion, die auch der Windows-Explorer aufweist, ist das Kopieren von Objekten beim Verschieben. Dazu muß nur die Strg-Taste gehalten werden. Neben dem Mauszeiger erscheint ein kleines Plus, das auf die Duplizierfunktion hinweist. Die ⇧-Taste beschränkt Verschiebungen auf die waagerechte oder senkrechte Richtung.

Zum Drehen von Rahmen gehen Sie folgendermaßen vor: Halten Sie die Alt-Taste gedrückt, und bewegen Sie dann den Mauszeiger auf einen der Markierungspunkte des zu rotierenden Rahmens. Hier angekommen ändert sich der Mauszeiger in einen runden Pfeil. Wenn Sie jetzt an den Knoten ziehen, dreht sich der Rahmen um den Mittelpunkt.

Auch Rotationen in einem bestimmten Winkel sind möglich: Das Menü *Anordnen* enthält den Eintrag *Drehen/Kippen*. Dieser öffnet ein Untermenü:

- *Benutzerdefiniertes Drehen*:
  Nach Aufruf dieser Option erscheint eine Dialogbox. Ein Klick auf eine der Pfeilschaltflächen dreht das Objekt um 5° in die angegebene Richtung, ein Klick auf *Nicht drehen* nimmt alle Rotationen zurück.

- *Linksdrehung*:
  Rotiert den Rahmen um 90° nach links.

- *Rechtsdrehung*:
  Rotiert den Rahmen entsprechend um 90° nach rechts.

- *Horizontal kippen und Vertikal kippen*:
  Diese Befehle spiegeln Grafikrahmen oder Formen. Sie stehen für Textrahmen, Tabellen und WordArt-Rahmen nicht zur Verfügung.

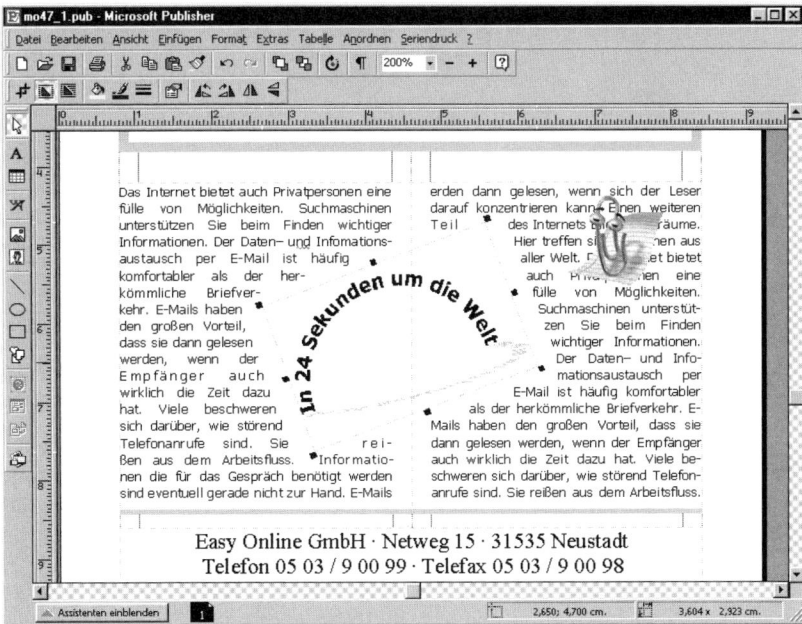

Bild 47.13: Rahmen lassen sich entweder interaktiv oder durch eine numerische Eingabe drehen

Lage im Vorder- und Hintergrund

Was passiert, wenn ein Rahmen über einen anderen geschoben wird? Ein wesentlicher Aspekt dabei ist die Lage im Raum. Objekte lassen sich räumlich sortieren, ähnlich wie Papierschnipsel die übereinandergeschoben werden. Normalerweise richtet sich die Lage im Raum nach dem Zeitpunkt der Erstellung: Die ersten Objekte liegen an unterster Position – auf der untersten Ebene, um im Sprachgebrauch des Publisher zu bleiben.

Mit dem Anordnen-Menü läßt sich diese Reihenfolge jedoch anpassen. Es bietet vier Einträge:

- *In den Vordergrund:*
  Setzt das markierte Objekt vor alle anderen.
- *In den Hintergrund:*
  Setzt das markierte Objekt hinter alle anderen.
- *Eine Ebene nach vorn:*
  Setzt das markierte Objekt um eine Ebene in den Vordergrund.
- *Eine Ebene nach vorn:*
  Setzt das markierte Objekt um eine Ebene in den Hintergrund.

Bild 47.14: Das Logo wurde aufgehellt und dann in den Hintergrund (hinter den Text) gelegt

Objekte gruppieren

Mehrere Rahmen lassen sich zu Gruppen zusammenfassen. Dabei ist es unerheblich, ob es sich um Texte oder Grafiken handelt. Ein Anwendungsfall: Objekte – Logo und Textrahmen – sollen auf allen Handzetteln und Plakaten erscheinen. Dann ist es sinnvoll, beide einmal exakt zu positionieren und zu einer Gruppe zusammenzufassen. Alle Dehnungen, Verschiebungen oder Kopieroperationen wirken sich dann auf die gesamte Gruppe aus.

- Formatieren Sie alle Objekte so, wie sie in der Gruppen erscheinen sollen: Drehungen, Rahmenkonturen, Farben und Füllungen.
- Plazieren Sie die Objekte in der richtigen Größe und Lage.
- Markieren Sie die Objekte durch Ziehen mit dem Zeiger-Werkzeug.
- Klicken Sie auf die Schaltfläche *Gruppieren* in der rechten unteren Ecke des Gesamtrahmens, oder rufen Sie den Befehl *Anordnen/Gruppieren* auf.
- Ein erneuter Klick auf die Schaltfläche *Gruppieren* oder *Anordnen/Gruppierung aufheben* trennt die Objekte wieder.

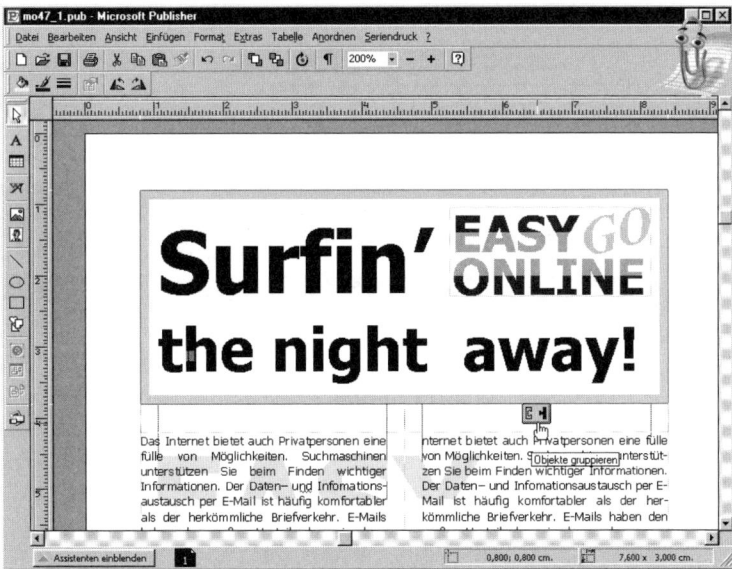

Bild 47.15: Die Schaltfläche am unteren rechten Rand des gemeinsamen Gruppenrahmens kann eingesetzt werden, um die markierten Objekte zu gruppieren oder um eine Gruppierung aufzuheben

Der Microsoft Publisher kann mehrere Gruppierungsebenen getrennt voneinander verwalten. Er erlaubt das Gruppieren von Einzelelementen mit Gruppen und kann die einzelnen Schritte auch getrennt zurücknehmen.

Elemente in die Design Gallery übernehmen

Wenn Sie bestimmte Elemente – z.B. Ihr Firmenlogo – häufig benötigen, können Sie diese in die Design Gallery übernehmen. Sie stehen dann nach Aufruf mit *Einfügen/Auswahl der Design-Gallery hinzufügen* sehr schnell zur Verfügung. Um ein Publisher-Element zu übernehmen,

⇒ markieren Sie die Einzelobjekte und gruppieren diese;

⇒ wählen Sie den Befehl *Einfügen/Auswahl der Design Gallery hinzufügen*.

⇒ Geben Sie einen Namen für das Objekt ein, und wählen Sie eine Kategorie.

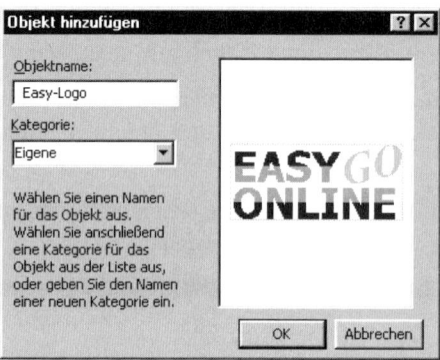

Bild 47.16: Das Logo wird in die Kategorie »Eigene« eingefügt

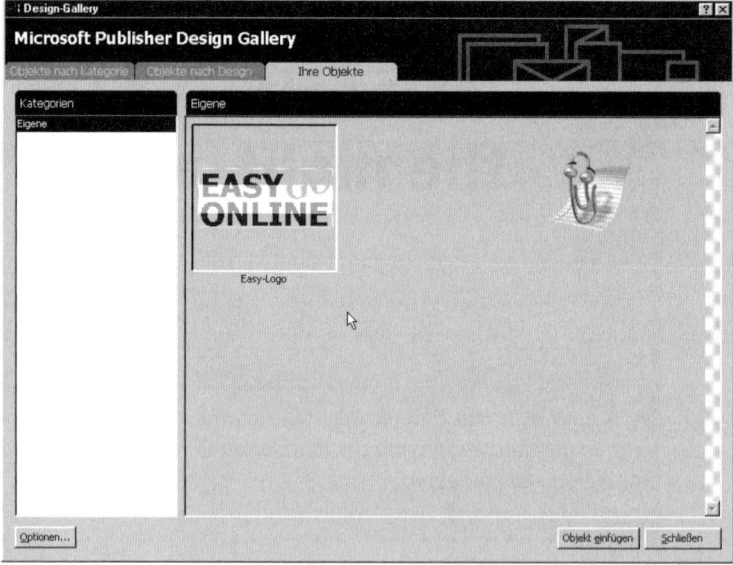

Bild 47.17: Sie finden Ihr Logo dann mit dem Befehl Einfügen/Design-Gallery-Objekt...

48. Arbeiten mit Farben

Möchten Sie Ihre Publikation durch den Einsatz von Farben optisch abrunden? Dieses Kapitel erläutert das Farbkonzept des Publisher und zeigt, wie Rahmen mit Farben, Mustern oder Farbverläufen versehen werden.

48.1 Die unterschiedlichen Farbsysteme

Die vier wichtigsten Farbsysteme für das Publizieren bilden zur Zeit CMYK, RGB, Graustufen und Spotfarben. In welchem Fall Sie welches System verwenden, wird im folgenden beschrieben.

CMYK

Der Publisher 2000 bietet auch Vierfarbseparation für den professionellen Druck an – in der 97er Variante des Programms war das noch nicht der Fall. Bei der Vierfarbseparation werden Farbbilder und andere farbige Elemente in die Körper- bzw. Prozeßfarben Cyan, Magenta, Gelb (Yellow) und Schwarz (Kontrast) zerlegt. Aus den Anfangsbuchstaben resultiert das Kürzel CMYK. Für jede Farbe wird ein separater Film erzeugt. Diese Filme fungieren als Vorlagen für die Druckplattenerstellung. Die vier Komponenten werden übereinander gedruckt und ergeben zusammen das vollständige Bild.

RGB

Rot, Grün und Blau sind die Grundfarben des Lichts. Sie kommen beim Scannen und bei Fernseh- oder Computer-Monitoren zum Einsatz. Wenn Sie also Publikationen für die Bildschirmpräsentation erstellen, ist dieses System die richtige Wahl. Die Mischung von Lichtfarben nachzuvollziehen ist recht ungewohnt. Mischt man sämtliche Körperfarben zusammen ergibt dies Schwarz. Bei den Lichtfarben ist es umgekehrt. Alle Lichtfarben zusammen ergeben Weiß.

Graustufen

Die einfachste Form weitere Nuancen in Ihr Druckstück zu bringen ist die Verwendung von Graustufen. Anstatt reiner schwarzer und weißer Bereiche werden Zwischenstufen eingebracht. Sie müssen farbige Bilder nicht unbedingt in den Graustufenmodus wandeln, sie werden beim Druckvorgang automatisch umgesetzt. Bei der Umsetzung von Farbe in Graustufen wird jeder Farbwert durch einen Helligkeitswert ersetzt. Sie können also mit Farben im Dokument arbeiten, müssen allerdings auf starke Kontraste zwischen den eingesetzten Farben achten.

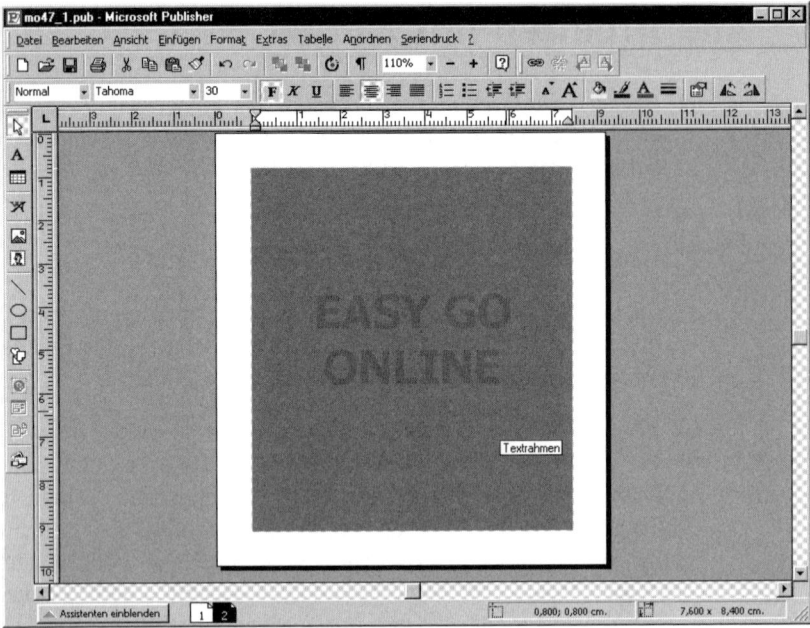

Bild 48.1: Grüne Schrift auf rotem Grund ist nach einer Grauumsetzung kaum noch erkennbar

 Graustufen werden im Druck durch Rasterung erzeugt: Statt ein schwarze Vollton-Fläche zu drucken wird die Fläche durch regelmäßige kleine Aussparungen aufgehellt.

Graue Elemente lassen sich sinnvoll einsetzen für:

- Hinterlegungen von bestimmten Textbereichen, z.B. für erläuternde Textkästen
- Bilder und Illustrationen
- Zier- und Schmuckrahmen
- hinterlegte Grafiken, z.B. als Wasserzeichen
- für grafische Elemente, z.B. Linien.

Spotfarben

Für die professionelle Druckausgabe – zur Weiterverarbeitung in einer Druckerei – ist auch die Option *Spot-Farben* interessant. Schwarzweiße Druckstücke wirken oft langweilig, vierfarbige Drucke sind recht teuer. Beim Einsatz von Spotfarben (auch: Schmuck- oder Akzentfarben) beschreiten Sie den Mittelweg: Neben der Grundfarbe Schwarz wird eine zusätzliche Farbe ausgegeben, und zwar auf separaten Druckseiten oder -filmen.

Ein Beispiel: Sie verwenden in einer Broschüre schwarze Schrift, Graustufen-
abbildungen und peppen das Dokument mit roten Schmuckelementen auf.
Die Druckerei benötigt dann zwei Druckvorlagen: Schwarz und Graustufen-
abbildungen werden mit schwarzer Farbe gedruckt, die roten Elemente werden zunächst auf einem separaten Film ausgegeben. Es erfolgen dann entweder zwei Druckvorgänge in der selben Druckmaschine, oder es kommt
eine Zweifarb-Maschine zum Einsatz.

Vollfarbmodus

Viele Publikationen werden auf dem eigenen Drucker ausgegeben. Sofern
es sich um einen Farbdrucker handelt, können Sie Ihr Dokument direkt
ausdrucken, eine spezielle Einstellung für den externen Druck ist nicht
notwendig. Die Umsetzung der Bildschirm- in Druckerfarben ist dann die
Aufgabe des installierten Druckertreibers.

Dokumente für die Farbausgabe vorbereiten

Sie müssen Ihr Dokument auf das Farbsystem Ihrer Wahl einstellen. Die
entsprechenden Dialoge verbergen sich hinter dem Menüpunkt *Extras/Ein-
richtung für externen Druck/Farbdruck*. Sie finden hier weitere Optionen.
Entscheiden Sie aufgrund der oben beschriebenen Aspekte, welches System
für Sie das Richtige ist.

- RGB-Modus
- Prozeßfarben (CMYK)
- Spotfarben

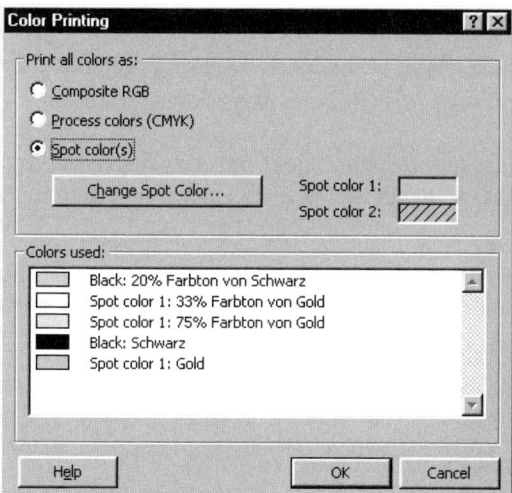

Bild 48.2: In der Dialogbox Einrichtung für externen Druck *werden unterschiedliche Verfahren zur Farbausgabe eingestellt*

Nach der Umwandlung für Spotfarben verlieren alle Objekte ihre Farben und werden in Graustufen umgewandelt. Nur die Spotfarben und ihre Tönungswerte (z.B. ein 50-%-Tonwert der Spotfarbe Rot) bleiben erhalten.

48.2 Farben in der Praxis

Wenn Sie sich für ein Farbsystem entschieden haben, beginnen Sie mit der Zuweisung von Farben. Dieser Vorgang ist für alle Publisher-Objekte ähnlich. So weisen Sie eine einfarbige Objektfüllung zu.

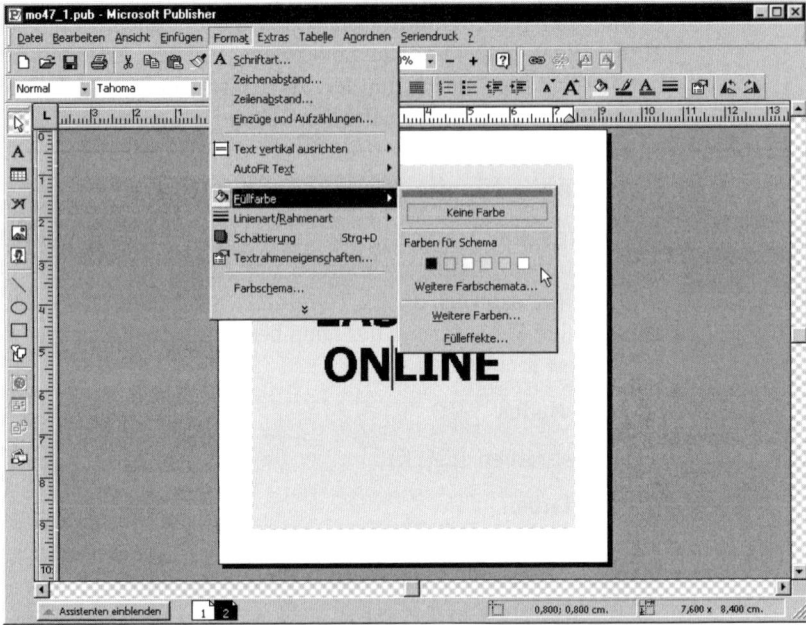

Bild 48.3: Wählen Sie die Farben Ihrer Wahl im Menü Format/Füllfarbe

Markieren Sie das gewünschte Objekt mit dem *Zeiger-Werkzeug*. Wählen Sie *Format/Füllfarbe*. Folgende Optionen stehen Ihnen hier zur Verfügung.

- Keine Farbe
  Dieser Eintrag bewirkt, daß Ihr Objekt transparent ist. Dies ist wichtig, wenn Sie andere Objekte in den Hintergrund legen möchten.

- Farben für Schema
  Hier finden Sie eine Palette von Farben, die aufeinander abgestimmt sind.

- Weitere Farbschemata
  Publisher liefert Ihnen viele vorgefertigte Farbschemata. Sie haben Bezeichnungen wie beispielsweise *Wasserfall*.

⁃⁃⁃❖ Weitere Farben
  In dieser Dialogbox finden Sie zwei Register: *Basisfarben* und *Alle Farben*. Im Register *Basisfarben* finden sie »passende Farben« in Spalten gegliedert. *Alle Farben* stellt Ihnen einen Farbwähler zur Verfügung.

⁃⁃⁃❖ Fülleffekte
  In dieser Dialogbox stehen Ihnen die Effekte *Farbton/Schattierung*, *Muster* und *Farbverlauf zur Verfügung*.

Die Optionen Weitere Farbschemata *und* Weitere Farben *stehen Ihnen nicht zur Verfügung, wenn Sie in der Dialogbox* Farbdruck *die Option* Spotfarben *ausgewählt haben.*

Farbschemata sind von Publisher vorformatierte Farben, die gut aufeinander abgestimmt sind.

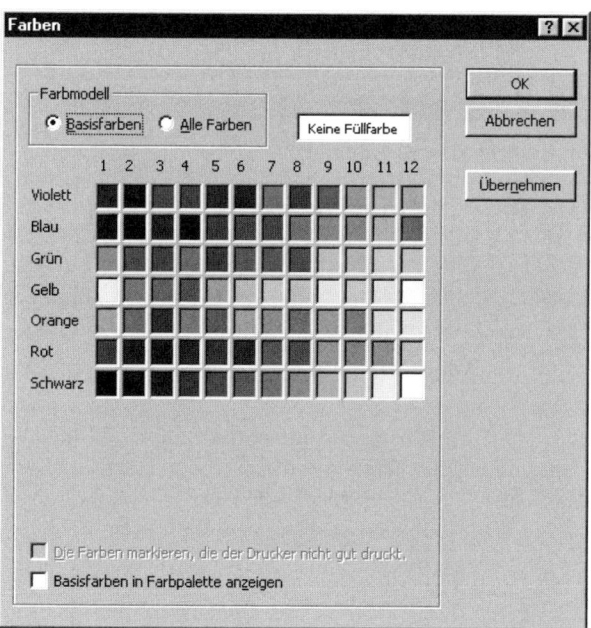

Bild 48.4: Die Basisfarben *gliedern »passende« Farbfelder in Spalten*

Die Farbwahl für einen markierten Text erfolgt mit Format/Zeichen *oder einem Klick auf das Symbol* Schriftfarbe.

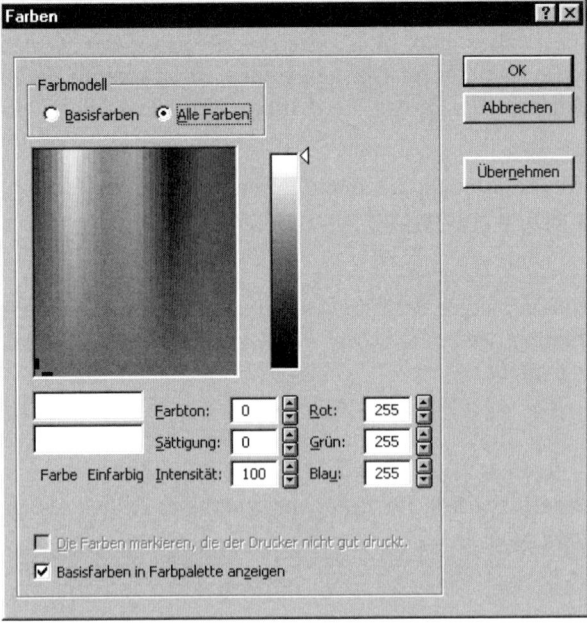

Bild 48.5: Alle Farben beinhaltet einen Farbwähler, der alle Farben des Systems darstellt

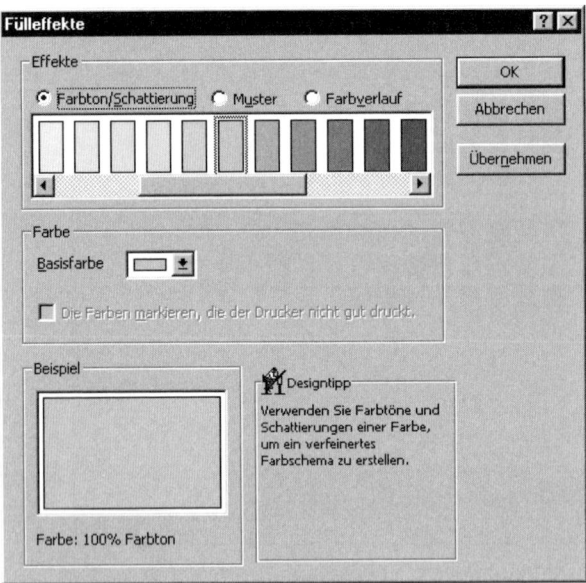

Bild 48.6: Schattierungen sind Farbtöne, die auf einer Grundfarbe basieren. Entweder mischt die Farbroutine Schwarzanteile in die Farbe ein oder verringert den Tonwert

Arbeiten mit Farben

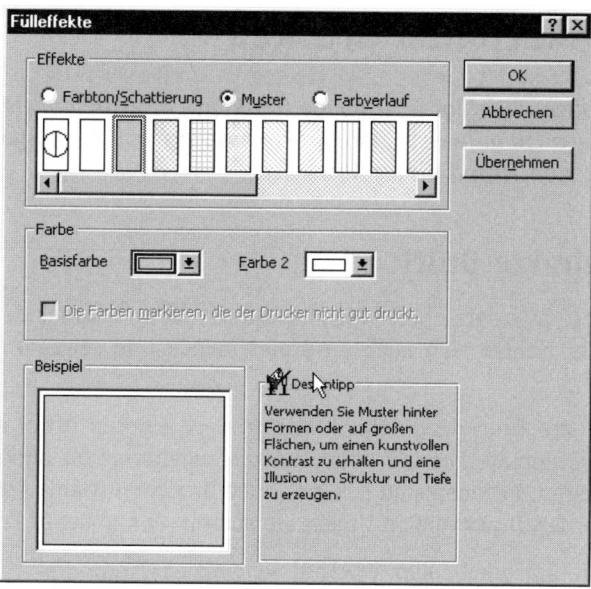

Bild 48.7: Die Musterfüllung füllt einen Rahmen oder eine Form mit geordneten Mustern aus zwei Farben

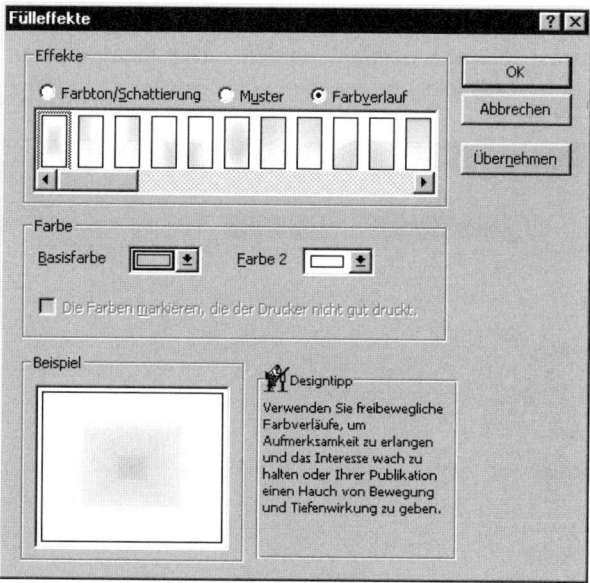

Bild 48.8: Farbverläufe stellen einen möglichst feinen Übergang von einer Farbe in eine andere dar. Dieser kann sowohl linear als auch radial oder konisch verlaufen

 Die Farbwahl für einen markierten Text erfolgt mit Format/Zeichen *oder einem Klick auf das Symbol* Schriftfarbe.

49. Publikationen drucken

Der Publisher verfügt über einige Druckoptionen, die andere Office-Applikationen nicht aufweisen. Der direkte Ausdruck und die Ausgabe von Druckdateien sind Thema dieses Abschnitts.

49.1 Der direkte Druck

Das letzte hier betrachtete Merkmal betrifft den Ausdruck der Publikation. Publisher richtet sich auch an professionelle und semiprofessionelle Anwender.

Das direkte Drucken geschieht wie in den anderen Office-Applikationen auch. Wählen Sie *Datei/Drucken*, um die zugehörige Dialogbox aufzurufen. Die meisten Optionen sind bekannt – die Druckerauswahl, Anzahl der Kopien oder den Druckbereich finden Sie auch in den anderen Programmen.

Folgende Optionen sollen erwähnt werden:

- *Separation*
  Ein wichtiger Aspekt für den professionellen Druck ist die farbseparierte Ausgabe. Um Farbbilder im Offsetdruck zu publizieren, müssen sie vorher in die vier Grundfarben, CMYK, also Cyan, Magenta, Yellow und Kontrast (Schwarz) zerlegt werden. Diese Komponenten werden übereinander gedruckt und ergeben somit wieder das farbige Bild.

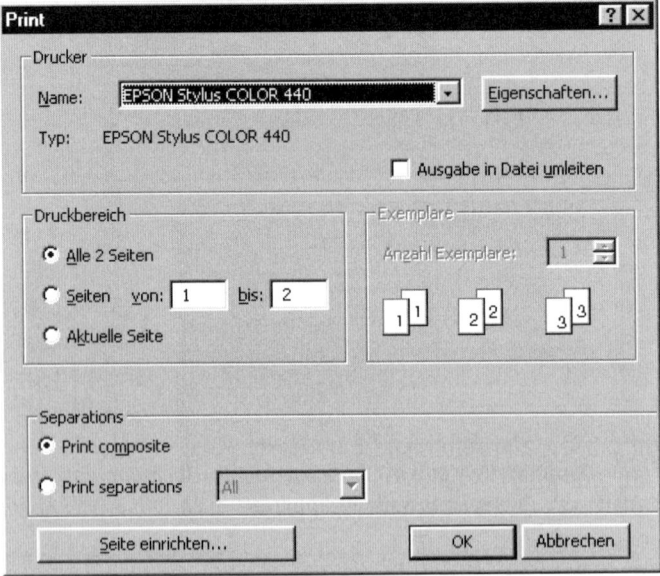

Bild 49.1: Die Dialogbox Drucken *steuert die Ausgabe der Publikation*

⋯⃗ *Seite einrichten*
Die Schaltfläche *Seite einrichten* in der *Drucken-Dialogbox* führt Sie zu einer komfortablen Funktion. Publisher 2000 ist in der Lage, mehrere Dokument-Seiten auf einer Druckseite auszugeben. Sie sparen dadurch Papier bzw. Film.

⋯⃗ *Ausgabe in Datei umleiten*
Aktivieren Sie dieses Kontrollkästchen, so wird aus Ihrem Dokument eine Druckdatei erstellt. Diese können Sie dann an Belichtungsstudios und Copy-Shops weitergeben.

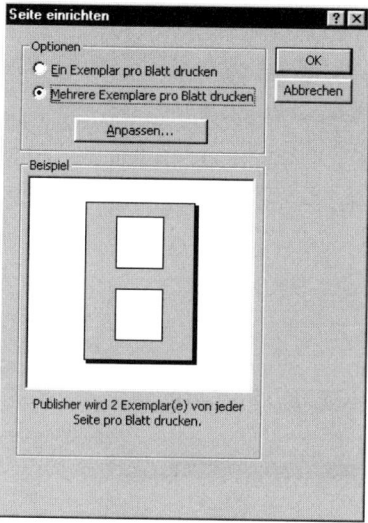

Bild 49.2: In der Dialogbox Seite einrichten *definieren Sie, ob Sie eine oder mehrere Seiten pro Blatt bzw. Film ausdrucken*

Mit *Datei/Druckereinrichtung* lassen sich eine Reihe von Druckereinstellungen vornehmen. Diese sind abhängig von Ihrem individuellen Druckertreiber. Dabei ist gerade bei Tintenstrahldruckern auf die Einstellungen zu achten: Die richtige Farbintensität, Papiersorte und Grafikauflösung sorgen für ein optimales Ausgabeergebnis. Glücklicherweise liefern die Standard-Einstellungen inzwischen sehr gute Ergebnisse.

 Wenn Ihr Drucker ein Farbdiffusionsverfahren beherrscht, sollten Sie dieses aktivieren, besonders wenn Farbverläufe in der Publikation vorkommen. Durch dieses Verfahren fallen Verläufe homogener aus als bei geordneten Rastern.

Leider sind die Einstellungen für den Druck in verschiedenen Menüs verteilt. Unter *Extras/Optionen* im Register *Drucken* regeln Sie beispielsweise die Anzeige des Druck-Detektivs.

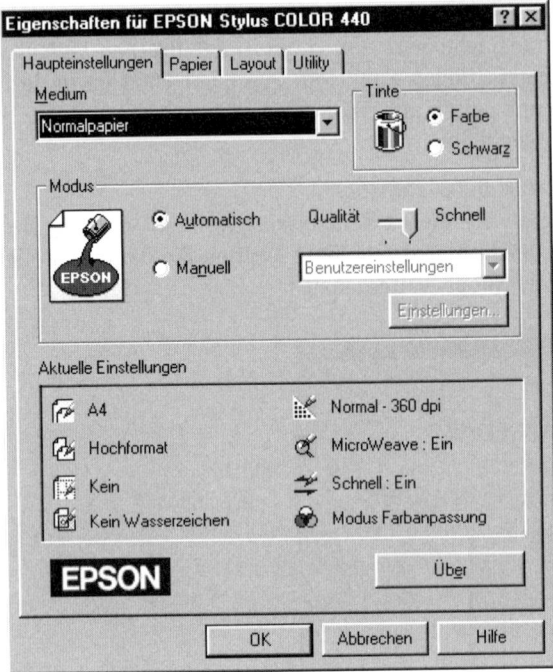

Bild 49.3: Die Dialogbox Druckereinrichtung *ist abhängig von Ihrem Drucker und verändert sich demnach je nach gewählten Druckertreiber*

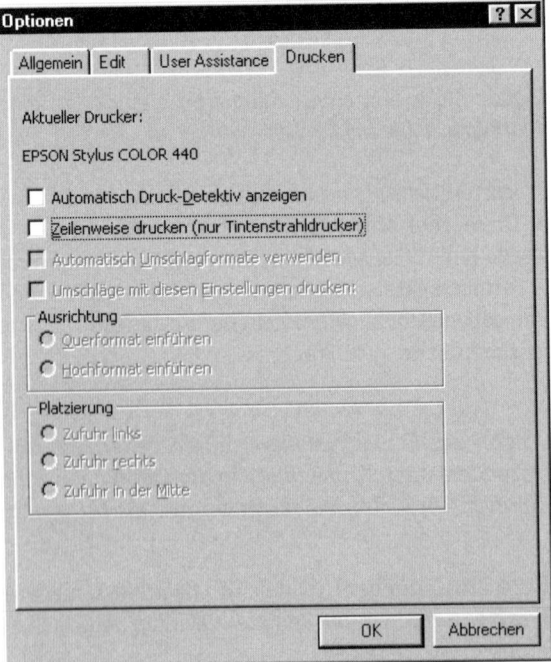

Bild 49.4: Diese Einstellungen stehen Ihnen im Menü Extras/Optionen *zur Verfügung*

Der Druckdetektiv überwacht den Druckvorgang und zeigt Ihnen eventuelle Probleme beim Ausdruck auf.

49.2 Druckdateien erstellen

Bei der Ausgabe für den professionellen Druck müssen Sie – möglichst vor der Erstellung der Publikation – festlegen, welche Ausgabeform Sie benötigen. Informieren Sie sich beim externen Dienstleister – also Druckerei oder Copy-Shop – nach der gewünschten Druckeinstellung. Manchmal schreibt dieser Ihnen auch einen Druckertreiber vor und liefert ihn gleich mit – Sie können ihn einfach im Systemordner DRUCKER hinzufügen.

Die wichtigsten Fragen an Ihren Dienstleister:

- *Druckertreiber*
  Welchen Druckertreiber sollen sie verwenden? Liefert der Dienstleister eventuell den speziellen Treiber?

- *Beschnittzeichen*
  Sollen diese kleinen Helfer mit ausgedruckt werden, oder ist die Formatlage so klar, daß dies nicht nötig ist?

- *Seitenverkehrt oder seitenrichtig*
  Für den Offsetdruck benötigen Sie seitenverkehrte Filme. Viele Dienstleister stellen ihre Belichter bereits auf diesen Modus, so daß Sie in der Druckdatei *seitenrichtig* anwählen müssen.

- *Auflösung*
  Welche Druckauflösung soll eingestellt werden? Hiermit ist die Auflösung gemeint, mit der der Belichter den Film ausgibt. Gängige Werte sind 1270dpi bzw. 2540dpi.

- *Rasterfrequenz*
  Mit der Rasterfrequenz bestimmen Sie, wie fein das Raster erscheint, mit dem Graustufen oder Farbabstufungen dargestellt werden. Die Rasterfrequenz ist unter anderem abhängig von der Papierqualität. Verwenden Sie für Kunstdruck 152lpi und für Zeitungsdruck 90lpi.

Bestimmen Sie zunächst unter *Extras/Einrichtung für externen Druck*, welches Farbsystem Sie verwenden möchten. Falls Sie Farbdrucke erstellen möchten entscheiden Sie hier zwischen Spotfarben oder dem CMYK-Modus. Diese Voreinstellungen wirken sich auf die Optionen im Druckmenü aus.

Wenn Sie sich in der Einrichtung für externen Druck *für Spotfarben entscheiden, erscheinen diese im Druckmenü unter* Separation.

Dann geht es an den eigentlichen Ausdruck, diesmal mit dem Befehl *Datei/ Drucken*. Wählen Sie den benötigten Druckertreiber. Aktivieren Sie das Kontrollfeld *In Datei umleiten*. So erstellen Sie eine Druckdatei.

Das Kontrollfeld *Farbauszüge drucken* ist bei der Verwendung von Farben aktivierbar. Es bewirkt die Ausgabe separater Seiten für jede Druckfarbe. Verwenden Sie ausschließlich Graustufen, oder möchten Sie die farbigen Elemente automatisch in Graustufen umrechnen lassen, so deaktivieren Sie die Schaltfläche *Separation*.

Klicken Sie die Schaltfläche Eigenschaften. Hier finden Sie je nach Druckertreiber spezielle Einstellungen. Sie wählen hier – abgestimmt mit Ihrem Dienstleister – das Papierformat, die Druckauflösung, die Rasterfrequenz und Optionen zum negativen oder spiegelverkehrten Drucken.

Bestätigen Sie die Dialogbox *Eigenschaften* und die *Drucken-Dialogbox* mit *OK*. Publisher fragt Sie, wo Sie Ihre Datei speichern möchten. Vergeben Sie einen Namen für die Datei, und wählen Sie einen Ordner aus. Wenn Sie jetzt erneut mit *OK* bestätigen, wird Ihre Druckdatei erstellt. Diese liefern Sie dann dem Dienstleister Ihrer Wahl.

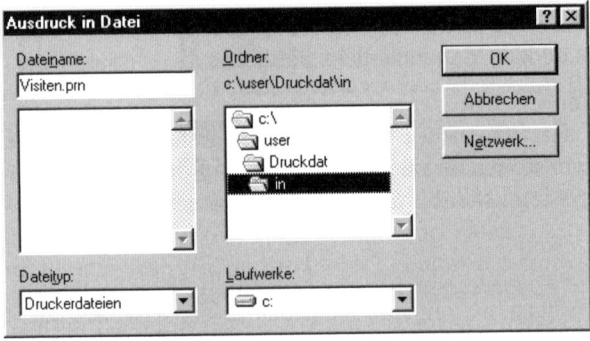

Bild 49.5: Wählen Sie den Ordner, in dem Ihre Druckdatei gespeichert wird

Hyperlinks und Internet

Office 2000

Highlight der vorliegenden Office-Applikationen ist die integrierte Internetfunktionalität. Betrachten Sie die Zusammenarbeit der Programme mit dem Internet Explorer 5, und erleben Sie, wie nah das Internet an »normale« Dokumente herangerückt ist – nehmen Sie die eigene Homepage in Angriff.

9

50. Einfacher Zugang zum Internet

Ein wichtiges Merkmal von Office 2000 ist die umfassende Internet-Unterstützung. Das Internet begegnet Ihnen heutzutage auf Schritt und Tritt. Darüber hinaus setzen sich die im Internet üblichen Formate und Dienste bei der Erledigung von Standardaufgaben mehr und mehr durch. Microsoft hat die Entwicklung weiter vorangetrieben: Office entspricht allen Erfordernissen zeitgemäßer Arbeitsorganisation – auch in diesem Bereich.

Um die HTML-Seiten im World Wide Web anzeigen zu können, benötigen Sie einen sogenannten Browser. Das entsprechende Programm, der Microsoft Internet Explorer 5, gehört mit zum Lieferumfang von Office 2000. Wie wird der Internet Explorer bedient, und was können Sie alles mit ihm machen?

50.1 Internet-Grundlagen und -Begriffe

Alle Haupt-Anwendungen des Office-Pakets – Word, Excel, Access, PowerPoint und natürlich Outlook – glänzen durch eine ganze Reihe von Funktionen, die eng mit dem Thema »Internet« verknüpft sind. Dabei geht es mittlerweile weniger um den reinen Zugang zu den Informationen, sondern um die Schlagworte »Kommunikation« und »Teamarbeit« in allen Spielarten.

In allen Anwendungen des Office-Pakets gelten die gleichen Grundlagen und ähnliche Arbeitsweisen, deshalb finden Sie alle Internet-Funktionen in einem eigenen Teil zusammengefaßt. Diese Kapitel gehen näher auf die einzelnen Anwendungsprogramme ein.

Die Ausführungen in diesem Teil setzen auf die Grundlagen der vorangegangenen Kapitel auf.

In Internet hat sich in kurzer Zeit eine eigene Sprache – ein bunter Mix aus englischen und deutschen Begriffen – entwickelt. Immer wieder stoßen Sie auf die verschiedensten Fachbegriffe. Hier ein »Link« auf eine »Web-Site«, dort ein HTML-Dokument, das Sie sich mit Ihrem »Browser« anzeigen lassen können. Ohne weiter auf die technischen Hintergründe des Internet einzugehen, soll diese Arbeitsdefinition als Grundlage für die folgenden Ausführungen herangezogen werden:

Mehrere Computer, die miteinander in Verbindung stehen und untereinander Daten austauschen, werden als Netzwerk bezeichnet. In aller Regel sind diese Netzwerke räumlich begrenzt. Daher spricht man hier auch von einem LAN (Local Area Network). Daneben stehen sogenannte Weitverkehrsnetze (WAN – Wide Area Network), mit denen z.B. die verschiedenen Standorte großer Unternehmen vernetzt sind. In allen Fällen stellen ein oder mehrere zentrale Rechner (Server) den Arbeitsplätzen (Clients) Daten und Verarbeitungsdienste zur Verfügung. Auch das Internet funktioniert ähnlich wie ein Netzwerk – allerdings mit weltweit verteilten Servern.

Die Bezeichnung »Server« kommt aus dem Englischen und bedeutet soviel wie »Dienender« oder »Lieferant«. Ein Server stellt die auf ihm gespeicherten Daten zur Verfügung und bietet Dienstleistungen, wie z.B. die Weiterleitung der Daten, an.

Internet – die Hintergründe

Obwohl das Internet erst in den vergangenen Jahren eine große Bedeutung erlangt hat, gehen die Anfänge bis auf die sechziger Jahre zurück. Vor dem Hintergrund des kalten Kriegs wurde ein zunächst militärisch genutztes Netzwerk aufgebaut, auch dann noch funktionieren sollte, wenn ein Teil des Netzes zerstört war. Daher konnten keine festen Verbindungen zwischen einem Server und einem Client zum Einsatz kommen. Die ARPA (Advanced Research Projects Agency) entwickelte ein neues Konzept der Informationsübermittlung: Die Daten gehen als mehrere kleine Pakete, die alle mit der Empfängerangabe versehen sind, auf die Reise. Dabei ist der Weg zum Ziel nicht vorbestimmt. Im Jahr 1969 wurde das ARPANET als erstes paketorientiertes Netzwerk in Betrieb genommen.

Weitere lokale Netze kamen hinzu, und schließlich wurde ein einheitliches Transportprotokoll TCP/IP (Transmission Control Protocol/Internet Protocol) festgelegt, um sicherzustellen, daß auch die unterschiedlichsten Rechner miteinander kommunizieren können. Das heutige Internet besteht aus einer Ansammlung verschiedener Teilnetze von privaten und staatlichen Einrichtungen.

Das Internet hat zwei Seiten: auf der einen steht eine Vielzahl von Computern, deutlich über eine halbe Million, die sich in ständiger Verbindung untereinander befinden. Diese Server-Seite bildet den Kern des Internet. Hier werden die Informationen gespeichert und Dienste zur Verfügung gestellt, mit denen der Datentransport sichergestellt ist. Jeder Server im Internet hat eine eindeutige IP-Adresse, über die er weltweit angesprochen werden kann.

IP-Adresse
Bei der IP-Adresse handelt es sich um eine Kombination aus vier Zahlen: z. B. 123.456.789.21. Da es unzumutbar ist, sich alle Zahlenkolonnen zu merken, übertragen spezielle Domain-Name-Server (DNS-IP-Adressen) in lesbare Form.

Auf der anderen Seite befinden sich die sogenannten Clients, also die Nutzer des Internets. Diese Computer stehen nur zeitweilig mit dem Internet in Verbindung, um dort z.B. auf die Informationen zuzugreifen. Über ein Modem oder per ISDN stellen die Clients eine Verbindung zwischen dem heimischen Computer und Ihrem Internetanbieter (Provider) her.

Zugang zum Internet

Um den vollen Umfang der Internet-Funktionen von Office 2000 zu nutzen, müssen Sie über einen eingerichteten Internetzugang verfügen.

Wegen der Vielzahl der unterschiedlichen Internet-Anbieter und den möglichen Systemkonfigurationen können wir an dieser Stelle nicht auf die Einrichtung eines Internet-Zugangs eingehen.

In aller Regel benötigen Sie eine Benutzerkennung, mit der Sie sich bei der Einwahl identifizieren, und ein Paßwort als Zugriffsschutz. Bei der Anwahl stellt Ihr Computer eine Verbindung zum Zugangsserver des Internetanbieter her. Je nach Internetanbieter kommt in manchen Fällen eine spezielle Zugangssoftware zum Einsatz. Der klassische Weg führt über das DFÜ-Netzwerk von Windows. Der Zugangsserver realisiert den Zugriff auf Inhalte und Dienste im Internet. Dabei spielt es keine Rolle, ob Sie auf Internet-Seiten in Japan oder Amerika zugreifen: Sie bezahlen neben dem Nutzungsentgelt für den Internetzugang lediglich die Verbindungsgebühren für die Telefonverbindung zwischen Ihrem Computer und dem Zugangsrechner.

Falls Sie noch nicht über einen Internetzugang verfügen, nutzen Sie das Angebot kostenloser Testzugänge, um erste Erfahrungen zu sammeln. Die entsprechende Zugangssoftware z.B. von T-Online, CompuServe oder AOL finden Sie auf vielen CDs von Computerzeitschriften.

50.2 Das World Wide Web

Das WWW (World Wide Web), einer der Internet-Dienste, läßt sich mit einem riesigen Buch vergleichen. Beginnend auf einer Startseite blättern Sie durch die weltweit verteilten Web-Seiten. Diese Seiten beinhalten Texte, Bilder und Grafiken, Videos, Sounds und sogenannte »aktive Elemente«, die bestimmte Funktionen ausführen. Durch Verweise (Hyperlinks) gelangen Sie auf eine weitere Seite.

Das Hypertext Transfer Protocol (HTTP) übernimmt die Darstellung der Informationen zwischen den Internetservern und Ihrem Client zu Hause. Die Clients greifen mit Hilfe eines WWW-Client-Programms (z.B. dem Internet-Explorer) auf die Informationen zu, die auf den Servern gespeichert sind.

Sogar Programme, die auf den WWW-Servern ablaufen, können durch Eingaben der Clients verarbeitet werden. Beispiele dafür sind Suchfunktionen, Formulare oder Online-Bestellungen.

 Alle aktiven Inhalte (z.B. ActiveX, JavaScript und Makros) im Internet stellen ein potentielles Sicherheitsrisiko dar – sie können unerwünschte Funktionen auf Ihrem PC ausführen.

Hyperlinks

Ein wesentlicher Bestandteil des WWW sind die Hyperlinks, mit denen einzelne Web-Seiten untereinander verbunden sind. Erst durch diese Hyperlinks »surfen« Sie komfortabel im Internet, ohne zu wissen, wo sich die gesuchten Daten tatsächlich befinden. Klicken Sie auf einen dieser Hyperlink und stellen damit die Verbindung zu einem Server irgendwo auf der Welt her. Dieser liefert Ihnen dann die gewünschten Informationen.

Bild 50.1: Nur einem Mausklick weit entfernt: tagesaktuelle Informationen

Sie brauchen sich also nicht mehr um Web-Adressen und Server-Namen zu kümmern, sondern müssen lediglich auf einen dieser Querverweise klicken, um die gewünschte Seite zu laden. Die Hyperlinks werden auf den Web-Seiten farbig hervorgehoben. Ein Text (ein Wort oder eine Wörterkette) oder eine Grafik sind dabei mit einer eindeutigen Internet-Adresse verbunden.

Teil 9 · Hyperlinks und Internet

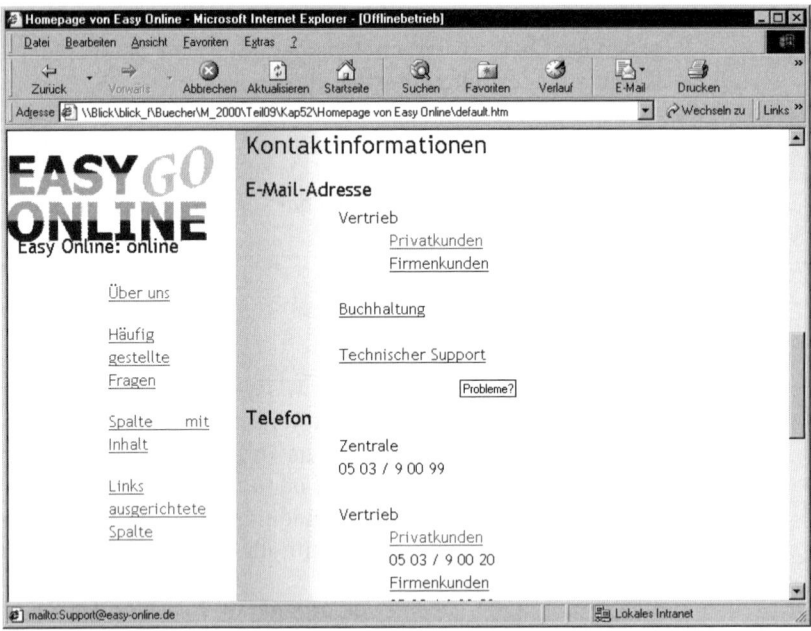

Bild 50.2: *In der Statuszeile erscheint die Adresse des Hyperlinks, über dem der Mauszeiger steht*

Für die Angabe einer Internet-Adresse kommt der sogenannte URL (Uniform Ressource Locator) zum Einsatz. Ein Beispiel:

http://www.mut.com/index.html.

Die Adressen sind dabei alle nach einem einheitlichen Schema aufgebaut.

- http:// beschreibt den verwendeten Internet-Dienst und legt das verwendete Übertragungsprotokoll (hier: Hypertext Transfer Protocol) fest.
- www.mut.com ist die Adresse der Web-Seite (hier Markt&Technik). Aus technischer Sicht handelt es sich um die Adresse des Servers – die sogenannte »Domain«.
- index.html bezeichnet die zu ladende Webseite.

 Der URL verweist auf ein Dokument, das in einem Ordner auf dem Server liegt. Dieser Server hat eine eindeutige IP-Adresse. Die Bezeichnung der Domain wird von einem sogenannten DNS (Domain-Name-Server) in die korrekte IP-Adresse (vierstellig, durch Punkte getrennt) umgewandelt.

Die Endung html gibt dabei an, daß es sich um eine Datei handelt, die in der Dokument-Beschreibungssprache HTML (Hypertext Markup Language) erstellt wurde. Oft findet sich auch die Schreibweise HTM als Dateiendung.

 In den Programmen von Office 2000 können Sie beliebige Textpassagen, Grafikelemente oder integrierte Bitmaps mit Hyperlinks versehen. Dies geschieht in allen Programmen über den Menüpunkt Einfügen/Hyperlink *oder mit der Tastenkombination* Strg+K.

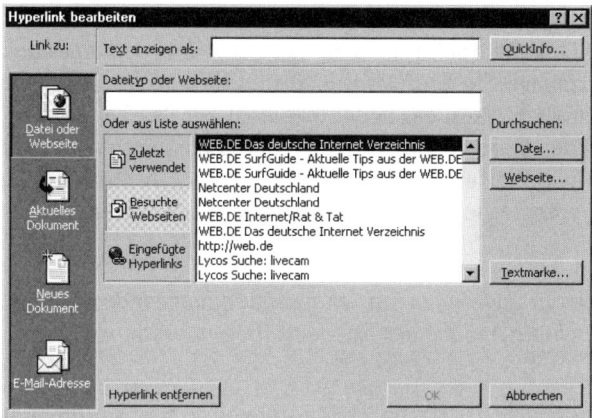

Bild 50.3: *In der Dialogbox* Hyperlink bearbeiten *geben Sie die Zieladresse des Hyperlinks ein und legen den anzuzeigenden Text fest*

 Die Dialogbox Hyperlink einfügen *ist bis auf wenige Ausnahmen für die Anwendungen Word, Excel, PowerPoint und Access gleich.*

In der Dialogbox *Hyperlink bearbeiten* oder *Hyperlink einfügen* finden Sie dazu Schaltflächen im Bereich *Link zu* – dabei lassen sich folgende Links definieren:

- *Datei oder Webseite* nimmt einen Verweis zu einer Seite im Internet oder die Adresse eines Dokuments auf der Festplatte bzw. in einem Netzwerk auf.

- Nach einem Klick auf die Schaltfläche *Aktuelles Dokument/Aktuelle Datenbank* sehen Sie im rechten Bereich der Dialogbox eine Liste aller verfügbaren Ziele innerhalb des aktuell geöffneten Dokuments.

Anwendung	Ziele
Access	Datenbankobjekte der aktuellen Datenbank
Excel	Angegebenen Zelle(n) in vorhandenen Tabellenblättern, Bereichsnamen
PowerPoint	erste/letzte/nächste/vorige Folie, angegebener Folientitel, Zielgruppenorientierte Präsentation
Word	Anfang des Dokuments, Überschriften, definierte Textmarken

⋯⊹ Der Link *Neue Seite erstellen* dient zum Anlegen eines Dokuments. Dazu bestimmen Sie Laufwerk, Pfad und Namen des neuen Dokuments und legen fest, wann das neue Dokument zur Bearbeitung zu öffnen ist. Als Ziel des Links kommen Dateien und Dokumente aller auf Ihrem Computer installierten Anwendungen in Frage. Ein Klick auf den Link startet die entsprechende Anwendung und öffnet die angegebenen Datei.

Der Dateityp und die zu startende Anwendung sind, wie unter Windows üblich, durch die Angabe der Dateierweiterung bestimmt.

⋯⊹ Über die Schaltfläche *E-Mail-Adresse* geben Sie die Adresse eines E-Mail-Empfängers ein. Ein Klick auf diesen Link startet den konfigurierten E-Mail-Editor – in der Regel Outlook Express oder Outlook 2000 – mit einer neuen E-Mail an die angegebene Adresse.

Bei der Zieladresse des Hyperlinks kann es sich sowohl um eine Adresse im WWW als auch um eine Verknüpfung zu einer Datei auf der lokalen Festplatte bzw. in einem Netzwerk handeln.

Das Eingabefeld *Dateityp oder Webseite* nimmt den Ziel-URL auf. Zum Eingeben einer Adresse im WWW reicht es aus, wenn Sie »www.« gefolgt vom Domainnamen eingeben. Office ergänzt die Kennung »http://« automatisch. Über das Listenfeld *Oder aus Liste auswählen* greifen Sie auf gespeicherte Informationen der zuletzt besuchten Webseiten, bzw. der zuletzt benutzten Dokumente zu:

Diese Informationen nimmt Office aus dem Ordner C:\WINDOWS/VERLAUF – dort sind je nach gewählter Einstellung die URLs der zuletzt besuchten Web-Seiten gespeichert.

Einfacher Zugang zum Internet

- Nach einem Klick auf die Schaltfläche *Zuletzt verwendet* sehen Sie in der Liste die zuletzt bearbeiteten Dokumente. Um ein Dokument als Ziel anzugeben, genügt es den entsprechenden Eintrag aus der Liste auszuwählen oder Laufwerk, Ordner und Dateibezeichnung in das Eingabefeld *Dateityp oder Webseite* einzugeben.

- Wenn Sie auf die Schaltfläche *Besuchte Webseiten* klicken, zeigt Ihnen Office anstelle des URL in der Liste den Titel der zuletzt besuchten Seiten im Internet an.

- Eine Übersicht der bereits benutzten Hyperlinks erhalten Sie nach einem Klick auf die Schaltfläche *Eingefügte Hyperlinks*

Falls das gewünschte Ziel des Hyperlinks in keiner Liste zu finden ist, können Sie nach einem Klick auf die Schaltflächen *Datei* und *Webseite* im Bereich *Durchsuchen* die entsprechenden Daten auswählen.

- *Datei* öffnet die bereits bekannte Datei-Dialogbox in der Sie ein Dokument oder Ordner als Ziel des Hyperlinks festlegen.

- Mit *Webseite* versucht Office eine Verbindung zum Internet aufzubauen. Dazu startet der Internet Explorer und stellt die Verbindung zu Ihrem Internetanbieter her.

Der Verbindungsaufbau richtet sich nach der aktuellen Konfiguration des Internet Explorers und nach Ihrem Internet-Provider.

Den URL der aktuell geöffneten Seite übernimmt Office automatisch in das Eingabefeld *Dateityp oder Webseite*.

Bild 50.4: *Bei einem Hyperlink, der »direkt« eingegeben wurde, erscheint die Zieladresse im Dokument*

Damit die oftmals schwer nachvollziehbare Zieladresse anschaulicher wird, kommen sogenannte »friendly names« – Ersatzbezeichnungen – zum Einsatz. Im Eingabefeld *Text anzeigen als* legen Sie den Text fest, der anstelle des URL in Ihrem Dokument erscheint. Dabei ist es sinnvoll, wenn der Text einen Hinweis auf das Ziel beinhaltet.

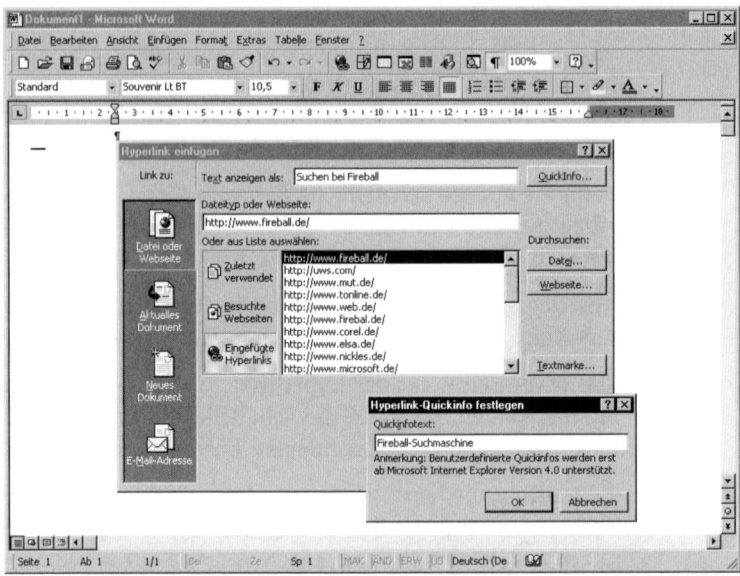

Bild 50.5: Mit diesen Eingaben sehen Sie den Hyperlink »Suchen bei Fireball« statt »http://www.fireball.de« in Ihrem Dokument. Wenn die Maus über dem Hyperlink steht, erscheint die Quickinfo »Fireball-Suchmaschine«

Bei einer anderen Vorgehensweise markieren Sie die Stelle im Dokument an der ein Hyperlink eingefügt werden soll und rufen dann über *Einfügen/Hyperlink* oder [Strg]+[K] die Dialogbox *Hyperlink einfügen* auf. Office übernimmt die markierte Textpassage in das Eingabefeld *Text anzeigen als*.

Die Bezeichnung eines bestehenden Hyperlinks läßt sich jederzeit nachträglich anpassen. Markieren Sie dazu den zu ändernden Link durch einen Doppelklick mit gedrückter [Strg]-Taste – dadurch wird der automatische Verbindungsaufbau unterbunden. Der markierte Eintrag kann jetzt einfach überschrieben werden.

Moderne Browser zeigen eine Quickinfo an, sobald Sie den Mauszeiger über den Hyperlink bewegen. Die anzuzeigenden Informationen geben Sie in der Dialogbox *Hyperlink Quickinfo festlegen* ein, die Sie mit einem Klick auf die Schaltfläche *QuickInfo* öffnen.

Zum Bearbeiten eines bereits vorhandenen Hyperlinks klicken Sie mit der rechten Maustaste auf den Hyperlink. Alle notwendigen Befehle und Funktionen finden Sie im Kontextmenü unter *Hyperlink*.

- *Hyperlink bearbeiten* öffnet die gleichnamige Dialogbox, die bis auf den Titel der beschriebenen Dialogbox *Hyperlink einfügen* gleicht.
- *Öffnen* führt die Verknüpfung aus und öffnet das Ziel.
- *Hyperlink auswählen* markiert den angeklickten Hyperlink ohne die Verknüpfung auszuführen

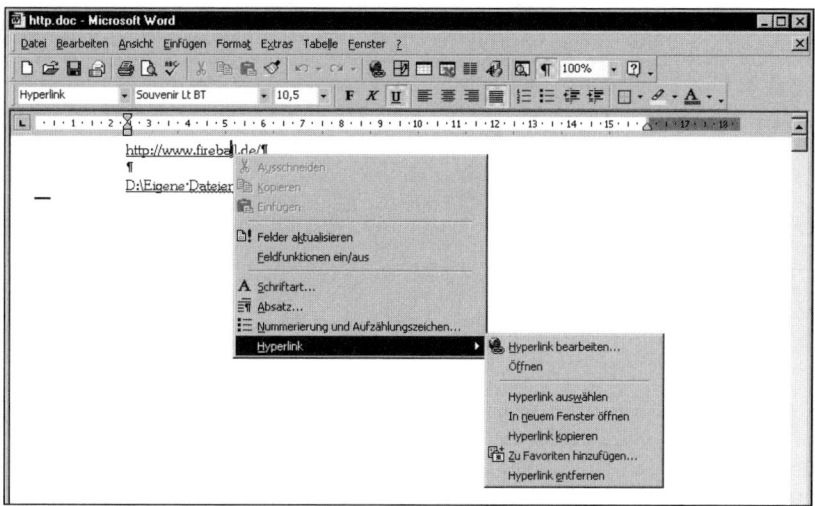

Bild 50.6: Die wichtigsten Befehle und Funktionen zum Arbeiten mit Hyperlinks sind im Kontextmenü zu finden

- *In neuem Fenster öffnen* öffnet das Ziel in einem neuen Fenster.
- *Hyperlink kopieren* überträgt den gesamten Link (Adresse, Text und Quickinfo)in die Zwischenablage.
- *Zu Favoriten hinzufügen* erstellt eine Verknüpfung zur Zieladresse im Ordner WINDOWS/FAVORITEN.
- *Hyperlink entfernen* löscht den vorhandenen Link aus dem bearbeiteten Dokument.

HTML-Grundlagen

Alle Dokumente im WWW sind in der Seitenbeschreibungssprache HTML erstellt. Bei der Entwicklung stand im Vordergrund, einen einheitlichen Standard zu definieren. Der HTML-Code enthält neben den eigentlichen Informationen auch eine Beschreibung der logischen Strukturen des Dokuments. Dazu gehören neben Kapitel und Unterkapitel auch Absätze, Querverweise zu anderen Dokumenten (Web-Seiten) usw. Weiterhin transportiert der HTML-Code Informationen zur Formatierung von Texten und Tabellen der Seite.

HTML-Dokumente sind plattformunabhängig: Sie bestehen aus reinem Text ohne Formatierung und lassen sich mit jedem Texteditor lesen und bearbeiten – z.B. auch mit Wordpad. So kann das Dokument auf einem Macintosh, einem Amiga, einer Workstation oder einem PC präsentiert und bearbeitet werden. Das HTML-Dokument enthält dabei neben dem eigentlichen Text sogenannte Tags. Diese Tags bestehen aus spitzen Klammern, in denen unterschiedliche HTML-Befehle angeführt sind. Zum Beispiel: <BODY> Diese Tags benötigt der Web-Browser, um eine korrekte Darstellung der Dokument-Struktur sicherzustellen.

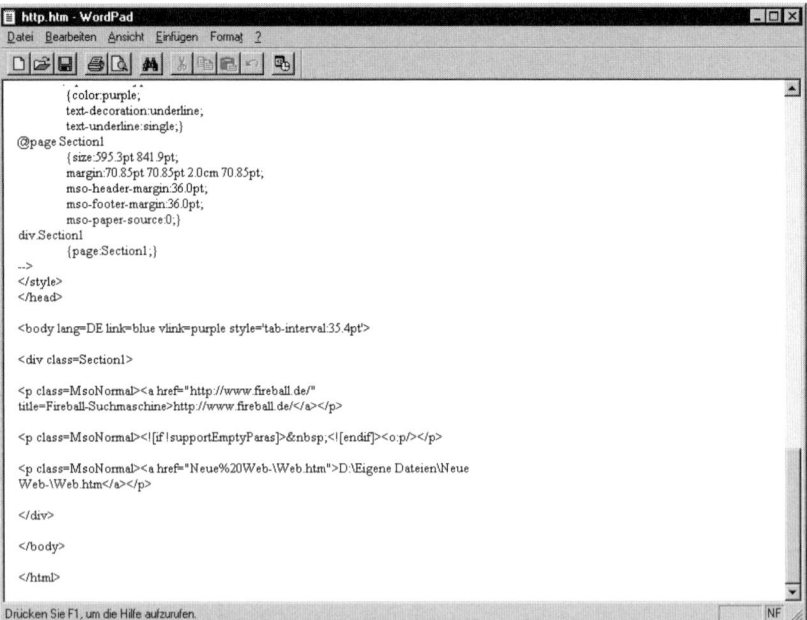

Bild 50.7: Der Code eines HTML-Dokuments

Frames

Mit den sogenannten Frames unterteilen Sie eine HTML-Seite vertikal oder horizontal in mehrere eigenständige Abschnitte. Jeder Frame entspricht einem eigenen HTML-Dokument, mit eigenen Inhalten: Grafiken, Texte oder zusätzliche Hyperlinks. HTML-Seiten lassen sich mit diesen Frames sehr abwechslungsreich gestalten.

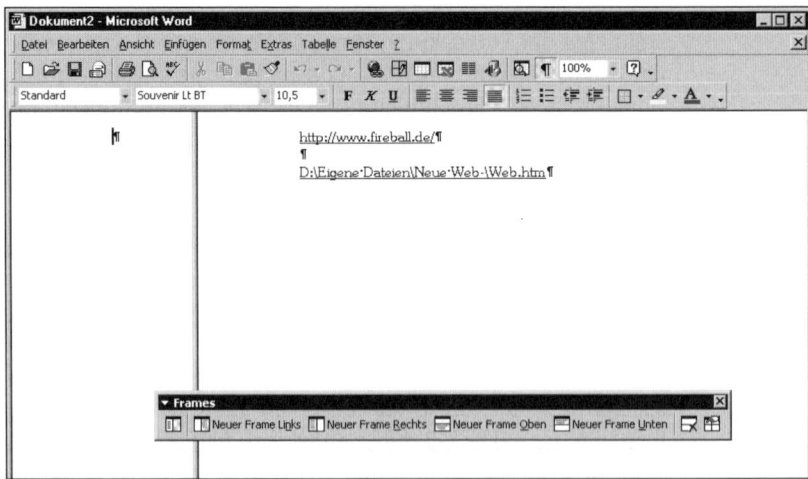

Bild 50.8: Mit Frames strukturieren Sie die Informationen in Web-Seiten

Das Hauptdokument definiert dabei den Rahmen, der bei allen Dokumenten innerhalb der Web-Site verwendet wird. Jeder Link, den Sie aufrufen, erscheint als eigenständiges Dokument innerhalb eines Frames. Innerhalb dieser Frames finden sich weitere Hyperlinks, mit denen Sie andere Dokumente öffnen können. Das Gesamtlayout der Seite bleibt dabei unverändert.

Alle Befehle, die Sie zum Bearbeiten von Frame-Sets benötigen, erreichen Sie über die Symbole der Symbolleiste Frames, *die Sie mit* Ansicht/Symbolleisten/ Frames *einblenden.*

Durch Ziehen an den Rahmen-Begrenzungen können Sie die Abmessungen der Frames interaktiv verändern. Bewegen Sie den Mauszeiger dazu auf die zu ändernde Begrenzung – der Mauszeiger verwandelt sich in einen Doppelpfeil. Halten Sie nun die linke Maustaste gedrückt und verschieben Sie die Begrenzung wie gewünscht.

HTML speichern und öffnen

HTML hat sich mittlerweile zum einem sogenannten »nativen« Format für alle Office Anwendungen entwickelt: HTML-Dokumente lassen sich wie normale Dokumente anlegen, bearbeiten und speichern.

Zum Erzeugen eines HTML-Dokuments klicken Sie auf *Datei/Speichern unter*. Im Listenfeld *Dateityp* wählen Sie den Eintrag *Webseite (*.htm; *.html)* aus.

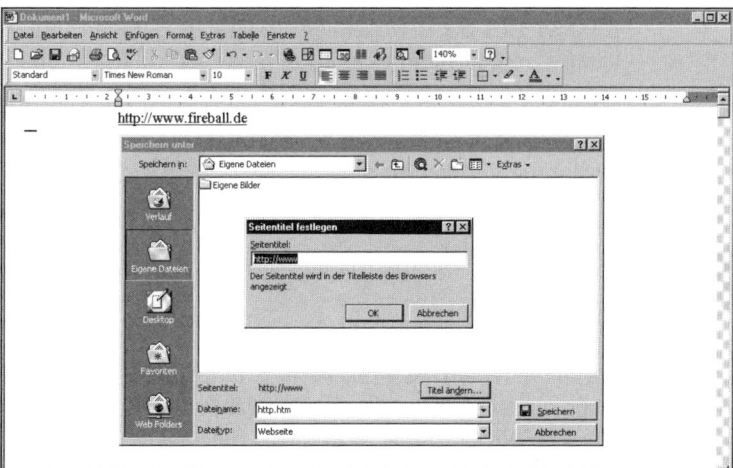

Bild 50.9: Um ein HTML-Dokument anzulegen, genügt es das Dokument im Format Webseite (*.htm; *.html) *zu speichern*

Ebenso leicht gestaltet sich die Bearbeitung bestehender Web-Seiten, die Sie wie normale Office-Dokumente über *Datei/Öffnen* zur Bearbeitung laden.

Post im Internet: E-Mail

Wer auf der Höhe der Zeit ist, zeigt dies mittlerweile mit einem unscheinbaren Sonderzeichen an. Das @ (sprich engl. »at«) hat sich mittlerweile zum Statussymbol entwickelt. In der Adresse, im Briefkopf oder auf einer Visitenkarte signalisiert es: Ich bin über elektronische Post – kurz E-Mail – erreichbar. Dieser Weg der Informations- und Datenübermittlung hat deutliche Vorteile gegenüber der normalen Briefpost:

- Das zeitaufwendige Ausdrucken, Einpacken, Frankieren und der Transport zum Briefkasten entfällt. Sobald eine E-Mail fertiggestellt ist, kann sie sofort auf den Weg gebracht werden.

- Eine Email erreicht Ihren Empfänger in der Regel innerhalb weniger Minuten – natürlich nur, wenn der Anwender einen Provider mit schnellen Internet-Anbindungen wählt.

- Der Empfänger kann die E-Mail sofort am Computer weiterbearbeiten, Anmerkungen hinzufügen oder auch postwendend antworten.

In Office 2000 übernehmen Outlook und Outlook Express die Aufgabe des E-Mail-Verwaltung.

- E-Mails lassen sich gleichzeitig vielen Empfängern als Carbon Copy (CC) zustellen. Die Nachricht wird einmal erfaßt und versandt – das erhöht die Effizienz der Zusammenarbeit in Teams.

- Alle Daten, die vom Rechner verarbeitet werden können, lassen sich als Anhang zu E-Mails versenden: Programme, Bilder und Töne, aber auch komplette Dokumente, z.B. die letzte Kalkulationstabelle aus Excel.

Bei allen Vorteilen, die diese Form der Kommunikation beinhaltet, darf allerdings nicht verschwiegen werden, daß die elektronische Post auch einige Nachteile mit sich bringt.

Weiterführende Informationen zum Arbeiten mit E-Mails finden Sie im Kapitel 32.

- Ein gravierender Nachteil besteht darin, daß unbefugte Dritte Ihre E-Mails einsehen können. Die Vertraulichkeit einer E-Mail bewegt sich auf dem Niveau einer Postkarte. Um dies zu verhindern, sollten Sie vertrauliche Mails stets verschlüsseln.

Ein leistungsfähiges Programm zur Verschlüsselung ist PGP (Pretty Good Privacy), das Sie im Internet unter http:\\www.pgp.com *finden.*

⋯⟩ Sie können nicht mit abschließender Sicherheit davon ausgehen, daß die E-Mail Ihren Empfänger tatsächlich auch erreicht. Sobald eine E-Mail allerdings unzustellbar ist, z.B. bei einer fehlerhaften Adressierung, wird Sie zum Absender zurückgeschickt.

Wie der Brief muß die E-Mail vor dem Versenden mit einem eindeutigen Empfänger versehen sein. Eine E-Mail-Adresse hat in der Regel die folgende Form:

⋯⟩ benutzername@rechner.domain.topleveldomain

⋯⟩ benutzername
Der Name, unter dem der Anwender als Benutzer beim Internet-Provider eingetragen wurde. Technisch gesehen, handelt es sich beim Benutzernamen oft um den Namen eines Verzeichnisses auf dem Server des Internet-Providers.

⋯⟩ rechner
Der Computer, auf dem der Benutzer als Empfänger und Sender von E-Mails eingetragen ist. Dieser Computer ist für die Anbindung an das Internet zuständig.

⋯⟩ domain
Bezeichnet die Organisationseinheit von Rechnern, teilweise werden auch noch subdomains verwendet. Ein Zentralrechner, der die Daten aus der ganzen Welt empfängt, verteilt diese auf die einzelnen domains.

⋯⟩ topleveldomain
Hierbei handelt es sich in der Regel um die Länderkennung – teilweise auch um eine Organisation. So steht .de für Deutschland, .uk für England oder .edu für amerikanische Hochschulen.

FTP

Ein weiterer häufig genutzter Dienst im Internet ist FTP (File Transfer Protocol). FTP bezeichnet einen Übertragungsstandard im Internet, mit dem sich Daten austauschen lassen. Im Gegensatz zur E-Mail wird beim FTP eine direkte Verbindung zwischen dem entfernten Zielrechner und dem eigenen Computer aufgebaut. Über FTP können Sie – wenn auch mit eingeschränkten Rechten – auf fremde Festplatten zugreifen. Mit Hilfe von »anonymous FTP« können Sie auf frei zugängliche Dateien bzw. einen Teil der Festplatte eines öffentlich zugänglichen FTP-Servers zugreifen. Dabei kann es sich um aktuelle Programmversionen, Shareware, Treiber oder auch Dokumente und Bilder handeln – viele Unternehmen, aber auch Privatleute bieten »freie« Daten zum kostenlosen Herunterladen (Download) von Ihrer Web-Seite an.

Grundsätzlich benötigen Sie keine spezielle Software, wenn Sie lediglich Daten herunterladen möchten. So können Sie statt der Web-Adresse (http:) einfach die FTP-Adresse (ftp:) im Listenfeld *Adresse* angeben.

Wenn Sie einen Windows-Client wie das Office-Paket einsetzen, wird der Dateiaustausch zum Kinderspiel. Um eine Verbindung zum FTP-Server dauerhaft einzurichten, öffnen Sie die Datei-Dialogbox, z.B. über *Datei/Öffnen* in Word. Im Listenfeld *Suchen in* wählen Sie jetzt den Eintrag *Ftp-Speicherort hinzufügen/ändern* aus. Es erscheint die Dialogbox *FTP-Speicherort hinzufügen/ändern,* in der Sie den FTP-Server dauerhaft einrichten können. Neben der FTP-Adresse lassen sich hier Benutzername und Paßwort einrichten

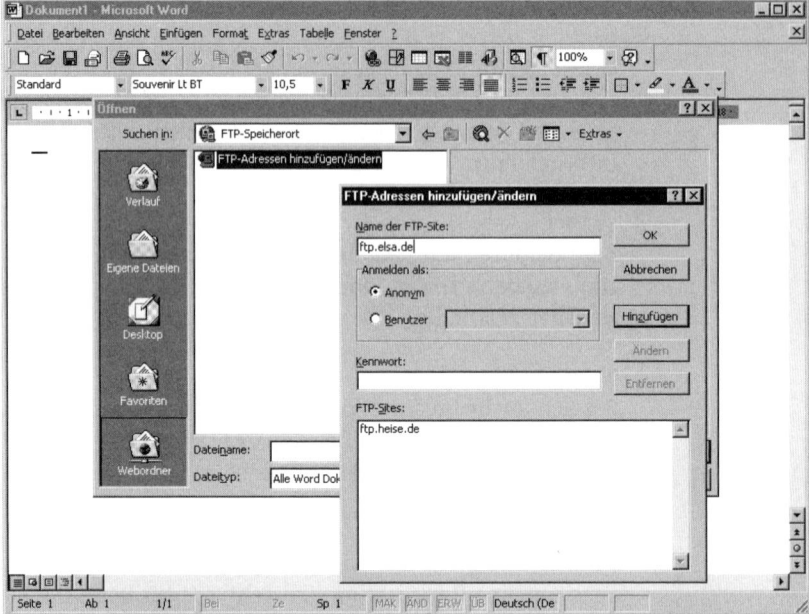

Bild 50.10: In der Dialogbox FTP-Speicherort hinzufügen/ändern *lassen sich FTP-Server dauerhaft einrichten*

Mit einem Klick auf die Schaltfläche *OK* wird diese Verbindung dauerhaft gespeichert, der FTP-Server erscheint jetzt wie ein Laufwerk im Listenfeld *Suchen in*.

Nun können die Dateien von Computer zu Computer innerhalb weniger Sekunden übertragen werden. Um Daten auf einem Server abzulegen (Upload) benötigen Sie allerdings einen eigenen Account: Der Betreiber des FTP-Servers gibt einen Benutzernamen und ein Paßwort vor. Eine spezielle Software, ein FTP-Client vereinfacht diesen Vorgang und steht auf vielen Servern zum kostenlosen Download bereit.

Wenn Sie über eine Internetverbindung verfügen, genügt ein Doppelklick auf den entsprechenden Eintrag in der Dialogbox *Öffnen* , um auf den ftp-Server zuzugreifen.

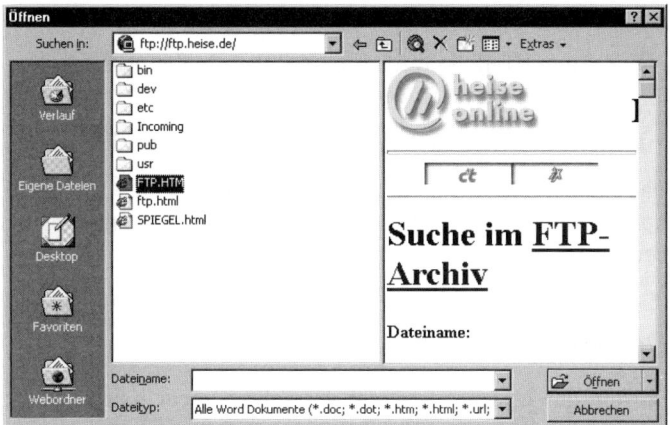

Bild 50.11: FTP-Transfer im Datei-Dialog. Mit einem Doppelklick sind Sie mit dem ausgewählten Ftp-Server verbunden

Leider gibt es kein vollständiges Verzeichnis der im Internet vorhandenen FTP-Server und deren Angebote. Wenn Sie auf der Suche nach einem speziellen Programm sind, können Sie eine Suchmaschine im Web aufrufen, die Ihnen Listen von FTP-Servern anbietet.

Internet und Intranet

Hyperlinks nehmen sowohl Internet-URLs als auch Pfadangaben zu Dateien innerhalb eines lokalen Netzwerks auf. Dadurch ergeben sich neue Aspekte für Ihr Informations-Management. Die erforderlichen Daten werden in das HTML-Format konvertiert und dann auf einem Server im Netzwerk abgelegt. Mit einem (beliebigen) Internet-Browser erfolgt jetzt der Zugriff auf die HTML-Dateien über das lokale Netzwerk.

Es ist nicht mehr notwendig, daß jeder Anwender Zugriff auf die Unternehmensdatenbank erhält, nur um einen Blick auf die Kundenstammdaten zu werfen. Eine HTML-Datei mit den entsprechenden Informationen auf einem Server reicht vollkommen aus. Die Datei wird unabhängig von der erzeugenden Anwendung mit einem Browser geöffnet. Sogar auf den Internet-Browser könnte verzichtet werden: Word ist in der Lage, beliebige HTML-Dateien anzuzeigen. Die Grenzen zwischen Internet und Intranet sind im neuen Office-Paket mittlerweile verschwunden. Dateien werden einfach im HTML-Format gespeichert und wahlweise auf dem Netzwerk- oder einem Web-Server abgelegt. Anwender innerhalb des lokalen Netzwerks können nun auf die verschiedensten Informationen zugreifen und müssen nicht mehr mehrere Anwendungsprogramme bemühen. Das Einsatzspektrum ist nahezu unbegrenzt:

- Ein Hyperlink zu einer HTML-Datei mit den aktuellen Verkaufszahlen
- Mehrere HTML-Seiten mit Produktbeschreibungen, die aus einem Onlinekatalog aufgerufen werden können
- Interne Verfahrensanweisungen oder eigene Hilfedateien

Das Einzigartige sind nicht die technischen Möglichkeiten, sondern die konsequente Umsetzung einer einzigen Lösung mit gleichen Strukturen, sowohl firmenintern als auch extern im Internet.

50.3 Der Internet Explorer

Obwohl der Internet Explorer vermutlich recht häufig genutzt wird, zählt er eher zu den selten dokumentierten Programmen. Um den Internet Explorer zu starten, genügt ein Klick auf den Eintrag im Windows-Startmenü, der bei der Installation des Internet Explorers automatisch angelegt wird. Auch ein Doppelklick auf HTML- und HTM-Dateien im Windows-Explorer startet den Internet Explorer und öffnet gleichzeitig das angeklickte Dokument – diese Dateitypen sind standardmäßig mit dem Internet Explorer verknüpft.

Der Internet Explorer wird auch gestartet, wenn Sie den Zugang zum Internet über einen Providers herstellen und ihn dort in den Programmoptionen als bevorzugten Browser eingerichtet haben.

Ein Mausklick auf einen hervorgehobenen Bereich führt den jeweiligen Hyperlink aus und lädt das entsprechende Dokument.

Über die Taste ⇥ bewegen Sie sich zum nächsten Hyperlink auf der aktuellen Seite. Mit ⏎ wird der Link geöffnet. Mit ⇧+⇥ springen Sie zum vorherigen Hyperlink zurück.

Bild 50.12: *Mit der Standard-Symbolleiste des Internet Explorers navigieren Sie komfortabel durch das WWW*

Um eine Seite aus dem Internet zu laden, geben Sie im Listenfeld Adresse einfach die gewünschte URL an und bestätigen Ihre Eingabe mit ⏎.

Die Eingabe der Dienstkennung http:// *können Sie sich sparen, sie wird automatisch vorangestellt.*

Einfacher Zugang zum Internet

···▸ Durch einen Klick auf das Symbol *Zurück* wird das vorausgegangene Dokument erneut geladen.

···▸ Mit *Vorwärts* gelangen Sie dann wieder zurück zur folgenden Seite.

···▸ Das Symbol *Abbrechen* leuchtet rot auf und zeigt an, daß gerade Daten geladen werden. Parallel dazu informiert Sie die Statusleiste über den Fortschritt des Ladevorgangs. Bei geringen Übertragungsraten oder wenn Sie es sich anders überlegt haben, genügt ein Klick auf *Abbrechen*, um den Ladevorgang abzubrechen.

Falls Ihnen eine Grafik im Internet besonders gefällt, genügt ein rechter Mausklick auf diese Grafik. Im Kontextmenü wählen Sie jetzt Bild speichern unter, *um es mit der Dialogbox* Speichern unter *in ein Verzeichnis auf Ihrer Festplatte zu übertragen.*

···▸ Mit *Aktualisieren* wird das gerade geöffnete Dokument erneut geladen.

···▸ Klicken Sie auf das Symbol *Homepage*, um zur Internet-Startseite zurückzugelangen. Den URL der Startseite stellen Sie über *Extras/Internetoptionen* im Register *Allgemein* ein.

···▸ *Suchen* öffnet die Explorerleiste auf der linken Seite des Programmfensters. Mit den dargestellten Steuerelementen suchen Sie nach bestimmten Inhalten im Internet. Dabei greift der Internet Explorer auf eine ganze Reihe von Suchmaschinen zu. Die benutzten Suchmaschinen richten Sie nach einem Klick auf die Schaltfläche *Anpassen* ein.

Bild 50.13: Der Internet Explorer greift bei der Suche nach Informationen auf mehrere Suchmaschinen und Suchdienste zu

911

⋯⫶ Mit der Schaltfläche *Favoriten* zeigt der Internet Explorer die Explorerleiste *Suchen* an der linken Seite des Programmfensters und stellt dort den Inhalt des Ordners FAVORITEN dar. Die Schaltfläche *Hinzufügen* erstellt eine Verknüpfung zur aktuell geöffneten Seite im Ordner FAVORITEN. Eine Dialogbox ermöglicht die Angabe einer eigenen Bezeichnung.

Bild 50.14: Häufig besuchte Seiten im Internet lassen sich über die Schaltfläche Hinzufügen *als Verknüpfung speichern*

Nach einem Klick auf die Schaltfläche *Erstellen in* wird die Dialogbox erweitert und erlaubt die Festlegung eines Unterordners im Ordner FAVORITEN als abweichenden Speicherort. Der Inhalt des Ordners FAVORITEN erscheint automatisch im Menü.

 Bei mehreren Verknüpfungen ist es sinnvoll, die Ablage mit verschiedenen Unterordnern zu strukturieren.

Über *Verwalten* öffnet der Internet Explorer die gleichnamige Dialogbox zur Bearbeitung der Verknüpfungen.

Einfacher Zugang zum Internet

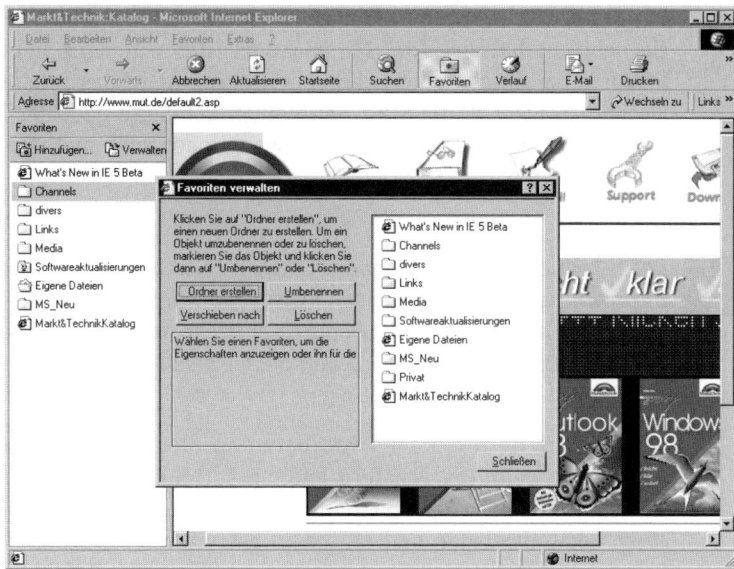

Bild 50.15: Die Dialogbox Favoriten verwalten *dient zum individuellen Anpassen der Verknüpfungen im Ordner FAVORITEN*

Die Programmoberfläche

Die Programmoberfläche des Internet Explorers orientiert sich an dem Standard, den Sie bereits von den anderen Anwendungen des Office-Pakets her kennen. So fällt es leicht, sich im Programm zurechtzufinden.

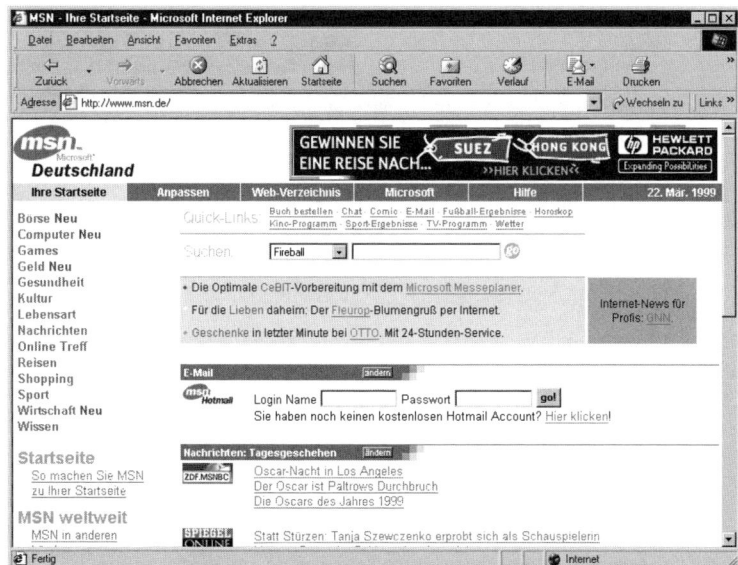

Bild 50.16: *Ihre Schaltzentrale beim Surfen im Internet: die Oberfläche des Internet Explorers – wir haben die Seite* www.msn.de *als Startseite gewählt*

Mit dem Internet Explorer können Sie mehrere HTML-Dokumente gleichzeitig geöffnet halten. Über *Datei/Neu/Fenster* wird eine neue Instanz des Explorers geöffnet und das aktuelle Dokument in das Fenster übertragen. So können Sie z.B. die Start Seite einer Web-Seite geöffnet halten und in einem zusätzlichen Fenster weiter surfen oder auch mehrere Links gleichzeitig aufrufen.

 Dabei können Sie einen ganz praktischen Nutzen verfolgen: Während Sie ein Dokument lesen, kann über die bestehende Internet-Verbindung bereits eine neue Seite geladen werden. Dadurch entsteht weniger Leerlauf, und die kostenpflichtige Online-Zeit wird weit besser genutzt.

Gerade beim Herunterladen von Daten aus dem Internet bringt Ihnen die Arbeit mit mehreren Fenstern enorme Vorteile. Eine weitere Möglichkeit, Kosten zu senken, besteht darin, die angezeigten Seiten über *Datei/Speichern* lokal abzulegen und offline zu betrachten. Natürlich können Sie die Seiten auch auf Ihrem Drucker ausgeben. Über den Befehl *Drucken* im Datei-Menü erscheint dazu der bekannte Drucken-Dialog. Der Befehl *Seite einrichten* öffnet eine Dialogbox, in der Sie die Seite für die Druckausgabe einrichten können.

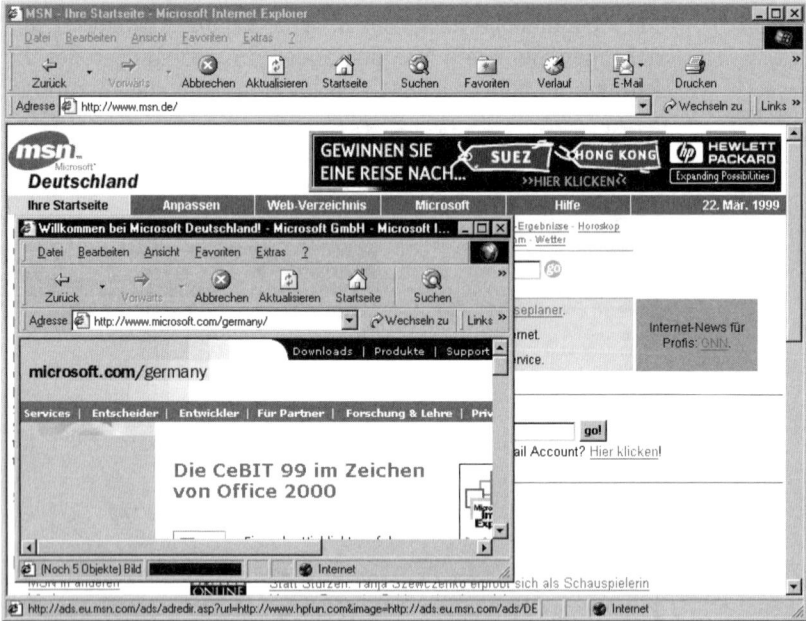

Bild 50.17: Kosten sparen: Während Sie noch den Inhalt der ersten Seite lesen, lädt der Internet-Explorer bereits weitere Seiten im Hintergrund

Im Menü *Bearbeiten* finden Sie neben den bekannten Befehlen zur Steuerung der Zwischenablage-Operationen auch den Eintrag *Suchen* (Tastenkombination [Strg]+[F]). Nach Auswahl dieses Menüpunkts öffnet der Internet Explorer die Dialogbox *Suchen*. Hier können Sie einen Begriff eingeben, der in den aktuell geöffneten HTML-Dokument gesucht werden soll.

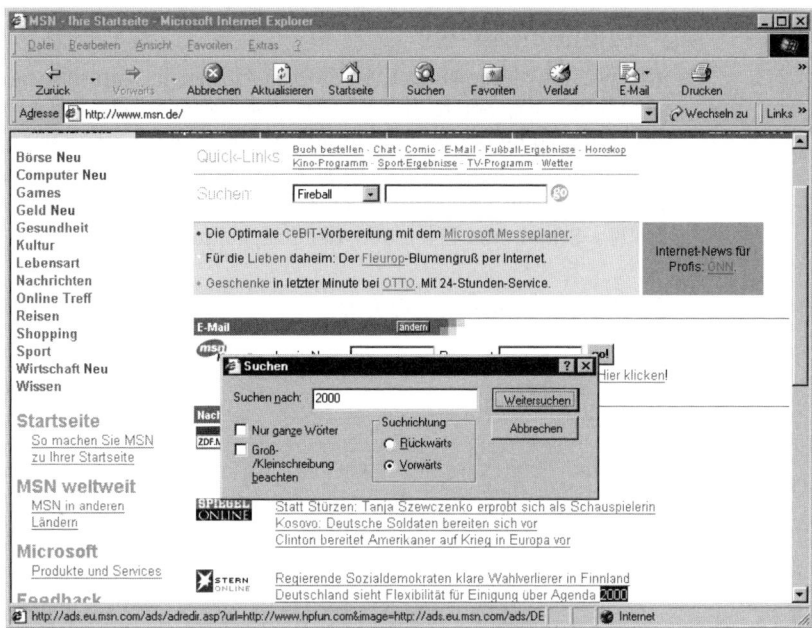

Bild 50.18: Sie suchen ein Stichwort? Über Bearbeiten/Suchen *ist das auch bei langen Web-Seiten kein Problem*

Dadurch ersparen Sie sich das zeitintensive Lesen des gesamten Dokuments, um einen einzelnen Begriff zu finden.

Im Menü *Ansicht* lassen sich die Symbolleisten ein- und ausschalten. Eine Anpassung des Abbildungsmaßstabes wie unter Excel oder Word ist nicht vorgesehen. Allerdings öffnet der Menübefehl *Ansicht/Schriftgrad* ein Untermenü, das Ihnen sechs verschiedene Schriftgrößen zur Auswahl bietet. Die aktuelle Einstellung ist mit einem Häkchen versehen. Mit *Ansicht/Abbrechen* wird der aktuelle Ladevorgang beendet, *Ansicht/Aktualisieren* lädt das aktuelle Dokument erneut.

 Schneller kommen Sie mit den Tasten [ESC] *für* Abbrechen *und* [F5] *für* Neu laden *zum Ziel*

Der Arbeitsbereich nimmt den größten Teil des Programmfensters ein. Hier werden die geladenen Web-Dokumente angezeigt. HTML-Dokumente können theoretisch beliebig lang werden. Mit den Bildlaufleisten am Rand der Arbeitsfläche läßt sich der dargestellte Bildschirmausschnitt verschieben, um das komplette Dokument anzuzeigen.

Suchen und Finden

Wie nur an die gewünschten Informationen im Internet gelangen? Da es unmöglich ist, bei Millionen von Web-Seiten auch nur annähernd einen Überblick zu behalten, existieren im WWW leistungsfähige Suchmaschinen. Diese Rechner helfen Ihnen beim Auffinden spezieller Informationen. Nachfolgend haben sind einige der wichtigsten Suchmaschinen zusammengestellt – Stand zum Zeitpunkt der Drucklegung.

Suchmaschinen im WWW

Suchmaschine	URL	Besonderheiten
AltaVista	http://www.altavista.digital.com	Eigener Server Northern Europe mit deutscher Version
HotBot	http://www.hotbot.com	Die Suche kann umfangreich konfiguriert werden
Lycos	http://www.lycos.de	Deutschsprachige Suchmaschine, umfassendes Zusatzangebot
Yahoo!	http://www.yahoo.com	Leistungsfähiger Klassiker, auch mit als deutsche Version unter http://www.yahoo.de zu erreichen.
Excite	http://www.excite.de	Eigener Server für Deutschland, umfassendes Zusatzangebot
WEB.DE	http://www.web.de	Deutschsprachige Suchmaschine, umfassendes Zusatzangebot

50.4 Grundeinstellungen für den Internet Explorer

Über die verschiedenen Voreinstellungen können Sie den Internet Explorer an Ihre Bedürfnisse anpassen. Alle Einstellungen sind zentral in der Dialogbox *Optionen* versammelt, die über den Menübefehl *Extras/Internetoptionen* aufgerufen wird.

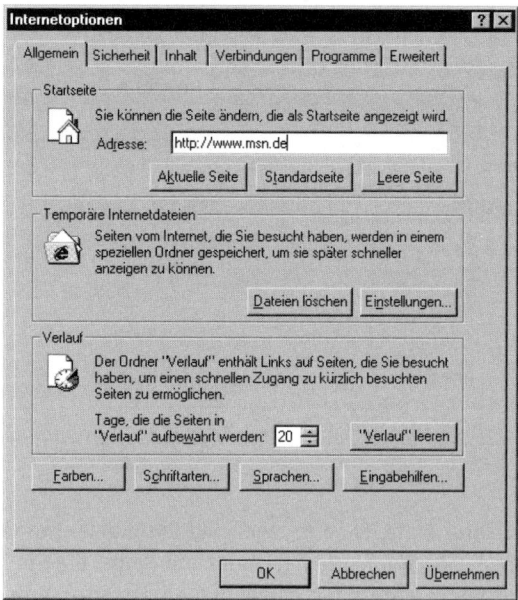

Bild 50.19: Über die Dialogbox Optionen *haben Sie den Zugriff auf die Voreinstellungen des Internet Explorers*

Die Dialogbox ist in sechs Register unterteilt, mit denen die einzelnen Programmoptionen thematisch gegliedert werden.

Allgemein

Im Register *Allgemein* legen Sie die Grundeinstellungen zu *Startseite*, temporären Internetdateien, Inhalt des Ordners VERLAUF sowie das Erscheinungsbild der Programmoberfläche sowie die Anzeige der geöffneten HTML-Dokumente fest.

Im Bereich *Startseite* legen Sie die Webseite fest, die der Internet Explorer nach dem Aufbau der Internetverbindung automatisch lädt. Die Startseite stellt den Eingang zum Webangebot dar: Von daher ist es sinnvoll eine Starseite auszuwählen, die Ihnen schnellen Zugriff auf die benötigten Informationen bietet. Mittlerweile bieten eine Reihe von Internet-Anbieters diese »Portale« an, die leistungsfähige Suchfunktionen, thematische Kataloge und zusätzliche Dienste bereitstellen.

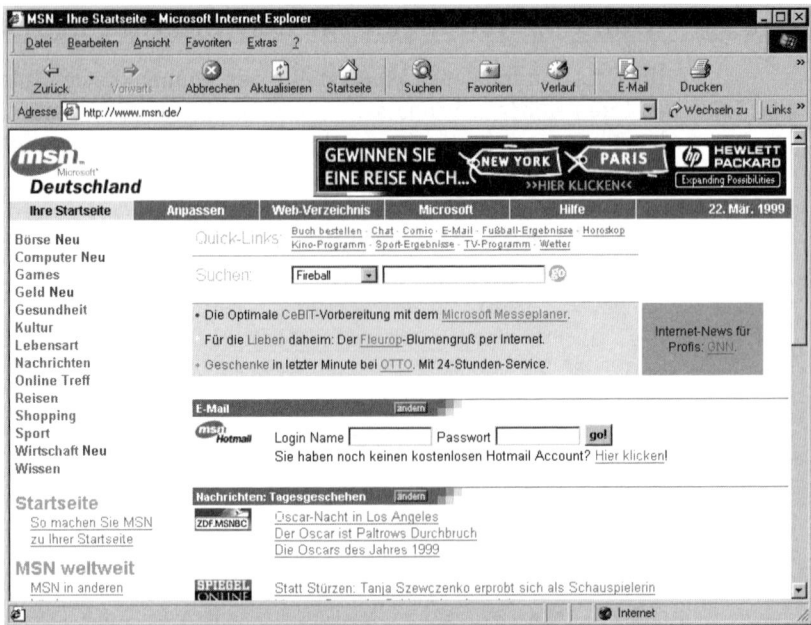

Bild 50.20: *Über die MSN-Startseite haben Sie wichtige Informationen und Dienste im schnellen Zugriff*

Mit der Schaltfläche *Aktuelle Seite* legen Sie die momentan geöffnete Seite als Startseite fest. *Standardseite* bestimmt die Seite, die Sie bei der Installation des Internet Explorers festgelegt haben als Startseite. Um ganz auf eine Starseite zu verzichten, klicken Sie auf *Leere Seite* der Internet Explorer stellt dann eine vollkommen leere Startseite dar.

Der Internet Explorer legt die besuchten Internetseiten lokal auf Ihrer Festplatte ab. Sobald Sie diese Informationen erneut anfordern, prüft der Internet Explorer, ob die Daten bereits lokal gespeichert sind und lädt sie dann von der Festplatte.

 Die Informationen lassen Rückschlüsse auf die von Ihnen abgerufenen Internet-Inhalte zu. Um sicherzugehen, daß diese Daten keinem Dritten zugänglich sind, löschen Sie den Inhalt mit einem Klick auf die Schaltfläche Dateien löschen.

Um den Ordner für temporäre Internet-Dateien individuell einzurichten, klicken Sie auf die Schaltfläche *Einstellungen*.

Einfacher Zugang zum Internet

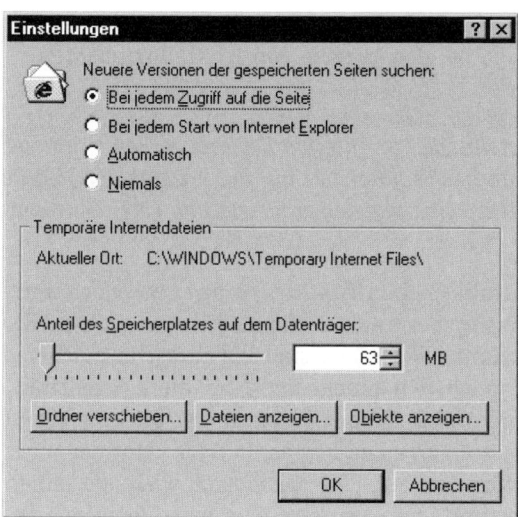

Bild 50.21: *Nach einem Klick auf die Schaltfläche* Einstellungen *öffnet der Internet Explorer die gleichnamige Dialogbox, in der Sie den Ordner für temporäre Internet-Daten einrichten*

Mit den Optionsschaltflächen im Bereich *Neuere Versionen der gespeicherten Seiten suchen* legen Sie fest, wie der Internet Explorer beim Aktualisieren der gespeicherten Seiten verfahren soll. In der Standardeinstellung verwendet der Internet Explorer den Ordner WINDOWS\TEMPORARY INTERNET FILES zum Ablegen der temporären Internet-Dateien. Um einen anderen Ordner festlegen, klicken Sie auf die Schaltfläche *Ordner verschieben* und wählen den neuen Ordner aus. *Dateien anzeigen* öffnet den Ordner und zeigt Ihnen die aktuell gespeicherten Daten an. *Objekte anzeigen* öffnet den Ordner DOWNLOADED PROGRAM FILES und zeigt Ihnen den Inhalt an.

Die Größe des Speicherplatzes für die Zwischenspeicherung temporärer Internet-Dateien stellen Sie mit Hilfe des Schiebereglers *Anteil des Speicherplatzes (...)* ein – den absoluten Wert sehen Sie im Eingabefeld neben dem Schieberegler.

Im Ordner VERLAUF speichert der Internet Explorer Verknüpfungen zu den besuchten Seiten. Diese Seiten sehen Sie dann im Listenfeld *Adresse*. Um eine der Seiten zu laden, genügt ein Klick auf den entsprechenden Eintrag in der Liste. Um festzulegen, wie lange die Daten im Ordner VERLAUF vorgehalten werden sollen, stellen Sie die gewünschte Anzahl der Tage im Eingabefeld ein. Mit *Verlauf leeren* entfernen Sie alle gespeicherten Verknüpfungen aus dem Ordner.

Weitere Einstellungen zur Anzeige der Webseiten nehmen Sie mit Hilfe der Schaltflächen am unteren Rand des Registers *Allgemein* vor.

Nach einem Klick auf die Schaltfläche *Farben* bestimmen Sie die Text- und Hintergrundfarbe bei der Anzeige von HTML-Dokumenten.

Diese Farb-Einstellungen im Internet Explorer wirken sich in der Standardeinstellung des Internet Explorer nur auf die Anzeige der Web-Dokumente aus, in deren Quelltext keine eigene Farbgestaltung vereinbart wurde.

Wenn das Kontrollkästchen *Windows-Farben verwenden* aktiviert ist, zeigt der Internet Explorer schwarzen Text vor einem grauen Hintergrund. Bei deaktiviertem Kontrollkästchen sind die Farbschaltflächen *Text* bzw. *Hintergrund* zugänglich. Mit einem Klick auf diese Schaltflächen öffnet der Internet Explorer die Dialogbox *Farbe*, in der Sie eine eigene Farbe festlegen. Klicken Sie auf *Farben definieren*, falls Sie keine der angezeigten Grundfarben verwenden wollen. Die Dialogbox wird um einen interaktiven Farbwähler erweitert, mit dem sich eine benutzerdefinierte Farbe einstellen läßt.

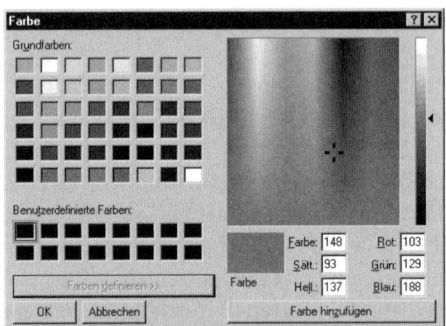
Bild 50.22: Auch individuelle Farben lassen sich einrichten

Die Farben, mit denen der Internet Explorer auf den Seiten enthaltene Hyperlinks kennzeichnet, werden im Bereich *Links* festgelegt. Dabei unterscheidet der Internet Explorer zwischen bereits besuchten und noch nicht ausgeführten Links. Die Zuordnung der Farben nehmen Sie wieder über die Farbschaltflächen vor. Um Hyperlinks beim Überfahren mit dem Mauszeiger kenntlich zu machen, aktivieren Sie das Kontrollkästchen *Hoverfarben verwenden* und wählen die zu verwendende Farbe über die Farbschaltfläche *Hover* aus.

Mit einem Klick auf die Schaltfläche *Schriftarten* bestimmen Sie die bei der Anzeige der Webseiten verwendete Schriftart.

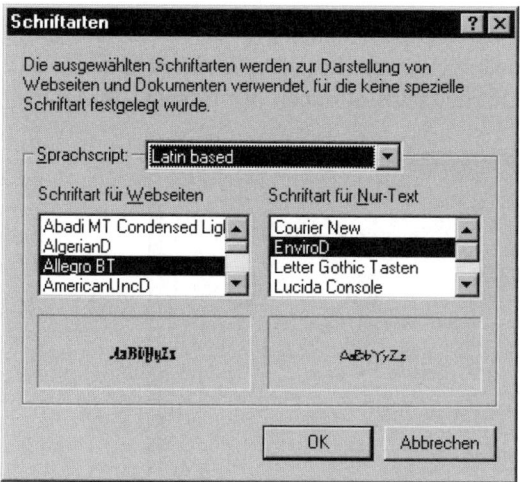

Bild 50.23: *Die Schriftart, die der Internet Explorer bei der Anzeige von Webseiten ohne gesonderte Schriftinformationen benutzt, stellen Sie in der Dialogbox* Schriftarten *ein*

Eingabehilfen öffnet die gleichnamige Dialogbox.

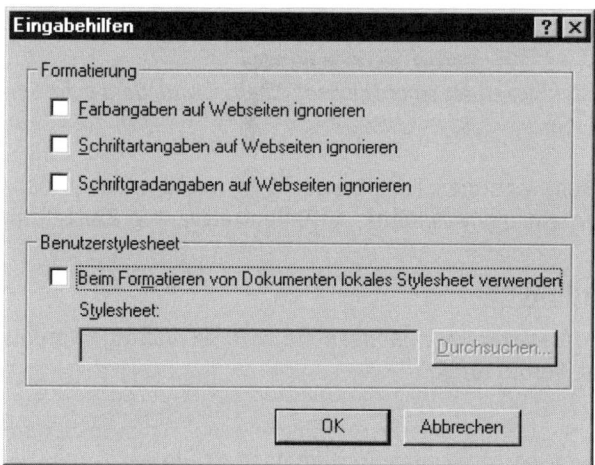

Bild 50.24: *In der Dialogbox* Eingabehilfen *bestimmen Sie, wie der Internet Explorer mit den Format-Informationen auf Web-Seiten verfahren soll*

Mit den Kontrollkästchen in dieser Dialogbox legen Sie fest, ob der Internet Explorer Farbangaben, Schriftart und -größeninformationen auf Webseiten ignorieren und statt dessen die von Ihnen bestimmten Einstellungen verwenden soll.

Sicherheit, Inhalt und Erweitert

Mit den Steuerelementen der Register *Sicherheit, Inhalt* und *Erweitert* steuern Sie die Sicherheitseinstellungen des Internet Explorers.

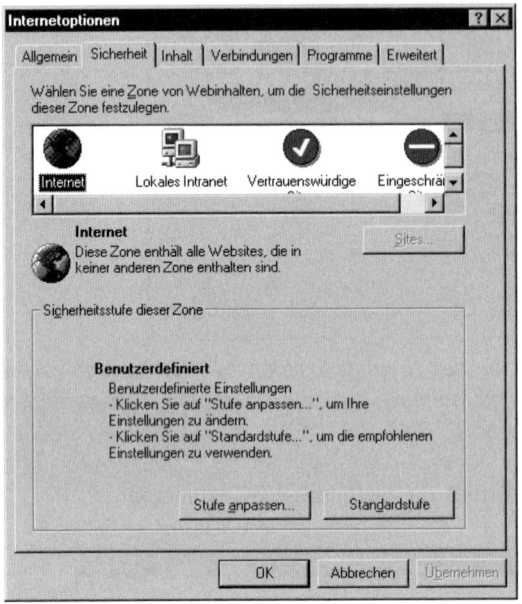

Bild 50.25: Im Register Sicherheit *legen Sie den Sicherheitsstandard beim Surfen im Internet fest*

Um diesem wichtigen Thema gerecht zu werden, befaßt sich der Abschnitt 50.5; *Sicherheitsproblematik*, mit allen relevanten Einstellungen.

Verbindungen

Mit dem Register *Verbindungen* steuern Sie wichtige Voreinstellungen der Internet-Verbindung.

 Ein Teil der beschriebenen Einstellungen ist nur aktiv, falls Sie den Internet-Zugang über das DFÜ-Netzwerk von Windows eingerichtet haben.

- ···❖ Das Kontrollkästchen *Wenn Verbindung benötigt, Standard verwenden* gibt an, daß der Internet Explorer immer dann versucht, eine Verbindung herzustellen, wenn Sie eine Seite von einer Internet-URL laden wollen.

- ···❖ Mit der Schaltfläche *Hinzufügen* wird die Dialogbox *Neue Verbindung erstellen* geöffnet, in der Sie eine DFÜ-Netzwerkverbindung einrichten.

Einfacher Zugang zum Internet

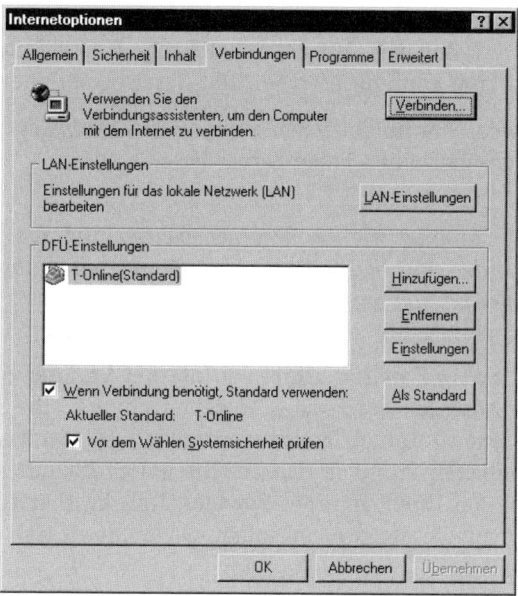

Bild 50.26: *Im Register* Verbindungen *passen Sie die Angaben zu Ihrer Internet-Verbindung an*

⋯❥ Im Bereich *DFÜ-Einstellungen* wählen Sie die bevorzugte DFÜ-Netzwerkverbindung aus. Zum Festlegen der Standardverbindung klicken Sie auf *Als Standard*.

⋯❥ Über *Einstellungen* haben Sie Zugriff auf die Einstellungen der gewählten DFÜ-Netzwerkverbindung.

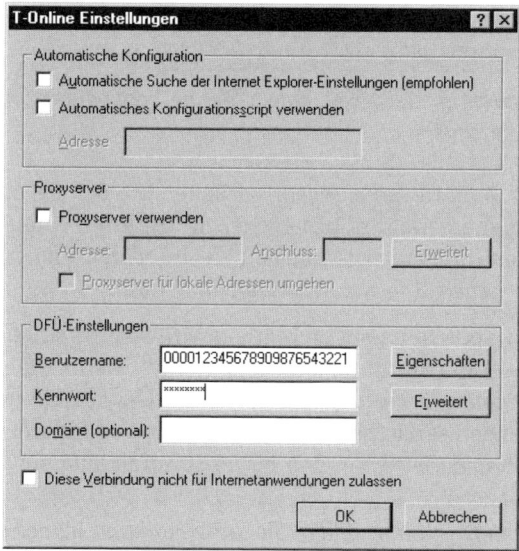

Bild 50.27: *Nach einem Klick auf* Einstellungen *lassen sich Zugangsparameter und Netzwerkeinstellungen für den Internet-Zugang einrichten*

923

In dieser Dialogbox sehen Sie die aktuellen Einstellungen des ausgewählten DFÜ-Netzwerk-Zugangs. Mit der Schaltfläche Einstellungen öffnen Sie eine Dialogbox zum konfigurieren der DFÜ-Netzwerkverbindung.

Aktivieren Sie das Kontrollkästchen *Proxyserver verwenden*, wenn Sie den Internet-Zugang über einen Proxy-Server leiten wollen.

 Ein Proxy-Server arbeitet wie ein Zwischenspeicher. Um den Zugriff zu beschleunigen, werden dort häufig benötigte Internet-Seiten abgelegt und lassen sich schneller als von entfernten Servern laden.

Nach einem Klick auf *Erweitert* öffnet der Internet Explorer eine Dialogbox, in der Sie die Adressen der Proxies eingeben können. Die Adressen sind nach verschiedenen Internet-Diensten getrennt – so können Sie für jeden Dienst einen eigenen Proxy einrichten. Die entsprechenden Adressen erhalten Sie z.B. von Ihrem Internet-Provider. Falls bestimmte Seiten nicht über den Proxy angefordert werden sollen, geben Sie einfach die URL unter *Ausnahmen* ein.

Neben den Zugangsparametern sind vor allem die Verbindungseinstellungen wichtig. Diese Einstellungen erreichen Sie mit Klick auf die Schaltfläche *Erweitert*.

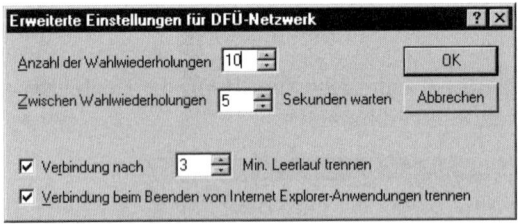

Bild 50.28: *Mit den erweiterten Einstellungen regeln Sie die Verbindungseinstellungen des DFÜ-Netzwerk-Zugangs*

Die *Anzahl der Wahlwiederholungen* bestimmt, wie oft die Anwahl wiederholt wird, falls die gewählte Rufnummer des Internet-Anbieters nicht erreichbar ist. Den Intervall zwischen den Wahlwiederholungen stellen Sie im Eingabefeld *Zwischen Wahlwiederholungen (...)* ein.

Eine DFÜ-Netzwerkverbindung im Leerlauf wird vom Internet Explorer nach einer Sicherheitsabfrage automatisch getrennt, wenn Sie das Kontrollkästchen *Verbindung nach (...)* aktivieren. Im Eingabefeld geben Sie dazu die entsprechende Leerlaufzeit ein, nach der die Verbindung getrennt werden soll. Dabei sind Werte von drei bis 59 Minuten zulässig.

 Um Onlinekosten zu sparen, sollten Sie diese Funktion immer aktivieren und eine möglichst kleine Leerlaufzeit einstellen.

Einfacher Zugang zum Internet

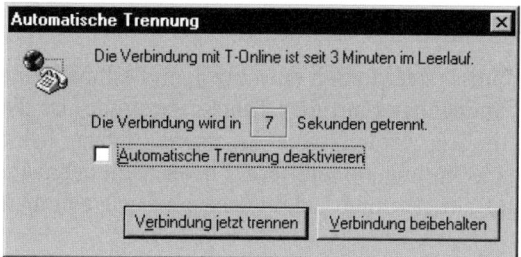

Bild 50.29: Kurz vor dem Trennen zeigt der Internet Explorer eine Sicherheitsabfrage, ob die Verbindung tatsächlich getrennt werden soll

Aktivieren Sie das Kontrollkästchen *Verbindung beim Beenden (...)* um sicherzustellen, daß die DFÜ-Netzwerk-Verbindung automatisch getrennt wird, sobald Sie den Internet Explorer beenden.

Zusatzprogramme

Der Internet Explorer beinhaltet auch einen Mail- und einen News-Client. Mit diesen Zusatzprogrammen nutzen Sie ganz problemlos das Internet als schnelles und leistungsfähiges Kommunikationsmittel. Falls Sie andere Client-Programme für den E-Mail- und News-Funktionen installiert haben, können Sie diese im Listenfeld unter *Mail and News* einrichten. Der Internet Explorer verwendet dann die von Ihnen angegebenen Programme.

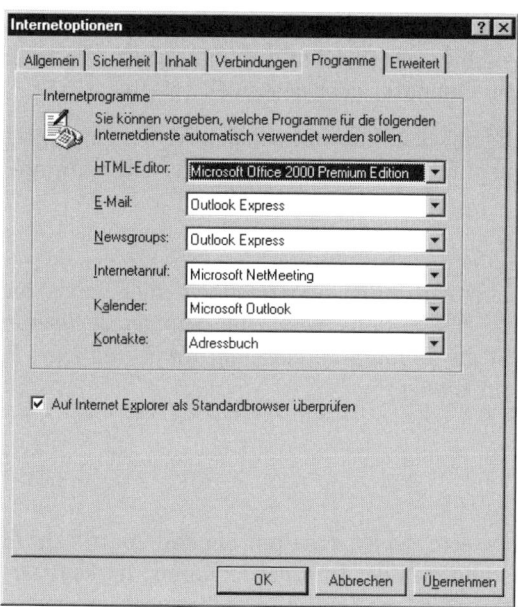

Bild 50.30: Im Register Programme *geben Sie unter anderem den im Internet Explorer genutzten Mail- und News-Client vor*

925

50.5 Sicherheit für Ihre Daten

Ob in der Tagespresse oder in den einschlägigen Fachmagazinen: Ein Dauerbrenner im Zusammenhang mit dem Thema »Internet« ist die Datensicherheit. Nahezu täglich werden neue Sicherheitslücken bei den gängigen Browsern aufgedeckt und reihenweise Horrormeldungen abgesetzt. Doch was hat es damit auf sich und – viel wichtiger – wie soll man damit umgehen?

Das Internet ist ein offenes System. Jeder, der über einen Zugang zum Internet verfügt, kann daran teilnehmen. Das Internet selbst kennt so gut wie keine Zugangsbeschränkungen, Regelungen und Sicherheitsmechanismen.

In den meisten Fällen werden bestehende Sicherheitslücken aufgedeckt, bevor Schaden entstanden ist. Die Browser werden entsprechend angepaßt – bleiben Sie deshalb stets auf dem neuesten (Sicherheits-) Stand.

Die einzelnen Datenpakete werden im Internet unverschlüsselt von Computer zu Computer bis zum Empfänger weitergeleitet. Sobald Sie also Daten, z.B. eine E-Mail oder die Kreditkartennummer, über das Internet verschicken, können diese auf jedem Computer zwischen Ihrem und dem Empfängerrechner von Unbefugten eingesehen werden.

Moderne Programmiersprachen erlauben aktive Inhalte auf Web-Seiten und ermöglichen bei einer bestehenden Verbindung mit dem Internet sogar den Zugriff auf Ihren Computer oder dessen Festplatte.

Alle Dateien, die aus dem Internet geladen werden, sind potentiell gefährlich. Hinter einem interessant erscheinenden Utility könnte sich ein Virus verbergen.

Machen Sie es sich zur guten Angewohnheit, alle Daten, die Sie aus dem Internet geladen haben, mit einem Viren-Scanner zu überprüfen. Das gilt insbesondere für ausführbare Dateien und Word- und Excel-Dokumente, die Makros enthalten können.

Sicherheit

Über *Extras/Internetoptionen* erhalten Sie den Zugriff auf die wichtigsten Sicherheitseinstellungen des Internet Explorers. Im Register *Sicherheit* lassen sich dazu verschiedene Schutz- und Warnmechanismen aktivieren.

Einfacher Zugang zum Internet

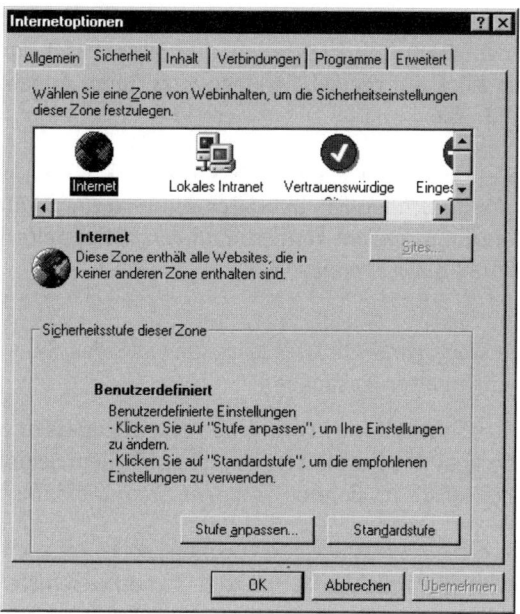

Bild 50.31: *Das Register* Sicherheit *der Dialogbox* Internetoptionen *bietet Ihnen den Zugriff auf die Sicherheitseinstellungen des Internet Explorers*

Bei der Behandlung von Webseiten unterscheidet der Internet Explorer zwischen verschiedenen Zonen, für die Sie jeweils Sicherheitseinstellungen festlegen können.

- Die Zone *Internet* umfaßt alle Webseiten, die nicht in den anderen Zonen enthalten sind.

- In der Zone *Lokales Intranet* sind alle die Websites enthalten, die zum lokalen Intranet einer Firma zählen. Zum Festlegen der Sites klicken Sie auf die Schaltfläche *Sites*

Site
Als »Site« wird eine Gruppe zusammengehöriger Internet-Seiten (z.B. Themen- oder Funktions-Komplexe) bezeichnet.

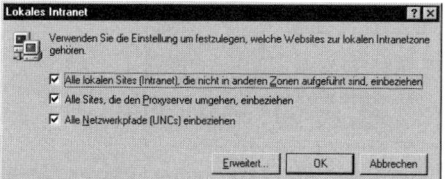

Bild 50.32: *Mit den Kontrollkästchen in der Dialogbox* Lokales Intranet *legen Sie fest, welche Sites der Internet Explorer in diese Zone einbeziehen soll*

927

⋯❖ Die Zone *Vertrauenswürdige Sites* umfaßt alle Internet-Sites deren Inhalt Sie uneingeschränkt vertrauen. Die Sites dieser Zone richten Sie nach einem Klick auf die Schaltfläche *Sites* durch Angabe des entsprechenden URL ein.

Klassifizieren Sie ausschließlich Web-Sites als vertrauenswürdig, wenn Sie mit Sicherheit davon ausgehen können, daß von dieser Seite keine gefährlichen Inhalte (Viren o.ä.) kommen.

⋯❖ In der Zone *Eingeschränkte Sites* fassen Sie alle Web-Sites mit potentiell gefährlichen Inhalten zusammen.

Um die Sicherheitseinstellungen für eine Zone anzupassen, markieren Sie zunächst das Symbol der bearbeitenden Zone. Mit dem Schieberegler legen Sie die Sicherheitsstufe im Bereich von *Sehr Niedrig* bis *Hoch* fest.

Verwenden Sie nach Möglichkeit eine hohe Sicherheitseinstellungen. Allerdings schalten Sie damit auch bestimmte, gewünschte Funktionen an.

Der Internet Explorer greift bei der Festlegung auf eine Reihe von Voreinstellungen zurück die Sie nach einem Klick auf die Schaltfläche *Stufe anpassen* individuell anpassen.

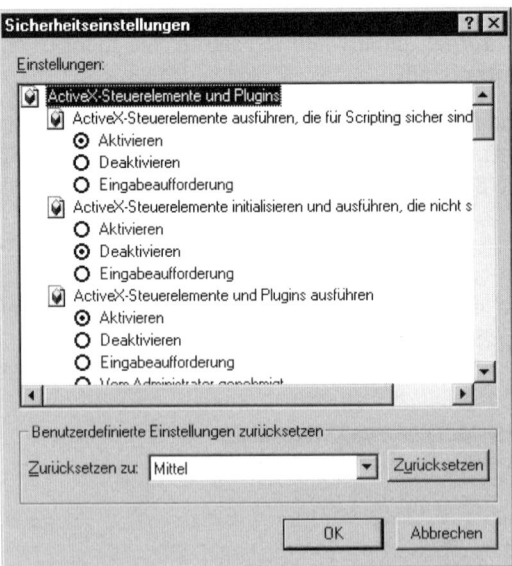

Bild 50.33: Die Sicherheitseinstellungen des Internet Explorers passen Sie nach einem Klick auf die Schaltfläche Stufe anpassen *individuell an*

Die individuelle Einstellung der Sicherheit bietet Ihnen weitgehenden Einfluß auf das Ablaufverhalten des Internet Explorers.

Internet-Inhalte

Um Sie oder Ihre Familienmitglieder vor fragwürdigen Internet-Inhalten zu schützen, erlaubt der Internet Explorer die Abfrage von RSACi-Ratings. Der RSAC (Recreational Software Advisory Council) – eine amerikanische Institution – hat sich die freiwillige Selbstkontrolle im Internet auf das Banner geschrieben. Hier können die Anbieter Ihre Web-Seiten mit einer Bewertung versehen lassen, die Aufschluß über deren Inhalt gibt. Mit Hilfe von Filtern werden diese Bewertungen beim Zugriff auf eine Web-Seite analysiert, gegebenenfalls wird der Ladevorgang abgebrochen.

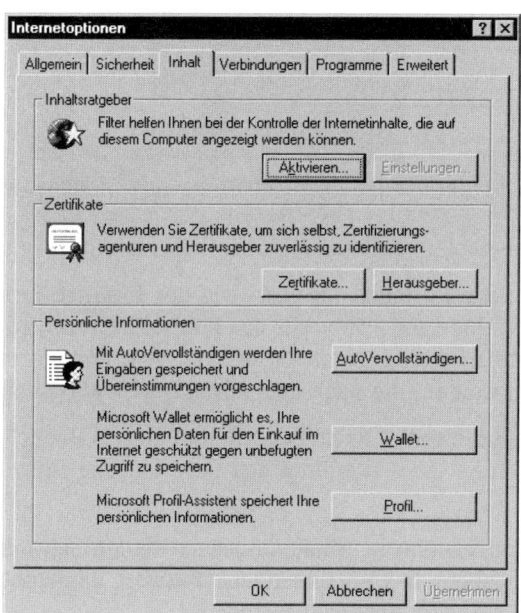

Bild 50.34: Der Internet Explorer bietet Ihnen Schutz vor fragwürdigen Internet-Inhalten an

Mit einem Klick auf die Schaltfläche *Aktivieren* schalten Sie die Verwendung dieser Filter ein – der Internet Explorer blendet den Inhaltsratgeber mit den zu verwendenden Filtern ein.

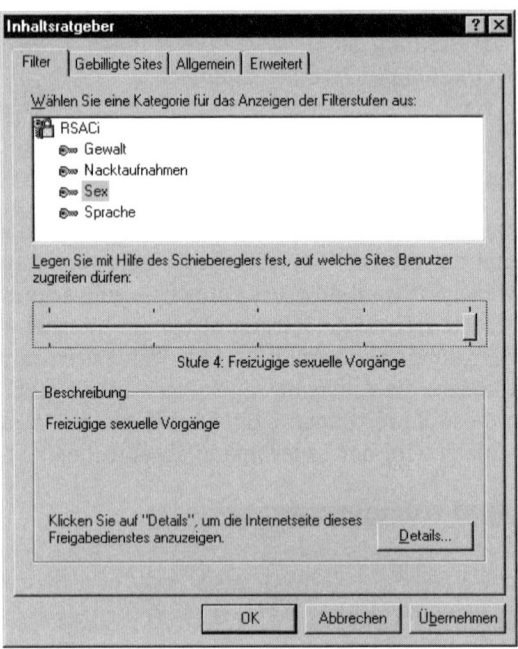

Bild 50.35: *Die verwendeten Filter des Inhaltsratgebers lassen sich individuell einrichten*

Mit dem Schieberegler bestimmen Sie die herauszufilternden Inhalte.

Im Register *Allgemein* legen Sie fest, wie der Internet Explorer mit den Web-Seiten verfahren soll. Wenn Sie das Kontrollkästchen *Zugang zu Sites, die nicht klassifiziert sind, zulassen* deaktivieren, können nur noch Web-Seiten geladen werden, die nach dem RSAC-System klassifiziert sind.

Aktivieren Sie das zweite Kontrollkästchen in diesem Bereich, um dennoch ein Laden dieser Seiten – allerdings erst nach Eingabe eines Paßworts – zu ermöglichen.

Beim ersten Aktivieren des Inhaltsratgebers werden Sie aufgefordert, ein Paßwort einzugeben. Das entsprechende Paßwort kann über die Schaltfläche *Kennwort ändern* angepaßt werden.

 Die freiwillige Selbstkontrolle im Internet steckt noch in den Kinderschuhen. Längst sind noch nicht alle Web-Seiten mit einer entsprechenden Bewertung versehen. Auf jeden Fall läßt sich so der unkontrollierte Internet-Zugriff mit einem Paßwort schützen.

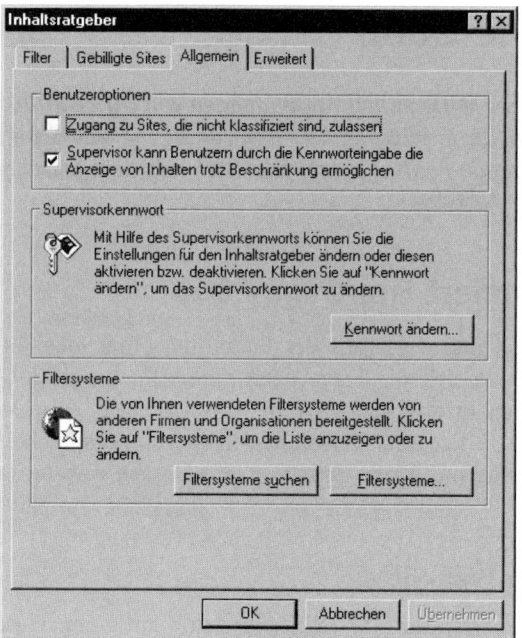

Bild 50.36: Auch Seiten ohne eine Klassifizierung – die größte Zahl der Seiten im Internet – können abgewiesen werden

Im Register *Erweitert* lassen sich weitere Filter und Filtersysteme anderer Anbieter einrichten.

Ein weiterer Sicherheitsaspekt sind sogenannte Zertifikate. Diese Zertifikate werden in der Regel von größeren Institutionen vergeben. Nach einem Klick auf die Schaltfläche *Clients* zeigt der Internet Explorer alle Zertifikate, die auf Ihrem Computer installiert sind. Beim Öffnen einer Seite mit neuen Zertifikaten können Sie festlegen, ob alle Zertifikate einer Institution akzeptiert werden sollen oder nur die aktuelle Web-Seite geöffnet wird. Nach akzeptiertem Zertifikat gilt der Internetanbieter als »vertrauenswürdig«.

Mittlerweile verfügen viele Web-Seiten über eigene Schutzmechanismen, mit denen verhindert werden soll, daß Unbefugte Zugriff auf die ein- und ausgehenden Daten haben. Der Internet Explorer unterstützt die genutzten Sicherheitsprotokolle. Derart gesicherte Web-Seiten bieten weitgehend Schutz – nur hier sollten Sie sicherheitsempfindliche Daten versenden.

51. FrontPage 2000

Ein wesentliches Merkmal der Anwendungen von Office 2000 ist die umfassende Internet-Unterstützung: Der Weg zur eigene Web-Sites ist nicht mehr weit. Das folgende Kapitel beschäftigt sich mit dem Erstellen und Verwalten Ihres Web-Auftritts.

51.1 So funktioniert FrontPage 2000

Sobald Sie sich intensiver mit der Erstellung einer eigenen Web-Site beschäftigen, stellt sich die Frage nach einem leistungsfähigen Programm, um den eigenen Internet-Auftritt zu verwalten. Mit FrontPage 2000 steht Anwendern der Office 2000 Premium-Edition ein entsprechendes Werkzeug für die Erstellung und Verwaltung von kompletten Web-Auftritten zur Verfügung.

Der Weg zur Web-Site

Eine Sammlung verknüpfter HTML-Dokumente mit einem einheitlichen Layout macht noch keinen professionellen Web-Auftritt. Aus diesem Grund unterscheidet FrontPage zwischen »Seiten« und »Webs«.

- Als *Seite* wird im Programm die einzelne Web-Seite, das HTML-Dokument bezeichnet. Die Seite nimmt die darzustellenden Inhalte, Steuerelemente und Hyperlinks zu anderen Seiten im Web auf. Zum Anlegen von Dokumenten stehen Ihnen umfangreiche Funktionen und Befehle zur Verfügung. Wie bei einem Word-Dokument erfassen und bearbeiten Sie den Text, der den Inhalt der Web-Seite wiedergibt. Damit übernimmt Frontpage die Aufgabe eines komfortablen HTML-Editors. Die Umwandlung des eingegebenen Texts in ein HTML-Dokument erfolgt automatisch.

- Ein *Web* ist die Gesamtheit aller Seiten, die durch Hyperlinks verbunden sind. Gerade die Komplexität eines kompletten Web mit allen erforderlichen Links, um von einer Startseite einfach zu den gewünschten Informationen und wieder zurück zu gelangen bildet den eigentlichen Unterschied zu einfachen Web-Dokumenten. Leistungsfähige Funktionen unterstützen Sie beim Aufbau strukturierter Web-Angebote – im Entwurf und in der Verwaltung kompletter Webs liegt denn auch die eigentliche Stärke von FrontPage.

Diese Einteilung findet sich auch im Datei-Menü von Frontpage nieder. Der Eintrag Datei/Neu *bietet die Auswahl zwischen* Seite *und* Web.

Konfusion garantiert: »Web-Site« bezeichnet ein komplettes Web, mit allen einzelnen Seiten und Funktionen. Die »Web-Seite« ist hingegen eine einzelne Internetseite.

⇢ Um das fertiggestellte Web im Internet zu publizieren stellt Ihnen Frontpage den Befehl *Datei/Web veröffentlichen* zur Verfügung. In der gleichnamigen Dialogbox brauchen Sie nur noch den URL des Web-Servers anzugeben, den die Übertragung der Daten zum Internet-Server (Upload) der Daten übernimmt FrontPage.

 Grundvoraussetzung für die eigene Internetpräsenz ist der Zugriff auf einen Webserver, der Ihnen den erforderlichen Speicherplatz zur Verfügung stellt.

51.2 Die Programmoberfläche von Frontpage

Die Programmoberfläche von Frontpage 2000 weicht in einigen Punkten von der Standard-Oberfläche anderer Anwendungsprogramme ab. Die Masse der Steuerelemente kennen Sie allerdings aus der Arbeit mit Office 2000. Bei der Installation von Office wurde eine Verknüpfung zum Programm im Startmenü von Windows angelegt – der Start von Frontpage 2000 stellt Sie vor keine Hürde. Über *Start/Programme/Microsoft Frontpage* rufen Sie das Programm mit einer leeren Web-Seite auf.

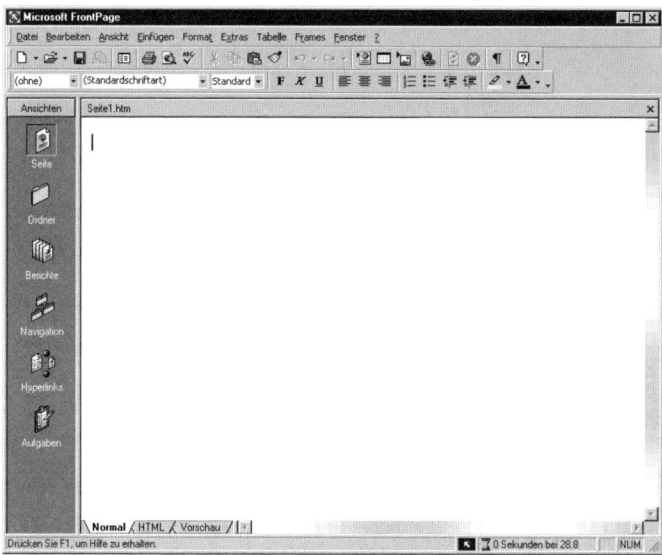

Bild 51.1: Nach dem Start von Frontpage erscheint eine leere Web-Seite im Arbeitsbereich

Eine Besonderheit von Frontpage sind die verschiedenen Ansichten, mit denen sich die Inhalte eines geöffneten Webs strukturiert darstellen lassen. Am linken Rand des Programmfensters sehen Sie die *Ansichtenleiste* – sie bietet Ihnen den Zugriff auf die verschiedenen Ansichten von Frontpage.

Die Ansichtenleiste blenden Sie mit einem Klick auf den Menübefehl Ansicht/Ansichtenleiste *bei Bedarf ein oder aus.*

Die Seitenansicht

Die Seitenansicht zeigt die ausgewählte Web-Seite zur Bearbeitung im Arbeitsbereich an. Bei der Bearbeitung greifen Sie wie gewohnt auf die Steuerelemente der Symbolleisten *Standard* und *Format* zu.

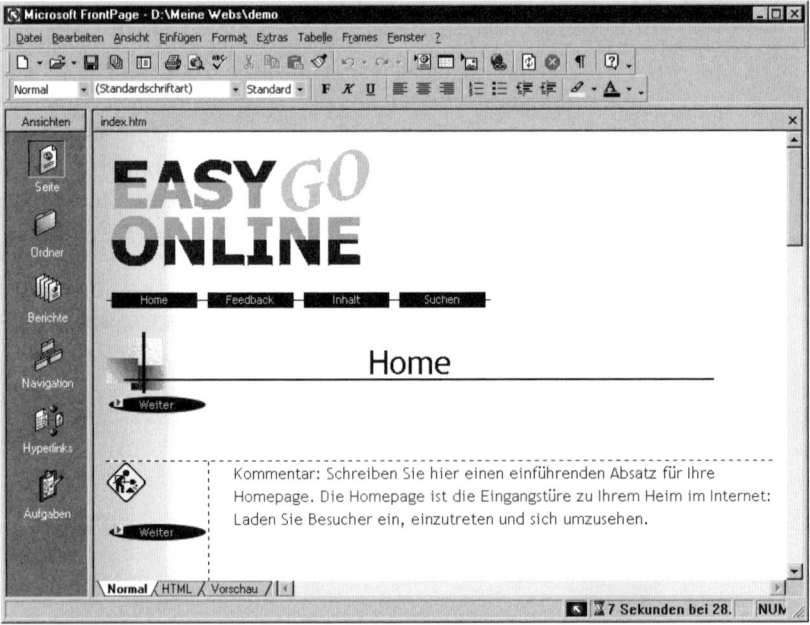

Bild 51.2: Zum Bearbeiten der Webseiten benutzen Sie die Seitenansicht

Am unteren Rand der Arbeitsfläche sind drei Register angeordnet mit denen Sie die Darstellung der Webseite beeinflussen:

- *Normal* dient als Standard-Arbeitsansicht – Frontpage stellt alle Elemente der Webseite im Editiermodus dar. Hyperlinks sind standardmäßig deaktiviert und lassen sich mit einem Mausklick bearbeiten.

Um einen Hyperlinks in der Normal-Darstellung auszuführen, klicken Sie den Links mit gleichzeitig gedrückter ⌈Strg⌉-Taste an.

···▸ Nach einem Klick auf das Register *HTML* sehen Sie den HTML-Code auf der Arbeitsfläche. In dieser Darstellung läßt sich der Code wie in einem normalen Texteditor bearbeiten. Die Farbcodierung einzelner Textpassagen erleichtert Ihnen die Orientierung in den Steuersequenzen.

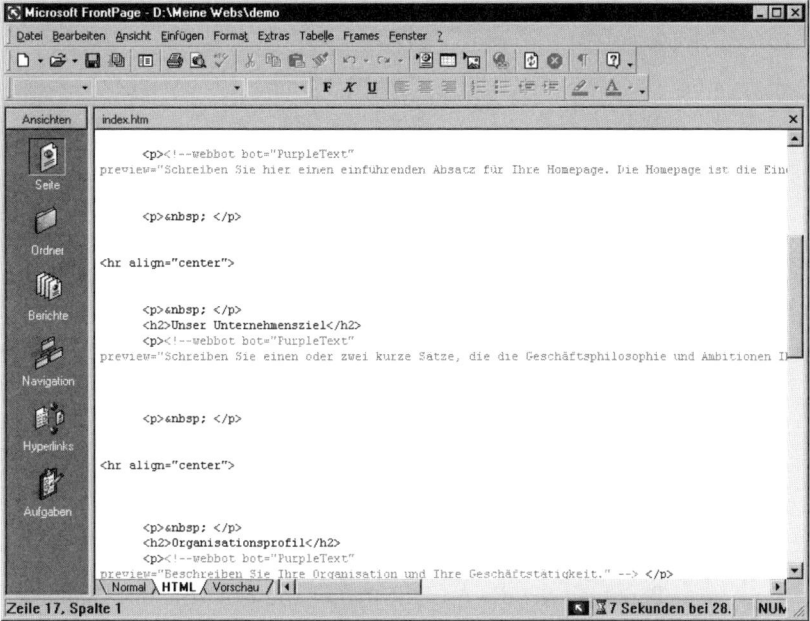

Bild 51.3: Die Darstellung HTML *dient zum Editieren des HTML-Codes der Webseite*

 Um die farbige Hervorhebung im Text zu deaktivieren, klicken Sie mit der rechten Maustaste auf die Arbeitsfläche. Im angezeigten Kontextmenü klikken Sie auf den auf den Eintrag Farbcodierung anzeigen.

···▸ In der Darstellung *Vorschau* sehen Sie die Web-Seite in etwa so, wie Sie später in einem Browser angezeigt wird. Alle Hyperlinks sind aktiviert und sie öffnen durch Klick die verknüpfte Web-Seite

 Solange Sie die Web-Seite nicht gespeichert oder veröffentlicht haben, entsprechen nicht alle Elemente der endgültigen Darstellung.

Die Ordneransicht

In der Ansicht *Ordner stellt* Frontpage die Struktur des aktuell geöffneten Webs im Arbeitsbereich dar. Neben der Arbeitsfläche erscheint die Ordnerliste mit der Ordnerstruktur des Web.

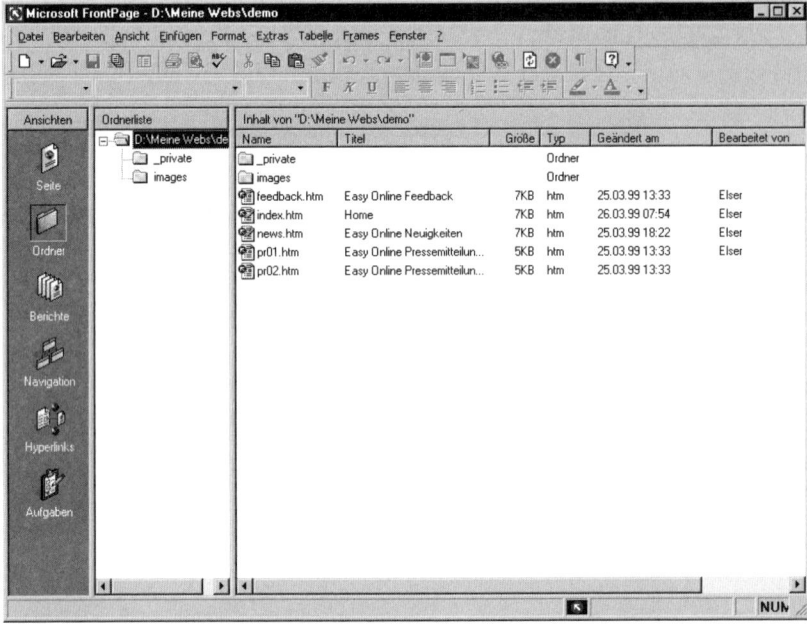

Bild 51.4: Die Ordneransicht zeigt die Ablagestrukturen der Web-Site an

Benutzen Sie die Ansicht *Ordner* wie den Windows-Explorer, um die Dokumente und Dateien des Web zu organisieren und auf die Seiten des Web zuzugreifen.

 Falls Änderungen an einer Seite vorzunehmen sind, können Sie dazu eine neue Aufgabe anlegen. Klicken Sie mit rechts auf die zu ändernde Seite und wählen Sie den Menübefehl Aufgabe hinzufügen.

Die Berichtsansicht

Berichte dienen nicht zur Dokumentation, obwohl der Name dies wie der Name vermuten ließe. In Berichten gibt Frontpage ausgewählte Informationen zum Web wieder. Damit nehmen Ihnen die Berichte die mühsame Aufgabe ab, Fehler und nicht zusammenhängende Daten manuell zu suchen.

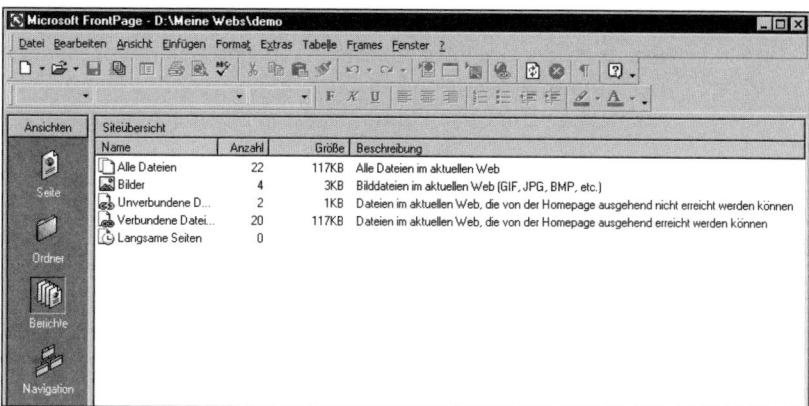

Bild 51.5: Beim Öffnen der Ansicht Berichte *zeigt Frontpage den Bericht* Site-Übersicht*, der einen Überblick über die im Web enthaltenen Daten und Strukturen gewährt*

Nach einem Klick auf die Schaltfläche *Berichte* öffnet FrontPage in der Standardeinstellung den Bericht *Site-Übersicht*, der Aufschluß über die enthaltenen Elemente gibt. Jeder Eintrag der Site-Übersicht repräsentiert einen weiteren Bericht. Ein Doppelklick auf den entsprechenden Eintrag öffnet ihn zur Bearbeitung. Die einzelnen Berichte orientieren sich dabei am tatsächlichen Analysebedarf und geben Ihnen im Handumdrehen praxisgerechte Informationen an die Hand.

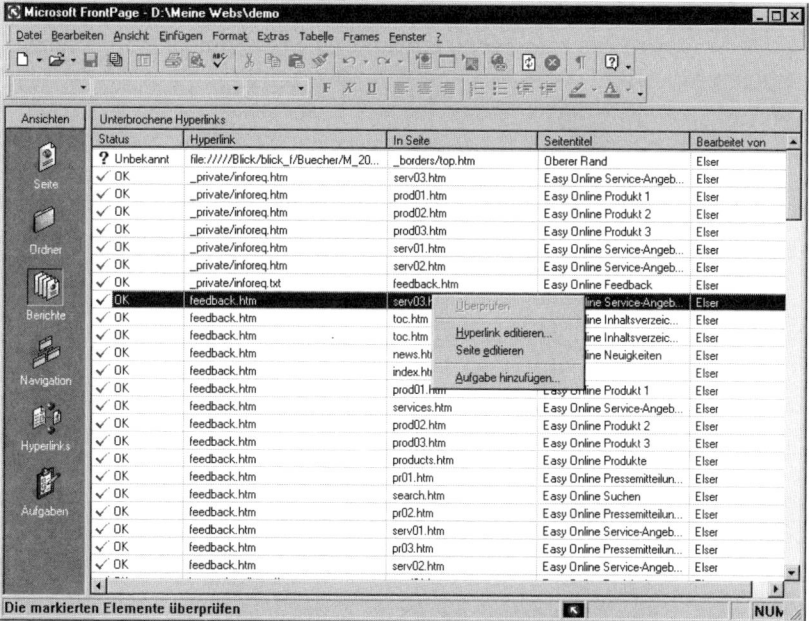

Bild 51.6: Status, Ziel, Ort und Bearbeiter jedes einzelnen Hyperlinks prüfen Sie mit dem Bericht Unterbrochene Hyperlinks

Die im Bericht protokollierten Fehler oder Zusammenhänge lassen sich aus der Übersicht direkt bearbeiten. Zum Modifizieren der im Bericht enthaltenen Informationen klicken Sie mit der rechten Maustaste in die Liste – FrontPage öffnet das Kontextmenü mit den erforderlichen Funktionen.

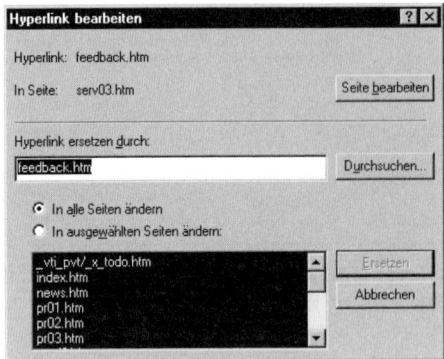

Bild 51.7: Mit den Steuerelementen in der Dialogbox Hyperlinks bearbeiten *korrigieren Sie Hyperlinks im Bericht*

Damit sind Berichte der ideale Ausgangspunkt zum Ändern und Anpassen der Web-Struktur.

 Falls Sie Änderungen vornehmen oder Fehler bereinigen wollen, können Sie dazu eine neue Aufgabe anlegen. Klicken Sie dazu im Bericht mit rechts auf den entsprechenden Eintrag wählen Sie Aufgabe hinzufügen.

Die Navigationsansicht

Dieser Modus stellt das aktuell geöffneten Web in einer besonders strukturierten Ansicht dar. Die einzelnen Seiten erscheinen als Symbole in einem Blockdiagramm. In dieser Ansicht wird der gesamte Aufbau des Web mit den internen Verknüpfungen erkennbar.

Die einzelnen Symbole repräsentieren jeweils eine Web-Seite, als Beschriftung erscheint der zugeordnete Seitentitel. Die Kästchen an den Verbindungslinien dienen zum ein- und ausblenden der untergeordneten Seiten. Die Symbolleiste *Navigation* bietet den schnellen Zugriff auf häufig genutzte Funktionen.

- Über das Listenfeld *Zoom* ändern Sie den Darstellungsmaßstab
- *Hochformat/Querformat* wählt die Formatlage der Übersicht.
- *Externer Link* dient zum Hinzufügen eines Links zu einer Web-Seite, die nicht Bestandteil des Web ist.

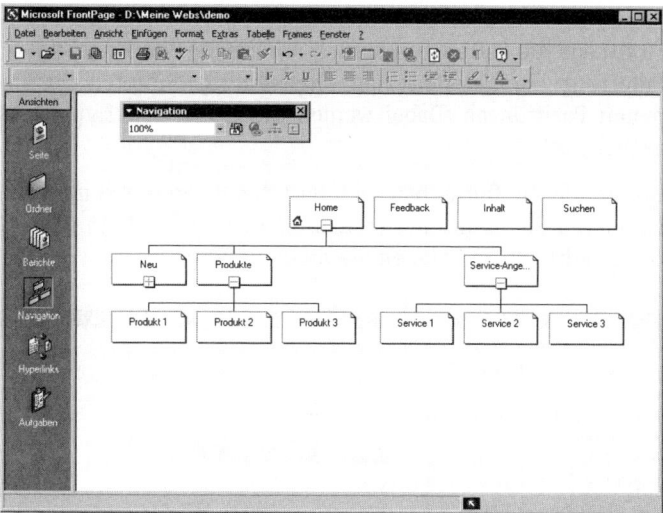

Bild 51.8: Die Ansicht Navigation *stellt das gesamte Web übersichtlich als Blockdiagramm dar*

⇢ *In Navigationsleisten eingeschlossen* legt fest, ob auf der aktuell markierten Web-Seite die gemeinsame Navigationsleiste zu sehen ist.

⇢ *Nur Unterbaum anzeigen* blendet alle der aktuell markierten Seite übergeordneten Strukturen aus.

Die Seitensymbole lassen sich interaktiv verschieben, um dem Web eine andere Struktur zu verleihen. Markieren Sie dazu das Seitensymbol der zu verschiebenden Seite und ziehen Sie es an die neue Position.

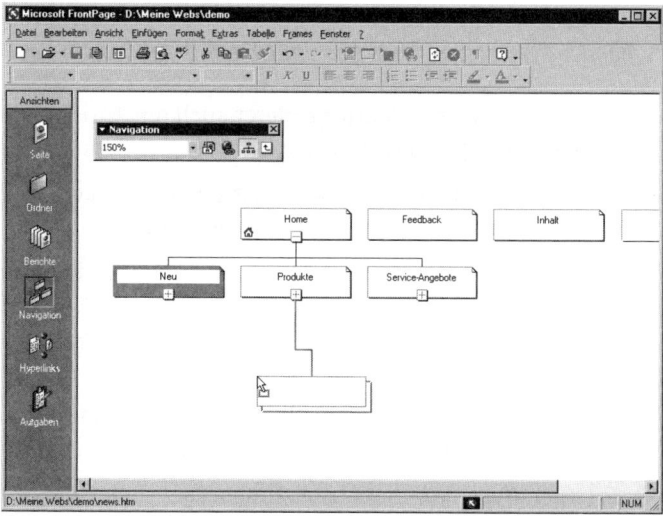

Bild 51.9: Zum Bearbeiten der Webstruktur lassen sich die Seiten interaktiv verschieben

Sobald Sie das Symbol in die Nähe einer anderen Seite ziehen, verbindet Frontpage die Seiten automatisch. Wenn Sie den Mauszeiger loslassen, legt FrontPage die Web-Seite mit allen untergeordneten Dokumenten an der neuen Position ab. Dabei werden die bisherigen Hyperlinks automatisch aktualisiert.

Öffnen Sie die Ordnerliste, um bestehende Seiten zum Web hinzuzufügen. Markieren Sie dann die hinzuzufügende Datei. Halten Sie die linke Maustaste gedrückt und ziehen Sie die neue Datei an die vorgesehene Position.

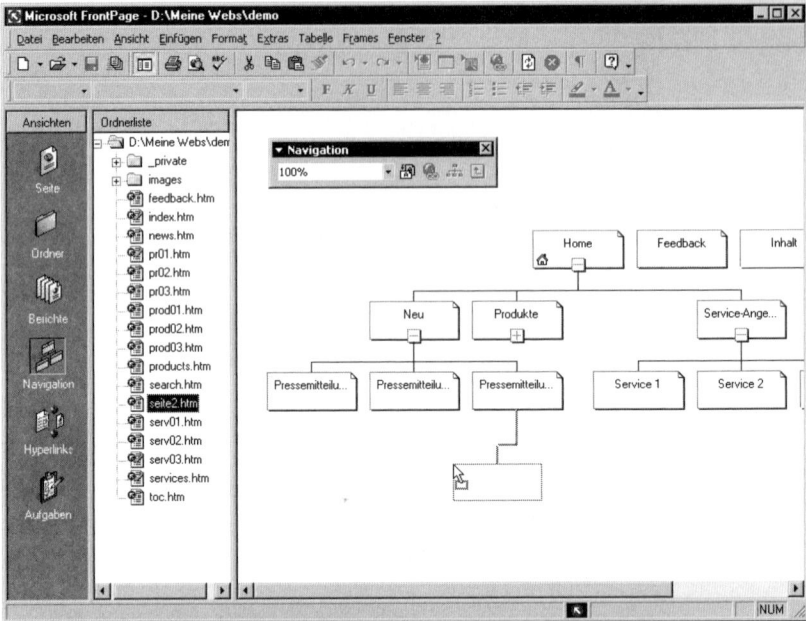

Bild 51.10: Vorhandene Webseiten fügen Sie einfach per Drag&Drop in das Web ein

Wie alle Ansichten von Frontpage bietet auch die Ansicht *Navigation* spezifische Bearbeitungsfunktionen, die Sie über das Kontextmenü erreichen.

⋯▸ Mit einem Klick auf *Öffnen* wechselt FrontPage in die Ansicht *Seite* und öffnet die markierte Seite zur Bearbeitung.

⋯▸ Um den zu verwendenden HTML-Editor zum Bearbeiten der Seite auszuwählen, klicken Sie auf den Befehl *Öffnen mit*. FrontPage zeigt die Dialogbox *Mit Editor öffnen*, in der alle installierten HTML-Editoren zur Auswahl stehen.

⋯▸ *Neue Seite* erzeugt eine neue, leere Web-Seite und fügt sie als untergeordnetes Dokument zur aktuell markierten Seite hinzu.

⋯▸ *Externer Hyperlink* dient zum Hinzufügen eines Links zu einer Web-Seite, die nicht Bestandteil des Web ist.

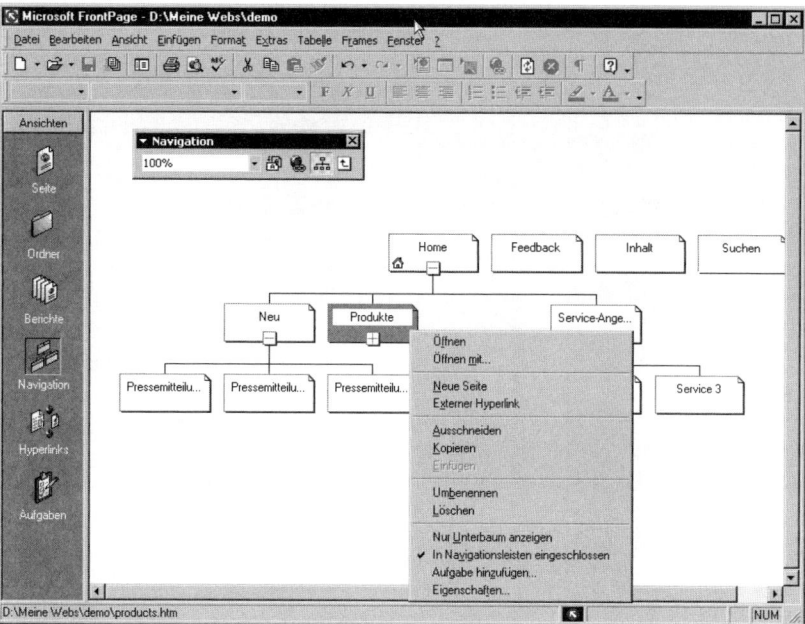

Bild 51.11: Zusätzliche Funktionen und Befehle zum Ändern der Webstruktur sind im Kontextmenü der Seitensymbole enthalten

- *Umbenennen* dient zum Ändern eines Seitentitels. Dazu hebt Frontpage den angegebenen Titel der aktuell markierten Webseite im Editiermodus hervor.

- Nach einem Klick auf *Löschen* öffnet FrontPage die Dialogbox *Seite löschen*. Zwei Optionsschaltflächen bestimmen, was mit der Seite geschehen soll: *Diese Seite aus allen Navigationsleisten entfernen* löscht Links, die auf die aktuell markierte Seite verweisen, von allen Seiten im Web. Die Seite selbst bleibt erhalten ist aber im Web nicht mehr sichtbar. *Diese Seite aus dem Web löschen* entfernt die aktuelle Seite und alle auf sie verweisenden Links.

Die Hyperlinkansicht

Nach einem Klick auf die Schaltfläche *Hyperlinks* blendet FrontPage die Ordnerliste ein und zeigt eine grafische Übersicht der im Dokument enthaltenen Hyperlinks.

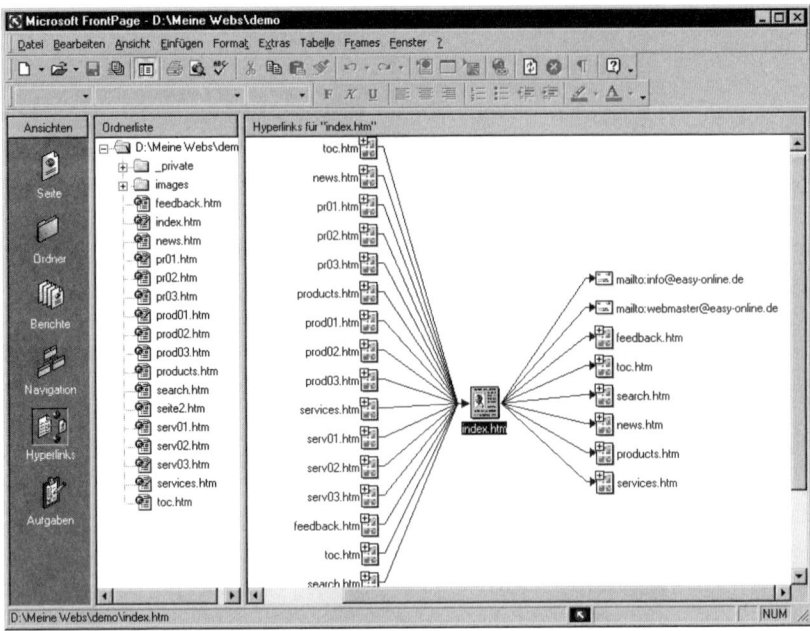

Bild 51.12: *Um die Verweise innerhalb eines Web zu sehen, schalten Sie die Ansicht* Hyperlinks *ein*

Seitensymbole mit dem jeweiligen Dateinamen repräsentieren die Seiten des Web. Da in dieser Ansicht alle Hyperlinks mit Quelle und Ziel zu sehen sind, tauchen die Seitensymbole mehrfach in der Übersicht auf.

Um die Seitentitel zur Anzeige zu bringen, öffnen Sie das Kontextmenü der Ansicht, und klicken Sie auf den Eintrag Seitentitel anzeigen.

Blaue Pfeile stehen für die einzelnen Verknüpfungen, die Pfeilspitze weist auf die Richtung des Links hin und kennzeichnet das Ziel des Hyperlinks.

In der Standardeinstellung sehen Sie alle Hyperlinks, die von und zur Startseite – in der Regel die Seite INDEX.HTM – führen. Sobald Sie eine andere Seite in der Ordnerliste auswählen, stellt FrontPage diese Seite in die Mitte der Grafik und zeigt alle Verweise auf und von dieser Seite an.

An den Seitensymbolen sind eventuell kleine Plus-Zeichen zu erkennen – ein Klick auf dieses Symbol blendet weitere Links von bzw. zu der betreffenden Seite ein. Ein erneuter Klick auf das Symbol blendet die angezeigten Links wieder aus.

Klicken Sie auf einen freien Bereich der Arbeitsfläche, und halten Sie die linke Maustaste gedrückt, um die Ansicht zu verschieben.

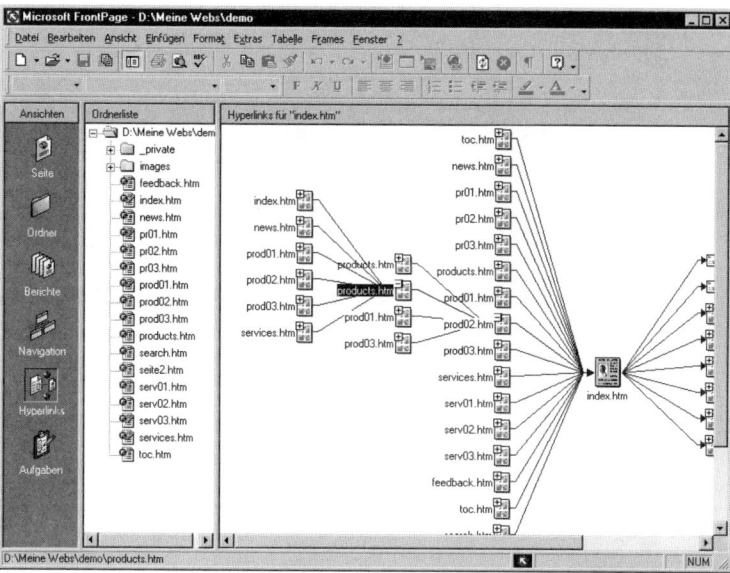

Bild 51.13: Bei Bedarf lassen sich zusätzliche Links von und zu den Seiten einblenden

Die Aufgabenansicht

Da die Erstellung und das Management einer Web-Site nicht »mal eben im Handumdrehen« erledigt ist, verwaltet FrontPage anstehende Tätigkeiten in einer eigenen Aufgabenliste.

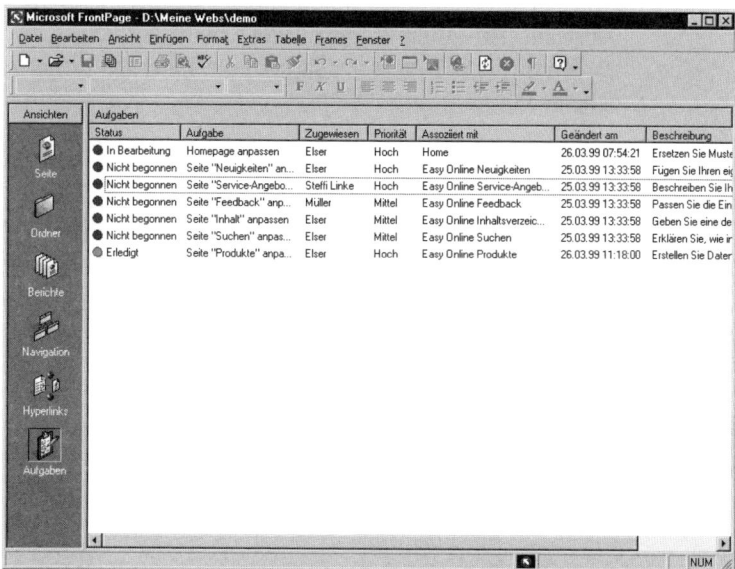

Bild 51.14: Zu erledigende Arbeiten verwalten Sie in der Aufgabenliste

Nach einem rechten Mausklick auf einen Eintrag in der Aufgabenliste sehen Sie das Kontextmenü.

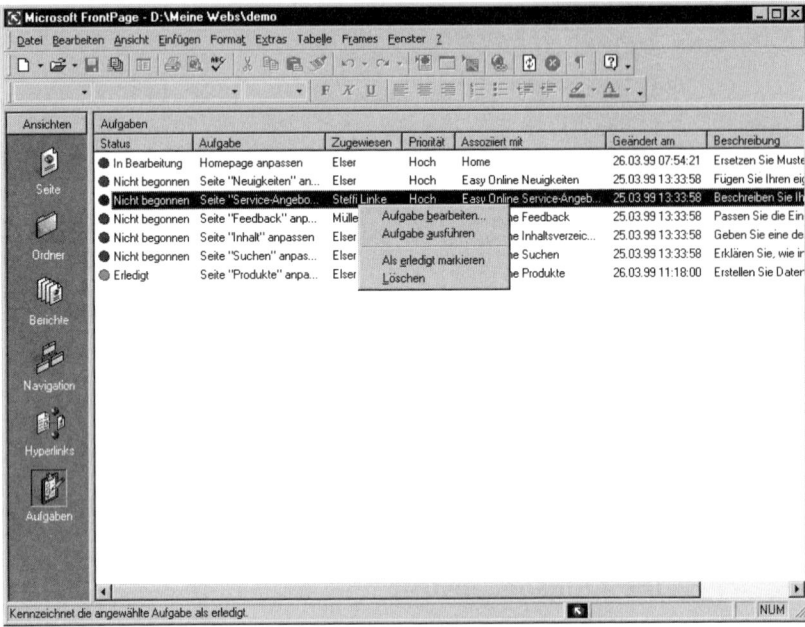

Bild 51.15: Über das Kontextmenü bearbeiten Sie die einzelnen Aufgaben

- **Aufgabe bearbeiten** öffnet die Dialogbox *Aufgabendetails* in der Sie den Titel der Aufgabe, den verantwortlichen Bearbeiter oder die Priorität festlegen. Mit einem Klick auf die Schaltfläche *Ausgabe ausführen* beginnen Sie, das Thema abzuarbeiten. Frontpage öffnet dazu die angegebene Seite.

- **Aufgabe ausführen** öffnet die in der Spalte *Assoziiert mit* angegebene Seite zur Bearbeitung.

- Sobald eine Aufgabe abgeschlossen ist, klicken Sie auf *Als erledigt markieren*. Frontpage ändert die Kennzeichnung in der Spalte *Status*.

- Mit einem Klick auf *Löschen* entfernen Sie die Aufgabe ohne Rücksicht auf den aktuellen Status aus der Liste.

 Wenn Sie umfangreiche Web-Sites mit FrontPage erstellen und verwalten, helfen Aufgaben, die Zusammenarbeit mehrerer Bearbeiter im Team zu koordinieren.

Um eine neue Aufgabe anzulegen, klicken Sie mit der rechten Maustaste auf einen freien Bereich der Aufgabenliste. Im angezeigten Kontextmenü klicken Sie auf den Befehl *Neue Aufgabe* – Frontpage blendet die Dialogbox *Neue Aufgabe* ein, in der Sie den Titel der Aufgabe, den verantwortlichen Bearbeiter oder die Priorität der Ausgabe festlegen. Im Feld *Beschreibung* geben Sie einen Text ein, der die Aufgabe näher spezifiziert.

Aufgaben, die Sie über das Kontextmenü der Aufgabenliste anlegen, lassen sich nicht mit einer Datei verknüpfen.

51.3 Web erstellen und bearbeiten

Die Fähigkeit mit wenigen Arbeitsschritten ein Grundgerüst für ein Web einschließlich aller enthaltenen Dokumente und Hyperlinks zu erstellen ist das herausragende Merkmal von FrontPage. Klicken Sie dafür auf den Menübefehl *Datei/Neu/Web*.

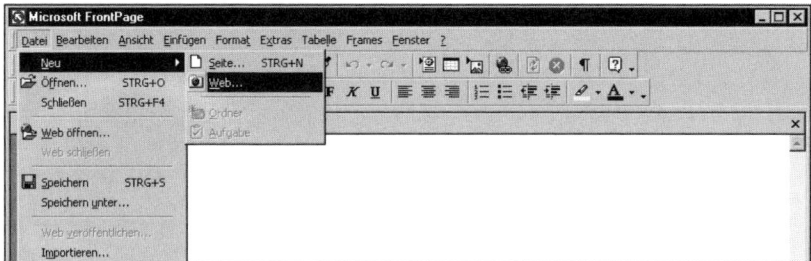

Bild 51.16: *Ein Klick auf* Datei/Neu/Web *ist der Schritt zum eigenen Web-Auftritt*

Nach keiner kurzen Ladezeit sehen Sie die Dialogbox *Neu*, die einige Vorlagen und Assistenten zum Erstellen anbietet. Im Bereich *Optionen* legen Sie den Speicherort des neuen Web fest. Der Ordner EIGENE WEBS ist als Standardort für die Ablage voreingestellt. Geben Sie den Namen und bei Bedarf ein anderer Ordner in das Listenfeld *Adresse des neuen Web* ein.

Wenn beim Aufruf von Datei/Neu/Web *ein bestehendes Web geöffnet ist, zeigt Frontpage das Kontrollkästchen* Zum aktuellen Web hinzufügen. *Aktivieren Sie dieses Kontrollkästchen, um das neue Web an das bestehende »anzuhängen«.*

Als Speicherort kommen sämtliche Ordner auf den lokalen Festplatten innerhalb eines Intranet und im Internet in Frage. Wenn der Speicherort nicht auf einer der lokalen Festplatten liegt, aktiviert FrontPage das Kontrollkästchen *Sichere Verbindung notwendig (SSL)*. Mit diesem Kontrollkästchen legen Sie fest, daß eine geschützte Verbindung zum Speicherort bestehen muß.

Der Web-Import-Assistent *unterstützt Sie beim Erstellen eines Web auf der Grundlage bereits vorhandener Web-Seiten.*

Bei der Assistenten-geführten Erstellung eines Web müssen Sie eine Reihe von Fragen beantworten, mit denen Sie Art und Umfang der zu erstellenden Seiten sowie das Erscheinungsbild der Webseiten festlegen. Anhand dieser Angaben erstellt Frontpage die komplette Struktur des Web mit den ausgewählten Informationselementen und allen erforderlichen Hyperlinks automatisch. Am Ende müssen Sie nur noch die verwendeten Platzhaltertexte mit Inhalten überschreiben.

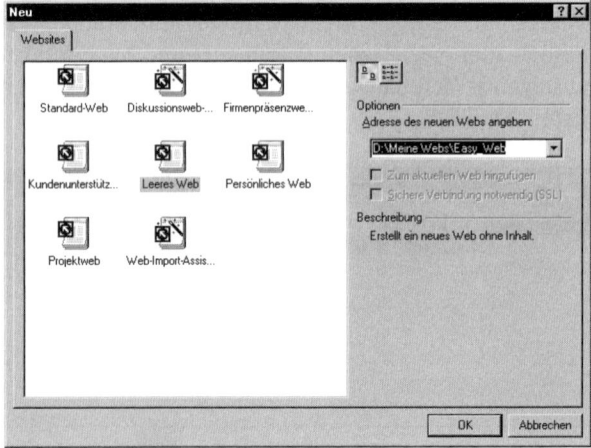

Bild 51.17: Mit der Vorlage Leeres Web *stellen Sie sich einen individuellen Webauftritt zusammen*

Um das Web vollständig selbst zu erstellen, markieren Sie das Symbol *Leeres Web* und bestätigen Ihre Auswahl mit *OK*. Frontpage legt den angegebenen Ordner und alle erforderlichen Strukturen an, erzeugt aber keine Webseiten. Nach einer kurzen Ladezeit öffnet FrontPage das neue Web und öffnet die Ansicht *Navigation*.

Seiten hinzufügen

Um das neue Web mit Inhalten zu füllen, müssen Sie die benötigten Webseiten anlegen. Dies geschieht, indem Sie den Menübefehl *Datei/Neu/Seite* aufrufen. Frontpage legt automatisch eine Startseite als erste Seite des Web an. Wo diese Seite zunächst eingefügt wird, hängt von der Position des Mauszeigers ab. Wenn Sie sich in der Ordnerliste befinden, sehen Sie die neue Seite in der Ordnerliste, im anderen Fall erscheint das Seiten-Symbol auf der Arbeitsfläche.

Drücken Sie F5, um die Anzeige zu aktualisieren – die neue Seite erscheint sowohl in der Ordnerliste als auch im Arbeitsbereich.

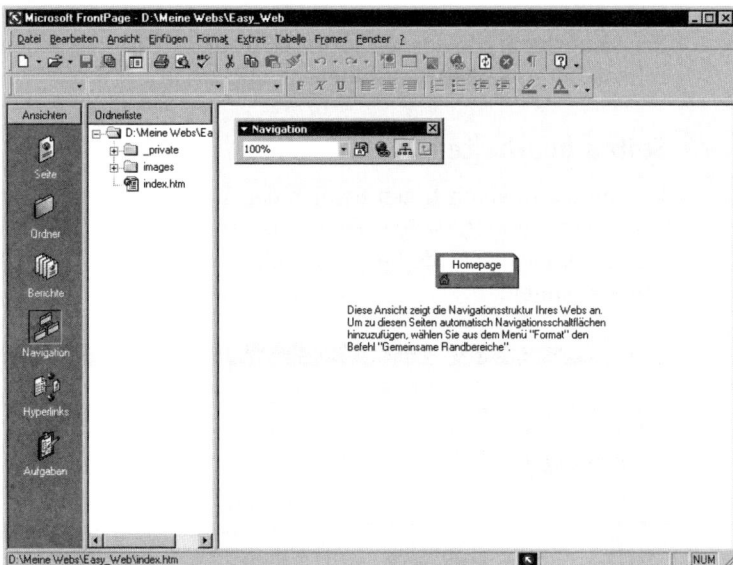

Bild 51.18: Als erste Seite des neuen leeren Web legt Frontpage automatisch eine Startseite an

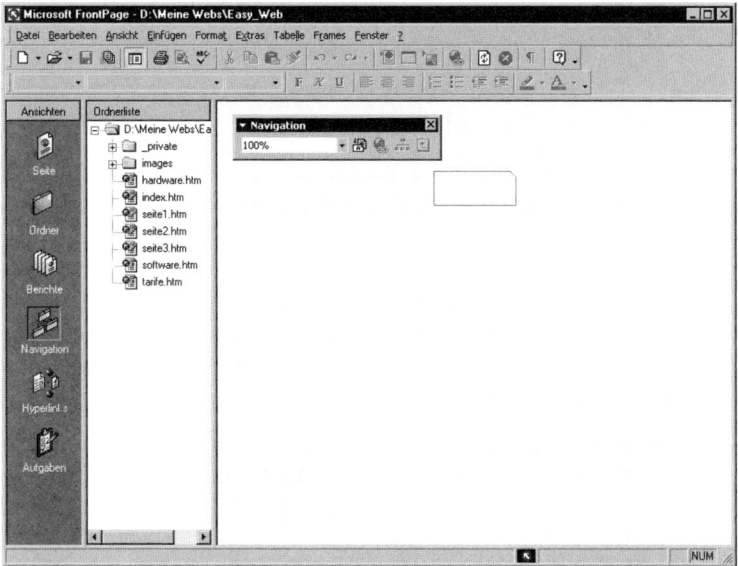

Bild 51.19: Langsam wächst die Struktur des Web

Fügen Sie Schritt für Schritt die erforderlichen Web-Seiten in das Web ein und passen Sie die Seitentitel an. Alle neuen Seiten setzt Frontpage automatisch unter die aktuell markierte Seite. Um dem Web die gewünschte Struktur zu verleihen, verschieben Sie die Seiten an die vorgesehenen Positionen.

Nachdem die grundlegende Struktur festgelegt ist, verleihen Sie den einzelnen Seiten Gestalt und füllen sie mit Inhalt.

Seiten bearbeiten

Klicken Sie in einen freien Bereich der Arbeitsfläche und wählen Sie dann den Befehl *Format/Design*. FrontPage öffnet die Dialogbox *Designs*, in der Sie das zu verwendende Design aus einer Vielzahl von Gestaltungsvorschlägen auswählen.

Bild 51.20: Mit der Auswahl eines Designs bestimmen Sie das Erscheinungsbild der Seiten Ihres Web

Nachdem Sie die Auswahl mit *OK* bestätigt haben, versieht Frontpage alle Seiten des Web mit dem gewählten Design. Um den Seiteninhalt zu erfassen, klicken Sie doppelt auf das Seitensymbol der zu bearbeitenden Seite mit einem Doppelklick. FrontPage öffnet die Seite in der Seitenansicht.

Damit auf allen Seiten des Web gleichartige Navigationselemente zu sehen sind, legen Sie legen Sie sogenannte gemeinsame Randbereiche fest. Öffnen Sie dazu das Kontextmenü der Seite und klicken Sie auf *Gemeinsame Randbereiche*.

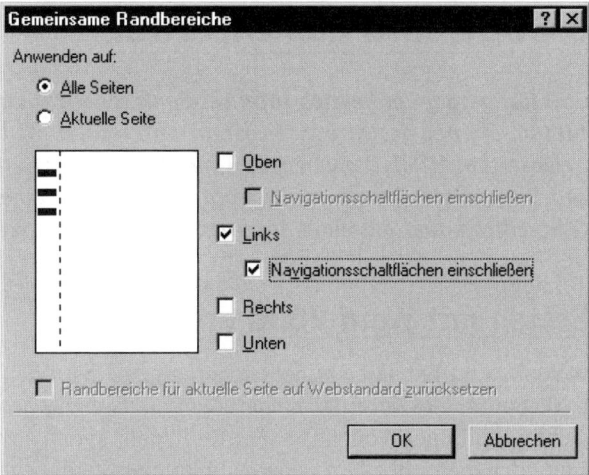

Bild 51.21: In der Dialogbox Gemeinsame Randbereiche *legen Sie die Grundstruktur der Web-Seite fest*

Mit den Optionsschaltflächen im Bereich *Anwenden auf* regeln Sie, für welche Seiten die vorgenommenen Einstellungen gültig sind. Vier Kontrollkästchen legen die Position der Randbereiche fest. Um Schaltflächen zum Blättern einzufügen, aktivieren Sie das Kontrollkästchen *Navigationsschaltflächen einschließen*.

In den nächsten Schritten fügen Sie zusätzliche Steuerelemente und schließlich den darzustellenden Inhalt auf den Web-Seiten ein. Die entsprechenden Funktionen und Befehle finden Sie im Menü *Einfügen/Komponenten*.

Auf diese Weise entwickelt sich Ihre eigene Web-Präsenz langsam aber kontinuierlich. Selbstverständlich können Sie auch andere HTML-Seiten – z.B. aus Word oder PowerPoint – in ein Web integrieren.

52. Word 2000 und das Internet

Word 2000 hat gerade im Bereich Internet-Funktionalität einige Neuerungen zu bieten. Ein neu gestalteter Assistent unterstützt Sie beim Erstellen eigener Webseiten, HTML-Dokumente öffnen und bearbeiten Sie wie normale Word-Dokumente. Damit erfüllt Word die Aufgaben eines leistungsfähigen HTML-Editors und die eines Internet-Browsers gleichzeitig.

52.1 Web-Seiten mit Word 2000 erstellen

Das Web-Publishing hat mit einiger Sicherheit zur heutigen Attraktivität und zur Akzeptanz des Internet beigetragen. Aufwendig gestaltete Dokumente werden Millionen von Anwendern mit dem sprichwörtlichen Mausklick zugänglich gemacht. Kein anderes Dokument kann es mit animierten Bildbestandteilen oder Online-Formularen aufnehmen. Sowohl für den privaten als auch den gewerblichen Bereich bieten sich hier interessante Ausblicke. Um mit Word HTML-Dokumente zu erzeugen, ist es nicht notwendig, ein Programmier-Profi zu sein. Ein vollkommen neu gestalteter Assistent nimmt Ihnen diese Aufgabe ab und macht den Entwurf eigener Web-Seiten unkompliziert. Über *Datei/Neu* öffnet Word eine Dialogbox, in der Sie das Register *Web-Seiten* auswählen.

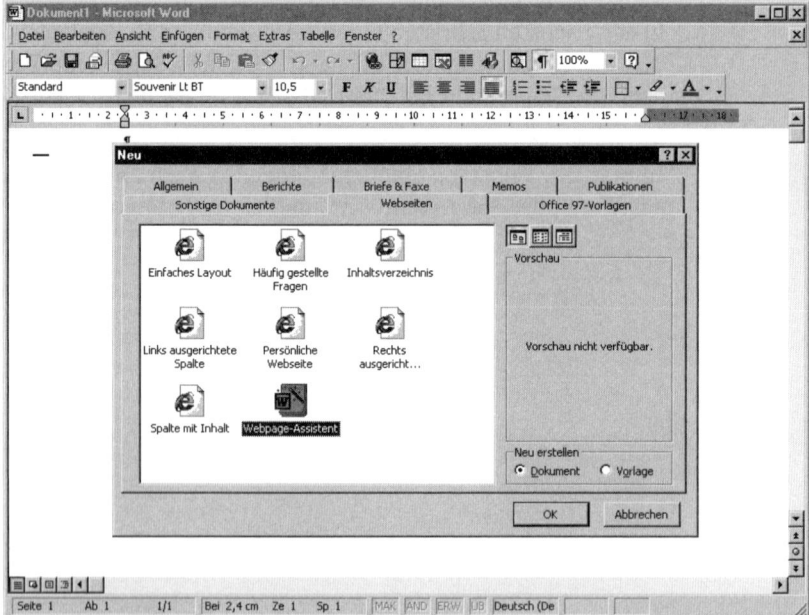

Bild 52.1: Über den Befehl Datei/Neu/Web-Seiten *rufen Sie den Webseiten-Assistenten von Word auf*

Ein Doppelklick auf den Eintrag *Webpage-Assistent* startet den Assistenten.

Wie bereits von anderen Assistenten in Office 2000 bekannt, führt Sie dieser nützliche Helfer Schritt für Schritt durch die Erstellung einer eigenen Web-Seite: von der Anlage des Dokuments über die Auswahl geeigneter Vorlagen bis hin zur Gestaltung unter Verwendung verschiedener Designs.

Trotz der reichhaltigen Auswahl sollten Sie zu Anfang mit einer einfachen Seite beginnen, um einen schnellen Einstieg in die Materie zu bekommen. Versuchen Sie nicht gleich, ein komplexes Formular mit allen möglichen Steuerelementen zu entwerfen.

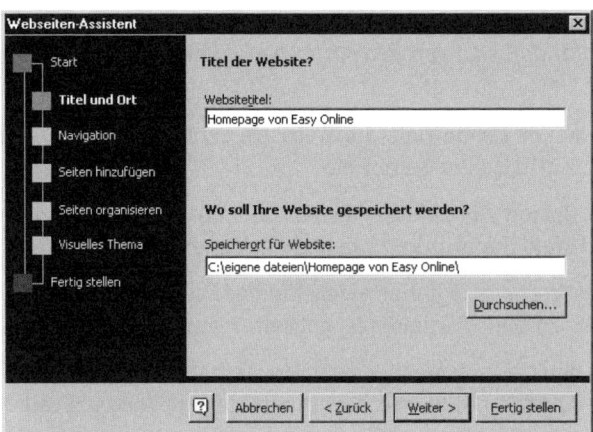
Bild 52.2: Der Webseiten-Assistent führt Sie sechs Schritten zum fertigen Ergebnis

Bild 52.3: Im Handumdrehen erzeugen Sie Frame-Sets mit Navigationselementen

Im ersten Schritt fordert Sie der Assistent auf, einen Titel und den Speicherort der Webseite anzugeben. Nachdem Sie alle Angaben vorgenommen haben, gelangen Sie mit einem Klick auf die Schaltfläche *Weiter* zum zweiten Schritt des Assistenten.

In der vorliegenden Version ist der Assistent in der Lage mehrere Dokumentseiten in einem Arbeitsgang anzulegen. Im zweiten Schritt legen Sie fest, ob Word Frame-Sets für die Navigation in die Webseite einfügen soll.

Mit Hilfe der Steuerelemente im eingefügten Frame blättern Sie komfortabel durch die neue Webseite. Beim Blättern bleibt das Navigationselement unverändert und die gewählte Seite wird im zweiten Bereich der Web-Seite angezeigt.

 Mit Frame-Sets verleihen Sie Ihrem Web-Dokument ein professionelles Erscheinungsbild, daß sich von den statischen HTML-Dokumenten abhebt.

- *Vertikaler Frame* teilt die Webseite senkrecht und fügt Hyperlinks zu den enthaltenen Seiten ein.
- Die Option *Horizontaler Frame* teilt die Webseite in der Waagerechten und fügt Hyperlinks zu den enthaltenen Seiten ein.
- *Separate Seite* legt eine eigenständige Inhaltsseite an, auf der die Hyperlinks zu den Dokumenten enthalten sind.

Klicken Sie die entsprechende Optionsschaltfläche an, um die Webseite in Frames zu unterteilen und bestätigen Sie Ihre Auswahl mit *Weiter*.

In der vorliegenden Version unterstützt Sie Word bei Aufbau kompletter Web-Sites, indem Sie bei Bedarf gleich mehrere Seiten in einem Arbeitsgang anlegen. Im Bereich *Aktuelle Seiten auf der Website* zeigt der Assistent eine Liste der bereits automatisch hinzugefügten Webseiten an.

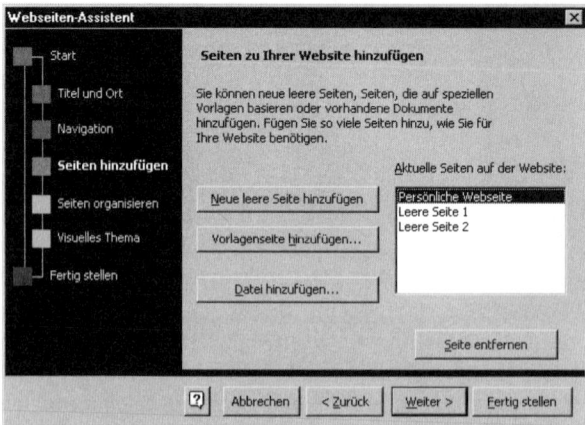

Bild 52.4: Im Schritt Seiten hinzufügen *legen Sie die Seiten des neuen Web-Dokuments fest*

Die Website bezeichnet eine Reihe einzelner zusammenhängender Webseiten, die wie ein mehrseitiges Dokument komplette Inhalte gegliedert wiedergeben.

Im Schritt *Seiten hinzufügen* bietet Ihnen der Assistent drei Schaltflächen an:

- Um eine leere Seite aufzunehmen, klicken auf die Schaltfläche *Neue leere Seite hinzufügen*.

- Nach einem Klick auf *Vorlagenseite hinzufügen* öffnet der Assistent die Dialogbox *Webseitenvorlagen*, die Ihnen eine Auswahl aus den mitgelieferten Webseiten anbietet. Gleichzeitig sehen Sie eine Vorschau der markierten Vorlage im Arbeitsbereich. Diese Vorlagen enthalten neben Platzhaltertext, den Sie nach Ihren individuellen Bedürfnissen anpassen können, Formate und Links zur Navigation innerhalb der Seite.

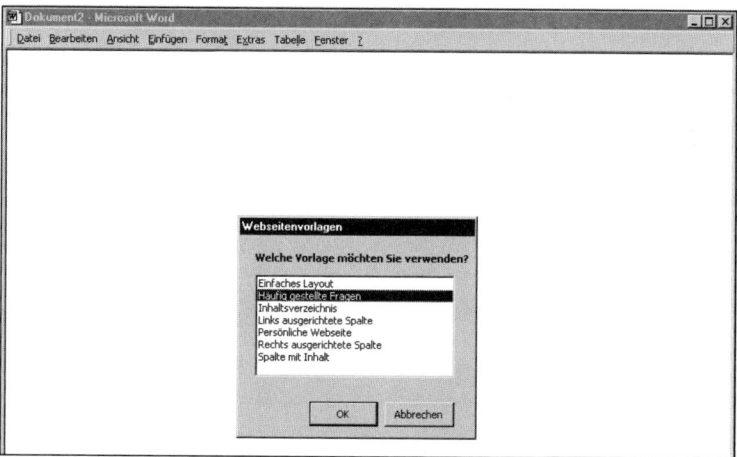

Bild 52.5: Über die Dialogbox Webseitenvorlagen *greifen Sie auf die mitgelieferten Vorlagen von Office zu*

 Um die Vorlage besser beurteilen zu können, verschieben Sie die Dialogbox Webseitenvorlagen.

- *Datei hinzufügen* öffnet die bekannte Datei-Dialogbox über die Sie bereits vorhandene Word.doc und HTML-Dokumente zur Website hinzufügen

Mit der Schaltfläche *Seite entfernen* löschen Sie die markierte Seite aus der Liste und entfernen sie gleichzeitig aus dem zu erstellenden Webdokument.

Nachdem alle benötigten Seiten zur Website hinzugefügt sind, bestätigen Sie Ihre Auswahl mit einem Klick auf die Schaltfläche Weiter. Der Assistent wechselt zum folgenden Schritt, *Seiten organisieren*, in dem Sie die relative Position der Webseiten individuell anpassen.

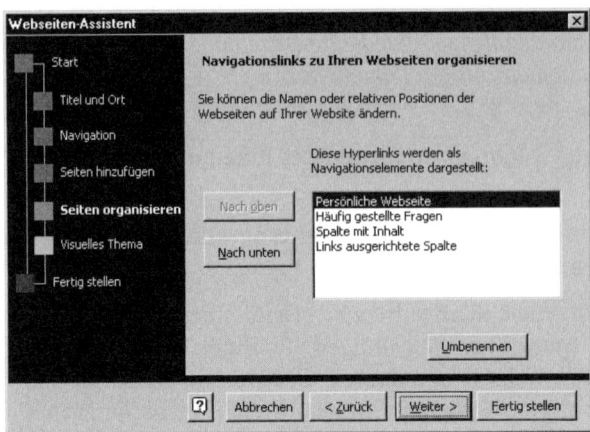

Bild 52.6: Im Schritt Seiten organisieren *legen Sie die Reihenfolge der Navigationslinks fest*

 Die tatsächliche Anordnung der Seiten ist nicht von Interesse, im Schritt Seiten organisieren passen Sie lediglich die Anordnung der Navigationslinks und damit die Reihenfolge beim Surfen an. Sinnvoll ist, wenn Sie Links zu allgemeinen Informationen an den Anfang und Detailinformationen an das Ende der Liste stellen

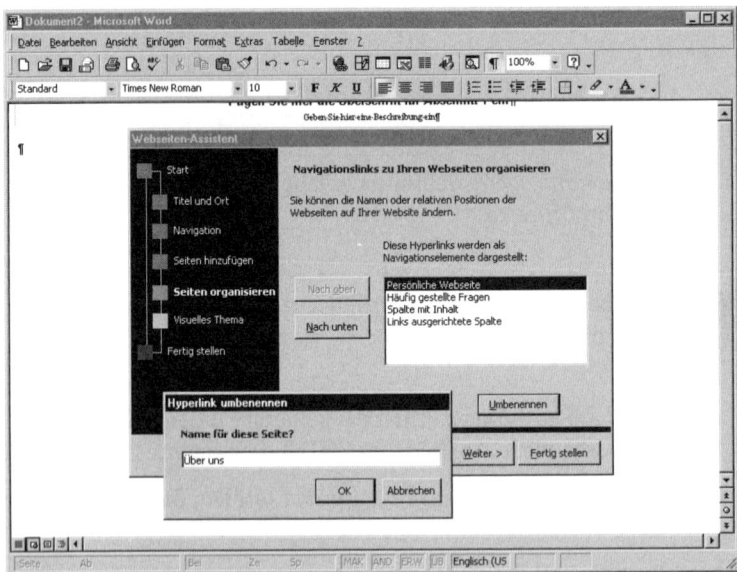

Bild 52.7: Versehen Sie die Navigationslinks mit einer aussagefähigen Bezeichnung

Die Reihenfolge in der Liste entspricht der Reihenfolge der Einträge im Navigationsframe. Um einen Eintrag umzuordnen, markieren Sie den entsprechenden Eintrag und verschieben ihn mit den Schaltflächen *Nach unten* und *Nach oben* an die vorgesehene Position.

Die Bezeichnungen der Webseiten erscheint im Navigationsframe als Beschriftung für die entsprechenden Links. Nach einem Klick auf die Schaltfläche *Umbenennen* öffnet der Assistent die Dialogbox *Hyperlink umbenennen*, in der Sie die Neue Beschriftung des Links erfassen.

Im folgenden Schritt, *visuelles Thema*, den Sie nach einem Klick auf die Schaltfläche Weiter erreichen, fragt der Assistent Ihre Gestaltungswünsche ab. Bei der Auswahl eines visuellen Themas greifen Sie auf mitgelieferte Designvorlagen, die sogenannten Webdesigns zu. Um ein Webdesign für Ihre Homepage auszuwählen, aktivieren Sie die Option *Visuelles Thema hinzufügen* und klicken dann auf die Schaltfläche *Themen durchsuchen*.

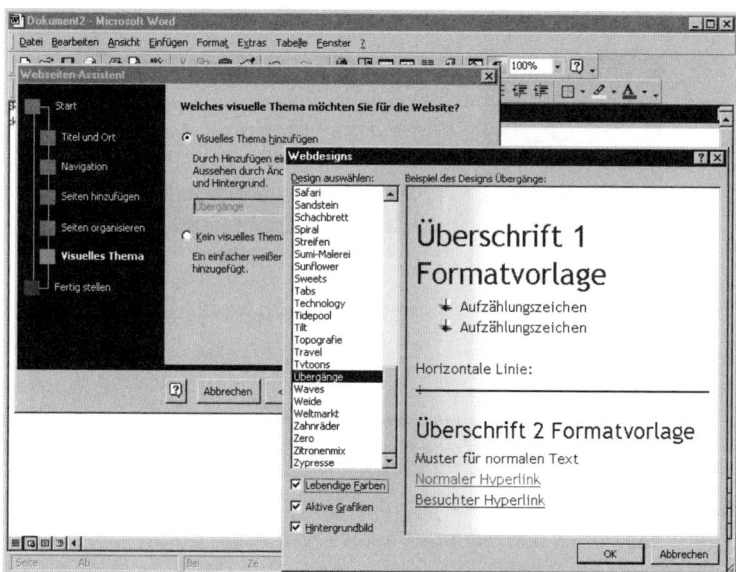

Bild 52.8: Als visuelles Thema bezeichnet der Assistent verschiedenen Webdesignvorlagen mit denen Sie Hintergrund, Farbgestaltung, Grafiken und die verwendeten Schriftarten festlegen

Der Assistent öffnet die Dialogbox *Webdesigns*, in der Sie die Auswahl des gewünschten Designs vornehmen. Das Listenfeld *Design auswählen* zeigt alle mitgelieferten Designvorlagen. Im rechten Bereich der Dialogbox sehen Sie eine Vorschau des gewählten Designs.

Unterhalb der Liste sind drei Kontrollkästchen angeordnet, mit denen Sie Einfluß auf die Gestaltung nehmen:

⇢ *Lebendige Farben* ändert die Farbgestaltung und weist der Webseite ansprechende abgestufte Farben zu.

⇢ Wenn Sie das Kontrollkästchen *Aktive Grafiken* einschalten, verwendet Word animierte anstelle stationärer Grafiken als Aufzählungszeichen.

⇢ *Hintergrundbild* aktiviert eine Hintergrundgrafik für die Webseiten. Wenn Sie das Kontrollkästchen deaktivieren, verwendet Word einen passenden einfarbigen Hintergrund.

Bei langsamen Verbindungen erreichen Sie ohne Hintergrundbild und aktive Grafiken eine bessere Übertragungsgeschwindigkeit.

Wenn Ihre Wahl auf ein bestimmtes Design gefallen ist, klicken Sie auf die Schaltfläche *OK*, um die Auswahl zu bestätigen. Mit Weiter gelangen Sie zum letzten Schritt des Assistenten.

Bild 52.9: Der Assistent hat alle erforderlichen Informationen abgefragt, um die Webseite nach Ihren Vorstellungen aufzubauen

Um das Web-Dokument mit den vorgenommenen Einstellungen aufzubauen, klicken Sie auf *Fertig stellen*. Word beendet den Assistenten und baut das Dokument Seite für Seite auf – je nachdem wie viele Seiten Sie erstellen lassen, nimmt dieser Vorgang einige Zeit in Anspruch. Sobald das Dokument fertiggestellt ist, öffnet Word die erste Seite des Dokuments und zeigt die Symbolleiste *Frames*.

52.2 Webseiten bearbeiten

Der Assistent hat ganze Arbeit geleistet und ein Word-Dokument erstellt, das nur noch mit Inhalten gefüllt werden muß. Als nächsten müssen die Platzhalter »Geben Sie hier Ihren Text ein« markiert und mit den gewünschten Angaben überschrieben werden. Beim Bearbeiten der Texte greifen Sie auf die eingehend im Teil 2; Word 2000 beschriebenen Funktionen zurück.

Word ist in der Lage Web-Seiten und HTML-Dokumente wie normale Word-Dokumente über den Befehl Datei/Öffnen *zur Bearbeitung zu laden.*

Ein wichtiger Unterschied zum Arbeiten mit normalen Word-Dokumenten ergibt sich aus der Verwendung von Frames im Webdokument: jeder einzelne Frame stellt ein eigenständiges Dokument dar. Beim Bearbeiten, Speichern und beim Zuweisen von Formaten und Formatvorlage greifen Sie immer auf ein einzelnes Dokument zu. Änderungen, die Sie an den Formaten vornehmen, gelten folglich nur für das aktuell bearbeitete Dokument.

Der Aufbau des Dokuments ist nicht festgeschrieben: Sie können nach Bedarf Elemente entfernen oder auch neue hinzufügen.

Beim Speichern im HTML-Format hat Word die angebotenen Formatvorlagen angepaßt. Im Listenfeld *Formatvorlage* erscheinen nur noch Formate, die später in einem HTML-Browser darstellbar sind. So ist sichergestellt, daß die zugewiesenen Absatz- und Zeichenformate später auch auf Ihrer Web-Seite erhalten bleiben.

Um die gewünschte Formatierung bei der Anzeige des Dokuments mit einem HTML-Browser sicherzustellen, greift Word auf komplexe Formatbeschreibungen zurück, die der Assistent automatisch generiert.

Hypertexteinträge verändern

Die einzelnen HTML-Dokumente können nahezu beliebig lang werden. Damit der Betrachter später nicht den Überblick verliert, ist die Web-Seite von Assistenten bereits Überschriften, Textmarken und Hyperlinks innerhalb des Dokuments gegliedert.

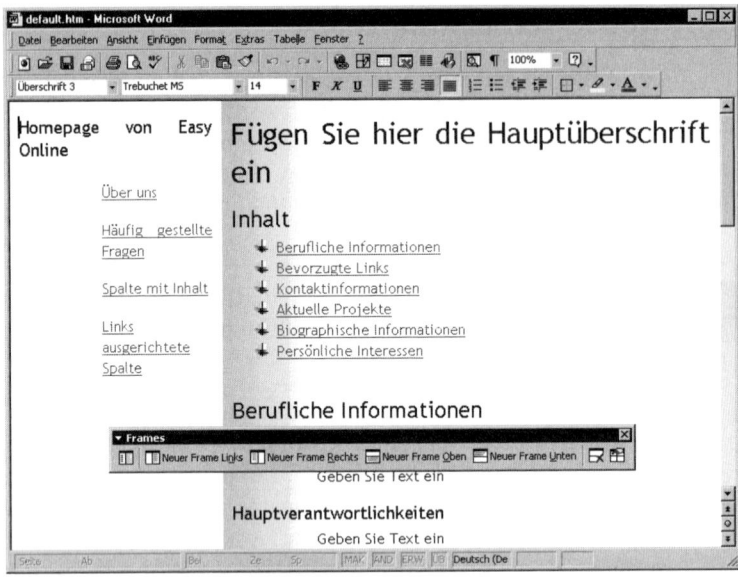

Bild 52.10: Die vom Assistenten erzeugte Webseite weist bereits einige automatisch generierte Hyperlinks auf

Einige Textpassagen sind farbig hervorgehoben, hierbei handelt es sich um Hyperlinks. Mit einem Klick auf diese Hyperlinks gelangen Sie zum festgelegten Abschnitt mit den persönlichen Daten.

Die eingefügten Hyperlinks lassen sich wie jedes beliebige andere Textelement bearbeiten, kopieren, verschieben oder mit einem anderen Zeichenformat versehen.

Halten Sie beim Markieren von Hypertexteinträgen die Strg *-Taste gedrückt – dadurch wird verhindert, daß Word automatisch zur verknüpften Textpassage springt.*

Um einen Hyperlink zu bearbeiten, klicken mit der rechten Maustaste auf den Hyperlink und wählen im Kontextmenü den Eintrag *Hyperlink/Hyperlink bearbeiten* aus. Word öffnet die Dialogbox *Hyperlink bearbeiten*.

Eine umfassende Beschreibung der Dialogbox Hyperlink einfügen *finden Sie in Kapitel 50.2; Das World Wide Web.*

Im Bereich *Link zu* ist die Schaltfläche *Aktuelles Dokument* aktiviert. Word stellt die im aktuellen Dokument enthaltene Sprungzeile in einer hierarchischen Liste im Bereich *Wählen Sie eine Stelle in diesem Dokument aus* dar.

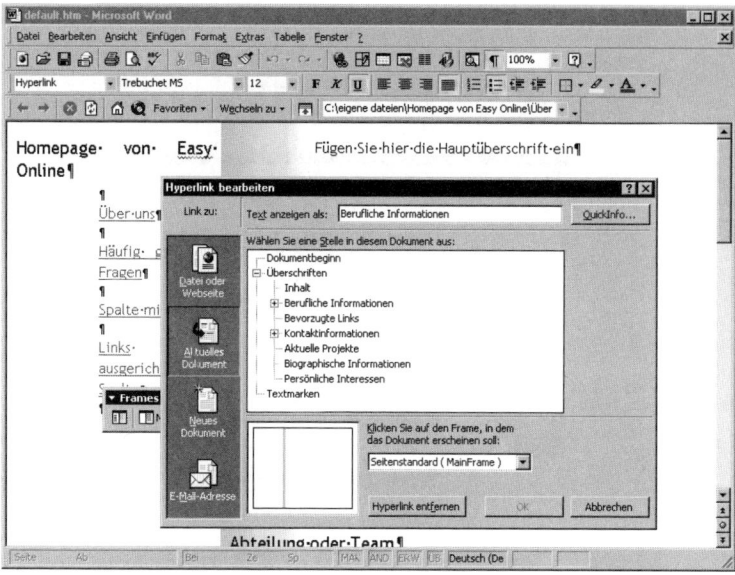

Bild 52.11: In der Dialogbox Hyperlink bearbeiten *passen Sie das Ziel eines Hyperlinks nachträglich an – im Beispiel wurde der Hyperlink* Berufliche Informationen *angeklickt*

 Um das aktuelle Ziel des Hyperlinks zu sehen, klicken Sie auf die Schaltfläche Datei oder Webseite. *Im Eingabefeld* Dateityp oder Webseite *zeigt Word die aktuell zugewiesene Textmarke an.*

Hyperlinks hinzufügen

Bei Bedarf fügen Sie weitere Links in Ihrem Dokument ein. Sobald Sie eine Internet-Adresse (URL) eintragen, genügt ein Klick auf den Links, um die entsprechende Seite im Internet zu öffnen.

Der Hyperlink soll im Beispiel zum Navigationsframe auf der linken Seite hinzugefügt werden. Klicken Sie dazu unter den letzten Link und geben Sie den gewünschten Text ein. Um ein einheitliches Erscheinungsbild der Webseite zu gewährleisten, erhält der neue Link die Formatvorlage *Hyperlink*, die bereits bei den anderen Links im Navigationsframe Anwendung gefunden hat.

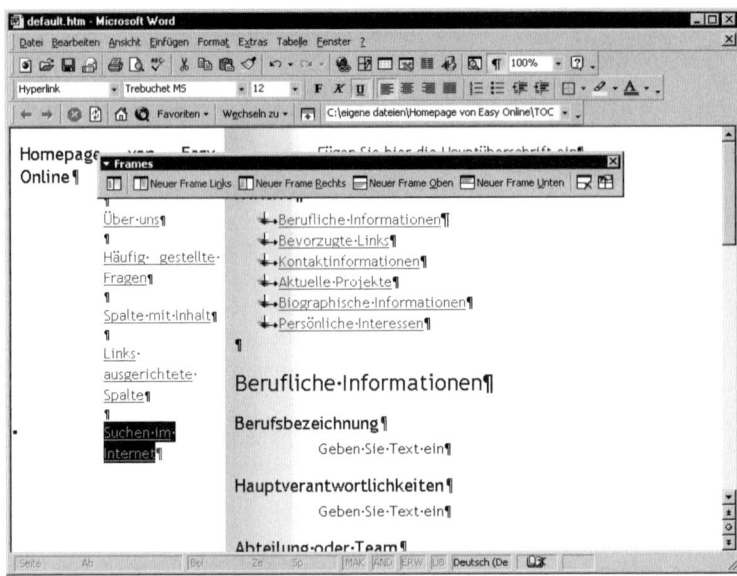

Bild 52.12: *Ein neuer Link im Navigationsframe, über den auf eine Internetsuchmaschine zugegriffen werden soll*

Das Ziel des Links legen Sie fest, indem Sie den Text markieren und dann über *Einfügen/Hyperlink* (`Strg`+`K`) die gleichnamige Dialogbox aufrufen. Klicken Sie im Bereich *Link zu* auf die Schaltfläche *Datei oder Webseite* und geben Sie den URL im Eingabefeld *Dateityp oder Webseite* ein.

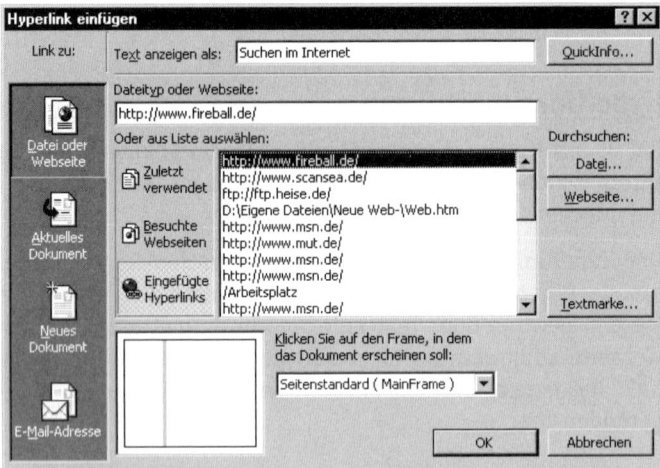

Bild 52.13: *Mit der Angabe des URL* http://www.fireball.de *wird beim Anklicken dieses Hyperlinks die Suchmaschine Fireball aufgerufen*

Warum nur Internet-Adressen als Hyperlinks einsetzen? Das universelle HTML-Format bietet sich auch als Kommunikationsträger innerhalb eines Netzwerks an. Nahezu alle Office-Pakete, Satzsoftware und Grafikprogramme sind in der Lage, einen HTML-Code zu erzeugen. Verwenden Sie HTML-Dateien, um jedem Netzwerkteilnehmer die benötigten Informationen über einen Internet-Browser zu präsentieren. In diesem Fall kann jede beliebige Datei als Ziel des Hyperlinks dienen. Wenn der Browser dann noch in der Lage ist, Programme und Dateierweiterungen zu verknüpfen, steht einer individuellen Informationsverwaltung im Unternehmen nichts mehr im Wege.

Als letztes müssen Sie den Frame angeben, in dem das Zieldokument nach einem Klick auf den Hyperlink geöffnet werden soll. Die entsprechenden Angaben nehmen Sie im Listenfeld *Klicken Sie auf den Frame (...)* vor. Der Vorteil beim Arbeiten mit Frame-Sets liegt in der strukturierten Darstellung der angeforderten Informationen: in der Praxis soll der Anwender von Ihrer Homepage auf die Suchmaschine zugreifen, die Homepage aber nicht verlassen. Im Listenfeld stehen Ihnen dazu verschiedenen Einträge zur Verfügung, mit denen Sie die festlegen, wie die gelinkte Seite zu öffnen ist.

Die angebotenen Positionen orientieren sich am Aufbau des Web-Dokuments.

- *LeftFrame*, legt fest, daß das neue Dokument im linken Frame darzustellen ist.
- Mit der Auswahl *MainFrame* bestimmen Sie, daß das neue Dokument im zentralen Frame des Webdokuments dargestellt werden.
- *RightFrame*, legt fest, daß das Zieldokument im rechten Frame darzustellen ist.
- *Seitenstandard (Mainframe)* wählt den im Dokument als Standard eingerichteten Frame zur Darstellung der neuen Inhalte aus.
- *Gleicher Frame* legt fest, daß das Zieldokument in dem Frame darzustellen ist, in dem sich der Hyperlink befindet.
- Mit der Einstellung *Ganze Seite* erscheint das Zieldokument über die gesamte Seite im Browser. Das Dokument mit dem aufgerufenen Hyperlink wird ausgeblendet,
- Um zu bestimmen, daß im Browser eine neues Fenster mit den dem Zieldokument geöffnet wird, wählen Sie den Eintrag *Neues Fenster* aus.

Um die Position des Zieldokuments interaktiv festzulegen, klicken Sie auf den entsprechenden Frame im Vorschaufeld links neben dem Eingabefeld.

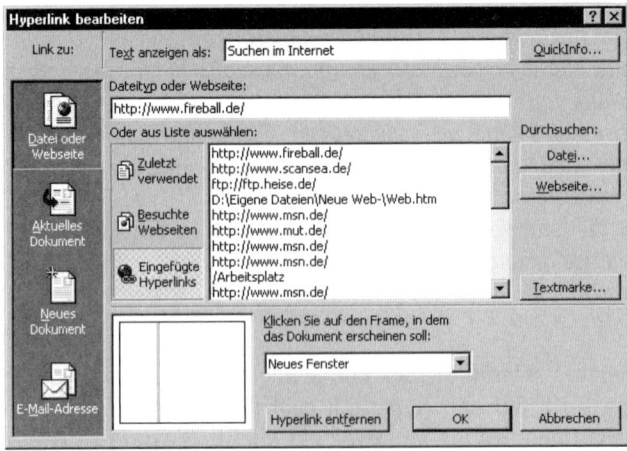

Bild 52.14: *Die Suchmaschine soll in einem neuen Fenster des Internet-Browsers ausgeführt werden*

Alternativ können Sie eine Verknüpfung zu einer definierten Textmarke im Dokument angeben: mit einem einfachen Mausklick springen Sie so an eine beliebige Stelle des Dokuments. Diese Angaben finden im zweiten Bereich der Dialogbox statt.

Markieren Sie dazu die Textpassage, auf die der Link verweisen soll, und wählen Sie *Einfügen/Textmarke*. In der nun angezeigten Dialogbox geben Sie einen Namen für die neue Textmarke ein.

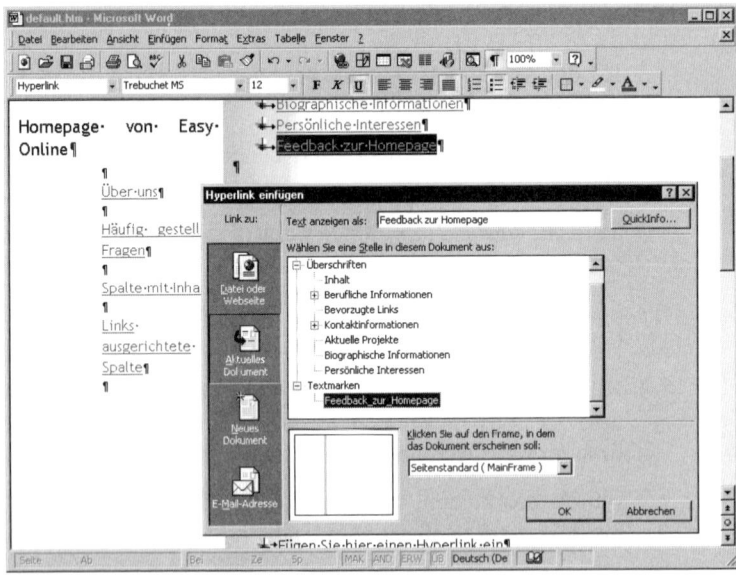

Bild 52.15: *Hyperlinks lassen sich über Textmarken auch innerhalb eines Dokuments anlegen. Mit einem Klick auf den Hyperlink springen Sie sofort zu der angegebenen Stelle*

Öffnen Sie die Optionen-Dialogbox mit Extras/Optionen, *und aktivieren Sie das Kontrollkästchen* Textmarken *im Register* Ansicht, *um die Textmarken im Dokument anzuzeigen.*

Sobald der Mauszeiger einen Moment lang über einem Hyperlink steht, werden Ihnen das Ziel der Hyperlink-Verknüpfungen (Textmarke, Datei oder URL) angezeigt.

Häufig kommen auf Homepages verschiedene Feedbackelemente zum Einsatz. Der einfachste Fall sind E-Mail-Adressen, mit denen der Anwender sehr schnell einen Kontakt kann. Wenn Sie die E-Mail-Adresse als Hyperlink in das Dokument einfügen, genügt ein Klick auf den entsprechenden Link im Browser, damit der E-Mail-Client gestartet wird. Der Anwender kann sofort seine Nachricht an die richtige Adresse schicken. Zum Einfügen eines Hyperlinks zu einer E-Mail-Adresse markieren Sie die Stelle an der Word den Link einfügen soll und wählen Sie den Menübefehl *Einfügen/Hyperlink*. Klicken Sie im Bereich Link zu auf die Schaltfläche *E-Mail-Adresse* und geben Sie die Adresse des vorgesehenen E-Mail-Empfängers im Eingabefeld *E-Mail-Adresse* ein.

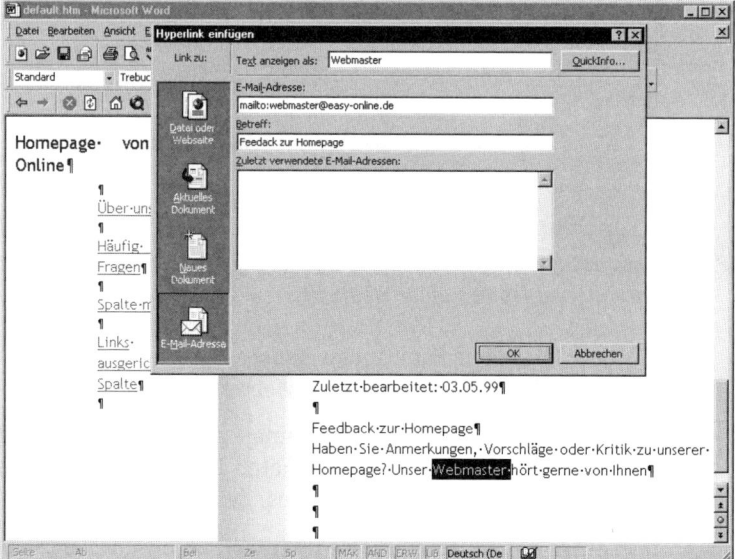

Bild 52.16: Beim Einfügen eines Hyperlinks zu einer E-Mail-Adresse geben Sie bei Bedarf gleichzeitig den Betreff der Nachricht mit ein

Nutzen Sie das Eingabefeld *Betreff*, um für die neu zu erstellende Nachricht einen Betreff voreinzustellen. Der festgelegte Text erscheint dann im E-Mail-Client des Anwenders im Betreff der Nachricht.

Frames bearbeiten

Zum Bearbeiten der im Webdokument enthaltenen Frames stellt Ihnen Word alle erforderlichen Hilfsmittel bereit. Sie finden diese Funktionen und Befehle im Menü *Format/Frames* oder in der Symbolleiste *Frames*.

Die Funktionen zum Einfügen und bearbeiten von Frames stehen Ihnen ebenfalls bei normalen Word-Dokumenten zur Verfügung.

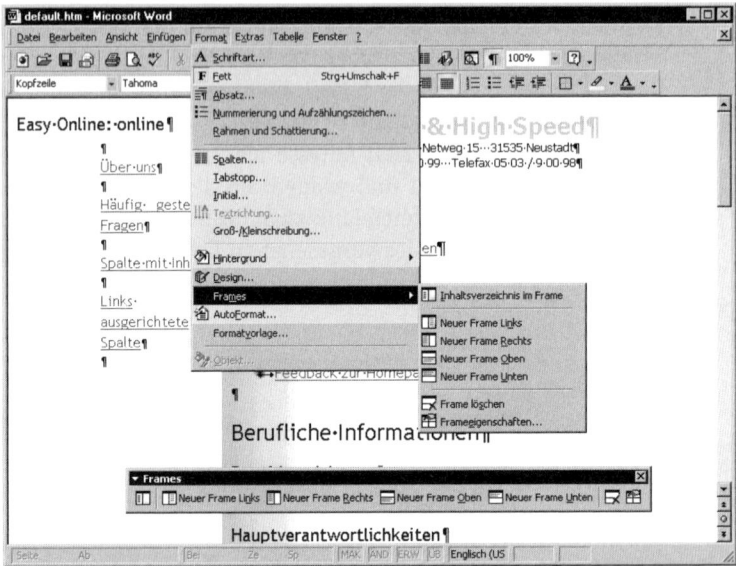

Bild 52.17: Über das Menü Format/Frames *oder die Symbolleiste* Frames *bearbeiten Sie die enthaltenen Frames einer Web-Seite*

Mit den folgenden Funktionen ändern Sie die Frames im Dokument und damit das Erscheinungsbild Ihrer Webseite:

 Inhaltsverzeichnis in Frame legt einen neuen Frame an und fügt das Inhaltsverzeichnis des aktuell geöffneten Dokuments ein. Dabei wertet Word die enthaltenen Formatvorlagen aus, denen eine Ebenen zugewiesen ist.

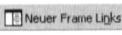 fügt einen neuen leeren Frame im linken Bereich des aktuellen Frames/der Dokumentseite ein.

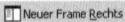 fügt einen neuen leeren Frame im rechten Bereich des aktuellen Frames/ der Dokumentseite ein.

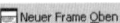 fügt einen neuen leeren Frame an der Oberkante des aktuellen Frames/der Dokumentseite ein.

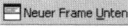 fügt einen neuen leeren Frame an der Unterkante des aktuellen Frames/der Dokumentseite ein.

 Frame löschen entfernt den aktiven Frame nach einer Sicherheitsabfrage.

 Frameeigenschaften öffnet die gleichnamige Dialogbox in der Sie verschiedene Einstellungen zum aktiven Frame vornehmen.

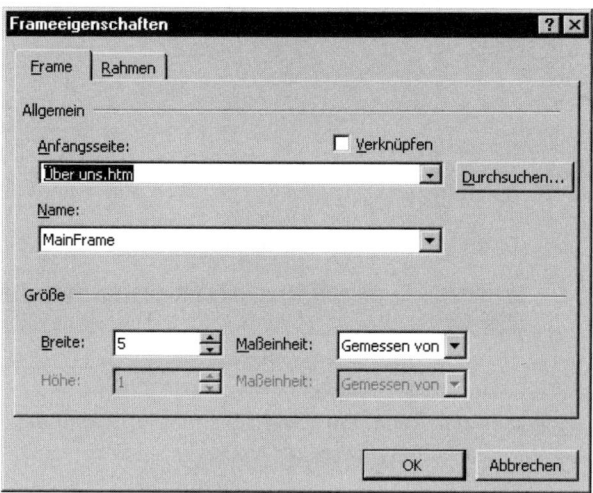

Bild 52.18: In der Dialogbox Frameeigenschaften *richten Sie den aktuellen Frame ein*

Das Register *Frame* bestimmt den Inhalt und die Bezeichnung des Frames. Die darzustellende Webseite legen Sie im Listenfeld *Anfangsseite* fest.

 Die Anfangsseite bestimmt die Webseite, die beim Öffnen des Webdokuments standardmäßig dargestellt wird.

Nach einem Klick auf die Schaltfläche *Durchsuchen* öffnet Word eine Datei-Dialogbox in der Sie das gewünschte Dokument auswählen. Die Bezeichnung des Frames geben Sie im Listenfeld *Name* vor. Word zeigt im Listenfeld alle bereits im aktuellen Frameset enthaltenen Bezeichnungen an. Um eine neue Bezeichnung festzulegen, geben Sie den Namen in das Listenfeld ein.

 Wenn Sie den Namen bestehender Frames verändern, müssen Sie die entsprechenden Zuordnungen bei den Hyperlinks anpassen.

Die Eingabefelder *Breite* und *Höhe* geben die Abmessungen des Frames und den Bezugspunkt wieder. Zum Anpassen der Breite oder Höhe verschieben Sie die Trennlinie zwischen den Rahmen mit der Maus.

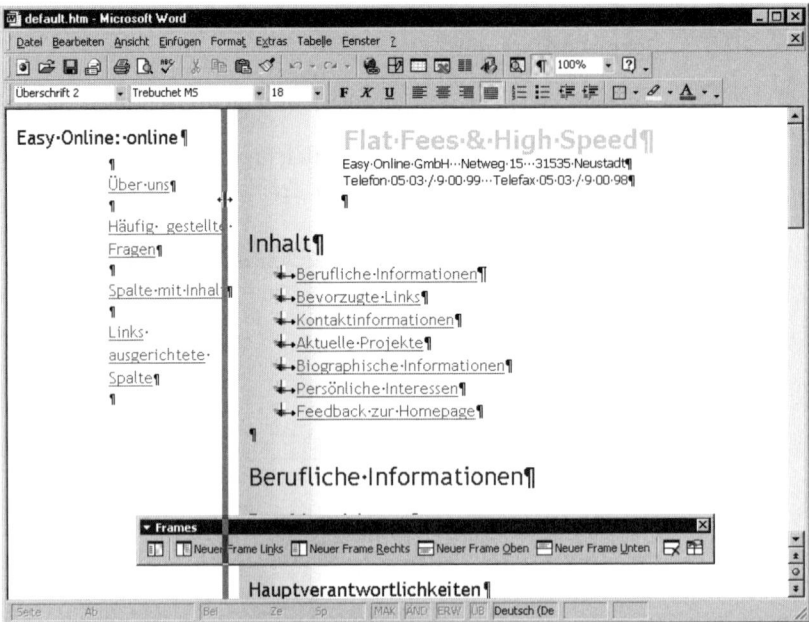

Bild 52.19: Durch Verschieben der Trennlinie ändern Sie die Aufteilung des Webdokuments und bestimmen die Abmessungen der Frames interaktiv

Bewegen Sie dazu den Mauszeiger auf die Trennlinie – der Mauszeiger verwandelt sich in einen kleinen Doppelpfeil. Halten Sie die linke Maustaste gedrückt und ziehen Sie die Trennlinie an die neue Position.

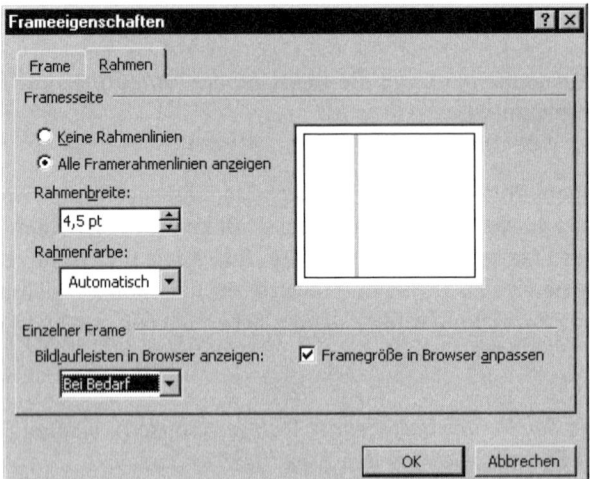

Bild 52.20: Durch Verschieben der Trennlinie ändern Sie die Aufteilung des Webdokuments und bestimmen die Abmessungen der Frames interaktiv

Blenden Sie das horizontale Lineal über Ansicht/Lineal ein, um die Begrenzung zwischen den Frames leichter zu erkennen

Im Register *Rahmen* der Dialogbox *Frameeigenschaften* richten Sie das Erscheinungsbild der Trennlinien zwischen den Frames ein.

Mit den Optionsschaltflächen im Bereich *Frameseite* legen Sie fest, ob Rahmenlinien zum Einsatz kommen sollen. Sobald die Option *Alle Framerahmenlinien anzeigen* aktiviert ist, blendet Word weitere Steuerelemente ein, mit denen Sie die Breite und Farbe der Rahmenlinie einstellen. Die vorgenommenen Einstellungen gelten für alle Frames des Webdokuments.

Im Bereich *Einzelner Frame* regeln Sie die Anzeigeoptionen das aktuellen Frames. Im Listenfeld *Bildlaufleisten im Browser anzeigen* stellen Sie ein, ob und wann im Browser für den aktuellen Frame Bildlaufleisten angezeigt werden sollen. Das Kontrollkästchen *Framegröße im Browser anpassen* ist standardmäßig aktiviert und bewirkt, daß der betreffende Frame an die Darstellungsgröße im Browser angepaßt wird.

Multimediaelemente auf Web-Seiten

In Web-Dokumente fügen Sie bei Bedarf beliebige Steuerelemente, wie z.B. Schaltflächen aber auch Sounds und Videos, ein. Die entsprechenden Steuerelemente zum Einfügen zusätzlicher Elemente sind zentral in der Symbolleiste versammelt

 Die Symbolleiste Webtools *blenden Sie über* Ansicht/Symbolleisten/Webtools *ein.*

Bild 52.21: *Über die Schaltflächen der Symbolleiste* Webtools *fügen Sie Multimediaelemente in die Webseite ein*

 Ehe Sie mit dem Internet-Publishing beginnen, sollten Sie sich mehrere Browser zulegen, um die erzeugten Seiten auszuprobieren – je nach Browser und den eingestellten Optionen können teilweise erhebliche Unterschiede in der Darstellung Ihrer Seite auftreten.

Beachten Sie auch, daß nicht alle Anwender, die Sie erreichen wollen, immer über die neuesten Browser verfügen. Im schlimmsten Fall werden dann wichtige Informationen nicht oder nur unvollständig angezeigt. Hier bietet es sich an, zunächst eine einfache HTML-Seite mit allen notwendigen Informationen zu erstellen. Videos oder animierte Grafiken können Sie dann auf einer weiteren Seite ablegen, die bei Bedarf über einen Hyperlink aufgerufen wird.

Bilder im Internet

Bilder und Grafiken helfen dabei, eine Web-Seite interessanter zu gestalten. Auch zusätzliche Informationen lassen sich so leichter visualisieren. Beim Einfügen von Bildern greifen Sie auf die Befehle im Menü *Einfügen* zurück.

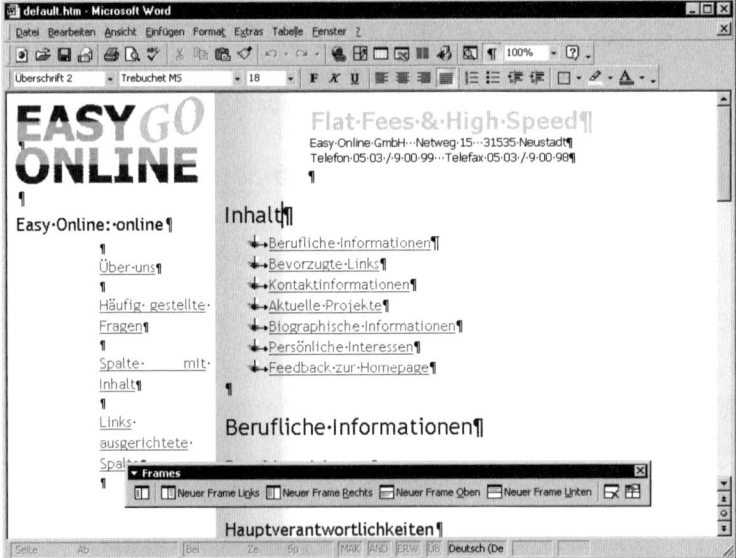

Bild 52.22: Eine Version des Logos im GIF-Format ziert die Webseite

Da alle Daten über die Internet-Verbindung geladen werden müssen, verbieten sich große Datenmengen. Die beste Abbildung nutzt wenig, wenn der Besucher Ihrer Web-Seite den Ladevorgang abbricht, weil ihm die Übertragung der Daten zu lange dauert. Zwei Grafikformate haben sich im Online-Bereich durchgesetzt und können in der Regel von jedem Browser angezeigt werden:

Das GIF-Format – ursprünglich vom Online-Dienst CompuServe entwickelt – hat mittlerweile weltweit Bedeutung erlangt. Dieses Format erlaubt die Darstellung von bis zu 256 Farben in einer individuellen Palette. Daneben werden mehrere Bildebenen – eine GIF-Grafik kann mehrere unabhängige Bilder speichern – sowie eine verlustlose Kompression der Bilddaten unterstützt.

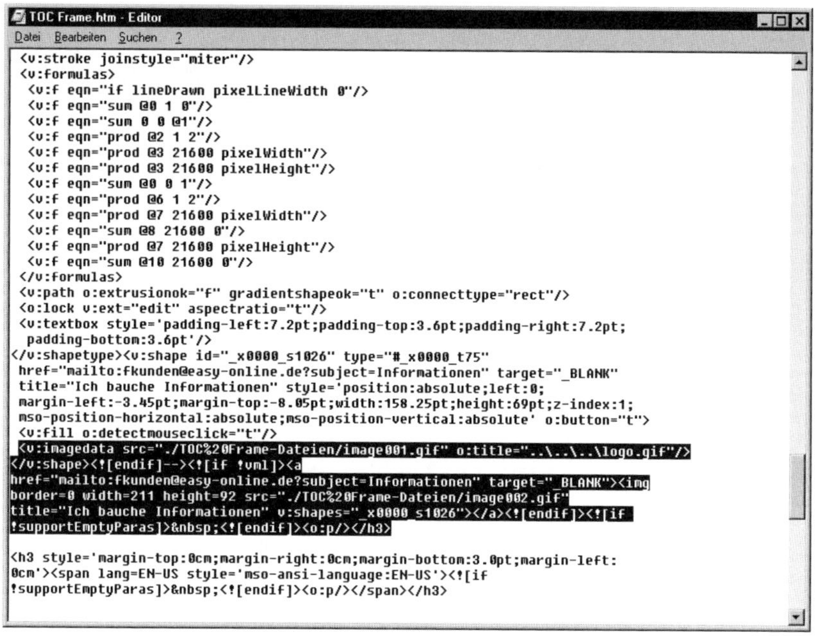


```
 <v:stroke joinstyle="miter"/>
 <v:formulas>
  <v:f eqn="if lineDrawn pixelLineWidth 0"/>
  <v:f eqn="sum @0 1 0"/>
  <v:f eqn="sum 0 0 @1"/>
  <v:f eqn="prod @2 1 2"/>
  <v:f eqn="prod @3 21600 pixelWidth"/>
  <v:f eqn="prod @3 21600 pixelHeight"/>
  <v:f eqn="sum @0 0 1"/>
  <v:f eqn="prod @6 1 2"/>
  <v:f eqn="prod @7 21600 pixelWidth"/>
  <v:f eqn="sum @8 21600 0"/>
  <v:f eqn="prod @7 21600 pixelHeight"/>
  <v:f eqn="sum @10 21600 0"/>
 </v:formulas>
 <v:path o:extrusionok="f" gradientshapeok="t" o:connecttype="rect"/>
 <o:lock v:ext="edit" aspectratio="t"/>
 <v:textbox style='padding-left:7.2pt;padding-top:3.6pt;padding-right:7.2pt;
  padding-bottom:3.6pt'/>
</v:shapetype><v:shape id="_x0000_s1026" type="#_x0000_t75"
 href="mailto:fkunden@easy-online.de?subject=Informationen" target="_BLANK"
 title="Ich bauche Informationen" style='position:absolute;left:0;
 margin-left:-3.45pt;margin-top:-8.05pt;width:158.25pt;height:69pt;z-index:1;
 mso-position-horizontal:absolute;mso-position-vertical:absolute' o:button="t">
 <v:fill o:detectmouseclick="t"/>
 <v:imagedata src="./TOC%20Frame-Dateien/image001.gif" o:title="..\..\..\logo.gif"/>
</v:shape><![endif]--><![if !vml]><a
href="mailto:fkunden@easy-online.de?subject=Informationen" target="_BLANK"><img
border=0 width=211 height=92 src="./TOC%20Frame-Dateien/image002.gif"
title="Ich bauche Informationen" v:shapes="_x0000_s1026"></a><![endif]><![if
!supportEmptyParas]> <![endif]><o:p/></h3>

<h3 style='margin-top:0cm;margin-right:0cm;margin-bottom:3.0pt;margin-left:
0cm'><span lang=EN-US style='mso-ansi-language:EN-US'><![if
!supportEmptyParas]> <![endif]><o:p/></span></h3>
```

Bild 52.23: Das gleiche Dokument im Text-Editor: Die Bildelemente sind durch eine Dateibezeichnung ersetzt, die HTML-Steuerzeichen und URLs kann man gut erkennen

Im sogenannten Interlaced-Modus werden Bilder bereits beim Ladevorgang grob wiedergeben, mit zunehmender Datenmenge nimmt auch die Bildqualität zu.

Das JPEG-Format – erkennbar an der Dateierweiterung *.JPG – kann unterschiedlichste Farbmodelle bis hin zu TrueColor (24-Bit-Farbe) transportieren und zeichnet sich durch sehr hohe Kompressionsraten aus. Allerdings geht dies zu Lasten der Bilddetails. Je höher die Kompression, desto mehr Bilddetails gehen verloren. Auch hier steht Ihnen ein »progressiver« Bildaufbau zur Verfügung. Dabei zeigt das darstellende Programm bereits bei einer geringen übertragenen Datenmenge eine grobe Vorschau.

Unabhängig davon, welches Format Sie einsetzen, achten Sie auf jeden Fall auf Farbtiefe und Auflösung der eingebundenen Bilder – sie bestimmen die resultierende Bildgröße und damit die zu übertragende Datenmenge. Ein zusätzlicher Hinweis an dieser Stelle: Die Bildauflösung ist entscheidend für die spätere Darstellungsgröße im Internet-Browser. Für PC-Dateien empfiehlt sich ein Wert von 96 dpi.

Alle Grafiken können wie Textpassagen mit einem Hyperlink versehen werden. Markieren Sie dazu einfach die gewünschte Grafik und wählen *Einfügen/Hyperlink,* oder benutzen Sie die Tastenkombination Strg+K. Word öffnet die bereits bekannte Dialogbox, in der Sie die Zieladresse der Hyperlink-Verknüpfung angeben können.

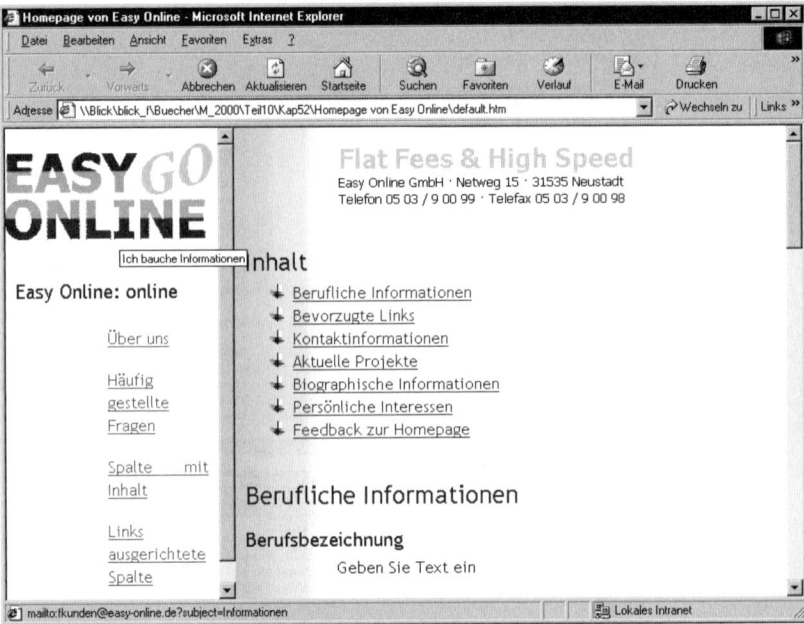

Bild 5.24: *So erscheint die Seite im Browser*

Der Exportfilter für HTML-Dokumente stellt sicher, daß bei der HTML-Umsetzung alle URLs und die Informationen zum Aufbau der Seite erhalten bleiben.

53. Mit Excel 2000 ins Internet

Die Verarbeitung von umfangreichem Zahlenmaterial ist die Domäne von Excel. Über den HTML-Export können Sie diese Daten auch im Internet oder innerhalb eines lokalen Netzwerks zugänglich machen, ohne daß der Betrachter Excel bemühen muß – der Internet-Explorer genügt.

53.1 Daten im Internet publizieren

Eine wichtige Neuerung in der vorliegenden Version von Excel ist die umfassende Unterstützung des HTML-Formats. Um die Daten einer Excel-Tabelle in das HTML-Format zu übertragen steht Ihnen der Menübefehl *Datei/ Als Webseite speichern* zur Verfügung. Excel öffnet die Dialogbox *Speichern unter*.

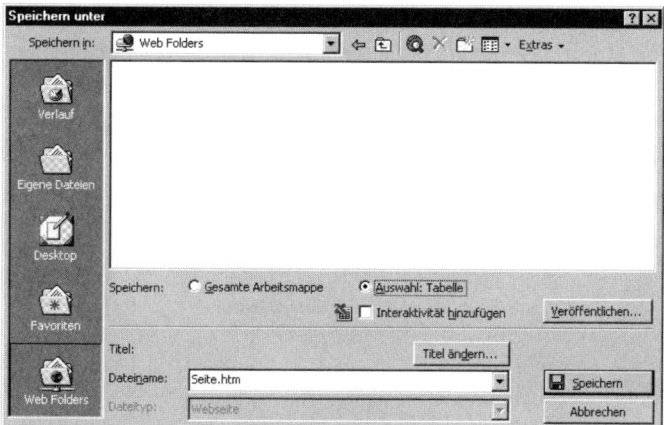

Bild 53.1: Nach einem Klick auf *Datei/Als Webseite speichern* lassen sich Daten aus einer Excel-Arbeitsmappe im HTML-Format speichern

Die Option *Gesamte Arbeitsmappe* erzeugt ein Webdokument mit allen Tabellenblättern der aktuell geöffneten Arbeitsmappe. Aktivieren Sie *Auswahl: Tabelle*, um nur das aktuelle Tabellenblatt als Webseite zu speichern.

Als Standard erzeugt Excel eine statische HTML-Seite, wenn Sie das Kontrollkästchen *Interaktivität hinzufügen* aktivieren, fügt Excel den Daten eine Reihe von Steuerelementen hinzu. Mit diesen Steuerelementen kann der Anwender im HTML-Dokument die Daten interaktiv bearbeiten.

Einen Schritt weiter geht der Internet-Assistent den Sie mit einem Klick auf die Schaltfläche *Veröffentlichen* aufrufen. Excel öffnet die Dialogbox *Als Webseite veröffentlichen,* die Ihnen umfassenden Einfluß auf den zu exportierenden Bereich bietet.

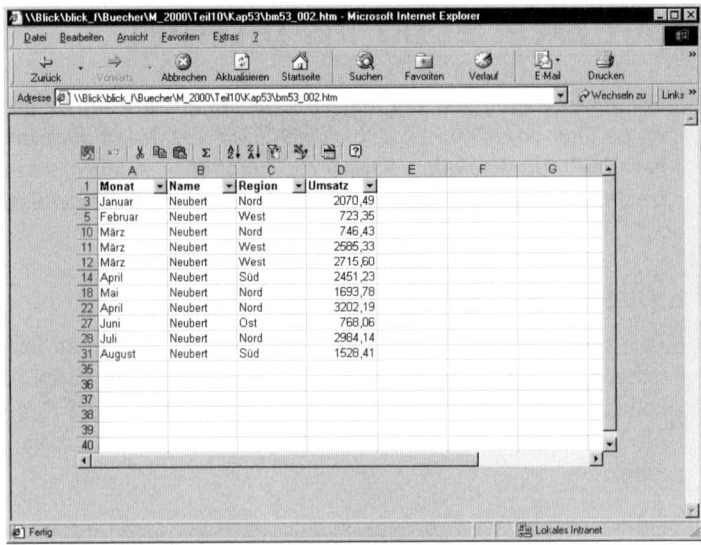

Bild 53.2: Die exportierte Tabelle als interaktives HTML-Dokument

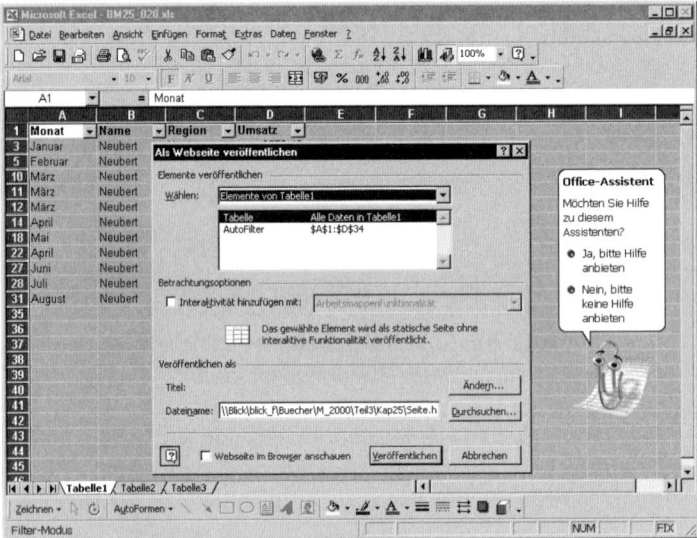

Bild 53.3: Mit den Steuerelementen der Dialogbox Als Webseite veröffentlichen, *legen Sie den Umfang der zu exportierenden Daten fest*

Im Bereich *Elemente veröffentlichen* legen Sie den Bereich fest, der in das HTML-Format übertragen werden soll. Dazu stellt Ihnen Excel im Listenfeld *Wählen* verschiedene Einträge zur Verfügung: *Elemente von TabelleX* bewirkt, daß Excel alle Daten des entsprechenden Tabellenblatts exportiert. Nach der Auswahl des Eintrags *Zellenbereich,* bestimmen Sie den zu exportierenden Tabellenbereich interaktiv durch Zeigen mit der Maus.

Besondere Elemente, wie AutoFilter, Gruppierungen oder Pivot-Tabellen erkennt Excel automatisch.

Im Bereich *Betrachtungsoptionen* legen Sie fest, ob ein statisches HTML-Dokument oder eine dynamische Seite mit interaktiven Steuerelementen erzeugt werden soll. Nach dem Aktivieren des Kontrollkästchens *Interaktivität hinzufügen*, wählen Sie die Art der zusätzlichen Steuerelemente im nebenstehenden Listenfeld aus. *Arbeitsmappenfunktionalität* erlaubt dem Betrachter die Daten im Browser zu bearbeiten und Berechnungen durchzuführen. Mit *PivotTable-Funktionalität* lassen sich die Daten im Browser filtern und sortieren.

Beachten Sie, daß die Interaktivität nicht von allen Browsern unterstützt wird.

Dateibezeichnung und Titel des HTML-Dokuments bestimmen Sie im Bereich *Veröffentlichen als*. Nach der Angabe der Zieldatei starten Sie den Export mit einem Klick auf *Veröffentlichen*.

53.2 Daten aus dem Internet holen

Excel ist in der Lage beliebige XLS-Dateien aus dem Internet oder aus dem lokalen Netzwerk zu öffnen. Auf diesem Weg können Sie auf Daten im Internet zugreifen.

In Excel sind bereits einige Web-Abfragen enthalten. Über *Daten/Externe Daten/Gespeicherte Abfragen ausführen* wird eine Dialogbox geöffnet, in der Sie eine der vorhandenen Abfragen auswählen und starten können.

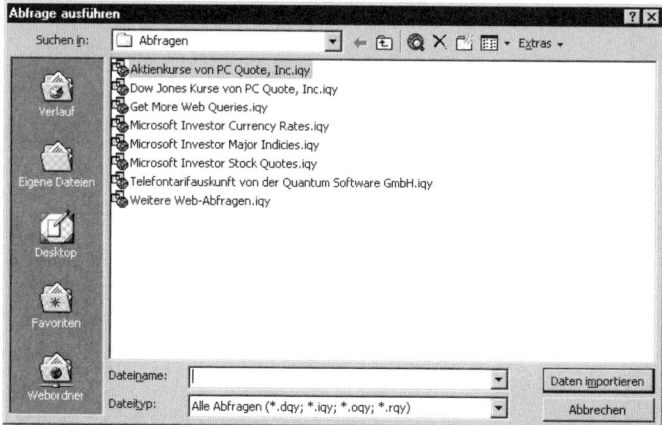

Bild 53.4: In der Dialogbox Abfrage ausführen *sind schon einige Abfragen vordefiniert – in erster Linie Aktienkurse*

Nach einem Klick auf *Daten importieren* wird die Verbindung zum Internet hergestellt und das Ergebnis der Abfrage erscheint wenig später im aktuellen Arbeitsblatt. Die Daten lassen sich dann mit Excel beliebig weiterverarbeiten.

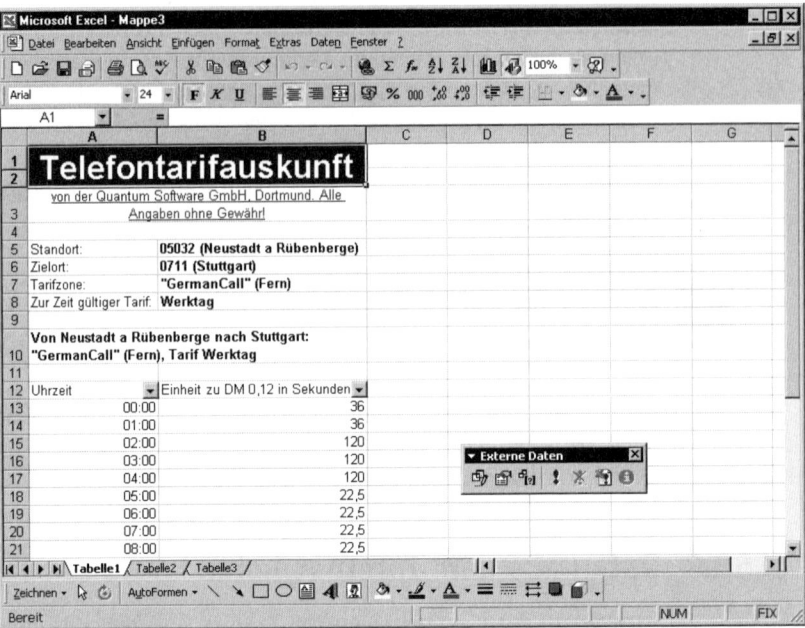

Bild 53.5: Im Beispiel sehen Sie das Ergebnis einer Telefontarifauskunft. Schneller werden Sie diese Informationen wohl kaum in Excel integrieren können

54. Access: Die Datenbank im WWW

Immer wenn es darum geht, Informationen zu speichern und geordnet abzulegen, kommt Access zum Einsatz. Mit Access können Sie diese Informationen sogar im Internet plazieren.

54.1 Allgemeine Internet-Funktionen

Auch die Datenbank Access bietet Ihnen umfangreiche Internet-Funktionalität. Eine Standardfunktion ist das Einfügen eines Hyperlinks in Formulare und Berichte über den Menübefehl in *Einfügen/Hyperlink*.

In der Dialogbox *Hyperlink einfügen* können Sie die Zieladresse als URL, über einen UNC-Pfad (Universal Naming Convention) oder in der Standard-Pfadangabe einfügen. Dadurch lassen sich z.B. Verknüpfungen zu beliebigen Office-Dokumenten auf Ihrem Computer oder innerhalb eines lokalen Netzwerks realisieren.

Um die Ausführungen in diesem Kapitel nachvollziehen zu können, laden Sie einfach die Datenbank OM54_1.MDB.

Darüber hinaus bietet Access aber auch weiterführende Funktionen und nimmt damit eine Sonderrolle im Office-Paket ein. Ein neuer Datentyp ermöglicht Ihnen, Hyperlinks in einer Tabelle der Datenbank zu speichern.

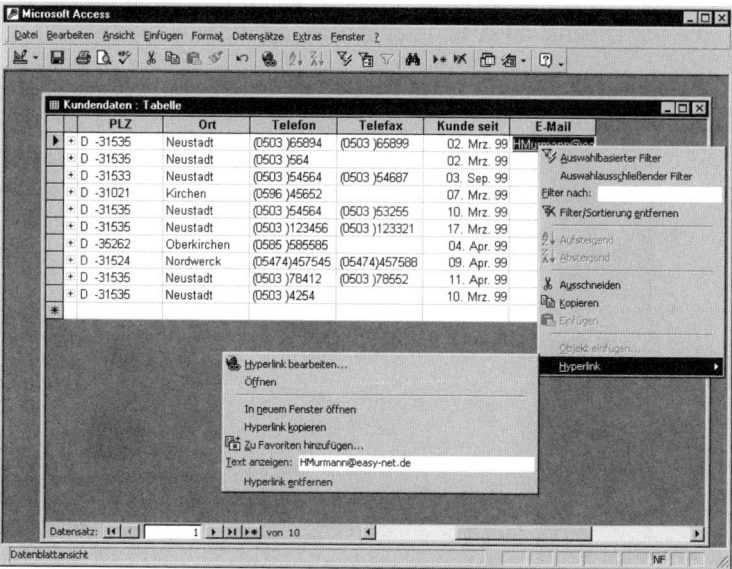

Bild 54.1: Mit Access lassen sich Homepage und E-Mail-Adresse als aktive Hyperlinks in einer Adreßtabelle speichern

Damit wird sogar die Übernahme aktueller Daten aus dem Internet in die eigene Tabelle möglich.

54.2 Daten ins Internet bringen

Eine ganz andere Aufgabe ist die Bereitstellung der gespeicherten Informationen in einem lokalen Intranet oder im Internet. In beiden Fällen bereiten Sie die Daten so auf, daß Anwender mit einem Browser wie dem Internet Explorer auf die gewünschten Informationen zugreifen können.

 Im folgenden wird keine Unterscheidung mehr zwischen Internet und Intranet getroffen, da die grundsätzliche Vorgehensweise beim Aufbereiten der Daten in beiden Fällen gleich ist.

Statische HTML-Dokumente

Der einfachste Weg um Daten aus Access ins Internet zu übertragen, führt über das Dateimenü. Markieren Sie das zu exportierende Datenbankobjekt und klicken Sie auf *Datei/Exportieren*. Im Listenfeld *Dateityp* wählen Sie den Eintrag *HTML-Dokumente (*.html; *.htm)* aus und geben Zielordner sowie die Bezeichnung an unter der die Daten abgelegt werden sollen.

Eine ganz andere Aufgabe ist die Bereitstellung der gespeicherten Informationen im Internet. Der einfachste Weg um Daten aus Access ins Internet zu übertragen, führt über das Dateimenü. Markieren Sie das zu exportierende Datenbankobjekt und klicken Sie auf *Datei/Exportieren*.

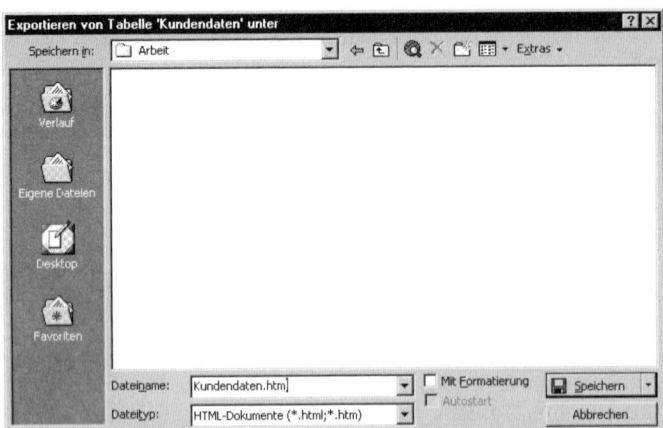

Bild 54.2: Access ist in der Lage, einzelne Datenbankobjekte im HTML-Format zu speichern

Im Listenfeld *Dateityp* wählen Sie den Eintrag *HTML-Dokumente (*.html; *.htm)* aus und bestimmen Sie den Zielordner sowie die Bezeichnung, unter der Access die Daten ablegen soll. Nach einem Klick auf *Speichern* sehen Sie die Dialogbox *HTML-Ausgabeoptionen* in der Sie die zu verwendende HTML-Vorlage angeben.

Eine HTML-Vorlage enthält verschiedene Layouteinstellungen und Schriftvereinbarungen, mit denen Sie ein einheitliches Erscheinungsbild Ihrer HTML-Dokumente sicherstellen. Access greift auf die mit Office ausgelieferten HTML-Vorlagen zu.

Bestätigen Sie Ihre Auswahl mit einem Klick auf *OK*. Access schließt die Dialogbox *HTML-Ausgabeoptionen* und speichert die ausgewählten Daten in einem statischen HTML-Dokument.

Wenn Sie die Daten im statischen HTML-Format speichern, erzeugt Access einen »Schnappschuß« der aktuellen Datenbankobjekte (Tabelle, Abfrage, Formular oder Bericht). Wie bei einem Screenshot werden die Daten »aufgenommen« und in einer HTML-Datei gespeichert. Diese HTML-Datei kann jetzt im Internet veröffentlicht werden.

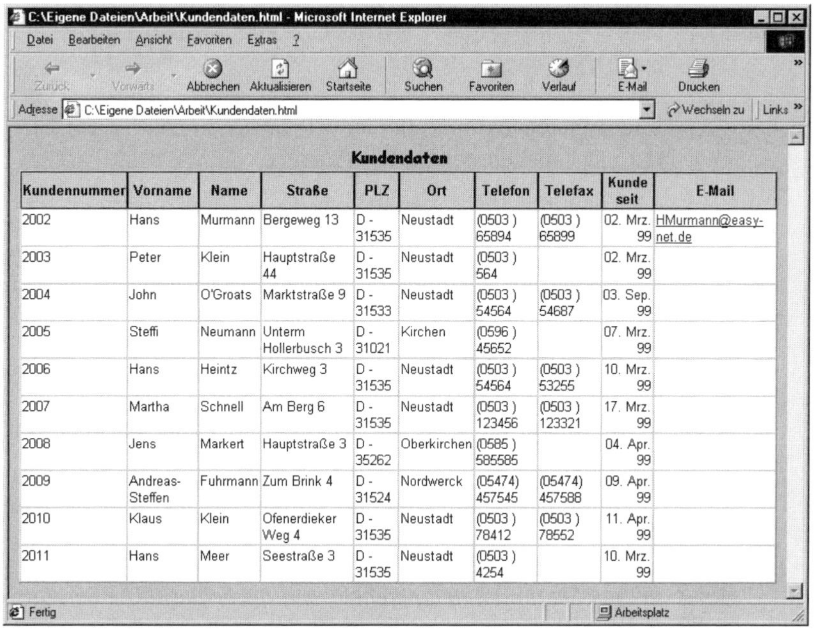

Kundendaten

Kundennummer	Vorname	Name	Straße	PLZ	Ort	Telefon	Telefax	Kunde seit	E-Mail
2002	Hans	Murmann	Bergeweg 13	D - 31535	Neustadt	(0503) 65894	(0503) 65899	02. Mrz. 99	HMurmann@easy-net.de
2003	Peter	Klein	Hauptstraße 44	D - 31535	Neustadt	(0503) 564		02. Mrz. 99	
2004	John	O'Groats	Marktstraße 9	D - 31533	Neustadt	(0503) 54564	(0503) 54687	03. Sep. 99	
2005	Steffi	Neumann	Unterm Hollerbusch 3	D - 31021	Kirchen	(0596) 45652		07. Mrz. 99	
2006	Hans	Heintz	Kirchweg 3	D - 31535	Neustadt	(0503) 54564	(0503) 53255	10. Mrz. 99	
2007	Martha	Schnell	Am Berg 6	D - 31535	Neustadt	(0503) 123456	(0503) 123321	17. Mrz. 99	
2008	Jens	Markert	Hauptstraße 3	D - 35262	Oberkirchen	(0585) 585585		04. Apr. 99	
2009	Andreas-Steffen	Fuhrmann	Zum Brink 4	D - 31524	Nordwerck	(05474) 457545	(05474) 457588	09. Apr. 99	
2010	Klaus	Klein	Ofenerdieker Weg 4	D - 31535	Neustadt	(0503) 78412	(0503) 78552	11. Apr. 99	
2011	Hans	Meer	Seestraße 3	D - 31535	Neustadt	(0503) 4254		10. Mrz. 99	

Bild 54.3: Die Access-Tabelle im InternetExplorer

Diese einfache Form des HTML-Exports bietet sich für Daten an, die über einem längeren Zeitraum unverändert bleiben. Sobald Sie jedoch Daten im Internet publizieren wollen, die häufigen Veränderungen unterliegen, oder dem Benutzer die Möglichkeit einer Online-Datenbankabfrage geben wollen, müssen Sie ein dynamisches HTML-Format verwenden.

Datenzugriffsseiten

Sogenannte Datenzugriffseiten bieten den schnellen Zugriff auf die in der Datenbank gespeicherten Informationen. Klicken Sie auf *Einfügen/Seiten* – Access öffnet die Dialogbox *Neue Datenzugriffsseite*.

Bild 54.4: Über Datenzugriffsseiten lassen sich die gespeicherten Informationen im Internet publizieren

In der Dialogbox *Neue Datenzugriffsseite* finden Sie die bereits vom Arbeiten mit Tabellen bekannten Einträge:

- *Entwurfsansicht* erstellt eine neue Datenzugriffsseite in der Entwurfsansicht.

- *Bestehende Webseite* öffnet eine bestehende Webseite in der Entwurfsansicht zur Bearbeitung. Die darzustellenden Felder fügen Sie per Drag&-Drop zum ausgewählten Webdokument hinzu.

- Der *Seiten-Assistent* unterstützt Sie beim Erstellen einer Datenzugriffsseite und führt Sie Schritt für Schritt zum gewünschten Ergebnis.

- *AutoSeite einspaltig* erstellt ein einfaches einspaltiges Formular mit Navigtionselementen zum Blättern im Datenbestand als Datenzugriffsseite.

 Klicken Sie im Datenbankfenster auf die Schaltfläche Seiten. *In der Liste der Datenbankobjekte sehen Sie drei Verknüpfungen mit denen Sie ebenfalls Datenzugriffsseiten erstellen.*

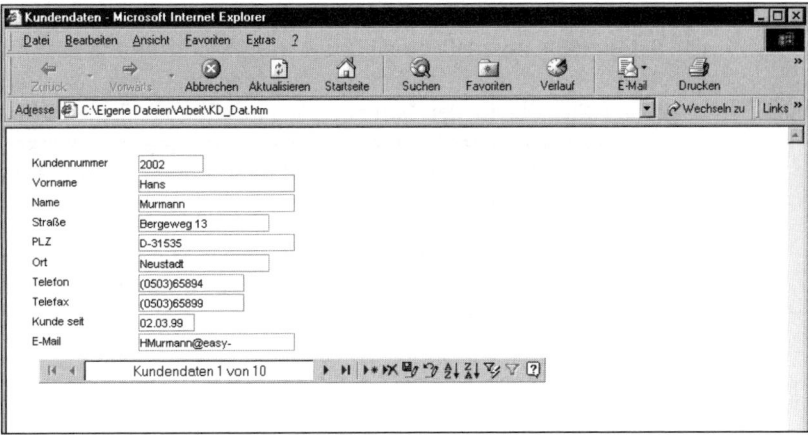

Bild 54.5: Die Autoseite: Einspaltig wie Sie im Internet Explorer erscheint

Nachdem Sie den gewünschten Eintrag in der Liste markiert haben, müssen Sie das zu veröffentlichende Element bestimmen. Öffnen Sie dazu das Listenfeld und markieren die Tabelle oder Abfragen, auf deren Daten Sie zugreifen wollen.

Datenzugriffsseiten mit dem Assistenten erstellen

Um eine Datenzugriffsseite mit dem Assistenten zu erstellen, klicken Sie im Datenbankfenster auf die Schaltfläche *Seiten*, und klicken Sie dann auf die Schaltfläche *Neu*. In mehreren Schritten fragt der Assistent die darzustellenden Felder, die Gruppierung du Sortierung der Daten sowie das Seiten-Layout ab.

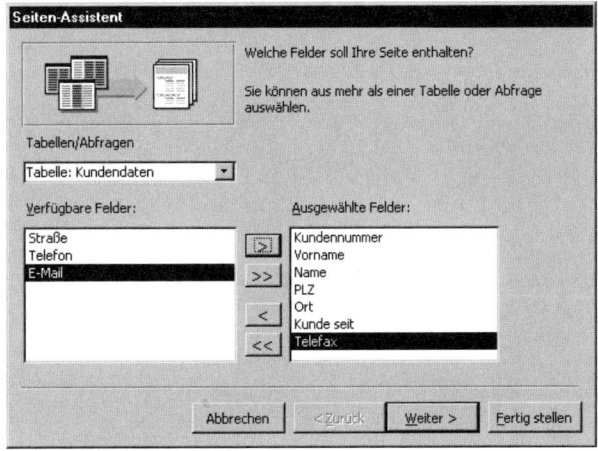

Bild 54.6: In dieser Dialogbox legen Sie fest, welche Felder Access in die Datenzugriffsseite übernehmen soll

Markieren Sie den Eintrag *Seiten-Assistent* und wählen Sie im Listenfeld die Datenquelle aus. Mit einem Klick auf OK starten Sie den Assistenten und Access öffnet die Dialogbox *Seiten-Assistent*. In der Liste *Verfügbare Felder* sehen Sie alle in der Datenquelle enthaltenen Felder. Markieren Sie die gewünschten Felder im Bereich *Verfügbare Felder* und klicken Sie dann auf die Schaltfläche mit dem rechtsgerichteten Pfeil, um die Felder in die Auswahl zu übernehmen.

Bestätigen Sie die Feldauswahl mit einem Klick auf *Weiter*. Im folgenden Schritt sehen Sie eine Dialogbox in der Sie eine Gruppierung für die Felder in der Datenzugriffsseite festlegen.

Beim Gruppieren faßt Access Datensätze mit Feldern gleichen Inhalts zusammen und stellt sie untereinander dar. Dadurch erhalten Sie eine strukturierte Aufstellung der Daten

Dazu markieren Sie nacheinander die Felder nach denen die Seite gruppiert werden soll und übernehmen Sie mit einem Klick auf den rechtsgerichten Pfeil in die Auswahl. Access zeigt eine stilisierte Vorschau der gruppierten Daten. Mit den Schaltflächen *Priorität* bestimmen Sie die Hierarchie der Gruppierungskriterien.

Bild 54.7: Sämtliche Design von Office 2000 stehen Ihnen für die Gestaltung Ihrer Datenzugriffsseiten zur Verfügung

Im folgenden Schritt können Sie die Sortierung der Datenzugriffsseite – unabhängig von der Reihenfolge der Datensätze in der Tabelle – beeinflussen. Access unterstützt bis zu vier verschiedene Sortierkriterien – Felder, die unabhängig voneinander auf- oder absteigend angeordnet werden können. Die einzelnen Felder lassen sich aus einem Listenfeld auswählen. Nachdem die Inhalte und deren Anordnung im Bericht festgelegt sind, gelangen Sie zum letzten Schritt des Assistenten.

Im Eingabefeld *Welchen Namen soll Ihre Seite haben?* geben Sie eine Bezeichnung für die zur erstellende HTML-Seite vor. Mit beiden Optionsschaltflächen bestimmen Sie, was mit der fertigen Datenzugriffsseite geschehen soll. Aktivieren Sie das Kontrollkästchen *Möchten Sie Ihrer Seite ein Design zuweisen*, um das Layout der Seite zu bestimmen.

Klicken Sie auf *Fertig stellen,* und Access erzeugt die Datenzugriffsseite mit Ihren Angaben. Wenn Sie nachträglich Änderungen am Bericht vornehmen wollen, müssen Sie in die Entwurfsansicht wechseln. Klicken Sie dazu im Datenbankfenster mit rechts auf die zu bearbeitende Datenzugriffsseite und wählen Sie im Kontextmenü den Eintrag *Entwurfsansicht*.

Um nachträglich Felder zu der Datenzugriffsseite hinzuzufügen, klicken Sie in der Entwurfsansicht auf Ansicht/Feldliste. *Access blendet eine Liste aller Felder der verknüpften Tabelle/Abfrage ein. Die einzelnen Felder lassen sich per Drag&Drop in das Dokument übernehmen.*

Bild 54.8: In der Entwurfsansicht passen Sie die Datenzugriffsseite individuell an. Im Bild sehen Sie die eingeblendete Feldliste

55. Präsentieren Sie sich mit PowerPoint im Internet

Eine eigene Multimedia-Präsentation im Internet? Kein Problem mit Power-Point. Auch das Präsentationsprogramm im Office-Paket kommt mit einem eigenständigen Assistenten zum Erzeugen eigener Web-Seiten daher.

55.1 Präsentationen als HTML-Dokument speichern

Wie alle Anwendungen des Office-Pakets hat PowerPoint ebenfalls ein Spezialgebiet. Der Schwerpunkt liegt – wie sollte es bei einem Präsentations-Grafikprogramm anders sein – auf der anspruchsvollen Präsentation umfangreicher Daten.

Wenn es um professionelle Präsentationen im Internet geht, ist PowerPoint die erste Wahl. Hier verbindet Microsoft grafische und gestalterische Optionen mit einer komfortablen Bedienerstruktur.

Sie können sowohl eine bestehende Präsentation für die Veröffentlichung im Internet umwandeln (*Datei/Als Webseite speichern*) oder aber über *Datei/Neu/Präsentationen* den AutoInhalt-Assistenten öffnen, um eine professionelle Präsentationsvorlage zu verwenden. Sobald die Präsentation fertiggestellt ist, muß sie ins HTML-Format übertragen werden. Nach einem Klick auf den Menübefehl *Datei/Als Webseite speichern* derscheint der Assistent.

Der Internet-Assistent von PowerPoint leitet Sie Schritt für Schritt durch die Erstellung einer eigenen Web-Präsentation.

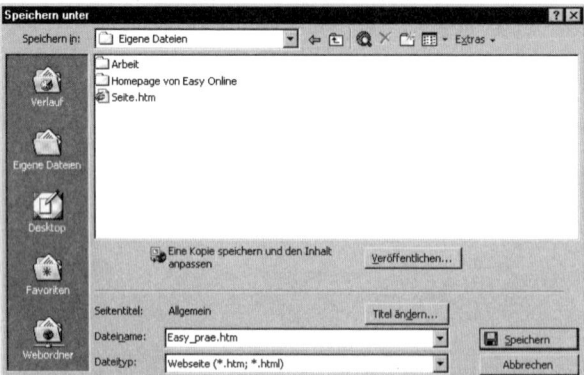

Bild 55.1: Über Datei/Als Webseite speichern *öffnet PowerPoint die Dialogbox* Speichern unter, *in der Sie Zielordner, Dateinamen und den Titel des zu exportierenden HTML-Dokuments angeben*

Mit einem Klick auf die Schaltfläche *Veröffentlichen* rufen Sie die Dialogbox *Als Webseite veröffentlichen* auf, in der Sie Einfluß auf den zu exportierenden Daten nehmen.

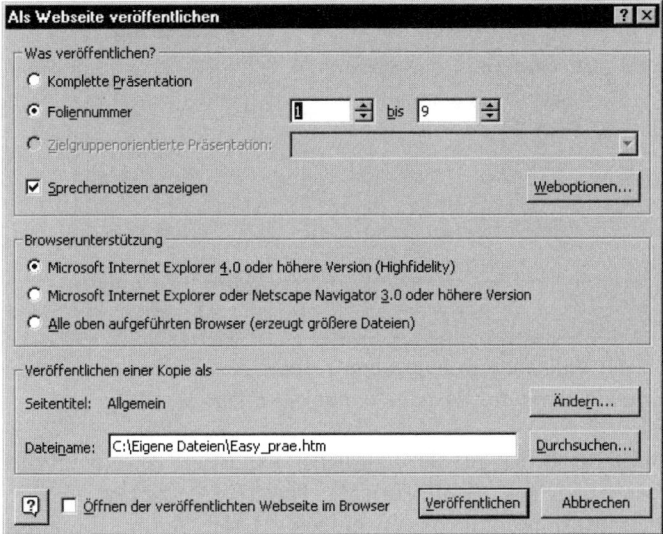

Bild 55.2: Detaillierte Einstellungen zum HTML-Export nehmen Sie in der Dialogbox Als Webseite veröffentlichen *vor*

Im Bereich *Was veröffentlichen?* legen Sie den Bereich fest, der in das HTML-Format übertragen werden soll. Dazu stellt Ihnen PowerPoint verschiedene Optionsschaltflächen zur Verfügung. *Komplette Präsentation* bewirkt, daß PowerPoint die gesamt Präsentation mit allen enthaltenen Folien als Web-Dokument ablegt. Wenn Sie die Option *Foliennummer* aktivieren, bestimmen Sie die zu exportierenden Folien durch Eingabe der entsprechenden Nummern in die Eingabefelder. Sofern Sie zielgruppenorientierte Präsentationen definiert haben, aktiviert PowerPoint die Option *Zielgruppenorientierte Präsentation*. Im Listenfeld wählen Sie die zu exportierende Präsentation aus.

Mit einem Klick auf die Schaltfläche *Weboptionen* öffnen Sie die gleichnamige Dialogbox in der Sie das Erscheinungsbild der exportierten Präsentation, die Anordnung der enthaltenen Dateien und das Ausgabeformat der Bilder bestimmen.

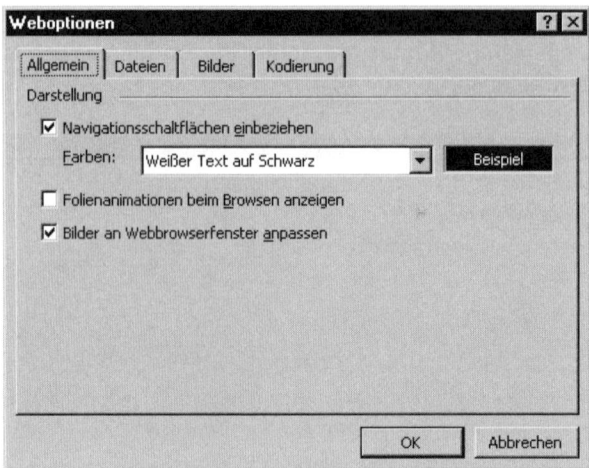

Bild 55.3: In der Dialogbox Weboptionen *regeln Sie die Darstellung, die Anordnung der Dateien sowie das Ausgabeformat der Bilder*

Mit einem Klick auf *Veröffentlichen* exportiert PowerPoint die ausgewählten Daten in das HTML-Format. PowerPoint zerlegt dabei das gesamte Präsentationsdokument in einzelne HTML-Seiten, die automatisch in einem Frame-Set miteinander verknüpft werden.

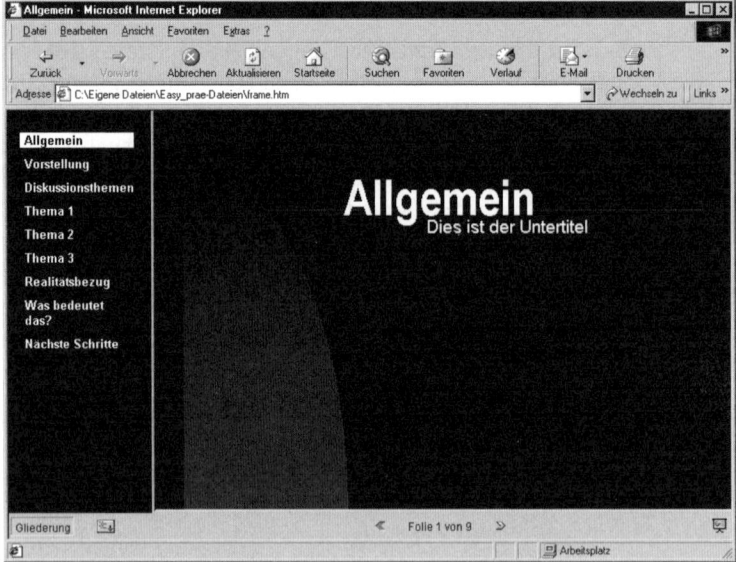

Bild 55.4: Die Präsentation als Sammlung miteinander verknüpfter HTML-Seiten

Für die Navigation richtet PowerPoint automatisch einen Navigationsframe ein.

Visual Basic für Applikationen
Office 2000

Wenn Ihnen der Funktionsumfang der Anwendungen noch nicht reicht – mit Visual Basic für Applikationen fügen Sie den Programmen eigene Routinen hinzu und automatisieren einfache Arbeitsabläufe.

10

56. Die Grundlagen

Auch spezielle Wünsche an das Programmpaket lassen sich erfüllen: Durch die integrierte Programmiersprache Visual Basic für Applikationen lassen sich (fast) beliebige Funktionen und Arbeitsabläufe neu erzeugen und in die Einzelprogramme integrieren.

56.1 Einstieg in die Programmierung mit VBA

Um die Anpassung der Office-Anwendungen an individuelle Bedürfnisse zu ermöglichen, hat Microsoft mit Office 2000 einen entscheidenden Schritt getan: Mit der Version 6.0 von Visual Basic for Applications (*VBA*, auch *Visual Basic für Anwendungen*) wurde eine einheitliche Programmiersprache für alle Anwendungen in das Office-Paket endgültig integriert. Aber was verbirgt sich hinter dieser Bezeichnung?

Während *Visual Basic 6.0* als eigenständige Anwendung erworben werden muß und auch eigenständige Programme erzeugt, ist VBA bereits in Microsoft Office integriert. Im Unterschied zu Visual Basic kann man mit VBA aber keine eigenständigen Programme erstellen. VBA-Anwendungen sind nur in Verbindung mit den jeweiligen Office-Anwendungen funktionsfähig. Diese Programmiersprache ersetzt die bisher unterschiedlichen Makro-Sprachen.

Um Programme in der Programmiersprache VBA zu erstellen, hat Microsoft den Visual Basic Editor (VBE) mitgeliefert. Der Editor hat die Aufgabe, die Programmierung zu vereinfachen: Er stellt einen Eingabebereich mit umfangreichen Kontrollmechanismen zur Verfügung.

VBA dient der Steuerung bzw. funktionellen Erweiterung der Office-Anwendungen und vor allem der Automatisierung wiederkehrender Arbeitsabläufe. Alle Funktionen und Routinen der jeweiligen Office-Anwendung, aber auch die anderer Office-Module stehen – ergänzt durch zusätzliche Programmstrukturen – für die Programmierung zur Verfügung.

Trotz oder gerade wegen der hohen Funktionalität der Office-Anwendungen gibt es in der Praxis viele Arbeiten, die für die Anwendung von VBA geeignet sind. Hauptaufgabe der Office-Anwendungen ist die Aufbereitung erfaßter Betriebsdaten – Routineaufgaben. Dazu laufen in den Firmen auf der Grundlage ähnlicher Daten immer wieder die gleichen Arbeitsschritte ab.

Ein Beispiel: Nach der Datenerfassung aus standardisierten Berichtsformularen werden z.B. Umsatzzahlen verschiedener Verkaufsbereiche zu Umsätzen der Firma bezogen auf Warengruppen zusammengefaßt, daraus ein Diagramm erstellt und dieses in einen Monatsbericht integriert.

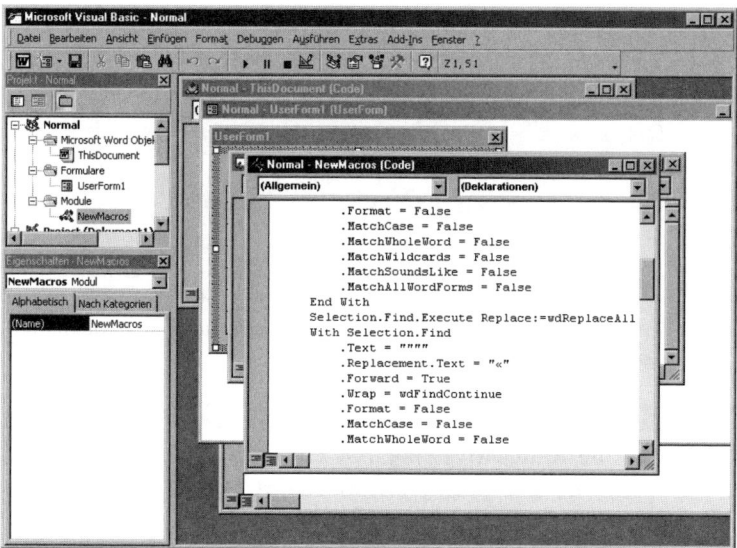

Bild 56.1: Das integrierte Visual Basic für Anwendungen automatisiert Arbeitsabläufe und erweitert die Funktionen der Office-Anwendungen

Die einmalige Erfassung der Umsatzzahlen ist und bleibt notwendig. Wenn die Daten aber einmal erfaßt sind, warum dann nicht mit Hilfe von VBA den Rest erledigen? Genau dafür ist diese Programmiersprache ausgelegt: Ein zusätzliches Symbol in der Funktionsleiste angeklickt, und schon ist der fällige Monatsbericht fertig. In kürzerer Zeit und vermutlich auch fehlerfreier als handgemacht.

Zum anderen kann es aber nützlich sein, den Funktionsumfang der Office-Anwendungen für den Anwender einzugrenzen. Viele Anwender erledigen Arbeiten, bei denen Sie nur einen Bruchteil der vorhandenen Programmfunktionen einsetzen. Warum muß man ihn also mit den Feinheiten aller Anwendungen vertraut machen? Lassen wir ihn die Daten bequem in einer Datenmaske erfassen; die routinemäßige Verarbeitung der Daten wie das Eintragen an die richtige Stelle eines Rechnungsformulars, die Berechnung der Mehrwertsteuer und des Rechnungsbetrages erledigt ein Makro und der Anwender übernimmt die Endkontrolle.

Ein drittes Einsatzgebiet besteht in der Anwendungsentwicklung. Funktionen, die früher von kleinen Makros erledigt wurden, gehören mittlerweile zum normalen Funktionsumfang moderner Office-Anwendungen. Nunmehr geht es um komplette, vielleicht sogar programmübergreifende Anwendungssysteme, die mit den integrierten Makro-Sprachen geschrieben werden. Der Anwender der vorliegenden Version von Microsoft Office kommt dann an der Tatsache nicht mehr vorbei, daß VBA eine richtige Programmiersprache ist und auch als solche erlernt werden muß.

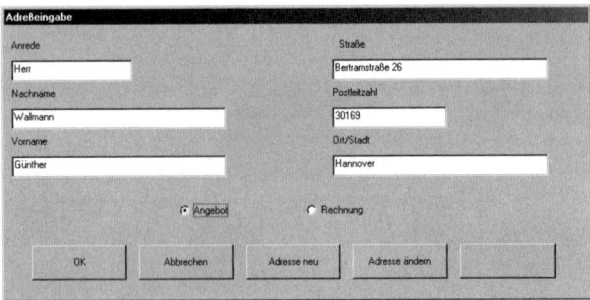

Bild 56.2: Erstellen Sie mit VBA z.B. Eingabemasken, damit Eingabefehler des Anwenders reduziert werden

Aufgrund der dafür notwendigen Zeit kann davon ausgegangen werden, daß die Automatisierung von EDV-Abläufen durch Makroprogrammierung mit VBA nicht durch jeden Anwender oder in jeder Firma geleistet werden kann oder muß. Die Frage, ob und wie der Umgang mit Microsoft Office zur Aufgabenlösung in der Firma organisiert wird, gehört damit in den Managementbereich. Der muß letztendlich auch über die Kosten entscheiden, die mit einer Programmierung mit VBA verbunden sind. Es kann für eine Firma wesentlich kostengünstiger sein, einen EDV-Dienstleister mit der Programmierung von zusätzlichen Funktionen zu beauftragen oder sogar ganz darauf zu verzichten, als einen eigenen Mitarbeiter in dieses Gebiet einzuarbeiten.

Genauso sinnvoll kann es aber sein, die Entscheidung für ein Erlernen von VBA jetzt zu treffen, da bei allen Verbesserungen, die mit den nächsten Versionen von Microsoft Office auch auf diesem Gebiet noch zu erwarten sind, mit der Integration der Programmiersprache in verschiedene Office-Anwendungen ein zukunftsorientierter Schritt getan wurde. Dabei steht Ihnen die standardisierte VBA-Entwicklungsumgebung in Office 2000 zur Verfügung.

56.2 Makros aufzeichnen

Der einfachste Anwendungsfall besteht im Aufzeichnen eines Makros. Ein Makro ist eine Folge von Befehlen und Arbeitsabläufen der Office-Anwendungen, die zu einem neuen Befehl zusammengefaßt sind. Auf diese Weise können Sie z.B. Routineaufgaben wie das Formatieren bestimmter Textpassagen vereinfachen. Alle Office-Programme, außer Access 2000, unterstützen durch einen Makrorecorder das Neuanlegen dieser nützlichen Helfer. Dieser Recorder zeichnet die durchgeführten Schritte auf und schreibt den dazugehörigen VBA-Code in das Makro.

Nach Beendigung der Aufzeichnung kann dieses automatisch geschriebene Programm stets in gleicher Weise wiederholt werden – dabei kommt entweder das zugeordnete Symbol, ein Tastaturkürzel oder der Befehl *Extras/ Makro/Makros* zum Einsatz.

Im folgenden Beispiel werden Sie in Word alle Punkte gegen Semikolons getauscht. Dieses Makro binden wir zudem in die NORMAL.DOT ein, so daß später ein einziger Tastenbefehl genügt, um es auszuführen.

 Bevor Sie mit einer Aufzeichnung beginnen, planen Sie alle Arbeitsschritte. Besonders wichtig ist die Ausgangssituation: Wenn Sie eine Suchen-Funktion durchführen, sucht das Makro immer nach den bisherigen Einträgen, sofern diese nicht im Makroprozeß verändert werden.

···❥ Rufen Sie den Befehl *Extras/Makro/Aufzeichnen* auf.

···❥ In der Dialogbox *Makro aufzeichnen* geben Sie dem Makro den Namen *Zeichen* und legen fest, ob es über die Symbolleiste oder ein Tastenkürzel gestartet werden soll. Für dieses Beispiel aktivieren Sie die Schaltfläche *Tastatur*, vergeben die Kombination ⟨Strg⟩+⟨ ⇧ ⟩+⟨R⟩ und klicken dann auf *Zuweisen*.

···❥ Schließen Sie danach das Fenster über die Schaltfläche *Schließen*

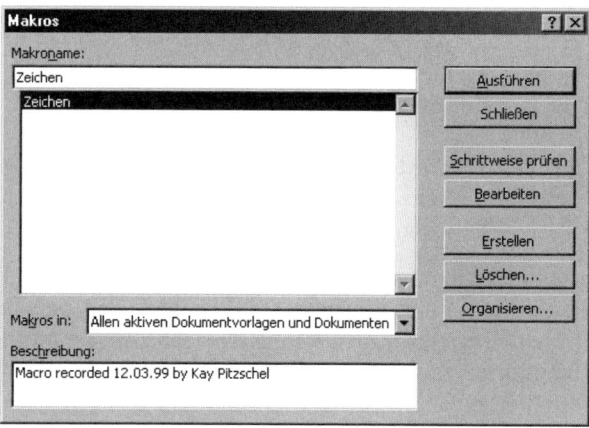

Bild 56.3: Zuweisung von Symbolen, Menübeschriftungen oder Tastaturkürzeln beim Starten des Makrorecorders

···❥ Mit dem Befehl *Extras/Makro/Aufzeichnung beenden* oder einen Klick auf das Quadrat der Makro-Symbolleiste schließen Sie die Makroaufzeichnung ab.

 Makros werden grundsätzlich als Teil einer Datei oder Dokumentvorlage gespeichert.

Mit *Extras/Makro/Makros*, Wahl des Makros *Zeichen* in der Dialogbox und einem Klick auf die Schaltfläche *Bearbeiten* startet der VBA-Editor. Hier sehen Sie den erzeugten Visual-Basic-Code – und können ihn bei Bedarf manuell ändern.

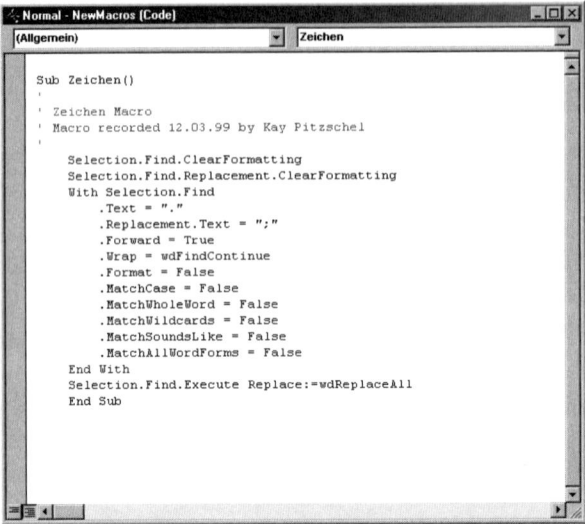

Bild 56.4: Word wandelt die Makroabläufe nach der Aufzeichnung in VBA-Code um

Sobald Sie nun die Tastenkombination [Strg]+[⇧]+[R] eingeben, wird das soeben aufgezeichnete Makro ausgeführt. Alle Punkte werden ohne weitere Rückfrage gegen Semikolons ersetzt.

Trotz der bereits zugewiesenen Tastenkombination läßt sich das Makro auch in ein Menü oder in eine Symbolleiste einbinden. Mit dem Befehl *Ansicht/Symbolleisten/Anpassen* öffnen Sie die Dialogbox *Anpassen*. In dieser Dialogbox aktivieren Sie zuerst die Registerkarte *Befehle* und markieren danach im Listenfeld *Kategorien* den Eintrag *Makros*.

Alle zur Verfügung gestellten Makros sehen Sie nun in der rechten Seite der Dialogbox. Hier wählen Sie das entsprechende Makro – in unserem Beispiel *Normal.NewMacros.Zeichen* – und schieben es mit gedrückter linker Maustaste in die Symbolleiste.

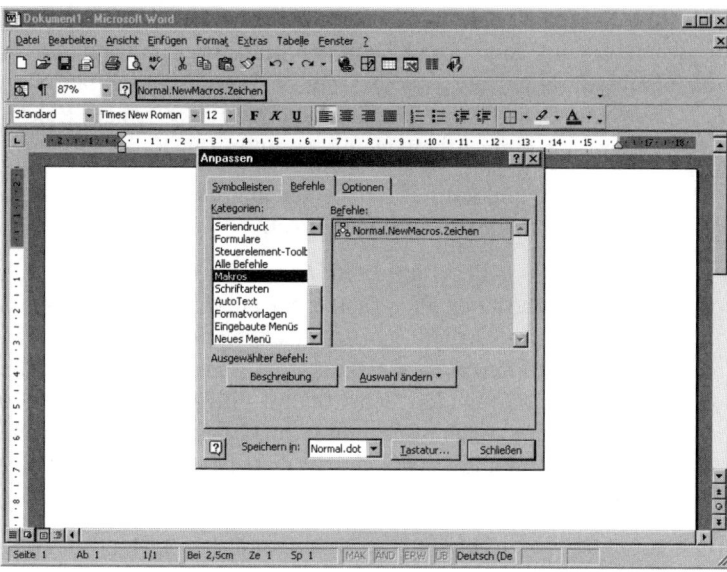

Bild 56.5: Mit der Registerkarte Befehle *der Dialogbox* Anpassen *fügen Sie Makros in Menüs oder Symbolleisten ein*

Die Erscheinung der Schaltfläche wird vermutlich nicht Ihren Erwartungen entsprechen. Mit der Schaltfläche *Auswahl ändern* öffnen Sie ein Menü, in dem Sie sowohl den Namen des Symbols oder Menüeintrags bzw. die Symboldarstellung selbst anpassen.

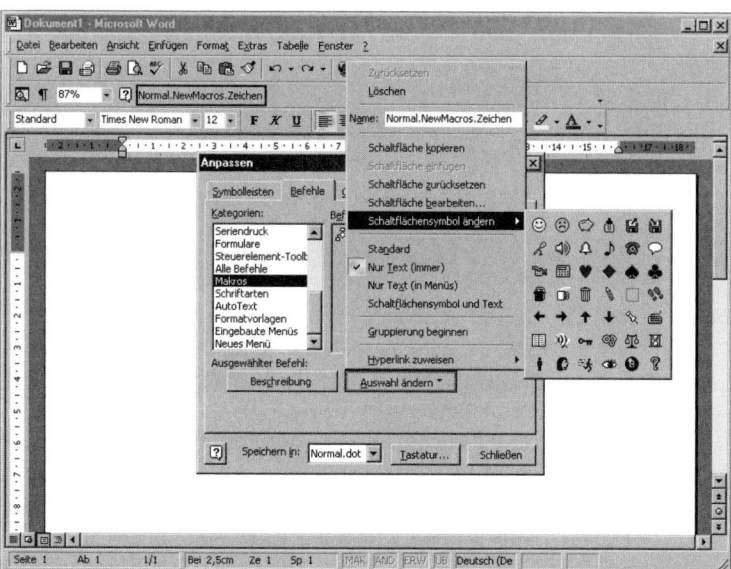

Bild 56.6: Das Symbol und die Beschriftung der Schaltfläche passen Sie im Menü Auswahl ändern *an*

Die Makroaufzeichnung in Excel oder PowerPoint ist weitgehend identisch mit der in Word. Excel begrenzt die Zuweisung auf ein Tastenkürzel in Verbindung mit der [Strg]-Taste. Erst nachträglich läßt sich dieses Makro mit einer Schaltfläche koppeln. Jedes aufgezeichnete Makro wird in einem neuen, mit einer Arbeitsmappe verknüpften Modul gespeichert.

Auch PowerPoint kann Makros erzeugen. Dabei orientiert sich das Programm an den Abläufen in Word oder Excel.

Das Erstellen eines Makros in Access läuft anders ab. Während die drei zuvor besprochenen Programme bei einer Makroaufzeichnung einfach die durchgeführten Arbeitsschritte nachvollziehen, besteht das Makrosystem in Access aus einem Baukastensystem. In einer Tabelle werden die nacheinander abzuarbeitenden Schritte mit Hilfe von Listenfeldern, Programmvariablen und einem speziellen Ausdrucks-Editor zusammengesetzt. Die Makroerstellung in Access gleicht eher dem Arbeiten mit einem Programmgenerator.

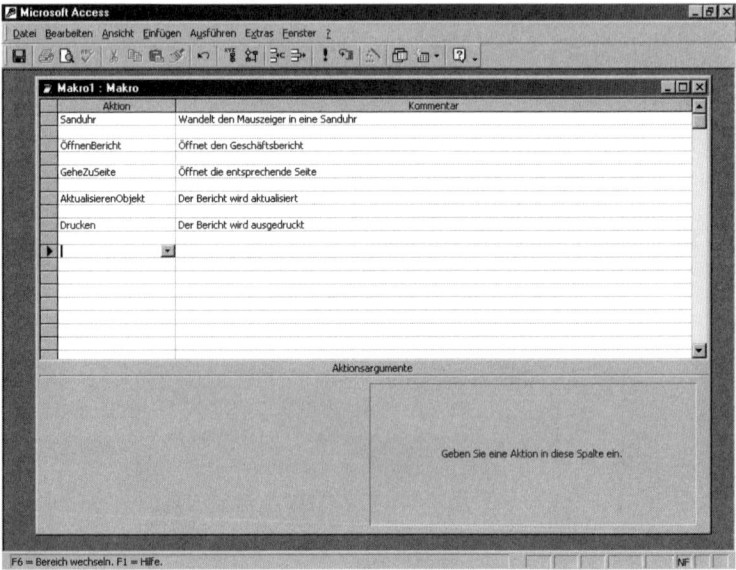

Bild 56.7: Access erstellt und verändert Makros in einer Tabelle. Makros können sich auf Programmzustände, Datenstrukturen, Dateninhalte oder auch Variablen beziehen und daraus wiederum eigene Werte generieren und übergeben

Der Ausdrucks-Editor ist in drei horizontale Bereiche unterteilt. Das Ausdrucksfeld im oberen Bereich dient zum Zusammensetzen des Ausdrucks. Im mittleren Bereich sind die Schaltflächen für am häufigsten benötigte Operatoren angeordnet. Klicken Sie auf eine dieser Schaltflächen, fügt der Ausdrucks-Editor den jeweiligen Operator am Einfügepunkt ein.

Der untere Bereich ist wiederum in drei Bereiche unterteilt. Er dient dazu, die Elemente des Ausdrucks zu erzeugen und diese dann durch Einfügen in das Ausdrucksfeld zu einem vollständigen Ausdruck zu vereinen.

Im linken Feld sind Ordner mit Listen der folgenden Elemente enthalten: Tabellen-, Abfrage-, Formular- und Berichtsobjekte, eingebaute und benutzerdefinierte Funktionen, Konstanten, Operatoren und häufig verwendete Ausdrücke.

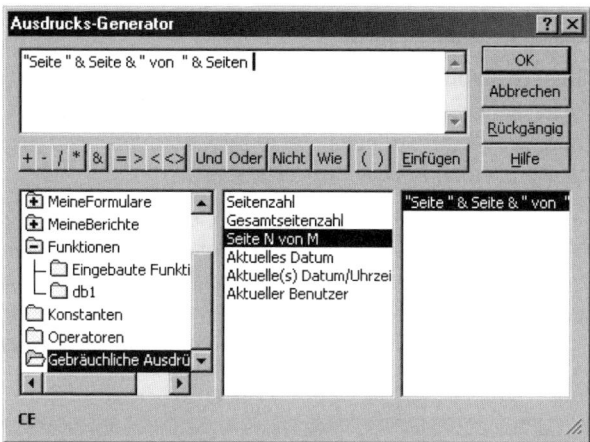

Bild 56.8: Zur Definition von Werten oder Bedingungen dient der Ausdrucks-Editor

57. Die Entwicklungsumgebung VBE

Jede Programmiersprache setzt voraus, daß der Programmtext eingegeben werden kann. Microsoft hat dafür ein spezielles Programm, Visual Basic Editor, mitgeliefert, das sich nicht nur um die Eingabe des Programmcodes kümmert, sondern auch noch zahlreiche Hilfen zur Verfügung stellt.

57.1 Der Bildschirmaufbau

Mit der Tastenkombination [Alt]+[F11] oder mit dem Befehl *Extras/Makros/Visual Basic Editor* wechseln Sie in die Entwicklungsumgebung für VBA-Programme. Dies kann zu jedem Zeitpunkt und von jeder Stelle aus passieren, auch wenn noch kein Makro existiert.

Dieser Editor wird nicht von allen Applikationen gemeinsam genutzt. Hat man also Word und Excel geöffnet und ruft bei beiden den Visual Basic Editor (VBE) auf, so erscheinen auch zwei voneinander unabhängige Fenster. Bei übergreifenden Projekten sind die notwendigen Verweise also manuell zu erstellen.

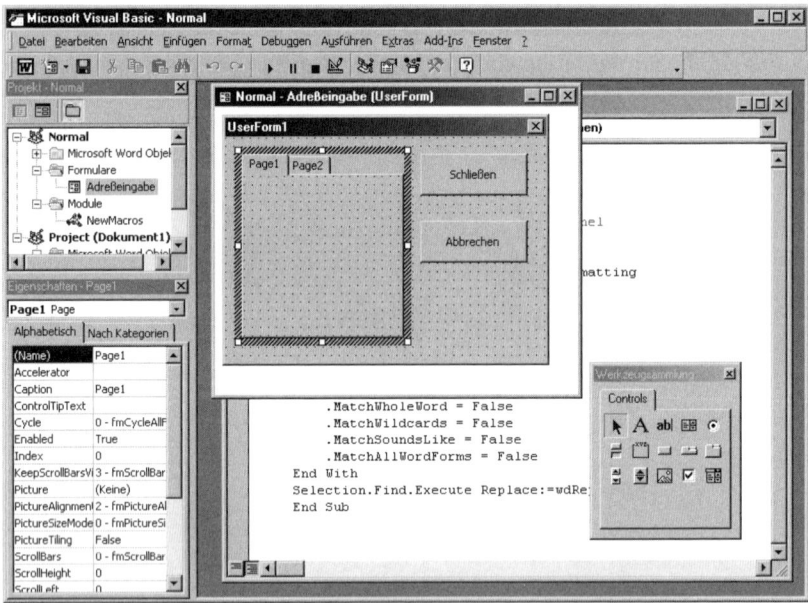

Bild 57.1: Die Entwicklungsumgebung präsentiert sich in unterschiedlichen Fenstern

Ist der Editor erst einmal gestartet, so präsentiert Ihnen Office eine völlig neue Applikation. In ihr findet die gesamte Entwicklung, inklusive des Formularentwurfs und Programmtests, statt. Als erstes sehen Sie neben einem neuen Menü und einer neuen Symbolleiste drei unterschiedliche Fenster. Jedes dieser Fenster hat seine eigene Funktion. Bei Bedarf – und wenn Ihr Bildschirm groß genug ist – lassen sich weitere Fenster zuschalten.

Wenn Sie häufig mit Visual Basic arbeiten möchten, eignet sich z.B. ein von Windows 98 und Windows NT unterstütztes Doppelmonitorsystem für die vielen Fenster und die eigentliche Applikation.

Das Code-Fenster

Der Programm-Editor, das eigentliche Arbeitsfenster mit dem VBA-Programm, nimmt den größten Platz ein. Es stellt eine Reihe nützlicher Zusätze bereit. Die Verwendung unterschiedlicher Farben fällt sofort ins Auge. Einige Programmpassagen erscheinen grün, andere blau und wieder andere schließlich schwarz. Die Farben weisen auf besondere Funktionen der jeweiligen Texte hin. Bei der Entwicklung einer Applikation wird auch noch die rote Farbe auftreten.

- *Grün*
  Grüner Text ist ein Kommentartext. Kommentare werden mit Hochkommata eingeleitet und dürfen komplette Zeilen belegen oder einfach hinter einer Programmzeile eingefügt werden.
- *Blau*
  Blaue Passagen kennzeichnen Programmbefehle oder Funktionen.
- *Schwarz*
  Alle Objekte, Variablen, Konstanten und Operatoren.
- *Rot*
  Fehlerhafte Zeilen werden in dieser Farbe dargestellt.

Kleine Applikationen wie das Zeichen-Makro braucht man nicht besonders zu kommentieren. Bei umfangreicheren Projekten geht ohne eine Kombination aus Papierdokumentation (Struktur-, Ablauf- und Datenflußpläne) und Programmkommentaren schnell der Überblick verloren – Programmänderungen oder -ergänzungen werden umständlich oder sogar unmöglich.

Auch im Visual Basic Editor ist die IntelliSense-Technologie integriert. Bereits beim Eintippen erscheint – sobald der vorgegebene Befehl oder das Objekt erkennbar sind – eine Liste der aktuell zur Verfügung stehenden Funktionen. Dazu zählen selbstdefinierte Typen ebenso wie alle durch die jeweilige Anwendung zur Verfügung gestellten Objekte. Ähnliches gilt beim Aufruf von Funktionen: Eine Quickinfo mit einem Syntaxhinweis erscheint automatisch. Dadurch bleiben dem Programmierer sowohl Schreibfehler als auch die Suche nach Eigenschaften, Methoden oder der exakten Parameterübergabe erspart.

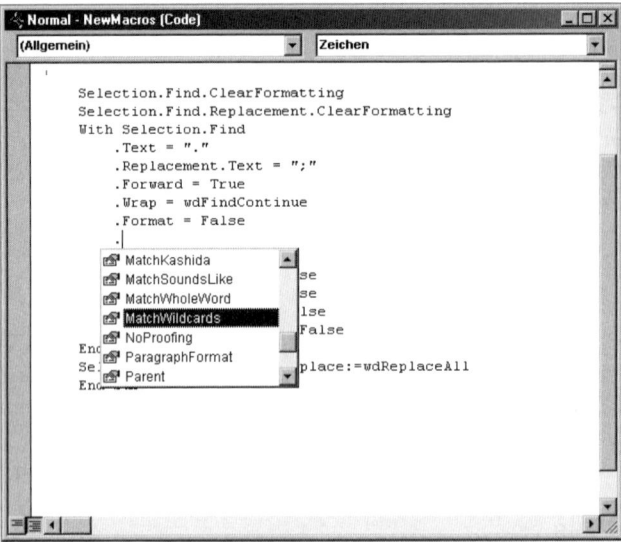

Bild 57.2: Das Code-Fenster mit Datentypen zur Auswahl

Haben Sie sich erst einmal mit dieser Art der Einmischung angefreundet, ist sie wirklich eine große Erleichterung. Die Übernahme des ausgewählten Eintrags geschieht einfach mit den Tasten ⇥ oder ↵.

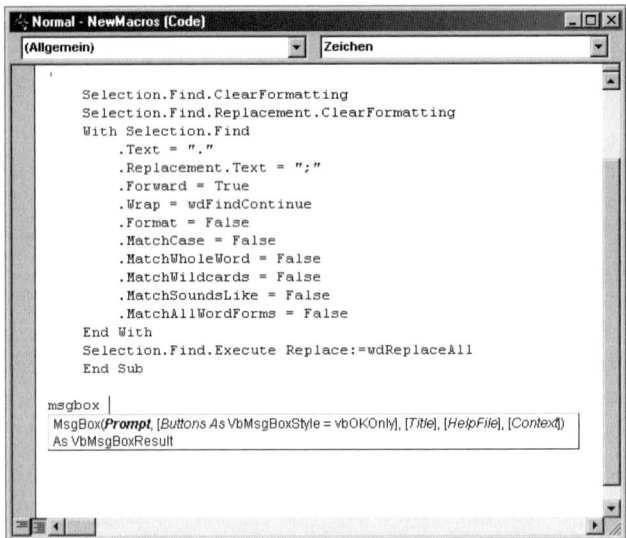

Bild 57.3: Neu ist die IntelliSense mit den benötigten Parametern

VBE ist in der Lage, so viele Code-Fenster zu öffnen, wie Module vorhanden sind. So läßt sich ein Code auf einfache Weise in verschiedene Formulare oder Module übernehmen – auch der Visual Basic Editor beherrscht Drag & Drop und die Zwischenablageoperationen.

Die Code-Fenster können Sie auf verschiedene Weise öffnen:

- Sie klicken im Projektfenster auf ein Formular oder Modul und anschließend im Kontextmenü auf den Eintrag *Code anzeigen*.
- Indem Sie auf ein Steuerelement oder ein Formular im *UserForm-Fenster* doppelklicken.
- Der Befehl *Ansicht/Code* oder die Taste F7 rufen ein Code-Fenster auf.

Über dem Code-Fenster sind zwei Listenfelder angeordnet. Die Objektliste enthält den Namen des markierten Objekts. Klicken Sie auf den Pfeil rechts neben dem Listenfeld, um eine Liste aller mit dem Formular verknüpften Objekte anzuzeigen.

Das Feld *Prozedur* zeigt alle Ereignisse, die für das angezeigte Objekt gültig sind. Bei der Auswahl eines Ereignisses wird die mit diesem Ereignisnamen verknüpfte Ereignisprozedur im Code-Fenster angezeigt. Sollte dieser Bereich noch nicht vorhanden sein, so wird er automatisch angelegt.

Das Eigenschaftsfenster

Im Eigenschaftsfenster werden sämtliche Eigenschaften eines Elements entweder in alphabetischer Reihenfolge oder nach Kategorien sortiert aufgelistet. Handelt es sich um ein Modul, wird die Anzeige auf den Modul-Namen beschränkt.

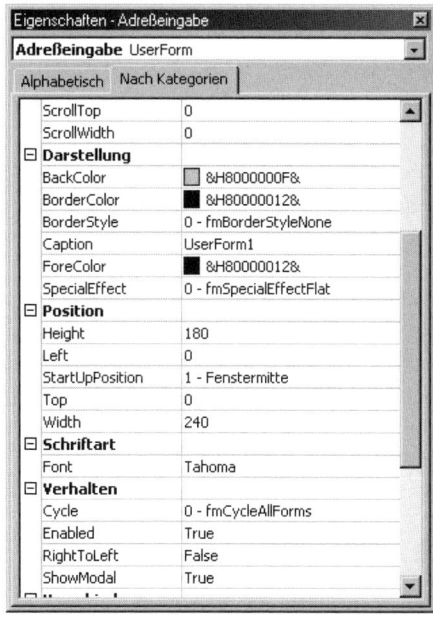

Bild 57.4: Das Eigenschaften-Fenster stellt alle möglichen Einstellungen des aktiven Elements bereit

Dieses Fenster bietet einen leichten Zugang zu möglichen Einstellungen des aktiven Elements. Daneben verhält es sich anwenderorientiert: Fast alle Eingabefelder öffnen Listen mit möglichen Werten.

Der Projekt-Explorer

Der Projekt-Explorer übernimmt strukturierende Aufgaben. Hier sind alle zusammengehörigen Einzelteile eines oder mehrerer Projekte zusammengefaßt. Dies können Mappen, Blätter, Module, Klassenmodule und Formulare sein. Es handelt sich dabei um eine hierarchische Liste, bei der sich die einzelnen Bestandteile auf- und zuklappen lassen.

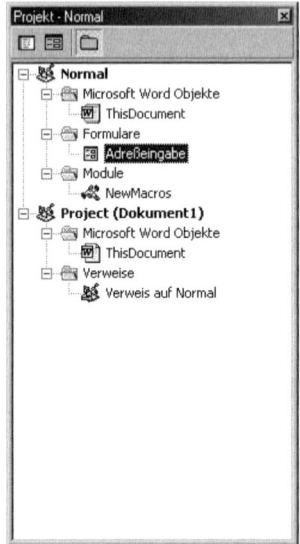

Bild 57.5: Eine Zusammenfassung der Einzelteile eines oder mehrerer Projekte stellt der Projekt-Explorer bereit

Der Explorer zeigt auch Elemente an, auf die nur verwiesen wurde. So wird zum Beispiel bei einem Word-Dokument immer die passende Vorlage mit aufgenommen. Das Fenster läßt sich jederzeit über die Symbolleiste ein- oder ausschalten. Gerade bei umfangreichen Projekten erleichtert es jedoch die Übersicht und außerdem ermöglicht es Ihnen einen schnellen Zugang zu allen Teilen des Projekts.

57.2 Unterschiedliche Ansichten

Außer den drei Hauptfenstern bietet die VBE noch weitere Ansichten. Diese lassen sich bei Bedarf über das Menü *Ansicht* ein- oder ausschalten.

Überwachungsfenster

Dieses Fenster hilft Ihnen bei der Fehlersuche und Programmkontrolle. In ihm werden die aktuellen Überwachungsausdrücke angezeigt. Es wird automatisch geöffnet, wenn Sie Überwachungsausdrücke im Projekt definieren. Hier läßt sich z.B. auch der Wert aller Variablen oder auch ein Zwischenergebnis von Formeln betrachten.

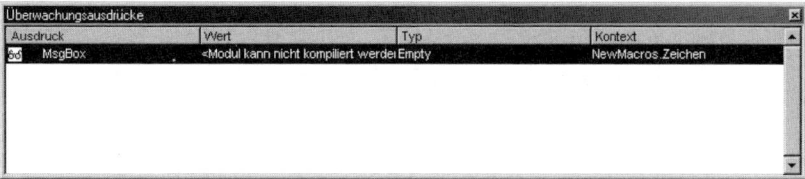

Bild 57.6: Im Überwachungsfenster haben Sie einen schnellen Überblick über die einzelnen Optionen

UserForm-Fenster

Formulare werden in einem eigenen Fenster dargestellt und verfügen über ein eigenes Objektmodell. Auch diese Objekte lassen sich mit VBA komplett ansteuern und programmieren.

Die Formulare sind eigenständige Teile eines Projekts, haben eigene Methoden und Eigenschaften. Sie stellen weiterhin ihr eigenes Modul und ihre Steuerelemente als normale Objekte dem Projekt zur Verfügung.

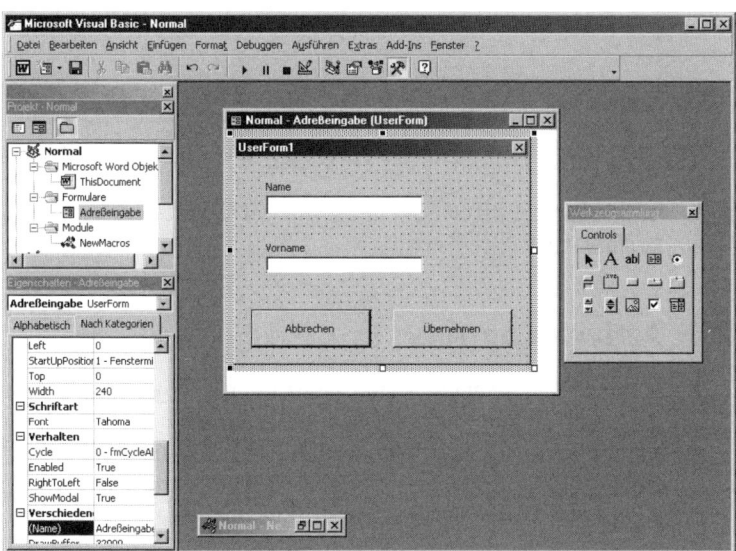

Bild 57.7: Das Erstellen eines Formulars ist denkbar einfach

Schriftgröße, -art und -auszeichnung sind frei definierbar. Bilder optimieren die äußere Form, ActiceX-Elemente sorgen für einen schnellen Aufbau und eine an die üblichen Windows-Applikationen angepaßte Bedienung. Wenn Sie ein Formular in das Projekt einfügen, erscheint eine Auswahl von Formularelementen.

Steuerelemente, Texte und Grafiken lassen sich einfach per Drag & Drop auf das Formular ziehen und mit Hilfe des Eigenschaftsfensters problemlos anpassen. Auch bei der Anordnung und Gestaltung von Elementgruppen hilft Ihnen VBE. So kann die Ausrichtung mehrerer Steuerelemente gemeinsam festgelegt oder deren Größe vereinheitlichen werden.

Das Direkt-Fenster

Dieses Fenster verwenden Sie, um folgende Aktionen auszuführen:

- In ihm testen Sie problematischen oder neu erstellten Code.

- Sie generieren Abfragen oder ändern Variablenwerte während der Ausführung einer Anwendung. Sobald Sie die Ausführung unterbrechen, kann den Variablen wie im Code ein neuer Wert zugewiesen werden.

- Geben Sie Abfragen ein, oder ändern Sie einen Eigenschaftswerts während der Ausführung einer Anwendung.

- Rufen Sie Prozeduren wie im Code auf, und überprüfen Sie das Ergebnis.

```
Direktbereich
lZaehler = 0

? lZaehler + lZaehler / 1000
 0
```

Bild 57.8: Der Direktbereich ist z.B. zum Testen kurzer Programmteile geeignet

Dieses Fenster öffnen Sie unter *Ansicht/Direkt-Fenster* oder mit der Tastenkombination [Strg]+[G].

57.3 ActiveX-Controls

ActiveX-Steuerelemente sind mehr oder weniger kleine Zusatzprogramme, die nicht alleine lauffähig sind, aber in VBA eingebunden und verwaltet werden können. Sie erweitern den Funktionsumfang von VBA um ein Vielfaches. Microsoft stellt z.B. ein ActiveX Control zur Verfügung, das einen kompletten Kalender mit allen Funktionen enthält.

Solche Module lassen sich in eigenen Anwendungen – also auch in VBA-Programmen – einsetzen. Damit ersparen Sie sich eine Menge Programmieraufwand. Von der einfachen Meldungsbox bis hin zum kompletten Grafikprogramm – alles kann mit diesen Programmelementen realisiert werden. Dabei registrieren sich diese Programmodule selbst: ein registriertes Moduls steht auch anderen Applikationen und sogar unterschiedlichen Programmiersprachen zur Verfügung.

 Aus den umfangreichen Fähigkeiten resultieren jedoch auch Gefahren: Es gibt nichts, was man mit einem ActiveX-Control nicht programmieren kann. Wenn Ihnen also zweifelhafte ActiveX-Controls angeboten werden – im Internet oder in Anwendungsprogrammen – sollten Sie Vorsicht walten lassen.

Eine Auflistung aller Ihnen zur Verfügung stehenden ActiveX-Controls erhalten Sie über den Eintrag *Zusätzliche Steuerelemente* im Kontextmenü des Fensters *Werkzeugsammlung*.

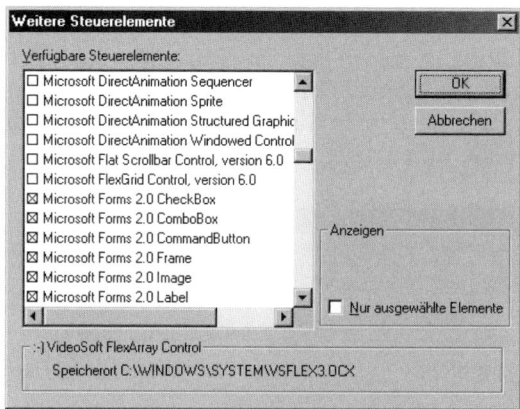

Bild 57.9: Zusätzliche Steuerelemente lassen sich aus dieser Übersicht aktivieren und wieder entfernen.

ActiveX-Steuerelemente lassen sich in benutzerdefinierte Programme, aber auch in Formulare oder Dialogboxen einsetzen. Sie starten Makros, oder übergeben Eigenschaften und Parameter: Bei entsprechendem Einsatz erleichtern Sie den Anwendungsentwurf erheblich. Ein Anwendungsbeispiel: Sie brauchen innerhalb einer Excel-Tabelle einen Kalender, um komfortabel Datumsangaben vorzunehmen. Dieses Steuerelement wird per ActiveX direkt in Ihre Tabelle eingebunden und steht dann immer zur Verfügung.

57.4 Makros modifizieren

Um ein bereits aufgezeichnetes Makro zu verändern, können Sie direkt im Quelltext arbeiten – wenn Sie mit den Grundlagen der VBA-Programmierung vertraut sind. In einigen Fällen ist die manuelle Änderung erheblich einfacher als des Neuaufzeichnen der kompletten Abfolge.

Im Kapitel 56 haben wir gemeinsam das Makro *Zeichen* aufgezeichnet. Dieses passen wir im Code-Fenster manuell an. Diesmal sollen die Punkte gegen den Buchstaben »A« ausgetauscht werden.

Lokalisieren Sie einfach das Semikolon im Text. Setzen Sie den Textcursor an die entsprechenden Makrostellen, und ersetzen Sie das Semikolon durch die einfachen Klammern. Nachdem Sie das Makro gespeichert haben, steht es nun mit den geänderten Zeichen für die Arbeit bereit.

57.5 Das Hilfe-System

Zum Programmsystem *Visual Basic für Applikationen* werden Sie im Handbuch nur wenig finden. Microsoft verläßt sich dabei ganz auf die – unbestritten – ausführlichen Online-Hilfen. Bei der Standard-Installation des Office-Pakets wird die Hilfe für VBA nicht mitinstalliert – immerhin belegen diese Hilfetexte mehrere Megabyte auf der Festplatte.

Die Nachinstallation ist jedoch denkbar einfach. Ist die Hilfefunktion nicht mitinstalliert und Sie rufen die Hilfe auf, so fragt Office 2000, ob Sie dieses installieren wollen. Bestätigen Sie die Frage und der Setup-Assistent installiert für Sie die Hilfedateien.

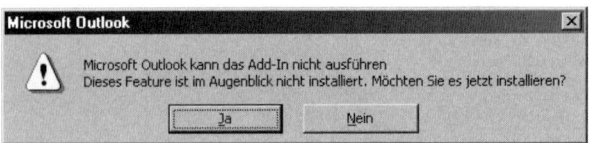

Bild 57.10: Office 2000 fügt fehlende Programmteile beim ersten Aufruf selbständig ein

Beim Arbeiten mit VBA stehen die bekannten Hilfetexte und die IntelliSense-Technologie zur Verfügung. Hierbei handelt es sich um eine Technologie zum Bearbeiten von natürlichen Sprachen. Der Assistent erkennt, welche Hilfe Sie benötigen, und empfiehlt selbständig Hilfethemen zu Ihrer derzeitigen Arbeit.

Um ihn zu nutzen, setzen Sie den Textcursor in ein Wort und drücken die Taste [F1].

Wenn Sie VBA erlernen wollen, sollten Sie die Möglichkeiten der Office-Anwendungen nutzen. Beginnen Sie mit der Aufzeichnung einzelner Befehle mit dem Makrorecorder. Danach steht der entsprechende Quelltext in der VBA-Entwicklungsumgebung zur Verfügung. Die aufgezeichneten Befehle lassen sich dann leichter über die kontextsensitive Hilfefunktion der Office-Anwendungen erlernen.

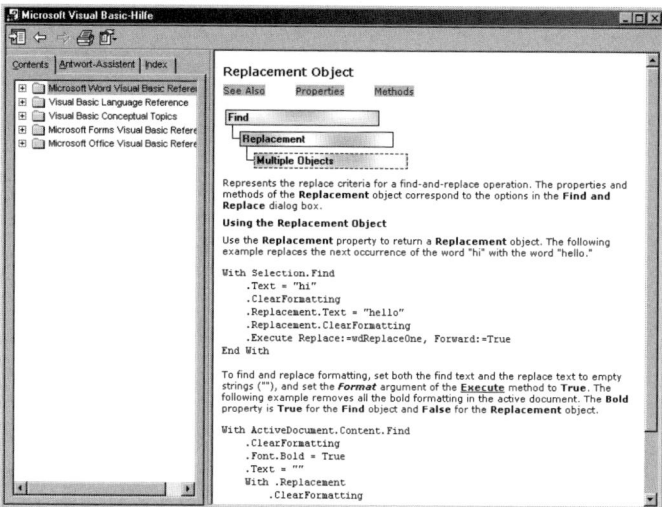

Bild 57.11: Komfortabel: Wenn ein Befehl oder eine Funktion markiert ist, öffnet die Taste F1 eine Hilfebox mit den entsprechenden Erläuterungen

Teamwork mit Office

Office 2000

Für die Arbeit im Team stellen sich besondere Anforderungen. Office wird auch diesen Leistungsanforderungen gerecht: umfangreiche Teamfunktionen erleichtern den gemeinsamen Umgang mit Dokumenten.

11

58. Word: Dokumente gemeinsam bearbeiten

Word kommt in nahezu allen Bereichen, privat oder in der Wirtschaft, zum Einsatz. Gerade im beruflichen Einsatz sind die Teamfunktionen von entscheidender Bedeutung: bei umfangreicheren Schriftstücken arbeiten oft mehrere Personen an einem Dokument. Für diese wichtige Aufgabe hält Word eine ganze Reihe leistungsfähiger Funktionen bereit.

58.1 Der Überarbeiten-Modus

Ein Sachbearbeiter hat die Aufgabe, im Rahmen einer Werbeaktion den Entwurf für ein Werbemailing anzufertigen. Dieser Entwurf geht dann zur Abstimmung an den Vertrieb, die Geschäftsleitung muß die Version absegnen – also ist der Text mehrfach zu überarbeiten, bis die endgültige Version vorliegt.

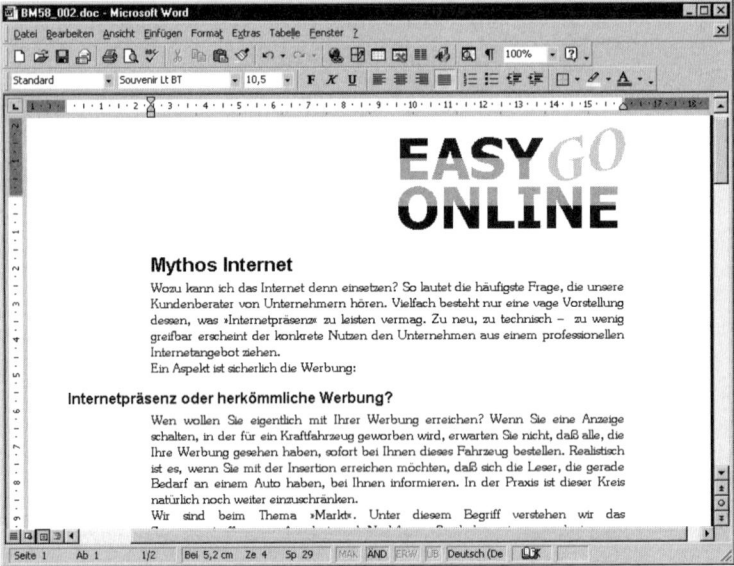

Bild 58.1: Der Entwurf eines Werbemailings, wie es an den Vertrieb geht

Ein wichtiges Hilfsmittel beim gemeinsamen Arbeiten an ein- und demselben Dokument ist der Überarbeiten-Modus. Im Überarbeiten-Modus speichert und unterscheidet Word unterschiedliche Bearbeitungsstände. Die Änderungen, die bisher am Dokument durchgeführt wurden, bleiben transparent und sind jederzeit nachvollziehbar.

 Der Überarbeiten-Modus eignet sich besonders, wenn mehrere Personen gemeinsam an einem Dokument arbeiten.

Word: Dokumente gemeinsam bearbeiten

Word hebt die Änderungen farbig hervor, jeder Bearbeitungsstand wird dabei mit einer anderen Farbe versehen. Zum Abschluß sind die Änderungsstände abzugleichen und zu der endgültigen Version zusammenzuführen.

Laden Sie das Dokument B058_001.DOC, um die einzelnen Arbeitsschritte selbst nachzuvollziehen.

Der Sachbearbeiter öffnet das Dokument und aktiviert den Überarbeiten-Modus über *Extras/Änderungen verfolgen/Änderungen hervorheben*.

Ein Doppelklick auf das ÄND-*Feld in der Statusleiste aktiviert ebenfalls den Überarbeiten-Modus. Mit einem rechten Mausklick öffnen Sie ein Kontextmenü, in dem Sie die durchzuführende Operation auswählen.*

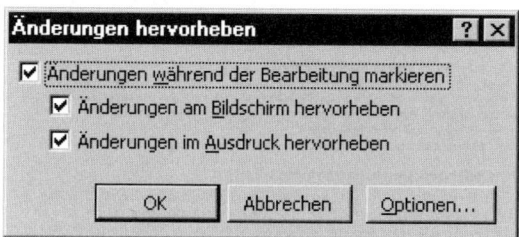

Bild 58.2: *In dieser Dialogbox legen Sie fest, ob und wie Word die Änderungen beim Bearbeiten des Dokuments hervorhebt*

Word öffnet die Dialogbox, in der Sie weitere Einstellungen vornehmen:

- *Änderungen während der Bearbeitung markieren*
  Durch Aktivieren dieses Kontrollkästchens markiert Word die durchgeführten Änderungen im Dokument.

Das Dokument wird wie gewohnt bearbeitet und der neue Text im Dokument gespeichert. Die geänderten Passagen bleiben ebenfalls erhalten.

- *Änderungen am Bildschirm hervorheben*
  Durch Aktivieren dieses Kontrollkästchens zeigt Word die durchgeführten Änderungen an. Gelöschter Text erscheint dann in der Standardeinstellung durchgestrichen, hinzugefügter wird farbig dargestellt.

- *Änderungen im Ausdruck hervorheben*
  Falls Sie dieses Kontrollkästchen aktivieren, werden die Änderungsmarkierungen beim Drucken des Dokuments mit ausgegeben.

1007

Damit Sie eine gute Übersicht beim Bearbeiten behalten, sollten Sie die Kontrollkästchen Änderungen während der Bearbeitung markieren *aktivieren. Schalten Sie* Änderungen am Bildschirm hervorheben *beim Überarbeiten aus, wenn Sie die farbige Markierung stört.*

Alle Änderungen, die der Sachbearbeiter im Dokument vornimmt, zeichnet Word im Dokument auf.

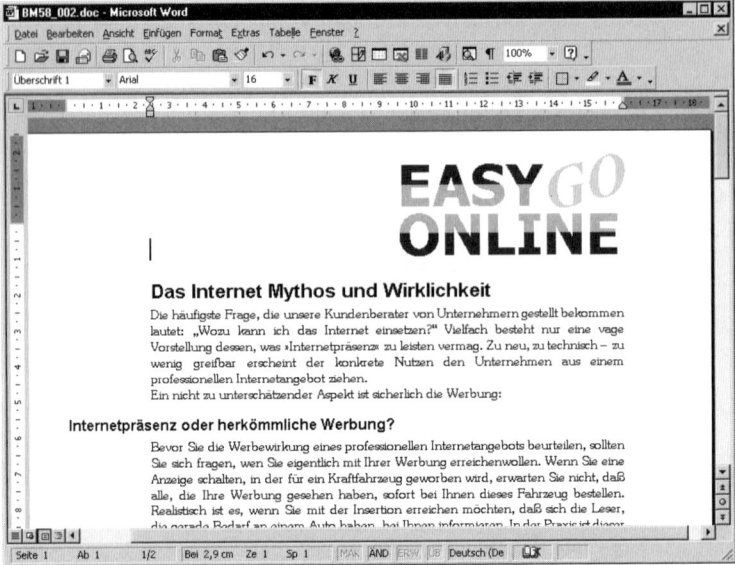

Bild 58.3: Das Dokument nach der ersten Überarbeitung ohne Änderungsmarkierungen

Wenn das Kontrollkästchen *Änderungen am Bildschirm hervorheben* aktiviert ist, kennzeichnet Word die Änderungen in der ausgewählten Markierungsform.

 Mit einem Klick auf die Schaltfläche Optionen *öffnet Word die Dialogbox* Änderungen verfolgen, *in der Sie die Voreinstellung für die Markierung anpassen.*

Neben reinen Änderungsinformationen speichert Word ebenfalls Angaben zum Bearbeiter sowie Datum und Uhrzeit der Änderung. Schalten Sie die Änderungsmarkierung ein und bewegen Sie den Mauszeiger auf eine hervorgehobene Textpassage.

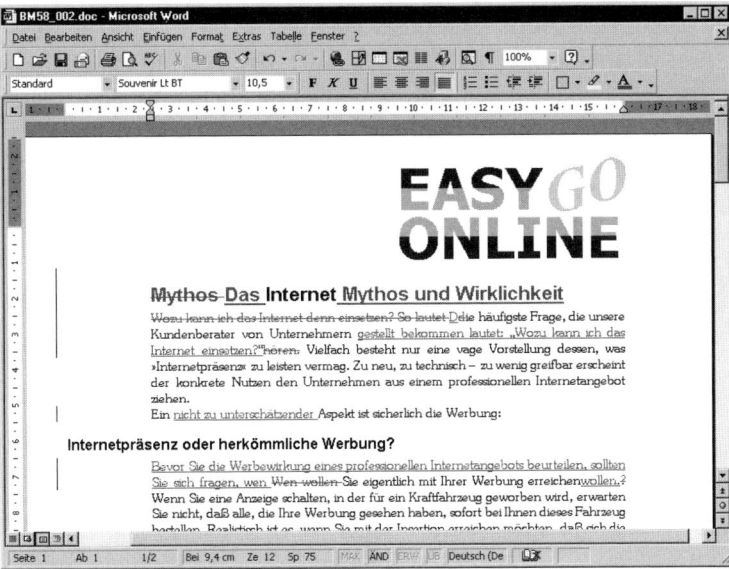

Bild 58.4: Das Dokument nach der ersten Überarbeitung mit Änderungsmarkierungen

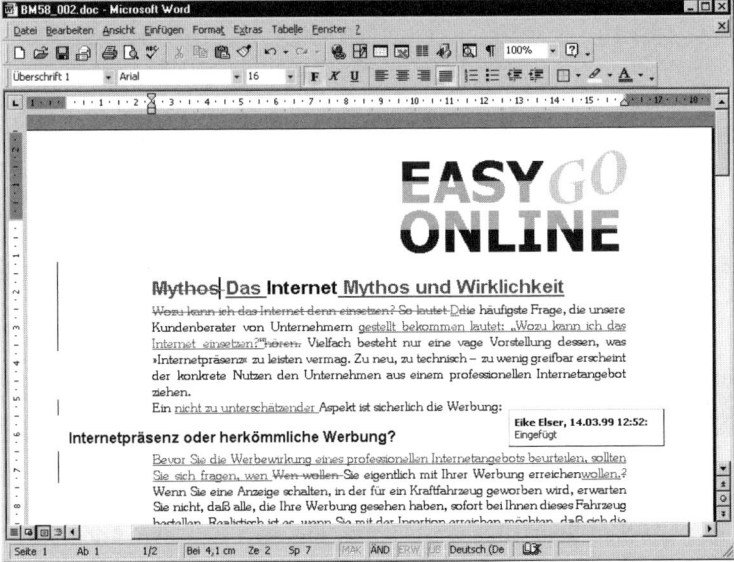

Bild 58.5: Die QuickInfo liefert einen schnellen Überblick über die durchgeführten Änderungen, den Bearbeiter und den Zeitpunkt der Änderung

Wenn im Register *Ansicht* der Dialogbox *Extras/Optionen* das Kontrollkästchen *QuickInfo* aktiviert ist, sehen Sie die entsprechenden Informationen, sobald Sie den Mauszeiger auf eine überarbeitete Textpassage setzen.

Änderungen zusammenführen

Word speichert im Überarbeiten-Modus alle durchgeführten Änderungen. Im Dokument sind, neben der ursprünglichen Version, alle geänderten Texte enthalten. In dieser Form – mit mehreren unterschiedlichen Bearbeitungsständen – ist das Dokument nicht zu gebrauchen. Nachdem das Dokument wie vorgesehen überarbeitet wurde, sollte die endgültige Version entstehen. Setzen Sie dazu die Schreibmarke mit [Strg]+[Pos1] an den Anfang des Dokuments. Über *Extras/Änderungen verfolgen/Änderungen akzeptieren oder ablehnen* startet Word den Konsolidierungsvorgang.

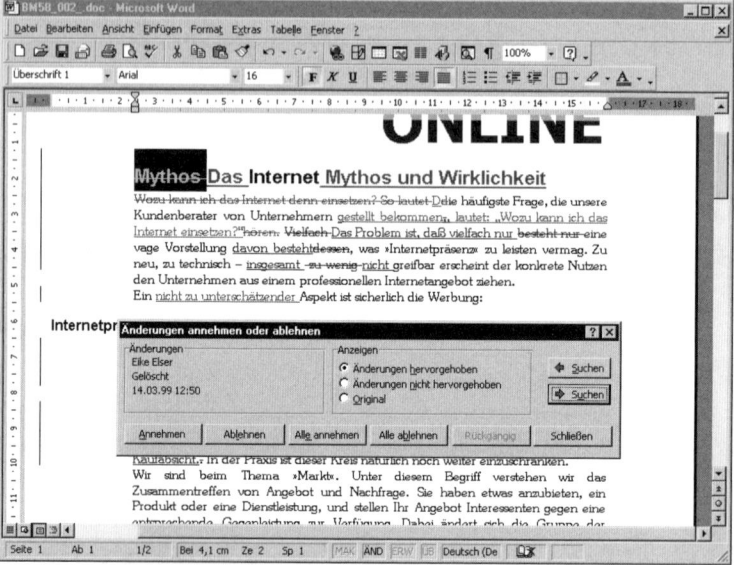

Bild 58.6: *Mit Hilfe der Dialogbox* Änderungen annehmen oder ablehnen *gehen Sie nacheinander alle Änderungen im gesamten Dokument durch*

 Im Dokument B058_006.DOC der CD finden Sie den aktuellen Stand der Bearbeitung mit allen aufgezeichneten Änderungen.

Schritt für Schritt zeigt Word Ihnen jetzt alle Änderungen an, über die *Suchen*-Schaltflächen blättern Sie zwischen den Änderungsmarkierungen. Sechs Schaltflächen dienen zum Bearbeiten der aktuell markierten Änderung:

- *Annehmen*
  Überträgt die durchgeführte Änderung endgültig in das Dokument.

- *Ablehnen*
  Weist die aktuell markierte Änderung zurück.

- *Alle annehmen*
  Mit dieser Schaltfläche übernehmen Sie alle Änderungen ohne weitere Überprüfung in das Dokument.
- *Alle ablehnen*
  Weist alle Änderungen ohne weitere Überprüfung zurück.
- *Rückgängig*
  Nimmt die letzte Aktion – *Annehmen* oder *Ablehnen* – zurück. Um mehr Aktionen zurückzunehmen, schließen Sie die Dialogbox *Änderungen akzeptieren oder ablehnen* und verwenden die Rückgängig-Funktion.

Bei vielen hervorgehobenen Änderungen ist schwer zu entscheiden, welche Änderung angenommenen wird und welche nicht. Mit den Optionsschaltflächen im Bereich *Anzeigen* ändern Sie die Darstellung des Dokuments:

- *Änderungen hervorgehoben*
  Zeigt alle Änderungen in der aktuell gewählten Markierungsform an.
- Klicken Sie auf *Änderungen nicht hervorgehoben*, um das Ergebnis nach allen Änderungen zu sehen.
- Die ursprüngliche Fassung zeigt Word nach einem Klick auf *Original*.

Um Fehler zu korrigieren, die Ihnen beim Einarbeiten der Änderungen auffallen oder zusätzliche Änderungen vorzunehmen, klicken Sie in den Text. Word deaktiviert die Dialogbox *Änderungen annehmen oder ablehnen* und setzt die Schreibmarke in das Dokument. Alle Eingaben und Änderungen, die Sie jetzt vornehmen, zeichnet Word als neue Änderung auf.

Änderungsmarkierungen einrichten

Zum Anpassen der Änderungsmarkierungen klicken Sie in der Dialogbox *Änderungen hervorheben* auf die Schaltfläche *Optionen* oder öffnen das Register *Änderungen verfolgen* in der Dialogbox *Extras/Optionen*.

Word unterscheidet vier verschiedene Änderungen im Text, die alle mit unterschiedlichen Markierungen versehen sind:

- *Eingefügter Text*
  Bestimmt die Markierung von neu eingegebenem Text.
- *Gelöschter Text*
  Bestimmt die Markierung gelöschter Textpassagen. Der Text bleibt im Dokument stehen und erhält die angegebene Markierung, um die Löschung kenntlich zu machen.

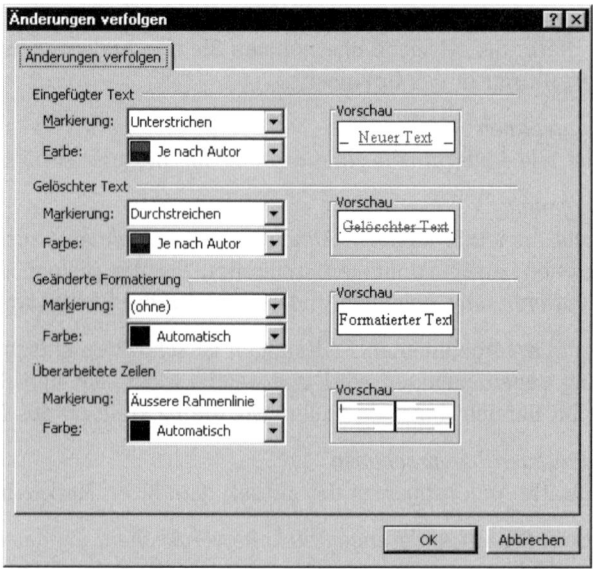

Bild 58.7: *Die Art und Farbe der Änderungsmarkierungen richten Sie in der Dialogbox* Änderungen verfolgen *ein*

··⟶ *Geänderte Formatierung*
Gibt die Hervorhebung von Textpassagen an, in denen das Format überarbeitet wurde.

··⟶ *Überarbeitete Zeilen*
Mit dieser Markierung kennzeichnet Word die Zeilen und Absätze, an denen Änderungen vorgenommen wurden.

 *In der Bildschirmdarstellung erscheint diese Markierung* überarbeitete Zeilen *wenig nützlich, da alle Änderungen bereits farbig hervorgehoben sind. Sobald Sie das Dokument zum Korrekturlesen auf einem Schwarzweiß-Drucker ausgeben, helfen diese Randmarkierungen bei der Orientierung.*

Die Art der Kennzeichnung legen Sie für jeden Änderungstyp getrennt über das Listenfeld *Markierung* fest. Die zu verwendende Farbe bestimmen Sie im gleichnamigen Listenfeld. Word stellt Ihnen neben verschiedenen Farben die Einstellungen *Automatisch* und *Je nach Autor* bereit. Die Einstellung *Je nach Autor* unterscheidet die Bearbeiter durch verschiedene Farben.

58.2 Die Versionskontrolle

Noch einen Schritt weiter als der Überarbeiten-Modus geht die Arbeit mit Versionen. In diesem Fall sichert Word gleich mehrere komplette Bearbeitungsstände in einer Datei. Jeder Bearbeitungsstand kann getrennt als eigene Version angesprochen werden. Es ist kein Problem mehr, wenn sich im Verlauf der Bearbeitung herausstellt, daß eine ältere Version dem gewünschten Ergebnis am nächsten kommt.

Neue Bearbeitungsstände legt Word als eigenständige Version in der gleichen Datei ab, Vorgängerversionen oder das Original bleiben unverändert erhalten.

Falls Sie mit mehreren Dateiversionen arbeiten wollen, sollten Sie auf die Versionsverwaltung von Word zurückgreifen. Im Gegensatz zur Arbeit mit mehreren Dokumentversionen sparen Sie einiges an Speicherplatz, da Word lediglich die jeweiligen Änderungen als Version ablegt.

Die Arbeit mit den unterschiedlichen Versionen ist denkbar einfach. Um die Versionskontrolle für ein Dokument zu aktivieren, klicken Sie auf *Datei/Version*. Word öffnet die Dialogbox *Versionen in XX*.

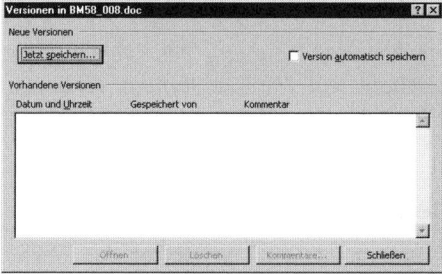

Bild 58.8: Über diese Dialogbox richten Sie die Versionskontrolle ein

Mit den Kontrollkästchen *Version automatisch speichern* geben Sie vor, daß Word beim Schließen des Dokuments eine neue Version ablegt. Bei jedem Schließen öffnet Word dann automatisch die Dialogbox *Version speichern*, in der Sie einen Kommentar eingeben.

Nach einem Klick auf die Schaltfläche *Jetzt speichern* legen Sie die aktuelle Fassung des Dokuments als Version ab. Word öffnet dazu die Dialogbox *Version speichern,* in der Sie den Kommentar zur aktuellen Version erfassen. Zeit und Datum der Speicherung sowie den Namen des Benutzers übernimmt Word automatisch.

Anhand des eingegebenen Kommentars unterscheiden Sie später die verschiedenen Versionen – geben Sie aussagefähige Informationen ein.

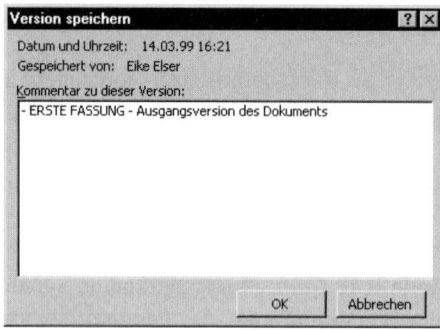

Bild 58.9: Mit einem Kommentar kennzeichnen Sie die aktuelle Dateiversion

Nach dem Bestätigen mit *OK* übernimmt Word die aktuellen Eingaben und aktiviert die Versionsverwaltung für das aktuelle Dokument.

Bearbeiten Sie das Dokument wie gewohnt. Sobald Sie einen Arbeitsschritt abgeschlossen haben oder den aktuellen Stand sichern wollen, klicken Sie auf *Datei/Version*. Mit einem Klick auf die Schaltfläche *Jetzt speichern* legt Word die aktuellen Änderungen als neue Version ab.

Nachdem der letzte gesicherte Zwischenstand entfernt ist, deaktiviert Word die Versionskontrolle – das Symbol in der Statusleiste verschwindet.

 Sie müssen explizit angeben, daß Word eine neue Version ablegen soll. Beim Sichern mit Datei/Speichern *legt Word keine neue Version an, sondern sichert die Änderungen im aktuellen Dokument.*

Mit Versionen arbeiten

Das Bearbeiten eines Dokuments mit aktivierter Versionskontrolle unterscheidet sich nicht vom normalen Arbeiten in Word. Lediglich das Symbol *Versionen* in der Statusleiste weist auf die aktive Versionskontrolle hin. Im Gegensatz zum Arbeiten mit der Änderungsverfolgung haben Sie immer die letzte Fassung des Dokuments vor Augen.

 Das B058_010.DOC auf CD enthält bereits einen Text mit einer Versionsverwaltung mit unterschiedlichen Zwischenständen.

Sobald Sie die Versionsverwaltung aktiviert haben, zeigt Word nach dem Aufruf des Menübefehls *Datei/Version* alle gespeicherten Versionen in der Dialogbox *Versionen in XX*.

 Mit einem Doppelklick auf das Symbol Versionen *in der Statusleiste öffnen Sie ebenfalls die Dialogbox* Versionen in XX.

Word: Dokumente gemeinsam bearbeiten

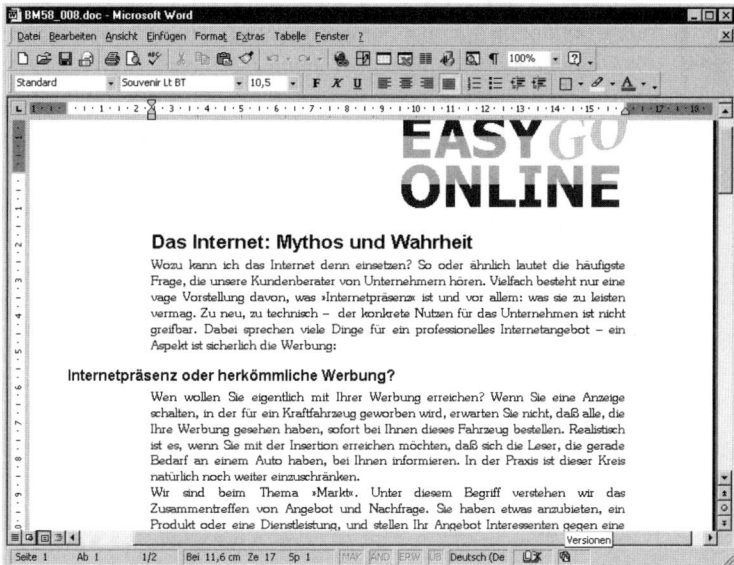

Bild 58.10: Wenn die Versionskontrolle aktiviert ist, sehen Sie in der Statusleiste das zusätzliche Symbol Versionen

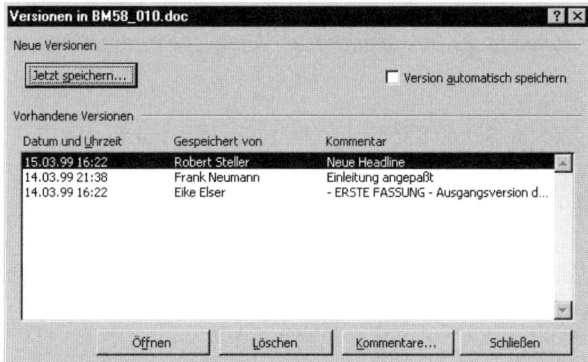

Bild 58.11: Die einzelnen Versionen eines Dokuments lassen sich getrennt voneinander öffnen, bearbeiten oder löschen

Im Bild sehen Sie, daß zum aktuellen Dokument drei Zwischenstände gespeichert sind. Um auf einen Zwischenstand zuzugreifen, markieren Sie den entsprechenden Eintrag mit der Maus. Vier Schaltflächen bestimmen die auszuführende Aktion.:

- **Öffnen**
  Mit einem Klick auf diese Schaltfläche öffnet Word die markierte Version des Dokuments in einem eigenen Fenster. Dazu verkleinert Word das aktuelle Dokumentfenster, so daß beide Dokumente nebeneinander auf dem Bildschirm zu sehen sind. Die einzelnen Versionen bearbeiten Sie getrennt voneinander.

1015

Änderungen, die Sie an einer geöffneten Dokumentversion durchführen, müssen Sie als eigenständiges Dokument speichern.

Bild 58.12: Zwei Versionen eines Dokuments zum Vergleichen untereinander

..:> *Löschen*
Mit dieser Schaltfläche löschen Sie die markierte Dokumentversion. Dabei gehen alle ungesicherten Änderungen gegenüber den anderen Versionen verloren.

 Gehen Sie beim Löschen vorsichtig vor, denn gelöschte Versionen können Sie nicht wiederherstellen.

..:> *Kommentare*
Zeigt den vollständigen Kommentar zur markierten Version an.

..:> *Schließen*
Schließt die Dialogbox zur Versionsverwaltung.

Eine vorhandene Version kann jederzeit in einer externen Datei gespeichert werden. Öffnen Sie dazu über *Datei/Version* die Versionsverwaltung. Markieren Sie die gewünschte Version, und klicken Sie auf *Öffnen*. Word stellt die ausgewählte Version in einem eigenen Fenster dar. In der Titelleiste erscheinen Dateiname, Datum und Uhrzeit sowie der Hinweis *Version*. Um diese Version zu sichern, verwenden Sie den Menübefehl *Datei/Speichern*. Die normale Datei-Dialogbox erscheint und erlaubt die Auswahl eines Dateinamens sowie die Angabe des Zielordners. Word gibt einen Dateinamen vor, der auf die Herkunft des Dokuments schließen läßt.

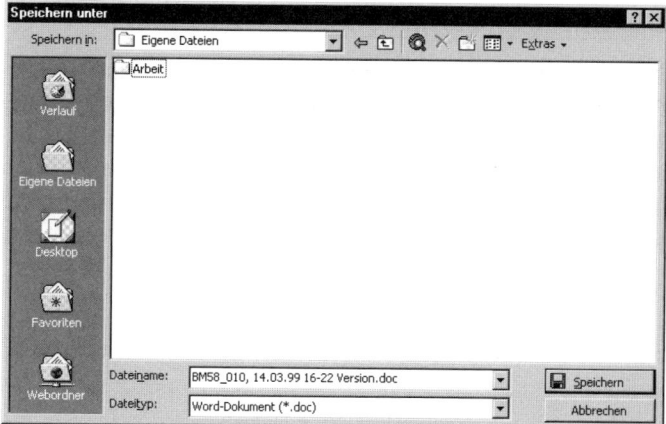

Bild 58.13: Nach dem Öffnen speichern Sie die Dokumentversion in einer eigenständigen Datei, um den Bearbeitungstand zu sichern

Sobald Sie eine Version schließen, in der Sie Änderungen vorgenommen haben, erfolgt automatisch eine Sicherheitsabfrage, ob diese Änderungen gespeichert werden sollen.

Um die Versionskontrolle wieder zu deaktivieren, klicken Sie auf *Datei/ Version*. Markieren Sie alle gespeicherten Versionen in der Dialogbox *Versionen in XX* und klicken Sie auf die Schaltfläche *Löschen*.

Um die Zwischenstände vor dem Deaktivieren der Versionskontrolle zu erhalten, speichern Sie die einzelnen Dokumentversionen jeweils in einer eigenen Datei.

Versionen vergleichen

Um die verschiedenen Versionen eines Dokuments zu vergleichen und daraus den endgültigen Bearbeitungsstand zu erhalten, müssen Sie zunächst die älteren Versionen in einer externen Datei speichern. Die einzelnen Bearbeitungsstände liegen dann als eigenständige Dokumente vor. Über *Extras/ Änderungen verfolgen/Dokumente vergleichen* wägen Sie beide Bearbeitungsstände gegeneinander ab und führen sie bei Bedarf zu einem einzigen Dokument zusammen. Mehr zu diesem Thema erfahren Sie in Kapitel 58.4; Dokumente vergleichen.

58.3 Dokumente schützen

Bei der Arbeit in Teams kommt es vor, daß mehrere Anwender auf dasselbe Dokument zugreifen müssen. Dabei ist es von entscheidender Bedeutung zu reglementieren, wer überhaupt Zugriff auf das entsprechende Dokument erhält – Word stellt Ihnen dafür eine Reihe interessanter Funktionen bereit.

Kennwörter verwenden

Nicht immer sollen alle Anwender auf den Inhalt eines Dokuments zugreifen. Ein wichtiger Mechanismus, mit dem Sie den Zugriff auf das Dokument einschränken, sind Kennwörter. Sie stellen einen Grundschutz für Daten dar.

 Der Kennwortschutz von Word ist nicht geeignet, vertrauliche Daten zu schützen. Setzen Sie gegebenenfalls zusätzliche, externe Hilfsprogramme ein.

Um ein Dokument mit einem Kennwort zu sichern, öffnen Sie das betreffende Dokument. Klicken Sie auf *Extras/Optionen* und öffnen Sie das Register *Speichern*.

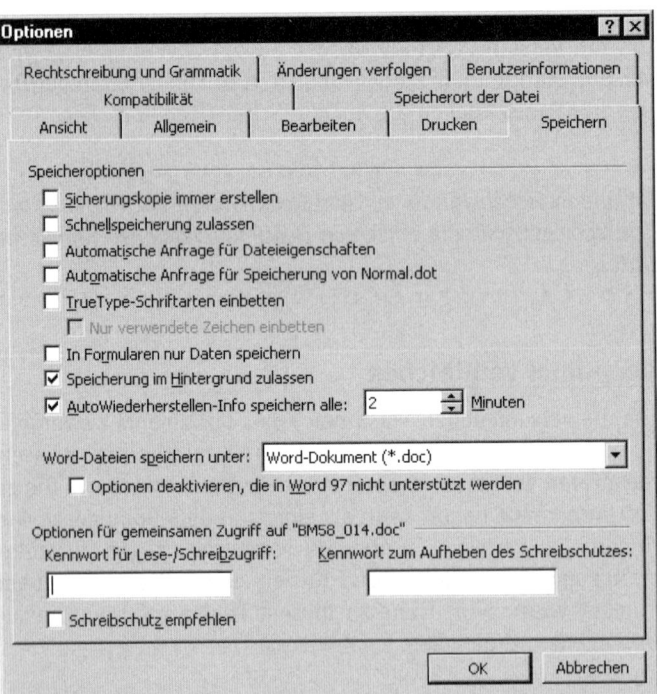

Bild 58.14: Im Register Speichern *der Dialogbox* Optionen *richten Sie für das aktuell angezeigte Dokument einen Kennwortschutz ein*

Im Bereich *Optionen für gemeinsamen Zugriff* sehen Sie zwei Eingabefelder:

Das *Kennwort für Lese-/Schreibzugriff* schützt das Dokument vor unberechtigtem Zugriff. Solange nicht das richtige Kennwort eingegeben wurde, läßt sich das Dokument nicht öffnen. Darüber hinaus verschlüsselt Word die im Dokument enthaltenen Informationen, so daß die Daten nicht ohne weiteres mit Fremdanwendungen zu öffnen sind.

Zum Festlegen des Kennworts klicken Sie in das Eingabefeld *Kennwort für Lese-/Schreibzugriff* und geben das gewünschte Kennwort ein.

 Ein Kennwort darf bis zu 15 Zeichen lang sein und kann Buchstaben, Ziffern und Sonderzeichen enthalten. Word unterscheidet Groß- und Kleinschreibung.

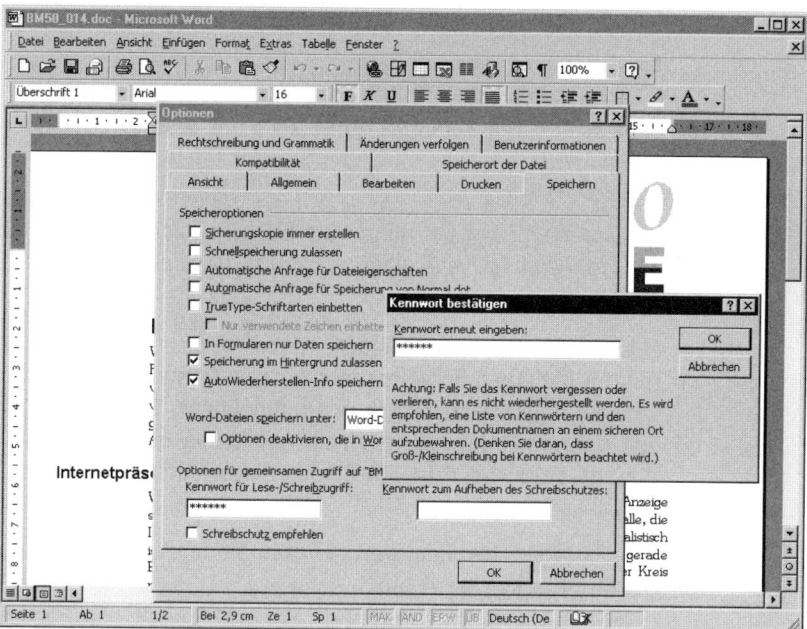

Bild 58.15: *Nach einem Klick auf OK öffnet Word die Dialogbox* Kennwort bestätigen, *in der Sie das neue Kennwort zur Sicherheit noch einmal eingeben*

Um ein Dokument mit einem *Kennwort für Lese-/Schreibzugriff* zu öffnen, müssen Sie erst das richtige Kennwort eingeben. Selbst die Vorschaufunktion in der Dialogbox *Öffnen* ist kennwortgeschützt.

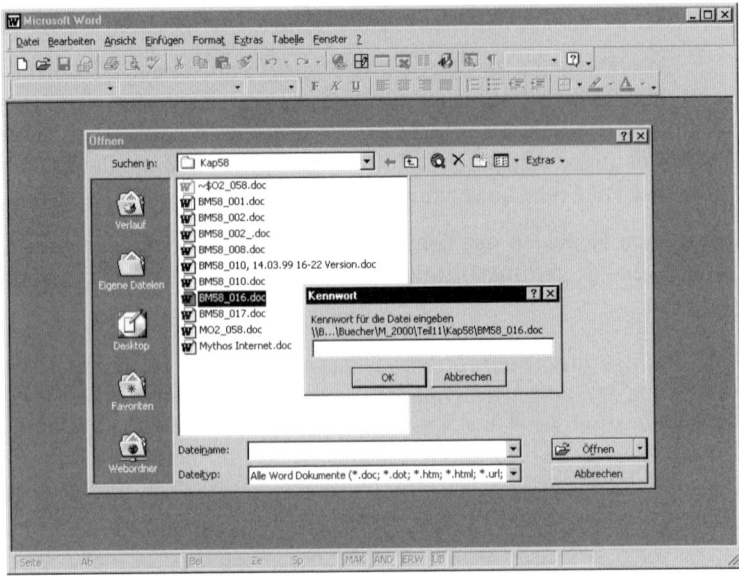

Bild 58.16: Ohne das richtige Kennwort öffnet Word das geschützte Dokument nicht

 Das Dokument mit den Kennwort für Lese-/Schreibzugriff *finden Sie unter der Bezeichnung BM58_016 auf der CD. Das Kennwort lautet* magnum.

Mit dem zweiten Eingabefeld, *Kennwort für das Aufheben des Schreibschutzes,* richten Sie einen Schreibschutz für das Dokument ein und erschweren damit unbefugte Veränderungen am Dokument. Erst nach Eingabe des richtigen Kennworts läßt Word eine Bearbeitung des Dokuments zu. Ohne das richtige Kennwort öffnet Word das Dokument schreibgeschützt im Lesezugriff.

Zum Festlegen des Kennworts klicken Sie in das Eingabefeld und geben das gewünschte Kennwort ein.

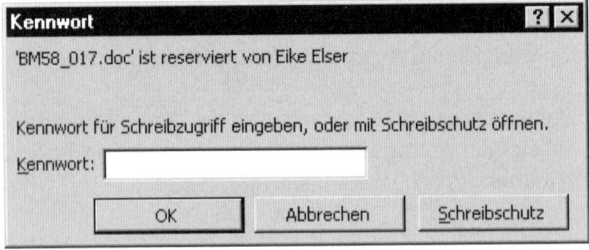

Bild 58.17: Dokumente mit einem Schreibschutz-Kennwort öffnen Sie nach Eingabe des richtigen Kennworts zum Bearbeiten oder ohne Kennwort schreibgeschützt im Lesezugriff

Einen wirklichen Schutz gegen unbefugte Änderungen stellt das Schreibschutzkennwort nicht dar, da Word das Kennwort im Klartext im Dokument ablegt.

Die Beispieldatei BM58_017 enthält das Dokument mit den Schreibschutz-Kennwort `luzifer`.

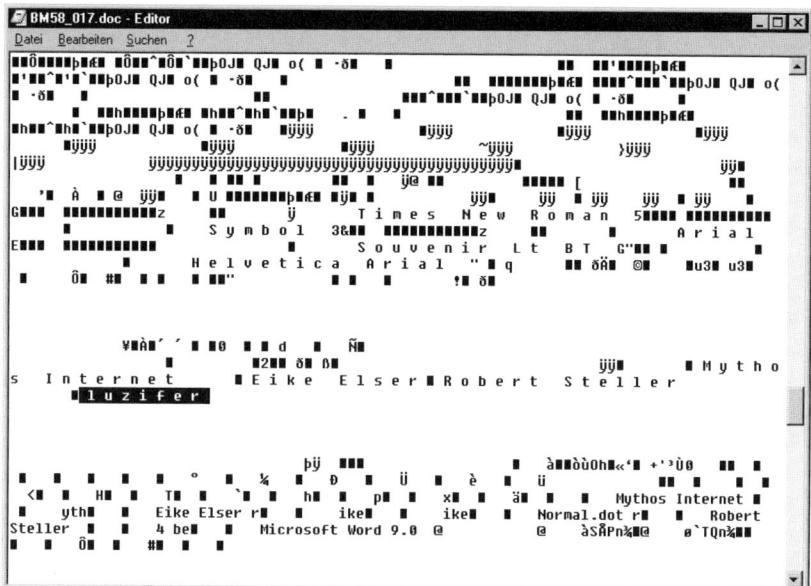

Bild 58.18: Das Schreibschutzkennwort ist im Klartext gespeichert. Ein Texteditor reicht aus, um den Dokumentschutz zu knacken

Verwenden Sie nie die gleichen Kennwörter für Schreibschutz und Lese-/Schreibzugriff. Das Schreibschutzkennwort kann mit geringstem Aufwand ausgespäht werden und legt dann alle anderen Daten offen.

Dokument schützen

Über *Extras/Dokument schützen* richten Sie Zugriffsbeschränkungen für das aktuell geöffnete Dokument ein. Word öffnet die Dialogbox *Dokument schützen*, in der Sie die zulässigen Bearbeitungsformen festlegen und ein optionales Zugriffskennwort vergeben.

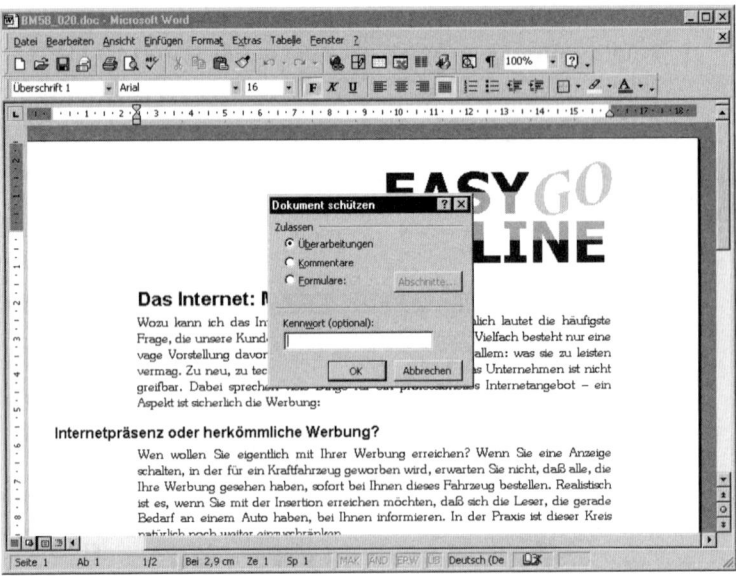

Bild 58.19: Über Extras/Dokument schützen *legen Sie fest, in welchem Umfang das Dokument bearbeitet werden darf*

- *Überarbeiten*
  Aktivieren Sie diese Option um sicherzustellen, daß der Anwender auf das entsprechende Dokument ausschließlich im Überarbeiten-Modus zugreifen kann. Word zeichnet automatisch alle Änderungen auf. Der Überarbeiten-Modus kann nur über den Menübefehl *Extras/Dokumentschutz aufheben* verlassen werden.

- *Kommentare*
  Mit dieser Option erlauben Sie dem Anwender lediglich, Kommentare in das Dokument einzufügen. Änderungen und Überarbeitungen des Dokuments sind nicht zugelassen.

- *Formulare*
  Sobald Sie diese Option aktiviert haben, können Sie nur noch Daten in Formularfelder eingeben und ungeschützte Abschnitte im Dokument bearbeiten.

Alle oben aufgeführten Optionen bleiben so lange erhalten, bis Sie den Schutz über *Extras/Dokumentschutz aufheben* wieder rückgängig machen.

Nachdem Sie das Kennwort festgelegt haben, ist der Menüpunkt *Dokumentschutz aufheben* gesperrt. Der eingestellte Dokumentschutz kann nur noch nach der Eingabe des richtigen Kennworts ausgeschaltet werden. Sobald das richtige Kennwort eingegeben ist, enthält der Anwender unbeschränkten Zugriff auf das Dokument.

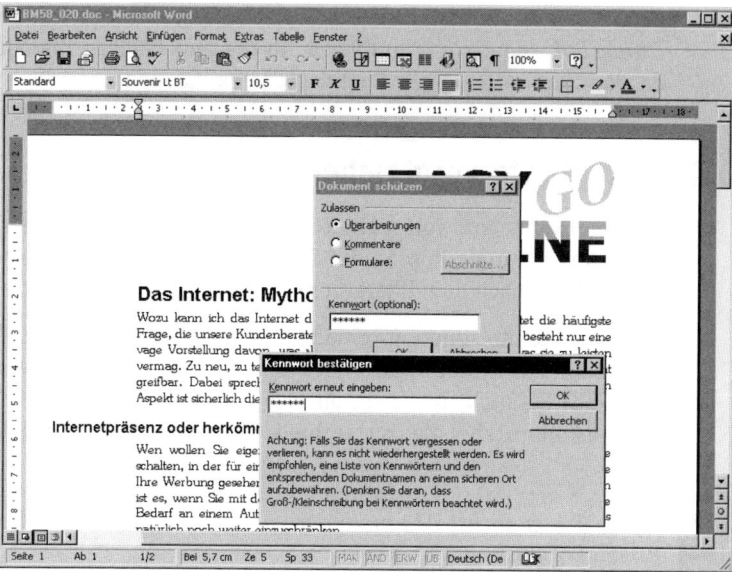

Bild 58.20: Mit einem Kennwort sichern Sie die Einstellungen zum Dokumentschutz

 Im Beispiel wurde die Datei BM58_020.DOC mit einem Kennwort geschützt und nur die Eingabe von Kommentaren zugelassen.

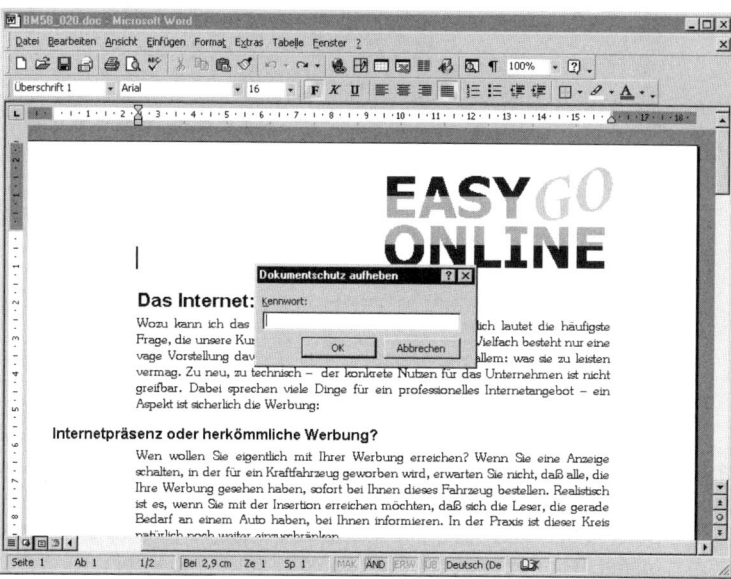

Bild 58.21: Erst nachdem das richtig Paßwort eingegeben wurde, läßt sich der Dokumentschutz deaktivieren

Damit Sie Änderungen an der Beispieldatei vornehmen können, wählen Sie *Extras/Dokumentschutz aufheben*. In der angezeigten Dialogbox geben Sie das Paßwort magnum ein – jetzt sollte es klappen.

58.4 Dokumente vergleichen

Falls ein Dokument von mehreren Bearbeitern durchgesehen wird, geht es schneller, wenn Sie Kopien des Dokuments weitergeben. Diese Kopien führen Sie dann nach dem Überarbeiten wieder zu einem Dokument zusammen.

Zwei Dokumente sollen miteinander verglichen werden, um die Unterschiede abzugleichen und daraus ein einziges aktuelles Dokument zu erstellen. Word läßt Sie nicht im Stich: mit der Funktion *Dokumente vergleichen* decken Sie komfortabel die Unterschiede zwischen zwei Word-Dokumenten auf.

 Öffnen Sie zunächst das erste der zu vergleichenden Dokumente: die Datei BM58_022.DOC.

Wählen Sie dann *Extras/Änderungen verfolgen/Dokumente vergleichen*.

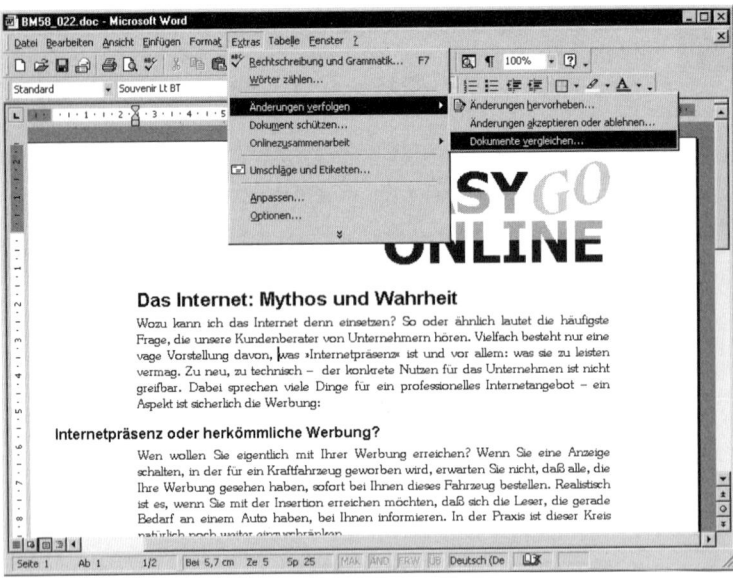

Bild 58.22: Dieses Dokument soll mit einer überarbeiten Kopie verglichen werden

Nach dem Klick auf *Extras/Änderungen verfolgen/Dokumente vergleichen* öffnet Word eine Datei-Dialogbox in der Sie die überarbeitete Kopie für den Vergleich auswählen.

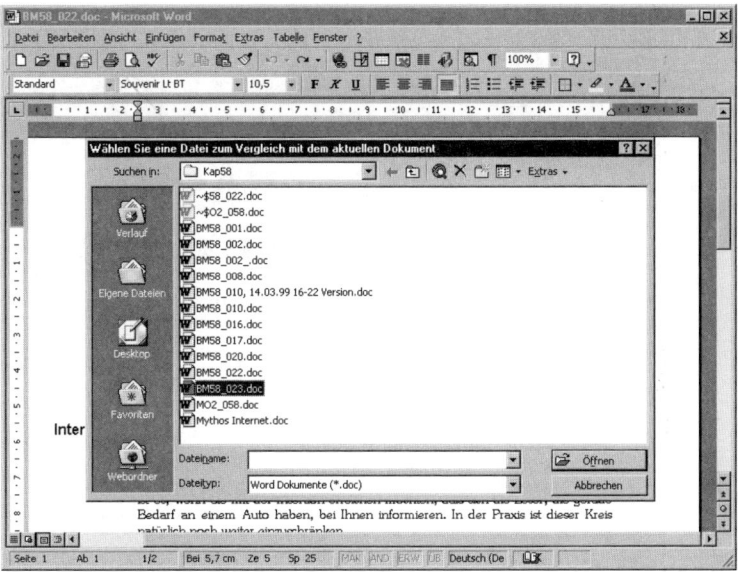

Bild 58.23: Auch bei der Auswahl des Vergleichsdokuments begegnet Ihnen die Datei-Dialogbox

Das Vergleichsdokument ist unter dem Dateinamen BM58_023.DOC auf der CD abgelegt.

Nachdem Sie das entsprechende Dokument markiert und mit einem Klick auf *Öffnen* geladen haben, beginnt Word automatisch mit dem Vergleich. Dazu aktiviert Word den Überarbeiten-Modus für das aktuell geöffnete Dokument und fügt die Unterschiede zum Vergleichsdokument als Änderungen ein.

Je nach Größe der Dokumente und Anzahl der durchgeführten Änderungen kann dieser Vorgang mitunter lange dauern.

Im Anschluß an den Vergleich zeigt Word Ihnen die Unterschiede wie im Überarbeiten-Modus an.

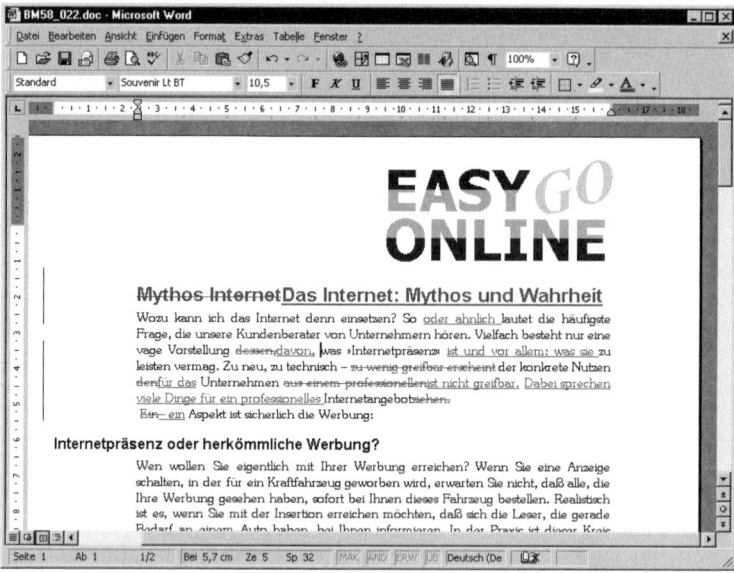

Bild 58.24: Die Unterschiede zwischen den beiden Dokumenten hebt Word durch Änderungsmarkierungen farbig hervor

Um das Dokument auf den aktuellen Stand zu bringen, klicken Sie auf den Menübefehl *Extras/Änderungen verfolgen/Änderungen akzeptieren oder ablehnen* und führen die Änderungen zusammen.

Bild 58.25: Aus zwei mach eins: über Extras/Änderungen verfolgen/Änderungen akzeptieren oder ablehnen *führen Sie die Unterschiede zwischen den beiden Dokumenten zusammen*

Die Funktion Dokumente vergleichen eignet sich auch dazu, unterschiedliche Versionen eines Dokuments zu einem Dokument zusammenzuführen. Die Voraussetzung dafür ist, daß Sie die einzelnen Versionen als eigenständige Datei abspeichern und dann den Vergleich durchführen.

58.5 Dokumente zusammenführen

Beim Zusammenführen von Dokumenten geht es primär darum, unterschiedliche Bearbeitungsstände zu konsolidieren, um so das aktuelle Arbeitsergebnis zu erhalten. Dabei verknüpfen Sie mehrere Teildokumente zu einem Einzigen.

Gemeinsamer Dokumentzugriff

Oft sind mehrere Sachbearbeiter am Entstehen eines Word-Dokuments beteiligt. In der vorliegenden Version von Word ist es nicht möglich, daß alle Sachbearbeiter gleichzeitig am gemeinsamen Projekt arbeiten. Erstellen Sie deshalb zunächst für jeden Mitarbeiter eine eigene Arbeitskopie des Originaldokuments.

Verwenden Sie aussagefähige Dateinamen für die Sachbearbeiterkopien, aus denen Bearbeiter und Name des Projekts hervorgehen.

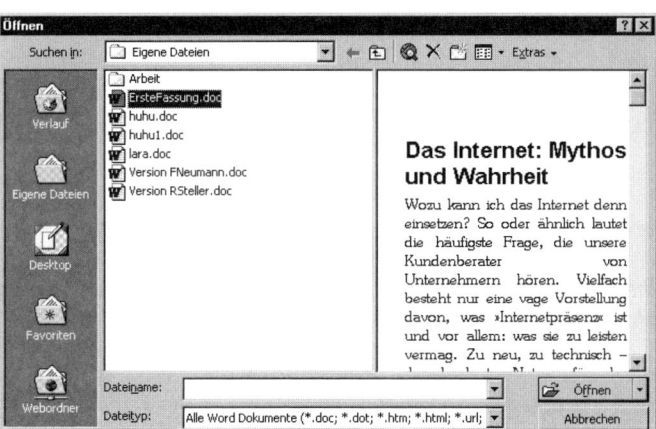
Bild 58.26: Zwei Personen erhalten eine eigene Arbeitskopie

Jeder Mitarbeiter bearbeitet seine Kopie jetzt im Überarbeiten-Modus. Sobald alle Änderungen vorgenommen wurden, müssen Sie die Arbeitskopien konsolidieren.

Wenn die Arbeitskopie nicht im Überarbeiten-Modus bearbeitet wurde, zeigt Word eine Fehlermeldung. Um die Änderungen dennoch zu konsolidieren, brechen Sie den Vorgang ab. Mit dem Befehl Extras/Änderungen verfolgen/ Dokumente vergleichen *wählen Sie die abzugleichende Kopie.*

Öffnen Sie das »Original«, und wählen Sie *Extras/Dokumente zusammenführen*. In der angezeigten Dialogbox wählen Sie die Dateien (Arbeitskopien) zum Verbinden mit dem aktuellen Dokument aus. Wiederholen Sie den Vorgang für jede vorhandene Arbeitskopie. Sie erhalten ein einziges Dokument mit allen vorgenommenen Änderungen. Diese bearbeiten Sie anschließend Schritt für Schritt über *Extras/Änderungen verfolgen/Änderungen akzeptieren oder ablehnen*. Hilfreich ist dabei die Verwendung der *Überarbeiten*-Symbolleiste, in der Sie alle wichtigen Funktionen über Schaltflächen erreichen.

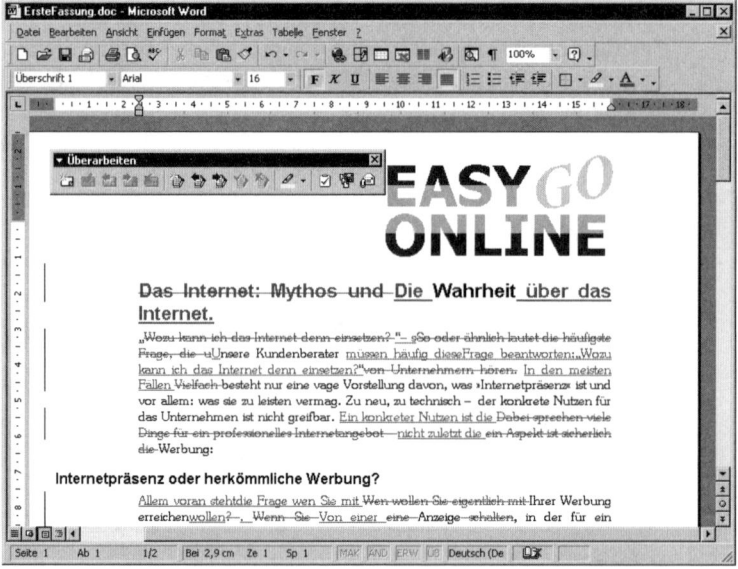

Bild 58.27: Die wichtigsten Funktionen für das Verfolgen von Änderungen sind in der Überarbeiten-*Symbolleiste integriert*

 Unter BM58_026.DOC finden Sie das Original, die Arbeitskopien sind unter der Bezeichnung BM58_261.DOC und BM58_262.DOC abgelegt.

Kommentare fügen Sie über *Einfügen/Kommentar* an Ort und Stelle in ein Dokument ein – so können Sie z.B. Änderungsvorschläge unterbreiten oder zusätzliche Anmerkungen hinzufügen. Jeder Kommentar ist mit Datum, Uhrzeit und dem Namen des Sachbearbeiters gekennzeichnet. Wenn mehrere zusammengeführte Dokumentkopien Kommentare enthalten, werden diese automatisch nach den vorhandenen Änderungen abgearbeitet.

59. Excel: Arbeitsmappen gemeinsam bearbeiten

Die Tabellenkalkulation Excel ist ebenfalls gut für die Arbeit im Team gerüstet. Umfangreiche Funktionen stellen den gemeinsamen Zugriff auf Arbeitsmappen sicher. Weiterhin existieren unterschiedliche Mechanismen zum Schutz Ihrer Daten.

59.1 Arbeitsmappen freigeben

Im Gegensatz zu Word unterstützt Excel den gleichzeitigen Zugriff mehrerer Anwender auf eine Arbeitsmappe. Dazu müssen Sie die Arbeitsmappe über den Menübefehl *Extras/Arbeitsmappe freigeben* für den gleichzeitigen Zugriff durch mehrere Anwender einrichten.

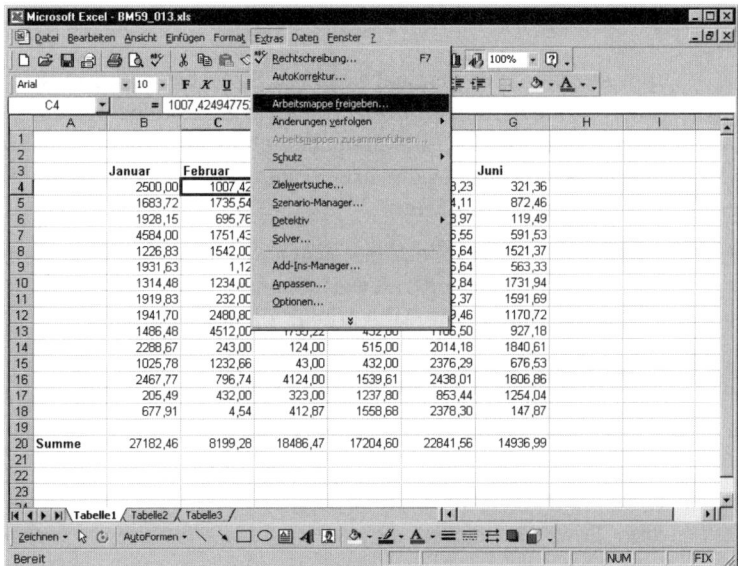

Bild 59.1: Über den Menübefehl Extras/Arbeitsmappe freigeben *richten Sie die aktuelle geöffnete Arbeitsmappe für den gleichzeitigen Zugriff durch mehrere Anwender ein*

Nach einem Klick auf *Extras/Arbeitsmappe freigeben* öffnet Excel die Dialogbox *Arbeitsmappe freigeben*. Im ersten Register *Status* aktivieren Sie die Freigabe. Im Listenfeld *Diese Benutzer greifen gemeinsam auf die Datei zu* sehen Sie welche Anwender momentan an der aktuell geöffneten Arbeitsmappe arbeiten. Solange die Freigabe noch nicht aktiviert ist, sehen Sie lediglich den Eintrag für sich selbst mit dem Zusatz (Exklusiv).

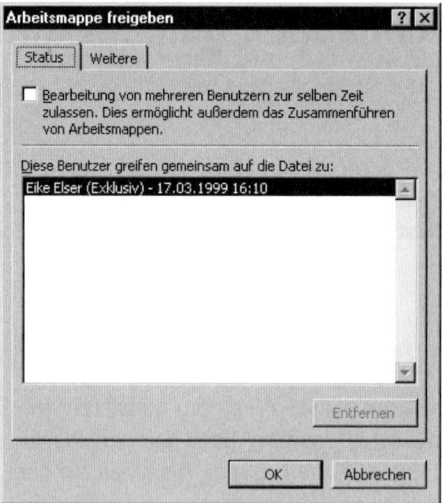

Bild 59.2: Die Dialogbox Arbeitsmappe freigeben *regelt den gemeinsamen Zugriff auf Excel-Arbeitsmappen*

Zum Aktivieren der Freigabe klicken Sie auf das Kontrollkästchen *Bearbeitung von mehreren Benutzern zur (...)*. Klicken Sie auf *OK*, um die Einstellungen anzuwenden. Die Freigabe gehört zu den Dokumenteigenschaften und muß zunächst in der Arbeitsmappe gespeichert werden. Dabei unterscheidet Excel zwei Fälle:

- Sofern die aktuelle Arbeitsmappe zuvor gespeichert wurde, zeigt Excel eine Warnmeldung und weist Sie darauf hin, daß die Arbeitsmappe zum Aktivieren der Freigabe erneut zu speichern ist.

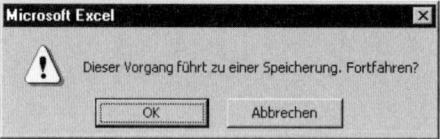

Bild 59.3: Bevor Excel die Freigabe aktiviert, muß die Arbeitsmappe gespeichert werden

- Bei Arbeitsmappen, die noch nicht gesichert wurden, öffnet Excel automatisch die Dialogbox *Speichern unter*.

 Falls Sie die Speicherung an dieser Stelle abbrechen, gibt Excel die Arbeitsmappe nicht frei.

Ab sofort sind andere Anwender in der Lage die Arbeitsmappe gleichzeitig zu öffnen und zu bearbeiten. In der Titelleiste ist der Zusatz *[Freigegeben]* zu sehen.

Excel: Arbeitsmappen gemeinsam bearbeiten

Bild 59.4: *Die freigegebene Arbeitsmappe trägt den Zusatz [Freigegeben] in der Titelleiste*

Excel registriert jeden Zugriff und protokolliert die durchgeführten Änderungen. Dabei stellt die erste geöffnete Version der Arbeitsmappe den Bezugspunkt für alle Änderungen dar.

Freigabe-Optionen

Um den gemeinsamen Zugriff und die Aktualisierung der vorgenommenen Änderungen zu steuern, stellt Ihnen Excel im Register *Weitere* der Dialogbox *Arbeitsmappen freigeben* eine ganze Reihe von Einstellungen und Optionen zur Verfügung.

Ein optionales Änderungsprotokoll und die automatische Aktualisierungsfunktion, der von anderen Benutzern vorgenommenen Änderungen, erleichtern die Verwaltung beim gemeinsamen Zugriff auf Arbeitsmappen beträchtlich.

Im Bereich *Änderungen nachverfolgen* legen Sie fest, ob Excel ein Änderungsprotokoll für die Arbeitsmappe führen soll.

> *Das Änderungsprotokoll zeichnet alle Bearbeitungen in der Arbeitsmappe für den angegebenen Zeitraum chronologisch auf.*

Dieses Änderungsprotokoll dient nicht ausschließlich zu Dokumentationszwecken, sondern stellt den Dreh- und Angelpunkt weiterer Arbeitsgruppen-Funktionalität dar. Um das Änderungsprotokoll einzuschalten, aktivieren Sie die Option *Änderungsprotokoll führen für die letzten:* und geben im Eingabefeld *Tage* den zu protokollierenden Zeitraum an.

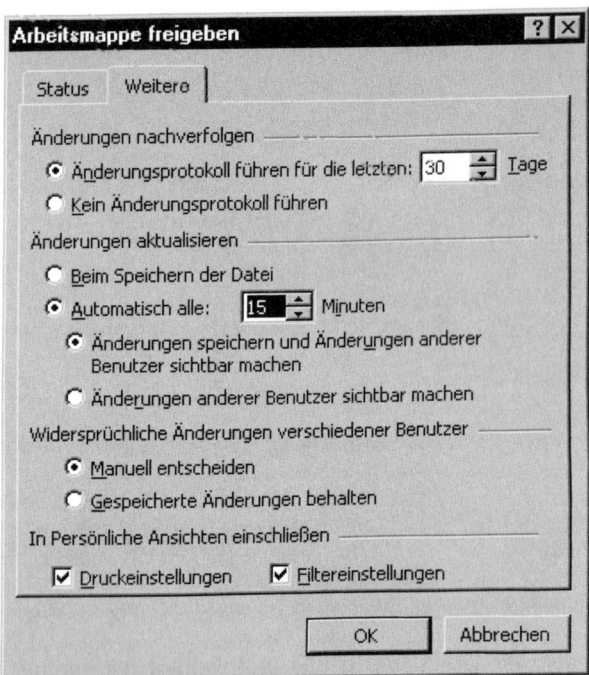

Bild 59.5: Im Register Weitere *der Dialogbox* Arbeitsmappe freigeben *steuern Sie den Zugriff auf die freigegebene Arbeitsmappe*

 Um die Kopien einer freigegebenen Arbeitsmappe später zu einer Arbeitsmappe zusammenzuführen, muß die Option Änderungsprotokoll *aktiviert sein!*

Im Bereich *Änderungen aktualisieren* legen Sie fest, wann die Veränderungen, die andere Anwender an der Arbeitsmappe vorgenommen haben, aktualisiert werden.

- *Beim Speichern der Datei*
  Wählen Sie diese Option, wenn Sie wollen, daß Excel die Änderungen erst beim Speichern des Arbeitsblattes aktualisiert.

- *Automatisch alle XX Minuten*
  Mit dieser Option aktualisiert Excel die Änderungen in den von Ihnen vorgegebenen Zeitabständen automatisch.

Sobald Sie diese Einstellung aktiviert ist, sind zwei weitere Optionen zugänglich:

- *Änderungen speichern und Änderungen anderer Benutzer sichtbar machen*

Mit dieser Option sichert Excel nach dem vorgegebenen Zeitraum die von Ihnen vorgenommenen Änderungen und gleicht die Bearbeitungsstände mit den anderen geöffneten Instanzen der Arbeitsmappe ab.

···≻ *Änderungen anderer Benutzer sichtbar machen*
Wenn Sie diese Einstellungen wählen aktualisiert Excel nach Ablauf der Zeitspanne Änderungen anderer Anwender und stellt sie in der Arbeitsmappe dar. Die von Ihnen durchgeführten Änderungen speichert Excel zu diesem Zeitpunkt nicht. Um die eigenen Änderungen zu sichern, speichern Sie die Arbeitsmappe wie gewohnt über *Datei/Speichern* oder mit Hilfe der Tastenkombination [Strg]+[S] ab.

Beim gemeinsamen Zugriff auf eine freigegebene Arbeitsmappe kann es vorkommen, daß widersprüchliche Änderungen auftreten. Zwei Optionen im Bereich *Widersprüchliche Änderungen verschiedener Benutzer* legen fest, wie Excel dieses Widersprüche behandelt:

Wenn Sie die Option *Manuell entscheiden* aktivieren, sehen Sie die Dialogbox *Konflikte lösen*, sobald Excel beim Speichern einer freigegebenen Arbeitsmappe feststellt, daß sich einige Änderungen widersprechen.

 Diese Widersprüche treten nicht auf, wenn zwei Anwender neue Werte in die Tabelle aufnehmen. In diesem Fall fügt Excel neue Zeilen hinzu und kennzeichnet die Änderungen.

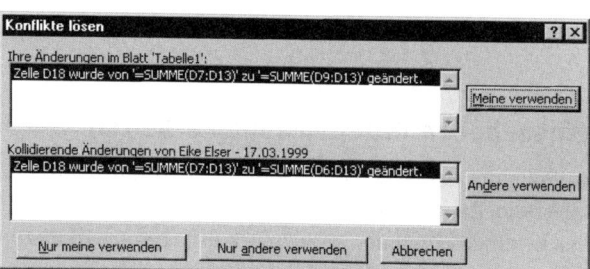

Bild 59.6: *In der Dialogbox* Konflikte lösen *entscheiden Sie was mit kollidierenden Änderungen geschehen soll*

In der Dialogbox *Konflikte lösen* zeigt Excel nacheinander alle kollidierenden Änderungen an. Die angezeigten Änderungen in den Bereichen *Ihre Änderungen (...)* und *Andere Änderungen (...)* helfen Ihnen den Konflikt und die durchgeführten Änderungen nachzuvollziehen. Mit vier Schaltflächen bestimmen Sie wie Excel die aktuelle Änderungen behandelt:

···≻ *Meine verwenden*
Speichert die Änderung aus dem Bereich *Ihre Änderungen* und wechselt zum nächsten Konflikt.

- *Andere Verwenden*
  Speichert die Änderung aus dem Bereich *Kollidierende Änderungen (...)* und wechselt zum nächsten Konflikt.

- *Nur meine verwenden*
  Excel beendet die Einzelüberprüfung der Konflikte, weist alle kollidierenden Änderungen anderer Anwender zurück und speichert statt dessen die von Ihnen vorgenommenen Änderungen.

- *Nur andere verwenden*
  Excel beendet die Einzelüberprüfung der Konflikte, speichert alle kollidierenden Änderungen anderer Anwender und weist Ihre Änderungen ab.

Wenn Sie in der Dialogbox Konflikte lösen *auf die Schaltfläche* Abbrechen *klicken, beendet Excel die Überprüfung und speichert die Arbeitsmappe nicht.*

Mit der Option *Gespeicherte Änderungen behalten* übernimmt Excel die von Ihnen durchgeführten Änderungen ohne Rückfrage. Die anderen Anwender erhalten beim Speichern den Hinweis, daß Änderungen in die aktuelle Arbeitsmappe aufgenommen wurden.

Sofern sowohl Sie als auch andere Anwender die Option Gespeicherte Änderungen behalten *aktivieren, sichert Excel bei jedem Speichern den aktuellen Stand in der Arbeitsmappe.*

Mit freigegebenen Arbeitsmappen arbeiten

Nach der Freigabe der Arbeitsmappe läßt Excel den Zugriff anderer Benutzer auf die freigegebene Arbeitsmappe zu. Sofern Sie in einem lokalen Netzwerk oder in einem Intranet arbeiten, kann die Arbeitsmappe gleichzeitig von mehreren Anwendern geöffnet und bearbeitet werden.

Die freigegebene Arbeitsmappe mit den Änderungen ist unter der Bezeichnung BM58_007.XLS auf der CD abgelegt. Um die Änderungsmarkierung einzublenden, klicken Sie auf Extras/Änderungen verfolgen/Änderungen hervorheben *und aktivieren in der Dialogbox* Änderungen hervorheben *das Kontrollkästchen* Wann. *Nachdem Sie im Listenfeld den Eintrag* Alle *ausgewählt, und die Einstellungen mit* OK *bestätigt haben, zeigt Excel die entsprechende Markierung.*

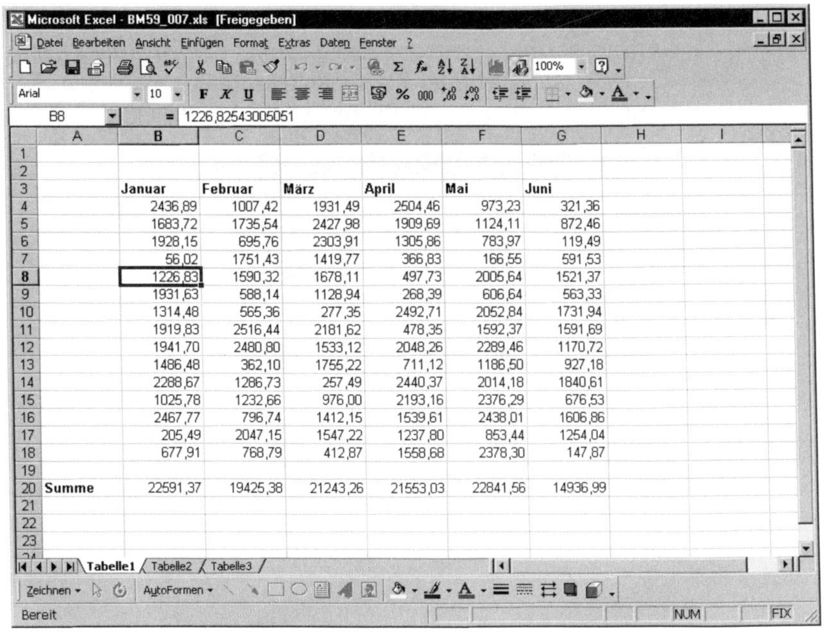

	A	B	C	D	E	F	G
3		Januar	Februar	März	April	Mai	Juni
4		2436,89	1007,42	1931,49	2504,46	973,23	321,36
5		1683,72	1735,54	2427,98	1909,69	1124,11	872,46
6		1928,15	695,76	2303,91	1305,86	783,97	119,49
7		56,02	1751,43	1419,77	366,83	166,55	591,53
8		1226,83	1590,32	1678,11	497,73	2005,64	1521,37
9		1931,63	588,14	1128,94	268,39	606,64	563,33
10		1314,48	565,36	277,35	2492,71	2052,84	1731,94
11		1919,83	2516,44	2181,62	478,35	1592,37	1591,69
12		1941,70	2480,80	1533,12	2048,26	2289,46	1170,72
13		1486,48	362,10	1755,22	711,12	1186,50	927,18
14		2288,67	1286,73	257,49	2440,37	2014,18	1840,61
15		1025,78	1232,66	976,00	2193,16	2376,29	676,53
16		2467,77	796,74	1412,15	1539,61	2438,01	1606,86
17		205,49	2047,15	1547,22	1237,80	853,44	1254,04
18		677,91	768,79	412,87	1558,68	2378,30	147,87
20	Summe	22591,37	19425,38	21243,26	21553,03	22841,56	14936,99

Bild 59.7: Das »Original« der Arbeitsmappe...

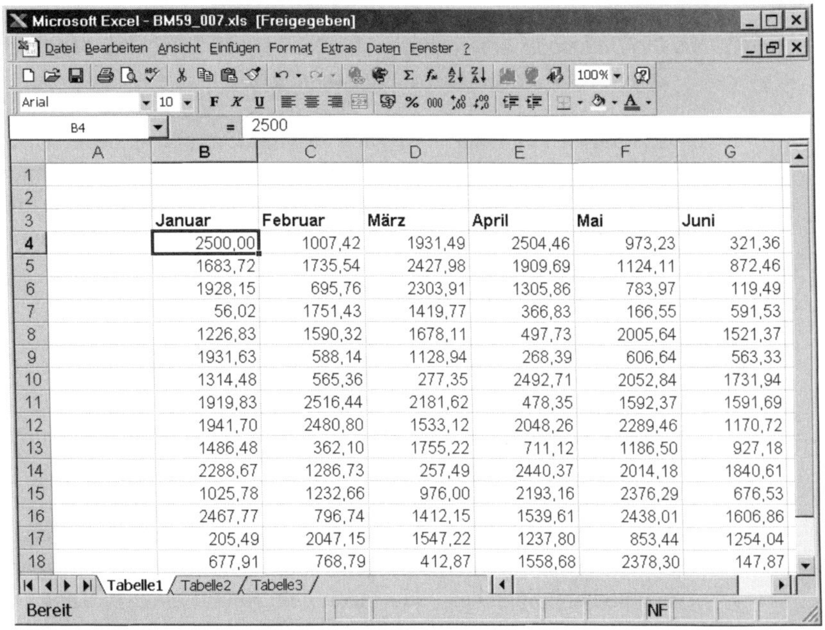

	A	B	C	D	E	F	G
3		Januar	Februar	März	April	Mai	Juni
4		2500,00	1007,42	1931,49	2504,46	973,23	321,36
5		1683,72	1735,54	2427,98	1909,69	1124,11	872,46
6		1928,15	695,76	2303,91	1305,86	783,97	119,49
7		56,02	1751,43	1419,77	366,83	166,55	591,53
8		1226,83	1590,32	1678,11	497,73	2005,64	1521,37
9		1931,63	588,14	1128,94	268,39	606,64	563,33
10		1314,48	565,36	277,35	2492,71	2052,84	1731,94
11		1919,83	2516,44	2181,62	478,35	1592,37	1591,69
12		1941,70	2480,80	1533,12	2048,26	2289,46	1170,72
13		1486,48	362,10	1755,22	711,12	1186,50	927,18
14		2288,67	1286,73	257,49	2440,37	2014,18	1840,61
15		1025,78	1232,66	976,00	2193,16	2376,29	676,53
16		2467,77	796,74	1412,15	1539,61	2438,01	1606,86
17		205,49	2047,15	1547,22	1237,80	853,44	1254,04
18		677,91	768,79	412,87	1558,68	2378,30	147,87

Bild 59.8: ...und die gleichzeitig geöffnete zweite Instanz auf einem anderen Rechner im Netzwerk. Der Inhalt der Zelle B4 wurde verändert

Um herauszufinden, ob noch andere Anwender auf die von Ihnen geöffnete Arbeitsmappe zugreifen, klicken Sie auf *Extras/Arbeitsmappe freigeben*. Im Register *Allgemein* der gleichnamigen Dialogbox sehen Sie alle aktuellen Zugriffe mit Datum und Uhrzeit sowie den Namen der anderen Anwender.

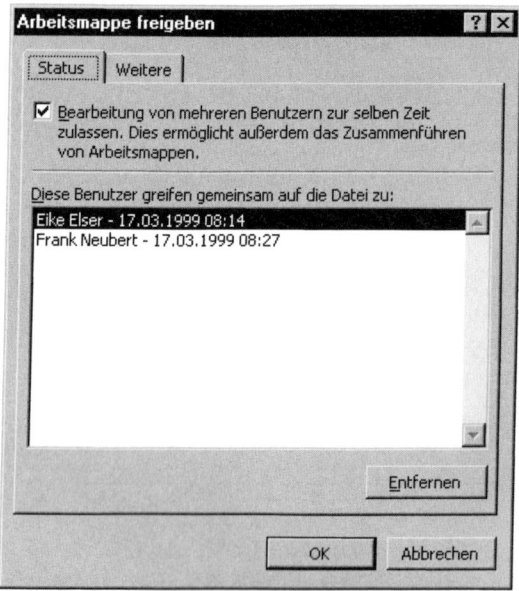

Bild 59.9: Die Dialogbox Arbeitsmappe freigeben *gibt Aufschluß über die gleichzeitigen Zugriffe auf freigegebene Arbeitsmappen*

Mit der Schaltfläche *Entfernen* löschen Sie den markierten Zugriff aus der Liste. Excel trennt dabei die Verbindung des anderen Anwenders zur freigegebenen Arbeitsmappe. Die noch nicht gesicherten Änderungen des anderen Anwenders können jetzt nicht mehr in der freigegebenen Arbeitsmappe gesichert werden.

 Um die Änderungen zu sichern, nachdem die Verbindung zur freigegebenen Arbeitsmappe getrennt wurde, wählen Sie den Menübefehl Speichern unter *und geben einen anderen Dateinamen an. Die so gesicherte Version kann bei Bedarf immer noch über* Extras/Arbeitsmappen *zusammenführen mit dem »Original« verbunden werden.*

Je nach den gewählten Einstellungen in der Dialogbox *Arbeitsmappen freigeben* gleicht Excel die beiden geöffneten Instanzen der freigegebenen Arbeitsmappe beim Speichern oder nach dem Ablauf einer bestimmten Zeit ab.

 Änderungen sind erst dann sichtbar, wenn sie beim anderen Bearbeiter gesichert wurden.

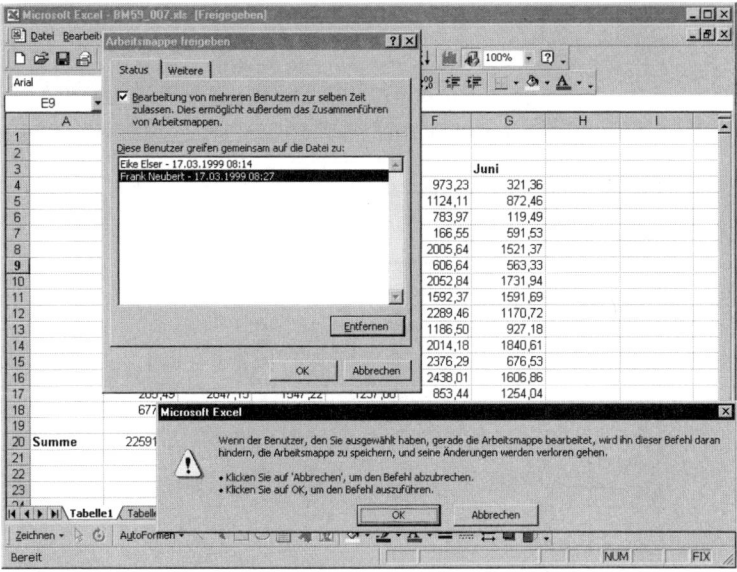

Bild 59.10: Wenn Sie einen Eintrag aus der Liste der gemeinsamen Zugriffe entfernen, trennt Excel die Verbindung

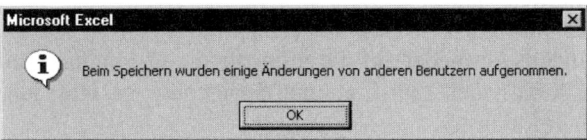

Bild 59.11: Beim Speichern erkennt Excel, daß Änderungen anderer Anwender vorliegen

Sofern Excel beim Speichern oder Aktualisieren der Arbeitsmappe eine Änderung erkennt, die von einen anderen Anwender vorgenommen wurde, sehen Sie eine entsprechende Meldung.

Wenn Sie den Mauszeiger auf die Änderungsmarkierung setzen, sehen Sie eine QuickInfo mit Angaben zum Zeitpunkt und zum Verfasser der Änderung.

 Wenn Sie die Taste Esc *drücken, blendet Excel alle enthaltenen Änderungsmarkierungen und die entsprechenden Quickinfos aus. Um die Änderungsmarkierungen wieder anzuzeigen, klicken Sie auf* Extras/Änderungen verfolgen/Änderungen hervorheben *und aktivieren das Kontrollkästchen* Wann.

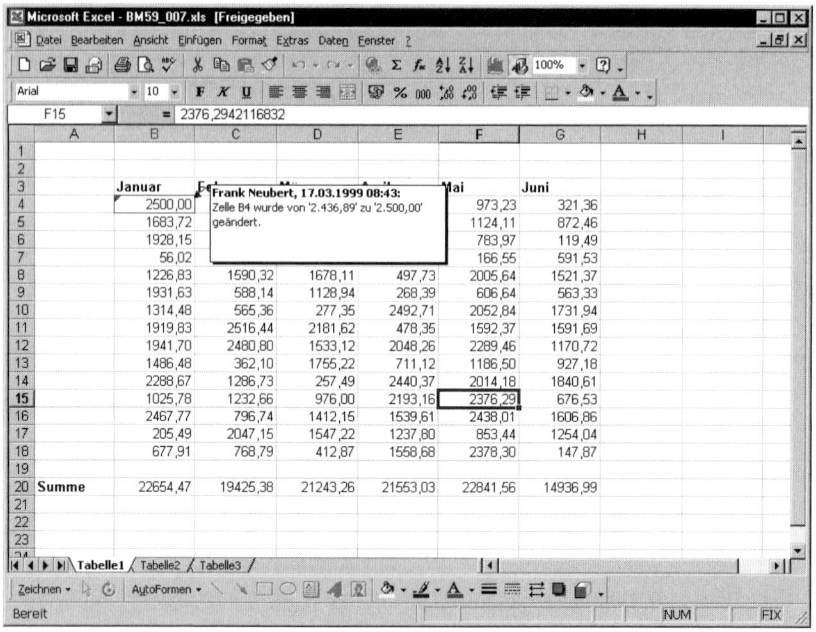

Bild 59.12: Nach dem Speichern des »Originals« hebt Excel die vom anderen Anwender durchgeführten Änderungen farbig hervor

Damit andere Anwender auf die Arbeitsmappe zugreifen können, ist es erforderlich, daß auch Zugriff auf den Speicherort besteht, z.B. ein Laufwerk im lokalen Netzwerk.

Doch auch ohne ein Netzwerk stellt die Freigabe ein leistungsfähiges Hilfsmittel bei der Arbeit im Team dar. In diesem Fall geben Sie die Arbeitsmappe frei und aktivieren das Änderungsprotokoll. Für jeden Anwender, der die Arbeitsmappe bearbeiten soll, erstellen Sie eine Kopie. Die Anwender erhalten die Kopie und überarbeiten sie – Excel protokolliert die Veränderungen im Änderungsprotokoll. Nachdem alle Überarbeitungen durchgeführt sind, führen Sie die Kopien mit den unterschiedlichen Änderungsständen wieder zu einem Dokument zusammen. Im Kapitel 59.3, *Arbeitsmappen zusammenführen* ist dieses Thema eingehend behandelt.

Freigeben und schützen

In der Dialogbox *Arbeitsmappe freigeben* steuern Sie den gemeinsamen Zugriff auf die freigegebenen Arbeitsmappen. Diese Einstellungen sollten nicht allen Anwendern zugänglich sein, um Veränderungen zu vermeiden.

Damit Excel anderen Anwendern keinen Zugriff auf die Freigabeeigenschaft der Arbeitsmappe gewährt, klicken Sie auf den Menübefehl *Extras/Schutz/ Arbeitsmappe freigeben und schützen*.

Excel: Arbeitsmappen gemeinsam bearbeiten

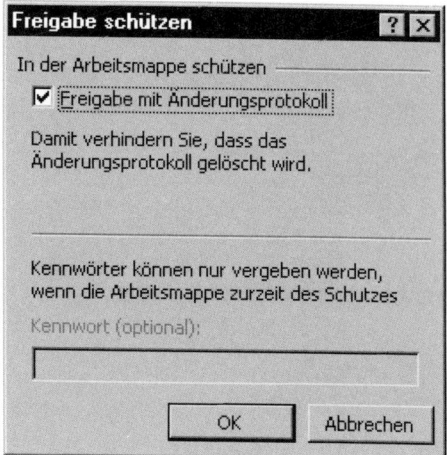

Bild 59.13: *In der Dialogbox* Freigabe schützen *richten Sie einen Schutz der Freigabeeigenschaften für gemeinsam genutzte Arbeitsmappen ein*

Um die Freigabeeigenschaften gegen unbefugte Veränderungen zu schützen aktivieren Sie das Kontrollkästchen *Freigabe mit Änderungsprototoll*.

 Eine Besonderheit von Excel erweist sich als Fallstrick: Falls Sie den Freigabeschutz aktivieren, während andere Anwender bereits Zugriff auf die Arbeitsmappe haben, aktiviert Excel den Freigabeschutz für die anderen geöffneten Instanzen der Arbeitsmappe nicht sofort. Erst nach dem Speichern oder aktualisieren der anderen Instanzen ist der Freigabeschutz aktiv.

Der Menübefehl *Extras/Schutz/Freigabeschutz aufheben*, deaktiviert den Freigabeschutz. Falls die Freigabeeigenschaften nicht mit einem Paßwort geschützt sind, sind andere Anwender in der Lage, über *Extras/Schutz/Freigabeschutz aufheben* den Schutz zu deaktivieren. Danach läßt sich die Freigabe beenden und die Arbeitsmappe in den Exklusivmodus versetzen.

 Jeder Anwender mit Zugriff auf die freigegebenen Arbeitsmappe ist in der Lage, den Freigabeschutz auszuschalten.

Das Aufheben der Freigabe führt dazu, daß Excel die aktuellen Änderungen nicht mehr in einem Änderungsprotokoll speichern kann. Statt dessen sehen Sie beim speichern der Arbeitsmappe die Dialogbox *Speichern unter*. Falls Sie im Feld *Dateiname* die Bezeichnung der ursprünglich freigegebenen Arbeitsmappe angeben, überschreibt den Inhalt mit Ihrer Version. Änderungen anderer Anwender gehen dabei unweigerlich verloren!

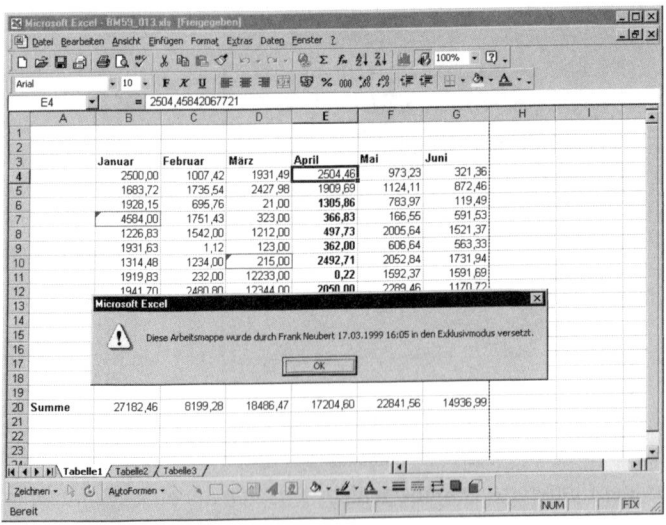

Bild 59.14: *Ein anderer Anwender hat die Arbeitsmappe in den Exklusivmodus versetzt*

 Anwender sind trotz aktiviertem Freigabeschutz in der Lage, die Verbindung eines anderen Anwenders zur freigegebenen Arbeitsmappe zu trennen.

Mehr Sicherheit gegen unbefugte Änderungen bietet ein optionales Kennwort für den Freigabeschutz.

 Damit Excel die Vergabe eines Kennworts für den Freigabeschutz zuläßt, darf die Arbeitsmappe noch nicht freigegeben sein.

Gehen Sie wie folgt vor, um den Freigabeschutz mit einem Kennwort zu sichern:

- Falls die Arbeitsmappe bereits freigegeben ist, stellen Sie sicher, daß kein Anwender auf die freigegebene Arbeitsmappe zugreift. Kontrollieren Sie dazu die Einträge in der Dialogbox *Arbeitsmappe freigeben*. Schalten Sie die Freigabe durch Deaktivieren des Kontrollkästchens *Bearbeitung von mehreren Benutzern zur (...) aus*.

- Klicken Sie auf *Extras/Schutz/Arbeitsmappe schützen und freigeben*. Excel öffnet die Dialogbox *Freigabe schützen*. Aktivieren Sie das Kontrollkästchen *Freigabe mit Änderungsprotokoll* und geben Sie im Eingabefeld das gewünschte Kennwort ein.

Excel: Arbeitsmappen gemeinsam bearbeiten

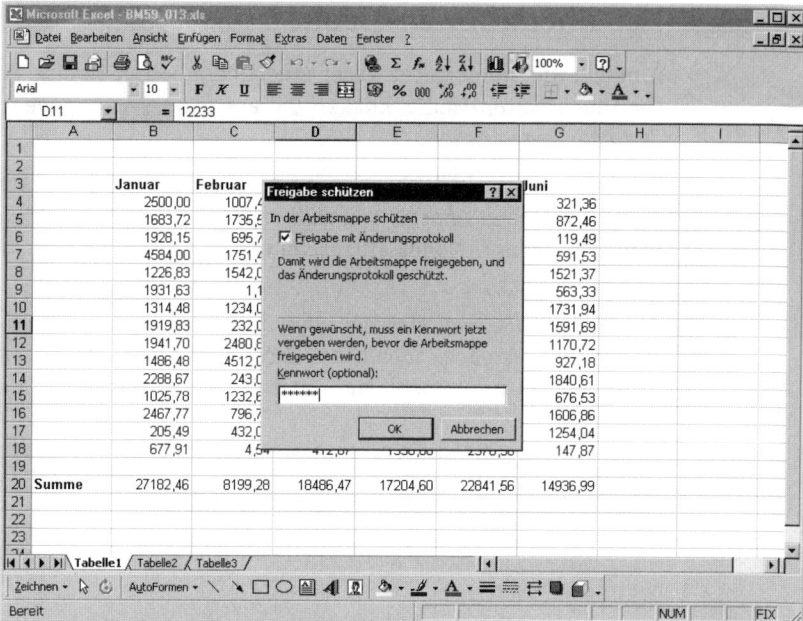

Bild 59.15: Falls die Arbeitsmappe noch nicht freigegeben ist, aktiviert Excel die Kennworteingabe in der Dialogbox Freigabe schützen

⋯❥ Bestätigen Sie Eingabe mit OK und wiederholen Sie das Kennwort in der angezeigten Dialogbox *Kennwort bestätigen*. Nach der Kennwortbestätigung speichert Excel die Arbeitsmappe und aktiviert die Freigabe.

⋯❥ Stellen Sie bei Bedarf die Freigabe-Optionen im Register *Weitere* der Dialogbox *Extras/Arbeitsmappe freigeben* ein.

Um den Freigabeschutz zu deaktivieren klicken Sie auf *Extras/Schutz/Freigabeschutz aufheben*. Excel zeigt eine Dialogbox in der Sie das festgelegte Kennwort eingeben müssen, bevor der Freigabeschutz deaktiviert wird.

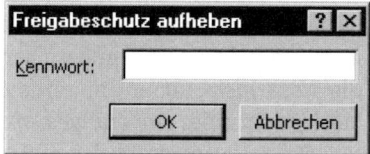

Bild 59.16: Bevor Excel den Freigabeschutz deaktiviert, ist die Eingabe des Paßworts erforderlich

Beim Deaktivieren des Freigabeschutzes löscht Excel ebenfalls das Änderungsprotokoll und schaltet die Freigabe aus.

59.2 Der Überarbeiten-Modus

Ähnlich wie Word bietet Excel eine Überarbeiten-Modus. Zum aktivieren des Überarbeiten-Modus klicken Sie auf *Extras/Änderungen verfolgen/Änderungen hervorheben*.

Excel öffnet die Dialogbox *Änderungen hervorheben* – aktivieren Sie das Kontrollkästchen *Änderungen während der Eingabe protokollieren (...)*, um den Überarbeiten-Modus einzuschalten.

  An dieser Stelle zeigt sich der enge Zusammenhang zwischen Überarbeiten-Modus und Freigabe. Sobald die Excel auffordern, die Änderungen an der Arbeitsmappe zu protokollieren, aktivieren Sie automatisch die Freigabe der Arbeitsmappe.

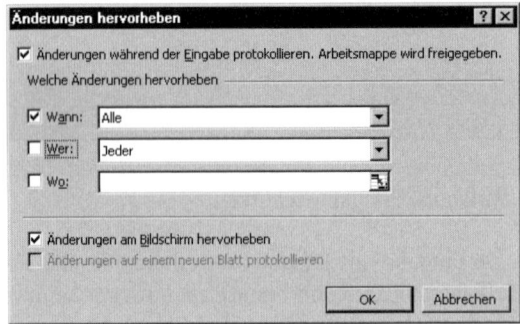

Bild 59.17: *In der Dialogbox* Änderungen hervorheben *richten Sie den Überarbeiten-Modus von Excel ein*

Nachdem Sie den Überarbeiten-Modus eingeschaltet haben, aktiviert Excel drei Steuerelement-Bereiche, mit denen Sie Änderungsmarkierungen einrichten:

- Wählen Sie im Listenfeld *Wann* den Eintrag *Alle* aus, um sämtliche in der Arbeitsmappe protokollierten Änderungen hervorzuheben. Der Eintrag *Seit der letzten Speicherung* hebt nur die ungesicherten Änderungen hervor. Aktivieren Sie *Noch nicht* überprüft um alle Änderungen hervorzuheben, die Sie noch nicht über *Änderungen akzeptieren oder ablehnen*, überprüft haben. Nach der Auswahl des Eintrags *Seit*, zeigt Excel ein Datum im Listenfeld an. Geben Sie das Datum an, ab dem Excel die Änderungen hervorheben soll.

- Excel ist in der Lage die Änderungen abhängig von Bearbeiter hervorzuheben. Wählen Sie im Listenfeld *Wer* den Eintrag *Jeder* aus, um die Änderungen aller Bearbeiter zu sehen. *Jeder außer mir* bewirkt, daß Excel die von Ihnen durchgeführten Änderungen nicht anzeigt. Sofern andere Anwender aktuell auf die freigegebene Arbeitsmappe zugreifen, finden Sie die entsprechenden Namen im Listenfeld. Wählen Sie den Bearbeiter aus, dessen Änderungen Sie sehen wollen.

···⟩ Damit Excel nur einen bestimmten Bereich mit Änderungsmarkierungen versieht, klicken Sie in das Eingabefeld *Wo* und markieren Sie den hervorzuhebenden Bereich.

Mit dem Kontrollkästchen *Änderungen am Bildschirm hervorheben* schalten Sie die gesamte Anzeige der Änderungsmarkierungen an oder aus. Das letzte Kontrollkästchen in dieser Dialogbox ist aktivierbar, wenn die freigegebene Arbeitsmappe gespeichert wurde. Wenn Sie *Änderungen auf einem neuen Blatt protokollieren*, legt Excel ein neues Arbeitsblatt *Änderungsprotokoll* an und zeigt eine Aktionsliste aller Änderungen.

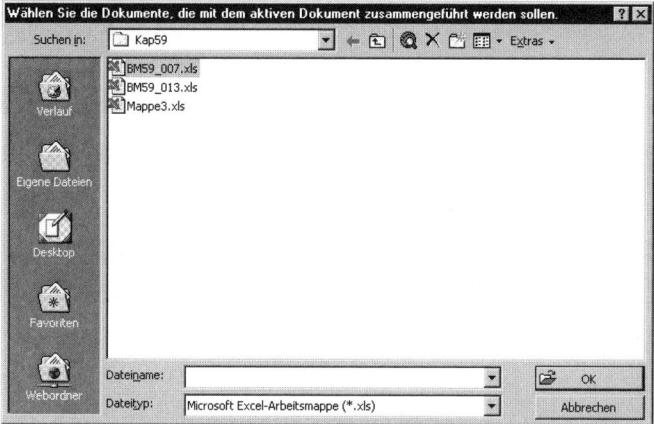

Bild 59.18: Bei Bedarf kann Excel die Änderungen auf einem gesonderten Blatt protokollieren

Die einzelnen Spalten der Liste sind mit einem AutoFilter-Steuerelement versehen, das Ihnen eine komfortable Selektion nach bestimmten Änderungen erlaubt.

 Die Steuerelemente im Änderungsprotokoll *weisen die komplette Funktionalität des AutoFilters auf.*

Änderungen konsolidieren

Diese Änderungen lassen sich jetzt über *Extras/Änderungen verfolgen/Änderungen akzeptieren oder ablehnen* Schritt für Schritt bearbeiten. Zunächst zeigt Excel die Dialogbox *Änderungen zur Überprüfung auswählen* in der Sie die zu konsolidierenden Änderungen festlegen. Nachdem Sie die Eingaben mit *OK* bestätigt haben, öffnet Excel eine neue Dialogbox, in der Sie Schritt für Schritt die Änderungen prüfen.

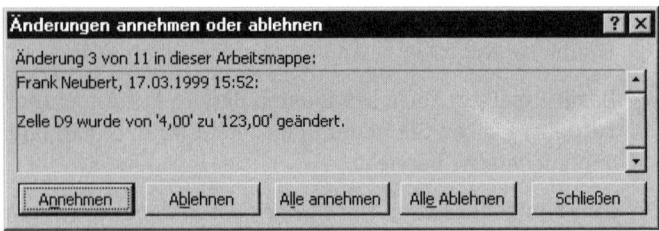

Bild 59.19: Die wichtigsten Funktionen für das Verfolgen von Änderungen sind in einer eigenen Dialogbox zusammengefaßt

- *Annehmen* überträgt die Änderung in die Tabelle
- *Ablehnen* weist die vorgenommene Änderungen zurück
- Klicken Sie auf *Alle annehmen*, um sämtliche Änderungen ohne Rückfrage zu übernehmen.
- *Alle Ablehnen* weist sämtliche protokollierten Änderungen zurück.

Falls mehrere Änderungen für eine einzelne Zelle protokolliert sind, zeigt Excel eine Auswahlliste mit allen enthaltenen Änderungen.

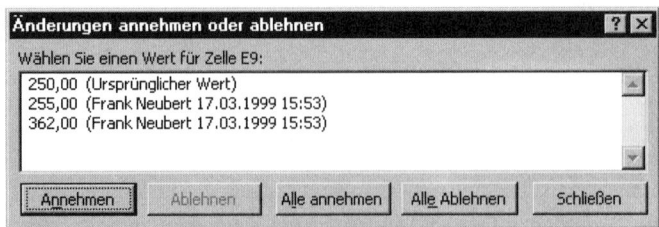

Bild 59.20: In der Liste Wählen Sie einem Wert für XX *sehen Sie sämtliche für die angegebenen Zelle aufgezeichneten Änderungen mit Wert, Zeitpunkt und Bearbeiter aufgeführt*

Bei einer Auswahlliste markieren Sie den Wert, den Excel endgültig in die Arbeitsmappe übernehmen soll und klicken Sie dann *Annehmen*.

59.3 Arbeitsmappen zusammenführen

Die Kopien einer freigegebenen Arbeitsmappe – z.B. die Version vom Notebook eines Außendienstmitarbeiters – können über *Extras/Arbeitsmappen zusammenführen* wieder mit dem Original zu einer aktuellen Arbeitsmappe verbunden werden.

Um Kopien einer freigegebenen Arbeitsmappe zusammenführen zu können, muß die Option Änderungsprotokoll *aktiviert sein!*

Öffnen Sie zunächst das »Original« und wählen *Extras/Arbeitsmappen zusammenführen*.

Nach dem Öffnen der Arbeitskopie beginnt Excel automatisch mit dem Konsolidierungsvorgang. Nach einiger Zeit erscheinen die Änderungen auf dem Bildschirm. Die geänderten Bereiche und Werte sind farbig hervorgehoben. Wenn Sie den Mauszeiger einem Moment lang über einer dieser Markierungen stehen lassen, erscheint eine QuickInfo mit Angaben zum Bearbeiter und zum Änderungsdatum.

Wiederholen Sie den Vorgang für jede vorhandene Arbeitskopie. Sie erhalten ein einziges Dokument mit allen vorgenommenen Änderungen.

60. Access: Datenbestände gemeinsam nutzen

Datenbanken enthalten Informationen, die verschiedenen Anwendern zur Verfügung gestellt werden sollen. Access unterstützt Sie bei dieser Aufgabe durch eine ganze Reihe leistungsfähiger Funktionen.

60.1 Die Zugriffssteuerung

Eine Datenbank speichert Informationen verschiedenster Art: von der Bestellung bis zum Personalstamm-Datensatz. Die Mitarbeiter der Personalabteilung benötigen keine Bestellinformationen, die Arbeitnehmer im Vertrieb dürfen keinen Zugriff auf die Daten der Personalverwaltung erhalten. Somit ist ein gemeinsamer Zugriff auf Datenbestände in erster Linie eine Frage der Zugriffsberechtigung. Access begegnet dieser Aufgabe mit umfangreichen Funktionen zur Zugriffssteuerung.

Access beherrscht die Verwaltung von Benutzer- und Gruppenkonten. In diesen Konten legen Sie verschiedene Berechtigungen – Zugriffsrechte (z.B. Öffnen, Lesen, Schreiben) auf Datenbankobjekte – fest. Die Zugriffssteuerung von Access ist im Menü *Extras/Sicherheit* angeordnet.

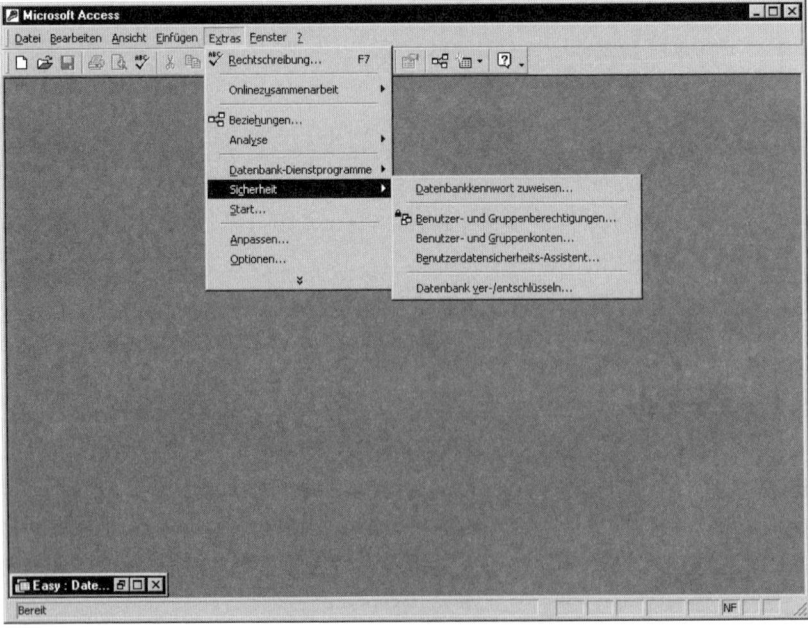

Bild 60.1: Ein eigener Menüpunkt widmet sich in Access der Steuerung von Zugriffsberechtigungen

Access: Datenbestände gemeinsam nutzen

Benutzer- und Gruppenkonten anlegen

Um Zugriffsberechtigungen für eine Datenbank festzulegen, ist es erforderlich, zunächst die entsprechenden Benutzer- und Gruppenkonten einzurichten. Wählen Sie dazu den Menübefehl *Extras/Sicherheit/Benutzer- und Gruppenkonten* aus. Access öffnet die gleichnamige Dialogbox, in der Sie alle Anwender festlegen, die später einmal Zugang zu der Datenbank haben sollen.

Standardmäßig bereits voreingestellt ist der Benutzer *Administrator* – das sind Sie!

Administrator
Der Administrator verfügt über umfassende Rechte zum Anlegen, Löschen und Verwalten von Benutzern, Gruppen oder Paßwörter.

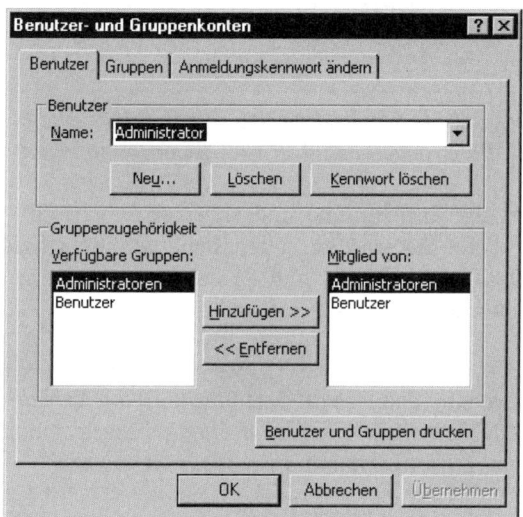

Bild 60.2: In der Dialogbox Benutzer- und Gruppenkonten *richten Sie alle zukünftigen Benutzer der Datenbank ein*

Falls Sie das Administrator-Paßwort vergessen, bekommen Sie keinen Zugriff mehr auf die Datenbank – und dann ist guter Rat teuer.

Insgesamt drei Register der Dialogbox *Benutzer- und Gruppenkonten* stehen Ihnen für die Verwaltung von Benutzern und Gruppen zur Verfügung.

Um einen neuen Benutzer anzulegen, öffnen Sie das Register *Benutzer* und klicken auf die Schaltfläche *Neu*.

1047

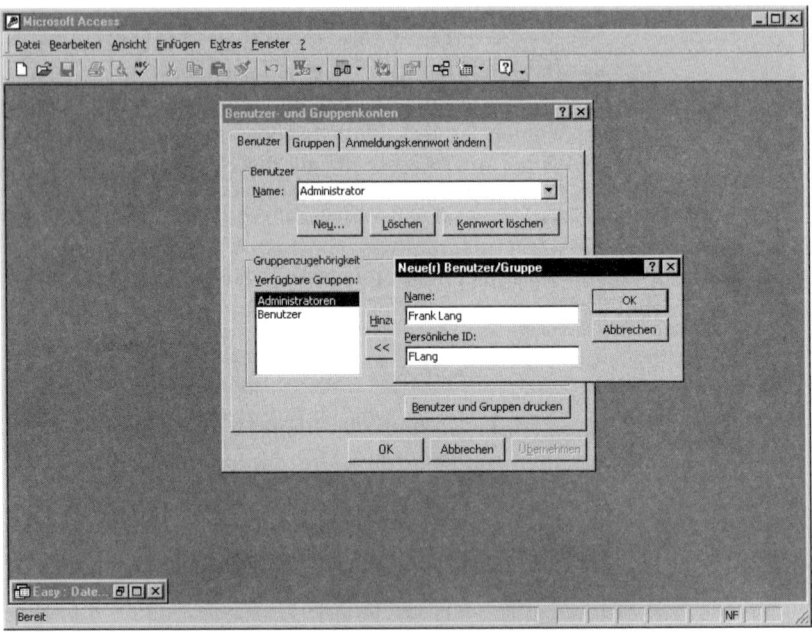

Bild 60.3: Nach einem Klick auf die Schaltfläche Neu öffnet Access eine Dialogbox, in der Sie Namen und ID der neuen Benutzer bzw. Gruppen einrichten

Geben Sie jetzt die Bezeichnung und eine persönliche ID – die Bezeichnung, anhand derer Access den neuen Benutzer identifiziert – ein. Die persönliche ID darf zwischen 4 und 20 Zeichen lang sein, Access unterscheidet zwischen Groß- und Kleinschreibung.

 Es ist nicht notwendig, daß sich die persönliche ID am Namen des Anwenders orientiert. Aus Sicherheitsgründen sind Phantasiebezeichnungen oder willkürliche Zeichen-/Ziffernkombinationen sogar vorzuziehen.

Nachdem alle Eingaben vollständig sind, bestätigen Sie die Dialogbox *Neue(r) Benutzer/Gruppe* mit *OK*. Access legt den Benutzernamen an und fügt ihn in das Listenfeld *Name* ein. Im Bereich *Gruppenzugehörigkeit* ordnet Access das neue Konto automatisch der Gruppe *Benutzer* zu. Die Zuordnung nehmen Sie mit Hilfe der Schaltflächen *Hinzufügen* und *Entfernen* vor.

Mit Kennwörtern sichern Sie die Benutzerkonten vor unberechtigtem Zugriff. Wählen Sie dazu das zu bearbeitende Benutzerkonto im Listenfeld *Name* aus. Öffnen Sie das Register *Anmeldungskennwort ändern*. Unter *Benutzername* sehen Sie den Benutzer, dessen Kennwort verändert wird.

Access: Datenbestände gemeinsam nutzen

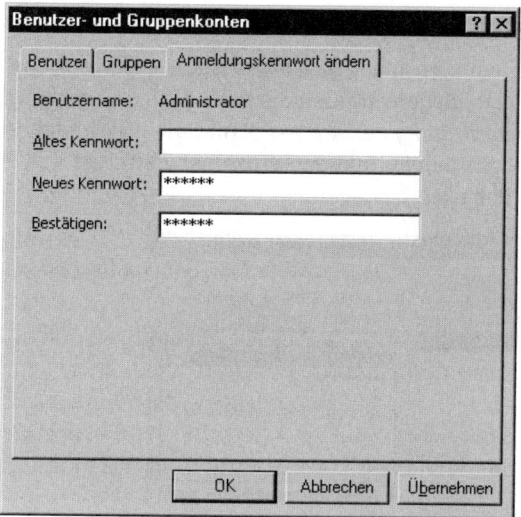

Bild 60.4: *Die Eingabefelder im Register* Anmeldungskennwort ändern *dienen zum Zuweisen oder Ändern von Benutzerkennwörtern*

Drei Eingabefelder dienen zum Festlegen des Kennworts:

- Im Eingabefeld *Altes Kennwort* geben Sie das aktuelle Kennwort des Benutzers als Bestätigung ein.
- *Neues Kennwort* nimmt das neu einzurichtende Kennwort auf.
- Im Eingabefeld *Bestätigen* geben Sie das neue Kennwort zum Überprüfen erneut ein.

Nachdem Sie alle Eingaben vorgenommen haben, klicken Sie auf die Schaltfläche *OK*, um das neue Kennwort zuzuordnen.

 Der Administrator ist in der Lage, das Anmeldungskennwort für die einzelnen Benutzer zu löschen, ohne das Kennwort zu kennen.

Damit Sie nicht die Zugriffsrechte für jeden Benutzer individuell einstellen müssen, stellt Ihnen Access sogenannte Gruppen zur Verfügung. In diesen Gruppen fassen Sie Benutzer mit gleichen Zugriffsberechtigungen zusammen. Vorgegeben sind die Gruppen *Administrator* und *Benutzer*. Um eine neue Gruppe hinzuzufügen, klicken Sie auf *Extras/Sicherheit/Benutzer- und Gruppenkonten* und öffnen das Register *Gruppen*.

Nach einem Klick auf die Schaltfläche *Neu* öffnet Access die Dialogbox *Neue(r) Benutzer/Gruppe* in der Sie die Bezeichnung und ID den neu anzulegenden Gruppe eingeben. Mit *OK* übernehmen Sie die Einstellungen und legen die neue Gruppe an.

Benutzer- und Gruppenberechtigungen

Nachdem die Benutzer angelegt worden sind, geht es daran, die Zugriffsberechtigung festzulegen. Wählen Sie dazu *Extras/Zugriffsrechte/Benutzer- und Gruppenberechtigung* aus. Access öffnet die gleichnamige Dialogbox, in der Sie die Zugriffsberechtigungen einzelner Benutzer auf die verschiedenen Datenbankobjekte festlegen.

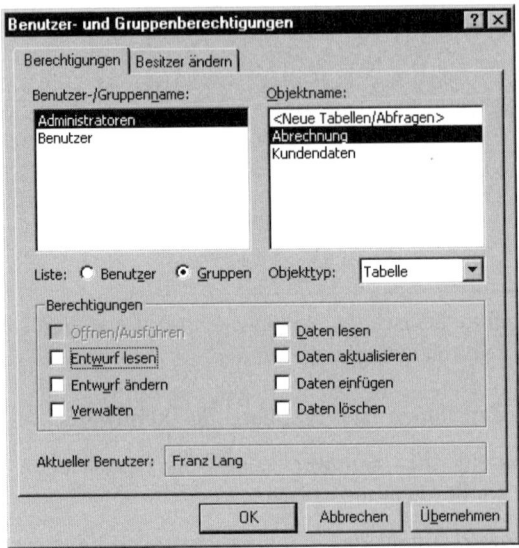

Bild 60.5: In der Dialogbox Benutzer- und Gruppenberechtigungen *richten Sie die Zugriffsberechtigung der einzelnen Benutzer und Gruppen, getrennt nach einzelnen Datenbankobjekten, ein*

In dieser Dialogbox bestimmen Sie die Zugriffsberechtigung der Gruppen und der einzelnen Benutzer auf jedes Datenbankobjekt. Besonders bei größeren Datenbanken ist dies ein recht zeitaufwendiger Vorgang, allerdings die einzige Möglichkeit, unberechtigte Zugriffe zu verhindern.

 Nicht alle Rechte lassen sich unabhängig voneinander ein- bzw. ausschalten. Einige von ihnen sind gekoppelt.

Dreh- und Angelpunkt der Zugriffsberechtigung sind die Gruppenkonten. Benutzer, die einer Gruppe angehören erhalten die Zugriffsberechtigungen der Gruppe.

 Um einem Benutzer den Zugriff auf ein Datenbankobjekt zu verwehren, müssen Sie sicherstellen, daß die Gruppe keine Berechtigung für das entsprechende Datenbankobjekt hat.

Einzelnen Benutzern einer Gruppe können Sie weitergehende Berechtigungen gewähren.

 In der Beispieldatenbank B060_004.MDB ist der Administratorzugang geschützt. Gegen Sie zum Öffnen den Benutzernamen »Administrator« und das Kennwort »magnum« ein.

Datenbanken verschlüsseln

Um ein hohes Maß an Datensicherheit zu gewährleisten, erlaubt Access, die Datenbanken zu verschlüsseln. Mit *Extras/Sicherheit/Datenbank ver-/entschlüsseln* öffnet Access eine Datei-Dialogbox, in der Sie die zu verschlüsselnde Datenbank auswählen.

Nach einem Klick auf *OK* erscheint eine weitere Dialogbox *Datenbank verschlüsseln als,* in der Sie Namen und Speicherort der verschlüsselten Datenbank festlegen. Ein Klick auf *Speichern* übernimmt die Einstellungen, und Access beginnt mit dem Speichern der verschlüsselten Datenbank.

60.2 Replikationen erstellen

Eine besonders interessante Funktion gerade im Hinblick auf Teamarbeit ist die Datenbankreplikation. Dabei erstellt Access eine dynamisch verknüpfte Kopie der Original-Datenbank. Im diesem Replikat können Sie Daten bearbeiten und ändern – eine Änderung der Datenbankstruktur ist jedoch ausgeschlossen.

Nach dem Aufruf von *Extras/Replikation/Datenbank in Replikat konvertieren* erfolgt zunächst ein Hinweis, das die aktuell geöffnete Datenbank geschlossen werden muß. Access verwandelt die Datenbank dann in einen sogenannten Design-Master, der die »Vorlage« für das neu zu erstellende Datenbankreplikat darstellt.

Die Erstellung des Replikats verläuft weitgehend automatisch und erfordert lediglich einige Bestätigungen, z.B. für den Namen des Datenbankreplikats.

Das Replikat kann unabhängig vom Design-Master – der Original-Datenbank – geöffnet und bearbeitet werden. Um schließlich die Daten abzugleichen, wählen Sie *Extras/Replikation/Jetzt synchronisieren*. Design-Master und Replikat bleiben erhalten, lediglich die Daten werden aktualisiert.

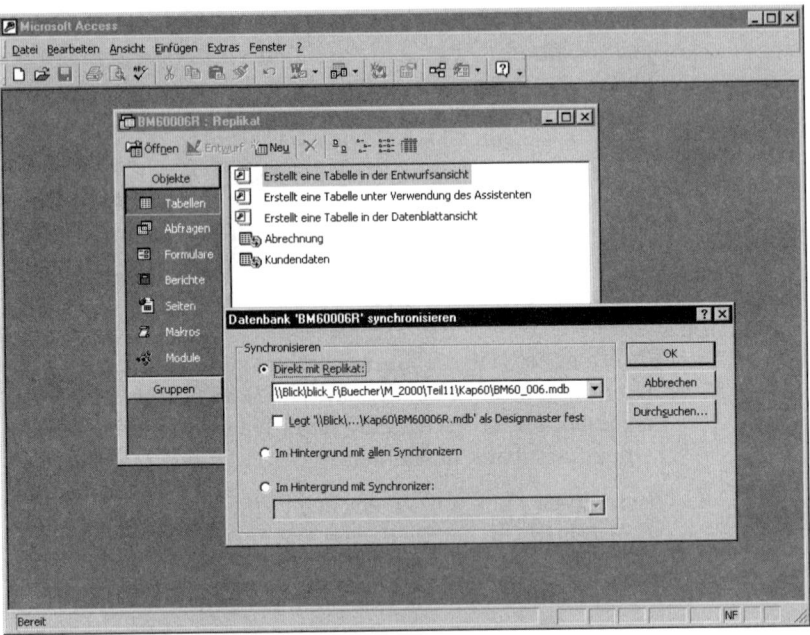

Bild 60.6: Replikat und der Design-Master lassen sich mit dem Befehl Extras/Replikation/Jetzt synchronisieren *auf einen einheitlichen Stand bringen*

 Auf der CD finden Sie den Design-Master B060_006.MDB, das Replikat B060006R.MDB und die Sicherungskopie B060_006.BAK.

61. Die Sammelmappe

Immer dann, wenn Sie an einem Projekt mit mehreren Dokumenten arbeiten, kommt die Sammelmappe zum Zug. In einer Sammelmappe fassen Sie Einzeldokumente aus verschiedenen Office-Anwendungen zu einem Projekt zusammen.

Was ist eine Sammelmappe?

Wenn Sie z.B. an einem Projekt arbeiten, das Dokumente aus unterschiedlichen Anwendungen umfaßt, wie z.B. ein in Word erstelltes Anschreiben, ein mit Excel vorbereiteter Finanzübersicht und eine Präsentation aus PowerPoint, ist es unter Umständen einfacher und praktischer, die Dokumente zu einer Sammelmappe zusammenzufassen.

Mit Sammelmappen strukturieren Sie die gespeicherten Dokumente und Informationen projektbezogen. Dabei steht Ihnen in der Sammelmappe der gesamte Funktionsumfang der jeweiligen Anwendung zum Bearbeiten eines Dokuments zur Verfügung. Sammelmappen bieten Ihnen folgende Vorteile:

- Jedes Dokument wird in einer Sammelmappe als sogenannter »Abschnitt« gespeichert. Sie können die Sammelmappe oder die als Einzeldokumente darin enthaltenen Abschnitte öffnen, speichern oder die gesamte Sammelmappe drucken.

- In Abschnitten können Sie sich gemeinsame Formatvorlagen verwenden oder die Rechtschreibprüfung für das gesamte Projekt durchführen. Darüber hinaus legen Sie bestimmte Eigenschaften, wie z.B. die Seitenausrichtung, geschlossen alle Dokumente in der Sammelmappe fest.

- Sammelmappen lassen sich über elektronische Post versenden.

- Die Abschnitte in den Sammelmappen ordnen Sie in beliebiger Reihenfolge, um die Struktur des Projekts zum Ausdruck zu bringen. Bei Bedarf weisen Sie den Abschnitten eine fortlaufende Seitennumerierung bzw. einheitliche Kopf- und Fußzeilen zu.

Sammelmappen anlegen

Zum Anlegen einer Sammelmappe steht Ihnen ein eigener Eintrag im Start-Menü von Windows zur Verfügung. Klicken Sie auf *Start/Programme/Microsoft Office Tools/Microsoft Sammelmappe*, um die Arbeit mit einer neuen, leeren Sammelmappe aufzunehmen.

Der Eintrag Neu/Microsoft Sammelmappe *im Kontextmenü des Windows-Explorers legt ebenfalls eine Sammelmappe an.*

61.1 Daten zur Sammelmappe hinzufügen

Das wichtigste an der Sammelmappe sind die enthaltenen Dokumente. Um Dokumente zur Sammelmappe hinzuzufügen, stehen Ihnen zwei Wege offen, die Sie über das Menü *Abschnitt* erreichen.

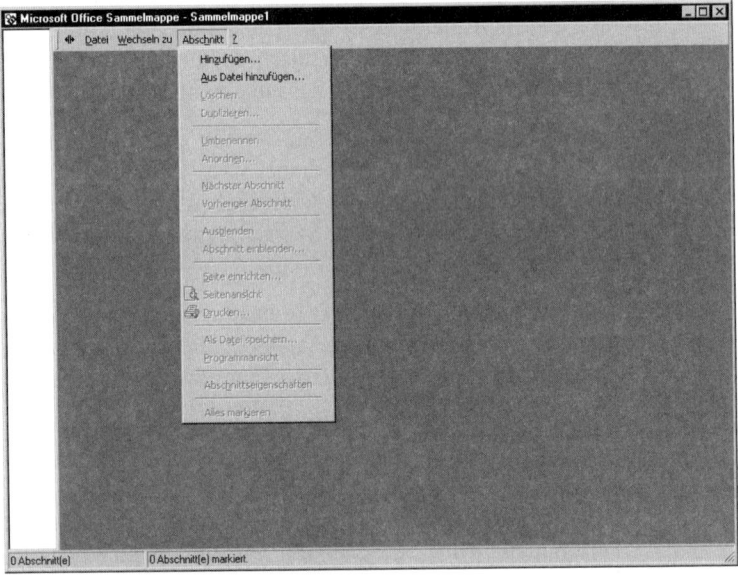

Bild 61.1: Über das Menü Abschnitt *fügen Sie Dokumente zur Sammelmappe hinzu*

Dokumente in der Sammelmappe neu anlegen

Um ein Dokument in der Sammelmappe neu zu erstellen, klicken Sie auf *Abschnitt/Hinzufügen*. Die Sammelmappe öffnet die Dialogbox *Abschnitt hinzufügen*, in der Sie direkten Zugriff auf die Office-Vorlagen haben.

 Neben den Symbolen der Office-Vorlagen und -Anwendungen enthält die Dialogbox Abschnitt hinzufügen *Verknüpfungen zu Fremdanwendungen die mit der Sammelmappe zusammenarbeiten.*

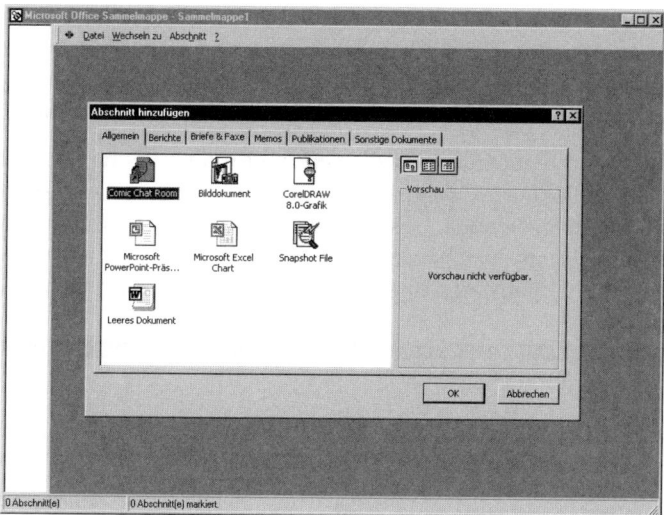

Bild 61.2: *Neue Dokumente in der Sammelmappe legen Sie mit Hilfe der Dialogbox* Abschnitt hinzufügen *an*

Um ein Dokument hinzuzufügen, markieren Sie das entsprechende Symbol und klicken auf die Schaltfläche *OK*. Die Sammelmappe fügt einen neuen Abschnitt ein. Diesen Abschnitt bearbeiten Sie entweder direkt in der Sammelmappe mit den eingeblendeten Steuerelementen oder nach einem Doppelklick auf das entsprechende Symbol im Arbeitsbereich der Sammelmappe.

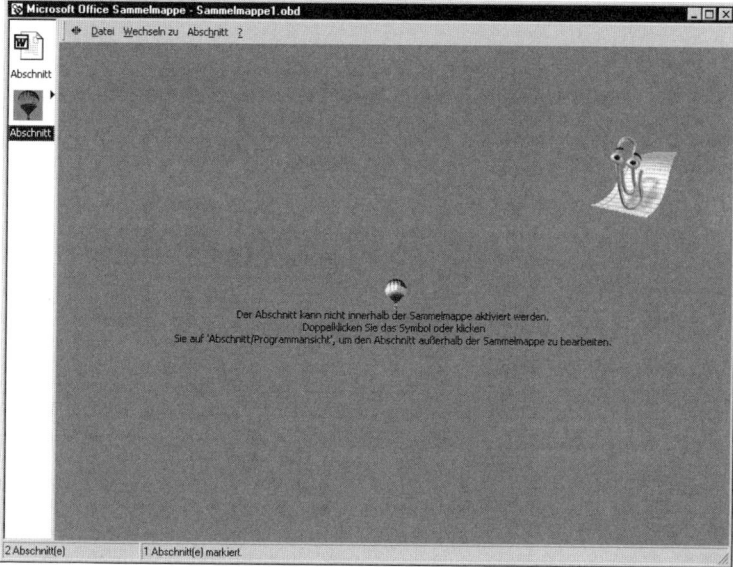

Bild 61.3: *Bei Dokumenten die sich nicht direkt in der Sammelmappe bearbeiten lassen, sehen Sie im Arbeitsbereich ein Symbol. Ein Doppelklick öffnet die zugeordnete Anwendung*

Aktivieren Sie dazu den zu bearbeitenden Abschnitt im linken Bereich der Sammelmappe. Nicht alle Dokumente lassen sich direkt in der Sammelmappe bearbeiten – in diesem Fall sehen Sie eine Verknüpfung zur entsprechenden Anwendung, die Sie mit einem Doppelklick öffnen.

Die Sammelmappe startet die verknüpfte Anwendung, in der Sie das ausgewählte Dokument bearbeiten. Sobald die Bearbeitung abgeschlossen ist, gelangen Sie über den Menübefehl *Datei/Beenden und zu XX.odb zurückkehren* zur Sammelmappe zurück. Dabei sichern Sie das aktuelle Arbeitsergebnis und aktualisieren den entsprechenden Abschnitt in der Sammelmappe.

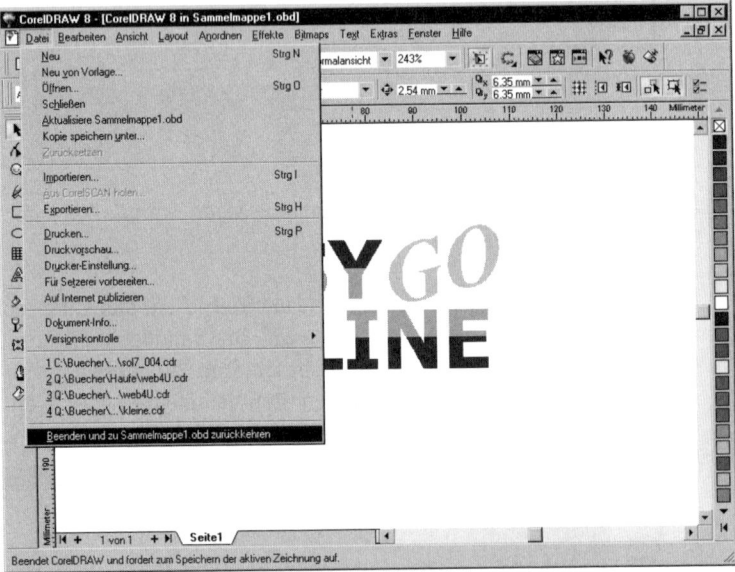

Bild 61.4: *Ein eigener Befehl im Dateimenü der Anwendung beendet die Bearbeitung und bringt Sie zurück zur Sammelmappe*

Bestehende Dokumente zur Sammelmappe hinzufügen

Bestehende Dokumente lassen sich ebenfalls als Abschnitt zur Sammelmappe hinzufügen. Klicken Sie dazu auf *Abschnitt/Aus Datei hinzufügen*. Die Sammelmappe öffnet die Dialogbox *Aus Datei hinzufügen*.

Markieren Sie dazu das gewünschte Dokument in der Liste und klicken Sie auf *Hinzufügen*. Die Sammelmappe fügt einen neuen Abschnitt mit dem ausgewählten Dokument hinzu

 Noch komfortabler ist es, wenn vorhandene Dokumente per Drag&Drop aus dem Explorer in den linken Ausschnitt des Fensters der Sammelmappe ziehen.

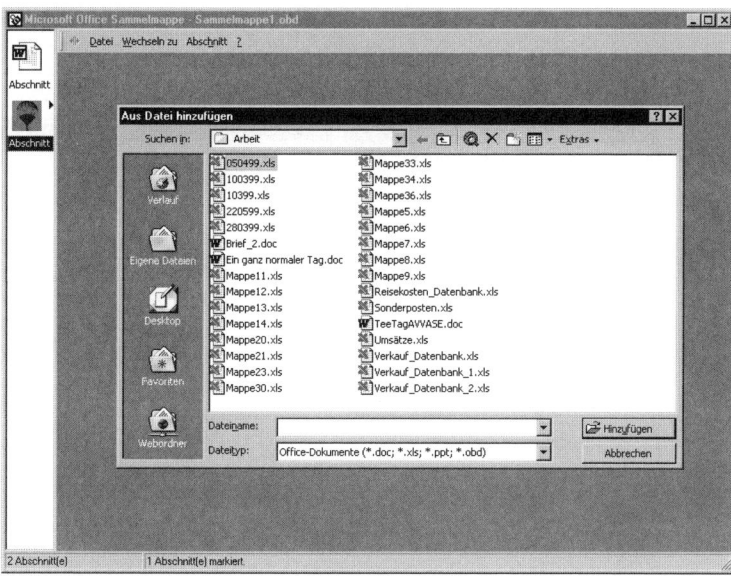

Bild 61.5: Über die Dialogbox Aus Datei hinzufügen *fügen Sie vorhandene Dokumente in die Sammelmappe ein*

Arbeiten außerhalb der Sammelmappe

Da Sammelmappen die Organisation und Verwaltung zusammengehörender Dokumente erleichtern sollen, stehen einige Anwendungsfunktionen während der Arbeit in einer Sammelmappe nicht zur Verfügung.

Die Funktionen der Anwendungsprogramme, die in der Sammelmappe nicht zur Verfügung stehen, können außerhalb der Sammelmappe verwendet werden. Um außerhalb der Sammelmappe zu arbeiten, aktivieren Sie *Abschnitt/Programmansicht*. In der Programmansicht merken Sie nur an der Titelleiste, daß die Datei eigentlich zu einer Sammelmappe gehört.

Um wieder in die entsprechende Ansicht der Sammelmappe zu kommen, aktivieren Sie einfach *Datei/Beenden und zurück*. Somit ist der alte Zustand wieder hergestellt.

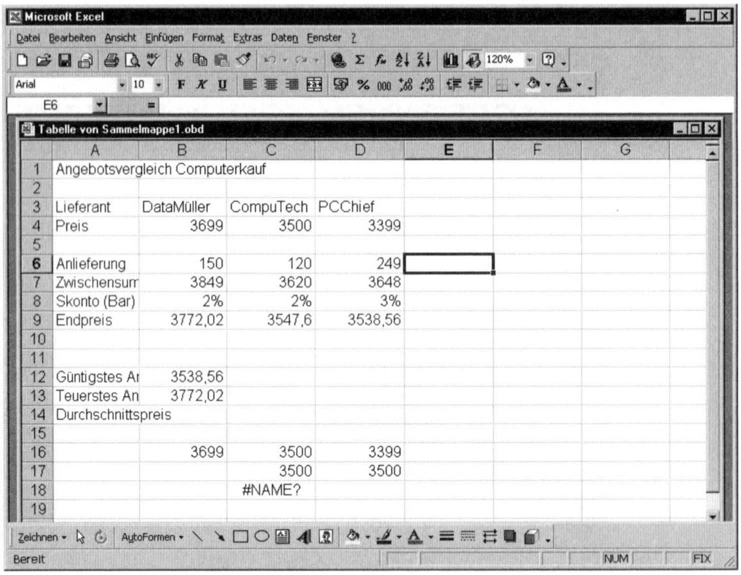

Bild 61.6: Ein in der Sammelmappe eingefügter Abschnitt in der Programmansicht

61.2 Mit der Sammelmappe arbeiten

Der Befehl *Datei/Sammelmappe speichern* sichert die aktive Sammelmappe. Wenn Sie den Namen einer bereits vorhandenen Sammelmappe ändern möchten, wählen Sie statt dessen *Datei/Sammelmappe speichern unter*.

Dokumente aus der Sammelmappe löschen

Soll ein Dokument aus einer Sammelmappe entfernt werden, ohne daß es von der Festplatte gelöscht wird, verfahren Sie wie folgt: Klicken Sie im linken Ausschnitt des Fensters der Sammelmappe auf das Dokument, das Sie löschen möchten. Führen Sie den Befehl *Abschnitt/Löschen* aus. In der erscheinenden Dialogbox bestätigen Sie die Schaltfläche *OK*.

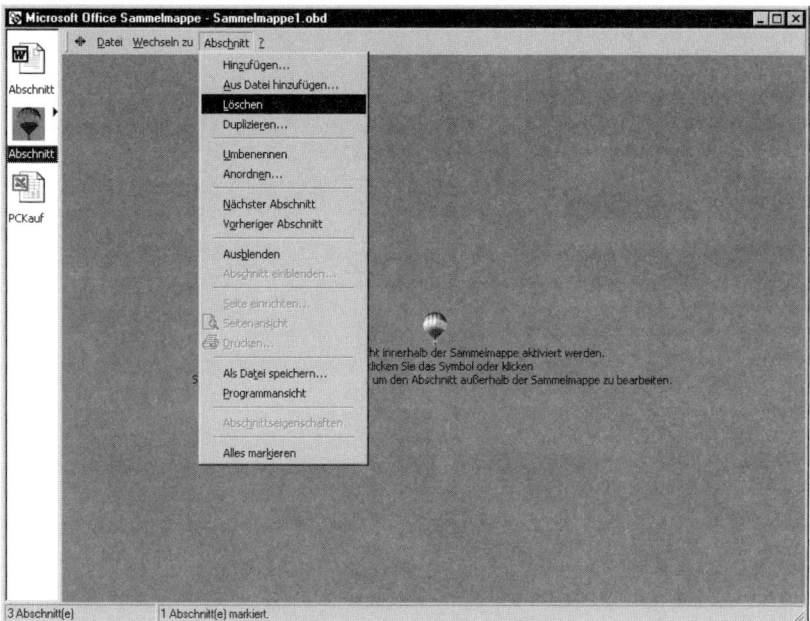

Bild 61.7: Abschnitt löschen *entfernt den markierten Abschnitt aus der Sammelmappe – das zugrundeliegende Dokument bleibt dabei erhalten*

Eine Sammelmappe in Einzelelemente zerlegen

Wenn Sie einzelne Abschnitte aus einer Sammelmappe herauslösen wollen, können Sie dies wie folgt erreichen: Starten Sie den Befehl *Abschnitt/Als Datei speichern*. Sie brauchen anschließend nur noch dem Abschnitt einen Namen zu geben.

Abschnitte umbenennen

Um einen markierten Abschnitt einen neuen Namen zu geben, rufen Sie den Befehl *Abschnitt/Umbenennen* auf. Die Sammelmappe setzt den Namen des Abschnitts im linken Bereich der Programmoberfläche in ein Eingabefeld. Geben Sie die neue Bezeichnung ein und drücken Sie anschließend ⏎.

 Mit einem Klick auf den Namen des Abschnitts erscheint ebenfalls das Eingabefeld mit dem markierten Namen, der dann verändert werden kann.

Zusatzmodule
Office 2000

Die Zusatzmodule werden zu Unrecht nicht als »Programme« bezeichnet. Wenn sie von Programmen angesprochen werden, stellen sie ihre Funktionalität in den Dienst der »Großen« und erweitern die Funktionalität mit speziellen Fähigkeiten.

12

62. WordArt

Gerader Text ist langweilig? Sie benötigen für kurze Ausdrücke eine besondere Gestaltung? Dann sollten Sie sich das WordArt-Modul ansehen, das in den wichtigsten Office-Applikationen zur Verfügung steht und hier beschrieben wird.

62.1 So funktioniert das WordArt-Modul

WordArt ist ein Hilfsprogramm, dessen Bezeichnung gut mit »Wortkunst« übersetzt ist. Es ist für Effekte mit wenigen Wörtern vorgesehen. Ein Katalog mit 30 Stilen und 40 Formen kann aus einem Text eine »Textgrafik« zaubern. Geben Sie z.B. Schriften einen Schatten, biegen Sie Schriftzüge zu Bögen, oder stellen Sie einen Text senkrecht dar – sparsam eingesetzt ist WordArt ein effektvolles Gestaltungsmittel.

Der Funktionsumfang von WordArt ist schnell beschrieben. Texte aus WordArt werden von PowerPoint, Word und Excel wie grafische Elemente behandelt. Zum Erstellen dient der Befehl *Einfügen/Grafik/WordArt* oder ein Klick auf die Symbolschaltfläche *WordArt einfügen* der Zeichnen-Symbolleiste. Jetzt erscheint der *WordArt-Katalog*. Die Vorschaubilder in der Dialogbox *WordArt-Katalog* vermitteln einen ungefähren Eindruck über die resultierende Form. Wählen Sie ein Muster mit einem Klick – Sie können das Objekt nachträglich noch beliebig oft ändern.

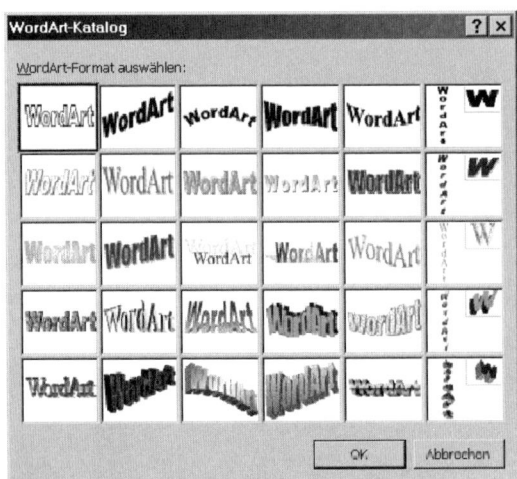

Bild 62.1: Der WordArt-Katalog *bietet eine Reihe vordefinierter WordArt-Formen*

Nach Wahl eines Stils erlaubt die Dialogbox *WordArt-Text bearbeiten* die Eingabe eines Textes.

War vor dem Aufruf der WordArt-Funktion ein Text markiert, erscheint er als Vorgabe in der Dialogbox WordArt-Text bearbeiten. *Auch den Inhalt der Zwischenablage könnten Sie einfügen.*

Neben der reinen Texteingabe hat diese Dialogbox auch noch die Aufgabe, Schriftart, Schriftgröße und die Attribute fett und kursiv festzulegen. Der Text kann dabei mehrere Zeilen umfassen. Die (←)-Taste trennt die Zeilen voneinander.

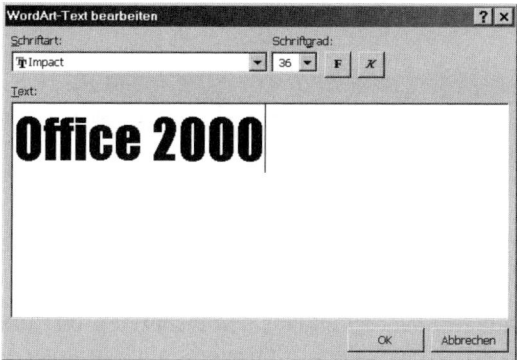

Bild 62.2: Die Texteingabe erfolgt in einer separaten Dialogbox

Bestätigen Sie dann mit OK, um das neue Element endgültig einzufügen. Jetzt wird der eingegebene Text im gewählten Stil formatiert und erscheint im Dokument.

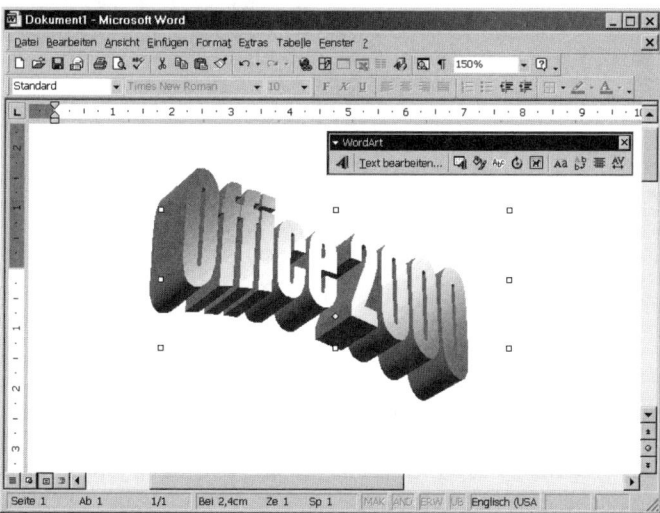

Bild 62.3: Das Ergebnis: Mit wenigen Aktionen erscheint ein kunstvolles Textelement

WordArt-Elemente verhalten sich wie Grafikobjekte – sie lassen sich beliebig verschieben, in der Größe ändern und analog mit den bereits beschriebenen Dialogboxen formatieren.

62.2 WordArt nachträglich formatieren

Gleichzeitig mit der WordArt erscheint auch die Symbolleiste *WordArt* auf dem Bildschirm. Damit haben Sie die Zentrale für die Veränderung der WordArt.

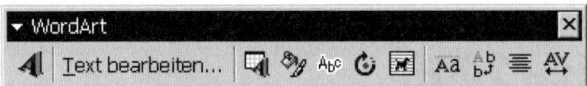

Bild 62.4: Nutzen Sie die Symbolleiste WordArt, *um das eingefügte Objekt zu verändern*

- ⇢ Mit der Schaltfläche *WordArt einfügen* fügen Sie ein neues WordArt-Objekt in das Dokument ein.
- ⇢ Ein Klick auf *Text bearbeiten* lädt den bisherigen Text und erlaubt eine Überarbeitung. Diese Dialogbox erscheint auch nach einem Doppelklick auf das Objekt.

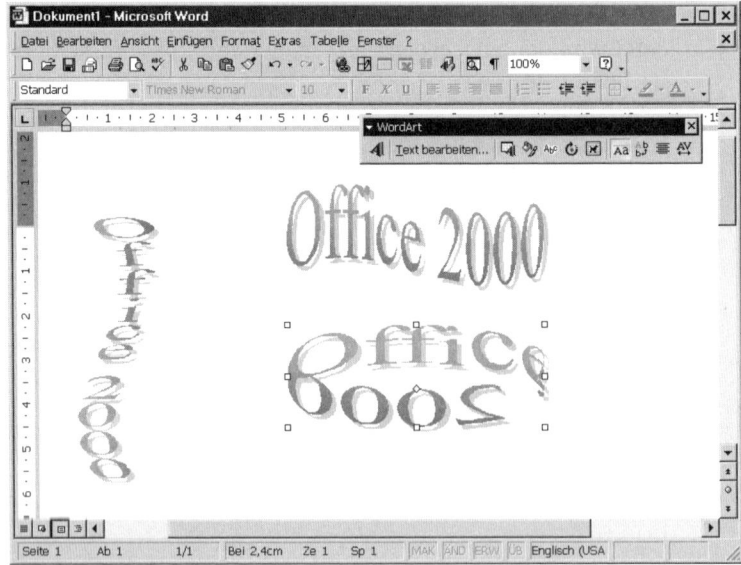

Bild 62.5: Alle drei WordArts basieren auf der gleichen Grundform – durch Veränderung sind neue Effekte entstanden

- Nach einem Klick auf *WordArt-Katalog* weisen Sie dem Objekt einen neuen Stil zu.

- Die Schaltfläche *WordArt formatieren* führt in die Dialogbox für die Veränderung der Objekteigenschaften. Diese Dialogbox enthält unter anderem die Register *Farben und Linien* und *Größe*. Verwenden Sie alternativ den Befehl *Format/WordArt*.

- Die Schaltfläche *WordArt-Form* öffnet eine Liste mit weiteren vorgegebenen Formen. Das Anklicken einer neuen Form fügt den Text neu in das gewählte Element ein.

- Diese Schaltfläche *Freies Drehen* aktiviert die Funktion zum Drehen des Objekts. Nach dem Anklicken wird das Element durch vier grüne Kreise an den Ecken begrenzt. Durch Ziehen an diesen Ecken rotiert das Objekt um den Mittelpunkt. Wird dabei (Strg) gehalten, ist die diagonal gegenüberliegende Ecke der Rotationsmittelpunkt, (⇧) begrenzt die Rotationswinkel auf 15°-Schritte.

- Ein Klick auf das Symbol *Textfluss* aktiviert ein Untermenü mit den Varianten zur Gestaltung des Textflusses. Diese Palette können Sie bei Bedarf als eigenständige Symbolleiste aus der Symbolleiste herausziehen.

- Mit einem Klick auf *WordArt-Buchstaben mit gleicher Höhe* skalieren Sie Groß- und Kleinbuchstaben auf gleiche Höhe.

- Die Schaltfläche *WordArt als vertikaler Text* ordnet die einzelnen Buchstaben untereinander an.

- Das Symbol *Ausrichtung für WordArt* öffnet ein Menü mit den üblichen Absatzausrichtungen und zwei speziellen Optionen: *Zeichen ausrichten* funktioniert ähnlich wie Blocksatz, fügt aber zusätzliche Buchstabenabstände ein. *Streckung ausrichten* bewirkt eine horizontale Dehnung oder Stauchung der Zeichen, um Sie im Blocksatz auszurichten.

- Das letzte Symbol dieser Symbolleiste, *WordArt-Zeichenabstand*, öffnet ein Untermenü zur Veränderung des Buchstabenabstandes.

Alle abgebildeten WordArts finden Sie in der Datei bo62_001.doc auf der CD.

Wie die AutoFormen haben einige WordArt-Elemente einen oder zwei zusätzliche gelbe Markierungspunkte. Durch Ziehen an dieser Markierung verändern Sie die Hülle der WordArt– der Text paßt sich in die neue Hülle ein.

Bild 62.6: Durch Ziehen des gelben Kontrollpunktes verändern Sie die Objekthülle und damit auch die Form der WordArt

Die Gestaltungsvarianten können Sie ausgiebig miteinander kombinieren. Dabei unterliegen Sie aber einer generellen Einschränkung: Alle Symbolschaltflächen der WordArt-Symbolleiste gelten immer für den gesamten Text, Teile davon können nicht unterschiedlich gestaltet werden.

 Sie können mehrere WordArts mit unterschiedlichen Gestaltungen erstellen und anschließend zu einem Objekt gruppieren. So könnten Sie diese Einschränkung umgehen.

63. Diagramme mit MS Graph

Das Diagramm-Modul Graph kann eher nüchternes Zahlenmaterial grafisch aufbereiten. Durch die angebotenen Diagrammtypen – darunter Säulen-, Balken-, Linien- und Kreisdiagramme – sind Ihrem Gestaltungsspielraum kaum Grenzen gesetzt. Nutzen Sie dieses Modul z.B. in Word oder PowerPoint – Excel verfügt über ein eigenes Tool für die Diagrammerstellung.

63.1 Daten übernehmen

Microsoft Graph hat die Aufgabe, aus simplen Zahlenkolonnen Diagramme zu generieren. Doch woher kommen die Daten? Hier gibt es wieder einmal mehrere Varianten. Die einfachste Möglichkeit ist, die Daten direkt in die von Graph angebotene Tabelle einzugeben. Dazu müssen Sie die Musterdaten in der Tabelle entfernen und durch die gewünschten Daten ersetzen.

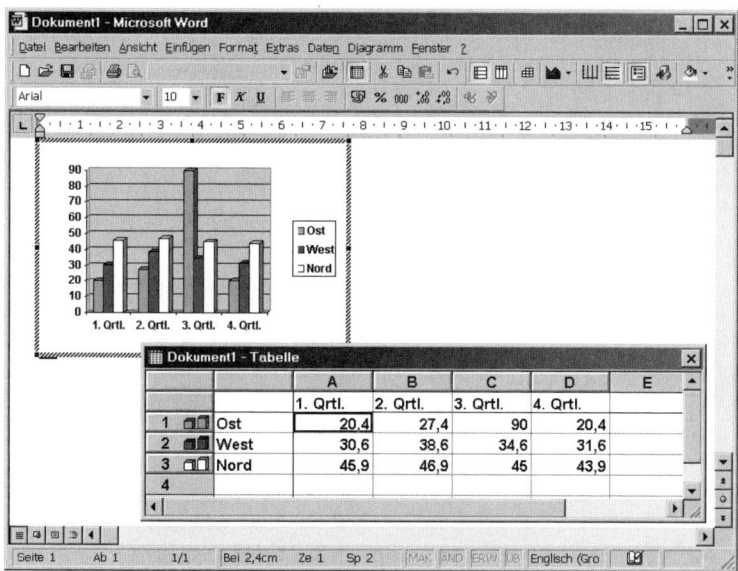

Bild 63.1: Datenreihen bereiten Sie mit MS Graph grafisch auf

Der Befehl *Einfügen/Grafik/Diagramm* ruft das Graph-Modul auf. Das Programm meldet sich anschließend mit einer Mustertabelle und dem dazugehörigen Säulendiagramm. Das Diagramm und die Tabelle können Sie beliebig vergrößern und verkleinern.

 Verwenden Sie alternativ den Befehl Einfügen/Objekt, *und wählen Sie aus der Liste der Objekte den Eintrag* Microsoft Graph 2000-Diagramm.

Aber auch bereits bestehende Daten, z.B. aus Word oder Excel, lassen sich als Darstellungsgrundlage heranziehen. Dies wird wahrscheinlich die häufigste Möglichkeit sein, Daten an Graph zu übergeben. Markieren Sie die Daten, aus denen das Diagramm erstellt werden soll, und befördern Sie sie mit *Bearbeiten/Kopieren* in die Zwischenablage. Wechseln Sie nun in Graph, und aktivieren Sie dort das Datenblattfenster. Markieren Sie anschließend die Zelle, in die der Inhalt der linken oberen Zelle der kopierten Daten kommen soll. Rufen Sie schließlich den Befehl *Bearbeiten/Einfügen* auf.

Wenn Daten vor dem Start von Graph markiert sind, werden diese automatisch in die Datentabelle aufgenommen.

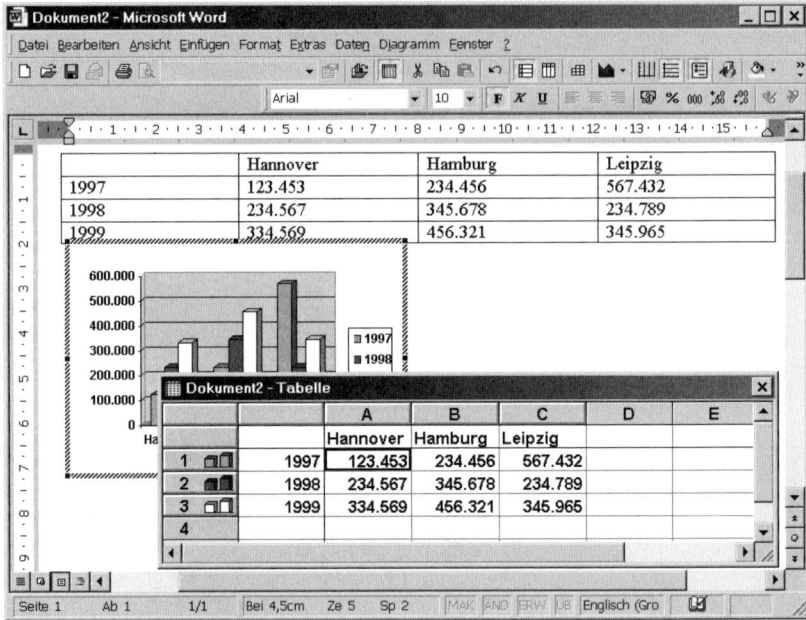

Bild 63.2: Die Datenübernahme aus einer Word-Tabelle ist denkbar einfach – nach Markierung und Aufruf von Graph ist das Diagramm erzeugt

Die Word-Tabelle für die Übernahme der Daten finden Sie auf der CD in der Datei B063_002.DOC.

Eine andere Variante übernimmt Daten aus einer Fremddatei. Diese Datei muß aber ein bestimmtes Format aufweisen. Dieses Verfahren eignet sich deshalb besonders dafür, Daten aus einer Excel-Tabelle herauszufiltern.

Markieren Sie in der Graph-Tabelle die Startzelle für das Einlesen der Daten und rufen den Befehl *Bearbeiten/Datei importieren* auf. In der Dialogbox bestimmen Sie, ob Sie die gesamte Tabelle oder nur einen Bereich übernehmen wollen. Mit *OK* werden die Daten übernommen.

63.2 Diagrammtyp zuweisen

Jeder Diagrammtyp betont bestimmte Aspekte der zugrundeliegenden Daten. So kann die Wahl des falschen Diagrammtyps Daten in falschem Licht erscheinen lassen. Grundsätzlich unterscheidet Graph zwei Arten von Diagrammen: die 2D- und die 3D-Diagramme.

- 2D-Diagramme sind immer flächig und können maximal zwei Dimensionen – Spalten und Zeilen – darstellen.
- Die 3D-Diagramme haben durch eine Perspektive und dem Hinzufügen einer dritten Achse eine räumliche Wirkung. Bei einem dreidimensionalen Diagramm sind Darstellungen von drei Datendimensionen möglich.

Mit dem Befehl *Diagramm/Diagrammtyp* öffnen Sie die Dialogbox *Diagrammtyp*.

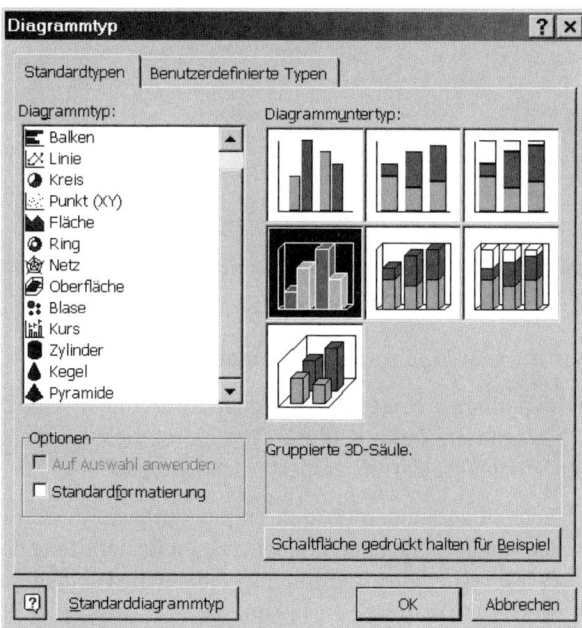

Bild 63.3: Die Palette der Diagrammtypen ist recht umfangreich und steht den Diagrammtypen in Excel nicht nach

Im Listenfeld *Diagrammtyp* wählen Sie eine Kategorie und im Bereich *Diagrammuntertyp* die entsprechende Ausgestaltung.

Die Registerkarte Benutzerdefinierte Typen *nimmt einmal erstellte und formatierte Diagramme als Muster auf. Aktivieren Sie das Kontrollkästchen* Benutzerdefiniert, *klicken Sie auf die Schaltfläche* Hinzufügen, *und vergeben Sie in der anschließenden Dialogbox einen Namen. Wenn Sie eine Vorlage nicht mehr benötigen, klicken Sie auf die Schaltfläche* Löschen *– der Typ verschwindet aus der Liste.*

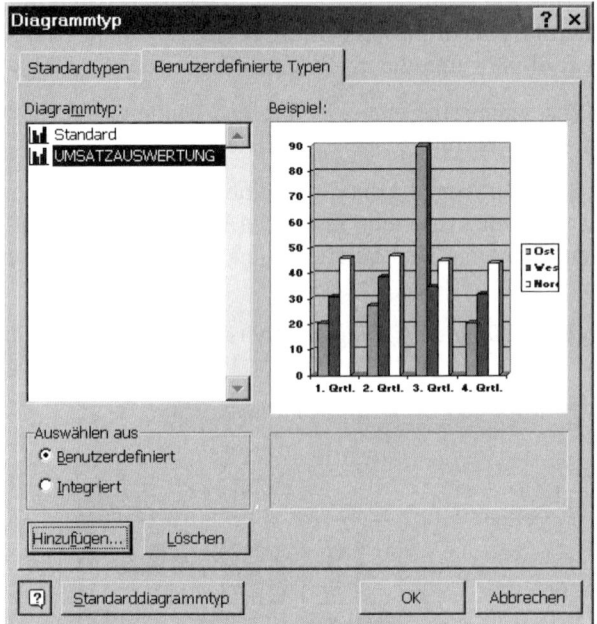

Bild 63.4: Einmal aufgebaute Diagramme können Sie für die spätere Wiederverwendung als benutzerdefinierten Typ ablegen

Hier noch ein paar Tips zu den einzelnen Varianten:

- Liniendiagramme zeigen Trends oder Änderungen von Daten über einen bestimmten Verlauf. Dieser Typ bietet sich an, wenn Abläufe mit vielen einzelnen Werten dargestellt werden sollen.
- Mit Flächendiagrammen werden Trends dargestellt, ähnlich wie bei Liniendiagrammen. Sie heben die einzelnen Bestandteile der Gesamtsummen als Fläche hervor – hierdurch ist jedoch die Fähigkeit eingeschränkt, viele Werte im Überblick zu haben.
- Säulen- und Balkendiagramme eignen sich gut für Vergleiche zwischen einzelnen Zahlengruppen.
- Kreisdiagramme stellen die Verhältnisse von einzelnen Teilen gegenüber einer Gesamtheit dar. Dieser Diagrammtyp enthält immer nur eine Datenreihe.

⋯⋫ Das Streuungsdiagramm verdeutlicht die Abhängigkeit zweier oder mehrerer Wertereihen.

⋯⋫ Ein Netzdiagramm ist ein Diagramm, das von einem zentralen Punkt ausgeht. Anhand dieses Typs kann die Symmetrie bzw. die Übereinstimmung von Daten besonders gut dargestellt werden.

Die 3D-Diagramme entsprechen in ihrer Funktion ihren zweidimensionalen Geschwistern. Sie bieten sich bei besonderen Ansprüchen an die Gestaltung an.

63.3 Diagramm formatieren

Im Listenfeld *Diagrammobjekte* der Symbolleiste werden alle Diagrammbereiche und -teile aufgelistet. Je nach Auswahl markiert Graph das entsprechende Objekt. Betrachten Sie die Formate einer Datenreihe etwas näher:

Nachdem eine Datenreihe markiert wurde, drücken Sie die Tastenkombination [Strg]+[1].

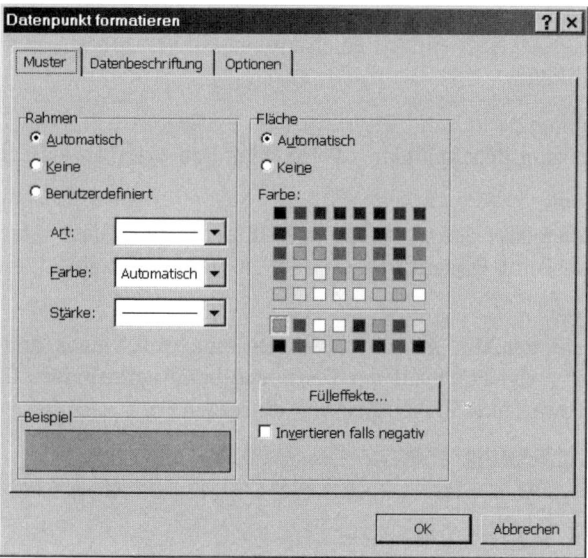

Bild 63.5: Je nach ausgewähltem Diagrammobjekt öffnet sich die Formatieren-Dialogbox mit anderem Inhalt

Alle Formatierungsvarianten anzusprechen würde den Rahmen dieses Buches sprengen. Die üblichen Formatierungen – Farben, Schriftattribute oder Rahmen – sind an anderer Stelle des Buches beschrieben.

 Lesen Sie bei den Ausführungen zu den Diagrammen in Excel nach – zwischen beiden Diagramm-Modulen von Office bestehen große Ähnlichkeiten.

64. Die Clip Gallery

Die Clip Gallery stellt ClipArts, Bullets, AutoFormen, Fotos, Sounds und Animationen bereit und kann diese in Office-Dokumente einfügen. Dieses Tool ist damit ein nützliches Verwaltungsprogramm für alle grafischen und multimedialen Elemente, mit denen Sie die Arbeitsergebnisse aufwerten wollen.

64.1 Grundlagen

Grafische Objekte aus der Clip Gallery können Sie z.B. in Word, Excel, PowerPoint, Publisher, Photo Draw und – mit Einschränkungen – in Access einfügen. Die Clip Gallery ist ein Programmodul, das vorgefertigte Elemente verwaltet, strukturiert und im schnellen Zugriff hält. Diese Elemente sind thematisch geordnet.

Der Befehl *Einfügen/Grafik/ClipArt* ruft die Gallery auf den Schirm. Sie enthält vier Register für die unterschiedlichen Objekttypen.

- *ClipArt*
  Dieses Register enthält Zeichnungen auf Vektorbasis, in der Regel WMF-Grafiken.

- *Grafiken*
  Hier sind Bitmapbilder – Fotos oder Web-Grafiken – zu finden.

- *Sounds*
  Das Register *Sounds* versammelt Klangfolgen. Diese lassen sich z.B. in PowerPoint-Präsentationen oder in Web-Seiten einsetzen.

- *Videos*
  Dieses Register ist normalerweise leer, weil Videos und Animationen relativ viel Platz auf der Festplatte benötigen. Videos lassen sich z.B. in PowerPoint-Präsentationen einsetzen.

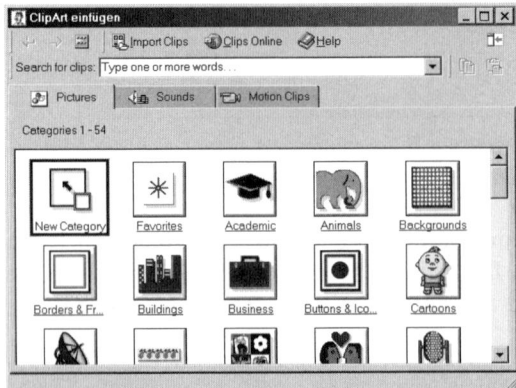

Bild 64.1: Die Clip Gallery verwaltet Bilder, Sounds und Videos in drei verschiedenen Registern

Das Gallery-Fenster wird von zwei Listenfeldern beherrscht, der Aufbau ist in allen Registern identisch. Auf der linken Seite sind die definierten Kate-

Die Clip Gallery

gorien aufgelistet. Den größten Raum nimmt der Bildbereich ein: Hier werden die Vorschauabbildungen wiedergegeben, die zur aktuell eingestellten Kategorie gehören.

Die Kategorien strukturieren die verfügbaren Clips. Die Wahl einer anderen Kategorie führt sofort zu einer Anpassung des Vorschaubereichs. Ein Doppelklick auf ein Vorschaubild überträgt die zugeordnete Originaldatei in das aufrufende Programm.

Da die Clip Gallery als OLE-Server arbeitet, läßt sie sich in allen OLE-Client, mit Befehlen wie Einfügen/Objekt *aufrufen.*

Die Clip Gallery übernimmt auch Verwaltungsaufgaben. Ein Klick auf die Schaltfläche *Kategorien bearbeiten* öffnet eine Dialogbox, mit der sich Kategorien bearbeiten, löschen oder auch hinzufügen lassen. Hier könnten Sie z.B. eine zusätzliche Kategorie »Werbung« einfügen, in der alle Werbeelemente, Logos und Produktfotos untergebracht werden. Auch das Eingabefeld Keywords hat eine Bedeutung: Die Suchfunktion kann Grafiken nach den hier angegebenen Stichworten selektieren.

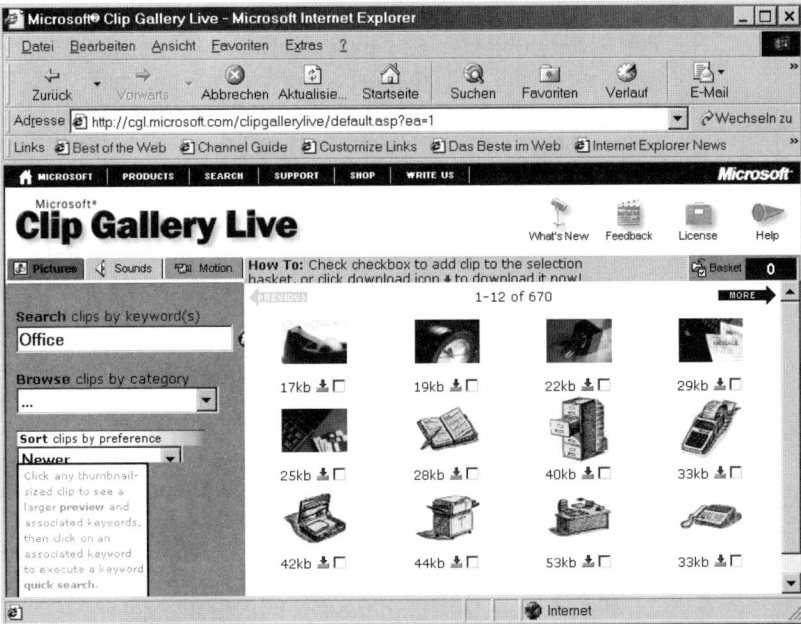
Bild 64.2: Die Dialogbox Kategorienliste bearbeiten *verwaltet die ClipArt-Kategorien*

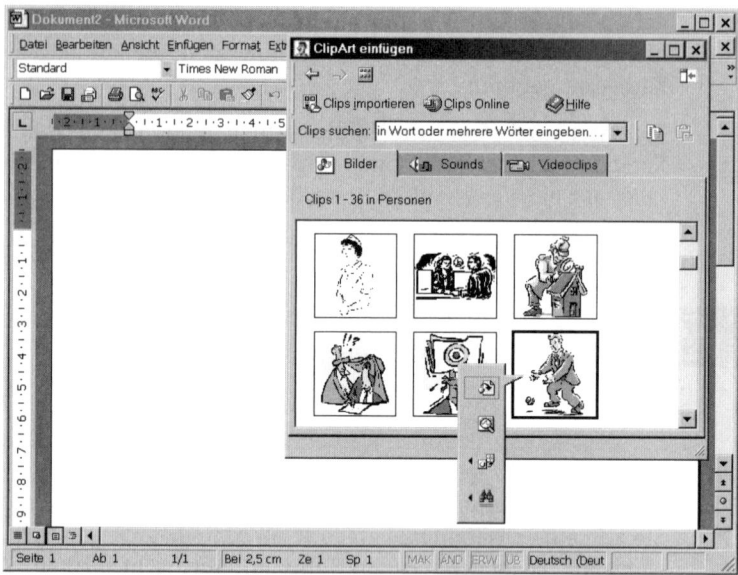

Bild 64.3: Die Kategorien werden einfach durch an- oder ausklicken zugewiesen bzw. gelöscht. Hier haben wir die Zeichnung in die neue Kategorie Werbung *aufgenommen*

Die Kategorien sind für alle Register identisch. Sie dienen der Sortierung der Gallery-Objekte, also muß auch eine Zuweisung möglich sein. Diese Zuweisung wird mit *Clip-Eigenschaften* vorgenommen: Jede Kategorie ist in der neuen Dialogbox mit einem Kontrollfeld versehen, ein Klick darauf fügt eine Kategorie zur Bildbeschreibung hinzu oder löscht eine bestehende Verbindung. Weiterhin zeigt diese Dialogbox Zusatzinformationen, wie z.B. Dateigröße, Dateityp und Speicherpfad.

Clips importieren ruft eine Datei-Dialogbox auf, die zusätzliche Grafikdateien in die Gallery übernimmt. Nach Wahl einer Datei erscheint wieder die Dialogbox *Clip-Eigenschaften*, so daß Sie sofort eine Zuordnung der Kategorien vornehmen können.

Schließlich enthält auch der rechte Teil der Gallery einige Steuerelemente.

- *Einfügen*
  Überträgt die aktuelle Abbildung zum Ursprungsprogramm und schließt die Gallery.

- *Schließen*
  Beendet die Gallery, ohne ein Bild zu übergeben.

- *Suchen*
  Öffnet die Dialogbox *Clip suchen*. Diese kann nach Schlüsselwörtern, Namensbestandteilen und Dateitypen selektieren. Nach einem erfolgreichen Suchlauf werden alle gefundenen Bilder im Vorschaubereich dargestellt.

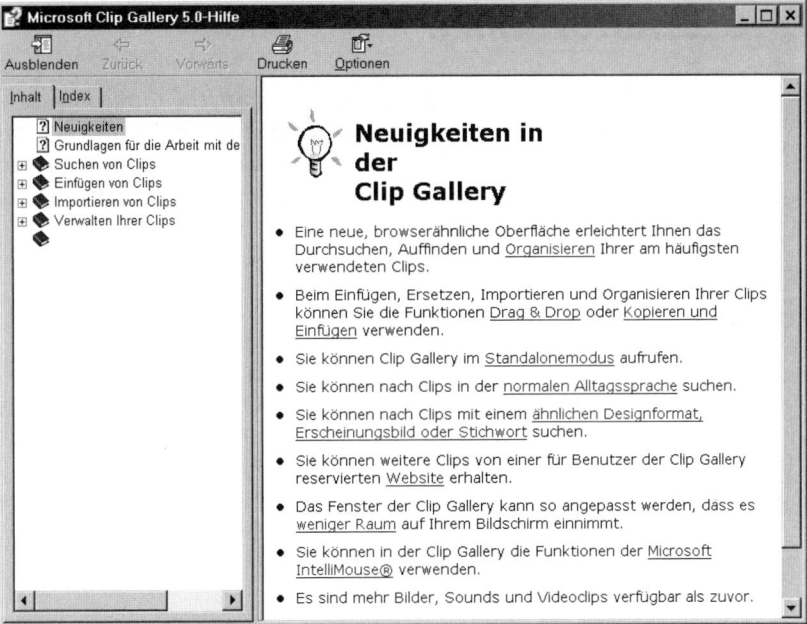

Bild 64.4: Der Suchbegriff Werbung *und der Clip-Typ* Computer Graphics Metafile *fördert die zuvor angepaßte Abbildung zutage*

···▸ *Hilfe*
Ruft die Hilfe-Funktion auf.

···▸ *Vergrößern*
Mit aktiviertem Kontrollkästchen Vergrößern wird das aktuelle Vorschaubild in einem Rahmen mit etwa der doppelten Ursprungsgröße hervorgehoben.

Wenn Ihnen die mitgelieferten Clips nicht reichen und Sie über einen Internet-Zugang verfügen, sollten Sie die Internet-Schaltfläche anklicken. Dann stellt die Gallery eine Internet-Verbindung zum Microsoft-Server her und lädt eine Seite mit der Bezeichnung »Clip Gallery live«.

Ein einmal eingefügtes ClipArt-Element kann problemlos skaliert oder verschoben werden. Das Ziehen an den Markierungspunkten bewirkt eine Größenänderung. Wird beim Ziehen an den Eckpunkten die ⇧ -Taste gehalten, skaliert Office das Element proportional. Die Strg -Taste verschiebt den gegenüberliegenden Knoten in die der Mausbewegung entgegengesetzte Richtung, so daß ein Skaliereffekt vom Mittelpunkt entsteht. Das Verschieben eines Clips mit gehaltener ⇧ -Taste erzeugt eine Kopie.

65. AutoFormen

Bei AutoFormen handelt es sich um grafische Grundobjekte wie Rechtecke, Kreise oder Sterne. Sie lassen sich einfach in die Office-Applikationen einfügen und haben illustrativen Charakter. Sie verhalten sich wie andere Grafikobjekte – die Erläuterungen in diesem Kapitel gelten deshalb ebenso für andere Objekte.

65.1 AutoFormen einfügen

Eine große Auswahl an Zeichen-Grundformen steht Ihnen direkt in den Office-Programmen zur Verfügung. AutoFormen aus mehreren Kategorien enthalten so ziemlich alle Elemente, mit denen Sie im Dokument für ein wenig Abwechslung sorgen. Das Einfügen geschieht entweder mit *Einfügen/Grafik/AutoFormen*, aus dem Menüeintrag *AutoFormen* der Zeichnen-Symbolleiste oder direkt aus der Symbolleiste *AutoFormen*. Wählen Sie zunächst eine Kategorie.

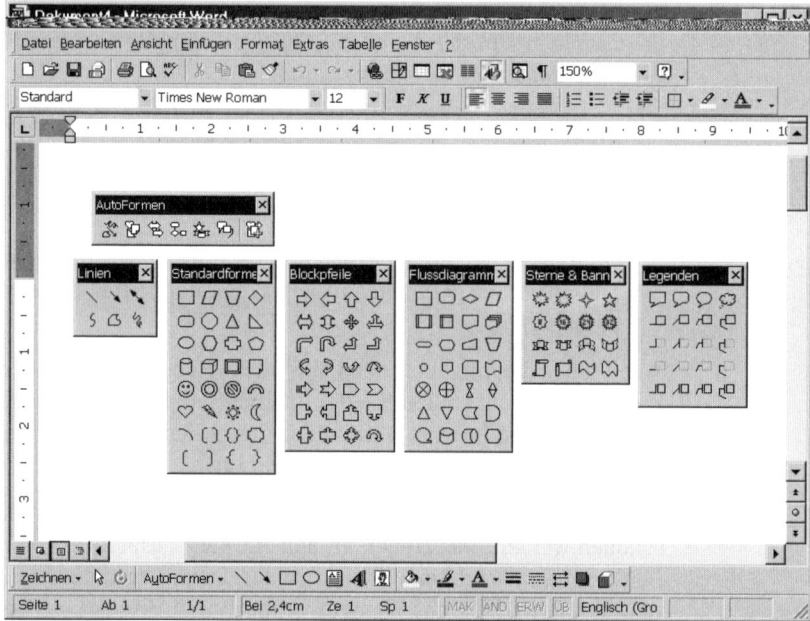

Bild 65.1: *Die AutoFormen sind in Kategorien gegliedert. Ein Klick auf einen Eintrag öffnet ein Auswahlfenster*

···▷ Um eine AutoForm in einer Standardgröße einzufügen, wählen Sie eine Form mit einem Klick aus und klicken an die gewünschte Stelle im Dokument.

⋯❖ Um eine AutoForm in einer beliebigen Größe einzufügen, wählen Sie eine Form aus, klicken an die gewünschte Stelle im Dokument und ziehen mit der Maus. Beim Loslassen der Maustaste wird die Form in der aufgezogenen Größe eingefügt.

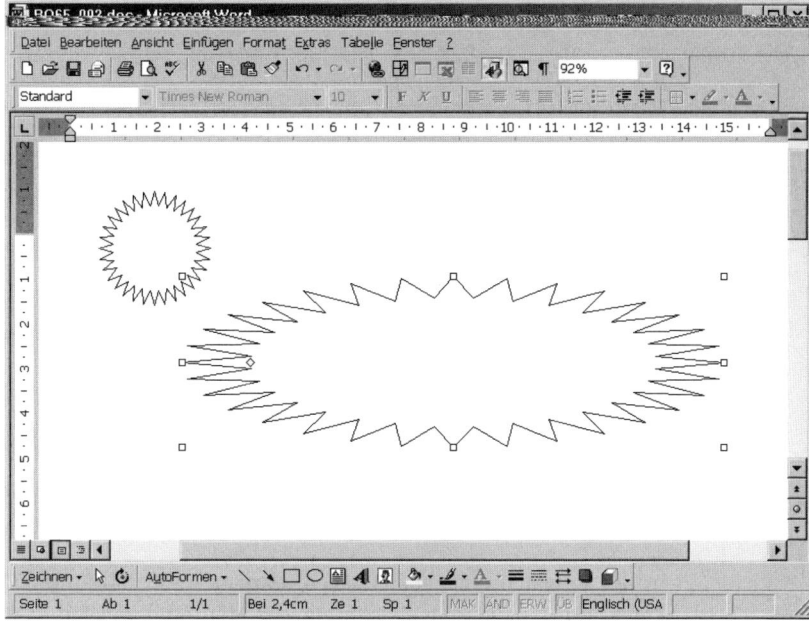

Bild 65.2: Die gleiche AutoForm: links in der Standardgröße, rechts mit gleichzeitiger Verzerrung

65.2 AutoFormen bearbeiten

Um eine AutoForm zu bearbeiten, muß sie wie jedes andere Element zuerst markiert werden. Dazu genügt es, sie mit der Maus anzuklicken.

Wenn die Markierungspunkte erscheinen, ist das Element markiert. Wenn die AutoForm aber von Text umgeben ist, nutzen Sie die Symbolschaltfläche *Objekte markieren* aus der Symbolleiste *Zeichnen*. Dann können Sie nur Zeichenelemente markieren, der Text stört nicht.

 Der Markierungsmodus für Objekte bleibt eingeschaltet, bis er z.B. durch die Esc *-Taste deaktiviert wird.*

Seine eigentliche Aufgabe besteht aber im Markieren mehrerer Elemente: Ziehen Sie mit der Maus ein Markierungsrechteck um die gewünschten Elemente. Dann werden alle Elemente markiert, die vom Markierungsrechteck vollständig erfaßt wurden.

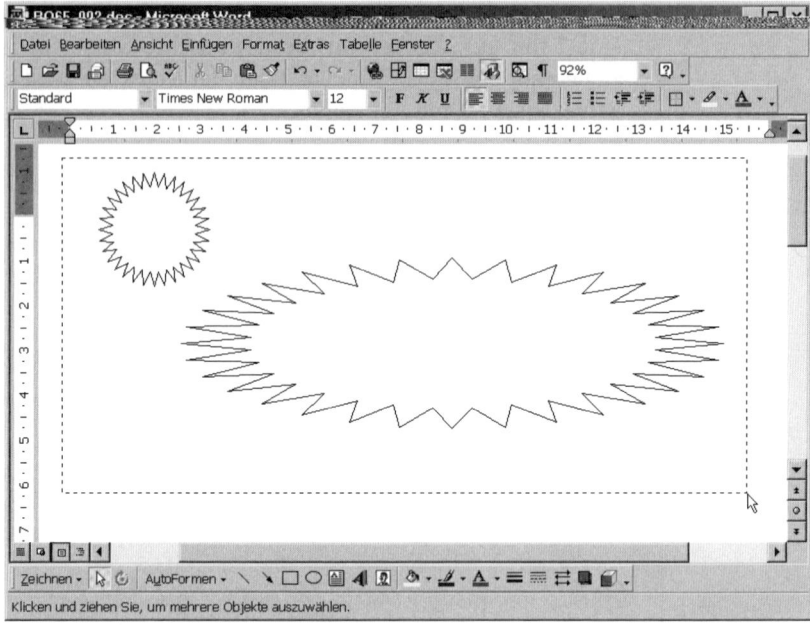

Bild 65.3: Das Markierungsrechteck umfaßt beide AutoFormen – nach dem Loslassen der Maustaste können Sie beide gemeinsam bearbeiten

In der Praxis kommt aber noch ein anderer Fall häufig vor. Wenn Sie z.B. Pfeile und Linien Ihrer Zeichnung mit einer anderen Linienstärke versehen wollen, sollen ausschließlich diese Elemente markiert werden. Das Markierungsrechteck würde aber auch dazwischenliegende andere Objekte erfassen. Abhilfe schafft die ⇧-Taste. Wenn diese gedrückt wird, können Sie mit der Maus die Elemente nacheinander anklicken und so markieren.

 Wählen Sie den Befehl Gruppierung/Gruppierung *aus dem Kontextmenü der markierten Objekte, um diese zu einer Gruppe zusammenzufügen. Gruppierte Objekte bilden danach eine Einheit und werden wie ein einzelnes Objekt behandelt.*

65.3 AutoFormen verschieben und verändern

Viel Neues gibt es an dieser Stelle nicht mehr zu berichten. Das Verschieben, die genaue Positionierung und die Größenänderung ist bei allen grafischen Elementen gleich. Aber AutoFormen haben noch etwas besonderes: einen zusätzlichen gelben Markierungspunkt. Durch Ziehen mit der Maus verändern Sie die Grundform.

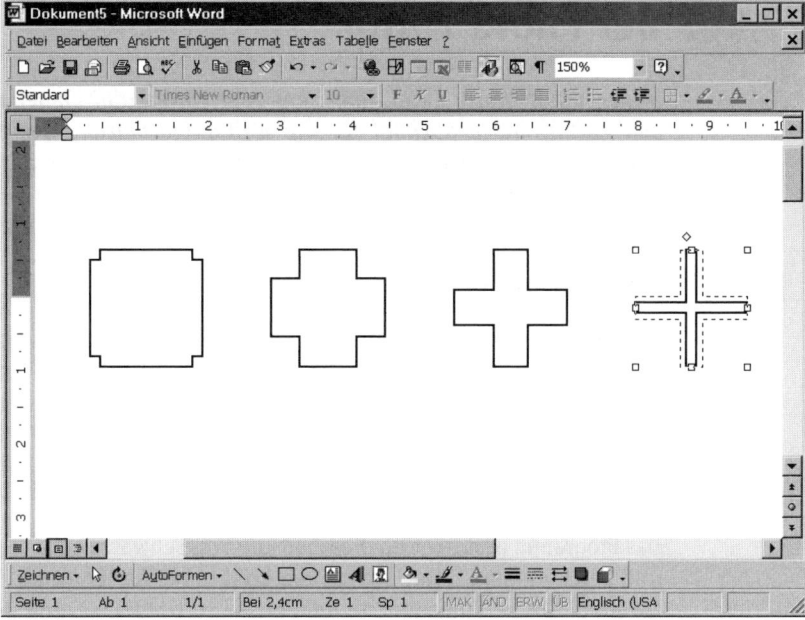

Bild 65.4: Alle Formen basieren auf der linken AutoForm und sind durch die Verschiebung des gelben Markierungspunktes verändert worden

 Das Beispiel finden Sie auf der CD in der Datei B065_004.DOC.

AutoFormen formatieren

Auch für AutoFormen stehen Formatierungen zu Linien und Füllungen zur Verfügung. Die Gestaltungsbefehle sind bei markierter AutoForm über den Befehl *Format/AutoForm*, die Symbolleiste *Zeichnen* oder das Kontextmenü zu erreichen.

 Verfahren Sie beim Formatieren von AutoForm wie auch bei Text – fügen Sie erst alle Elemente ein, bevor Sie Formatierungen vornehmen. Die Farbeinstellungen gelten so lange, bis sie erneut verändert werden. Durch Mehrfachmarkierungen wenden Sie gleiche Auszeichnungsmerkmale schnell auf mehrere Elemente an.

66. Der Photo Editor

Bilder, die in Word, Excel, Publisher oder PowerPoint eingebunden werden, sind selten gleich optimal für die Weiterverarbeitung geeignet. Mit dem Photo Editor hat Microsoft ein geeignetes Hilfsprogramm zur Verbesserung von Bildern in das Office-Paket integriert.

66.1 So präsentiert sich der Photo Editor

Als Symbol für das Startmenü im Eintrag *Start/Programme/Microsoft Office Tools* findet eine stilisierte Lochblende mit Spektralfarben Verwendung. Der Microsoft Photo Editor wird alternativ aus den Office-Anwendungen über *Einfügen/Objekt/Photo Editor 3.0 Photo*, *Einfügen/Objekt/Photo Editor 3.0 Scan* oder über den Aufruf *Einfügen/Grafik/Von Scanner oder Kamera* gestartet.

Das Programm gestattet die Bearbeitung von Schwarzweiß-Fotos, Farbbildern und Zeichnungen. Dabei stehen die Effekte im Vordergrund. Der Photo Editor bietet keine Funktionen zum Zeichnen, wohl aber eine Reihe von Routinen zur Bildoptimierung.

Funktionen zur Veränderung des Bildausschnitts, der Helligkeit oder des Farbkontrastes werden ebenso angeboten wie Spezialeffekte zur Verfremdung von Fotos: eine Negativ-Darstellung, Scharf- und Weichzeichnen oder auch Bilderfilter. Der Photo Editor unterstützt das Arbeiten mit den gängigsten Bilddateiformaten.

Neben dem Verarbeiten existierender Bilder ist der Photo Editor in der Lage, Scanner über die genormte TWAIN-Schnittstelle anzusteuern und somit Papiervorlagen in den Computer zu transferieren.

Bitmaps sind nichts anderes als Sammlungen von farbigen Punkten. Anders als bei Vektorgrafikobjekten – z.B. bei den »AutoFormen« des Zeichnen-Moduls – lassen sich Bitmaps nicht ohne Verlust an Bilddetails vergrößern und verkleinern. Machen Sie sich vor der eigentlichen Bildbearbeitung Gedanken über die spätere Größe und Weiterverarbeitung.

Der Photo Editor zeigt sich nach dem Programmaufruf spartanisch: Es erscheint ein Fenster mit einem grauen Arbeitsbereich und den Standardelementen.

Die Statusleiste ist ein wesentliches Hilfsmittel beim Arbeiten mit dem Photo Editor. Sie wird im Ansicht-Menü ein- oder ausgeschaltet. Die Statusleiste ist in drei Bereiche untergliedert. Im linken Bereich wird der aktuelle Zustand des Editors angezeigt – »Fertig« deutet darauf hin, daß derzeit keine Aktivität stattfindet und das Programm Befehle entgegennimmt. Der mittlere Bereich und rechte Bereich der Statusleiste geben Daten über markierte Bildflächen wieder.

66.2 Datei- und Druckfunktionen

Auch im Photo Editor werden die wesentlichen Funktionen und Befehle über die Menüs gesteuert. Dies gilt natürlich auch für das Neuanlegen, Laden und Speichern.

Die entsprechenden Befehle verbergen sich im Datei-Menü. *Neu*, *Öffnen*, *Schließen* und *Speichern* bzw. *Speichern unter* entsprechen dem Office-Standard. Der Photo Editor ist in der Lage, mehrere Bilder gleichzeitig geöffnet zu halten. Weil Bitmap-Bilder viel Speicherplatz belegen, kann das Arbeiten mühselig werden.

 Schließen Sie jede geöffnete Datei sofort wieder, sobald die Bearbeitung abgeschlossen ist und die Datei vorerst nicht mehr benötigt wird.

Das Neuanlegen von Bildern ist nur in wenigen Fällen sinnvoll, wenn es darum geht, mehrere Einzelbilder miteinander zu kombinieren. Da der Photo Editor keine eigenen Erstellungswerkzeuge besitzt, ist das Neuanlegen normalerweise überflüssig.

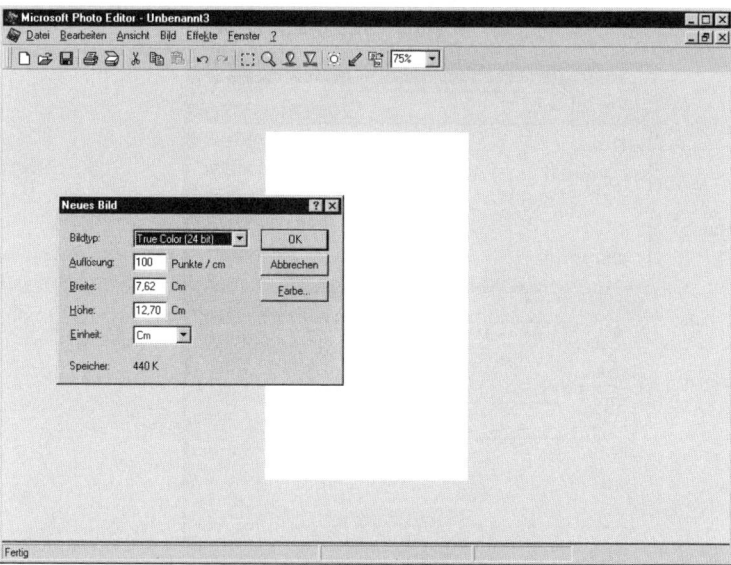

Bild 66.1: Beim Neuanlegen müssen Sie Farbsystem, Bildauflösung und Bildmaße festlegen

Erwähnenswert sind allenfalls die Funktionen zur Festlegung von Farbsystem und Größe: Der Photo Editor kennt vier Farbsysteme (Schwarzweiß, Graustufen, Farbpalette und TrueColor) und schlägt eine Bildauflösung von 100 dpi vor – gut geeignet für die Bildschirmwiedergabe oder Tintenstrahldrucker.

Wichtiger ist die Funktion zum Öffnen von Bildern. Der Photo Editor 3.0 unterstützt die gängigsten Bilddateiformate:

Format	Dateikürzel
Graphics Interchange Format	*.GIF
JPEG-Import-Filter	*.JPG
Kodak Photo CD	*.PCD
PC Paintbrush	*.PCX
Portable Network Graphics	*.PNG
Tagged Image Format	*.TIF
Targa	*.TGA
Windows Bitmap	*.BMP

Mit der Funktion *Speichern unter* zeigt der Photo Editor zunächst die vertraute Dialogbox. Allerdings ist hier zusätzlich die Schaltfläche *Weitere* angeordnet. Ein Klick darauf zeigt zusätzliche Optionen an.

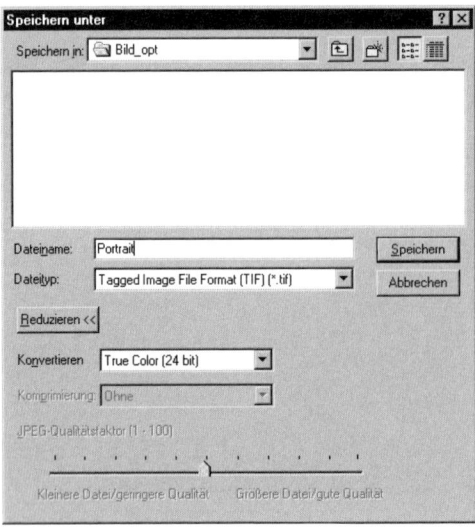

Bild 66.2: Ein Klick auf Weitere *vergrößert die Speichern-Dialogbox und bietet zusätzliche Optionen an*

⁕ *Konvertieren*
Wählen Sie hier das Farbformat: Für Ausdrucke auf Schwarzweiß-Geräten ist die Einstellung *Graustufen* sinnvoll, die Wiedergabe am Monitor oder auch Farbdruck erfordert die Systeme *Palette oder 256 Farben* bzw. *TrueColor*.

Das TrueColor-Farbsystem erzeugt Dateien, die bis zum Dreifachen der Speichermenge der beiden anderen Formate belegen. Dafür bietet es stufenlose Farbverläufe und ein Maximum an Detailtreue und kann Probleme bei der Bildschirmdarstellung reduzieren.

⁕ *Komprimierung*
Selbst kleine Bilder belegen eine Menge Speicherplatz, wenn sie unkomprimiert abgelegt werden. Je nach Bildformat läßt sich dieser Speicherbedarf drastisch reduzieren – von der Reduktion auf die halbe Dateigröße bis hin zu einer hundertfachen Kompression, z.B. bei Screenshots.

⁕ *JPEG-Qualitätsfaktor*
Das JPEG-Format bewirkt – anders als die vorherigen Mechanismen – eine Kompression, bei der Details zusammengefaßt werden. Der Schieberegler läßt Ihnen die Wahl: Wenn Sie auf Details verzichten möchten, erhalten Sie besonders kleine Dateien. Nach rechts werden die Dateien zwar größer, geben aber auch feinere Details wieder.

Nicht jedes Datei-Format bietet Kompressionsmechanismen und alle Farbsysteme an. Manche der Optionen stehen erst zur Verfügung, wenn Sie den Eintrag im Listenfeld *Dateityp* verändern.

Der Eintrag *Zurück* im Datei-Menü stellt den Zustand der letzten Speicherung wieder her. Alle Änderungen seit dem letzten Speichern werden verworfen.

Drucken und Scannen

Im Menü *Datei* finden Sie auch die Funktionen zum Scannen bzw. Drucken von Bildern. Wählen Sie die Option *Bild scannen* zum Einlesen eines Bilddokuments, sofern ein Scanner installiert ist. Die Auswahl der Scanner-Schnittstelle erfolgt über den Menüpunkt *Datei/Scanner-Quelle wählen*.

Art und Weise des Zugriffs auf den Scanner oder die angeschlossene Digitalkamera sind von der installierten Hardware und den zugehörigen Programmen abhängig. Lesen Sie bei Problemen in den Handbüchern dieser Geräte nach.

Drucken ermöglicht die Ausgabe einer Grafik direkt auf einen angeschlossenen Drucker. Die Dialogbox unterscheidet sich deutlich von den anderen Office-Programmen.

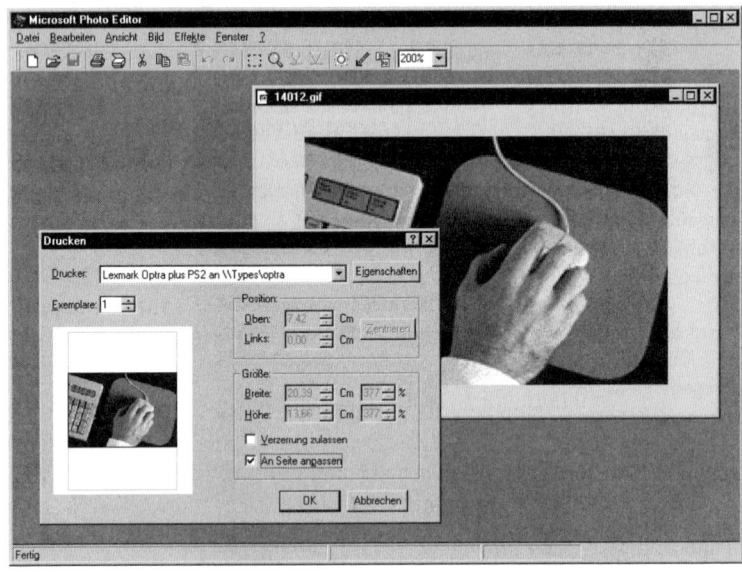

Bild 66.3: In der Dialogbox Drucken *legen Sie die Ausgabegröße, Position und Ziel des Ausdrucks fest*

Die Dialogbox wird von einem Vorschaubild beherrscht. In diesem Bereich stellt der Photo Editor das Bild und dessen Lage auf der Druckseite dar. Das Bild liegt normalerweise in der linken oberen Seitenecke. Im Bereich *Position* beeinflussen Sie die Lage des Bildes auf der Seite. Durch einen Klick auf die Schaltfläche *Zentrieren* verschieben Sie das Ausgabeobjekt in die Mitte des Ausdruckes. Eine Änderung der Bildbreite bewirkt automatisch eine Anpassung der Höhe, wenn *Verzerrungen zulassen* nicht aktiviert ist.

Die Option *An Seite anpassen* bewirkt eine Ausdehnung der Druckvorlage auf die maximale Größe – diese Option ist im obigen Bild angeklickt.

66.3 Bildeigenschaften ändern

Der Befehl *Datei/Eigenschaften* hat ebenso eine eigene Funktionalität. Er bietet im Photo Editor einige unverzichtbare Funktionen. Im Listenfeld *Typ* werden die unterschiedlichen Farbsysteme angeboten.

 Wenn ein Bild von einem komplexeren Farbsystem zu einem mit geringerer Farbtiefe konvertiert wird, gehen Bildinformationen verloren: Aus einem Graustufenbild kann kein Farbfoto mehr werden. Beim umgekehrten Umwandlungsprozeß – manche der Effektfilter benötigen den TrueColor-Modus – sehen Sie zunächst keine Auswirkungen, erhalten aber größere Dateien.

Bei Wahl von *Palette...* oder *Monchrom* wird die Schaltfläche *Anpassen* aktiviert. Ein Klick gibt Ihnen Einfluß auf die Art der Umwandlung.

Das Feld *Auflösung* ist von entscheidender Bedeutung. Die Zahl gibt an, wie viele Bildpunkte pro Zentimeter zur Darstellung des Bildes eingesetzt werden, und zwar in horizontaler und vertikaler Richtung. Achtung: Die Angabe *Punkte pro Zentimeter* unterschiedet sich von üblichen Angaben – 2,54 dpi (dots per Inch) entspricht einem Punkt pro Zentimeter.

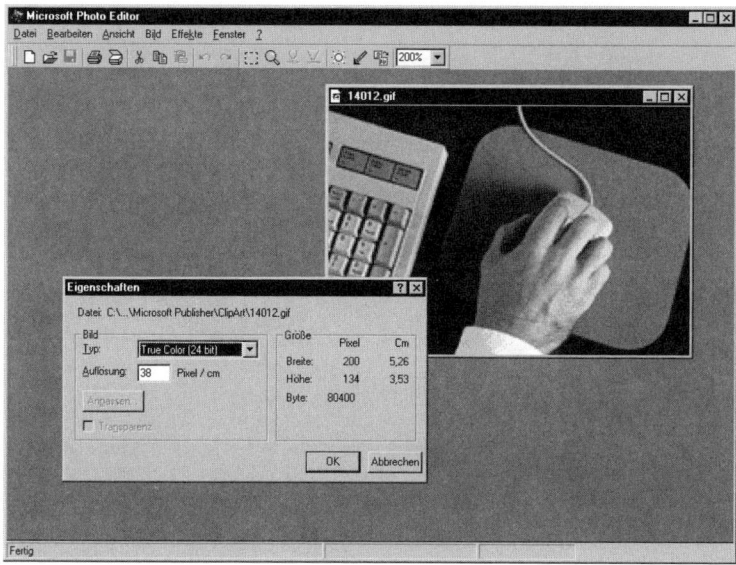

Bild 66.4: Mit der Dialogbox Eigenschaften *verändern Sie Farbsystem und Auflösung nachträglich*

Bildausschnitte und Bildgröße

Eine typische Handlung ist das im Kopieren ganzer Bilder oder Ausschnitte. Dafür müssen Sie zunächst ein Markierungsrechteck mit dem Werkzeug *Markieren* aufziehen. Die Funktionen *Ausschneiden* und *Kopieren* übertragen markierte Ausschnitte von Bitmaps in die Zwischenablage. Von dort aus lassen sie sich in das Ursprungsbild, in ein anderes geöffnetes Bild, als neues Bitmap-Dokument oder in andere Anwendungen übertragen. Auch der Befehl *Einfügen* steht zur Verfügung – in zwei Varianten: *Einfügen* überträgt den Inhalt der Zwischenablage als Auswahl in die aktuelle Bilddatei. *Als neues Bild einfügen* erzeugt aus der Zwischenablage ein neues Bildfenster mit den Maßen des Ausschnitts.

Die beiden Optionen Rückgängig *und* Wiederholen *beziehen sich ausschließlich auf den letzten ausgeführten Bearbeitungsbefehl. Danach haben Sie nur noch die Wahl, mit* Datei/Zurück *den letzten Speicherungszustand wieder herzustellen.*

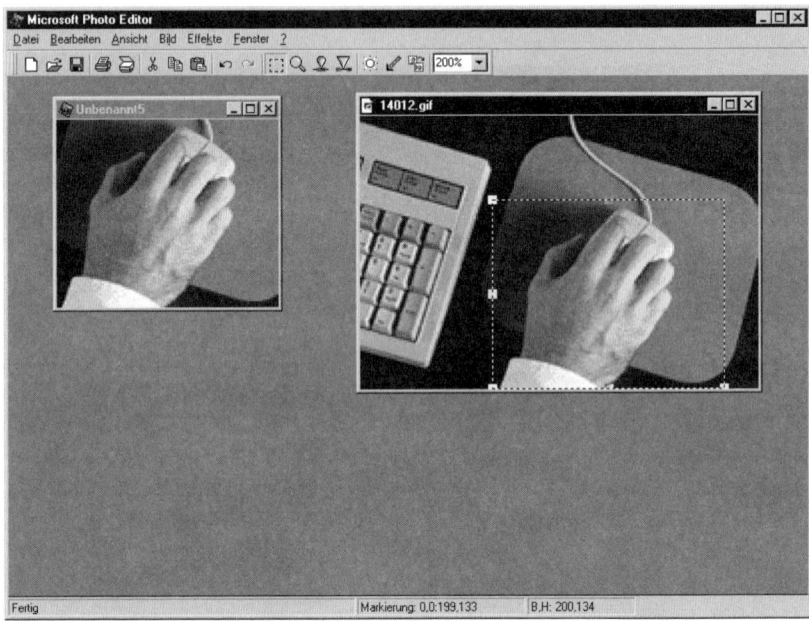

Bild 66.5: Das linke Fenster wurde aus dem Bild herauskopiert und als eigenes Bildfenster wieder eingefügt

 Mit dem Photo Editor erzeugen Sie auch Bildschirmausschnitte: Wechseln Sie in die Applikation, die fotografiert werden soll. Durch Betätigen der Taste Druck *wird der aktuelle Bildschirminhalt als Bild in der Zwischenablage gespeichert. Wechseln Sie jetzt wieder in den Photo Editor, und rufen Sie den Befehl* Bearbeiten/Als neues Bild einfügen *auf, um den Screenshot zu bearbeiten.*

Die Funktion *Bild/Zuschneiden* verändert die Größe direkt in der Originaldatei. Die Dialogbox *Zuschneiden* wird in der Monitormitte eingeblendet. Das Fenster ist in drei Bereiche gegliedert:

- *Ränder hinzufügen*
  In diesem Bereich wird das Bild vergrößert. Das Bild wird an den angegebenen Kanten um die eingestellten Distanzen erweitert.

⋯⋗ *Ränder zuschneiden*
Eingaben in diesem Bereich führen zu einer Verkleinerung des Bildausschnitts. Sie haben die Wahl zwischen einem rechteckigen oder einem ovalen Ausschnitt.

⋯⋗ *Ecken*
Im unteren Drittel des Dialogfensters lassen sich Bildecken definieren. Im Bereich *Stil* werden fünf verschiedene Möglichkeiten zur Gestaltung der Eckpunkte bereitgestellt.

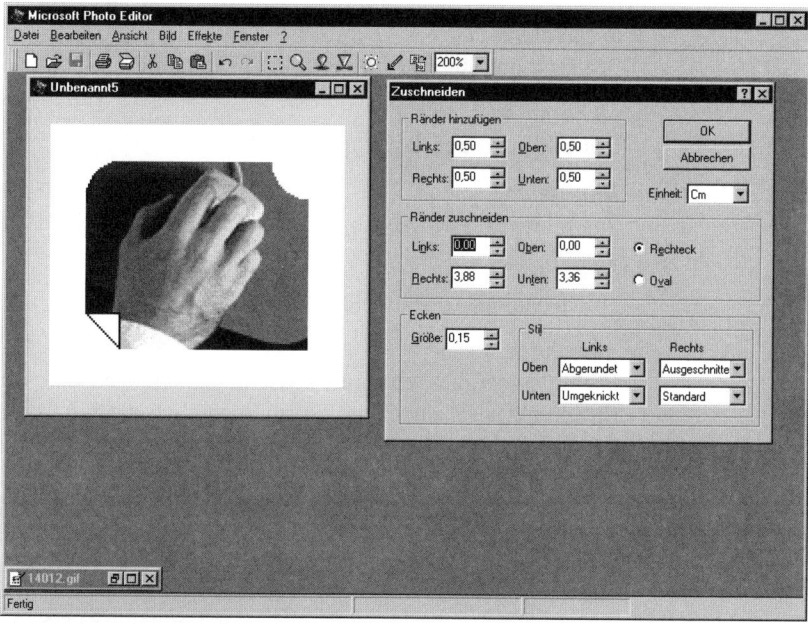

Bild 66.6: Der Ausschnitt wurde um einen 0,5-cm-Rand vergrößert und mit verschiedenen Eckenausformungen ausgestattet

Die Bearbeitung der Bildecken ist nur bei einem rechteckigen Bildzuschnitt sinnvoll. Bei einer ovalen Bildform würden die Änderungen im nicht sichtbaren Bereich des Bildes durchgeführt.

Auch der Menüpunkt *Bild/Größe ändern* bewirkt eine Veränderung der Größe von Bilddokumenten. In der Dialogbox *Größe ändern* geben Sie prozentuale Dehnungen oder direkte Maße ein. Mit einem Kontrollfeld schalten Sie Verzerrungen ein- oder aus. Das Kontrollfeld *Glätten* reduziert unerwünschte Effekte bei Vergrößerungen.

Bilder drehen

Der Menüpunkt *Bild/Drehen* wird zum Rotieren oder Spiegeln eingesetzt. Die zugehörige Dialogbox enthält sechs Optionsschaltflächen und ein Eingabefeld. Eine Vorschauabbildung demonstriert die zugewiesenen Werte.

Folgende Optionen zur Drehung von Grafikvorlagen bietet der Photo Editor an:

- *Linksdrehung*
  Drehung um 90 Grad gegen den Uhrzeigersinn

- *Rechtsdrehung*
  Drehung um 90 Grad mit dem Uhrzeigersinn

- *180 Grad nach rechts*
  Das Bild wird auf den Kopf gestellt

- *Invertieren*
  Das Bild wird auf den Kopf gestellt und seitenverkehrt dargestellt

- *Spiegeln*
  Spiegelverkehrte Darstellung der Grafik

- *Allmählich*
  Drehung in Grad-Schritten zwischen einem und 359 Grad. Bei dieser Option aktiviert der Photo Editor zusätzlich die Schaltflächen linksläufig und rechtsläufig

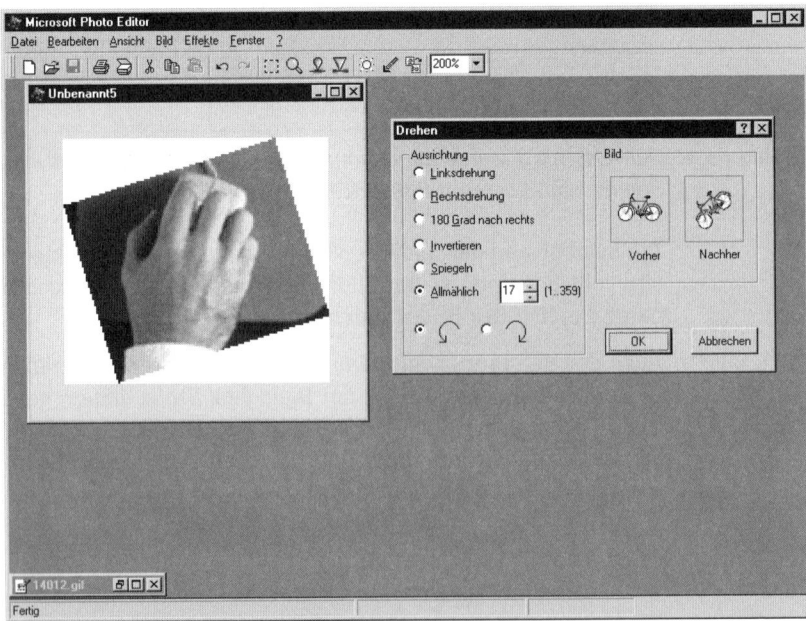

Bild 66.7: Die Vorschau zeigt an, was Sie als Ergebnis der Drehung erwartet

66.4 Retusche- und Effektfunktionen

Die Retuschefunktionen – und auch die Effekte können als solche gelten – nehmen Einfluß auf die Verteilung und Farbgebung der Bildpunkte. Mit Ihrer Hilfe gleichen Sie Bildfehler aus oder verfremden Bilder.

Helligkeit, Farbe und Bildkontrast ausgleichen

Die Anpassung der Parameter *Helligkeit*, *Kontrast* und *Gamma* ist fast immer notwendig, um Bildquellen für die weitere Verwendung aufzubereiten. Sie beeinflussen die Farbverteilung im Bild und optimieren damit das Ergebnis. Der Befehl *Bild/Ausgleichung* oder ein Klick auf das Symbol mit der Sonne in der Symbolleiste öffnen die Dialogbox *Ausgleichung*. Hier passen Sie die Helligkeitswerte oder die Farbverteilung an. Jetzt erscheint die Dialogbox *Ausgleichung* mit drei Schiebereglern und einem Listenfeld. Das Listenfeld ist nur bei Farbbildern aktiv und erlaubt die Veränderung für einzelne Grundfarben, z.B. zur Beseitigung von Farbstichen.

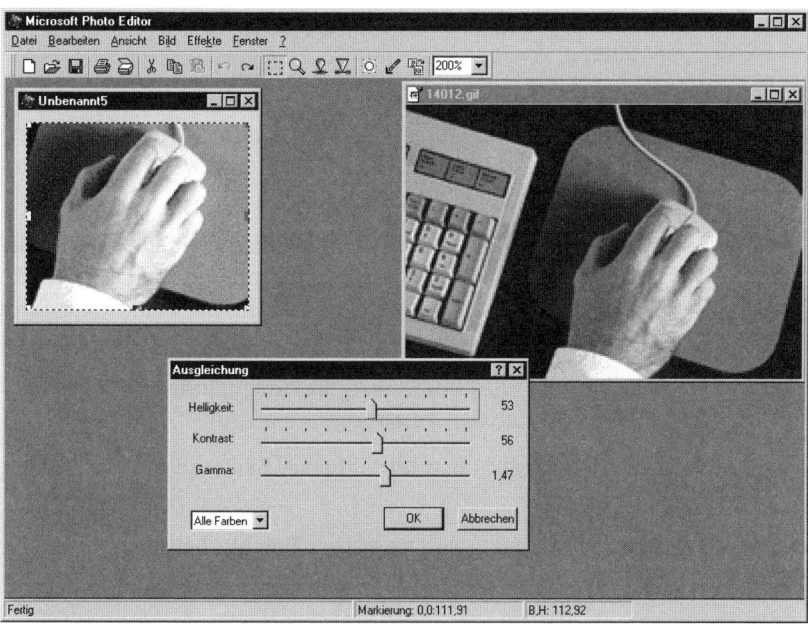

Bild 66.8: *Helligkeits-, Kontrast- und Gammawerte verändern Sie in der Dialogbox* Ausgleichung

Führen Sie immer nur einen Veränderungsschritt auf einmal durch. Vergleichen Sie Ihre veränderten Fotos direkt mit dem Original. Aktivieren Sie im Menü Fenster *die Option der parallelen Verwaltung der geöffneten Fenster auf dem Bildschirm. Öffnen Sie die Bilddatei mehrmals nebeneinander. Dadurch wird der direkte Vergleich der einzelnen Bearbeitungsschritte möglich.*

Die drei Schieberegler befinden sich zunächst in der Mittelstellung. Mit ihrer Hilfe wird die *Helligkeit*, der *Kontrast* des Fotos und dessen *Gamma-Wert* verändert. Ein Verschieben der Regler nach rechts hat eine Anhebung der Werte zur Folge. Jeweils rechts neben dem Maximalpegel der Schieberegler werden dimensionslose Werte angezeigt. Sie stehen standardmäßig auf »50« bzw. »1,00« beim Gamma-Wert.

 Gamma-Wert
Der Gamma-Wert repräsentiert die Helligkeitsverteilung im Bild. Eine Verschiebung nach rechts verschiebt die dunklen Töne in hellere Bereiche. Das Gesamtspektrum – die Ausgangsfarben Schwarz und Weiß – bleiben dabei erhalten.

Die Funktion *Bild/AutoAusgleichung* weist Standardwerte für Farbe, Helligkeit und Kontrast zu. Dabei wird ein optimiertes Helligkeitsspektrum zwischen Weiß und Schwarz generiert.

Zusätzlich zu dieser Ausgleichsfunktion hält der Photo Editor eine Reihe weiterer Retusche- und Gestaltungsoptionen bereit – sie werden im Menü *Effekte* verwaltet. Dabei werden verschiedene Funktionsgruppen unterschieden:

- Retuschefilter verbessern die Bildqualität oder passen es an besondere Bedürfnisse der Ausgabegeräte an.
- Effektfilter haben die Aufgabe, Bilder oder Ausschnitte daraus zu verfremden.

Alle unter *Effekte* versammelten Befehle heißen »Filter«. Die wichtigsten Effekte möchten wir kurz darstellen.

 Wenn ein Bereich mit dem Markierungswerkzeug selektiert ist, wird anstelle des gesamten Bildes nur der markierte Bereich beeinflußt. Dies hat Folgen: Filteroperationen lassen sich dadurch auf bestimmte Bildbereiche begrenzen.

Scharfzeichnen und Weichzeichnen

Scharfzeichnen und Weichzeichnen wirken sich auf Bildpunkte mit unterschiedlichen Farbwerten aus. Beim Weichzeichnen werden die einzelnen Bildpunkte an ihre Nachbarn angepaßt. Das Bild verliert Details und Schärfe. Das Scharfzeichnen ist das Gegenteil zum Weichzeichnen. Diese Funktion ist in der Lage, aus diffusen Kanten klare Strukturen zu bilden. Übertriebenes Scharfzeichnen führt zu einer Kontur- oder Kantenbildung.

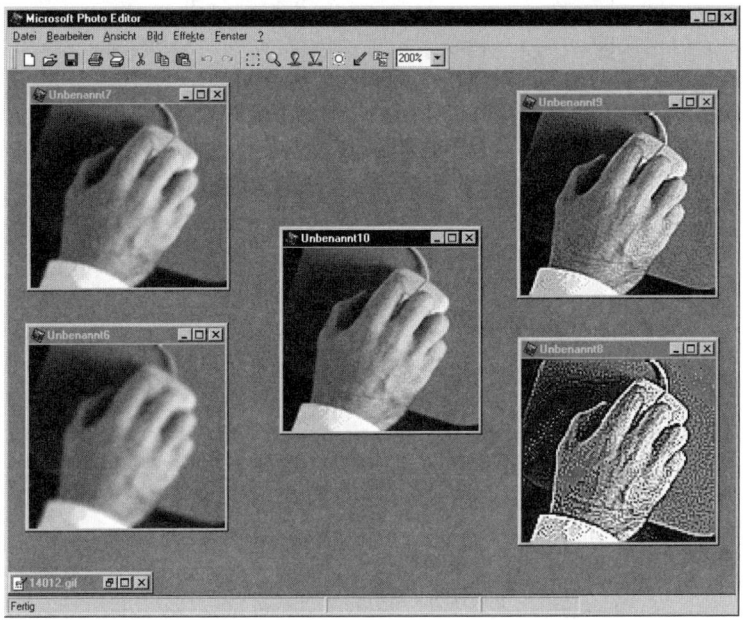

Bild 66.9: *Ein Beispielbild: Links weichgezeichnet, rechts scharfgezeichnet. Die unteren Bilder wurden mit Maximaleinstellungen erzeugt*

Die Technik *Verfeinern* entfernt Flecken aus einem TrueColor- oder Graustufenbild. Ein Regler mit der Bezeichnung *Empfindlichkeit* steuert den Grad der Farbabweichung, ab der eine Störung erkannt wird. Eine geringe Empfindlichkeit bedeutet, daß eine stärkere Farbabweichung für die Verfeinerung der Grafik nötig ist. Diesen Befehl setzen Sie auch ein, um Raster aus einem Bild zu entfernen.

Effektfilter

Die anderen Funktionen bewirken Veränderungen der Fotovorlage durch die Anwendung verschiedener Zeichenstile und Maltechniken – sie bewirken künstlerische Verfremdungen. Klicken Sie auf die entsprechende Menüoption. Der Photo Editor reagiert mit einer Dialogbox zum Einstellen des Verfremdungseffektes. Bei den meisten Filtern können Sie die Wirkung der Einstellung bereits vor dem Zuweisen in einer Vorschauabbildung begutachten.

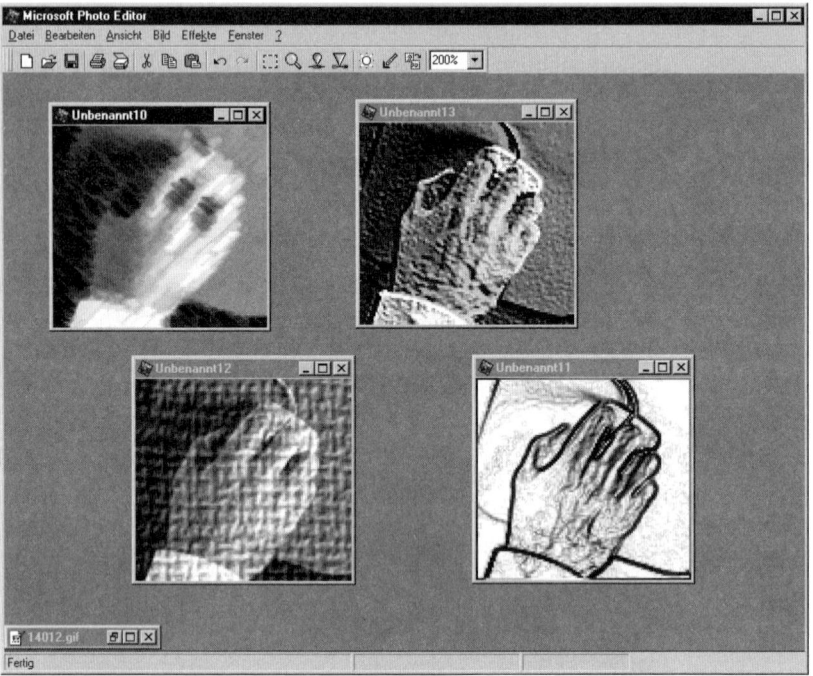

Bild 66.10: Vier unterschiedliche Effekte verfremden das Beispielbild

 Im Bildfenster wird ein kleines Quadrat hervorgehoben. Verschieben Sie dieses mit der Maus, um den Vorschaubereich zu verändern. Mit dieser Technik ist es möglich, kritische Bildbereiche vor dem Zuweisen des Effektes zu überprüfen.

66.5 Direkte Bildveränderung

Trotz der Ausrichtung auf Retusche- und Effektfilter bietet der Photo Editor in der Symbolleiste auch einige direkt einsetzbare Werkzeuge.

Bildausschnitt markieren

Die Schaltfläche *Markieren* wird eingesetzt, um Teile eines Bildes zu markieren. Die Filter im Menü *Effekte* wirken sich dann nur auf diesen Bereich aus. Auch *Kopieren* und *Ausschneiden* übernehmen diesen Bereich. Nach dem Anklicken des Symbols wird einfach ein Rechteck im Bild aufgezogen. Die Quadrate an den Ecken und in dessen Seitenmitte dienen zum Verändern des Ausschnitts.

Weitere Werkzeuge

Die Lupe oder das Zoom-Listenfeld verändert die Darstellungsgröße. Der angeklickte Bildpunkt erscheint dann in der Mitte. Ein Klick mit gehaltener ⇧-Taste reduziert den Darstellungsmaßstab wieder.

Beim Einsatz einer Rad-Maus erhöht oder verringert das Drehen am Rad den Abbildungsmaßstab.

Die Symbole mit dem Tropfen und dem Prisma stehen nur bei Graustufen- oder TrueColor-Bildern zur Verfügung. Sie bewirken ein Verwischen beziehungsweise Scharfzeichnen des überstrichenen Bildbereichs. Ein rechter Mausklick auf diese Symbole ruft eine Dialogbox zum Einstellen der Pinselspitze auf.

Durch die Auswahl des Piktogramms mit dem Zeichenstift ist die Veränderung des Fotos mit transparenter Farbe möglich. Dazu erscheint eine Dialogbox: Sie legt mit einer Toleranzeinstellung fest, wie sehr sich ein Bildpunkt von der angeklickten Farbe unterscheiden darf, um noch als transparent erkannt zu werden. Transparente Flächen stellt der Photo Editor mit einem Schachbrettmuster dar. Sie erscheinen im Ausdruck oder der Monitoranzeige bei Fremdprogrammen nicht mehr. Auf diese Weise generieren Sie z.B. freistehende Objekte für Web-Seiten.

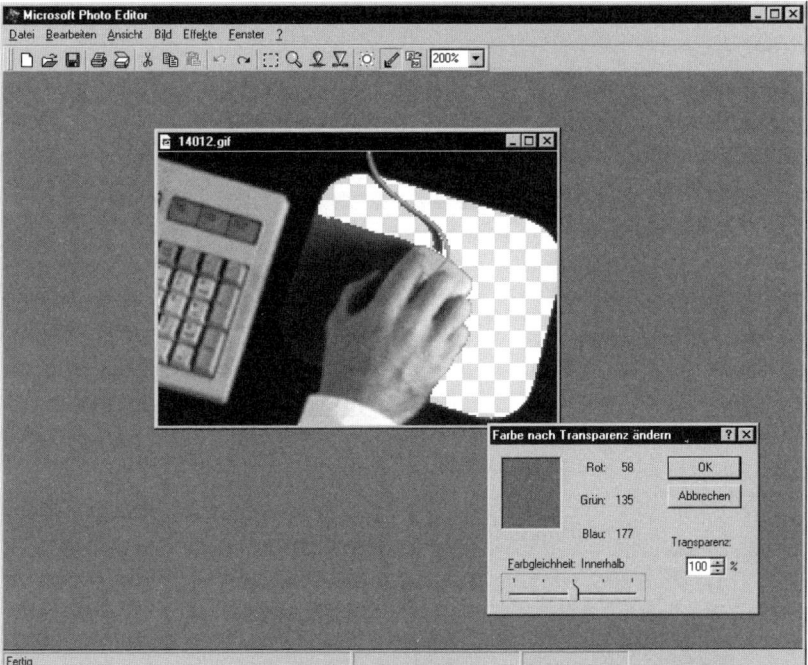

Bild 66.11: Das Schachbrettmuster deutet auf eine transparente Bildumgebung hin

67 Der Formel-Editor

Wenn in wissenschaftlichen Texten eine Formel auftaucht, beginnt manchmal das Rätseln: Wie soll das gehen? Zeichnen ist kein Problem. Ein langer Strich hier, ein kurzer Strich da, einige Sonderzeichen – fertig ist die Formel. Aber mit einem Programm von Office 2000? Kein Problem, elegant und schnell fügen Sie mit dem Zusatzprogramm *Microsoft Formel-Editor* die gewünschte Formel ein. Sie wählen die Symbole aus, und tragen die Werte ein. Der Formel-Editor bringt die Eingaben automatisch in eine allgemein übliche Form.

Der Formel-Editor gehört zu den Office-Kopmponenten, die nicht standardmäßig installiert werden. Sie müssen dieses Tool bei Bedarf durch eine benutzerdefinierte Installation zum Funktionsumfang ergänzen.

Den Formel-Editor aufrufen und beenden

Der Aufruf des Formel-Editors erfolgt in gewohnter Weise: Schreibmarke an die Einfügestelle setzen, Menü *Einfügen/Objekt* wählen und im Register *Neu erstellen* aus der Liste der Objekttypen den Typ *Microsoft Formel-Editor 3.0* auswählen.

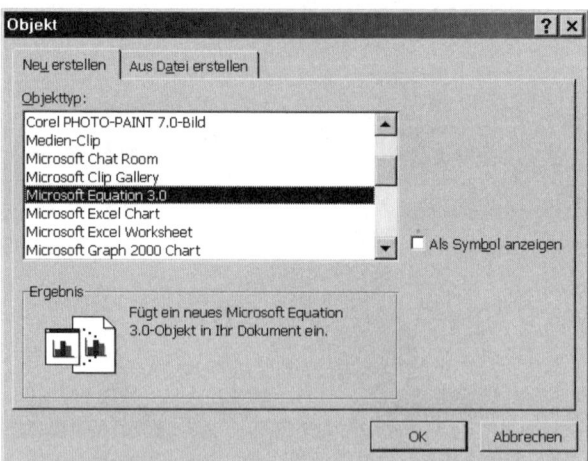

Bild 67.1 Über diese Dialogbox starten Sie den Formel-Editor, um eine Formel als Objekt z.B. in Word 2000 einzubetten

Sollten Sie in der Liste der Objekttypen diesen Eintrag nicht finden, suchen Sie nach seiner englischsprachigen Entsprechung – Microsoft Equation 3.0.

Nach Bestätigung in der Dialogbox wechselt das Anwendung die Menüleiste. Eine Symbolleiste und ein schattierter Rahmen zeigen Ihnen an, daß Sie mit der Formelgestaltung beginnen können.

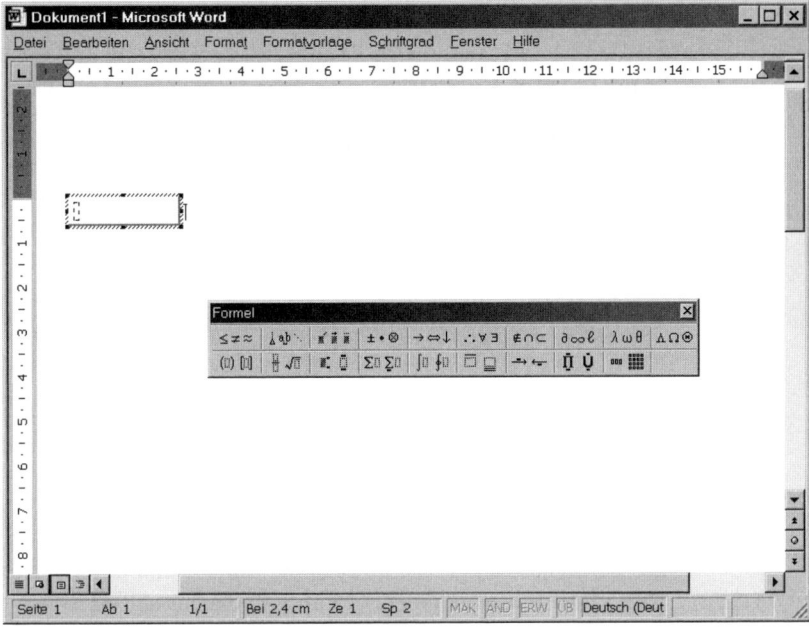

Bild 67.2: Der Formeleditor wartet auf Ihre Eingaben

Beim ersten Start des Formel-Editors erscheint eine Dialogbox mit Informationen zu MathType, einem kostenpflichtigen Upgrade. Nutzen Sie das Kontrollkästchen Diese Information nicht mehr anzeigen, *sonst erinnert Sie der Formel-Editor bei jedem Aufruf an diese Möglichkeit.*

Eigentlich ist der Formel-Editor ja ein eigenständiges Programm, das Sie auch außerhalb der Office-Anwendungen starten können. Das wäre nicht schlecht, könnten Sie die Ergebnisse des Formel-Editors als eigenständige Dateien ablegen und für die Arbeit zur Verfügung stellen. Das geht aber nicht, Sie finden im autonom gestarteten Formel-Editor kein Menü zum Speichern von Dateien.

Die Formel wird als Objekt in Ihr Word-Dokument eingebettet. Sie verhält sich anschließend wie jedes andere eingebettete Objekt. Ein Klick neben die Formel in den Text: der Formel-Editor wird beendet. Ein Doppelklick auf die Formel, und der Formel-Editor gestattet Nacharbeiten. Über die Veränderung des Rahmens verändern Sie die Größe der Formel.

Legen Sie häufig benötigte Formeln zusammen in einer Formeldatei ab. Bei Bedarf kopieren Sie die benötigten Formeln in das aktuelle Dokument. Dieses Verfahren spart Zeit: Nacharbeiten fallen geringfügiger aus als neue Fromelen.

Eine Formel basteln

Der Ausdruck »basteln« ist an dieser Stelle bewußt gewählt: Ein großes Werk braucht seine Zeit. So schön, wie die Formeln hinterher in Ihrem Text aussehen – die dafür nötige Mühe sieht ihnen keiner mehr an. Schon ein Blick auf die Symbolleiste zeigt Ihnen deutlich, daß der Formel-Editor mit umfangreichen Funktionen glänzt.

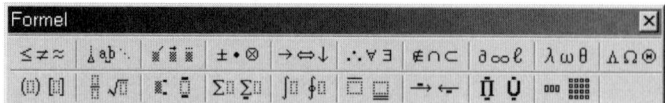

Bild 67.3: Die Symbolleiste des Formel-Editors – sie stellt Symbole und Vorlagen für das Erstellen von Formeln zur Verfügung

Sie erstellen mit Hilfe des Formel-Editors komplexe Gleichungen, indem Sie aus der Symbolleiste zuerst Symbole wählen und dann verschiedene Variablen und Zahlen eingeben. Wenn Sie eine Formel erstellen, greift der Formel-Editor ein. Es erfolgt eine automatische Formatierung. Sie können natürlich vordefinierte Formatierungen sowie automatisch zugeordnete Formatvorlagen während der Arbeit mit dem Formel-Editor ändern.

In der oberen Reihe der Symbolleiste des Formel-Editors finden Sie Schaltflächen mit über 150 mathematischen Symbolen. Ein Klicken auf eine Schaltfläche zeigt eine Palette – eine Sammlung von miteinander verwandten Symbolen und Vorlagen. Klicken Sie auf das gewünschte Symbol, um es in die Formel einzufügen.

Die untere Reihe der Symbolleiste enthält Schaltflächen zum Einfügen von ca. 120 Vorlagen für mathematische Ausdrücke, z.B. für Brüche, Wurzeln, Summenbildungen, Integrale, Produkte, Matrizen sowie verschiedene Klammern. Viele Vorlagen enthalten sogenannte Felder, das heißt Flächen, in die Sie Text und Symbole eingeben. Wählen Sie die gewünschte Vorlage, und füllen Sie sie aus. Dabei fügen Sie bei Bedarf Vorlagen in die Felder ein, um komplexe Formeln zu erzeugen.

Eingabe von Text und Zahlen im Formel-Editor

Der Formel-Editor meint es besonders gut mit Ihnen, er übernimmt die automatische Formatierung eingegebener Zeichen. Er setzt allerdings dabei voraus, daß Sie eine mathematische Formel eingeben. Also erscheinen Texte kursiv und ohne Leerzeichen. Wenn Sie das wollen, weil es sich wirklich um mathematische Variablen handelt, dann lassen Sie den Formel-Editor arbeiten. Er setzen solche typischen Funktionen wie sin, cos u.a. automatisch nicht kursiv und grenzt mathematische Operatoren wie z.B. das Pluszeichen durch Leerzeichen von der restlichen Formel ab. Um normalen Text einzugeben, steht Ihnen das Menü *Formatvorlage* zur Verfügung. Dort ändern Sie die zugewiesene Formatvorlage für einen markierten Formelbereich durch Anklicken.

Die Menüoption Andere... *gibt Ihnen die Möglichkeit, markierten Formelteilen eigene Formatierungen zuzuweisen, ohne die definierten Formatvorlagen zu ändern.*

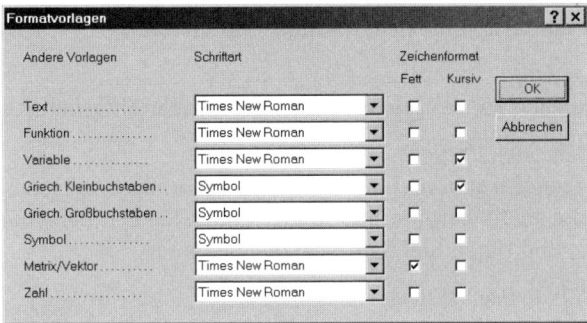

Bild 67.4: Der Formel-Editor ist variabel – über das Menü haben Sie Zugriff auf alle Formatierungen

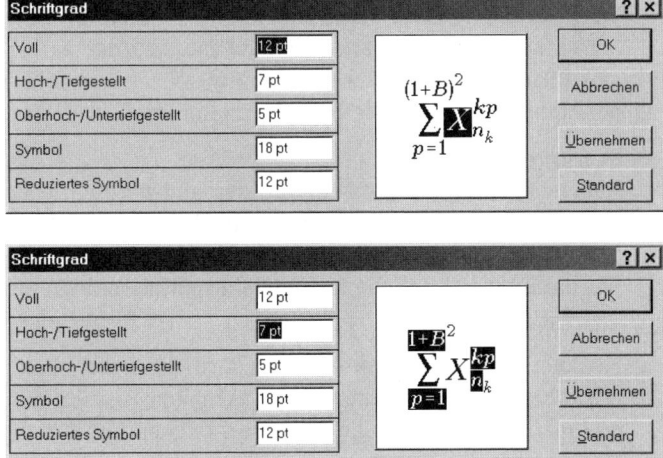

Bild 67.5 Die Schriftgrößen verändern Sie gezielt für Formel-Teile

Haben Sie über *Definieren* im Menü Formatvorlagen oder Schriftgrad Änderungen vorgenommen, betreffen diese alle weiteren Aufrufe des Formel-Editors, da sie nicht in der Datei selbst, sondern in den Grundeinstellungen des Editors gespeichert sind. Vorher erstellte Formeln sind aber nicht betroffen – solange Sie den Editor nicht noch einmal zur nachträglichen Bearbeitung aufrufen.

Besondere Techniken im Formel-Editor

- *Bewegen*
  In Formeln bewegen Sie die Schreibmarke mit Maus und Richtungstasten, um Änderungen an Formelteilen vorzunehmen. Die Tabulatortaste wechselt zwischen Formelbereichen.

- *Löschen*
  Das Löschen von Zeichen erfolgt wie gewohnt.

- *Neue Zeile*
  Eine neue Formelzeile erzeugen Sie mit der Eingabetaste.

- *Leerzeichen einfügen*
  Leerzeichen sind nur im Text-Modus einzufügen. Setzen Sie die Schreibmarke an die gewünschte Stelle, wählen Sie den Befehl *Formatvorlage/Text*, und fügen Sie dann Leerzeichen ein.

- *Abstände beeinflussen*
  Grundeinstellungen für Abstände bestimmen Sie mit dem Befehl *Format/Abstand*. Im oberen Teil der Symbolleiste befindet sich dafür alternativ eine Schaltfläche zum Einfügen von Abständen

- *Freies Positionieren*
  Sie positionieren ein Formelelement frei innerhalb der Formel, wenn Sie es markieren und anschließend mit gedrückter [Strg]-Taste mit den Richtungstasten bewegen. Um gleichzeitig mehrere Elemente zu positionieren, halten Sie beim Markieren die [Strg]-Taste gedrückt.

- *Ausrichten*
  Haben Sie mehrere Formeln untereinander geschrieben, müssen sie ausgerichtet werden. Mit dem Befehl *Format/Bei = Ausrichten* können Sie untereinander stehende Formeln am Gleichheitszeichen ausrichten. Der darunter befindliche Menübefehl richtet Formeln am Komma aus.

- *Ausrichtungszeichen*
  Flexiblere Ausrichtungen erlauben Ausrichtungszeichen, die Sie ebenfalls über die Symbolleiste an der aktuellen Position der Schreibmarke einfügen. Die Ausrichtung an diesen Zeichen hat Vorrang vor Ausrichtungen über das Menü.

68 Organisationsdiagramme

Über die OLE-Funktionen von Windows fügen Sie problemlos beliebige Dokumente anderer Anwendungen in Dokumente ein. Typischer Vertreter dieser Arbeitsweise ist OrgChart, ein Programm, mit dem Sie Organisationsstrukturen erzeugen.

OrgChart als OLE-Server starten

Nachdem die Schreibmarke korrekt plaziert ist, rufen Sie den Befehl *Einfügen/Objekt*. Markieren Sie im Listenfeld *Objekttyp* den Eintrag *MS Organization Chart 2.0,* und bestätigen Sie dann die Auswahl mit *OK.*

Microsoft Organisation Chart 2.0 ist eine reine OLE-Applikation (OLE-Server). Dieses Programm ist nicht alleine lauffähig und kann nur aus einem Anwendungsprogramm gestartet werden. Nach einem kurzen Ladevorgang wird das Programmfenster *Microsoft Organisationsdiagramm* geöffnet.

OLE-Daten können in alle OLE-fähigen Anwendungsprogramme eingefügt werden. Damit steht Organisation Chart 2.0 auch den anderen Office-Anwendungen und sogar Fremdprogrammen zur Verfügung.

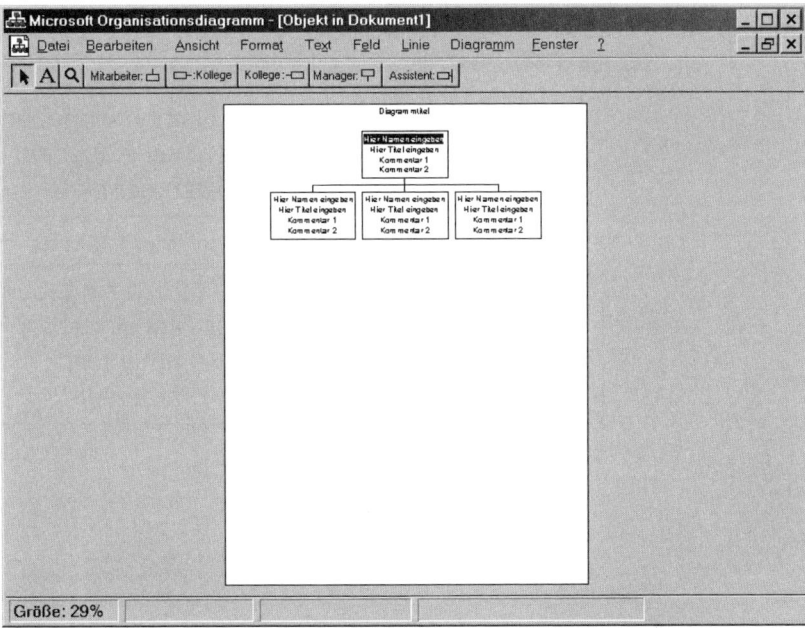

Bild 68.1: Das Programmfenster Microsoft Organisationsdiagramm

Unterhalb der Menüleiste befindet sich die Symbolleiste mit den einzelnen Funktionen. Sie ist wesentlich kleiner als Ihre Geschwister in anderen Office-Programmen. Die ersten drei Symbole stehen für die Funktionen *Markieren*, *Text eingeben* und *Zoom*. Die Sinnbilder auf den anderen Symbolen sind eindeutig: Sie fügen *unter-*, *gleich-* oder *übergeordnete Kästen* in das Organigramm ein. Dabei bezeichnen »Manager« höhere und »Mitarbeiter« untergeordnete Hierarchieebenen, während ein »Kollege« auf der gleichen Stufe wie ein angeklicktes Feld angeordnet wird. Der »Assistent« wird zwischen die Hierarchieränge eingeklinkt.

Organisationsdiagramm erstellen

Der Organigramm-Manager erstellt standardmäßig einen »Chef« mit drei Mitarbeitern. Der Name des Chefs ist schon markiert, so daß Sie direkt den Namen eingeben. Innerhalb eines Kästchens steuern sie die nächste Zeile mit `Tab` an. Die Kommentarfelder können Sie bei Bedarf markieren und mit `Entf` gelöscht werden. Zunächst zeigt das Feld anschließend den Platzhalter *<Comment 1>*. Sobald Sie außerhalb des Kästchens klicken, werden diese Zeilen entfernt.

Um einen weiteren Mitarbeiter einzufügen, klicken Sie auf das Symbol *Mitarbeiter* und dann auf den Rahmen der Person, der dieser Mitarbeiter unterstellt ist. Das neue Kästchen ist markiert und kann sofort bearbeitet werden.

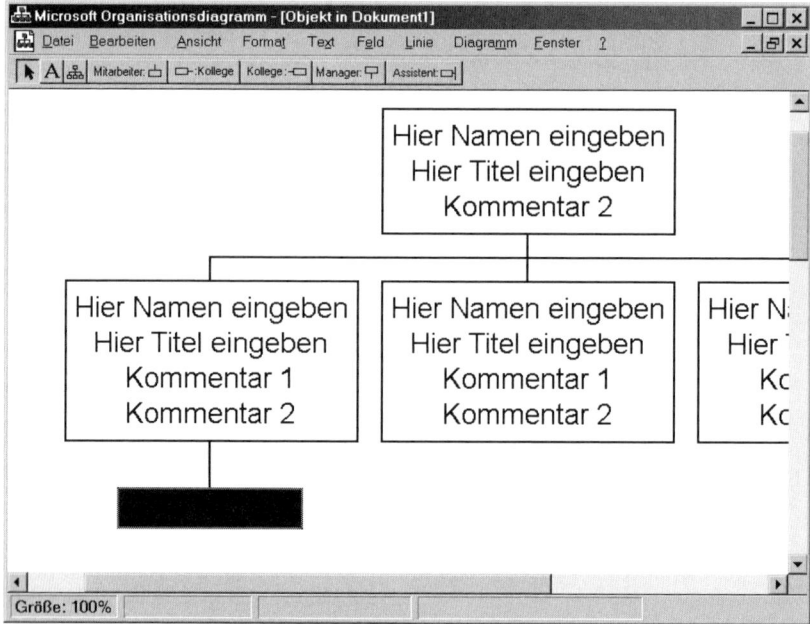

Bild 68.2: Einfügen eines neuen Mitarbeiters

Die Darstellung des Organigramms beeinflussen Sie mit dem Befehl *Format*. Ziehen Sie zuerst mit der Maus einen Kasten über das gesamte Organigramm, um es zu markieren. Rufen Sie das Menü *Format* auf. Aktivieren Sie jetzt die zweite Darstellung.

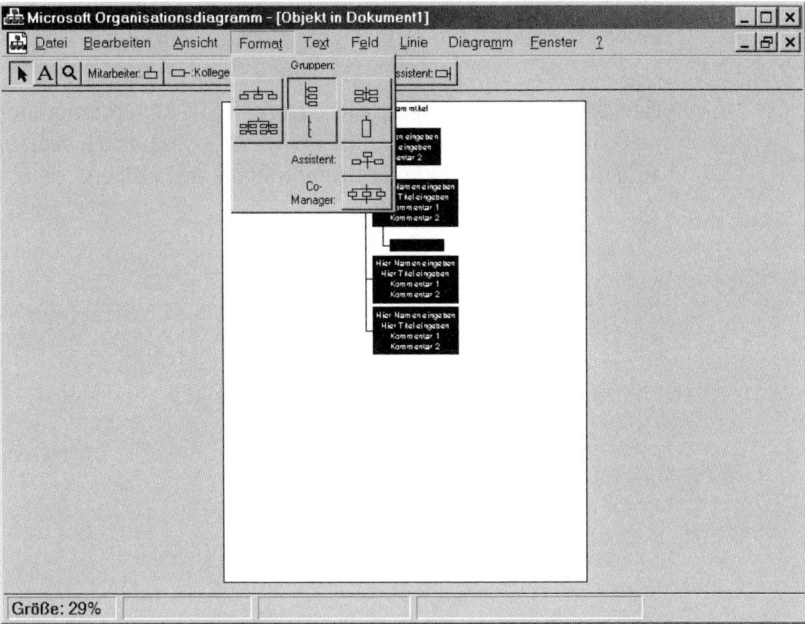

Bild 68.3: Das Menü Format *beeinflußt die Darstellung der Mitarbeiter-Kästen*

Die Datenübergabe

Nachdem Sie alle Änderungen vorgenommen haben, müssen Sie das Organigramm noch an die aufrufende Anwendung zurückgeben. Wählen Sie dazu *Datei/Beenden und zurückkehren zu: <Name des aufrufenden Dokuments>*. Eine Sicherheitsabfrage stellt übergzeugt Sie davon, das die Änderungen am Organigramm wirklich übernommen werden.

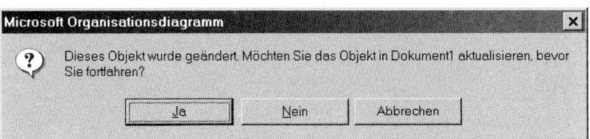

Bild 68.4: Auf der sicheren Seite mit der Sicherheitsabfrage

Die aufrufende Anwendung übernimmt das Objekt: Es kann nach Bedarf formatiert, gedehnt, gezerrt oder proportional verändert werden, aber immer nur in seiner Gesamtheit. Einzelelemente beeinflussen Sie damit nicht.

Einmal erstellte Organigramme werden üblicherweise nicht in einer separaten Datei gespeichert, sondern im aufrufenden Dokumente abgelegt. Diese Methode wird auch als »Einbetten« bezeichnet. Erfreulicherweise enthält das Datei-Menü der Organigramm-Software auch die Befehle Öffnen *und* Speichern. *Damit setzen Sie Standardorganigramme ohne zusätzlichen Bearbeitungsaufwand in mehreren Dokumenten ein.*

Falls Sie etwas vergessen haben, klicken Sie das Organigramm einfach doppelt an. Durch den Doppelklick wird »MS Organisationsdiagramm« wieder aufgerufen, und Sie können Änderungen vornehmen.

Anhang

Office 2000

Hier finden Sie Hinweise zur Installation, zur CD sowie nützliche Übersichten: Glossar und Stichwortverzeichnis.

13

69 Fachbegriffe leicht gemacht – das Glossar.

Was ist ein Alpha-Kanal? Wofür steht die Abkürzung CSS? Der Funktionsumfang von Office 2000 bringt eine ganze Reihe von Fachbegriffen mit sich, die im folgenden Glossar kurz und anschaulich erklärt sind.

Abbrechen
Standard-*Schaltfläche* in *Dialogboxen*. Ein Klick auf diese Schaltfläche schließt die Dialogbox und verwirft die aktuell vorgenommenen Einstellungen.

Abbildungsverzeichnis
Listet automatisch über den Befehl *Einfügen/Beschriftung* erstellte Beschriftungen z.B. für Abbildungen, Grafiken, Grafikdateien, Folien bzw. andere Darstellungen eines Dokuments mit den entsprechenden Seitenzahlen auf.

Abfrage
Mit Hilfe von Abfragen wählen Sie Datensätze aus Datenbanktabellen nach bestimmten Kriterien aus. Als Ergebnis liefert die Abfrage alle Datensätze, die den angegebenen Kriterien genügen. In relationalen Datenbanken, wie Access, kann sich eine Abfrage auf mehrere verknüpfte Datenbanktabellen beziehen.

Absatzformate
Bestimmen das Aussehen eines Absatzes (Vergleiche auch *Zeichenformat*). Die Absatzformate beziehen sich immer auf den gesamten Absatz. Zu den Absatzformaten zählen die Ausrichtung (z.B. Linksbündig oder *Blocksatz*) Absatz- und Zeilenabstände oder Einrückung. Über den Menübefehl *Format/Absatz* erhalten Sie Zugriff auf die Absatzformate.

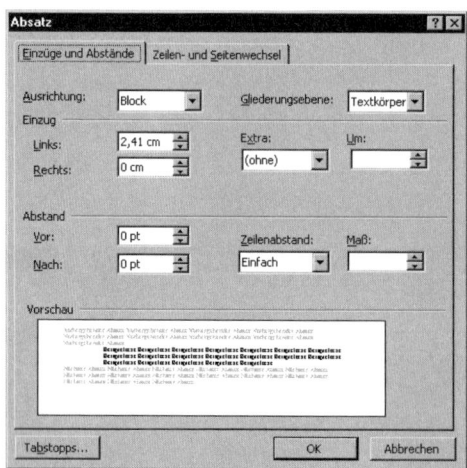

Bild 69.1: Mit den Steuerelementen der Dialogbox Absatz *bestimmen Sie das Aussehen des aktuellen Absatzes*

Absatzmarke

Durch Drücken der ⏎-Taste fügen Sie einen Absatz ein. Dieser Absatz wird durch ein nichtdruckbares Zeichen, die Absatzmarke (ein umgekehrtes P) repräsentiert. Nichtdruckbare Zeichen lassen sich durch Einstellungen bei den Optionen für die Bildschirmwiedergabe einschalten, sie werden jedoch nicht gedruckt. Das Löschen einer Absatzmarke entfernt auch alle besonderen Einstellungen zu diesem Absatz.

Abschnitt

Ein in sich abgeschlossener Bereich innerhalb eines Dokumentes, der z.B. unterschiedliche Formatierungen, eine geänderte Numerierung oder andere Kopf- und Fußzeilen aufweisen kann.

Abschnittswechsel

Eine zum Kennzeichnen eines Abschnittsendes eingefügte Markierung. Ein Abschnittswechsel speichert die Formatierungselemente des Bereichs und wird als doppelte gepunktete Linie *Abschnittsende* angezeigt. In der Statusleiste am unteren Rand des Programmfensters sehen Sie den aktuellen Abschnitt im Feld *Ab*.

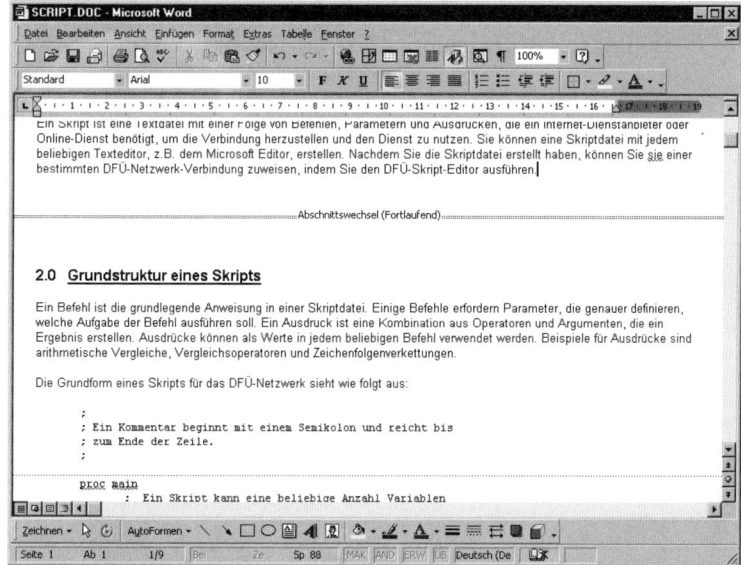

Bild 69.2: Eine doppelte gepunktete Linie zeigt den Abschnittswechsel an

Absoluter Zellbezug

Bei der absoluten Adressierung geben Sie die Position einer Zelle auf dem Tabellenblatt als unveränderlichen Wert an. Sobald Sie eine Formel mit einem absoluten Zellbezug kopieren oder verschieben bleibt die Adresse anders als beim relativen Zellbezug unverändert. Absolute Zellbezüge sind durch Dollarzeichen vor den Zeilen- und Spaltenangaben ($A$1) gekennzeichnet.

Add-Ins
eigenständige Programmodule, die den Funktionsumfang einer Applikation erweitern. Add-Ins werden über genormte Schnittstellen in den Programmablauf eingebunden und bei Bedarf aufgerufen.

Aktivieren, Aktiviert
1) Bezeichnet das Werkzeug oder Steuerelement mit dem Sie gerade arbeiten. 2) In den verschiedenen Dialogboxen sind kleine Kästchen angeordnet, die für eine bestimmte Einstellung stehen. Ein Häkchen schaltet diese Einstellung ein, sie ist aktiviert.

Alpha-Kanal
Bezeichnet die oberen 8 Bit einer Bitmapgrafik. In diesem Bereich sind zusätzliche Informationen wie Transparenzen und Freistellungspfade abgelegt. Nicht jedes Bitmap-Format verfügt über Alpha-Kanäle.

Andocken
Einige Bildschirmelemente, z.B. die Symbolleiste, können als frei verschiebbares Fenster oder stationär an den Bildschirmrändern angeordnet werden.

Animation
Bewegte Computergrafik, bei der durch schnelles Abspielen leicht geänderter Bilder ein Bewegungseffekt erzielt wird.

Animierter Text
Texteffekte mit bewegten oder blinkenden Elementen. Sie finden Verwendung in Dokumenten, die auf dem Bildschirm gelesen werden. Die Animationseffekte können nicht gedruckt werden.

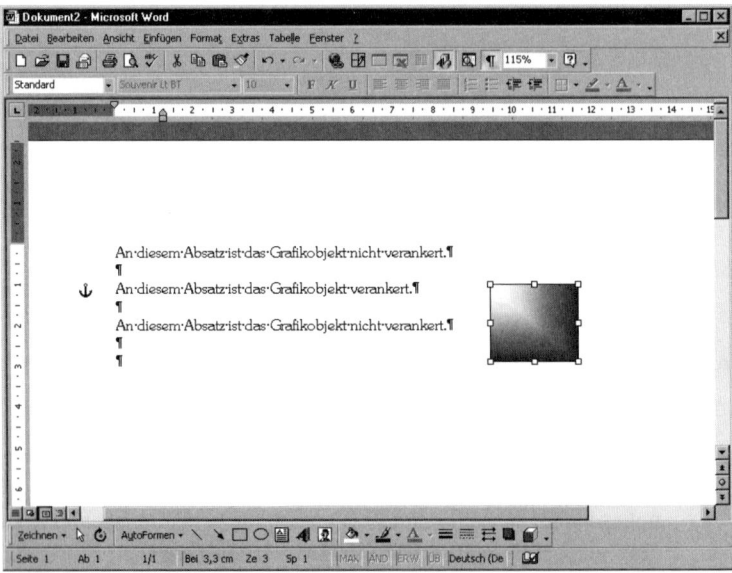

Bild 69.3: Anhand des Ankersymbols erkennen Sie den Absatz an den ein Objekt gebunden ist

Ankerpunkte
Festgelegte Absätze, mit denen ein Textfeld, ein Positionsrahmen oder ein grafisches Objekt gebunden sind. Ankerpunkte sind nur nach Aktivierung mit *Extras/Optionen* sichtbar.

Arbeitsplatz
Organisationsstruktur unter Windows, die alle verfügbaren Ressourcen umfaßt –z.B. Laufwerke, Netzwerklaufwerke und alle verfügbaren Ordner.

Assistenten
Als Assistenten bezeichnet Microsoft Programmabläufe, die Schritt für Schritt zu einem bestimmten Ergebnis führen. Ein Beispiel: Der Tabellen-Assistent von Access fragt nacheinander alle erforderlichen Angaben zum Erstellen einer neuen Datenbanktabelle ab.

Attachment
Bedeutet übersetzt »Anhängsel« oder »Anlage«. Bezeichnet die Kombination einer E-Mail mit einer ihr angehängten Binärdatei (z.B. ein Word-Dokument)

Auflösung
1) Fähigkeit eines Ausgabegerätes Objekteinzelheiten wiederzugeben. Die Werteangabe erfolgt in dpi (Punkte pro Zoll). Je höher die Auflösung, desto besser die Wiedergabe feiner Konturen, Bilder und Rasterflächen. 2) Die Anzahl der Punkte in vertikaler und horizontaler Richtung pro Längeneinheit, aus denen ein Bitmapbild zusammengesetzt ist.

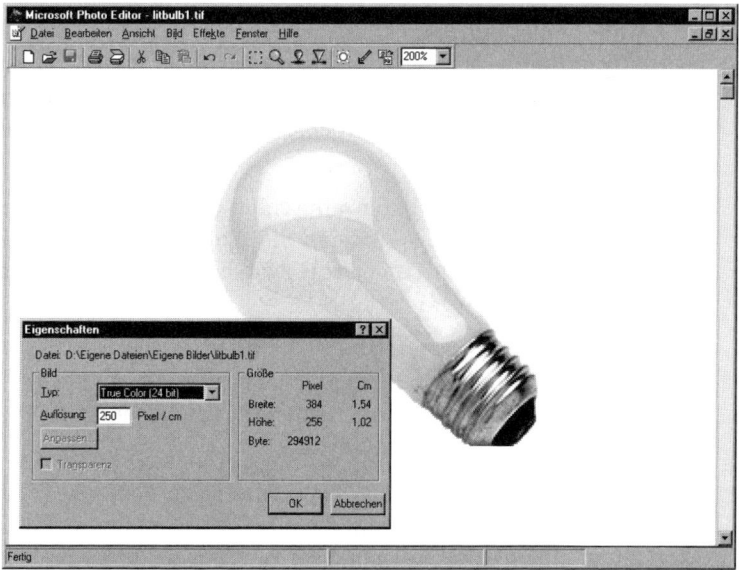

Bild 69.4: Über Datei/Eigenschaften *sehen Sie die Auflösung einer Bitmap im Photo Editor*

Aufzählung
Mit Blickfangpunkten ausgestattete Liste. Mehrere Absätze werden aus optischen Gründen so voneinander abgesetzt.

Ausschlußwörterbuch
Besonderes Wörterbuch für die automatische Prüfung von Rechtschreibung und Grammatik. Im Ausschlußwörterbuch werden alle Wörter aufgenommen, die trotz richtiger Schreibweise von Word als falsch markiert werden sollen, weil sie im Textzusammenhang falsch sind. Ausschlußwörterbücher müssen von Hand erstellt und gewartet werden.

AutoFormat
Die Funktion AutoFormat formatiert automatisch z.B. numerierte Listen und Aufzählungen, Rahmen, Zahlen und Sonderzeichen. Sie ist während der Eingabe und als nachträgliche Funktion verfügbar.

AutoKorrektur
Die Funktion AutoKorrektur korrigiert automatisch häufig vorkommende Eingabe- sowie Grammatikfehler. Verwenden Sie diese Funktion für das automatische Einfügen von Text, Grafiken und Sonderzeichen.

AutoText
Ein Speicherort für häufig verwendeten Text oder Grafiken, wie z.B. Anschriften, Vertragsklauseln, Standardformulierungen oder Logos. Jeder Text- bzw. Grafikauswahl wird als AutoText-Eintrag unter einem zu wählenden Eintrag abgelegt. Die Übernahme von Formatierungen in einen AutoText-Eintrag ist möglich.

AutoVervollständigen
Die Funktion AutoVervollständigen ermöglicht das Einfügen von ganzen Elementen, wie z.B. Datumsangaben oder AutoText-Einträgen durch Eingabe einiger Zeichen, mit denen eine eindeutige Identifizierung möglich ist.

AutoWiederherstellen
Dient dem Schutz vor Datenverlust und dem Wiederherstellen verlorengegangener Dokumente. Aktivieren Sie die Funktion AutoWiederherstellen, um in bestimmten Abständen eine Zwischenkopie eines Dokuments zu speichern

AutoZusammenfassen
Mit Hilfe der Funktion AutoZusammenfassen können Sie die Schwerpunkte eines Dokuments von Word automatisch zusammenfassen lassen.

BCC
Abkürzung für Blind Carbon Copy(oder Blind Courtesy Copy), bezeichnet die Durchschrift einer E-Mail, die gleichzeitig zu der ursprünglichen Nachricht an einen weiteren Empfänger versandt wird. Die BCC-Empfänger können nicht erkennen, wer außer Ihnen eine Kopie erhalten hat.

Bearbeitungsleiste
Eigenständiges Steuerelement am oberen Rand einer Excel-Tabelle. Die Bearbeitungsleiste dient zum Eingeben und Bearbeiten von Zellinhalten.

Bedingte Formatierung
Bestimmt die Auszeichnung einer Zelle in Excel in Abhängigkeit von einer frei zu formulierenden Bedingung. Wenn diese Bedingung zutrifft, erhält die Zelle das angegebenen Format.

Bedingter Trennstrich
Mit der Tastenkombination [Strg]+[-] wird in ein Wort ein Trennstrich eingefügt, der nur bei Bedarf zur Trennung eines Wortes herangezogen wird und sonst nicht im Text angezeigt wird.

Benutzer-Info
Mit dem Befehl *Extras/Optionen* im Register *Benutzer-Info* an Word übermittelte Angaben zum Standard-Benutzer des Programms, die in verschiedenen Funktionen automatisch verwendet wird.

Beschriftungen
Über den Befehl *Einfügen/Beschriftung* können Sie Tabellen, Abbildungen, Gleichungen oder anderen Elementen beim Einfügen automatisch oder nachträglich manuell eine Beschriftung hinzufügen.

Bereichsnamen
Dienen zur Benennung einzelner Zellen oder Zellbereiche. Benannte Zellen oder Zellbereiche lassen sich über den Bereichsnamen anstelle des Zellbezugs referenzieren.

Bericht
Mit Hilfe von Berichten stellen Sie alle oder ausgewählte Datensätze aus Datenbanktabellen und -abfragen übersichtlich aufbereitet dar.

Beziérkurve
n, die durch eine spezielle mathematische Verbindungsvorschrift dargestellt werden. Start- und Endpunkt der Kurve sind durch einen gekrümmten Weg miteinander verbunden. Die Clips der Gallery liegen als Vektorobjekte mit Beziérkurven vor, auch die AutoFormen basieren auf dieser Art des Grafikaufbaus.

Bezug
Siehe *Zellbezug*.

Bit
Kunstwort aus dem engl. Binary Digit. Bezeichnet eine Stelle im binären (dualen) Zahlensystem und stellt die kleinste Speichereinheit in der elektronischen Datenverarbeitung dar.

Anhang

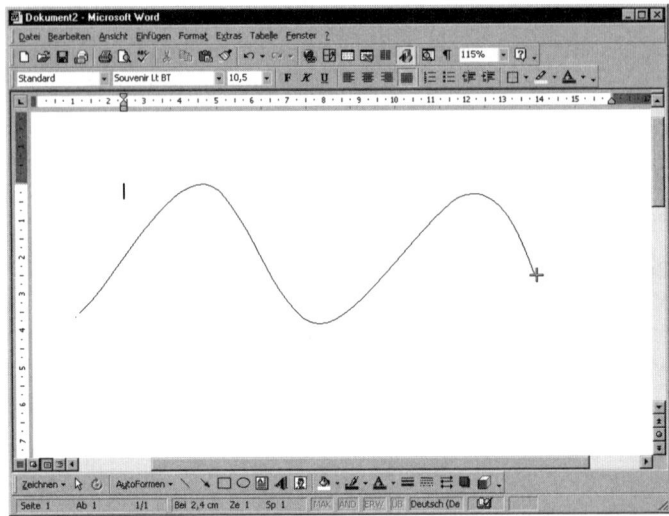

Bild 69.5: Beziérkurven verbinden zwei Punkte über einen gekrümmten Weg. Bei Zeichnen der AutoForm Kurve legen Sie die Punkte mit einem Mausklick fest

Bitmap
»Bitmuster«, aus dem Englischen. Der Begriff Bitmap wird auch stellvertretend für *Bitmapgrafik* verwendet. Bitmapgrafiken sind die aus einzelnen Bildpunkten (*Pixeln*) aufgebaut – für jeden Bildpunkt ist eine eigener Farbwerte gespeichert. Bitmaps werden z.B. von Scannern erzeugt (Vergleiche auch *Vektorgrafik*) und lassen sich z.B. mit dem Photo Editor oder PhotoDraw 2000 bearbeiten.

Block
Dieser Begriff wird in der Word-Hilfe auch als Bezeichnung für einen markierten Textteil verwendet.

Blocksatz
Eine links- und rechtsbündige Ausrichtung von Texten erzeugt an beiden Seiten einen glatten Textrand.

Bounce
Aus dem Englischen: auf- oder zurückprallen; Bezeichnung für die Rücksendung einer E-Mail wegen eines Fehlers, z.B. wenn die Empfängerangabe fehlerhaft ist.

Browser
Programm zum Betrachten von Dateien und Dokumenten – siehe Web-Browser.

Bundsteg
Der Bundsteg ist ein zusätzlicher Raum, der beim Binden eines Buches oder beim Heften von Blättern verbraucht wird. Er wird zusätzlich zum rechten Seitenrand eingegeben.

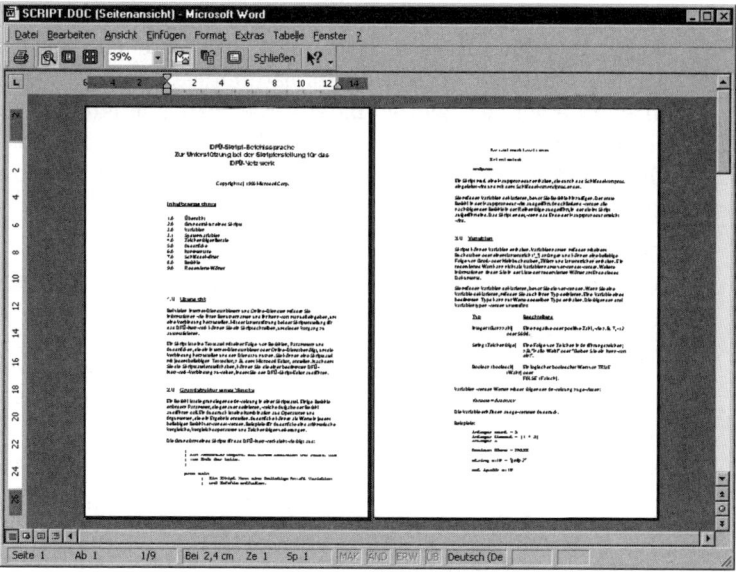

Bild 69.6: Der Bundsteg am linken Seitenrand schafft Platz zum Binden oder Heften des Dokuments

CC
Abkürzung für Carbon Copy (oder Courtesy Copy), bezeichnet die Durchschrift einer E-Mail, die gleichzeitig zu der ursprünglichen Nachricht an einen weiteren Empfänger versandt wird. Die CC-Empfänger sehen im Kopf der E-Mail wer ebenfalls ein Kopie erhalten hat.

Client
1) Bezeichnung für das Anwendungsprogramm, das OLE-Objekte anderer Anwendungen enthält. 2) Allgemeine Bezeichnung für ein Computer, der die Dienste eines Servers nutzt. Clients (Kunden) sind die Benutzer, die Informationen von Servern haben wollen. Client-Programme sind die Programme, mit denen die Benutzer von ihren eigenen Rechnern aus auf die Informationen, die auf den Servern gespeichert sind, zugreifen. WWW-Client-Programme werden auch als Web-Browser oder Browser bezeichnet.

ClipArt
Beispielgrafiken, die z.B. im Lieferumfang von Microsoft Office enthalten sind oder über das Internet geladen werden können.

CMYK
Farbsystem, bei dem die Buntfarben durch eine Zerlegung in die vier Grundfarben Cyan, Magenta, Gelb (Yellow) und Schwarz (Kontrast) dargestellt werden.

CSS
Abkürzung für Cascaded Style Sheet – CSS stellen eine Erweiterung des HTML-Formats dar, bei dem die Formatinformationen, wie Farben und Schriftarten in einer gesonderten Datei ausgelagert und mit dem entsprechenden HTML-Dokument verknüpft sind. Dadurch wird eine bessere Trennung von Dokumentinhalt und den Formatinformationen erreicht und eine einheitliche Gestaltung der Web-Dokumente erreicht.

Cursor
Neue Zeichen werden links von dieser Schreibmarke eingefügt.

Datei-Eigenschaften
Informationen über die Statistik, die Autoren und den Inhalt eines Dokuments, die über den Befehl *Datei/Eigenschaften* zugewiesen werden können.

Dateierweiterung
Ein vollständiger Dateibezeichner besteht aus dem Dateinamen einem Punkt und weiteren drei Zeichen. Diese hinteren drei Zeichen sind die Dateierweiterung. Anhand dieser Erweiterung identifizieren die Anwendungsprogramme unter Windows das Dateiformat.

Dateiformat
Das Dateiformat bestimmt die Art und Weise in der die Informationen in einer Datei gespeichert sind.

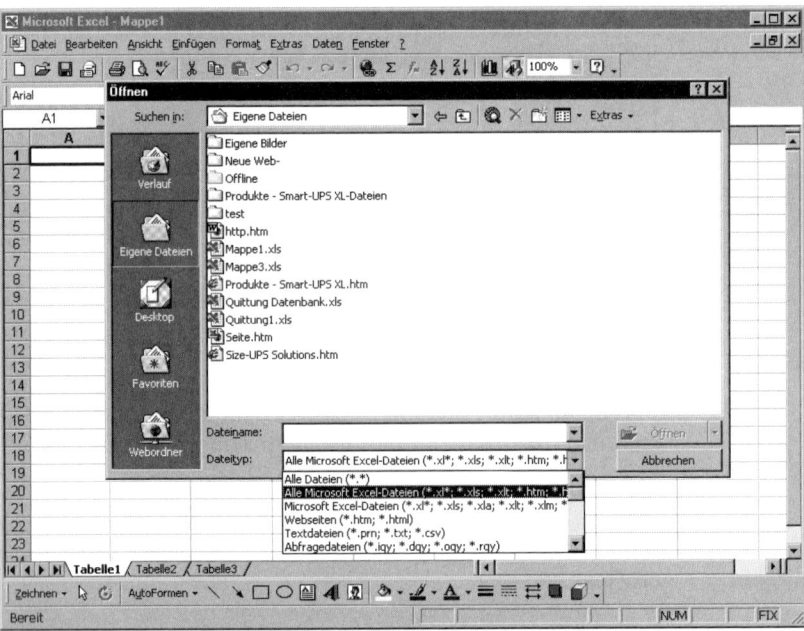

Bild 69.7: Die Dateiformate im Listenfeld Dateityp *der Dialogbox* Öffnen *von Excel*

Datei-Info
Siehe Datei-Eigenschaften.

Dateiname
Dies ist die eigentliche Datei-Bezeichnung. Seit der Einführung von Windows 95 stehen Ihnen bis zu 256 Zeichen zur Verfügung – Fragezeichen, Anführungszeichen und Doppelpunkt sowie einige Sonderzeichen (\ , / , *, <, >, |) sind nicht zulässig.

Datenbank
Strukturierte Ansammlung von gleichartigen Daten.

Datenbankabfrage
siehe *Abfrage*.

Datenmaske
Hilfsmittel von Word für die Arbeit in Datenquellen. Die Datenmaske erleichtert die Dateneingabe und enthält zusätzliche Befehlsschaltflächen für die Datenverwaltung.

Datenquelle
Besonders strukturierte Datei, die von Word für die Erstellung von Serienbriefen oder Etiketten benutzt werden kann. Als Datenquelle kommen gleichartig aufgebaute Text-Dateien, Tabellen und Datenbanken in Frage.

Datenreihen
Als Datenreihe wird eine geometrische oder arithmetische Folge von Zahlen bezeichnet.

dBase
Ursprünglich von Ashton-Tate entwickelte Datenbankanwendung. Das dBase-Format (dbf) ist noch heute ein wichtiges Standard-Format für Datenbankdateien – so lassen sich Dateien im dBase-Format problemlos als Datenquelle für den Seriendruck in Word nutzen.

DDE
Dynamic Data Exchange – Dynamischer Datenaustausch – ist ein für den Datenaustausch zwischen Windows-basierten Programmen erstelltes Protokoll. Mit DDE werden Daten so miteinander verbunden, daß eine automatische Aktualisierung möglich ist.

Design
Bezeichnet die abgestimmte benannte Zusammenstellung von Schriftarten, Farben und grafischen Elementen mit denen Sie Dokumenten ein einheitliches Erscheinungsbild verleihen.

DFÜ-Netzwerk
Datenfernübertragungs-Netzwerk. Modul in Windows 95, über das der PC per Modem oder ISDN-Karte mit einem anderen Netzwerk verbunden werden kann. Das DFÜ-Netzwerk stellt eine Möglichkeit dar, um unter Windows 9x eine Verbindung zum Internet aufzubauen.

Diagramm
Grafische Darstellung von Zahlenmaterial. Die Zahlenwerte werden in ein Koordinatensystem aus zwei, bei dreidimensionalen Diagrammen aus drei Achsen übertragen.

Diagramme
Grafische Darstellung von Zahlenwerten.

Dialogbox
Bei vielen Befehlen werden die eigentlichen Programme durch kleinere, separate Fenster überblendet. Diese Fenster dienen der Kommunikation zwischen dem Anwender und dem Programm. Sie enthalten die notwendigen Steuerelemente um weitere Einstellungen vorzunehmen. In der Regel weist die Titelzeile auf die bestimmte Programmfunktion hin.

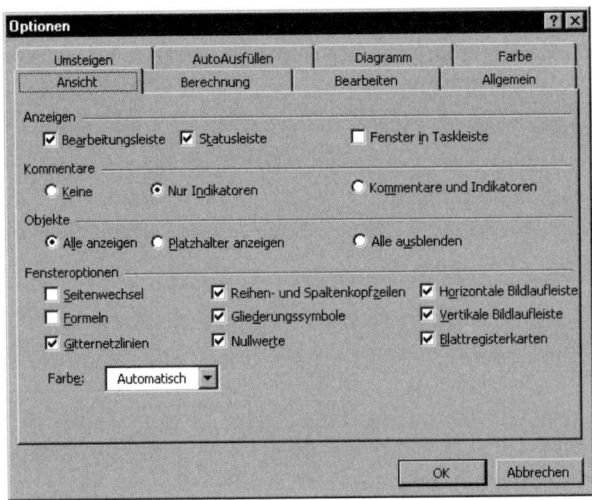

Bild 69.8: Dialogboxen stellen die Schnittstelle zwischen Programm und Anwender dar und begegnen Ihnen in nahezu allen Programmen

Dialogfeld
Siehe Dialogbox.

DIN A4
Genormtes Papierformat in den Maßen 297 x 210mm; Dokumentseiten im Format DIN A4 sind Standard für Briefe und allgemeine Druckstücke.

Direkt-Cursor
siehe *Klicken und Eingeben*

Direkthilfe
Viele Dialogboxen und Steuerelemente sind mit Hilfetexten hinterlegt. Ein rechter Mausklick auf eines dieser Elemente bietet den Eintrag *Direkthilfe* im Kontextmenü an. Das Aktivieren dieses Menüeintrags öffnet eine Hilfebox mit dem Hilfetext zu diesem Eintrag.

Dokumentstruktur
In einem eigenen Fenster neben dem normalen Text eingeblendete Textansicht, die der Gliederungsansicht ähnlich ist. Sie erlaubt z.B. den schnellen Überblick über Online-Dokumente.

Dokumentvorlage
Eine Dokumentvorlage ist eine Datei, in der verschiedene Voreinstellungen, wie Schriftarten, Seiteneinstellungen oder auch Standardelemente gespeichert sind. Dokumentvorlagen von Word tragen die Dateierweiterung *.DOT. Dokumentvorlagen können das Arbeiten mit ähnlichen Dokumenten erheblich beschleunigen.

Domain
Ein Teilnetz in einer größeren Netzwerkumgebung (wie dem Internet oder einem Firmennetz). Der Domain-Name ist Bestandteil einer jeden Internet-Adresse.

Doppelklick
Ein Doppelklick ist ein doppeltes, schnell aufeinander folgendes Klicken mit der linken Maustaste. Während ein einfacher Mausklick ein Objekt normalerweise markiert, ruft der Doppelklick z.B. eine Bearbeitungsfunktion auf.

DPI
(Dots per Inch) Maßstab für die Auflösung in Punkten pro Zoll.

Drag&Drop
Drag &Drop heißt »Ziehen und fallenlassen«. Ein Objekt wird mit gehaltener linker Maustaste an eine neue Position geschoben. Nach Loslassen der Maustaste erscheint es dort. Die Drag&Drop-Funktion kann auch zwischen unterschiedlichen Fenstern angewandt werden und dient dem schnellen Datenaustausch.

Druckertreiber
Um den Datenstrom zu steuern, den der Drucker aus einem Programm erhält, müssen die Programmdaten in ein dem Drucker verständliches Format aufbereitet werden. Diese Aufgabe übernimmt der Druckertreiber. Unter Windows können mehrere Treiber für unterschiedliche Drucker installiert werden (Systemsteuerung), so lassen sich Druckdaten erzeugen und an anderer Stelle ausgeben.

Druckformate
Siehe Formatvorlagen.

Druckbereich
Bestimmt beim Drucken eines Tabellenblatts in Excel den auszugebenden Bereich, den Sie über *Datei/Druckbereich/Druckbereich festlegen* einrichten.

Einbetten
Das Einbetten ist eine Form der OLE-Verknüpfung. Das eingebettete Objekt muß nicht als eigenständige Datei auf der Festplatte existieren, da die gesamten Objektdaten im Dokument der Client-Anwendung gespeichert werden.

Einfügemarke
Siehe *Schreibmarke*.

Einfügemodus
Einstellung für die Texteingabe in Word, bei der das an der Einfügemarke eingefügte Zeichen die rechts davon gegebenenfalls schon vorhandenen Zeichen verdrängt.

Eingabefelder
Diese Felder nehmen Eingaben von der Tastatur entgegen. Ein Beispiel: Beim Speichern einer neuen Datei wird der Dateiname in ein Textfeld eingetragen. Häufig werden auch Einträge, die aus einem Listenfeld gewählt werden können, in Textfelder übertragen.

Eingebettetes Objekt
In eine Datei eingefügte Daten bzw. Objekte. Sobald ein Objekt eingebettet wurde, ist es Teil der Zieldatei. Alle nachträglich an dem eingebetteten Objekt vorgenommenen Änderungen wirken sich nur auf die neue Datei, nicht auf die urspünglichen Daten bzw. Objekte aus.

Einzug
Absatzformat, das den Abstand des Absatzes vom Seitenrand definiert. Siehe auch: Negativer Erstzeileneinzug.

E-Mail
Abkürzung für Elektronic Mail, engl. Elektronische Post. Bezeichnet Nachrichten und Mitteilungen, die über das Internet oder über ein Intranet versandt werden.

Endnote
Spezieller numerierter Bereich am Ende des Dokuments der Erläuterungen, Randbemerkungen und Hinweise aufnimmt. Nach Einfügen einer Endnote sehen Sie die gewählte Nummer der Fußnote als kleine hochgestellte Ziffern im Text hinter dem aktuell markierten Wort als Verweis auf die jeweilige Endnote.

Explorer
engl. »Entdecker, Erforscher«; 1) Kurzform für den Windows-Explorer, der eine grafische Benutzeroberfläche zum Arbeiten im Dateisystem darstellt. 2) Kurzform für den *Internet-Explorer*.

Exportieren
Übertragen von z.B. Grafiken oder Texten in ein anderes Dateiformat. Für jedes Format wird ein Exportfilter benötigt, der das programmspezifische Format in das Fremdformat übersetzt.

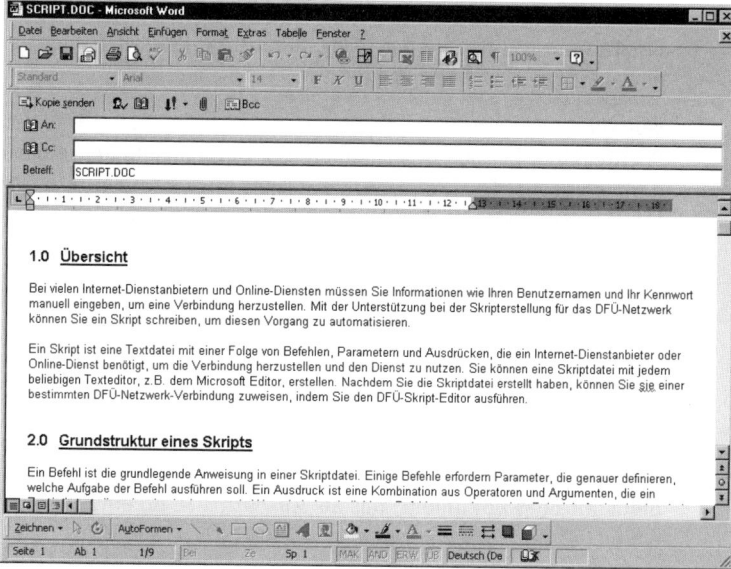

Bild 69.9: Word als E-mail-Editor

Farbtiefe
Die Farbtiefe stellt ein Maß für die Anzahl der maximal darstellbaren Farben in einer *Bitmapgrafik* dar.

Favoriten
In einem speziellen Ordner FAVORITEN lassen sich häufig benötigte Ordner oder Dokumente ablegen. Sie stehen in der Datei-Dialogbox dann mit einem Mausklick zur Verfügung.

Felder
Besondere Stellen im Text, die als Platzhalter für sich ändernde Daten in einem Dokument oder zum Erstellen von Serienbriefen und Etiketten in Seriendruckdokumenten verwendet werden. Felder können als Funktion (Funktionsdarstellung) oder mit dem gelieferten Ergebnis (Ergebnisdarstellung) im Text zu sehen sein. Die Aktualisierung von Feldern in Word muß angewiesen werden.

Feldfunktionen
Definierte Bezeichner für von Word zu erledigende Aufgaben. Feldfunktionen sind aus einer Liste wählbar und müssen gegebenenfalls durch Parameter, Feldschalter und optionale Teile ergänzt werden. Sie werden mit Feldklammern in den Text eingefügt.

Feldklammern
Funktionelle Sonderzeichen, die nicht über die Tastatur eingegeben werden können. Sie müssen hierzu besondere Befehle, wie beispielsweise *Einfügen/Datum und Uhrzeit* verwenden oder [Strg]+[F9] drücken, um dann die entsprechende Feldfunktion zwischen die Klammern einzugeben.

1117

Feldschattierung
Einstellung der Word-Ansichten. Sie können damit im Text enthaltene Felder aus dem Text hervorheben.

Fenster
Rechteckiger Bereich innerhalb eines Programms, in dem eigenständige Daten dargestellt werden. So werden z.B. mehrere Dokumente in getrennten Fenstern dargestellt. Diese Fenster können sich gegenseitig verdecken.

File-Attachment
An *E-Mails* angehängte Datei. Damit die Informationen vom Empfänger verarbeitet werden können, müssen die angehängten Inhalte in ein universelles Format (siehe auch: *Dateiformat*) konvertiert werden. Bei der Konvertierung kommen verschiedenen Verfahren zum Einsatz, z.B: *UUENCODE* und *MIME*, das sich mittlerweile als Standard etabliert hat.

Filialdokument
Selbständiges Dokument, das als Abschnitt in einem Zentraldokumente verwaltet wird.

Filter
In der elektronischen Datenverarbeitung werden drei Arten von Filtern unterschieden: 1) Übersetzer, die Daten umwandeln und in ein bestimmtes Format übersetzen. So werden Filter beim Importieren und Exportieren zur Umwandlung in ein anderes Datenformat verwendet. 2) Funktionen, die einen Datenstrom verändern. Der Photo Editor verwendet z.B. Filter zum Verändern von Bildern (Effekte). Ein Filter in einer Datenbank läßt nur die Daten durch, die vorher eingegebenen Kriterien entsprechen – auf diese Weise lassen sich Auswertungen oder Listen von Teilmengen erstellen.

Flattersatz
Siehe *Linksbündig*.

Fließtext
Bezeichnet einen Text der automatisch beim Erreichen des Seitenrands in die folgende Zeile umbrochen wird (automatischer Zeilenwechsel).

Folie
Bezeichnet eine einzelne Seite eines Präsentationsdokuments in PowerPoint.

Formate
1) Sammlungen von Einstellungen zu verschiedenen Bereichen (z.B. Schriftart, Schriftgröße und Farbeinstellungen), die separat gespeichert und schnell auf andere Objekte übertragen werden können. 2) Siehe Dateiformat.

Formatieren
Anwenden von Formaten auf markierte Programmobjekte (z.B. Text oder Tabellen).

Formatvorlagen
Eine Formatvorlage faßt Absatz- und Zeichenformate unter einem Namen zusammen. Sie sind Bestandteil eines Dokumentes oder einer Dokumentvorlage. In Word können Formatvorlagen für die Zeichen-Formatierung und für Absätze erstellt werden.

Formel
Eine Formel ist eine Berechnungsvorschrift. Anders als auf dem Papier können Formeln Verweise auf bestimmte Positionen innerhalb einer Tabelle enthalten. Formel sind in Word im Feldfunktionen untergebracht.

Formel-Editor
Hilfsprogramm von Word zur Erstellung mathematischer Formeln und Ausdrücke. Formeln werden als Objekte in das Dokument eingebettet.

Formular
1) Ein Formular ist ein besonderes Dokument, das Text oder Grafiken enthält, die beim Ausfüllen des Formulars nicht geändert werden können. Beim Entwerfen eines Formulars können Sie beispielsweise Fragen, Auswahllisten sowie Informationstabellen einfügen. Durch Einfügen von Formularfeldern legen Sie beim Entwerfen eines Formulars fest, an welchen Stellen Eingaben vorgenommen werden dürfen. 2) In Access dienen Formulare zum komfortablen Eingeben, Bearbeiten und Pflegen von Datensätzen.

Bild 69.10: Die Symbolleiste Formular dient zum Einfügen von Fomularfeldern in ein Dokument

Formularfeld
Spezielles *Feld* das zur Eingabe von Daten in Formularen dient.

Frame
Frames teilen den Bildschirm für die Darstellung einer Webseite unterschiedlicher Inhalte in mehrere rechteckige Bereiche auf, in denen sich eigenständige HTML-Dokumente darstellen lassen. Die Position der einzelnen Frames in einer Frameseite ist festgelegt. Mit Hilfe von Frames erstellen Sie z.B. Webseiten mit einem Bereich zur Navigation.

Frameseite
Bezeichnet HTML-Dokumente, die in mehrere Frames aufgeteilt sind.

Anhang

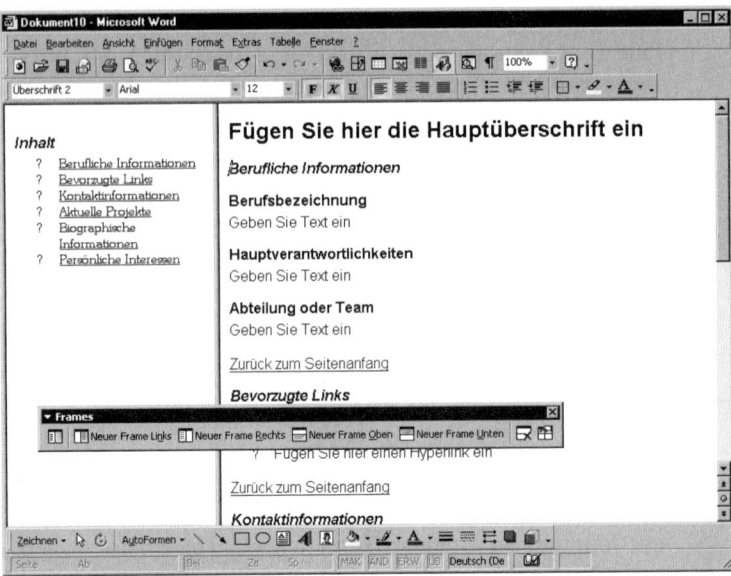

Bild 69.11: *Word ist in der Lage Frameseiten direkt zu bearbeiten*

Frame-Set
siehe *Frame-Seite*.

FTP
ist das File Transfer Protocol (Datei-Übertragungsprotokoll), das im Internet zum Einsatz kommt. FTP-Server sind Internet-Rechner, die dieses Protokoll benutzen und Dateien, Verzeichnisse oder sogar ganze Festplatten Internet-Anwendern zum Herunterladen zur Verfügung stellen. Auf einem FTP-Server muß man sich zunächst einmal anmelden (Login), worauf man dann die Zugriffsrechte auf bestimmte Verzeichnisse geregelt werden. Auf vielen FTP-Servern kann man sich mit der Benutzerkennung »Anonymous« und der eigenen E-Mail-Adresse als Paßwort anmelden.

FTP-Search
Suchdienst um Dateien im Internet zu suchen. Falls Sie bestimmte Dateien suchen ist der Weg über einen FTP-Suchdienst (z.B. ftpseach.ntnu.no/) schneller als die Verwendung einer WWW-Suchmaschine.

Füllungen
Word ist, wie fast alle Anwendungen von Microsoft Office, in der Lage, geschlossene Objekte mit einer Füllung zu versehen. Hier kann es sich um Vollfarben, Farbverläufe oder Schraffuren handeln.

Füllzeichen
Bei der Arbeit mit Tabstops können Sie den Abstand von Beginn bis zum Ende eines Tabstops mit Füllzeichen überbrücken. Anwendung finden sie insbesondere bei Inhaltsverzeichnissen.

Fußnote
Spezieller numerierter Bereich am Ende der Dokumentseite der Erläuterungen, Randbemerkungen, Hinweise und Quellenangaben bei wissenschaftlichen Dokumenten aufnimmt. Nach Einfügen einer Fußnote sehen Sie die gewählte Nummer der Fußnote als kleine hochgestellte Ziffern im Text hinter dem aktuell markierten Wort als Verweis auf die jeweilige Fußnote.

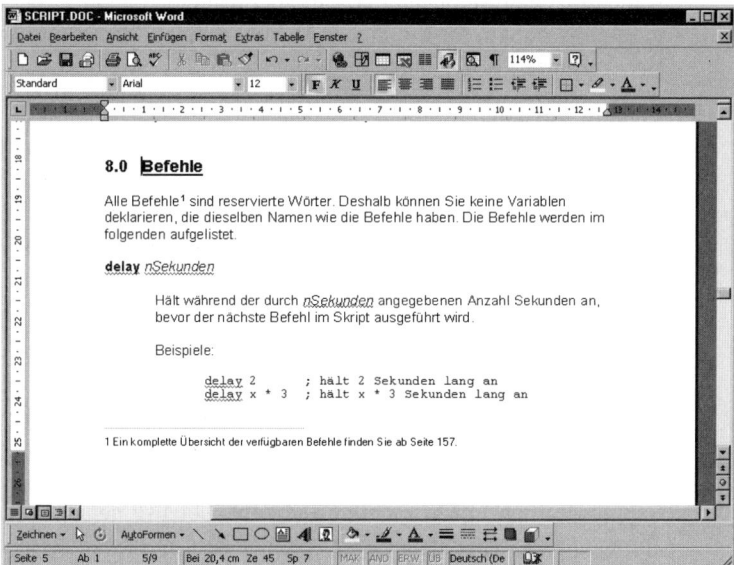

Bild 69.12: In Fußnoten lassen sich Anmerkungen oder zusätzliche Informationen unterbringen

Fußzeilen
Eine Fußzeile besteht aus Text oder Grafiken, die im unteren Seitenrand eines Dokumentes gedruckt werden. Fußzeilen können für das gesamte Dokument gleich oder für bestimmte Dokumentabschnitte unterschiedlich sein.

Gateway
Übergang bzw. Schnittstelle zwischen zwei Netzwerken, etwa den Mailboxen und Online-Diensten, die dabei mit unterschiedlichster Systemsoftware betrieben werden.

GIF
Bitmap-Format, das bis zu 256 Farben einer individuellen Farbpalette enthalten kann. Eine GIF-Grafik kann mehrere unabhängige Bilder speichern und erlaubt eine verlustlose Kompression der Bilddaten. Beim »Interlaced-Modus« werden die Grafiken bereits beim Ladevorgang mit einer geringen Auflösung wiedergegeben. Dieses Format hat im Internet eine große Bedeutung erlangt.

Gitternetz
Hilfslinien bei der Arbeit mit Tabellen. Gitternetzlinien werden nur zur Anzeige verwendet, sie werden nicht gedruckt.

Gliederung
Eine Gliederung nutzt das Prinzip der abgestuften Unterteilung. 1) Mit ihr kann ein Dokument auf seine Überschriften reduziert werden, wenn Sie Word die Einordnung von Absätzen in entsprechende Gliederungsebenen mitgeteilt haben. 2) Durch das Einfügen einer Gliederung in Excel lassen sich ausgewählte Zellbereich ausblenden.

Globale Vorlage
Die Datei NORMAL.DOT ist die Standardvorlage, die die Aufgabe hat, die Arbeitsumgebung in Word zu definieren und alle Einstellungen aufzunehmen, die auch in anderen Vorlagen verfügbar sein können. Mit dem Befehl Extras/Vorlagen und Add-Ins können auch andere Vorlagen globalisiert werden.

Gopher
Die Bezeichnung für einen speziellen Informationsdienst im Internet; wörtlich übersetzt heißt Gopher »Maulwurf« und ist als Kunstwort aus »Go« und »For« gebildet worden. Gopher ist ein menügesteuertes Hilfsprogramm, mit dem sich auf die großen Datenbankbestände im Internet zugreifen läßt, ohne daß die jeweilige Internet-Adresse bekannt sein muß. Mit Hilfe von Gopher können unter anderem Dateien über FTP geladen und Datenbankabfragen durchgeführt werden. Gopher wird mittlerweile jedoch durch die intelligenten Suchmaschinen wie YAHOO, AltaVista oder LYCOS im WWW weitgehend abgelöst.

Graustufen
Bezeichnet eine Form der Schwarzweiß-Abbildung, bei der das Bild durch bis zu 256 unterschiedliche Grautöne dargestellt wird. Graustufen werden auf Druckern durch Rasterung wiedergegeben.

Grundeinstellungen
Die Programmvoreinstellungen erleichtern die Arbeit erheblich – mit *Extras/Optionen* läßt sich das Programmverhalten an die eigenen Wünsche anpassen. Der Befehl *Extras/Anpassen* erlaubt die Veränderung der Symbolleisten und der Menüstruktur.

Gruppen
Eine Zusammenfassung mehrerer Einzelobjekte. Die Einzelobjekte behalten dabei ihre relative Position zueinander. Die Gruppe wird wie ein Einzelobjekt markiert und bearbeitet.

Gruppieren
1) Das Zusammenfassen mehrerer Einzelobjekt zu Gruppen. 2) Das Ordnen von Informationen nach bestimmten Kriterien (Tabellen in Excel, Abfragen in Access).

Hängende Einzüge
Siehe Negativer Erstzeileneinzug.

Homepage
Homepage bedeutet soviel wie Leitseite, Einstiegsseite, Startseite, persönliche Seite. In der Regel erfüllt die Homepage die Funktion eines Inhaltsverzeichnisses des gesamten WWW-Angebots des jeweiligen Anbieters. Bei natürlichen Personen ist die Homepage als Gegenstück zu einer Visitenkarte zu sehen, bei Unternehmen eher als Titelseite eines Hochglanzprospektes.

HTML
Abkürzung für Hypertext Markup Language. Seitenbeschreibungssprache, die Inhalt und Formatierung von WWW-Seiten definiert.

HTML-Tags
Kennzeichnen logische Komponenten innerhalb eines HTML-Dokuments, wie Überschriften oder Bilder.

HTTP
Abkürzung für Hypertext Transfer Protocol. HTTP ist das Protokoll, mit dem die Informationen zwischen WWW-Servern und WWW-Clients über das Internet übertragen werden.

Hyperlink
Farbig unterstrichener Text oder eine Grafik, auf die Sie klicken, um zu einer Datei, einer Textmarke, einer HTML-Seite im WWW oder einem Intranet zu springen. Hyperlinks können ebenfalls zu Gopher-, Telnet-, Newsgroup- und FTP-Sites springen.

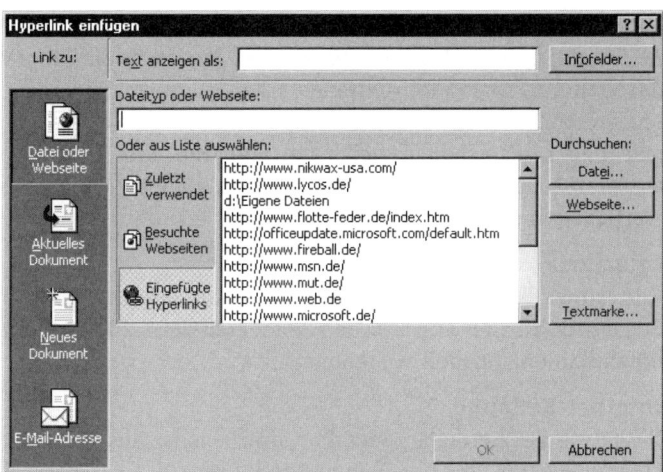

Bild 69.13: Über den Befehl Einfügen/Hyperlink *lassen sich in nahezu allen Anwendungen von Office Hyperlinks anlegen*

Hypertext
Unter Hypertext versteht man Texte mit Querverweisen, die ähnlich einem Lexikon die Verbindung zu weiteren Informationen herstellen. Bei Hypertext-Dokumenten gibt es nicht wie bei Druckwerken eine lineare Lesereihenfolge, sondern der Benutzer kann jede Einzelinformation über viele verschiedene Wege und von vielen verschiedenen Stellen aus erreichen.

Importieren
Einfügen von z.B. Grafiken oder Texten aus einem anderen Dateiformat. Für jedes Format wird ein Importfilter benötigt, der das Fremdformat in das programmspezifische Format umsetzt.

Index
1) Aus dem Lateinischen: Verzeichnis. Es handelt sich um sortierte Listen, die schnelle Suchfunktionen ermöglichen. 2) In Access bezeichnet der Index einen Suchschlüssel mit dem Sie den Zugriff auf Datensätze beschleunigen. Man spricht in diesem Zusammenhang von indizierten Datenfeldern.

Inhalte einfügen
Mit dem Befehl *Inhalte einfügen* können Sie, im Gegensatz zu herkömmlichen Zwischenablage-Operationen, den Typ der eingefügten Daten selbst auszuwählen. Die Dialogbox *Inhalte einfügen* stellt alle verfügbaren Datentypen dar.

Inhaltsverzeichnis
Listet über eine Feldfunktion die Überschriften eines Dokumentes unter Verwendung der Überschriften-Formatvorlagen mit den entsprechenden Seitenzahlen automatisch auf.

IntelliSense
Als IntelliSense-Technologie bezeichnet Microsoft ein Programmverhalten, das aktuelle Programmsituationen erkennt und entweder von sich aus Hilfe anbietet oder direkt Korrekturen vornimmt. Ein Beispiel dafür: Der automatische Leerzeichenausgleich bei Einfügen oder Löschen von Text. Ein weiterer Aspekt : Der Office Assistent erlaubt die Eingabe in natürlichen Worten, und schlägt von sich aus passende Hilfethemen vor.

Interaktiv
Bezeichnet Bearbeitungsaktionen, die manuell durchgeführt werden – im Gegensatz zu der numerischen Vorgehensweise, bei der die Bearbeitung durch Zahleneingaben vorgenommen wird.

Internet-Kennung
Die letzte Zeichenfolge eines Domain-Namens. Aus ihr geht entweder das Land hervor, in der die Domain steht, oder die Art des Teilnehmers. Ein Auszug: at: Österreich; au: Australien; ca: Kanada; ch: Schweiz; de: Deutschland; fi: Finnland; fr: Frankreich; nl: Niederlande; uk: Großbritannien; com: kommerzielle Organisation; edu: amerikanische Bildungseinrichtung; gov: amerikanische Regierungsstellen; net: Netzwerkorganisationen; mil: US-Verteidigungsministerium, org: sonstige nicht-kommerzielle Organisation.

IP-Adresse
Bei Netzwerken, die mit dem TCP/IP-Protokoll arbeiten, also auch im Internet, ist jeder angeschlossene Rechner über eine numerische Adresse identifiziert. Eine IP-Adresse besteht aus vier durch einen Punkt getrennte Zahlen, die jeweils einen Wert zwischen 0 und 255 annehmen. Eine typische IP-Adresse ist 123.123.123.123. Auch Rechner eines Anwenders, der sich über einen Online-Dienst in das Internet einwählt, erhält eine IP-Adresse; das ist dann entweder immer die gleiche (statische IP-Adresse) oder bei jedem Verbindungsaufbau eine neue (dynamische IP-Adresse).

ISDN
ISDN steht für Integrated Services Digital Network und ist das neue digitale Netz der Telekom.

Iteration
Mathematisches Verfahren bei dem das Ergebnis einer Formel oder Berechnung schrittweise angenähert wird.

Java
Bezeichnung für eine von Sun entwickelte plattformunabhängige Programmiersprache auf der Grundlage von C++, mit der ohne viel Aufwand unterschiedliche Anwendungen, sogenannte »Applets«, geschrieben werden können, die dann anschließend mit einem Java-Compiler optimiert werden. Der Java-File wird kompiliert auf dem Server abgelegt und über einen Verweis im HTML-Dokument aufgerufen. WWW-Seiten, die über reine Gestaltung von HTML-Seiten hinausgehen, etwa Online-Datenbanken, werden meist in Java geschrieben.

Javascript
Eine von Netscape entwickelte Programmiersprache, die direkt in ein HTML-Dokument eingebunden werden kann.

JPEG
Bitmap-Format, das eine Farbtiefe bis zu 24Bit (TrueColor) unterstützt. Das JPEG-Format zeichnet sich besonders durch hohe Kompressionsraten aus – allerdings zu Lasten der Bilddetails. Beim »progressiven« Bildaufbau werden die Grafiken bereits nach einer geringen übertragenen Datenmenge als grobe Vorschauabbildung angezeigt. Dieses Format hat im Internet eine große Bedeutung erlangt.

Kapitälchen
Besondere Zeichenformatierung, bei der für alle Buchstaben eines Wortes Großbuchstaben verwendet werden, die Unterschiede von vorher groß bzw. klein geschriebenen Buchstaben jedoch sichtbar bleiben – KAPITÄLCHEN.

Bild 69.14: *Beim Zeichenformat* Kapitälchen *werden für alle Großbuchstaben in der Höhe der Kleinbuchstaben verwendet*

Kerning
Siehe *Unterschneiden*

Klicken und Eingeben
bei diesem Verfahren legen Sie die Position der Schreibmarke auf der Dokumentseite mit einem Mausklick fest. Dadurch können Sie sofort an jeder beliebigen Stelle der Dokumentseite mit dem Schreiben beginnen. Diese Funktion aktivieren Sie über *Extras/Optionen* im Register *Bearbeiten*.

Kombinationsfelder
Sie lassen sowohl die Auswahl aus einer vorhandenen Liste, aber die manuelle Eingabe über Tastatur zu.

Kompression
Bei der Kompression werden häufig vorkommende Farben und Farbmuster durch Platzhalter ersetzt – dadurch läßt sich der Speicherbedarf der Grafik zum Teil drastisch reduzieren. Es muß zwischen verlustloser und verlustbehafteter Kompression unterschieden werden. Bei der verlustlosen Kompression tritt keine Verringerung des Farbumfangs oder der Bilddetails auf. Im Gegensatz dazu gehen bei der verlustbehafteten Kompression unweigerlich Detailinformationen verloren.

Kontextmenü
Mit einem rechten Mausklick auf ein Objekt oder einen Bildschirmbereich wird das Kontextmenü aufgerufen. Hier finden Sie die wichtigsten Befehle zum jeweiligen Objekt.

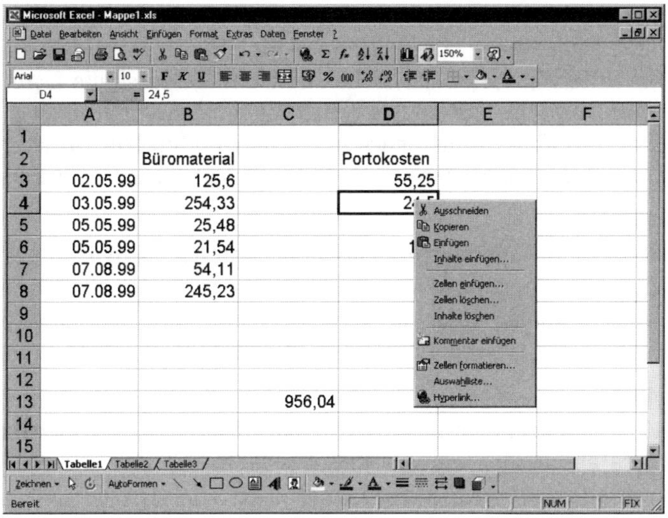

Bild 69.15 Ein rechter Mausklick öffnet das Kontextmenü und bietet den schnellen Zugriff auf die wichtigsten Funktionen und Befehle

Kontur
Die Kontur stellt die Umrißform eines Zeichnungselements, ohne zusätzliche Linienattribute dar.

Kontursatz
Beim Kontursatz fließt der Text z.B. um eine eingebettete Grafik herum. Microsoft Office erlaubt das Anpassen der Kontur eines Grafikobjekts, um den Kontursatz zu beeinflussen.

Kopfzeile
Eine Kopfzeile besteht aus Text oder Grafiken, die im oberen Seitenrand eines Dokumentes gedruckt werden. Kopfzeilen können für das gesamte Dokument gleich oder für bestimmte Dokumentabschnitte unterschiedlich sein.

Leerzeichenausgleich
Bezeichnet das automatische Einfügen oder Entfernen von Leerzeichen beim Kopieren und verschieben von Textpassagen über die Zwischenablage.

Legende
Erläuternder Bildbestandteil in Diagrammen. Aus der Legende geht die Zuordnung der einzelnen Farben zu den jeweiligen Daten hervor.

Link
Querverweis auf ein weiteres Informationsangebot im WWW, meist in Form einer HTML-Seite.

Listenfeld
Diese Felder bieten Ihnen mehrere Einträge in einer Liste zur Auswahl an. Mit Hilfe von Pfeilschaltflächen blättern Sie durch die Liste. Bei einer anderen Form des Listenfelds sehen Sie zunächst nur einen Eintrag aus der Liste, ein Klick auf den nach unten gerichteten Pfeil öffnet die eigentliche Liste in der Sie wieder mit Hilfe von Schaltflächen blättern können.

Makro
1) Bezeichnet eine aufgezeichnete Abfolge von mehreren Bedienhandlungen, die unter einem Namen gespeichert wird und bei Bedarf immer wieder abgespielt werden kann. 2) Bezeichnet eine Abfolge von Befehlen in einer Programmiersprache die vor der Ausführung übersetzt werden muß.

Markieren
1) Um ein oder mehrere Objekte, bzw. Textpassagen, zu bearbeiten, müssen diese ausgewählt werden. Dies geschieht mit der Maus oder Tastatur. 2) Auswählen eines Eintrags in einer Liste.

Markierungsrahmen
Rahmen der die ausgewählten Objekte umgibt. Kleine Kästchen an den Ekken und Seiten des Markierungsrahmens, dienen zum *interaktiven* Verändern des markierten Objekts.

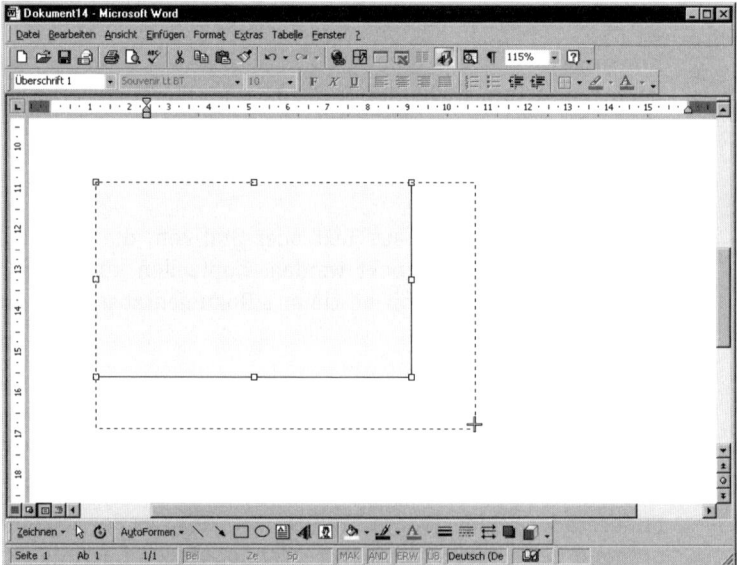

Bild 69.16 Die Kästchen am Markierungsrahmen dienen zum interaktiven Verändern das markierten Objekts

Markierungsspalte
Teil des Word-Fensters im linken Randbereich neben dem Text, der zur Markierung von Absätzen Verwendung findet.

MetaCrawler
Fortgeschrittener Suchdienst, der alle bekannten Suchmaschinen nach dem Suchbegriff durchsucht z.B. www.webcrawler.com, www.all4one.com und metacrawler.cs.washington.edu.

MIME
Abkürzung für Multipurpose Internet Mail Extensions, ein Kodierungsstandard für die Kombination von E-Mail mit Binärdateien. Wenn sowohl Absender als auch Adressat über eine MIME-fähiges eMail-Programm verfügen, können sie einfach beliebige Dateien in Nachrichten einbinden, ohne sich um das Kodieren oder Dekodieren kümmern zu müssen.

Modem
Kunstwort aus Modulator und Demodulator. Überträgt das digitale Datensignal des Computers in ein analoges Signal zum Transport über analoge Telefonleitungen (nicht ISDN!).

Navigator
Der Navigator ist ein Suchelement, das sich in der horizontalen Bildlaufleiste des Word-Fensters befindet. Ein Klick auf die Kugel zwischen den Doppelpfeilen öffnet ihn, über Symbole läßt sich nach vorhergehenden oder nachfolgenden Elementen suchen (Tastenkombination Strg+⇧+Pos1).

Negativer Erstzeileneinzug
Hier ist die erste Zeile eines Absatzes gegenüber den folgenden nach links aus dem Textfluß ausgerückt. Sie werden auch Hängende Einzüge genannt.

Netiquette
(von »Net-Etikette«) Die Netiquette enthält Grundregeln zum Umgang mit anderen Netzteilnehmern. Grobe Verstöße gegen die Netiquette werden bisweilen sogar von den Systembetreibern mit dem Ausschluß aus dem jeweiligem System geahndet.

Netzwerk
Verbindung von mehreren Computern. Verschiedene Netzwerkrechner stellen anderen Computern unterschiedliche Fähigkeiten und Funktionen (z.B. Drucker, Modem oder Festplattenspeicher) zur Verfügung.

Newsgruppen
Bezeichnung für eine Diskussionsgruppe oder ein Forum zu einem bestimmtem Thema, über das sich die Anwender öffentlich austauschen können. Im Unterschied zur eMail werden Beiträge nicht direkt an die Adresse eines bestimmten Teilnehmers gesandt, sondern alle Teilnehmer können sie bei Bedarf abrufen. Newsgruppen sind die »Schwarzen Bretter« im Internet, einige davon sogar im wahrsten Sinne des Wortes: Sind es doch bestimmte Newsgruppen, die das Internet wegen ihres pornographischen oder rassistischen Inhalts in Verruf gebracht haben. Nach Schätzungen gibt es derzeit etwa 20000 verschiedene Newsgruppen.

Objekt
Bezeichnet in sich geschlossene Daten und Datenstrukturen aus einen Anwendungsprogramm. Beim Einfügen eines Objekts über den Befehl *Einfügen/Objekt* »leiht« sich die Zielanwendung Funktionen und Befehle des Quellprogramms um die Daten darzustellen und zu bearbeiten. Siehe auch *OLE*.

Office-Assistent
Statt langweiliger Dialogboxen bietet das Office-Paket eine Reihe von animierten Grafiken, die immer dann am Bildschirm erscheinen, wenn sie Hilfe anfordern oder das Programm von sich aus eine Unterstützung für nötig hält. Andere Office-Assistenten als den üblichen »Karl Klammer« finden Sie auf der Installations-CD.

OK
Standard-*Schaltfläche* in *Dialogboxen*. Ein Klick auf diese Schaltfläche schließt die Dialogbox und übernimmt die aktuell vorgenommenen Einstellungen.

OLE
Objekt Linking and Embedding – bezeichnet die Integration von Daten aus anderen Programmen. Dabei werden die spezifischen Bearbeitungsfunktionen und Datenstrukturen eines »OLE-Servers« (das Ursprungsprogramm) in einem »OLE-Client« (das Zielprogramm) übertragen. Ein Doppelklick öffnet das Ursprungsprogramm und erlaubt die Bearbeitung des Objekts.

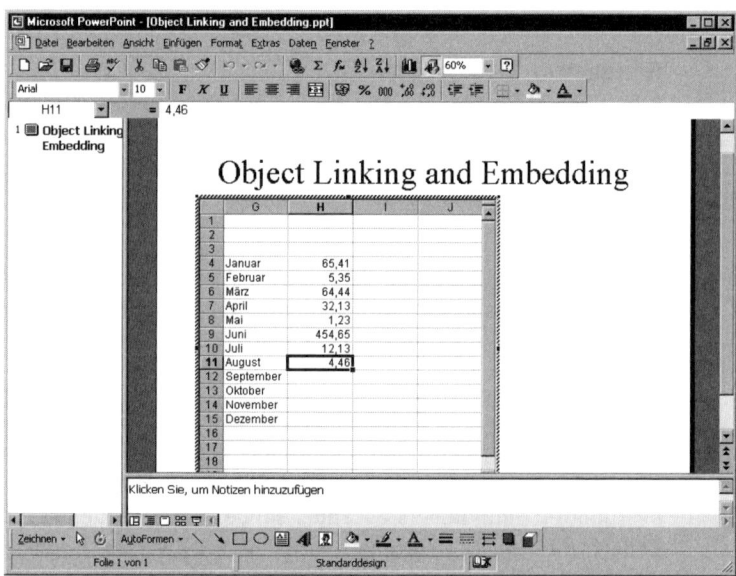

Bild 69.17 Eine Excel-Tabelle in PowerPoint

Operatoren
Operatoren bezeichnen mathematische (z.B. +, -, * und /) oder logische (z.B. UND, ODER, NICHT) Verknüpfungen von Zahlenwerten oder Ausdrücken.

Option
1) Möglichkeit des Handelns. 2) Programmeinstellungen, siehe Optionsschaltflächen.

Optionsschaltflächen
Kreisförmige Steuerelemente, die zum Festlegen einer Programmeinstellung dienen. Sie sind immer in Gruppen angeordnet, eine Optionsschaltfläche ist immer aktiviert, da sich die einzelnen Einstellungen gegenseitig ausschließen.

Ordner
Andere Bezeichnung für ein Verzeichnis. Ein Ordner kann Dateien aber auch weitere Ordner enthalten und bildet so die logische Struktur der Daten auf der Festplatte.

Palette
Als Palette wird eine Zusammenstellung von verschiedenen vordefinierten Farben bezeichnet. Auch Zusammenstellungen von AutoFormen werden so bezeichnet.

Pfad
Kennzeichnet den »Weg« zu einer Datei auf der Festplatte. Die Pfadangabe setzt sich aus der Laufwerksbezeichnung (in der Regel ein Laufwerksbuchstabe, z.B. C:\ ) und der Angabe aller Ordner zusammen.

Pixel
Bezeichnung für einen Bildpunkt bei Bitmaps.

Plug-In
Erweiterung für einen WWW-Browser, um Seiten zu betrachten, die nicht im HTML-Format vorliegen.

PNG
Bitmap-Format, das eine Farbtiefe bis zu bis zu 48 Bit (16,7 Mio. Farben) und abgestufte Transparenzen (über einen Alpha-Kanal) enthalten kann. Das PNG-Format unterstützt die verlustlose Kompression der Bilddaten. PNG-Bilder werden bereits beim Ladevorgang mit einer geringen Auflösung zeilen- und spaltenweise wiedergegeben.

POP
1) Abkürzung für »Post Office Protocol«. Das Protokoll, mit dem der Mail-Server eines Providers im Internet arbeitet. 2) Kürzel für »Point of Presence«. Bezeichnung für einen Einwählpunkt im Internet, den ein Provider seinen Kunden zur Verfügung stellt.

PostScript
Seitenbeschreibungssprache für die Druckausgabe, die sich als Standard im professionellen Satz und DTP-Bereich durchgesetzt hat.. Um Postscript-Dateien ausgeben zu können ist ein PostScript-fähiges Ausgabegerät erforderlich.

PPP
Abkürzung für Point-to-Point Protocol. PPP wurde 1991 von der IETF (Internet Engineering Task Force) definiert. Ähnlich SLIP ist PPP ein Übertragungsprotokoll, mit dessen Hilfe man sich per Modem über die Telefonleitung in das Internet einwählen kann. Das Protokoll regelt die Verständigung zwischen dem Rechner des Anwenders und dem POP-Rechner des Providers.

Primärschlüssel
Der Primärschlüssel dient als Kennzeichen für einen Datensatz. Der Primärschlüssel muß immer eindeutig sein, das heißt, kein anderer Datensatz darf den gleichen Wert im Feld für den Primärschlüssel aufweisen.

Querverweis
Sie können innerhalb eines Dokumentes einen Querverweis erstellen, um auf ein Element an einer anderen Stelle zu verweisen. Dazu ist jedoch die Arbeit mit Überschrift-Formatvorlagen bzw. Fußnoten, Textmarken, Beschriftungen oder numerierte Absätze nötig.

QuickInfo
Kleines gelbes Kästchen Informationen, das bei längerem Verweilen mit dem Mauszeiger über Symbolschaltflächen, Anmerkungen oder anderen Elementen angezeigt wird.

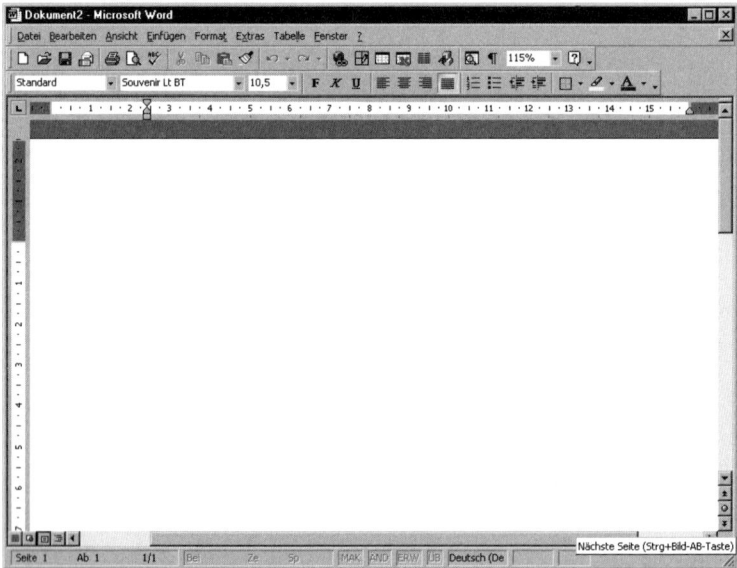

Bild 69.18 QuickInfos liefern Ihnen schnelle Informationen zu fraglichen Steuerelementen

Rahmen
Linie um Wörter, Absätze, Zeichnungsobjekte, Textfelder, Tabellen und grafische Elemente. Mit dem Befehl *Format/Rahmen und Schattierung* wählen Sie den gewünschten Rahmen aus, einschließlich Linienart, Farbe und Breite,.

Rasterung
Bei der Druckausgabe werden Graustufen in Punkte aufgelöst. Die verschiedenen Tonwerte werden durch Die Anordnung in bestimmten Punktmustern simuliert.

Rechtsgrundlagenverzeichnis
Quellenverzeichnis mit Verweisen auf Publikationen auf die im Text Bezug genommen wurde.

Relationale Datenbank
Relationalen Datenbanken wie Access erlauben mehrere Datenbanktabellen miteinander zu verknüpfen. Dabei stehen ein oder mehrere Datensätze aus den verknüpften Tabellen miteinander in Beziehung.

Relativer Zellbezug
Anders als bei der absoluten Adressierung handelt es sich bei relativen Zelladressen nicht um exakte Positionen auf dem Tabellenblatt. Beim Kopieren oder Verscheiben einer Formel mit einem relativen Bezug paßt Excel die Zeilen- und Spaltenreferenz automatisch an. Beim Kopieren um zwei Zellen nach rechts wird aus »=A1« der neue Bezug »=A3«.

RGB
Farbsystem, bei dem die Buntfarben durch eine Zerlegung in die Grundfarben Rot, Grün und Blau dargestellt werden.

Satzprogramm
Ein Satzprogramm hat die Aufgabe, vorhandene Texte, Bilder und Grafiken ansprechend miteinander zu kombinieren und für eine optimale Druckausgabe zu sorgen.

Satzspiegel
Siehe Texteingabebereich.

Sammelmappe
Eigenständiges Programm in Office, das Dokumente aus den verschiedenen Anwendungen projektbezogen zusammenfaßt.

Schaltflächen
Schaltflächen starten die Aktion, die auf ihnen angegeben ist, z.B. Bestätigung (*OK*) oder Abbruch (*Abbrechen*). In Office lassen sich über Schaltflächen auch unterschiedliche Programmfunktionen aufrufen.

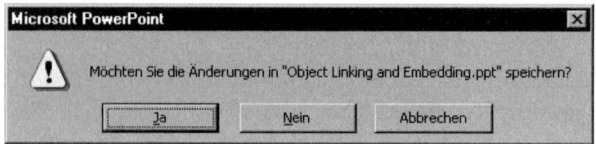

Bild 69.19 Eine typische Dialogbox mit Schaltflächen mit denen Sie die angegebene Aktion ausführen

Schattierung
Als Schattierung wird das Hinterlegen von Grafik-, Rahmen- oder Textobjekten bezeichnet. Die Office-Applikationen sind in der Lage, Ausdehnung, Farbe und Richtung des Schattens zu verändern.

Schlüssel
Siehe *Primärschlüssel*. Eine eindeutige Kennzeichnung eines Datensatzes. Schlüssel sind immer eindeutig, d.h. sie kommen innerhalb einer Datentabelle immer nur einmal vor.

Schnittstellen
Bezeichnen Verbindungsmöglichkeiten. Hardwaremäßig ist z.B. die Druckeransteuerung in der Regel über die parallele Schnittstelle realisiert, während sich die Maus einer seriellen Schnittstelle bedient. Auch auf der Softwareseite existieren diese Schnittstellen: So übernimmt der Block der OLE-Funktionen diese Schnittstellenfunktion.

Schreibmarke
Eine spezielle Form des Mauszeigers. Die Schreibmarke erscheint in der Regel als blinkender senkrechter Strich an der Stelle an der Tastatureingaben eingefügt werden können.

Seitenumbruch
Ein Seitenumbruch kennzeichnet die Stelle ab der ein Text auf der nächsten Seite fortgesetzt wird. In der Regel erfolgt der Seitenumbruch beim Erreichen des Seitenendes automatisch. Über [Strg]+[↵] lassen sich aber auch manuelle Seitenumbrüche erzeuge: Der Text wird auf der folgenden Seite fortgesetzt, obwohl das Seitenende noch nicht erreicht ist.

Seitenwechsel
Siehe auch Seitenumbruch. Fügen Sie einen manuellen Seitenwechsel ein, um einen Seitenumbruch an einer bestimmten Stelle zu erzwingen

Server
Server (Verkäufer, Bedienender) sind die Computer, auf denen die Informationen im Internet gespeichert sind. WWW-Server laufen oft auf Unix-Rechnern und werden auch als HTTP-Daemons (Dämonen) bezeichnet.

Shortcut
Eine definierte Tastenkombination, die eine Funktion auslöst. Mit Hilfe von Shortcuts können Sie die Arbeit mit Word effektiver gestalten.

Sicherheitsabfrage
Eine Sicherheitsabfrage ist ein Warnhinweis, der erscheint, bevor Aktionen durchgeführt werden, die zu einem größeren Datenverlust führen können. Word verlangt – wie alle Office-Anwendungen in diesem Fall eine ausdrückliche Bestätigung.

Sicherheitskopien
Bei einer Sicherheitskopie benennt Word vor dem Speichern eines neuen Bearbeitungsstandes das aktuelle Dokument um der letzte Bearbeitungsstand bleibt so erhalten. Durch Öffnen der Sicherheitskopie gelangen Sie bis zum Bearbeitungsstand der vorletzten Speicherung zurück. Sicherheitskopien werden von Word nur dann erstellt, wenn die Option eingeschaltet ist.

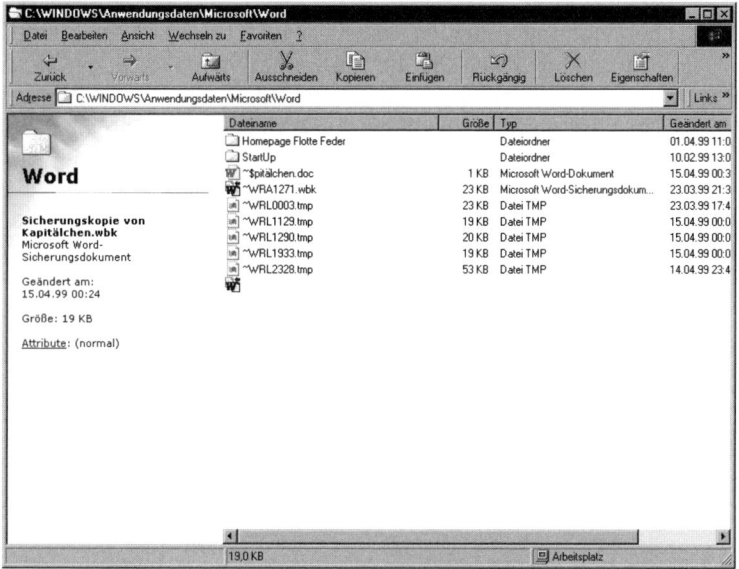

Bild 69.20 In einer Sicherungskopie ist der letzte Bearbeitungsstand eines Word-Dokuments mit dem Zusatz »Sicherungskopie von« und der Dateierweiterung *.wbk gespeichert

Silbentrennung
Funktion zur professionellen Gestaltung von Text. Trennen Sie Text, um beispielsweise Abstände zu verringern, große Lücken in im Blocksatz ausgerichtetem Text auszufüllen oder um gleiche Zeilenlängen in schmalen Spalten beizubehalten. Sie können Text automatisch und manuell trennen.

Skalieren
Als Skalieren wird das proportionale Vergrößern oder Verkleinern von Elementen bezeichnet.

SLIP
Abkürzung für Serial Line Internet Protocol und Bezeichnung für ein einfaches und leicht einzusetzendes Internet-Protokoll für serielle Leitungen, ähnlich dem PPP. SLIP ist dabei ein Übertragungsprotokoll, mit dessen Hilfe man sich per Modem über die Telefonleitung in das Internet einwählen kann. Doch wird SLIP mehr und mehr durch das schnellere PPP ersetzt.

Sonderzeichen
Bezeichnet Zeichen, die nicht oder nur umständlich auf normalen Wege über die Tastatur zu erreichen sind. Eine Form von Sonderzeichen sind die nicht darstellbaren Zeichen, die zum Formatieren und als Steuerzeichen herangezogen werden. Zum Eingeben von Sonderzeichen benutzen Sie den Befehl *Einfügen/Sonderzeichen*.

Spaltenkopf
Bezeichnet den grauen Bereich am oberen Rand eines Tabellenblatts – im Spaltenkopf sehen Sie die Spaltenbezeichnung. Durch Ziehen an den Begrenzungen des Spaltenkopfs verändern Sie die Spaltenbreite interaktiv. Ein Klick auf den Spaltenkopf markiert die gesamte Spalte.

Spaltensatz
Text im Zeitungsstil, der vom Ende einer Spalte zum Anfang der nächsten fließt. Wechseln Sie zur Seiten-Layout-Ansicht von Word, um die Spalten anzuzeigen.

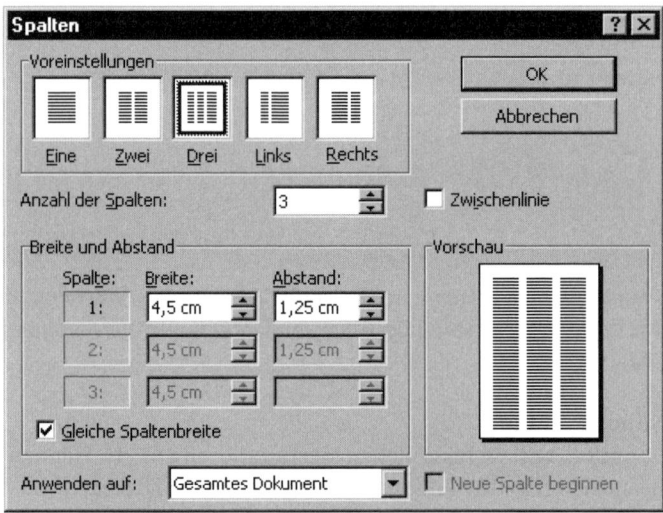

Bild 69.21 Über Format/Spalten *richten Sie die Spalten für ein Word-Dokument ein*

Spaltenwechsel
Wenn innerhalb des Spaltensatzes ein Spaltenumbruch an einer bestimmten Stelle erzwungen werden soll, fügen sie mit *Einfügen/Manueller Wechsel* einen manuellen Spaltenwechsel ein. Word verschiebt dann den der Einfügemarke folgenden Text an den Anfang der nächsten Spalte.

SQL
Abkürzung für Structured Query Language, wörtlich strukturierte Abfrage-Sprache. Sie dient zum Formulieren von Abfragen an relationale Datenbanken sowie zum Hinzufügen, Ändern oder Löschen von Daten. In Access lassen sich SQL-Anweisungen formulieren.

SSL
Abkürzung für Secure Socket Layer – bezeichnet ein Protokoll mit Verschlüsselung das zur Übertragung von sicherheitsempfindlichen Daten über das Internet oder ein Intranet dient.

Steuerelement
Oberbegriff für alle Bildschirmelemente, die Benutzereingaben mit Hilfe der Maus oder über Tastatur entgegennehmen. Steuerelemente lösen ein bestimmtes Verhalten des Anwendungsprogramms aus.

Surfen
Unter Surfen versteht man das Bewegen und Lesen von Inhalten im *WWW*.

Symbol
1) In modernen grafischen Betriebssystemen kommen kleine Sinnbilder (auch Icons) für die Darstellung verschiedener Objekte (Ordner-Symbol) zum Einsatz. 2) Bei Anwendungen für grafische Betriebssysteme werden häufiger benutzte Funktionen als Sinnbild in den sogenannten Symbolleisten abgelegt.

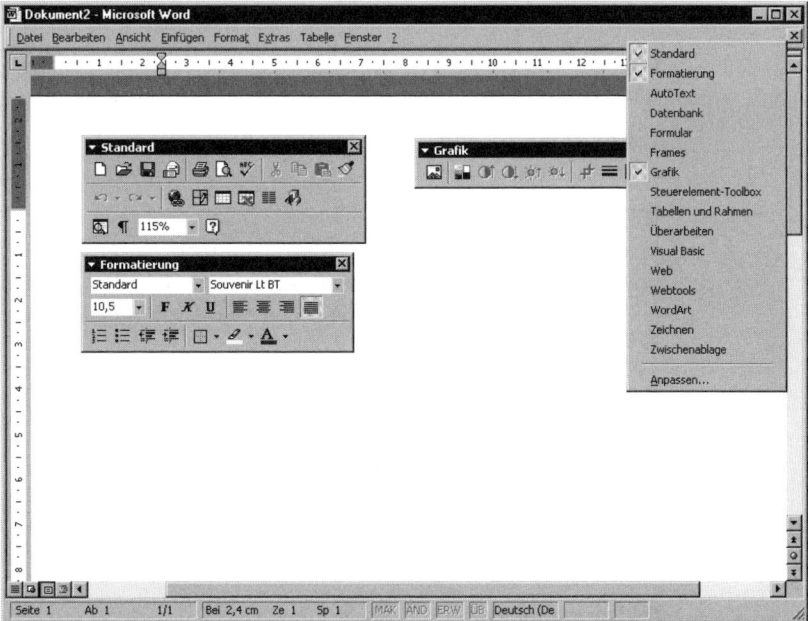

Bild 69.22 Alle Symbolleiste in Office lassen sich als frei verschiebbares Fenster auf die Arbeitsfläche ziehen

Symbolleisten
Symbolleisten enthalten kleine Schaltflächen, oft mit Bildern, die bestimmte Programmfunktionen auslösen. Sie können entweder frei verschiebbar als Palette am Bildschirm oder in einen der Bildschirmränder integriert werden.

Tabellenkalkulation
Unter Tabellenkalkulation versteht man Computerprogramme, die Daten in einem Zeilen- und Spaltenraster aufnehmen und tabellarisch ablegen. Tabellenkalkulationen sind in der Lage, mathematische oder logische Beziehungen zwischen Zellen aufzubauen: Ändert sich ein Zellwert, kann das Ergebnis einer Berechnung automatisch angepaßt werden. In Word können Tabellen der Tabellenkalkulation Excel übernommen bzw. als Datenquelle für den Seriendruck.

Tabstop-Position
Festgelegte Position innerhalb eines Absatzes, an der sich ein in den Text eingefügtes Tabulatorzeichen ausrichtet.

Tabstops
Begriff, der in Word für die Art eines Tabulators und seine Position verwendet wird. In Word gibt es linksbündige, zentrierte, rechtsbündige und dezimale Tabstops. Außerdem ist noch eine vertikale Linie Tabstop verfügbar.

Tabulatorzeichen
Ein mit der ⇥-Taste in den Text als Platzhalter eingefügtes, nicht druckbares Zeichen, das mit dem Setzen von Tabstop-Positionen ausgerichtet wird.

Tags
siehe *HTML-Tags*.

Tastenkombination
Siehe Shortcut.

TCP/IP
Abkürzung für Transmission Control Protocol/Internet Protocol. Der Ausdruck steht für ein in den 70er Jahren entwickeltes Paket an Protokollen für Netzwerke. Diese bilden die technische Grundlage für den Datenverkehr im Internet.

Textbaustein
Siehe AutoText

Textbegrenzungen
Besondere Bildschirmelemente, die in Word die Ausmaße der Seite, von Positionsrahmen oder Spalten zeigen. Textbegrenzungen werden mit dem Befehl *Extras/Optionen* im Register *Ansicht* aktiviert.

Texteingabebereich
Der innerhalb der festgelegten Seitenränder bzw. in den Kopf- und Fußzeilen verfügbare Bereich, in den die Einfügemarke plaziert werden kann.

Textfeld

Rechteckiges *Zeichnungselement*, das zur Aufnahme von Texten dient. Durch Verknüpfen mehrerer Textfelder erzeugen Sie ein rahmenorientiertes Layout bei dem Text, der nicht mehr in das erste Textfeld paßt automatisch in die verknüpften Rahmen fließt.

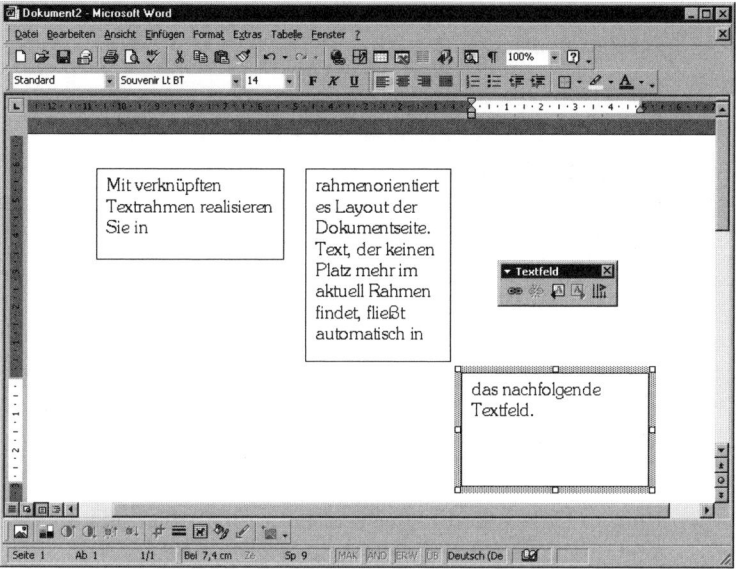

Bild 69.23 In verknüpften Textrahmen fließt »überschüssiger« Text in den nachfolgenden Textrahmen

Textfluß

Gestaltungsmittel bei der Arbeit mit Textfeldern und Grafiken. Mit Hilfe des Textflusses bestimmen Sie die Art und Weise, wie sich Text und eingefügte Elemente gegenseitig beeinflussen.

Textmarken

Textposition oder Bereich in einem Word-Dokument mit einem Namen, der mit dem Befehl *Einfügen/Textmarke* zugeordnet wurde. Textmarken werden verwendet, um eine bestimmte Stelle im Text aufzufinden, ein Element als Bezugspunkt für einen Querverweis zu markieren oder einen Seitenbereich für einen Indexeintrag zu erstellen. Sie können markierten Text, Grafiken, Tabellen oder andere Elemente mit einer Textmarke versehen.

Treiber

Bei der Vielzahl der unterschiedlichen Hardwarekomponenten ist es unumgänglich, den Anwendungsprogrammen mitzuteilen, welche besonderen Funktionen im Computer installiert sind und wie diese aktiviert werden. Diese Aufgabe übernehmen die Treiber. Es handelt sich dabei um Programme, die entweder bereits beim Starten des Computers oder beim Ablauf eines Programmes geladen werden. Vertreter dieser Softwaregattung sind z.B. Druckertreiber.

TrueType-Schriften
Vektorschriftformat, das innerhalb Windows auf allen Druckern und Monitoren ausgegeben werden kann.

Überschreibmodus
Einstellung für die Texteingabe in Word, bei der das an der Einfügemarke eingefügte Zeichen die rechts davon gegebenenfalls schon vorhandenen Zeichen überschreibt.

Umbruch
Siehe Zeilenumbruch bzw. Seitenumbruch.

Unterschneiden
Um ein harmonisches Erscheinungsbild von Texten zu erreichen, dürfen keine optischen Löcher in diesen Texten vorhanden entstehen. Einige Buchstabenkombinationen müssen enger zusammengerückt werden, als es den normalen Abstandseinstellungen entspricht.

URL
Uniform Resource Locator, übersetzt bedeutet dies etwa eindeutige Quellangabe. Standardisierter Bezeichner für Internetadressen: z.B. www.microsoft.com.

UU
Unix to Unix – Kodierungsverfahren für Dateien die an EMails angehängt sind. Siehe auch *EMail, File-Attachment, MIME*.

UUDecode
Dekodieren von binären Dateien im *UU*-Format

UUEncode
Kodieren von binären Dateien in das *UU*-Format

VBA
Visual Basic für Applikationen. VBA ist eine einheitliche Programmiersprache, mit der sich die Funktionen der Office-Programme erweitern oder Arbeitsabläufe automatisieren lassen.

VBE
Visual Basic Editor. Die VBE-Umgebung stellt alle benötigten Hilfsmittel bereit, um Programme in Visual Basic für Applikationen zu erstellen.

Verknüpfung
Bei einer Verknüpfung wird eine dauerhafte Verbindung zwischen einem eingebetteten Objekt und einer Datei auf der Festplatte hergestellt. Wenn sich die Datei auf der Festplatte verändert, wird die Verknüpfung automatisch oder manuell angepaßt – das verknüpfte Objekt ist damit immer auf dem neusten Stand.

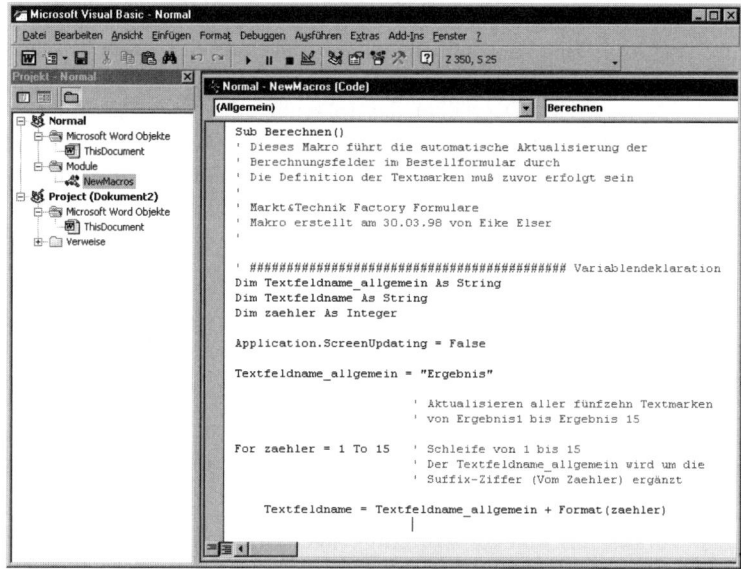

Bild 69.24 Mit dem Visual Basic Editor erstellen Sie eigene Anwendungen in VBA

Verzeichnis
Älterer Begriff für Ordner; Siehe Ordner.

Web
engl. »Netz«; Kurzform für das *WorldWideWeb*.

Web-Browser
Programm, das zur Darstellung von HTML-Seiten und zum »Blättern« im WWW benötigt wird. Der Internet-Explorer ist ein Web-Browser.

Web-Design
Andere Bezeichnung für *Design*.

Web-Ordner
Ordner der auf einen *URL* im *Internet* oder in einem *Intranet* verweist.

Wechsel
Mit Hilfe des Befehls *Einfügen/Manueller Wechsel* in das Dokument eingefügtes, nicht druckbares Zeichen, das eine Änderung des fließenden Textes bewirkt. Es gibt Seitenwechsel, Spaltenwechsel Textumbruchswechsel und Abschnittswechsel.

WordArt
WordArt ist ein Modul, das innerhalb verschiedener Office-Applikationen benutzt werden kann. Es ist in der Lage, Texte mit Effekten zu versehen, so daß z.B. besonders gestaltete Überschriften oder Blickfangpunkte generiert werden.

WWW
(World Wide Web) Ein Informationssystem, das einen bequemen Zugriff auf Informationen, die auf vielen verschiedenen Computern gespeichert sind. Der Zugriff erfolgt über das Internet mit dem HTTP-Protokoll. Text-Informationen werden auf den WWW-Servern in der Form von HTML-Dokumenten gespeichert. Außerdem können auch Bilder, Töne und beliebige sonstige Dateien im WWW übertragen werden.

Zahlenformate
Mit Hilfen von Feldschaltern können Sie die Anzeige von Zahlen verändern: Ein Zahlenformat legt fest, wie eine interne Zahl am Bildschirm wiedergegeben wird, z.B. die Anzahl der Dezimalstellen, Präfix oder negative Werte.

Zeichenformate
Im Gegensatz zu Absatzformaten lassen sich Zeichenformate für einzelne Zeichen festlegen, z.B. Schriftart, Schriftgröße oder auch Farbe.

Zeichnungselement
Grafisches Objekt, z.B. Linie, Rechteck oder AutoForm, mit dem Sie Text illustrieren. Alle erforderlichen Steuerelemente zum Einfügen eines Zeichnungselements sind in der Symbolleiste *Zeichnen* enthalten.

Zeilenabstand
Der Zeilenabstand legt den vertikalen Abstand zwischen den Textzeilen innerhalb von Absätzen fest. Standardmäßig wird der einfache Zeilenabstand verwendet.

Zeilenkopf
Bezeichnet den grauen Bereich am linken Rand eines Tabellenblatts – im Spaltenkopf sehen Sie die Spaltenbezeichnung. Durch Ziehen an den Begrenzungen des Zeilenkopfs verändern Sie die Zeilenhöhe interaktiv. Ein Klick auf den Zeilenkopf markiert die gesamte Zeile.

Zeilenumbruch
Ein Zeilenumbruch kennzeichnet die Stelle ab der ein Text in der nächsten Zeile fortgesetzt wird. In der Regel erfolgt der Zeilenumbruch beim Erreichen des rechten Seitenrands automatisch. Über ⇧+↵ lassen sich aber auch manuelle Zeilenumbrüche erzeugen: Der Text wird in der folgenden Zeile fortgesetzt, obwohl das Zeilenende noch nicht erreicht ist. Mit ↵ wird eine Zeilenumbruch eingefügt und gleichzeitig ein neuer Absatz begonnen.

Zellbezug
Gibt die Positionen einer Zelle in einem Tabellenblatt an und referenziert damit auf den dort gespeicherten Inhalt. In Excel wird zwischen einem relativen und einen absoluten Zellbezug unterschieden.

Zellcursor
Bezeichnet den rechteckigen Rahmen um eine angeklickte Zelle in Excel.

Zelle
Eine Zelle liegt in einer Tabelle im Schnittpunkt zwischen Zeilen und Spalten. Sie ist die kleinste Einheit, die Werte, Formeln, oder Text aufnehmen kann.

Zell-Format
Bestimmt das Erscheinungsbild (z.B. Schriftart, Schriftgröße und Farbeinstellungen) einer Zelle im Tabellenblatt. Jede einzelne Zelle in Excel kann über dem Menübefehl *Format/Zelle* mit einem eigenen Format versehen werden.

Zentraldokument
Mit Hilfe von Zentraldokumenten können Sie umfangreiche Dokumente strukturieren und verwalten, indem Sie diese in mehrere Filialdokumente aufteilen. Damit können Sie auf einfache Weise Querverweise, ein Inhaltsverzeichnis sowie ein Index für alle Filialdokumente erstellen.

Zoom
Mit dem Befehl *Ansicht/Zoom* wird die Dokumentansicht vergrößert oder verkleinert. Sie können die Ansicht vergrößern, um einen kleinen Ausschnitt des Dokumentes detaillierter darzustellen, oder die Ansicht verkleinern, um einen größeren Seitenbereich einzusehen.

Zwischenablage
Die Windows-Zwischenablage dient dem Austausch von Daten oder Elementen zwischen einzelnen Windows-Anwendungen. Office 2000 verwaltet bis zu zwölf unabhängige Zwischenablageinhalte.

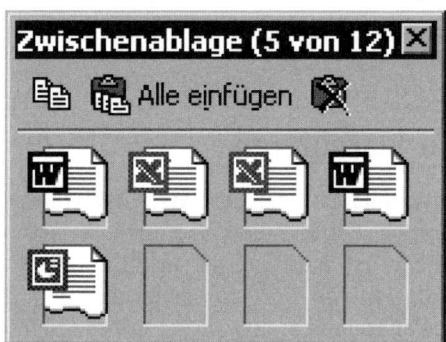

Bild 69.25 Die Zwischenablage nimmt in Office 2000 bis zu zwölf unterschiedliche Inhalte auf

70 So kommt Office auf die Platte

Die Installation erfolgt weitgehend automatisiert, die üblichen Assistenten stehen Ihnen zur Seite. In diesem Kapitel erfahren Sie, welche Möglichkeiten die Installationsroutine bietet

Die Installation von Office 2000 wird grundsätzlich von CD aus gestartet. Sie ist vollständig menügeführt und verlangt Ihnen nur wenige Eingaben ab. Je nach Arbeitsgeschwindigkeit Ihres Rechners müssen Sie sich ca. 10 bis 20 Minuten bis zum ersten Programmstart gedulden. Dabei ist der Ablauf der Installation im wesentlichen gleich – egal, ob Sie eine neue Office-CD oder ein Office-Update erworben haben.

Durch den Autostart-Mechanismus wird das CD-Menü zur Installation automatisch beim Einlegen der CD aufgerufen.

Sollte sich das Installationsprogramm nach dem Einlegen der CD nicht selbständig melden, nutzen Sie über Start/Systemsteuerung *das Symbol* Software, *und wählen Sie dort* Installieren.

Wenn Sie bereits eine Vorgängerversion von Office 2000 benutzt haben und die neue Version in das gleiche Verzeichnis übernehmen wollen, beachten Sie, daß die alte Version überschrieben wird. Legen Sie daher eine Sicherheitskopie wichtiger Bestandteile der alten Versionen an.

Sie können Ihre alte Version natürlich auch behalten – genügend Platz auf der Festplatte vorausgesetzt. Dazu geben Sie bei der Installation einen anderen Zielordner an.

70.1 Microsoft Office installieren

Stellen Sie sicher, daß genügend Speicherplatz zur Verfügung steht, bevor Sie mit der Installation des Office-Pakets beginnen. Der erforderliche freie Platz auf dem Datenträger ist stark von der Installationsart abhängig. Für die vollständige Installation von Word zusammen mit den Standard-Office Tools ist ein freier Speicher von ca. 400 MByte erforderlich.

Um Platz zu schaffen, leeren Sie z.B. den Windows-Papierkorb. Unter Windows 98 starten Sie mit dem Befehl *Start/Programme/Zubehör/Systemprogramme/ Datenträgerbereinigung* das Hilfsprogramm für die Entfernung überflüssiger Dateien.

Mit einem Klick auf die Schaltfläche *Microsoft Office installieren* beginnt die Installation. Der Windows Installer prüft die verwendete Windows-Version und bereitet die Installation vor.

So kommt Office auf die Platte

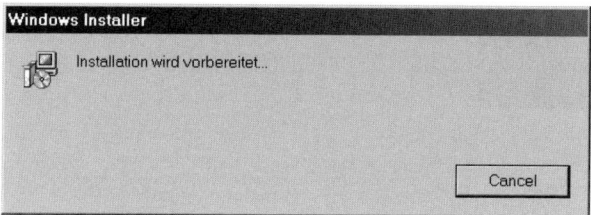

Bild 70.1   Der Windows Installer meldet sich immer, wenn Sie Word-Komponenten installieren oder entfernen

Das Setup-Programm selbst beginnt mit einigen Formalien. Die erste Dialogbox erfordert die Eingabe der Kundeninformationen. Tragen Sie die erforderlichen Angaben in die zugehörigen Eingabefelder ein. Wichtig ist vor allem die korrekte Eingabe des CD-Key von der Rückseite der CD-Hülle. Sind alle Angaben in Ordnung, bestätigen Sie die Eintragungen mit *Weiter*.

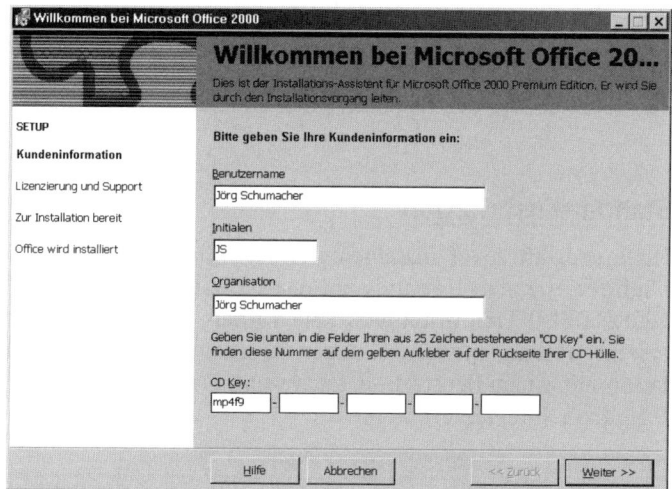

Bild 70.2:   Der Startbildschirm des Microsoft Office 2000 Setup

Nach der erfolgreichen Bestätigung der Registriernummer müssen Sie zunächst den Lizenzvertrag mit der Firma Microsoft akzeptieren – klicken Sie dazu auf die Option *Ich akzeptiere die Bedingungen des Lizenzvertrags* und nutzen dann die Befehlsschaltfläche *Weiter*. Andernfalls ist die Installation an dieser Stelle bereits zu Ende – das Programm bricht ab.

 Mit der Befehlsschaltfläche Zurück *erreichen Sie das vorhergegangene Fenster. So können Sie fehlerhafte Benutzerinformationen korrigieren.*

Anhang

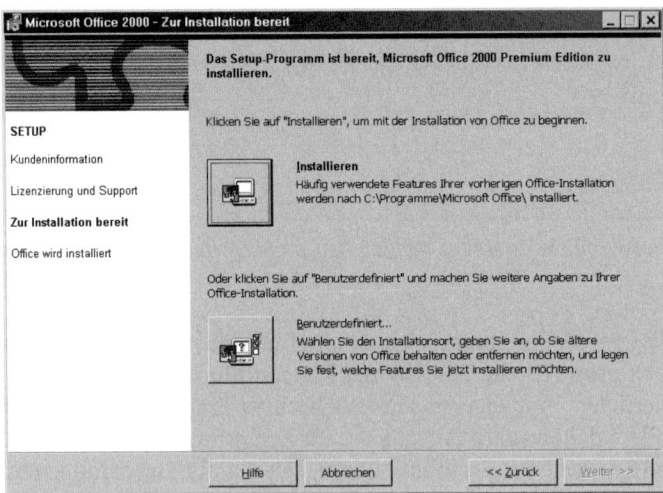

Bild 70.3: Das Setup-Programm ist bereit, Microsoft Office zu installieren

In der Dialogbox *Microsoft Office 2000 – Zur Installation bereit* entscheiden Sie über die Art der folgenden Installation, Standard oder Benutzerdefiniert.

Standardinstallation

Mit einem Klick auf *Installieren* starten Sie einen Standard-Vorgang, der häufig verwendete Features automatisch in den Ordner C:\PROGRAMME\ MICROSOFT OFFICE installiert. Eine vorhergehende Office-Installation wird ersetzt, vorhandene Einstellungen übernommen. Schließen Sie die Installation mit einem Neustart ab, auch wenn Sie nicht ausdrücklich durch eine Dialogbox aufgefordert werden.

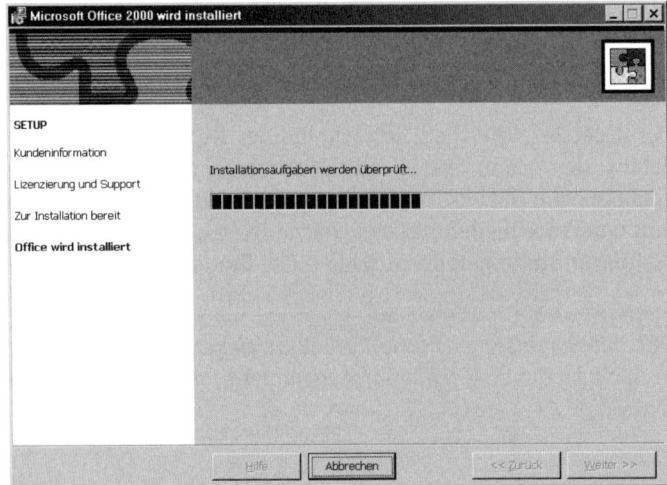

Bild 70.4 Nach dem Start der Installation zeigt der Installations-Assistent den Fortschritt

1146

Eine Übersicht über die bei der Standardvariante installierten Programme finden Sie in den Hilfe-Texten der Komponenten unter dem Stichwort Installationsumfang.

Benutzerdefinierte Installation

Als zweite Variante steht die Schaltfläche *Benutzerdefiniert* bereit. Nutzen Sie diese Schaltfläche, wenn Sie eine ältere Version von Office behalten oder entfernen möchten bzw. um den Installationsumfang detailliert zu bestimmen.

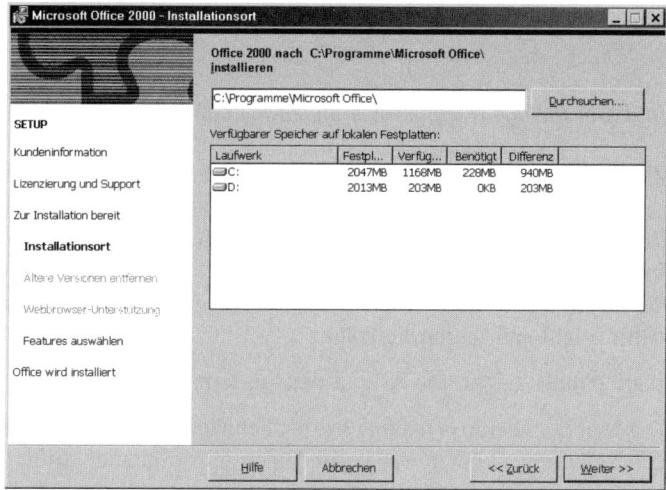

Bild 70.5 *Nach einem Klick auf* Benutzerdefiniert *verzweigt das Programm in einen Assistenten, mit dem Sie die Installation präzisieren*

Das Setup-Programm schlägt Ihnen einen Ordner als Ziel für die Dateien Ihres Office-Pakets vor: C:\PROGRAMME\MICROSOFT OFFICE. In einer Vorschau sehen Sie den verfügbaren Platz auf den lokalen Festplatten. Nach einem Klick auf *Durchsuchen* gelangen Sie in eine Datei-Dialogbox, in der Sie den Zielordner selbst wählen oder neu erstellen.

- Falls Sie mit einer eine älteren Version gearbeitet haben und auf Office 2000 updaten, verändern Sie den Zielordner, um Sie die neue Variante parallel zu betreiben. Ansonsten entfernt das Setup die alten Programmdateien.

- Bei der Installation der *Microsoft Office 2000 – Webbrowser-Unterstützung* entscheiden Sie über den Update des Internet Explorer auf Ihrem System. Die volle Internetfunktionalität von Office wird nur mit der Version 5 des Internet Explorer erreicht.

Anhang

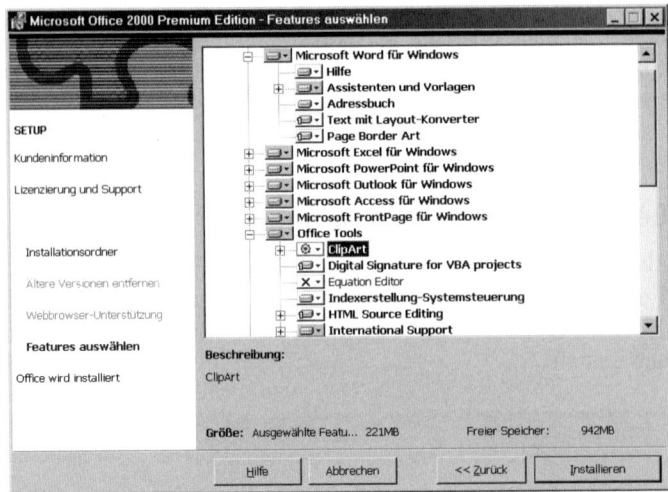

Bild 70.6: In dieser Dialogbox wählen Sie die zu installierenden Features

Klicken Sie auf *Weiter*, um die nächsten Schritte des Assistenten abzuarbeiten. Die Dialogbox zum Auswählen der Features ist von der verfügbaren Variante von Microsoft Office abhängig. Sie sehen im Vorschaubereich die installierbaren Komponenten. Ähnlich wie im Windows-Explorer verändern Sie die Ansicht durch einen Klick auf das Pluszeichen – Sie öffnen die bis dahin nicht sichtbaren Einträge.

Die Symbole zeigen die Art, in der die Komponenten installiert werden:

- Das Symbol *Vom Arbeitsplatz starten* kennzeichnet alle Komponenten, die auf den Datenträger kopiert werden und nach der Installation sofort verfügbar sind. Diese Einstellung ist für alle Komponenten zu empfehlen, die Sie ständig nutzen wollen.

- Das Symbol *Bei der ersten Verwendung installiert* macht auf Komponenten aufmerksam, für die bei der ersten Installation lediglich Platzhalter eingefügt werden. Sobald Sie erstmals auf eine dieser Komponenten zugreifen, startet der Installer und holt die nötigen Dateien auf die Festplatte.

- Das Symbol *Nicht verfügbar* steht für optionale Komponenten, deren Installation nicht vorgesehen ist. Wenn Sie später feststellen, daß Sie diese Komponente benötigen, müssen Sie die Installation manuell ergänzen.

- Mit dem Symbol *Von CD starten* sind solche Komponenten deklariert, deren Dateien nicht auf den Datenträger gelangen. Falls Sie eines dieser Features benötigen, greift die aufrufende Office-Komponente direkt auf die Installations-CD zu und holt die benötigten Daten.

Jedes der Symbole enthält an seinem rechten Rand einen kleinen abwärts gerichteten Pfeil. Mit einem Klick auf den Pfeil öffnen Sie ein Befehlsmenü, mit dem Sie die Art der Installation steuern. Wählen Sie dazu den entsprechenden Befehl, der Setup-Assistent ändert die Symbole.

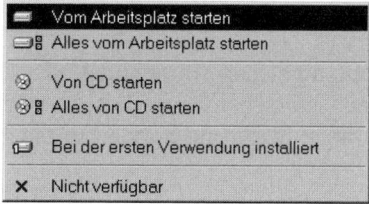

Bild 70.7 *Über das Befehlsmenü der Symbole steuern Sie die Installationsvariante der zugehörigen Komponente.*

 Um Word vollständig zu installieren, öffnen Sie das Menü des Symbols auf der obersten Ebene. Aktivieren Sie dort den Befehl Alles vom Arbeitsplatz starten.

Nach Auswahl aller Komponenten starten Sie den Installationsvorgang. Nutzen Sie dazu die Schaltfläche *Installieren*. Nach dem Kopieren der Dateien ist ein Neustart des Rechners erforderlich

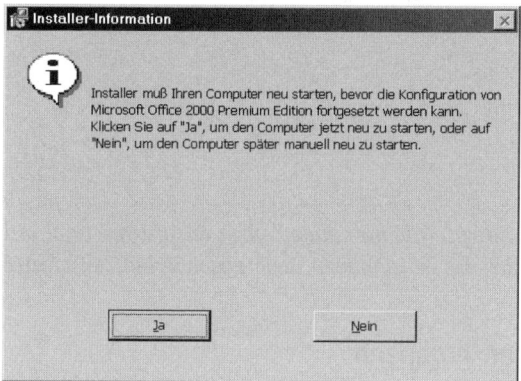

Bild 70.8 *Starten Sie den Computer unbedingt neu, um die korrekte Funktion von Office 2000 zu sichern*

Unmittelbar nach dem Neustart aktualisiert Setup die Systemkonfiguration und schließt die Installation ab. Dieser Vorgang nimmt – wie das Kopieren der Dateien auch – selbst auf einem modernen Rechner eine längere Zeitspanne in Anspruch.

Danach ist die Installation von Office 2000 abgeschlossen.

70.2 Die Installation warten

Die Installation einer so umfangreichen Anwendung wie Office 2000 ist pflegebedürftig. Komponenten müssen hinzugefügt oder Fehler beseitigt werden. Alle Komponenten bieten dafür die nötigen Hilfsmittel.

Fehler erkennen und reparieren

Für Fehleranalyse und Reparatur bieten alle Office-Anwendungen den Befehl *?/Erkennen und Reparieren*. Nach einem Klick auf den Befehl startet ein Assistent, der Fehler in der aufrufenden Anwendung aufspürt und gegebenenfalls beschädigte Dateien austauscht. Halten Sie deshalb die Installations-CD bereit.

 Beenden Sie vor dem Start des Diagnose-Tools alle anderen Anwendungen.

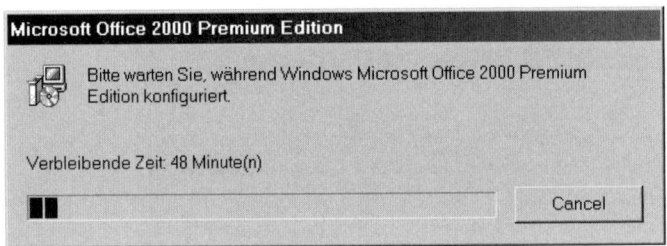

Bild 70.9 Die gründliche Analyse nimmt einige Zeit in Anspruch – erfahrungsgemäß reduziert der Installer die Zeitangaben nach absolvierten Teilschritten beträchtlich

Komponenten ergänzen

Wenn Sie sich für die Standard-Installation entschieden hatten, werden einige Tools nicht installiert. Dazu gehören z.B. der Formel-Editor und der Photo-Editor. Um diese Komponenten zu installieren, ist eine manuelle Nachinstallation erforderlich:

- Starten Sie die Systemsteuerung von Windows mit dem Befehl *Start/Einstellungen/Systemsteuerung* .
- Klicken Sie doppelt auf das Symbol *Software*.
- Wählen Sie im Register *Installieren/Deinstallieren* den zugehörigen Eintrag, z.B. *Microsoft Office 2000 Premium Edition*.
- Klicken Sie auf die Schaltfläche *Hinzufügen/Entfernen*.

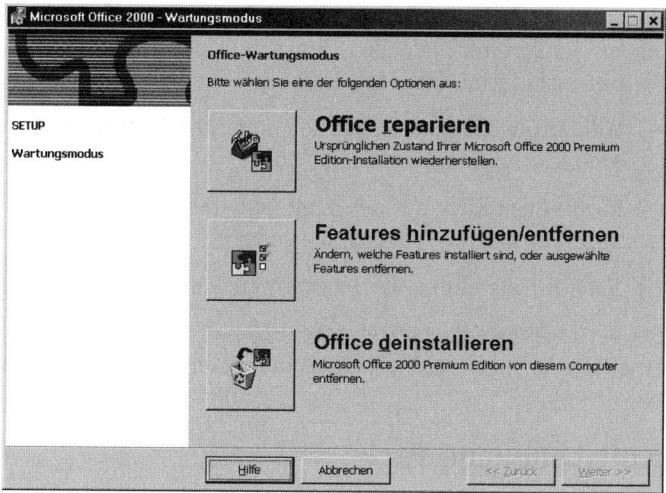

Bild 70.10 Der Weg zu neuen Features führt über den Wartungsmodus des Setup-Assistenten

Mit diesem Verfahren starten Sie den Wartungsmodus. Dort finden Sie drei Schaltflächen vor:

- Die Schaltfläche *Office reparieren* stellt den ursprünglichen Zustand der Installation wieder her. Damit helfen Sie einer beschädigten Programmstruktur wieder auf die Beine.

- Um die installierten Office-Komponenten wieder von Ihrem Rechner zu entfernen, klicken Sie auf die Schaltfläche *Office deinstallieren*.

- Um die installierten Komponenten zu verwalten, klicken Sie auf die Schaltfläche *Features hinzufügen/entfernen*.

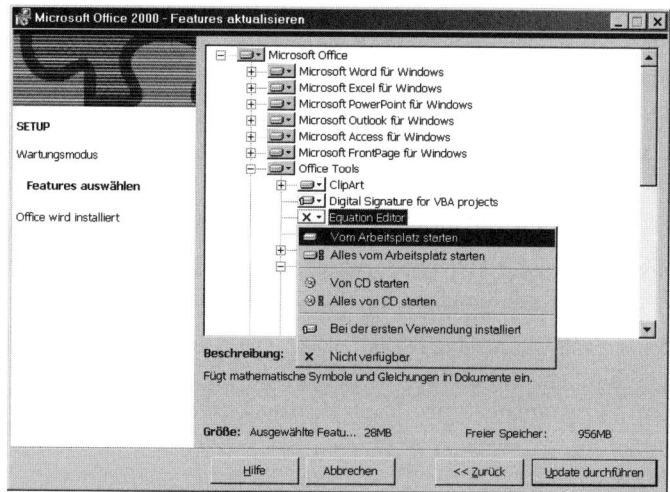

Bild 70.11 In der Dialogbox Microsoft Office 2000 – Features aktualisieren *aktivieren Sie die gewünschten Einstellungen für ausgewählte Komponenten*

Nach einem Klick auf die Schaltfläche *Features hinzufügen/entfernen* gelangen Sie in eine Dialogbox, die mit dem Assistenten der benutzerdefinierten Installation fast identisch ist.

- Wählen Sie die gewünschte Komponente – im unteren Bereich erscheint eine Beschreibung der Funktion.

- Nach einem Klick auf den Pfeil im Symbol der Komponente wählen Sie dann die gewünschte Installationsart.

- Nach Fertigstellung der Auswahl klicken Sie auf *Update durchführen*.

Der Setup-Assistent arbeitet anschließend die Einstellungen ab. Nach dem erneuten Aufruf der Office-Anwendung steht das neue Feature bereit.

70.3 MultiLanguage Pack

Im Gegensatz zu den Vorgängern gibt es Office 2000 in einer internationalisierten Ausführung. Jede Sprachvariante ist nur eine spezifische Ausgabe dieser Grundausführung. In einigen Office-Releases ist der MultiLanguage Pack integriert, der die für die Funktionalität und die Sprachtools nötigen Dateien enthält. Damit könnten Sie z.B. problemlos die Menüführung von Word auf Englisch umstellen, deutsche Hilfetexte verwenden und spanische Texte prüfen. Selbst für arabische und fernöstliche Varianten wird Unterstützung geboten.

Um das MultiLanguage Pack zu installieren, legen Sie den Datenträger in das CD-ROM-Laufwerk ein. Wenn der Start nicht automatisch erfolgt, helfen Sie über den Befehl *Start/Ausführen* nach, indem Sie die Datei SETUP von der CD starten.

Der weitere Verlauf ist mit der bereits beschriebenen Installation identisch: Sie wählen die gewünschten Komponenten und starten die Installation. Nach kurzer Zeit meldet sich die Dialogbox *Microsoft Office-Spracheinstellungen*.

- Im Register *Benutzeroberflächen* regeln Sie das Erscheinungsbild der Dialoge und Menüs und bestimmen die Sprache der Hilfetexte. Wählen Sie dazu die gewünschte Sprache aus den Listenfeldern.

- Das Register *Aktivierte Sprachen* nutzen Sie, um die Sprachunterstützung für weitere Sprachen zu aktivieren.

Nach Bestätigung der Dialogbox ist das Setup des MultiLanguage Pack abgeschlossen. Um dieses Feature erneut zu starten, nutzen Sie den Befehl *Start/Programme/Office Tools/Microsoft Office Spracheinstellungen*.

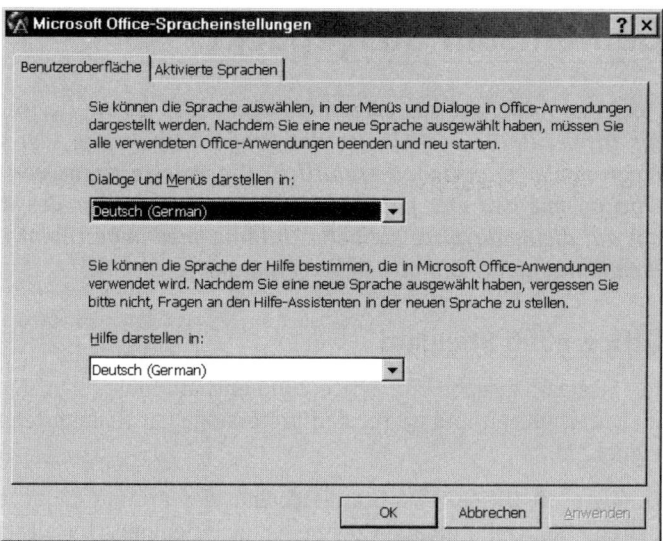

Bild 70.12 Mit den Spracheinstellungen regeln Sie das Erscheinungsbild der Dialoge und Menüs und bestimmen die Sprache der Hilfetexte

71 Gemeinsam ausgepackt

Für jeden Anwender das passende Paket – das ist die Devise von Microsoft für Office 2000. Deshalb ist das Programmpaket in vier verschiedenen Programmkombinationen erhältlich. Die Palette reicht von der Standard Edition, mit den vier populärsten Programmen, über das Businesspaket, das auf die Bedürfnisse kleinerer Unternehmen abgestimmt ist, bis hin zur Premiumausgabe, die alle Office-Programme enthält.

Office 2000 Standard

Die Standardausgabe von Office 2000 enthält Tools für mehr Produktivität im Unternehmen und ist für den professionellen Heimanwender ebenso geeignet.

In Microsoft Office 2000 Standard sind vier Anwendungen enthalten, die helfen, tägliche Aufgaben schneller zu erledigen. Da alle Anwendungen vollständig integriert und leicht zu erlernen sind, decken Sie mit diesem Paket alle grundsätzlichen Einsatzaspekte von Büro-Software ab.

Im Paket sind folgende Programme enthalten:

Word 2000
Excel 2000
Outlook 2000
PowerPoint 2000

Office Small Business

Office 2000 Small Business verfügt über alle wichtigen Programme, um tägliche Aufgaben in kleineren Unternehmen und zu Hause effizient zu erledigen. Es verfügt über Word, Excel, Outlook und das DTP-Programm Publisher. Damit sind professionelle Druckstücke schnell und kostengünstig zu erstellen. Zusätzlich enthalten sind Small Business Tools, die speziell für kleinere Unternehmen bei der Kundenverwaltung hilfreich sind. Mit diesem Feature unterbreiten Sie Angebote, bestätigen Aufträge, erstellen Rechnungen und erledigen das Mahnwesen. Die enthaltenen Vorlagen für Word und Excel sind leicht an eigene Bedürfnisse anzupassen.

Im Paket sind folgende Programme enthalten:

Word 2000
Excel 2000
Outlook 2000
Publisher 2000
Small Business Tools

Office 2000 Professional

Diese Programmzusammenstellung enthält leistungsstarke Tools für das Management von Unternehmen. Microsoft Office 2000 Professional bietet umfangreiche Funktionen und vereinfacht das Erstellen, Publizieren und Analysieren von Informationen. Es enthält sechs integrierte Anwendungen für maximale Produktivität, die fundierte Unternehmensentscheidungen ermöglichen. Office 2000 Professional enthält die Datenbankanwendung Access 2000, die interaktive Analyse- und Informationsverfolgungstools enthält. Office 2000 Professional schließt ebenfalls das Desktop Publishing Programm Publisher 2000 ein.

Im Paket sind folgende Programme enthalten:

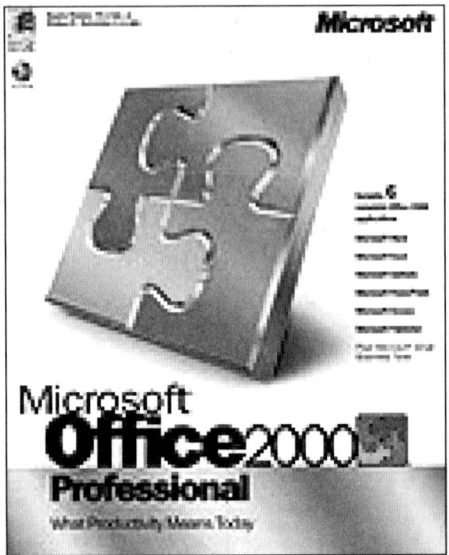

Word 2000
Excel 2000
Outlook 2000
Publisher 2000
PowerPoint 2000
Access 2000
Small Business Tools

Office 2000 Premium

Microsoft Office 2000 Premium ist eine Zusammenstellung aller Office-Anwendungen, mit der Sie alle Möglichkeiten ausschöpfen, die das Web zu bieten hat. Acht integrierte Anwendungen sorgen dafür, daß Sie so leicht wie nie zuvor auf Daten zugreifen und diese gemeinsam mit anderen nutzen. So treffen Sie bessere Entscheidungen für sich und Ihr Unternehmen. Hervorzuheben in dieser Zusammenstellung sind FrontPage, das Programm für die Erstellung von Web-Sites, und PhotoDraw, das Programm zur professionellen Bildbearbeitung

Im Paket sind folgende Programme enthalten:

Word 2000
Excel 2000
Outlook 2000
Publisher 2000
PowerPoint 2000
Access 2000
Small Business Tools
FrontPage 2000
PhotoDraw 2000

72 Das ist auf der CD

Die Aufgabe der diesem Buch beiliegenden CD-Rom ist es in erster Linie, Ihnen das Nacharbeiten der im Buch vorgestellten Beispiele zu erleichtern: Immer, wenn Sie auf ein CD-Symbol stoßen, weist dieses auf eine Datei im Ordner BEISPIEL hin. Dabei orientiert sich die Datei-Bezeichnung am Bild, das den entsprechenden Bearbeitungsstand wiedergibt. So ist es für Sie ganz einfach, auch zwischendurch in eine Thematik einzusteigen.

SoftMaker Euro-Fonts

Die Firma SoftMaker stellt sich ganz auf den Euro ein. Sie bietet ein Schriftenpaket mit 5000 Schriften, die eines gemeinsam haben: Das Euro-Symbol fügt sich harmonisch in das Schriftbild ein. 50 dieser Schriften finden Sie im Ordner EURO. Starten Sie das Programm SETUP mit einem Doppelklick im Windows-Explorer.

Weitere Infos dazu erhalten Sie im Internet unter www.softmaker.de oder direkt bei SoftMaker Software GmbH, Kronacher Straße 7, 90427 Nürnberg, Telefon (09 11) 93 63 86-0.

Stichwortverzeichnis

445
#DIV/0 431
#NAME? 428
*.xlt 509
@ 906
[F4] 420
[Freigegeben] 1031
1000er Trennzeichen 400
1904-Datumswerte 545
3D 833
3D-Text 811

— A —

Abfragen 664
- Abfrageergebnis auswählen 703
- Aktionsabfrage 698
- Auswahlabfrage 698
- Auswahlabfrage-Assistent 698
- Auswahlbasierter Filter 716
- Datenblattansicht 700
- Erstellen 696, 701
- Filter 714
- Kreuztabellenabfrage 698
- Kriterien 704
- Sortieren des Ergebnisses 703
- Vorschau des Ergebnisses 703

Abfrageergebnis
- Auswählen 703
- Sortieren 703
- Vorschau 703

Abfrageoptionen beim Seriendruck 296
Ablauf des Seriendrucks 289
Ablehnen, Änderungen in Word-Dokument 1010
Absatz
- Absatzkontrolle 211
- Ausrichtung linksbündig 210
- Ausrichtung rechtsbündig 210
- Ausrücken 217
- Blocksatz 210
- Einrücken 217

- Formatierungen 181
- Formatvorlagen 225
- Gliederungsebene 210
- Neu 124, 180
- Seitenwechsel oberhalb 212
- Textfluß 211
- Zeilenabstand 211
- Zentrierte Ausrichtung 210

Absatzformate, Suchen und Ersetzen 318
Absatzkontrolle 211
Absatzmarke 124, 180
- Anzeigen 192
- Suchen und Ersetzen 318

Abschnitt
- Aus Sammelmappe herauslösen 1059
- Manueller Wechsel 242
- Sammelmappe 1053
- Umbenennen 1059

Abschnittswechsel, Manuell 242
Absenderzeile 122
Absolute Zellbezüge 418
Abstand, Buchstabenpaare 208
Abürzungen, In Statusleiste 370

Access 695
- Abfrage erstellen 696, 701
- Abfrageergebnis auswählen 703
- Abfrageergebnis sortieren 703
- Abfragekriterien festlegen 704
- Abfragen 669
- Access-Datenbank-Assistenten, Seiten und Projekte 666, 680
- Aktionsabfrage 698
- Änderung von Daten 669
- Anlegen Objekt 670
- Anwendung erstellen 736
- Assistent 671
- Ausdrucks-Generator 704
- Auswahlabfrage 698
- Auswahlabfrage-Assistent 698

- Auswahlbasierter Filter 715
- Automatische Journale in Outlook 569
- Automatische Speicherung 671
- AutoWert 663
- Bearbeitungszustand 667
- Beispiel-Datenbank 668
- Benutzer- und Gruppenberechtigungen 1050
- Benutzer- und Gruppenkonten anlegen 1047
- Berichte 669
- Berichts-Assistent 706f.
- Berichtsname 709
- Bestandteile Datenbank 668
- Beziehung 660
- Beziehung löschen 729
- Bildschirmelemente 667
- Darstellung der Objekte verändern 671
- Datei-Dialogbox 668
- Daten ändern 700
- Daten aufbereiten 669
- Daten mit dem Formular eingeben 696
- Datenbank anpassen 681
- Datenbank erstellen 666
- Datenbank komprimieren 678
- Datenbank öffnen 666ff.
- Datenbank schließen 672
- Datenbank speichern 671
- Datenbank verschlüsseln 1051
- Datenbank-Assistent 666, 680, 682
- Datenbank-Vorlagen 682
- Datenbankaufgabe 657
- Datenbankcontainer 670
- Datenbankfenster 670
- Datenbankmanagementsystem 657
- Datenbankobjekt öffnen 670
- Datenblattansicht 673, 684, 700
- Datenblattansicht beenden 677

Stichwortverzeichnis

- Datensatz 657
- Datensätze filtern 720
- Datensatzmarkierer 674
- Datensicherheit 671
- Datensicherung 678
- Datentypen 662
- Datenzugriff 669
- Datenzugriffsseite 681
- Datum/Uhrzeit 662
- DBMS 657
- Design-Master 1051
- Diagramm-Assistent 695
- Eingabeformat-Assistent anpassen 692
- Eingabeformate 690
- Entwurfsansicht 684, 694
- Entwurfsansicht beenden 688
- Erfassen von Daten 669
- Eröffnungsfenster schließen 667
- Excel-Tabellen 725
- Felddatentyp 685
- Felddatentypen 662
- Filterarten 714
- Filtern nach 720
- Formulare 669
- Formular anlegen 694
- Formular-Assistent 694
- Formularbasierter Filter 715, 718
- Fremdschlüssel 726
- Funktionalität erweitern 669
- Gitternetzlinien, Ein-/ausblenden 677
- Gültigkeitsregeln festlegen 711
- HTML-Dokumente 725
- Hyperlink 663
- Hyperlink einfügen 899
- Hyperlinks in Datenbanken 900
- Index bearbeiten 724
- Informationen aufbereiten 669
- Kreuztabellenabfrage 698
- Long Integer 662
- Makros 669, 992
- Makroerstellung 992
- Mehrmals starten 667
- Memo 662
- Module 669
- Nachschlage-Assistent 663
- Navigation 676
- Neue Datenbank 680
- Neues Objekt 670
- Objekte 668
- Objektmenü 670
- OLE-Objekt 663
- Pivot-Tabelle 695
- Plausibilitätsprüfung 711
- Primärschlüssel 660, 687
- Primärschlüssel festlegen 687
- Programmabläufe automatisieren 669
- Programmoberfläche 667
- Referentielle Integrität 728
- Relation 660
- Rückgängig-Funktion 671
- Schreibschutz 672
- Seiten 669
- Spalten einblenden 677
- Spaltenbreite in Tabelle verstellen 675
- Spaltenhöhe in Tabelle verstellen 674
- Spezialfilter 715
- Spezialsortierung 715
- Starten 666
- Statusleiste 667
- Tabellen 669
- Tabelle Feldnamen 673
- Tabelle importieren 684
- Tabelle in der Datenblattansicht 683
- Tabelle Spaltennamen 673
- Tabelle speichern 688
- Tabelle verknüpfen 684
- Tabellen anlegen 682
- Tabellen-Assistent 682, 684
- Tabellenaufbau planen 664
- Tabellenbeziehung zwischen Tabellen erstellen 726
- Tabellenentwurf anpassen 689
- Tabellenzeile markieren 674
- Textfeld 662
- Verknüpfung 660
- Vorschau Abfrageergebnis 703
- Währung 662
- Zahl 662
- Zugriff auf Daten 669
- Zusammengesetzter Index erstellen 723

Account 908
Active-X-Komponenten 49
ADD 370
Add-In, Installieren 529
Addition 145, 431
Adressbuch
- Importeiren 641
- 555
Adreßdaten, Verwalten 295
Adressen
- Erfassen 559
- Nachschlagen 559
- Verwalten 559
Adressenliste 585
- Für Serienbrief 291
Adressenverwaltung 585
Adreßetikett 252, 288
- Seriendruck-Manager 302
Adreßverwaltung 554
Advanced Research Projects Agency 895
Ähnliche Schreibweise suchen 319
Aktionen
- Ausführen 1000
- Mit der Maus 84
Aktionsabfrage 698
Aktivieren
- Nachkommastellen 370
- Nummerntastenblock 370
- Symbolleiste 55
- Versionskontrolle 1013
Aktivierte Sprachen 1152
Aktivitäten, Kontakt 587
Aktualisieren
- Änderungen in Excel 1032
- Feldinhalte 287
- Inhaltsverzeichnis 353
- Verknüpfung 81
aktuelle Formatvorlage 226
aktuelle Zelle 139
Aktvieren, Überarbeiten-Modus 1007
Allgemeine Optionen, Excel 547
Als Kopie öffnen 375
Als Webseite speichern, PowerPoint 751
AltaVista 916
ÄND 1007
Ändern

… Stichwortverzeichnis

- Ansicht in PowerPoint 743
- Ansichtsmodus 190
- Aufzählungszeichen 219
- Bezugsinformation für Querverweis 349
- Bildgröße 1087
- Buchstabenabstand 208
- Buchstabenbreite 208
- Darstellungsgröße in Word 193
- Daten 669, 700
- Formatvorlage 230
- Formatvorlage für mehrere Dokumente 233
- Grafik in Word 276
- Hierarchiebene 761
- Kopf-/Fußzeilen innerhalb Dokument 242
- Objektumriß 777
- Papier-/Seitenformat 863
- Reihenfolge der Folien 762
- Schriftart 130, 206
- Schriftart in Formatvorlage 233
- Schriftauszeichnung 204
- Schriftgröße 130, 206
- Seitenformat innerhalb Dokument 242
- Shortcut-Leiste 110
- Tabellenblattgröße 376
- Textausrichtung 209
- Zeilenhöhe 447
Änderungen
- In Excel aktualisieren 1032
- Liste 1043
Änderungsdatum
- Datei 66
- Dokument 66
Änderungsprotokoll 1031
- Aktivieren 1031
Animation
- Eingang festlegen 793
- Folienmaster 795
- Master 795
- Objekt auswählen 792
- Text 209, 794
- Text wortweise einblenden 795
- Text zeichenweise einblenden 795
- Titelmaster 795
Animationsreihenfolge 787

Animationsvorschau 786f.
Animimation, Objekt für mehrere Folien 796
Anlegen
- Benutzer- und Gruppenkonten 1047
- Bilder im Photo Editor 1081
- Dokumentvorlage 238
- Dokumentvorlage aus Dokument 238
- Formatvorlage 235
- Formular 694
- Kontakte 586
- Neuer Kontakt in bestehender Firma 589
- Präsentation 742
Anlegen Objekt, Access 670
Annehmen, Änderungen in Word-Dokument 1010
Anordnen 835, 878
- Buchstaben 1065
- Objekte 848
- Objekte in Publisher 847
Anpassen 377
- Bild Gamma 1089
- Bildhelligkeit 1089
- Bildkontrast 1089
- Bildpunkte 1091
- Darstellungsgröße in Word 193
- Datenbank 681
- Diagramm in Excel 498
- Farbverteilung 1089
- Hintergrund von Objekten 769
- Homepage 957
- Objekt 775
- Objektgröße 777
- Office-Anwendungen 986
- Schriftart 767
- Schriftgrad 768
- Shortcut-Leiste 110
- Spaltenbreite Tabelle anpassen 267
- Symbolgröße 671
- Text in Excel-Diagramm 502
- Textfeldgröße 768
- Webseiten 957
- Zeilenhöhe 447
- Zellenhöhe Tabelle 267
Ansicht
- Kommentar 356

- Notiz 356
- Darstellungsgröße ändern 193
- Datenblatt 684, 700
- Direkt-Fenster 1000
- Entwurf 684, 694
- Felder 287
- Feldergebnis 287
- Feldfunktion 287
- Ganze Seite 194
- Ganzer Bildschirm 199
- Gliederungsansicht 334
- Journalansicht 569
- Kommentare 543
- Kopf- und Fußzeile 133
- Normal 123
- PowerPoint 743
- Schriftartersetzung 362
- Seitenansicht 200
- Seitenbreite 194
- Seitenlayout 124, 195
- Textbreite 194
- Überwachungsfenster 999
- UserForm-Fenster 999
- Weblayout 196
Ansichten, Kalender 576, 578
Ansichtsoptionen, Excel 543
Anwendung, Beenden 53
Anzahl, Zellen 371
Anzeige
- Aktueller Ansichtsmodus 190
- Aufgaben 592
- Dokument-Versionen 1014
- Formatierungszeichen 192
- Gesamte Präsentation 762
- Möglichkeiten bei Kontakten 586
- Rechtschreibfehler 323
- Schreibfehler 323
- Statusleiste 370
- Tagesübersicht in Kalender 577
- Termin-Details 584
Aquarell 820
Arbeiten, Mit umfangreichen Tabellen 368
Arbeiten mit Vorlagen 816
Arbeitsabläufe
- Automatisieren 986
- Macro 988
Arbeitsbereich 807
- Elemente einblenden 568

1161

Stichwortverzeichnis

- Excel 365
- Fixieren 369
- Outlook 567
- Publisher 816, 842
- Teilen 369
- Teilung aufheben 369
- Titelleiste Outlook 567
Arbeitsfläche, Publisher 842
Arbeitskopien, Word 1028
Arbeitsmappe
- Als Kopie öffnen 375
- Änderungen aktualisieren 1032
- Änderungen akzeptieren oder ablehnen 1043
- Änderungen hervorheben 1042
- Änderungen konsolidieren 1043
- Änderungen nachverfolgen 1031
- Änderungen sichtbar machen 1033
- Änderungsprotokoll 1031
- Änderungsprotokoll aktivieren 1031
- Anzahl Tabellenblätter 548
- Arbeitsmappen zusammenführen 1044
- Daten kopieren 412
- Daten verschieben 410
- Excel 365
- Freigabe steuern 1031
- Freigabe-Optionen 1031
- Freigabeschutz 1038
- Freigeben 1029
- Gemeinsamer Zugriff 1029, 1034
- Kollidierende Änderungen 1033
- Konflikte lösen 1033
- Laden 375
- Mehrere öffnen 376
- Öffnen 375
- Parallel nutzen 1030
- Schließen 374
- Schreibgeschützt öffnen 375
- Speichern 372
- Zugriffskennwort 373
Arbeitsmappennamen, Einfügen 380
Arbeitsschritte

- Wiederherstellen 88
- Zurücksetzen 88
Arbeitsspeicher 63
Arbeitstechniken, Verbessern 92
Arbeitsumgebung 51
Arithmetische Reihe 405
ARPA 895
Arten, Filter 714
ASCII-Text 903
Assistent
- Access 671
- Pack&Go 800
Assistenten 48, 117
- Publisher 845, 846
Aufbereiten, Informationen 669
Aufgabe
- Bearbeiten 593
- Bestehende 592
- Block 592
- Anlegen 593
- Anzeigen 592
- Datenbank 657
- Erledigte 592
- Erledigen 155
- Erstellen 154, 595
- Fälligkeit 598
- Fälligkeitstermin 592
- Kategorie löschen 596
- Kategorien 596
- Neu 110
- Neue Kategorie 596
- Outlook 568, 592
- Posteingang 599
- Status 594
- Übertragen 597
- Verwaltung am Einzelplatz 597
- Zurückstellen 598
Aufgaben zuordnen, Outlook 645
Aufgaben-Management 599
Aufgabenblock 555
Aufgabenverwaltung 40
- Teamarbeit 645
Auflösen, Sammelmappe 1059
Auflösung 891
- Bilder 1085
- Drucken 377
Aufrufen, Office-Assistent 93
Aufzählungszeichen

- Ändern 219
- Einfügen 219
- Verändern 219
Aufzeichnen, Benutzeraktivitäten 569
Ausbleichen 832
Ausblenden
- Gitternetzlinien 461
- Hilfslinien 848
- Office-Assistent 95
- Shortcut-Leiste 110
- Spalte 445
- Statusleiste 370
- Überschriftsebenen 197
- Zeile 448
Ausdrucks-Generator 704
Ausführen
- Aktionen 1000
- Macros 988, 990
Ausgabe in Datei umleiten 889
Ausgleichung, Photo Editor 1089
Ausrichten 140, 835
- Blocksatz 210
- Diagramm 1069
- Linksbündig 210
- Objekt 776
- Objekte 848
- Rechtsbündig 210
- Seite 376
- Tabelle 376
- Text 209, 1065
- Text in Zellen 448
- Text vertikal auf Seite 242
- Zentriert 210
Ausrücken, Text 217
Ausschneiden 73, 812
Ausschneiden mit Leerzeichenausgleich 187
Ausschnitte, Bild 1085
Auswahlabfrage 698
Auswahlabfrage-Assistent 698
auswahlbasierter Filter 715
Auswählen
- Abfrageergebnis 703
- Objekt für Animation 792
- Schrift 379
Auswahlliste 518
Auszeichnung
- Schrift 450
- Text 131
AutoAusgleichung 1090

AutoAuswahl, Outlook 645
AutoBerechnen 371
– Anzahl 371
– Funktionen 371
– Max 371
– Min 371
– Mittelwert 371
– Summe 371
– Zählen 371
AutoBericht 706
AutoDetect. *Siehe* Siehe Sprache automatisch erkennen
AutoFilter, Excel 480
AutoForm 770
– Einfügen 774
– Formatieren 1079
– Markierpunkte 775
AutoForm-Objekte, Markieren 1077
AutoFormat 462
Autoformate 258
– Tabellen 258
AutoFormen 774, 824
Autoformen
– Markierungsrechteck 1078
– Word 274
AutoFormen-Symbolleiste 812
AutoFormular 695
AutoInhalt-Assistent, PowerPoint 744
AutoKorrektur 327
– Einträge aus Schreibfehler 330
Automatisch protokollieren, Kontakte 570
Automatisch starten, Outlook 565
Automatisch, Spaltenbreite 675
Automatische Grammatikprüfung 331
Automatische Journale
– Access 569
– Excel 569
– Word 569
Automatische Rechtschreibprüfung 323
Automatische Seitennummerierung 284
Automatische Seitenzahlen 284
Automatische Sicherungen 89, 91

Automatische Silbentrennung 263
Automatischer Folienwechsel 789
Automatischer Zeilenumbruch 124
Automatisches Journal, Einrichten 570
Automatisches Speichern, Excel 529
Automatisieren, Programmabläufe 669, 986
AutoText
– Einfügen 254
– Erstellen 253
– Liste drucken 255
AutoVervollständigen 519
– Ein- und ausschalten 547
AutoWert, Felddatentyp 663

— **B** —

Balkendiagramm 1070
Banner 816
Bearbeiten 670, 687
– Aufgaben 593
– Daten 694
– Datenquelle 295
– Dokumentvorlage 239
– Felder 287
– Formatvorlage 230
– Hintergrundseite 865
– Index 724
– Kategorien in Clip Gallery 1073
– Kommentar 356
– Kontakte 589
– Kopfzeile 378
– Notiz 356
– Text 116
– Text mit WordArt 1064
– Webseiten 957
– WordArt-Text 1063
– WordArt-Text in Word 277
– Zellen löschen 442
– Zellinhalte 367
Bearbeitungsleiste 393, 807, 817
– Excel 367
Bearbeitungsoptionen
– Excel 545

Bearbeitungszustand
– Access 667
Bedingte Formatierung 519
Bedingungsfeld einfügen 296
Bedingungsfelder beim Seriendruck 296
Beenden
– Anwendung 53
– ClipArt in Clip Gallery 1074
– Datenbank 672
– Datenblattansicht 677
– Entwurfsansicht 688
– Formel-Editor 1094
– Office-Assistent 95
– Outlook 565
Befehlsblöcke 53
Beispiel
– Objekte mit der Maus markieren 130
– Textformularfelder einfügen 309
Beispiel-Datenbank 668
Beispieldatenbank
– Installieren 668
Benden, PowerPoint 752
Benennen
– Bereich 426
– Makro 989
– Tabellenbereiche 367
Benutzeraktivitäten, Aufzeichnen 569
Benutzerberechtigung 1050
Benutzerdefinierte Animation 787
Benutzerdefinierte Formen und Linien 874
Benutzerdefinierte Installation 1147
Benutzerdefinierte Zahlenformate 453
Benutzerinformationen, Word 362
Benutzerkonten anlegen 1047
Benutzername, EMail 907
Berabeiten, Hypertexteinträge 957
Berechnen
– Maximum der Zellen 371
– Minimum der Zellen 371
– Mittelwert 371
– Summe der Zellen 371

1163

Stichwortverzeichnis

Berechnungsoptionen, Excel 543
Berechtigungen, Outlook 646
Bereiche
- In Excel markieren 406
- Namen vergeben 426
- Namen verwenden 427
Bereichsnamen
- Hyperlink zu 900
- Im Namenfeld auswählen 427
- Im Namenfeld festlegen 426
Bereichsoperator 432
Bericht 664
- AutoBericht 706
- Berichts-Assistent 706, 707
- Feldbreite anpassen 709
- Layout 709
- Name 709
- Sortierung 708
- Vorschau 706
Berichts-Assistent 706, 707
Beschleunigen, Speichervorgang 361
Beschnittzeichen 891
Beschreibung, Feldertyp 285
Beschriftungen, Diagramm 497
Besonderheiten, Kontakterfassung 587
Besprechungsanfrage, Outlook 643
Besprechungsnotizen 800
Bestandteile, Datenbank 668
Betreffzeile, Brief 248
Bewegen
- Gliederungspunkt 335
- In der Datenmaske 469
- In Publisher 842
- In Tabelle 264, 368, 676
- In Tabellenblatt 381
- Tastenkombinationen 182
Beziehung 660
- N 728
- Löschen 729
- Zwischen Tabellen 726
Bezugsoperatoren 432
Bezugszeichenzeile 120
Bild invertieren 829
Bildausschnitt, Verschieben 357
Bildausschnitte
- Kopieren 1085
- Photo Editor 1085

Bilddateiformate, Photo Editor 1082
Bilddokument, Einlesen 1083
Bilder
- Aufbereiten 1089
- Auflösung 1085
- Ausschnitt markieren 1092
- AutoAusgleichung 1090
- Bildecken definieren 1087
- Drehen 1088
- Drucken 1083
- Effektfilter 1090, 1091
- Farbsysteme 1084
- Farbverteilung anpassen 1089
- Gamma anpassen 1089
- GIF-Format 968
- Glätten 1087
- Helligkeit anpassen 1089
- Im Internet 968
- Im Photo Editor neu anlegen 1081
- JPEG-Format 969
- Kompression 1083
- Komprimieren 1083
- Kontrast anpassen 1089
- Kopieren 1085
- Ränder hinzufügen 1086
- Ränder zuscneiden 1087
- Retuschefilter 1090
- Scannen 1083
- Scharfzeichnen 1091
- Speicherbedarf reduzieren 1083
- Transparente Farbe 1093
- Umwandeln 1085
- Verfeinern 1091
- Verfremden 1091
- Verzerrungen 1087
- Weichzeichnen 1091
- Zuschneiden 1086
Bildgröße
- Photo Editor 1085
- Verändern 1093
Bildlauf, IntelliMouse 85
Bildlaufleiste 57
- Einblenden 368
- Excel 368
- PowerPoint 743
Bildliste 807
Bildposition 818
Bildpunkte, Anpassen 1091

Bildqualität, Verbessern 1090
Bildschirmausschnitt, Mit Pfeiltasten bewegen 370
Bildschirmelemente 51
Bildschirmpräsentation 764
- Automatischer Folienwechsel 789
- Folienübergang 787
- Interaktive Schaltflächen 801
- Pack&Go 800
- Vortragsnotizen 765
Bitmap- und Vektorgraphiken 804, 805, 807
Bitmap-Bilder 48
Bitmaps 1080
Blättern
- In Kalender 577
- In Kontakten 586
Blauer Text, VBE 995
Blocksatz 210
BMP 1082
Brief
- Betreffzeile 248
- Drucken 136
- Fußzeile 248
- Kopf-/Fußzeilen 248
- Speichern 135
Brief-Assistent, Starten 247
Briefassistent 117
Briefumschläge bedrucken 299
Browser 894
Brüche 401
Buchstaben
- Abstand ändern 208
- Anordnen 1065
Buchstabenbreite 208
Buttons 816

─ C ─

Carbon Copy 906
CC 906
CD-Key 1145
CipGallery, Horizontale Linie 224
Click and Type 183
- Formularfelder plazieren 305
Click and Type aktivieren 183
Clients 895
Clip Gallery

1164

Stichwortverzeichnis

- Beenden 1074
- ClipArt 1072
- Clips importieren 1074
- Eigenschaft zuweisen 1074
- Grafiken 1072
- Grafiken selektieren 1073
- Grafiken suchen 1073
- Hilfe 1075
- Internet 1075
- Kategorien 1073
- Kategorien bearbeiten 1073
- Kategorien hinzufügen 1073
- Kategorien löschen 1073
- Sounds 1072
- Suchen 1074
- Videos 1072
- Vorschau vergrößern 1075
- Word 274

ClipArt 48, 816
- Einfügen in Excel 461
- Informationen 1074
- Skalieren 1075
- Verschieben 1075

ClipArt-Katalog 868
ClipGallery, Aufzählungszeichen 221
Code-Fenster
- Öffnen 997
- VBE 995

D

Darstellen, Komplexe Datenbestände 489
Darstellung, Hilfslinien 848
Darstellungsgröße, Ändern 85
Darstellungsgröße in Word 193
Datei
- Als Kopie Öffnen 72
- Änderungsdatum 66
- Beim Öffnen Drucken 72
- Drucken 72
- Eigenschaften 66
- Favorisieren 63
- Favoriten 63
- Größe 66
- Häufig benutzte organisieren 63
- In Favoriten suchen 64
- Lange Dateinamen 65
- Nach Inhalten suchen 68

- Name 66
- Öffnen 72
- Ordner Eigene Dateien 63
- Regeln für Dateinamen 65
- Schreibgeschützt Öffnen 72
- Seitenansicht 538
- Speichern 64
- Speichern unter 64
- Suchpfad bestimmen 69
- Typ 66
- Unerlaubte Zeichen im Namen 65
- Volltextsuche 68
- Zu Favoriten hinzufügen 63

Datei-Dialogbox 668
- Dokument öffnen 71
- Feld Dateiname 68
- Feld Dateityp 68

Dateien importieren 836
Dateierweiterung
- .DOC 237
- .DOT 237

Dateiformat, Excel 509
Dateiliste 62
Dateiname 68
Dateityp 68
- Schriftartersetzung 362

Daten
- Ändern 700
- Aufbereiten 669
- AutoGliederung 486
- Bearbeiten 694
- Beziehung 660
- Erfassen und archivieren 511
- Gruppierung 484
- Gruppierung und Gliederung 484
- Gültigkeit 521
- In Formular eingeben 316
- Pivot-Table und PivotChart-Bericht 489
- Sortieren 477
- Teilergebnisse 487
- Transponieren 414
- Verknüpfung 660
- Verschieben 410

Datenänderung 669
Datenbank
- Abfragekriterien festlegen 704
- Access-Datenbank-Assistenten, Seiten und Projekte 666

- Anpassen 681
- Anwendung erstellen 736
- Assistenten 680
- Aufgabe 657
- Ausdrucks-Generator 704
- AutoFilter 480
- Beenden 672
- Benutzer- und Gruppenberechtigungen 1050
- Benutzer- und Gruppenkonten anlegen 1047
- Bestandteile 668
- Bewegen in der Datenmaske 469
- Daten sortieren 477
- Datensatz 657
- Datensatz löschen 470
- Datensatz suchen 472
- Datensatzeingabe 470
- Datensicherung 678
- Datenzugriffsseite 681
- Design-Master 1051
- Eingabeformate 690
- Eingabeformate anpassen 692
- Erstellen 666
- Felddatentyp 661, 685
- Felder 657
- Fragmentierung 731
- Inhalte suchen 472
- Komprimieren 678
- Long Integer 662
- Mit der Datenmaske arbeiten 468
- Mit Operator suchen 474
- Mit Platzhalter suchen 475
- Mögliche Gültigkeitsregeln 524
- Neu 666
- Neu anlegen 680
- Öffnen 666, 668
- Operator als Gültigkeitsregel 525
- Plausibilitätsprüfung 711
- Primärschlüssel 687
- Schließen 672
- Sortieroptionen 477
- Spalten 656
- Speichern 671
- Suchbegriffe kombinieren 474
- Suchkriterien 472

Stichwortverzeichnis

- Tabellen anlegen 682
- Tabellenentwurf anpassen. 689
- Textfeld 662
- Verschlüsseln 1051
- Vorlagen 682
- Zeilen 656

Datenbank-Assistenten 666
Datenbankcontainer 670
Datenbankdatei, Schreibschutz 672
Datenbanken 41
Datenbankfenster 670
Datenbankfunktionen, Eingabeformular 467
Datenbankmanagementsystem 657
Datenbankobjekt
- Hyperlinks zu 900
- Öffnen 670

Datenbankobjekte
- Abfragen 664
- Access 664
- Berichte 664
- Formulare 664
- Makros 664
- Module 664
- Seiten 664
- Tabellen 664

Datenbestand, Inkonsistent 658
Datenbestände, Komplexe darstellen 489
Datenblatt, AutoFormular 695
Datenblattansicht 673, 684
- Abfrage 700
- Beenden 677

Dateneingabe
- Auswahlliste 518
- AutoVervollständigen 519
- Gültigkeitsregeln fetslegen 711

Datenerfassung 669
Datenmaske
- Bewegen in 469
- Neuer Datensatz 469
- Seriendruck 293
- Tastenkombinationen 469
- Zum ersten Datensatz 469
- Zum nächsten Datensatz 469
- Zum vorhergehenden Datensatz 469

Datenquelle, Datenmaske 293
Datenquelle bearbeiten 295
Datenquelle für den Seriendruck 291
Datenquelle öffnen 293
Datenreihe
- Arithmetisch 405
- Geometrische 405
- Zeitreihe 404

Datenreihen, Reihenfolge verändern 506
Datensatz 657
- Eingabe 470, 694
- Filtern 720
- Löschen 470
- Neu erfassen 470
- Primärschlüssel 660
- Primärschlüssel festlegen 687
- Sortieren 721
- Suchen 721
- Verarbeiten 714

Datensatzmarkierer 674
Datensicherheit 671
Datensicherung 678
Datenträgerbereinigung 1144
Datentyp 388
- Festlegen 391
- Text 391
- Zahl 391

Datentypen, Access 662
Datenzugriff 669
Datenzugriffsseite, Sortierung 981
Datum, Einfügen 379
Datum- und Zeitcodes 455
Datum/Uhrzeit, Felddatentyp 662
Datuzmswechsler 577
DBMS 657
Deaktivieren, Symbolleiste 55
Definieren, Bildecken 1087
Dehnungen, Prozentual 1087
Deinstallieren 1151
Design Gallery
- Objekte einfügen 880
- Publisher 846

Design-Master 1051
Design-Tasks 806
Design-Vorschläge, Publisher 846
Designer-ClipArt 816

Designer-Effekte 833
Designer-Farbverlauf 823
Designer-Konturen 816
Details, Kontakte 587
Developer Edition 37
Dezimalbruch 400
Dezimaltabulator 213
DFÜ-Netzwerk 922
- Verbindung 924

Diagramm
- Anpasen in Excel 498
- Ausrichtung 1069
- Balken- 1070
- Beschriftungen 497
- Darstellungsformen 495
- Datenreihen 506
- Diagrammelemente bearbeiten 499
- Dreidimensional 1069
- Flächen- 1070
- Kreis- 1070
- Legende 497
- Linien- 1070
- Netz- 1071
- Reihenfolge verändern 506
- Säulen- 1070
- Skalieren in Excel 498
- Streuungs- 1071
- Symbolleiste Diagramm 502
- Text anpassen 502
- Vergrößern in Excel 498
- Verkleinern in Excel 498
- Verschieben in Excel 498
- Word 274
- Zweidimensional 1069

Diagramm-Assistent 493, 695
Diagrammtext, Anpassen 502
Diagrammtypen 494
Dialogbox
- Direkthilfe 99, 100
- Kopfzeile 378
- Menü 53
- Microsoft Office-Spracheinstellungen 1152
- Seite einrichten 376
- Steuerelemente 100

Direkt-Fenster, VBE 1000
Direkte Formatierung 227
Direkte Plazierung, Objekte 849
Direkthilfe
- Dialogbox 99
- Kopieren 100

Stichwortverzeichnis

- Steuerelement 99
- Division 145, 431
- DNS 895
- Doklument, Filialdokument erstellen 339
- Dokument
  - Abfrageoptionen 296
  - Absätze nicht trennen 212
  - Absatzformatierungen 181
  - Absatzkontrolle 211
  - Adreßetiketten 288
  - Aktionsfelder 282
  - Aktuelle Formatvorlage 226
  - Als Kopie Öffnen 72
  - Änderungen ablehnen 1010
  - Änderungen annehmen 1010
  - Änderungen hervorheben markieren 1007
  - Änderungen markieren 1007
  - Änderungsdatum 66
  - Ansichtsmodus ändern 190
  - Arbeiten mit Versionen 1014
  - Arbeitskopien 1028
  - Aufzählungszeichen ändern 219
  - Aufzählungszeichen einfügen 219
  - Aufzählungszeichen verändern 219
  - Autoformate für Tabellen 258
  - Autoformen 274
  - AutoKorrektur 327
  - AutoKorrektur-Einträge aus Schreibfehlern 330
  - Automatische Seitennummerierung 284
  - Automatische Seitenzahlen 284
  - AutoText einfügen 254
  - AutoText erstellen 253
  - AutoText-Liste drucken 255
  - Bearbeitungsstände trennen 1013
  - Bedingungsfeld einfügen 296
  - Bedingungsfelder 296
  - Beim Öffnen Drucken 72
  - Beschreibung Feldertyp 285
  - Bezugsinformation für Querverweis ändern 349
  - Blocksatz 210
  - Brief-Assistent starten 247
- Buchstabenbreite ändern 208
- Clip-Art 274
- Darstellungsgröße ändern 193
- Daten für Serienbrief importieren 291
- Daten in Formular eingeben 316
- Datenmaske für Seriendruck 293
- Datenquelle 291
- Datenquelle bearbeiten 295
- Datenquelle erstellen 291
- Datenquelle für Serienbrief erstellen 292
- Datenquelle für Serienbrief öffnen 291
- Datenquelle für Serienbrief wählen 292
- Datenquelle öffnen 293
- Datum und Uhrzeit 283
- Dezimaltabulator 213
- Diagramm 274
- Direkte Formatierung 227
- Dokumentschutz für Formulare 315
- Dropdown-Formularfeld 309
- Drucken 72
- Drucken 136
- Eigenschaften 66
- Einfügen Platzhalter in Serienbrief-Hauptdokument 293
- Einstellungen Felder 285
- Endnoten 347
- Ergebnisfelder 282
- Excel-Tabelle einfügen 269
- Favorisieren 63
- Favoriten 63
- Fehler korrigieren 181
- Feld manuell einfügen 286
- Feldarten 282, 285
- Felder einfügen 284
- Felderansichten 287
- Feldinhalte aktualisieren 287
- Feldinhalte formatieren 287
- Feldklammern 286
- Feldoptionen 285
- Feldschalter 285
- Fette Schriftauszeichnung 204
- Filialdokument 198, 339
- Filialdokumente erweitern 340
- Fließtext 180
- Formatierung bei Aktualisierung 285
- Formatierungszeichen 192
- FormatInfo 227
- Formatvorlage ändern 230
- Formatvorlage aus Text erstelleb 235
- Formatvorlage für mehrere ändern 233
- Formatvorlage neu anlegen 235
- Formatvorlage zuweisen 234
- Formatvorlagen zuweisen 228
- Formatvorlagenanzeige 226
- Formatvorlagenkatalog 246
- Formularfeld-Optionen 307
- Formularfeldarten 308
- Formularfelder 307
- Formularfelder einfügen 309
- Formularfelder positionieren 305
- Formularfeldtypen 308
- Formularmodus 309
- Formularvorlage 304
- Fuß-/Endnote einfügen 344
- Fuß-/Endnoten-Formatierung 344
- Fuß-/Endnoten-Numerierung 344
- Fuß-/Endnoten-Optionen 345
- Fußnoten in bestimmten Bereich einfügen 242
- Gehe zu 322
- Gliederungs-Symbolleiste 335
- Gliederungsansicht 334
- Gliederungsebene 210
- Gliederungspunkt bewegen 335
- Grafik ändern 276
- Grafik in Tabelle einfügen 267
- Grafik-Datei einbinden 275
- Grammatikfehler erkennen 331
- Größe 66

Stichwortverzeichnis

- Häufig benutzte organisieren 63
- Hervorhebungen 356
- Hierarchie 335
- Hierarchieebene einblenden 335
- Hierarchieebene erstellen 335
- Hilfetext für Formularfelder 309
- HTML-Dokument einbinden 278
- Importieren 71
- Importieren mit Wildcards oder Jokerzeichen 68
- In Favoriten suchen 64
- In Filialdokumente zerlegen 339
- In Tabelle bewegen 264
- Index erstellen 353
- Index-Haupteintrag 352
- Index-Untereintrag 352
- Indexeintrag erstellen 351
- Inhaltsverzeichnis aktualisieren 353
- Inhaltsverzeichnis erstellen 353
- Innerhalb Seitenformat ändern 242
- Kataloge 288
- Klangdatei einbinden 278
- Kommentar ansehen 356
- Kommentar bearbeiten 356
- Kommentar einfügen 355
- Kommentar löschen 356
- Kommentare 1022
- Kontrollkästchen-Formularfeld 308
- Kopf-/Fußzeilen innerhalb Dokument ändern 242
- Kursive Schriftauszeichnung 204
- Lange Dateinamen 65
- Laufweite ändern 208
- Linien 223
- Linksbündige Ausrichtung 210
- Linksbündiger Tabulator 213
- Löschen aus Sammelmappe 1058
- Manueller Abschnittswechsel 242
- Manueller Seitenwechsel 241
- Markierungsfelder 282
- Mit Vorlage verbinden 237
- Nach Inhalten suchen 68
- Name 66
- Neuer Absatz 180
- Neues 110
- Normal-Ansicht-Eigenschaften 191
- Notiz ansehen 356
- Notiz bearbeiten 356
- Notiz einfügen 355
- Notiz löschen 356
- Nummerieren 336
- Öffnen 72
- Öffnen mit Wildcards oder Jokerzeichen 68
- OLE-Objekte 280
- Online-Formular 304
- Optionen für Überarbeiten-Modus 1011
- Platzhalter für Grafiken 361
- Positionsrahmen 273
- Positionsrahmen erstellen 273
- Präsentation einbinden 278
- Querverweis erstellen 348
- Rechtsbündige Ausrichtung 210
- Rechtsbündiger Tabulator 213
- Rechtschreibfehler korrigieren 324
- Regeln für Dateinamen 65
- Schattierung 223
- Schreibgeschützt Öffnen 72
- Schrift punktweise veändern 206
- Schriftart ändern 206
- Schriftart dauerhaft festlegen 236
- Schriftartersetzung 362
- Schrifteffekte 277
- Schriftgröße ändern 206
- Schriftgröße dauerhaft festlegen 236
- Seitennummerierung 284
- Seitenumbruch erzwingen 241
- Seitenwechsel oberhalb 212
- Seitenzahlen 284
- Serienbrief 248
- Serienbrief drucken 295
- Serienbrief erstellen 288
- Serienbrief verbinden 295
- Serienbrief zusammenführen 295
- Seriendruck-Manager 288
- Seriendruck-Vorschau 294
- Seriendruckablauf 289
- Serienfax erstellen 298
- Serienmail erstellen 298
- Silbentrennung 212
- Spaltenbreite der Tabelle festlegen 258
- Speichern 64
- Speichern 135
- Speicheroptionen 70
- Speichervorgang beschleunigen 361
- Sprachkommentar 356
- Standard-Tabstops 214
- Standard-Tabulatoren 213
- Standardschrift 208
- Standardschriftart festlegen 236
- Standardschriftgröße festlegen 236
- Standardtabulatoren 214
- Stichwortverzeichnis erstellen 353
- Suchpfad bestimmen 69
- Symbolleiste Formular 307
- Symbolleiste Kopf- und Fußzeile 342
- Symbolleiste Seriendruck 294
- Synonyme 330
- Tabelle formatieren 266
- Tabelle umrahmen 266
- Tabelle zeichnen 259
- Tabellen einfügen 256
- Tabellen in Tabellen 265
- Tabellengröße festlegen 257
- Tabulator einrichten 216
- Tabulator Leiste 213
- Tabulator löschen 215, 216
- Tabulator setzen 214
- Tabulator-Füllzeichen 216
- Tabulatoren 212
- Text einfügen 187
- Text ersetzen 321
- Text in Spalten darstellen 242
- Text in Textfeld eingeben

- 270
- Text kopieren 187
- Text suchen 319
- Text vertikal auf Seite ausrichten 242
- Text-Formularfeld 308
- Textanimation 209
- Textausrichtung 209
- Textbausteine. *Siehe* Siehe Autotext
- Texteffekte 207
- Texteingabe in Tabelle 263
- Textfeld einstellen 271
- Textfeld formatieren 271
- Textfeld verknüpfen 358
- Textfelder 270
- Textfelder erstellen 270
- Textfelder verschieben 768
- Textfluß 211
- Textgliederungen 334
- Textkörper 337
- Textmarken 306
- Thesaurus starten 330
- Typ 66
- Überarbeiten-Modus 1022
- Überarbeiten-Modus aktivieren 1007
- Umschläge 288
- Unerlaubte Zeichen im Namen 65
- Unterschied zwischen Textfeld und Positionsrahmen 273
- Unterschneidung 208
- Unterstreichen 205
- Unterstreichen 207
- Versionen anzeigen 1014
- Versionen vergleichen 1017
- Versionskontrolle aktivieren 1013
- Versionsverwaltung 357, 1014
- Video einbinden 278
- Volltextsuche 68
- Vorgefertigte Tabellenformate 259
- Vorlage 110
- Vorlage aus Dokument erstellen 238
- Vorlage bearbeiten 239
- Vorlage erstellen 238
- Vorlage für Webseiten 243

- Vorlage wechseln 240
- Vorschau 67
- Webdesign 244
- Webseitenvorschau 244
- WordArt 277
- WordArt-Dokument 274
- WordArt-Text bearbeiten 277
- Zeichen löschen 181
- Zeilen nicht trennen 212
- Zeilenabstand 211
- Zeilenbreite der Tabelle festlegen 258
- Zeilennummern unterdrücken 212
- Zeilenumbruch 181
- Zeilenumbruch in Tabelle 264
- Zentraldokument 198
- Zentraldokument erstellen 338
- Zentrierte Ausrichtung 210
- Zentrierter Tabulator 213
- Zerlegen 338
- Zu Favoriten hinzufügen 63
- Zugriff für mehrere 1027

Dokument mit Grafiken 867ff.
Dokumentanfang, Hyperlink zu 900
Dokumentgliederung 338
Dokumentschutz für Formulare 315
Dokumentseite, Publisher 842
Dokumentstruktur 196
Dokumentvorlage 106, 110
- Aus Dokument erstellen 238
- Bearbeiten 239
- Erstellen 238
- Mit Dokument verbinden 237
- Wechseln 240
Dokumentvorlage für Webseiten 243
Domain, EMail 907
Domain-Name-Server 895
Doppelklick, Mit der Maus 84
Doppelpfeil 855
Doppelseitige Layouts 848
Download 907
Drag & Drop 186, 411
- VBE 996
Drehen
- Bilder 1088
- Rahmen 877

- Text 1065
Drehpunkt 810
Dreidimensionale Effekte 833
Dropdown-Formularfeld 309
Dropdown-Formularfelder einfügen 314
Druckbereich, Festlegen 380
Druckdateien erstellen 891
Druckdetektiv 891
Drucken
- Anzahl der Exemplare 137
- Auf Seite zentrieren 378
- AutoText-Liste 255
- Bilder 1083
- Brief 136
- Datei 72
- Datei beim Öffnen Drucken 72
- Dokument 72, 136
- Dokument beim Öffnen Drucken 72
- Druckbereich festlegen 380
- Druckqualität 377
- Drucktitel 380
- Einstellmöglichkeiten 136
- Elemente festlegen 381
- Etiketten 299
- Etiketten mit dem Seriendruck-Manager 302
- Etikettenbogen 301
- Extern 883
- Handouts 765
- Hilfe 103
- Mehrere Exemplare 178
- Notizen 765
- Optionen 137
- Papierformat 377
- Photo Editor 1083
- Seitenreihenfolge 381
- Serienbrief 295
- Text 136
- Umfang 137
- Umschläge 299
- Vorschau 378
Drucker, Konfigurieren 137
Druckereinrichtung 889
Druckereinstellung, Publisher 849
Druckertreiber 891
Druckformatspalte 335
Druckoptionen 541, 888
Druckqualität 377

Stichwortverzeichnis

Drucktitel 380
Druckvorschau 200, 378
Durchstreichen 450

— E ——————

E-Mail
- @ 906
- Carbon Copy 906
- CC 906
- Verschlüsseln 906
- Vorteile 906
- Zurückverfolgen 569
Editieren, Zelle 393
Editiermodus 397
Editiertasten, Datenmaske 469, 470
Effekte 810, 833
- Diagramm 792
- Folienübergang 788
- Publisher 844
- Schrift 277
- Text 207, 277
Effekte einsetzen 832
Effektfilter 1090, 1091
Eigenschaften
- Datei 66
- Dokument 66
Eigenschaftsfenster, VBE 997
Einbetten 1102
- Formel 1095
- OLE-Objekte 78, 79
Einbinden
- Grafik-Datei 275
- HTML-Dokument in Word 278
- Klangdatei in Word 278
- Makro in Menü 990
- Makro in Symbolleiste 990
- Präsentation in Word 278
- Video in Word 278
Einblenden
- Bildlaufleiste 368
- Elemente in Arbeitsbereich 568
- Hierarchieebene 335
- Hilfslinien 848
- Spalten 445, 677
- Statusleiste 370
- Text wortweise 795
- Text zeichenweise 795
- Überschriftsebenen 197

- Zeile 448
Einblendezeiten, Optimal 798
Einfügen 73, 836
- Aufzählungszeichen 219
- AutoForm 774
- AutoText 254
- Bedingungsfeld beim Seriendruck 296
- Clip Gallery 1072
- ClipArt 1072
- ClipArt in Excel 461
- ClipArts in Clip Gallery 1074
- Daten 412
- Daten in MS Graph 1068
- Datum 379
- Dropdown-Formularfelder 314
- Elemente in Design Gallery 880
- Excel-Tabelle in Word 269
- Feld manuell 286
- Felder 284
- Formate 414
- Formeln 413
- Formularfelder 309
- Fuß-/Endnote 344
- Fußnoten in bestimmten Bereich 242
- Gesamtseiten-Anzahl 379
- Grafik 133
- Grafik aus Clip Gallery 868
- Grafik aus Datei 869
- Grafik in Excel 461
- Grafik in Tabelle 267
- Gültigkeit 414
- Hyperlink 899, 975
- Kommentar 355
- Kommentare 414
- Kontrollkästchen-Formularfelder 314
- Namen der Arbeitsmappe 380
- Namen des Tabellenblattes 380
- Notiz 355
- Objekt für mehrere Folien 782
- Objekt in Publisher 869
- Platzhalter in Serienbrief-Hauptdokument 293
- Seite in Publisher 862
- Seitennummer 379

- Spalten 441
- Tabellenblatt 383
- Text 187
- Textdatei 859
- Textfeld 766
- Textrahmen 766
- Uhrzeit 380
- Weitere Ordner in Outlook 569
- Werte 414
- WordArt-Element in Publisher 875
- WordArt-Text 1063
- Zeilen 441
Einfügen in Publisher, Formate 869
Einfügen mit Leerzeichenausgleich 187
Einfügen, Seitenzahlen 866
Eingabe
- Bestätigen 546
- Datensatz 470, 694
- Text in PowerPoint 756
- Text in Tabelle 263
- Über Nummertastenblock 370
Eingabebeispiele 400
Eingabeformate 690
- Anpassen 693
Eingabeformular 467
Eingangsanimation, Festlegen 793
Eingeben
- Daten in Formular 316
- Text 116
- Text in Textfeld 270
- WordArt-Text 1062
- Zellinhalte 367
Einlesen, Bilddokument 1083
Einrichten
- Automatisches Journal 570
- Seite 863
- Shortcut-Leiste 110
- Tabulator 216
Einrücken, Text 217
Einspaltig, AutoFormular 695
Einstellen
- Darstellungsgröße in Word 194
- Textfeld 271
Einstellungen, Felder 285
Eintragen, Termine 558

1170

Stichwortverzeichnis

Elektronische Post 49, 906
Element
- Access-Bildschirm 667
- In Arbeitsbereich einblenden 568
- In Design Gallery übernehmen 880
- Kalender 577
- Markieren in Publisher 843
- Outlook 555
- Schüzen 866
Ellipse 825
Ellipse zeichnen, Publisher 845
eMail 906
- Benutzername 907
- Domain 907
- Outlook 555
- Rechner 907
- Topleveldomain 907
Empfänger-Info 120
Encarta 35
Endnoten 347
- Formatierung 344
- Numerierung 344
- Optionen 345
Entfernen, Tabellenhintergrund 458
Entwicklungsumgebung, VBA 988
Entwürfe, Outlook 562, 568
Entwurfsansicht 684
- Beenden 688
- Formular 694
- Tabelle 684
Entwurfsvorlage 804
Entwurfsvorlage PowerPoint 750
Ereignis, Outlook 581
Erfassen
- Adressen 559
- Besonderheiten für Kontakte 587
- Daten 669
- Kontakte 586
- Neuer Kontakt i bestehender Firam 589
- Termine in Kalender 581
- Zeit mit Journal 572
Ergebnis, Vorhersagen 532
Erinnerung, Termin 582
Erkennen und Reparieren 1150
Erlernen, VBA 1002

Ersetzen, In Word 321
Ersetzungszeichen, Bedeutung 475
Erstellen
- Abfrage 696, 701
- Adreßetiketten 288
- Aufgabe 595
- Aufgaben-Kategorie 596
- Automatisches Journal 570
- AutoText 253
- Beziehung zwischen Tabellen 726
- Datenbank 666
- Datenquelle für Serienbrief 291, 292
- Dokumentvorlage 238
- Dokumentvorlage aus Dokument 238
- Filialdokument 339
- Formatvorlage aus Text 235
- Formel 1096
- Formular 694
- Grafikrahmen in Publisher 844
- Hierarchieebene 335
- HTML-Dokument 950
- Index 353
- Indexeintrag 351
- Inhaltsverzeichnis 353
- Kataloge 288
- Makro in Access 992
- Manuelles Journal 571
- Organisationsdiagramm 1100
- Positionsrahmen 273
- Präsentation 742
- Querverweis 348
- Rahmen 876
- Screenshot 1086
- Serienbrief 288
- Serienfax 298
- Serienmail 298
- Stichwortverzeichnis 353
- Tabellenblatt 383
- Textbaustein 253
- Textfelder 270
- Textrahmen in Publisher 844
- Umschläge 288
- Unregelmäßige Tabellen 259
- Zentraldokument 338
- Zusammengesetzter Index 723
Erweitern

- Kontakte 589
- Markierung 370
- Office-Anwendungen 986
Erzeugen
- Bildschirmausschnitte 1086
- Formel 1096
- Neues Bildfenster 1085
- Zeilenumbruch 181
- Zeilenumbruch in Tabelle 264
Etiketten 299
Etiketten mit dem Seriendruck-Manager 302
Etikettenbogen 301
Eudora, Outlook 641
Excel
- [Freigegeben] 1031
- 1904-Datumswerte 545
- Abbürzungen der Statusleiste 370
- Absolute Zellbezüge 418
- Addition 431
- Aktualisierungsintervall 1033
- Aktuelle Zelle 139
- Allgemeine Optionen 547
- Als Kopie öffnen 375
- Änderungen aktualisieren 1032
- Änderungen akzeptieren oder ablehnen 1043
- Änderungen hervorheben 1042
- Änderungen konsolidieren 1043
- Änderungen nachverfolgen 1031
- Änderungen sichtbar machen 1033
- Änderungen speichern 1032
- Änderungsmarkierungen einrichten 1042
- Änderungsprotokoll 1031
- Änderungsprotokoll aktivieren 1031
- Ansichtsoptionen 543
- Anzahl der Zellen 371
- Anzahl Tabellenblätter 548
- Arbeitsbereich 365
- Arbeitsbereich fixieren 369
- Arbeitsbereich teilen 369
- Arbeitsbereichsteilung aufheben 369

1171

Stichwortverzeichnis

- Arbeitskopien konsolidieren 1044
- Arbeitsmappe 365
- Arbeitsmappe laden 375
- Arbeitsmappe öffnen 375
- Arbeitsmappe parallel nutzen 1030
- Arbeitsmappe schließen 374
- Arbeitsmappe speichern 372
- Arbeitsmappen freigeben 1029
- Arbeitsmappen schreibgeschützt öffnen 375
- Arbeitsmappennamen in Kopfzeile einfügen 380
- Arithmetischer Operator 431
- Ausrichtung der Seite/Tabelle 376
- Auswahlliste 518
- AutoBerechnen 371
- AutoBerechnen-Funktionen 371
- AutoFilter 480
- AutoGliederung 486
- AutoKorrektur 517
- Automatische Journale in Outlook 569
- Automatische Seitennummerierung 377
- Automatisches Speichern 529
- AutoVervollständigen 519, 547
- Bearbeiten von Zellinhalten 367
- Bearbeitungsleiste 367, 393
- Bearbeitungsleiste ein-/ausblenden 543
- Bearbeitungsoptionen 545
- Bedingte Formatierung 519
- Berechnungsoptionen 543
- Bereiche markieren 406
- Bereichsnamen vergeben 426
- Bereichsnamen verwenden 427
- Bereichsoperator 432
- Bewegen in der Datenmaske 469
- Bewegen in Tabelle 368
- Bewegen in Tabellenblatt 381
- Bezugsoperator 432

- Bildlaufleiste einblenden 368
- Bildlaufleisten 368
- Bildschirmausschnitt mit Pfeiltasten bewegen 370
- Brüche 401
- ClipArt einfügen 461
- Datei als Webseite speichern 971
- Daten aus Zwischenablage kopieren 414
- Daten einfügen statt überschreiben 412
- Daten gliedern 486
- Daten gruppieren 484
- Daten sortieren 477
- Daten transponieren 414
- Daten verschieben 410
- Dateneingabe 139
- Datenreihentyp arithmetische Reihe 405
- Datenreihentyp geometrische Reihe 405
- Datenreihentyp Zeitreihe 404
- Datensatz löschen 470
- Datensatz suchen 472
- Datensatzeingabe 470
- Datentyp 388
- Datentyp festlegen 391
- Datum in Kopfzeile einfügen 379
- Datum und Zeit 455
- Detektiv 527
- Dezimalbruch 400
- Diagramm anpassen 498
- Diagramm skalieren 498
- Diagramm vergrößern 498
- Diagramm verkleinern 498
- Diagramm verschieben 498
- Diagramm-Assistent 493
- Diagrammbeschriftungen 497
- Diagrammlegende 497
- Diagrammtext anpassen 502
- Direkte Zellbearbeitung 546
- Division 431
- Dokumentfenster in Taskleiste 543
- Drag and Drop 546
- Drag&Drop 411
- Druckbereich festlegen 380
- Druckelemente festlegen 381
- Druckoptionen 541

- Druckqualität 377
- Drucktitel 380
- Druckvorschau 378
- Editiermodus 397
- Editiertasten Datenmaske 469, 470
- Eingabe bestätigen 546
- Eingeben von Zellinhalten 367
- Ergebnis vorhersagen 532
- Farbe der Gitternetzlinien 460
- Fehlersuche 527
- Fenster fixieren 369
- Fenster in Taskleiste 543
- Fenster teilen 369
- Fensteroptionen 543
- Fensterteilung aufheben 369
- Formatbeschreiber 453
- Formatcode 453
- Formate einfügen 414
- Formatvorlage 507
- Formeln 145
- Formeln einfügen 413
- Freigabe steuern 1031
- Freigabe-Optionen 1031
- Freigabeschutz 1038
- Freigabeschutz aufheben 1039
- Fußzeile 377
- Gehe zu 427
- Gemeinsamer Zugriff 1034
- Genauigkeit 401
- Gesamtseiten-Anzahl in Kopfzeile einfügen 379
- Gitternetzlinien ausblenden 461
- Grafik einfügen 461
- Grundeinstellungen 542
- Gruppierung 484
- Gültigkeit einfügen 414
- Gültigkeitsregeln 521
- Hyperlink einfügen 899
- Hyperlinks anpassen 902
- Hyperlinks in Arbeitsmappen 900
- Informationen 369
- IntelliMouse 548
- Kaufmännische Zahlen 400
- Kollidierende Änderungen 1033
- Kommentare anzeigen 543

Stichwortverzeichnis

- Kommentare einfügen 414
- Konflikte lösen 1033
- Konstanten 433
- Koordinate 381
- Kopfzeile 377
- Kopfzeile bearbeiten 378
- Leere Arbeitsmappe 138
- Liste mit Änderungsprotokoll 1043
- Liste zuletzt geöffneter Dateien 548
- Macros 992
- Markierung aufheben 142
- Markierung erweitern 370
- Maximale Anzahl von Spalten 367
- Maximale Anzahl von Tabellenblättern 367
- Maximale Anzahl von Zeilen 367
- Maximalwert 437
- Mehrere Arbeitsmappen öffnen 376
- Minimalwert 434
- Mit der Datenmaske arbeiten 468
- Mit umfangreichen Tabellen arbeiten 368
- Mittelwert 437
- Mittelwert berechnen 371
- Mögliche Gültigkeitsregeln 524
- Multiplikation 431
- Mustervorlagen erstellen 509
- Nach dem Start 365
- Nachkommastellen, Aktivieren 370
- Namenfeld 427
- Negation 431
- Negative Zahlen 400
- Nummertastenblock aktivieren 370
- Objekte ein-/ausblenden 543
- Öffnen 138
- OLE-Verbindung 415
- Operant 428
- Operator 431
- Operator als Gültigkeitsregel 525
- Optionen 542
- Papierformat 376, 377
- Potenzierung 431

- Prozent 431
- Rahmenformate 456
- Rahmenlinie 456
- Rechtschreibprüfung 517
- Relative Zellbezüge 417
- Schnittmengenoperator 432
- Schrift in den Vordergrund stellen 142
- Schriftart für Kopfzeile auswählen 379
- Schriftauszeichnung für Kopfzeile auswählen 379
- Schriftfarbe 452
- Schriftgröße 451
- Schriftgröße für Kopfzeile auswählen 379
- Schriftschnitt 451
- Seitenansicht 538
- Seitennummer in Kopfzeile einfügen 379
- Seitenränder 377
- Seitenregister 367
- Seitenreihenfolge beim Drucken 381
- Seitenumbruchvorschau 535
- Seitenzahl der Tabelle festlegen 377
- Sortieroptionen 477
- Spalte markieren 408
- Spalten 365
- Spalten automatisch ausfüllen 402
- Spaltenbreite anpassen 444
- Spaltenkopf 365
- Standardarbeitsordner 548
- Standardschrift anpassen 444
- Standardschriftart anpassen 548
- Starten 138, 364
- Statusleiste 369
- Statusleiste ausblenden 370
- Statusleiste ein-/ausblenden 543
- Statusleiste einblenden 370
- Subtraktion 431
- Summenformel 428
- Tabelle in Word einfügen 269
- Tabelle markieren 408
- Tabellenbereiche benennen 367
- Tabellenblatt 365

- Tabellenblatt einfügen 383
- Tabellenblatt kopieren 386
- Tabellenblatt löschen 383
- Tabellenblatt öffnen 383
- Tabellenblatt speichern 387
- Tabellenblatt verschieben 385
- Tabellenblatt wechseln 367
- Tabellenblattgröße ändern 376
- Tabellenblattnamen in Kopfzeile einfügen 380
- Teilergebnisse 487
- Text eingeben 139
- Text in Zellen ausrichten 448
- Text nachträglich bearbeiten 396
- Text zentrieren 142
- Texte eingeben 393
- Textoperator 432
- Textoperatoren 432
- Uhrzeit in Kopfzeile einfügen 380
- Unabhängige Markierungsblöcke erstellen 370
- Vereinigungsperator 432
- Vergleichsoperator 432
- Vergleichsoperatoren 431
- Verweise 145
- Vorlagen-Assistent 511
- Werte einfügen 414
- Zahlen eingeben 139, 399
- Zeile markieren 408
- Zeilen 365
- Zeilen automatisch ausfüllen 402
- Zeilenhöhe ändern 447
- Zeilenhöhe einstellen 448
- Zeilenkopf 365
- Zeilenumbrüche 450
- Zellbereiche kopieren 410
- Zellbereiche verschieben 408
- Zellbezüge 425
- Zelle formatieren 391
- Zelle markieren 141
- Zellen 365
- Zellen einfügen 441
- Zellen formatieren 141
- Zellen löschen 442
- Zellen verbinden 449
- Zellen zählen 371
- Zellenausrichtung linksbündig

449
- Zellenausrichtung rechtsbündig 449
- Zellenausrichtung zentriert 449
- Zellenformatierung 448
- Zellenhintergrund 459
- Zellenmaximum berechnen 371
- Zellenminimum berechnen 371
- Zellensumme berechnen 371
- Zellinhalte bearbeiten 367
- Zellinhalte eingeben 367
- Zellinhalte löschen 412
- Zellreferenz 139
- Zellzeiger 139
- Zoomen mit IntelliMouse 548
- Zugriffskennwort 373
- Zusatzfunktionen 529
Exchange 40
Exchange-Server 613
- Outlook 633
Excite 916
Export, Kontaktdaten 639
Exportieren
- Bildausschnitte 1085
- Bilder 1085
- Präsentation 751
EXT 370
Externe Zellbezüge 424
- Aktualisieren 425
Externer Druck, Publisher 883
Extras
- Arbeitsmappe freigeben 1029
- Arbeitsmappen zusammenführen 1044
- Beim Speichern 70
- Detektiv 527
- Weboptionen 70

F

F1 93
Fälligkeit, Aufgabe 598
Faltkarten 816
Farbanpassung 827
Farbausgleich 827, 828
Farbauszüge drucken 892

Farbdiffusionsverfahren 889
Farbe
- Der Gitternetzlinien festlegen 460
- Hintergrund 771
Farbe auftragen 828
Farbkorrektur 829
Farbpalette, Photo Editor 1082
Farbseparierte Ausgabe 888
Farbsysteme 881
- Graustufen 881
- Photo Editor 1082, 1084
- Schmuckfarben 882
- Spotfarben 882
- Vollfarbmodus 883
Farbton 828
Farbton/Sättigung 828
Farbveränderung 871
Farbverlauf 823
Favorisieren
- Dateien 63
- Dokumente 63
Favoriten 63
Faxdienste, Outlook 555
Faxdrucker 298
Faxe, Zurückverfolgen 569
Features hinzufügen/entfernen 1151
Fehlbedienungen, Korrigieren 88
Fehler
- ##### 445
- AutoKorrektur 327
- Korriegiren 88
Fehler erkennen und reparieren 1150
Fehler korrigieren 127
- In Word 181
Fehleranalyse 1150
Fehlermeldung
- Gültigkeitsregel 523
Fehlersuche
- Excel 527
- VBE 999
Fehlerwert, Datentyp 431
Feldbreite anpassen, Bericht 709
Felddatentyp 661, 685
- AutoWert 663
- Datum/Uhrzeit 662
- Hyperlink 663
- Ja/Nein 663

- Memo 662
- Nachschlage-Assistent 663
- OLE-Objekt 663
- Text 662
- Währung 662
- Zahl 662
Felder 657
- Aktionsfelder 282
- Ansichten 287
- Arten in Word 282, 285
- Einstellungen 285
- Ergebnisfelder 282
- Indizieren 721
- Inhalte aktualisieren 287
- Inhalte formatieren 287
- Manuell einfügen 286
- Markierungsfelder 282
- Optionen 285
- Positionsrahmen 305
- Schalter 285
- Typbeschreibung 285
Feldklammern 286
Feldnamen 673
Feldtypen, Word 282
Fenster
- Fixieren 369
- Maximieren 53
- Minimieren 53
- Schließen 53
- Teilen 369
- Teilung aufheben 369
Fenstermanipulation 53
Fertigstellen 819
- Präsentation 747
Festlegen
- Animationsreihenfolge 793
- Ausgabemedium einer Präsentation 746
- Datentyp 391
- Druckbereich 380
- Druckelemente 381
- Einblendezeiten von Folien 797
- Eingangsanimation 793
- Farbe der Gitternetzlinien 460
- Indexeintrag 351
- Lage des Objekts in PowerPoint 758
- Objekt für Animation 792
- Präsentationsoptionen 746
- Primärschlüssel 687

- Schriftart dauerhaft 236
- Schriftgröße dauerhaft 236
- Seitenzahl Tabelle 377
- Spaltenbreite der Tabelle 258
- Standardschriftart 236
- Standardschriftgröße 236
- Tabellengröße 257
- Zeilenbreite der Tabelle 258
- Zellenhintergrund 459
Fette Schriftauszeichnung 204
File Allocation Table. *Siehe* Siehe FAT32
File Transfer Protocol 907
Filialdokument 198, 339
- Erstellen 339
Filialdokumente erweitern 340
Filter 67, 71, 1090
- Abfrage 714
- Arten 714
- Auswahlbasiert 715
- Bilder 1090
- Filtern nach 720
- Formularbasiert 715, 718
- Internet 931
- Spezialfilter 715
- Spezialfilter/-sortierung 720
- Spezialsortierung 715
Filtermöglichkeiten, Kalender 580
Filtern, Datensätze 720
Filtern nach 720
Finden, Suchpfad bei der Dateisuche bestimmen 69
Firmenhomepage 802
FIX 370
Fixieren
- Arbeitsbereich 369
- Fenster 369
Flächendiagramm 1070
Flattersatz 210
Flecken entfernen 830
Fließtext 124, 180
Folie
- Animation 787
- Animationseffekte 786
- Animationsreihenfolge 787
- Animationsvorschau 787
- AutoForm 770
- AutoFormen 774
- Folienübergang 787
- Führungslinien 779

- Fülleffekte 771
- Gliederungsansicht 761
- Handouts drucken 765
- Hintergrund 759
- Hinzufügen 764
- Hyperlink zu 900
- Interaktive Schaltflächen 801
- Lineal 778
- Löschen 763
- Normalansicht 760
- Notizen drucken 765
- Objekt anpassen 775
- Objekt ausrichten 776
- Objekte drehen 773
- Objekte rotieren 773
- Objektgröße anpassen 777
- Objektumriß ändern 777
- Positionierhilfen 778
- PowerPoint 743
- Schriftart anpassen 767
- Schriftgrad anpassen 768
- Text markieren 767
- Textfeld 766
- Textfeld markieren 767
- Textfelder verschieben 768
- Textfeldgröße anpassen 768
- Textrahmen 766
- Textrahmen markieren 767
- Titelanimation 786
- Vorgefertigte Grafikelemente 774
- Weiterblättern 743
Folienfarbskala 771
Folienmaster
- Aufzählungen 783
- Aufzählungen nummerieren 783
Foliennummer, PowerPoint 744
Foliensortieransicht 762
Folientitel, Hyperlink zu 900
Folienübergang, Effekte 788
Folienübergänge 787
Folienwechsel
- Geschwindigkeit 788
- Klänge beim 790
- Sound 790
- Während Präsentation 800
Formart, Grafik 751
Format-Symbolleiste 807
Formate 804, 870
- AutoFormat 462

- Bedingte Formatierung 519
- Einfügen 414
- Formatvorlage 507
- Formelteile 1097
- Suchen und Ersetzen 318
- Tabellen 259
Formathierarchie 761
Formatieren
- AutoForm 1079
- Feldinhalte 287
- Grafik in Word 276
- Notizen 602
- Objekt 775
- Organigramm 1101
- Tabelle 266
- Text 129
- Text in Excel-Diagramm 502
- Textfeld 271
- Textrahmen 855
- Vereinfachen 988
- WordArt-Text 1063
- Zelle 391
- Zellen 141, 448
Formatierung
- Fuß-/Endnoten 344
- Text 131
Formatierung bei Aktualisierung 285
Formatierungszeichen 192. *Siehe auch* Siehe auch Nicht druckbare Zeichen
FormatInfo 221, 227
Formatlage
- Seite 376
- Tabelle 376
Formatvorlage 507
- Aktuelle 226
- Ändern 230
- Änderung für mehrere Dokumente 233
- Aus Text erstellen 235
- Neu anlegen 235
- Schriftart ändern 233
- Suchen und Ersetzen 318
- Zuweisen 234
Formatvorlagen zuweisen 228
Formatvorlagenanzeige 193, 226
Formatvorlagenkatalog 246
Formel
- Addition 431
- Arithmetischer Operator 431

1175

- Bereichsoperator 432
- Bezugsoperator 432
- Datentyp 431
- Division 431
- Einbetten 1095
- Erstellen 1096
- Maximalwert 437
- Minimalwert 434
- Mittelwert 437
- Multiplikation 431
- Negation 431
- Objekt 1095
- Operant 428
- Operator 431
- Potenzierung 431
- Prozent 431
- Schnittmengenoperator 432
- Subtraktion 431
- Summe 428
- Textoperator 432
- Vereinigungsoperator 432
- Vergleichsoperator 432

Formel-Editor
- Automatische Formatierung 1096
- Beenden 1094, 1095
- Besondere Techniken 1098
- Gleichungen 1096
- Komplexe Formeln erstellen 1096
- Mathematische Ausdrücke 1096
- Starten 1094
- Text und Zahlen 1096
- Variablen und Zahlen eingeben 1096

Formelteile, Formatierung 1097
Formen 812, 819
- WordArt 1065
Formular 664
- Anlegen 694
- Auswahlbasierter Filter 716
- AutoFormular 695
- Daten eingeben 316
- Dateneingabe 696
- Diagramm-Assistent 695
- Dokumentschutz 315
- Dropdown-Formularfeld 309
- Entwurfsansicht 694
- Felder einfügen 309
- Felder positionieren über Vorlage 305

- Feldfunktionen 307
- Feldoptionen 307
- Feldtypen 308
- Formular-Assistent 694
- Formularmodus 309
- Hilfetext für Formularfelder 309
- Kontrollkästchen-Formularfeld 308
- Outlook 556
- Pivot-Tabelle 695
- Text_Formularfeld 308
- Vorlage 304

Formular-Assistent 694
formularbasierter Filter 715, 718
Formulare anlegen 304
Formularfeld
- Berechnung 312
- Einfacher Text 310
- Zahl 311
Formularfeld-Optionen 307
Formularvorlage 304
Fragen 95
Fragmentierung, Datenbank 731
Frames, Suchen und Ersetzen 318
Freies Drehen, WordArt 1065
Freigabeschutz
- Excel 1038
- Mit Kennwort 1040
Fremdschlüssel 726
Friendly name 901
FrontPage
- Ansichtenleiste 934
- Aufgaben 943
- Berichte 936
- Design festlegen 948
- Drag&Drop 940
- Hyperlinks 941
- Leeres Web 946
- Navigation 938
- Neu 945
- Neues Web 945
- Ordner 936
- Seite 934
- Seiten bearbeiten 948
- Seiten hinzufügen 946
- Seitenansicht 934
- Web erstellen 945
- Webstruktur 940

Frontpage
- Berichtsansicht 936
- Gemeinsame Randbereiche 948
- Navigationsschaltflächen einschließen 949
- Ordneransicht 936
- Programmoberfläche 933
FTP 907
Führungslinien 779
- Publisher 847
Fülleffekte, PowerPoint 771
Füllungen 822
Füllzeichen, Tabulator 216
Funktionen
- AutoBerechnen 371
- Formularfeld 307
- Outlook 556
- VBE 995
- Von Outlook mittels Maus steuern 568
Funktionsfähigkeit, VBA 986
Funktionsumfang, WordArt 1062
Fuß- und Endnoten
- Konvertieren 347
- Tauschen 347
- Umwandeln 347
Fusseln entfernen 830
Fusseln und Flecken entfernen 830
Fußnoten
- Einfügen 344
- Formatierung 344
- In bestimmte Bereich einfügen 242
- Numerierung 344
- Optionen 345
- Textfeld 273
Fußzeile 133, 377
- Anzahl der Seiten einfügen 343
- Autotext einfügen 342
- Brief 248
- Datum einfügen 343
- Einstellungen 343
- Seitenzahl einfügen 342
- Uhrzeit einfügen 343

– G –

Gehe zu, Word 322
Gelöschte Objekte, Outlook 561
Genauigkeit, Excel 401
Geometrische Reihe 405
Gesamtseiten-Anzahl, Einfügen 379
Geschäftsgrafik 816
Geschwindigkeit, Folienwechsel 788
Gesendete Objekte, Outlook 563
Gestalten
- Präsentation 757
- Tabelle 141
- Text 131, 1062
- Zellen 141
GIF 1082
GIF-Format 968
Gitternetzlinien
- Ausblenden 461
- Ein-/ausblenden 677
- Farbe festlegen 460
Glätten, Bilder 1087
Gleichheitszeichen 145
Gliederungen 334
- An PowerPoint übergeben 761
- Filialdokument 339
- Filialdokumente erweitern 340
- Herabstufen 335
- Heraufstufen 335
- Nummerieren 336
- Text eingeben 337
- Textkörper 337
Gliederungsansicht 334
- Druckformatspalte 335
- PowerPoint 761
- Symbolleiste Gliederung 335
- Symbollleiste 335
Gliederungsebene 210
Gliederungspunkt, Bewegen 335
Grafik
- Ändern in Word 276
- Aufzählungszeichen 221
- Clip Gallery 1072
- Effekt 870
- Einfügen 133
- Einfügen in Excel 461

- Format 751
- Formatieren in Word 276
- Hyperlink 969
- Informationen 1074
- Integrieren 133
- Neu einfärben 870
- Platzhalter für 361
- Publisher 844
- Suchen und Ersetzen 318
- Vektororientiert 48
- Vergößern 870
- Verkleinern 870
Grafik-Datei, Einbinden 275
Grafikdarstellung 872
Grafiken modifizieren 870
Grafikfilter 751
Grafikrahmen 867
- Publisher 844
Grafikrahmeneigenschaften 873
Grammatik, Installierte Sprachen 322
Grammatikfehler erkennen 331
Grammatikprüfung 331
Graphics Interchange Format 1082
Graustufen 829, 881
- Photo Editor 1082
Größe
- Bild 1085
- Datei 66
- Dokument 66
- Schrift 206
Grundeinstellungen, Excel 542
Grundlagen, HTML 903
Gruppenberechtigung 1050
Gruppenkonten anlegen 1047
Gruppieren 835
- Objekte 879
- Rahmen 879
Gruppierte Objekte 1078
Gruppierung 1078
Gruppierungskriterien, Pivot-Tabellenbericht 490
Grußkarten 816
Gültigkeit, Einfügen 414
Gültigkeitsregel
- Fehlermeldung 523
- Festlegen 711
- Operator 525
- Mögliche 524

– H –

Handouts, Drucken 765
Hängende Einzüge 217
Hauptdokument
- Bedingungsfeld einfügen 296
- Serienbrief 635
- Symbolleiste Seriendruck 294
Haupteintrag, Index 352
Header, Siehe Steuersatz für Seriendruck
Helligkeit 828
Helligkeit und Kontrast 828
Herabstufen 335
Hervorheben, Änderungen in Word-Dokument 1007
Hervorhebungen 356
Hierarchie
- Dokument 335
- Formate 761
- Symbolleiste Gliederung 335
Hierarchiebene, Ändern 761
Hierarchieebene 335
- Einblenden 335
Hilfe
- Clip Gallery 1075
- Drucken 103
- Fragen stellen 95
- Index 101
- Inhalt 101
- Kopieren 103
- Office-Assistent 92, 93
- Suchen 102
- Themen 94
- Tips 92
Hilfetext, Formularfelder 309
Hilfethemen 94
Hilfslinien 865
- Darstellung 848
- Ein-/ausblenden 848
- Löschen 848
- Publisher 847
- Verschieben 848
Hilfsprogramme 48
Hintergrund
- Anpassen 769
- Farbe 771
- Folie 759
- Fülleffekte 771
- Für mehrere Folien 781
- Objekte auf Folie 769

1177

- Schraffur 460
- Seite 865
Hintergrundfarbe 857
Hinzufügen
- Folie 764
- Kategorien in Clip Gallery 1073
- Zu Favoriten 63
Hochformat 168, 376
Höherstufen 335
Home Essentials 2000 35
Homepage
- Anpassen 957
- PowerPoint 802
Horizontal kippen 877
HotBot 916
HTML 49, 173, 899
HTML-Dokument
- Bearbeiten 957
- Erstellen 950
- In Word einbinden 278
- Tag 903
HTML-Editor 47
HTML-Grundlagen 903
HTTP 896ff.
Hurenkinder 211
Hyperlink 48, 897, 957
- Aus Markierung erstellen 902
- Bild 969
- Einfügen 899, 975
- Farben 920
- Felddatentyp 663
- Filialdokument 341
- Folien 801
- Friendly name 901
- Grafik 969
- Hervorhaben 920
- PowerPoint 801
- Querverweis 348
- Quickinfo festlegen 902
- Ziele in Office-Dokumenten 900
- Zu Datenbankobjekten 900
Hypertext Markup Language 899
Hypertext Transfer Protocol 896, 898
Hyperexteinträge
- Bearbeiten 957
- Verändern 957

I

iCalendar, Als Web-Seite 649
Imortieren in Publisher, Formate 869
Import
- Adressbuch 641
- ClipArt in Excel 461
- ClipArts in Clip Gallery 1074
- Daten für Serienbrief 291
- Dokument 71
- Dokument mit Wildcards oder Jokerzeichen 68
- Duplikate 643
- Grafik in Excel 461
- Tabelle 684
Index 721
- Bearbeiten 724
- Erstellen 351, 353
- Erstellen 723
- Haupteintrag 352
- Untereintrag 352
Indizieren, Felder 721
Information, Programmzustand 58
Informationen
- Aufbereiten 669
- ClipArt 1074
- Excel 369
- Grafik 1074
- PowerPoint 744
- Publisher 842
- Weitere bei Kontakten 587
Inhalte einfügen 73
Inhaltsverzeichnis
- Aktualisieren 353
- Erstellen 353
Inkonsistenter Datenbestand 658
Installation
- Autostart 1144
- Benutzerdefiniert 1147
- MulitLanguage Pack 1152
- Standard 1146
Installation warten 1150
Installieren
- Beispieldatenbank 668
- VBA-Hilfe 1002
Installierte Sprachen 322
Integrität, Referentiell 728
IntelliMouse 36
- Bildlauf 85

- Darstellungsgröße ändern 85
- Publisher 841
IntelliPoint-Software 84
IntelliSense 94
IntelliSense-Technologie
- VBA 1002
- VBE 995
Interaktive Schaltflächen 801
Intergration, Grafiken 133
Interlaced-Modus 969
Internet 663, 909
- @ 906
- Account 908
- AltaVista 916
- ASCII-Text 903
- Bilder 968
- Browser 894
- Client 896
- Clip Gallery 1075
- DFÜ-Netzwerkverbindung 924
- DNS 895
- Domain-Name-Server 895
- Download 907
- EMail 906
- Excite 916
- File Transfer Protocol 907
- Filter 931
- FTP 907
- Hompage anpassen 957
- HotBot 916
- HTM 899
- HTML-Dokument erstellen 950
- HTML-Grundlagen 903
- HTTP 896
- Http 898
- Hyperlink 957
- Hyperlinkfarben 920
- Hyperlinks 897
- Hypertext Markup Language 899
- Hypertext Transfer Protocol 898
- Hyperexteinträge bearbeiten 957
- Hyperexteinträge verändern 957
- Internetanbieter 896
- Kosten senken 914
- Lycos 916
- Mail-Client 925

Stichwortverzeichnis

- Mehrere Dokumente öffnen 914
- Multimediaelement 967
- News-Client 925
- Ordner Verlauf 919
- Outlook 555
- Paßwort 930
- Präsentation 42
- Provider 896
- Recreational software advisory council 929
- RSAC 929
- Sammelmappe 114
- Seite laden 910
- Steuerelement 967
- Suchen 911
- Suchen und Finden 916
- Tag 903
- TCP/IP 895
- Temporäre Dateien 918
- Transmission Control Protocol/Internet Protocol 895
- Übertragung 907
- Uniform Ressource Locator 898
- URL 898
- Verbindungen 922
- Verknüpfung 912
- Virenscanner 926
- Virus 926
- WEB.DE 916
- Webseiten bearbeiten 957
- Yahoo 916
- Zertifikate 931
- Zugang 896
Internet Explorer
- Dateien zwischenspeichern 919
- Startseite 917
- Startseite einstellen 911
- Temporäre Internet-Dateien 918
Internet und Intranet 909
Internet-Assistent, PowerPoint 982
Internet-Explorer
- Abbrechen 911
- Aktualisieren 911
- DFÜ-Netzwerkverbindung 924
- Filter 931
- Hyperlinkfarben 920
- Mail-Client 925
- Mehrere Dokumente öffnen 914
- News-Client 925
- Programmoberfläche 913, 917
- Sicherheitseinstellungen 926
- Starten 910
- Suchen 911
- Verbindungen 922
- Vorwärts 911
- Zertifikate 931
- Zurück 911
Internetanbieter 896
Intranet 909

—J—

Ja/Nein, Felddatentyp 663
Jokerzeichen 68
Journal
- Automatisch 570
- Einträge ordnen 569
- Kontakte auswerten 572
- Kontakte automatisch protokollieren 570
- Kontakte manuell protokollieren 571
- Manuell 571
- Outlook 563, 568
- Zeiterfassung 572
Journalansicht 569
Journale 40
Journaleintrag, Neu 110
JPEG-Format 969
JPEG-Import-Filter 1082
JPEG-Qualitätsfaktor, Photo Editor 1083
JPG 969, 1082

—K—

Kalender 151, 554
- Aktuelle Termine 577
- Ansichten 576, 578
- Blättern 577
- Datumswechsler 577
- Elemente 577
- Filtermöglichkeiten 580
- Mit Aufgabenblock 555
- Monatsansicht 578
- Neue Termine 581
- Öffnen 576
- Outlook 558, 568
- Outlook Heute 557
- Tagesansicht 151, 578
- Tagesübersicht 577
- Termin löschen 584
- Termin-Details anzeigen 584
- Termin-Erinnerung 582
- Termine erfassen 581
- Termine suchen 583
- Wochenansicht 578
Kalkulationsprogramm 138
Kalkulationstabellen, Zusammenfassen 114
Kamera 804
Karten 816
Kataloge 288
Kategorien, Aufgaben 596
kaufmännische Zahlen 400
Kippen, Rahmen 877
Klangdatei, In Word einbinden 278
Klänge
- Clip Gallery 1072
- Folienwechsel 790
Klicken, Mit der Maus 84
Klicken und Eingeben, Siehe Click and Type
Klonen 830
Kodak Photo CD 1082
Kohle 820
Kombinieren, Suchbegriffe 474
Kommentare 1022
- Ansehen 356
- Bearbeiten 356
- Einfügen 355
- Löschen 356
- Präsentation 763
- QuickInfo 356
- Sprach- 356
- Textfeld 273
- VBE 995
Kommunikationsdienste, Outlook 555
Kompatibilität, Schriftartersetzung 362
Komponenten verwalten 1151
Komprimieren
- Bilder 1083
- Datenbank 678

1179

Konfigurieren, Drucker 137
Konfliktlösung, Im gemeinsamen Zugriff 1033
Konstante 145
Konstanten 433
Kontakt-Management 591
Kontakte
- Adressenliste 585
- Aktivitäten 587
- Anzeigemöglichkeiten 586
- Auswerten 572
- Automatisch protokollieren 570
- Besonderheiten beim Erfassen 587
- Blättern in 586
- Details 587, 591
- Erfassen 586
- Erweitern 589
- Manuell protokollieren 571
- Ordner öffnen 586
- Outlook 559, 568
- Serienbrief 633
- Sortierungen 586
- Verwenden 590
- Weitere Informationen 587
- Zertifikate 587
- Zusätzliche Informationen 591
Kontakte eingeben 156
Kontaktordner, Teamarbeit 646
Kontextmenü 67
- Office-Assistent 96
- Öffnen 72
- Öffnen 59
Kontrast 828
Kontrolle, Seiteneinstellungen 378
Kontrollkästchen-Formularfeld 308
Kontrollkästchen-Formularfelder einfügen 314
Konturen 816
Konturwerte 874
Konverter 177
Konvertieren
- Fuß- und Endnoten 347
- Photo Editor 1083
Konvertierung 73
Konzeptschriftart 202
Koordinate, Tabellenblatt 381
Kopfzeile 133, 377

- Anzahl der Seiten einfügen 343
- Arbeitsmappennamen einfügen 380
- Autotext einfügen 342
- Bearbeiten 378
- Brief 248
- Datum einfügen 343, 379
- Einstellungen 343
- Gesamtseiten-Anzahl einfügen 379
- Innerhalb Dokument ändern 242
- Publisher 865
- Schriftart auswählen 379
- Schriftauszeichnung auswählen 379
- Schriftgröße auswählen 379
- Seitennummer einfügen 379
- Seitenzahl einfügen 342
- Tabellenblattnamen einfügen 380
- Uhrzeit einfügen 343, 380
Kopieren 73
- Bildausschnitte 1085
- Bilder 1085
- Daten in MS Graph 1068
- Datenbank 678
- Direkthilfe 100
- Drag&Drop 411
- Hilfe 103
- Rahmen 876
- Tabellenblatt 386
- Text 186, 187
- Zellbereiche 410
Korrigieren
- Fehlbedienungen 88
- Fehler 88, 127
- Fehler in Word 181
- Rechtschreibfehler 324
- Text 127
- Text in Excel 396
- Tippfehler 128
Korrigieren durch Malen 830
Kosten senken, Internet 914
Kratzer entfernen 830
Kreis zeichnen, Publisher 845
Kreisdiagramm 1070
Kreuztabellenabfrage 698
Kunst-Pinsel 820
Kursivschrift 132, 204, 450

— L ———

Laden
- Arbeitsmappe 375
- Internet-Seite 910
LAN 894
Laufweite 208
Layout
- Bericht 709
- Doppelseitig 848
- Publisher 863
- Textfeld verknüpfen 358
Layoutführungslinien 854
leere Arbeitsmappe 138
Leeres Bild 804
Leerzeichen, Anzeigen 192
Leerzeichenausgleich 187
Legende, Diagramm 497
Leistungsmerkmale, Outlook 554
Leitpunkte 122
Lernprogramm 804
Lesen, Online-Dokument 196
Lineal 778, 807
- Publisher 842
Linealführungslinien, Publisher 848
Linealteilung 213
Linie zeichnen, Publisher 845
Linien, Word 223
Liniendiagramm 1070
linksbündige Ausrichtung 210
Linksbündiger Tabulator 213
Linksdrehung 877
Listenfeld, Schriftart 857
Listenfelder, Leer 855
LKW-Symbol 855
Local Area Network 894
Long Integer 662
Löschen 830
- Aufgaben-Kategorie 596
- Datensatz 470
- Dokument aus Sammelmappe 1058
- Fehler 127
- Folie 763
- Hilfslinien 848
- Kategorien in Clip Gallery 1073
- Kommentar 356
- Notiz 356
- Tabellenblatt 383

- Tabellenhintergrund 458
- Tabulator 215, 216
- Termin 584
- Text 127
- Zeichen 181
- Zellinhalt 412
Lycos 916

— M ——————

Magnetisch 854
Mail-Client 925
Makro 49, 664ff., 988
- Aufzeichnung beenden 989
- Ausführen 988, 990
- Benennen 989
- Erstellung in Access 992
- In Menü einbinden 990
- In Symbolleiste einbinden 990
Malen 820
Manuell protokollieren, Kontakte 571
Manueller Abschnittswechsel 242
- Vorteile 242
Manueller Seitenwechsel 241
Manuelles Journal, Erstellen 571
Markieren
- Änderungen in Word-Dokument 1007
- AutoForm-Objekte 1077
- Bildausschnitt 1092
- Element in Publisher 843
- Mehrere Spalten 447
- Mit der Maus 130
- Spalte 408
- Tabelle 408
- Text 129
- Text in PowerPoint 767
- Textfeld 767
- Textrahmen 767
- Wort 130
- Zeichen 130
- Zeile 130, 408, 674
- Zelle 141
Markierungsmodus für Objekte 1077
Markierungsrechteck 812, 1078
Master 781

- Animation 795
- Animationseffekte 786
- Textfelder verschieben 768
Matrix, Datentyp 431
Maus
- Aktionen 84
- Doppelklick 84
- Klicken 84
- Markieren 130
- Outlook-Funktionen steuern 568
- Shortcut-Leiste verschieben 110
- Text markieren mit 184
- Verhalten ändern 83
- Zeigen 84
- Ziehen 84
Maximalwert 437
Maximieren, Fenster 53
Memo, Felddatentyp 662
Menü
- Befehl ausführen 54
- Befehlsblöcke 53
- Dialogbox öffnen 53
- Doppelpfeil 855
- Hilfe 100
- Makro einbinden 990
- Öffnen 53
- Symbole 53
- Untermenü 53
Menüleiste
- Outlook 566
- Publisher 841
Microsoft Draw 48
Microsoft Exchange 40
Microsoft Graph 47
Microsoft Organisation Chart 2.0 1099
Microsoft PhotoDraw 804
Miniaturbild 787
Minimalwert 434
Minimieren, Fenster 53
Mischen. Siehe Siehe Serienbrief drucken
Mittelwert 437
- Berechnen 371
Modul 664
Module 669
Mögliche Gültigkeitsregeln 524
Monatsansicht 578
Money 2000 35
MS Graph

- Balkendiagramm 1070
- Flächendiagramm 1070
- Kreisdiagramm 1070
- Liniendiagramm 1070
- Netzdiagramm 1071
- Säulendiagramm 1070
- Streuungsdiagramm 1071
MultiLanguage Pack 1152
Multiplikation 145, 431
Mustervorlage, Eigene erstellen 509
Mustervorlagen 509

— N ——————

Nach hinten stellen, Rahmen 878
Nach vorne stellen, Rahmen 878
Nachkommastellen, Aktivieren 370
Nachschlage-Assistent, Felddatentyp 663
Nachschlagen, Adressen 559
Name
- Datei 66
- Dokument 66
Namenfeld 427
Navigation
- Access 676
- Publisher 842
Navigationsansicht 938
Navigationsschaltflächen 676
- Funktionen 676
Navigieren, In Tabelle 264
Negation 431
Negativ 829
Negative Zahlen 400
Netscape Communicator, Outlook 641
Netzdiagramm 1071
Netzwerk 894
News-Client 925
Newsgroup, Liste 625
Nicht druckbare Zeichen 124
Normal-Ansicht, Eigenschaften 191
Normalansicht 123
- PowerPoint 744, 760
Notiz
- Ansehen 356

- Bearbeiten 356
- Einfügen 355
- Löschen 356
- Neu 110
- PowerPoint 748
- QuickInfo 356
Notizblattansicht 763
Notizblock 555
Notizenseiten-Ansicht 763
NUM 370
Numerierung, Fuß-/Endnoten 344
Nummerieren, Dokument 336
Nummertastenblock, Aktivieren 370

O

Object Linking And Embedding 49, 77
Objekt
- Animationseffekte 786
- Animationsreihenfolge festlegen 793
- Anpassen in PowerPoint 775
- Ausrichten 776
- Drehen 773
- Effekt 870
- Einbetten 1102
- Einfügen für mehrere Folien 782
- Farbverläufe 771
- Formel 1095
- Fülleffekte 771
- Grafiken als Fülleffekt 771
- Größe anpassen 777
- Markieren in Publisher 843
- Muster 771
- Numerisch rotieren 774
- Positionierhilfen 778
- Rotieren 773
- Stil zuweisen 1065
- Strukturen 771
- Umriß ändern 777
Objekt-Magnetismus 849
Objektausrichtung 776
Objekte zurechtschneiden 812
Objektgröße, Anpassen 777
Objektlage im Raum, PowerPoint 758
Objektmenü 670

Objektumriß, Ändern in PowerPoint 777
OCP-Programm 37
Office 2000
- Developer Edition 37
- Internet und Intranet 909
- Microsoft Draw 48
- Microsoft Graph 47
- Organisationsdiagramme 48
- Photo Editor 48
- Professional Edition 36
- Professional Edition & IntelliMouse 36
- Small Business Edition 35
- Standard Edition 36
- WordArt 47
- Zusatzprogramme 47
Office 97
- Adressenverwaltung 585
- Sammelmappe 1053
Office Compatible Program 37
Office deinstallieren 1151
Office reparieren 1151
Office-Anwendungen
- Anpassen 986
- Erweitern 986
- Steuern 986
Office-Assistent 92, 93, 860
Office-CD 48
Öffnen
- Arbeitsmappe 375
- Aufgabe 593
- Bilder im Photo Editor 1082
- Code-Fenster 997
- Datei 72
- Datei als Kopie öffnen 72
- Datei schreibgeschützt öffnen 72
- Datenbank 666, 668
- Datenbankobjekt 670
- Datenquelle für Serienbrief 291
- Dokument 72
- Dokument als Kopie öffnen 72
- Dokument mit Wildcards oder Jokerzeichen 68
- Dokument schreibgeschützt öffnen 72
- Einer älteren Word-Version 71
- Excel 138

- In Favoriten suchen 64
- Kalender 576
- Kontakte-Ordner 586
- Mehrere Internet Dokumente 914
- Mit der Dialogbox 72
- Präsentation 742, 753
- Publikation 849
- Tabellenblatt 383
Offsetdruck 888
OLE 49
OLE-Client 1073, 1099
OLE-Objekte
- Einbetten 78f.
- Verknüpfen 77, 79
- Word 280
OLE-Verbindung, Excel 415
Online-Dokument, Lesen 196
Operant 428
Operatoren 145, 431
- Arithmetisch 431
- Bereichs- 432
- Bezugs- 432
- Gültigkeitsregel 525
- Schnittmengen- 432
- Suchen 474
- Text- 432
- Vereinigungs- 432
- Vergleichs- 432
Optimale Einblendezeiten 798
Optimale Höhe 857
Optimale Spaltenbreite 445
Optimale Zeilenhöhe 448
Optionen
- Ansichten 201
- Drucken 137
- Excel 542
- Formularfeld 307
- Fuß-/Endnoten 345
- Gültigkeitsregeln 524
- Überarbeiten-Modus 1011
Ordnen, Journaleinträge 569
Ordner
- Eigene Dateien 63
- Favoriten 63, 70, 173
- Neuen Ordner aus Word heraus erstellen 66
- Schaltäche Outlook-Verknüpfungen 556
- Schaltfläche Eigene Verknüpfungen 562
- Wechseln in Outlook 556

Stichwortverzeichnis

- Zu Favoriten hinzufügen 63
Ordner Verlauf 919
Organigramm 1100
- Formatieren 1101
- Übernehmen 1101
Organisation Chart 2.0 1099
Organisationsdiagramm,
    Erstellen 1100
Organisationsdiagramme
    48, 1099, 1101
Organisationsstrukturen
    erzeugen 1099
Organisieren, Präsentations-
    punkte 761
Organizer 40
Orientierung
- Seite 376
- Tabelle 376
Outlook 150
- Adreßbuch 555
- Adressen erfassen 559
- Adressen nachschlagen 559
- Adressen verwalten 559
- Adressenliste 585
- Adressenverwaltung 585
- Aktivitäten für Kontakt 587
- Aktuelle Termine im Kalender 577
- Ansichtsoptionen 152
- Anzeigemöglichkeiten Kontakte 586
- Arbeitsbereich 567
- Aufgabe anlegen 593
- Aufgabe bearbeiten 593
- Aufgabe erledigt 594
- Aufgabe erstellen 595
- Aufgaben 559, 568, 592
- Aufgaben anzeigen 592
- Aufgaben übertragen 597
- Aufgaben zuordnen 645
- Aufgaben-Fälligkeitstermin 592
- Aufgaben-Kategorie löschen 596
- Aufgaben-Kategorien 596
- Aufgaben-Management 599
- Aufgaben-Status 594
- Aufgabenblock 592
- Aufgabenfälligkeit 598
- Aufgabenverwaltung am Einzelplatz 597
- AutoAuswahl 645

- Automatisch starten 565
- Automatische Journale für Access 569
- Automatische Journale für Excel 569
- Automatische Journale für Word 569
- Automatisches Journal einrichten 570
- Beenden 565
- Benutzeraktivitäten aufzeichnen 569
- Benutzerrechte 646
- Berechtigungen 646
- Besonderheiten bei Kontakterfassung 587
- Besprechungsanfrage 643
- Bestehende Aufgaben 592
- Blättern im Kalender 577
- Datenquelle 633
- Duplikate 643
- E-Mail zurückverfolgen 569
- Element 555
- Elemente in Arbeitsbereich einblenden 568
- EMail 555
- Entwürfe 562, 568
- Ereignis 581
- Erldigte Aufgaben 592
- Eudora 641
- Exchange-Server 633, 643
- Export-Assistent 639
- Exportieren 639
- Exportstandards 639
- Faxdienste 555
- Faxe zurückverfolgen 569
- Filtermöglichkeiten in Kalender 580
- Formular 556
- Frei/Gebucht Informationen 650
- Funktionen 556
- Funktionen mittels Maus steuern 568
- Gelöschte Objekte 561
- Gelöschte Objekte 568
- Gesamtaufgabe zurückstellen 598
- Gesendete Objekte 563
- Import-Assistent 639
- In Kontakten blättern 586
- Internet 555

- Journal 563, 568
- Journalansicht 569
- Journaleinträge ordnen 569
- Kalender 558, 568
- Kalender mit Aufgabenblock 555
- Kalender öffnen 576
- Kalender-Ansichten 576, 578
- Kalender-Elemente 577
- Kommagetrennte Werte 640
- Kommunikationsdienste 555
- Kontakt bearbeiten 589
- Kontakt-Details 587, 591
- Kontakt-Management 591
- Kontakt-Sortierungen 586
- Kontaktdaten exportieren 639
- Kontakte 559, 568
- Kontakte auswählen 634
- Kontakte auswerten 572
- Kontakte automatisch protokollieren 570
- Kontakte erfassen 586
- Kontakte erweitern 589
- Kontakte manuell protokollieren 571
- Kontakte verwenden 590
- Kontakte-Ordner öffnen 586
- Leistungsmerkmale 554
- Liste gesendeter Objekte 562
- Manuelles Journal erstellen 571
- Menüleiste 566
- Netscape Communicator 641
- Neue Aufgaben-Kategorie 596
- Neue Termine in Kalender 581
- Neuen Kontakt speichern 589
- Neuer Kontakt in bestehender Firma 589
- Notizblock 555
- Notizen 560, 600
- Notizen formatieren 602
- Notizen verwalten 601
- Office-Komponenten 555
- Office-Programme 633
- Ordner Schaltfläche Eigene Verknüpfungen 562
- Ordner Schaltfläche Outlook-

1183

Stichwortverzeichnis

Verknüpfungen 556
- Ordner wechseln 556
- Outlook Heute 557, 568
- Outlook Update 564, 568
- Postausgang 562, 568
- Posteingang 557, 568
- Programmstruktur 555
- Ressource 644
- Schaltfläche Weitere Verknüpfungen 564
- Serienbrief 633
- Seriendruckfelder 633
- Starten 565
- Steuerdaten für Serienbrief 633
- Symbolleiste 566
- Symbolleiste bei Notizen 567
- Symbolleiste bei Ordner Aufgaben 567
- Symbolleiste bei Ordner Kalender 566
- Symbolleiste bei Ordner Kontakte 566
- Symbolleiste bei Ordner Posteingang 566
- Tagesübersicht in Kalender 577
- Teilnehmerverfügbarkeit 643
- Termin löschen 584
- Termin sortieren 582
- Termin-Details anzeigen 584
- Termin-Erinnerung 582
- Termine eintragen 558
- Termine in Kalender erfassen 581
- Termine in Kalender suchen 583
- Termine verwalten 558
- Titelleiste des Arbeitsbereichs 567
- To-Do-Liste 555, 577
- VCalendar 647
- VCard 651
- VCard als Autosignatur 653
- Verknüpfung 634
- Weitere Ordner einfügen 569
- Zeiterfassung mit Journal 572
- Zertifikate für Kontakt 587
- Zusätzliche Informationen zu Kontakten 591
Outlook Adressbuch 636

Outlook heute 155
Outlook Update, Outlook 564, 568
Outlook-Leiste 556

– P –

Pack&Go 800
Paginierung 866
Palette 55
Papierformat 169, 377
- Publisher 863
- Seite 376
Paßwort, Internet 930
PC Paintbrush 1082
PCD 1082
PCX 1082
Personal Information Manager 40
Photo Editor 48
- Ausgleichung 1089
- AutoAusgleichung 1090
- Bildauflösung 1085
- Bildausschnitt markieren 1092
- Bildausschnitte 1085
- Bilddateiformate 1082
- Bildecken definieren 1087
- Bilder aufbereiten 1089
- Bilder drehen 1088
- Bilder komprimieren 1083
- Bilder neu anlegen 1081
- Bilder öffnen 1082
- Bilder umwandeln 1085
- Bilder zuschneiden 1086
- Bildgröße 1085
- Bildgröße ändern 1087
- Bildgröße verändern 1093
- Bildhelligkeit anpassen 1089
- Bildkontrast anpassen 1089
- Bildschirmausschnitte erzeugen 1086
- Drucken 1083
- Effektfilter 1090, 1091
- Farbpalette 1082
- Farbsysteme 1082, 1084
- Farbverteilung anpassen 1089
- Filter 1090
- Gamma anpassen 1089
- Glätten 1087

- Graustufen 1082
- JPEG-Qualitätsfaktor 1083
- Konvertieren 1083
- Letzter Speicherungszustand 1086
- Neues Bildfenster erzeugen 1085
- Prisma-Symbol 1093
- Prozentuale Dehnungen 1087
- Ränder hinzufügen 1086
- Ränder zuschneiden 1087
- Rückgängig 1086
- Scannen 1083
- Scharfzeichnen 1091
- Schwarzweiß 1082
- Screenshot erstellen 1086
- Starten 1080
- Statusleiste 1080
- Transparente Farbe 1093
- Tropfen-Symbol 1093
- TrueColor 1082
- Verfeinern 1091
- Verzerrungen 1087
- Weichzeichnen 1091
- Wiederholen 1086
PhotoDraw 2000 804
- Bild scannen 804
- Drehen 810
- Entwurfsvorlage 804
- Farbanpassung 827
- Format-Symbolleiste 807
- Leeres Bild 804
- Menüstruktur 806
- Menüzeile 806
- Objekttypen 808
- Standard-Symbolleiste 806
- Visuelles Menü 806
- Von digitaler Kamera downloaden 804
- Vorhandenes Bild öffnen 804
PictureIt 807
PIM 40, 554
Pinsel 820
Pinsel-Katalog 831
Pinselspitze 821
Pinselstile 820
Pinselstrich 820
Pivot-Chart 491
- Datenbereich 490
Pivot-Tabelle 695
Pivot-Tabellenbericht, Gruppierungskriterien 490

Pivot-Tabellenberichte 489
PivotChart 489
Pixelbild 804
Platzhalter
- Für Grafiken 361
- In Serienbrief-Hauptdokument einfügen 293
- Suchen 475
Plug-Ins 832
PNG 1082
Portable Network Graphics 1082
Position, In Tabelle 381
Positionieren
- Formularfelder 305
- Publisher 850
- Schreibmarke 130
- Shortcut-Leiste 110
Positionierhilfen 778
- Führungslinien 847
- Linealführungslinien 848
- Publisher 847
Positionsanzeige im Dokument 57
Positionsrahmen 273, 305
- Erstellen 273
- Suchen und Ersetzen 318
- Textfeld 273
Post, Elektronisch 49
Postausgang, Outlook 562, 568
Posteingang
- Aufgabe 599
- Outlook 557, 568
Potenzierung 145, 431
Potenzierungen 146
PowerPoint
- Als Webseite speichern 751
- Animation 787
- Animationen des Folienmasters 795
- Animationseffekte 786
- Animationsreihenfolge 787, 793
- Animationsvorschau 786, 787
- Ansicht ändern 743
- Aufzählungen formatieren 783
- Aufzählungen nummerieren 783
- Ausgabemedium der Präsentation 746

- AutoFormen 774
- AutoInhalt-Assistent 744
- Automatischer Folienwechsel 789
- Bedeutung Symbol 743
- Beenden 752
- Besprechungsnotizen 800
- Bildlaufleisten 743
- Bildschirmausschnitt verschieben 743
- Bildschirmpräsentation 764
- Diagrammeffekte 792
- Einblendezeiten festlegen 797
- Eingangsanimation 793
- Folie 743
- Folie löschen 763
- Folie weiterblättern 743
- Folien hinzufügen 764
- Folienfarbskala 771
- Folienhilfe 781
- Folienhintergrund 759
- Foliennummer 744
- Folienreihenfolge ändern 762
- Foliensortieransicht 762
- Folienübergang 787
- Formathierarchie 761
- Führungslinien 779
- Fülleffekte 771
- Gesamte Präsentation anzeigen 762
- Geschwindigkeit des Folienwechsels 788
- Gliederungsansicht 761
- Grafikfilter 751
- Grafikformat 751
- Handouts drucken 765
- Hierarchiebene ändern 761
- Hintergrund für mehrere Folien 781
- Hintergrund von Objekten anpassen 769
- Hyperlink 801
- Hyperlink einfügen 899
- Hyperlinks in Präsentationen 900
- In laufender Präsentation zeichnen 800
- Informationen 744
- Interaktive Schaltflächen 801
- Internet-Assistent 982

- Klang beim Folienwechsel 790
- Kommentar 763
- Lineal 778
- Macros 992
- Masterfolien 781
- Normalansicht 744, 760
- Notizbereich 748
- Notizblattansicht 763
- Notizen drucken 765
- Notizenseiten 763
- Objekt anpassen 775
- Objekt ausrichten 776
- Objekt für mehrere Folien einfügen 782
- Objekte drehen 773
- Objekte rotieren 773
- Objektgröße anpassen 777
- Objektlage im Raum 758
- Objektumriß ändern 777
- Optimale Einblendezeiten von Folien 798
- Organisationsdiagramm erstellen 1100
- Pack&Go 800
- Positionierhilfen 778
- Präsentation als Entwurfsvorlage speichern 750
- Präsentation erstellen 742
- Präsentation exportieren 751
- Präsentation fertigstellen 747
- Präsentation für anderen Computer 749
- Präsentation gestalten 757
- Präsentation öffnen 753
- Präsentation speichern 749
- Präsentation speichern in anderem Format 751
- Präsentation unterbrechen 800
- Präsentationsoptionen festlegen 746
- Präsentationspunkte, Organisieren 761
- Präsentationstyp 745
- Schatten 758
- Schriftart anpassen 767
- Schriftgrad anpassen 768
- Sicherheitsabfrage 752
- Sicherungskopie 748
- Sound beim Folienwechsel

Stichwortverzeichnis

790
- Starten 742
- Statusleiste 744, 748
- Text animieren 794
- Text markieren 767
- Text wortweise einblenden 795
- Text zeichenweise einblenden 795
- Texteingabe 756
- Textfeld 766
- Textfeld markieren 767
- Textfeldgröße anpassen 768
- Textgestaltung 756
- Textrahmen 766
- Textrahmen markieren 767
- Titelanimation 786
- Titelleiste 748
- Titelmaster 783
- TrueType einbetten 749
- Übergangseffekte beim Folienwechsel 788
- Vorgefertigte Grafikelemente 774
- Vortragsnotizen 765
- Webpräsentation 801
- Webseitenvorschau 751
- Zeichnen 758
- Zielgruppenorientierte Präsentation 798

Präsentation 42
- Als Webseite speichern 751
- Animation 787
- Animationen des Folienmasters 795
- Animationseffekte 786
- Animationsreihenfolge 787, 793
- Animationsvorschau 786, 787
- Ansicht ändern 743
- Ausgabemedium festlegen 746
- AutoForm 770
- AutoFormen 774
- AutoInhalt-Assistent 744
- Automatischer Folienwechsel 789
- Besprechungsnotizen 800
- Bildschirmausschnitt verschieben 743
- Bildschirmpräsentation 764

- Diagrammeffekte 792
- Einblendezeiten festlegen 797
- Entwurfsvorlage speichern 750
- Exportieren 751
- Ferstigstellen 747
- Folie 743
- Folie löschen 763
- Folie weiterblättern 743
- Folien hinzufügen 764
- Folienfarbskala 771
- Folienreihenfolge ändern 762
- Foliensortieransicht 762
- Folienübergang 787
- Formathierarchie 761
- Führungslinien 779
- Fülleffekte 771
- Gesamte anzeigen 762
- Geschwindigkeit des Folienwechsels 788
- Gestalten 757
- Gliederungsansicht 761
- Grafikformat 751
- Handouts drucken 765
- Hierarchiebene ändern 761
- Hintergrund für mehrere Folien 781
- Hintergrund von Objekten anpassen 769
- In laufender zeichnen 800
- In Word einbinden 278
- Interaktive Schaltflächen 801
- Klang beim Folienwechsel 790
- Kommentar 763
- Lineal 778
- Masterfolien 781
- Masterhintergrund 759
- Normalansicht 760
- Notizblattansicht 763
- Notizen drucken 765
- Notizenseiten 763
- Objekt anpassen 775
- Objekt ausrichten 776
- Objekt für mehrere Folien einfügen 782
- Objekte drehen 773
- Objekte rotieren 773
- Objektgröße anpassen 777
- Objektlage im Raum 758

- Objektumriß ändern 777
- Öffnen 753
- Optimale Einblendezeiten von Folien 798
- Optionen festlegen 746
- Pack&Go 800
- Positionierhilfen 778
- Punkte organisieren 761
- Schatten 758
- Schriftart anpassen 767
- Schriftgrad anpassen 768
- Sicherheitsabfrage 752
- Sicherungskopie 748
- Sound beim Folienwechsel 790
- Speichern 749
- Text animieren 794
- Text markieren 767
- Text wortweise einblenden 795
- Text zeichenweise einblenden 795
- Texteingabe 756
- Textfeld 766
- Textfeld markieren 767
- Textfelder verschieben 768
- Textfeldgröße anpassen 768
- Textgestaltung 756
- Textrahmen 766
- Textrahmen markieren 767
- Titelanimation 786
- Titelmaster 783
- Übergangseffekte beim Folienwechsel 788
- Übertragen 749
- Unterbrechen 800
- Veröffentlichen 752
- Vorgefertigte Grafikelemente 774
- Vortragsnotizen 765
- Zeichnen 758
- Zielgruppenorientierte 798
Präsentationstyp 745
Primärschlüssel 660, 663, 687, 721
- Festlegen 687
Prioritäten 146
Professional Edition 36
Professional Edition & IntelliMouse 36
Programmabläufe, Automatisieren 669

Programmbefehle, VBE 995
Programmiersprachen 37
Programmkontrolle, VBE 999
Programmoberfläche 51
- Internet-Explorer 913, 917
Programmstruktur, Outlook 555
Projekt-Explorer, VBE 998
Protokollieren
- Automatisches Journal 570
- Manuelles Journal 571
Provider 896
Prozent 145, 431
Prozentuale Dehnungen, Bilder 1087
Publikationen 888, 889, 891
- Hintergrundseiten 865
- Kopfzeilen 865
- Layout 863
- Öffnen 849
- Seite einfügen 862
- Seite einrichten 863
- Seite wechseln 865
- Seitenzahlen 865
Publisher
- Arbeitsbereich 816, 842
- Arbeitsfläche 842
- Assistent 849
- Assistenten 845, 846
- Benutzerdefinierte Formen zeichnen 845
- Bewegen in 842
- Design Gallery 846
- Design-Vorschläge 846
- Dokumentseite 842
- Doppelseitige Layouts 848
- Druckereinstellung 849
- Effekte 844
- Element markieren 843
- Elemente in Design Gallery übernehmen 880
- Elemente schützen 866
- Extern drucken 883
- Format 856
- Führungslinien 847
- Grafik 844
- Grafik aus Clip Gallery einfügen 868
- Grafik aus Datei einfügen 869
- Grafik neu einfärben 870
- Grafik vergößern 870
- Grafik verkleinern 870

- Grafikdarstellung 872
- Grafikeffekt 870
- Graustufen 881
- Hilfslinien ein-/ausblenden 848
- Hintergrundseiten 865
- Importformate 869
- Informationen 842
- IntelliMouse 841
- Kopfzeilen 865
- Layout 863
- Lineale 842
- Linealführungslinien 848
- Menüleiste 841
- Objekt einfügen 869
- Objekt-Magnetismus 849
- Objekte anordnen 847
- Objekte ausrichten 848
- Objekte gruppieren 879
- Objekte positionieren 850
- Objekteffekt 870
- Papierformat 863
- Positionierhilfen 847
- Publikation öffnen 849
- Rahmen drehen 877
- Rahmen erstellen 876
- Rahmen gruppieren 879
- Rahmen kippen 877
- Rahmen kopieren 876
- Rahmen nach hinten stellen 878
- Rahmen nach vorne stellen 878
- Rahmen rotieren 877
- Rahmen spiegeln 877
- Rahmen verändern 876
- Rückgängig 841
- Schmuckelemente 846
- Seite einfügen 862
- Seite einrichten 863
- Seite wechseln 865
- Seitenaufbau 850
- Seitenformat 863
- Seitenzahlen 865
- Spotfarben 882
- Sschmuckfarben 882
- Statuszeile 842
- Symbolleiste Format 842
- Symbolleiste Standar 841
- Tabelle 844
- Teilstrichausrichtung 849
- Text 844

- Überschriften 846
- Vollfarbmodus 883
- Werkzeugleiste 842
- Wiederherstellen 841
- Wiederkehrende Grafikelemente 842
- WordArt 844
- Zeichnen 845

— Q ——————

Quadrat zeichnen, Publisher 845
Querformat 168, 376
Querverweis
- Bezugsinformation ändern 349
- Erstellen 348
QuickInfo 347
- Kommentar 356
- Symbole in PowerPoint 743
Quickinfo festlegen 902

— R ——————

Radiergummi 268
Rahmen
- Formate 456
- In Publisher drehen 877
- In Publisher erstellen 876
- In Publisher gruppieren 879
- In Publisher kippen 877
- In Publisher kopieren 876
- In Publisher rotieren 877
- In Publisher spiegeln 877
- In Publisher verändern 876
- Lage im Raum 878
- Linie 456
- Linienfarbe 456
- Nach hinten stellen 878
- Nach vorne stellen 878
Rahmen drehen 876
Rahmen und Zierrahmen 858
Rahmenart 857
Rahmenbegrenzung 855
Rand 826
Rasterfrequenz 891
Rechner, EMail 907
Rechtsbündiger Tabulator 213
Rechtschreibfehler
- Anzeigen 323

Stichwortverzeichnis

- AutoKorrektur 327
- Korrigieren 324
Rechtschreibprüfung 127
- Word 323
Rechtschreibung
- Ähnliche Schreibweise suchen 319
- Installierte Sprachen 322
- Sprache automatisch erkennen 322
Rechtsdrehung 877
Recreational software advisory council 929
Referentielle Integrität 728
Reihenfolge, Folien 762
Relation 660
Relationale Datenbanken 41
Relative Zellbezüge 417
Reparatur 1150
Ressource, Outlook 644
Retuschefilter 1090
Retuschieren 830
Rote-Augen-Effekt 830
Rotieren
- Bilder 1088
- Rahmen 877
RSACi 929
Rückgängig 88
- Access 671
- Photo Editor 1086
- Publisher 841
- Zurücknehmen 88
Runtime-Modul 41

—S—

Sammelmappe 1053
- Abschnitt 1053
- Abschnitte umbenennen 1059
- Arbeiten außerhalb 1057
- Dokument löschen 1058
- Erforderliche Arbeiten außerhalb 1057
- Nicht mögliche Anwendungsfunktionen 1057
- Verwalten 115
- Zerlegen 1059
Sättigung 828
Satzprogramm 44
Säulendiagramm 1067, 1070

Scannen
- Bilder 1083
- Photo Editor 1083
- Schnittstelle 1083
Scharf 832
Scharfzeichnen 1091
Schatten 810, 832, 859
- PowerPoint 758
Schattenoptionen 810
Schattenplazierung 810
Schattierung 859
- Word 223
Schlagschatten 810
Schließen
- Arbeitsmappe 374
- Datenbank 672
- Office-Assistent 95
Schmuckelemente, Publisher 846
Schmuckfarben 882
Schmuckrahmen 858
Schnelleinstieg, Assistenten 117
Schnittmengenoperator 432
Schnittstelle, Scanner 1083
Schraffur, Hintergrund 460
Schreibfehler
- Anzeigen 323
- AutoKorrektur 327
Schreibgeschützt öffnen 375
Schreibmarke, Positionieren 130
Schreibschutz 176, 672
Schreibweisen, Suchen und Ersetzen 318
Schrift
- Animation 209
- Buchstabenbreite ändern 208
- Durchgestrichen 450
- Fett 142
- Fett 450
- Fette Auszeichnung 204
- In Dokumentvorlage 236
- Kursiv 450
- Kursive Auszeichnung 204
- Laufweite ändern 208
- Schriftfarbe 142
- Unterschneidung 208
- Unterstreichen 205
- Unterstreichen 207, 450
- Vordergrund 142

Schrift punktweise veändern 206
Schriftart 809, 857
- Ändern 206
- Ändern 130
- Anpassen 767
- Auswählen 379
- Dauerhaft festlegen 236
- Standard festlegen 236
- Zuweisen 130
Schriftartenvorschau 767
Schrifteffekte 277
Schriftgröße 857
- Ändern 206
- Ändern 130
- Anpassen 768
- Auswählen 379
- Dauerhaft festlegen 236
- In Excel 451
- Standard festlegen 236
- Zuweisen 130
Schriftliste 857
Schriftschnitte 451
Schusterjungen 211
Schützen, Objekte 866
Schwarzweiß, Photo Editor 1082
Screenshot, Erstellen 1086
Script 47
SCRL 370
Seite
- Arbeitsmappennamen in Kopfzeile einfügen 380
- Datum in Kopfzeile einfügen 379
- Druckbereich festlegen 380
- Druckelemente festlegen 381
- Drucktitel 380
- Einrichten 863
- Formatlage 376
- Fußzeile 377
- Gesamtseiten-Anzahl in Kopfzeile einfügen 379
- Hintergrund 865
- Hochformat 376
- In Publisher einfügen 862
- Internet 932
- Kopfzeile 377
- Kopfzeile bearbeiten 378
- Lage eines Bildes 1084
- Manueller Wechsel 241
- Papierformat 376

- Querformat 376
- Ränder 377
- Schriftart für Kopfzeile auswählen 379
- Schriftauszeichnung für Kopfzeile auswählen 379
- Schriftgröße für Kopfzeile auswählen 379
- Seitennummer in Kopfzeile einfügen 379
- Tabellenblattnamen in Kopfzeile einfügen 380
- Uhrzeit in Kopfzeile einfügen 380
- Wechseln 865
Seite einrichten 889
Seiten 664, 669, 862
- Reihenfolge beim Drucken 381
Seitenansicht 114, 200
- Layout 539
Seitenaufbau, Publisher 850
Seitenformat
- Innerhalb Dokument ändern 242
- Publisher 863
Seitenfunktionen 862
Seitenlayout 195
Seitenlayout-Ansicht 124
Seitennummer, Einfügen 379
Seitennummerierung 284
- Automatisch 377
Seitenränder 377
Seitenregister, Excel 367
Seitenreihenfolge, Beim Drucken 381
Seitenrichtig 891
Seitenumbruch, Erzwingen 241
Seitenumbruchvorschau 535
Seitenverkehrt 891
Seitenwechsel
- Manuell 241
- Oberhalb 212
Seitenzahl, Der Tabelle festlegen 377
Seitenzahlen 284, 866
- Publisher 865
Selektieren
- Bericht 708
- Daten 698
- Grafiken in Clip Gallery 1073

Senden an, Gliederung an PowerPoint 761
Separation 888
Serienbrief 248
- Abfrageoptionen 296
- Adreßdaten verwalten 295
- Adressenliste 291
- Bedingungsfelder 296
- Daten importieren für 291
- Datenquelle 633, 636
- Datenquelle erstellen
- Datenquelle 291
- Datenquelle erstellen für 292
- Datenquelle öffnen für 291
- Datenquelle wählen für 292
- Drucken 295
- Erstellen 288
- Hauptdokument 635
- Kontakte 633
- Microsoft Exchange-Adreßbuch 292
- Outlook 633
- Outlook Adressbuch 636
- Platzhalter in Hauptdokument einfügen 293
- Verbinden 295
- Word 635
- Zusammenführen 295
Serienbriefdaten 639
Seriendruck, Datenmaske 293
Seriendruck-Manager 288
- Abfrageoptionen 296
- Bedingungsfelder 296
- Datenmaske für Seriendruck 293
- Datenquelle 291
- Datenquelle bearbeiten 295
- Datenquelle öffnen 293
- Etiketten 302
- Seriendruck-Vorschau 294
- Symbolleiste Seriendruck 294
Seriendruck-Vorschau 294, 638
Seriendruckfelder, Outlook 633
Serienfax, Erstellen 298
Serienmail
- Anlagen senden 298
- Erstellen 298
Server 895
Setup 1147
Shortcut-Aktionen zum Markieren 185
Shortcut-Leiste

- Anpassen 110
- Ausblenden 110
- Einrichten 110
- Positionieren 110
- Vershieben 110
- Weitere Symbolleisten 112
Sicherheitsabfrage, PowerPoint 752
Sicherheitsabfragen 87
Sicherheitseinstellungen, Internet-Explorer 926
Sicherheitskopien 89
Sichern
- Geänderte Datei speichern 64
- In neuem Ordner 66
- Lange Dateinamen 65
- Ordner Eigene Dateien 63
- Regeln für Dateinamen 65
- Speichern unter 64
Sicherungskopie
- Erstellen 373
- PowerPoint 748
Silbentrennung 212, 263
- Keine 212
- Sprache automatisch erkennen 322
Skalierung 376
- ClipArt 1075
- Diagramm in Excel 498
- Objekt 777
- Text 1065
Skizze 835
Small Business Edition 35
Sonderzeichen 220
- Suchen und Ersetzen 318
Sortieren, Abfrageergebnis 703
- Daten 477
- Datensätze 721
- Kalendarische Reihenfolge 479
- Monatsnamen 479
- Termin 582
Sortierungen, Kontakte 586
Sound 790, 1072
Spalten 656, 854
- Automatisch ausfüllen 402
- Durch Ziehen markieren 447
- Einblenden 677
- Excel 365
- Maximale Anzahl 367
- Text 242

1189

Spaltenbeschriftungen 450
Spaltenbreite 445
- Anpassen 444
- Automatisch 675
- Interaktiv anpassen 446
- Verstellen 675
Spaltenkopf, Excel 365
Spaltennamen 673
Speichern
- Access 64
- Allgemeine Optionen 70
- Arbeitsmappe 372
- Automatisch 529
- Brief 135
- Datenbank 671
- Dokument 135
- Extras 70
- Geänderte Datei speichern 64
- In neuem Ordner 66
- Lange Dateinamen 65
- Neuen Kontakt 589
- Optionen in Word 70
- Ordner Eigene Dateien 63
- Präsentation 749
- Präsentation als Entwurfsvorlage 750
- Regeln für Dateinamen 65
- Speichern unter 64
- Tabelle 150, 688
- Tabellenblatt 387
- Text 135
- Version 1013
- Vorgang beschleunigen 361
Speicheroptionen 373
- Word 70
Spezialfilter 715
Spezialfilter/-sortierung 720
Spezialsortierung 715
Spiegeln, Rahmen 877
Spotfarben 882
Sprache, Suchen und Ersetzen 318
Sprachunterstützung 1152
Standard Edition 36
Standard-Autoformen 774
Standard-Drucker 136
Standard-Symbolleiste 806
Standard-Tabstops 213, 214
Standard-Tabulatoren 213
Standardinstallation 1146
Standardschrift 208

Standardtabulatoren 214
Start-Menü 117
Starten
- Access 666
- Brief-Assistent 247
- Excel 138, 364
- Formel-Editor 1094
- Internet-Explorer 910
- Office-Assistent 93
- Outlook 565
- Outlook automatisch 565
- Photo Editor 1080
- PowerPoint 742
- Thesaurus 330
- Word 117
Startseite
- Im Internet 917
- Internet Explorer 911
Status, Aufgabe 594
Statusleiste 667
- ADD 370
- Anzeigen 370
- Anzeigen 370
- Ausblenden 370
- AutoBerechnen 371
- Bedeutung der Abbürzungen 370
- Ein- und ausblenden 667
- Einblenden 370
- Excel 369
- EXT 370
- NUM 370
- Photo Editor 1080
- PowerPoint 744, 748
Statuszeile 807
- Publisher 842
Steuerelement, Direkthilfe 99
Steuerelemente 51
Steuern, Office-Anwendungen 986
Steuerzeichen, Suchen und Ersetzen 318
Stichwortverzeichnis, Erstellen 353
Stil, Bericht 709
Streuungsdiagramm 1071
Subtraktion 145, 431
Suchbegriffe, Kombinieren 474
Suchen
- Ähnliche Schreibweise 319
- ClipArt in Clip Gallery 1074
- Datensatz 472

- Datensätze 472, 721
- Grafiken in Clip Gallery 1073
- Hilfe 102
- In Word 319
- Internet 911
- Mit Operator 474
- Mit Platzhalter 475
- Office-Assistent 98
- Suchpfad bei der Dateisuche bestimmen 69
- Termine in Kalender 583
- Volltextsuche 68
Suchen und Ersetzen, Word 318
Suchen und Finden
- Internet 916
- Nach Inhalten suchen 68
- Suchpfad bestimmen 69
- Volltextsuche 68
Suchpfad, Bei der Dateisuche bestimmen 69
Summe 428
Symbol, Hilfe 743
Symbole 55
- Menü 53
Symbolgröße, Anpassen 671
Symbolleiste
- Aktivieren 55
- Animationseffekte 786
- Deaktivieren 55
- Diagramm 499
- Format 55
- Formatierung PowerPoint 756
- Gliederung 197, 335
- Kopf- und Fußzeile 342
- Makro einbinden 990
- Outlook 566
- Seriendruck 294, 636
- Standard 55
- Tabellen und Rahmen 260
- Verschieben 55
- WordArt 1064
- Zwischenablage 75, 188
Symbolleiste Diagramm, Schaltflächen 502
Symbolleiste Format, Publisher 842
Symbolleiste Standard, Publisher 841
Synonyme 330
Systemmenü 52

— T —

Tabellarisch, AutoFormular 695
Tabelle 142, 664
- Absolute Zellbezüge 418
- Addition 431
- Anzahl der Zellen 371
- Arbeiten mit umfangreichen 368
- Arbeitsmappennamen in Kopfzeile einfügen 380
- Arithmetischer Operator 431
- Auswahlbasierter Filter 716
- Auswahlliste 518
- AutoBerechnen 371
- AutoBerechnen-Funktionen 371
- Automatische Seitennummerierung 377
- AutoVervollständigen 519, 547
- Bedingte Formatierung 519
- Bereichsnamen vergeben 426
- Bereichsnamen verwenden 427
- Bereichsperator 432
- Bewegen in 264, 368, 676
- Beziehung 660
- Bezugsoperator 432
- Bildschirmausschnitt mit Pfeiltasten bewegen 370
- Brüche 401
- ClipArt einfügen 461
- Daten einfügen statt überschreiben 412
- Daten transponieren 414
- Daten verschieben 410
- Datenblattansicht 684
- Datenblattansicht beenden 677
- Dateneingabe 139
- Datenreihentyp arithmetische Reihe 405
- Datenreihentyp geometrische Reihe 405
- Datenreihentyp Zeitreihe 404
- Datensatz 657
- Datensicherung 678
- Datentyp 388
- Datentyp festlegen 391
- Datum in Kopfzeile einfügen 379
- Detektiv 527
- Dezimalbruch 400
- Division 431
- Dokumentfenster 543
- Druckbereich festlegen 380
- Druckelemente festlegen 381
- Druckqualität 377
- Drucktitel 380
- Druckvorschau 378
- Eingabebeispiele 400
- Entwurfsansicht 684
- Entwurfsansicht beenden 688
- Farbe der Gitternetzlinien 460
- Felddatentyp 661, 685
- Felder 657
- Feldnamen 673
- Formatbeschreiber 453
- Formate einfügen 414
- Formatieren 266
- Formatlage 376
- Formatvorlage 507
- Formeln 145
- Formeln einfügen 413
- Fußzeile 377
- Ganze Spalte 442
- Ganze Zeile 442
- Gehe zu 427
- Gesamtseiten-Anzahl in Kopfzeile einfügen 379
- Gestalten 141
- Gitternetzlinien ausblenden 461
- Gitternetzlinien ein-/ausblenden 677
- Grafik einfügen 267, 461
- Größe festlegen 257
- Gültigkeit einfügen 414
- Gültigkeitsregeln 521
- Hochformat 376
- Importieren 684
- Kaufmännische Zahlen 400
- Kommentare einfügen 414
- Konstanten 433
- Koordinate 381
- Kopfzeile 377
- Kopfzeile bearbeiten 378
- Long Integer 662
- Markieren 408
- Markierung aufheben 142
- Markierung erweitern 370
- Maximale Anzahl von Spalten 367
- Maximale Anzahl von Tabellenblättern 367
- Maximale Anzahl von Zeilen 367
- Maximalwert 437
- Minimalwert 434
- Mit der Datenmaske arbeiten 468
- Mittelwert 437
- Mittelwert berechnen 371
- Multiplikation 431
- Mustervorlagen erstellen 509
- Nachkommastellen, Aktivieren 370
- Namenfeld 427
- Negation 431
- Negative Zahlen 400
- Nummertastenblock aktivieren 370
- Operator 431
- Papierformat 376, 377
- Pivot 695
- Potenzierung 431
- Prozent 431
- Publisher 844
- Querformat 376
- Rahmenformate 456
- Rahmenlinie 456
- Relative Zellbezüge 417
- Schnittmengenoperator 432
- Schriftart für Kopfzeile auswählen 379
- Schriftauszeichnung für Kopfzeile auswählen 379
- Schriftgröße 451
- Schriftgröße für Kopfzeile auswählen 379
- Seitennummer in Kopfzeile einfügen 379
- Seitenränder 377
- Seitenreihenfolge beim Drucken 381
- Seitenzahl festlegen 377
- Spalte markieren 408
- Spalten 365, 656
- Spalten automatisch ausfüllen 402
- Spalten einblenden 677
- Spaltenbreite anpassen 267, 444

Stichwortverzeichnis

- Spaltenbreite festlegen 258
- Spaltenbreite verstellen 675
- Spaltenhöhe verstellen 674
- Spaltenkopf 365
- Spaltennamen 673
- Speichern 150, 688
- Standardschriftart anpassen 548
- Subtraktion 431
- Summenformel 428
- Tabellen-Assistent 684
- Tabellenbereiche benennen 367
- Tabellenblatt 365
- Tabellenblatt einfügen 383
- Tabellenblatt kopieren 386
- Tabellenblatt löschen 383
- Tabellenblatt öffnen 383
- Tabellenblatt speichern 387
- Tabellenblatt verschieben 385
- Tabellenblatt wechseln 367
- Tabellenblattgröße ändern 376
- Tabellenblattnamen in Kopfzeile einfügen 380
- Text in Zellen ausrichten 448
- Text korrigieren 396
- Text zentrieren 142
- Texte eingeben 393
- Texteingabe 263
- Textfeld 662
- Textoperator 432
- Uhrzeit in Kopfzeile einfügen 380
- Umrahmen 266
- Unabhängige Markierungsblöcke erstellen 370
- Vereinigungsoperator 432
- Vergleichsoperator 432
- Verknüpfen 684
- Verknüpfung 660
- Verweise 145
- Vorgefertigte Formate 259
- Werte einfügen 414
- Zahlen eingeben 399
- Zeichnen 259
- Zeile markieren 408, 674
- Zeilen 365, 656
- Zeilenbreite festlegen 258
- Zeilenhöhe ändern 447
- Zeilenhöhe einstellen 448

- Zeilenkopf 365
- Zeilenumbruch 264
- Zeilenumbrüche 450
- Zellbereiche kopieren 410
- Zellbereiche verschieben 408
- Zellbezüge 425
- Zelle formatieren 391
- Zellen 365
- Zellen einfügen 441
- Zellen löschen 442
- Zellen nach links verschieben 443
- Zellen nach oben verschieben 443
- Zellen nach rechts verschieben 442
- Zellen nach unten verschieben 442
- Zellen verbinden 449
- Zellen zählen 371
- Zellenausrichtung linksbündig 449
- Zellenausrichtung rechtsbündig 449
- Zellenausrichtung zentriert 449
- Zellenformatierung 448
- Zellenhöhe anpassen 267
- Zellenmaximum berechnen 371
- Zellenmniimum berechnen 371
- Zellensumme berechnen 371
- Zellinhalt ausrichten 143
- Zellinhalte bearbeiten 367
- Zellinhalte eingeben 367
- Zellinhalte löschen 412

Tabellen einfügen 256
- Word 256

Tabellen in Tabellen 265
- Aktivieren 361

Tabellen-Assistent 684
Tabellenaufbau 664
Tabellenbereiche, Benennen 367
Tabellenblatt
- Bearbeiten von Zellinhalten 367
- Bewegen in 381
- Einfügen 383
- Eingeben von Zellinhalten 367

- Excel 365
- Größe ändern 376
- Hyperlink zu 900
- Koordinate 381
- Kopieren 386
- Löschen 383
- Nächstes 367
- Öffnen 383
- Spalten 365
- Speichern 387
- Verschieben 385
- Wechseln 367
- Zeilen 365
- Zellen 365
- Zellinhalte bearbeiten 367
- Zellinhalte eingeben 367

Tabellenblätter
- Anzahl in neuer Arbeitsmappe 548
- Maximale Anzahl 367

Tabellenblattnamen, Einfügen 380
Tabellenhintergrund, Löschen 458
Tabellenkalkulation 39, 145
Tabulator 126
- Dezimaltabulator 213
- Einrichten 216
- Füllzeichen 216
- Linksbündig 213
- Löschen 215, 216
- Rechtsbündig 213
- Setzen 214
- Standard-Tabstops 214
- Standardtabulatoren 214
- Tabulator Leiste 213
- Zentriert 213

Tag 903
Tagesansicht 151, 578
Tagged Image Format 1082
Targa 1082
Tastenkombinationen 54
- Bewegen im Text 182
- Bewegen in Tabelle 676
- Direkthilfe 99

Tastenkürzel, Schriftauszeichnung 205
Tausender-Trennzeichen 400
TCP/IP 895
Teamarbeit
- Aufgabenverwaltung 645
- Gemeinsame Kontakordner

646
- Termine koordinieren 643
TechNet-CDs, Hintergrundinformationen 37
Teilen
- Arbeitsbereich 369
- Fenster 369
Teilergebnisse, Berechnen 487
Teilnehmerverfügbarkeit, Outlook 643
Teilstrichausrichtung, Publisher 849
Teiltransparenz 832
Teilung aufheben, Arbeitsbereich 369
Temporäre Dateien 918
Temporary Internet Files 919
- Größe bestimmen 919
Termin
- Ereignis 581
- Erinnerung 582
- Löschen 584
- Neu eingeben 110
- Sortieren 582
Termin anlegen 153
Termin verändern 153
Terminorganisation 40
Text
- Abfrageoptionen 296
- Absätze nicht trennen 212
- Absatzformatierungen 181
- Absatzkontrolle 211
- Ähnliche Schreibweise suchen 319
- Animation 209, 794
- Ausrichten 1065
- Ausrichtung 209
- Ausrücken 217
- Auszeichnen 131
- Autoformate für Tabellen 258
- AutoKorrektur 327
- Automatische Seitennummerierung 284
- Automatische Seitenzahlen 284
- Bearbeiten 116
- Bedingungsfeld einfügen 296
- Bedingungsfelder 296
- Blocksatz 210
- Buchstabenbreite ändern 208

- Darstellungsgröße ändern 193
- Datenmaske für Seriendruck 293
- Datenquelle bearbeiten 295
- Datenquelle für den Seriendruck 291
- Datenquelle öffnen 293
- Datentyp 391, 431
- Datum und Uhrzeit 283
- Direkte Formatierung 227
- Dokumentgliederung 338
- Dokumentschutz für Formulare 315
- Drucken 136
- Durchgestrichen 450
- Effekte 207
- Effekte in Publisher 844
- Einfügen 187
- Eingeben 116, 139
- Einrücken 217
- Ersetzen 321
- Fehler korrigieren 127, 181
- Feldarten 285
- Felddatentyp 662
- Felder einfügen 284
- Felderansichten 287
- Feldklammern 286
- Feldoptionen 285
- Feldschalter 285
- Fett 131, 450
- Fette Schriftauszeichnung 204
- Filialdokumente erweitern 340
- Formatieren 129, 131
- Formatierung bei Aktualisierung 285
- Formatierungszeichen 192
- FormatInfo 227
- Formatvorlagen zuweisen 228
- Formatvorlagenkatalog 246
- Formen 1065
- Formularfeldarten 308
- Formularfelder einfügen 309
- Formularmodus 309
- Freies Drehen 1065
- Gestalten 129, 131
- Gestaltungsmittel 1062
- Gliederungen 334
- Grafik einfügen 133

- Grafiken integrieren 133
- Grammatikfehler erkennen 331
- Hervorhebungen 356
- Hilfetext für Formularfelder 309
- Importieren 859
- In Excel korrigieren 396
- In Spalten darstellen 242
- In Tabelle eingeben 263
- In Zellen ausrichten 448
- Kopieren 187
- Kursiv 132, 450
- Kursive Schriftauszeichnung 204
- Laufweite ändern 208
- Linksbündige Ausrichtung 210
- Markieren 129
- Markieren in PowerPoint 767
- Mit WordArt bearbeiten 1064
- Neuer Absatz 180
- Neuer Absatz 124
- Online-Formular 304
- Passagen hervorheben 131
- Publisher 844
- Rechtsbündige Ausrichtung 210
- Rechtschreibprüfung 323
- Schattierung 223
- Schrift punktweise veändern 206
- Schriftart Ändern 206
- Schriftart dauerhaft festlegen 236
- Schriftartersetzung 362
- Schriftgröße ändern 206
- Schriftgröße dauerhaft festlegen 236
- Seitennummerierung 284
- Seitenwechsel oberhalb 212
- Seitenzahlen 284
- Seriendruck-Manager 288
- Seriendruck-Vorschau 294
- Seriendruckablauf 289
- Silbentrennung 212
- Skalieren 1065
- Speichern 135
- Sprache automatisch erkennen 322
- Standardschrift 208
- Standardschriftart festlegen

1193

236
- Standardschriftgröße festlegen 236
- Stil zuweisen 1065
- Suchen 319
- Suchen und Ersetzen 318
- Symbolleiste Formular 307
- Symbolleiste Kopf- und Fußzeile 342
- Symbolleiste Seriendruck 294
- Synonyme 330
- Tabellen einfügen 256
- Tabellen in Tabellen 265
- Tabulatoren 212
- Textfeld verknüpfen 358
- Textfluß 211
- Textmarken 306
- Unterschneidung 208
- Unterstreichen 205
- Unterstreichen 207, 450
- Vertikal auf Seite ausrichten 242
- Vorlage für Webseiten 243
- Webseitenvorschau 244
- Wortweise einblenden 795
- Zeichen löschen 181
- Zeichenweise einblenden 795
- Zeilen nicht trennen 212
- Zeilenabstand 211
- Zeilenumbruch 124, 181
- Zentrierte Ausrichtung 210
Text-Formularfeld 308
Textabstand zum Rahmen 861
Textausrichtung 209
Textauszeichnungen entfernen 205
Textbausteine. *Siehe* Siehe Autotext
Textdokument, Kennwörter verwenden 1018
Texte eingeben 393
Textfeld
- Access 662
- Einfügen 766
- Einstellen 271
- Formatieren 271
- Fußnote 273
- Kommentar 273
- Markieren 767
- Positionsrahmen 273
- Verknüpfen 358
Textfeld formatieren 770

Textfluß 211, 872
Textgliederungen 334
Textkörper 337
Textmarke, Hyperlink zu 900
Textmarken 306
Textobjekt 810
Textoperator 432
Textoperatoren 432
Textrahmen 853
- Einfügen 766
- Markieren 767
- Publisher 844
- Verkettung 859
Textrahmen automatisch verketten 860
Textrahmen formatieren 855
Textrahmeneigenschaften 861
Textverarbeitung 38, 116
- Dokumente schützen 1018
TGA 1082
Thesaurus, Starten 330
Tieferstufen 335
TIF 1082
Tip 95
Tippfehler korrigieren 128
Tips 92
Titelleiste
- Outlook-Arbeitsbereich 567
- PowerPoint 748
Titelmaster 783
- Animation 795
To-Do-Liste 555, 577
Tönen 828
Topleveldomain, EMail 907
Transmission Control Protocol/ Internet Protocol 895
Transparente Farbe, Bilder 1093
Transparenz 810, 832
Transponieren 414
Trennen, Bearbeitungsstände 1013
TrueColor 1083
- Photo Editor 1082
TrueType einbetten, PowerPoint 749
TWAIN-Schnittstelle 804, 869
Typ
- Datei 66
- Dokument 66

— U ——

Überarbeiten
- Bearbeiter 1009
- Zeitpunkt der Änderung 1009
Überarbeiten-Modus 1022
- Aktivieren 1007
- Änderungen ablehnen 1010
- Änderungen annehmen 1010
- Änderungen hervorheben 1007
- Änderungen markieren 1007
- Optionen 1011
Überpüfen, OLE-Objekt 80
Überschrift, Hyperlink zu 900
Überschriften, Publisher 846
Überschriftsebenen, Ein-/ausblenden 197
Übertragen, Aufgaben 597
Übertragung, Internet 907
Überwachungsfenster, VBE 999
Uhrzeit, Einfügen 380
Umbennen, Abschnitte 1059
Umfang, Drucken 137
Umfangreiche Dokumente, Zerlegen 338
Umrahmen, Tabelle 266
Umrißattribute 814
Umrisse modifizieren 824
Umrißlinie 857
Umschlag 252
Umschläge 288, 299
Umstellen von Absätzen 189
Umwandlung, Bilder 1085
Umzustellen, Folien 762
UNC-Pfad 975
Uniform Ressource Locator 898
Universal Naming Convention 975
Unregelmäßige Tabellen 259
Unscharf 832
Unterbrechen, Präsentation 800
Untereintrag, Index 352
Untermenü 53
- Öffnen 53
Unterschied, Textfeld und Positionsrahmen 273
Unterstreichen 205, 450
Unterstreichen 207
Update, Internet Explorer 1147
URL 898

UserForm-Fenster, VBE 999

– V ───────

VBA 986
- Entwicklungsumgebung 988
- Erlernen 1002
- Funktionsfähigkeit 986
- IntelliSense-Technologie 1002
- Makro benennen 989
- Makros-Aufzeichnung beenden 989
- VBA-Editor 990
VBA-Editor 990
VBE
- Aktionen ausführen 1000
- Blauer Text 995
- Code-Fenster 995
- Code-Fenster öffnen 997
- Direkt-Fenster 1000
- Drag & Drop 996
- Eigenschaftsfenster 997
- Fehlersuche 999
- Formulare 999
- Funktionen 995
- Grüner Text 995
- Grüner Text 995
- IntelliSense-Technologie 995
- Kommentare 995
- Kommentartext 995
- Programmbefehle 995
- Programmkontrolle 999
- Projekt-Explorer 998
- Quickinfo 995
- Überwachungsfenster 999
- UserForm-Fenster 999
Vektorgrafik 804
Vektorgrafiken 48
Verändern
- Aufzählungszeichen 219
- Bildgröße 1093
- Hyperteinträge 957
- Organigramm 1101
- Rahmen 876
Verarbeiten, Datensatz 714
Verbessern, Bildqualität 1090
Verbinden
- Serienbrief 295
- Zellen 449
Verbindung, DFÜ-Netzwerk 924

Verbindungen, Internet 922
Vereinfachen, Formatieren 988
Vereinigungsoperator 432
Verfeinern 1091
Verfremden, Bilder 1091
Vergeben, Bereichsnamen 426
Vergleichen, Dokument-Versionen 1017
Vergleichsoperator 431
Vergrößern
- Diagramm in Excel 498
- Grafik in Publisher 870
- Vorschau in Clip Gallery 1075
Verkettete Textrahmen 859
Verkleinern
- Diagramm in Excel 498
- Grafik in Publisher 870
Verknüpfung 660
- Aktualisieren 81
- OLE-Objekte 77, 79
- Tabelle 684
- Textfeld 358
Veröffentlichen, Präsentation 752
Verschieben
- Bildschirmausschnitt 743
- ClipArt 1075
- Daten 410
- Diagramm in Excel 498
- Drag&Drop 408
- Hilfslinien 848
- Shortcut-Leiste 110
- Symbolleiste 55
- Tabellenblatt 385
- Text 186
- Zellbereiche 408
Verschlüsseln
- Datenbank 1051
- E-Mail 906
Versionen
- Anzeigen 1014
- Arbeiten mit 1014
- Vergleichen 1017
- Verwaltung 1014
Versionskontrolle, Aktivieren 1013
Versionsverwaltung, Word 357
Verstellen
- Spaltenbreite 675
- Spaltenhöhe 674
Vertikal kippen 877
Verwalten

- Adreßdaten 295
- Adressen 559
- Aufgaben am Einzelplatz 597
- Notizen 601
- Termine 558
Verwaltung
- Aufgaben 40
- Dokumente 40
- Sammelmappe 115
Verweise 145
Verwenden
- AutoText 254
- Bereichsname 427
- Kontakte 590
Verwischen 830
Verzerren 833
Verzerrungen, Bilder 1087
Video, In Word einbinden 278
Videos, Clip Gallery 1072
Vierfarbzerlegung 881
Virenscanner 926
Virus 926
Visual Basic 49
Visual Basic-Editor 994
Visuelles Menü 806
Vollbilddarstellung 53
Vollfarbmodus 883
Volltextsuche 68
Volltonfarbe 824
Von digitaler Kamera 804
Von Scanner oder Kamera 867
Vorhandenes Bild öffnen 804
Vorlagen 816
- Bearbeiten 239
- Briefassistent 248
- Dokument 110
- Erstellen 238
- Erstellen aus Dokument 238
- Formular 304
- Mit Dokument verbinden 237
- Präsentation speichern als 750
- Wechseln 240
Vorlagen-Assistent 511
Vorschau 67
- Abfrageergebnis 703
- Bericht 706
- Drucken 378
Vorschaufeld 121
Vorteile
- E-Mail 906
- Manueller Abschnittswechsel

1195

Stichwortverzeichnis

242
Vortragsnotizen 800
- Powerpoint 765

— W —

Wählen, Datenquelle für
 Serienbrief 292
Wahrheitswert, Datentyp 431
Währung, Felddatentyp 662
Währungsformat 143
WAN 894
Wartungsmodus 1151
Web 932
- Aufgaben 943
- Berichte 936
- Design festlegen 948
- Gemeinsame Randbereiche 948
- Hyperlinks 941
- Leeres Web 946
- Navigation 938
- Navigationsschaltflächen einschließen 949
- Neues Web 945
- Ordner 936
- Seite 934
- Seiten hinzufügen 946
- Web erstellen 945
- Webstruktur 940
Web-Seite 933
- Bilder 968
- Erstellen 950
- Multimediaelement 967
- Steuerelement 967
Web-Site 933
WEB.DE 916
Webbrowser-Unterstützung installieren 1147
Webdesign, Word 244
Webgrafik 816
Weboptionen 70
Webordner 67, 752
Webpräsentation 801
Webseiten, Bearbeiten 957
Webseiten-Assistent 951
Webseitenvorschau 244
- PowerPoint 751
Wechsel, Ansichtsmodus 190
Wechseln
- Dokumentvorlage 240

- Ordner in Outlook 556
- Seite 865
- Tabellenblatt 367
- Zu Elementen im persönlichen Ordner 567
Weicher Rand 826
Weichzeichnen 1091
Weichzeichner 830
Weiterblättern, Folie 743
Werkzeugleiste, Publisher 842
Werte, Einfügen 414
Wide Area Network 894
Wiederherstellen 831
- Arbeitsschritte 88
- Publisher 841
Wiederholen, Photo Editor 1086
Wildcards 68
Windows, CD-Autostart 1144
Windows Bitmap 1082
Windows Faxdienste 613
Windows Installer 1144
Wochenansicht 578
Word
- Abfrageoptionen 296
- Absätze nicht trennen 212
- Absätze umstellen 189
- Absatzformatierungen 181
- Absatzkontrolle 211
- Absatzmarken 124
- Adreßdaten verwalten 295
- Adreßetiketten 288
- Ähnliche Schreibweise suchen 319
- Aktionsfelder 282
- Aktuelle Formatvorlage 226
- Alle Funktionen einschalten 361
- ÄND 1007
- Änderungen in Dokument ablehnen 1010
- Änderungen in Dokument annehmen 1010
- Änderungen in Dokument hervorheben 1007
- Änderungen in Dokument markieren 1007
- Ansichtsmodus ändern 190
- Ansichtsoptionen 201
- Arbeiten mit Versionen 1014
- Arbeitskopien 1028
- Aufzählungszeichen ändern

219
- Aufzählungszeichen einfügen 219
- Aufzählungszeichen verändern 219
- Autoformate für Tabellen 258
- Autoformen 274
- AutoKorrektur 327
- AutoKorrektur-Einräge aus Schreibfehlern 330
- Automatische Journale in Outlook 569
- Automatische Seitennummerierung 284
- Automatische Seitenzahlen 284
- AutoText einfügen 254
- AutoText erstellen 253
- AutoText-Liste drucken 255
- Bearbeiter 1009
- Bearbeitungsstände trennen 1013
- Bedingungsfeld einfügen 296
- Bedingungsfelder 296
- Benutzerinformationen 362
- Beschreibung Feldertyp 285
- Bezugsinformation für Querverweis ändern 349
- Blocksatz 210
- Brief-Assistent starten 247
- Buchstabenbreite ändern 208
- Click and Type 183
- Clip-Art 274
- Darstellungsgröße ändern 193
- Daten für Serienbrief importieren 291
- Daten in Formular eingeben 316
- Datenmaske für Seriendruck 293
- Datenquelle bearbeiten 295
- Datenquelle erstellen 291
- Datenquelle für Serienbrief erstellen 292
- Datenquelle für Serienbrief öffnen 291
- Datenquelle für Serienbrief wählen 292
- Datenquelle öffnen 293

Stichwortverzeichnis

- Datum und Uhrzeit 283
- Dezimaltabulator 213
- Diagramm 274
- Direkte Formatierung 227
- Dokument in Filialdokumente zerlegen 339
- Dokument nummerieren 336
- Dokument zerlegen 338
- Dokument-Hierarchie 335
- Dokument-Versionen anzeigen 1014
- Dokument-Versionen vergleichen 1017
- Dokumente schützen 1018
- Dokumentgliederung 338
- Dokumentschutz für Formulare 315
- Dokumentstruktur 196
- Dokumentvorlage aus Dokument erstellen 238
- Dokumentvorlage bearbeiten 239
- Dokumentvorlage erstellen 238
- Dokumentvorlage für Webseiten 243
- Dokumentvorlage mit Dokument verbinden 237
- Dokumentvorlage wechseln 240
- Dokumentzugriff für mehrere 1027
- Dropdown-Formularfeld 309
- Druckformatspalte 335
- Einfügen Platzhalter in Serienbrief-Hauptdokument 293
- Einstellungen Felder 285
- Endnoten 347
- Ergebnisfelder 282
- Ersetzen 321
- Excel-Tabelle einfügen 269
- Favoriten 63
- Fehler korrigieren 127, 181
- Feld manuell einfügen 286
- Feldarten 282, 285
- Felder einfügen 284
- Felderansichten 287
- Feldinhalte aktualisieren 287
- Feldinhalte formatieren 287
- Feldklammern 286
- Feldoptionen 285
- Feldschalter 285
- Fette Schriftauszeichnung 204
- Filialdokument 198, 339
- Filialdokument erstellen 339
- Filialdokumente erweitern 340
- Fließtext 124, 180
- Formatierung bei Aktualisierung 285
- Formatierungszeichen 192
- FormatInfo 227
- Formatvorlage ändern 230
- Formatvorlage aus Text erstellen 235
- Formatvorlage für mehrere Dokumente ändern 233
- Formatvorlage neu anlegen 235
- Formatvorlage zuweisen 234
- Formatvorlagen zuweisen 228
- Formatvorlagenanzeige 226
- Formatvorlagenkatalog 246
- Formulare anlegen 304
- Formularfeld-Optionen 307
- Formularfeldarten 308
- Formularfelder 307
- Formularfelder einfügen 309
- Formularfelder positionieren 305
- Formularfeldtypen 308
- Formularmodus 309
- Formularvorlage 304
- Fuß-/Endnote einfügen 344
- Fuß-/Endnoten-Formatierung 344
- Fuß-/Endnoten-Numerierung 344
- Fuß-/Endnoten-Optionen 345
- Fußnoten in bestimmten Bereich einfügen 242
- Ganze Seite 194
- Ganzer Bildschirm 199
- Gehe zu 322
- Gliederung an PowerPoint übergeben 761
- Gliederungs-Symbolleiste 335
- Gliederungsansicht 334
- Gliederungsebene 210
- Gliederungspunkt bewegen 335
- Grafik ändern 276
- Grafik in Tabelle einfügen 267
- Grafik-Datei einbinden 275
- Grafiken integrieren 133
- Grammatikfehler erkennen 331
- Hauptdokument für den Seriendruck 291
- Hervorhebungen 356
- Hierarchieebene einblenden 335
- Hierarchieebene erstellen 335
- Hilfetext für Formularfelder 309
- Homepage anpassen 957
- Horizontale Linie 224
- HTML-Dokument
- – Bearbeiten 957
- – Einbinden 278
- HTML-Dokument erstellen 950
- Hyperlink 957
- Hyperlink einfügen 899
- Hyperlinks anpassen 902
- Hyperlinks in Dokumenten 900
- Hypertexteinträge bearbeiten 957
- Hypertexteinträge verändern 957
- In Tabelle bewegen 264
- Index erstellen 353
- Index-Haupteintrag 352
- Index-Untereintrag 352
- Indexeintrag erstellen 351
- Inhaltsverzeichnis aktualisieren 353
- Inhaltsverzeichnis erstellen 353
- Installation 1144
- Installierte Sprachen 322
- Kataloge 288
- Kennwort für das Aufheben des Schreibschutzes 1020
- Kennwort für Lese-/Schreibzugriff 1019
- Kennwörter verwenden 1018
- Klangdatei einbinden 278

Stichwortverzeichnis

- Kommentar ansehen 356
- Kommentar bearbeiten 356
- Kommentar einfügen 355
- Kommentar löschen 356
- Kommentare 1022
- Kompatibilität zu Word 97 362
- Kontrollkästchen-Formularfeld 308
- Kopf-/Fußzeilen innerhalb Dokument ändern 242
- Kursive Schriftauszeichnung 204
- Laufweite ändern 208
- Leerzeichenausgleich 187
- Linien 223
- Linksbündige Ausrichtung 210
- Linksbündiger Tabulator 213
- Manueller Abschnittswechsel 242
- Manueller Seitenwechsel 241
- Markieren von Tabellenelementen 266
- Markierungsfelder 282
- Neuer Absatz 180
- Neuer Absatz 124
- Nicht druckbare Zeichen 124
- Normal-Ansicht-Eigenschaften 191
- Normalansicht 191
- Notiz ansehen 356
- Notiz bearbeiten 356
- Notiz einfügen 355
- Notiz löschen 356
- OLE-Objekte 280
- Online-Dokument 196
- Online-Formular 304
- Optionen für Überarbeiten-Modus 1011
- Ordner Favoriten 70, 173
- Platzhalter für Grafiken 361
- Positinsrahmen erstellen 273
- Positionsrahmen 273
- Präsentation einbinden 278
- Programmstart 1144
- Querverweis erstellen 348
- Rahmen- und Schattierungsoptionen 223
- Rechtsbündige Ausrichtung 210
- Rechtsbündiger Tabulator 213
- Rechtschreibfehler korrigieren 324
- Rechtschreibprüfung 127, 323
- Rote Wellenlinie 127
- Schattierung 223
- Schrift punktweise veändern 206
- Schriftart Ändern 206
- Schriftart dauerhaft festlegen 236
- Schriftartersetzung 362
- Schriftauszeichnung 204
- Schrifteffekte 277
- Schriftgröße ändern 206
- Schriftgröße dauerhaft festlegen 236
- Seitenansicht 200
- Seitenbreite 194
- Seitenformat innerhalb Dokument ändern 242
- Seitenlayout 195
- Seitennummerierung 284
- Seitenumbruch erzwingen 241
- Seitenwechsel oberhalb 212
- Seitenzahlen 284
- Serienbrief 248, 635
- Serienbrief drucken 295
- Serienbrief erstellen 288
- Serienbrief verbinden 295
- Serienbrief zusammenführen 295
- Seriendruck-Manager 288
- Seriendruck-Vorschau 294
- Seriendruckablauf 289
- Serienfax erstellen 298
- Serienmail erstellen 298
- Silbentrennung 212
- Spaltenbreite der Tabelle festlegen 258
- Speicheroptionen 70
- Speichervorgang beschleunigen 361
- Sprache automatisch erkennen 322
- Sprachkommentar 356
- Standard-Tabstops 214
- Standard-Tabulatoren 213
- Standardschrift 208
- Standardschriftart festlegen 236
- Standardschriftgröße festlegen 236
- Standardtabulatoren 214
- Starten 117
- Statusleiste 1007
- Stichwortverzeichnis erstellen 353
- Suchen 319
- Suchen und Ersetzen 318
- Symbolleiste Formular 307
- Symbolleiste Gliederung 335
- Symbolleiste Kopf- und Fußzeile 342
- Symbolleiste Seriendruck 294
- Synonyme 330
- Tabelle formatieren 266
- Tabelle umrahmen 266
- Tabelle zeichnen 259
- Tabellen einfügen 256
- Tabellen in Tabellen 265
- Tabellenelemente einfügen 265
- Tabellenelemente markieren 266
- Tabellengröße festlegen 257
- Tabellenlinien entfernen 268
- Tabellenzellen 257
- Tabulator einrichten 216
- Tabulator Leiste 213
- Tabulator löschen 215, 216
- Tabulator setzen 214
- Tabulator-Füllzeichen 216
- Tabulatoren 212
- Text einfügen 187, 188
- Text ersetzen 321
- Text in Spalten darstellen 242
- Text in Textfeld eingeben 270
- Text kopieren 187
- Text suchen 319
- Text vertikal auf Seite ausrichten 242
- Text-Formularfeld 308
- Textanimation 209
- Textausrichtung 209
- Textbausteine. *Siehe* Siehe Autotext
- Textbreite 194
- Texteffekte 207
- Texteingabe in Tabelle 263

- Textelemente aufsuchen 322
- Textfeld einstellen 271
- Textfeld formatieren 271
- Textfeld verknüpfen 358
- Textfelder 270
- Textfelder erstellen 270
- Textfluß 211
- Textgliederungen 334
- Textkörper 337
- Textmarken 306
- Thesaurus starten 330
- Überarbeiten-Modus 1022
- Überarbeiten-Modus aktivieren 1007
- Umschläge 288
- Unterschied zwischen Textfeld und Positionsrahmen 273
- Unterschneidung 208
- Unterstreichen 205
- Unterstreichen 207
- Update 1144
- Version automatisch speichern 1013
- Version beim Schließen speichern 1013
- Version löschen 1016
- Version öffnen 1015
- Version speichern 1013
- Versionskommentar anlegen 1013
- Versionskommentare anzeigen 1016
- Versionskontrolle aktivieren 1013
- Versionskontrolle deaktivieren 1017
- Versionsverwaltung 357, 1014
- Video einbinden 278
- Vorgefertigte Tabellenformate 259
- Web-Seiten erstellen 950
- Webdesign 244
- Weblayout 196
- Webseiten bearbeiten 957
- Webseiten-Assistent 951
- Webseitenvorschau 244
- WordArt 277
- WordArt-Dokument 274
- WordArt-Text bearbeiten 277
- Zeichen löschen 181
- Zeilen nicht trennen 212
- Zeilenabstand 211
- Zeilenbreite der Tabelle festlegen 258
- Zeilennummern unterdrücken 212
- Zeilenumbruch 124, 181
- Zeilenumbruch in Tabelle 264
- Zeitpunkt der Änderung 1009
- Zentraldokument 198
- Zentraldokument erstellen 338
- Zentrierte Ausrichtung 210
- Zentrierter Tabulator 213
- Zoomen 193

Wordansicht
- Ganze Seite 194
- Ganzer Bildschirm 199
- Modi 190
- Normal 191
- Seitenansicht 200
- Seitenbreite 194
- Seitenlayout 195
- Textbreite 194
- Weblayout 196

WordArt 47
- Buchstaben anordnen 1065
- Formen 1065
- Freies Drehen 1065
- Funktionsumfang 1062
- Publisher 844
- Symbolleiste 1064
- Text ausrichten 1065
- Text bearbeiten 1064
- Text eingeben 1062
- Text formatieren 1063
- Text in Word bearbeiten 277
- Text skalieren 1065
- Word 277
- Zeichen ausrichten 1065

WordArt-Katalog 1065
Wordoptionen, Ansichten 201
WordPerfect 362
Works 4.0 35

— Y —

Yahoo 916

— Z —

Zahl
- Datentyp 391, 431
- Eingeben 139
- Felddatentyp 662
- Kaufmännisch 400
- Negative 400

Zählen, Zellen 371
Zahlen eingeben 399
Zahlenformat
- Benutzerdefiniert 453
- Eingabebeispiele 400
- Formatbeschreiber 453
- Prozent 546

Zeichen
- Breite ändern 208
- Fette Auszeichnung 204
- Formatvorlagen 225
- Kursive Auszeichnung 204
- Löschen 181
- Markieren 130
- Nicht druckbar 124
- Position 208
- Unterschneidung 208
- Unterstreichen 205
- Unterstreichen 207

Zeichenformate, Suchen und Ersetzen 318
Zeichenmodus für Tabellen 261
Zeichenposition 208
Zeichnen 812, 819
- Benutzerdefinierte Formen 845
- PowerPoint 758
- Publisher 845
- Tabelle 259
- Während Präsentation 800

Zeichnen-Funktion 819
Zeigen, Mit der Maus 84
Zeilen 656
- Ausblenden 448
- Automatisch ausfüllen 402
- Excel 365
- Einblenden 448
- Markieren 130, 408, 674
- Maximale Anzahl 367
- Optimale Höhe 448
- Nicht trennen 212

Zeilenabstand 211
Zeilenhöhe 448
- Ändern 447

- Interaktiv verändern 448
- Numerisch verändern 448
- Optimaler Wert 448
Zeilenkopf, Excel 365
Zeilennummern unterdrücken 212
Zeilenumbruch 124, 181
- Automatisch 124
- In Tabelle 264
- Text in Excel 450
Zeiterfassung, Mit Journal 572
Zeitreihe 404
Zelladresse übernehmen 147
Zellbereiche
- Kopieren 410
- Verschieben 408
Zellbezüge 145, 425
- Schreibweisen 422
- Umschalten 420
- Zu anderen Arbeitsmappen 424
- Zu anderen Tabellenblättern 422
Zellcursor, Nach Eingabe 546
Zelle 139
- Aktuell 139
- Bereiche kopieren 410
- Bereiche verschieben 408
- Brüche 401
- Daten einfügen 412
- Datentyp 388
- Datentyp festlegen 391
- Dezimalbruch 400
- Editieren 393
- Formate einfügen 414
- Formatieren 391
- Formeln einfügen 413
- Gültigkeit einfügen 414
- Hintergrund 459
- Inhalt löschen 412
- Kaufmännische Zahlen 400

- Kommentare einfügen 414
- Kopieren 410
- Markieren 141
- Negative Zahlen 400
- Text korrigieren 396
- Werte einfügen 414
- Zeilenumbrüche 450
- Zelle formatieren 391
- Zellzeiger 139
Zelleingabe
- Bestätigen 546
Zellenformatierung 448
Zellenhintergrund, Festlegen 459
Zellinhalt, Ausrichten 143
Zellinhalte
- An Zellgröße anpassen 450
- Bearbeiten 367
- Eingeben 367
Zellreferenz 139
Zellzeiger 139, 141
Zentraldokument 198
- Erstellen 338
- Filialdokumente erweitern 340
Zentrieren, Text in Tabelle 142
Zentrierter Tabulator 213
Zerlegen
- Dokument in Filialdokumente 339
- Sammelmappe 1059
- Word-Dokument 338
Zertifikate 931
- Kontakt 587
Ziehen, Mit der Maus 84
Zielgruppenorientierte Präsentation 798
- Hyperlink zu 900
Zierrahmen 858
Zoomen, Word-Dokument 193
Zugang, Internet 896
Zugriff, Auf Daten 669

Zugriffskennwort, Arbeitsmappe 373
Zugriffssteuerung
- Benutzer- und Gruppenberechtigungen 1050
- Benutzer- und Gruppenkonten anlegen 1047
Zurücknehmen
- Rückgängig 88
- Schriftauszeichnung 205
Zurücksetzen, Arbeitsschritte 88
Zurückstellen, Gesamtaufgabe 598
Zurückverfolgen
- E-Mail 569
- Faxe 569
Zusammenführen, Serienbrief 295
Zusammenzufassen, Dokumente 114
Zusatzfunktionen, Excel 529
Zusatzprogramme 47
Zuschneidefunktionen 812
Zuschneiden, Bilder 1086
Zuschneiden-Menü 813
Zuweisen
- Eigenschaft in Clip Gallery 1074
- Formatvorlage 234
- Gliederungsebene 210
- Schriftart 130
- Schriftgröße 130
Zwischenablage 411
- Mehrere 77
- Sammeln 188
- Symbolleiste 75
- Zum Sammeln verwenden 77
Zwischenablageplätze 75